Strategisches Management für Film- und Fernsehproduktionen

Herausforderungen, Optionen, Kompetenzen

von
Professor
Dr. Michael Hülsmann
und
Dr. Jörn Grapp
Universität Bremen

Oldenbourg Verlag München

Bibliografische Information der Deutschen Nationalbibliothek

Die Deutsche Nationalbibliothek verzeichnet diese Publikation in der Deutschen Nationalbibliografie; detaillierte bibliografische Daten sind im Internet über <http://dnb.d-nb.de> abrufbar.

Rosenheimer Straße 145, D-81671 München
Telefon: (089) 45051-0
oldenbourg.de

Lektorat: Wirtschafts- und Sozialwissenschaften, wiso@oldenbourg.de
Herstellung: Anna Grosser
Coverentwurf: Kochan & Partner, München
Cover-Illustration: Hyde & Hyde, München
Gedruckt auf säure- und chlorfreiem Papier
Gesamtherstellung: Kösel, Krugzell

ISBN 978-3-486-58545-2

Inhaltsverzeichnis

Vorwort

Die Idee zum Sammelband »Strategisches Management für Film- und Fernsehproduktionen« resultiert aus einer Vielzahl an Gesprächen, die wir, die Herausgeber, im Zuge weiterer Forschungsaktivitäten im Themenfeld von Film- und Fernsehproduktionsmanagement mit Produzenten, Kreativen und anderen Schaffenden dieser Branche führen konnten. Dabei entstand der Eindruck, dass einerseits Ansätze strategischer Unternehmensführung (z.B. Produktplanung von TV-/Kinofilmproduzenten) bislang eher nachrangige Berücksichtigung im Produktionsmanagement für Film und Fernsehen finden, dass aber andererseits ein großes Problembewusstsein für strategische Fragestellungen (z.B. Auswirkungen der Digitalisierung auf Produktions-/Vertriebsprozesse) durch alle Akteursgruppen hinweg besteht. Infolge wuchs bei uns die Überzeugung, dass es einen erheblichen Bedarf gibt, die Lücke zwischen offenen Fragen und bestehenden Konzepten strategischen Managements für Film- und Fernsehproduktionen zu schließen (z.B. Potenziale zur Professionalisierung in der Filmproduktion). Somit kam der Gedanke auf, eine Publikation zu initiieren, die entsprechende aktuelle und wesentliche Problemkreise aufgreift, einen illustren Reigen an Lösungsoptionen vorstellt sowie unterschiedliche Realisierungsmöglichkeiten im spezifischen Kontext von Film- und Fernsehproduktionen erörtert. Dies ist das Kernanliegen des vorliegenden Werkes.

Welche Beiträge soll das vorliegende Buch für das strategische Management von Film- und Fernsehproduktionen leisten? Zunächst bietet der vorliegende Sammelband eine eindeutige Fokussierung auf die Entwicklung von Analysen und Optionen in der Logik des strategischen Managements für Film- und Fernsehproduktionen, womit neben dem wissenschaftlichen Erkenntnisinteresse (z.B. Produktions-/Kostentheorie für ein modernes Controlling in der Filmproduktion) auch eine klare Gestaltungsorientierung für die Managementpraxis (z.B. technisches Management des D-Cinema) angesprochen ist. Um zukünftige Forschungsfelder zu identifizieren, sind die verschiedenen Beiträge in dieser Publikation darauf ausgerichtet, den Status quo zu den im Einzelnen gewählten Thematiken wiederzugeben und bestehende Erkenntnisbedarfe aufzuzeigen. Zugleich sollen Ansatzpunkte beschrieben werden, die es dem Management von Film- und Fernsehproduktionen erlauben, an der Optimierung ihrer strategischen Führungs- und Steuerungskonzepte konkret weiterzuarbeiten. Somit verbindet sich mit dem Sammelband »Strategisches Management für Film- und Fernsehproduktionen« ein dreifacher Anspruch: Lehrbuch für Studierende mit Bezug zum Thema (z.B. zukünftige Film- und Fernsehproduzenten) durch eine Abbildung des Status quo, Impulsgabe für WissenschaftlerInnen durch eine Erschließung offener Forschungsfragen, Ideenquelle für die Praxis durch eine Darstellung möglicher Verbesserungsansätze. Hierzu möchte der Sammelband eine umfassende Diskussions- und Wissensbasis für das Strategische Film- und Fernsehproduktionsmanagement schaffen und bietet dafür Problemanalysen, Planungs- und Lösungskonzepte, Erfahrungsberichte, Umsetzungsvorschläge, Feasibility Studies etc.

Das Konzept dieses Buches wählt eine integrative Perspektive, die Praxiserfahrung und wissenschaftliche Erkenntnis für eine vielschichtige Betrachtung strategischer Aspekte im Film- und Fernsehproduktions-Management zu berücksichtigen versucht. Die LeserInnen werden daher bei ihrer Lektüre feststellen, dass sich die Beiträge in ihrem Charakter erheblich unterscheiden. Zum Teil handelt es sich um rein wissenschaftliche Abhandlungen mit einem streng am Forschungsinteresse orientierten Argumentationsstil; zum Teil handelt es sich um Überlegungen, die von Erfahrungen, Einschätzungen und Erwartungen der Film- und Fernsehproduktionspraxis geprägt sind. Dieses Nebeneinander von Forschung und Praxis war von uns, den Herausgebern, von Anfang an gewollt. Es war stets das Ziel, die Impulse aus der Wissenschaft mit einer Relevanzreflexion aus der betrieblichen Anwendung zu konfrontieren und beiden Seiten Raum für eine akzentuierte Darstellung derjenigen Themen und Perspektiven zu geben, die sie jeweils für bedeutsam erachten. Der Preis dafür liegt in den konzeptionell und stilistisch recht verschieden gehaltenen Beiträgen – jedoch zeigt sich hierdurch auch der unterschiedliche Zugang zum Thema, was die Lektüre für die LeserInnen besonders aufschlussreich und spannend machen dürfte. Eine zweite Integration erfährt die Darstellung durch eine gemeinsame – eher branchenunübliche – Betrachtung von Film- und Fernsehproduktionen. Sie ist der Tatsache übergreifender Themenzuschnitte, akteursbezogener Vernetzungen und prinzipieller Ähnlichkeiten in den Managementansätzen geschuldet.

Wir würden uns gemeinsam mit allen AutorInnen sehr freuen, wenn diese Veröffentlichung und die in ihr enthaltenen Beiträge auf ein großes Interesse stieße. Es war stets dabei unser Ziel, für PraktikerInnen, ForscherInnen und Studierenden – sowohl aus dem Medienbereich wie aus dem Managementbereich – die verschiedenen Aspekte strategischen Managements von Film- und Fernsehproduktionen zu erschließen, auf damit verbundene Problemstellungen und Lösungsansätze hinzuweisen und hierzu jeweils einen gleichermaßen umfassenden wie akzentuierten Überblick zu geben.

Der Sammelband »Strategisches Management für Film- und Fernsehproduktionen« ist das Resultat der produktiven Zusammenarbeit von vielen Beteiligten. Daher möchten wir uns bei allen, die zum Entstehen dieses Werkes beigetragen haben, bestens bedanken. Insbesondere gilt unser Dank den AutorInnen für ihre wertvollen Beiträge, die nach unserer Auffassung ein ebenso vielfältiges und detailreiches wie weitreichendes Panorama zum Thema aufgespannt haben. Unter den AutorInnen hat Frau Diana Iljine eine besondere Bedeutung gewonnen. Sie hat uns, den Herausgebern, viele Türen geöffnet, zahlreiche Kontakte hergestellt und somit etliche Beiträge und ihre VerfasserInnen für unseren Sammelband erschlossen. Hierfür danken wir ihr ganz herzlich. Ohne die Unterstützung helfender Hände und Köpfe hätten wir diesen Sammelband nicht realisieren können. Für die professionelle Unterstützung bei der redaktionellen Koordination und Bearbeitung sei hier Herrn Philip Heitz und Frau Kathrin Bruchwitz vielmals gedankt. Nicht zuletzt möchten wir dem Oldenbourg Wissenschaftsverlag, vertreten durch Herrn Rainer Berger sowie Frau Cornelia Horn und Kristin Reiche, für die Betreuung unserer Veröffentlichung unseren freundlichsten Dank aussprechen; die jederzeit hilfsbereite Unterstützung unseres Vorhabens hat uns nicht nur stets große Schritte vorangebracht, sondern war uns auch immer nachhaltige Motivation.

Michael Hülsmann & Jörn C. Grapp

Strategischer Wandel in der Film- und Fernsehbranche – eine kurze Einführung

Michael Hülsmann und Jörn Grapp

Die deutsche Medien- und Unterhaltungsindustrie (Kino/Film, TV, DVD/Video, Musik, Radio, Games u.a.) wird bis 2011 einen Umsatzzuwachs um durchschnittlich 3% p.a. aufweisen. Dies bedeutet eine Expansion des Marktes von 53,8 Mrd. Euro p.a. auf 62,4 Mrd. Euro im Jahr 2011 (Vgl. PRICEWATERHOUSECOOPERS (2007), S. 8). Dieser Prognose zufolge wird der **Filmmarkt** (d.h. Erlöse aus Einnahmen an der Kinokasse, Verkauf/Verleih von Heimvideos, hauptsächlich im DVD-Format) ein durchschnittliches Umsatzplus von 2,3% p.a. von 2,4 Mrd. Euro in 2006 auf 2,7 Mrd. Euro in 2011 erreichen (Vgl. PRICEWATERHOUSECOOPERS (2007), S. 26). Der **Fernsehmarkt** (d.h. Werbeerlöse, Ausgaben der Konsumenten für Abonnements von Kabel- und Satellitendiensten, Ausgaben für Video-on-Demand- und Pay-per-View und Fernsehgebühren für den Empfang der öffentlich-rechtlichen Sender) wird einen durchschnittlichen Anstieg um 3,8% p.a. von 12,2 Mrd. Euro in 2006 auf 14,6 Mrd. Euro in 2011 erzielen (Vgl. PRICEWATERHOUSECOOPERS (2007), S. 44).

Das beschriebene Umsatzpotenzial wird durch signifikante Markteinflusskräfte bestimmt, die – orientiert an **Porter´s 5 Forces** – (Vgl. PORTER, M. E. (1998)) die aktuelle Wettbewerbsintensität der Film- und Fernsehbranche kennzeichnen. Ein nachhaltiger Branchenwandel ist dabei u.a. durch eine Vielzahl von **Lieferanten** (d.h. Service Provider als freischaffende Einzelpersonen bzw. Dienstleistungsunternehmen) charakterisiert (= niedriger Konzentrationsgrad), die filmprojektabhängig zunehmend spezialisierte Service-Leistungen anbieten, wie z.B. Film Studios mit der gesamten Service-Palette, technischer Support, Transportdienstleistungen, Casting, Catering ebenso wie kaufmännisches und künstlerisches Know-how (Vgl. MARGRET, K. (2008), S. 10)). Für die **Abnehmer** (d.h. Filmproduktionsunternehmen sowie Filmverleih, Kinos, Konsumenten) bedeuten die differenzierten Services bzw. produzierten Movies Vorteile wegen ihrer Vielfältigkeit und Nachteile wegen ihrer Unüberschaubarkeit (= intransparente Marktbedingungen). Eine der größten Bedrohungen für die Film- und Fernsehbranche stellt dabei laut GfK die illegale Vervielfältigung von Filmen dar. Mittlerweile werden mehr Filme als gebrannte Kopie bzw. aus dem Internet konsumiert als im Kino bzw. über Vermiet-/Kauf-DVD. Gleichzeitig haben sich die Auswertungsfenster von Kinofilmen (ca. 400-500 Titel p.a.) von etwa 6 auf 4 Monate verkürzt (= geringeres Umsatzpotenzial für Kinobetreiber, höheres Umsatzpotenzial für Vermiet-/ Kauf-DVD-Verleiher) (Vgl. MACKENROTH, F. (2006), S. 12). Für **potenzielle neue Wettbewerber** deutet die aktuelle Situation auf einen generellen Trend zu Firmenzusammenschlüssen bzw. Kooperationen hin, die sich aufgrund von Finanzierungsproblemen ihrer Filmprojekte bilden. Denn nur wenige Filmproduktionsunternehmen können die hohen Bonitätsanforderungen von Banken erfüllen, die das Risiko von Filmproduktionen über die Einrichtung von Filmfonds auffangen wollen. Gleichzeitig kooperieren immer mehr etablierte Filmproduktionen mit Unternehmen der TV-Branche (= höhere Markteintrittsbarrieren für Newcomer) (siehe beispielsweise Beitrag ZWIRNER: „Qualifikation von Nachwuchsproduzenten und Hürden beim Markteintritt“). Weiterhin sind **Substitutionstendenzen** durch die Konsumenten selbst beobachtbar. Einem Kinobesuch wird vielfach die DVD oder ein gänzlich anderes Freizeitangebot vorgezogen. Zudem verdeutlicht eine Veränderung in der Altersstruktur von Kinofilm-Konsumenten bei einem wachsendem Anteil sog. 'Best Ager' (lt. Blickpunkt-Film = Personen > 50 Jahre), dass jüngere Zielgruppen derzeit weniger erreicht zu werden scheinen (= veränderte Konsumpräferenzen) (Vgl. KEIL, K. et al. (2006)). Der Status quo des **aktuellen Wettbewerbsverhaltens etablierter Anbieter** in der Film-Branche zeigt, dass mittlerweile etwa 20-30 Filmproduktionsunternehmen (darunter u.a. Constantin Film, Bavaria Film) existieren, die mehrere größere (ca. 3-8) Film- bzw. Fernsehprojekte im Jahr produzieren. Gleichzeitig konkurriert die überwiegende Anzahl kleiner Filmproduktionsunternehmen auf dem Low-Budget-Markt miteinander und sieht sich dabei in Abhängigkeit vom Erfolg einzelner Filmproduktionsprojekte oftmals in ihrer Existenz bedroht (= hohe Wettbewerbsintensität).

Der Wandel der Film- und Fernsehbranche führt aktuell zu bedeutenden internen Veränderungen von Filmproduktionsunternehmen, mit denen sich diese – fokussiert auf die **unzureichende Erfüllung** ihrer wesentlichen **betrieblichen Funktionen** (i.e. im klassischen Sinne Beschaffung, Produktion und Absatz) und **Managementfunktionen** (i.e. Planung, Steuerung und Controlling) – konfrontiert sehen (Vgl. GRAPP, J. (2009)).

Aus **Beschaffungsperspektive** vieler Film- Fernsehproduktionsunternehmen verschlechtert sich die jeweilige Wettbewerbssituation aufgrund von individuellen Budgetrestriktionen, d.h. vielfach eingeschränkter Finanzierungsmöglichkeiten (Vgl. MAIER, M. / BAUMGÄRTEL, K. (2003), S. 221). In der Konsequenz werden Filmproduktionen u.a. ins Ausland verlegt, wodurch heimische Filmstudios Einnahmen und der Staat Steuereinnahmen verlieren. Dem soll das sog. Rabattmodell (= deutscher Filmförderfonds) seit 01.01.2007 durch neue gesetzliche Regelungen zur Filmförderung entgegenwirken, in dem es auf die Stärkung des Kulturguts Kinofilm und des Produktionsstandorts Deutschland abzielt (Vgl. BKM (2008)). Die Frage wirft sich jedoch auf, ob mittlere und kleinere Filmproduktionen von dem primär auf Großproduktionen ausgerichteten neuen Fördermodell bei der Realisierung ihrer Projekte auch profitieren werden. Diese Frage zielt neben vielen anderen auf einen der zahlreichen strategischen Aspekte, die der vorliegende Band untersuchen und beantworten möchte (Vgl. beispielsweise den Beitrag von BREHM: „Erste Erfahrungen mit dem DFFF – Rechtliche Aspekte“, KNORR und SCHULZ: „Staatliche Förderung der Filmwirtschaft in Deutschland“ oder STAMPFER: „Filmfinanzierung aus Bankensicht“).

Aus **Produktionsperspektive** besteht ein Trend zur Digitalisierung, der einerseits eine Möglichkeit zur Speicherung und Bearbeitung von Bildmaterial in der Produktion sowie andererseits zur digitalen Verbreitung von Kinofilmen darstellt (Vgl. ANDERSON, C. (2007), S. 169). Mittlerweile ist solche Computertechnik selbst für kleinere Film- und Fernsehproduktionen eine entscheidende Möglichkeit zur Vereinfachung und Kostensenkung (Vgl. CLARK, C. (2007)). Damit ist auf die schnell voranschreitende Industrialisierung von Filmproduktionsprozessen hingewiesen. Doch aufgrund der vorherrschenden Budgetrestriktionen resultieren Nachteile, die sich auf die Produktion selbst sowie überdies auf ihre Vermarktung beziehen. Einerseits müssen Produktionsunternehmen schnell produziert werden, damit ihre Kosten in einem möglichst kurzen Produktionszeitraum anfallen. Andererseits bedeuten die kürzeren Auswertungsfenster im Kino weniger Einnahmen über den Verkauf von Kinotickets. Dieser Problemkreis wird im vorliegenden Sammelband hinsichtlich verschiedener strategischer Aspekte untersucht (Vgl. beispielsweise den Beitrag von BRUNNER: „Digitale Distribution von Filmen“, FÖßEL: „Technisches Management des D-Cinema“ oder KLIMSA: „Einfluss der Faktoren Technik und Organisation auf Filmcontent“).

Aus **Absatzperspektive** scheinen Unternehmen dieser Branche ihre Positionierungsstrategien bislang gezielt vor allem auf das Marketing ihrer Filmproduktionen ausgerichtet zu haben. Insbesondere werden teure Vermarktungsaktivitäten durchgeführt (z.B. Werbekampagnen vor dem Starttermin eines Films, Verkauf von Merchandisingartikeln o.ä.), für die oftmals ein Großteil des Budgets aufgewendet wird (Vgl. WIRTZ, B. W. (2006), S. 283). Damit verspricht man sich im Allgemeinen eine signifikante Erhöhung der finanziellen Erfolgswahrscheinlichkeit bzw. Vermeidung eines Misserfolgs auf dem Filmmarkt. Gegenwärtig scheinen – trotz kurzer Phasen der Erholung (2004: 156, 7 Mio. Besucher) – viele Filmproduktionsunternehmen jedoch am Geschmack des Kinopublikums vorbei zu produzieren (von 2001: 177,9 Mio. Besucher bis 2006: 136,7 Mio. Besucher) (Vgl. SPIO (2007), S. 41). Sinkende Besucherzahlen belegen dies für viele Filme, die insgesamt hinter den Erwartungen von Filmproduzenten sowie Konsumenten zurückzubleiben scheinen. Trotz Publikumstests (Screenings) (Vgl. WIRWALSKI, A. (2007), S. 14) fehlt es also noch immer an geeigneten Methoden zur Prognose der Erfolgswahrscheinlichkeit von neuen Movies, was das hohe finanzielle Risiko für Filmproduzenten weiterhin eindrucksvoll verdeutlicht. Im Rahmen der Betrachtungen wird auch die Absatzperspektive von verschiedenen Beiträgen behandelt, wie beispielsweise von WIRTZ, KERNER und ULLRICH: „Wertschöpfungsaktivitäten in Filmproduktionsunternehmen“, STÜRMER: „Zur Bedeutung des Long Tail Phänomens in Fernsehproduktionen“, KLINGSPORN: „Strategische Optionen für Filmverleihunternehmen – Zielgruppenfindung und -ansprache“).

Aufgrund des geschilderten Branchenwandels sowie der damit verbundenen Auswirkungen auf Filmproduktionsunternehmen und ihrer internen Herausforderungen stellen sich ganz grundsätzlich die folgenden **Forschungsfragen**:

- Besteht aktuell ein Strategiedefizit im Film- und Fernsehproduktions-Management?
- Sind wegen des starken Fokusses der Film- und Fernsehbranche auf Marketingaktivitäten andere strategische Bereiche (z.B. strategische Beschaffungs- und Produktionsplanung, strategisches Controlling und Finanzmanagement etc.) bisher aus Perspektive des Strategischen Managements von Film- und Fernsehproduktionen ausgeblendet worden?
- Wie kann eine Erweiterung des strategischen Blickfeldes im Filmproduktions-Management systematisch erfolgen und dieses eine ebenso effiziente wie nachhaltige Neuorientierung erhalten, die umfassender den gegenwärtigen Herausforderungen Rechnung trägt?
- Welchen Herausforderungen sieht sich das strategische Management von Film- und Fernsehproduktion gegenüber? Welche Trends treiben die Entwicklung der Film- und Fernsehbranche? Welche Chancen und Risiken resultieren hieraus?
- Welche strategischen Optionen bieten sich für Film- und Fernsehproduktionsunternehmen, um mit den identifizierten Herausforderungen umgehen zu können? Welche Auswirkungen haben diese Optionen auf die zukünftige Entwicklung der Film-Branche? Welche strategischen Potenziale lassen sich dadurch erschließen?
- Und welche Kompetenzen sind notwendig? Welche Anforderungen stellen sich mit der Umsetzung skizzierter Strategien an die Film- und Fernsehproduktionsunter-

nehmen? Wie ist die Realisierbarkeit von Strategien vor dem Hintergrund bestehender Kompetenzspektren für die Film- und Fernsehindustrie zu bewerten?

Der vorliegende Sammelband widmet sich diesem Fragenkatalog und formuliert für sich den **Anspruch**, zu diesen Fragen den Status quo verschiedener, zentraler Aspekte des Strategischen Managements für Film- und Fernsehproduktionen abzubilden, offene Forschungsfragen hierzu zu identifizieren und zu erschließen sowie erste Ideen für mögliche Verbesserungs- und Umsetzungsansätze zu erarbeiten. Hierzu möchte der Sammelband eine umfassenden Diskussions- und Wissensbasis für das Strategische Film- und Fernsehproduktionsmanagement schaffen und bietet dafür Problemanalysen, Planungs- und Lösungskonzepte, Erfahrungsberichte, Umsetzungsvorschläge, Feasibility Studies etc.

Um diesen Erkenntnisanspruch, der sich mit dem vorliegenden Sammelband zum Strategischen Management für Film- und Fernsehproduktionen verbindet, einlösen zu können, adressieren die Beiträge drei übergeordnete **Themenkreise**:

- Herausforderungen,
- Optionen,
- Kompetenzen.

Zunächst werden vor allem technologische, finanzierungsspezifische und rechtliche **Herausforderungen** aufgezeigt, die in Grundzügen die Befindlichkeit des Marktes für Film- und Fernsehproduktionen in ihren wesentlichen Umweltbedingungen charakterisieren (z.B. staatliche Förderung der Filmwirtschaft, Finanzierung von Filmproduktionen, Veränderungen durch die Digitalisierung). Anschließend werden ausgewählte **Optionen** zur strategischen Differenzierung und Positionierung von Film- und Fernsehproduktionsunternehmen skizziert (z.B. für Filmverleihunternehmen zur Zielgruppenfindung und -ansprache, Schauspieler als Erfolgsfaktoren, innovative Geschäftsmodelle in der digitalen Welt), um insbesondere geschäftsmodellbezogene Gestaltungsansätze für deren Management identifizieren zu können. Abschließend stellen verschiedene Beiträge exemplarisch einige funktionale (z.B. zum Wissensmanagement) und personale **Kompetenzen** (z.B. zur Teamformung und -effizienz) in den Mittelpunkt ihrer Betrachtung, die für die Realisierung eines strategischen Managements erforderlich sind. Mit dieser thematischen Klammer von Herausforderungen, Optionen, Kompetenzen soll ein breites Bild aktueller strategischer Themen des Managements von Film- und Fernsehproduktionen aufgezeigt werden. Hierzu sollen wesentliche Probleme wie auch beispielhafte Lösungsansätze Berücksichtigung finden – ohne dass der Anspruch auf Vollständigkeit erhoben wird, sondern dass vielmehr eine Akzentuierung unter den Aspekten vorrangiger Aktualität und grundlegender Bedeutung den Betrachtungen zugrunde liegt.

Literaturverzeichnis

ANDERSON, C.: The long tail – Der lange Schwanz, Nischenprodukte statt Massenmarkt, Das Geschäft der Zukunft, München, 2007.

BKM: Richtlinie des Beauftragten der Bundesregierung für Kultur und Medien (BKM) "Anreiz zur Stärkung der Filmproduktion in Deutschland" vom 21. Dezember 2006 (Homepage), http://www.filmverband-sachsen.de/pdf/richtlinie_fff.pdf, 29.09.2008.

CLARK, C.: Digital Motion Picture Cameras and Look Management Integration within the Workflow, Presentation at IBC2007, Amsterdam, 2007.

GRAPP, J.: Kompetenzorientierte Erweiterungspotenziale für Filmproduktionslogistik-Management – Identifikation strategischer Probleme und Tools, Dissertation Universität Bremen, Wiesbaden, 2009. (erscheint 2009)

KEIL, K. / MILKE, F. / HOFFMANN, D. / SCHUEGRAF, M. / MARCUS ZOLL, M.: Demografie und Filmwirtschaft Studie zum demografischen Wandel und seinen Auswirkungen auf Kinopublikum und Filminhalte in Deutschland, in: SCHRIFTENREIHE DES ERICH POMMER INSTITUTS ZU MEDIENWIRTSCHAFT UND MEDIENRECHT, Band 1, 2006.

MAIER, M. / BAUMGÄRTEL, K.: HSX.com und der Markt für Ideen, Kapital und Talente, in: BRÖSEL, G. / KEUPER, F. (Hrsg.): Medienmanagement. Aufgaben und Lösungen, Oldenbourg, 2003, S. 215–235.

MACKENROTH, F.: German Entertainment & Media Outlook – Alles bleibt anders, in: BLICKPUNKT:FILM, Nr. 42, 2006, S. 12.

MARGRET, K.: Paketleistungen aus einer Hand, in: BLICKPUNKT:FILM, Nr. 49, 2008, S. 10-12.

PORTER, M. E.: Competitive Strategy: Techniques for Analyzing Industries and Competitors, New York, 1998.

PRICEWATERHOUSECOOPERS: German Entertainment and Media Outlook: 2007-2011 – Die Entwicklung des deutschen Unterhaltungs- und Medienmarktes, Frankfurt, 2007.

SPIO: Spitzenorganisation der Filmwirtschaft. Filmstatistisches Jahrbuch 2007, Wiesbaden, 2007.

WIRTZ, B. W.: Medien- und Internetmanagement, 5. Auflage, Wiesbaden, 2006.

WIRWALSKI, A.: Feuerprobe Testscreening, in: BLICKPUNKT:FILM, Nr. 15, 2007, S. 14-15.

Teil I: Herausforderungen

Technologische, finanzielle und rechtliche Herausforderungen für Film- und Fernsehproduktionen – eine Übersicht

JÖRN GRAPP und MICHAEL HÜLSMANN

Für das strategische Management von Film- und Fernsehproduktionen, das sich an einem systematischen Vorgehen orientiert, bedarf es zunächst einer genauen Analyse seiner Umwelt. Diese stellt die Basis jeder strategischen Planung dar, da sie sich einer **Identifikation von Anforderungen** und damit vermeintlich zu lösenden Problemen widmet. Es werden dadurch die informatorischen Voraussetzungen einer erfolgreichen Strategiekonzeption und Strategieimplementierung geschaffen. Folglich ist eine intellektuelle Voraussicht in Spektrum und Horizont geboten, die einen industriellen Vorausblick für die Branche und ihre Spezifika ermöglicht, um einerseits zu bestimmen, welchen Anforderungen zur Erfüllung der Bedürfnisse bestimmter Zuschauerzielgruppen zu entsprechen ist (z.B. Trends ausloten) und andererseits zu erfassen, was intern zur Optimierung von Prozessen und Strukturen zu leisten ist (z.B. Prozesse strategischer Produktprogrammplanung implementieren) und welche Ressourcenprofile zu entwickeln sind (z.B. Zugang zu innovativen Technologien). Erst die Beschäftigung mit den situativen Determinanten und Entwicklungstrends in den Anforderungsprofilen der relevanten Umwelten (z.B. Gesellschaft, bestimmte Zuschauergruppen, Kritik) macht es möglich, systematisch die Chancen und Risiken für Film- und Fernsehproduktionsunternehmen aufzeigen und bewerten zu können. Daher ist das Wissen um branchenspezifische Herausforderungen unbedingt für das strategische Management für Film- und Fernsehproduktionen erforderlich.

Diese Herausforderungen sind Gegenstand der folgenden Beiträge des **Teils I: Herausforderungen**. Hierzu werden zunächst im ersten **Teilabschnitt A** technologische Chancen und Risiken untersucht. Im zweiten **Teilabschnitt B** stehen neben anderen vor allem finanzielle und rechtliche Herausforderungen für Film- und Fernsehproduktionen im Mittelpunkt der Betrachtung.

Das Zentrum der Untersuchungen des **Teilabschnittes A „Technologische Chancen und Risiken“** konstituieren insbesondere Herausforderungen, die sich im Zuge einer zunehmenden Verbreitung von Digitalisierungstechnologien für das Management von Film- und Fernsehproduktionen ergeben.

So behandeln beispielsweise **Sylvia Rothblum** und **Eva Sharbatov**, Warner Bros., in ihrem Beitrag **„Die neuen Medien – Chancen und Herausforderungen für den traditionellen Lizenzhandel“** Implikationen digitaler Verwertungswege und -medien für den traditionellen Rechtehandel, insbesondere welche Auswirkungen sich für die Entwicklung neuer Strategien und bestehender Geschäftsmodelle ergeben. Die Autorinnen beschreiben dabei auch, welche Anforderungen und Ansätze für die Rechteinhaber bestehen, um auf Marktveränderungen, die sich aus der Digitalisierung ergeben, strategisch reagieren zu können und welche Einflüsse diese auf die tägliche Arbeit haben kann.

Im darauf folgenden Beitrag **„Technologische Innovationen: HD DVD und Blu-ray Disc“** von **Sven Deutschmann**, Sonopress GmbH, wird der technologische Wettbewerb zwischen unterschiedlichen digitalen Technologien nachgezeichnet. Dies beinhaltet zum einen die strategischen Entwicklungspfade, die von den beiden herausragenden Technologien, HD DVD und Blu-ray Disc, beschritten wurden und wieso sich das Format der Blu-ray Disc durchgesetzt hat. Neben den physisch-technischen Unterscheidungsmerkmalen geht der Verfasser auch auf die Implikationen für Film- und Fernsehproduktionen ein.

Christian Sommer, CineMedia Film AG, diskutiert in seinem Artikel **„Veränderungen in der Kinowertschöpfungskette durch das digitale Kino“** die Auswirkungen der Digitalisierung auf das Design der Wertschöpfungsketten und -netzwerke von Film- und Fernsehproduktionen. Der Verfasser stellt dabei auf das Phänomen ab, dass die Digitalisierung sich auf Mediendistribution und -konsumption in anderer Weise ausgewirkt hat, als es zuvor prognostiziert wurde. So hat beispielsweise der digitale Roll-out immer noch nicht stattgefunden. Im Rahmen seiner Analyse betrachtet der Autor die verschiedenen Stufen einer medialen Wertschöpfungskette und geht dabei gleichermaßen auf logistische wie technologische Aspekte ein.

Mit der Frage des Zusammenhangs von digitaler Technologie und Distribution, die bereits im stärker am Supply Chain Management orientierten Beitrag von Christian Sommer aufgegriffen wurde, beschäftigt sich eingehend der folgende Artikel zum Thema **„Digitale Distribution von Filmen“** von **Kathrin Brunner**, Starberry. the media factory. In den Fokus ihrer Überlegungen stellt die Autorin die Spielregeln, die das Geschehen auf Märkten für die digitale Distribution von Filmen prägen. Ziel dabei ist es, einen systematischen Ansatz zu bieten, der die vorgenannten Spielregeln strukturiert abbildet. Dazu konzentriert sich der vorliegende Beitrag auf unterschiedliche Formen der digitalen Distribution und unterscheidet diese hinsichtlich der Aspekte „Nutzungsrecht“, „Art der Technologie“, „Geschäftsmodell“, „gebietsübergreifenden Lizenzierung“ und „illegale Nutzung“. Im Anschluss an diese Diskussion geht die Autorin auch auf Implikationen für das strategische Management für Filmproduktionen ein.

Ebenfalls thematisieren die Ausführungen von **Siegfried Fößel**, Fraunhofer Institut Erlangen, zum **„Technischen Management des D-Cinema“**, welche Einsatzmöglichkeiten, Methoden und Verfahren sich aus der Einführung des digitalen Kinos (D-Cinema) für die Gestaltung von Produktionsabläufen in der Kinofilmproduktion ergeben. Dabei stellt der Verfasser auch auf Vor- und Nachteile des digitalen Kinos ab und betrachtet die unterschiedlichen Wertschöpfungsstufen der Produktion, der Post-Produktion und der Distribution digitaler Kinofilme.

Nachdem bislang die technologischen Herausforderungen durch die Digitalisierung für Film- und Fernsehproduktionen im Vordergrund der Analyse standen, widmet sich der **Teilabschnitt B „Finanzielle, rechtliche und andere Herausforderungen“** zukünftigen Anforderungen, die vor allem auf der Managementebene von Film- und Fernsehproduktionen angesiedelt sind. Einen zentralen Schwerpunkt der dazugehörigen Beiträge bilden Überlegungen zu den Finanzierungsfazilitäten und Finanzierungsbedingungen für die Film-Branche. Daneben werden insbesondere auch Veränderungen im Urheberrecht sowie in der Branchenstruktur angesprochen.

Zunächst behandelt der Beitrag **„Creative Industries benötigen Creative Finance – Innovative Finanzierungslösungen für die Filmwirtschaft“** von **Frank Keuper, Dieter Puchta** und **Stefan Röder**, Steinbeis-Hochschule Berlin bzw. Investitionsbank Berlin, den Zugang von Creative-Class-Mitgliedern (z.B. Film- und Fernsehproduktionsunternehmen) zu geeigneten Finanzierungsquellen (z.B. Venture Capital). Im Zuge der Darstellung und Diskussion branchenspezifischer Finanzierungsmöglichkeiten und -hemmnisse wird auch übergeordnet eine Fassung des Begriffsverständnisses von Creative Finance gegeben und der

Status quo in der wirtschaftpolitischen Auseinandersetzung mit Creative Industries reflektiert.

Im Gegensatz zum vorangegangen Artikel, der die Eigenkapitalfinanzierungsoptionen über Risikokapital angesprochen hat, geht **Bernhard Stampfer**, Deutsche Bank AG, in seinen Ausführungen zur **„Filmfinanzierung aus Bankensicht“** vor allem auf die Fremdkapitalfinanzierung ein und zeigt das Potenzial einer breiten Palette an Finanzprodukten sowohl aus Sicht der Banken wie in ihrer Relevanz für das Management von Film- und Fernsehproduktionen auf.

Vor dem Hintergrund der zuvor skizzierten Möglichkeiten von eigen- und fremdkapitalbasierten Finanzierungsstrategien für Film- und Fernsehproduktionen ist eine Auseinandersetzung mit „kreativen“ Finanzierungsquellen erforderlich. Ein Beitrag hierzu liefert **Martin Diesbach**, Kanzlei Nörr Stiefenhofer Lutz, mit seinen Erörterungen zum **„Product Placement als Finanzierungsstrategie“**. Dieser Artikel zeichnet ein umfängliches und differenziertes Bild der komplexen Rechtslage sowie ihrer Dynamik aufgrund der Veränderungen im europäischen Recht. Neben der Darstellung der aktuell geltenden rechtlichen Bestimmungen sowohl für Kino- als auch für Fernsehfilmproduktionen geht der Beitrag auch auf die daraus resultierenden Herausforderungen für Film- und Fernsehproduzenten ein.

Die vorgenannten Artikel bezogen sich auf privatwirtschaftliche Finanzierungsfazilitäten und Schwierigkeiten für Film- und Fernsehproduktionen. Im Weiteren stehen im Gegensatz dazu staatliche Finanzierungsquellen im Zentrum der Betrachtung. Diese Fokusverschiebung trägt der besonderen Förder- und Schutzwürdigkeit kreativ-künstlerischer Branchen durch Gesellschaft und Staat i.S.e. öffentlichen Auftrages Rechnung. Deshalb hinterfragt der Beitrag **„Staatliche Förderung der Filmwirtschaft in Deutschland“** von **Andreas Knorr** und **Christina Schulz**, Deutsche Hochschule für Verwaltungswissenschaften Speyer bzw. Kulturveranstaltungen des Bundes in Berlin GmbH, die Effektivität und die Effizienz der Filmförderung in Deutschland. Hierzu wird eine institutionelle Sicht gewählt, aus deren Perspektive die Frage untersucht wird, ob die mit der Filmförderung beauftragten Institutionen ihre wirtschafts- und kulturpolitischen Förderziele mit dem gegebenen Instrumentarium zu realisieren vermögen.

Anschließend zeigt **Joachim Eigler**, Universität Siegen, in seinem Beitrag die **„Implikationen staatlicher Filmförderung für unternehmerische Entscheidungen von Produzenten und Produktionsgesellschaften“** auf. Die Neufassung des Filmförderungsgesetz (FFG) und die Einrichtung des Deutschen Filmförderfonds (DFFF) werden als Ausgangspunkt genommen, um Besonderheiten staatlicher Filmförderung in Deutschland charakterisieren zu können und in ihren Auswirkungen für die Finanzierung von Film- und Fernsehproduktionen zu analysieren. Dabei wird insbesondere auf die Finanzierungsentscheidungen des Managements eingegangen.

Insbesondere mit dem staatlichen Finanzierungsinstrument des Deutschen Filmförderfonds (DFFF) setzt sich der Artikel **„Erste Erfahrungen mit dem DFFF – rechtliche Aspekte“** von **Wolfgang Brehm**, Brehm & v. Moers Rechtsanwälte und Steuerberater, auseinander. Dessen rechtliche Ausgestaltung und grundsätzliche Konzeption werden hierzu dargelegt und Zuwendungsvoraussetzungen, Anerkennungsfähigkeiten von Herstellungskosten sowie

Zuwendungscharakteristika vorgestellt. Dabei geht der Verfasser insbesondere auch in seiner Diskussion auf die Erfahrungen ein, die seit der kurzen Zeit, die seit Einrichtung des DFFF Anfang 2007 vergangen ist, mit diesem Instrument der Filmförderung gemacht wurden.

Mit den vorangegangenen Analysen zur staatlichen Förderung der Filmwirtschaft wurden bereits rechtliche Aspekte adressiert. Diese stehen im Mittepunkt der folgenden Beiträge. So wendet sich **Timo Schutt**, Schutt, Waetke Rechtsanwälte, dem Thema **„Filesharing, Urheberrecht und die Verfolgung von Rechtsverletzungen“** zu. Die Entwicklungen und Veränderungen, die sich im Zuge der Verbreitung digitaler Mediendistribution ergeben, werden aus juristischer Perspektive betrachtet. Dabei konzentrieren sich die Ausführungen hierzu auf das illegale Filesharing und verbinden eine Beschreibung der technischen Funktionsweise mit einer straf- und zivilrechtlichen Einordnung. Im Rahmen dieser Abhandlung werden die geltenden Regelungen des Urheberrechtsgesetzes, der Vorratsdatenspeicherung und des "Gesetz zur Verbesserung der Durchsetzung von Rechten des geistigen Eigentums“ kritisch diskutiert und Optionen zielführender Anpassung vorgestellt.

Der **Teil I: Herausforderungen** beschließt die Darlegung und Diskussion von zukünftigen Anforderungsprofilen für Film- und Fernsehproduktionen mit dem Beitrag **„Aktuelle Branchenveränderungen aus der Sicht österreichischer / deutscher Film-/ TV-Produzenten“** von **Michael von Wolkenstein** und **Werner Müller**, Verband Deutscher Spielfilmproduzenten bzw. Wirtschaftskammer Österreich. Dieser Artikel liefert eine umfassende, detaillierte und kenntnisreiche Übersicht über die Treiber der Branchendynamik, die die Film- und Fernsehbranche kennzeichnet und nachhaltig prägt. Neben den schon zuvor beschriebenen Themenfeldern (z.B. finanzielle und rechtliche Aspekte) zeichnen die Verfasser zudem ein schlüssiges Bild, das viele andere Faktoren berücksichtigt und die ebenso vielschichtigen wie volatilen Herausforderungen für Film- und Fernsehproduzenten wiedergibt.

A Technologische Chancen und Risiken

Die neuen Medien – Chancen und Herausforderungen für den traditionellen Lizenzhandel

Sylvia Rothblum und Eva Sharbatov

Zusammenfassung
Im Zuge der Digitalisierung des Fernsehens sind vielfältige technische Neuerungen (wie z.B. IPTV) aufgekommen, wodurch potenziellen Konsumenten Content in unterschiedlicher Qualität und Quantität angeboten werden kann. Das traditionelle Mediengeschäft steht daher vor der Herausforderung, seine Strategien neu auszurichten und bestehende Geschäftsmodelle zu überdenken. Es wird dargestellt, mit welchen Überlegungen und Strategien Rechteinhaber auf diese Marktveränderungen reagieren, welchen Herausforderungen und Chancen sie sich konfrontiert sehen, auf welche Hindernisse sie stoßen und wie sich ihr tägliches Business dadurch aktuell und zukünftig verändert.

Beitragsinhalt

1 Chancen und Herausforderungen

Das Digitale Fernsehen hat eine neue Ära in der Welt des Fernsehens eingeläutet. Revolutionäre technische Neuerungen wie wir sie seit der Einführung des Farbfernsehens nicht mehr erlebt haben, finden ihren Weg in die Wohnzimmer. On-Demand, IPTV, User Generated Content und Interaktivität sind hier nur einige Schlagworte. Das traditionelle Mediengeschäft steht vor der Herausforderung, mit neuen Strategien und Businessmodellen auf diese Veränderungen zu reagieren und Schritt zu halten.

Zuerst ein Blick auf die deutsche Fernsehlandschaft: Von insgesamt 35 Millionen Fernsehhaushalten beziehen rund 19 Millionen ihr Programm über Kabel, 14,5 über Satellit, 1,4 Millionen terrestrisch und lediglich rund 100.000 nutzen IPTV (Stand: 1. Oktober 2007, Vgl. ARD, Homepage (WWW v. 26.03.2008)). Derzeit empfangen 13,2 Millionen deutsche TV Haushalte digitales Fernsehen (ca. 35%), 3,3 Millionen über Kabel, 8,5 Millionen über Satellit, 1,25 Millionen terrestrisch und 150.000 per IPTV (Vgl. DELOITTE CONSULTING GMBH (2008), S. 3). Die künftige Entwicklung der Digitalisierung in Deutschland wird sehr positiv eingeschätzt. So prognostiziert Goldmedia, dass bis Ende 2012 insgesamt 77% der TV-Haushalte digitalisiert sein werden (Vgl. GOLDMEDIA GMBH, Homepage (WWW v. 26.03.2008)).

Für die Konsumenten bietet das digitale Fernsehen eine große Vielfalt. Digitale Plattformen haben wesentlich größere Kapazitäten und können somit eine Vielzahl von neuen Kanälen anbieten. Immer mehr Nischensender und Special Interest Channels werden gelauncht, Video-On-Demand Services befreien die Fernsehkonsumenten von vorgegebenen Programmplänen, PVRs (Personal Video Recorder mit integrierter Festplatte) erlauben, ein Programm zeitversetzt zu sehen, noch während es aufgenommen wird, oder Werbung zu überspringen. IPTV liefert Fernsehprogramme über den Internet-Breitbandzugang, wobei IPTV von den Konsumenten oft falsch verstanden wird. Um IPTV zu empfangen, müssen sich die Kunden nicht auf ihrem Computer in eine Internet-Website einloggen, sondern das Fernsehsignal wird über das Internetkabel zum PC oder über eine Set Top Box zum Fernsehapparat geliefert. IPTV ermöglicht sowohl interaktives Fernsehen als auch Time-Shifting.

Aber nicht nur die Konsumenten profitieren vom digitalen Fernsehen, sondern auch die Medienbranche erhält neue Impulse. Da durch Digitalisierung die für eine Übertragung eines Senders benötigten Bandbreiten reduziert werden, wird immer mehr Playern der Eintritt in das Business ermöglicht. In einer Studie von Goetzpartners über IPTV heißt es dazu: „Das TV Geschäft war bislang ein etablierter Bereich, der durch die Konvergenz der Medien erheblich an Dynamik zugelegt hat. Dabei verändert IPTV die TV-Wertkette auf allen Wertschöpfungsstufen und ermöglicht den Eintritt neuer Player, weil die traditionellen Grundfeste der etablierten Player Markteintritte nicht mehr behindern können. Dadurch können und müssen sie ihre Geschäftsmodelle anpassen und ausweiten.“ (EWERDWALBESLOH, F. / WORBS, M. (2007), S. 56)

Im folgenden soll nun dargestellt werden, mit welchen Überlegungen und Strategien Rechteinhaber auf diese Marktveränderungen reagieren, welche Herausforderungen und Chancen sie sehen, auf welche Hindernisse sie stoßen und wie sich ihr tägliches Business dadurch verändert.

Wie immer eröffnen neue Technologien auch immer neue Chancen. Rechteinhaber sehen die neuen Medien in erster Linie als eine wertvolle Ergänzung zum klassischen Business, als eine weitere Chance, Content zu vermarkten. Für die nächsten Jahre werden sie aber vor der großen Aufgabe stehen, den Übergang vom traditionellen Fernsehen zu „On Demand" und „On the go" Fernsehen zu managen. Denn es ist klar: Es wächst eine völlig neue Generation von Konsumenten heran, die Fernsehen nicht mehr nur als ein reines „lean back" Medium begreifen, sondern ihr Programm aktiv mit gestalten wollen, und die – während der Fernseher läuft – gleichzeitig im Internet chatten oder Zusatzinformationen zu dem Film, den sie gerade sehen, abrufen.

Die digitale Welt hat für diesen neuen Zuschauertyp vieles parat: On-Demand-Plattformen gewähren den Konsumenten die zeitliche und räumliche Unabhängigkeit von vorgegebenen Fernsehprogrammen, also die Entscheidungsfreiheit, ein Programm zu sehen, wann und wo man will, der Rückkanal der digitalen Übertragungswege ermöglicht Interaktivität, das dem Konsumenten die Möglichkeit gibt, bei Bedarf z.B. Zusatzinformationen abzurufen. Programmanbieter und Advertiser können einen direkten Kontakt mit den Endkunden aufbauen und so mehr über ihre Sehgewohnheiten und Vorlieben erfahren. „User Generated Content", selbst produzierte und ins Netz gestellte Videoclips, machen aus reinen Fernsehkonsumenten aktive Programmgestalter.

Bei all diesen vielversprechenden Tendenzen dürfen wir jedoch eines nicht aus den Augen verlieren: Noch stecken sowohl IPTV als auch Video On Demand in den Kinderschuhen! Die meisten Manager im Mediengeschäft glauben zwar, dass die digitale Welt das traditionelle Medienbusiness revolutionieren wird, zwei wichtige Fragen bleiben dabei jedoch offen. Nämlich wie sieht das Businessmodell aus, wie wird Geld verdient? Und wie hoch ist die Akzeptanz beim Konsumenten? IPTV und On Demand Plattformen haben wenig Abonnenten und sind durch ihre geringe Reichweite noch nicht besonders attraktiv für die Werbewirtschaft. Andererseits müssen sie hohe Investitionen für attraktiven Content tätigen. Und im Internet surfen die Konsumenten nach wie vor in erster Linie, um Informationen zu erhalten. Suchmaschinen wie Google führen europaweit die Top Ten der am meisten besuchten Websites an.

Auch muss man der Tatsache in die Augen sehen, dass die Akzeptanz einiger neuer Medien bei den Konsumenten noch nicht besonders hoch ist. Auch wenn bereits positive Entwicklungen zu verzeichnen sind, sind die Nutzungszahlen von Video On Demand und IPTV niedrig, denn beide Technologien sind sehr neu und neue Technologien brauchen immer eine gewisse Zeit sich durchzusetzen.

Ein großes Problem ist, dass der deutsche Fernsehzuschauer IPTV nicht versteht. Mehr als 50 Prozent der Deutschen haben keine Ahnung, was IPTV ist (Vgl. BLICKPUNKT: FILM, Homepage (WWW v. 31.03.2008)). Otto Normalverbraucher interessiert sich nicht für Technologien. Und er interessiert sich schon gar nicht dafür, welche Technologie ihm sein

Fernsehprogramm zuliefert. Das einzige, was er wissen will, ist, ob IPTV ihm die Tür zu mehr und besserem Programm öffnet und natürlich zu Programmen, die auf ihn und seine speziellen Interessen zugeschnitten sind. Unterschiedliche Set Top Boxen, Smartcards, High Speed Internet verwirren den Konsumenten und entmutigen ihn letztendlich. So lange Konsumenten verunsichert sind, wird die Akzeptanz der neuen Medien nur langsam wachsen. O2 hat beispielsweise den für Sommer 2007 geplanten IPTV Launch bis auf weiteres verschoben, da sie nur ein paar Early Adopters bereit für IPTV einschätzen.

Eine weitere Hemmschwelle für die Akzeptanz der neuen Medien ist es, dass die deutschen Zuschauer es nicht gewohnt sind, für Fernsehen extra zu bezahlen. Deutschland weist europaweit die höchste Anzahl an Free-TV Sendern auf, so dass Fernsehen als ein Medium wahrgenommen wird, das kostenlos zur Verfügung steht. Es fallen zwar Gebühren für GEZ und Kabel an, aber diese sind im Bewusstsein der Konsumenten nicht als Ausgaben für Fernsehprogramme verankert. Dementsprechend konnte sich IPTV in Deutschland im Gegensatz zu anderen europäischen Ländern mit einem wesentlich geringeren Anteil an Free-TV Sendern und einer größeren „Pay TV Kultur“ noch nicht durchsetzen. So sind weniger als 1% der deutschen Fernsehhaushalte IPTV-Abonnenten, in Frankreich liegt die Rate dagegen bereits bei knapp 2,5% (Vgl. EWERDWALBESLOH, F. / WORBS, M. (2007), S. 6).

Für Rechteinhaber wirft das digitale Zeitalter ein weiteres Problem auf, das im Zentrum aller neuen Strategien steht, nämlich das Problem der Piraterie. Wir wollen intellektuelles Eigentum schützen und müssen alle technischen Möglichkeiten ausnutzen, um dieses Ziel zu erreichen. Die digitale Technologie ist ein zweischneidiges Schwert. Auf der einen Seite bieten sich unzählige neue Möglichkeiten, andererseits ist die illegale Vervielfältigung die größte Bedrohung für die Filmindustrie und löst dementsprechend eine große Unsicherheit bei Rechteinhabern aus. On Demand Angebote als eine legale Alternative zu illegalem Download stellt mit Sicherheit eine effektive Möglichkeit dar, Filmpiraterie zu bekämpfen. Trotz zahlreicher Kampagnen betrachtet die breite Masse illegalen Download noch immer als Kavaliersdelikt. Die Bereitschaft von Internet Service Providern (ISPs), mit Rechteinhabern in diesem Bereich aktiv zusammenzuarbeiten, kann nicht hoch genug eingeschätzt werden.

Die Diskussionen um die Zusammenarbeit und die geeigneten Maßnahmen im Kampf gegen Piraterie nehmen deshalb bei Verhandlungen mit On Demand Plattformen immer einen sehr breiten Raum ein. Alle potentiellen Kunden müssen einen umfassenden Fragenkatalog ausfüllen und ihre technischen Standards von Expertenteams prüfen lassen. Von den ISPs sollte gefordert werden, dass sie aktiv gegen Websites vorgehen, die illegalen Download bewerben oder anbieten. Doch gerade hier stößt man oft auf Widerstand und dieser Punkt muss meist am längsten und am härtesten verhandelt werden. Dazu schreibt ALEX CAMERON in „The Register“: „The unspoken truth is that ISPs do profit from piracy – free music, movies, games and software are a massive incentive for new people signing up for broadband. It's not in their interest to tackle it, and as long as it's impossible for them to offer entertainment services through the cooperation of rights-holders, the problem will simply get worse.” (CAMERON, A. (WWW v. 23.01.2006))

Eine weitere Sicherheitsmaßnahme, der alle Partner entsprechen müssen, ist die Implementierung von DRM (Digital Rights Management). DRM garantiert, dass das encodierte Signal nur unter bestimmten Voraussetzungen wieder decodiert werden kann. „Nachdem das Signal decodiert wurde, ist es ferner notwendig, durch ein Rights Management zu definieren, welche Nutzungsrechte gelten. Die Rechte können vom reinen Abspielen des Contents (unbeschränkt oder zeitlich begrenzt), über die Kopierberechtigung (nur auf zugelassene, weil ebenfalls lizensierte Geräte oder auf jegliche Endgeräte) bis hin zur Möglichkeit reichen, die Inhalte zu verändern." (EWERDWALBESLOH, F. / WORBS, M. (2007), S. 33)

Digitale Files können in Sekundenschnelle überallhin transportiert werden, ohne dabei an Qualität zu verlieren. Da Rechte aber grundsätzlich für ein bestimmtes Territorium verkauft werden, bestehen wir auch hier auf einen Schutzmechanismus. Lizenznehmer müssen ein von uns genehmigtes System für „Geo-Filtering" bzw. „Geo-Coding" implementieren. Das Geo-Coding identifiziert IP Adressen und prüft, ob sie zu den jeweils lizensierten Territories passen. Der Content wird nur dann freigegeben, wenn er von einer IP Adresse angefordert wird, die in dem jeweiligen Land registriert ist.

Sobald ein Vertrag mit einem Anbieter abgeschlossen ist, sind diese in der Pflicht, den Content auf der Plattform zu schützen und auch dafür verantwortlich, dies auf die bestmögliche Art und Weise zu tun. Dazu zählt, im Bereich DRM stets up to date zu sein und mit den höchsten DRM Standards zu arbeiten.

Die digitalen Medien stellen Rechteinhaber noch vor weitere Aufgaben: Welches sind die Rechte, die IPTV oder On Demand Anbieter erwerben und wie werden sie definiert? Diese Rechtedefinition hängt von unterschiedlichen Faktoren ab. Es ist wichtig zu wissen, ob es sich um Streaming oder Download handelt und ob das Endgerät der Computer oder eine Set Top Box ist. Weiterhin muss immer geklärt werden, ob die Internetstruktur genutzt wird oder nicht, denn in der Definition von Rechten wird hier sehr genau unterschieden. Wenn Anbieter auch nur teilweise die Internet-Infrastruktur nutzen, müssen die Rechte für Internet geklärt werden und dazu müssen die ursprünglichen Rechteinhaber kontaktiert und mit ihnen diese Rechte neu verhandelt werden.

Auch auf der technischen Seite gibt es sehr viel zu tun. Die gute alte DigiBeta hat ausgedient, denn sie entspricht nicht mehr den Standards der neuen Medienwelt. Das heißt, gesamte Libraries müssen digitalisiert und in eine digitale Datenbank gestellt werden. Dies ist sehr zeit- und arbeitsaufwendig und natürlich auch mit hohen Kosten verbunden.

2 Strategien für den Lizenzhandel

Der Spruch „Content ist King" gewinnt in der neuen digitalen Welt immer mehr an Relevanz. Die Konkurrenz unter den Anbietern wird größer werden und Content dadurch immer wichtiger. Player, die als Sieger oder zumindest als Überlebende aus dem Kampf hervorgehen wollen, müssen möglichst gutes Programm erwerben. Was für die etablierten Sender gilt, trifft auch auf die neuen digitalen Anbieter zu: Premium Content garantiert den Wettbewerbsvorteil. Filme wie Harry Potter werden immer zum Prestige einer Marke beitragen.

In diesem Zusammenhang noch ein Wort zum „User Generated Content“. Alle Welt spricht davon, wir natürlich auch. Aber man muss das Thema differenziert sehen. YouTube und MyVideo beherrschen zwar die Schlagzeilen, werden aber mittelfristig wenig Gewinne abwerfen. So stellt Screen Digest fest, dass User Generated Content im Jahr 2010 zwar 55% des gesamten Online-Video-Contents ausmachen, dabei jedoch nur 15% des gesamten Online-Gewinnes generieren wird. Oder umgedreht gesehen, “85 Prozent des Geldes werden demnach mit 45 Prozent der Videoinhalte verdient.“ (HANDELSBLATT, 17.01.2007, S. 8) Bezeichnenderweise sind die Top 14 Titel bei YouTube professionell hergestellte Clips. Auch diese Zahlen zeigen, dass sowohl die Konsumenten als auch die Werbewirtschaft ihr Geld weiterhin für hochklassige Filme und Serien ausgeben werden.

Was bislang den traditionellen Lizenzhandel ausmachte, nämlich die Parameter Territory, Windows und technische Plattform, ist heute nicht mehr ohne weiteres anwendbar. In den letzten 20 Jahren sah das Business folgendermaßen aus. Kinoauswertung, nach sechs bis neun Monaten folgte VHS bzw. DVD, sechs Monate später Pay TV und ein Jahr danach Free TV.

Mit Video On Demand (als ein Beispiel für eine neue Plattform) kam in den letzten Jahren eine revolutionäre Auswertungsstufe ins Spiel, die den Konsumenten erstmals eine zeitliche und räumliche Unabhängigkeit in der Auswahl ihres Medienkonsums gewährte. Mit diesem zusätzlichen Komfort stellt VOD eine wertvolle Ergänzung zu den klassischen Auswertungsstufen DVD, Pay-TV und Free-TV dar. Und immer wenn es eine neue Auswertungsstufe gab, ging die Befürchtung um, die bereits existierenden Medien könnten Verluste erleiden. Auch diesmal herrscht Verunsicherung, aber die Erfahrung hat noch immer gezeigt, dass jede weitere Verwertungsform zusätzliche neue Konsumenten ansprechen konnte. Mit Video On Demand wird dies nicht anders sein, denn es gibt viele verschiedene Arten, einen Film immer wieder zu genießen, sei es im Kino, zuhause auf DVD, im Fernsehen oder On-Demand. Das Kino beispielsweise ist und bleibt der wichtigste Premierenort für den Film. Die Atmosphäre, das Gemeinschaftserlebnis, die große Leinwand kann durch nichts ersetzt werden.

Ein Blick auf die Zahlen zeigt, dass die Fernsehnutzung – trotz des immer größeren Angebots an unterschiedlichen Medien – konstant geblieben ist. „Mit einer durchschnittlichen täglichen Nutzungszeit von 267 Minuten ist das Fernsehen Massenmedium Nummer eins in Deutschland. Das Internet holt jedoch vor allem bei den jüngeren Konsumenten auf.“ (EWERDWALBESLOH, F. / WORBS, M. (2007), S. 40)

Diese konstanten Zahlen sind der Grund, warum für die Werbetreibenden das Medium Fernsehen weiterhin erste Wahl bleiben wird. Der Anteil der TV-Werbung am deutschen Brutto-Werbemarkt blieb in den letzten zehn Jahren konstant und belegt mit durchschnittlich 44% klar Platz 1, gefolgt von Zeitungen mit rund 27%, und Zeitschriften mit rund 21% (Vgl. AGF, Homepage (WWW v. 26.03.2008). Jedoch auch für die Werbewirtschaft beginnen sich die Spielregeln zu verändern. Die Anzahl der Nutzer von digitalen Medien hat die für die Werbewirtschaft relevante kritische Masse noch nicht erreicht und die Konsumenten haben heute zudem die Möglichkeit, Werbung zu überspringen. Jedoch eröffnen sich auch hier völlig neue Chancen für die Werbewirtschaft, nämlich die Möglichkeit, Kunden wesentlich zielgerichteter zu erreichen und so die Streuverluste gering zu halten. Die digitalen Medien und das neue Internetzeitalter des Web 2.0 erlauben einen direkten Kontakt und einen Dialog mit dem Endverbraucher und Advertiser können so das Kaufverhalten, die Vorlieben und Interessen des einzelnen Endkunden kennenlernen und ihn so mit Werbung beliefern, die für ihn maßgeschneidert ist. Doch auch hier gibt es eine Kehrseite der Medaille. So musste die Social-Networking-Plattform Facebook kürzlich ihre neue Strategie für Online-Werbung unter dem Druck der Nutzer zurücknehmen, bei der das Surfverhalten der Nutzer auch außerhalb des Portals beobachtet werden konnte (Vgl. ZDNet, Homepage (WWW v. 02.04.2008)).

Auch für Rechteinhaber sind die Erkenntnisse der Werbewirtschaft von strategischer Bedeutung, denn auch sie wollen die Zuschauer möglichst individuell erreichen. Web 2.0 eröffnet die Chance, das Produkt noch gezielter, witziger und gewagter zu vermarkten. Zusätzliche Informationen können von den Rechteinhabern oder von den Nutzern ins Web gestellt werden. So entsteht ein wertvoller Dialog, der zeigt, wie man noch zielgerichteter und marktgerechter produzieren kann.

Wie bereits dargestellt, eröffnen die digitalen Medien eine große Chance, Content noch besser zu vermarkten. Es müssen jedoch die traditionellen Strategien überdacht und an die neuen Herausforderungen angepasst werden. Unser Studio hat beispielhaft u.a. die folgenden sechs möglichen Strategien ausgearbeitet, um die neuen Möglichkeiten möglichst positiv zu nutzen:

1) Verkürzung der Auswertungsfenster: Durch die wachsende Verbreitung von VOD Angeboten werden sich in Zukunft die Auswertungsfenster weiter verkürzen, um dem Wunsch nach möglichst hoher Aktualität Rechnung zu tragen und um illegalem Download entgegenzuwirken. Bislang konnte z.B. der Fernsehzuschauer erst etwa zweieinviertel Jahre nach dem Kinorelease einen Film im Free-TV sehen. Wir haben dem gesteigerten Appetit der Fernsehkonsumenten auf immer aktuelleres Programm bereits Rechnung getragen. Unser Studio hat beschlossen, bei Pay Per View und Video-On-Demand Day & Date mit dem Local Video Release zu gehen, was eine Verkürzung der Zeitspanne zwischen Kinorelease und den weiteren Auswertungsstufen zur Folge hat.

2) Short Form Content: Bedingt durch die Veränderungen in der Medienlandschaft haben wir die Entscheidung getroffen, unsere Produktion zu diversifizieren. Wir sind dabei, unsere Erfahrungen in der Produktion dahingehend auszuweiten, dass wir Programme auf verschiedenen Preisniveaus herausbringen, die die unterschiedlichen kreativen Bedürfnisse und Sensibilitäten der neuen Plattformen und Medien berücksichtigen. Wir expandieren beispielsweise unsere Produktionsaktivitäten auch in Richtung Short Form für Internet und Wireless. Mit unserem Studio 2.0 haben wir im September 2006 eine neue Produktionseinheit gegründet, deren Strategien ausschließlich auf digitale Medien ausgerichtet sind. Zusammen mit kreativen Talenten, aber auch mit Advertisern entwickeln wir neue Formate, Live-Action sowie Animation-Serien. Derzeit stehen bei Studio 2.0 über zwei Dutzend Projekte auf dem Plan, bei denen wir mit wesentlich niedrigeren Budgets arbeiten und uns eine weitaus höhere kreative Freiheit erlauben, als dies für das traditionelle TV möglich wäre.

3) Branding: Eine weitere wichtige strategische Entscheidung war es, künftig auf Branding zu setzen, um so eine neue Zuschauerschaft zu gewinnen. Erst Ende 2007 hat unser Studio

die Gründung von Warner TV bekanntgegeben. Diese gebrandeten non-linearen Video-On-Demand Channels werden sowohl für Subscription On-Demand als auch für Advertiser-Supported On-Demand Plattformen angeboten. Mit dieser Initiative können Konsumenten rund um die Uhr mit Filmen und Serien von Warner Bros. versorgt werden. Die ersten Warner TV Channels sind bereits in Großbritannien, in Frankreich und in Japan an den Start gegangen und zahlreiche weitere werden in verschiedenen Ländern in den nächsten Monaten folgen. Mit Branded Website Destinations wie TMZ, der führenden Entertainment News Website, aus der sogar ein gleichnamiges TV Format entwickelt worden ist, wollen wir auf der digitalen Landkarte weiter expandieren. Basierend auf den Erfahrungen, die wir mit TMZ sammeln konnten, haben wir in den USA Ende des letzten Jahres mit dem Hauptsponsor Unilever Momlogic.com gelauncht, ein soziales, informatives und unterhaltsames Netzwerk von Müttern für Mütter. Die Branded Destinations sind werbefinanziert und bieten durch unterschiedliche Links unter anderem Zugang zu TV Programmen.

4) Blockbusters: Wir werden weiterhin darauf setzen, jährlich mehrere Blockbuster zu produzieren, denn Premium Content wird für Programmanbieter umso wichtiger sein, je größer die Konkurrenz wird. Filme wie Harry Potter oder Herr der Ringe haben einen sehr hohen Wiederholungswert und erreichen selbst bei der x-ten Ausstrahlung noch Millionen von Zuschauern. So hat „Pretty Woman“ bei der 16. Ausstrahlung im Free-TV am 17. März 2008 einen noch immer hervorragenden Marktanteil von 19,5% (2,52 Millionen Zuschauer) in der Zielgruppe (14 – 49 Jahre) erreicht (Vgl. SAT.1, Homepage (WWW v. 18.03.2008)).

5) Exklusivität versus Non-Exklusivität: Die Entscheidung, ob Content exklusiv oder non-exklusiv verkauft werden soll, stellt eine ziemliche Gradwanderung für Studios dar. Auf der einen Seite wollen wir unsere Produkte möglichst breit vermarkten und favorisieren deshalb die Non-Exklusivität. Auf der anderen Seite wollen die Kunden den Content möglichst exklusiv erwerben, um einen Wettbewerbsvorteil gegenüber den Konkurrenten zu erreichen. Das Thema Fußball bei Premiere ist hier ein aussagekräftiges Beispiel. Es ist noch nicht klar, welches Businessmodell sich hier durchsetzen wird, an möglichst viele für weniger Geld oder an nur einen für viel Geld zu verkaufen. Wir haben uns vorerst für Non-Exklusivität in der digitalen Welt entschieden, um möglichst viele Konsumenten mit unserem Produkt zu erreichen.

6) Neue Kunden: Wie wir bereits festgestellt haben, öffnen die digitalen Medien die Tür für viele neue Player, auch für solche, die Entertainment nicht als ihr Kerngeschäft betrachtet haben – und es auch jetzt noch nicht tun. Konvergenz ist hier das Schlagwort, das Zusammenwachsen von unterschiedlichen Branchen, die bislang nichts oder nur wenig gemeinsam hatten. „The boundaries between markets involved in convergence are becoming increasingly blurred, as telecommunications operators move into offering content, device manufacturers launch IP-based delivery channels and content companies move into communications offering.” (EDIS, J. / MANN, G. (2006), S. 16)

Telekommunikations-Unternehmen, Kabelnetzbetreiber und Medienunternehmen schließen sich zu Partnerschaften zusammen, um das jeweilige Know-How des anderen gewinnbringend nutzen zu können und lernen dabei viel voneinander. „These partnerships will be needed most in areas where companies currently have limited assets (such as telecom companies in content).“ (EDIS, J. / MANN, G. (2006), S. 17)

Allerdings wird es noch einige Zeit dauern, bis sich die so unterschiedlichen Partner richtig aneinander gewöhnt haben, denn das Entertainment-Business, Telcos und ISPs sprechen recht unterschiedliche Sprachen und wir müssen lernen, unsere unterschiedlichen Philosophien zu verstehen.

Telcos beispielsweise haben gesehen, dass es für Rechteinhaber ein kommerzielles Risiko darstellt, in der Entertainmentbranche unerfahrenen Plattformbetreibern Content zu Verfügung zu stellen, und dass der Erwerb hochklassiger Inhalte eine erhebliche finanzielle Investition bedeutet. Oder wie es ALEXANDER CAMERON auf www.theregister.co.uk ausdrückt: „Time and time again I've heard movie studios, broadcasters, TV production companies, record labels and games publishers express to me their deep concern that the enthusiasm shown by ISPs to offer premium content is not tempered by any consideration or understanding for the process, risks and costs involved in the acquisition of rights to their intellectual property." (CAMERON, A. (WWW v. 23.01.2006))

Die neuen Plattform-Betreiber mussten lernen, wie man Content-Deals verhandelt. Derzeit haben die digitalen Plattformen gegenüber Hollywood-Studios noch eine geringe Verhandlungsmacht, weil sie nur eine geringe Reichweite haben (Vgl. EWERDWALBESLOH, F. / WORBS, M. (2007), S. 70). Das wird sich in der Zukunft sicherlich ändern, aber dennoch ist es und bleibt es eine nahezu universelle Wahrheit, dass Verhandlungen mit Major Studios schwierig und sehr zeitintensiv sind.

Ein Schlusswort: Wie wir festgestellt haben, stehen wir einer rasanten Entwicklung neuer Technologien gegenüber, die dazu auffordert, sich täglich aufs Neue mit der eigenen Geschäftsphilosophie auseinanderzusetzen. Wo früher nur alle zehn Jahre eine neue Technologie veränderte Strategien gefordert hat, ist es heute schwer, mit der Geschwindigkeit Schritt zu halten und Gelegenheiten beim Schopf zu packen. Dies jedoch zu versäumen, bedeutet, eine große Chance zu vertun.

Literaturverzeichnis

AGF – ARBEITSGEMEINSCHAFT FERNSEHFORSCHUNG (Homepage), www.agf.de/daten/werbemarkt, 26.03.2008.

ARD (Homepage), http://www.ard.de/intern/basisdaten, 26.03.2008.

BLICKPUNKT: FILM (Homepage), http:// www.mediabiz.de, 31.03.2008.

CAMERON, A.: IPTV and VoD: the great content adventure, in: The Register, http://www.theregister.uk.co, 23.01.2006.

DELOITTE CONSULTING GMBH: Digitale TV-Distribution in Deutschland. Ergebnisse der Experteninterviews, Düsseldorf, 2008.

EDIS, J. / MANN, G.: Content: Here, there and everywhere, Accenture Media Content Study, 2006.

EWERDWALBESLOH, F. / WORBS, M.: IPTV. Fernsehen der Zukunft?, goetzpartners, 2007.

GOLDMEDIA GMBH: Durchbruch bei Digitalisierung der TV Haushalte, http://www.goldmedia.com, 30.08.2007.

HANDELSBLATT: Web 2.0, Wieder von vorne, in: Handelsblatt, 17.01.2007, S. 8.

RIEDL, T.: Flimmern im Netz. Viele Telefongesellschaften planen eigene Internet-TV-Angebote – doch hierzulande sind die Kunden kaum bereit, dafür etwas zu zahlen, http://www.sueddeutsche.de, 03.01.2007.

SAT.1 (Homepage), http://www.presse.sat1.de, 18.03.2008.

ZDNet (Homepage) - Deutschland News, http://www.zdnet.de, 02.04.2008.

Technologische Innovationen: HD DVD und Blu-ray Disc

SVEN DEUTSCHMANN

Zusammenfassung
Bis Anfang 2008 herrschte der sog. „Formatkampf" in der Film-Branche, der durch die Frage gekennzeichnet gewesen ist, welches Format – HD DVD oder Blu-ray Disc – Nachfolger der DVD werden würde. Letztlich setzte sich die Blu-ray Disc am Markt durch. Die bedeutendsten Aspekte der jahrelangen Diskussion um das prospektiv erfolgreichere Format sollen in diesem Beitrag aufgezeigt werden. Nach einer Beschreibung der historischen Entwicklung von Formaten wird ihr physischer Aufbau und werden ihre technologischen Unterschiede aufgezeigt. Schließlich wird die Bedeutung der jüngsten technologischen Innovationen für Filmproduktionen skizziert.

Beitragsinhalt

1 Einleitung

Der folgende Beitrag behandelt das Thema „Technologische Innovationen: HD DVD und Blu-ray Disc – Einfluss des Formatkampfes auf Filmproduktionen".

Zu Beginn wird die Entwicklung von VHS über DVD zu HD DVD und Blu-ray Disc aufgezeigt. Die Frage nach neuen Formaten und ihrer Notwendigkeit im Speichermedienbereich wird darauf folgend beantwortet.

Im Anschluss wird der physische Aufbau der verschiedenen Formate aufgezeigt und besonders ihre Unterschiede näher beschrieben. Im heutigen Zeitalter spielt die Verbindung zum Internet, die Digitalisierung der Medien und die Gefahren für den Urheberrechtsschutz eine große Rolle. Vorgestellt wird der Kopierschutz AACS und eine von arvato Digital Services/ Sonopress entwickelte Technologie – mbargo, die illegale Downloads aus dem Internet verhindert.

Zum Abschluss wird auf die Bedeutung von HD DVD und Blu-ray Disc für Filmproduktionen und die Möglichkeiten, die sich durch die neuen Formate ergeben, eingegangen. Auch die Beeinflussung von Filmproduktionen durch den Formatkampf wird näher betrachtet.

2 Historische Entwicklung VHS zu DVD zu HD DVD und Blu-ray Disc

Abb. 2.1 Historische Entwicklung der verschiedenen Formate

Die VHS (Video Home System) wurde von JVC entwickelt. VHS ist ein analoges Aufzeichnungs- und Wiedergabesystem für Videorecorder. Die Markteinführung fand 1976 in Japan statt. Während der 1980er Jahren wurde VHS zum allgemein anerkannten Standard im Home Entertainment Bereich. Vorher musste sich das Format jedoch gegen Betamax von Sony und

Video2000 von Grundig durchsetzen. Diese beiden Formate waren zwar nach Ansicht vieler Experten technisch ausgereifter, jedoch setzte sich die VHS auf Grund des besseren Marketings von JVC durch (Vgl. Mediabit, Lexikon (WWW v. 15.11.2007)).

20 Jahre lang war die VHS das führende Heimvideo-System, ab dem Jahr 2000 wurde es nach und nach von der DVD abgelöst. Die Verdrängung der VHS durch die DVD liegt darin begründet, dass die DVD eine weitaus bessere Bildqualität bietet, da die VHS nur eine begrenzte Bildauflösung hat. Außerdem wird bei der DVD, genau wie bei der CD, der digitale und optische Weg der Speicherung genutzt, wohingegen die VHS die Speicherung auf Magnetbändern nutzt.

Die erste DVD wurde im Jahr 1995 am Markt eingeführt (Vgl. Mediabit, Lexikon (WWW v. 15.11.2007)). 2003 gab es weltweit 89,9 Millionen installierte DVD Player (Vgl. Brand 1, Homepage (WWW v. 15.11.2007)).

Jedoch noch im Jahre 2001 erreichte die VHS in Deutschland einen Marktanteil von 62,6 % was einer Stückzahl von 31,7 Millionen entspricht, die DVD hatte damals einen Anteil von 37,4 % was einer Stückzahl von 18,9 Millionen entspricht. Die Verkaufszahlen der DVD wurden um 6,6 Millionen Stück im Vergleich zum Vorjahr (8,2 Millionen Stück) gesteigert (Vgl. Golem, Homepage (WWW v. 15.11.2007)).

Seitdem sind die Verkaufszahlen der VHS stetig gesunken, inzwischen ist die VHS nahezu vollständig vom Markt verschwunden.

Seit Anfang des 21. Jahrhunderts hat die DVD über viele Jahre hinweg eine marktbeherrschende Stellung als Speichermedium für verschiedenste Inhalte eingenommen und die VHS nach und nach abgelöst. Wichtige Gründe für die Entwicklung von HD DVD und Blu-ray Disc waren die Einführung des Fernsehstandards HDTV und von Flachbildschirmen am Markt, und damit einhergehend, dass DVDs für hochauflösende Filme im HDTV Format zu wenig Speicherplatz bieten. Aus diesem Grund war ein Nachfolgeformat, im Fall von HD DVD und Blu-ray gleich zwei, unausweichlich. HD DVD und Blu-ray Disc bieten höchste Bildqualität, welche ein entscheidender Faktor für den Kunden ist, und stellen eine höhere Speicherkapazität als eine DVD zur Verfügung.

Die herkömmliche Video-Auflösung einer DVD beträgt 720x576 Pixel, die HDTV Auflösung besteht aus bis zu 1920x1080 Pixel.

Die Anzahl der Pixel zeigt die Auflösung an. Je höher die Zahl der Pixel ist, desto schärfer ist das Bild, desto besser die ist Bildqualität. Außerdem definiert die Auflösung den Detailreichtum des Bildes. Die Bildwiederholungsfrequenz und das Wiedergabeverfahren stehen für die Flimmerfreiheit des TV-Bildes. Aus diesem Grund werden, um Filme in höchster Bildqualität wiederzugeben, mehr Bits pro Sekunde und mehr Gigabytes per Disc verlangt. Daher bestehen bei der Bildauflösung der verschiedenen Formate große Unterschiede, wobei der Wunsch nach einer immer besseren Bildqualität die Entwicklung der High Definition Formate HD DVD und Blu-ray Disc begünstigte.

Die Verbesserung der Bildauflösung nahm ihre Entwicklung über PAL und NTSC, die vorherrschenden Fernsehstandards bei VHS und DVD, bis zu HDTV, dem Standard für High

Definition. Das Fernsehbild nutzt pro Vollbild 625 Zeilen bei PAL (Phase-Alternation-Line-Verfahren: Verfahren zur Farbübertragung beim analogen Fernsehen, vorherrschend in Europa) und 525 Zeilen bei NTSC (National Television Systems Committee: Fernsehsystem, das aus der ersten Festlegung eines Farbübertragungssystems durch die US-amerikanische Institution hervorgegangen ist, vorherrschend in Amerika) (Vgl. Paradiso Design (WWW v. 15.11.2007)).

Der Unterschied zwischen PAL und NTSC besteht darin, dass PAL mit der Zielsetzung entwickelt wurde, den unästhetischen, störenden Farbtonfehler im NTSC-Verfahren auszugleichen. PAL ermöglicht es einen Farbton-Fehler in einen Farbsättigungsfehler umzuwandeln und dieser ist für den Menschen sehr viel schwerer wahrnehmbar. Der Preis für die Verbesserung der Farbartschwankungen im Vergleich zu NTSC ist, dass PAL einen erheblichen Mehraufwand bei der Schaltung hat.

Die DVD verwendet – wie die VHS – den PAL oder NTSC Standard. Die Videodaten auf einer DVD liegen als MPEG2 komprimierter Datenstrom vor, die PAL Auflösung bietet eine Auflösung von 704x576/720x576 Bildpunkten mit einer Frequenz von 25 Hz. Bei NTSC beträgt die Auflösung 704x480/720x480 Bildpunkte mit einer Frequenz von 29,97 Hz (Vgl. HIFI-Regler (WWW v. 23.10.2007)). Die Entwicklung von HD DVD und Blu-ray Disc wurde stark von dem Standard HDTV (High Definition TV) beeinflusst. Beide Formate verwenden diesen Standard.

HDTV existiert bereits seit Ende der 1980er Jahre und ist eine Verbesserung und Vereinheitlichung von PAL und NTSC, aber gerade in Europa geht seine Umsetzung eher langsam vonstatten. Daher konnte erst im Laufe der letzten Jahre ein Anstieg der HDTV fähigen Endgeräte beobachtet werden.

Die Einführung von HDTV löste weltweit eine Nachfrage nach höherer Speicherkapazität für Videofilme aus, welche durch die Einführung von HD DVD und Blu-ray Disc befriedigt wurde. Dank dieser Formate ist es möglich, Inhalte mit einem erhöhten Speichervolumen und höchster Bildqualität auf optischen Datenträgern zu speichern.

Der Standard HDTV vereinheitlicht die TV-Standards weltweit, was gerade bei Sportübertragungen eine große Rolle spielt. Bei HDTV gibt es vier theoretische Formate: 720p, 1080i, 1125i und 1250i. Das „p" steht in diesem Fall für „progressive", ein Vollbildverfahren, bei dem jede Zeile sequenziell beschrieben wird und das „i" für „interlaced", ein Zeilensprungverfahren, bei dem nur die jeweils übernächste Zeile des Bildes beschrieben wird. Zurzeit werden Filme sowohl mit dem Format 720p als auch mit 1080i veröffentlicht. 1125i und 1250i sind Vorläuferformate und haben heutzutage keine praktische Bedeutung mehr (Vgl. HIFI-Regler (WWW v. 23.10.2007)).

Im Gegensatz zur DVD laufen die Kinofilme auf HD DVD und Blu-ray Disc nicht mit 25 Bildern pro Sekunde sondern im Original Kino-Format mit 24 Bildern pro Sekunde. Keines der ersten Abspielgeräte für High Definition Formate konnte ein Bild mit nur 24 Hz ausgeben. Die Bilder wurden auf 60 Hz umgerechnet, und somit tritt der erforderliche „Pulldown" (Umwandlung eines Filmsignals in ein Fernsehsignal) bei der Umrechnung auf, und der Zuschauer bemerkt ein leichtes Ruckeln. Seit dem Frühjahr 2007 sind Player erhältlich, welche den Film mit 24 Hz ausgeben und somit das Ruckeln vermeiden, zudem auch HD fähige Fernsehgeräte, die diese Ausgabe ebenfalls unterstützen. Somit wird die Attraktivität von HD DVD und Blu-ray Disc zusätzlich gesteigert.

Die Entwicklung von HD DVD und Blu-ray Disc wurde in den letzten Jahren zusätzlich begünstigt durch die Rekordabsatzzahlen von Plasma und LCD Fernsehern. Auf diesen Bildschirmen ist eine höhere Bildqualität unausweichlich, welche im Fernsehen durch die Ausstrahlung in HDTV (diese Ausstrahlungsform ist jedoch noch nicht sehr weit verbreitet) und bei den optischen Speichermedien durch die beiden neuen Formate garantiert wird.

Wenn ein Fernsehgerät oder Display „HD ready" (HDTV Gütesiegel, veröffentlicht von der European Information & Communications Technology Industry Association – EICTA) ist, muss es in der Lage sein, High Definition Inhalte in der HDTV Auflösung 720p oder 1080i abzuspielen. Dieses Label signalisiert einen übergreifenden Standard für die Mindestkonfiguration von HDTV-Geräten. (HIFI Regler, Homepage (WWW v. 23.10.2007)). Außerdem existiert das Label „Full HD", welches anzeigt, dass das Fernsehgerät die volle Auflösung von 1920x1080 Bildpunkten darstellen kann (Vgl. Amazon, High Definition Home Entertainment (WWW v. 14.11.2007)).

Im Bereich der Tonformate hat im Vergleich zu VHS und DVD eine Verbesserung stattgefunden. Sowohl HD DVD als auch Blu-ray Disc unterstützen die neuen Tonformate Dolby True HD, Dolby Digital Plus und DTS HD. Verbesserungen im Vergleich zur DVD liegen in der Qualität des Sounds, welcher nun ohne Datenkompression übertragen werden kann. Um die verbesserte Tonqualität zu erfahren, wird jedoch eine Wiedergabekette (High Definition Player, Verstärker, Lautsprecher, etc.) benötigt, welche die neuen Tonformate unterstützt.

Für die volldigitale Übertragung von Audio- und Video-Daten (wie z.B. bei HD DVD und Blu-ray Disc) wurde Mitte 2003 eine neue Schnittstelle – HDMI (High Definition Multimedia Interface) entwickelt. Mit HDMI verdoppelt sich die bisher mögliche Datenübertragungsrate. Ziele sind eine höhere Bildauflösung, eine höhere Bildwechselfrequenz, eine höhere Farbauflösung und zusätzliche Farben. Außerdem können bei HDMI die Bild-, Ton- und Zusatzsignale (z.B. Fernbedienung) über eine digitale Schnittstelle geführt werden, je nach Ausstattung der Geräte.

Alle aufgeführten Punkte machen die Weiterentwicklung von der VHS über die DVD zu HD DVD und Blu-ray Disc deutlich.

3 Aufbau von CD, DVD, HD DVD und Blu-ray Disc

Die DVD besteht aus zwei Substratschichten, die je 0,6 mm dick sind, genau wie die HD DVD, was einer Gesamtdicke von 1,2 mm entspricht.

Beim Vergleich der verwendeten Laser wird deutlich, dass gerade in diesem Punkt im Laufe der letzten Jahre eine erstaunliche Weiterentwicklung stattgefunden hat. Während die CD und die DVD Laser im infraroten Bereich nutzen, verwenden HD DVD und Blu-ray Disc einen blauen Laser. Aus diesem Grund ist es nicht möglich, HD DVDs oder Blu-ray Discs auf einem gewöhnlichen DVD-Spieler abzuspielen. Dafür werden spezielle Player benötigt. HD DVD-Player und Blu-ray Disc-Player sind untereinander nicht kompatibel. Es gibt nur einige wenige Kombinationsplayer am Markt, die in der Lage sind, beide Formate abzuspielen.

Eine CD arbeitet mit Wellenlängen von 780 nm und eine DVD mit 650 nm, Blu-ray und HD DVD mit 405 nm. Der Vorteil der kürzeren Wellenlänge ist, dass die Datenpunkte (Pits) enger zusammengeschrieben werden können und so die Diskkapazität erhöht wird. Der Spot des blauen Lasers ist außerdem in etwa 5mal kleiner als der des roten Lasers der DVD, ein weiterer Grund für die erhöhte Speicherkapazität bei HD DVD und Blu-ray Disc.

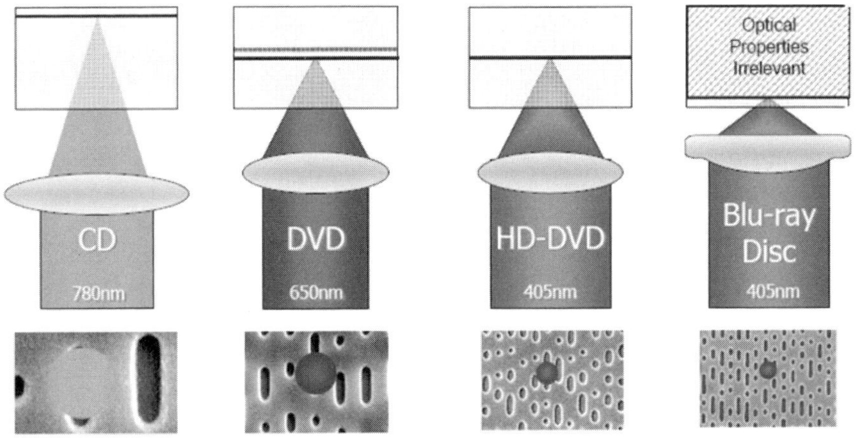

Abb. 3.1 *Überblick über den Aufbau der verschiedenen Formate*
(Quelle: Vgl. BDA – Homepage (WWW v. 18.10.2007))

Die Speicherkapazität einer DVD beträgt pro Single Layer (eine Ebene, auf der Daten gespeichert werden) 4,7 GB. Bei einer HD DVD fasst der Single Layer 15 bzw. 17 GB und bei der Blu-ray Disc 25 GB.

Die Produktion beider Formate ist im Gesamtprozess grundsätzlich mit der von Standard DVDs vergleichbar. Im Detail gibt es aber sehr viele Unterschiede, sowohl was die Technologien und Spezifikationen betrifft, als auch das Equipment und teilweise die Arbeitsabläufe.

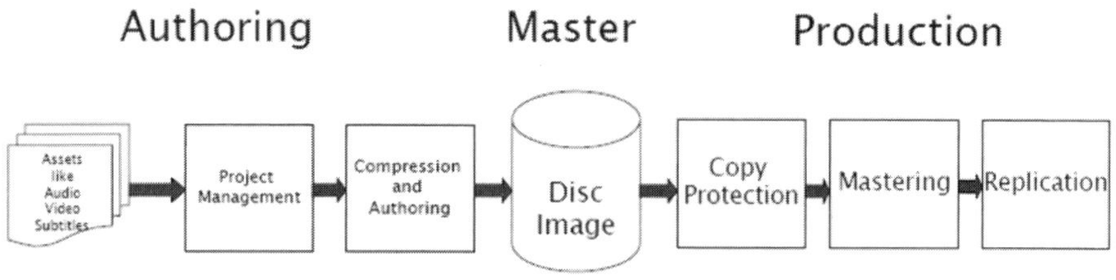

Abb. 3.2 *Produktionsprozess von optischen Speichermedien bei arvato Digital Services / Sonopress*

Im Bereich der Kostenstruktur können Parallelen zu der Markteinführung der DVD gezogen werden. Die Preise sind damals auch auf einem zunächst hohen Level gestartet und dann allerdings schnell auf ein Niveau gefallen, welches für Kunden attraktiv ist.

Sowohl Blu-ray Disc, als auch HD DVD hatten sich bis Ende 2007 auf einem ähnlichen Preisniveau eingependelt, sodass hier kein wesentlicher Vorteil für den einen oder den anderen Datenträger im Formatkampf absehbar war.

In Bezug auf die Abspielgeräte kann festgehalten werden, dass die Entwicklung eher langsam verläuft. Insgesamt sind wenige Geräte verfügbar und die Preise in Deutschland liegen für HD DVD Player bei ca. 300 – 800 €, für Blu-ray Disc Player bei ca. 500 – 1.200 € und für Kombinationsplayer bei 1.200 €.

Detailbeschreibung HD DVD:

Die HD DVD wurde durch das DVD-Forum spezifiziert, dem NEC, Microsoft, Toshiba, Intel, IBM, Hewlett Packard und Time Warner angehören. Die Verabschiedung der HD DVD als Nachfolger der DVD fand am 19.11.2003 statt. Die erste HD DVD in deutscher Sprache wurde am 14.06.2006 von Imagion veröffentlicht und war der Film Elephants Dream.

Mögliche Datenformate sind die Videocodeces MPEG-2, MPEG-4 AVC, VC-1 (WMV9) und die Audiocodeces Dolby Digital, DTS, MPEG, Dolby Digital Plus, Dolby True HD und DTS HD.

Eine Besonderheit der HD DVD war, dass kein Regionalcode vorhanden war. Das heißt, dass in den USA gekaufte HD DVDs in Deutschland abgespielt werden konnten und umgekehrt.

Die HD DVD wies weitere Besonderheiten auf. Sie hatte sowohl eine Network Connectivity, das bedeutet, dass parallel zum laufenden Film Zusatzinformationen aus dem Internet heruntergeladen werden können, als auch interaktive und transparente Menüs, die sogar aufgerufen werden können, während der Film weiterläuft. (Funktionen, die mittlerweile gleichermaßen von der Blu-ray Disc erfüllt werden).

Die HD DVD Promotion Group, hervorgegangen aus dem DVD-Forum, war der wichtigste Verfechter des HD DVD Formates. Die wichtigsten Mitglieder dieser Gruppe waren unter anderen Toshiba, SANYO, NEC, Microsoft, Universal Pictures und Paramount. Die HD DVD Promotion Group trieb die weltweite Verbreitung der HD DVD voran und wollte die Zukunftsfähigkeit dieses Formates sicherstellen. „The "HD DVD Promotion Group" aims to exchange views and thoughts to help promote the HD DVD format based contents and products into the marketplace and share its promotional activity among members to encourage the broad acceptance of HD DVD on a world wide basis among members of the group, related industries and the public." (HD DVD Promotion Group, Homepage, (WWW v. 18.10.2007))

	DVD	HD DVD		
Disc type	DVD-ROM (Read-Only)	HD DVD-ROM (Read-Only)	HD DVD-R (Recordable)	HD DVD-Rewritable (Recordable)
Disc structure	0.6 mm x 2 substrates	0.6 mm x 2 substrates	0.6 mm x 2 substrates	0.6 mm x 2 substrates
Capacity (Single-sided, single-layer) (Single-sided, dual-layer)	4.7 GB 8.5 GB	15 GB 30 GB	15 GB	20 GB 32 GB (under development)
Playback time Recording time	4.7 GB, SD resolution: 132 minutes 8.5 GB, SD resolution: 238 minutes	15 GB, HD resolution: over 4 hours 30 GB, HD resolution: over 8 hours	15 GB, HD resolution: over 4 hours	20 GB, HD resolution: over 5.5 hours 32 GB, HD resolution: over 8.5 hours
Laser Wavelenght	650 nm (red laser)	405 nm (blue laser)	405 nm (blue laser)	405 nm (blue laser)
Video Compression Technology	MPEG-2	MPEG-4 AVC/ VC-1/MPEG-2	MPEG-4 AVC/ VC-1/MPEG-2	MPEG-4 AVC/ VC-1/MPEG-2
Audio Compression Technology	Dolby® Digital, DTS™, PCM, MPEG	Dolby® Digital, DTS™, PCM, MPEG Dolby® Digital Plus Dolby® TrueHD DTS HD™	Dolby® Digital, DTS™, PCM, MPEG Dolby® Digital Plus Dolby® TrueHD DTS HD™	Dolby® Digital, DTS™, PCM, MPEG Dolby® Digital Plus Dolby® TrueHD DTS HD™
User bit rate	11.08 Mbps	36.55 Mbps	36.55 Mbps	36.55 Mbps
Track pitch	0,74 µm	0,40 µm	0,40 µm	0,34 µm

* playback time and recording time depend on data rate.

Abb. 3.3 *Vergleich von HD DVD und DVD*

Detailbeschreibung Blu-ray Disc:

Die Spezifikationen der Blu-ray Disc wurden am 19.02.2002 durch die damals neun Unternehmen, Panasonic, Pioneer, Philips, Sony, Thomson, LG Electronics, Hitachi, Sharp, Samsung, Dell, Apple, TDK, der Blu-ray Disc Group verabschiedet.

Mögliche Datenformate sind die Videocodeces MPEG -2, MPEG-4 AVC, VC-1 und die Audiocodeces Dolby Digital, DTS, LPCM, Dolby Digital Plus, Dolby True HD, DTS HD.

Spezielles Feature der Blu-ray Disc ist eine interaktive Anwendungsschicht, die das bisherige DVD Menü ersetzt. Diese Anwendungsschicht bietet die Möglichkeit der Integration von interaktiven Elementen während des laufenden Filmes wie Filmausschnitte (hier kann zum Beispiel aus mehreren Handlungssträngen oder Filmenden gewählt werden), Einblendungen, Spiele, Webangebote oder multimediale Zusatzinformationen. Des Weiteren besteht die Möglichkeit, bestimmte Inhalte auf der Disc erst durch das Internet frei schalten zu lassen. Jedoch ist die Netzwerkkonnektivität bei Blu-ray Disc Playern nicht verpflichtend und somit gibt es Player mit verschiedenen Ausstattungen.

Bei der Blu-ray Disc gibt es wie bei der DVD verschiedene Regionalcodes (welche unterschiedlich zu denen der DVD sind). Diese sollen verhindern sollen, dass Blu-ray Discs aus den USA in Europa abgespielt werden können.

Die Blu-ray Disc Association (ehemals Blu-ray Disc Group) ist die Gruppe, die die Entwicklung der Blu-ray Disc vorantreibt und im Gegenzug zur HD DVD Promotion Group die Blu-ray Disc als das einzige Format für die Zukunft sichern möchte.

„Die Blu-ray Disc wird erstmalig 2002 von einer Gruppe 17 führender Unternehmen aus verschiedenen Branchen (Unterhaltungselektronik, PC, Peripheriegeräte, Musik- und Unterhaltungssoftware) vorgestellt, die eine Pionierrolle in diesem Projekt übernahmen und das neue Format entwickelten. Diese Gruppe nannte sich Blu-ray Disc Founders (BDF). Im Juni 2004 wurde diese Gruppe in Blu-ray Disc Association (BDA) umbenannt, um weiteren Mitgliedern Zugang zu dieser Gemeinschaft zu gewähren. Stand heute zählt die Blu-ray Disc Association weit über 150 Mitglieder aus allen Bereichen der Unterhaltungs- und PC-Industrie. Die BD-ROM erschien 2004 als spezielles Format für den Vertrieb von Videofilmen und wurde ergänzt durch Discs des Typs BD-R für das einmalige und BD-RE für das wiederholte Beschreiben. Seitdem sind mehr als 150 Filmtitel und zahlreiche Spiele auf Blu-ray Discs veröffentlicht worden.“. (Blu-ray Disc Association, Homepage (WWW vom 18.10.2007))

	DVD	Blu-ray Disc (BD)		
Disc type	DVD-ROM (Read-Only)	BD-ROM (Read-Only)	BD-R (Record once)	BD-RE (Rewritable)
Disc structure	0.6 mm x 2 substrates	0.1 mm cover layer + 1.1 mm substrate	0.1 mm cover layer + 1.1 mm substrate	0.1 mm cover layer + 1.1 mm substrate
Capacity (Single-sided, single-layer) (Single-sided, dual-layer)	4.7 GB 8.5 GB	25 GB 50 GB	25 GB 50 GB	25 GB 50 GB
Playback time Recording time	4.7 GB, SD resolution: 132 minutes 8.5 GB, SD resolution: 238 minutes	25 GB, HD resolution: over 6.5 hours 50 GB. HD resolution: over 13 hours	25 GB, HD resolution: over 6.5 hours 50 GB. HD resolution: over 13 hours	25 GB, HD resolution: over 6.5 hours 50 GB. HD resolution: over 13 hours
Laser Wavelenght	650 nm (red laser)	405 nm (blue laser)	405 nm (blue laser)	405 nm (blue laser)
Video Compression Technology	MPEG-2	MPEG-4 AVC/ VC-1/MPEG-2	MPEG-4 AVC/ VC-1/MPEG-2	MPEG-4 AVC/ VC-1/MPEG-2
Audio Compression Technology	Dolby® Digital, DTS™, PCM, MPEG	Dolby® Digital, DTS™, LPCM, Dolby® Digital PlusDolby® TrueHD DTS HD™	Dolby® Digital, DTS™, LPCM, Dolby® Digital PlusDolby® TrueHD DTS HD™	Dolby® Digital, DTS™, LPCM, Dolby® Digital PlusDolby® TrueHD DTS HD™
User bit rate	11.08 Mbps	36 Mbps	36 Mbps	36 Mbps
Track pitch	0,74 µm	0.32 µm	0.32 µm	0.32 µm

* playback time and recording time depend on data rate

Abb. 3.4 *Vergleich von Blu-ray Disc und DVD*

Vergleich von HD DVD und Blu-ray Disc:

Beide Formate wiesen einige Gemeinsamkeiten, aber auch sehr viele Unterschiede auf. Es war den Vertretern beider Formate nicht möglich, sich auf ein Format zu einigen, da jeder von den Vorzügen seines Formates so sehr überzeugt war und daher keinerlei Kompromissbereitschaft zeigte.

Unterschiede:

Die HD DVD hatte zwar als Dual Layer weniger Speicherkapazität als die Blu-ray Disc, besaß aber andererseits keine schlechte Ausgangsposition für die Massenfertigung. Durch kleine Anpassungen konnten die vorhandenen Anlagen der DVD Replikation verwendet werden und dadurch ergaben sich im Vergleich zur Blu-ray Disc anfangs geringere Produktionskosten. Im November 2007 verabschiedete das DVD-Forum eine HD DVD mit drei Datenschichten, die jeweils 17 GB Speicherplatz bieten, insgesamt 51 GB. Somit wurde der Unterschied zwischen HD DVD (Dual Layer: 30 GB) und Blu-ray Disc (Dual Layer: 50 GB) in Bezug auf die Speicherkapazität durch diese neue Variante der HD DVD ausgeglichen. Bei HD DVD war von Anfang an die Bild-in-Bild-Funktion vorgeschrieben und die einzelnen Player mussten diese Funktion unterstützen. Im Gegensatz dazu ist diese Funktion bei der Blu-ray Disc erst seit November 2007 verpflichtend. HD DVD Abspielgeräte waren in 2007 bereits für unter 300 Euro erhältlich. Angebote im 4. Quartal 2007 lagen in den USA sogar bei 99 USD und respektive 199 € in Westeuropa inklusive sieben HD DVD Spielfilmen. Außerdem waren die Player von Anfang an Picture-in-Picture- und Internetfähig. Für die Blu-ray Disc sprach, dass sie von fast allen Hollywood Studios unterstützt wurde. Außerdem war sie von den meisten großen Marken der Unterhaltungselektronik befürwortet. Abspielgeräte mit einer ruckelfreien 24p-Wiedergabe waren ab Ende 2007 erhältlich.

Gemeinsamkeiten:

Beide Formate bieten mehr Speicherkapazität als eine herkömmliche DVD und arbeiten anstatt mit einem roten mit einem blauen Laser. Außerdem wurde die Bildqualität um ein Vielfaches verbessert. Zusätzlich verfügen beide Formate über interaktive Features wie z.B. eine Internetanbindung (nur bei HD DVD verpflichtend), Menü-Einblendungen während des laufenden Films und Spiele.

Die endgültige Entscheidung im Formatkampf fiel im Januar 2008 mit der Entscheidung von Warner, sich exklusiv auf das BD Format festzulegen. Bisher hatte das Studio beide Formate unterstützt. Anschließend war es nur noch eine Frage von Wochen bis sich die Hollywood Studios Universal Pictures, Dreamworks und Paramount dieser Entscheidung anschlossen. Im Februar 2008 gab dann schließlich Toshiba auf und verkündete die Einstellung des HD DVD Formates. Schlagartig war die HD DVD ein redundantes Format. Die Titel wurden innerhalb der nächsten Monate abverkauft, die HD Abspielgeräte hingegen konnten aufgrund einer sogenannten Up-Scaling Funktion weiter für herkömmliche DVDs eingesetzt werden . Mit dem Up-Scaling wird die Auflösung einer konventionellen DVD so hinaufgerechnet, dass eine wesentliche Verbesserung der Bildqualität erzielt wird, die freilich in letzter Konsequenz nicht an die High Defintion Auflösung heranreicht, jedoch eine gute Übergangsstufe für den Konsumenten darstellen kann.

4 Kopierschutz und Bannung der Gefahren aus dem Internet

In der heutigen Zeit wird die Gefahr der Produktpiraterie auf Grund der Digitalisierung der Medien und des Internets immer größer. Besonders im Bereich Film und Musik steigt die Zahl der illegalen Downloads stetig an und sogenannte Peer-to-Peer Communities boomen im Web. Der Aspekt des Kopierschutzes wird somit immer wichtiger. Inhalte müssen heutzutage verstärkt geschützt werden, damit besonders die Musik- und Filmindustrie keine weiteren größeren Schäden davon tragen.

4.1 AACS

Der Advanced Access Content System Licensing Administrator (AACS LA – Gründungsmitglieder: IBM, Intel, Microsoft, Panasonic, Sony, Toshiba, Walt Disney, Warner Bros.) entwickelte den Kopierschutz für die Blu-ray Disc, das Advanced Access Content System (AACS). AACS ist ein Verfahren, das Inhalte steuert und schützt, die auf der nächsten Generation von bespielbaren und vorbespielten optischen Medien gespeichert sind. (Vgl. AACS LA, Homepage (WWW v. 25.10.2007))

Für die Blu-ray Disc ist der Kopierschutz AACS immer verpflichtend.

Die Inhalte der Blu-ray Disc werden mit dem Digital Rights Management von AACS geschützt. Dazu muss der Inhalt vom Replikator (z.B. von arvato Digital Services/ Sonopress) verschlüsselt und diese Version vor der Fertigung durch AACS LA bescheinigt werden.

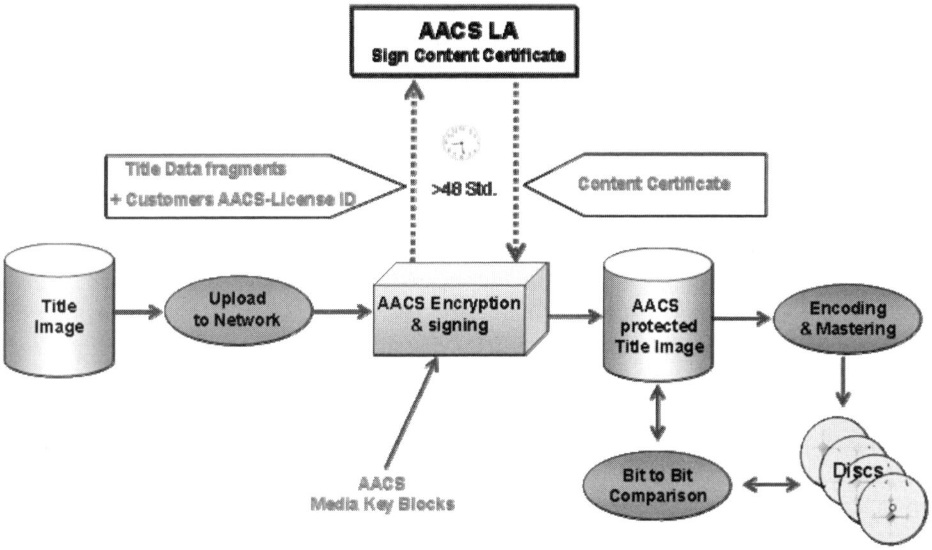

Abb. 4.1 *AACS Implementierungsprozess*

4.2 mbargo

mbargo ist die Antwort von arvato Digital Services/ Sonopress auf illegale Downloads und Raubkopien im Internet. Die Technologie von mbargo blockiert unlizensierte Versionen von Daten in Online Tauschbörsen und verhindert deren Massendistribution. Außerdem schützt mbargo Produkte vor und nach ihrem offiziellen Veröffentlichungstermin. Zusätzlich werden umfangreiche Statistiken über die Downloadaktivitäten erstellt und die dominierenden Tauschbörsen abgesichert. Weltweiter Schutz ist für jede Art von Inhalten in Bezug auf Musik, Filme, Spiele und Software möglich. mbargo sucht permanent nach relevanten Datensätzen im Internet. Dateien auf Peer-to-Peer (P2P) Netzwerken werden blockiert und dadurch der Download verhindert. Es werden umfangreiche Überwachungsressourcen angeboten um Raubkopien von verschiedenen Produkten zu verhindern. Auf P2P Netzwerken erhältliche Titel werden entdeckt, darauffolgend wird der Kunde über die Möglichkeit, sein Produkt illegal im Internet herunterzuladen informiert und Details über die ersten Anbieter bereitgestellt. Des Weiteren ist der Kunde mit Hilfe des mbargo-Teams in der Lage, die Nachfrage der Nutzer auf verschiedenen Plattformen zu messen und auch die geographische Distribution zu analysieren. Dem Kunden wird, um diese Informationen zu erhalten, ein Webinterface bereitgestellt.

mbargo ist aktiv auf Webseiten, die von Release Groups und Closed Communities bestückt und verwendet werden. Die massenhafte Verbreitung von Inhalten im Internet ist seit der Digitalisierung der Medien verstärkt möglich und somit ist auch die Zahl der Raubkopien in den letzten Jahren stetig angestiegen. Auf diesem Weg wird dem Rechteinhaber erheblicher Schaden zugefügt.

Heute bewegen sich bis zu 10 Millionen Nutzer zeitgleich auf den größten Plattformen und tauschen dort täglich Millionen von – meistens unlizenzierten – Dateien untereinander aus.

Zwei Drittel des gesamten Datenverkehrs im Internet entfallen bereits auf solche Peer-to-Peer Netzwerke und die Tendenz ist steigend. Heutzutage ist es auf Grund der immer einfacher zu bedienenden Software auch unerfahrenen Anbietern möglich, Inhalte auf Internettauschbörsen herunter zu laden. Ein weiteres großes Problem ist, dass viele der Inhalte bereits vor ihrem offiziellen Veröffentlichungsdatum im Internet zur Verfügung stehen.

Der Schutz von mbargo ist im Vergleich zu herkömmlichen Ansätzen wirkungsvoller, da er auf verschiedenen Ansätzen und einer Innovation (bei arvato Digital Services/ Sonopress entwickelte und zum Patent angemeldete Technologie) basiert. Entgegen herkömmlicher Ansätze, die die Nutzer durch künstliche/unechte Dateien in die Irre führen (heutzutage von den Nutzern der Peer-to-Peer Netzwerke leicht zu identifizieren), stört und verhindert mbargo den Download von Dateien mit echten Inhalten. Die Technologie von mbargo unterbindet und blockiert den Download der relevanten Dateien wirksam und gezielt. Die permanente Überwachung durch mbargo bereits vor der geplanten Veröffentlichung eines Titels ist garantiert. Sobald die erste unlizensierte Kopie in Umlauf ist, wird der Schutz von mbargo aktiv. Mithilfe der Technologie wird das Herunterladen der Datei verhindert und eine weitere Verbreitung eingedämmt.

mbargo versucht Antworten auf die Fragen der Publisher „ist mein Produkt auf den Tauschbörsen verfügbar", „seit wann ist mein Produkt im Internet verfügbar", „wie stark ist mein Produkt von der Piraterie auf Tauschbörsen betroffen", „wie viele Personen laden mein Produkt herunter" und „woher kommt die Nachfrage", zu geben. Denn viele Unternehmen haben keine Vorstellung davon, in wie weit ihre Produkte von Piraterie betroffen sind. Die Auswertungen von mbargo machen deutlich, dass fast alle Produkte auf Tauschbörsen verfügbar sind und angeboten werden. Für bekannte Titel werden oft mehr als 10.000 Downloadversuche pro Tag registriert.

Blu-ray Discs sind physische Datenträger, deren Verkaufszahlen durch illegale Downloads im Internet beeinträchtigt werden können. Durch die Verhinderung von illegalen Downloads durch mbargo wird der Kunde dazu angehalten, den Film auf legalem Wege, z.B. in Form einer HD DVD oder Blu-ray Disc zu kaufen.

5 Einfluss von High Definition Blu-ray Discs auf Filmproduktionen

Was bedeuten die Entwicklungen und die technologischen Neuerungen im Speichermedienbereich für das strategische Management von Filmproduktionen? In der Phase des Formatkampfes blieben die Kunden in einer abwartenden Haltung. Aus diesem Grund werden auch die Verkaufszahlen der DVD in den nächsten Jahren zunächst auf einem unverändert hohen

Niveau bleiben, bis die Blu-ray Disc Player eine entsprechende Marktdurchdringung erreicht haben. Und es ist sogar möglich, dass die DVD Verkaufszahlen bis 2010 auf Grund des High Definition Formates noch einmal Auftrieb erhalten wie die nachfolgende Grafik verdeutlicht.

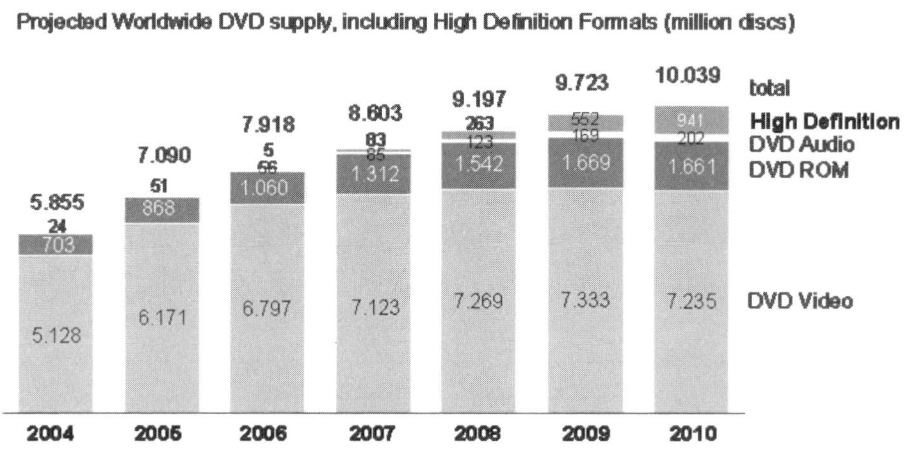

Abb. 5.1 *Prognose der DVD Mengen inklusive High Definition Formate von 2004 – 2010*
(Quelle: Vgl. Understandings & Solution, DVD Industry Outlook Sept. 2007, DVD Sept. 2006 15 ff., High Definition Video Disc Formats update Sept. 2006 11 ff.)

Die Kunden werden also weiterhin DVDs kaufen.

Wichtig für den künftigen Erfolg der Blu-ray Disc wird die Marktdurchdringung der Hardware sein. Dabei spielt die zunehmende Verbreitung der hochauflösenden TV Geräte eine entscheidende Rolle. Allerdings könnte es sein, dass die Kunden von den vielen technischen Neuerungen in letzter Zeit überfordert werden. Zum Beispiel konnte schon an der Super Audio CD (mit extrem verbesserter Musikqualität) kein erhöhtes Interesse verzeichnet werden und das Produkt fristet ein Nischendasein. Das Rennen bei der Musik hat bekanntlich das qualitativ deutlich schlechtere MP3 Format gemacht, welches durch die Hardware (z.B. iPod) und benutzerfreundliche Software (z.B. iTunes) begünstigt wurde

Spiegel Online schreibt, dass sich der Kampf um die Silberscheiben auf Grund der Video-on-Demand Angebote erübrigen könnte. Die Streaminglösungen werden immer attraktiver. (Vgl. Spiegel Online, Netzwelt (WWW v. 17.10.2007))

Somit bleibt im Bezug auf Filmproduktionen einiges beim Alten und die herkömmliche DVD wird auch in Zukunft eine wichtige Rolle spielen. Dennoch ist ein Trend zu dem neuen Format absehbar. Eine Schwierigkeit im Bezug auf Filmproduktionen ist, dass nicht jedes Studio jeden neuen Film sowohl auf DVD als auch auf Blu-ray Disc veröffentlicht.

Alle großen Studios (Warner Bros.,Twentieth Century Fox, Walt Disney, Paramount Home Entertainment, Universal Pictures und DreamWorks und Sony) unterstützen ab 2008 das Blu-ray Disc Format.

Auf Blu-ray Disc beträgt die Zahl der bis Ende des Jahres 2007 veröffentlichten Titel 438. (Stand November 2007)

Das bedeutet, dass bei Filmproduktionen von Anfang an klar definiert sein muss, auf welchen Formaten der Film am Ende veröffentlicht wird (DVD bzw. Blu-ray Disc), um sich auf die jeweiligen Besonderheiten der verschiedenen Formate einstellen zu können und Zusatzmaterial (z.B. Kommentare des Regisseurs, verschiedene Endszenen eine Filmes) bereitzustellen.

6 Fazit

Der Kampf um die Formatfrage des DVD Nachfolgers währte einige Jahre. Es ging um die technische Entwicklung, aber gleichermaßen auch darum, welches Formatlager welchen Videokunden für sein Format gewinnen konnte. Gleiches galt im seinerzeitigen Formatkampf der 80er Jahre und es setzten sich VHS-Videos gegen Betamax durch (Vgl. Area DVD, Homepage (WWW v. 25.10.2007)). Dabei wurde auch in diesem Falle vieles auf dem Rücken des Verbrauchers ausgetragen, der mit der entsprechenden Zurückhaltung - zu recht – reagierte. Die Hersteller der optischen Disc wie arvato Digital Services / Sonopress stellten Produktionskapazitäten für beide Formate bereit, was mit Investitionen in Millionenhöhe verbunden war. Nach der Formatentscheidung im ersten Quartal 2008 wurden alle Fertigungswege auf Blu-ray Disc umgestellt und die HD DVD Anlagen auf die DVD Produktion zurückgestellt.

Mit der Entscheidung zu Gunsten der Blu-ray Disc ist allerdings noch nicht automatisch die Akzeptanz beim Verbraucher eins zu eins umgesetzt. Aus dem Audiosegment ist die Entwicklung hin zu alternativen digitalen Distributionswegen bekannt. Allerdings ist beim hochauflösenden Film der Speicherbedarf um ein vielfaches höher als bei einem Musiktitel (bis zu 50 Gigabyte bei einer High Defintion Filmproduktion auf einer Blu-ray Disc verglichen mit der vom Konsumenten akzeptierten MP3 Version eines Musiktitels von wenigen Megabyte). Mit der zunehmenden Verbreitung der Breitbandnetzte (VDSL) kann erwartet werden, dass zumindest im Video-on-demand Bereich ein exponentielles Wachstum erfolgen wird.

Zum Abschluss kann gesagt werden, dass das neue High Definition Format Blu-ray Disc große Vorteile und Neuerungen für die Betrachter und Nutzer wie auch für die Filmindustrie mit sich bringen wird und das Business des Home Video erneut beflügeln wird. Am Ende entscheidet der Kunde. Handhabbarkeit und Bedienungsfreundlichkeit des Produktes und der Abspielgeräte, die Verfügbarkeit der Inhalte und Qualitätsansprüche des Konsumenten an die Film-Inhalte sind Schlüsselfaktoren. Schlussendlich spielt das generelle Konsumverhalten eine entscheidende Rolle: Wieviel Zeit wird für die unterschiedlichen Entertainmentmedien zu welcher Zeit bei welchen Gelegenheiten aufgebracht werden. Der Tag hat 24 Stunden und der Konsument alleine entscheidet, wann er sich wofür die Zeit nimmt.

Literaturverzeichnis

Advanced Access Content System Licensing Administrator (AACS LA) (Homepage), http://www.aacsla.com, 25.10.2007.

Amazon (High Definition Home Entertainment) (Homepage), http://www.amazon.de/b/ref=amb_link_19669565_23/028-481913-2510167?ie=UTF8&node=146792011&pf_rd_m=A3JWKAKR8XB7XF&pf_rd_s=browse&pf_rd_r=041RF9NNQXT1XKBRW8TE&pf_rd_t=101&pf_rd_p=160437791&pf_rd_i=284266, 14.11.2007.

Area DVD – News (Homepage), http://www.areadvd.de/index2.html, 25.10.2007.

Blu-ray Disc Association (Homepage), http://www.blu-raydisc.com/index.html, 18.10.2007.

Brand 1 (Homepage), http://www.brand1.de/home/inhalt_print.asp?id=1977&MagID=73&MenuID=8&SID=su66249654958586&umenuid=1, 15.11.2007.

Golem (Homepage), http://www.golem.de/0202/18281.html, 15.11.2007.

HD DVD Promotion Group (Homepage), http://www.hddvdprg.com/eng/index.html, 18.10.2007.

Heise Online (Homepage), http://www.heise.de/newsticker/meldung/95396/from/rss09, 15.11.2007.

HIFI-Regler – HDTV Hintergrundwissen (Homepage), http://www.hifi-regler.de/hdtv/hdtv.php?SID=3c20f6ba886996382d819b15ed5378ce#720p_1080i, http://www.hifi-regler.de/blu-ray_hd-dvd/blu-ray_hd_dvd_faq.php#Blu_ray_HD_DVD_Tonformate, 23.10.2007.

Mediabit – Lexikon (Homepage), http://www.mediabit.de/lexikon/vhs.html, 15.11.2007, http://www.mediabit.de/lexikon/geschichtliche_entwicklung_der_dvd.html, 15.11.2007.

Netzwelt (Homepage), http://www.netzwelt.de/news/73335-bluray-vs-hddvd-dvdnachfolger-im.html , 17.10.2007.

Paradiso Design (Homepage), http://www.paradiso-design.net/videostandards.html, 15.11.2007.

Pressetext (Homepage), http://www.pressetext.de/pte.mc?pte=071023031, 15.11.2007.

Spiegel Online – Netzwelt (Homepage), http://www.spiegel.de/netzwelt/tech/0,1518,499329,00.html, 17.10.2007.

Veränderungen in der Kinowertschöpfungskette durch das digitale Kino

CHRISTIAN SOMMER

Zusammenfassung
Aufgrund neuer Verbreitungswege für Spielfilme, eines sich ändernden Konsumverhaltens und Trends zum Heimkino könnte die Rolle des klassischen Kinos in der zukünftigen Medienwelt in Frage gestellt werden. Dabei betrifft die Digitalisierung der Mediendistribution und Medienkonsumption die Kinolandschaft auf eine andere Weise, als dies vor einigen Jahren prognostiziert wurde. Der digitale Vertrieb von Spielfilmen verdrängt nicht die Kinoleinwände, er erfasst sie vielmehr. Warum ist der digitale Rollout aber noch immer nicht vollzogen? In diesem Kontext werden Veränderungen der wesentlichen Wertschöpfungsstufen und die sich daraus ergebenden Chancen und Risiken im Einzelnen skizziert. Produktion, Postproduction, Filmverleih und Kinoauswertung werden im Wege einer retrograden Diskussion der Wertschöpfungskette beleuchtet.

Beitragsinhalt

1 Digitalisierung des Kinomarktes

Angesichts neuer Verbreitungswege für Spielfilme, sich ändernden Konsumverhaltens gerade bei der jüngeren Generation und des Trends zum Heimkino könnte die Rolle des klassischen Kinos in der zukünftigen Medienwelt in Frage gestellt werden. Als Beleg hierfür werden regelmäßig die Entwicklungen der Besucherzahlen der letzten Jahre herangezogen. So ist es statistisch belegt, dass die Zahl der Kinobesucher seit dem Jahr 2001 von 177,9 Mio. auf 136,7 Mio. im Jahr 2006 und damit um mehr als 23 Prozent zurückgegangen ist. Tatsache ist aber auch, dass mit dem Jahr 2001 das Allzeithoch der letzten zehn Jahre als Bezugspunkt gewählt wurde. So lagen die Besucherzahlen beispielsweise der Jahre 1997 bis 1999 allesamt deutlich unter 140 Mio., was den Rückgang weitgehend relativiert (Vgl. FLECHSIG, N. et al. (2007), S. 89).

Wichtig ist, zudem festzuhalten, dass dieser im Langzeittrend nicht dramatische Rückgang des Besucherinteresses nicht auf eine sinkende Attraktivität der Auswertungsgattung Kino an sich zurückzuführen ist. Wesentliche Ursache ist häufig vielmehr der Mangel an attraktiven Kinoprogrammen. Dies ist in sofern eine gute Nachricht, als dieser Trend über ein verbessertes Qualitätsmanagement schon bei der Stoffentwicklung beeinflussbar ist. Das Kinoerlebnis ist keine grenzenlos substituierbare Präsentationsplattform, sondern eine soziale Begegnungsstätte mit hoher emotionaler Bindungswirkung. Darüber hinaus hat die Kinoauswertung auch indirekt eine große Bedeutung für die Gesamtvermarktung von Spielfilmen, da die Veröffentlichung eines Titels auf DVD die Kinoauswertung und die damit verbundene Kommunikationsarbeit als Marketingplattform nutzt.

In der Folge betrifft die Digitalisierung der Mediendistribution und Medienkonsumption die Kinolandschaft auf eine andere Weise, als dies vor einigen Jahren prognostiziert wurde. Der digitale Vertrieb von Spielfilmen verdrängt nicht die Kinoleinwände, er erfasst sie vielmehr. Der Status der per 31.12.2006 festgestellten Anzahl von 4.848 deutschen Leinwände für die vermarktungsorientierte Filmwirtschaft und für den emotionalen Filmkonsumenten wird nach heutiger Einschätzung auch und gerade angesichts der Digitalisierung erhalten bleiben.

Das digitale Kino ist heute klarer definiert als noch vor wenigen Jahren, als es noch Abgrenzungsdiskussionen zum Electronic Cinema gab. Dieses sogenannte E-Cinema bezeichnet die Video-Projektion in herkömmlichen Standard- oder High-Definition-Auflösungen und genügt der Präsentation eines Kinofilmes bei weitem nicht. Digitales Kino ist mindestens die durchgängig digitale Distribution und Projektion eines Kinofilmes. Idealerweise lassen sich auch die Akquisition und die Postproduction darunter subsumieren. Dabei herrscht heute Einigkeit darüber, dass digitales Kino den Anforderungen der DCI entsprechen muss. Diese umfasst im Wesentlichen eine Zeilen-Auflösung von über 2.000 oder über 4.000 Bildpunkten, das Kompressionsverfahren JPEG2000 und umfassende Regelungen zum Schutz vor Filmpiraterie. Schon vor etwa 10 Jahren wurde von einzelnen führenden Produzenten wie

George Lucas („Star Wars“) das kurzfristige Ende des analogen Kinofilms vorausgesagt. Warum ist der digitale Rollout aber noch immer nicht vollzogen?

Dies wird die nachfolgende Betrachtung der Chancen und Risiken des digitalen Kinos aufzeigen. Die Komplexität des digitalen Rollout wurde lange unterschätzt. Auf den ersten Blick handelt es sich bei D-Cinema um die Verwendung eines nun digitalen Datensatzes und damit lediglich um ein neues Trägermaterial, womit überwiegend die Wertschöpfungsstufe Distribution betroffen wäre. Es ergeben sich aber Auswirkungen auf alle Wertschöpfungsstufen, Geschäftsmodelle ändern sich und einzelne Wertschöpfungsstufen werden in Frage gestellt. So wird teilweise die Existenzberechtigung der Verleiher in ihrer heutigen Form angezweifelt. Darüber hinaus drängen neue Player wie Telekommunikationsunternehmen in den Markt. Es wird damit zu weit reichenden Umwälzungen in der Branche kommen. Der analoge Film ist seit mehr als 100 Jahren ein weltweit standardisiertes Medium. Der digitale Film war bisher eine unterlegene Technologie. Dies galt insbesondere für das aufwendige Management von Daten im Terabyte-Bereich, für die gerade von Kreativen beklagte elektronische und damit realitätsferne Bildästhetik und für die hohen Investitionen. In den letzten Jahren aber hat sich die Entwicklung exponentiell beschleunigt. Das Synergiepotenzial durch die inzwischen übliche digitale Bildbearbeitung auch in der vorgelagerten Postproduction in digitalen Filmlaboren wird ausgeschöpft, eine weit reichende Standardisierung hat zu stabileren Systemen und sinkenden Kosten geführt. Das digitale Kino wird das analoge Kino nach jahrelangem Reifungsprozess ablösen und dabei das Marktsegment Kinofilm grundlegend verändern. Es hat damit den Charakter einer Disruptive Technology.

Im Folgenden werden die Veränderungen der wesentlichen Wertschöpfungsstufen und die sich daraus ergebenden Chancen und Risiken im Einzelnen skizziert. Produktion, Postproduction, Filmverleih und Kinoauswertung werden im Wege einer retrograden Diskussion der Wertschöpfungskette beleuchtet.

2 Die Wertschöpfungsstufen im Spannungsfeld des digitalen Kinos als Disruptive Technology

2.1 Kinoauswertung

Zunächst bietet das digitale Kino eine Chance zur Verbesserung der Bildqualität, wobei hier eine Differenzierung geboten ist. Im Vergleich mit einer in einem Kopierwerk hohen Standards gezogenen Kopie weist ein digitales Bild nur zu vernachlässigende Vorteile auf. Alle weiteren Diskussionen betreffen das jeweils subjektive Ästhetikempfinden. Für ein positives Kinoerlebnis sollte der Zuschauer das projizierte Bild als angenehm im Sinne seiner Sehgewohnheiten empfinden. Um dies zu erreichen, muss das digitale Bild hinsichtlich Farbraum und Schärfe das natürliche fotografische Bild möglichst gut imitieren. Akademische Diskussionen über immer höhere Pixelzahlen sind hier nicht angebracht. Man läuft sonst Gefahr, einen klinisch reinen, aber realitätsfernen Bildeindruck zu generieren. Die digitale Filmkopie hat allerdings einen entscheidenden Vorteil: sie nutzt sich nicht ab. Vergleicht man daher die digitale Kopie mit einer analogen Kopie durchschnittlicher Laufzeit, so wird in der Gesamtbetrachtung aller Vorführungen die digitale Kopie einen besseren Qualitätseindruck hinterlassen.

Eine wesentliche Chance bietet die Digitalisierung hinsichtlich der Variabilität der Filmeinsätze. Entsprechende Regelungen mit dem Verleiher vorausgesetzt, könnte beispielsweise der Betreiber eines Multiplexes den Film je nach Nachfrage kurzfristig auf mehreren Leinwänden eines Hauses parallel vorführen. Im Ergebnis würde der Kopienschnitt, das heißt die durchschnittliche Anzahl der Besucher je eingesetzter Kopie, steigen und der Kinobetreiber wäre in der Lage, auch bei kurz aufeinander folgenden oder parallel startenden Blockbustern höhere Besucherpotenziale auszuschöpfen.

Ein weiterer Vorteil des D-Cinema für die Kinobetreiber liegt in zusätzlichen Erlöschancen. Zum einen ergeben sich Synergien mit der digitalen Kinowerbung. Neben der schnelleren und flexibleren physischen Distribution der überregionalen Commercials durch die Werbemittler kann das Potenzial regionaler Werbung besser ausgeschöpft werden. Hier sind Modelle mit tagesaktueller Promotion für die Gastronomie oder den Baumarkt in unmittelbarer Nähe des jeweiligen Kinos denkbar, die die teilweise noch eingesetzte Dia-Werbung ablösen wird. Zum anderen kann der Kinobetreiber seine Säle mit alternativen Inhalten bespielen. So war beispielsweise die Live-Übertragung einer Oper aus der New Yorker Metropolitan Opera in einige europäische Kinos ein großer Erfolg. Hier wurden Eintrittspreise generiert, die deutlich über den Ticketpreisen für Kinofilme liegen. Ein weiteres Potenzial bieten hier Liveübertragungen von Sportevents. Die großen Erfolge der Public Viewings während der Fußball-Weltmeisterschaft 2006 zeigen, dass ein grundsätzliches Publikumsinteresse dahingehend besteht.

Das wesentliche Risiko des digitalen Kinos ist die nach wie vor offene Finanzierungsfrage. Die Investitions- und Betriebskosten einer digitalen Leinwand liegen noch immer erheblich über denen einer analogen Leinwand. Zu berücksichtigen ist auch, dass die analogen Anlagen bereits installiert sind und im Durchschnitt noch über eine mehrjährige Lebensdauer verfügen. Die Kinos hatten in den letzten Jahrzehnten einen regelmäßig hohen Investitionsbedarf hinsichtlich der Modernisierung der Kinosäle und neuen tontechnischen Formaten wie dem Digitaltonsystem DTS. Darüber hinaus hat die starke Verbreitung von Multiplexen zu einem harten Verdrängungswettbewerb geführt. Eine Finanzierung oder Teilfinanzierung durch den Kinogänger durch einen Digitalaufschlag ist kaum umsetzbar. Für das Publikum ist kein spürbarer Mehrwert erkennbar, da nach wie vor der gleiche Film auf der gleichen Leinwand zum gleichen Kinoerlebnis führt. Eine Ausnahme bildet hier der Vergleich zu einer bereits stark beanspruchten analogen Kopie. Die Kinobranche sieht zwei Möglichkeiten, eine Finanzierung sicherzustellen. Die Branche könnte sich auf ein so genanntes Virtual Print Fee-Modell verständigen, wonach die Verleiher über einen festzulegenden Zeitraum die Einsparungen durch die preisgünstigeren digitalen Kopien zur Finanzierung der digitalen Kinoausstattungen bereitstellen. Darüber hinaus ruft der Verband der Kinobetreiber nach staatlicher Unterstützung im Rahmen des FFG oder eines gesonderten digitalen Strukturfonds. Auch eine Kombination von Finanzierung durch die Verleiher und staatlicher Förderprogramme ist denkbar.

Als ein Folgerisiko der Finanzierungsanforderungen können Einflüsse der Digitalisierung auf die Struktur der Kinolandschaft in Deutschland angeführt werden. Es ist zu befürchten, dass gerade kleinere Einzelkinos in ländlichen Gebieten in Finanzierungsprobleme geraten könnten. Eine daraus folgende weitere Konzentration des Kinomarktes kann insbesondere im kulturpolitischen Sinne nicht angestrebt werden, um den Spielraum für staatliche Beihilfen nicht einzuengen.

Schließlich müssen deutlich höhere Anforderungen an das Kinopersonal berücksichtigt werden. Im Umfeld des digitalen Kinos wird der klassische Filmvorführer zum Software-Fachmann. Die im digitalen Kino eingesetzte Hard- und Softwaretechnologie muss laufend gewartet, bedient und voraussichtlich Zertifizierungsprozessen unterworfen werden. Ein Outsourcing dieser Kompetenz ist angesichts des sofortigen Eingriffserfordernisses bei Problemen während der Vorführung nur begrenzt möglich.

2.2 Filmverleih

Die Filmverleiher haben im Falle des Digital Rollout zunächst finanzielle Chancen, da der Preis für eine digitale Kopie bei nur einem Bruchteil des heutigen Marktpreises für analoge Kopien liegen wird. Bereits bei dem zu vernachlässigenden Anteil der digitalen Kopien am heutigen Gesamtvolumen der Kinokopien in Deutschland hat sich ein Marktpreis herausgebildet, der selbst in dieser frühen Entwicklungsphase des digitalen Distributionsmarktes bei nur 15 bis 20 Prozent des Preises für eine Analogkopie liegt. Bei einem großflächigen Rollout ist damit zu rechnen, dass die Beschaffungskosten für eine digitale Kopie bei nur etwa 10 Prozent des Preises für eine analoge Kopie liegen werden. Falls die digitale Ausrüstung der Kinosäle über das Virtual Print Fee-Modell finanziert werden sollte, werden die Einsparungen dem Verleiher allerdings für einen Zeitraum von voraussichtlich mindestens fünf Jahren nicht zur Verfügung stehen, da sie an die Kinobetriebe weitergegeben werden müssen.

Wie die Kinobetriebe sind auch die Verleiher im Falle der digitalen Distribution bedeutend flexibler als dies bisher der Fall gewesen ist. Die unter dem Gliederungspunkt 2.1 beschriebene Variabilität der Filmeinsätze führt zwangsläufig auch bei den Verleihern zu einer besseren Ausschöpfung der Erlöspotenziale. Die Möglichkeiten der Filmdistribution binnen Stundenfrist und der Speicherung kompletter Verleihprogramme auf den Servern von Kinobetrieben oder externen Dienstleistern könnten in einigen Jahren zu einer übergreifenden Neudefinition des nachfrageorientierten Programmangebotes führen. Hier ist ein Szenario denkbar, wonach nur die Filme aufgeführt werden, für die vorstellungsbezogen ein ausreichendes Besucherinteresse vorhanden ist. Die Kinos könnten dazu übergehen, Kinokarten nur im Vorverkauf über Internet- oder Mobiltechnologie abzugeben. Würden die virtuellen Kassen bis etwa drei Stunden vor Filmstart geschlossen, so könnten die Verleiher in enger Zusammenarbeit mit den Filmtheatern das Angebot auf die Spielfilme beschränken, die ausgelastete

Säle und damit einen hohen Kopienschnitt gewährleisten. Gefragte Blockbuster könnten mehrere Säle eines Multiplex-Kinos gleichzeitig füllen.

An dieser Stelle wird die Komplexität der neuen Technologie für den Verleihmarkt deutlich. Einerseits kann es zwar zu höheren Besucherzahlen bei ohnehin vergleichsweise erfolgreichen Kinofilmen kommen. Anderseits kommen unter Umständen andere Filme, wie beispielsweise unabhängige Arthouse-Produktionen, vereinzelt überhaupt nicht mehr ins Kino. Die nachfrageinduzierte Programmgestaltung zu einem Zeitpunkt, an dem noch kein Zuschauer den Film im Kino erleben konnte, nimmt einzelnen Projekten damit die Möglichkeit einer sukzessiven, durch Mundpropaganda initiierten Entwicklung. Es gibt jedoch auch die Möglichkeit, dass die geringeren Herausbringungskosten gerade auch kleinen Filmen erst den Weg ins Kino ermöglichen. Hier bleiben die Effekte abzuwarten.

Vereinzelt wird das Szenario eines global oder kontinental konzentrierten Distributionsmarktes entworfen, das die Existenz des Branchensegmentes Filmverleih in Frage stellen würde. Die Teilleistungen eines Filmverleihers bestehen heute neben einer Co-Finanzierung von Filmprojekten über Verleihgarantien in der Vermarktung eines Filmes und der Beauftragung der Kopienerstellungen (sogenannte P&A Kosten). Darüber hinaus disponiert der Verleih die einzelnen Filme mit den Kinobetrieben. Da die Verleiher regelmäßig über eine geringe Eigenkapitaldecke verfügen, werden Co-Finanzierungen zunehmend schwieriger. Die Materialbeschaffung und die Pressekampagne sind ohnehin meist an Dienstleister und Agenturen ausgelagert. Es verbliebe die Vermietung der Filme über die Disposition. Und diese könnte in programmtechnischer Hinsicht direkt von den Studios übernommen werden. Die technische Distribution könnte über weltweit vernetzte Storage- und Play Out Center erfolgen, die entweder von mehreren Studios gemeinsam oder von Dritten wie beispielsweise Postproduction-Dienstleistern betrieben werden. Im Ergebnis könnten die klassischen Leistungen der Wertschöpfungsstufe Filmverleih von der vorgelagerten Wertschöpfungsstufe Filmproduktion und Postproduction mit übernommen werden. Selbst unabhängige und dem Wohl aller Branchensegmente verpflichtete Institutionen sehen dieses Erfordernis einer Neudordnung der Wertschöpfungsstufen. So schreibt die Filmförderungsanstalt in ihrer Internetpublikation „Digitales Kino 2008“: „Die Produzenten müssen den Produktionsprozess neu definieren, die Kinobetreiber stehen vor hohen Investitionen und die Verleiher suchen nach einer neuen Positionierung.“ (Vgl. FFA, Homepage (WWW v. 25.08.2008))

In jedem Falle kommt den Verleihern bei Zeitpunkt und Ausmaß des digitalen Rollout eine Schlüsselrolle zu. Neben der durch niedrigere Kopienkosten entstehenden Finanzkraft liegt dies vor allem daran, dass sie als die für den physischen Vertrieb des Filmmaterials verantwortliche Wertschöpfungsstufe definitionsgemäß für die zur Diskussion stehende Technologieänderung zuständig ist. Da allerdings die Gesamtbranche die Auswirkungen des D-Cinema auf alle vor- und nachgelagerten Wertschöpfungsstufen erkannt hat, muss in Deutschland im Wege eines branchenübergreifenden, konzertierten Aktionsplanes vorgegangen werden. Erschwerend kommt hinzu, dass der deutsche Verleih- und Kinomarkt im Vergleich zu den USA weitgehend zersplittert ist. Eine für alle Teilbranchen vertretbare Lösung kann daher hierzulande nur über die Verbände und deren Zusammenschluss im Dachverband der SPIO, der Spitzenorganisation der Filmwirtschaft, erfolgen.

2.3 Postproduction

Der Wertschöpfungsstufe Postproduction bieten sich zunächst Chancen von innovativen Dienstleistungen im Umfeld des digitalen Kinos und einer vorwärts gerichteten vertikalen Integration.

Als Basis für diese Diversifikationen dient ein hohes Synergiepotenzial mit der Nachbearbeitung des Filmprojektes, die dem Workflow der Kopienerstellung direkt vorgelagert ist (Vgl. dazu Abb. 2.1). Für die Kinoauswertung konzipierte Spielfilme werden heute überwiegend digital nachbearbeitet. Dies bedeutet, dass das 35-Millimeter-Aufnahmematerial über Scanning-Verfahren in hoch aufgelöster Form in digitale Datensätze transformiert wird. Die Herstellung des kreativen Bildeindruckes durch Licht-, Farb- und Kontrastbestimmung sowie Bildschnitt erfolgt in so genannten digitalen Filmlaboren, die bereits heute analoge Kopierwerksprozesse weitgehend abgelöst haben. Im Ergebnis liegt der fertig bearbeitete Spielfilm bereits als hoch aufgelöstes Datenformat vor. Dies gilt unabhängig davon, ob eine Auswertung über digitale Leinwände vorgesehen ist oder nicht. Damit ist der erste wesentliche Teilschritt der Erstellung der digitalen Kopiervorlage, des DCDM, bereits innerhalb des Postproductionprozesses im engeren Sinne vollzogen worden, ohne dass die Entscheidung für eine digitale Auswertung im Kino zusätzliche Aufwendungen verursacht. Da der Digitalisierung des Postproductionprozesses im Digital Lab bis heute eine analoge Kinoauswertung über 35-Millimeter-Projektoren gegenübersteht, müssen die Filme auf Filmmaterial zurück übertragen werden. Diese so genannte Filmaufzeichnung oder Ausbelichtung führte zu komplexen medialen Systembrüchen, die immer mit generationenbedingten Qualitätsrisiken verbunden sind. Nichts liegt also näher, als nach erfolgtem Scanning bis zur Projektion in einer digitalen Datenwelt zu verbleiben, die unabhängig von Art und Umfang des Materialeingriffs eine konstante Bildqualität gewährleistet. Der Einsatz digitaler Medien bereits bei der Aufnahme des Materials wird die logische Konsequenz sein, in den nächsten Jahren voraussichtlich aber noch von untergeordneter Bedeutung bleiben. Dies liegt vor allem an der unbestritten natürlicheren Bildästhetik eines fotografierten Bildes, an der Menge der auch unter widrigen Drehbedingungen mobil zu bearbeitenden Daten und nicht zuletzt an den Drehgewohnheiten von Kameraleuten und Regisseuren.

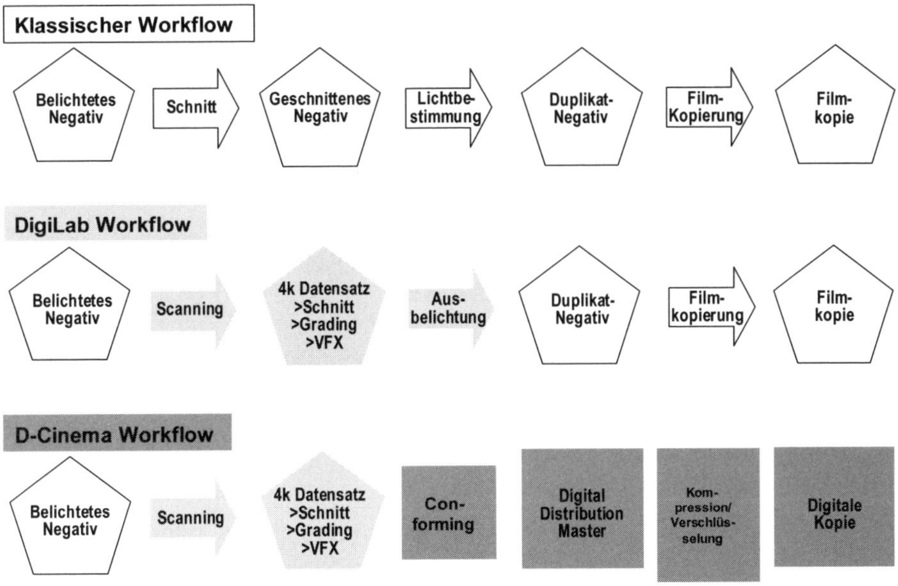

Abb. 2.1 *Synergien Digital Lab und Digital Cinema (Quelle: CinePostproduction GmbH)*

All dies bedeutet für das Segment der Postproduction zum einen, dass auch die Erstellung der digitalen Kopien durch die heute tätigen Nachbearbeitungshäuser gewährleistet werden wird. Schließlich befindet sich das digitale Material bereits auf ihren Servern, und stabile Kundenbeziehungen können ins digitale Zeitalter übertragen werden. Zum anderen bietet sich die Möglichkeit, die Märkte im Bereich neuer Dienstleistungen wie Online Asset Management aktiv zu entwickeln.

Natürlich stellt sich für die Nachbearbeitungsunternehmen auch die Frage einer vertikalen Integration in Form der Übernahme des Datentransportes in die Kinosäle. In der heutigen Frühphase des digitalen Kinos mit nur vereinzelten D-Cinema-Installationen werden die digitalen Kopien in der Regel auf Festplatten an die Kinos ausgeliefert. Sobald die kritische Größe der Marktpenetration erreicht sein wird, ist mit einer effizienteren Distribution der Spielfilmdaten über Satellit und beziehungsweise oder Kabel zu rechnen. Die entsprechende Technologie ist bei den heute führenden Postproduction-Unternehmen ohnehin vorhanden, da diese die Daten für kreative Bearbeitungszwecke in hoch aufgelöster Form zwischen ihren Niederlassungen oder zur Anbindung von Lieferanten und Abnehmern versenden.

Risiko und Chance zugleich sind stark geänderte Anforderungen an Qualität und Quantität der Human Ressources. Einerseits geht die Bedeutung personalintensiver Kopierwerksbereiche mit teilweise niedriger qualifizierten Arbeitsplätzen zurück. Andererseits werden zunehmend hoch qualifizierte Softwareingenieure und Datenfachleute benötigt. Der MAZ-Techniker der bisherigen Videoabteilungen wird beziehungsweise wurde sukzessive vom

Digital Image Technician im digitalen Filmlabor abgelöst. Die bereits erfolgte Entwicklung der Postproductionunternehmen zu Hochtechnologieunternehmen wird sich beschleunigen und die Investitionen in Forschung und Entwicklung werden sich erhöhen. Bei allen Standardisierungsbemühungen und -erfordernissen bleibt doch ein erheblicher Spielraum vorhanden, um über spezialisierte Bearbeitungsalgorhytmen Alleinstellungsmerkmale zu generieren.

Ein Risiko stellt auch für die Wertschöpfungsstufe Postproduction das deutlich erhöhte Investitionsvolumen dar. Der Rohertragsanteil an digitalen Kopien liegt zwar deutlich über der Rohertragsmarge bei analogen Kopien, da der durch ein Angebotsoligopol gesteuerte teuere Rohfilmbezug entfällt. Aufgrund der deutlich geringeren Marktpreise für digitale Kopien ist der absolute Deckungsbeitrag allerdings deutlich geringer. Der insgesamt erforderliche Deckungsbeitrag steigt jedoch aufgrund der Investitionen in Digitaltechnologie und hochqualifiziertes Personal an. Dieses Dilemma lässt sich unter Berücksichtigung der neuen Dienstleistungen im Umfeld des digitalen Kinos und durch einen höheren Wertschöpfungsanteil bei der digitalen kreativen Postproduction lösen.

Die Digitalisierung wird schließlich zu einer weiteren Verlagerung des Auslastungsrisikos zu den Nachbearbeitungshäusern führen. Bereits im Marktfeld der analogen Kopien gehen die Verleiher vermehrt dazu über, die Kinofilme zur Reduzierung der Herausbringungskosten mit geringeren Auflagen zu starten. Nach Vorlage der Einspielergebnisse des ersten Wochenendes durch die FFA entscheiden die Verleiher gegebenenfalls über die Bestellung zusätzlicher Kopien. Da die Zeitspanne zwischen Nachbestellung und Auslieferung einer Kopie im digitalen Umfeld nur wenige Stunden betragen kann, könnte der Verleiher dazu neigen, noch vorsichtiger zu agieren, da er durch den Nachbestellvorgang deutlich weniger Zeit verliert.

2.4 Produktion

Die Filmproduktion ist auf den ersten Blick die Wertschöpfungsstufe, die von der Digitalisierung der Filmdistribution am wenigsten betroffen ist. Das digitale Kino wurde daher in seinen umfassenden Auswirkungen auch auf die Filmproduktion zunächst unterschätzt.

Da die Produzenten von der erfolgreichen Arbeit der Filmverleiher und der Kinos abhängig sind, schlagen die dort diskutierten Chancen- und Risikoprofile auf die Produzenten durch. Hervorzuheben ist hierbei die bessere Ausnutzung des Besucherpotenzials durch die erhöhte Flexibilität des Filmeinsatzes. In Abhängigkeit von der Ausgestaltung der Vertriebsverträge kann auch der Produzent von höheren Einnahmen in Form der zurückfließenden Produzentenanteile ausgehen.

Offen ist hingegen die Frage, welche Einflüsse die Digitalisierung des Vertriebs auf die kleineren Produktionen, insbesondere die Arthouse-Projekte haben. Es ist denkbar, dass die nachfrageorientierte Auslastungsoptimierung der nachfolgenden Wertschöpfungsstufen zu noch stärkerer Zurückhaltung bei Verleihgarantien und damit bei den Produzenten zu zunehmenden Finanzierungsproblemen führt. Ein alternatives Szenario ist eine leichtere Vermarktung der Projekte unter Umständen durch die Produzenten selbst, die unter begrenztem finanziellen Aufwand digitale Kopien herstellen lassen und die Disposition selbst übernehmen könnten.

Die Digitalisierung der Herstellung und des Vertriebs von Kinofilmen birgt für die Produzenten auch Risiken in künstlerischer und finanzieller Hinsicht. Die Komplexität digitaler Bearbeitungsalgorhytmen in Verbindung mit den wachsenden Möglichkeiten der kreativen Bildbearbeitung zwingt die Produktionsverantwortlichen dazu, den Postproductionunternehmen ein höheres Maß an künstlerischer Mitgestaltung zu überlassen. Es kommt hier zu einem Transfer von Kreativaufgaben, der eine noch engere Zusammenarbeit zwischen den Wertschöpfungsstufen geboten erscheinen lässt. Nur dann können die künstlerischen Potenziale eines Filmes im Rahmen der Kalkulation ausgeschöpft werden. Gerade hinsichtlich vermeidbarer Zusatzaufwendungen ist es für den Produzenten von größter Bedeutung, bereits in der Phase der Produktion und Postproduction die spätere Vertriebs- und Auswertungstechnologie zu antizipieren. Hier gilt es die Anteile der digitalen Arbeitsschritte in der Postproduction einerseits und in der Distribution andererseits frühzeitig aufeinander abzustimmen, um Kostenfallen zu vermeiden.

3 Filmpiraterie

Filmpiraterie, also das kriminelle Kopieren und die Distribution von Kinofilmen über Internet oder physische Datenträger, fügt der Filmindustrie weltweit Milliardenschäden zu. Im Zusammenhang mit der Entwicklung des digitalen Kinos wird häufig befürchtet, dass sich die Auswirkungen des Raubkopierens drastisch verschlimmern würden. Dies liegt daran, dass mit den distribuierten Datensätzen erstmals hoch aufgelöstes, digitales Originalmaterial zur Verfügung stehen würde. Die im Internet oder auf Datenträgern angebotene Filmware könnte damit die Qualität der lizenzierten Handelsware erreichen. Damit könnten die illegal beziehbaren Filme eine noch breitere Zielgruppe ansprechen als bisher.

Von den Schäden durch Filmpiraterie sind grundsätzlich alle oben genannten und weitere Wertschöpfungsstufen wie beispielsweise Home Video oder Video on Demand betroffen. Erwähnt werden muss allerdings auch, dass die meisten Raubkopien durch verdeckte Aufnahmen des Kinofilms in den Kinosälen erstellt werden.

Die Normierung der Digital Cinema Initiative sieht sehr umfangreiche Maßnahmen zur Eindämmung von Raubkopien vor. So regelt die Version 1.2 der DCI System Requirements and Specifications for Digital Cinema das Digital Rights Management sehr ausführlich (Vgl. DCI (WWW v. 28.07.2008)). Ein Teil der Strategie zur Eindämmung des Raubkopierens muss die durchgängig digital verschlüsselte Signallieferung von der Postproduction bis zur Projektion im Kinosaal aus einer Hand sein. Die heute gängige Technologie sieht daher vor, die durch den Postproduction-Dienstleister in mehrstufigen Verfahren für jede einzelne Leinwand speziell verschlüsselte Kopien erst im Projektor wieder zu entschlüsseln.

4 Fazit und Ausblick auf die Entwicklung des digitalen Kinos

Die Digitalisierung der Kinowertschöpfungskette ist nicht auf die Distribution der Filmdaten beschränkt. In der Postproduction haben digitale Prozesse die analoge Filmbearbeitung bereits weitgehend verdrängt und damit auch der digitalen Distribution und Präsentation den breiten Durchbruch ermöglicht. Zeitversetzt zum digitalen Rollout wird die Bildakquisition, also die Aufnahme, durch digitale Kameras übernommen werden. Damit wäre von der Bildaufnahme bis zur Projektion im Kinosaal eine friktionslose digitale Signalkette hergestellt.

Dem Charakter einer disruptiven Technologie folgend, konnte sich das digitale Kino gleichwohl bis heute noch nicht durchsetzen. Dies liegt insbesondere an den noch offenen finanziellen und politischen Fragestellungen. Der deutsche Medienmarkt reagiert diesbezüglich sehr träge, da er im internationalen Vergleich insbesondere auf Verleih- und auf Kinoebene stark fragmentiert ist. Lösungsversuche müssen daher auf der politischen Ebene vorangetrieben werden.

Ein Grundproblem der Finanzierung liegt darin, dass der Grad der Qualitätsverbesserung für den Kinozuschauer nicht ausreicht, um der Wertschöpfungskette seitens des Endkonsumenten weitere Mittel zuzuführen. Die Vorteile eines großflächigen Digital Rollout liegen jedoch auf der Hand. Bei den Planungen für dessen Umsetzung ist es allerdings von größter Bedeutung, alle Risiken für einzelne Wertschöpfungsstufen in die Diskussion einzuführen und die komplexen Auswirkungen der Digitalisierung für den kompletten Workflow zu berücksichtigen. Aufgrund der Tatsache, dass die an der Herstellung und Vermarktung eines Kinofilmes beteiligten Wertschöpfungsstufen in sehr unterschiedlichem Maße von finanziellen Chancen und Risiken betroffen sind, können nur langfristig alle Marktteilnehmer vom digitalen Kino profitieren. Bis dahin müssen vereinzelt brancheninterne oder politische Ausgleichsmechanismen diskutiert werden.

Abkürzungen

DCI	Digital Cinema Initiative, Zweckverband US-amerikanischer Studios zur Vereinbarung eines Standards für digitales Kino
FFG	Filmfördergesetz, die durch die Filmförderanstalt ausgereichte Filmförderung des Bundes
P&A	Prints and Advertising Costs, Aufwendungen des Filmverleihers für den Bezug von Filmkopien und die Marketingkampagne
DCDM	Digital Cinema Distribution Master, die digitale Kopiervorlage („Nullkopie") zur Herstellung der Kinokopie.

Literaturverzeichnis

FLECHSIG, N. / CASTENDYK, O. / VON WAHLERT, C. / FEIL, G. / KREILE, J. (Hrsg.): Filmstatistisches Jahrbuch 2007, Baden-Baden, 2007.

DCI: Digital Cinema System Specification, Version 1.2, http://www.dcimovies.com/ DCIDigitalCinemaSystemSpecv1_2.pdf, 28.07.2008.

FILMFÖRDERUNGSANSTALT (Homepage), http://www.ffa.de/start/content.phtml?page=sdk 2006_start#top, 25.08.2008.

Digitale Distribution von Filmen

Kathrin Brunner

Zusammenfassung
Der Markt für die digitale Distribution von Filmen – sog. Filmdownloadangebote auf interaktiven Plattformen – ist durch ein großes Netz etablierter Spielregeln geprägt. Eine dieser Spielregeln betrifft z.B. die Verwertungsfenster, nach denen Spielfilme ausgewertet werden. Es mangelt bislang jedoch an einer systematischen Aufarbeitung der Marktregeln, von denen dieser Aufsatz einige näher betrachten möchte. Dazu werden unterschiedliche Formen der digitalen Distribution im Hinblick auf die Dauer ihres Nutzungsrechts und die Art ihrer Technologie vorgestellt sowie auf Geschäftsmodelle beim Filmdownload eingegangen. Schließlich wird die Anpassung von Marktstrukturen thematisiert, wobei auf die Einführung von DRM-Systemen, die Frage einer gebietsübergreifenden Lizenzierung und die illegale Nutzung von Spielfilmen eingegangen wird. Abschließend werden Implikationen aus den vorangegangenen Darstellungen für das strategische Management von Filmproduktionen aufgezeigt.

Beitragsinhalt

1 Einleitung

Wie kann man den Markt für die digitale Distribution von Filmen beschreiben? Ganz trennscharf geht dies kaum. Im Folgenden soll eine praxisorientierte Bestandsaufnahme der aktuellen Marktentwicklung gegeben werden. Dabei möchte mich auf die Betrachtung von direkt abrufbaren Spielfilmangeboten auf interaktiven Plattformen (also über DSL oder in interaktiven Kabelnetzen) beschränken – sog. Filmdownloadangeboten. Eine weitere Auslegung der Thematik müsste auch sog. IPTV-Angebote umfassen. Dieser Begriff wird noch sehr heterogen verwendet, bezeichnet aber in der Regel die Ausstrahlung linearer TV-Sender über DSL-Leitungen und im IP-Standard.

Märkte lassen sich – neben vielen anderen Kriterien – durch die Institutionen beschreiben, die diese Märkte prägen:

> *„Ein Markt als Handlungssystem oder Organisation erfordert neben einer Menge von Regeln auch Menschen, die nach diesen Regeln handeln. Für Unternehmungen als Institutionen gilt ähnliches: So werden Handlungen wie die Angebotsentscheidungen auf Absatzmärkten, die Nachfrage von Unternehmungen auf Beschaffungsmärkten oder die Berechnung und Verteilung des erwirtschafteten Gewinns durch Regeln geleitet.“* (Vgl. JANSEN, H. (2005), S. 103)

Auch der Filmmarkt hat derartige Institutionen hervorgebracht. Neben den Institutionen des Rechtssystems, Branchenverbänden und einer Vielzahl anderer Formen ist der Filmmarkt insbesondere durch ein großes Netz etablierter Spielregeln geprägt, die das Verhalten aller Teilnehmer im Markt prägen. Viele dieser Regeln sind nirgendwo öffentlich niedergeschrieben oder von einer bestimmten Organisation beschlossen worden, sie haben sich einfach eingespielt – und dennoch determiniert dieses eingespielte Verhalten die Art und Weise, in denen Spielfilme heute im Markt angeboten werden. Einige dieser Spielregeln für den Vertrieb von Spielfilmen möchte ich im Folgenden näher betrachten.

2 Filmdistribution

Die Verwertungsfenster, nach denen Spielfilme ausgewertet werden sind ein Beispiel für im Markt eingespielte Regeln, nach denen sich eine Vielzahl der Marktteilnehmer verhält. Die Praxis unterschiedlicher Verwertungsfenster hat sich aus der Optimierung der Verwertung von Filmrechten über unterschiedliche Verwertungsformen hinweg entwickelt – also über die Auswertung des Films im Kino, auf DVD und im Fernsehen.

Beispielhaft ist eine derartige Verwertungskette in Abbildung 2.1 aufgeführt. Zunächst möchte ich mich in dieser Abbildung auf den unteren Teil konzentrieren („VoD Window"). Abbildung 2.1 zeigt ein Basismodell der verschiedenen Auswertungen. Die einzelnen Zeitfenster in dieser Kette – und dies nicht zuletzt vor dem Hintergrund der Digitalisierung der Distribution von Filmen – sind aktuell Ausgangspunkt zahlreicher Diskussionen.

Die erste Verwertungsstufe des Films ist der Kino-Release. Kommt ein Film ins Kino, findet der Schwerpunkt der Vermarktung statt – die Filmpremiere, die diese begleitende Pressearbeit und die großen Werbekampagnen zum Start des Films. Danach wird der Film auf DVD und im DVD-Verleih ausgewertet, dies ca. 4-6 Monate nach dem Kinostart. Die nächste Verwertungsstufe findet sich im Pay TV mit dem Near Video on demand oder Video on demand Fenster. Nach ca. einem Jahr findet der Titel Eingang in die linearen Pay TV Kanäle der Pay TV Anbieter. Auch im Pay TV Fenster selbst kann es – je nach Alter der Filme – unterschiedliche Auswertungsfenster geben. Zum besseren Verständnis ein Beispiel: in einem Pay TV Angebot kann es zwei unterschiedlich bepreiste Pay TV Kanäle geben (Disney hat dies z.B. praktiziert). Diese haben im Prinzip dasselbe Programm, allerdings hat ein Kanal das „frischere" Programm (also Programm aus dem früheren Auswertungsfenster). Dieser Kanal hat natürlich auch eine höhere Abonnementgebühr. Erst nach mehreren Jahren wird der Film dann im Free TV verwertet.

Dieses „windowing" ist eine gängige Praxis der Rechteinhaber zur optimalen Auswertung Ihrer Filmkataloge über die verschiedenen Auswertungsformen – und damit Branchenteilnehmer - hinweg. Dabei sind die tatsächlichen Verwertungsfenster Ergebnis eines fragilen Gleichgewichts der Machtverhältnisse der unterschiedlichen Branchenteilnehmer. Ein Beispiel: als Universal Pictures in Italien den Kinofilm Miami Vice mit einem besonders frühen DVD-Start bereits nach 2 Monaten veröffentlichen wollte (um im Weihnachtsgeschäft präsent zu sein), reagierte der Multiplex-Interessensverband ANEM mit einem Boykott des Titels und nahm diesen aus dem Programm (Vgl. MEDIABIZ, Homepage (WWW v. 13.04.2007)). Eine Änderung der Spielregeln des Marktes ist ein langwieriger Prozess: er muss die diversen Interessenlagen der einzelnen Marktteilnehmer berücksichtigen.

Auch wenn es sich bei den einzelnen Verwertungsformen um Marktgegebenheiten handelt, finden diese durchaus Eingang in die Gesetzgebung: so findet sich z.B. auch in der Gesetzgebung zur deutschen Filmförderung ein vorgeschriebenes DVD-Fenster von sechs Monaten wieder.

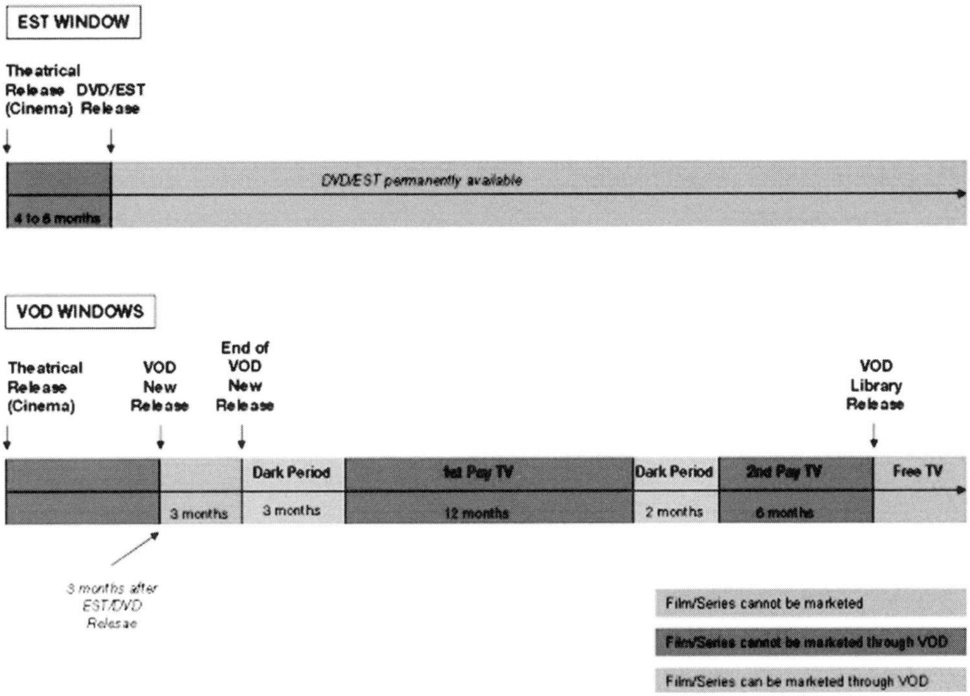

Abb. 2.1 *Beispielhafte Verwertungskette für Spielfilme, eigene Darstellung*

Nicht nur die Verwertung von Filmrechten über einzelne Verwertungsstufen, auch die gesamte Struktur des Rechtehandels an sich folgt einer stark eingespielten Marktstruktur. Dabei scheint die Kraft dieser Institutionen so stark, dass sich diese Strukturen auch bei Veränderungen der Marktgegebenheiten erhalten. Ein Beispiel: Filmrechte werden in der Regel nach Ländern ausgewertet. In einer nicht-digitalisierten Welt entspricht dies der natürlichen Struktur des Vertriebs: die meisten Fernsehsender sind auf bestimme Länder ausgerichtet und können nur in diesen empfangen werden. Die ersten Vertriebsfirmen für Filme folgten dann dieser nationalen Struktur bei der Rechtevergabe. Diese Strukturen haben sich auch bei der Entwicklung der DVD erhalten: hier hat man mit Ländercodes eine Barriere eingebaut, um diese Vertriebsstrukturen im Handel zu erhalten, und um eine Preisdifferenzierung zwischen einzelnen Ländern zu ermöglichen. Dies hat allerdings auch die Entstehung einer zweiten „Markt“-Struktur zur Konsequenz: es ist kein Geheimnis, dass man bei vielen Fachhändlern den Regionalcode seines DVD-Players wieder entfernen lassen kann.

Weitere wichtige Faktoren, die die herkömmlichen Marktstrukturen beeinflussen, sind die zugelassenen Systeme zum Schutz der Rechte, wie z.B. Verschlüsselungssysteme im Pay TV oder Verfahren zum Kopierschutz bei DVDs, wie z.B. das CSS-System. CSS ist ein technisches Verfahren zur Verschlüsselung von DVD-Inhalten. Es regelt u.a. das Verhältnis zwischen Rechteinhaber und DVD-Endgerätehersteller und wird von der DVD Copy Control Association lizensiert.

Diese auf mehreren Säulen basierenden Vertriebsstruktur der Filmindustrie bewirkt in Deutschland seit Jahren konstante Umsätze im Kinobereich von ca. 750 Mio. €, der DVD-Markt lag im Jahr 2007 mit 1,6 Mio. € Umsatz nur leicht unter dem Höchstergebnis des Jahres 2004 (Vgl. BVV Business Report 2007/2008 (WWW v. 14.06.2008)).

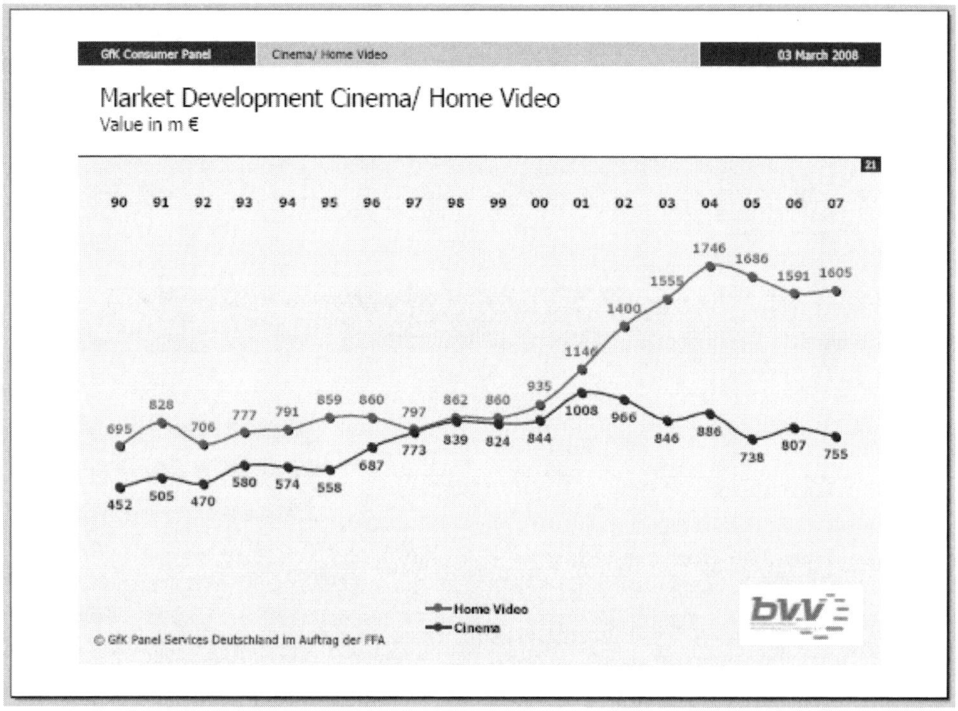

Abb. 2.2 Entwicklung des Marktes für Cinema / Home Video in Deutschland
(Quelle: BVV Business Report 2007/2008 (WWW v. 14.06.2008))

3 Formen der digitalen Distribution von Filmen

Filmdownloadangebote haben neue Angebotsmodelle für Spielfilme hervorgebracht. Der Markt für digitalen Filmdownload – auch Jahre nach den ersten Angeboten – ist nach wie vor erst in der Entwicklung. Daher sind die Spielarten, nach denen Filme auf interaktiven Plattformen angeboten werden, nach wie vor sehr unterschiedlich – der Markt spielt sich erst ein. Aus diesem Grund kann im Folgenden eine Momentaufnahme, keine abschließende Kategorisierung der einzelnen Angebotsformen geleistet werden. Auch während dieser Artikel geschrieben wird, entdecke ich tagtäglich neue Namen und Varianten der diversen Angebotsmodelle in der Fachpresse.

Die derzeit etablierten Formen in Filmdownloadangeboten sind:

- VoD (Video on demand) / DTR (Download to rent) / NVoD (Near Video on demand)
- EST (Electronic Sell Through), auch DTO (Download to Own) genannt
- SVoD (Subscription Video on demand)
- FreeVoD (Free Video on demand)
- Ad based VoD (Advertising Based Video on demand)

Die unterschiedlichen Angebotsformen lassen sich anhand von zwei Merkmalen unterscheiden: Anhand der Dauer des Nutzungsrechts des Endkonsumenten und der verwendeten Technologie sowie anhand des Geschäftsmodells, mit dem der Film an den Endkonsumenten vertrieben wird.

3.1 Dauer des Nutzungsrechts und der Art der Technologie

In digitalen Pay TV Plattformen gibt es die „Urform" der digitalen Filmangebote: das sog. Near Video on demand (NVoD), bei dem der Film auf einem bestimmten Sender in bestimmten Abständen ausgestrahlt wird und vom Nutzer für eine definierte Zeit freigeschaltet werden kann. In einem derartigen Angebot ist pro angebotenem Film ein eigener Kanal notwendig, daher ist die Filmauswahl meist sehr begrenzt.

	24 h/ begrenzter Zeiraum	unbegrenzt
Wiederholte Ausstrahlung in linearem Sender	Near Video on demand	Nur in Sonderfällen
Stream	Video on demand	Nur in Sonderfällen
Download	Download to rent	Download to own/ Electronic Sell through

Abb. 3.1 *Kategorisierung von On demand Verwertungsformen, eigene Darstellung*

Der Vollständigkeit halber erwähnt, sei eine Unterart des Filmangebots in digitalen Pay TV Angeboten. Beim sog. „Push Video on demand" werden Filme (z.T. vorselektiert) auf eine Festplatte in der Set Top Box des Endkonsumenten vorgeladen, sie können wiederum vom Konsumenten freigeschaltet werden. So kann dem Nutzer bereits eine etwas breitere Filmauswahl angeboten werden. Für beide Nutzungsarten ist im Prinzip keine interaktive Anbindung der Set Top Box des Endkonsumenten an ein DSL- oder Kabelnetz notwendig. Technisch handelt es sich aber um einen Download.

Steht eine breitbandige Online-Verbindung zur Verfügung (ab ca. 1 MBit/ sec), können Filme auf interaktiven Plattformen entweder gestreamt oder als Download angeboten worden. Beim Streaming liegt die Datei auf einem Server des Anbieters im Netz, die Datei wird nur temporär auf dem Endgerät des Nutzers zwischengespeichert. Beim Download hingegen wird die Datei auf dem Endgerät des Nutzers gespeichert und von dort abgespielt. Beim sogenannten progressive Download kann der Film dabei bereits kurz nach Beginn des Downloads abgespielt werden.

Werden Filme mit einer begrenzten Nutzungsdauer angeboten, so beläuft sich diese in der Regel auf 24 Stunden. Vereinzelt werden auch Rechte für 3 Tage gewährt. Für Filmangebote mit einer begrenzten Nutzungsdauer wird meist der Ausdruck Video on demand (VoD) verwendet. Werden Video on demand Angebote im Download-Verfahren angeboten, so wird teilweise auch der Ausdruck Download to rent (DTR) verwendet. Bei diesen Angeboten muss noch ein zweites Zeitfenster bestimmt werden: das Fenster, in dem nach dem Download die 24-stündige Nutzungsphase beginnt. Die Beschränkung der Nutzungszeit wird durch das digitale Rechtemanagement (DRM) des Anbieters gewährleistet. Zur Verdeutlichung hier ein Auszug aus den Nutzungsregeln des amerikanischen iTunes Store für Spielfilme:

> *"You have thirty (30) days after downloading a movie to begin viewing. Once you begin viewing, you have twenty-four (24) hours to view the movie (the "Viewing Period"). You may view the movie an unlimited number of times during the Viewing Period. Movies are not viewable after the thirty (30) day period. Stopping, pausing or restarting a movie does not extend the available time for viewing."* (Vgl. ITUNES, Terms of service (WWW v. 10.08.2008))

Ist die Nutzungsdauer des Films für den Endkunden nicht begrenzt, spricht man von Electronic Sell Through oder Download to own. Im Prinzip handelt es sich bei diesen Angebotsformen um die digitale Variante der DVD. Dies ist auch aus dem Verwertungsfenster für EST-Rechte zu sehen – die Auswertung startet zeitgleich zur DVD und wird im weiteren Verlauf nicht unterbrochen – siehe hierzu nochmals unsere beispielhafte Verwertungskette in Abbildung 2.1.

Noch sind die bei der Distribution von EST-Filmen vergebenen Rechte für den Endkonsumenten in den einzelnen Diensten keineswegs einheitlich geregelt. In den meisten Diensten – insbesondere in allen, in denen Filme der großen Studios vertrieben werden – sind die Rechte dabei wiederum durch das digitale Rechtemanagement (DRM) beschränkt. Das DRM beschränkt hier die Anzahl der Kopien, die der Nutzer von der heruntergeladenen Datei auf verschiedenen Endgeräten nutzen darf. Dazu ein Beispiel aus den Nutzungsbedingungen des amerikanischen Amazon Unbox Filmstores:

> *"You can keep purchased videos on 2 PCs or TiVo boxes and 2 portable video players at the same time. Your purchase allows you to download a high-quality video file for playback on a Windows-based PC, a TiVo Best Quality video for playback on a Series 2 or Series3 TiVo box, and a smaller video file designed for playback on compatible Windows Media video portable devices."* (Vgl. AMAZON (WWW v. 10.06.2008))

Ob der heruntergeladene EST-Film im DVD-Format gebrannt werden kann, ist ebenfalls in den unterschiedlichen Diensten nicht einheitlich geregelt. Zwar existieren derzeit mehrere Verfahren, mit denen es möglich ist, die in Download-Diensten gebräuchlichen Dateiformate auf eine im DVD-Player abspielbare DVD zu brennen. Auch illegal bezogene Kopien können in der Regel auf DVD gebrannt und im DVD-Player abgespielt werden. Allerdings sichern die meisten dieser Verfahren nicht die Verwendung des Kopierschutzsystems CSS, das bisher von der Organisation der amerikanischen Filmstudios (MPAA) ratifiziert wurde. Zum Zeitpunkt, in dem dieser Artikel entsteht, hat sich derzeit im Markt daher noch kein Verfahren durchgesetzt – zwar gibt es von der MPAA zertifizierte Verfahren, diese aber werden im Markt noch nicht verwendet. Einige Anbieter, in Deutschland z.B. videoload, verzichten auf den CSS-Schutz; müssen sich in Ihrem Angebot aber noch mit einem begrenzten Rechteangebot abfinden. Für Verfahren ohne CSS-Schutz wird derzeit nur ein begrenztes Angebot an Titeln lizensiert. Das Konvertieren und Brennen der Datei auf einem zum Zeitpunkt des Entstehens dieses Artikels üblichen Rechner dauert derzeit allerdings noch mehrere Stunden. Das Brennen des Films ist daher weniger für den schnellen Genuss des Films auf dem heimischen Fernseher geeignet – es spielt aber für den Konsumenten eine wichtige Rolle, um das einmal gekaufte Filmrecht dauerhaft zu sichern.

Bei der digitalen Distribution von Filmen gewinnen neben Filmrechten, bei denen die Filme im Einzelabruf verkauft werden, zunehmend weitere Formen digitaler Filmrechte an Bedeutung.

3.2 Geschäftsmodelle beim Filmdownload

Neben dem klassischen Einzelabruf – „Pay per View" (PPV) –, pro Abruf wird also bezahlt, werden Filmrechte auch nach anderen Geschäftsmodellen an den Endkunden verkauft. Werden VoD-Filme im Abonnement verkauft, spricht man von „Subscription Video on demand" oder SVOD. In Deutschland bietet z.B. der Video on demand Service Maxdome mehrere Abonnements über unterschiedliche Teile seines VoD-Angebots an. Hier erwirbt der Kunde das Recht, die Titel eines bestimmten Programmpakets (z.B. „Premium", „Movie"; „Kids" etc.) für einen begrenzten Zeitraum (bei Maxdome laufen die Abonnements auf monatlicher Basis, werden aber für eine Mindestlaufzeit von einem Jahr abgeschlossen) unbegrenzt häufig abzurufen.

Netflix, der führende Online DVD-Verleih in den USA, hat eine weitere Spielart eines derartigen Abonnements eingeführt: je nach Art des Abonnements, das der Kunde abgeschlossen hat, kann der Kunde entweder unbegrenzt oder für eine begrenzte Zeitdauer aus dem Gesamtangebot des Anbieters Filme abrufen. Zeitbasierte Verfahren sind auch aus den Angeboten von Erotikanbietern bekannt.

> *''With Netflix you can rent as many DVDs as you want and watch movies instantly on your PC for one low price. (...) With our most popular plan, you can rent as many DVDs as you want (3 DVDs at-a-time) and watch Unlimited hours of movies instantly on your PC all for just $16.99 a month plus applicable tax. There are no additional charges.''* (Vgl. NETFLIX, Homepage (WWW v. 14.06.2008)).

Plan	Rentals/month	Price/month*	2 week Free Trial	Hours Instantly on your PC
4 DVDs at-a-time	Unlimited!	$23.99	YES	Unlimited hours also included
3 DVDs at-a-time Most Popular!	Unlimited!	$16.99	YES	Unlimited hours also included
2 DVDs at-a-time	Unlimited!	$13.99	YES	Unlimited hours also included
1 DVD at-a-time	Unlimited!	$8.99	YES	Unlimited hours also included
1 DVD at-a-time	Limit 2 per month	$4.99	YES	2 hours also included

Abb. 3.2 *Abonnementangebot von Netflix (Quelle: NETFLIX, Homepage (WWW v. 14.06.2008))*

Bezahlt der Endkunde nicht direkt für den Kauf des Films, spricht man von Free VoD. Die Finanzierung des Abrufs erfolgt in diesen Fällen meist indirekt: so kann es sein, dass der Film Teil eines anderen bezahlten Pakets des Kunden ist (siehe das Netflix-Angebot). Häufig finden sich derartige Bündelangebote als Teil von digitalen Pay TV-Paketen. Im Entertain-Angebot der deutschen Telekom beispielsweise kann der Kunde mit der Buchung bestimmter linearer Programmpakete auf das sogenannte „TV Archiv" zurückgreifen, in dem ausgewählte Titel des Senders sieben Tage nach Ausstrahlung abrufbar sind.

Besonders prominente Verbreitung erfährt Free Vod in Deutschland durch die on demand Angebote der öffentlich-rechtlichen Fernsehsender. So verbreiten z.B. die ZDF Mediathek in Deutschland oder aber der BBC iPlayer Teile des Programms der jeweiligen Sender sieben Tage nach Ausstrahlung kostenfrei auf eigens von diesen Sendern betriebenen Angeboten. Finanziert wird diese Ausstrahlung aus dem Erwerb der Rechte für die Ausstrahlung in einem öffentlich-rechtlichen Sender. Diese Art der Rechteverwertung sieben Tage nach Ausstrahlung als Teil des Programmpakets eines Senders erfreut sich in diversen Plattformen zunehmender Beliebtheit. So haben mittlerweile fast alle öffentlich-rechtlichen Sendeanstalten in Deutschland, der Schweiz und Frankreich ein derartiges Angebot. Grundgedanke dieser Angebote ist es, den Endkunden anstelle eines digitalen Videorekorders – bei dem ausgestrahlte Filme ja auch direkt auf Festplatte gespeichert werden können – gleich eine Alternative zu bieten.

Pay per View	Abonnement	Gratis/ als Teil eines anderen Pakets	Werbefinanziert
Video on demand Download to rent Download to own Electronic Sell through	Subscription Video on demand	Free Video on demand	Ad based Video on demand

Abb. 3.3 Geschäftsmodelle beim Online-Angebot von Spielfilmen, eigene Darstellung

Erfolgt eine derartige Ausstrahlung werbefinanziert, spricht man von “Ad based Video on demand” Hier sind insbesondere in den USA in der letzten Zeit Angebote entstanden, bei denen Fernsehserien werbefinanziert ausgestrahlt werden. Ein Beispiel ist hierfür das Portal „Hulu“ von NBC Universal.

Die Portale mit der derzeit höchsten Reichweite im Markt kombinieren User Generated Content (also von den Endnutzern selbst produzierte Inhalte) mit einer werbefinanzierten oder kostenfreien Ausstrahlung von Bewegtbild. YouTube ist sicher der Vorreiter derartiger Angebote gewesen, aber inzwischen gibt es zahlreiche derartige Angebote auch auf deutschsprachigen Plattformen – so z.B. Myvideo, Sevenload und andere. Zum Zeitpunkt der Entstehung dieses Artikels werden auf diesen Plattformen zumeist kürzere Inhalte verbreitet. Dabei werden zum einen professionell produzierte Inhalte diverser TV Sender verbreitet (dies teils mit, teils ohne explizite Erlaubnis der Rechteinhaber), zum anderen Inhalte, die die Nutzer direkt online gestellt haben. Aufgrund der den Plattformen derzeit noch innewohnenden Rechteproblematik (bei privat produzierten Inhalten liegt meist keine Rechteklärung der Inhalte des Videos vor) verzichten die Anbieter derzeit in der Regel auf Werbeeinbindungen in Inhalten mit User Generated Content. Gleichzeitig werden Inhalte von TV-Sendern häufig durch die Nutzer in Ausschnitten auf die Plattform gestellt. Vereinzelt gibt es hierzu Vereinbarungen zwischen den Rechteinhabern und Youtube bzw. den User generated Content Plattformen. Insbesondere YouTube befindet sich hierzu auch in gerichtlicher Auseinandersetzung mit einigen Rechteinhabern über diese Verwendung. Da die Inhalte nicht von der Plattform, sondern von den Nutzern hochgeladen werden gibt es hier eine Diskussion um die Filtertechnologien, die die Plattformen verwenden um hochgeladene Inhalte auf Ihren Plattformen zu prüfen. Ein festes Geschäftsmodell dieser Angebote hat sich derzeit noch nicht etabliert – die Entwicklung bleibt spannend.

Betrachtet man die Marktzahlen, so fällt auf, dass die digitalen Märkte im Filmbereich hinter den klassischen physischen Märkten in der Entwicklung noch weit zurückfallen. In 2007 zählte der vom BVV veröffentliche Umsatz dieses Marktsegments kaum mehr als 3 Mio €. Bedenkt man, dass zu diesem Zeitpunkt in Deutschland bereits eine Vielzahl an Anbietern mit teils signifikant hohen Ausgaben für die Bewerbung dieser Dienste im TV tätig waren, so erstaunt die langsame Entwicklung dieses Marktes. Schließlich hat die digitale Nutzung eines Filmes viele Vorteile: es entfällt der Gang zur Videothek oder zum Geschäft; der gewünschte Film ist immer verfügbar, der digitale Film muss vom Endkonsumenten sowie vom Händler nicht gelagert werden und aufgrund der geringeren Lagerkosten können digitale Angebote eine wesentlich höhere Auswahl bieten als jeder Laden. Wo liegen die Hürden?

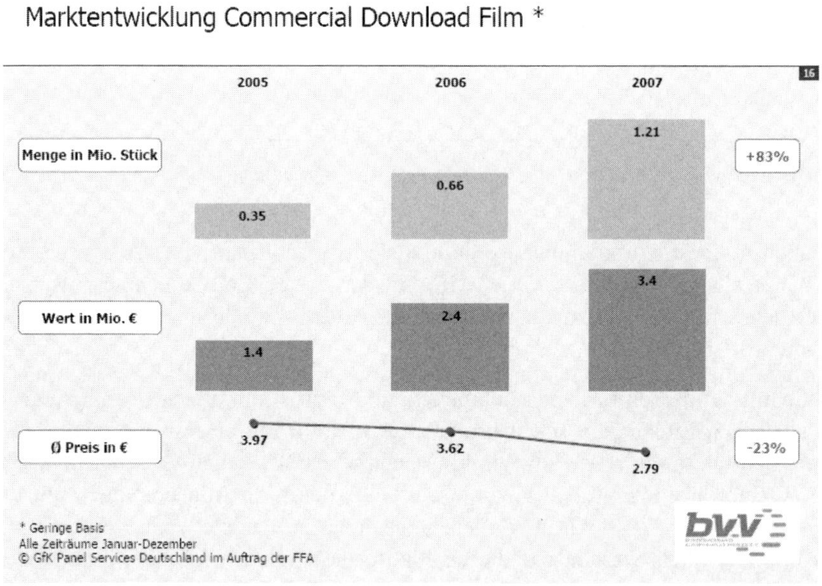

Abb. 3.4 *Marktentwicklung Commercial Download Film*
(Quelle: BVV Business Report 2007/2008 (WWW v. 14.06.2008))

4 Über die Anpassung von Marktstrukturen

Lassen Sie uns noch ein wenig bei den Zahlen bleiben: die Zahlen des BVV geben an, dass in Deutschland in 2007 105 Mio. Videos/DVD's verkauft wurden. Der legale Downloadmarkt in Deutschland 2007 wird von demselben Verband im selben Jahr auf 1,2 Mio Stück geschätzt. Die Verfasserin dieses Artikels hat bereits vor mehr als acht Jahren bei einem Video on demand Portal – damals ein Projekt der KirchGruppe – gearbeitet; technisch sind digitale Filmangebote bereits seit langem möglich. In der Anfangsphase des Marktes stellte die fehlende Reichweite schneller Breitbandanschlüsse ein Problem dar; inzwischen ist hier aber eine kritische Masse erreicht: lt. dem Branchenverband Bitkom verfügten Ende 2006 37% aller Deutschen über einen schnellen Internetzugang; in 2008 soll die 50%-Marke überschritten werden (Vgl. BITKOM, Homepage (WWW v. 19.05.2008)).

Auch die EU-Kommission hat sich die Frage gestellt, welche Hemmnisse die Entwicklung des digitalen Filmmarktes unterliegt und hat zu diesem Thema in einer Umfrage verschiedene Hypothesen untersucht (Vgl. KOM 2007/836). Drei Themen standen dabei im Vordergrund:

- DRM (Digital Rights Management)
- Gebietsübergreifende Lizenzierung
- Piraterie

4.1 DRM

Zum DRM stellte die EU-Kommission den Branchenvertretern u.a. die folgende Frage:

> *„Sind Sie der Ansicht, dass die Unterstützung der Einführung interoperabler DRM-Systeme die Entwicklung von Online-Diensten mit kreativem Inhalt im Binnenmarkt fördern würde?“* (Vgl. KOM 2007/836, Frage 1)

Die EU-Kommission zielt bei dieser Frage nicht auf die – zugegebenermaßen komplexen und uneinheitlichen – Nutzungsregeln, nach denen der Konsument Filme in Filmdownloadangeboten nutzen kann. Die Frage zielt vielmehr darauf ab, dass die verschiedenen Anbieter unterschiedliche und zum Teil proprietäre DRM-Systeme verwenden, die untereinander nicht kompatibel sind. So kann eine in Apples iTunes erworbene Lizenz nicht problemlos auf allen anderen Geräten verwendet werden. Der BVDW, der Bundesverband der digitalen Wirtschaft, hat in seiner Stellungnahme zum Questionnaire der EU dann auch die Förderung derartiger Systeme begrüßt. Wie eine Entwicklung derartiger Systeme allerdings in der Praxis tatsächlich gefördert werden kann bleibt eine andere Frage.

Abstrahiert man von der konkreten Frage nach dem DRM-System, so lässt sich konstatieren dass die (technischen) Verfahren des Rechtemanagements und Rechteschutzes wohl auf lange Zeit noch zentrale Themen der Diskussion bleiben werden. DRM und die Diskussionen rund um Kopierschutzsysteme bieten die technische Basis dafür, die Spielregeln des herkömmlichen Filmmarktes - wie z.B. die unterschiedlichen Verwertungsfenster - in die digitale Welt zu übersetzen.

4.2 Gebietsübergreifende Lizenzierung

Bei der Frage nach der gebietsübergreifenden Lizenzierung wird ebenfalls deutlich, wie die anhand physischer Märkte gewachsenen Marktstrukturen zu Komplikationen bei der Digitalisierung führen. Da die digitalen Rechte zumeist zusammen mit den DVD oder auch Fernsehrechten vergeben werden, dürfen diese vom Lizenznehmer meist nur innerhalb einer bestimmten Region verwertet werden. Dies führt dazu, dass auch die einzelnen Filmdownload-Dienste wiederum technische Barrieren einführen müssen, um sicherzustellen, dass nur Kunden aus einer bestimmten Region den Dienst nutzen. Einer der großen Vorteile des Internets ist sicherlich, dass auch Nischenzielgruppen länderübergreifend angesprochen werden können und damit eine kritische Masse an Nutzern leichter erreicht werden kann. Dieser Vorteil kann von den meisten derzeit tätigen Diensten aufgrund Ihrer Struktur nicht genutzt werden. Da insbesondere die US-amerikanischen Angebote aber inzwischen attraktive Titel aufweisen, bringt die Struktur der territorialen Eingrenzung seltsame Blüten hervor: es gibt mittlerweile auch Pirateriesoftware, die dafür sorgt, dass territoriale Beschränkungen „geknackt" werden können.

Dies bringt uns zum Dritten große Punkt: der Piraterie.

4.3 Piraterie

Die Dimensionen der illegalen Nutzung von Spielfilmen werden zwar in Zahlen nicht veröffentlicht, man kann Sie aber erahnen:

> *„Im Jahr 2007 wurden (im gesamten weltweiten Internet, Anmerkung KBr...) sieben Exabyte monatlich an Daten verschickt. Um ein solches Volumen zu speichern, benötigt man bereits rund zwei Milliarden DVDs. (...) Online-Videos werden den Schätzungen von Cisco zufolge bis Ende des laufenden Jahres (2008, Anmerkung KBr) 30 Prozent des Datenverkehrs im Internet ausmachen, bis 2012 sollen es 50 Prozent sein. Insgesamt würden Angebote wie Video-on-Demand und Internet-Fernsehen knapp 90 Prozent des privaten Datenverkehrs der Verbraucher ausmachen."* (Vgl. SÜDDEUTSCHE ZEITUNG, Homepage (WWW v. 16.06.2008))

30 Prozent des Datenverkehrs im Internet (und solche Zahlen hört man auch für Deutschland) – gleichzeitig aber nur 1,2 Millionen legale bezahlte Filmdownloads in Deutschland 2007 – wie geht das zusammen? Es ist kein Geheimnis, dass nach wie vor große Anteile des Videokonsums im Internet auf illegale Downloads zurückzuführen sind. Ein weiterer großer Teil ist auf Angebote mit User Generated Content zurückzuführen – die hierbei bestehenden Unklarheiten bzgl. der rechtlichen Struktur dieser Angebote haben wir weiter oben bereits angesprochen.

Betrachtet man die Entstehung des Marktes für digitale Distribution von Filmen, so ergibt dies einen interessanten Fall: Digitale Filmangebote werden von den Usern bereits in erheblichem Maße genutzt. Ein Filmdownload scheint also durchaus eine höchst interessante Sache zu sein. Nur vollzieht sich derzeit ein signifikanter Teil dieser Nutzung noch außerhalb kommerzieller Strukturen. Dies kann nun zwei Gründe haben: entweder die Marktteilnehmer, die heute Filme (illegal) herunterladen besitzen kein verfügbares Einkommen und können nicht kaufen. Oder aber das legal angebotene Produkt wird von den Kunden nicht als attraktiv empfunden und aus diesem Grunde nicht gekauft. Eine Besonderheit des Filmdownloadmarktes ist dabei zusätzlich, dass noch längst nicht alle Produkte, die illegal erhältlich sind auch legal angeboten werden.

Sicher ist eines: die rechtlichen Institutionen bieten derzeit (noch) keinen ausreichenden Schutz gegen eine illegale Nutzung von Filmen. Dies liegt nicht zuletzt daran, dass illegaler Filmdownload nach dem Rechtsempfinden der Verbraucher nicht dasselbe zu sein scheint wie Diebstahl. Wären in einer herkömmlichen Branche 30% der Transaktionen nicht recht erklärbar und vermutlich großteils auf Diebstahl zurückzuführen – es wäre wohl kaum so ruhig um die Thematik wie um die aktuelle Pirateriediskussion in Deutschland. Dass auch die Musikindustrie hier noch massiven Handlungsbedarf empfindet, zeigt eine Reihe ganzseitiger Anzeigen, in denen Frau Merkel zu Beginn des Jahres 2008 von Vertretern der Musikindustrie um Unterstützung im Kampf gegen die Piraterie gebeten wurde. In Frankreich hat die Diskussion hingegen bereits in konkrete Gesetzesvorlagen gemündet:

> *„Frankreich will hartnäckigen Raubkopierern künftig den Zugang zum Internet sperren. Das französische Kabinett brachte am Mittwoch einen Gesetzentwurf auf den Weg, der diese Sanktion vorsieht. Demnach können sich Musik- oder Filmverlage und andere Urheberrechtinhaber an eine Behörde wenden, wenn sie Hinweise auf illegale Kopien haben. (...) "Es gibt keinen Grund, warum das Internet eine rechtsfreie Zone sein sollte", erklärte der französische Staatspräsident Nicolas Sarkozy. Wenn nichts gegen Raubkopien unternommen werden sollte, werde es "eines Tages keine Neuschöpfungen mehr geben". (...) Im Gegenzug zur verschärfter Verfolgung von Raubkopierern soll nach einer Selbstverpflichtung der Industrie spätestens ein Jahr nach Einführung des neuen Systems der Kopierschutz für Musikstücke und Filme abgeschafft werden. Die Musik- und Filmindustrie versucht, ihre Stücke bisher durch ein System digitaler Lizenzen (DRM) zu sichern."* (Vgl. OE24, Homepage (WWW v. 18.06.2008))

Welches System sich auch immer durchsetzen mag – die Findung des Systems ist ein langwieriger Prozess. Warum das so ist – das wird klarer, wenn man sich die Struktur des Filmmarktes vor Augen führt. Die Filmbranche ist auf der Produktionsseite im Wesentlichen von einem Oligopol geprägt. Verändern sich nun die Marktbedingungen fundamental – wie es im Rahmen der Digitalisierung der Fall ist – müssen sich die Institutionen des Marktes an diese Marktbedingungen anpassen. Im Filmmarkt bedeutet dies vor allem, dass sich eine begrenzte Anzahl an Playern über die Diskussion in Branchenverbänden und anderen Foren über die geänderten Spielregeln des Marktes einigen muss. Wie schwierig dies auch in den etablierten Märkten bereits ist, haben wir am Beispiel der Änderung nur einer dieser Regeln – der Auswertungsfenster der DVD – bereits im ersten Kapitel gesehen. Umso langwieriger ist dann die Anpassung in einem Feld, in dem sich die gesamte Nutzung fundamental ändert und in dem sich auch die einzelnen Angebotsstrukturen erst noch herausbilden müssen.

Erschwerend kommt hinzu, dass die digitalen Filmangebote für die Produzenten ja kein eigenständiges Produkt darstellen – Filmdownloads sind vielmehr nur eine neue Verwertungsstufe eines Produktes, das es im Gesamtzusammenhang der verschiedenen Darbietungsformen eines Spielfilms optimal auszuwerten gilt. Ein Filmdownload ist in diesem Sinne also kein Produkt, das derzeit von der Filmbranche für die Konsumenten entwickelt wird. Das eigentliche Produkt der Filmbranche ist der Spielfilm.

Im zweiten Kapitel wurde eine kleine Bestandsaufnahme der derzeit üblichen Angebotsformen angestellt. Welche dieser Angebotsformen sich im Zuge eines Heranwachsens des Marktes etablieren – oder ob die „Killerformen" heute vielleicht noch gar nicht entwickelt sind – das wird sich erst im Laufe der Zeit zeigen.

Was bedeutet diese Entwicklung nun aber für das strategische Management von Filmproduktionen?

4.4 Implikationen für das strategische Management von Filmproduktionen

Wie die Digitalisierung die Marktstruktur der Branche verändern wird und wer in diesem Bereich die relevanten Player sein werden – dies lässt sich derzeit nur in der altbekannten Glaskugel absehen. Aufschlussreicher ist da die Beschäftigung mit den veränderten Rahmenbedingungen digitalisierter Märkte ganz allgemein – dies hat CHRIS ANDERSON in seiner Veröffentlichung „The long Tail" auf Basis einer Reihe von Beobachtungen in (wenn auch zum Teil nicht vollständig) digitalisierten Märkten - so z.B. bei Amazon und Netflix, einem Online DVD-Verleih - getan.

Die Möglichkeit, Filme digital anzubieten stellt die klassischen Marktstrukturen beim Vertrieb von Filmen in vielen Punkten auf den Kopf: technische und wirtschaftliche Beschränkungen bei Angebot und Nachfrage von Filmen sind in digitalen Strukturen erheblich niedriger:

> *„Der traditionelle Einzelhandel muss lokale Abnehmer finden. Ein durchschnittliches amerikanisches Kino zeigt einen Film erst, wenn er bei einer zweiwöchigen Laufzeit mindestens 1.500 Zuschauer anzieht. (...) Ein Plattenladen muss mindestens vier Stück einer CD im Jahr verkaufen, damit es sich lohnt, die CD im Sortiment zu führen; das entspricht einer Miete für 1,7 cm Regalplatz. Das Entsprechende gilt für den Verleih von DVD's und Videospielen, für Buchhandlungen und Zeitungskioske".* (Vgl. ANDERSON, C. (2007), S. 19)

Gleiches gilt für die technischen Beschränkungen an Sendeplätzen auf analogen TV-Plattformen: in einem herkömmlichen Kabelnetz können nur eine begrenzte Anzahl an Sendern (dann aber für ein fast unbeschränktes Publikum) ausgestrahlt werden. In einem digitalen Netz erhöht sich die Anzahl der Programme, die gleichzeitig ausgestrahlt werden können, erheblich. Auf interaktiven Plattformen kommt noch ein weiterer Faktor hinzu: hier können Filme nicht nur an ein Massenpublikum gesendet werden sondern auch per Einzelabruf angeboten werden. Ein Einzelnutzer kann also einem anderen Einzelnutzer Bewegtbild zum Abruf zur Verfügung stellen – was bei YouTube ja auch massenhaft passiert.

CHRIS ANDERSON fasst die Entwicklung wie folgt zusammen:

> *"Zwei der wichtigsten Knappheitsfaktoren der traditionellen Wirtschaftslehre – die Grenzkosten für Herstellung und Vertrieb – gehen in Long Tail Märkten digitaler Güter gegen null, denn das Kopieren und Übermitteln von Bits kostet so gut wie nichts."* (Vgl. ANDERSON, C. (2007), S. 169)

Zwar ist das Angebot von Filmen über digitale Plattformen keineswegs kostenlos (wie es ANDERSON etwas enthusiastisch darstellt) – die Kostenstrukturen ändern sich in digitalen Märkten aber fundamental. Tatsächlich gibt es das breite Angebot an Filmtiteln im Internet bereits – aber nicht legal, sondern auf illegalen Tauschbörsen. Diese lassen bereits heute erahnen, wie Märkte digitaler Filmnutzung in Zukunft einmal aussehen mögen.

CHRIS ANDERSON folgert, dass die Bedeutung des „Long Tail" – also der Bereiche der Angebotskurve, die nicht die „Hits" auf sich konzentrieren, sondern die fragmentierten Nischenprodukte beschreiben – zunehmend wichtiger wird. Zum einen, weil diese Artikel aufgrund der günstigeren Kostenstruktur erst in digitalisierten Plattformen kostendeckend vertrieben werden können, zum anderen aber weil Nischenprodukte auf digitalen Plattformen von den Konsumenten auch leichter entdeckt werden können.

Ich möchte daraus nun nicht schließen, dass es in Zukunft eine sinnvolle Strategie für Filmproduktionen ist, nur noch auf Nischenproduktionen (z.B. billig produzierte Trash-Horrorfilme) zu setzen. Einen wesentliche Punkt sollte man aus ANDERSONs Ausführungen aber mitnehmen: wie stark sich die ökonomischen Rahmenfaktoren im Filmmarkt ändern werden. Da die Erfolgsfaktoren des digitalen Filmmarktes noch im Werden sind, fällt es schwer, an dieser Stelle eindeutige Handlungsempfehlungen für das strategische Management von Filmproduktionen zu geben. Eins aber ist sicher: Es ist besser, den Wandel aktiv zu gestalten als einfach abzuwarten.

Wie aber kann man dabei vorgehen? Hier einige Vorschläge:

- Jeder Marktteilnehmer kann seinen Beitrag dazu leisten, attraktive legale Online-Angebote für den Konsumenten zu erstellen. Der wichtigste Schritt ist dabei zunächst, dass das Filmangebot der Hersteller überhaupt in einem für den Konsumenten attraktiven Zeitfenster legal zugänglich gemacht wird. Überlassen Sie Ihren frisch produzierten Spielfilm nicht einfach tatenlos den Online-Tauschbörsen wie Kino.to, wo dieser voraussichtlich bereits zum Kinostart für den Endkonsumenten kostenfrei und bequem zu haben ist – kümmern Sie sich aktiv um ein attraktives legales Angebot!

- Setzen Sie sich für politische Unterstützung von Maßnahmen gegen die Piraterie ein. Filmförderung ist ein wichtiges politisches Unterfangen – die Förderung einer legalen Online-Nutzung von Filmen und damit die Sicherung von Arbeitsplätzen in der Filmbranche sollte dies auch sein. Das Beispiel Frankreich zeigt, dass eine Diskussion um die illegale Nutzung von der Politik durchaus aktiv angestoßen werden kann – und nicht durch ganzseitige Anzeigen von Künstlern eingefordert werden muss.

- Auch wenn es für alle in der Filmbranche Beschäftigten, insbesondere für Studenten, überaus attraktiv ist, sich über alle Neuerscheinungen in den illegalen Tauschbörsen auf dem Laufenden zu halten - machen Sie es einfach nicht. Die Musikbranche hat in den letzten Jahren 40% der Umsätze und in vielen Unternehmen die Hälfte der Arbeitsplätze eingebüßt - sicherlich zu einem Großteil als Folge des Umstands, dass hier die Piraterie bereits einige Jahre länger wütet.

- Werden Sie innovativ! Derzeit werden in interaktiven Plattformen fast ausschließlich bereits existierende und für Kino und Tv produzierte Inhalte linear übertragen. Die Spieleindustrie hat gezeigt, dass es einen höchst attraktiven Markt für interaktive Erzählformen gibt. Nicht jeder aber spielt gerne. Interaktive Plattformen bieten riesigen Raum für Innovationen bei Formaten und Erzählweisen – nutzen Sie ihn!

Literaturverzeichnis

AMAZON: Video On Demand Frequently Asked Questions (Homepage), http://www.amazon.com/gp/help/customer/display.html?nodeId=3748 v. 10.06.2008.

ANDERSON, C.: The long tail – Der lange Schwanz, Nischenprodukte statt Massenmarkt, Das Geschäft der Zukunft, München, 2007.

BITKOM - Bundesverband Informationswirtschaft, Telekommunikation und neue Medien e.V.: Deutschland holt bei Breitband auf (Homepage), http://www.bitkom.org/de/presse/8477_52242.aspx, 19.05.2008.

BVV – Bundesverband audiovisuelle Medien: BVV Business Report 2007/2008; Zahlen GfK Panel Services im Auftrag des BVV, http://www.bvv-medien.de/jwb_pdfs/JWB2007.pdf, 14.06.2008.

ITUNES: Terms of service (Homepage), http://www.apple.com/legal/itunes/us/service.html, 10.08.2008.

JANSEN, H.: Verfügungsrechte und Transaktionskosten, in: HORSCH, A. / MEINÖVEL, H. / PAUL, S.: Institutionenökonomie und Betriebswirtschaftslehre, München, 2005.

KOM 2007/836 - Questionnaire zur Mitteilung der Kommission über kreative Online-Inhalte im Binnenmarkt.

MEDIABIZ: Zum Streit um das Kinoauswertungsfenster in Italien (Homepage), http://www.mediabiz.de, 13.04.2007

NETFLIX: How it works (Homepage), http://www.netflix.com/HowItWorks, 14.06.2008.

OE24: Frankreich will Raubkopieren das Web abdrehen (Homepage), http://www.oe24.at, 18.06.2008.

SÜDDEUTSCHE ZEITUNG: Studie: Massives Wachstum des Internet-Verkehrs (Homepage), http://www.sueddeutsche.de, 16.06.2008.

Technisches Management des D-Cinema

Siegfried Fößel

Zusammenfassung
Die mit der Digitalisierung verbundenen Veränderungen beeinflussen die Produktions- und Verwertungskette von Bewegtbildern im HighEnd-Bereich nachhaltig. Es sollen daher im Folgenden die damit angedeuteten, technischen Herausforderungen für die Produktionsabläufe der Film-Branche sowie im Besonderen die Vor- und Nachteile der Einführung des D-Cinema, u.a. als Ersatz von Filmkino durch digitales Kino, aufgezeigt werden. Aus technischer Perspektive werden aktuelle Methoden und zukünftige Einsatzmöglichkeiten durch eine Einführung des D-Cinema für die Produktion, Post-Produktion und Distribution von Filmen beschrieben.

Beitragsinhalt

1 Einführung des D-Cinema

Die Einführung des D-Cinema ist eine Folge der weitreichenden Digitalisierung unserer Welt. D-Cinema steht dabei nicht einfach nur für den Ersatz von Filmkino durch digitales Kino, sondern im erweiterten Sinne für die komplette Digitalisierung der Produktions- und Verwertungskette von Bewegtbildern im HighEnd-Bereich. Abb. 1.1 zeigt ein vereinfachtes Schema des Produktionsablaufes. Nur zur Beibehaltung der Rückwärtskompatibilität und zur Langzeitarchivierung von Bewegtbildern ist noch ein Übergang zu Film notwendig.

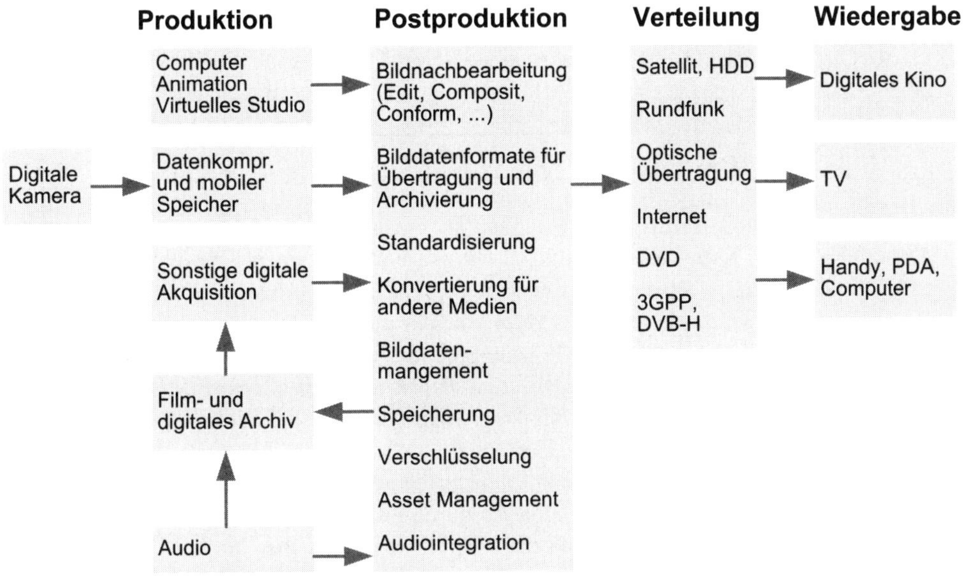

Abb. 1.1 *Digitale Filmproduktionskette im Bereich D-Cinema,(Quelle: Christmann, M. / Fößel, S. (2004))*

Während im Bereich Video und im Internet Bewegtbilder schon länger digital verarbeitet und abgespielt werden konnten, war dies im HighEnd-Bereich des Kinos aufgrund der großen Datenmengen und der hohen Qualitätsansprüche nur in Ausnahmen der Fall. So war bisher ein separater Zweig für die Kinospielfilmproduktion notwendig. Vorreiter der Digitalisierung spielte hier die digitale Postproduktion, die für Spezialeffekte in Filmen wie Star Wars oder für die computergenerierte Herstellung von Animationsfilmen eingesetzt wurde. Durch die ständig steigende Rechenleistung von Computern und die steigende Speicherkapazität digitaler Medien ist nun auch hier ein flächendeckender Umbruch in Gange. Wie bereits in anderen Bereichen wird die analoge Technik in der Kinospielfilmproduktion und -verteilung nun durch digitale Formen ersetzt. Im Bereich Kino vollzieht sich die Digitalisierung in folgenden zeitlich aufeinander folgenden Schritten:

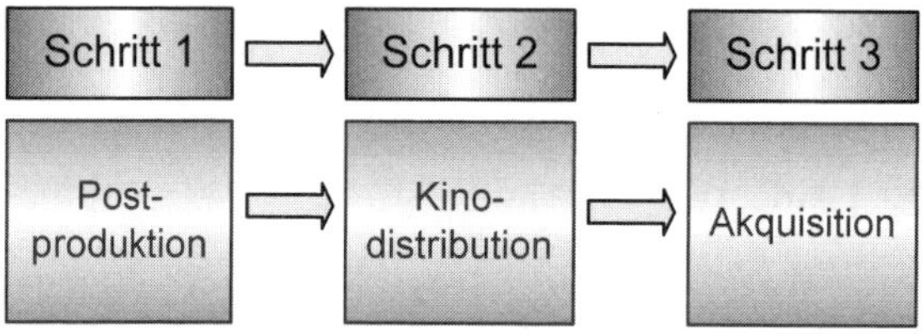

Abb. 1.2 *Zeitlicher Ablauf der Digitalisierung in der digitalen Kinokette*

Einführung des digitalen Kinos im engeren Sinne (Distribution und Abspielung)

Da die Entwicklung hin zur Digitalisierung absehbar war, haben sich im Jahr 2002 die großen Hollywoodstudios zu einer Initiative zusammengetan, um ein einheitliches Format für das zukünftige digitale Kino zu entwickeln. Diese Initiative mit Namen DCI (DIGITAL CINEMA INITIATIVE) entwickelte daraufhin Spezifikationen und Testpläne für Geräte, die heute als Quasistandard in der Branche gelten (Vgl. DCI (WWW v. 12.04.2007)). Diese Empfehlungen werden zurzeit in der SMPTE DC28 in Standards umgewandelt. Eine internationale Standardisierung im Rahmen der ISO TC36 wurde vor kurzem gestartet.

Hauptaspekte der Spezifikationen (DCI, 2007) waren zwei Punkte:

- Erreichen einer möglichst guten Bildqualität, um sich vom Videomarkt abzugrenzen: Daher wurde ein XYZ-Farbraum mit 12 Bit pro Farbkomponente gewählt, der auch für zukünftige Projektionssysteme genügend Reserven bietet. Ferner wurde ein Kontrast von 1200:1 für die Wiedergabe in Kinos gefordert. Für die Auflösung wurden zwei Container definiert: der eine mit 4096x2160 Bildpunkten, der andere mit 2048x1080 Bildpunkten. Um eine möglichst hohe Qualität in der Distribution zu erhalten, wurde eine maßvolle Kompression mit dem Verfahren JPEG2000 ausgewählt (max. 250MBit/s).

- Verschlüsselung des Inhaltes, um vor Raubkopien geschützt zu sein: Dieser Teil umfasst mehr als die Hälfte der Spezifikationen, da durch Raubkopien bereits im Vorfeld der Video-Distribution ein Großteil der Wertschöpfung verloren gehen könnte. Andererseits ist dieser Teil auch relativ aufwendig in der Umsetzung. Näheres dazu in Kapitel 2.3.

Tab. 1.1 *Datenmengen von digitalen Kinofilmen und HDTV zum Vergleich:*

	Container	Bildformat	Unkomprimierte Datenrate	Kodiert als
Spielfilm 2,39:1	4096x2160	4096x1716 12Bit XYZ444 24fps	724MByte/s	DCP 200-300 MBit/s
Spielfilm 2,39:1	2048x1080	2048x858 12Bit XYZ444 24fps	181 MByte/s	DCP 150-250 MBit/s
HDTV 16:9	2048x1080	1920x1080 10Bit YCrCb422 24fps	118MByte/s	MPEG4 AVC 8-16 MBit/s

Der Umstieg auf die digitale Technik wird in den nächsten Jahren fortschreiten. Laut einer Studie von SCREEN DIGEST (Vgl. SCREEN DIGEST (2007)) sollen bis zum Jahr 2012 48% aller modernen Leinwände digital umgerüstet sein.

Umfeld des D-Cinema

Heute wird ein Film nicht nur im Kino oder Fernsehen gezeigt, sondern in vielfältiger Weise dem Endkunden angeboten. Während früher das Kino die Hauptrefinanzierungsquelle einer Filmproduktion darstellte, ist an deren Stelle heute die DVD getreten. Analysten sagen eine weitere Verschiebung in Richtung Internet und Video-on-Demand (VoD) Technologien voraus (Siehe HOHENAUER, F. (2007)). So soll der weltweite Markt für Video-On-Demand in Höhe von 281 Mill. US$ in 2006 auf 4,4 Mrd. US$ in 2010 steigen. Dies soll jedoch weitestgehend zu Lasten des Fernseh- und DVD Marktes geschehen.

Als Beispiel der bisherigen Verschiebung dient ein Vergleich des Marktanteiles von Kino und Video in Deutschland zwischen den Jahren 1999 und 2006. Während der Kinoumsatz zwischen den Jahren 1999 mit 808 Mill. Euro und dem Jahr 2006 mit 814 Mill. Euro innerhalb einer Schwankungsbreite von ca. 100 Mill. Euro weitestgehend konstant blieb, wurden mit den digitalen Medien neue Märkte erschlossen, die den ursprünglichen Kinomarkt weit überrundet haben.

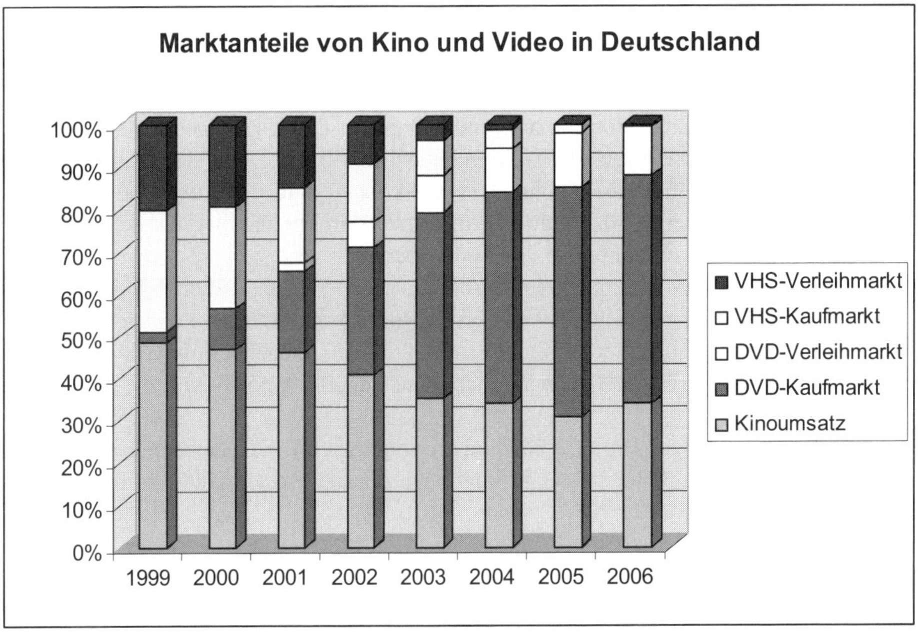

Abb. 1.3 Marktanteile von Kino und Video in Deutschland (Quelle: BUNDESVERBAND AUDIOVISUELLE MEDIEN (2007))

Dieser Prozess der digitalen Mehrfachverwertung von Filmen hat erst begonnen. So werden Filme heute nicht mehr nur in speziellen Abspielstätten wie im Kino oder zu Hause konsumiert, sondern können jederzeit und überall betrachtet werden. Auch durch die zunehmende Bedeutung des Computers als zentrale Medienstation wird dieses Verhalten unterstützt.

Daneben hat sich die Qualität des sogenannten Home-Entertainment stetig verbessert. Durch die Einführung von HDTV-Fernsehen und Blueray/HD-DVD ist die Kinobranche unter Druck geraten. Ein Ausweg scheint D-Cinema zu sein, das neben höherer Qualität, geringeren Vertriebskosten und neuen Kinoseherlebnissen wie 3D auch neue Produktionsmöglichkeiten bietet. Eine vollständige digitale Produktionskette ohne Umstieg auf Polyesterfilm bietet hier Vorteile.

Folgende Auswirkungen auf die Medienbranche sind sichtbar:
- Die Bedeutung des Kinos als Hauptverwertungsmedium nimmt ab.
- Die Zweitverwertung in Form von Videos, DVDs, Games etc. ist wichtigste Einnahmequelle bei der Verwertung von Filmen geworden. Daher ist eine möglichst schnelle Umsetzung und Vermarktung in diesem Marktsegment gefordert. Dies hat zur Folge, dass die Auswertefenster für das Kino immer kürzer werden.
- Eine Migration der kompletten Filmproduktion in die digitale Welt findet statt.
- Die Anzahl der digitalen Zielformate wird größer: DCP, DVD, Handy, PDA, DVB, Blueray/HD-DVD, HDTV, Internet-Movies, Video-On-Demand. Automatisierte Produktionswege sind daher vorrangiges Ziel für die weitere Entwicklung.

Durch die Einführung des D-Cinema entstehen aber auch Vorteile:

- Neue Produktionsmethoden mit Computerunterstützung sind möglich:
  - Die Wiederverwendung von Hintergrundaufnahmen durch Komposition von Szenen mit Greenscreen- und Bluescreen- Aufnahmen ist möglich. Digitale Filmarchive für Hintergründe gewinnen an Bedeutung. Produktionen sind nicht an Schönwettertage gebunden, da Vordergrundaufnahmen im Studio durchgeführt werden können. Aufwändige Reisetätigkeiten können vermieden werden.
  - Die Verwendung von Animationen und computergenerierten Szenen erlaubt „fantastische“ Erzählsituationen. Durch Anwendung von Spezialeffekten können gefährliche Situationen für Schauspieler vermieden und mit realen Szenen kombiniert werden.
  - Ein rein digitaler Arbeitsablauf ermöglicht eine stärkere Automatisierung der Produktion.
  - High-Dynamic-Range (HDR) Aufnahmen ermöglichen die Generierung von Szenen mit unterschiedlichen Beleuchtungssituationen ohne die Bildqualität zu beeinträchtigen.

- Verbessertes Seherlebnis im Kino:
  - Eine bessere Qualität unabhängig von der bereits durchgeführten Anzahl von Vorführungen ist erreichbar. Der Film nutzt sich nicht ab. Flexible und parallele Vorführungen im Kino sind möglich, ohne eine neue Filmkopie herstellen zu müssen.
  - Neue immersive Seherlebnisse sind im Entstehen, wie 3D-Kino oder Panoramakinos.

- Erschließung neuer Distributionsmöglichkeiten:

- Eine Einsparung von Filmkopiekosten ist möglich. Dies erlaubt auch Filmen mit geringerem Budget einen breiteren Auftritt im Kino. Der Kinobetreiber erhält eine größere Auswahl und kann seine Bedürfnisse an seine Kunden anpassen.
- Eine schnellere Auslieferung an Kinos ist möglich. Dies erlaubt ein täglich sich änderndes Programm (evtl. in Zukunft ein „Cinema on Demand").

Zielformate des D-Cinema

D-Cinema hat weitreichende Folgen auf die gesamte Vermarktungskette von Bewegtbilder. Während auf der einen Seite durch die digitale Technik neue Zielformate für Abspielgeräte nötig wurden, z.B. für Video-On-Demand, Handys, PDAs, BlueRay/HD-Disks, Internet etc., ist eine Optimierung und Kostenreduktion des Produktionsprozesses durch die digitale Technik erwünscht. Ziel ist daher möglichst beginnend mit der Kinospielfilmproduktion eine integrierte Produktions- und Verwertungskette wie in Abb. 1.1 komplett digital aufzubauen, um die Kundenbedürfnisse des Verbrauchers effizient und schnell befriedigen zu können.

Während bisher ein Film-Master als Ausgangsbasis für verschiedene Distributionsformate diente, wird in Zukunft ein digitaler Master am Ende der Postproduktion das Ausgangsformat für verschiedene Zielformate darstellen.

Für die digitale Kinopräsentation wird das Zielformat das sogenannte DCP (Digital Cinema Package) sein, das zur Zeit von der SMPTE standardisiert wird. Dieses ersetzt in Zukunft die klassische Filmrolle und wird auf Festplatte oder per Satellit verteilt.

Daneben gibt es eine riesige Zahl an möglichen neuen Distributionsformaten (Siehe Abb. 1.4). Der Produzent sollte sich daher möglichst frühzeitig über die gewünschten Zielformate im Klaren werden, da durch richtige Planung die Anzahl der Verarbeitungsschritte und damit die Kosten minimiert werden können.

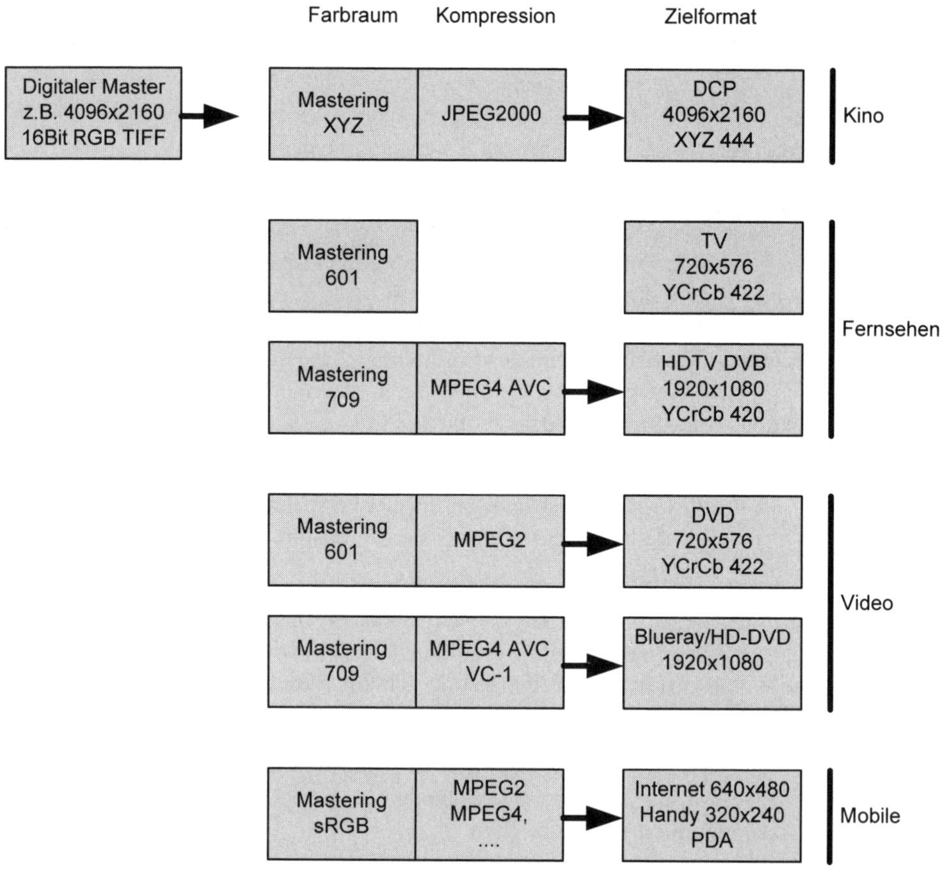

Abb. 1.4 *Auswahl an Zielformaten für digitale Mediendistribution*

2 Produktions- und Verteilkette des D-Cinema

2.1 Produktion

Die Produktion von Filmen gestaltet sich heute sehr vielschichtig. Im Folgenden ist ein Produktionsablauf gezeigt, wie er von CURTIS CLARK, ASC auf der IBC2007 vorgestellt wurde:

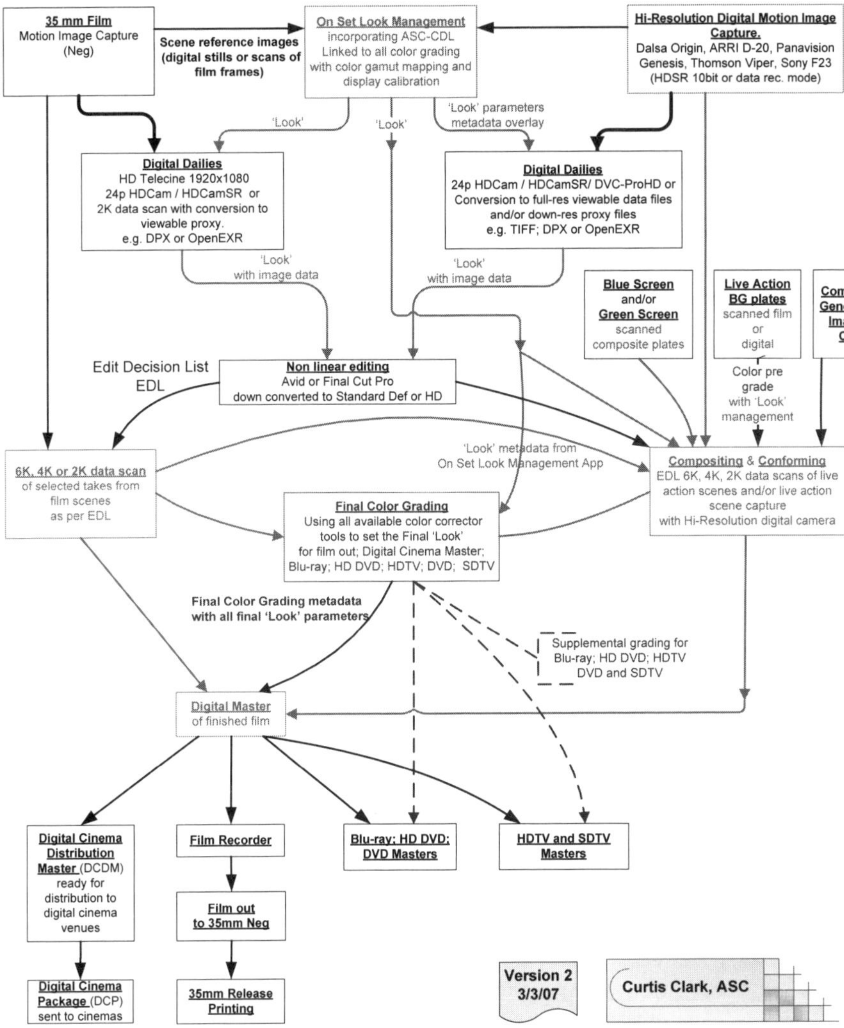

Abb. 2.1 *Hybrider Film / Digitalfilm Produktions- und Postproduktions-Arbeitsablauf (Quelle: CLARK, C. (2007))*

In diesem Diagramm sind bereits wesentliche Merkmale einer digitalen Produktion dargestellt. Die Liste der Komponenten in der Produktion enthält folgende Punkte:

- Verwendung von Aufnahmen digitaler hochwertiger Kameras oder von Filmabtastungen
- Nutzung von Blue Screen/Green Screen Aufnahmen
- Mehrfachverwendung von Hintergrund-Aufnahmen zur Komposition mit Blue Screen / Green Screen
- Verwendung von computergenerierten Objekten und Effekten

Daneben werden in Zukunft folgende Techniken vermehrt eingesetzt:

- Verwendung von HDR (High Dynamik Range) – Aufnahmen:
  Dies sind gleichzeitige Aufnahmen von Szenen mit unterschiedlichen Blenden, die anschließend zusammengesetzt werden, um einen höheren Dynamikumfang zu erhalten. So können nachträglich in der Postproduktion unterschiedliche Beleuchtungsstimmungen generiert werden.
- Verwendung von Panoramaaufnahmen:
  Hier wird ein Bild sehr höher Auflösung durch gleichzeitige Aufnahme der Szene mit mehreren Kameras generiert. So ist es möglich eine virtuelle Kamerafahrt in die Szene hinein durchzuführen oder Teile davon auszuwählen.
- Verwendung von Aufnahmen für 3D:
  Dazu wird eine Szene mit mehreren Kameras gleichzeitig aufgenommen, anschließend Tiefeninformation daraus berechnet, um einen 3D-Effekt für die Präsentation daraus zu berechnen. Typischerweise mit stereoskopischen Aufnahmen.

2.2 Postproduktion

Die Postproduktion wird heute im Wesentlichen durch die angebotenen Bearbeitungssysteme und die verfügbare Rechenleistung bestimmt. Abb. 2.1 zeigt bereits die wesentlichen Schritte:

- Erstellung von „Dailies“ für die Begutachtung der Szenen. Im Rahmen des On Set Look Managements wird bereits eine erste CDL (= Color Decision List) erstellt.
- Ggfs. Abtastung des Filmmaterials in hoher Auflösung, wenn die Szenen auf 35mm Film aufgenommen wurden.
- Erstellung von Schnittlisten EDL (= Editing Decision List) für den nichtlinearen Schnitt. Bei hohen Bildauflösungen wird oft ein Proxy niedrigerer Auflösung verwendet, um eine Echtzeitbearbeitung zu ermöglichen. Standard ist heute die Verwendung von SD oder HD Auflösung als Proxy.
- Compositing und Conforming: Bei Compositing werden mehrere Bildteile zu einem Gesamtbild zusammengesetzt. Conforming bedeutet, dass die EDL nun auf das hoch aufgelöste Bildmaterial angewandt wird.
- Das Ergebnis der verschiedenen Bearbeitungsschritte ist ein hoch aufgelöster digitaler Master, aus dem die unterschiedlichen Zielformate generiert werden.

Für die Generierung der Zielformate sind nun in der Regel weitere Schritte nötig:

- Beschneidung auf das richtige Bildformat: Spielfilme werden oft im Format 2,39:1 generiert. Für die Darstellung auf anderen Medien wird das Bild oft auf 4:3 (TV, DVD) oder 16:9 (HDTV) beschnitten.
- Farbbestimmung: Da die unterschiedlichen Abspielgeräte in der Regel einen unterschiedlichen Farbumfang und Kontrast besitzen, ist oft ein weiteres „Colorgrading“ notwendig.
- Kompression: Je nach Medium ist eine Kompression nach JPEG2000, MPEG-2, MPEG4, H.264 oder mit einem anderen Verfahren notwendig.

- Mastering: Zusätzlich sind weitere Schritte, wie das Erstellen von Play- und Packaging-Listen oder die Generierung von DVD - Menüs, notwendig.

2.3 Distribution

Die Distribution von digitalen Filmen ins Kino erfordert neue Methoden, die aus der Postproduktion und der Verschlüsselungstechnik abgeleitet wurden. Dabei sind drei Bereiche zu unterscheiden (siehe Abb. 2.2):

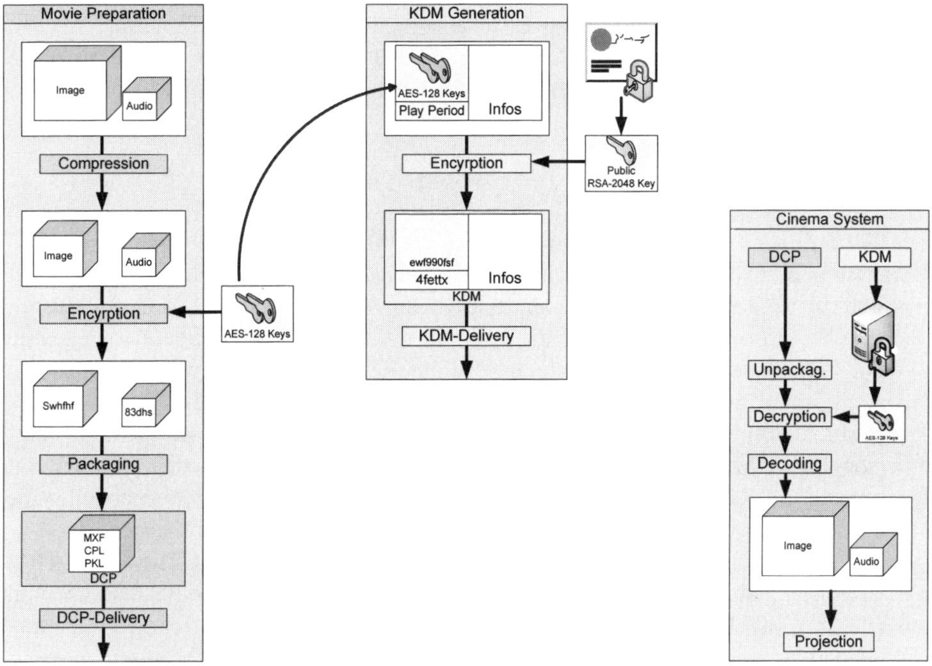

Abb. 2.2 *Die Techniken der digitalen Distribution fürs Kino (Quelle: FÖßEL, S. (2007))*

- Die Filmvorbereitung in der Postproduktion
- Die KDM-Generierung zur Freischaltung des Films im Abspielsystem
- Das Kinosystem zum Abspielen des Filmes

Die Filmvorbereitung:

Um ein DCP ins Kino zu bringen, muss der Filminhalt zunächst komprimiert, verschlüsselt und anschließend standardkonform verpackt werden. Die Bilder werden mit dem Verfahren JPEG2000 komprimiert, so dass am Ende für einen 90-minütigen Film eine Datenmenge von ca. 100-200 GByte entsteht. Zur Verschlüsselung des Filminhaltes wird eine AES-128 Verschlüsselung verwendet. Bilder, Ton und Untertitel werden am Ende in ein MXF-Fileformat verpackt und eine Play- und Packaging-Liste erstellt. Näheres kann den entsprechenden SMPTE-Standards entnommen werden. Das fertige DCP kann anschließend auf Festplatte kopiert oder über eine Satellitendistribution in die Kinos transferiert werden.

Die KDM-Generierung:

Um den Film im Kino abspielen zu können, muss der AES-128 Schlüssel dem Abspielsystem bekanntgemacht werden. Um hier einen Missbrauch zu vermeiden, wird dazu der AES-Schlüssel selbst wieder in einer sogenannten Key Delivery Message (KDM) verschlüsselt und zusätzliche Informationen wie Abspielzeitraum und vertrauenswürdige Abspielgeräte hinzugefügt. Als Verschlüsselungsverfahren wird das RSA-2048 Verfahren verwendet, das aus einem zusammengehörigen öffentlichen und privaten Schlüssel besteht. Dieses Schlüsselpaar ist nur für genau ein Abspielsystem gültig. Der öffentliche Schlüssel wird zur Verschlüsselung der KDM benutzt. Der private Schlüssel ist nur im Abspielsystem bekannt und nur dieser kann die KDM wieder entschlüsseln. Zurzeit verwalten die Gerätehersteller die öffentlichen Schlüssel und geben sie bei Kooperationen an Postproduktionshäuser oder Studios weiter, so dass diese KDMs herstellen können. Teilweise bieten die Hersteller selbst diese Dienstleistung an. In Deutschland sind Bestrebungen im Gange diese Schlüssel zentral zu sammeln (z.B. durch die FFA), um einen ungehinderten Zugang, eine sichere Datenbank und eine Generierung von KDMs durch unabhängige Dienstleister zu gewährleisten.

Das Kinosystem:

Nur sichere Abspielsysteme (mit FIPS-Zertifizierung) dürfen im Kino verwendet werden. Diese können die Filminhalte dekodieren und an ein Projektionssystem weitergeben. Dabei darf der Filminhalt niemals unverschlüsselt über eine externe Schnittstelle übertragen werden. Bei getrenntem Abspielgerät und Projektor ist daher eine nochmalige Verschlüsselung auf der Schnittstelle zwischen beiden Systemen notwendig. Der Projektor muss dazu auch die notwendige Bildqualität aufweisen. Heute sind dazu nur die Systeme von Barco, NEC und Christie mit DMD-Technik dazu in der Lage, sowie das Projektorsystem von Sony mit LCOS-Technologie. Zukünftige Laserprojektionssysteme könnten hier eine weitere Alternative darstellen.

Abb. 2.3 zeigt die Distributionskette für das digitale Kino im Überblick.

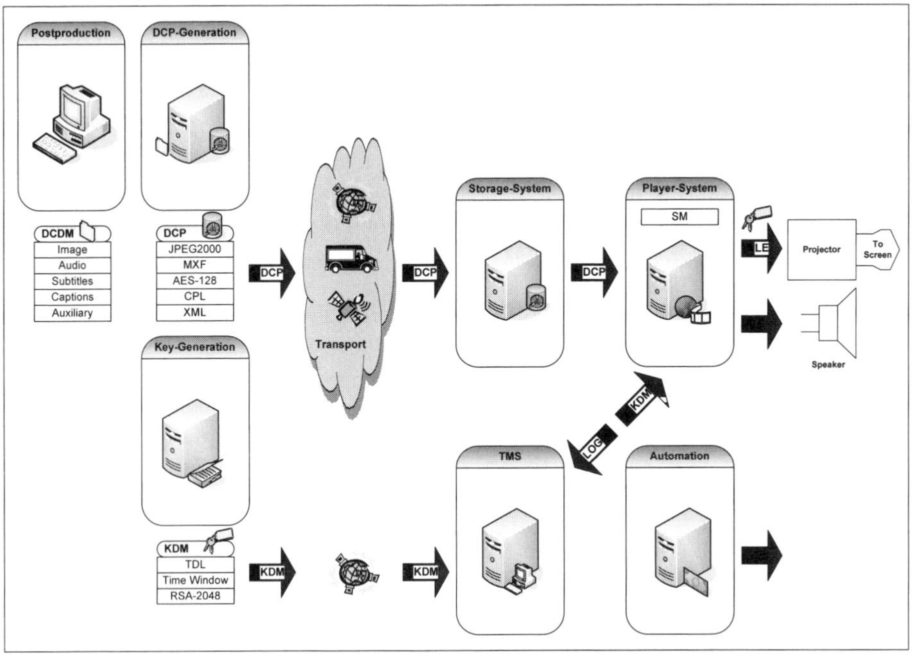

Abb. 2.3 *Die Distributionskette für das digitale Kino (Quelle: Fößel, S. (2007))*

Eines der noch ungelösten Probleme im digitalen Kino sind die zukünftigen Geschäftsmodelle. Während auf der Verleiherseite bis zu 80% der Filmkopiekosten eingespart werden können (die Kosten allein in Deutschland beliefen sich im Jahr 2006 auf ca. 55 Mill. Euro), sind auf Kinobetreiberseite Neuinvestitionen von bis zu 70T€ pro Leinwand nötig. Modelle wie Virtual Print Fee (VPF) oder Leasingangebote von Herstellern schaffen jedoch neue Abhängigkeiten, die nicht bei allen Marktteilnehmern erwünscht sind. Außerdem ist eine Umstellung insbesondere für kleinere Kinos schwierig.

Sollte der Umstieg gelingen, bieten sich jedoch neue Möglichkeiten vor allem für kleinere Produktionen an. Während heute die Präsentation eines Filmes auf 50 Kinoleinwänden bis zu 100T Euro kostet, könnte dies in Zukunft für 10-15T Euro möglich sein. Dies ist sicherlich eine Chance gerade auch für den europäischen Film.

3 Zukunft des D-Cinema

Die Einführung des D-Cinema bietet vollkommen neue Möglichkeiten für Filmproduktionen und verhindert die Abkopplung des Kinofilms von den heutigen multimedialen Möglichkeiten. Dieser Prozess ist erst am Anfang und wird die gesamte Produktions- und Verwertungskette für Filmproduktionen in großem Umfang erfassen.

Im Bereich der Produktion wird ein stärkerer Einsatz von Informationstechnik stattfinden. Dies wird vollkommen neue Möglichkeiten der kreativen Bildgestaltung schaffen. Dabei ist nicht zu vergessen, dass die Digitaltechnik nicht die künstlerische Bildgestaltung oder den Inhalt einer guten Geschichte ersetzen kann, sondern nur erweiterte Möglichkeiten schafft und das Erreichen einer höheren Bildqualität erlaubt. Zusätzliche Ausbildungen wie der IT-Assistent des Kameramannes oder der digitale Produktions-Supervisor werden hier gefragt sein, um die neuen Möglichkeiten voll ausschöpfen zu können.

Im Bereich der Postproduktion sind zwei wesentliche Strömungen sichtbar. Zum einen wird der Computer verstärkt zur nachträglichen Bildgestaltung genutzt werden. Die Komposition von unterschiedlichen Szenen, die Einführung von computeranimierten Sequenzen und die Verwendung von Spezialeffekten werden in Zukunft preiswerter werden und einen stärkeren Raum einnehmen. Zum anderen wird eine Vernetzung und gemeinsame Produktion aller Medienformate stattfinden. Zwar wird in Zukunft auch weiterhin ein Großteil der Bildgestaltung und des Bildeindruckes menschliche manuelle Arbeit bleiben, die Generierung von vielen Ausgabeformaten gleichzeitig wird jedoch in stärkerem Maße automatisiert werden.

Im Bereich der Distribution wird auch das Kino in die multimediale Welt mit eingebunden. Neben der digitalen Distribution von Kinofilmen werden auch Trailer, Werbung und Live Events über digitale Übertragungsstrecken ins Kino gelangen und so eine schnellere und flexiblere Nutzung ermöglichen.

Abkürzungen

ASC	American Society of Cinematographers
DCDM	Digital Cinema Distribution Master
DCI	Digital Cinema Initiative LLC, Initiative der sechs großen Hollywoodstudios, um Empfehlungen zur Einführung des digitalen Kinos zu erarbeiten
DCP	Digital Cinema Package: neues digitale Distributionsformat für das Kino, basierend auf Empfehlungen der DCI und von SMPTE-Standards

FFA	Filmförderanstalt, siehe auch http://www.ffa.de
HDTV	High Definition Television: hochauflösendes Fernsehen mit 1920x1080 oder 1280x720 Bildpunkten Auflösung
ISO	International Standardisation Organisation
KDM	Key Delivery Message
SMPTE	Society of Motion Pictures and Television Engineers
VPF	Virtual Print Fee

Literaturverzeichnis

BUNDESVERBAND AUDIOVISUELLE MEDIEN E.V. BVV: BVV Businessreport 2006/2007, Der Deutsche Videomarkt, Hamburg, 2007.

CHRISTMANN, M. / FÖßEL, S.: "Technologien und Systeme für das Digitale Kino", Vortrag zur Photokina 2004 im Symposium Mediavision, Köln, 1. Okt. 2004.

CLARK, C.: Digital Motion Picture Cameras and Look Management Integration within the Workflow, Presentation at IBC2007, Amsterdam, 2007.

DCI – DIGITAL CINEMA INITIATIVE: Digital Cinema System Specification, Version 1.1, http://www.dcimovies.com, 12.04.2007.

FÖßEL, S. et al.: „Systemspezifikationen für das digitale Kino in Deutschland", Studie im Auftrag der FFA, http://www.ffa.de, April 2007.

HOHENAUER, F.: Marktanalyse: Strategy Analytics prognostiziert dramatischen Wandel der Film- und Fernsehindustrie, München, Pressemitteilung BoxID 133566, 29.10.2007.

SCREEN DIGEST: Digital Cinema: Global and European Roll-out, Business Models and Forecasts to 2012, Studie, 2007.

B Finanzielle, rechtliche und andere Herausforderungen

Creative Industries benötigen Creative Finance – Innovative Finanzierungslösungen für die Filmwirtschaft

FRANK KEUPER, DIETER PUCHTA, STEFAN RÖDER[1]

Zusammenfassung
Der „War for Creativity“ ist für eine Wirtschaftsregion nur dann zu gewinnen, wenn eine hinreichend große Anzahl von Creative-Class-Mitgliedern an einem Standort gebunden werden können. Doch für Creative Industries bedarf es entsprechender Rahmenbedingungen, wie u.a. Zugang zu geeigneten Finanzierungsquellen (z.B. Risikokapital) im Sinne eines Creative Finance. Zunächst wird die wirtschaftspolitische Debatte zu den Creative Industries – mit Fokus auf die Film-Branche – zusammengefasst. Dann werden branchenspezifische Finanzierungsmöglichkeiten und bestehende -hemmnisse aufgezeigt. Schließlich wird der VC Fonds Kreativwirtschaft Berlin der Investitionsbank Berlin als Beispiel für eine nachhaltige Lösung zur Behebung des Eigenkapitalproblems auf Unternehmensebene für die Filmwirtschaft beschrieben.

1 Der Beitrag ist vorab als Arbeitspapier erschienen. Vgl. hierzu KEUPER, F. / PUCHTA, D. / RÖDER, S. (2008).

Beitragsinhalt

1 Creative Industries – Motor für Wachstum und Beschäftigung in Deutschland

1.1 Vom „War for Talents" zum „War for Creativity"

Im Jahr 1997 prägte McKinsey den Begriff „War for talents", der in der Folge als Synonym für die wachsende Rivalität von Unternehmen bei der Gewinnung talentierter Mitarbeiter Anwendung finden sollte (Vgl. MICHAELS, E. / HANDFIELD-JONES, H. / AXELROD, B. (2001), S. 1 ff.). Talent als angeborene überdurchschnittliche Begabung allein reicht jedoch nicht aus. Unternehmen sind vielmehr an Mitarbeitern interessiert, denen es gelingt, diese Begabung in ertragreiche Wertschöpfung zu transformieren: „... denn nicht das Talent ist wichtig, sondern was man daraus macht." (MALIK, F. (2004), WWW v. 05.01.2004). Erst durch die Transformation von Begabung in Resultate macht ein Unternehmen aus dem Passivum „Talent" das wertgenerierende Aktivum „Ergebnis". Die Überlebensfähigkeit von Unternehmen in der Wissensgesellschaft (Vgl. hierzu vertiefend DRUCKER, P. F. (2005), S. 347 ff.) hängt davon ab, ob es ihnen gelingt, Mitarbeiter für sich zu gewinnen, die ihre Begabung in konkretes Tun umsetzen (Vgl. KEUPER, F. / HANS, R. (2003), S. 205 ff.). Demgemäß erhält der Talent-Begriff eine folgerichtige Erweiterung, indem das wissensbasierte und intuitive Erschaffen und Handeln explizit betont, also Talent zur „schöpferischen Begabung" und somit um das angelsächsische Begriffsverständnis von Kreativität („Creativity") ergänzt wird: „The Transformation now in progress is potentially bigger and more powerful. For the previous shift substituted one set of physical inputs (land and human labor) for another (raw material and physical labor) while the current one is based fundamentally on human intelligence, knowledge and creativity." (FLORIDA, R. (2002), S. xiii).

FLORIDA bezeichnet menschliche Kreativität im Sinne der individuellen Fähigkeit zur Entwicklung neuer Ideen und der Optimierung des eigenen Vorgehens sogar als die ultimative ökonomische Ressource (Vgl. FLORIDA, R. (2002), S. xiii). Mit der „Creative Class" definiert FLORIDA – in Anlehnung an die vielfältigen soziologisch basierten Klassen- und Schichtentheorien von KARL MARX bis RAVI BATRA (Vgl. BATRA, R. N. (1985)) zur Erklärung der Wirtschaftsentwicklung – eine Gruppe von Menschen aus den Bereichen IT, Medien, Kunst, Bildung, Wissenschaft und Management, deren Kreativität ökonomischen Wert entstehen lässt (Vgl. FLORIDA, R. (2002), S. 68 ff.). Nach seinen Berechnungen gehörten in den USA im Jahr 1999 bereits etwa 30 % (38,3 Mio.) der Berufstätigen der „Creative Class" an (Vgl. FLORIDA, R. (2002), S. 74). Die Creative Class und deren schöpferische Begabung sind für den zukünftigen ökonomischen Erfolg von Wirtschaftsregionen maßgeblich. Dieser wird davon abhängen, ob und inwieweit es gelingt, die schöpferische Begabung der „Creative Class" effektiv, effizient und nachhaltig zu identifizieren, zu entwickeln und auszuschöpfen.

Als Voraussetzung hierfür benennt FLORIDA das Vorhandensein der „3 T's of economic development“ (Vgl. FLORIDA, R. (2002), S. 249 ff.): Technologie, Talent und Toleranz. Als Indikator zur Bestimmung der eigenen Position in Bezug auf die Existenz der vorgenannten Attraktoren hat FLORIDA den „Creativity Index“ entwickelt. Anhand empirischer Untersuchungen in den USA kommt FLORIDA zu dem Schluss : „... regional growth comes from the 3T's of economic development, and to spur innovation and economic growth a region must offer all three of them.“ (FLORIDA, R. (2002), S. 250).

Der „War for Creativity“ ist demnach für eine Wirtschaftsregion nur zu gewinnen, wenn eine hinreichend große Anzahl von Creative-Class-Mitgliedern infolge der ausgewogenen, dauerhaften Existenz der drei Attraktoren an einem Standort gebunden werden. Hierfür gilt es die Rahmenbedingungen zu schaffen, zu denen u. a. auch der Zugang zu geeigneten Finanzierungsquellen zählt. Risikokapital spielt hierbei eine gewichtige Rolle, die FLORIDA wie folgt beschreibt: „Venture Capital and the broader system that surrounds it provide a powerful catalyst to the chain of creativity and an even more powerful mechanism for bringing its fruits to the commercial market.” (FLORIDA, R. (2002), S. 52).

Nachfolgend wird unter Punkt 1.2 zunächst die in Deutschland aktuell sehr intensive wirtschaftspolitische Debatte zu den Creative Industries zusammengefasst und auf die Bedeutung der Filmwirtschaft als Teilbranche der deutschen Creative Industries eingegangen. Darauf aufbauend liegt in Kapitel 2 der Schwerpunkt der Betrachtung auf der Darstellung der branchenspezifischen Finanzierungsmöglichkeiten und bestehenden Finanzierungshemmnissen, die sich vor allem durch die mangelnde Eigenkapitalausstattung begründen. Im Anschluss wird im zentralen dritten Kapitel anhand des deutschlandweit einzigartigen VC Fonds Kreativwirtschaft Berlin, initiiert durch die Investitionsbank Berlin, beispielhaft eine nachhaltige und tragfähige Lösung zur Behebung des Eigenkapitalproblems auf Unternehmensebene für die Filmwirtschaft beschrieben. An dieser VC Fonds-Konstruktion ist nicht nur die „kreative“ Verbindung von EU-Förder- und kapitalmarktrefinanzierten Finanzmitteln neu, sondern auch der Versuch, durch „creative finance“ die Creative Industries zu fördern.

1.2 Creative Industries in der politischen Diskussion

In Anlehnung an das Drei-Sektoren-Modell gliedert sich der Kultursektor in einen öffentlichen, intermediären und privatwirtschaftliche Subsektor (Vgl. WECKERLE, C. / SÖNDERMANN, M. (2003), S. 3). Die Kulturwirtschaft / Creative Industries bilden den privatwirtschaftlichen Subsektor ab. Jedoch ist der aus dem angelsächsischen Sprachraum stammende Terminus Creative Industries („Kreativwirtschaft“) nach SÖNDERMANN noch deutlich weiter gefasst. Danach werden der Kulturwirtschaft zuzuordnende Teilbranchen um zwei marktwirtschaftliche Teilbranchen (Werbung, Software/Games Industrie) ergänzt, so dass hieraus der in Abbildung 1 aufgezeigte „marktwirtschaftliche Kreativkomplex“ entsteht (Vgl. SÖNDERMANN, M. (2007), S. 9):

Creative Industries (Kreativwirtschaft)	
Branchen der Kulturwirtschaft	**Kreativbranchen**
• Verlagsgewerbe (Buchverlage, Presseverlage, Tonträger- und Musikverlage) • Filmwirtschaft (Film-, TV-Film-, Video-Produktion, Verleih, Vertrieb, Filmtheater) • Rundfunkwirtschaft (privater Hörfunk, Fernsehen) • Musik, visuelle und darstellende Kunst • Journalisten- und Nachrichtenbüros • Museumsshops, Kunstausstellungen • Einzelhandel mit Kulturgütern • Architekturbüros • Designwirtschaft	• Werbung • Software/Games

Abb. 1: *Abgrenzung der Teilbranchen der Creative Industries* (Quelle: FESEL, B. / SÖNDERMANN, M. (2007), S. 17)

Dementsprechend sind die Creative Industries Bestandteil der sogenannten TIME-Branche, deren Industrien zunehmend konvergieren (Vgl. KEUPER, F. / HANS, R. (2003), S. 37, und www.konvergenz-management.com).

Kreativität als Ausprägung des dispositiven Faktors stellt die für die ökonomische Überlebensfähigkeit im 21. Jahrhundert entscheidende wirtschaftliche Ressource dar und hat mittlerweile Eingang in die internationale und nationale wirtschaftspolitische Debatte gefunden. So stellte die Europäische Kommission am 14. November 2006 die Studie „Economy of Culture" vor, aus der hervorgeht, dass der Anteil der Kultur- und Kreativwirtschaft am EU-BIP im Jahr 2003 2,6% betrug, was einem Gesamtumsatz von 654 Mrd. EUR entspricht. In der Zeit von 2002 bis 2004 stieg die Zahl der in der europäischen Kultur- und Kreativwirtschaft Beschäftigten um 1,85%, wohingegen im gleichen Zeitraum die Beschäftigungssituation in der EU von einem rückläufigen Trend geprägt war. (Vgl. EUROPÄISCHE KOMMISSION (2006), S. 6).

Am 24./25. Mai 2007 haben die EU-Kulturminister Schlussfolgerungen „zum Beitrag des Kultur- und Kreativbereichs zur Verwirklichung der Ziele der Lissabon-Strategie" verabschiedet, die auf eine Initiative im Rahmen der deutschen EU-Ratspräsidentschaft zurückgehen, und im Kern eine stärkere Förderung von kleinen und mittleren Unternehmen (KMU) als Rückgrat der Kreativwirtschaft vorsehen. In Bezug auf die Verbesserung der Finanzierungsbedingungen für KMU sollen die bereits vorhandenen europäischen Kohäsions- und Strukturfonds effizienter eingesetzt werden. (Vgl. RAT DER EUROPÄISCHEN UNION (2007), S. 3 ff.)

Im Jahr 2004 trug die Kulturwirtschaft 36 Mrd. EUR (1,6%) zur Bruttowertschöpfung Deutschlands bei. Die Kreativbranchen erwirtschafteten im gleichen Zeitraum zusätzlich 22 Mrd. EUR, wodurch der Gesamtbeitrag zur Bruttowertschöpfung Deutschlands durch die

Creative Industries auf 58 Mrd. EUR (2,6%) steigt und damit deutlich vor der chemischen Industrie (46 Mrd. EUR), aber nur unwesentlich unterhalb der Automobilindustrie (64 Mrd. EUR) liegt (Vgl. FESEL, B. / SÖNDERMANN, M. (2007), S. 10 f.). Die 200.152 steuerpflichtigen Unternehmen und Selbstständige ab einem Jahresumsatz von mehr als 17.500 EUR der Creative Industries erzielten im Jahr 2004 ein Umsatzvolumen in Höhe von 117,1 Mrd. EUR. Dies entspricht einem Anteil von 2,7% des Umsatzes in der Gesamtwirtschaft. Mit 952.242 selbstständig und abhängig Erwerbstätigen beträgt der Anteil der Creative Industries an der deutschen Gesamtwirtschaft 3,2% (Vgl. SÖNDERMANN, M. (2007), S. 23).

Nicht zuletzt vor dem Hintergrund dieser Fakten hat die deutsche Politik das Thema Creative Industries auch im nationalen Kontext weiter intensiv vorangetrieben. Im April dieses Jahres brachten sowohl die Große Koalition als auch die FDP sowie Bündnis90/Die Grünen Anträge, die die Kreativwirtschaft zum Thema hatten, zur Befassung in den deutschen Bundestag ein. Dieser Befassung geht eine seit 2003 andauernde öffentliche Diskussion voraus, die u. a. durch die Jahrestagung Kulturwirtschaft, den Arbeitskreis Kulturstatistik e. V., die Ergebnisse der 24. Sitzung der Enquete-Kommission „Kultur in Deutschland“ oder die Europäische Kommission, vor allem aber durch die erstmalige Veröffentlichung eines Kulturwirtschaftsberichts im Bundesland Nordrhein-Westfalen vorangetrieben wurde. Im wesentlichen schließen sich die Parteien den von den EU-Kulturministern getroffenen Aussagen an, indem sowohl die besondere Bedeutung der KMU als Akteurstypus der Kreativwirtschaft für Wachstum und Beschäftigung betont als auch die Anpassung des Förderinstrumentariums an die Bedürfnisse der Kreativwirtschaft angemahnt werden. Darüber hinaus fordern die Parteien einen Deutschen Kulturwirtschaftsbericht. Bündnis90/Die Grünen sehen Handlungsbedarf bezüglich der Einrichtung eines Querschnittsreferats Kreativwirtschaft im Bundesministerium für Wirtschaft und Technologie und die Initiierung eines spezifischen Gründerwettbewerbs. Nicht nur was den Venture Capital (VC)-Fonds Kreativwirtschaft anbetrifft setzt die Investitionsbank Berlin diese Ansätze konsequent um, sondern sie betreut seit mehr als 12 Jahren den größten regionalen Businessplanwettbewerb für Existenzgründer in Deutschland gemeinsam mit der InvestitionsBank des Landes Brandenburg (Vgl. BUSINESSPLANWETTBEWERB BERLIN-BRANDENBURG (2007), WWW. v. 31.10.2007). Infolge der bis einschließlich des Jahres 2005 im Rahmen des Wettbewerbs eingegangenen Businesspläne entstanden 902 Unternehmen mit 3.242 Arbeitsplätzen (Vgl. INVESTITIONSBANK BERLIN (2006), S. 20 f.). Dennoch muss auch auf diesem Gebiet die Innovationsfähigkeit der deutschen Wirtschaft weiter verbessert werden, indem nicht nur die Erstellung von Businessplänen gefördert wird, sondern im Anschluss an FALTIN (Vgl. vertiefend FALTIN, G. (2001), S. 123 ff.) die Kreation und Umsetzung von Geschäftsideen im Sinne eines modernen Entrepreneurwesens.

Zur Verbesserung der Kommunikation zwischen den Akteuren der Kreativwirtschaft und den politischen Entscheidern regt die FDP die Einrichtung eines Forums der Deutschen Kreativwirtschaft an. Allen Parteien gemeinsam ist die Forderung nach einer nachhaltigeren, koordinierten und effizienteren Politik für die Creative Industries. (Vgl. FESEL, B. (2007), WWW v. 08.11.2007).

Als Reaktion auf die vorgenannten Forderungen kündigte der Staatsminister für Kultur und Medien am 12. September 2007 im Deutschen Bundestag die Einrichtung eines eigenen

Referats für die Creative Industries an. Des Weiteren hat die Deutsche Bundesregierung am 19. Oktober 2007 eine Initiative zur Stärkung der Wettbewerbsfähigkeit und verbesserten Ausschöpfung sowie Entwicklung des der Kreativwirtschaft innewohnenden Beschäftigungspotenzials gestartet. Zu deren wesentlichen Inhalten gehören die Prüfung existierender förderpolitischer Rahmenbedingungen sowie die Anpassung entsprechender Instrumente (BUNDESMINISTERIUM FÜR WIRTSCHAFT UND TECHNOLOGIE (2007), S. 1). Als eine wesentliche Herausforderungen wird in dem Initiativpapier die Verbesserung des Zugangs zu Finanzmitteln genannt (Vgl. BUNDESMINISTERIUM FÜR WIRTSCHAFT UND TECHNOLOGIE (2007), S. 3 f.).

Zusammenfassend kann festgehalten werden, dass die Diskussion bezüglich der gegenwärtigen und künftigen Bedeutung der Creative Industries im politischen Raum angekommen ist. Die Creative Industries und hierbei insbesondere die KMU als deren wichtigster Akteurstypus stellen einen bedeutenden und immer bedeutender werdenden Teil der europäischen und deutschen Wirtschaft dar. Eine solide Finanzierungsstruktur und der erleichterte Zugang zu Finanzmitteln verschaffen den Unternehmen der Creative Industries den Spielraum zur Bindung der Creative Class an den jeweiligen Standort, was wiederum der Theorie von FLORIDA folgend die wirtschaftliche Prosperität begünstigt. In Anlehnung an die einleitenden Worte ist zu konstatieren, dass Deutschland den „War for Creativity“ nur für sich entscheiden und als Standort für Creative Industries attraktiv bleiben kann, wenn für die Creative Industries insgesamt, aber auch für deren Teilbranchen innovative Finanzierungslösungen angeboten werden.

1.3 Status quo der deutschen Filmwirtschaft

Die Filmwirtschaft als Teilbranche der Creative Industries umfasst generisch betrachtet die Teilbereiche: Film- und Videoherstellung, -verleih und -vertrieb sowie Filmtheater. Deutschlandweit betrug die Zahl der steuerpflichtigen Unternehmen aus den genannten Teilbereichen Ende 2005 8.513. Diese generierten ein Volumen an Lieferungen und Leistungen in Höhe von 6.911 Mio. EUR, wobei sich der größte Anteil mit 6.330 steuerpflichtigen Unternehmen bzw. 4.083 Mio. EUR aus Lieferungen und Leistungen auf die Film- und Videofilmherstellung konzentriert (Vgl. BERAUER, W. (2007), S. 21). In 2006 wurden in Deutschland 98 Spielfilme produziert. Damit lag Deutschland innerhalb der EU-25 auf Platz 4.

Der Videomarkt verzeichnete 2006 einen Umsatz von 1,59 Mrd. EUR, ein Rückgang von 2% gegenüber 2005. 81,4% des Umsatzes wurde durch den Verkauf von DVDs erzielt. Obschon die Absatzmenge um 2% stieg, sank der durchschnittliche Verkaufspreis um 6,9% auf 12,90 EUR. Gravierend ist der Umsatzrückgang im Bereich der DVD-Vermietung (-10,2%). Die Durchdringung der deutschen Haushalte mit DVD-Playern konnte von 57% in 2005 auf 69% in 2006 deutlich zulegen. Der Anteil des Video-on-Demand-Umsatzes am Gesamtumsatz betrug lediglich 1% (Vgl. BERAUER, W. (2007), S. 49).

Eine deutliche Verbesserung gegenüber dem Vorjahreswert ist bei der Zahl der Kinobesucher zu verzeichnen, die 2006 mit 136,7 Mio. um 7,4% über der des Vorjahres lag. Dies entspricht 1,7 Kinobesuchen je Einwohner (Vgl. BERAUER, W. (2007), S. 87). Nur Frankreich (189 Mio./3,1 Filmbesuche je Einwohner) und Großbritannien (157 Mio./2,6 Kinobesuche je Einwohner) verzeichneten mehr Filmbesucher. Der deutsche Film konnte auf dem Heimatmarkt mit 34,7 Mio. Besuchern einen Marktanteil von 25,8% erzielen. (Vgl. BERAUER, W. (2007), S. 41). In den EU-25 konnten deutsche Filme 2006 einen Besucher-Marktanteil von 5,1% erreichen. (Vgl. BERAUER, W. (2007), S. 85 f.). Die Bruttoeinnahmen deutscher Filmtheater erhöhten sich um 9,3% auf 814,4 Mio. EUR (Vgl. BERAUER, W. (2007), S. 22 ff.). Damit liegt Deutschland innerhalb der EU-25 deutlich vor Spanien und Italien auf Platz drei nach Frankreich mit 1.120,3 Mio. EUR und Großbritannien mit 1.117,4 Mio. EUR (Vgl. BERAUER, W. (2007), S. 91).

Im Jahr 2006 fanden in deutschen Filmtheatern 393 Spielfilm- und 94 Dokumentarfilm-Erstaufführungen statt, wodurch sich eine Steigerung innerhalb eines Fünfjahreszeitraums von 22,4% respektive 95,8% ergibt. Der Verleihumsatz stieg deutlich gegenüber dem Jahr 2005 um 10,5% auf 362,4 Mio. EUR. Deutsche Filme konnten ihren Marktanteil am Verleihumsatz von 13,9% in 2005 auf 21,5% in 2006 signifikant erhöhen. Ein Teil dieses Zuwachses erfolgte zu Lasten des Anteils US-amerikanischer Produktionen, deren Marktanteil von 77,2% auf 72,0% fiel (Vgl. BERAUER, W. (2007), S. 22 ff.). Die quantitative Entwicklung der Filmtheater ist im Jahr 2006 gegenüber 2005 rückläufig, wenngleich, wie zuvor erwähnt, die Bruttoeinnahmen insgesamt gestiegen sind. Der durchschnittliche Kartenpreis stieg um 0,11 EUR. Multiplex-Kinos konnten die durchschnittlichen Eintrittspreise um 0,12 EUR steigern, was sich allerdings durch einen sinkenden Anteil in Höhe von 0,9% an den Gesamtbesucherzahlen bemerkbar machte. In der Summe verfügten deutsche Filmtheater im Jahr 2006 über 4.848 Leinwände und stellten Kinobesuchern 846.513 Sitzplätze zur Verfügung. Bayern verfügt mit 311 Filmtheatern über die meisten Kinos und liegt damit vor Nordrhein-Westfalen mit 270 sowie Baden-Württemberg mit 259 Kinos. Das Bundesland Bremen verfügt pro 1.000 Einwohner über die meisten Sitzplätze (16,7%) und liegt damit um 0,4 Prozentpunkte vor Berlin (Vgl. BERAUER, W. (2007), S. 29).

Die Zahl der sozialversicherungspflichtig Beschäftigten in der deutschen Filmwirtschaft ist seit 2002 (38.841 Beschäftigte) rückläufig. Insgesamt waren 2006 34.751 sozialversicherungspflichtig Beschäftigte in der deutschen Filmwirtschaft tätig (Vgl. BERAUER, W. (2007), S. 101). Es zeigt sich, dass Bayern mit 8.002, Nordrhein-Westfalen mit 7.753 und Berlin mit 6.415 die meisten Beschäftigten in der Filmwirtschaft auf sich vereinen (Stand jeweils 30.06.2006, vgl. BERAUER, W. (2007), S. 103.).

Ein wesentlicher Grund für die suboptimale Situation der deutschen Filmwirtschaft liegt darin, dass die Finanzierungsinstrumente der Banken tendenziell auf die klassischen Wertschöpfungsbranchen mit deren traditionellen Produktionsfaktoren ausgerichtet sind. (Zu den Hemmnissen bei der Finanzierung junger Hightech-Unternehmen vgl. GOTTSCHALK, S. et al. (2007), S. 59 ff.), zu den volkswirtschaftlichen Produktionsfaktoren vgl. BLOECH, J. et al. (2004), S. 7 ff., und zu den betriebswirtschaftlichen Produktionsfaktoren vgl. GUTENBERG, E. (1979), S. 8 und KEUPER, F. / HANS, R. (2003), S. 76 f., und zur Einführung von Wissen als betriebswirtschaftlicher Produktionsfaktor vgl. NORTH, K. (2005), S. 58 ff.). Die Finanzierung von wissensbasierten Wachstumsbranchen wird von der Finanzindustrie teilweise noch immer mit spitzen Fingern angefasst (Vgl. EUROPÄISCHE KOMMISSION (2006), S. 214, und vgl. in Bezug auf die Filmwirtschaft ERNST & YOUNG (2006), S. 15 f., und vgl. zur Bedeutung des Intellectual Property als Produktivfaktor BITTELMEYER, C. et al. (2008), S. 251 ff.). Die sich nur langsam verringernde Risikoaversion der Finanzbranche stellt deshalb ein zentrales Wachstumshindernis für die Creative Industries im Allgemeinen und die Filmwirtschaft im Besonderen dar (Vgl. hierzu auch EUROPÄISCHE KOMMISSION (2006), S. 214 f.). Dieses Wachstumshemmnis muss durch kreative Finanzierungsinstrumente aufgebrochen werden.

2 Creative Industries – Finanzierungshindernisse für die deutsche Filmwirtschaft

Die durch mangelnde Kreditvergabeaktivitäten der Finanzbranche (mit-)verursachte Wachstumsschwäche in den Creative Industries wird nun am Beispiel der deutschen Filmwirtschaft aufgearbeitet.

Innerhalb des aus den vier Phasen Entwicklung, Pre-Production, Production und Post-Production bestehenden Produktionsprozesses eines Films nimmt die Finanzierung als Teilaufgabe des Produzenten eine bedeutende Rolle ein. Die Finanzierungsaufgabe beinhaltet folgende Aspekte (Vgl. DUVVURI, S. A. (2007), S. 11 f.):

- Ermittlung des Finanzbedarfs,
- termin- und betragsgerechte Bereitstellung der Finanzmittel sowie die
- laufende Überwachung des Mittelverbrauchs.

Vor allem die Ermittlung des Finanzbedarfs und die Akquisition von Mittelgebern stellt die Filmwirtschaft vor erhebliche Herausforderungen. Nachfolgend werden die möglichen Finanzierungsquellen kurz dargestellt und die bestehenden Finanzierungshemmnisse beschrieben.

2.1 Finanzierungsformen in der deutschen Filmwirtschaft

Für die Deckung des Finanzbedarfs von Unternehmen der Filmwirtschaft steht nahezu die gesamte Bandbreite von Finanzierungsmitteln über Eigen- und Fremdkapitalmittel sowie Mezzanine Finanzierungsinstrumente zur Verfügung.

Die Fremdfinanzierung erfolgt in der Regel darlehensbasiert. Hierbei versuchen die finanzierenden Institutionen den verhältnismäßig hohen Risiken durch die Forderung nach Stellung adäquater Sicherheiten durch die Darlehensnehmer zu begegnen, wozu bspw. Abnahmeverträge zwischen Produzenten und Verleihunternehmen (Pre-Sales) dienen (Vgl. MAIER, M. / BAUMGÄRTEL, K. (2003), S. 221).

Eigenkapitalfinanzierungen seitens der filmwirtschaftlichen Unternehmen erfolgen in der Regel durch die Auflegung von Fonds oder die Herausgabe von Aktien. Darüber hinaus bieten „Product Placement" und die Verwertungsstufe des „Merchandising" Möglichkeiten zur Finanzierung von Filmen, wodurch allerdings nur ein Teil der Kosten gedeckt werden kann (Vgl. MAIER, M. / BAUMGÄRTEL, K. (2003), S. 221).

Die öffentliche Filmförderung in Deutschland verfügt über direkte und indirekte Förderinstrumente (Vgl. LANGE, C. (1999), S. 228 ff.). Indirekte Förderinstrumente, auch als nachfrageorientierte Instrumente bezeichnet, zielen auf die Vergrößerung der Nachfrage nach Kinospielfilmen ab. Hierfür kommen hauptsächlich Zuschüsse, Darlehen der Filmförderanstalt (FFA) und der regionalen Förderinstitutionen sowie Steuervergünstigungen in Form eines geringeren Mehrwertsteuersatzes auf Kinokarten zum Einsatz (Vgl. DUVVURI, S. A. (2007), S. 78 f.). Ferner werden beispielsweise in Frankreich und Portugal Importbeschränkungen oder Programmquotenregelungen genutzt (Vgl. LANGE, C. (1999), S. 232, und MAIER, M. / BAUMGÄRTEL, K. (2003), S. 223).

Die direkten Filmförderungsinstrumente, also die angebotsorientierten Förderungen, fokussieren auf die Finanzierung von Akteuren und Unternehmen der deutschen Filmwirtschaft (Vgl. MAIER, M. / BAUMGÄRTEL, K. (2003), S. 223). Hierzu gehören Zuschüsse, bedingt rückzahlbare Darlehen, Bürgschaften und Steuervergünstigungen (Vgl. KPMG (2006), S. 10 f.). Bei Zuschüssen handelt es sich um nicht rückzahlbare Finanzmittel, die in der deutschen Filmförderung als Referenzfilmförderung und im Rahmen der Verleihung des deutschen Filmpreises zur Verfügung gestellt werden. Die Förderung der Referenzfilme obliegt der FFA und beläuft sich aktuell auf maximal 2,0 Mio. EUR (Vgl. § 22 Abs. 4 FFG). Es handelt sich um eine Anschlussfinanzierung für programmfüllende Filme, die eine Referenzpunktzahl von mindestens 150.000 Referenzpunkten erhalten haben. Diese Punktzahl setzt sich aus dem Zuschauererfolg innerhalb von zwölf Monaten seit der Premiere, international erreichten Festivalerfolgen sowie erhaltenen Filmpreisen zusammen (Vgl. § 22 Abs. 1, Satz 1 und 2 FFG). Nachteilig bei der Referenzfilmförderung ist die Tatsache, dass die zuerkannten Mittel mit einer Verwendungsauflage versehen sind, wonach binnen zwei Jahren in die Produktion eines neuen Films investiert werden muss (Vgl. § 28 FFG). Der Deutsche Filmpreis fördert Filme mit Prämien von bis zu 500.000 EUR. Analog der Referenzfilmförderung handelt es sich um eine verwendungsgebundene Förderung. Innerhalb von zwei Jahren nach erfolgter Preisverleihung muss ein neuer Film fertiggestellt und dem Bundesbeauftragten für Kultur und Medien (BKM) vorgelegt werden (Vgl. KPMG (2006), S. 11).

Seit dem 01. Januar 2007 fördert die Deutsche Bundesregierung durch den auf eine Laufzeit von zunächst drei Jahren begrenzten und von der FFA bewirtschafteten Deutschen Filmförderfonds (DFFF) u. a. die Produktion von Kinofilmen in Deutschland. Durch den Fonds werden 60 Mio. EUR jährlich in Form nicht rückzahlbarer Zuwendungen ohne Gremienbefassung gewährt. Hierbei fokussiert der Fonds auch auf kleinere Projekte mit Budgets ab 1 Mio. EUR. Mit Hilfe des Fonds sollen folgende Ziele erreicht werden (BEAUFTRAGTER DER BUNDESREGIERUNG FÜR KULTUR UND MEDIEN (2006)):

- Verbesserung der wirtschaftlichen Rahmenbedingungen für die deutsche Filmwirtschaft,
- Erhaltung und Förderung der internationalen Wettbewerbsfähigkeit der deutschen filwirtschaftlichen Unternehmen,
- Erzielung nachhaltiger Impulse für den Filmproduktionsstandort Deutschland sowie
- Erzielung weiterer volkswirtschaftlicher Effekte.

Bedingt rückzahlbare Darlehen werden auf der Ebene Europas, des Bundes und der Länder angewandt. Hierbei wird ein Projekt vor Beginn der eigentlichen Produktion gefördert und es entsteht erst bei Erreichen zuvor klar definierter Kriterien ein Rückzahlungsanspruch für den Darlehensgeber (Vgl. KMPG (2006), S. 10). Die FFA vergibt derartige Darlehen im Rahmen der Projektfilmförderung in Höhe von bis zu 250.000 EUR (Vgl. BERAUER, W. (2007), S. 69). Mit der Vergabe dieser Darlehen verbinden die regionalen Förderinstitutionen die Forderung nach einem Regionaleffekt, d. h. es müssen bestimmte Anteile der Darlehenssumme im jeweiligen Bundesland investiert werden, um standortpolitische Ziele zu verwirklichen (Vgl. DUVVURI, S. A. (2007), S. 81).

Eine solche regionale Förderinstitution ist beispielsweise die seit 1994 tätige Medienboard Berlin-Brandenburg GmbH (Medienboard GmbH), deren Mitgesellschafter die Investitionsbank Berlin ist. Diese Förderinstitution befasst sich sowohl mit der Filmförderung als auch dem Standortmarketing für den Film- und Medienstandort Berlin-Brandenburg. Die Filmförderung konzentriert sich auf folgende Kategorien: Stoffentwicklung, Projektentwicklung, Paketförderung, Verleih/Vertrieb und sonstige Vorhaben. Die Medienboard GmbH vergibt „... grundsätzlich erfolgsbedingt rückzahlbare Darlehen.“ (Vgl. MEDIENBOARD (2008), WWW. v. 15.01.2008). Der Regionaleffekt muss 100 % betragen, die erhaltenen Fördermittel sind vollständig in der Region Berlin-Brandenburg zu investieren (Vgl. MEDIENBOARD (2007), WWW. v. 19.11.2007). Mit bewilligten Fördermitteln in Höhe von 26,06 Mio. EUR ist die Medienboard GmbH nach der Filmstiftung Nordrhein-Westfalen die zweitgrößte kulturwirtschaftliche Filmförderinstitution auf Länderebene (Vgl. BERAUER, W. (2007), S. 66). Mit 14,75 Mio. EUR wurden vornehmlich Kinofilmproduktionen gefördert, die auch internationale Erfolge feiern konnten, z. B. der Oskar-prämierte Film „Das Leben der Anderen“ (Vgl. INVESTITIONSBANK BERLIN (2006), S. 28).

Darüber hinaus schlagen die Investitionsbanken der Länder Berlin und Brandenburg mit der so genannten Zwischenfinanzierung von Filmproduktionen im Rahmen der direkten Filmförderung einen neuen Weg ein, indem Produktionsunternehmen mit Sitz in einem der beiden Bundesländer oder Produktionsgesellschaften, die „... einen wesentlichen Teil ihrer Filmproduktionen...“ in der Metropolregion Berlin-Brandenburg durchführen (Vgl. INVESTITIONSBANK BERLIN (2007a), S. 1), projektbezogene Darlehen und Bürgschaften (Mindestdarlehensbetrag 100 TEUR) zur Zwischenfinanzierung von Filmproduktionen angeboten werden. Der Unterschied zu den vorgenannten Instrumenten liegt darin, dass die Darlehen bzw. Avale zwingend rückzahlbar sind und die Konditionen in Abhängigkeit von der individuellen Risikosituation des Finanzierungsnehmers abhängen (Vgl. INVESTITIONSBANK (2007b), S. 59). Es handelt sich also um Projektfinanzierungen, bei denen revolvierende Fördermittel zum Einsatz kommen und nicht um verlorene Zuschüsse oder „bedingt“ rückzahlbare Darlehen. Bei diesen Finanzierungsformen besteht die Gefahr der nicht oder nur teilweisen Rückzahlung, was wiederum die Möglichkeit der nachhaltigen Fördermittelbereitstellung durch die Investitionsbanken schmälert.

Eine Form der öffentlichen Filmfinanzierung, die allerdings eher den Charakter einer zusätzlichen Stellung von Sicherheiten zur Gewährung von Fremdmitteln in der Vor- und Zwischenfinanzierungsphase einer Filmproduktion trägt, ist die Bereitstellung von Bürgschaften. Bereits 2003 wurde auf Basis des vierten Änderungsgesetzes des Filmförderungsgesetzes (FFG) durch das Land Nordrhein-Westfalen eine dementsprechende Richtlinie eingeführt. Aktuell hat der Berliner Senat beschlossen, bis zum Jahr 2013 gewerblichen Filmproduktionsunternehmen – hierzu zählen auch Zweckgesellschaften mit Firmensitz oder Betriebsstätte in Berlin – 60 Mio. EUR über dieses Finanzierungsinstrument zur Verfügung zu stellen (Vgl. SENATSVERWALTUNG FÜR WIRTSCHAFT, TECHNOLOGIE UND FRAUEN, WWW. v. 25.09.2007).

Steuervergünstigungen im Sinne einer direkten öffentlichen Filmförderung traten vor allem in Form von Film- und Medienfonds zu Tage, die durch den Gesetzgeber mittlerweile stark eingeschränkt wurden und deshalb an dieser Stelle nicht weiter vertieft werden sollen.

2.2 Finanzierungshindernisse in der deutschen Filmwirtschaft

In seinen Schlussfolgerungen zum Beitrag des Kultur- und Kreativsektors zur Erreichung der Lissabon-Ziele vom 24./25. Mai 2007 führt der Rat der Europäischen Union aus, dass kleine und mittlere Unternehmen mit Schwierigkeiten beim Zugang zu Finanzmitteln konfrontiert sind. (Vgl. RAT DER EUROPÄISCHEN UNION (2007), S. 5).

Bezogen auf die Unternehmen der deutschen Filmwirtschaft ist das Vorliegen eines Finanzierungsproblems allerdings kein neues Thema. Bereits im Jahr 2002 wurde im Rahmen der 2. film20-Konferenz zum Thema „Mehr Geld für den deutschen Film! Über Restriktionen und Reserven bei Eigenkapital, Fremdkapital und Filmförderung“ (Vgl. FILM20 INTERESSENGEMEINSCHAFT FILMPRODUKTION E. V. (2002), WWW. v. 15.01.2008) die Finanzierungsfrage des deutschen Films intensiv diskutiert. PAUL stellte in seinem Konferenzbeitrag den kausalen Zusammenhang zwischen der Notwendigkeit „von Budgets, die ein professionelles Arbeiten erlauben“ und der Herstellung „außergewöhnlicher Filme“ (PAUL, M. (2002), S. 16) her, die für ein breites Zuschauerspektrum attraktiv sind, heraus. Ferner betont PAUL neben dem Vorhandensein auskömmlicher Budgets die Notwendigkeit einer entsprechenden Infrastruktur, um „... aus großen Budgets große Filme zu machen.“ (PAUL, M. (2002), S. 16). Diese Erkenntnis präzisiert PAUL ein Jahr später dahingehend, dass die bestehende Eigenkapitalschwäche der deutschen Filmwirtschaft ursächlich für deren mangelnde Wettbewerbsfähigkeit ist und leitet hieraus den „Teufelskreis der Filmbranche“ ab, der in Abb. 2 dargestellt ist.

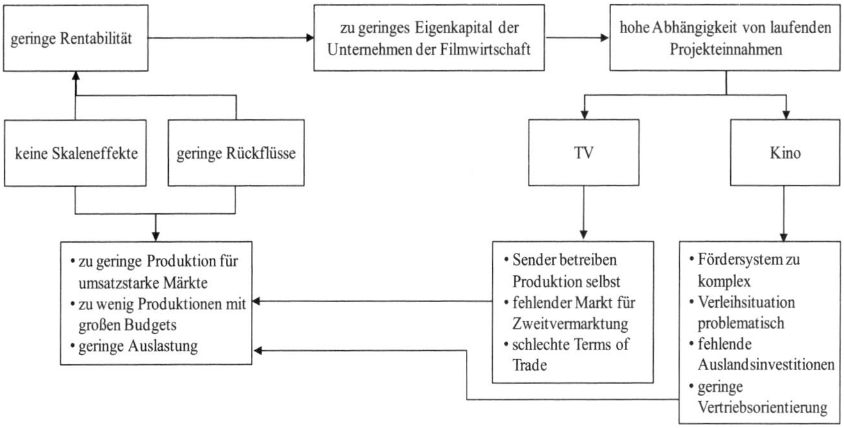

Abb. 2: *„Teufelskreis der Filmbranche" nach PAUL* (Quelle: PAUL, M. (2003), S. 33)

Ausgangspunkt des „Teufelskreises" ist die geringe Eigenkapitalbasis deutscher Unternehmen in der Filmwirtschaft. Die Produktion eines Kinofilms stellt eine Projektfinanzierung für ein Einzelprodukt (Unikatfertigung) dar. Der Unikat-Charakter ergibt sich durch die produktspezifische Art der Leistungserstellung, der Besetzung, des Drehbuchs et cetera (Vgl. DUVVURI, S. A. (2007), S. 13). Dieses Charakteristikum des Wirtschaftsguts Film führt allerdings dazu, dass nur geringe Skaleneffekte (Zu Skaleneffekten vgl. KEUPER, F. (2004), S. 129 ff.) generiert werden können (Vgl. FRANK, B. (1993), S. 60 ff., und DUVVURI, S. A. (2007), S. 20 f.). Hinzu kommt, dass sich der ökonomische Erfolg eines Films durch die Höhe der Verwertungserlöse über die gesamte Verwertungskette ergibt, die durch Abb. 3 schematisch dargestellt wird.

Abb. 3: *Schematische Verwertungskette eines Kinofilms* (Quelle: PETERSEN, K. et al. (2007), S. 9)

DUVVURI ergänzt zusätzlich als erste Phase den Verkauf von Filmmusik und so genannten Merchandising-Artikeln vor dem eigentlichen Start des Films im Kino. Allerdings endet für DUVVURI der Verwertungszyklus im Free-TV (DUVVURI, S. A. (2007), S. 16 f.). Angesichts der Existenz von Video-on-Demand-Plattformen wie T-Home oder maxdome ist diese Ansicht stark in Zweifel zu ziehen. Ein Verwertungszyklus vom Kino bis zum Free-TV kann zwischen sieben und zehn Jahren umfassen (Vgl. DUVVURI, S. A. (2007), S. 17.).

Der Verwertungserfolg hängt von der Größe des Publikums vor allem in den Kinos ab, die sich jedoch nur schwer ex ante prognostizieren lässt (Zum Themenkomplex Absatzprognosen in der Medienbranche vgl. vertiefend SPANN, M. / SOUKHOROUKOVA, A. (2007), S. 18 ff.). Das Risiko der mangelnden Prognostizierbarkeit des Verwertungserfolgs bei ex ante anfallenden irreversiblen Kosten der Produktionsherstellung wird auch als Absatz- oder

Erlösrisiko bezeichnet (Vgl. DUVVURI, S. A. (2007), S. 22 unter Bezugnahme auf ADAM, W. (1959)). Sowohl der Produzent als auch der Finanzierungspartner sieht sich dem Risiko ausgesetzt, die Erstellung eines Wirtschaftsguts monetär zu begleiten, bei dem keine verlässlichen Aussagen über Rückflusszeitpunkt und -höhe des investierten Kapitals möglich sind. Hinzu kommt, dass die Attraktivität des Films nach einmaligem Konsum durch den Kunden rapide abnimmt (Vgl. DUVVURI, S. A. (2007), S. 22.). Des Weiteren wird es für die Produzenten und Finanziers zunehmend schwerer, die rasanten Veränderungen in der Bedeutung einzelner Verwertungsstufen zu kalkulieren. So sank der Wertschöpfungsanteil des Kinos in der Verwertungskette von 10% bis 35% im Jahr 2002 auf nur noch 10% bis 25% im Jahr 2007, wohingegen die Anteile von Video/DVD von 10% bis 30% auf 15% bis 35% stiegen (Vgl. PETERSEN, K. ET AL. (2007), S. 9).

Neben dem Absatzrisiko gilt das Produktionsrisiko als wesentliches Hemmnis für das Zustandekommen von Filmfinanzierungen. Im Kern beinhaltet diese Risikoart, dass die im Produktionsprozess entstehenden Kosten über dem zuvor ermittelten Budgetansatz liegen.

Demgemäß sind diese Projektfinanzierungen in der Filmwirtschaft durch ein branchenspezifisches Spannungsfeld gekennzeichnet, das sich aus der Unikatfertigung, der Unsicherheit bezüglich des Markterfolgs sowie einer langwierigen Verwertungskette zusammensetzt. (Vgl. MAIER, M. / BAUMGÄRTEL, K. (2003), S. 215 f.). Eine zunehmende Kapitalintensität des Produkts bei gleicher Höhe des zur Verfügung stehenden Budgets und ausbleibendem Markterfolg wirkt sich einerseits negativ auf die Rentabilität der Unternehmen und andererseits auf deren Fähigkeit zur Eigenkapital-Thesaurierung aus. Für Fremdkapitalgeber ist aber gerade das Vorhandensein einer adäquaten Eigenkapitalbasis als Haftungsgrundlage, insbesondere vor dem Hintergrund der sich aus den Eigenkapitalvorschriften nach Basel II ergebenden Anforderungen, und die Rentabilität des eingesetzten Kapitals für die Kreditvergabe entscheidend, so dass Wachstumsimpulse nicht oder nur unzureichend durch die Unternehmen genutzt werden können (Zur Haftungsfunktion des Eigenkapitals vgl. SCHUMANN, M. / HESS, T. (2005), S. 156 f.).

Im ersten Halbjahr des Jahres 2006 führte media.net berlinbrandenburg und Medienboard Berlin-Brandenburg unterstützt von der Investitionsbank Berlin eine Online-Befragung im Rahmen der Initiative „medien.barometer“ durch, an der 209 Personen teilnahmen. Die Besonderheit dieser Analyse liegt in der expliziten Betrachtung der Finanzierungsbedingungen von Unternehmen der Kreativwirtschaft in Berlin und Brandenburg. Von den 209 befragten Personen, waren 8,4% in der Filmwirtschaft tätig. Insofern kann diese Studie nicht als repräsentativ gelten, beschreibt aber trotzdem sehr gut die grundlegenden Probleme der Filmwirtschaft als Teil der Creative Industries. Gemäß dieser Studie erhielten nur 59% der befragten und der Filmwirtschaft zuordenbaren Unternehmen eine Finanzierung (Siehe S. 20). Hinsichtlich der wichtigsten drei Finanzierungshindernisse, gaben die befragten Unternehmen die der Abbildung 4 zu entnehmenden Antworten.

Finanzierungshindernisse aus Unternehmenssicht	Filmwirtschaft	alle Unternehmen
Banken zu sehr auf Finanzierung von Maschinen und Anlagen fixiert	65%	46%
Banken können die Erfolgsaussichten von Unternehmen der Creative Industries nicht einschätzen	53%	67%
zu geringes Finanzierungsvolumen	47%	43%
fehlende Sicherheiten	41%	47%
mangelnde Kenntnisse über Finanzierungsmöglichkeiten	18%	19%
hohes Risiko und unsichere Erfolgsaussichten von Unternehmen der Creative Industries	41%	31%
mangelndes kaufmännisches Wissen	6%	14%

Abb. 4: *Selbsteinschätzung der Unternehmen der Filmwirtschaft in Berlin und Brandenburg bezüglich der drei wichtigsten Finanzierungshindernisse*

Anhand der Umfrage-Ergebnisse wird deutlich, dass insbesondere die Fixierung der Banken auf die Finanzierung materieller Wirtschaftsgüter für die Filmwirtschaft ein Problem darstellt. Darüber hinaus zeigt sich, dass die seitens der Filmwirtschaft angefragten Finanzierungsvolumina zu gering sind, um für die potenziell finanzierenden Banken attraktiv zu sein. Ferner wird empirisch bestätigt, dass das Absatz- und Produktionsrisiko ein erhebliches Finanzierungshemmnis darstellt. (Vgl. MEDIA.NET BERLINBRANDENBURG (2006), S. 24).

Die Kritik über das Finanzierungsversagen der Banken hilft nicht weiter. Zur Abfederung der branchenspezifischen Risiken bedarf es der Generierung einer auskömmlichen Eigenkapitalausstattung. Die bisher dargelegten Finanzierungsinstrumente fokussieren jedoch vornehmlich auf zeitlich begrenzte Projekte und nicht auf eine nachhaltige Stärkung der unternehmerischen Handlungsspielräume, die die deutsche Filmwirtschaft in die Lage versetzt, dauerhaft Wachstums- und Beschäftigungseffekte zu generieren. Eine unter Chance-Risiko-Gesichtspunkten vielversprechende Lösung ist die bereits von PAUL zur Diskussion gestellte „Europäisierung der wirtschaftlichen Förderung“ und „Mobilisierung privaten Kapitals“ als Ansatz zur Durchbrechung des „Teufelskreises der Filmbranche“, indem revolvierende Finanzmittel durch die Kombination europäischer Fördermittel mit privatem Kapital in Form von Risikokapital zur Erhöhung des Eigenkapitals bereitgestellt werden. (Vgl. PAUL, M. (2002), S. 41).

3 Creative Industries – Creative Venture Capital als Hebel zur Stärkung der Eigenkapitalbasis

Die Bereitstellung von Risikokapital, auch als Venture Capital (VC) bezeichnet, stellt eine Möglichkeit dar, den Zugang von Unternehmen der Creative Industries, d. h. auch der Filmwirtschaft, zu externen Finanzierungsquellen zu verbessern (Vgl. Ruiz de Vargas, S. (2005), S. 10, und zum Wesen und den Merkmalen von Risikokapital vgl. Hering, T. / Vincenti, A. J. F. (2005), S. 223 f.). Venture Capital bildet zusammen mit den Buy Outs ein Untersegment der Beteiligungsfinanzierung (Eigenfinanzierung) von Unternehmen ohne Börsenzugang (Vgl. Perridon, L. / Steiner, M. (2007), S. 346). Die nachfolgende Abbildung zeigt die von Matschke vorgenommene lebenszyklusorientierte Gliederung der VC-Finanzierungsphasen.

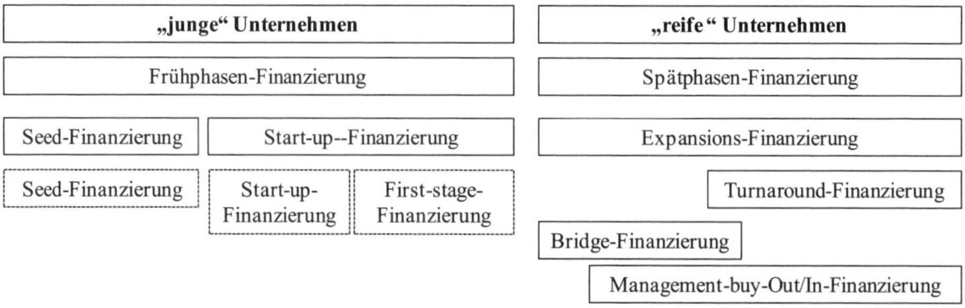

Abb. 5: *Lebenszyklusorientierte VC-Finanzierungsphasen* (Quelle: Matschke, M. J. (2002), S. 321)

In Deutschland wurden im dritten Quartal des Jahres 2007 223,2 Mio. EUR VC-Investitionen getätigt, was einen Anstieg gegenüber den beiden Vorquartalen bedeutet (187,7 Mio. EUR bzw. 155,5 Mio. EUR) (Vgl. auch für die folgenden Angaben BVK e. V. (2007)). Allerdings lag der Wert im gleichen Vorjahreszeitraum bei 241,4 Mio. EUR. Gleichzeitig konnten die in Deutschland tätigen VC-Gesellschaften die Zahl der VC-finanzierten Unternehmen von 303 im zweiten auf 315 im dritten Quartal des Jahres 2007 erhöhen. Hierbei verharrten die Frühphaseninvestitionen (Early Stage) mit 91,2 Mio. EUR auf einem nahezu konstanten Niveau im Vergleich zum Vorquartal. Die Anzahl der finanzierten Frühphasen-Unternehmen wuchs im gleichen Zeitraum von 159 auf 169, so dass deutschlandweit seit Jahresbeginn insgesamt 362 Frühphasen-Unternehmen durch VC-Gesellschaften begleitet werden konnten.

Nach Analysen der Investitionsbank Berlin und deren Beteiligungsgesellschaft IBB Beteiligungsgesellschaft mbH besteht nach wie vor „eine erhebliche Marktlücke in Finanzierungen mit einem Volumen von unter 3 Mio. EUR (in der Regel der Frühphase zuzuordnen)." (Investitionsbank Berlin (2007c), S. 7). In Deutschland unterbreiten VC-Gesellschaften Angebote zur Frühphasenfinanzierung vornehmlich technologieorientierten Unternehmen

(Vgl. auch MATSCHKE, M. J. (2002), S. 317 ff.). Gegenwärtig existieren in Deutschland keine sich branchenseitig auf die Creative Industries fokussierenden privaten oder öffentlichen VC-Fonds. Vorreiter hierin ist Großbritannien. Bereits 2003 wurde der auf die Creative Industries spezialisierte und mit 5 Mio. £ dotierte „Advantage Creative Fund“ aufgelegt. Dieser Fonds investiert bis zu 250.000 £ sowohl in Start-ups als auch in bereits bestehende Unternehmen. Zwischen 2003 und 2007 investierte der Fonds in 37 Unternehmen, zu denen auch Unternehmen der Filmwirtschaft zählen (Vgl. ACF (2007), WWW. v. 17.11.2007). Des Weiteren wurde in London im März 2005 ein ebenfalls mit 5 Mio. £ dotierter „Creative Capital Fund“ aufgelegt.

3.1 EU-Regularien für die Auflegung von Venture Capital-Fonds

Die beiden vorgenannten britischen Fonds wurden mit Mitteln des Europäischen Fonds für Regionale Entwicklung (EFRE) kofinanziert. Gemäß den EU-Verordnungen Nr. 1080/2006 sowie 1083/2006 und 1828/2006 können EFRE-Mittel in Venture Capital (VC)-Fonds eingebunden werden. Allerdings gelten hierfür u. a. folgende Voraussetzungen:

- Obergrenze für den EFRE-Anteil am Fondsvolumen beträgt 50%,
- Auszahlungen der Fondsmittel an die Beteiligungsunternehmen müssen bis zum 31.12.2015 getätigt sein,
- vorliegender Unternehmensplan für den VC Fonds,
- Einrichtung eines VC-Fonds als eigenständige rechtliche Einheit oder als gesonderter Finanzierungsblock innerhalb einer Finanzinstitution,
- Begrenzung der Beteiligungen auf Gründung, Frühphase oder Erweiterung von Unternehmen.

Zusätzlich zur Einhaltung der EFRE-Regularien müssen auch die Leitlinien für staatliche Beihilfen zur Förderung von Risikokapitalinvestitionen in KMU Berücksichtigung finden. Eine diesbezügliche Prüfung kann entfallen, wenn insbesondere folgende Kriterien erfüllt sind (Vgl. INVESTITIONSBANK BERLIN (2007c), S. 10):

- maximaler Umfang von Investitionstranchen 1,5 Mio. EUR innerhalb eines Jahres und pro Unternehmen,
- Beschränkung auf Frühphasenfinanzierungen von KMU in Förder- und Nicht-Fördergebieten sowie Expansionsfinanzierungen von KMU in Fördergebieten und von kleinen Unternehmen in Nicht-Fördergebieten,
- Finanzierungen des Fonds müssen zu mindestens 70% durch Beteiligungen und beteiligungsähnliche Finanzierungsinstrumente erfolgen,
- Investitionsentscheidungen müssen gewinnorientiert sein, auf einem sinnvollen Unternehmensplan und tragfähigen Simulationen beruhen sowie eine klare und realistische Ausstiegsstrategie vorsehen.

3.2 VC Fonds Kreativwirtschaft Berlin

3.2.1 Gestaltungsrahmen des Fonds

Unter Berücksichtigung der vorgenannten Regularien hat die Investitionsbank Berlin einen VC Fonds entwickelt, der seine Geschäftstätigkeit ausschließlich auf die Berliner Unternehmen der Creative Industries, u. a. auch auf die Filmwirtschaft ausrichtet, wobei das Hauptziel in der Verbesserung des Zugangs zu privatem Beteiligungskapital und Fremdkapital liegt. Durch das Engagement des öffentlichen VC-Fonds sollen die Unternehmen der Berliner Creative Industries in die Lage versetzt werden, positive Wachstums- und Beschäftigungseffekte zu erzielen. Obwohl der Fonds für KMU der gesamten Creative Industries aufgelegt wurde, werden nachfolgend vor allem dessen Anwendungsmöglichkeiten für dic Filmwirtschaft herausgearbeitet, weil diese innerhalb der Kreativbranchen für Berlin traditionell von besonderer Bedeutung ist. Darüber hinaus steht die Frage der optimalen Filmförderung schon seit vielen Jahren im Mittelpunkt der Förder- und Finanzierungsdiskussion (siehe Kapitel 2).

Um eine Finanzierung durch den VC Fonds Kreativwirtschaft Berlin erhalten zu können, müssen die KMU folgende Kriterien erfüllen (INVESTITIONSBANK BERLIN (2007c), S. 11):

- Gewinnerzielungsabsicht,
- hohes Wertsteigerungspotenzial,
- hohes Wachstumspotenzial und
- Exit-Perspektive.

Das gesamte Fondskapital wird der VC-Gesellschaft in Form von Eigenkapital zur Verfügung gestellt, aus dem dann die einzelnen Investitionen getätigt werden. Die Investitionen müssen nach strengen betriebswirtschaftlichen Maßstäben erfolgen und konzentrieren sich einerseits auf Unternehmen in der Frühphase (Seed und Start-up) sowie andererseits auf wenige gemäß § 87 Abs. 3c EG-Vertrag auf kleine Unternehmen begrenzte Expansionsfinanzierungen. Die Seed-Finanzierungsphase beinhaltet die Konzeptualisierung und konkrete Ingangsetzung der kreativen Idee. Die Start-up-Finanzierung unterstützt die auf der Konkretisierung der kreativen Idee aufbauende Gründung des Unternehmens und dessen Etablierung am Markt (Vgl. hierzu analog MATSCHKE, M. J. (2002), S. 321 f.).

Das gesamte Fondsvolumen beläuft sich auf 30,0 Mio. EUR, das sich zu 50% aus EFRE-Mitteln sowie 50% aus kapitalmarktrefinanzierten Eigenmitteln der IBB speist. Es wird angestrebt, durch das Engagement des VC Fonds Kreativwirtschaft Berlin private Co-Investoren für eine Investition in die Berliner Creative Industries zu gewinnen, so dass das gesamte durch die Erstauflage des Fonds resultierende Finanzierungsvolumen auf 60 Mio. EUR ansteigen soll. Im Rahmen der ersten Finanzierungsrunde können jeweils bis zu 1,5 Mio. EUR seitens des Fonds investiert werden. Darüber hinaus begleitet der Fonds auch weitere Finanzierungsrunden. Die Höhe der Gesamtinvestitionssumme pro Unternehmen ist auf 3,0 Mio. EUR begrenzt. Über das Gesamtportfolio wird eine angemessene Rendite angestrebt, deren Höhe angesichts der Unsicherheit bezüglich der in der Zukunft tatsächlich realisierbaren Exit-Erlöse nur schwer vorhersagbar ist.

Die Investitionsphase der Erstauflage des Fonds ist bis zum Jahr 2013 vorgesehen. Anschlussfinanzierungen bei bestehenden Beteiligungen sind dann noch zwei Jahre länger möglich.

3.2.2 Instrumente des Fonds

Für seine Engagements stehen dem Fonds folgende Instrumente zur Verfügung (Vgl. INVESTITIONSBANK BERLIN (2007c), S. 14):

- offene Beteiligungen,
- stille Beteiligungen oder
- Gesellschafterdarlehen.

Hierbei kommt die offene Beteiligung als Basisinstrument zum Einsatz, das in Abhängigkeit von den jeweiligen Finanzierungserfordernissen mit den beiden anderen Instrumenten kombiniert werden kann. Eine offene Beteiligung bezeichnet die direkte Übernahme von Unternehmensanteilen durch einen Dritten. Es handelt sich um eine nicht rückzahlbare, das volle unternehmerische Risiko tragende, unverzinsliche Beteiligungsform. Offene Beteiligungen werden durch den Fonds ausschließlich als Minderheitsbeteiligungen eingegangen, deren Konditionen mit dem Beteiligungsnehmer einzelvertraglich ausgehandelt werden und denen des privaten Co-Investors gleichen (pari passu) (Vgl. INVESTITIONSBANK BERLIN (2007c), S. 14 f.).

Bei stillen Beteiligungen und Gesellschafterdarlehen handelt es sich um laufzeitbegrenzte und zwingend rückzahlbare Instrumente. Während stille Beteiligungen sowohl durch ein festes als auch durch ein variables, in der Regel gewinnabhängiges Beteiligungsentgelt gekennzeichnet sind, werden Gesellschafterdarlehen ausschließlich durch eine feste, markt- und risikogerechte Verzinsung vergütet. Beide Instrumente können mit einem Rangrücktritt versehen werden (Vgl. INVESTITIONSBANK BERLIN (2007c), S. 14).

3.2.3 Investitionsprozess des Fonds

Im Rahmen des Auswahlprozesses gilt es strenge betriebswirtschaftliche Kriterien anzulegen, die seitens der Beteiligungsnehmer zu erfüllen sind. Dieser Kriterienkatalog umfasst folgende Aspekte (Vgl. INVESTITIONSBANK BERLIN (2007c), S. 16):

- Marktpotenzial und Wettbewerbssituation,
- Management,
- Kapitalbedarf,
- Wertsteigerungspotenzial,
- Chancen- und Risikoanalyse sowie
- Ausstiegsstrategie (Exit-Strategie).

Nach der Analyse der eingereichten Antragsunterlagen auf Basis der vorgenannten Kriterien, erfolgt die intensive Diskussion im Investment-Ausschuss der VC-Gesellschaft auf Basis einer schriftlichen Vorlage. Eine Beteiligung wird nur auf der Grundlage eines einstimmigen

Beschlusses des Investment-Ausschusses eingegangen. Wichtig in diesem Zusammenhang ist die enge Abstimmung mit den privaten oder weiteren öffentlichen Beteiligungsgebern. Anschließend werden die Beteiligungsverträge abgeschlossen, die u. a. die spätere Ausstiegsabsicht durch den Beteiligungsgeber beinhalten. Stille Beteiligungen oder Gesellschafterdarlehen werden durch den Beteiligungsnehmer zum Nominalwert an den Beteiligungsgeber zurückgezahlt. Der Ausstieg kann dabei folgendermaßen erfolgen (Vgl. hierzu auch HERING, T./ VINCENTI, A. J. F. (2005), S. 239 ff.):

- Trade Sale, d. h. Anteilsverkauf an strategische Investoren,
- Verkauf an institutionelle Investoren,
- Initial Public Offering (IPO), d. h. ein Börsengang bei günstigem Börsenumfeld und einem von der Börse positiv eingeschätzten Geschäftsplan oder
- Buy Back, d. h. der Rückkauf der vom VC Fonds Kreativwirtschaft Berlin GmbH gehaltenen Geschäftsanteile.

3.2.4 Chancen und Risiken des Fonds

Durch die Bereitstellung von VC-Finanzierungen gehen die VC-Geber erhebliche Risiken ein. Ein erstes Risiko liegt in der Portfolioauswahl. VC-Finanzierungen unterliegen im Vergleich zu klassischen Fremdkapitalfinanzierungen erhöhten Ausfallrisiken. Diesem Risiko muss durch eine sorgfältige Auswahl von Beteiligungsnehmern begegnet werden.

Ein weiteres Risiko besteht darin, dass die Fondsmittel nicht oder nur unvollständig investiert werden können, weil die potenziellen Beteiligungsnehmer diese Mittel wegen unterschiedlicher Wertvorstellungen bezüglich des jeweiligen Unternehmens oder wegen der Einräumung von Partizipationsrechten gegenüber Dritten nicht abrufen (Nachfragerisiko).

Hinzu kommt, dass die tatsächliche Umsetzung der Exit-Strategie vor dem Hintergrund des zum Exit-Zeitpunkt vorliegenden gesamtwirtschaftlichen Umfelds sowie der Situation an den Kapitalmärkten Risiken bergen kann, wenn die Beteiligung nicht, nur teilweise oder zu einem geringer als prognostizierten Preis veräußert werden kann (Veräußerungsrisiko).

Ein spezifisches Risiko für öffentliche VC-Geber besteht darin, dass wegen wettbewerbsrechtlicher Restriktionen die Finanzierung ohne private Co-Investoren nur in stark eingeschränktem Umfang möglich ist. Somit können Investitionsmöglichkeiten eventuell nicht wahrgenommen werden. Unter Umständen resultiert hieraus ein Reputationsschaden, der wiederum das Nachfragerisiko erhöht.

Öffentliche VC-Geber sind auch mit einem politischen Risiko konfrontiert. Obwohl Risikofinanzierungen gerade im politischen Umfeld immer wieder gefordert werden (Vgl. bspw. BÜNDNIS90/DIE GRÜNEN (2007), S. 3 f.), reagieren die zuständigen Rechnungshöfe oder auch die Parlamente und Medien extrem negativ, wenn es zu Fehlinvestitionen kommt (Vgl. bspw. TIETZ, J. (2007), WWW v. 30.07.2007).

Den vorgenannten Risiken stehen allerdings erhebliche Chancen gegenüber. Die Film- und Fernsehwirtschaft, die ein Teilgebiet des durch das Land Berlin wirtschaftspolitisch aktiv geförderten Kommunikations-Clusters darstellt (Vgl. GEPPERT, K. / MUNDELIUS, M. (2007), S. 485), kann eine erfreuliche Entwicklung aufweisen. Gemessen an der Zahl der Unternehmen nimmt Berlin nach München den zweiten Rang bei den deutschen Film- und Fernsehstandorten ein (Vgl. ERNST & YOUNG (2006), S. 7). Neben überregional bedeutenden Filmproduktionsunternehmen, wie z. B. die MME Moviement AG, konnten sich auch eine Reihe von Filmverleih-Unternehmen in Berlin erfolgreich am Markt etablieren (Vgl. INVESTITIONSBANK BERLIN (2007c), S. 5). Hinzu kommen wachstumsstarke Dienstleister, die sich am Standort Berlin niedergelassen haben und über entsprechenden Finanzierungsbedarf verfügen. Mit 189 Beschäftigten in der Filmwirtschaft pro 100.000 Einwohner weist Berlin den Spitzenwert in Deutschland auf (Vgl. BERAUER, W. (2007), S. 103.). Laut einer von Ernst & Young im Jahr 2006 veröffentlichten Studie, beurteilen die Berliner Unternehmen der Film- und Fernsehwirtschaft ihre Zukunftsaussichten mit einem Wert von 4,13, wobei die Werte eins für ein sehr schlechtes und der Wert 5,0 für ein sehr gutes Ergebnis stehen, überaus optimistisch. Die Befragten beurteilten in diesem Zusammenhang vor allem die niedrigen Standortkosten sehr positiv (Vgl. ERNST & YOUNG (2006), S. 23 f.).

Die Sicherstellung eines für den Fonds tragfähigen Deal-Flows wird durch die Entwicklung und Umsetzung eines auf die Unternehmen der Berliner Creative Industries abzielenden Marketing- und Vertriebskonzepts erreicht. Die Kernelemente dieses Konzepts bilden die erfolgreiche Etablierung eines Branchennetzwerks sowie die aktive Teilnahme an spezifischen Branchenveranstaltungen, durch die die Kontakte zu potenziellen Beteiligungsnehmern aufgebaut werden sollen.

3.2.5 „Kreative Elemente“ des Fonds

Öffentliche VC-Angebote gibt es in Deutschland vor allem für technologieorientierte Unternehmen. Als erstes „kreatives Element“ gilt demgemäß die Konzeptualisierung und konkrete Umsetzung einer VC-Lösung für die Creative Industries als bisher nicht im Fokus von VC-Investoren aber wirtschaftlich immer bedeutsamer werdenden Teils der deutschen Volkswirtschaft. „Kreativ“ ist aber vor allem die Gestaltung des Fonds selbst. Die dem Fonds zur Verfügung stehenden Instrumente sehen eine Stärkung des Eigenkapital- bzw. der eigenkapitalnahen Finanzierungsbasis vor, was wiederum eine zentrale Voraussetzung für die Aufnahme weiterer Finanzmittel darstellt.

Das herausragende „kreative Element“ ist die Verknüpfung von EFRE-Mitteln und kapitalmarktrefinanzierten Eigenmitteln der IBB. Hierdurch werden in Deutschland erstmals EU-Mittel zielgerichtet in die wachstumsträchtigen Creative Industries gelenkt und gleichzeitig auf Fondsebene eine angemessene Risikodiversifikation erreicht.

Ein weiteres „kreatives Element“ stellt die Einbindung privater Investoren dar, die grundsätzlich auf zwei Arten involviert werden können (Vgl. INVESTITIONSBANK BERLIN (2007c), S. 13):

- Beteiligung auf Ebene des Fonds oder
- Beteiligung auf Ebene der Einzelinvestition.

Angesichts der bisherigen Erfahrungen der IBB Beteiligungsgesellschaft mbH mit VC Fonds und den geltenden Restriktionen für VC Fonds, die durch öffentliche Mittel dotiert werden, ist kaum zu erwarten, dass sich private Co-Investoren in nennenswertem Umfang auf Fondsebene beteiligen. Deshalb ist die zweite Form der Einbindung bei einer Co-Finanzierungsquote von mindestens 50% zu gleichen Konditionen konzeptionell vorgesehen (Vgl. INVESTITIONSBANK BERLIN (2007c), S. 13). So können VC-Geber an den Wachstumschancen der Creative Industries partizipieren, ohne zusätzliche rechtliche Auflagen fürchten zu müssen.

Im Gegensatz zu den oben dargelegten „klassischen" Finanzierungsformen für die Filmwirtschaft zielt das finanzielle Engagement des VC Fonds und der privaten Co-Investoren auf die wirtschaftliche Stärkung des Unternehmens ab und beinhaltet keine reine Projektförderung. Es gilt allerdings zu berücksichtigen, dass der VC-Geber selbstverständlich im Rahmen des Investitionsprozesses auch die dem jeweiligen Geschäftsplan zugrunde liegenden Projekte als potenzielle Umsatzbringer in seine Kalkulation einbeziehen wird.

Es wurde bereits eingangs ausgeführt, dass die Fondslaufzeit bis zum Jahr 2013 limitiert ist. Die Fondsinitiatoren beabsichtigen jedoch, die nach dem Ende der jeweiligen Beteiligungsverhältnisse dem Fonds wieder zufließenden Mittel auch darüber hinaus für VC-Investitionen in die Berliner Unternehmen der Creative Industries einzusetzen. Hierdurch soll die in Berlin wirtschaftspolitisch angestrebte Abwendung von der zuschuss- hin zur darlehens- und beteiligungsbasierten Wirtschaftsförderung, also die Umstellung auf revolvierende Finanzinstrumente, weiter forciert werden. Bereits in Berlin gebundene EFRE-Mittel müssen dann nicht mehr an die EU zurücküberwiesen werden, sondern stehen den Berliner Creative Industries dauerhaft zur Verfügung.

4 Creative Finance – Förderbanken als Motor der Creative Industries

Der „War for Creativity" ist ausgebrochen. Die Creative Industries nehmen eine bedeutende Rolle für Wachstum und Beschäftigung in Europa ein; eine Erkenntnis die mittlerweile, wie eingehend dargelegt werden konnte, auch auf Bundes- und Länderebene gereift ist. Führende und im Aufschwung begriffene Wirtschaftsregionen dieser Welt befinden sich in einem Standortwettlauf, in dem es nicht mehr nur um niedrige Steuersätze sondern vor allem um die Schaffung des „richtigen" Umfelds für die dauerhafte Bindung der Creative Class geht.

Die Filmwirtschaft ist für Deutschland aber nicht nur eine ökonomisch relevante Teilbranche der Creative Industries sondern auch ein Attraktor selbst, denn vielfältige filmwirtschaftliche Projekte fördern auch die Anziehungskraft für die restlichen Mitglieder der Creative Class.

Die Unternehmen der deutschen Filmwirtschaft können zur Konzeptualisierung und Herstellung ihrer Produkte auf eine Reihe privater und öffentlicher Finanzierungsquellen zurückgreifen. Das Kernproblem, nämlich die zu geringe Eigenkapitalausstattung, blieb aber bisher weitestgehend ungelöst. Durch die Bereitstellung von Risikokapital kann ein Anstoß zur Beseitigung dieses Dilemmas geleistet werden. Durch die politisch geforderte und ökonomisch auch sinnvolle revolvierende Nutzung von EU-Fördermitteln sowie der aktiven Einbindung privater Co-Investoren, erweitern die Berliner Creative Industries ihren Finanzierungsmix um ein eigenkapitalstärkendes Instrument. Allerdings wird durch VC-Mittel nur die Basis für den nachhaltigen Erfolg der Berliner Creative Industries gelegt. In Anlehnung an ILJINE/KEIL ist ein professionelles Vorgehen bei der Finanzierung noch kein Erfolgsgarant per se, bietet aber die Grundlage für die Umsetzung kreativer Ideen in erfolgversprechende Produkte (Vgl. analog ILJINE, D. / KEIL, K. (1997), S. 229).

Der VC Fonds Kreativwirtschaft Berlin beinhaltet mehrere neue Ansätze (siehe Punkt 3.3). Er ist selbst eine „kreative Konstruktion“, vor allem durch die dauerhafte Bindung und Zurverfügungstellung von EU-Mitteln – im Gegensatz zur klassischen Subventionsfinanzierung. Die EU-Mittel werden nicht einmalig in Form von Zuschüssen an die Filmwirtschaft und andere Branchen der Creative Industries vergeben, sondern können quasi unendlich revolvierend – und bei positiven Rückflüssen sogar mit steigenden Volumina – eingesetzt werden.

Literaturverzeichnis

ACF: Who we have invested in, http://www.advantagecreativefund.co.uk/acf-default.php?id=288, Stand: 12.12.2007.

ADAM, W.: Das Risiko in der deutschen Filmwirtschaft, Berlin, 1959.

BATRA, R. N.: The Great Depression of 1990, New York, 1985.

BEAUFTRAGTER DER BUNDESREGIERUNG FÜR KULTUR UND MEDIEN: Richtlinie des BKM „Anreiz zur Stärkung der Filmproduktion in Deutschland (Deutscher Filmförderfonds)“, http://www.bundesregierung.de/nsc_true/Content/DE/Artikel/2006/10/ Anlagen/2006-10-30-bkm-richtlinie-filmproduktionsfoerderung,templateId=raw,property=publicationFile.pdf/2006-10-30-bkm-richtlinie-filmproduktionsfoerderung, Stand: 21.12.2006, Abruf: 01.12.2007.

BERAUER, W.: Filmstatistisches Jahrbuch 2007 der Spitzenorganisation der Filmwirtschaft e. V., in: FLECHSIG, N. P./CASTENDYK, O./VON WAHLERT, C./FEIL, G./KREILE, J. (Hrsg.), Schriftenreihe zu Medienrecht, Medienproduktion und Medienökonomie, Band 16, Baden Baden, 2007.

BITTELMEYER, C. / EHRHART, N. /MARK, K. / ZIMMERMANN, V.: Immaterielle Vermögensgegenstände als Kreditsicherheiten – Ein Potenzial für die Mittelstandsfinanzierung in Deutschland?, in: KEUPER, F. / VOCELKA, A. / HÄFNER, M. (Hrsg.), Die moderne Finanzfunk-tion – Strategien, Organisation und Prozesse, Wiesbaden 2008, S. 249–279.

BLOECH, J. / BOGASCHEWSKY, R. / GÖTZE, U. / ROLAND, F.: Einführung in die Produktion, 5., überarbeitete Auflage, Berlin / Heidelberg / New York, 2004.

BUNDESMINISTERIUM FÜR WIRTSCHAFT UND TECHNOLOGIE: Initiative Kultur- und Kreativwirtschaft der Bundesregierung, http://www.bmwi.de/BMWi/Redaktion/PDF/J-L/konzept-kulturwirtschaft,property=pdf,bereich=bmwi,sprache=de,rwb=true.pdf, Stand: o. A., Abruf: 25.10.2007.

BÜNDNIS 90/DIE GRÜNEN: Ein Aktionsprogramm für Berlins Kreativszene!, http://www.gruene-fraktion-berlin.de/cms/files/dokbin/195/195700.pdf, Stand: Juli 2007, Abruf: 18.11.2007.

BUSINESSPLANWETTBEWERB BERLIN-BRANDENBURG: Der Businessplan-Wettbewerb Berlin-Brandenburg startet am 01. November 2007 in die 13. Runde!, http://www.b-p-w.de/2008/presse/1069-bpw2008-pressemitteilung.pdf, Stand: 31.10.2007, Abruf: 12.12.2007.

BVK E. V.: Der deutsche Beteiligungsmarkt im 3. Quartal 2007, http://www.bvk-ev.de/media/file/149.BVK_Statistik_Bericht_Q3-2007_141107.pdf, Stand: 14.11.2007, Abruf: 17.11.2007.

DRUCKER, P. F.: Was ist Management? – Das beste aus 50 Jahren, 3. Auflage, Berlin, 2005.

DUVVURI, S. A.: Öffentliche Filmförderung in Deutschland. Versuch einer ökonomischen Erfolgs- und Legitimationsbeurteilung, München, 2007.

ERNST & YOUNG: Filmbarometer 2006. Berlin, Hamburg, Leipzig, München und Rhein/Main: Stimmungen und Trends, München, 2006.

EUROPÄISCHE KOMMISSION: The economy of culture in Europe, http://ec.europa.eu/culture/eac/sources_info/studies/economy_en.html, Stand: Oktober 2006, Abruf: 25.10.2007.

FALTIN, G.: Creating a Culture of innovative Entrepreneurship, in: Journal of International Business and Economy, Nr. 1, 2. Jg., 2001, S. 123–140.

FESEL, B.: Kulturwirtschaft im Bundestag, http://www.kulturpolitik-kulturwirtschaft.de/Kulturwirtschaft/KulturwirtschaftimBundestag2007/tabid/110/Default.aspx, Stand: April 2007, Abruf: 08.11.2007.

FESEL, B. / SÖNDERMANN, M.: Culture and Creative Industries in Germany, Bonn, 2007.

FILM20 INTERESSENGEMEINSCHAFT FILMPRODUKTION E. V. (2002): Reader zur 2. film20-Konferenz MEHR GELD FÜR DEN DEUTSCHEN FILM! Über Restriktionen und Reserven bei Eigenkapital, Fremdkapital und Filmförderung, http://www.film20.de/down/Reader_2_film20-Konferenz.pdf, Stand: März 2002, Abruf: 15.01.2008.

FLORIDA, R.: The Rise and Fall of the Creative Class, New York, 2002.

FRANK, B.: Zur Ökonomie der Filmindustrie, Hamburg, 1993.

GEPPERT, K. / MUNDELIUS, M.: Berlin als Standort der Kreativwirtschaft immer bedeutender, in: *DEUTSCHES INSTITUT FÜR WIRTSCHAFTSFORSCHUNG* (Hrsg.), Wochenbericht des DIW Berlin, Nr. 31, Berlin, 2007, S. 485–491.

GOTTSCHALK, S. / FRYGES, H./METZGER, G./HEGER, D./LICHT, G.: Start-ups zwischen Forschung und Finanzierung: Hightech-Gründungen in Deutschland, Mannheim, 2007.

GUTENBERG, E.: Grundlagen der Betriebswirtschaftslehre, Band 1: Die Produktion, 23. Auflage, Berlin, 1979.

HERING, T. / VINCENTI, A. J. F.: Unternehmensgründung, München/Wien, 2003.

ILJINE, D. / KEIL, K.: Der Produzent: Das Berufsbild des Film- und Fernsehproduzenten in Deutschland, München, 1997.

INVESTITIONSBANK BERLIN: Geschäftsbericht 2006, Berlin, 2006.

INVESTITIONSBANK BERLIN (2007a): Zwischenfinanzierung von Filmproduktionen – Merkblatt, online: http://www.ibb.de/portaldata/1/resources/content/download/foerderung/filmproduktionen_merkblatt.pdf, Stand: 14.06.2007, Abruf: 15.01.2008.

INVESTITIONSBANK BERLIN (Hrsg.): Förderfibel 2007/2008. Der Ratgeber für Unternehmen und Existenzgründungen, Berlin, 2007b.

INVESTITIONSBANK BERLIN: VC Fonds Kreativwirtschaft Berlin. Konzept für einen Risikokapitalfonds für die Kreativwirtschaft Berlin, unveröffentlichtes Konzept, Berlin, 2007c.

KEUPER, F. / HANS, R.: Multimedia-Management – Strategien und Konzepte für Zeitungs- und Zeitschriftenverlage im digitalen Informationszeitalter, Wiesbaden, 2003.

KEUPER, F.: Kybernetische Simultaneitätsstrategie. Systemtheoretische Navigation im Effektivitäts-Effizienz-Dilemma, Berlin, 2004.

KEUPER, F. / PUCHTA, D. / RÖDER, S.: Creative Industries benötigen Creative Finance – Innovative Finanzierungslösungen für die Filmwirtschaft, in: INVESTITIONSBANK BERLIN (Hrsg.), Arbeitspapier, Berlin, 2008.

KPMG: Filmförderung in Deutschland und der EU 2006. Förderarten und -institutionen auf einen Blick, 9. aktualisierte Auflage, Berlin, 2006.

LANGE, C.: Erfolgspotenziale für Spielfilme, Berlin, 1999.

MAIER, M. / BAUMGÄRTEL, K.: HSX.com und der Markt für Ideen, Kapital und Talente, in: BRÖSEL, G. / KEUPER, F. (Hrsg.), Medienmanagement. Aufgaben und Lösungen, Oldenbourg, 2003, S. 215–235.

MALIK, F.: Talent und Potenzial sind nicht genug, http://www.manager-magazin.de/koepfe/mzsg/0,2828,280563,00.html, Stand: 05.01.2004, Abruf: 01.12.2007.

MATSCHKE, M. J.: Risikokapitalmärkte für innovative technologieorientierte Gründungsunternehmen, in: KEUPER, F. (Hrsg.), Produktion und Controlling. Festschrift für Manfred Layer zum 65. Geburtstag, Wiesbaden, 2002, S. 315–342.

MEDIA.NET BERLINBRANDENBURG E. V. / MEDIENBOARD GMBH: medien.barometer berlinbrandenburg, 1. Halbjahr 2006, Berlin / Potsdam, 2006.

MEDIENBOARD GMBH: Vergaberichtlinien. Filmförderung durch die Medienboard Berlin-Brandenburg GmbH, online: http://www.medienboard.de/WebObjects/Medienboard.woa/wa/CMSshow/1001059, Stand: 15.04.2005, Abruf: 19.11.2007.

MICHAELS, E./HANDFIELD-JONES, H./AXELROD, B.: The War for Talent, Boston, 2001.

NORTH, K.: Wissensorientierte Unternehmensführung. Wertschöpfung durch Wissen, 4. Auflage, Wiesbaden, 2005.

PAUL, M.: Die Finanzklemme deutscher Produktionsunternehmen – Von Managementfehlern und strukturellen Macken, in: FILM20 – INTERESSENGEMEINSCHAFT FILMPRODUKTION E. V. (Hrsg.): Mehr Geld für den deutschen Film! Über Restriktionen und Reserven bei Eigenkapital, Fremdkapital und Filmförderung, Reader zur 2. film20-Konferenz, online: http://www.film20.de/down/ Reader_2_film20-Konferenz.pdf, Stand: März 2002, Abruf: 15.01.2008, S. 15–24.

PAUL, M.: Zwischen Hype und EU-Erweiterung - Probleme und Perspektiven der Filmwirtschaft in Deutschland und Österreich, http://www.film20.de/down/Keynote_15-9-03.pdf, Stand: 15.09.2003, Abruf: 15.01.2008.

PETERSEN, K. / ZWIRNER, C. / ROSSI, C. / THELEN, M.: Film- und Medienunternehmen: Rechnungslegungspraxis und Kommunikation in Geschäftsberichten, in: DR. KLEEBERG & PARTNER / KUHN, KAMMANN & KUHN AG (Hrsg.), Total Balance, München/Köln, 2007.

PERRIDON, L. / STEINER, M.: Finanzwirtschaft der Unternehmung, 14. Auflage, München, 2007.

RAT DER EUROPÄISCHEN UNION: Beitrag des Kultur- und Kreativbereichs zur Verwirklichung der Ziele der Lissabon-Strategie, http://register.consilium.europa.eu/pdf/de/07/st09/st09021.de07.pdf, Stand: 08.05.2007, Abruf: 19.10.2007.

RUIZ DE VARGAS, S.: Zukunft der Filmwirtschaft – Finanzielle und steuerliche Rahmenbedingungen deutscher Produktionen, Keynote im Rahmen der Medientage München vom 27.10.2005, http://www.medientage-muenchen.de/archiv/2005/Ruiz-de-Vargas_Santiago.pdf Stand: 27.10.2005, Abruf: 15.11.2007.

SENATSVERWALTUNG FÜR WIRTSCHAFT, TECHNOLOGIE UND FRAUEN: Vergabe von Landesbürgschaften für Bankkredite zur Finanzierung von Filmvorhaben, http://www.berlin.de/imperia/md/content/sen-wirtschaft/presse2/2007/09/buergschaften.pdf, Stand: 25.10.2007, Abruf: 17.11.2007.

SCHUMANN, M. / HESS, T.: Grundfragen der Medienwirtschaft. Eine betriebswirtschaftliche Einführung, 3. Auflage, Berlin/Heidelberg/New York, 2005.

SÖNDERMANN, M.: Kulturwirtschaft und Creative Industries 2007. Aktuelle Trends unter besonderer Berücksichtigung der Mikrounternehmen, in: BÜNDNIS 90/DIE GRÜNEN (Hrsg.), Kulturwirtschaft 2007, Schriftenreihe, Berlin, 2007.

SPANN, M. / SOUKHOROUKOVA, A.: Absatzprognosen in der Medienbranche, in: MedienWirtschaft, Nr. 3, 2007, S. 18–29.

TIETZ, J.: Die Innovationsverhinderer, http://www.spiegel.de/wirtschaft/ 0,1518,492370,00.html, Stand: 30.07.2007, Abruf: 06.12.2007.

WECKERLE, C. / SÖNDERMANN, M.: Kultur. Wirtschaft. Schweiz – Das Umsatz und Beschäftigungspotenzial des kulturellen Sektors. Erster Kulturwirtschaftbericht Schweiz, http://www.kulturwirtschaft.ch/files/hgkz_kulturwirtschaft_deutsch.pdf, Stand: Herbst 2003, Abruf: 02.11.2007.

Filmfinanzierung aus Bankensicht

BERNHARD STAMPFER

Zusammenfassung
Die Finanzierung von Spielfilmen reduziert sich aus Bankensicht zunächst auf die Vor- und Zwischenfinanzierung von Lizenzverträgen, die dem einzelnen Projekt zugrunde liegen: ein zunächst wenig attraktives Kreditgeschäft in einem Umfeld, das von hoher Komplexität und viel Bearbeitungsaufwand geprägt ist. Dabei ist aber der einzelne Spielfilm nur das Ankerprodukt einer hochattraktiven Branche, die den Banken Gelegenheiten geben, ihr gesamtes Potential an Finanzprodukten zu offerieren und optimal einzusetzen. Dieser Beitrag möchte daher bedeutende Möglichkeiten zur Finanzierung aus Bankensicht aufzeigen und in ihrer Relevanz für die Filmbranche erläutern.

Beitragsinhalt

1 Einleitung

Die Finanzierung von Spielfilmen erscheint von außen betrachtet wie ein großes Konvolut von unterschiedlichsten Firmen, Institutionen und Maßnahmen, um die für die Herstellung eines Filmes notwendigen Gelder zusammenzutragen: da wird gesprochen von Förderungen, von Equity, von Kreditlinien, von Gaps und Super- Gaps, von Fonds, von Lizenzen, Minimum-Garantien und Negative Pick-ups und neuerdings auch von Tax Rebates, Labour Rebates oder Spending Incentives. Auch was die Kosten eines Spielfilmes anbetrifft, scheint ein ‚anything goes' zu gelten: von ultra-low über low zu mid, high und auch ultra high scheint sich eine Treppe vor uns aufzubauen, die von 7 Tausend Dollar (der legendäre „El Mariachi") bis zu 300 Millionen Dollar reicht (etwa „ Pirates of the Caribbean").

Und dann spricht man von den großen Hollywood Studios wie Warner Brothers, Disney oder Paramount, die angeblich die ganz großen Filme herstellen, große europäischen Namen wie Pathe, Gaumont, UFA und anscheinend von aberwitzig vielen anderen Produktionsfirmen in der ganzen Welt, die viele kleine Filme herstellen: manchmal erfolgreich, aber doch meistens mit der Herstellung von Filmen beschäftigt, von denen man kurz nach der Fertigstellung schon nichts mehr hört oder weiß. Und wo man sich an große Produzenten-Mogule erinnert (was wäre „Vom Winde Verweht" ohne David O. Selznik), die angeblich solche großen Filme mit einer starken Hand entstehen ließen, liest man heute Berufsbezeichnungen wie Executive Producer, Line Producer, Associate Producer, Delegate Producer oder „Harvey Weinstein presents....". Wer da wie und mit welcher Verantwortlichkeit mit Geld umgeht, scheint äußerst diffus zu sein.

Auch die Herstellung eines Filmes scheint sehr schwierig zu sein: seien es Wind und Wetter, launische Stars oder egomanische Regisseure, die dazu führen, dass Zeitpläne nicht eingehalten werden oder Budgetrahmen gesprengt werden.

Und zu guter Letzt lesen wir Geschichten von Film-Fondsmanagern, die OSCAR-prämierte Filme finanzieren, anschließend leider in Haft gehen und ihren Anlegern erklären müssen, warum sich ihre Investition nicht nur nicht vermehrt hat, sondern plötzlich das Finanzamt vor der Tür steht und sogar noch Nachforderungen stellt.

Und das soll die Welt sein, die die Finanzwelt interessiert? In der sie sich wohlfühlt und die sie als Hafen für Kredite und Investitionen ansieht? Die erste Reaktion muss negativ sein. Aber ist es auch klar, dass diese Millionen von Dollars und Euros für hunderte von Filmen jährlich ohne den Beistand der Bankenwelt unmöglich zu finanzieren sind. Also muss es Möglichkeiten und Wege geben, diese große Komplexität der Filmfinanzierung so zu ordnen, dass daraus für beide Seiten ein profitables Geschäft wird. Und in der Tat: dies ist möglich, wenn es von beiden Seiten aus, also Produzent und Bank, professionell betrieben wird. Dass es zu Unfällen kommen kann, die im Filmgeschäft per Definition spektakulärer weil medienwirksamer sind, kann nicht ausgeschlossen werden, aber das gilt für andere Branchen nun auch.

2 Debt versus Equity: Fremdkapital versus Eigenkapital

Ein paar Grundregeln

Selbst erfahrene Produzenten stellen den Banken die mantrisch immer wiederkehrende Frage: „Investieren Sie in Film?" und erhalten die immergleiche Antwort „Nein!"

Die Frage, die darauf folgt: „ Machen Sie Gap- Finanzierung?" - worauf ganz wenige Banken mit „Ja" antworten, das überwiegende Gros aber ebenfalls verneint.

Beide Fragen zielen darauf ab, ob die Bank eventuell bereit ist, ein wirtschaftliches Risiko an der Herstellung eines Filmes einzugehen, und die Antwort muss zwingend negativ sein, denn Banken

- ... übernehmen kein unternehmerisches Risiko,
- ... investieren nicht in Filme,
- ... verleihen Geld gegen Sicherheiten,
- ... strukturieren Investitionsmodelle, in die ihre Kunden investieren können,
- ... können Investoren „vermitteln".

Dies sind zwei grundsätzlich unterschiedliche Aktivitäten und spiegeln die beiden so oft zitierten Welten von „ Debt and Equity „ wider:

Debt = Kredit und kann nur ausgereicht werden, wenn

- dieser innerhalb einer bestimmten Zeit zurückgeführt wird,
- Zinszahlungen regelmäßig erfolgen,
- ausreichende Sicherheiten vorhanden sind,
- für die Bank kein unternehmerisches Risiko besteht.

Equity = (Investition von) Eigenkapital und folgt damit anderen Parametern

- der Investor erwirbt einen Anteil an einer Firma oder einem Produkt,
- der Investor will nicht nur sein Geld plus Zinsen zurück, sondern erwartet einen möglichst hohen Gewinn,
- der Investor tritt in ein unternehmerisches Risiko ein und hat keine oder nur geringe Sicherheiten.

Die Kosten eines Kredites folgen der Grundregel: Je schlechter das Rating eines Kreditnehmers, desto höher die Zinsen. Investoren folgen der Grundregel: Je höher das Risiko, desto höher der zu erwartende Gewinnanteil.

Debt versus Equity: Unterschiede der Finanz-Intervention

Thema	Debt / Kredit / Fremdkapital	Equity / Eigenkapital
Fristigkeit	Kurz-, mittel, langfristig	Begrenzt oder unbegrenzt
Zinsen/ Rendite	Fix oder variabel	Bei Investitionsbeginn ist Rendite Null, im Verlauf unbegrenzt, Totalverlust des Investments möglich
Rückzahlung	Bei Fälligkeit oder amortisiert	Über sog. Exit- Strategie, IPO, Management Buy-Out oder Verkauf der Beteiligungen - wenn möglich (!)
Sicherheiten	Ja, spezifiziert, sowie persönliche Garantien,	nein
Gewinnbeteiligung	Nein	Ja
Covenants/ Beschränkungen	Ja, Zinssicherheiten, EK- Quote, Verschuldungsgrad des Unternehmens etc.	Nein, Statuten der Geschäftsordnung
Kontrolle	Laufendes Reporting	Über Aufsichtsrat, Controlling, Wirtschaftsprüfung etc.

Abb. 1 *(Quelle: eigene Darstellung)*

Kurze Anmerkungen zu den in der Tabelle verwendeten Begriffen:

Fristigkeit: Kredite müssen sehr genau in das Gesamtportfolio einer Bank eingeplant werden und unterliegen einer Vielzahl von Parametern, die den Einkauf der Kreditmittel, die Unterlegung mit Eigenkapital, Rating, Ausfallrücklagen u.a. umfassen. Daraus ergibt sich die Notwendigkeit, die Fristigkeit (engl. ‚Term') genau zu bestimmen und einzuhalten. Vorzeitige oder variable Rückführung von Krediten sind möglich, aber verteuern das Produkt, ebenso wie Säumnis innerhalb der vereinbarten Laufzeit.

Eine Equity-Investition ist in aller Regel unbefristet angelegt und wird (im Erfolgsfall) wohl dann beendet, wenn die anfangs gesteckten Renditeziele erreicht wurden. Andersherum werden Investitionen vorzeitig abgebrochen, wenn der Investor der Meinung, ist dass solche Ziele nicht oder nur sehr zeitfern erreicht werden.

Zinsen/ Rendite: Zinsen errechnen sich aus mehreren Komponenten, wobei das Rating des Kreditnehmers, die Kosten der Beschaffung von Krediten auf dem Geldmarkt (etwa bei der Europäische Zentralbank zum EURIBOR – Satz aka **Eur**opean **I**nter- **B**ank **Bo**rrowing **Ra**te), die Kosten, die im eigenen Haus anfallen (Lohn-, Büro-, Bearbeitungskosten et al.) sowie die von der Bank erwartete Rendite die wesentlichsten Faktoren sind. Zusätzlich wird die kreditausreichende Bank sehr häufig eine Prüf- und Bearbeitungs-Gebühr berechnen, die sich nach dem besonderen Aufwand eines Kreditgeschäftes bemisst: zum Beispiel für eine Koproduktion mit mehreren Ländern, mehreren Vertragspartnern, Rechtssystemen, Gerichtsständen, etc. Solche Zins- und Gebührenberechnungen variieren von Bank zu Bank, innerhalb eines Landes, aber auch auf europäischem wie auf internationalem Niveau (wobei Deutschland in aller Regel als eines der absolut zinsgünstigsten Länder im Bereich Filmfinanzierung erscheint).

Renditeerwartungen hängen dagegen vollständig von der jeweiligen Berechnungsgrundlage des unternehmerischen Risikos ab. Die Gewinnchancen eines einzelnen Filmes zu berechnen, ist allenfalls anhand von einer Anzahl von „Weich-„ Faktoren machbar (Genre des Filmes, Regisseur, Schauspieler, Ergebnisse vergleichbarer Filme in der Vergangenheit, Marketing-Maßnahmen etc.), bleibt aber immer eine Spekulation. Einzelfilm-Risiken sind allenfalls über die Finanzierung einer „Slate", also eines ganzen Portfolios an Filmen zu mitigieren, so dass sich Gewinne und Verluste einzelner Filme gegenseitig „quersubventionieren" (siehe mehr dazu weiter unten). Renditen werden mit den Größenkennzeichen der IRR (= Internal Rate of Return) und / oder RoI (Return on Investment) bemessen.

Rückzahlung: die Rückzahlung von Kreditsumme plus Zinsen ist für eine Bank oberstes Gebot – und das sollte es auch für den Kreditnehmer sein. Im Falle eines „Defaults" (nicht rechtzeitig erfolgte Rückzahlung) wird die Bank alle ihr zur Verfügung stehenden Maßnahmen treffen, um ihre Forderungen einzutreiben und dies über einen langen und damit zunächst unbefristeten Zeitraum hinweg.

Eine solche unbedingte Rückzahlungsdefinition gibt es bei Investitionen nicht; vielmehr werden dort i.d.R. so genannte „Exit-Szenarien" vereinbart, was der Investor im Erfolgs- (Misserfolgs)-fall zu tun gedenkt. Bei Investitionen in einzelne oder mehrere Filme ist ein solcher Exit normalerweise nach Auswertung des Filmes im ersten Verwertungszyklus (first cycle exploitation) und Erreichen einer bestimmten IRR vorgesehen, wobei es natürlich auch noch einen Käufer für die vom Investor gehaltenen Geschäftsanteile geben muss, der dem Investor häufig noch den sog. „Termination Value" eines Filmes zu begleichen hat, kurz den Restwert des Filmes zum Zeitpunkt des Austrittes. Bei Investitionen in Firmen wird der Investor in aller Regel versuchen, sein Investment nach mehreren Jahren gewinnbringend zu veräußern, in dem er seine Geschäftsanteile anderen Investoren anbietet (vergleiche Jaim Saban's Investition in ProSiebenSat1 und die Veräußerung an Finanzinvestoren / Hedge Fonds knapp drei Jahre danach), das Unternehmen an die Börse bringt (seine Anteile also einem breiten Kapitalmarkt-Publikum anbietet) oder es dem verbleibenden Management zum Kauf anbietet (MBO, Management Buy- Out).

Sicherheiten: die Finanzierung von Filmen ist in aller Regel abgesichert über die vorliegenden Finanzverträge von Förderinstitutionen, Sendeanstalten, Verleihern, Vertrieben und, dann doch eher in Ausnahmefällen, privaten Investoren. Die Bank wird diese Verträge einer rechtlichen und wirtschaftlichen Prüfung unterziehen sowie der Bonität der ausreichenden Partei. Sollte die Bonität nicht ausreichen (aus welchen Gründen auch immer) wird sie den entsprechenden Vertrag nicht beleihen („diskontieren", von engl. „ to discount") und auf die Unterlegung mittels Bankgarantien oder sog. Letters of Credit bestehen. Banken suchen oft auch nach einem „second way out", also einer Zweit-Sicherheit, sollten die primären Sicherheiten ggf. nicht mehr oder nur noch teilweise zur Verfügung stehen.

Solche Sicherheiten stehen einem Filminvestor natürlich nicht zur Verfügung, er agiert rein rendite-orientiert. Investitionen in Firmen sind aber eventuell mit dem Eigentum an Gütern („Assets") dieser Firmen behaftet, also bereits im Besitz der Firma befindlichen Filmrechte oder Eigentum an Filmkatalogen („Libraries"), die bei einem Exit des Investors mitveräußert werden können.

Gewinnbeteiligung: Kredite sind nicht mit Gewinnerwartungen verbunden. Ausnahmen kann es geben, wo eine Bank bewusst hohe Marktrisiken eingeht, insbesondere im Falle so genannter Gap-Finanzierungen, bei denen der Kredit mittels zukünftig zu erwartender Erlöse aus der Verwertung des Filmes unterlegt ist. Es gibt immer noch Finanzierungs- und damit Geschäftsmodelle, mittels derer sich Finanzinstitute ein solche Markt- oder Vermarktungsrisiko mittels so genannter „Equity Kicker" belohnen lassen.

Equity Investitionen sind dagegen rein aus Motiven der Gewinnbeteiligung und Gewinnerwirtschaftung getrieben.

Covenants / Beschränkungen: natürlich hat eine Bank das Recht, die Vergabe von Krediten an bestimmte Beschränkungen zu knüpfen. Grundsätzliche Beschränkungen ergeben sich etwa aus der sog. **PARTS**- Regel:

P = Purpose, d.h. Verwendungszweck des Kredites, der im Kredit-Vertrag zwingend vereinbart und nicht geändert werden darf

A = Amount, d.h. der Kreditbetrag steht fest und ist nicht variabel. Sollte der Kunde den Betrag erhöhen müssen, hat die Bank zunächst einmal ein Kündigungsrecht, um die neue Situation zu prüfen

R = Repayment, d.h. genau festgelegte Rückzahlungsmodalitäten

T = Term, d.h. genau festgelegter Kreditzeitraum

S = Security, d.h. genau definierte Sicherheitenhinterlegung

Sollte sich eine oder mehrere dieser Faktoren ändern, wird die Bank das Recht haben, den Kredit sofort zu kündigen, resp. fällig zu stellen, die Konditionen zu ändern oder im Rahmen des gesetzlich Möglichen Maßnahmen zu ergreifen, die Kreditmittel (neu) zu sichern oder zurückzuführen. Weitere Beschränkungen können zwischen Bank und Kunde frei verhandelt werden, wobei zwischen operativen Covenants (etwa Budgetgröße, Anzahl der produzierten Filme etc.) und finanziellen Covenants (Liquidität, Verschuldungsgrad bezogen auf EBIT) u.a. unterschieden wird.

Solche operativen Covenants gibt es bei einer unternehmerischen Beteiligung durchaus auch. Ein einzelnes Filmprojekt ist über Budget, Regie und Cast im wesentlichen definiert, finanzielle Covenants werden nach Maßgabe aber direkt über den Business-Plan/ die Geschäftsplanung, die Geschäftsordnung und den Aufsichtsrat gesteuert.

Kontrolle: Kredite und damit das fortlaufende Kreditgeschäft werden über ein laufendes Reporting des Kunden an die Bank kontrolliert, das je nach Komplexität sehr zeitnah (etwa während der extrem kostenintensiven Dreharbeiten) oder lediglich innerhalb der Maßgaben der Covenants erfolgt. Investitionen in Projekte werden in der Regel über den Completion Bond Guarantor kontrolliert sowie über das Management der Produktions- oder Investitionsfirma.

Fassen wir das nochmals in einer einfachen Formel zusammen:

Debt versus Equity II: Unterschiede der Finanz Intervention

> Interessen eines Kreditgebers / einer Bank		> Interessen eines Investoren
Hohe Sicherheit, dass Kredit und Zinsen bezahlt werden		... keine Sicherheiten, Renditeerwartung und hochprofitable Exit- Strategie
Geringes und überschaubares Risiko		Hohe Wachstumsraten, überzeugender Business- Plan
Konservatives Geschäftsverhalten des Managements		Kreativer bis aggressive Geschäftsplanung
Keine Überraschungen...		Keine Überraschungen....
Gute Kommunikation		Gutes Management
Je höher die Kreditrisiken, desto höher die Zinsen		Je höher das Risiko, desto höher die Gewinnerwartungen....

Abb. 2 *(Quelle: eigene Darstellung)*

Nur relativ wenige Banken sind auf die hohen Anforderungen, die sich aus den Besonderheiten des Filmgeschäftes ergeben, eingestellt resp. leisten sich Personal und interne Strukturen, die geeignet sind, dieses Geschäft auf Dauer profitabel zu gestalten. Zu berücksichtigen ist auch, dass solche Kapazitäten begrenzt sind, so dass eine präzise Vorausplanung zur unbedingten Pflicht im Geschäftsverhältnis zwischen Bank und Produzent gehört.

3 Firmen-Rating

Im Mittelpunkt jeder Diskussion um eine Kreditvergabe stehen natürlich die Analyse des betreffenden Unternehmens selbst und die Einordnung in ein bestimmtes Bewertungs-Schema. Solche sog. Rating-Schemata wurden historisch von den Banken weltweit höchst unterschiedlich erstellt, so dass eine mehr objektive Bewertung allenfalls durch das Heranziehen von externen Rating-Agenturen wie etwa Moody's oder Standard & Poor's ermöglicht wurde. Die Diskussion um die Einführung von Rating-Standards nach „Basel II" ist eben genau Konsequenz aus solchen höchst unterschiedlichen Kriterien der Kreditvergabe. Nota Bene: die Basel II- Vereinbarungen zielen vor allem, die Kapitalanforderungen der Banken (!) stärker als bisher vom eingegangenen Risiko abhängig zu machen.

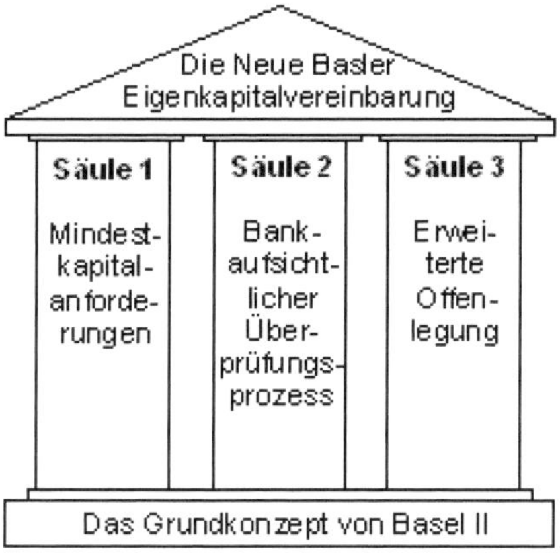

Abb. 3 *Grundkonzept von Basel II (Quelle: Deutsche Bundesbank, Homepage (WWW v. 04.04.2008)*

In der sog. „Säule I" der Neuen Basler Eigenkapitalvereinbarung werden so Mindestkapitalanforderungen an die Bank gestellt, die eine Eigenkapitalunterlegung für Kreditrisiken, Marktrisiken und operationelle Risiken beinhalten. Die in der sog. „Säule II" stipulierten qualitativen Anforderungen sowie die in „Säule III" definierten erweiterten Offenlegungspflichten bedingen, dass sich ein Institut sehr genau überlegt, in welchen Branchen und in welchen Kundensegmenten sie sich engagieren will und kann. Kernpunkt von Basel II ist ja demnach, dass Verluste (siehe dazu Chart „Ausfallrisiko, weiter unten) direkt das Eigenkapital der Bank belasten und unerwartete Verluste mit Eigenmitteln zu unterlegen sind (expected loss coverage).

Diese Eigenkapitalvereinbarung hat für die Filmbranche eine erhebliche Bedeutung, da Filmproduktionsunternehmen in ihrer großen Mehrheit nur den Minimalanforderungen in Bezug auf Eigenkapitalisierung genügen, wobei die so genannte Eigenkapitalquote eben ein ganz wesentlicher Bonitätsfaktor ist. Die Filmwirtschaft leidet nach dieser Betrachtung an einer erheblichen Schieflage:

70.8%	Der Unternehmen erzielen Umsätze	< 0.5 Mio. EUR
25.5%		0.5 Mio. bis 5 Mio. EUR
1.6%		5 Mio. bis 12.5 Mio. EUR
1.2%		12.5 Mio. bis 25.5 Mio. EUR
0.8%		über 25.5 Mio.

Abb. 4 *(Quelle: Statistisches Bundesamt Deutschland - Umsatzsteuerstatistik 2005, Homepage (WWW v. 04.04.2008))*

Die Eigenkapitalquote des deutschen Mittelstandes beträgt nach der gleichen Quelle ca. 18% und liegt damit weit unter den Quoten Großbritanniens, Frankreichs oder gar den USA.
Es ist sehr schwer, die Anzahl der „echten" Spielfilmproduzenten in Deutschland zu definieren. Man kann aber davon ausgehen, dass es ca. 450 solcher Produzenten gibt, die nach Ra-

ting-Kriterien keine wettbewerbsfähige Betriebsgröße erreichen und daher aus Bankensicht nicht oder nur sehr eingeschränkt kredittauglich sind. Minimale oder kleine Betriebsgrößen lassen kaum wettbewerbsnotwendige Portfoliodiversifikationen zu und bedeuten in aller Regel eine extrem hohe Abhängigkeit von den in Deutschland typischen oligopolistischen Auftrags- und Nachfragestrukturen der Fernsehsender- Unternehmen, die durchaus auch die Vergabe von Film-Fördermitteln penetriert. Dies bedeutet auch, dass solche Unternehmen nicht nur vom Kreditmarkt verdrängt werden, sondern auch keine oder ebenfalls nur extrem eingeschränkte Möglichkeiten haben, sich alternative Finanzierungen etwa über Börsengänge, Unternehmensanleihen, stille Beteiligungen, über Mezzanine oder Risikokapital zu beschaffen.

Bonitätsbeurteilungen klassifizieren Unternehmen in drei Hauptbereiche: Investment- Grade, Non- Investment-Grade sowie Distressed.

Moody's	Standard & Poor's	Bewertung
Aaa	AAA	Bei diesen Schuldverschreibungen (Triple A) besteht praktisch kein Ausfallrisiko. Die Fähigkeit des Schuldners zur Erfüllung seiner finanziellen Verpflichtungen ist außergewöhnlich gut.
Aa1 Aa2 Aa3	AA+ AA AA-	Schuldverschreibungen mit diesem Rating haben eine nur geringfügig schlechtere Qualität als die Anleihen von Schuldnern höchster Bonität. Insgesamt handelt es sich um sehr sichere Anleihen.
A1 A2 A3	A+ A A-	Die Fähigkeit der Schuldner zur Erfüllung ihrer Zahlungsverpflichtungen ist gut. Jedoch könnten unvorhergesehene gesamtwirtschaftliche oder branchenspezifische Umstände sich negativ auf die Zahlungsfähigkeit der Schuldner auswirken.
Baa1 Baa2 Baa3	BBB+ BBB BBB-	Schuldner mit diesen Ratings verfügen nur über eine durchschnittliche Bonität. Bei Verschlechterungen der wirtschaftlichen Rahmenbedingungen ist es eher wahrscheinlich, dass auch die Fähigkeit der Schuldner zur Erfüllung ihrer finanziellen Verpflichtungen leiden wird. Insbesondere fehlt es an ausreichenden Schutzvorkehrungen, um die Zahlungsfähigkeit auch in Krisenzeiten sicherzustellen.
Ba1 Ba2 Ba3	BB+ BB BB-	Bei diesem Rating muss eine Anleihe bereits als spekulativ eingestuft werden. Es bestehen größere Unsicherheitsfaktoren oder Risiken bei einer Verschlechterung der geschäftlichen, finanziellen oder wirtschaftlichen Bedingungen. Insbesondere fehlt es an einer wirksamen Vorsorge des Schuldners, in derartigen Fällen die Erfüllung seiner Verbindlichkeiten sicherzustellen.
B1 B2 B3	B+ B B-	Der Schuldner verfügt zwar gegenwärtig noch über ausreichende finanzielle Mittel, um seine Verbindlichkeiten erfüllen zu können. Es ist aber wahrscheinlich, dass bei einer nachteiligen Veränderung der geschäftlichen oder wirtschaftlichen Rahmenbedingungen auch die Fähigkeit oder Bereitschaft des Schuldners zur Erfüllung seiner finanziellen Verpflichtungen beeinträchtigt wird. Es besteht daher eine größere Gefahr des Zahlungsverzugs.
Caa Ca C	CCC CC C	Es besteht unter den gegenwärtigen Rahmenbedingungen eine gewisse Wahrscheinlichkeit dafür, dass der Schuldner seinen Zahlungsverpflichtungen nicht nachkommen wird. Pünktliche Zins- und Tilgungsleistungen können vermutlich nur bei günstigen geschäftlichen, finanziellen und wirtschaftlichen Bedingungen erfolgen.
	D	Der Schuldner befindet sich bereits in Zahlungsverzug oder es ist schon ein Insolvenzantrag gestellt worden.

Abb. 5 *(Quelle: Personal- und Unternehmensberatung Tobias Kafurke, Homepage(WWW v. 04.04.2008))*

Übersetzt auf die Kreditwürdigkeit heißt dies natürlich, dass Firmen, mit einem C-Rating in der schlechtesten, solche mit einem A-Rating natürlich in der besten Position sind. Die Mehrzahl der typischen deutschen Filmproduzenten befindet sich im C- resp. unteren B (BB)-Bereich, typisch für die Strukturen der kleinen und mittelständischen Unternehmen (KMU, engl.: SME, small and middle sized enterprises) in dieser Branche. Analog zu dieser Betrachtung lässt sich natürlich auch das Ausfallrisiko von Kreditforderungen ableiten: je geringer das interne Rating desto höher die Insolvenzgefahr des Unternehmens.

Ohne weiter in die Tiefe solcher finanztechnischen Betrachtungen zu gehen, sollte bereits an dieser Stelle klar zu erkennen sein, dass sich Banken in der ohnehin schon komplexen und volatilen Welt der Filmwirtschaft und nach den oben in aller Kürze aufgezeigten Basel- II Regeln selbstverständlich auf Kunden der BB- Kategorie und aufwärts konzentrieren (müssen?).

4 Finanzierung von einzelnen Filmen

Neben all diesen grundsätzlichen Überlegungen im Rahmen von Eigenkapitalunterlegung, Bonitätsprüfung und resultierendem Rating, ist es in der zumindest internationalen Produktionswirtschaft durchaus üblich, Filme über so genannte „Single Purpose Companies“ (auch Single Purpose Vehicles“ genannt herzustellen, also reinen Zweckgesellschaften, die ausschließlich für die Herstellung und Finanzierung eines einzelnen Filmes eingerichtet werden. Sie erlöschen i.d.R. mit Fertigstellung und Lieferung des vertraglich vereinbarten (Film-) Materials.

Solche SPCs entziehen sich nun ganz offensichtlich dem Standard-Rating-Verfahren, bieten aber wiederum eine ganze Reihe von risikomindernden Vorteilen:

1. Risiken der Muttergesellschaften aus anderen Geschäften werden vollständig ausgegrenzt (auch die Insolvenz); das einzelne Projekt ist „ring-fenced“.
2. Controlling und Reporting begrenzt sich auf dieses eine Projekt.
3. Alle mit dem Completion Bond Guarantor getroffenen Vereinbarungen konzentrieren sich auf dieses eine Projekt.
4. Der Completion Bond deckt Kostenüberschreitungs-, Fertigstellungs- und Lieferrisiko.
5. Die vertragliche Gestaltung ist auf diese einzelne Firma einzugrenzen, i.d.R. über ein Interparty Agreement aller an der Finanzierung des Projektes beteiligten Partner
6. Die Mittelverwendung ist klar überschaubar.

Auch solche SPVs werden seitens der Banken gerastert, aber dann über ein spezielles Branchen-Raster, das wiederum nur solche Banken eingestellt haben, die sich speziell mit Filmfinanzierung beschäftigen (mehr zu den Rasterkriterien weiter unten).

Filmfinanzierung setzt sich oft aus einem Bündel von verschiedenen Filmfinanzierungselementen zusammen, die hier nur kurz skizziert werden sollen:

1. öffentliche Fördermittel („Filmförderungsmittel), entweder als nicht rückzahlbare Subvention oder als bedingt rückzahlbares Darlehen. Ausreicher solcher Mittel ist in aller Regel die öffentliche Hand (Filmförderungsanstalt FFA) oder speziell dafür gegründete Zweckgesellschaften öffentlicher Träger (Land, Landesanstalten, Landesbanken etc.). Aus Bankensicht natürlich erstklassige Sicherheitengeber
2. Fernsehanstalten, entweder öffentlich (ARD, ZDF) oder privat (RTL, ProsiebenSat1 etc.). Auch hier hohe Bonitätsqualität
3. Minimum-Garantien von Verleihern und Vertrieben: Bonitätsprüfung unabdingbar, da solche Garantien, meist zahlbar zum größten Teil erst bei Lieferung des fertigen Films von Firmen unterschiedlichster Größe und Bonität kommen können. Sollte die kreditgebende Bank Zweifel an der Bonität des Unternehmens haben, wird nicht selten die Hausbank des Verleihers oder Vertriebs um Ausreichung einer Bankgarantie gebeten
4. Steuergetriebene Beiträge, Incentives: in diesem Bereich gibt es seit geraumer Zeit in vielen Ländern Finanzierungsprogramme (in Deutschland etwa den DFFF), die sich aus Bankensicht höchst unterschiedlich darstellen: entweder als nicht-rückzahlbare Incentives zur Verfügung gestellt oder verknüpft mit der Bedingung, dass ein Co-Produzent des betreffenden Landes eintritt und solche Mittel als quasi- Equity in die Co-Produktionsgemeinschaft einbringt. Fast immer aber ist die Vergabe solcher Mittel an eine Prüfung der finalen Erfüllung der rechtlichen und finanziellen Bedingungen geknüpft, weshalb eine Vorfinanzierung durch eine Bank durchaus problematisch ist: bis zum „final audit“ bleibt de jure unklar, ob die Gelder tatsächlich fließen können – oder eben nicht.
5. Gap-Finanzierungen: als solche werden von Banken oder spezialisierten bankenähnlichen Firmen Darlehen genannt, die einen Teil (i.d.R. um die 20%) eines Gesamtbudgets abdecken und die besichert werden durch zukünftig zu erwartende Erlöse aus der Verwertung eines Filmes. Man spricht von „Super-Gap“, wenn dieser Anteil erweitert wird auf Größenordnungen von 50% oder gar 60%.
6. Beistellungen, Rückstellungen, immaterielle Investitionen und ähnliche Finanzierungsmaßnahmen

Um diese Komplexität aufzuzeigen, sei hier ein durchaus typischer Finanzierungsplan einer europäischen Koproduktion dargestellt:

Co- Production Spain/Germany/France/UK *G E N E R I C*

Gesamtbudget: **€ 17.914.570**

Währung, alle: Euro

Land / Finanzier	Beitrag	Typ
Spanien (10%)	1.791.457	
Produzentenrückstellung	394.412	Beistellung, immatriell
Vorverkauf Südamerika	457.143	Lizenzvertrag MG
Vorverkauf RoW, antlg.	491 429	Lizenzvertrag MG
EurImages, antlg.	95.375	Öfftl. Förderung
Pay TV, Spanien	420.708	Lizenzvertrag
Kino, Video MG	120.202	MG Lizenzvertrag
Förderungen ICAA	601.012	Öfftl. Förderung
7		
Frankreich (10%)	1.791.457	
Produzentenrückstellung	136.925	Immatr. Beistellung
Pay TV	767.203	Lizenzvertrag MG
Kino, Video MG	300.000	Lizenzvertrag MG
Vorverkauf RoW, antlg.	491.429	Lizenzvertrag MG
EurImages, antlg.	95.900	Öfftl. Förderung
5		
Deutschland (50%)	8. 957.285	
Produzenten-EK	2.224.681	Cash/DFFF Rebate
Free- TV	2.840.513	Lizenzvertrag
Filmförderung	568.103	Öfftl. Förderung
Video MG	387.343	Lizenzvertrag MG
Vorverkauf RoW, antlg.	2.457.143	Lizenzvertrag MG
EurImages, antlg.	479.502	Öfftl. Förderung
6		
UK (20%)	3.582.914	
Equity vs. all UK rights		cash
and participation		

Abb. 6 *(Quelle: eigene Darstellung)*

RoW = Rest of the World, MG = Minimum Guarantee

In der Summe ergeben sich hier bereits 19 verschiedene Finanzierungsquellen mit Verträgen des deutschen, englischen, spanischen und französischen Rechts. Dies bedeutet auch die Prüfung von 19 unterschiedlichen Finanzierungspartnern resp. Firmen, deren Bonität und all der anderen Elemente, die notwendig sind, um das „worst case"- Risiko, also die Insolvenz eines oder mehrerer Partner oder den Kollaps des Gesamtprojektes zu mitigieren. Wichtig ist in diesem Zusammenhang, dass ein Completion Bond den Ausfall eines oder mehrerer Financiers nicht abdeckt - im Gegenteil: es ist die Bank, die dem Completion Guarantor verbindlich die Gesamtfinanzierung des sog. „Strike Price" zu garantieren hat!

In welcher Weise auch immer ein Projekt finanziell strukturiert sein mag, die Bank wird, um ihre Finanzierungsprüfung vornehmen zu können, immer auf die folgenden Dokumente zurückgreifen müssen:

Gruppe I:

Firmen- Unterlagen: Handelsregister, Unternehmensstatuten, Geschichte des Unternehmens, Aktivitäten, CVs aller wesentlicher Mitarbeiter, Management, Bank-Status, Kredite, Verpflichtungen, Abtretungen, Verpfändungen, Bilanzen der letzten 3 Jahre, Business- Plan kommende 3 Jahre

Gruppe II:

Projekt- Unterlagen: Chain of Title, Drehbuch, Budget, Schedule, Angaben zu den wesentlichen Mitarbeitern insbesondere Herstellungsleiter, Produktionsleiter, Filmgeschäftsführung sowie zu Cast, Regie, wesentliche Verträge, Finanzierungsplan, Finanzierungsnachweise, Completion Bond/ Letter of Intent, Standard- Versicherungen, Errors & Omissions, komplette Liste aller zu liefernden Materialien/Delivery Items

Im Falle einer positiven Kreditprüfung wird die Bank umfangreiche Sicherheiten einfordern, die wiederum in 4 Kategorien zusammenzufassen sind:

1. Abtretung aller physischen Rechte am gedrehten Material, Bild und Ton, analog und digital,
2. Abtretung aller immateriellen Rechte: Copyright soweit gesetzlich zulässig, alle Verwertungsrechte an den dem Film zugrunde liegenden Rechten, Verwertungsrechte am Film und allen Nebenrechten,
3. Abtretungen von Rechten nur aus dem jeweiligen Projekt (Non-Recourse): Erlöse aus Verleih und Vertrieb, Minimum-Garantien/ MGs, Lizenzerlöse aus Vorverkäufen, Cash-Beteiligungen, Förderungen, Versicherungen, und (alle) anderen Finanzierungsanteile, die der Vor- und Zwischenfinanzierung des Projektes zugrunde liegen,
4. Sicherheiten auf Vermögenswerte des Unternehmens (Recourse): Floating Charge auf alle Assets, persönliche (Höchst-) Bürgschaften des Eigentümers und Management, Rückstellungen von Producer's Fees, Gewinnanteile und ähnliche Erlösmöglichkeiten bis zur vollständigen Rückzahlung des Kredites, der Zinsen und Gebühren

Basierend auf diesen Unterlagen erstellen Banken eine Art Unternehmens-Spiegel, aus dem sich dann das interne Rating ergibt. Im Folgenden werden die wesentlichen Komponenten einer solchen Beurteilung dargestellt (Auszug):

Finanzkennzahlen:

- Umsatz, Umsatzveränderungen über die letzten drei Jahre
- Betriebsergebnis
- Ergebnis nach Steuern
- Netto- Haftkapital
- EBITDA / EBIT
- Zinsdeckung
- Goodwill / Firmenwert

- Planzahlen- / Zukunftserwartungen
- Jahresabschluss-Rating

Firmenportrait

- Firmenstruktur/ Organigramm
- Übersicht über Geschäftszweck
- Produkte
- Vertrieb
- Management

Markt und Wettbewerb

- Qualität der Produkte
- Wettbewerbssituation
- Marktstellung des Unternehmens
- Vertriebsstärke
- Abhängigkeiten von Auftraggebern/ Vertrieben
- Branchenaussicht
- Anpassung auf künftige Markterfordernisse
- Produktionsanlagen/ technische Anlagen/ Standort
- Risiken: rechtl. Risiken, Finanzrisiken, Risk Management

Management

- Unternehmensstrategie (kurz- , mittel-, langfristig)
- Aufstellung Management, Qualifikation, Fachkompetenz
- Fluktuation von Schlüsselkräften
- Qualität des Rechnungswesens
- Informationsverhalten/ Kommunikation/ Reporting

Jedes Bankinstitut hat in diesen Bereichen seine eigenen Berechnungs- und Gewichtungsmethoden, so dass von Bank zu Bank durchaus unterschiedliche Rating-Ergebnisse entstehen können, ähnlich wie sie auch bei den großen Rating- Agenturen (S&P, Moody's et al.) sichtbar sind.

Die Komplexität solcher Bonitätsbeurteilungen macht auch deutlich, dass Kreditentscheidungen nicht von *dem* Banker getroffen werden. Da Filmfinanzierungen immer der Finanzierung eines Prototypen gleichen, - sprich: jedes Filmprojekt muss individuell behandelt werden – erfordert dies ein enges und sehr gut abgestimmtes Procedere zwischen dem so genannten Relationship Manager, seinem Credit Risk Management, der Rechtsabteilung und den manchmal vielzähligen Bankproduktspezialisten, die ebenfalls hinzugezogen werden. Noch komplexer wird dies, wenn – etwa bei transatlantischen Koproduktionen, unterschiedliche Rechtssysteme und Finanzierungsrichtlinien zu beachten sind. Man muss in diesem Zusammenhang nicht besonders darauf hinweisen, dass hierbei für die Banken erhebliche (Handlungs-) Kosten entstehen, die natürlich als Finanzierungskosten an den Kunden und damit an das jeweilige Filmbudget weitergereicht werden müssen – genau gleich wie Kosten für Completion Bonds und andere Finanzierungsmaßnahmen, etwa Gebühren und Verwaltungskosten der öffentlicher Filmförderer.

Die jeweilige Abwicklung eines Filmprojektes birgt dabei oft zusätzliche, branchentypische Herausforderungen. Es ist nicht unüblich, dass etwa Lizenz- oder Koproduktionsverträge mit Fernsehsendern erst nach Drehbeginn rechtsgültig unterzeichnet werden. Änderungen des Budgets, des Finanzierungsplanes oder auch der Besetzung bis unmittelbar vor oder in die Drehzeit hinein sind ebenfalls nicht selten und sorgen so für besonderen Bearbeitungsaufwand, der in anderen Branchen so meist nicht existiert.

Um diesen hohen individuellen Aufwand der Bank zu reduzieren und auf der anderen Seite dem Unternehmer, sprich Produzenten, eine möglichst hohe Flexibilität in seiner Tagesarbeit zu gewähren, liegt das Bestreben beider Seiten daran, das Unternehmen mit (revolvierenden) Betriebs- resp. Kontokorrentlinien auszustatten, mittels derer der kurz- und mittelfristige Fremdkapitalbedarf abgedeckt wird. Im Fokus steht damit natürlich die Bonität der Produktionsfirma selbst und damit die Finanzierungsstruktur, die auf diese Firma optimal „passt". Diese, unter dem Oberbegriff „Corporate Finance" zusammengefassten Finanzierungsmaßnahmen können in folgender Weise dargestellt werden:

Corporate Finance: Strukturierte Finanzierungen

STRUCTURED FINANCE	FINANCIAL ADVISORY
Aquisitionsfinanzierungen	Equity Capital Markets
Club Deals/ Syndizierungen	Debt Capital Markets
Strukturierung/Sicherungen von Unternehmensfinanzierungen	M & A Beratung
Projekt- Finanzierungen	Aktienbezogene Beratungsgeschäfte und Transaktionen
Kommunalnahe Finanzierungen	Private Equity
Mezzanine- Finanzierungen	Privatisierung
(Asset Backed Securities)	

Abb. 7 *(Quelle: **eigene Darstellung**)*

Wie dieses Chart ersichtlich macht, haben Banken in diesem Bereich sehr viel weitergehende Möglichkeiten, Finanzprodukte anzubieten, die weit über die reine Stellung von Kreditmitteln hinaus in den eigentlichen Kapitalmarkt reichen und dies auf Passiva- wie auch auf der Aktiva-Seite.

5 Portfolio-Finanzierung

Das zuvor in Abbildung 7 dargestellte Grundraster wird seit geraumer Zeit von den Produktionsfirmen (resp. Off-springs der großen Major Studios) übernommen, die ihre Finanzierung in so genannten „Slate Financing Deals" strukturieren. Die Grund-Idee ist dabei, das Finanzierungsrisiko von Einzel- Filmen dadurch zu verringern, dass große Portfolien von bis zu 50 (!) Filmen so gebündelt werden, dass Verluste und Gewinne innerhalb des Portfolios ausgeglichen werden und zu einem insgesamt attraktiven Rendite-Ergebnis führen. Solche Strukturen, in Deutschland irreführend auch Hedge-Fund-Finanzierung genannt, tauchten etwa im Jahre 2004 auf und damit ungefähr zu der Zeit, als die alternativen Kapitalmärkte (Neuer Markt, AIM) endgültig abgewickelt waren und auch klar wurde, dass die steuergetriebenen Fonds vor allem auch in Deutschland kaum mehr länger existieren würden.

Arrangiert und strukturiert von der Investment Bank Merril Lynch kam so im August 2004 der so genannte „ Melrose Investors I“ auf den Markt, der dem Paramount Studio die Finanzierung von 26 ausgewählten Studio- Filmen sicherte – gefolgt von einer Vielzahl ähnlicher Fonds (Legendary, Gun Hill Road, Dune Fox 1 et al), die alle aus einem Mix aus Equity, Mezzanine und Senior Debt bestanden und bestehen. Zwischen 2004 und heute (April 2008) wurden nach Branchenschätzungen ca. 12 Milliarden Dollar für die Finanzierung solcher Slate-Deals zusammengetragen, wobei diese Summe nur die eine Hälfte dieser Gesamtfinanzierung beträgt (die andere Hälfte tragen die Studios selbst) - insgesamt wurden also ca. 25 Milliarden Dollar an Filmen finanziert, an denen alle wesentlichen Banken in diesem Segment auf den Markt traten: Dresdner Kleinwort, Goldman Sachs, Royal Bank of Scotland, Citibank, JP Morgan, Deutsche Bank etc..

Kapitalmarkt und Banken teilen sich demnach die Risiken, wobei das Equity und das Mezzanine solcher Deals of von sog. Hedge Funds und Private Equities aufgebracht wird und die Banken die Senior Debt unterschreiben (um sie dann, wenn sinnvoll, in verbriefter Form weiterzuverkaufen). Aus der Sicht der Banken und des Kapitals wird dabei auf folgende Elemente der Risiko- Minimierung resp. der Risiko- Steuerung geachtet („risk mitigants“):

- Co- Finanzierungstransaktionen mit einem Major Studio, demnach mit den am besten gerateten Firmen dieser Branche
- Hoher Datenbestand „past performance Daten“, um Finanzierungsmodelle und Deal-Strukturen zu berechnen („historical Simulation“ versus „Monte-Carlo-Simulationen“)
- Studio ist ebenfalls mit ca. 50% am Risiko beteiligt
- Debt/equity ratio: je höher der debt/equity ratio ist, desto höher ist die Chance eines Kreditausfalls der Senior Debt Komponente
- Zugriff auf quasi alle Filme eines Studios, quer durch alle Genres und ggf. Budget- Größen
- Weltweiter, organisierter Vertrieb
- Top- Management, Controlling, Reporting, Audit
- Hohe rechtliche Sicherheit
- Grosse Portfolien / Slates sichern down- side- Risiken der Film- Performance ab

6 Fazit & Ausblick

Trotz aller Vorsichtsmaßnahmen, quasi- finanzwissenschaftlicher Analyse und einem gegenüber den 90-er Jahren enorm angewachsenen Know-how der Banken im Entertainment Bereich, sind – so interne Beobachter – ungefähr die Hälfte aller dieser 12 Milliarden umfassenden Deals derzeit in einer Rekonstruktionsphase, - was nichts anderes heißt, als dass die erwartete Performance dieser Fonds nicht oder nur teilweise den Erwartungen entspricht. Verschärft wird diese Phase derzeit natürlich durch die weltweit grassierende Sub-Prime-Krise, so dass neue Deals dieser Art im Jahr 2008 aller Voraussicht nach nur äußerst selten auf den Markt kommen dürften.

Film ist und bleibt ein Asset, das wenig transparent ist, der sich nicht an Kapitalmarktgegebenheiten anpasst oder eben in seinem Wert vorherbestimmbar wäre. Der Wert eines Filmes wird von einer großen Zahl „weicher" Faktoren bestimmt, die sich finanzmathematischer Berechnungen entziehen und den Grad der Volatilität permanent sehr hoch halten. Solche Faktoren sind z.B. der Publikumsgeschmack, der wiederum einer Vielzahl von externen Faktoren unterliegt, seien dies neue Technologien, sei dies Konkurrenz von anderen Medien. Wesentliche Faktoren in der Akzeptanz und damit Verwertung eines Filmes sind auch die so genannten „Release"- Strategien der Verleiher, also Entscheidungen, wann ein Film gegen welchen anderen Film mit wie viel Kopien, mit wie viel (oder wie wenig) Werbeaufwand in welchen Kinos gestartet werden. Diese Kombination allein kann über Wohl und Wehe und damit über Hit oder Flop entscheiden. – Märkte verändern sich dramatisch und mit einer nicht vorhersehbaren Geschwindigkeit: wer hätte vor drei, vier Jahren den so raschen Preisverfall von DVDs vorhergesehen? Mit dem gleichen Recht ist die Frage zu stellen, wer die Entwicklungen von VOD und SVOD vorhersagen kann. Offene Fragen bleiben, wie sich die Herstellungskosten, die Werbekosten, die Gewinnbeteiligungen (gross participations) der „Stars" entwickeln und wie die Studios auf die Veränderungen in einem digitalen Markt inklusive der immer noch zunehmenden Piraterie reagieren.

Filmfinanzierung ist und bleibt damit eine Spezialität innerhalb der Bankenwelt und wird wegen der weiter zunehmenden Komplexität der ebenso zunehmenden Konvergenz der Medienwelt nur von den Banken wahrgenommen werden können, die den gesamten Bereich des TMT-Segmentes (Telecommunication, Media and Technology) abdecken. Film ist darin letztendlich nur ein Teil-Produkt, wenn auch als Content-Träger letztendlich das entscheidende. Dies bedeutet sicherlich auch, wie schon eingangs beschrieben, dass sich die wenigen Banken in dieser Branche auf Unternehmen konzentrieren, deren Rating im Investment-Grade Bereich liegen. Professionelle Einzelfilm- Finanzierung findet dann mehr und mehr in den von Private Equity und Hedge-Fond gestützten Boutiquen statt, so etwa durch Firmen wie Aramid, db 120, Blue Rider, Grosvenor Park et al. – Diese wiederum konzentrieren sich auf kommerzielle, überwiegend englischsprachige Filme der führenden Filmproduzenten mit entsprechender Track-Record. – Für die kleinen, unabhängigen, unterkapitalisierten Produzenten wird die Zukunft in Bezug auf Banken-Kooperation noch schwieriger werden, und es kann durchaus sein, dass die Vor- und Zwischenfinanzierung von Filmen ebenso von der öffentlichen Hand gestützt werden muss, wie die Finanzierung von nationalen Spielfilmen selbst. Zumindest in Deutschland hat diese Art von Zukunft bereits begonnen.

Literaturverzeichnis

Deutsche Bundesbank (Homepage), http://www.bundesbank.de/bankenaufsicht/bankenaufsicht_basel.php, 04.04.2008.

Personal- und Unternehmensberatung Tobias Kafurke (Homepage), http://www.ratingvorbereitung.de/Ratingcodes.htm, 04.04.2008

Statistisches Bundesamt Deutschland - Umsatzsteuerstatistik 2005 (Homepage), http://www.destatis.de/jetspeed/portal/cms/, 04.04.2008

Product Placement als Finanzierungsstrategie

Martin Diesbach

Zusammenfassung
Die Film- und Fernsehwirtschaft ist in besonderem Maße von der Finanzierung durch Fremdmittel abhängig. Aus diesem Grund wurden auch besondere Finanzierungsformen konzipiert wie das sog. Product Placement. Mit Product Placement ist jedoch zugleich auch eine komplexe Rechtslage verbunden, denn es bestehen rechtlich bedeutsame Unterschiede zwischen Product Placement in Kinospielfilmen und in Fernsehproduktionen, für die es insbesondere das Verbot der Schleichwerbung zu beachten gilt. Zugleich stehen erhebliche Änderungen des Rechtsrahmens durch eine Änderung des europäischen Rechts bevor. Vor diesem Hintergrund werden die aktuell geltenden rechtlichen Bestimmungen sowohl für Kinofilm- als auch Fernsehfilmproduktionen dargestellt, diskutiert und im Hinblick auf Herausforderungen für Produzenten reflektiert.

Beitragsinhalt

1 Einleitung

Die Film- und Fernsehwirtschaft ist in besonderem Maße auf Fremdmittel angewiesen, um den kostenintensiven Herstellungsprozess eines Filmwerkes finanzieren zu können. Neben herkömmlichen Finanzierungsquellen wie Vorverkäufen von Rechten am Filmwerk und Filmförderungen hat sich (insbesondere im Kinosektor) das Product Placement etabliert. Hierunter wird zumeist die werbewirksame Platzierung von Markenprodukten oder Marken als Ausstattung in der Handlung eines Filmwerks gegen Entgelt verstanden (Vgl. HARTSTEIN, R. et al.: RStV (Loseblattsammlung, Stand Mai 2008), Teil B 5, S. 56 f., § 7 Rn. 47; KREILE, J. in FEZER, K. (Hrsg.), UWG (2005), S. 1205, § 4-S5 Rn. 23).

Aus Sicht der am Product Placement Beteiligten ergeben sich zahlreiche Vorteile: Für Unternehmen bietet sich die Möglichkeit, ihr Produkt mit dem gewünschten Image zu versehen, neue Zielgruppen zu erschließen und dabei zugleich subtiler den Zuschauer/Konsumenten zu erreichen – beim Fernsehen wird z.B. das Problem des sogenannten „Zappings“, des häufigen Wegschaltens des Zuschauers bei klassischer Spotwerbung, umgangen, weil die Werbebotschaft direkt in die Produktion eingebettet ist. Filmproduktionen profitieren vom direkt gezahlten Entgelt bzw. von günstiger oder gratis gestellter Requisite und können so ihre Produktionskosten minimieren. Nicht zuletzt existieren auch zahlreiche Agenturen, die Product Placements zwischen der Filmindustrie und Unternehmen vermitteln (Vgl. PIEẞKALLA, M. / LEITGEB, S. (2005), S. 433).

Es existiert jedoch ein Spannungsverhältnis zwischen der originären Aufgabe der Werbung, Einstellung und Verhaltensweisen der Zuschauer durch Einsatz spezifischer Werbemittel zu beeinflussen einerseits und dem Schutz des Zuschauers vor Täuschungen über den werbenden Charakter bestimmter Filme/Filmteile andererseits (KREILE, J., in: FEZER, K. (Hrsg.): UWG (2005), S. 1201, § 4-S5 Rn. 1 f.). Beim Product Placement tritt dieser Konflikt besonders deutlich zu Tage, da hier die Werbung (regelmäßig getarnt) in eine Produktion integriert wird und daher nicht eindeutig von dieser getrennt werden kann. Dieses Spannungsverhältnis ist die Grundlage für die z.T. komplexe Rechtslage, die es bei der Verwendung von Product Placement zu beachten gilt. Nicht zuletzt werden immer wieder auch kreative Einwendungen gegen Product Placement geltend gemacht, da es dem künstlerischen Schaffen etwa eines Drehbuchautoren widerspreche, Werbebotschaften in seinem Werk wiederzufinden (Vgl. Stellungnahme der Präsidentin des Europäischen Bundes der Drehbuchautoren („Fédération scénaristes Europe“, FSE), Dr. CHRISTINA KALLAS, gegenüber dem Europäischen Parlament vom 29.05.2006, abrufbar in englischer Sprache unter http://www.europarl.europa.eu/comparl/cult/hearings/20060601/kallas_en.pdf).

Als „Auftakt“ von Product Placement wird allgemein der 1967 in den USA gedrehte Spielfilm „Die Reifeprüfung“ mit Dustin Hoffmann angesehen, in dem dieser den roten Alfa Romeo Spider werbewirksam in Szene setzte. In den folgenden Jahrzehnten entwickelte sich das Product Placement mehr und mehr. Steven Spielbergs Film „E.T.“ von 1982 gilt als ein

Beispiel für erfolgreiches Product Placement. Elliot, einer der Hauptdarsteller in diesem Film, lockt dabei den Außerirdischen mit der Süßigkeit „Reese's Pieces' Candy“ an. Die US-Süßwarenfirma Hershey's konnte innerhalb eines Monats nach dem Filmstart Absatzsteigerungen zwischen 60 und 75 Prozent verzeichnen. Neben „E.T.“ ist auch der Film „Risky Business“ von 1983 ein weiteres Beispiel erfolgreichen Product Placements. Das in diesem Film platzierte Sonnenbrillenmodell „Wayfarer“ bescherte der Herstellerfirma Ray-Ban eine beachtliche Absatzsteigerung (VÖLKEL, R. (1992), S. 55, 60 f.). Product Placement ist insgesamt stark im Vordringen begriffen, so sollen in den USA bereits 75 % aller Prime-Time-Shows betroffen sein (EPD MEDIEN (2004/Nr. 92), S. 17).

Wie diese wenigen Beispiele zeigen, bietet Product Placement als Finanzierungsstrategie ein nicht zu unterschätzendes Potential für die Filmindustrie. Auch in der EU ist infolge der bis Ende 2009 umzusetzenden EU-Richtlinie 2007/65/EG des Europäischen Parlaments und des Rates über audiovisuelle Mediendienste („Richtlinie über audiovisuelle Mediendienste“; Vgl. 2.2 – **Künftige Rechtslage**) damit zu rechnen, dass Product Placement im Fernsehen aufgrund künftig gelockerter Zulässigkeitsvoraussetzungen deutlich mehr Einsatz finden wird. Somit verdient das Product Placement als Mittel der Filmfinanzierung eine eingehendere Betrachtung, wobei zunächst den rechtlichen Voraussetzungen besonderes Augenmerk geschuldet ist (siehe sogleich unter 2). Die strategischen Optionen, welche das Product Placement zur Filmfinanzierung bietet, werden unter 3 näher dargestellt.

2 Rechtslage

Das rechtliche Regime, das den Einsatz von Product Placement regelt, ist zersplittert und zeichnet sich durch deutliche, mitunter eigenartig anmutende und kaum erklärbare Unterschiede zwischen Kinoproduktionen einerseits und Fernsehproduktionen andererseits aus:

Wie sogleich ausgeführt wird, gilt für Kinoproduktionen ausschließlich das (liberalere) Wettbewerbsrecht, während für Fernsehproduktionen der ungleich strengere Rundfunkstaatsvertrag Anwendung findet. Für Kinoproduktionen, die im Fernsehen ausgestrahlt werden, soll nach der Rechtsprechung wiederum eine Sonderregelung gelten, die sich schwerlich in die bestehenden gesetzlichen Bestimmungen einfügt.

Diese rechtlichen Unterschiede steuern die strategischen Optionen für Produzenten maßgeblich. Hinzu kommt, dass bislang „Product Placement“ als *Rechtsbegriff* unbekannt und daher als Terminologie einer rechtlichen Diskussion unbrauchbar war; dies hat sich erst durch die Verabschiedung der Richtlinie über audiovisuelle Mediendienste im Dezember 2007 geändert, da diese Richtlinie erstmals Product Placement in Abgrenzung zur Schleichwerbung definiert und regelt (Vgl. unten 2.2 – **Künftige Rechtslage**). Zutreffend ist es derzeit noch, Product Placement als einen Oberbegriff aus der Film- und Fernsehbranche zu begreifen, unter den verschiedene und z.T. eben auch unzulässige Werbeformen wie Schleichwerbung zu fassen sind.

Auf europarechtlicher Ebene wurden erstmalig 1989 durch die Richtlinie 89/552/EWG des Rates vom 03.10.1989 zur Koordinierung bestimmter Rechts- und Verwaltungsvorschriften der Mitgliedstaaten über die Ausübung der Fernsehtätigkeit („EU-Fernsehrichtlinie") bestimmte Mindeststandards für (u.a.) Werbung und Jugendschutz geschaffen. Diese Richtlinie wurde am 30.06.1997 durch die Richtlinie 97/36/EG des Europäischen Parlaments und des Rates zur Änderung der Richtlinie 89/552/EWG des Rates zur Koordinierung bestimmter Rechts- und Verwaltungsvorschriften der Mitgliedstaaten über die Ausübung der Fernsehtätigkeit geändert. Aufgrund der zunehmenden Medienkonvergenz erarbeitete die EU-Kommission eine erneute Revision der EU-Fernsehrichtlinie: Am 19.12.2007 traten die Änderungen in Gestalt der neuen Richtlinie 2007/65/EG für audiovisuelle Mediendienste in Kraft – die Umsetzungsfrist läuft Ende 2009 ab („Richtlinie über audiovisuelle Mediendienste"; Vgl. zu Details unten 2.2 – **Künftige Rechtslage**; Vgl. auch CASTENDYK, O. / BÖTTCHER, K. (2008), S. 13 ff.; LEITGEB, S. (2006), S. 837 ff.; SCHULZ, W. (2008), S. 107 ff.; STENDER-VORWACHS, J. / THEIßEN, N. (2006), S. 362 ff. und STENDER-VORWACHS, J. / THEIßEN, N. (2007), S. 613 ff.).

2.1 Kinoproduktionen

Der Rechtsrahmen hinsichtlich der Zulässigkeit von Product Placement ist bei Kinospielfilmen grundsätzlich liberaler als bei reinen TV-Produktionen, siehe dazu noch unten 2.2. Für den TV-Bereich gelten sektorspezifische, strikte Spezialregelungen im Rundfunkrecht, die jedoch auf reine Kinospielfilme in der Auswertungskette außerhalb des Fernsehens keine Anwendung finden.

Als allgemeine, sektorübergreifende Grundregel konstatiert das Wettbewerbsrecht in § 3 i.V.m. § 4 Nr. 3 Gesetz gegen den unlauteren Wettbewerb (UWG) das Verbot der Verschleierung von Wettbewerbshandlungen. Gemäß § 3 UWG sind *„unlautere Wettbewerbshandlungen, die geeignet sind, den Wettbewerb zum Nachteil der Mitbewerber, der Verbraucher oder der sonstigen Marktteilnehmer nicht nur unerheblich zu beeinträchtigen, unzulässig."*

§ 4 Nr. 3 UWG spezifiziert dies im Hinblick auf Schleichwerbung wie folgt: *„Unlauter im Sinne von § 3 UWG handelt insbesondere, wer den Werbecharakter von Wettbewerbshandlungen verschleiert."*

Die wettbewerbsrechtlichen Vorschriften sind für den Bereich der Kinospielfilme Ausgangspunkt der rechtlichen Bewertung von Product Placement.

Kinoproduktionen in der Kinoauswertung

Früher war umstritten, ob das Wettbewerbsrecht Einschränkungen hinsichtlich des Einsatzes von Product Placement bei reinen Kinospielfilmen rechtfertigen könne. Es wurde teilweise angenommen, dass für die Produktion eines Kinospielfilms unbegrenzt bezahlte Requisite u.ä. verwendet werden könne, da keine dem Fernsehsektor vergleichbaren Spezialregelungen existierten. Dieser Ansicht schob der Bundesgerichtshof (BGH) 1995 durch zwei aufeinanderfolgende Urteile (BGH, Urteil v. 06.07.1995 – *„Feuer, Eis & Dynamit I"*, GRUR 1995,

S. 744; BGH, Urteil v. 06.07.1995 – *„Feuer, Eis & Dynamit II"*, GRUR 1995, S. 750) einen Riegel vor.

Auslöser war der in Deutschland produzierte und uraufgeführte Film „Feuer, Eis und Dynamit" von Willy Bogner. In diesem Film geht es nach den Worten des Gerichts um einen *„...exzentrischen Millionär „Sir George", der sein in Schwierigkeiten geratenes Finanzimperium durch einen vorgetäuschten Selbstmord sanieren will. Alleinerbe soll der Gewinner eines dreitägigen Wettkampfes in verschiedenen Sportarten sein. An diesem, den Filmablauf ganz überwiegend bestimmenden sogenannten „Megathon" nehmen die drei Kinder von Sir George als eine Mannschaft, aber auch seine Gläubiger teil. Die Gläubiger sind bekannte Markenartikelhersteller. (...) Die Firmenteams sind ihrem Unternehmen entsprechend ausgerüstet und als solche an der Ausstattung mit ihren Produkten und Werbesymbolen eindeutig erkennbar. So nimmt zum Beispiel die Milka-Kuh, ein Chiquita-Bananen-Boot und ein Paulaner-Bierfass am Rennen teil. Außerdem werden während des „Megathons" und in der Rahmenhandlung Markenartikel (beispielsweise Skier, Getränke) deutlich als solche erkennbar von den Darstellern benutzt bzw. verbraucht."* (BGH, Urteil v. 06.07.1995, GRUR 1995, S. 750).

Der BGH machte in seinen Urteilen klar, dass – auch ohne spezifische Werbeverbotsregelungen für den Filmsektor wie etwa im Fernsehsektor – der wettbewerbsrechtliche Grundsatz des Verbotes getarnter Wirtschaftswerbung (Vgl. jetzt § 3 i.V.m. § 4 Nr. 3 UWG) über den Bereich der Printmedien hinaus auch für Kinospielfilme gilt (BGH, Urteil v. 06.07.1995, GRUR 1995, S. 744). Damit bestätigte der BGH nachdrücklich die Auffassung, dass es – unabhängig von medienspezifischen Regelungen – einen *allgemeinen*, unmittelbar in § 3 UWG verankerten Grundsatz des Verbots der Tarnung von Werbung gibt (Vgl. HENNING-BODEWIG, F. (1996), S. 321 f.). Der BGH beurteilte es als wettbewerbswidrig, wenn ein Spielfilm, in dem in nicht unerheblichem Umfang bezahlte Werbung betrieben wird, ohne Aufklärung über diesen Umstand in den Verkehr gebracht wird. Denn *„Werbung ist grundsätzlich (...) dem Adressaten kenntlich zu machen; die (auf Täuschung angelegte) Tarnung einer Werbemaßnahme wird regelmäßig weder dem das Wettbewerbsrecht beherrschenden Wahrheitsgrundsatz noch dem Gebot der Achtung der Persönlichkeitssphäre gerecht, weil letztere durch Beeinflussungen des Adressaten nur dann nicht in unzulässiger Weise angetastet wird, wenn der Umworbene erkennt, dass es sich um eine Werbemaßnahme handelt, und seine Entscheidung bewusst auf der Grundlage dieser Kenntnis treffen kann"* (BGH, Urteil v. 06.07.1995, GRUR 1995, S. 744, 747).

Trotz der Anerkennung eines allgemeinen wettbewerbsrechtlichen Verbots von getarnter Werbung sprach sich der BGH jedoch für eine differenzierende Sichtweise *„mit Blick auf die Beachtung und Bedeutung, die der Verkehr werbenden Aussagen Dritter beilegt"* aus (BGH, Urteil v. 06.07.1995, GRUR 1995, S. 744, 747). Denn je nach Art des Mediums ergeben sich – so der BGH – für die wettbewerbsrechtliche Beurteilung unterschiedliche Gewichtungen. Bei Spielfilmen im Kino sei die Erwartungshaltung des Publikums wegen des überwiegend kommerziellen Charakters anders als bei TV-Spielfilmen: Im Kino werde Product Placement regelmäßig nicht schon als Täuschung oder Beeinflussung im Sinne des Wettbewerbsrechts angesehen, so dass eine höhere Toleranzschwelle für den Einsatz von Product Placement gegeben sei. Umgekehrt sei das Fernsehen mehr als das Kino ein auf Information und Meinungsbildung ausgerichtetes Medium, das deshalb restriktiveren Maßstäben unterliegen müsse (BGH, Urteil v. 06.07.1995, GRUR 1995, S. 744, 748; SACK, R. (1987), S. 103, 121).

Innerhalb gewisser Grenzen wird somit vom BGH Product Placement in Kinospielfilmen als zulässig erachtet. Diese Grenze ist jedoch mit dem BGH dann überschritten, wenn *„über – nicht unerwartete und erträgliche – Verquickungen von Hersteller- und Werbeinteressen hinaus Zahlungen oder andere geldwerte Leistungen von einigem Gewicht von Unternehmen dafür erbracht werden, dass diese selbst oder ihre Erzeugnisse in irgendeiner Weise im Film in Erscheinung treten. Dies erwartet das Publikum regelmäßig nicht (...)"* (BGH, Urteil v. 06.07.1995, GRUR 1995, S. 748).

Im entschiedenen Fall sah der BGH diese Grenze bei einer Finanzierung von zumindest 20 % der Produktionskosten durch im Film auftretende Unternehmer überschritten. In diesen Fällen ist nach dem BGH vor Beginn der Vorführung ein Hinweis auf die Entgegennahme von Werbegeldern vonnöten. Ein Verbot der Spielfilmaufführung im Kino drohe bei erfolgtem Warnhinweis nicht (BGH, Urteil v. 06.07.1995, GRUR 1995, S. 750 f.).

Kinoproduktionen in der Fernsehauswertung
Soll ein Kinospielfilm auch im Fernsehen ausgestrahlt werden, ist mit Blick auf die Regelungen des Rundfunkstaatsvertrages (RStV; Vgl. dazu unten 2.2) grundsätzlich ein strengerer Maßstab anzulegen.

Es existiert hierzu eine Entscheidung des Verwaltungsgerichts Berlin (VG Berlin, Urteil v. 15.04.1999, ZUM 1999, S. 742-750): Wiederum handelte es sich um den Film „Feuer, Eis & Dynamit", dessen geplante Fernsehausstrahlung Anlass des Urteils war. Das VG Berlin verneinte in diesem Urteil zunächst das Vorliegen einer Dauerwerbesendung im Sinne des § 7 Abs. 5 Rundfunkstaatsvertrag (RStV), denn der Film enthalte zwar Passagen mit werbendem Charakter, der Werbecharakter stehe jedoch nicht im Vordergrund – vielmehr handele es sich um einen klassischen Spielfilm, der auf neuartige Weise werbende Elemente integriere (VG Berlin, Urteil v. 15.04.1999, ZUM 1999, S. 742, 747). Es handele sich auch nicht um verbotene Schleichwerbung, da der Zurschaustellung von Waren und Marken, die den Film durchzögen, das entscheidende Element der Irreführung fehlen würde: Die Produktplatzierung sei dermaßen evident und künstlerisch/persiflierend, dass – nach den Worten des Gerichts anders, als etwa bei der berühmten beiläufigen Einblendung eines BMW in einem James-Bond-Film – der Zuschauer nicht über die Werbeabsicht getäuscht würde (VG Berlin, Urteil v. 15.04.1999, ZUM 1999, S. 742, 748 f.). In seiner Entscheidung hielt es das VG Berlin letztlich für ausreichend, vor Ausstrahlung des Films (und nicht im Film) einen entsprechenden Hinweis auf die bezahlten Produktplatzierungen aufzunehmen.

Diese Entscheidung und die in ihr getroffenen Aussagen sind zu Recht auf deutliche Kritik gestoßen (Vgl. KREILE, J., in: FEZER, K. (Hrsg.): UWG (2005), S. 1215, § 4-S5 Rn. 60). Die Unterscheidung zwischen künstlerisch/persiflierender Einbindung von Product Placement und beiläufiger Integration bei James-Bond-Filmen ist nicht tragfähig. Die Verkehrserwartung des Publikums bei James-Bond-Filmen ist selbstverständlich auf die auffällige Produktplatzierung von u.a. Autos gerichtet: So fuhr der Titelheld in „Golden Eye" ein BMW-Cabrio der Reihe Z3 und in „The world is not enough" eines der Reihe Z8. Uhren, Mobiltelefone und neuerdings sogar Laptops werden ebenso in Szene gesetzt. Auch der vom VG Berlin angemahnte „Werbehinweis“ ist kein im Rundfunkstaatsvertrag vorgesehenes Instrument und bislang völlig praxisunüblich. Dies wird sich mit Umsetzung der Richtlinie über audiovisuelle Mediendienste ändern, Vgl. dazu unten 2.2 – **Künftige Rechtslage.** Die Möglichkeit, einen Film, der Schleichwerbung beinhaltet, mit Werbehinweis im Vor- oder Abspann des Filmes im TV zu senden, besteht nach derzeitiger Rechtslage auch nur bei reinen Kinofilmen und nicht bei sonstigen Fernsehproduktionen, weil andernfalls eine Umgehung des rundfunkrechtlichen Trennungsgebots droht (Vgl. LADEUR, K., in: HAHN, W. / VESTING, T. (Hrsg.): Rundfunkrecht (2008), S. 64 f., § 7 RStV Rn. 64 a.E.).

2.2 Fernsehproduktionen

Aktuelle Rechtslage
Für Fernsehproduktionen sind die besondere Vorschrift des § 7 RStV sowie die Gemeinsamen Richtlinien der Landesmedienanstalten für die Werbung, zur Durchführung der Trennung von Werbung und Programm und für das Sponsoring im Fernsehen in der Neufassung vom 10.02.2000 („Werberichtlinien der Landesmedienanstalten“) anwendbar. Diese Regelungen gelten ohne Unterschied sowohl für (öffentlich-rechtliches wie privates) Free- als auch Pay-TV inklusive Near-Video-On-Demand, vor Umsetzung der Richtlinie 2007/65/EG über audiovisuelle Mediendienste (Vgl. dazu unten **Künftige Rechtslage)** nicht aber für Video-on-Demand. Sie machen ebenfalls keinen Unterschied zwischen fiktionalen und nonfiktionalen Produktionen.

§ 7 Rundfunkstaatsvertrag
Der Rundfunkstaatsvertrag enthält in § 7 Abs. 3 RStV (übereinstimmend mit Art. 10 Abs. 1 der EU-Fernsehrichtlinie) das sog. **Trennungsgebot**. Danach muss Fernsehwerbung durch optische Mittel eindeutig vom übrigen Programm getrennt werden und als Werbung erkennbar sein. Die Vermischung von Werbung und Programm soll vermieden werden, um den Einfluss der Werbung auf die Programminhalte zu verhindern (Wahrung der Programmintegrität).

Neben dem Trennungsgebot in § 7 Abs. 3 RStV konstatiert § 7 Abs. 6 RStV ein ausdrückliches **Verbot der Schleichwerbung**; § 7 Abs. 6 Satz 1 RStV lautet:

> *„Schleichwerbung und entsprechende Praktiken sind unzulässig.“*

Die Vorschrift entspricht Art. 10 Abs. 4 der EU-Fernsehrichtlinie und konkretisiert das bereits in § 7 Abs. 3 RStV enthaltene Trennungsgebot zwischen Werbung und Programmen. Die Legaldefinition der „Schleichwerbung“ findet sich in § 2 Abs. 2 Nr. 6 RStV, Schleichwerbung ist danach:

> *„die Erwähnung oder Darstellung von Waren, Dienstleistungen, Namen, Marken oder Tätigkeiten eines Herstellers von Waren oder eines Erbringers von Dienstleistungen in Programmen, wenn sie vom Veranstalter absichtlich zu Werbezwecken vorgesehen ist und die Allgemeinheit hinsichtlich des eigentlichen Zwecks dieser Erwähnung oder Darstellung irreführen kann. Eine Erwähnung oder Darstellung gilt insbe-*

sondere dann als zu Werbezwecken beabsichtigt, wenn sie gegen Entgelt oder eine ähnliche Gegenleistung erfolgt."

Die Klarstellung, dass Schleichwerbung nur dann vorliegt, wenn die Erwähnung oder Darstellung von Waren vom Veranstalter *absichtlich zu Werbezwecken* vorgesehen ist, erfolgte durch den 4. Rundfunkänderungsstaatsvertrag. Schleichwerbung verlangt also ein finales, zielgerichtetes Handeln des Veranstalters (HARTSTEIN, R. et al.: RStV (Loseblattsammlung, Stand Mai 2008), Teil B 5, S. 55, § 7 Rn. 46). Da die innere Werbeabsicht kaum beweisbar ist, wird diese in der Praxis regelmäßig aus Indizien hergeleitet, wobei die Zahlung eines Entgelts meist das entscheidende Indiz ist (Vgl. LADEUR, K., in: HAHN, W. / VESTING, T. (Hrsg.): Rundfunkrecht (2008), S. 262 ff., § 7 RStV Rn. 54 ff.; OVG Berlin-Brandenburg, Beschluss vom 06.06.2007, ZUM 2007, S. 765).

Weitere zwingende Indizien für einen Verstoß gegen das Schleichwerbeverbot sind neben der Entgeltlichkeit insbesondere:

- Bestehen einer vertraglichen oder sonstigen Verpflichtung für die Einblendung der Werbeembleme oder Produkte
- Bewusstes „Hinschreiben" eines Werkes auf die Einbringung von Marken oder Produkten
- Erkennbare Verbilligung von Übertragungsrechten, wenn Produkte platziert worden sind

(Vgl. HARTSTEIN, R. et al.: RStV (Loseblattsammlung, Stand Mai 2008), Teil B 5, S. 57, § 7 Rn. 48)

Werbeabsicht ist auch dann anzunehmen, wenn die Eigenschaft als Requisite völlig fehlt bzw. die Produktdarstellung über das dramaturgisch akzeptable Maß hinausgeht (Vgl. PIEẞKALLA, M. / LEITGEB, S. (2005), S. 433, 435).

Die Werberichtlinien der Landesmedienanstalten enthalten dazu in Ziff. 9 folgende Spezifizierungen:

> *„(1) Das Darstellen von gewerblichen Waren oder deren Herstellern, von Dienstleistungen oder deren Anbietern außerhalb von Werbesendungen ist keine Schleichwerbung, wenn es aus überwiegend programmlich-dramaturgischen Gründen sowie zur Wahrnehmung von Informationspflichten erfolgt. Dies gilt sowohl für Eigen- und auch Co-, Auftrags- und Kaufproduktionen. Ob die Erwähnung oder Darstellung von Waren, Dienstleistungen, Namen, Marken oder Tätigkeiten eines Herstellers von Waren oder eines Erbringers von Dienstleistungen im Programm vom Veranstalter absichtlich zu Werbezwecken vorgesehen ist und die Allgemeinheit hinsichtlich des eigentlichen Zwecks dieser Erwähnung oder Darstellung irreführen kann, ist im Einzelfall an Hand von Indizien (z.B. Intensität der Darstellung, Alleinstellungsindiz) festzustellen. Eine Erwähnung oder Darstellung gilt insbesondere dann als zu Werbezwecken beabsichtigt, wenn sie gegen Entgelt oder eine ähnliche Gegenleistung erfolgt.*

(2) Auch bei zulässiger Darstellung von Produkten und Dienstleistungen ist nach Möglichkeit durch die redaktionelle Gestaltung die Förderung werblicher Interessen zu vermeiden."

Das rundfunkstaatsvertragliche Schleichwerbeverbot gilt grundsätzlich unterschiedslos bei Eigen-, Auftrags-, Co- und Kaufproduktionen der Rundfunkanstalten. In der Praxis verpflichten die Fernsehveranstalter bei Eigen-, Co- oder Auftragsproduktionen zusätzlich die Beteiligten durch entsprechende vertragliche Gestaltung zur Einhaltung der gesetzlichen Bestimmungen (Vgl. auch unten 3).

Verstöße gegen das Trennungsgebot oder das Schleichwerbeverbot können für den Fernsehveranstalter gemäß § 49 Abs. 1 Nr. 14, 18 i.V.m. Abs. 2 RStV zu Geldbußen von bis zu 500,000.- Euro führen. Daneben kann ein Vertrag über Schleichwerbung – je nach Einzelfall – wegen der unmittelbaren Ausrichtung auf die Begehung unlauteren Wettbewerbs in Gestalt getarnter Werbung (und damit wegen Verstoßes gegen ein gesetzliches Verbot, § 134 BGB) nichtig sein. Eine solche Nichtigkeit kann zudem zu erheblichen Rückabwicklungsschwierigkeiten führen (OLG München, Urteil v. 16.02.2006, GRUR 2006, S. 603-605).

Grenzformen

Product Placement gibt es in unterschiedlichen Formen und Ausprägungen. Product Placement ist zunächst vom Generic Placement, d.h. der Platzierung einer ganzen Warengruppe (wie Automobile, Milchprodukte u.ä.; interessant vor allem für Quasi-Monopolisten und Verbände) und dem Image Placement zu unterscheiden. Beim Image Placement wird das zentrale Thema eines ganzen Films auf ein bestimmtes Produkt zugeschnitten (Vgl. HARTSTEIN, R. et al.: RStV (Loseblattsammlung, Stand Mai 2008), S. 56, § 7 Rn. 47).

In Fällen des Product Placement ist in jedem Einzelfall zu prüfen, ob tatsächlich unzulässige Schleichwerbung vorliegt oder eine zulässige Darstellung, insbesondere wenn es um die Abbildung der realen Wirklichkeit geht. Verbotenes Product Placement liegt nur bei zielgerichtetem Handeln vor, die Werbewirkung muss absichtlich erfolgen. Solange es nur um die Darstellung der realen Umwelt geht, liegt keine verbotene Schleichwerbung vor, auch wenn sich durch einen Produkteinsatz Produktnamen und Marken im Zuschauergedächtnis einprägen (Vgl. KREILE, J. in FEZER, K. (Hrsg.): UWG (2005), S. 1229, § 4-S5 Rn. 109).

Die ARD-Richtlinien für die Werbung, zur Durchführung der Trennung von Werbung und Programm und für das Sponsoring in der Neufassung vom 06.06.2000 („ARD-Werberichtlinien") schreiben insoweit folgendes vor:

„8.3 Zulässig ist die Erwähnung oder Darstellung von Produkten, wenn und soweit sie aus journalistischen oder künstlerischen Gründen, insbesondere zur Darstellung der realen Umwelt, zwingend erforderlich ist. Soweit gemäß Satz 1 Produkte erwähnt oder dargestellt werden, ist durch die Art der Darstellung nach Möglichkeit die Förderung werblicher Interessen zu vermeiden (z.B. Marktübersichten statt Einzeldarstellungen, Vermeiden werbewirksamer Kameraführung und – insbesondere bei Serien – Wechsel der Produkte und unterschiedliche Ausstattung)."

Die Abgrenzung zwischen noch zulässiger Abbildung der realen Lebenswirklichkeit und unzulässigem Product Placement ist schwierig.

Nach einer Bewertung der rheinland-pfälzischen Landeszentrale für private Rundfunkveranstalter LMK liegt keine Darstellung der realen Lebenswirklichkeit mehr vor, wenn ein Filmcharakter in einem Fernsehfilm entgegen dem allgemeinen Sprachgebrauch ausdrücklich „die Auskunft von Telegate“ verlangt (EPD MEDIEN (2005/Nr. 42), S. 14 f.). Das niedersächsische Oberverwaltungsgericht sah eine positive und unkritische Darstellung und Bewertung der „Barbie Puppe“, die extrem ins Superlative gesteigert war, im Rahmen der Kindersendung „Li-La-Launebär“ als nicht mehr durch sachliche Gründe erklärbar an (OVG Lüneburg, Urteil v. 15.12.1998, ZUM 1999, S. 347). Die Darstellung der Hilfsdienste des ADAC im Rahmen des Fernsehmagazins „Notruf“, wobei in extensivem Ausmaß Fahrzeuge und Logo des ADAC gezeigt wurden, wurde – ebenfalls vom niedersächsischen Oberverwaltungsgericht - als Schleichwerbung eingestuft (OVG Lüneburg, Urteil v. 15.12.1998, NVwZ-RR 2000, S. 96). Im Juni 2005 wurde durch eine Recherche von EPD MEDIEN bekannt, dass die Ausstattung des Reisebüros in der Serie „Marienhof“ als Reisebüro des Veranstalters „L'tur“ gegen Bezahlung eines Entgelts erfolgte (EPD MEDIEN (2005/Nr. 42), S. 3-15). Dieser Schleichwerbefall wurde breit in der Öffentlichkeit diskutiert.

1. Beistellungen

Ein weiterer Grenzfall – wenn auch ein in der Praxis völlig akzeptierter – sind sog. Beistellungen, also die kostenlose oder verbilligte Zurverfügungstellung von Waren als Requisiten oder Dienstleistungen (z.B. Autos, Schiffe oder Flugzeuge, die auf bestimmte Firmen verweisen). Dies ist nicht mit einer Entgeltzahlung gleich zu setzen (Vgl. LADEUR, K. in: HAHN, W. / VESTING, T. (Hrsg.): RStV (2008), S. 261, § 7 Rn. 48).

Dazu ist beispielweise nach den ARD-Werberichtlinien folgendes zu beachten:

> *„8.4 (...) Die unentgeltliche oder verbilligte Entgegennahme von Produktionsmitteln oder sonstigen Leistungen (Produktionshilfe) ist nur zulässig, wenn damit keine Einschränkung der journalistischen oder künstlerischen Darstellungsfreiheit verbunden ist. Ein etwaiger Hinweis auf eine solche Produktionshilfe in Bild oder Ton hat sich unter Vermeidung aller werblichen Effekte auf die Sachinformation zu beschränken.*
>
> *8.5 Die Entgegennahme von Entgelten oder geldwerten Vorteilen für den Einsatz, die besondere Hervorhebung oder die Nennung von Produkten ist unzulässig. Dies gilt für alle Produktionsbeteiligten.“*

In diesem Bereich kommt es – wenig überraschend – oft zu Abgrenzungsschwierigkeiten. Entscheidend sind stets die Umstände des Einzelfalls.

2. Ausstattungen

Dazu regelt Nr. 19 der Werberichtlinien der Landesmedienanstalten folgendes:

> *„(1) Ausstatterhinweise sind am Ende von Sendungen zulässig. Sie werden nicht als Werbung behandelt, sofern sie wie Sponsorhinweise gemäß Nr. 12 Abs. 3 Satz 1 gestaltet sind. Darüber hinausgehende Hinweise sind wie Werbung zu behandeln.“*

Ausstatterhinweise sind also eine zulässige Form des Product Placements solange keine übertriebene Präsentation durch besondere optische oder akustische Hervorhebung des Produkts erfolgt und keine zusätzliche werbende Aussage hinzutritt.

Künftige Rechtslage

Außerhalb des Kinosektors werden im Zuge der Umsetzung der am 19.12.2007 in Kraft getretenen EU-Richtlinie 2007/65/EG des Europäischen Parlaments und des Rates über audiovisuelle Mediendienste („Richtlinie über audiovisuelle Mediendienste") die bislang geltenden Vorschriften zur Schleichwerbung gelockert. Die Richtlinie ermöglicht den Mitgliedstaaten, Product Placement - das in Abgrenzung zur Schleichwerbung erstmals eigenständig definiert wird - unter bestimmten Voraussetzungen, insbesondere bei Beachtung einer Kennzeichnungspflicht, zuzulassen.

Durch die Richtlinie über audiovisuelle Mediendienste wurde die EU-Fernsehrichtlinie (Vgl. oben unter 2) überarbeitet. Grund für die Notwendigkeit der Novellierung der EU-Fernsehrichtlinie war vor allem die zunehmende Medienkonvergenz, ausgelöst durch den technologischen Fortschritt im Bereich der Übertragungstechniken.

Der Anwendungsbereich der Richtlinie über audiovisuelle Mediendienste geht über den Bereich des Fernsehens hinaus und erfasst in technologieneutraler Ausgestaltung alle audiovisuellen Mediendienste, die wie folgt in Art. 1 lit. a) definiert werden:

> *„Eine Dienstleistung (...), für die ein Mediendiensteanbieter die redaktionelle Verantwortung trägt und deren Hauptzweck die Bereitstellung von Sendungen zur Information, Unterhaltung oder Bildung der allgemeinen Öffentlichkeit über elektronische Kommunikationsnetze (...) ist. Bei diesen audiovisuellen Mediendiensten handelt es sich entweder um Fernsehprogramme (...) oder um audiovisuelle Mediendienste auf Abruf (...) und/oder die audiovisuelle kommerzielle Kommunikation."*

Sowohl die Übertragungstechnik als auch das dem Empfang dienende Medium spielen künftig keine Rolle mehr. Kinoauswertungen eines Films sind damit allerdings nicht umfasst.

Neben der Ausweitung des Anwendungsbereichs auf alle audiovisuellen Mediendienste war es ein Hauptziel der Reformbemühungen, die bisher geltenden Werbebestimmungen zu liberalisieren. Dies vor allem mit dem Zweck, die Konkurrenzfähigkeit europäischer Medien im internationalen Vergleich (insbesondere gegenüber den USA) zu verbessern, aber auch um die stark divergierenden Regelungen der einzelnen EU-Mitgliedstaaten anzugleichen (Vgl. Erwägungsgrund 61 der Richtlinie über audiovisuelle Mediendienste).

Nach kontroversen Diskussionen wurde das bislang umfassende Schleichwerbeverbot des Art. 10 Abs. 4 der EU-Fernsehrichtlinie (in Deutschland umgesetzt durch das Trennungsgebot des § 7 Abs. 3 RStV und das Schleichwerbeverbot des § 7 Abs. 6 Satz 1 RStV) liberalisiert, was im Bereich des Product Placement folgende Änderungen beinhaltet:

Schleichwerbung und Product Placement sind künftig unterschiedliche Kategorien, die es auseinander zu halten gilt. Sowohl der Begriff der Schleichwerbung als auch der der „Produktplatzierung" (Product Placement) sind selbständig in Art. 1 lit. j) und m) der Richtlinie definiert. Produktplatzierung ist demnach:

„jede Form audiovisueller kommerzieller Kommunikation, die darin besteht, gegen Entgelt oder eine ähnliche Gegenleistung ein Produkt, eine Dienstleistung oder die entsprechende Marke einzubeziehen bzw. darauf Bezug zu nehmen, so dass diese innerhalb einer Sendung erscheinen."

Der Unterschied zur Schleichwerbung liegt darin, dass Schleichwerbung nach der Definition in Art. 1 lit. j) die Allgemeinheit über den Werbezweck **irreführen** kann. Schleichwerbung ist:

*„(...) die Erwähnung oder Darstellung von Waren, Dienstleistungen, Namen, Marke oder Tätigkeiten eines Herstellers von Waren oder eines Erbringers von Dienstleistungen in Sendungen, wenn sie vom Mediendiensteanbieter absichtlich zu Werbezwecken vorgesehen ist und die Allgemeinheit über ihren eigentlichen Zweck **irreführen** kann. Eine Erwähnung oder Darstellung gilt insbesondere dann als beabsichtigt, wenn sie gegen Entgelt oder eine ähnliche Gegenleistung erfolgt."*

Diese Definition bringt gegenüber der bereits bekannten Definition der Schleichwerbung in der EU-Fernsehrichtlinie (Vgl. oben 2.2) keine inhaltlichen Veränderungen. Schleichwerbung, also die Irreführung über den Werbezweck, bleibt weiterhin ausdrücklich nach Art. 3e Abs. 1 lit. a) Satz 2 der Richtlinie über audiovisuelle Mediendienste verboten, Produktplatzierung hingegen ist künftig auf der Grundlage einer Positivliste erlaubt, sofern der einzelne Mitgliedstaat bei der Umsetzung der Richtlinie in nationales Recht diese Positiv-Ausnahmen nicht ganz oder teilweise ablehnt, wozu die Mitgliedstaaten ausweislich Erwägungsgrund 62 und Art. 3g Abs. 2 der Richtlinie berechtigt sind. Es ist demnach auch grundsätzlich möglich, dass einzelne EU-Staaten an einem Totalverbot für Product Placement festhalten. Die Bestimmungen der Richtlinie zum Product Placement finden gemäß Art. 3g Abs. 4 der Richtlinie nur für Sendungen, die nach dem 19.12.2009 produziert werden, Anwendung.

Gemäß Art. 3g der Richtlinie ist Produktplatzierung zulässig in

- Kinofilmen, Filmen und Serien für audiovisuelle Mediendienste, Sportsendungen und Sendungen der in der Richtlinie so bezeichneten „leichten Unterhaltung" oder
- wenn kein Entgelt geleistet wird, sondern lediglich bestimmte Waren oder Dienstleistungen wie Produktionshilfen und Preise im Hinblick auf ihre Einbeziehung in eine Sendung kostenlos bereitgestellt werden.

In Kindersendungen ist Product Placement gemäß Art 3g Abs. 2 der Richtlinie nur in der zweiten Alternative, also als kostenlose Produktionshilfe oder Zurverfügungstellung von Preisen, erlaubt.

Damit eine Produktplatzierung rechtmäßig im Sinne der Richtlinie ist und nicht wegen Irreführung über den Werbezweck unter das Verbot der verdeckten Schleichwerbung fällt, sind zusätzlich folgende Voraussetzungen gemäß Art. 3g Abs. 2 lit. a) bis d) zu beachten:

- Die redaktionelle Verantwortung und Unabhängigkeit des Mediendiensteanbieters darf nicht beeinträchtigt werden.
- Unmittelbare Kaufaufforderungen für Waren oder Dienstleistungen sind untersagt; ebenso spezielle verkaufsfördernde Hinweise auf diese Waren oder Dienstleistungen.

- Eine zu starke Herausstellung des betreffenden Produkts ist unzulässig.
- Die Zuschauer müssen eindeutig auf das Bestehen einer Produktplatzierung hingewiesen werden. Sendungen mit Produktplatzierung sind zu Sendungsbeginn und -ende sowie bei Fortsetzung einer Sendung nach einer Werbeunterbrechung angemessen zu kennzeichnen, um jede Irreführung des Zuschauers zu verhindern.

Die Details dieser Voraussetzungen sind hinsichtlich ihrer Anwendung in der Praxis noch ungeklärt; es bleibt zu hoffen, dass die Umsetzung der Richtlinie in nationales Recht insoweit für Klärung sorgen wird. Fraglich ist beispielsweise wie die angemessene Kenzeichnung genau auszusehen hat – denkbar scheinen etwa verbale oder visuelle Hinweise (Vgl. LEITGEB, S. (2006), S. 837, 842).

Die Mitgliedstaaten können hinsichtlich der Kennzeichnungspflicht gemäß Art. 3g Abs. 2 a.E. der Richtlinie Ausnahmen für Programme, die weder vom Mediendienstanbieter selbst noch von verbundenen Unternehmen produziert oder in Auftrag gegeben worden sind, zulassen. Letzteres soll sicherstellen, dass der Veranstalter oder Anbieter bei Kaufproduktionen nicht für Product Placements durch die Produktionsfirma haftet (SCHULZ, W. (2008), S. 107, 110).

Product Placement zugunsten von Zigaretten, Tabakerzeugnissen, bestimmten Arzneimitteln oder medizinischen Behandlungen, die nur auf ärztliche Verordnung erhältlich sind, ist gemäß Art. 3g Abs. 3 der Richtlinie ausnahmslos verboten.

Es gehört zum Wesen einer Richtlinie, dass die Mitgliedstaaten selbst über die Art und Weise der Umsetzung in nationales Recht bestimmen, vgl. Art. 249 Abs. 3 EG-Vertrag. Die Umsetzungsfrist für die Richtlinie über audiovisuelle Mediendienste läuft am 19.12.2009 ab. Erst mit der Umsetzung in nationales Recht werden die Neuregelungen geltendes Recht.

Es steht zum derzeitigen Zeitpunkt noch nicht fest, wie die Vorschriften in Deutschland umgesetzt werden und ob tatsächlich mit einer Lockerung der Product Placement Regelungen gerechnet werden kann. Kritiker kämpfen gegen eine Legalisierung von Product Placement und versuchen ein Totalverbot zu erreichen, da sie die Unabhängigkeit journalistisch-redaktioneller Arbeit gefährdet sehen (Vgl. GOUNALAKIS, G. / WEGE, C. (2006), S. 97, 100). Anderen, vor allem den privaten Fernsehsendern, gehen die Liberalisierungspläne nicht weit genug. Seitens der öffentlich-rechtlichen Sendeanstalten wird erwogen, gegebenenfalls auf Grund freiwilliger Selbstverpflichtung auf den Einsatz von Product Placement zu verzichten.

Sollte Deutschland die Richtlinie ohne größere Änderungen umsetzen, würde dies im Vergleich zur aktuellen Rechtslage letztlich dem bereits vom Verwaltungsgericht Berlin (Vgl. oben 2.1 - **Kinoproduktionen in der Fernsehauswertung**) vorgeschlagenen Umgang mit Product Placement entsprechen: Der Einsatz von Product Placement wäre – mit einigen Ausnahmen nach Sendungstypen und Produkten, für die nicht geworben werden darf – zulässig, allerdings müssen die Zuschauer durch geeignete Hinweise auf den Einsatz hingewiesen werden.

3 Strategische Optionen

Die obigen Darstellungen zeigen, dass die geltende Rechtslage zerklüftet und insbesondere weitgehend frei von logischen Ableitungen und Trennlinien ist. Die oftmals mit konturenunscharfen Begriffen arbeitenden Gesetze werden überdies in einer Art und Weise von Gerichten ausgelegt, die z.T. nur schwerlich in Einklang zu bringen sind mit juristischer Methodenlehre, geschweige denn gesundem Menschenverstand (Vgl. insbesondere die Rechtsprechung zu „Feuer, Eis und Dynamit", siehe oben 2.1 - **Kinoproduktionen in der Kinoauswertung**). Der strategische Einsatz von Product Placement wird dadurch erschwert, denn die Rahmenbedingungen sind unscharf. Allenfalls der sektorenübergreifende Lauterkeitsgrundsatz, wonach den Zuschauern grundsätzlich offenkundig sein soll, wenn sie mit Werbebotschaften konfrontiert werden sollen, eint die Regelungsbereiche Fernsehen und Kino.

Diese unterschiedliche *Regelungsdichte* im Bereich Kino und im Bereich Fernsehen ist der erste strategische Ansatz, über den sich Produzenten klar sein müssen. Sodann ist für die Auswahl strategischer Optionen bedeutsam der Umfang der *Aufsichtsdichte* im Bereich Fernsehen: Während die privaten Sendeunternehmen nach wie vor recht streng unter der Aufsicht der Landesmedienanstalten stehen, existiert für die öffentlich-rechtlichen Sendeunternehmen eine solche externe Aufsicht nicht, sondern soll durch eine Binnenkontrolle der jeweiligen Anstalten ersetzt werden. Nicht wenige kritisieren hieran eine Schieflage und ungleiche Behandlung der beiden Säulen des dualen Rundfunksystems.

Aus Sicht des Product Placement einsetzenden Produzenten ist rein praktisch für die Vertragsgestaltung mit dem Werbetreibenden zunächst zu beachten, dass der Vertrag zwischen Produzent und Werbetreibendem in denjenigen Fällen, in denen sein Gegenstand gegen das Schleichwerbeverbot verstößt, nichtig nach § 134 BGB ist, denn er verstößt gegen ein gesetzliches Verbot (OLG München, Urteil v. 16.02.2006, GRUR 2006, S. 603-605). Dies bedeutet rein praktisch (und sollte beim strategischen Einsatz von Product Placement stets beachtet werden), dass die vereinbarte Vergütung nicht eingeklagt werden kann, da der Vergütungsanspruch nichtig ist. Dies gilt auch dann, wenn der Einsatz von Product Placement bereits erfolgte.

Sodann gilt es zu berücksichtigen, dass die strategischen Optionen nicht allein durch die gesetzlichen Rahmenbedingungen determiniert werden, sondern ebenfalls durch die Vertragspraxis der traditionell starken Fernsehsender:

Bei *Fernsehproduktionen* bedeutet das zunächst, dass neben der strengen Rechtslage (siehe oben 2.2) insbesondere bei Auftragsproduktionen – die im Fernsehen die Mehrzahl der deutschen Produktionen darstellen dürften – die Vertragsbedingungen der Sender zu beachten sind. So arbeiten etwa die öffentlich-rechtlichen Sendeanstalten der ARD in ihrer Vertragspraxis mit rigiden Vertragsklauseln. Zum Beispiel enthalten die Produktionsverträge mit den ARD-Anstalten im Regelfall die im folgenden dargestellten vereinheitlichten Vertragsbestimmungen: Zunächst muss der Vertragspartner der Sendeanstalt garantieren, dass er die

ARD-Richtlinien für die Werbung, zur Durchführung der Trennung von Werbung und Programm und für das Sponsoring vom 06.06.2000 (Vgl. auch oben 2.2. – **Grenzformen**) einhalten wird. In der Konsequenz bedeutet dies, dass die Darstellung von Waren oder Dienstleistungen in werblicher Absicht, die Platzierung von Inhalten oder Themen gegen finanzielle Zuwendungen oder geldwerte Vorteile insgesamt unzulässig sind. Im Fall der Verletzung dieser Garantie ist der Vertragspartner zur Zahlung eines pauschalierten Schadensersatzes in Höhe von 10 % des gesamten Entgelts für die Herstellung der Produktion verpflichtet.

Auch die Verwendung von Beistellungen, in den ARD Verträgen als Produktionshilfen bezeichnet, wird vertraglich gesondert geregelt. Soweit ein Vertragspartner beabsichtigt, Produktionshilfen in Anspruch zu nehmen, existiert eine strenge Anzeige- und Auskunftspflicht gegenüber der Sendeanstalt. Erfolgt keine Meldung, gilt dies als Garantie, dass keine Produktionshilfen in Anspruch genommen wurden.

Diese rigiden Verbote werden durch vertragliche Einsichts- und Prüfungsrechte der Sendeanstalt sowie eine Vertragsstrafenklausel abgesichert. Bei begründeten Anhaltspunkten für einen Verstoß gegen die oben dargestellten Pflichten können der Sender oder ein von ihm beauftragter Wirtschaftsprüfer die Bücher und Geschäftsunterlagen des Vertragspartners einsehen. Bei Verstößen kann eine nach billigem Ermessen zu bestimmende Vertragsstrafe bis zur Höhe der vereinbarten Gesamtvergütung verlangt werden. Daneben bleiben ein Rücktritt vom Vertrag oder die Zahlung von Schadensersatz unberührt.

Es wird entscheidend sein für zukünftige Strategien von Fernsehproduzenten, wie sich insbesondere diese Vertragsbedingungen der öffentlich-rechtlichen Sendeanstalten nach einer Anpassung der deutschen Rechtslage an das neue EU-Recht entwickeln werden. Es erscheint nicht ausgeschlossen, dass vertraglich ein höheres Schutzniveau verlangt werden wird, als dies der Gesetzesrahmen vorsieht.

Für den *Kinospielfilmproduzenten* gelten – wie dargestellt – wesentlich liberalere Bedingungen, da die Schwelle von 20 % Finanzierungsanteil durch Product Placement, die der BGH als Maßstab nimmt, in aller Regel nicht erreicht wird. Aber auch für den Kinofilmproduzenten ist im Rahmen seiner möglichen Strategien für den Einsatz von Product Placement zu berücksichtigen, dass Finanzierungs- und Auswertungspartner aus dem Bereich des Fernsehens Regelungen verlangen, die einen Einsatz von Product Placement in Kinospielfilmen erheblich beschränken bzw. verhindern. Regelmäßig wird ein deutscher Kinospielfilm auch mit Mitteln der Fernsehsender hergestellt, indem sich z.B. ein Fernsehveranstalter als Koproduzent an einem Vorhaben beteiligt, das ein unabhängiger Produzent als federführender Produzent realisiert. Im Rahmen des hierbei abgeschlossenen Koproduktionsvertrags zwischen dem Fernsehveranstalter und dem Produzenten, in dem der Senderpartner jedenfalls die deutschen Senderechte erhält, regeln nicht selten besondere Vertragsbestimmungen den Einsatz von Product Placement – so etwa die folgende Klausel, die ein privater deutscher Sender in Koproduktionsverträgen für Kinospielfilme einsetzt, und zwar *obwohl* hier der oben dargestellte strenge Rechtsrahmen des RStV nicht gilt:

„Kooperation mit Dritten

Der federführende Produzent verpflichtet sich, das Verbot der Programmbeeinflussung und der Schleichwerbung (§ 7 Abs. 2 und Abs. 6, § 2 Abs. 2 Nr. 6 Rundfunkstaatsvertrag) zu beachten. Soweit sich der federführende Produzent geldwerte Vorteile unter Verstoß gegen vorgenannte Bestimmungen des Rundfunkstaatsvertrages versprechen lässt oder solche entgegennimmt, hat [Sendeunternehmen] Anspruch gegen den federführenden Produzenten auf Zahlung einer Vertragsstrafe in Höhe des doppelten Werts des dem federführenden Produzenten versprochenen oder vom federführenden Produzenten entgegengenommenen geldwerten Vorteils. Weitergehende Ansprüche von [Sendeunternehmen] bleiben unberührt. Sofern gegen [Sendeunternehmen] wegen des Verbotes der Programmbeeinflussung und der Schleichwerbung von der zuständigen Landesmedienanstalt ein Bußgeldbescheid bestandskräftig wird, ist der federführende Produzent verpflichtet, [Sendeunternehmen] freizustellen. Der federführende Produzent hat vorbezeichnete Unterlassungs- und Berichtspflichten ihren verbundenen Unternehmen, Geschäftsführern. Mitarbeitern und sonstigen Personen aufzuerlegen, derer sich der federführende Produzent zur Erfüllung seiner vertraglichen Verpflichtungen bedient. Klarstellend wird festgehalten, dass im üblichen Umfang Sachbeistellungen Dritter ohne Geldzahlungen an den federführenden Produzenten bei entsprechender Nennung dieser Dritten (auch mit Logo) im Abspann zulässig sind.

Der federführende Produzent haftet für schuldhafte Verletzungen der Werbebestimmungen (Gesetze) und der gemeinsamen Richtlinien der Landesmedienanstalten zur Durchführung der Werberegelungen des Rundfunkstaatsvertrages."

Diese Klausel macht deutlich, dass auch bei Kinospielfilmen jedenfalls bei Finanzierungsbeteiligung deutscher Sender der Spielraum, den der BGH für Kinofilmproduzenten eröffnet hat, regelmäßig nicht ausgenutzt werden kann.

Zu den wesentlichen strategischen Optionen gehört sodann die frühzeitige Einstellung auf die künftige Rechtslage, die auch im Fernsehen einen breiteren Einsatz von Product Placement erlauben wird – auch wenn Details hierzu durch den Umsetzungsspielraum der Länder notwendigerweise noch unklar sind. Entscheidend wird hier sein, wer die Möglichkeiten ergreift, die dann erlaubten Finanzierungsquellen zu erschließen. Jedenfalls im Bereich der Auftragsproduktionen gehört es zu den maßgeblichen Grundfragen, wer die strategisch wichtigen Vertragsbeziehungen in die Werbewirtschaft knüpfen wird, also etwa einen Rahmenvertrag mit Unternehmen der Automobilindustrie, der Pharmaindustrie, Lebensmittelindustrie etc. abschließt – sind es die Produzenten, die dadurch weitere Finanzierungsquellen für ihre Produktionen erschließen, oder sind es die auftraggebenden Sendeunternehmen, die die Verwendung bestimmter Waren in einer Produktion dann zwingend vorgeben? Selbst wenn es Produzenten gelingt, für sich selbst durch Vertragsabschlüsse mit der Industrie Product Placement als Finanzierungsquelle zu erschließen, wie wirkt sich dies auf die Kalkulationsgespräche zwischen Sender und Produzenten aus? Diese Fragen sind Ausschnitte der größeren Debatte der „Terms of Trade" zwischen Produzenten und Sendeunternehmen.

Abschließend lohnt auch für Produzenten der Blick auf weitere Finanzierungsmöglichkeiten durch den Einsatz von Product Placement, nämlich bei Spielen, die auf einem Film beruhen. Der Einsatz von Product Placement in Spielen, das so genannte „In-Game-Advertising", ist in seinen rechtlichen Konturen zwar noch nicht vollständig ausgelotet (Vgl. näher LOBER (2006), S. 643 ff.), dürfte aber perspektivisch in der Lage sein, einen nennenswerten Finanzierungsbeitrag für Produzenten zu leisten. Selbst wenn also Produzenten das Recht zur Herstellung z.B. eines Videospiels (Offline oder Online) basierend auf einem Film an einen Spiele-Developer lizenzieren, kann es durchaus günstig sein, sich vertraglich vorzubehalten, selbst über die Vergabe von Product Placement im Spiel zu entscheiden und damit verbundene Vergütungen selbst vereinnahmen zu können.

Literaturverzeichnis

1. Fachquellen:

CASTENDYK, O. / BÖTTCHER, K.: Ein neuer Rundfunkbegriff für Deutschland? – Die Richtlinie für audiovisuelle Mediendienste und der deutsche Rundfunkbegriff, in: MMR (Multimedia und Recht – Zeitschrift für Informations-, Telekommunikations- und Medienrecht) 2008, S. 13-18.

EVANGELISCHER PRESSEDIENST MEDIEN (EPD MEDIEN): US-Expertin: Product Placement ist „boomende Industrie", Nr. 92 vom 24.11.2004, S. 17-18.

EVANGELISCHER PRESSEDIENST MEDIEN (EPD MEDIEN): Die Bavaria-Connection – Zehn Jahre Schleichwerbung im ARD-„Marienhof" & Co. (Beitrag von Volker Lilienthal), Nr. 42 vom 01.06.2005, S. 3-15.

EVANGELISCHER PRESSEDIENST MEDIEN (EPD MEDIEN): SR-Tochter Telefilm Saar beteiligte sich an Schleichwerbegeschäften, Nr. 70 vom 07.09.2005, S. 14-15.

FEZER, K.: Lauterkeitsrecht, Kommentar zum Gesetz gegen den unlauteren Wettbewerb (UWG), München, 2005.

GOUNALAKIS, G. / WEGE, C.: Product Placement und Schleichwerbungsverbot – Widersprüche im neuen Fernsehrichtlinien-Entwurf, in: K&R - Kommunikation & Recht 2006, S. 97-101

HAHN, W. / VESTING, T.: Beck`scher Kommentar zum Rundfunkrecht, 2. Aufl., München, 2008.

HARTSTEIN, R. / RING, W. / KREILE, J. / DÖRR, D. / STETTNER, R.: Kommentar zum Rundfunkstaatsvertrag, Heidelberg et al., Loseblattsammlung, Stand: Mai 2008.

HENNING-BODEWIG, F.: Die Tarnung von Werbung, in: GRUR Int. (Gewerblicher Rechtsschutz und Urheberrecht Internationaler Teil) 1991, S. 858-870.

HENNING-BODEWIG, F.: Werbung im Kinospielfilm – Die Situation nach „Feuer, Eis & Dynamit", in: GRUR (Gewerblicher Rechtsschutz und Urheberrecht) 1996, S. 321-330.

KALLAS, C.: Remarks to a public meeting at the European Parliament on the topic of the proposed amendments to the Television without Frontiers Directive, http://www.europarl.europa.eu/comparl/cult/hearings/20060601/kallas_en.pdf, 16.05.2008.

LEITGEB, S.: Die Revision der Fernsehrichtlinie – Überblick über die wesentlichen geplanten Änderungen unter besonderer Berücksichtigung der Liberalisierung des Verbotes von Produktplatzierungen, in: ZUM (Zeitschrift für Urheber- und Medienrecht) 2006, S. 837-843.

LOBER, A.: Spielend werben: Rechtliche Rahmenbedingungen des Ingame-Advertising, in: MMR (Multimedia und Recht – Zeitschrift für Informations-, Telekommunikations- und Medienrecht) 2006, S. 643-647.

PIEẞKALLA, M. / LEITGEB, S.: Product Placements im Fernsehen – Schleichwerbung ohne Grenzen?, in: K&R - Kommunikation & Recht 2005, S. 433-440.

SACK, R.: Zur wettbewerbsrechtlichen Problematik des Product Placement im Fernsehen, in: ZUM (Zeitschrift für Urheber- und Medienrecht) 1987, S. 103-128.

SCHULZ, W.: Medienkonvergenz light – Zur neuen Europäischen Richtlinie über audiovisuelle Mediendienste", in: EuZW (Europäische Zeitschrift für Wirtschaftsrecht) 2008, S. 107-111.

STENDER-VORWACHS, J. / THEIẞEN, N.: Die Richtlinie für audiovisuelle Mediendienste, in: ZUM (Zeitschrift für Urheber- und Medienrecht) 2007, S. 613-620.

STENDER-VORWACHS, J. / THEIẞEN, N.: Die Revision der Fernsehrichtlinie, in: ZUM (Zeitschrift für Urheber- und Medienrecht) 2006, S. 362-369.

VÖLKEL, R.: Product Placement aus der Sicht der Werbebranche und seine rechtliche Einordnung, in: ZUM (Zeitschrift für Urheber- und Medienrecht) 1992, S. 55-72.

2. Rechtsquellen:

ALM - ARBEITSGEMEINSCHAFT DER LANDESMEDIENANSTALTEN: Gemeinsame Richtlinien der Landesmedienanstalten für die Werbung, zur Durchführung der Trennung von Werbung und Programm und für das Sponsoring im Fernsehen in der Neufassung vom 10.02.2000, http://www.alm.de/fileadmin/Download/Gesetze/WerbeRiLi.pdf.

ARD-Richtlinien für die Werbung, zur Durchführung der Trennung von Werbung und Programm und für das Sponsoring vom 24.06.1992 in der Neufassung vom 06.06.2000, abgedruckt in HARTSTEIN, R. / RING, W. / KREILE, J. / DÖRR, D. / STETTNER, R.: Kommentar zum Rundfunkstaatsvertrag, Heidelberg et al., Loseblattsammlung, Stand Mai 2008, Teil B 5, S. 94-104.

BGH, Urteil v. 06.07.1995 – „Feuer, Eis und Dynamit I", Aktenzeichen I ZR 58/93, GRUR (Gewerblicher Rechtsschutz und Urheberrecht) 1995, S. 744-749.

BGH, Urteil v. 06.07.1995 – „Feuer, Eis und Dynamit II“, Aktenzeichen I ZR 2/94, GRUR (Gewerblicher Rechtsschutz und Urheberrecht) 1995, S. 750-751.

Gesetz gegen den unlauteren Wettbewerb (UWG) i.d.F. vom 03.07.2004 (BGBl. I S. 1414) zuletzt geändert durch Art. 5 Gesetz über die Durchsetzung der Verbraucherschutzgesetze bei innergemeinschaftlichen Verstößen vom 21.12.2006 (BGBl. I, S. 3367).

OLG München, Urteil v. 16.02.2006, Aktenzeichen 29 U 4412/05, GRUR (Gewerblicher Rechtsschutz und Urheberrecht) 2006, S. 603-605.

OVG Berlin-Brandenburg, Beschluss vom 06.06.2007, Aktenzeichen 11 N 2/07, ZUM (Zeitschrift für Urheber- und Medienrecht) 2007, S. 765-767.

OVG Lüneburg, Urteil v. 15.12.1998, Aktenzeichen 10 L 3927/96, NVwZ-RR (Neue Zeitschrift für Verwaltungsrecht - Rechtsprechungs-Report Verwaltungsrecht) 2000, S. 96.

OVG Lüneburg, Urteil v. 15.12.1998 – 10 L 5935/96, ZUM (Zeitschrift für Urheber- und Medienrecht) 1999, S. 347-352.

Richtlinie 89/552/EWG des Rates vom 03.10.1989 zur Koordinierung bestimmter Rechts- und Verwaltungsvorschriften der Mitgliedstaaten über die Ausübung der Fernsehtätigkeit, Amtsblatt der Europäischen Union Nr. L 298 vom 17.10.1989, S. 23-30.

Richtlinie 2007/65/EG des europäischen Parlaments und des Rates vom 11.12.2007 zur Änderung der Richtlinie 89/552/EWG des Rates zur Koordinierung bestimmter Rechts- und Verwaltungsvorschriften der Mitgliedstaaten über die Ausübung der Fernsehtätigkeit, Amtsblatt der Europäischen Union Nr. L 332 vom 18.12.2007, S. 27-45.

Staatsvertrag für Rundfunk und Telemedien (Rundfunkstaatsvertrag) vom 31.08.1991 zuletzt geändert durch Art. 1 Zehnter Rundfunkänderungsstaatsvertrag vom 19.12.2007, ratifiziert in: Baden-Württemberg: G v. 19.11.1991 (GBl. S. 745, ber. 1992 S. 188), Bayern: Bek. v. 18.12.1991 (GVBl S. 451), Berlin: G v. 19.12.1991 (GVBl. S. 309), Brandenburg: G v. 6.12.1991 (GVBl. S. 580), Bremen: G v. 17.9.1991 (Brem.GBl. S. 273), Hamburg: G v. 16.12.1991 (HmbGVBl. S. 425), Hessen: G v. 31.8.1991 (GVBl. I S. 367), Mecklenburg-Vorpommern: G v. 5.12.1991 (GVOBl. M-V S. 494), Niedersachsen: G v. 26.11.1991 (Nds. GVBl. S. 311), Nordrhein-Westfalen: Bek. v. 20.11.1991 (GV. NRW. S. 408), Rheinland-Pfalz: G v. 10.12.1991 (GVBl. S. 369), Saarland: G v. 29.10.1991 (Amtsbl. S. 1290), Sachsen: G v. 19.12.1991 (SächsGVBl. S. 425), Sachsen-Anhalt: G v. 12.12.1991 (GVBl. LSA S. 478), Schleswig-Holstein: G v. 12.12.1991 (GVOBl. Schl.-H. S. 596), Thüringen: G v. 18.12.1991 (GVBl. S. 635).

VG Berlin, Urteil vom 15.04.1999, Aktenzeichen 27 A 289/98, ZUM (Zeitschrift für Urheber- und Medienrecht) 1999, S. 742-750.

Staatliche Förderung der Filmwirtschaft in Deutschland

ANDREAS KNORR und CHRISTINA SCHULZ

Zusammenfassung
Die deutsche Filmwirtschaft benötigt in ihrer gegenwärtigen Form hohe staatliche Subventionen, um ihre Existenz zu sichern. Dieses Problem ist vor allem deswegen von Relevanz, da strukturelle Mängel der rechtlich-institutionellen Rahmenbedingungen existieren, innerhalb derer sich in Deutschland öffentliche Filmförderung vollzieht. Daher erscheint es notwendig, die Effizienz und Effektivität der öffentlichen Filmförderung in Deutschland kritisch zu hinterfragen. Das heißt, es soll untersucht werden, ob es den mit ihr betrauten Institutionen gelingt, die ihr zugrunde liegenden wirtschafts- und kulturpolitischen Förderziele zu erreichen. Dazu werden die Ziele von Filmförderung aufgezeigt sowie ihre historische Entwicklung und ihr rechtlicher Rahmen beleuchtet. Schließlich wird die staatliche Förderung der deutschen Filmwirtschaft, u.a. in Bezug auf existierende Fehlanreize und Fehlentwicklungen sowie Sonderprobleme (z.B. des DFFF), kritisch gewürdigt.

Beitragsinhalt

1 Einleitung

Jüngste prestigeträchtige Auszeichnungen auf internationalem Parkett wie 2007 die Verleihung des *Oscars* für den besten fremdsprachigen Film an das Drama *Das Leben der Anderen* sowie ihr langsam (wieder) steigender Marktanteil im Inland – 18,9 Prozent im vergangenen Jahr – können nicht über die Tatsache hinwegtäuschen, dass die deutsche Filmwirtschaft in ihrer gegenwärtigen Form nur mit Hilfe massiver staatlicher Subventionen überleben kann. Überraschend ist dies freilich nicht, betrachtet man die gravierenden strukturellen Mängel der rechtlich-institutionellen Rahmenbedingungen, innerhalb derer sich in Deutschland öffentliche Filmförderung vollzieht (aus Platzgründen muss in dieser Abhandlung auf eine Diskussion der ähnlichen Prinzipien folgenden EU-Filmförderung verzichtet werden).

Ziel dieser Abhandlung ist es deshalb nicht, die Sinnhaftigkeit staatlicher Filmförderung aus einer ökonomischen Fundamentalperspektive heraus zu hinterfragen. Da Marktversagen – die Standardrechtfertigung lenkender staatlicher Eingriffe in den Wirtschaftsprozess – auf dem Markt für Spielfilme nicht konstatiert werden kann, lässt sich die öffentliche Förderung rein kommerziell orientierter Filmproduktionen für den Massenmarkt mit diesem Argument aus volkswirtschaftlicher Sicht nämlich grundsätzlich nicht begründen. Stattdessen erscheint es den Verfassern dieser Abhandlung sinnvoller, die Effizienz und Effektivität der öffentlichen Filmförderung in Deutschland kritisch zu hinterfragen – eine Problemstellung, der sich hierzulande bislang nur wenige Wirtschaftswissenschaftler zugewandt haben (Vgl. JANSEN, C. (2005), S. 191ff.; DUVVURI, S. A. (2007)). Konkret gilt es zu untersuchen, ob es den mit ihr betrauten Institutionen in der Tat gelang, die ihr zugrunde liegenden wirtschafts- und kulturpolitischen Förderziele zu erreichen. Da dem 2007 neu geschaffenen *Deutschen Filmförderfonds* (*DFFF*) ein eigenes Kapitel in diesem Sammelband gewidmet ist, beschränken sich die diesbezüglichen Ausführungen in dieser Abhandlung auf einige grundsätzliche Anmerkungen. Ausgeblendet wird aus zwei Gründen auch der nicht zuletzt steuerrechtlich hochkomplexe Bereich der indirekten Filmförderung über geschlossene Medienfonds. Zum einen hatte der deutsche Gesetzgeber die Steuervorteile dieser Anlageform nicht explizit geschaffen, um die heimische Filmwirtschaft zu unterstützen. Vielmehr waren es findige Fondsmanager gewesen, denen es gelang, aus den für sämtliche immaterielle Wirtschaftsgüter – Filme eingeschlossen – geltenden Rechtsnormen diese Steuersparmodelle zu entwickeln. Zum anderen ist der Markt für geschlossene Medienfonds infolge substantieller Änderungen der steuerrechtlichen Rahmenbedingungen in Gestalt zweier so genannter Medienerlasse des Bundesfinanzministeriums zwischenzeitlich fast vollständig zusammengebrochen (Vgl. KNORR, A. / SCHULZ, C. (2008)).

2 Ziele der Filmförderung

Ökonomisch betrachtet handelt es sich bei Filmen um Mautgüter (bzw. bei ausverkauften Kinovorstellungen sogar um reine private Güter), d.h. zahlungsunwillige Nutzer können vom Konsum ausgeschlossen werden. Darüber hinaus gehen von der Filmwirtschaft weder technologische Externalitäten aus, noch handelt es sich um ein natürliches Monopol, noch sind Informationsasymmetrien relevant. Somit kann die staatliche Filmförderung ökonomisch nicht mit der notwendigen Korrektur allokativen Marktversagens begründet werden (SCHULZ (2007), S. 135ff.). Gerechtfertigt wird sie von den politischen Entscheidungsträgern stattdessen mit einem Bündel medien- und kulturpolitischer Zielsetzungen. Im Bereich der Medienpolitik steht dabei die internationale Wettbewerbsfähigkeit der kommerziell orientierten Teile der heimischen Filmindustrie im Vordergrund. So verstanden stellt die staatliche Filmförderung lediglich eines von vielen sektorspezifischen Beihilfeprogrammen analog etwa der Steinkohleförderung dar.

Als Instrument der staatlichen Kulturpolitik soll die öffentliche Filmförderung demgegenüber einerseits die Herstellung und die Verbreitung kulturell als wertvoll erachteter, jedoch betriebswirtschaftlich nicht rentabler Produktionen unterstützen. Beispielhaft werden in diesem Zusammenhang meist Kunstfilme (‚Arthouse productions'), Autorenfilme, Kinder- und Jugendfilme und Dokumentarfilme genannt. Andererseits sollen sozial schwache und/oder bildungsferne Schichten besseren Zugang zu qualitativ hochwertigen Filmproduktionen erhalten. Mit anderen Worten handelt es sich hierbei um einen exemplarischen Fall einer Marktintervention auf der Basis der Theorie meritorischer Güter. Problematisch ist dies insofern, als die Auswahl der förderungswürdigen Projekte mangels objektiver Selektionskriterien ausschließlich einem Werturteil der zuständigen Entscheidungsträger unterliegt. Den Schwerpunkt der Förderung bilden dabei typischerweise Produktionen, die (mutmaßlich) einen Beitrag zum Erhalt des kulturellen Erbes eines Landes (oder einer Region) leisten können, dessen kulturelle Vielfalt widerspiegeln, für eine angemessene Versorgung mit ‚Qualitätsfilmen' sorgen oder auch volkserzieherischen Zwecken – Stichwort: Schaffung und Bewahrung einer nationalen/kulturellen Identität – dienen sollen. Eine diesen Zielen dienende öffentliche Filmförderung kann folglich auch als ein mittelbares Instrument anderer Politikfelder wie der der Ausländer-, der Sozial- sowie der Bildungspolitik interpretiert werden.

3 Filmförderung in Deutschland

3.1 Historische Entwicklung

Die Kinematographie wurde 1895 nahezu zeitgleich in Paris von den Gebrüdern *Lumière* und in Berlin von den Gebrüdern *Skladanowsky* erfunden (Vgl. GORDON, M. (1998), S. 59). Bereits 1917 leitete die Reichsregierung auf Drängen des Militärs, das die enorme propagandistische Wirkung des neuen Mediums rasch erkannt hatte, mit der Gründung der *Universum Film Aktiengesellschaft* (*UFA*) die Konsolidierung der bis dato hochgradig zersplitterten deutschen Filmwirtschaft ein (Vgl. HOLLSTEIN, K. (1996), S. 3ff.). Die *UFA* wuchs rasch zur wichtigsten Filmproduktions- und Verleihfirma Europas heran, degenerierte zwischen 1933 und 1945 jedoch zu einem zentralen Propagandavehikel der Nationalsozialisten. Unmittelbar nach Kriegsende wurde sie daher von den Westalliierten horizontal und vertikal entflochten und im Anschluss daran – zumindest in Westdeutschland – reprivatisiert. Der Wiederaufbau der westdeutschen Filmwirtschaft vollzog sich jedoch zunächst unter äußerst widrigen Umständen. Nicht nur wurde der deutsche Markt wieder uneingeschränkt für ausländische Filmproduktionen geöffnet; ein Versuch der Bundesregierung, die deutsche Filmwirtschaft 1951 durch Importquoten vor allem vor US-amerikanischer Konkurrenz zu schützen, scheiterte am massiven Widerstand der Kinobetreiber und ihrer Interessenvertreter (Vgl. HOLLSTEIN, K. (1996), S. 23). Schließlich war die Bereitschaft des Auslands, deutsche Produktionen zu erwerben, in der unmittelbaren Nachkriegszeit sehr gering. De facto blieben ihr somit die wirtschaftlich bedeutenden Auslandsmärkte Frankreich, Großbritannien und USA verschlossen.

1950 beschloss die Bundesregierung daher so genannte Bürgschaftsaktionen als Unterstützungsmaßnahme (Vgl. WOLF, M. (2004), S. 8ff.). Ziel dieser ausschließlich wirtschaftlichen Motiven folgenden Initiative war es, die Filmproduktion wieder auf das Vorkriegsniveau zu heben. Allerdings wurde das Förderprogramm bereits 1955 wieder eingestellt, nachdem mehr als ein Drittel der vergebenen Darlehen notleidend geworden waren. Die öffentliche Förderung kulturell herausragender Produktionen begann demgegenüber 1951 mit der Gründung der *Filmbewertungsstelle der Länder* (*FBL*), die 1957 in *Filmbewertungsstelle Wiesbaden* (*FBW*) umbenannt wurde. Seither sind alle Filme, die von der *FBW* als ‚wertvoll' oder ‚besonders wertvoll' klassifiziert werden, von der Vergnügungssteuer befreit und unterliegen zudem nur dem ermäßigten Mehrwertsteuersatz (Vgl. GEIER, H. (2006), S. 57f.). Im selben Jahr schuf die Bundesregierung den *Deutschen Filmpreis*. Er ist mit drei Millionen Euro der am höchsten dotierte Kulturpreis der Bundesrepublik und wird anlässlich der Berlinale vom *Beauftragten der Bundesregierung für Kultur und Medien* (*BKM*) vergeben.

Nichtsdestotrotz setzte sich die Krise der deutschen Filmwirtschaft ab Mitte der 1950er als direkte Folge des damaligen Kinosterbens fort, das wiederum auf die zunehmende Verbreitung des Konkurrenzmediums Fernsehen zurückzuführen war. Waren 1956 erst 700.000

deutsche Haushalte im Besitz eines Fernsehgeräts, waren bereits 1967 fünfzig Prozent aller Haushalte versorgt (Vgl. LEDER, D. (1995), S. 190). Parallel dazu implodierte die Zahl der Kinobesucher von 817,5 Millionen im absoluten Rekordjahr 1956 auf nur noch 172 Millionen 1969. Entsprechend sank der jährliche Ausstoß der deutschen Filmwirtschaft bereits bis 1965 um fast fünfzig Prozent auf nur noch 56 Produktionen, während ihr inländischer Marktanteil von 47,7 Prozent 1956 auf lediglich 29 Prozent 1962 schrumpfte (Vgl. STORM, S. (2000), S. 25; HOLLSTEIN, K. (1996), S. 23). Interessanterweise waren es damals keine US-amerikanischen Produktionen, die die Importseite dominierten, sondern französische Komödien sowie ‚Italo-Western'. Letztere waren jedoch nicht selten Koproduktionen mit den großen amerikanischen Studios, die auf diesem Weg die damals deutlich niedrigeren Lohnkosten sowie die staatlichen Förderangebote in diversen europäischen Ländern gleichsam ‚mitnahmen' (Vgl. EDGERTON, G. (1986), S. 206ff.; FREEMAN, G. et. al. (2005), S. 18ff.).

Vor diesem Hintergrund nahm eine Gruppe junger deutscher Nachwuchsregisseure um *Harro Senft* und *Alexander Kluge* das *8. Oberhausener Filmfestival* zum Anlass, eine grundlegende Reform der deutschen Filmförderung anzumahnen. In ihrem berühmten, am 28. Februar 1962 veröffentlichten *Oberhausener Manifest* äußerten sie grundlegende Zweifel an der Qualität des etablierten („alten") deutschen Films, betonten ihre Erfolge auf internationalen Kurzfilmfestivals und forderten mehr Freiheiten und Unterstützung für innovative und qualitativ hochwertige *Autorenfilme*, nicht zuletzt also für ihre eigenen Filmvorhaben. Die Bundesregierung reagierte 1965 mit der Gründung des *Kuratoriums Junger Deutscher Film*, das mit der Vergabe prinzipiell rückzahlbarer Darlehen an erfolgversprechende junge Filmemacher betraut wurde. Bereits 1970 stellte der Bund die Finanzierung der Einrichtung wieder ein, nachdem die überwiegende Mehrheit der Empfänger die Tilgung für ihre geförderten Projekte nicht leisten konnte, und übertrug das Kuratorium in den Zuständigkeitsbereich der Länder (Vgl. STORM, S. (2000), S. 26.).

1967 wurde schließlich die öffentliche Filmförderung durch den Bund im *Gesetz über Maßnahmen zur Förderung des deutschen Films* (kurz: *Filmförderungsgesetz* bzw. *FFG*) völlig neu geregelt. Am 1. Januar 1968 in Kraft getreten, wurde das *FFG* seitdem viermal novelliert und wird von der in Berlin ansässigen *Filmförderungsanstalt* (*FFA*) administriert. Ursprünglich als reines Wirtschaftsförderungsgesetz angelegt (Vgl. JAROTHE, S. (1998), S. 81), sollte es die deutsche Filmindustrie sowohl vor ausländischen Wettbewerbern als auch vor der Konkurrenz durch das Fernsehen schützen (Vgl. VOM HOFE, O. (2007), S. 134). Neben der Förderung für Langfilme sieht das *FFG* die Gewährung von Beihilfen auch für Kurzfilme vor, sofern diesen von der Filmbewertungsstelle das Prädikat ‚besonders wertvoll' verliehen wurde. Darüber hinaus sind nach dem *FFG* Fördermittel für nahezu alle Tätigkeiten verfügbar, die einen direkten oder indirekten Bezug zur Filmherstellung haben, z.B. das Verfassen von Drehbüchern, die Filmaufführung oder die Modernisierung von Lichtspielhäusern und Videotheken, aber auch für die kinematographische Forschung sowie filmspezifische Ausbildungsgänge.

In den 1970ern vollzogen sich schließlich drei weitere Entwicklungen, die die gegenwärtige Struktur des deutschen Filmförderungssystems entscheiden mitprägen sollten. Ab 1973 leisteten zunächst die öffentlich-rechtlichen Fernsehanstalten einen freiwilligen Finanzierungsbeitrag zum Haushalt der FFA. Er ist geregelt in den sogenannten *FilmFernsehabkommen* und garantiert ARD und ZDF im Gegenzug umfangreiche Mitentscheidungsrechte in Förderangelegenheiten sowie Verwertungsrechte (Vgl. STORM, S. (2000), S. 27). Seit 1989 gelten vergleichbare Vereinbarungen auch mit den privaten Fernsehanbietern (Vgl. WOLF, M. (2004), S. 15). Des Weiteren gründeten mit (West)Berlin und dem Stadtstaat Hamburg die ersten beiden Bundesländer 1977 bzw. 1979 ihre eigenen Filmfördergesellschaften. Heute verfügt jedes Bundesland – zumindest im Verbund mit anderen Ländern – über eine derartige Einrichtung. Typischerweise als GmbH firmierend, zählen ortsansässige private wie öffentlich-rechtliche Rundfunkanbieter zu den Gesellschaftern. Die Zielsetzungen dieser Förderorgane sind fast ausschließlich regionalpolitischer Natur, ein Trend der sich mit der Zulassung privater Anbieter 1984 und dem dadurch ausgelösten Wettbewerb der Länder um deren Ansiedelung noch erheblich verstärkte.

3.2 Rechtlich-institutioneller Rahmen

Wie sich im historischen Rückblick bereits andeutete, stellt die staatliche Filmförderung in Deutschland ein äußerst vielschichtiges Geflecht mannigfacher Förderziele, konkurrierender Regelwerke und Kompetenzen sowie direkter und indirekter Beihilfen dar. Nicht übersehen werden sollte in diesem Zusammenhang freilich, dass dieser laut SCHNEIDER (1998, S. 192) veritable „medienpolitische Dschungel" einerseits die zwangsläufige Konsequenz der dualen Natur des Films als Kulturgut und als Wirtschaftsgut ist sowie andererseits die komplexe Kompetenzverteilung im bundesdeutschen Föderalismus widerspiegelt. Stark vereinfacht dargestellt weist das Grundgesetz den Ländern die ausschließliche Gesetzgebungskompetenz auf dem Gebiet der Kulturpolitik zu. Demgegenüber gehört der Regelungsbereich der allgemeinen Wirtschaftspolitik zu den Kernaufgaben des Bundes. Dafür verfügen die Länder jedoch wiederum über umfassende Entscheidungsbefugnisse in der Regionalpolitik, insbesondere im Bereich der Wirtschaftsförderung. Schließlich existieren noch diverse, teils verfassungsrechtlich festgeschriebene, teils eher der Tradition oder politischen Notwendigkeiten geschuldete informelle Kooperationsformen in der allgemeinen Kulturpolitik (Vgl. SCHULZ, C. (2007), S. 32ff.) sowie speziell auf dem Gebiet der Filmförderung (Vgl. JAROTHE, S. (1998), S. 69ff.). Vor diesem Hintergrund sollen im nun Folgenden die wesentlichen Teilbereiche des deutschen Systems staatlicher Filmförderung vorgestellt werden.

3.2.1 Grundstruktur

Träger der öffentlichen Filmförderung in Deutschland sind sowohl der Bund als auch die Länder. Die relevanten Regularien unterscheiden sich je nach Förderinstitution allerdings im Detail – wenn auch nicht so sehr hinsichtlich der angestrebten Ziele – mitunter erheblich. Die großen Fördereinrichtungen verwalteten 2007 zusammen ein Budget von 290,1 Mio. € (Vgl. FFA-FILMFÖRDERUNGSANSTALT (2007), S. 8f.). Hinzu kommen diverse kleinere Einrichtungen wie das *Kuratorium Junger Deutscher Film* sowie die lokalen Filmbüros einiger Bundesländer, die aufgrund ihrer sehr geringen Mittelausstattung von i.d.R. zwischen 5 und 7,5 Mio. € pro Jahr lediglich eine sehr enge Nische bedienen (Vgl. STORM, S. (2000), S. 33). Wie bereits erwähnt, fördern die großen Einrichtungen prinzipiell nahezu die gesamte Bandbreite filmischen Schaffens. Gleichwohl fließt mit knapp 170 Mio. € – davon 105,5 Mio. €

aus Bundesmitteln – das Gros der von ihnen vergebenen Fördermittel in die Herstellung von Spielfilmen (Vgl. FFA – FILMFÖRDERUNGSANSTALT (2007), S. 8f.).

3.2.2 Förderprogramme des Bundes

In auffälligem Gegensatz zur im Grundgesetz verankerten Kompetenzzuordnung obliegt die kulturelle Filmförderung in der Praxis in wesentlichen Teilen dem Bund. Diese nach ROEBER und JACOBY (Vgl. ROEBER, G. / JACOBY, G. (1973), S. 556) stillschweigende Duldung durch die Bundesländer, die ansonsten streng über ihre verfassungsrechtlichen Zuständigkeiten wachen, lässt sich sicher mit der daraus resultierenden Entlastung der Länderhaushalte erklären. Zum anderen ist der Bund aber auch unmittelbar in die wirtschaftliche Filmförderung involviert.

Kulturpolitisch motivierte Filmförderung

Wichtigste Quelle von Fördermitteln im Rahmen der kulturpolitischen Zielen dienenden Filmförderung ist das Budget des *BKM*. Er ist direkt der Bundesregierung unterstellt. Seine Haushaltsmittel von gegenwärtig 32,8 Mio. €, die vollständig aus Steuergeldern finanziert werden, fließen nicht nur in den *Deutschen Filmpreis* und eine Reihe anderer Preise wie den *Deutschen Kurzfilmpreis* und den *Deutschen Drehbuchpreis*. Weitere Förderobjekte sind beispielsweise einige bedeutende Filmfestivals wie vornehmlich die *Berlinale*, Werbekampagnen zur Erhöhung des Bekanntheitsgrades deutscher Produktionen im Ausland sowie diverse kinematographische Institutionen und Filmakademien. Darüber hinaus stellt der *BKM* im Zuge der Projektförderung – dazu später mehr – für qualitativ hochwertige Spielfilme und Kinderfilme Fördermittel bereit.

Der jährlich vergebene *Deutsche Filmpreis* hat inzwischen nicht nur den Rang eines der prestigeträchtigsten Kulturpreise, die in Deutschland vergeben werden. Er ist darüber hinaus mit einem Preisgeld von fast 3 Mio. € über sämtliche Kategorien hinweg hierzulande die am höchsten dotierte Auszeichnung dieser Art. Das Preisgeld – derzeit 500.000 € in der Kategorie „Bester Film", 200.000 € für den „Besten Dokumentarfilm" und 250.000 € für den „Besten Kinder- und Jugendfilm" – ist zweckgebunden und muss von den Preisträgern in vollem Umfang für künftige Produktionen verwendet werden. Darüber hinaus werden in neun Kategorien (inklusive bester Regisseur, bester männlicher Hauptdarsteller, beste weibliche Hauptdarstellerin) personenbezogene, nicht zweckgebundene Preise vergeben (BKM 2005).

Wirtschaftspolitisch motivierte Filmförderung

Wirtschaftliche Filmförderung betreibt der Bund über zwei Kanäle: die *FFA-Filmförderungsanstalt*, die 1968 zur Administration des *FFG* gegründet wurde und über ein Budget von derzeit 39 Mio. € verfügt; und den mit 60 Mio. € pro Jahr ausgestatteten *Deutschen Filmförderfonds* (*DFFF*), der 2007 für zunächst drei Jahre eingerichtet wurde. Die *FFA-Filmförderungsanstalt* finanziert sich primär über eine Filmabgabe und eine Videoabgabe. Erstere wird von allen Kinobetreibern erhoben, deren Häuser jährlich mehr als 75.000 Besucher attrahieren, und variiert je nach Größe von 1,8 bis 3 Prozent des erzielten Bruttokartenumsatzes. Als eine Art indirekter Steuer wird sie jedoch auf die Kinobesucher überwälzt. Angesichts eines aktuellen Marktanteils ausländischer Filme von 81,1 Prozent im Jahr 2007 subventionieren damit faktisch die ausländischen Produktionsfirmen ihre deutschen Wettbewerber. Demselben Prinzip folgt auch die Videoabgabe, die von der Videowirtschaft – also von den Inhabern von Lizenzrechten, die Bildträger ab einer Laufzeit von 58 Minuten zum Zweck der Vermietung, Vorführung, zum Weiterverkauf oder im Direktabsatz an Endverbraucher in Verkehr bringen – zu entrichten ist. Sie beläuft sich derzeit auf 1,8 Prozent bis zu einem Jahresnettoumsatz von 30 Mio. € sowie von maximal 2,3 Prozent ab einem Jahresnettoumsatz von 60 Mio. €. Darüber hinaus fließen der *FFA-Filmförderungsanstalt* noch substantielle Mittel von den öffentlich-rechtlichen Rundfunkanstalten zu: 4,5 Mio. € pro Jahr für Koproduktionen sowie auf der Basis der *FilmFernsehabkommen* 11 Mio. € zur zweckgebundenen Verwendung im Rahmen der Projektfilmförderung. Sehr ähnliche vertragliche Arrangements existieren auch zwischen *FFA* und den privaten Fernsehsendern, die – ebenfalls für die Projektfilmförderung – gegenwärtig ca. 12 Mio. € jährlich beisteuern.

Das *FFG* sieht zwei verschiedene Fördervehikel vor: die *Referenzfilmförderung* (einschließlich des hier nicht näher betrachteten Spezialfalls der Referenzkurzfilmförderung) sowie die *Projektfilmförderung*. Ergänzt werden sie durch zahlreiche spezielle Förderprogramme für vor- und nachgelagerte Tätigkeiten (§§ 47-60 *FFG*). Die Inanspruchnahme der Förderleistungen der *FFA* ist an zwei Grundvoraussetzungen geknüpft. Zum einen muss der Antragssteller ein, freilich breit definiertes Nationalitätskriterium erfüllen (wobei aber internationale Koproduktionen unter deutscher Beteiligung prinzipiell ebenfalls förderungsfähig sind). Zum zweiten ist nach § 19 *FFG* eine Förderung grundsätzlich unlässig, „wenn der Referenzfilm, der neue Film oder das Filmvorhaben gegen die Verfassung oder gegen die Gesetze verstoßen oder das sittliche oder religiöse Gefühl verletzen“ oder die „die sexuelle Vorgänge oder Brutalitäten in aufdringlich vergröbernder spekulativer Form darstellen.“

Konkret erhalten im Rahmen der *Referenzfilmförderung* die Produzenten derjenigen Spielfilme, die im Jahr nach dem Filmstart mehr als 150.000 so genannte Referenzpunkte erreichen konnten – falls ein Prädikat der Filmbewertungsstelle vorliegt, genügen 100.000 – einen prinzipiell nicht rückzahlbaren Zuschuss zu den Herstellungskosten (inhaltlich vergleichbare, wenn auch weniger anspruchsvolle Vorgaben bestehen für Kinder- und Jugendfilme sowie Dokumentationen.). Da jeder inländische Kinobesucher als 1 Referenzpunkt gewertet wird, sind folglich wenigstens 150.000 verkaufte Eintrittskarten erforderlich, um in den Genuss der Förderung zu gelangen. Alternativ, in der Praxis aber sehr selten, werden Referenzpunkte auch für besondere Erfolge bei den im FFG aufgelisteten international renommierten Filmfestivals vergeben, sofern der Film im Inland von wenigstens 50.000 Zuschauern gesehen wurde (§ 22 *FFG*). Der Zuschuss pro Film ist auf 2 Mio. € limitiert. Dabei sind vom Zuschussempfänger folgende Bedingungen einzuhalten:

- Der Zuschuss muss vollständig für ein neues Filmvorhaben verwendet werden, welches den Kriterien gemäß §§ 15 und 16 *FFG* entspricht.
- In Übereinstimmung mit den Bestimmungen des EU-Beihilferechts darf der Subventionsanteil nicht mehr als 50 Prozent der Herstellungskosten des neuen Films betragen (Vgl. BROCHE, J. et al. (2007), S. 45).
- Geförderte Filme dürfen erst sechs Monate nach ihrem Kinostart als Video oder DVD vertrieben werden sowie erst nach Ablauf von 18 Monaten im verschlüsselten Bezahlfernsehen bzw. nach 24 Monaten im Free TV ausgestrahlt werden (unter bestimmten Be-

dingungen kann das FFA-Präsidium auf Antrag der Produktionsfirma diese Sperrfristen verkürzen).

Ein Antrag auf *Projektfilmförderung* kann demgegenüber von denjenigen Produzenten gestellt werden, die (noch) keinen Referenzfilm vorweisen können. Die Entscheidung über die eingegangenen Förderanträge obliegt der bei der *FFA* angesiedelten Vergabekommission. Deren 11 Mitglieder repräsentieren neben dem deutschen Bundestag (1 Vertreter) noch die öffentlich-rechtlichen Rundfunkanstalten (1 Vertreter), den Verband Privater Rundfunk und Telekommunikation (1 Vertreter) den „kreativ-künstlerischen Bereich, benannt von der für Kultur und Medien zuständigen obersten Bundesbehörde“ (1 Vertreter), sowie 7 Vertreter von Branchenverbänden (§ 8 *FFG*). Eine Förderung setzt allerdings grundsätzlich voraus, dass „ein Filmvorhaben auf Grund des Drehbuches sowie der Stab- und Besetzungsliste einen Film erwarten lässt, der geeignet erscheint, die Qualität und die Wirtschaftlichkeit des deutschen Films zu verbessern“ (§ 32 *FFG*). Außerdem muss der Antragsteller Eigenmittel von wenigstens 15 Prozent der Produktionskosten nachweisen. Dabei kann es sich sowohl um Eigen- oder Fremdkapital – ausgenommen sind sonstige öffentliche Fördermittel – handeln. Wurde bereits eine nachträgliche Fernsehverwertung vertraglich vereinbart, reduziert sich der Eigenanteil auf 10 Prozent der Kosten (§ 34 *FFG*). Juristisch gesehen stellt die Projektfilmförderung somit ein Darlehen dar, welches grundsätzlich einer Rückzahlungspflicht unterliegt. Allerdings ist eine Tilgung erst dann vorgeschrieben, wenn die Verwertungserlöse die bei der Antragsstellung geltend gemachten und von der Vergabekommission genehmigten Kosten um mindestens 20 Prozent übersteigen – wobei die Rückzahlungspflicht 5 Jahre nach der Uraufführung des Films generell erlischt. Im Hinblick auf die Video- und DVD-Verwertungsrechte gelten identische Bestimmungen wie bei der Referenzfilmförderung.

Der *DFFF* – Kernstück des so genannten neuen Anreizmodells des Bundes zur Förderung der Filmwirtschaft in Deutschland – wurde schließlich Ende 2006 im Wesentlichen aus drei Gründen eingerichtet (Vgl. BKM (2006), S. 3). Zum einen hielt es die Bundesregierung für geboten, der Filmwirtschaft einen gewissen materiellen Ausgleich für die Abschaffung der steuerlichen Privilegien der Medienfonds zu gewähren. Zum anderen sollte die Neuregelung den so genannten *German spend*, d.h. den in Deutschland verausgabten Anteil am Budget einer Filmproduktion, substanziell erhöhen; insbesondere sollte Deutschland für internationale Koproduktionen attraktiver gemacht werden. Da in der Förderkategorie programmfüllende Spielfilme grundsätzlich nur Anträge für Werke mit einer Mindestlaufzeit von 79 Minuten berücksichtigt werden, deren Budget über 1 Mio. € liegt, richtet sich die *DFFF*-Förderung somit faktisch in erster Linie an Großproduktionen (für Dokumentarfilme gilt ein Schwellenwert von 200.000 €, bei Animationsfilmen bei 3 Mio. €, Vgl. BKM (2006)). Schließlich kann der *DFFF* noch als politische Reaktion auf die unter Filmschaffenden seit langem weit verbreitete Kritik am Modell der gremienbasierten *Projektfilmförderung* – dazu später mehr – interpretiert werden. In der Tat werden die *DFFF*-Fördermittel automatisch ohne Einbeziehung einer Vergabekommission verteilt (Vgl. BKM (2006), S. 10f.; GEIER, H. (2007), S. 178ff.). Konkret müssen die Antragsteller neben den in den traditionellen Fördermodellen üblichen Nationalitäts- und Qualitätskriterien einen – allerdings nicht sonderlich anspruchsvollen – kulturellen Eigenschaftstest bestehen, um in den Genuss einer Förderung aus dem *DFFF* zu gelangen. Dabei handelt es sich im Wesentlichen um eine Checkliste zur Überprüfung der Deutschland-spezifischen Projektinhalte und des *German spend*, der mindestens 25

Prozent der Gesamtproduktionskosten – bzw. wenigstens 20 Prozent bei Großprojekten mit einem Budget über 20 Mio. € – betragen muss. Dieser Test besteht aus zwei Blöcken mit insgesamt drei Fragebereichen: dem A-Block mit den Unterabschnitten „kultureller Inhalt" sowie „kreative Talente" und dem B-Block „Herstellung". In beiden Blöcken muss jeweils eine Mindestpunktzahl erreicht werden (Vgl. BKM (2006), S. 21ff.). Darüber hinaus muss der Antragsteller eine solide Finanzplanung und einen Eigenmittelanteil in Höhe von wenigstens 15 Prozent der Projektkosten nachweisen. Handelt es sich um eine internationale Koproduktion, muss der deutsche Antragsteller wenigstens 25 Prozent der Herstellungskosten tragen (bei Großprojekten ab 25 Mio. € nur 5 Mio. €). Darüber hinaus muss der deutsche Antragsteller auch „inhaltlich mitverantwortlich und aktiv in die Filmherstellung eingebunden" sein (BKM (2006), S. 8). Die Subvention beträgt 20 Prozent der deutschen Produktionskosten. Zugleich gilt ein Förderhöchstbetrag von 4 Mio. €. Dieser kann aber in Ausnahmefällen vom *FFA*-Beirat auf Antrag auf 10 Mio. € erhöht werden, falls mehr als 35 Prozent der Herstellungskosten in Deutschland anfallen bzw. das Projekt im kulturellen Eigenschaftstest zumindest zwei Drittel der Gesamtpunktzahl erreicht (Vgl. BKM (2006), S. 9).

3.2.3 Förderprogramme der Länder

Die Filmförderprogramme der Länder werden im Wesentlichen aus den jeweiligen Länderhaushalten finanziert. Aufgrund der immer engeren Zusammenarbeit mit den ortsansässigen öffentlich-rechtlichen und privaten Fernsehsendern steigen allerdings deren Beiträge zu den Haushalten der lokalen Förderinstitutionen – für die sie im Gegenzug umfassende Mitentscheidungsrechte bei der Vergabe von Fördermitteln sowie Verwertungsrechte erhalten – stetig an (Vgl. GEIER, H. (2006), S. 56). In den beiden letzten Dekaden übertraf die Filmförderung aller Länder zusammen die des Bundes deutlich (2006: 63,4 Prozent sowie 58 Prozent der Fördermittel für Spielfilme). Erst mit der Einrichtung des *DFFF* zum 1. Januar 2007 sank der Länderanteil auf 41 bzw. 38 Prozent (Vgl. FFA-FILMFÖRDERUNGSANSTALT (2007), S. 8f.). Formalrechtlich betrachtet haben auch die Filmfördereinrichtungen der Länder ein duales – kultur- und wirtschaftspolitisches – Mandat. In der Tat zählen der Erhalt der kulturellen und sprachlichen Vielfalt, die Bewahrung der lokalen bzw. regionalen kulturellen Identität und die Unterstützung des künstlerischen Nachwuchses zumindest auf dem Papier zu ihren wesentlichen Aufgaben. Nichtsdestotrotz offenbart ein genauerer Blick auf deren Vergabeentscheidungen eindeutig den Primat regionalpolitischer Zielsetzungen. Kurz gesagt sind sie bestrebt, den ökonomischen Nutzen von Filmproduktionen in der Förderregion zu maximieren. Angestrebt werden folgende regionalwirtschaftliche Effekte (Vgl. GORDON, M. (1998), S. 55):

- eine Zunahme der lokalen bzw. regionalen Beschäftigung sowie des Einkommens infolge von Multiplikatoreffekten;
- die Etablierung des Bundeslands als Zentrum der Medienwirtschaft bzw. die Stärkung eines bereits existierenden lokalen bzw. regionalen Medienclusters;
- das Generieren von Spillovereffekten in andere lokale bzw. regionale Wirtschaftszweige, insbesondere die Tourismuswirtschaft – eine Zielsetzung, die im Übrigen in Anspielung auf das hinlänglich bekannte ‚Product placement' oft auch als ‚Country placement' bezeichnet wird (HORMUTH, S. (1993), S. 72ff.).

Um diese Ziele erreichen zu können, fordern alle Fördereinrichtungen der Länder einen minimalen *Local spend*. In anderen Worten müssen die Produktionsfirmen zumindest die ihr zugeflossenen Beihilfen wieder vor Ort verausgaben; die meisten Ländern fordern sogar einen Mindestwert von 150 Prozent dieses Betrags (Vgl. STORM, S. (2000), S. 29ff.; GEIER, H. (2006), S. 52ff.). Darüber hinaus muss das Projekt – analog dem Nationalitätskriterium in der Filmförderung des Bundes – grundsätzlich einen gewissen lokalen bzw. regionalen Bezug erkennen lassen, um überhaupt in den Genuss einer Förderung zu gelangen. Ohne unzulässig zu vereinfachen ist dieses Kriterium bereits erfüllt, wenn zumindest ein Teil der Handlung auf dem Territorium des fraglichen Landes spielt oder der Regisseur, der Drehbuchautor, der Produzent oder der Koproduzent – ungeachtet ihrer jeweiligen Staatsbürgerschaft – dort wohnhaft ist. Schließlich bescheiden die meisten Fördereinrichtungen der Länder einen Antrag nur dann positiv, falls die Produktionsfirma sich verpflichtet, lokale Mitarbeiter auf dem Set zu beschäftigen sowie die Uraufführung des Films in dem fraglichen Bundesland zuzusichern. Die endgültigen Förderentscheidungen obliegen dann Auswahlgremien, in denen, wie bereits erwähnt wurde, die lokalen bzw. regionalen Fernsehsender großen Einfluss besitzen.

4 Kritische Würdigung

4.1 Exkurs: Entwicklung des deutschen Kinomarktes

Der Marktanteil der hiesigen Filmwirtschaft ist trotz der jahrzehntelangen staatlichen Unterstützung zwar seit etwa 15 Jahren nicht mehr rückläufig, er hat sich dafür aber bei sehr ausgeprägten Schwankungen von Jahr zu Jahr auch nur sehr langsam wieder erhöht und erreicht 2007 gerade einmal 18,9 Prozent im Vergleich zu 8,4 Prozent 1993 (bzw. 25,8 Prozent 2006 gegenüber 13 Prozent im Jahr 1992) (Vgl. FFA-FILMFÖRDERUNGSANSTALT (2007), S. 11, (2008b), S. 1). Problematisch ist allerdings, dass – isoliert betrachtet – diese positive Entwicklung durch mehrere konträre Trends deutlich relativiert wird. So ist die absolute Zahl der Kinogänger seit der Jahrtausendwende wieder stark rückläufig, und zwar von 168,5 Mio. 2001 auf nur mehr 125,4 Mio. 2007 (Vgl. FFA-FILMFÖRDERUNGSANSTALT (2007), S. 11). Dies hatte wiederum einen spürbaren Rückgang nicht nur der Kinoumsätze, sondern auch der Erlöse je Zuschauer zur Folge.

Tabelle 1: Der deutsche Kinomarkt in Zahlen (alle Produktionen)

	2007	2006	2005	2004	2003	2002	2001
Kartenumsatz (in Mio. €)	767,9	814,4	745,0	892,9	850,0	960,1	987,2
Verkaufte Eintrittskarten pro Kopf	1,52	1,66	1,54	1,90	1,81	1,99	2,16
Mittlerer Umsatz je Besucher (in €)	9,34	9,89	9,03	10,82	10,30	11,64	12,00
Besucher deutscher Produktionen (in Mio.)	23,4	34,7	21,5	36,7	25,3	19,0	30,9

Quelle: FFA-FILMFÖRDERUNGSANSTALT (2007, S. 1, 2008b, S. 1)

4.2 Untersuchungen zur Effizienz der Förderung

Für die geringe Effektivität der staatlichen Filmförderung in Deutschland finden sich in der einschlägigen Literatur inzwischen zahlreiche Beispiele. So zeigt DUVVURI in seiner kürzlich erschienenen Dissertation (DUVVURI, S. A. (2007)) vor allem anhand von Veröffentlichungen der *FFA*, dass von den 209 Mio. €, die sie zwischen 1974 und 2003 als Darlehen im Rahmen der Projektfilmförderung vergeben hatte, später von den erfolgreichen Antragstellern lediglich 10 Prozent zurückgezahlt wurden. Des Weiteren lockte ein Drittel der 635 Filmproduktionen, die von 1993 bis 2004 öffentlich gefördert und in einem Kino aufgeführt wurden, weniger als 10.000 zahlende Zuschauer an, und zwei Drittel kamen nicht über 100.000 Besucher hinaus.

Auf der Ebene der Filmfördereinrichtungen der Länder scheint die Erfolgsquote noch niedriger zu liegen. Beispielsweise vergab die *Filmstiftung Nordrhein Westfalen*, die größte Einrichtung ihrer Art in Deutschland und eine der größten in ganz Europa, von 1991 bis 1997 1,6 Mio. € an rückzahlbaren Zuschüssen für insgesamt 66 Drehbuchprojekte. Wie der nordrhein-westfälische Landesrechnungshof ermittelte, flossen von deren Empfängern lediglich 40.903.- € wieder zurück (Vgl. LANDESRECHNUNGSHOF NORDRHEIN-WESTFALEN (1999), S. 78ff.). Dies war der Tatsache geschuldet, dass es kaum einem der geförderten Autoren gelungen war, sein Skript erfolgreich an eine Produktionsfirma zu vermarkten. Ein ähnlich schlechtes Bild zeichnet der Bericht von der Effektivität der Spielfilmförderung. In diesem Bereich gelang es nur 5 von 93 geförderten Filmvorhaben einen so hohen Gewinn abzuwerfen, dass eine (zumindest partielle) Rückzahlung der erhaltenen Darlehen veranlasst werden konnte. Konkret flossen nur 3,1 Prozent der von der *Filmstiftung Nordrhein Westfalen* gewährten Darlehen – d.h. 1,12 Mio. € von 35,85 Mio. € – zurück. Dieser bereits sehr geringe Wert hätte sich nochmals – und zwar auf 0,2 Prozent – vermindert, hätte sich nicht einer der geförderten Filme zu einem veritablen Blockbuster entwickelt und damit eine Rückzahlungsverpflichtung der Produzenten in Höhe des gesetzlichen Höchstwerts von 1 Mio. € begründet. Der Bayerische Landesrechnungshof ermittelte in einem im Jahr 2004 vorgelegten Untersuchungsbericht nur unwesentlich höhere Rückzahlungsquoten bei den Filmfördermaßnahmen der *FilmFernsehFonds Bayern GmbH* und kam zu dem abschließenden Ergebnis, „dass die langjährige und massiv steigende öffentliche Subventionierung nicht dazu geführt hat, die Förderziele zu erreichen“ (BAYERISCHER OBERSTER RECHNUNGSHOF (2004), S. 53).

4.3 Fehlanreize und Fehlentwicklungen infolge der Filmförderung

4.3.1 Subventionsmentalität

Wirtschaftspsychologisch betrachtet, generiert jede über einen längeren Zeitraum hinweg gewährte staatliche Beihilfe mit großer Wahrscheinlichkeit die Herausbildung einer ‚Subventionsmentalität' unter ihren Empfängern. Anstatt als – einmaliges oder zeitlich befristetes – Privileg wird sie also zunehmend als selbstverständlicher Anspruch und als Bringschuld von Staat und Gesellschaft wahrgenommen. Im Ergebnis führt diese veränderte Wahrnehmung zu einer volkswirtschaftlich außerordentlich problematischen Kultur der Abhängigkeit, die den Unternehmergeist erstickt und stattdessen eine die gesamtwirtschaftliche Wohlfahrt mindernde ‚Rent-seeking society' gebiert (TULLOCK, G. (1980), S. 16ff.). Für diesen theoretischen Befund finden sich auch in der deutschen Filmwirtschaft unübersehbare Belege.

So stellt zunächst die öffentliche Filmförderung seit Jahrzehnten die mit deutlichem Abstand bedeutendste (Fremd-)Finanzierungsquelle der Produzenten dar. Obwohl die diesbezüglichen Schätzungen differieren, dürften sie gegenwärtig etwa 50 Prozent der Produktionskosten betragen. Dies entspricht in etwa den nach EU-Beihilferecht zulässigen Höchstsätzen, liegt aber niedriger als im Zeitraum von Mitte der 1980er bis Mitte der 1990er, als die öffentlichen Zuschüsse noch etwa 70 Prozent abdecken (GINSBERG, M. (1984), S. 62ff.; DALE, M. (1997)). Aus Sicht des Produzenten stellt die öffentliche Filmförderung in Deutschland eine höchst attraktive, weil de facto risikofreie Komponente seines Finanzierungsplans dar. Anders als bei marktüblichen Formen der Fremdfinanzierung werden die Fördermittel nämlich grundsätzlich zinslos gewährt und müssen mit – der in der Praxis, wie bereits erwähnt wurde, freilich eher hypothetischen – Ausnahme der *Projektfilmförderung* nicht zurückgezahlt werden. Sie haben folglich den Charakter verlorener Zuschüsse. Überdies ist zulässig, gleichzeitig Zuschüsse mehrerer Fördereinrichtungen zu akquirieren, was auch den Regelfall darstellt (Vgl. STORM, S. (2000), S. 23). Faktisch ist somit der wirtschaftliche Erfolg des Produzenten vom wirtschaftlichen Erfolg der von ihm verantworteten Produktionen weitgehend entkoppelt (Vgl. JAROTHE, S. (1998), S. 94; GORDON, M. (1998), S. 50).

4.3.2 Fragmentierung der Angebotsseite

Während der *Referenzfilmförderung* zumindest eine gewisse marktorientierte Anreizwirkung innewohnt, haben die Regularien der *Projektfilmförderung* exakt den gegenteiligen Effekt. Die Folge sind perverse Anreize sowohl für die Filmschaffenden als auch für die zuständigen Förderinstitutionen. Vom Spezialproblem des Nepotismus bzw. eines fragwürdigen ‚Kuhhandels' – d.h. den grundsätzlichen Problemen gremienbasierter Zuwendungsentscheidungen – ganz abgesehen, ist es in einem derartigen System für jeden Antragsteller rational, lediglich solche Projekte vorzuschlagen, die mit hoher Wahrscheinlichkeit den (mutmaßlichen) Geschmack der Jurymitglieder treffen werden anstatt sich an den (mutmaßlichen) Präferenzen der Zuschauer zu orientieren (Vgl. BAYERISCHER OBERSTER RECHNUNGSHOF (2004), S. 60). Etwas zugespitzter formuliert stellen somit de facto die Mitglieder der Fördergremien die relevante Zielgruppe und damit die Hauptklientel der Filmschaffenden dar (Vgl. DALE, M. (1997), S. 123.) Offensichtlich ist auch, dass eine solchermaßen enge Beziehung zwischen nationaler Filmindustrie und nationalen Fördereinrichtungen nur geringe Anreize schafft, Produktionen hervorzubringen, die sich auch im europäischen Ausland sowie auf dem Weltmarkt vermarkten ließen und damit – wie es der US-amerikanischen Filmwirtschaft in hervorragender Manier gelingt – interkulturelle Barrieren, insbesondere also den ‚Cultural discount', erfolgreich zu überwinden (Vgl. COWEN, T. (2002), S. 81).

Wegen des hohen wirtschaftlichen Risikos einer Filmproduktion – die meisten Projekte spielen ihre Herstellungskosten selbst über die gesamte Vermarktungskette nicht wieder ein – und ihrer politischen Rechenschaftspflichten gegenüber Rechnungshof und Parlament haben die Fördereinrichtungen (vor allem) im Rahmen der *Projektfilmförderung* des Weiteren starke Anreize, eine große Zahl kleinerer anstelle einer geringen Anzahl von Großproduktionen zu unterstützen. Aus Sicht der Fördereinrichtung bietet diese Strategie den Vorteil, sich gegenüber politischer Kritik bis hin zu personellen Konsequenzen bei spektakulären Flops zu isolieren. Indirekte Folge ist aber auch die anhaltende Zersplitterung der deutschen Filmbranche, die eindeutig zu Lasten der Wettbewerbsfähigkeit gegenüber effizienteren und finanzstärkeren ausländischen Anbietern geht. Konkret bringen 80 Prozent der knapp 450 deutschen Filmproduktionsfirmen jährlich lediglich einen Film heraus, dessen durchschnittliches Budget sich auf 5 Mio. € beläuft – verglichen mit 58,8 Mio. € für US-amerikanische Produktionen (Vgl. BAYERISCHER OBERSTER RECHNUNGSHOF (2004), S. 59ff.; WESSENDORF, M. (2006), S. 25).

Dieses Strukturproblem wird wiederum verschärft durch zwei sozioökonomische Entwicklungen. Zum einen ist die Mehrzahl der Kinobesucher jünger als 35 Jahre – eine Zielgruppe, die allerdings aufgrund des demographischen Wandels absolut schrumpft. Überdies bevorzugt diese Zuschauergruppe teure Großproduktionen in Genres, in denen deutsche Produzenten traditionell nur schwach vertreten sind: Fantasyfilme (wie Herr der Ringe), Science Fiction (wie die Star Wars-Trilogy) und Action, die teure Spezialeffekte erfordern sowie generell Filme, die mit weltbekannten – und entsprechend teuren – Schauspielerinnen und Schauspielern besetzt sind (Vgl. ROHRBACH, G. (2001); COWEN, T. (2002), S. 77). Zum anderen schafft der große und weiter zunehmende Einfluss der Fernsehsender auf Förderentscheidungen, vor allem auf der Ebene der Bundesländer, Anreize für die Filmschaffenden, von vorneherein auf wesentlich kostengünstigere TV-kompatible Formate mit ihrer eigenen Bildsprache und Dramaturgie zu setzen. Der kommerzielle Primat der Zweitverwertung gegenüber der Kinoerstverwertung führt freilich wiederum dazu, dass derartigen Produktionen in der Regel an der Kinokasse ebenso wie als Exportgüter – einschließlich des Rechteverkaufs an ausländische Fernsehstationen – kommerziell nur geringer Erfolg beschieden ist. Diese Strategie kontrastiert merklich mit der wettbewerblichen Antwort der US-amerikanischen Studios auf die Bedrohung durch das Fernsehen (und zunehmend das Internet) in Gestalt extrem ressourcenaufwendigen Dreiklangs aus „marketing, glamour, and special effects" (COWEN, T. (2002), S. 77) sowie technologischen Innovationen wie der in vollem Gang befindlichen Umrüstung sowohl der Produktion als auch der Kinoaufführung auf das 3-D-Format.

4.3.3 Ineffizienzen infolge institutioneller Zersplitterung

Eine weitere strukturelle Schwäche der deutschen Filmförderung besteht in der Fragmentierung der Fördereinrichtungen, die untereinander einen intensiven, jedoch aus gesamtwirtschaftlicher Sicht unsinnigen, weil verschwenderischen Subventionswettlauf betreiben, anstatt ihre Kräfte auf weniger, dafür aber kommerziell erfolgversprechendere Filmvorhaben zu bündeln (Vgl. GORDON, M. (1998), S. 66; LANDESRECHNUNGSHOF NORDRHEIN-WESTFALEN (1999), S. 72ff.). Wohlgemerkt mag unter den gegenwärtigen rechtlich-institutionellen Rahmenbedingungen der Filmförderung eine derartige Strategie für die in diesem Wettbewerb erfolgreichen Bundesländer durchaus vorteilhaft sein. Dies gilt insbesondere vor dem Hintergrund, dass die geförderten Filme typischerweise Beihilfen des Bundes sowie eines oder sogar mehrerer Bundesländer erhalten. Wenn es also einem Bundesland gelingt, eine solchermaßen doppelt geförderte Produktion zu attrahieren, steigt folglich die Wahrscheinlichkeit beträchtlich, dass der gesetzlich geforderte *Local spend* übertroffen wird, da zumindest auch ein Teil der Fördermittel des Bundes vor Ort verausgabt werden. Aus einer gesamtwirtschaftlichen Perspektive heraus betrachtet, trägt das Fehlen einer engen horizontalen und vertikalen Koordination der Förderentscheidungen freilich auch zur anhaltenden Fragmentierung der deutschen Filmwirtschaft bei und beschädigt somit deren Wettbewerbsfähigkeit.

4.3.4 Sonderprobleme des DFFF

Aufgrund der laxen Nationalitätsanforderungen sind die hierzulande für Filmproduktionen gewährten Fördermittel schließlich auch für ausländische Produzenten höchst attraktiv. Dies zeigt sich beispielsweise daran, dass ausländische Handelskammern den in ihren Ländern ansässigen Filmschaffenden umfassende Informationen und Beratung für deren Einwerbung offerieren (Vgl. NEW ZEALAND TRADE & ENTERPRISE (2004)). Da Deutschland allerdings dabei mit den Förderprogrammen anderer Länder konkurriert, ist ein ausgeprägter Subventionswettlauf, der es keinem Produktionsstandort erlaubt, sich dauerhafte Wettbewerbsvorteile zu sichern, die gesamtwirtschaftlich unerwünschte Folge. Dass dieser Subventionswettbewerb perverserweise durchaus auch massiv zu Lasten der heimischen Filmbranche – zumindest ihres kreativen ‚Rückgrats', also den inländischen Regisseuren, Produzenten, Drehbuchautoren und Schauspielern – gehen kann, zeigen die ersten Erfahrungen mit dem *DFFF.*

Zwar gilt der *DFFF* aus Sicht der Bundesregierung und der hiesigen Filmwirtschaft bereits jetzt also großer Erfolg (und eine Verlängerung des Programms über 2009 hinaus erscheint politisch deshalb schon jetzt als ausgemacht). Betrachtet man freilich die 2007 beschlossenen Förderentscheidungen (Vgl. FFA-FILMFÖRDERUNGSANSTALT (2008a)), sind gleichwohl gewisse Zweifel an der Effektivität auch dieses neuen Förderinstruments angebracht. Wie der nachstehenden Tabelle 3 zu entnehmen ist, waren Großproduktionen unter maßgeblicher Beteiligungen US-amerikanischer Filmstudios bei der Antragstellung mit einem Anteil von etwa einem Drittel an den insgesamt ausgeschütteten Fördermitteln am erfolgreichsten – wenngleich formal stets eine deutsche Produktionsfirma als Antragsteller fungierte. Beispielsweise ist die *Achte Babelsberg GmbH*, die offizielle Produktionsfirma des Streifens *Valkyrie*, eines 54 Mio. € teuren Projekts über den deutschen Widerstandskämpfer *Claus Schenk Graf von Stauffenberg*, gesellschaftsrechtlich überaus eng mit *United Artists* verbunden. Vor diesem Hintergrund erscheint es zunächst kaum plausibel, dass diese Produktion ohne die *DFFF*-Fördermittel nicht realisiert worden wäre – wenngleich zugegebenermaßen nicht notwendigerweise auf deutschem Boden. Sachlich nicht nachvollziehbar ist außerdem die *DFFF*-Zuwendungsentscheidung für das am stärksten bezuschusste – und weltweit in den Kinos spektakulär gefloppte – Filmprojekt *Speed Racer*. Weder weist diese von *Warner Bros. Pictures* verantwortete Verfilmung eines japanischen Comics-Stoffs irgendeinen thematischen oder kulturellen Deutschlandbezug auf, noch sind – wie auch im Fall von *Valkyrie* – der Regisseur oder einer der Hauptdarsteller deutscher Nationalität oder zumindest hierzulande wohnhaft. Inwieweit die im Antragsverfahren formal als Produktionsfirma in Erscheinung getretene *Sechste Babelsberg Film GmbH* in der Tat den vorgeschriebenen inhaltlichen Einfluss geltend machen kann, ist für Außenstehende nicht erkennbar, zumal die Begründung des mit der Entscheidung betrauten Beirats – dem mit *Christoph Fisser* auch ein Vorstandsmitglied der *Babelsberg-Gruppe* angehört – bislang nicht veröffentlicht wurde (Vgl. SÜDDEUTSCHE ZEITUNG ONLINE-AUSGABE (2007)). Lediglich der *German spend* dürfte die im kulturellen Eigenschaftstest geforderten Schwellenwerte übertreffen. Was schließlich die Projekte der erfolgreichen deutschen Antragsteller angeht, erscheint es angesichts der Tatsache, dass deren Regisseure bislang zum Teil überwiegend für das Fernsehen gearbeitet haben, nicht unwahrscheinlich, dass diese vorrangig für die nachfolgende TV-Zweitverwertung konzipiert wurden denn für das typische Kinopublikum.

4.3.5 Sonderprobleme der kulturellen Filmförderung

Das zentrale Problem jeder kulturell orientierten Filmförderung besteht naturgemäß im Fehlen objektiver Qualitätskriterien. Aus diesem Grund sind Förderentscheidungen extrem anfällig für Rent-seeking, zumal sie in der Regel von so genannten ‚Gatekeepers', d.h. von Branchenvertretern getroffen werden, die von der Regierung in die zuständigen Auswahlgremien berufen wurden, aber nicht selten ein wirtschaftliches Eigeninteresse an derartigen Förderentscheiden haben (Vgl. CURRID, E. (2007), S. 132ff.). Im Ergebnis führt dies einerseits zu hohen Marktzutrittsschranken für in der Film Community schlecht ‚vernetzte' Antragsteller, insbesondere Newcomer, sowie für Projekte außerhalb des herrschenden Mainstreams. Andererseits immunisiert die weitgehende Delegation von Förderentscheidungen an Brancheninsider die zuständigen Behörden vor politischer und fachlicher Kritik im Falle einer Fehlentscheidung. Dass dies kein rein theoretisches Problem sein muss und dass das Ziel der Förderung künstlerisch wertvoller bzw. kulturell hochwertiger Filmprojekte allen öffentlichkeitswirksamen Verlautbarungen der Entscheidungsträger zum Trotz bis heute systematisch vernachlässigt wird, lässt sich sowohl schon im Hinblick auf den Anteil der Fördermittel, welche dafür vergeben wurden, grob erkennen. Es lässt sich auch exemplarisch am Beispiel des *Bundesfilmpreises* nachweisen. Obwohl er nach offizieller Lesart das ‚Flaggschiff' unter den vom Bund vergebenen Kulturpreisen darstellt, wird er gleichwohl im Regelfall an einen der kommerziell erfolgreichsten deutschen Filme des Jahres vergeben (SCHNEIDER (1998), S. 195f.).

Freilich sollte die grundsätzliche Eignung staatlicher Beihilfen als Instrument der Kulturpolitik nicht überschätzt werden. So belegt eine zentrale und vor allem empirisch gut abgesicherte Erkenntnis der Kulturökonomik, dass angebotsseitige Fördermaßnahmen per se keine zusätzliche Nachfrage nach ‚qualitativ hochwertigen' bzw. ‚kulturell wertvollen' Produktionen bei der eigentlichen gesellschaftlichen Zielgruppe – den so genannten kulturfernen Schichten – generieren. Im Gegenteil sind es regelmäßig die meist überdurchschnittlich gebildeten und wohlhabenden Haushalte, deren Nachfrage nach Kulturgütern aus dem allgemeinen Steueraufkommen von der Allgemeinheit subventioniert wird, obwohl diese gesellschaftliche Gruppe sehr wohl in der Lage wäre, Marktpreise zu bezahlen. Anders formuliert kann die staatliche Kulturförderung im Allgemeinen sowie die öffentliche Filmförderung im Besonderen nicht das Versagen von Familien und dem Schulwesen im Bereich der kulturellen Bildung kompensieren.

5 Fazit

Der Status quo der öffentlichen Filmförderung in Deutschland stellt geradezu ein Lehrbuchbeispiel für Politikversagen dar. Selbst wenn man – wie die Vertreter der deutschen Filmwirtschaft aus wohlverstandenem ökonomischen Eigeninteresse – grundsätzlich für eine staatliche Unterstützung der heimischen Filmindustrie plädiert, können die derzeitigen rechtlich-institutionellen Rahmenbedingungen nicht als sonderlich erfolgreich bewertet werden. Im Gegenteil hat sich die breite Verfügbarkeit von de jure und/oder de facto nicht oder nur zu einem geringen Anteil rückzahlbaren Fördermitteln dahingehend als kontraproduktiv erwiesen, als es nicht gelungen ist, die deutsche Filmwirtschaft zu revitalisieren, also einerseits ihren Marktanteil im Inland substantiell – in den Worten des *BKM*, *Bernd Neumann*, auf 40 Prozent (BKM (2008)) – zu erhöhen und andererseits ihre Weltmarkttauglichkeit zu steigern. Im Gegenteil gelang es bislang nicht, trotz enormer Subventionen von etwa 7.700 € pro Beschäftigten die Dominanz US-amerikanischer Produktionen auf dem deutschen Markt zu überwinden. Überdies hat die öffentliche Filmförderung die dringend erforderliche Umstrukturierung der Branche hin zu größeren Einheiten verhindert, eine fragwürdige Subventionsmentalität begründet und aller Rhetorik zum Trotz kulturpolitische Zielsetzungen systematisch vernachlässigt. Eine grundlegende Reform der öffentlichen Filmförderung erscheint somit sachlich geboten. Sie dürfte freilich angesichts der Komplexität des Föderalismus bundesdeutscher Prägung sowie der unter Filmschaffenden und Politikern nach wie vor weit verbreiteten Ansicht, dass das Kino eine Kunstform für die Elite anstatt massentauglicher Unterhaltung darstellt, kaum Chancen auf baldige Umsetzung besitzen.

Literaturverzeichnis

BAYERISCHER OBERSTER RECHNUNGSHOF: Jahresbericht 2004, München, 2004, ORH Bayerischer Oberster Rechnungshof (Homepage), http://www.orh.bayern.de/files/Jahresberichte/2004/Jahresbericht2004.pdf, 30.04.2008.

BROCHE, J. / CHATTERJEE, O. / ORSSICH, I. / TOSICS, N.: State aid for films – a policy in motion?, in: European Commission. Competition Directorate-General (ed.), Competition Policy Newsletter, No. 1, S. 44-48, 2007.

COWEN, T.: Creative Destruction. How Globalization Is Changing the World's Cultures, Princeton/Woodstock, 2002.

CURRID, E.: The Warhol Economy. How Fashion, Art & Music Drive, New York City, Princeton, 2007.

DALE, M.: The Movie Game: The Film Business in Britain, Europe, and America, London, 1997.

DER BEAUFTRAGTE DER BUNDESREGIERUNG FÜR KULTUR UND MEDIEN (BKM): Filmförderrichtlinien der BKM vom 13. Juli 2005, Bonn, 2005, Bundesregierung – Beauftragter für Kultur und Medien, Filmförderung (Homepage), http://www.filmfoerderung-bkm.de, 30.04.2008.

DER BEAUFTRAGTE DER BUNDESREGIERUNG FÜR KULTUR UND MEDIEN (BKM): Richtlinie des BKM „Anreiz zur Stärkung der Filmproduktion in Deutschland" vom 21. Dezember 2006, Bonn, 2006, Bundesregierung – Beauftragter für Kultur und Medien, Filmförderung (Homepage), http://www.filmverband-sachsen.de/pdf/richtlinie_fff.pdf, 30.04.2008.

DER BEAUFTRAGTE DER BUNDESREGIERUNG FÜR KULTUR UND MEDIEN (BKM): Rede von Staatsminister Bernd Neumann zum deutschen Filmpreis 2008, Berlin, 2008, Bundesregierung – Beauftragter für Kultur und Medien, Filmförderung (Homepage), http://www.bundes regierung.de/Content/DE/Rede/2008/04/2008-04-25-rede-neumann.html, 30.04.2008.

DUVVURI, S. A.: Öffentliche Filmförderung in Deutschland. Versuch einer ökonomischen Erfolgs- und Legitimationsbeurteilung, München, 2007.

EDGERTON, G.: The Film Bureau Phenomenon in America: State and Municipal Advocacy of Contemporary Motion Picture and Television Production, in: AUSTIN, B. A. (Hrsg.): Current Research in Film: Audiences, Economics and Law, Vol. II, Norwood, 1986, S. 204-224.

FFA-FILMFÖRDERUNGSANSTALT: FFA Info 1/07, Berlin, 07. Februar 2007, Filmförderungsanstalt – Publikationen (Homepage), http://www.ffa.de/downloads/publikationen/ffa_intern/FFA_info_ 1_2007.pdf , 30.04.2008.

FFA-FILMFÖRDERUNGSANSTALT: Deutscher Filmförderfonds. Förderzusagen Stand 17. Dezember 2007, Berlin, 2008a, Filmförderungsanstalt – Förderzusagen (Homepage), http://www.ffa.de/downloads/dfff/foerderzusagen/Foerderzusagen_DFFF_2007.pdf, 30.04.2008.

FFA-FILMFÖRDERUNGSANSTALT: FFA-Info 1/08, Berlin, 06. Februar 2008, 2008b, Filmförderungsanstalt – Publikationen (Homepage), http://www.ffa.de/downloads/publikationen/ffa_intern/FFA_info_1_2008.pdf, 30.04.2008.

FREEMAN, G. / KYSER, J. / SIDHU, N. / HUANG, G. / MONTOYA, M.: What Is the Cost of Run-Away Production? Jobs, Wages, Economic Output and State Tax Revenue at Risk When Motion Picture Productions Leave California, Study prepared for the California Film Commission, Los Angeles, 2005, California Film Commission (Homepage), http://www.film.ca.gov/pdf/press_release/California_Film_CommissionStudy.pdf, 30.04.2008.

GEIER, H.: Nationale Filmförderung und europäisches Beihilfenrecht, Baden-Baden, 2006.

GEIER, H: Filmförderung und Europarecht. Der neue Filmförderfonds und die geplante Verschärfung der europäischen Beihilfenkontrolle, in: ZUM – Zeitschrift für Urheber- und Medienrecht, Bd. 51, 2007, S. 178-186.

GINSBERG, M.: Ohne Subvention kein Verleih?, in: HUNDERTMARK, G. / SAUL, L. (Hrsg.): Förderungen essen Filme auf. Positionen – Situationen – Materialien, München, 1984, S. 62-69.

GORDON, M.: Kosten und Nutzen wirtschaftlicher Filmförderung, Potsdam, 1998.

HOLLSTEIN, K.: Filmwirtschaft und Filmförderung in Deutschland und Frankreich: Ein landeskundlicher Vergleich, Potsdam, 1996.

HORMUTH, S.: Placement: Eine innovative Kommunikationsstrategie, München, 1993.

JANSEN, C.: The Performance of German Motion Pictures, Profits and Subsidies: Some Empirical Evidence, in: Journal of Cultural Economics, Vol. 29, No. 3, 2005, S. 191-212.

JAROTHE, S.: Die Filmpolitik der Europäischen Union im Spannungsfeld zwischen nationaler staatlicher Förderung und US-amerikanischer Mediendominanz, Frankfurt am Main, Berlin, Bern u.a, 1998.

KNORR, A. / SCHULZ, C.: Filmförderung in Deutschland: zur Problematik eines kulturpolitischen Anspruchs, erscheint demnächst in: WENTZEL, D. (Hrsg.): Medienökonomik heute: Ordnungsökonomische Grundfragen und Gestaltungsmöglichkeiten, Stuttgart, 2008.

LANDESRECHNUNGSHOF NORDRHEIN-WESTFALEN: Jahresbericht 1999 des Landesrechnungshofs Nordrhein Westfalen über das Ergebnis der Prüfungen im Geschäftsjahr 1998, Düsseldorf, 1999, Landesrechnungshof Nordrhein Westfalen (Homepage), http://www.lrh.nrw.de/pdf_zip_exe/lrhnrw_jb99.pdf, 30.04.2008.

LEDER, D.: Die Hollywood-Lüge: Amerika ist nicht an allem schuld, in: POLSTER, B. (Hrsg.), West-Wind: die Amerikanisierung Europas, Köln, 1995, S. 188-196.

NEW ZEALAND TRADE & ENTERPRISE: Film Funding Opportunities. Germany, Wellington, 2004.

ROEBER, G. / JACOBY, G.: Handbuch der filmwirtschaftlichen Medienbereiche, München, 1973.

ROHRBACH, G.: Geld regiert das Geschäft, Vortrag auf dem MMA Seminar „Strukturen der Medienwirtschaft in Deutschland", München, 13. November 2001, film 20 Interessengemeinschaft Filmproduktion (Homepage), http://www.film20.de/wir/index.html?c=zieleund positionen&ID=698, 30.04.2008.

SCHNEIDER, W.: Braucht der Film eine Politik? Filmförderung in Deutschland, in: Deutsches Jahrbuch für Kulturmanagement 1997, Bd. 1, 1998, S. 192-202.

SCHULZ, C.: Neugestaltung der öffentlichen Kulturförderung in Deutschland, Marburg, 2007.

STORM, S.: Strukturen der Filmfinanzierung in Deutschland, Potsdam, 2000.

SÜDDEUTSCHE ZEITUNG ONLINE-AUSGABE: Schluss mit "Stupid German Money", 24. Juli 2007, Süddeutsche Zeitung (Homepage), http://www.sueddeutsche.de/kultur/artikel/955/124772/, 30.3.2008.

TULLOCK, G.: Rent Seeking as a Negative-Sum Game, in: BUCHANAN, J. M. / TULLOCK, G. (Hrsg.): Toward a Theory of the Rent Seeking Society, College Station, 1980, S. 16-36.

VOM HOFE, O.: Alles umsonst, in: brand eins, Bd. 9, Heft 5, 2007, S. 132-139.

WESSENDORF, M.: Filmfinanzierung in Deutschland, Saarbrücken, 2006.

WOLF, M.: Analytik der Macht am Beispiel deutscher Filmförderung, zugleich Dissertation, Freie Universität Berlin, 2004.

Implikationen staatlicher Filmförderung für unternehmerische Entscheidungen von Produzenten und Produktionsgesellschaften

JOACHIM EIGLER

Zusammenfassung

Die deutsche Filmwirtschaft hat aktuell unter strukturellen Schwächen und alljährlich neu zu beklagenden, niedrigen Marktanteilen deutscher Produktionen zu leiden. Die Neufassung des FFG (Filmförderungsgesetz) und die Einrichtung des DFFF (Deutscher Filmförderfonds) sollen insbesondere den wirtschaftlichen Erfolg des abendfüllenden Spielfilms unterstützen. Um diese jüngsten Neuerungen zu erfassen, werden erst die Besonderheiten staatlicher Filmförderung sowie ihre Relevanz für die Filmfinanzierung beschrieben. Danach werden aus Sicht von Filmproduzenten die für sie relevanten Entscheidungsfelder (z.B. Empfehlung für die Produktionsphase: Ausrichtung an Zielen und Interessen der jeweiligen Fördereinrichtung) dargestellt, die für eine optimale Nutzung der von Bund und Ländern eingerichteten Fördermöglichkeiten beachtet werden müssen.

Beitragsinhalt

1 Problemstellung und Ausgangssituation

Die Neufassung des Gesetzes über Maßnahmen zur Förderung des deutschen Films (Filmförderungsgesetz – FFG) von 2004 sowie die Richtlinie des Beauftragten der Bundesregierung für Kultur und Medien (BKM) „Anreiz zur Stärkung der Filmproduktion in Deutschland (Deutscher Filmförderfonds – DFFF)" von 2006 verfolgen unter anderem das Ziel, den wirtschaftlichen Erfolg des deutschen Films, insbesondere des abendfüllenden Spielfilms zu unterstützen. Dieses Ziel ist vor dem Hintergrund der strukturellen Schwächen der deutschen Filmwirtschaft zu sehen, die zu jährlich neu beklagten schwachen Marktanteilen deutscher Produktionen führen. Zwar galt z.B. das Kinojahr 2006 mit einem Marktanteil von 25,8 % als „erfolgreich". Es ist jedoch erkennbar, dass sich daran kein stabiler Trend nach oben ablesen lässt und hohe Marktanteile in der Regel, gemessen an den Besucherzahlen, auf einen oder zwei erfolgreiche Spielfilme zurückzuführen sind. Diese Erfolge sind aber bezüglich der Besucherzahlen und Einspielerlöse nach wie vor nicht vergleichbar mit denen US-amerikanischer Blockbuster-Filme, die mit einem Marktanteil zwischen 70 und 80 % den deutschen Filmmarkt eindeutig beherrschen. Aufgrund der geringeren kommerziellen Erfolgspotenziale sind auch die Produktionsbudgets deutscher Spielfilme vergleichsweise gering. Aus medienpolitischer Sicht hat daher die deutsche Filmförderung in direkter oder indirekter Form eine enorme Bedeutung für die Produktion des Kulturgutes „Spielfilm". Die wenig verfügbaren Statistiken belegen, dass die öffentliche Filmförderung im Durchschnitt etwa 58% der Finanzierung der gesamten Produktionsbudgets beträgt (Vgl. HENNERKES, C. (2002), S. 157). Betrachtet man in Zusammenhang damit die jährlich vorgelegten Listen der geförderten Spielfilme durch die Filmförderungsanstalt (FFA) sowie die Fördermittel, die im Rahmen des DFFF seit 2007 vergeben werden, wird deutlich, dass das Gros der deutschen Spielfilmproduktion öffentlich gefördert wird.

Vor diesem Hintergrund ist bei der neueren Generation deutscher Filmschaffender (z.B. Tom Tykwer, Wolfgang Becker, Til Schweiger, Marcus H. Rosenmüller, Caroline Link) ein deutlicher Trend hin zu stärkerer Erfolgsorientierung auszumachen, der seine Wurzeln in dem unerwarteten Erfolg des Spielfilms „Abgeschminkt" von Katja von Garnier im Jahr 1993 hat. Da zudem der wirtschaftliche Erfolg stärkeres Gewicht in den öffentlichen Förderungen erhalten hat, ist der Frage nachzugehen, welche Implikationen sich daraus für am wirtschaftlichen Erfolg ihrer Filme interessierte Produzenten bzw. Produktionsgesellschaften ergeben, die zur Finanzierung geplanter Filmvorhaben darauf angewiesen sind, öffentliche Fördermittel in Anspruch zu nehmen.

Dieser Beitrag versucht eine Lücke in der Literatur zu schließen, indem untersucht wird, welche unternehmerischen Entscheidungen im Rahmen des gesamten Produktionsprozesses getroffen werden müssten, um die Fördermittel für ein Filmvorhaben optimal auszuschöpfen. Diese Aufgabenbereiche des Produktionsmanagements könnten daher auch als „Fördermittelmanagement" bezeichnet werden. Unternehmerische Entscheidungsfelder eröffnen sich in den Fällen, in denen Zielkonflikte zwischen inhaltlich-künstlerischen Zielsetzungen einerseits und rein kommerziellen (Verwertungs-)Zielen andererseits bestehen. Aus kommerziellen Interessen heraus getroffene Entscheidungen beeinflussen den Filminhalt bzw. -stoff und dessen filmische Umsetzung. Zugleich setzen einige Regelungen der Filmförderung wie z.B. die Referenzförderung direkte Anreize zu einer kommerziellen Ausrichtung des Filmvorhabens.

2 Die Besonderheiten staatlicher Filmförderung und ihre Bedeutung für die Filmfinanzierung und Filmproduktion in Deutschland

Das Kinoergebnis des Jahres 2007 war, gemessen an den Erwartungen, für die Filmwirtschaft enttäuschend. Der Marktanteil auf Besucherbasis fiel von 25,8% im Jahr 2006 auf 18,9%. Dies ist ein Besucherrückgang von über 8%, der nur aufgrund gestiegener Eintrittspreise nicht voll auf den Umsatzrückgang (5,7%) durchschlug (Vgl. FFA (WWW v. 06.05.2008), S. 1). Man kann zwar zustimmen, dass sich der Marktanteil des deutschen Films gemessen an den Marktanteilswerten z.B. der Jahre vor 2003 auf vergleichsweise höherem Niveau stabilisiert hat (Vgl. FFA (WWW v. 06.05.2008), S. 1) und zudem das Interesse am deutschen Kino generell mit einem geringeren Interesse an Kinobesuchen zurückgeht; dennoch bleibt die Marktstellung deutscher Spielfilme nach wie vor schwach (Vgl. HENNERKES, C. (2002), S. 157). Vor diesem Hintergrund ist die Bedeutung der staatlichen Filmförderung durchaus umstritten, weil zu hinterfragen ist, ob Filmförderung durch die Fördereinrichtungen des Bundes und der Länder aufgrund ihrer Struktur, der verfolgten Ziele und der Vergabepraxis für diese schwache Marktstellung mit verantwortlich ist oder ob ohne Filmförderung überhaupt noch deutsche Filme in nennenswerter Zahl produziert würden (Vgl. HENNERKES, C. (2002), S. 159).

Andererseits hat der Gesetzgeber durch eine stärkere Betonung des wirtschaftlichen Erfolgs von deutschen Spielfilmproduktionen in der Neufassung des FFG sowie auf dem Weg des DFFF versucht, Anreize für Filmhersteller zu setzen, Filme nicht am Publikumsgeschmack vorbei zu produzieren. Idealerweise soll erreicht werden, die Gegensätze zwischen Kunst bzw. Qualität und wirtschaftlichem Erfolg aufzuheben. So heißt es konsequent in § 1 FFG, dass die FFA unter anderem die „kreativ-künstlerische Qualität des deutschen Films als Voraussetzung für seinen Erfolg im Inland und im Ausland“ fördert.

Aus der großen Bedeutung der Filmförderung des Bundes, der Länder und der EU lässt sich schlussfolgern, dass Filmhersteller alle Möglichkeiten, an Fördermittel zu gelangen wie z.B. durch Kumulation der Fördermittel unterschiedlicher Fördereinrichtungen, ausschöpfen müssen. Bislang wurde aber noch nicht näher untersucht, ob und inwieweit diese Praxis die kreativ-künstlerische bzw. inhaltliche Qualität des geplanten Filmvorhabens beeinflusst und dadurch die Ziele der Fördereinrichtungen, die immer auch auf die Qualität des deutschen Films als Kulturgut ausgerichtet sind, konterkariert.

Das System der Filmförderung in Deutschland kann als zersplittert bezeichnet werden (Vgl. BECKER, B. (2004), S. 1f.). Dies hängt mit den föderalistischen Strukturen der Filmförderung zusammen. Der Bund fördert den Film in wirtschaftlicher Hinsicht über die Filmförderungsanstalt (FFA), die durch die Filmabgabe der Filmtheaterbetreiber und der Videowirtschaft finanziert wird. Auf der Grundlage des Film-/Fernsehabkommens sind darüber hinaus die Fernsehsender mit freiwilligen Leistungen an der Finanzierung der Fördermittel beteiligt. Das gesamte Fördervolumen der FFA belief sich im Jahr 2007 auf 76,98 Mio. € (Vgl. FFA (WWW v. 06.05.2008), S. 8). Hinzu tritt die Förderung durch den Beauftragten der Bundesregierung für Kultur und Medien (BKM), der seit Januar 2007 auch den Deutschen Filmförderfonds (DFFF) aufgelegt hat, für dessen Durchführung die FFA zuständig ist. Dieser Fonds stellt für insgesamt drei Jahre jährlich 60 Mio. € bereit. Die Fördermittel werden als nicht rückzahlbarer Produktionskostenzuschuss gewährt, wenn die Zuwendungs- und Bewilligungsvoraussetzungen vorliegen und die Haushaltsmittel verfügbar sind. Davon abgesehen ist die kulturelle Filmförderung Aufgabe der Bundesländer.

Bezüglich der Förderarten ist zwischen direkter und indirekter Förderung zu unterscheiden (Vgl. z.B. EGGERS, D. (2003), S. 107ff.). Unter direkter Förderung versteht man überwiegend die Gewährung finanzieller Mitteln, wobei zwischen Projekt- und Referenzfilmförderung sowie Preisgeldern einerseits und zwischen nicht rückzahlbaren Zuschüssen und bedingt rückzahlbaren Darlehen andererseits zu unterscheiden ist. Indirekte Filmförderung geschieht in Form von Steuervergünstigungen und -erlassen wie z.B. bezüglich der Vergnügungssteuer oder der Ermöglichung von Steuerstundungs- und -spareffekten im Sinne des Einkommensteuergesetzes (EStG) sowie in Form von Schutzfristen für die Kinoauswertung.

Eine Auswertung aller Modalitäten der Fördermaßnahmen zeigt, dass es bezüglich der Bewilligungsvoraussetzungen bzw. Förderkriterien, der Form der Förderung (Zuschuss, Darlehen), der Höhe der gewährten Mittel sowie bezüglich der Rückzahlung jeweils unterschiedliche Regelungen gibt (Vgl. KPMG (2007), S. 214ff.). An dieser Stelle ist kein Platz, die jeweiligen Bewilligungsvoraussetzungen der Fördereinrichtungen des Bundes und der Länder wiederzugeben. Im Vergleich sind jedoch einige grundsätzliche Gemeinsamkeiten auszumachen. Nur zur Übersicht sei festgehalten, dass in den Kernbereichen der Filmförderung, der Projekt- bzw. Produktionsförderung in der Regel ein „Regionaleffekt" gefordert wird, d.h. dass ein bestimmter Faktor des gewährten Darlehensbetrages in dem Bundesland ausgegeben werden muss, durch das die Fördermittel zugesagt wurden (Vgl. GORDON, M. (1998), S. 56f.; z.B. beträgt im Fall des FilmFernsehFonds Bayern der „Bayerneffekt" das 1,5-fache des Darlehensbetrages). Die Folge dieses „Regionaleffektes" ist, dass sich Produzenten und Produktionsgesellschaften einerseits ganz im Sinne der beabsichtigten Standortpolitik auch in den Regionen ansiedeln, die in den Zuständigkeitsbereich der Fördereinrichtungen mit den höchsten Fördervolumina fallen (Köln, München, Berlin, Hamburg). Andererseits resultiert daraus ein gewisser „Fördertourismus" durch Produzenten und Produktionsgesellschaften (Vgl. BECKER, B. (2004), S. 2, S. 104). Weitere Gemeinsamkeit ist darüber hinaus, dass in der Regel der Wohnsitz oder eine Niederlassung des Produzenten bzw. der Produktionsgesellschaft in Deutschland oder auch in dem Geltungsbereich der Fördereinrichtung liegen (z.B. in Zusammenhang mit dem „Bremenbezug“ gemäß der Regelungen des Filmbüros Bremen) oder die künstlerische Tätigkeit in dem entsprechenden Bundesland erfolgen muss (z.B. Filmförderung des Landes Hessen, Filmbüro M.V.). Zudem wird in der Regel ein Eigenanteil des Filmherstellers als Voraussetzung gefordert (z.B. mindestens 5% Eigenmittel gemäß FilmFernsehFonds Bayern oder Filmstiftung NRW).

3 Unternehmerische Entscheidungsfelder in Zusammenhang mit der Erlangung von Filmfördermitteln

3.1 Überblick über relevante Entscheidungsfelder

Aus Sicht eines Filmherstellers ist es rational, die durch den Bund und die Länder eingerichteten Fördermöglichkeiten voll auszuschöpfen. Dies gilt zumindest für Förderungen, die nicht rückzahlbar sind, d.h. für Zuschüsse. Für rückzahlbare Darlehen ist grundsätzlich die Entscheidung zu treffen, ob die gewährten Darlehenssummen in Anspruch genommen werden sollen. Jedoch sind zinslos gewährte Darlehen mit in der Regel erfolgsbedingter Rückzahlung investitionsrechnerisch vorteilhaft. Sie können teures Fremd- und/oder Eigenkapital ersetzen und erhöhen damit ggf. das maximale Produktionsbudget. Eine Gesamtbetrachtung fordert jedoch über diese rein investitionstheoretische Betrachtung hinaus auch den Einbezug der Konsequenzen für die kreativ-künstlerische Ansprüche an das Filmvorhaben. Im Rahmen eines Fördermittelmanagements sind daher unternehmerische Entscheidungsfelder in Zusammenhang mit dem Prozess und der Organisation der Filmherstellung abzugrenzen. Wie gezeigt, eröffnen sich unternehmerische Entscheidungsfelder in den Fällen, in denen Zielkonflikte mit dem eigenen künstlerischen Qualitätsanspruch auftreten.

Zu diesen Entscheidungsfeldern zählen:

- Finanzierung (Fernsehförderung, Bankenfinanzierung und Filmfondsfinanzierung, Auszeichnungen und Preise)
- Produktion (Prä-Produktions-, Produktions- und Post-Produktionsstrategien)
- Organisation (z.B. Koproduktionsstrategie)
- Vertrieb (TV-Ausstrahlungsförderung, Verleihförderung, Filmtheater- bzw. Abspielförderung)

Auf diesen Feldern sind Regelungen der Filmförderung hinsichtlich ihrer Implikationen für die Filmherstellung zu untersuchen, um potenzielle Zielkonflikte zwischen kreativ-künstlerischer und kommerziell orientierter Filmherstellung auszumachen.

3.2 Finanzierung

Vor dem Hintergrund der Strukturschwächen der deutschen Filmwirtschaft und den erheblichen Risiken der Filmherstellung und -verwertung kommt den Strategien der Beschaffung finanzieller Mittel besondere Bedeutung zu. Im Folgenden werden aus dieser komplexen, mehrere Themen- und Problembereiche der Filmfinanzierung berührenden Fragestellung diejenigen Aspekte beleuchtet, die in Zusammenhang mit Maßnahmen der Filmförderung stehen.

Ein erster Ansatzpunkt ist die Fernsehförderung, d.h. die Beteiligung der Fernsehsender an der Filmförderung im Rahmen des derzeit gültigen 8. Film-/Fernsehabkommens zwischen der FFA und den ARD sowie dem ZDF sowie dem Abkommen zwischen der FFA und dem Verband privater Rundfunk und Telekommunikation e.V. (VPRT). Zur Fernsehförderung zählen finanzielle Barleistungen, die vorwiegend für die Projektfilmförderung zu verwenden sind, wofür die Fernsehsender im Gegenzug in der Regel Ausstrahlungsrechte erhalten. Die Leistungen werden auch in Form von „Medialeistungen" erbracht wie z.B. in Form von Werbespots für Kinofilme. Voraussetzung für die Gewährung ist, dass die Filme in der Regel mit mindestens 25 Kopien bundesweit starten. Diese hoch angesetzte Grenze hat zur Konsequenz, dass Produzenten bezüglich des Stoffes und der Art der Produktion von Anfang an auf einen wirtschaftlichen Erfolg setzen und damit auch das Interesse der Verleiher wecken müssen.

Zudem beteiligen sich Fernsehsender in Form von Gemeinschaftsproduktionen entsprechend dem im aktuellen Film-/Fernsehabkommen festgelegten Anteil an Filmproduktionen, wobei die Produktionsinitiative von den Fernsehsendern ausgeht. In diesem Zusammenhang stellt Kremer aber fest, dass trotz der Bedeutung der Finanzierungsbeiträge der Fernsehsender in der deutschen Filmwirtschaft die Abhängigkeit des Produzenten von dem finanzierenden Fernsehsender nicht allzu schwerwiegend ist (Vgl. KREMER, B. (2005), S. 48). Eine indirekte Abhängigkeit ist jedoch durchaus gegeben. Das Interesse der Fernsehveranstalter liegt naturgemäß in der Attraktivität des Programms für das Zielpublikum. Dies äußert sich z.B. an dem Interesse der Fernsehsender, aus verfügbarem Filmmaterial einen Zwei- oder Mehrteiler für die Fernsehausstrahlung als Fernsehversion zu produzieren. Die Folge ist, dass Filmproduktionen nicht mehr ausschließlich oder vorrangig für die Kinoauswertung erstellt, sondern auch mit Blick auf die TV-Ausstrahlung hin produziert werden. Obwohl selbst als Produzent tätig, hat VOLKER SCHLÖNDORFF diese Wirkung auf Produzentenentscheidungen 2007 in einem heftig diskutierten Beitrag kritisiert (Vgl. SCHLÖNDORFF, V. (2007)). Er stellt fest, dass Filmsequenzen mit geringerer Sorgfalt gedreht werden, weil dies für die Fernsehausstrahlung gut genug sei, und weil geringere Sorgfalt und damit zusammenhängend geringere Produktionskosten hierfür ausreichend sind. Zudem implizierten die Sehgewohnheiten der Fernsehzuschauer eine Abkehr von der festen Spielfilmlänge und den damit Hand in Hand gehenden Erzählstrukturen. Außerdem betont SCHLÖNDORFF, dass der Filmstoff in den meisten Fällen hinsichtlich des Spannungsbogens z.B. keinen Zwei- oder Mehrteiler zulässt oder umgekehrt die Erstellung eines Zwei- oder Mehrteilers der dramaturgischen Stringenz des Films schadet (Vgl. SCHLÖNDORFF, V. (2007)). Aus diesen Gründen plädiert SCHLÖNDORFF für eine „(Arten-)Trennung" zwischen Film und TV und zieht folgende Schlussfolgerung:

„Zur Zeit potenziert sich hier eine doppelte Begehrlichkeit: - die der Fernsehgroßproduzenten auf die Fördertöpfe des Films, - die der Filmproduzenten auf die Lizenzerlöse von Mehrteilern“ (Vgl. SCHLÖNDORFF, V. (2007)).

In anderer Lesart muss ein Produzent somit überlegen, welche Folgen es für inhaltliche und dramaturgische Fragen hat, wenn die Attraktivität des Filmes für die Ausstrahlung im Fernsehen erhöht werden soll und inwieweit diese mit dem eigenen Qualitätsanspruch mit Blick auf eine Kinoverwertung (noch) vereinbar ist. Daraus ergeben sich Konsequenzen für die in der Kritik SCHLÖNDORFFS genannten Aspekte. Damit sind zugleich die unternehmerischen Entscheidungssachverhalte in diesem Bereich abgesteckt.

In Zusammenhang mit Fremdfinanzierungsstrategien spielen Bankkredite eine zunehmende Rolle (Vgl. SCHUMACHER, T. (2004), S. 83; DEBANDE, O. (2004), S. 170). Dies ist abzulesen an der Gründung von Bankenfonds im Rahmen von Kooperationsprojekten (z.B. BayerischerBankenFonds). Voraussetzung ist in der Regel die Förderzusage (hier des FilmFernsehFonds Bayern). Ein anderes Beispiel ist der Filmfonds Hessen–Invest Film der Investitionsbank Hessen, der auf großes Interesse der Produzenten stieß (Vgl. KREMER, B. (2005), S. 52). Zudem erfolgt Filmförderung in diesem Bereich durch die Übernahme von Bürgschaften. Sie haben im Bereich der Fremdfinanzierung als Kreditsicherheiten große Bedeutung. Es handelt sich dabei zum Teil um Landesbürgschaften, bei denen ein Regionaleffekt vorausgesetzt wird, oder um Bürgschaften kleinerer Spezialbanken. Erstaunlicherweise werden Bürgschaften aber offenbar nur selten im Rahmen der Filmfinanzierung nachgefragt (Vgl. KREMER, B. (2005), S. 54). Aus unternehmerischer Sicht sind Bürgschaften jedoch attraktiv, weil sie im Sinne des risk sharings Risiken auf die Gläubigerbank und den Bürgen umverteilen. Zudem können damit Finanzierungslücken geschlossen werden. Die Aufnahme der Bürgschaft in das FFG könnte die Akzeptanz und Inanspruchnahme von Bürgschaften jedoch in Zukunft steigern: Gemäß § 31 Abs. 2 FFG kann der Vorstand der FFA für einen geförderten Referenz- oder Projektfilm „Bürgschaften gegenüber den Banken, die eine Vor- oder Zwischenfinanzierung für den Film bereitstellen, sowie gegenüber den beteiligten Fernsehveranstaltern übernehmen:

1. zur Besicherung ausstehender Finanzierungsmittel anderer mit öffentlichen Mitteln finanzierter Förderungseinrichtungen oder der Fernsehveranstalter gegenüber zwischenfinanzierenden Banken,
2. zur Besicherung der vertraglich vereinbarten Rückzahlungsverpflichtung des Herstellers wegen Nichtfertigstellung des Films gegenüber den Fernsehveranstaltern“ (§ 31 Abs. 2 FFG 2004).

Einen weiteren unternehmerischen Entscheidungsbereich stellt im Rahmen der Finanzierungsstrategien die Finanzierung durch Filmfonds als Produktionsfonds dar (Vgl. HENNERKES, C. (2002); VON WESSENDORFF, M. (2006), S. 33ff.). Ausgangspunkt ist das Aktivierungsverbot von Aufwendungen in Zusammenhang mit der Schaffung immaterieller Wirtschaftsgüter, zu denen Filmwerke zählen, gem. § 248 HGB. In diesen Fällen ist der Aufwand in der Gewinn- und Verlustrechnung zu erfassen. Dies verringert den Gewinn und führt in dem Jahr der Realisation zu hohen Verlusten, die unter bestimmten rechtlichen Voraussetzungen den Anlegern zugewiesen werden können. Anleger können durch die steuerliche Abzugsfähigkeit dieser Verlustzuweisungen einen Steuerstundungseffekt und im Fall geringerer Steuersätze in späteren Lebensperioden auch einen Steuerspareffekt erzielen. Seit 2005 ist aber gemäß § 15b EStG keine Verrechnung mehr mit Einkünften aus Gewerbebetrieb und/oder „anderen Einkunftsarten", sondern nur noch mit künftigen Einkünften aus derselben Einkunftsquelle möglich. Künftige Gewinnausschüttungen des Fonds sind hingegen immer voll zu versteuern (auch soweit sie der Kapitalrückführung dienen). Voraussetzungen für die Gewährung der steuerlichen Vorteile (§ 15 Abs. 1 S. 1 Nr. 2 EStG) ist laut Medienerlass vom 01.08.2003, dass der Fonds Filmhersteller ist („Herstellereigenschaft"). Dies ist der Fall, wenn der Fonds wesentliche Einflussmöglichkeiten auf die Filmproduktion hat, und zwar wenn er die wirtschaftlichen Folgen verantwortet, oder wenn er diese bei Koproduktion mitverantwortet. Gemäß Medienerlass vom 01.08.2003 gilt der Fonds hingegen nicht als Hersteller, wenn der Initiator der Gesellschaft ein einheitliches Vertragswerk vorgibt und die Gesellschafter in ihrer gesellschaftsrechtlichen Verbundenheit hierauf keine wesentlichen Einflussnahmemöglichkeiten besitzen. Anleger müssen demnach selbst „Mitunternehmer" sein, z.B. als Gesellschafter einer (atypischen) stillen Gesellschaft oder als Kommanditisten einer KG. Die Erzielung eines steuerlichen Vorteils darf aber nicht im Vordergrund stehen, weil in diesem Fall der Tatbestand der Verlustzuweisungsgesellschaft gemäß § 2b EStG erfüllt ist, wodurch sich regelmäßig erhebliche Rechtsunsicherheit ergibt. Die zunehmend restriktiven steuerlichen Regelungen haben dazu geführt, dass die private Finanzierung von deutschen Filmen durch Fonds vergleichsweise unattraktiv geworden ist, da sich die finanzielle Attraktivität eines Fondsinvestments im Filmbereich trotz ausgeklügelter gesellschaftsrechtlicher Konstruktionen zur Sicherung der Herstelleigenschaft des Fonds bzw. der mitunternehmerischen Beteiligung der Fondsanleger überwiegend aus hohen steuerlichen Verlustzuweisungen ergibt. Dies mag auch ein Beweggrund für die Initiative des DFFF durch den Beauftragten der Bundesregierung für Kultur und Medien gewesen sein.

Aus der Renditeorientierung des Filmfondsmanagements ergibt sich eindeutig die Notwendigkeit einer Orientierung am kommerziellen Erfolg des Portfolios von Filmprojekten, die durch den Filmfonds produziert oder koproduziert werden. Dies hat in der Vergangenheit dazu geführt, dass die Fondsmittel überwiegend nicht in deutsche, sondern in US-amerikanische Filmprojekte investiert wurden, weil diese genau die gewünschte kommerzielle Ausrichtung aufweisen. Das führte auch zu der oft zitierten Floskel des „Stupid German Money". Dass der Staat durch indirekte Filmförderung nicht die heimische Filmwirtschaft unterstützte, führte bekanntlich zu heftiger Kritik an der Gewährung steuerlicher Vorteile an Filmfonds, was dann auch zu den erwähnten steuerlichen Änderungen führte.

Durch die Formen der Banken- und Fondsfinanzierung wird eine Filmproduktion forciert, die überwiegend kommerziell und insbesondere für eine Auswertung auf dem Weltmarkt ausgerichtet ist. Z.B. setzt die Finanzierung durch den Bayerischen Bankenfonds außer der Förderempfehlung durch den FilmFernsehFonds Bayern voraus, dass der Film einen besonderen wirtschaftlichen Erfolg erwarten lässt. Dies impliziert Folgen im kreativ-künstlerischen Bereich bezüglich des Genres, des Filmstoffes, der Sprache, der Drehorte und der Schauspieler sowie bezüglich des Einsatzes von Special Effects. Im Fall der Fondsfinanzierung verliert der einen Filmstoff initiierende Produzent zudem an Mitsprachemöglichkeiten, weil ein Fonds als Filmhersteller fungiert. Dieser Verlust ist gegenüber den Vorteilen, die mit einer Fondsfinanzierung grundsätzlich (nach wie vor) verbunden sind, abzuwägen. Produzenten sind auf Grund der Entwicklung im Bereich der Fondsfinanzierung mit einer Lücke privater Filmfinanzierung konfrontiert, die aber partiell durch Mittel des DFFF kompensiert werden kann. Jedoch ist der DFFF zunächst auf eine Laufzeit von drei Jahren begrenzt und wartet mit bestimmten Bewilligungsvoraussetzungen und Qualifyingkriterien auf. Erst in der nächsten Legislaturperiode wird sich zeigen, ob diese Initiative fortgesetzt wird oder andere Wege der Gewährung steuerlicher Anreize gegangen werden (wie z.B. durch ein steuerlich gefördertes Sale-and-lease-back-Modell nach früherem englischen Vorbild).

Insbesondere für Folgefilme ist die Erlangung von Auszeichnungen (z.B. ein Prädikat der Filmbewertungsstelle Wiesbaden – FBW) und Preisen (z.B. Deutscher Filmpreis, Europäischer Filmpreis, Goldene Palme, Bär, Löwe, Academy Award bzw. „Oscar") von Bedeutung. Aus unternehmerischer Sicht müsste der Filmhersteller demnach versuchen, durch Stoffwahl und Produktionsentscheidungen die Wahrscheinlichkeit für die Erzielung von Auszeichnungen und Preisen signifikant zu erhöhen. Hierzu existieren jedoch keine zuverlässigen Theorien, vielmehr kursieren in der Branche Erfolgseinschätzungen in Form von Daumenregeln, die ggf. handlungsleitend wirken können. Anlässlich der jährlichen Oscarverleihung wird z.B. regelmäßig festgestellt, dass bestimmten Filmstoffen (insbesondere im Genre „Drama") höhere Chancen auf die Erzielung eines Preises in den Hauptkategorien (Bester Film, Beste Regie, Bestes Drehbuch, Bester Hauptdarsteller, Beste Hauptdarstellerin) eingeräumt werden. In diesem Zusammenhang könnte man annehmen, dass die Wahl eines im Deutschland der Nazizeit angesiedelten Filmstoffes die Erfolgschancen steigern könnte, was einige Nominierungen in der Vergangenheit (z.B. Das Boot, Nirgendwo in Afrika, Der Untergang) sowie die Auszeichnung mit einem „Auslands-Oscar" (Die Blechtrommel, Nirgendwo in Afrika, Die Fälscher) durchaus auch nahe legen. Die Geschichte der Oscarverleihungen zeigt aber, dass sich daraus keine Gesetzmäßigkeiten ableiten lassen.

Die Preisgelder für den Deutschen Filmpreis, die jährlich durch die 2003 gegründete Deutsche Filmakademie vergeben werden, sind Formen der Referenzförderung, da die „Prämien zweckgebunden für die Herstellung eines neuen Programmfüllenden Films mit künstlerischem Rang zu verwenden sind" (Vgl. DEUTSCHE FILMAKADEMIE (WWW v. 29.07.2008), Nr. 4.4). Zudem erhält der ausgezeichnete Film (im Jahr 2008 unter anderem „Auf der anderen Seite", produziert von Fatih Akin, Klaus Maeck und Andreas Thiel) 300.000 Referenzpunkte gemäß § 22 III Nr. 1 FFG. Die Auflagen dieser Formen der Referenzförderung können eine indirekte Einschränkung der Filmhersteller in ihren künstlerischen Freiheiten bedeuten. Da die deutschen Filmpreise von den Mitgliedern der 2003 gegründeten Filmakademie und nicht mehr wie in den Jahren zuvor von einer Auswahljury vergeben werden, ist zu vermuten, dass die Stimmabgabe von einer gewissen Mainstreamorientierung geprägt ist, die bestimmten Filmemachern, die sich davon differenzieren möchten, weniger Erfolgschancen einräumt. Aber auch in diesem Fall gibt es keine zuverlässigen „Theorien" über die Preisvergabe. Diese Unsicherheit kann aber in sehr indirekter Form eine Verunsicherung über die Wahl des Stoffes und seine Umsetzung induzieren, die konträr zur angestrebten kulturellen Filmförderung steht. Letztlich muss es aber eine wesentliche Aufgabe des Filmherstellers sein, einen produzierten Film auf entsprechend geeigneten Festivals zu präsentieren und alle sich bietenden Möglichkeiten der Festivalförderung, die in den Fördereinrichtungen vorgesehen sind, auszuschöpfen (Vgl. KREMER, B. (2005), S. 69). Aus unternehmerischer Sicht ist dabei frühzeitig zu beachten, dass die Aufmerksamkeit, die ein Film dadurch erfahren kann, genutzt werden muss. Das Timing hinsichtlich Festivalpräsentation und ggf. Auszeichnung und Herausbringen des Films durch einen Verleih ist für eine erfolgreiche Vermarktung maßgebend. Idealerweise müsste ein gezeigter und ggf. auch ausgezeichneter Film unmittelbar nach Festivalende in den Kinos zu sehen sein, weil anderenfalls die hohe Medienaufmerksamkeit nicht mehr gegeben ist. Andererseits können sich dadurch im Falle einer negativen Besprechung aber auch Nachteile für einen erfolgreichen Kinostart ergeben.

3.3 Produktion

Unternehmerische Entscheidungen im Rahmen der Filmproduktion können nach den Phasen des Herstellungsprozesses differenziert werden. In der Prä-Produktionsphase ist unter anderem die Drehbuchförderung der Filmfördereinrichtungen angesiedelt. In diesem Fall wird in der Regel ein Regionalbezug vorausgesetzt oder gefordert, dass der Wohnsitz des Antragstellers in dem betreffenden Bundesland liegen muss, in dem die Förderung beantragt wird. Da man davon ausgehen kann, dass die Drehbuchförderung die Chancen erhöht, dass ein Filmprojekt überhaupt realisiert werden und damit in die Verwertung kommen kann, sollte der Filmhersteller den Aufwand für die Erlangung einer Drehbuchförderung auf sich nehmen. Zudem sehen Regelwerke der Filmförderung für diese Phase zum Teil Aus- und Weiterbildungsfördermaßnahmen vor (z.B. Förderung der Weiterbildung gemäß § 59 FFG oder die Projektbetreuung durch das Kuratorium junger deutscher Film). Im Fall einer Förderung europäischer Trainingsinitiativen im Rahmen des MEDIA-Programms der EU können die Kontakte, die bei solchen Maßnahmen geknüpft werden können, durchaus auch das inhaltliche Vorhaben des Filmherstellers beeinflussen (Vgl. KREMER, B. (2005), 78f.). Der Antragsteller muss sich jedoch, da die Kurse überwiegend im Ausland abgehalten werden, über die Kursgebühren hinaus auch auf hohe Reisekosten sowie auf hohen zeitlichen und organisatorischen Aufwand einstellen, der in dem Zeitplan für die Entwicklung des Filmes zu berücksichtigen ist. Als problematisch kann in diesem Fall angesehen werden, dass die Inhalte und Gegenstände der Trainingsmaßnahmen einen gewissen Grad an Länderspezifität aufweisen und daher nicht unbedingt immer direkt verwertbar sind.

In Zusammenhang mit der Produktionsförderung ist zwischen Referenzfilmförderung und Projektfilmförderung zu unterscheiden. Die Referenzfilmförderung ist eindeutig auf den wirtschaftlichen Erfolg des Filmwerkes ausgerichtet. Wer dauerhaft Filmprojekte realisieren und von der Referenzfilmförderung profitieren möchte oder gar auf diese angewiesen ist, muss sich daher stärker kommerziell orientieren, da die Besucherzahlen sowie Preise und Erfolge bei Festivals für die Förderung ausschlaggebend sind. Die Projektfilmförderung orientiert sich bezüglich der Vergabekriterien zwar auch an kulturellen Kriterien, jedoch ist die Bedeutung der wirtschaftliche Kriterien nicht zu übersehen (Vgl. FFG § 32 Abs. 1 FFG). Hierfür werden Anreize gesetzt wie z.B. in Form der bedingten Rückzahlbarkeit der meist zinslosen Darlehen. Die Bedingung ist die Erzielung von Verwertungserlösen in bestimmter Höhe, wovon „anerkannte" Herstellungskosten abgezogen werden können. Es ist davon auszugehen, dass die Ablehnung eines Förderantrages im Bereich der Projektfilmförderung Auswirkungen auf die Wahl des Filmstoffes bzw. auf weitere inhaltliche Elemente hat. Da die Erlangung von Fördermitteln in der Regel entscheidende Bedeutung dafür besitzt, dass ein Produktionsbudget überhaupt finanziert werden kann, sind die Filmhersteller gezwungen, ihre Filmidee sowie das „Package“ des Filmvorhabens grundsätzlich zu überdenken.

Ein unternehmerischer Ansatz könnte darin bestehen, die Produktionstätigkeit an den in den Fördereinrichtungen verfolgten Zielen und Interessen auszurichten. Unbestritten werden die Filmhersteller aber ihre Filme als künstlerisch wertvoll einstufen, auch wenn sie relativ eindeutig auf kommerzielle Interessen hin produziert werden. Kremer zeigt in diesem Zusammenhang, dass aus der Art der Produzententätigkeit (z.B. freier Produzent, Auftragsproduzent) notwendigerweise auch eine eher künstlerisch-kulturelle oder eine eher kommerzielle Tätigkeit resultiert (Vgl. KREMER, B. (2005), S. 89). Insbesondere im Fall von Produktionsgesellschaften mit kontinuierlicher Filmproduktion setzen die Unternehmensphilosophie und die vergangenen Filmproduktionen klare Signale, welche Zielsetzungen die produktprogrammpolitische Grundorientierung ausmachen. Insoweit stellt sich die Frage, inwiefern eine klare produktprogrammpolitische Ausrichtung die Chancen auf Förderung dadurch erhöhen kann, dass die Filmvorhaben den Richtlinien und Förderschwerpunkten besser entsprechen. Dies gilt insbesondere immer in den Fällen, in denen es eine Konkurrenz mehrerer Antragsteller um begrenzte Fördermittel gibt. Dadurch ergibt sich gewissermaßen eine Einschränkung der künstlerischen Freiheit, zumal die Chancen, Fördermittel zu erhalten, durchaus als gut einzustufen sind, sofern der geforderte Eigenanteil aufgebracht werden kann. Da jedoch kulturelle Förderziele und -schwerpunkte einerseits sowie wirtschaftliche Ziele und Förderschwerpunkte andererseits nicht immer trennscharf sind, ist eine derartige produktprogrammpolitische Grundsatzentscheidung des Produzenten bzw. der Produktionsgesellschaft nicht unproblematisch.

Die Idee einer Förderung im Rahmen der Postproduktion besteht darin, Anforderungen des Regionaleffektes durch eine Verlagerung der Produktion in das Fördergebiet zu erfüllen, um die Fördermittel verschiedener Fördereinrichtungen kombinieren zu können. Das Problem der Filmhersteller besteht aber darin, dass die Anträge in der Regel erst nach der Fertigstellung eines Films gestellt werden können. Dieses Prozedere bedeutet ein gewisses Risiko, da keine feste Einplanung der eventuell zu erlangenden Fördermittel in die Finanzierung möglich ist. Zudem ist ein Antrag nur möglich, wenn nicht schon früher Fördermittel bei der Förderanstalt für das betreffende Filmprojekt beantragt wurden (Vgl. KREMER, B. (2005), S. 87). Diese Voraussetzung trifft aber bei den wenigsten Filmen zu. Somit müsste vor Aufnahme der Produktion abgewogen werden, ob der Verzicht auf Beantragung anderer Fördermittel der Förderinstitution, um damit die Voraussetzungen zu erfüllen, durch die Höhe der in Aussicht stehenden Fördermittel für die Postproduktion gerechtfertigt ist.

3.4 Organisation

In Zusammenhang mit der Filmförderung bestehen organisatorische Strategien überwiegend darin, zum Zwecke der Filmproduktion strategische Allianzen in Form von nationalen und internationalen Koproduktionen einzugehen. In der Literatur stehen die Reduktion von Produktionskosten, die Risikoteilung sowie die Möglichkeiten des Eintritts in internationale Märkte als Gründe für die zunehmende Bedeutung von Koproduktionen im Vordergrund (Vgl. GORDON, M. (1998), S. 42; JAROTHE, S. (1998), S. 178).

Die Grundkonstruktion der Koproduktion besteht in der Kooperation von mindestens zwei Filmherstellern mit dem Ziel der Herstellung eines Filmwerkes, wozu in der Regel eine Gesellschaft bürgerlichen Rechts (GbR) gegründet wird (z.B. Wüste Filmproduktion, Stefan Schubert, Ralph Schwingel GbR für die Produktion von „FC Venus - Frauen am Ball"). Im Gegenzug zu den zu leistenden Sach- und/oder Finanzbeiträgen zur Deckung der Herstellungskosten erhalten die Koproduktionspartner Anteile an Nutzungsrechten (prozentual oder territorial) und am Gewinn. In Abgrenzung zu dem nicht selten synonym gebrauchten Begriff der Kofinanzierung spricht man von einer Koproduktion, wenn die Kooperation über die reine Bereitstellung finanzieller Mittel hinausgeht (Vgl. HENNERKES, C. (2002), S. 97ff.; EGGERS, D. (2003), S. 66ff.). Die Koproduktionspartner haben gemeinschaftliche Entscheidungsbefugnisse, jeder Koproduktionspartner ist Hersteller gemäß § 94 UrhG. Kofinanzierung umfasst hingegen alle Formen der Beteiligungsfinanzierung an einem Filmprojekt, wobei kein oder nur geringer künstlerischer oder unternehmerischer Einfluss gegeben ist (Vgl. HENNERKES, C. (2002), S. 99). Somit ist ein Ko-Financier kein „Mithersteller" und erwirbt auch keine Leistungsschutzrechte. Die häufigsten Kooperationspartner sind die bereits erwähnten TV-Sender, insbesondere die öffentlich-rechtlichen Rundfunkanstalten. Koproduktion ist aber auch zwischen einem Filmhersteller und dem Verleiher oder anderen Akteuren im Filmgeschäft möglich, die ein Interesse an der Filmproduktion und/oder -verwertung haben. Für europäische Koproduktionen gelten die Bestimmungen des FFG analog; liegt keine europäische Koproduktion vor, gelten die Bestimmungen ebenfalls, wenn ein bilaterales Abkommen zwischen Deutschland und dem Land des Koproduktionspartners besteht. Eine besondere Stellung nimmt in diesem Fall Frankreich ein. Da Koproduktionen durch die deutsch-französische Filmakademie gefördert werden, ist Frankreich ein wichtiges Koproduktionspartnerland (Vgl. KREMER, B. (2005), S. 34).

Insbesondere für kleinere Filmproduktionsgesellschaften ist die Koproduktion eine Strategie, um vor allen Dingen auf dem Wege einer Kooperation mit Produzenten und Produktionsgesellschaften in anderen Bundesländern Fördermittel mehrerer Fördereineinrichtungen zu erlangen und dadurch zu kumulieren (Vgl. KREMER, B. (2005), S. 31). In der Regel besteht die Voraussetzung der Förderung darin, dass sich der Sitz des Produzenten im jeweiligen Bundesland der Fördereinrichtung befindet. Durch den Zugang zu den jeweiligen nationalen Fördermitteln des Bundes und der Länder sowie durch die Schaffung der Voraussetzungen zur Förderung durch die europäische Filmförderung „Eurimages", nach der Koproduktionen von mindestens zwei Antragstellern aus verschiedenen der zur Zeit 33 Eurimages-Mitgliedsländer förderberechtigt sind, ist die Finanzierung vergleichsweise höherer Produktionsvolumina möglich (Vgl. GORDON, M. (1998), S. 42). Die Vorteile bestehen außer aus den bereits genannten Gründen darüber hinaus darin, das Filmvorhaben besser auf die kulturellen Besonderheiten anderer Länder auszurichten zu können, wodurch die Chance gesehen wird, die Probleme des „Cultural Discount" zu überwinden. Dadurch eröffnen sich im Vergleich zu einem Alleingang höhere Verwertungschancen des Filmwerkes.

Aufgrund der künstlerischen und unternehmerischen Einflussmöglichkeiten der Kooperationspartner auf das Filmprojekt ergibt sich das Problem, dass ein Konsens über den Filmstoff hergestellt werden muss. In Bezug auf europaweite Kooperationen stellt sich damit die Frage, ob es überhaupt so etwas wie einen europäischen Stoff geben kann. Unabhängig davon lösen nationale und internationale Koproduktionen hohen Koordinationsaufwand aus und führen zu einer Beschränkung der Handlungsfreiheit des Produzenten.

Aus ökonomischen Gründen sowie aus Gründen der Struktur der deutschen Filmwirtschaft sind Produktionen mit vergleichsweise großen Produktionsvolumina so gut wie nicht realisierbar, wenn es sich nicht um integrierte Produktionsunternehmen mit kontinuierlicher Produktionstätigkeit handelt. Dies zwingt die Produzenten bzw. Produktionsgesellschaften, die in der Regel so genannte Single purpose- bzw. Einzweckgesellschaften sind und gegründet werden, um ein einziges Filmprojekt zu realisieren, dazu, durch Koproduktionsstrategien einen möglichst hohen Grad der Kumulation von Fördermitteln zu erreichen. Aufgrund dieses Zwangs, der Zersplitterung und fehlenden Zentralisierung der deutschen Filmförderung sowie aufgrund der spezifischen Fördervoraussetzungen (Wohnsitz des Produzenten, Regionaleffekt) muss der Produzent bzw. die Produktionsgesellschaft abwägen, ob und inwieweit er bzw. sie bereit ist, zu Gunsten der Realisation des Filmprojektes künstlerische und unternehmerische Mitspracherechte einzuräumen sowie Nutzungsrechte und Gewinnanteile abzugeben. Da hierzu mindestens im Fall des Wohnsitzkriteriums die Koproduktion zwingend ist, ergeben sich auf einer nächsten Stufe Implikationen für die inhaltlichen Entscheidungen des Produzenten bzgl. der Stoffwahl, des Drehortes und der Sprache. Daraus resultiert für den Produzenten ein komplexes Entscheidungsproblem, das über die reine Frage der Erlangung von Fördermitteln hinaus auch Aspekte der Risikoteilung, Kostenreduzierung und Nutzung von Synergieeffekten einbeziehen muss.

3.5 Vertrieb

Mit Blick auf die Förderung des Vertriebs sowie des Abspiels ist abschließend die TV-Ausstrahlungsförderung, die Verleihförderung sowie die Filmtheater- bzw. Abspielförderung zu betrachten.

Eine TV-Ausstrahlungsförderung ist lediglich im europäischen MEDIA-Programm vorgesehen. Antragsberechtigt sind Fernsehproduktionsunternehmen, wobei mindestens drei europäische Fernsehsender beteiligt sein müssen. Da die Chancen auf Erlangung von Fördermitteln in Form von Zuschüssen bis maximal € 500.000 überdurchschnittlich hoch sind, sollten Kontakte des Produzenten zu Fernsehsendern in Europa, sofern diese vorhanden sind, genutzt werden (Vgl. KREMER, B. (2005), S. 95). Besondere Anreize für antragsberechtigte unabhängige Produzenten ergeben sich auch daraus, dass umfangreichere Rechte verwertet werden können, sofern sich der Filmstoff auch für eine europaweite Vermarktung eignet.

Für eine erfolgreiche Filmverwertung kann der Verleih bzw. Distributor als „Flaschenhals" bezeichnet werden: Auf Grund der Fülle des Filmangebots, der Dominanz der US-amerikanischen Filmproduktionen sowie der starken Marktstellung der Distributionstöchter integrierter Medienkonzerne (wie z.B. Warner Brothers Pictures Germany, Buena Vista International, 20th Century Fox, Columbia Tristar) besteht ein erstes Risiko des Filmherstellers darin, dass der Film nicht das Interesse eines Distributors findet. Ein zweitens Risiko besteht darin, dass der Distributor lediglich eine geringe Zahl von Kopien zieht und einsetzt. Die Zahl der Kopien ist aber ein wesentlicher Erfolgsfaktor (Vgl. GAITANIDES, M. (2001),

S. 73-74). Daher richten sich Fördermaßnahmen auch auf die Phase des Vertriebs bzw. der Filmverwertung. Verleihförderung kann aber nicht durch den Produzenten selbst, sondern nur durch den Verleiher beantragt werden. Im Rahmen der Maßnahmen der Projektabsatzförderung sieht die Filmförderung je nach gewähltem Schwerpunkt bedingt rückzahlbare Darlehen zur Deckung der Herausbringungskosten bzw. Verleihvorkosten vor. Aber auch Zuschüsse für die Untertitelung oder Synchronisation zählen zur Verleihförderung. Im Rahmen der Maßnahmen der Referenzabsatzförderung müssen gemäß FFG 50.000 Besucher (im Fall von FBW-prädikatisierten Filmen 25.000 Besucher) erreicht werden. Die Fördermittel werden im Verhältnis der erreichten Besucherzahlen auf antragsberechtigte Filme verteilt (maximal € 600.000). Es gibt keine Referenzabsatzförderung durch die Länder. Ebenfalls der Verleihförderung zuzurechnen ist die Weltvertriebsförderung durch das MEDIA-Programm oder z.B. durch den FilmFernsehFonds Bayern, bei der die Unterstützung von Marketingmaßnahmen im Vordergrund steht. Die Außenrepräsentanz des deutschen Films wird durch die „German Films Service + Marketing GmbH“ (früher: „Exportunion des deutschen Films“) unterstützt, die aus Exportabgaben, aus Mitteln des BKM und der FFA sowie aus Mitteln der größeren Fördereinrichtungen der Länder finanziert wird.

Diese Förderansätze sind für Produzenten bzw. Produktionsgesellschaften auf indirektem Weg bedeutsam, weil Verleihförderung die Verwertungschancen erhöht. Ein Filmhersteller müsste demnach potenzielle Verleiher nach ihrer Vertriebspolitik sowie nach der Art der verliehenen Filme, die in der Vergangenheit Fördermittel erlangt haben, beurteilen. Ein „Matching“ des Filmvorhabens und der Vertriebspolitik eines Verleihers senkt die oben genannten zwei Arten von Verwertungsrisiken. Aufgrund der Strukturschwächen der Filmwirtschaft und aufgrund des starken Wettbewerbs, insbesondere hinsichtlich der wöchentlichen Starttermine, ist die Herausbringung eines Films eine äußerst anspruchsvolle Managementaufgabe, die auch für ein Fördermittelmanagement von Bedeutung ist. Bereits in der Entwicklungsphase müssten demnach das Interesse und die Vertriebspolitik in Frage kommender Verleiher analysiert und im Rahmen von Produktionsentscheidungen berücksichtigen werden.

Ein dritter Ansatzpunkt für die Vertriebsförderung sind die Maßnahmen der Filmtheater- bzw. Abspielförderung. Es handelt sich dabei um eine Förderung nach dem Referenzprinzip durch Zahlung von Zuschüssen in Abhängigkeit von der Besucherzahl, aber auch, was häufig nicht bekannt ist, um Zuschüsse zu geplanten Investitionen in den Filmtheaterbetrieb. Auch Marketingmaßnahmen und die Erstellung von Zusatzkopien werden gefördert. Schließlich gibt es Auszeichnungen für ein herausragendes Jahresfilmprogramm. Aus unternehmerischer Sicht ist dieser Bereich der Förderung von Bedeutung, da insbesondere deutsche Spielfilme eher für ein Abspiel in kleineren Filmtheaterbetrieben in Frage kommen, die eine Nischenpolitik verfolgen und eher ein kleineres Publikum ansprechen. Diese Betriebe können aber technisch und von der Saalausstattung her in der Regel nicht mit den großen Multiplextheatern konkurrieren. Durch eine stärkere Präsenz in diesen kleineren Kinos erhöhen sich die Absatzchancen. Aber auch indirekte Effekte sind von Bedeutung: Schließlich müssen kleinere Filmtheaterbetriebe auch (hin und wieder) kommerzielle, umsatzstarke Filme einsetzen, um Gewinne erwirtschaften zu können. Auf Grund der in der Regel begrenzten Kopienzahl erhalten sie diese Filme von den Verleihern aber erst relativ spät. Durch die Zusatzkopienförderung ist ein früherer Einsatz möglich, wodurch die finanzielle Basis geschaffen wird, auch kulturell wertvolle Filme, die eher umsatzschwach sind, zu zeigen. Aufgrund dieser Verbundwirkungen hat sowohl ein kulturell als auch ein eher kommerziell ausgerichteter Produzent Interesse an dieser Form der Förderung.

4 Fazit

In diesem Beitrag wurde auf direkte und indirekte Zusammenhänge zwischen Ansatzpunkten und Maßnahmen der Filmförderung einerseits und unternehmerische Entscheidungen der Produzenten bzw. Produktionsgesellschaften andererseits eingegangen. Es wurde im Ansatz herausgearbeitet, welche grundsätzlichen unternehmerischen Entscheidungsfelder sich eröffnen, wenn das Ziel darin besteht, durch eine kommerziell orientierte Filmherstellung Filmfördermittel maximal auszuschöpfen. Diese Entscheidungsfelder spiegeln letztlich den „alten" Zielkonflikt zwischen den Ansprüchen an künstlerische Qualität des Filmwerkes und wirtschaftlichem Erfolg in der Filmverwertungskette. Es darf aber nicht außer Acht gelassen werden, dass sich künstlerischer Anspruch und Erfolg beim Massenpublikum nicht zwingend ausschließen. Zudem wird, wie bereits angesprochen, jeder kommerziell erfolgreiche Produzent für sich reklamieren, qualitativ hochwertige Filme zu produzieren. Für einen Großteil der Filmvorhaben treten die angedeuteten Zielkonflikte jedoch auf und erfordern grundsätzliche Entscheidungen in den aufgezeigten Feldern der Finanzierung, Produktion, der Organisation und des Vertriebs. In der Kürze des Beitrages konnten diese Entscheidungsfelder lediglich knapp skizziert werden. Weiteren Forschungsbedarf gibt es bezüglich der Frage, inwieweit Produzenten bzw. Produktionsgesellschaften bewusst Abstriche bei dem kreativ-künstlerischen Anspruch ihrer Filmprojekte machen, um mit ihren Filmprojekten ein großes Publikum zu erreichen und hohe Einspielergebnisse zu erzielen. Schließlich müssten hinsichtlich des Filmstoffs und seiner Umsetzung an Hand von Wirkungsanalysen die „Stellhebel" für eine kommerzielle Ausrichtung der Produzententätigkeit näher untersucht werden.

Literaturverzeichnis

BECKER, B.: Ziele, Probleme und Besonderheiten der Finanzierung von Spielfilmen in Deutschland, Diplomarbeit, Universität Siegen, 2004.

DEBANDE, O.: Finanzierung des europäischen audiovisuellen Markts: die Rolle der privaten Investoren, in: LANGE, A. / WESTCOTT, T. (Hrsg.): Öffentliche Förderung von Film und Fernsehwerken in Europa – Eine vergleichende Analyse, Straßburg, 2004. S. 157-171.

DEUTSCHE FILMAKADEMIE: Richtlinien 2008 - Richtlinien über das Auswahlverfahren für die Nominierungen zum Deutschen Filmpreis und die Zuerkennung des Deutschen Filmpreises (in der Fassung vom 28.08.2007) (Homepage), http://www.deutsche-filmakademie.de/richtlinien08.0.html, 29.07.2008

EGGERS, D.: Filmfinanzierung: Grundlagen – Beispiele, 4., überarbeitete Aufl., Berlin, 2003.

FFA – Filmförderungsanstalt: FFA Info 1/2008, 06.02.2008 (Homepage), http://www.ffa.de/downloads/publikationen/ffa_intern/FFA_info_1_2008.pdf, 06.05.2008.

FFG – Gesetz über Maßnahmen zur Förderung des deutschen Films (Filmförderungsgesetz – FFG) vom 22. Dezember 2003 (BGBl. I S. 2771) in der Bekanntmachung vom 24. August 2004 (BGBl. I S. 2277-2297).

GAITANDIDES, M.: Ökonomie des Spielfilms, München, 2001.

GORDON, M.: Kosten und Nutzen wirtschaftlicher Filmförderung, 1. Aufl., Potsdam, 1998.

HENNERKES, C.: Medienfonds als Finanzierungsinstrument für deutsche Kinospielfilmproduktionen, Baden-Baden, 2002.

JAROTHE, S.: Die Filmpolitik der Europäischen Union im Spannungsfeld zwischen nationaler staatlicher Förderung und US-amerikanischer Mediendominanz, Frankfurt am Main, 1998.

KPMG Unternehmensberatung GmbH (Hrsg.): Filmförderung in Deutschland und der EU 2007. Förderarten und –institutionen auf einen Blick, 10., aktualisierte Aufl., Berlin, 2007.

KREMER, B.: Regelungen der Filmförderung in Deutschland und in der Europäschen Union – Bedeutung und Einfluss auf unternehmerische Entscheidungen in Filmproduktionsgesellschaften, Diplomarbeit, Universität Siegen 2005.

SCHLÖNDORFF, V.: Vorhang auf, Vorhang runter, in: SÜDDEUTSCHE ZEITUNG vom 12.07.2007 (Homepage), http://www.sueddeutsche.de/kultur/artikel/824/124642/, 31.07.2008.

SCHUMACHER, T.: Filmfonds als Instrument der internationalen Filmfinanzierung, Baden-Baden, 2004.

VON WESSENDORFF, M.: Filmfinanzierung in Deutschland, Saarbrücken, 2006.

Erste Erfahrungen mit dem DFFF – rechtliche Aspekte

Wolfgang Brehm

Zusammenfassung
Am 01.01.2007 ist der »Deutsche Filmförderfonds« (DFFF) in Kraft getreten, durch den der Film-Branche jährlich 60 Millionen Euro für einen Zeitraum von drei Jahren zur Verfügung stehen. Da es sich um eine neue Form der Filmförderung handelt, die die Stärkung des Kulturguts Kinofilm und des Produktionsstandorts Deutschland" im Rahmen der verfügbaren Haushaltsmittel (§ 1 Abs. 2) zum Ziel hat, liegen noch relativ wenige Nutzungserfahrungen vor. Es soll daher u.a. die grundsätzliche Konzeption/das Modell des DFFF beleuchtet werden. Dann soll ergründet werden, welche film- bzw. projektbezogenen Zuwendungsvoraussetzungen es gibt und wer den Zuschuss überhaupt erhalten kann. Weiterhin soll geklärt werden, welche Herstellungskosten für Filmproduktionsunternehmen überhaupt als anerkennungsfähig zu erachten sind. Schließlich wird aufgezeigt, in welcher Höhe maximal, zu welchem Zeitpunkt und auf welcher rechtlichen Basis eine Zuwendung erfolgen kann. Im Fazit wird kurz das erste Jahr DFFF reflektiert.

Beitragsinhalt

1 Europäischer Rahmen der Filmförderung

Filmförderungen sind staatliche Beihilfen, die gem. Art. 87 EG-Vertrag von der Kommission genehmigt werden müssen. Nach Abs. 3 (d) dieser Vorschrift können Beihilfen zur Förderung der Kultur und der Erhaltung des kulturellen Erbes genehmigt werden, wenn und soweit sie »die Handels- und Wettbewerbsbedingungen in der Gemeinschaft nicht in einem Maße beeinträchtigen, das dem gemeinsamen Interesse zuwiderläuft«. Die **Kriterien**, die von der EU-Kommission bei der Genehmigung von Filmförderungen verwendet werden, wurden 1998 in der Entscheidung über die französische Filmförderung des CNC entwickelt und im Jahr 2001 in der sogenannten »Kinomitteilung« festgelegt (Mitteilung der Kommission zu bestimmten Rechtsfragen im Zusammenhang mit Kinofilmen und anderen audiovisuellen Werken vom 26.09.2001). Es handelt sich hierbei um vier Kriterien:

- Die Beihilfe muss einem kulturellen Produkt zugute kommen. Jeder Mitgliedstaat muss sicherstellen, dass die Beihilfen nur für Produktionen gewährt werden, die nach überprüfbaren nationalen Kriterien einen kulturellen Inhalt haben.
- Der Produzent muss mindestens 20% des Filmbudgets in anderen Mitgliedstaaten ausgeben dürfen, ohne dass die ihm gewährte Beihilfe gekürzt wird (sogenannte »80/20-Regel«). Damit wird der Territorialisierungsgrad auf 80% limitiert.
- Die Höhe der Beihilfe soll grundsätzlich auf 50% des Produktionsbudgets beschränkt sein, damit für normale marktwirtschaftliche Geschäftsinitiativen weiterhin Anreize bestehen und ein Förderwettlauf zwischen den Mitgliedstaaten vermieden wird (sogenannte »50/50-Regel«). Ausnahmen gelten für »kleine und schwierige Filme«, wobei hier die Beihilfe bis zu 80% des Budgets betragen kann.
- Zusätzliche Beihilfen für besondere Filmarbeiten (z. B. Postproduktion) werden nicht genehmigt, damit die Neutralität der Anreizwirkung gewahrt bleibt und der Mitgliedstaat, der die Beihilfe gewährt, nicht gerade die betreffenden Unternehmen schützen oder ins Land locken kann.

Diese Kinomitteilung galt zunächst bis Ende 2004, wurde sodann verlängert und soll spätestens Ende 2009 auslaufen.

Die EU-Kommission hat sich vorgenommen, die Voraussetzungen der Kinomitteilung noch zu verschärfen. Hierbei strebt sie insbesondere an, für alle Förderungen (z.B. bei der Referenzförderung nach dem FGG) **kulturelle Tests** einzuführen. Diese kulturellen Tests waren bisher bei sogenannten Incentive-Förderungen erforderlich, wozu auch der DFFF zählt.

Die Bestrebungen der EU-Kommission, zwischen förderungswürdigen kulturellen und nichtförderbaren technischen bzw. wirtschaftlichen Filmproduktionen zu differenzieren, erscheint fragwürdig. Problematisch ist schon, ob überhaupt zwischen „kultureller" und „wirtschaftlicher" Filmförderung differenziert werden kann. Eine Trennung zwischen „kulturell wertvollen Filmen" und „Kommerzfilmen" ist weder sinnvoll noch möglich. Zum einen können auch „Art House Filme“ sich zum Kassenschlager entwickeln und mehr Geld einspielen, als viele „High Budget Filme“. Zum anderen können auch erfolgreiche und massenattraktive Filme erheblichen Einfluss auf die private und öffentliche Meinungsbildung erzielen und kulturell eine ganze Generation prägen.

2 Die Vorgeschichte des DFFF

In den Jahren 1997 bis 2005 erlebten die Filmfonds eine sagenhafte Renaissance. Bei diesen Filmfonds handelte es sich um eine steuerlich außerordentlich interessante Anlageform. Der Anleger wurde zum »Mitunternehmer« und konnte sich die Produktionsausgaben bis zu 100% in Höhe seiner Beteiligung als Verluste zuweisen lassen. Die Performance der meisten Filmfonds war indessen nicht prospektgemäß und die große Mehrheit der Anleger verlor ihre Investition überwiegend. Das war aber noch nicht einmal der eigentliche Grund für das Verschwinden der Filmfonds. Zunächst stießen die sie auf Kritik, weil sie ca. 80- bis 90% ihrer jährlich eingesammelten Gelder von etwa 1,5 bis 2 Mrd. Euro in »Hollywood« ausgaben. Das bedeutete einerseits, dass dem deutschen Fiskus beachtliche Steuermittel entzogen wurden und andererseits, dass diese Mittel trotz der gewährten Steuervorteile der deutschen Medienindustrie nicht zugute kamen. Nach einer langwierigen Debatte, wie diesem Dilemma beizukommen sei (Stichwort u. a. »German Spend«), versetzte die neu gewählte Bundesregierung den Filmfonds zum Ende 2005 den endgültigen Gnadenstoß.

Gleichzeitig wurde der Filmindustrie Ersatz versprochen und dieses Versprechen schließlich in Form der **Richtlinie** des Beauftragten der Bundesregierung für Kultur und Medien »Anreiz zur Stärkung der Filmproduktion in Deutschland« vom 21. Dezember 2006 eingelöst, die nach ihrer Genehmigung durch die Europäischen Kommission am 1. Januar 2007 in Kraft trat.

Erklärtes Ziel der Richtlinie ist „die Stärkung des Kulturguts Kinofilm und des Produktionsstandorts Deutschland“ im Rahmen der verfügbaren Haushaltsmittel (§ 1 Abs. 2). Sprachlich hat sich die Richtlinie als »Deutscher Filmförderfonds« (DFFF) durchgesetzt; sie wird auch »60-Millionen-Euro-Baby« genannt, weil jährlich 60 Millionen Euro für einen Zeitraum von drei Jahren zur Verfügung stehen.

3 Konzeption/Modell des DFFF

Konzeptionell lehnt sich der DFFF an den am 1. April 2006 eingeführten englischen Film Tax Incentive Scheme (auch Film Tax Relief genannt) an, der ebenfalls den »cultural test« vorsieht und dem am 22. November 2006 die Genehmigung durch die Europäische Kommission erteilt wurde. Damit verstärkt sich in Europa die Tendenz, die steuerlich motivierten

Filmfonds abzuschaffen und durch Produktionskostenerstattungsmodelle zu ersetzen. Während in nur noch wenigen Ländern (z.B. Belgien) sogenannte Steuerfonds existieren, haben nach Luxemburg und Ungarn nunmehr auch England und Deutschland vergleichbare Produktionskostenerstattungsmodelle eingeführt. Diese dienen der teilweisen Finanzierung eines Filmprojektes und damit stellt sich die Frage, ob die verschiedenen Modelle miteinander kombinierbar sind. Das dürfte grundsätzlich zu bejahen sein. So ist etwa eine Kombination des DFFF mit dem englischen Film Tax Relief möglich, wenn es sich um eine offizielle Koproduktion nach einem gültigen Koproduktionsabkommen handelt. Seit der Kündigung des deutsch-britischen Koproduktionsabkommens vor einigen Jahren empfiehlt sich, eine deutsch-britische Koproduktion nach dem europäischen Koproduktionsabkommen durchzuführen. Eine Kombination mit dem belgischen Steuermodell bereitet wiederum keinerlei Schwierigkeiten, denn dieses verlangt keinen belgischen »Spend«, sodass diese Mittel frei eingesetzt werden können.

Der DFFF stellt eine automatische Förderung dar, sofern die Antragsvoraussetzungen vorliegen und die Haushaltsmittel (60 Mio. Euro) noch nicht ausgeschöpft sind. Es gilt das Prinzip »first come, first serve«. Damit untersteht die Zuwendung der Mittel also keiner Juryentscheidung.

4 Die Zuwendungsvoraussetzungen

Eine Zuwendung kommt grundsätzlich dann in Betracht, wenn folgende Voraussetzungen erfüllt sind:

4.1 Film- bzw. projektbezogene Voraussetzungen

- Es handelt sich um einen programmfüllenden Kinofilm (mindestens 79 Min., bei Kinderfilm mindestens 59 Min.) in deutscher Sprachfassung bzw. einer deutsch untertitelten Fassung.
- Bei Antragstellung sind bereits mind. 75% der Gesamtherstellungskosten finanziert.
- Die Dreh- bzw. Animationsarbeiten beginnen erst nach Erteilung des Zuwendungsbescheids (Ausnahmen auf Antrag möglich).
- Die Herstellungskosten belaufen sich auf mindestens 1 Mio. Euro (bei Dokumentarfilm auf mindestens 200.000 Euro, bei Animationsfilm auf mindestens 3 Mio. Euro).
- Der Film wird in Deutschland spätestens ein Jahr nach Fertigstellung (Ausnahme möglich) kommerziell mit mindestens 30 Kopien (bei Zuwendung unter 320.000 Euro mit mindestens 15 Kopien, bei Erstlingswerken mit mindestens 10 Kopien und bei Dokumentarfilmen mit mindestens vier Kopien) von einem Verleih ausgewertet, der in den letzten zwölf Monaten vor Antragstellung mindestens drei programmfüllende Filme ins Kino gebracht hat (entsprechende Liste der FFA).
- Die Sperrfristenregelungen des FFG werden eingehalten.

- Die deutschen Herstellungskosten betragen mindestens 25% der Herstellungskosten, bei Herstellungskosten von mehr als 20 Mio. Euro mindestens 20%. Betragen die deutschen Herstellungskosten mindestens 15 Mio. Euro, so entfällt eine prozentuale Mindesthöhe.
- Bei Koproduktionen kann nur ein Koproduzent einen Antrag auf Förderung stellen; die übrigen Koproduzenten haften jedoch gesamtschuldnerisch für eine eventuelle Rückzahlung der Förderung.
- Der Film erfüllt die Mindestpunktzahl des jeweiligen Eigenschaftstests:
  - Spielfilm: mindestens vier Kriterien aus der Kategorie »Kultureller Inhalt« und mind. 48 Punkte aus beiden Kategorien (Kultureller Inhalt/Kreative Talente und Herstellung) werden erfüllt.
  - Dokumentarfilm: mindestens zwei Kriterien aus der Kategorie »Kultureller Inhalt« und mindestens 27 Punkte aus beiden Kategorien (Kultureller Inhalt/Kreative Talente und Herstellung) werden erfüllt.
  - Animationsfilm: mindestens zwei Kriterien aus der Kategorie »Kultureller Inhalt« und mindestens 41 Punkte aus beiden Kategorien (Kultureller Inhalt/Kreative Talente und Herstellung) werden erfüllt.
- Wird eine internationale Koproduktion nach dem Europäischen Übereinkommen über die Gemeinschaftsproduktion von Kinofilmen hergestellt, so gilt das im Anhang II des Übereinkommens vorgesehene Punktesystem, nicht der Eigenschaftstest.

Achtung: Stellt sich bei der Abschlussprüfung heraus, dass der Film anders als geplant hergestellt wird und Bewilligungsvoraussetzungen nicht gegeben sind (z.B. weniger Punkte im Eigenschaftstest, geringerer Eigenanteil des Antragstellers), so wird der Zuwendungsbescheid, ohne dass die Möglichkeit einer Ermessensentscheidung der FFA besteht, aufgehoben. Insofern sollten gerade beim Eigenschaftstest die Punkte nicht zu knapp kalkuliert werden.

4.2 Wer kann den Zuschuss erhalten?

- Antragsberechtigt ist der Filmhersteller. Filmhersteller ist derjenige, der für die Herstellung und Lieferung des Films verantwortlich bzw. als Koproduzent mitverantwortlich und aktiv in die Filmherstellung eingebunden ist. Erfüllen bei einer Koproduktion mehrere Koproduzenten die Antragsvoraussetzungen, so kann der Antrag nur von einem Koproduzenten gestellt werden. Hierüber haben sich die Koproduzenten zu einigen und der FFA gegenüber eine entsprechende Erklärung bei Antragstellung abzugeben. Eine reine Kofinanzierung qualifiziert den entsprechenden „Koproduzenten" nicht als Filmhersteller im vorstehenden Sinne.
- Der Antragsteller muss seinen Wohn- oder Geschäftssitz oder, wenn dieser außerhalb von Deutschland liegt, eine Niederlassung oder Tochtergesellschaft in Deutschland haben. Wird der Film von einer deutschen Tochtergesellschaft/Niederlassung eines Herstellers mit Geschäftsitz außerhalb der EU/EWR hergestellt, so sind sämtliche Bewilligungsvoraussetzungen von der Tochtergesellschaft/Niederlassung zu erfüllen. Der Antrag kann nur von der deutschen Tochtergesellschaft oder Niederlassung gestellt werden.

- Der Antragsteller (oder bei einer „Single Purpose Company" das mit ihm verbundene Unternehmen) muss in den letzten fünf Jahren mindestens einen programmfüllenden Kinofilm in Deutschland oder der EU/EWR hergestellt haben, der in Deutschland mit mindestens 30 Kopien (bei Herstellungskosten des Referenzfilms bis 2 Mio. Euro mit mindestens 15 Kopien, bei einem Erstlingswerk mit mindestens zehn Kopien, bei einem Dokumentarfilm mit mindestens vier Kopien) kommerziell ausgewertet worden ist. Wird Förderung für ein Erstlingswerk beantragt, so genügt die Zuerkennung einer Förderung durch das BKM, die FFA oder die Länderförderungen. Wird der Förderungsantrag im Rahmen einer internationalen Koproduktion eingereicht, so muss der Antragsteller den Referenzfilm allein oder als Koproduzent mit Mehrheitsbeteiligung hergestellt haben.
- Der Eigenanteil des Filmherstellers muss mindestens 15% der Herstellungskosten betragen (bei den ersten beiden Filmen eines Herstellers sowie bei Dokumentarfilmen sind Ausnahmeentscheidungen möglich, es müssen jedoch mindestens 5% Eigenanteil erbracht werden). § 34 Abs. 1 S.2 bis Abs. 4 FFG findet entsprechende Anwendung. Folglich kann der Eigenanteil durch Eigenmittel des Herstellers und/oder durch Fremdmittel finanziert werden, die dem Hersteller als Darlehen mit unbedingter Rückzahlungsverpflichtung gewährt werden. Zu diesen Fremdmitteln zählen auch Verleih- und Vertriebsgarantien, soweit sie während der Herstellung des Films gezahlt werden. Eigenleistungen stehen den Eigenmitteln gleich. § 34 Abs. 3 FFG definiert die Eigenleistungen des Filmherstellers: darunter fallen Leistungen, die der Hersteller als kreativer Produzent, Herstellungsleiter, Regisseur, Hauptdarsteller oder Kameramann zur Herstellung des Films erbringt. Ferner zählen hierzu Verwertungsrechte an eigenen Werken des Filmherstellers (z.B. das Drehbuch oder die Filmmusik). Eigenleistungen können allerdings nach den Grundsätzen sparsamer Wirtschaftsführung (§§ 15 ff der Richtlinie für die Projektfilmförderung) nur in Höhe ihres marktüblichen Geldwertes berücksichtigt werden.
- Bei internationalen Koproduktionen muss der Antragsteller einen finanziellen Beitrag von mindestens 20% der Herstellungskosten erbringen (bei Budgets über 25 Mio. Euro mindestens 5 Mio. Euro).

5 Anerkennungsfähige Herstellungskosten

Als deutsche Herstellungskosten werden nur Herstellungskosten anerkannt, die auf filmnahe Lieferungen oder Leistungen entfallen, die von Firmen (oder deren Angestellte oder freie Mitarbeiter) oder Selbstständigen in Deutschland erbracht werden. Handelt es sich um personengebundene Leistungen, so müssen diese zumindest der beschränkten Steuerpflicht in Deutschland unterliegen; bei unternehmensgebundenen Leistungen muss

- das die Leistung erbringende Unternehmen seinen Geschäftssitz oder eine Niederlassung in Deutschland haben;
- das die Leistung erbringende Unternehmen mindestens einen fest angestellten Mitarbeiter in Deutschland beschäftigen;
- die Rechnungslegung über das Unternehmen oder die Niederlassung erfolgen;

- die Leistung in Deutschland erstellt/erbracht oder das verwendete Material in Deutschland bezogen worden sein;
- die zur Erbringung der Leistung notwendige technische Ausstattung tatsächlich in Deutschland eingesetzt und die filmtechnische Ausrüstung aus Deutschland bezogen werden.

Bei der Berechnung der Höhe der Zuwendung werden außerdem Kosten für im Ausland erfolgte Außendreharbeiten als deutsche Herstellungskosten anerkannt, wenn

- es sich um Außendreharbeiten handelt, die aufgrund von im Drehbuch enthaltenen zwingend dramaturgischen Vorgaben nicht oder nur mit einem unverhältnismäßig hohem Aufwand in Deutschland durchgeführt werden könnten;
- die Kosten im Übrigen die Kriterien für deutsche Herstellungskosten erfüllen (s. o.) und
- die im Ausland durchgeführten Außendreharbeiten nicht mehr als 30% der Gesamtdreharbeiten einnehmen.

6 Nicht anerkennungsfähige Herstellungskosten

Bei der Berechnung der Höhe der Zuwendung werden folgende Kosten **nicht** als deutsche Herstellungskosten anerkannt:

- Vorkosten
- Kosten für Stoffrechte und Rechte an vorbestehenden Werken
- Rechtsberatungskosten
- Versicherungen
- Finanzierungskosten
- Reise- und Transportkosten für Schauspieler
- Handlungskosten
- Schauspielergagen soweit sie 15% der Herstellungskosten übersteigen
- Überschreitungsreserven, soweit sie nicht zugunsten zuwendungsfähiger Lieferung und Leistungen aufgelöst werden können.

Bei einer nachträglichen Überschreitung der deutschen Herstellungskosten werden nur maximal 8% der bei Antragstellung angegebenen deutschen Herstellungskosten und nur, soweit noch Mittel verfügbar sind, berücksichtigt.

Es ist ein Finanzierungsbedarf des Antragsstellers mindestens in Höhe der Zuwendung erforderlich.

Achtung: Die Fördermittel für das Projekt dürfen kumuliert nicht mehr als 50% – bzw. bei kleinen und schwierigen Filmen 80% – betragen. Ein Film ist »klein und schwierig«, wenn er nur eine geringe Marktakzeptanz erwarten lässt und seine Chancen auf wirtschaftliche Verwertung daher als begrenzt angesehen werden müssen.

7 Die Höhe der Zuwendung

Die nicht-rückzahlbare Zuwendung beträgt 20% der anerkannten deutschen Herstellungskosten, höchstens jedoch vier Millionen Euro pro Film. Von dem Förderhöchstbetrag kann auf Antrag des Herstellers bis zu einem Höchstbetrag von zehn Millionen Euro abgewichen werden. Dies hat allerdings zur Voraussetzung, dass die deutschen Herstellungskosten mindestens 35% der Gesamtkosten betragen oder der Film im Eigenschaftstest mindestens zwei Drittel der möglichen Gesamtpunktzahl erreicht. Über den Antrag entscheidet der Beirat.

Berechnungsschwelle der anerkannten deutschen Herstellungskosten sind max. 80% der Herstellungskosten. Nachfolgend werden zum besseren Verständnis zwei Kalkulationsbeispiele vorgestellt:

Beispiel 1:

Herstellungskosten:	€ 4 Mio.
Deutsche Herstellungskosten:	€ 4 Mio.
Anerkannte deutsche Herstellungskosten:	€ 3,5 Mio.
Obergrenze (80% der Herstellungskosten):	€ 3,2 Mio.
Berechnungsschwelle (Obergrenze):	€ 3,2 Mio.
Höhe der Zuwendung (20% der Obergrenze):	€ 640.000

Beispiel 2:

Herstellungskosten:	€ 4 Mio.
Deutsche Herstellungskosten:	€ 3,5 Mio.
Anerkannte deutsche Herstellungskosten:	€ 3 Mio.
Obergrenze (80% der Herstellungskosten):	€ 3,2 Mio.
Berechnungsschwelle:	
(deutsche anerkannte Herstellungskosten)	€ 3 Mio.
Höhe der Zuwendung:	
(20% der deutschen anerkannten Herstellungskosten)	€ 600.000

8 Der Zuwendungsbescheid (§ 17)

Die Mittel werden dem Produzenten durch den Zuwendungsbescheid zugesprochen (§ 17 der Richtlinie) und erst dessen Bestandskraft schafft Rechtssicherheit und einen verbindlichen Anspruch auf Erhalt der Fördermittel. Der Zuwendungsbescheid erlischt jedoch, wenn nicht binnen drei Monaten nach Zugang des Bescheides die Gesamtfinanzierung des Projekts nachgewiesen wird, wobei die Frist einmalig um einen Monat verlängert werden kann (§ 17 Abs. 3). Der Zuwendungsbescheid erlischt außerdem, wenn nicht binnen vier Monaten nach Zugang mit den Dreharbeiten begonnen oder der Film nicht in der im Antrag angegebenen Projektlaufzeit fertig gestellt wird. Auch hier kann aber die FFA auf Antrag einer Verschiebung zustimmen (§ 17 Abs. 4).

9 Die Auszahlung/Zwischenfinanzierung

Laut § 18 Abs. 1 der Richtlinie erfolgt die **Auszahlung** der Mittel nach Fertigstellung des Films und nach erfolgreicher Schlusskostenprüfung sowie dem Nachweis der Bewilligungsvoraussetzungen. Nach § 18 Abs. 2 kann die Auszahlung auf Antrag in drei gleichen Raten erfolgen:

- bei Drehbeginn,
- bei Fertigstellung des Rohschnitts;
- nach Prüfung des Schlusskostenstands.

Der Antrag auf Ratenzahlung ist zu begründen und bei Zuwendungen über 2 Mio. Euro ist der auszuzahlende Betrag mit einer Fertigstellungsgarantie oder einer Bankbürgschaft abzusichern. Die Auszahlung ist zu versagen, wenn die ordnungsgemäße Finanzierung des Films nicht gewährleistet ist, oder wenn bei der Finanzierung, Herstellung, Verleih, Vertrieb oder dem Videovertrieb eines durch die FFA oder durch das BKM geförderten Films der Antragsteller die Grundsätze sparsamer Wirtschaftsführung verletzt hat.

Soweit keine Ratenzahlung genehmigt wird, stellt sich die Frage der **Zwischenfinanzierung** der Fördermittel. Der Anspruch auf Auszahlung ist gemäß § 18 Abs. 5 nur zum Zwecke der Zwischenfinanzierung an Banken oder sonstige Kreditinstitute abtretbar. »Bankable« ist dieser Finanzierungsbestandteil indes nur, wenn er mit Sicherheit auch zur Auszahlung kommt und dadurch, wie bei Zwischenfinanzierungen üblich, das Bankdarlehen abgelöst wird. Die Zuerkennung und Auszahlung der Mittel sind jedoch von einigen Bedingungen abhängig, die einer Zwischenfinanzierung Schwierigkeiten bereiten können.

Die insoweit bestehenden Auflagen dürften letztlich keinen Hinderungsgrund darstellen. Als Unsicherheit wäre zu nennen, ob letztlich der veranschlagte »German Spend« auch tatsächlich erreicht wird. Das ist jeweils erst nach Vorlage und Überprüfung des Schlusskostenstands ersichtlich. Bleibt der „German Spend“ unter dem veranschlagten, reduziert sich der zuerkannte Betrag entsprechend. Ferner sieht die Richtlinie vor, dass spätestens zum Zeitpunkt der Fördermittelauszahlung ein rechtsverbindlicher, unbedingter und im Hinblick auf die Kopienzahl qualifizierter Vertrag mit einem Verleiher aus der FFA-Verleiherliste vorzulegen ist. Ein Verleiher qualifiziert sich für diese Liste, wenn er als Unternehmen oder Person binnen der letzten zwölf Monate vor Antragstellung bei mindestens drei programmfüllenden Filmen eine Kinoauswertung durchgeführt hat. Das ist insoweit problematisch, als sich der entsprechende Verleiher unter Umständen zum relevanten Zeitpunkt nicht mehr qualifiziert. Hat der Verleiher sogar eine Minimumgarantie gezahlt, die in die Herstellung des Films geflossen ist, muss auch insoweit eine Regelung getroffen werden.

Damit ist festzustellen, dass neben der bei deutschen Projekten meist fehlenden Fertigstellungsgarantie zwar einige weitere Unsicherheitsfaktoren für eine Zwischenfinanzierung der DFFF-Mittel bestehen. Gleichwohl lehren die ersten Erfahrungen, dass die in diesem Bereich aktiven Banken zur Diskontierung der DFFF-Mittel bereit sind und lediglich einen Sicherheitseinbehalt von ca. 20% kalkulieren.

10 Bilanz/Evaluierung

Die meisten Beteiligten der Filmindustrie zogen eine außerordentlich positive Bilanz des ersten DFFF Jahres. Das Modell funktioniert relativ einfach und bedeutet für die Produzenten finanzielle Planungssicherheit und die Freiheit von inhaltlicher Einflussnahme, sofern sie die Hürde des „kulturellen Eigenschaftstests“ genommen haben. Das Modell hat einige entscheidende Vorteile, wie etwa:

- Es entscheidet kein Gremium nach Geschmack und Interessenspolitik, sondern das Geld gibt es automatisch, sofern die formalen Kriterien erfüllt sind;
- Im Gegensatz zu den üblichen Förderungen in Form von bedingt rückzahlbaren Darlehen muss der DFFF Zuschuss nicht zurückgezahlt werden;
- Auch die anderweitigen Fördertöpfe stehen den DFFF Projekten uneingeschränkt zur Verfügung.

Mit den ersten 60 Millionen Euro wurden 99 Projekte gefördert, davon 34 internationale Koproduktionen. Bei drei Projekten (allesamt Studio Babelsberg) wurde der Förderhöchstbetrag von vier Millionen überschritten: „Speed Racer“, der neueste Film der Wachowski-Brüder, wurde mit neun Millionen bezuschusst, dem Projekt „Valkyrie“, bei dem Tom Cruise die Rolle des Claus Schenk Graf von Stauffenberg spielt, wurden EUR 4,8 Millionen zugesprochen und der Film „The International“ unter der Regie von Tom Tykwer erhielt EUR 5,8 Millionen.

Insgesamt 388.049.317 Euro haben die Empfänger der ersten 60 Millionen nach Auskunft der FFA in Deutschland ausgegeben. Der wirtschaftliche Effekt betrug also etwa das Sechseinhalbfache und davon profitierte nicht nur die Filmindustrie, sondern auch viele andere Zweige der Wirtschaft.

§ 24 sieht eine Evaluierung der Richtlinie vor, die aufgrund der praktischen Erfahrungen des ersten Jahres erfolgen soll. Zwar blüht die Produktionslandschaft in Deutschland gegenwärtig mit Hilfe des DFFF. Gleichwohl sind einige Ungereimtheiten und Nebeneffekte erkennbar, die zeitnah nachgebessert werden sollten.

Zum einen ist schlicht nicht verständlich, weshalb die Kosten für Stoffrechte und Rechte an vorbestehenden Werken nicht zu den anerkennungsfähigen Herstellungskosten zählen. Die Drehbuchentwicklung zählt zu den genuinen Aufgaben des Produzenten und das Drehbuch stellt gleichsam die Basis der Verfilmung dar. Daher wird die Drehbuchentwicklung auch auf europäischer und nationaler Förderebene unterstützt. Es erscheint nicht nachvollziehbar, weshalb diese fundamentalen Entwicklungskosten eines jeden Filmprojekts im Rahmen des DFFF nicht anerkannt werden.

Weiterhin ist für alle Beteiligten nicht einsehbar, dass ein Produzent zu diesem frühen Zeitpunkt bereits ein Verleihunternehmen engagieren muss. Zum einen sind die Verleiher generell zögerlich, sich zur Herausbringung von Filmen zu verpflichten, die sie noch nicht gesehen haben. Zum anderen könnte der Produzent mit dem fertigen Film, so er gelingen sollte, möglicherweise ein anderes Verleihunternehmen gewinnen, das ihm bessere Konditionen einräumen würde.

Und schließlich führt die unerlässliche Herausbringung eines jeden „DFFF Films" zu einer Überproduktion und gleichzeitigen Überflutung des Kinomarktes. Das haben einige hervorragende Filme des Jahres 2007 schmerzhaft erfahren müssen. Die Voraussetzung einer Herausbringung des bezuschussten Films im Kino ist auch deshalb fragwürdig, weil der Zuschuss gerade nicht zurückgezahlt werden muss und der DFFF folglich an einem etwaigen Erfolg des Films im Kino nicht beteiligt ist. Der DFFF ist erklärtermaßen ein reines Zuschussmodell und mit dem ordnungsgemäßen „German Spend" hat der Produzent seine Verpflichtungen erfüllt und der beabsichtigte wirtschaftliche Effekt ist erreicht. Ob der fertige Film dann wirklich „kinotauglich" ist, sollte der Verleih zum geeigneten Zeitpunkt selbst entscheiden. Das wäre für alle Beteiligten die pragmatische und sinnvollere Regelung. Das gilt auch für die Kinobetreiber, die zwar im DFFF nicht vorkommen, aber dennoch mittelbar Betroffene sind. Das englische Modell, das dem DFFF weitgehend als Vorbild diente, formulierte entsprechend weise, dass eine Kinoauswertung beabsichtigt sein muss, ohne dass diese Absicht unbedingt Wirklichkeit werden müsste.

Es bleibt abzuwarten, welche weiteren Defizite sich noch herauskristallisieren, die es ggf. im Wege der Nachbesserung zu beheben gilt. Sicher ist aber, dass der DFFF schon jetzt als Erfolg gehandelt wird und Staatsminister Neumann rief beim Berlinale Auftakt den 2000 Versammelten zu, „der DFFF wird über das Jahr 2009 fortgeführt".

Anhang

Nützliche Informationen und **Checkliste** der Antragsunterlagen:.

1. Der Antrag und die Richtlinie sind auf der Internetseite www.ffa.de erhältlich.
2. Zuständige Projektleiterin ist Frau Christine Berg, Tel.: 030/ 27577-0
3. Der Antrag ist ausgefüllt 1-fach an die FFA-Filmförderungsanstalt, Bundesanstalt des öffentlichen Rechts, Große Präsidentenstraße 9, 10178 Berlin zu senden.
4. Dem Antrag sind folgende **Unterlagen** beizufügen:

- Kurzinhalt
- Vertrag über den Erwerb der Verfilmungsrechte
- Drehbuch in deutscher Sprache
- Eigenschaftstest
- Handelsregisterauszug/Gewerbeanmeldung
- Firmenprofil/Biographie
- Bei Koproduktion:
  - Koproduktionsvertrag
  - Gemeinsame Erklärung der Koproduzenten zum Antragsteller/gesamtschuldnerischen Haftung
- Falls vorhanden: vorläufige Projektbescheinigung der BAFA (nicht zwingend erforderlich)
- Kalkulation
- Stab- und Besetzungsliste
- Aufstellung der deutschen Herstellungskosten
- Berechnung der im Rahmen des Filmförderfonds anerkannten deutschen Herstellungskosten
- Finanzierungsplan
- Nachweise/Verträge
- Berechnung des Eigenanteils
- Verleihvorvertrag
- Mitteilung des vorgesehenen Drehbeginns sowie Erklärung, dass noch nicht mit dem Dreh begonnen wurde
- Soweit vom Antragsteller gewünscht:
  - Antrag auf einen erhöhten Zuschuss
  - Antrag auf Anerkennung der Kosten eines Auslandsdrehs als deutsche Herstellungskosten

Soweit der Nachweis bei Antragstellung nicht möglich ist, muss die Erfüllung der Bewilligungsvoraussetzungen zunächst glaubhaft gemacht werden. Die entsprechenden Nachweise sind bis zur Auszahlung nachzureichen.

Achtung: Ist der Antrag unvollständig oder genügt er den Anforderungen an die Glaubhaftmachung bzw. den Nachweis der Bewilligungsvoraussetzungen nicht, so kann die FFA, nach einer fruchtlos verstrichenen Frist zur Vervollständigung, den Antrag zurückweisen. Für dasselbe Filmprojekt kann höchstens zweimal ein erneuter Antrag gestellt werden.

Literaturverzeichnis

BKM: Richtlinie des Beauftragten der Bundesregierung für Kultur und Medien (BKM) "Anreiz zur Stärkung der Filmproduktion in Deutschland" vom 21. Dezember 2006 (Homepage), http://www.filmverband-sachsen.de/pdf/richtlinie_fff.pdf, 29.09.2008.

FFA – Filmförderungsanstalt (Homepage), http://www.ffa.de, 29.09.2008.

FFG – Filmförderungsgesetz idF der Bekanntmachung vom 24.08.2004 (BGBl. I S.2277) (Homepage), http://bundesrecht.juris.de/bundesrecht/ffg_1979/gesamt.pdf, 29.09.2008.

Mitteilung der Kommission zu bestimmten Rechtsfragen im Zusammenhang mit Kinofilmen und anderen audiovisuellen Werken vom 26.09.2001 (Homepage), http://eur-lex.europa.eu/LexUriServ/LexUriServ.do?uri=COM:2001:0534:FIN:DE:PDF, 29.09.2008.

Vertrag zur Gründung der Europäischen Gemeinschaft (Konsolidierte Fassung 1997): Art. 87 EG-Vertrag (Homepage), http://eur-lex.europa.eu/de/treaties/dat/11997E/htm/11997E.html# 0173010078, 29.09.2008.

Filesharing, Urheberrecht und die Verfolgung von Rechtsverletzungen

Timo Schutt

Zusammenfassung
Das illegale Filesharing im Internet hat seit der nahezu flächendeckend zur Verfügung stehenden DSL-Geschwindigkeit, seit Einführung von Flatrates unabhängig von der Onlinezeit und des genutzten Datenvolumens stark zugenommen. Die damit verbundenen Entwicklungen und Veränderungen sollen aus juristischer Perspektive betrachtet werden. Zunächst wird nach einer Hinführung zum Phänomen des illegalen Filesharings die Funktionsweise von Peer-to-Peer-Netzwerken erläutert. Dann werden diese Vorgänge einer rechtlichen Einordnung und Bewertung unterzogen. Danach wird die strafrechtliche sowie zivilrechtliche Vorgehensweise zur Verfolgung der Täter aus der Praxis geschildert. Schließlich werden die seit dem 01.01.2008 geltenden Veränderungen des Urheberrechtsgesetzes, der Vorratsdatenspeicherung sowie das am 01.09.2008 in Kraft getretene "Gesetz zur Verbesserung der Durchsetzung von Rechten des geistigen Eigentums“ kritisch beleuchtet und werden Änderungsvorschläge aufgezeigt.

Beitragsinhalt

1 Einleitung

Das illegale Filesharing im Internet, also die rechtswidrige öffentliche Zugänglichmachung zur Vervielfältigung von urheberrechtlich geschützten Werken ohne Zustimmung des Recheinhabers, hat seit der nahezu flächendeckend zur Verfügung stehenden DSL-Geschwindigkeit und seit Einführung von Flatrates unabhängig von der Onlinezeit und des genutzten Datenvolumens ungeheure Ausmaße angenommen.

Die Verfolgung von Rechtsverletzungen im Internet stellt allgemein aufgrund rechtlicher und tatsächlicher Schwierigkeiten, sowie angesichts deren Häufigkeit ein schwieriges Unterfangen dar. Unabhängig von der Art des geschützten Werkes, sei es ein Filmwerk, ein Musikwerk, ein Sprachwerk, ein Lichtbildwerk oder dergleichen, genügt in der heutigen Zeit die einfache technische Reproduzierbarkeit ohne Qualitätsverlust und die mittlerweile nahezu jedem zur Verfügung stehende hohe Internetbandbreite, um eine Flut von Rechtsverletzungen herbeizuführen.

Eine der beliebtesten Methoden zur Rechtsverletzung stellt die Nutzung so genannter Peer-to-Peer-Netzwerke im Internet dar. Vermehrt gehen die Internetnutzer auch dazu über in so genannten IRC-Chats oder im Usenet, einem neben dem World Wide Web (WWW) bestehenden Teil des Internet, urheberrechtlich geschützte Werke anderen Personen zum Download anzubieten. Haben die Inhaber der Verwertungsrechte diesen Vorgängen, welche landläufig mit dem Begriff des „illegalen Filesharing" zusammengefasst werden, lange zugesehen, werden seit dem Jahr 2005 in zunehmendem Maße die Anbieter dieser Werke ermittelt und sowohl straf-, als auch zivilrechtlich verfolgt.

Zum 01.01.2008 traten das „Zweite Gesetz zur Regelung des Urheberrechts in der Informationsgesellschaft" und das „Gesetz zur Neuregelung der Telekommunikationsüberwachung und anderer verdeckter Ermittlungsmaßnahmen sowie zur Umsetzung der Richtlinie 2006/24/EG" in Kraft. Darin enthalten ist auch die umstrittene „Vorratsdatenspeicherung" von Internet- und Telekommunikationsdaten. Am 01.09.2008 trat sodann das „Gesetz zur Verbesserung der Durchsetzung von Rechten des geistigen Eigentums", welches ebenfalls Einfluss auf das Thema des illegalen Filesharing haben wird, in Kraft.

Praktische Erfahrungen mit den Gesetzesänderungen gibt es zum Zeitpunkt des Redaktionsschlusses noch nicht. Dieser Beitrag kann neben der Darstellung der bis zum 31.12.2007 geltenden Gesetzeslage daher nur aufgrund der Gesetzesbegründungen und dem bisherigen Meinungsstand in der rechtlichen Diskussion die seit dem 01.01.2008 geltende Rechtslage darstellen.

Der folgende Beitrag soll nach einer kurzen Einleitung zum Phänomen des illegalen Filesharing (Abschnitt 1), die Funktionsweise der Peer-to-Peer-Netzwerke erläutern (Abschnitt 2) und danach diese Vorgänge einer rechtlichen Einordnung und Bewertung unterziehen (Abschnitt 3). Sodann soll die strafrechtliche (Abschnitt 4) und die zivilrechtliche (Abschnitt 5)

Vorgehensweise zur Verfolgung der Täter aus der Praxis geschildert werden. Der Beitrag schließt mit einem Blick auf die seit dem 01.01.2008 geltenden einschlägigen Veränderungen des Urheberrechtsgesetzes, der Vorratsdatenspeicherung sowie des noch im Gesetzgebungsverfahren befindlichen „Gesetzes zur Verbesserung der Durchsetzung von Rechten des geistigen Eigentums“, jeweils nebst Kritik und Änderungsvorschlägen (Abschnitt 6).

In Abschnitt 1 soll zunächst das Phänomen Filesharing betrachtet und sodann auf die geschätzten Schäden eingegangen werden. Sodann erfolgt ein kurzer Überblick über die Vorgehensweise der Rechteinhaber zur rechtlichen Verfolgung der Täter.

1.1 Phänomen Filesharing

Filesharing (dt. „gemeinsamer Dateizugriff“, oder „Dateien teilen“) ist das Weitergeben von Dateien zwischen Benutzern des Internets. Während im weiteren Sinne auch ein Herunterladen von Daten von einem Server gemeint sein kann, versteht man darunter meist das Verteilen von Dateien über ein so genanntes Peer-to-Peer-Netzwerk (Aus Wikipedia – Die freie Enzyklopädie (WWW v. 21.11.2007), Einleitung zu dem Begriff „Filesharing“).

Nach einer Studie der Internet-Analyse-Firma ipoque GmbH lag der Anteil von Peer-to-Peer-Netzwerken am gesamten Datenvolumen des Internet im Jahre 2006 zwischen 30% tagsüber und 70% nachts (Vgl. Pressemitteilung v. 23.10.2006 der Firma IPOQUE GMBH zur P2P-Studie 2006 (WWW v. 21.11.2007)). Allein zwischen Juni 2006 und Oktober 2006 ist demnach der absolute Betrag des Datenvolumens in Peer-to-Peer-Netzwerken um 10% gestiegen. Die Beliebtheit der Nutzung solcher Netzwerke hält nach wie vor an und es wird mit einem weiteren Anstieg der Nutzung gerechnet. Am Beliebtesten ist gemäß der Studie das Kopieren von Pornographie, gefolgt von Filmen, Musik und Computerspielen.

Oftmals sind Werke bereits vor deren Markteinführung in den Netzwerken zu finden. Lücken in der Vertriebskette oder innerhalb der beteiligten Firmen sind die Ursache.

1.2 Geschätzte Schäden

Wie hoch die Schäden der Rechteinhaber tatsächlich sind ist nicht genau zu beziffern. Eine Untersuchung im Auftrag der Business Software Alliance für das Jahr 2006 ergab alleine hinsichtlich der Urheberrechtsverletzungen an Software-Produkten (allerdings nicht ausschließlich bezogen auf die Nutzung von Peer-to-Peer-Netzwerken) einen Wert illegal eingesetzter Software in Höhe von 39,6 Milliarden US-Dollar. Für Deutschland ergibt sich danach bei einer Piraterierate von 28% ein Umsatzausfall von 1,3 Milliarden Euro, was weltweit dem 7. Rang hinter den USA, China, Frankreich, Russland, Japan und dem Vereinigten Königreich entspricht (Vgl. BUSINESS SOFTWARE ALLIANCE, Homepage (WWW v. 21.11.2007)).

Die International Federation of the Phonographic Industry (IFPI) geht pro Jahr alleine für Deutschland von Schäden für die Musikindustrie in Milliardenhöhe aus. Nach Angaben der

IFPI sind allein in Deutschland im Jahr 2005 mehr als 400 Millionen Musikdateien aus illegalen Quellen heruntergeladen worden (Vgl. IFPI, Homepage (WWW v. 21.11.2007))

Was bei der Frage der Schadenshöhe der einzelnen Handlung gerne übersehen wird ist, dass es eben nicht um einen einzigen Download geht, also die Herstellung eines einzigen Vervielfältigungsstückes, sondern dass durch das Anbieten des Werks (Anbieten zum Download = Upload) an gleichzeitig mehrere Millionen Menschen weltweit eine Vielzahl von Vervielfältigungsstücken zugelassen, zumindest aber an der schnellen Verbreitung eines Werkes in einer Vielzahl von Fällen mitgewirkt wird. Dies stellt einen enormen Schaden, mindestens aber eine enorme Schadensgeneigtheit dieser Handlungen dar, unabhängig davon, ob es wirklich in dem speziellen Fall zu einem Download gekommen ist (Zur Funktionsweise dieser „Tauschbörsen" und dem damit einhergehenden Schneeballeffekt bei der Verbreitung der Dateien vgl. Ziffer 2).

Von den Urheberrechtsverletzern wird gerne argumentiert, dass durch das Filesharing keine Schäden entstünden, weil es sich quasi um kostenlose Werbung für die Rechteinhaber handele. Dass dies nicht stimmt sagen einhellig alle Studien, die es hierzu gibt und im Übrigen auch der gesunde Menschenverstand. Aber selbst wenn dies richtig wäre, würde dies nichts an der strafrechtlichen und zivilrechtlichen Beurteilung dieser Taten ändern. Es würde auch niemand behaupten wollen, dass der Dieb einer körperlichen Musik-CD deshalb ungeschoren davonkommen solle, weil er einen seiner Freunde zum Kauf dieser CD überredet hat, und er durch diese „Werbung" den entstandenen Schaden kompensiert hätte.

1.3 Vorgehensweise der Rechteinhaber

Die Rechteinhaber beauftragen technische Dienstleister, die aufgrund spezieller Software und Technik oder durch rein manuelle Suche in entsprechendem Umfang in der Lage sind, großflächig das Geschehen in den einzelnen Peer-to-Peer-Netzwerken zu beobachten und die Internetanschlüsse, von welchen urheberrechtlich geschützte Werke angeboten werden, zu erfassen.

Die Anbieter der Werke geben ihre IP-Adresse, eine Art Postadresse des Internetanschlusses, zu erkennen. In dem Moment, in dem tatsächlich der Datentransfer startet, also vom Internetanschluss des Anbieters aus begonnen wird eine urheberrechtlich geschützte Datei auf den Rechner des Anfragenden zu übertragen, ist der Tatbestand strafrechtlich bereits erfüllt, da schon der Versuch des Anbietens nach § 106 Urheberrechtsgesetz (UrhG) strafbar ist. Durch diese Handlung sind auch bereits zivilrechtliche Ansprüche begründet.

Die IP-Adresse des Anbieters wird nunmehr gemeinsam mit dem Datum und der sekundengenauen Uhrzeit festgehalten. Mit diesen Daten ist es dem Internet-Service-Provider des Anschlussinhabers, also z.B. T-Online, möglich Auskunft zu geben, welchem seiner Kunden zu dem genannten Zeitpunkt die fragliche IP-Adresse zugewiesen war.

Die Rechteinhaber hatten bislang keine Möglichkeit, direkt auf die Provider zuzugehen, um Auskunft über den hinter dem festgestellten Internetanschluss stehenden Kunden zu erhalten. Nur die Staatsanwaltschaften sind berechtigt, Auskünfte über diese Daten einzuholen. Daher wurde überwiegend Strafanzeige gegen Unbekannt erstattet. Die Staatsanwaltschaften erfragen sodann über ihren Auskunftsanspruch Name und Adresse des Anschlussinhabers. Der Rechteinhaber kann durch Antrag auf Einsicht in die Ermittlungsakte sodann diese Daten erfahren, um zivilrechtlich über eine Abmahnung und eventuell eine Klage seine Rechte zu wahren. Seit Juli 2008 weigern sich jedoch die meisten Staatsanwaltschaften – nach Außen hin mit dem Argument der Unverhältnismäßigkeit der Mittel – Ermittlungen aufzunehmen. Die Strafanzeigen werden also von den meisten Staatsanwaltschaften nicht mehr zum Anlass genommen, den Täter zu ermitteln. Dieses Vorgehen darf wohl als Kapitulation des Rechtsstaates vor der schieren Masse an Straftaten in diesem Bereich bewertet werden. Am 01.09.2008 trat eine neue Regelung in Kraft, die es ermöglichen soll im Falle des gewerblichen Ausmaßes der Taten einen richterlichen Beschluss zu erwirken, um sodann direkt auf den Provider des Täters zuzugehen. Bis zu Redaktionsschluss war es jedoch nicht bekannt, ob diese Änderung tatsächlich für Filesharingfälle Anwendung findet.

2 Funktionsweise von Peer-to-Peer-Netzwerken

Peer-to-Peer-Netzwerke sind landläufig unter dem verharmlosenden Begriff „Tauschbörse" bekannt. Dieser Begriff ist jedoch falsch, da in diesen Netzwerken kein Tausch stattfindet. Da die zum Download angebotene Datei nur vervielfältigt wird und die Ursprungsdatei beim Anbieter verbleibt muss richtigerweise von einer „Kopierbörse" gesprochen werden.

Die Software (genannt „Client"), die für die Teilnahme an diesen Netzwerken benötigt wird, gibt es kostenlos im Internet zum Download. Es gibt verschiedene Clients, die bekanntesten sind zum Beispiel „eMule" oder „BitTorrent".

Durch Nutzung dieser Software wird man automatisch mit allen anderen Computern, die zum selben Zeitpunkt vergleichbare Clients benutzen, verbunden. Man erhält damit Zugriff auf einen Teil der Festplatte aller anderen Nutzer. Gleichzeitig stellt man selbst einen Teil seiner eigenen Festplatte und damit alle dort befindlichen Dateien zur Verfügung.

Diese Netze sind also in der Regel dezentral aufgebaut. Es gibt keinen zentralen Server. Daher ist ein Vorgehen gegen den „Betreiber" des Netzwerkes nicht möglich, da es keinen verantwortlichen Betreiber gibt. Vielmehr sind alle Nutzer des Netzwerkes gemeinschaftlich die Betreiber. Richtigerweise sollte man daher nicht von „Nutzern" sondern von „Betreibern" sprechen. Der Begriff des Nutzers hat sich jedoch eingebürgert, so dass er auch hier verwandt wird.

Alle Dateifragmente (in der Regel 9 MB groß), die man sich von anderen Nutzern herunter lädt, bietet man automatisch sofort wieder allen anderen Nutzern an. Diese Technik erlaubt einen so genannten Schneeballeffekt, der zu einer sehr schnellen Ausbreitung einer Datei in kürzester Zeit führt. Man schätzt, dass zur selben Zeit jeweils mehrere Millionen Nutzer weltweit an den Netzwerken teilnehmen.

Es handelt sich also um das gemeinschaftliche Zugänglichmachen und Vervielfältigen von Millionen Dateien an Millionen Nutzer. Dies veranschaulicht die hohen Schäden, die entstehen und das berechtigte Interesse der Rechteinhaber an der Verfolgung der Taten.

3 Rechtliche Bewertung

Personen, die urheberrechtlich geschützte Werke mittels Peer-to-Peer-Netzwerken („Filesharing“) anderen Betreibern zum Download anbieten, verstoßen gegen das Vervielfältigungsrecht gemäß § 17 UrhG sowie gegen das Recht der öffentlichen Zugänglichmachung gemäß § 19 UrhG.

Im Folgenden werden zunächst strafrechtliche Aspekte, sodann die zivilrechtlichen Aspekte des „Filesharings“, erläutert.

3.1 Strafrechtliche Bewertung

Entgegen weit verbreiteter Auffassung in der Bevölkerung handelt es sich bei dem umgangssprachlichen „Tausch“ urheberrechtlich geschützter Werke in Peer-to-Peer-Netzwerken um strafrechtlich relevante Handlungen. Die zentralen Vorschriften sind die §§ 106 ff. UrhG.

3.1.1 Bedeutung des § 106 UrhG

§ 106 UrhG stellt die unzulässige Verwertung urheberrechtlich geschützter Werke unter Strafe und erweitert somit den zivilrechtlichen Schutz (Vgl. Hildebrandt, U. (2006), § 106 Rz. 1). Wer demnach ohne Berechtigung ein urheberrechtlich geschütztes Werk vervielfältigt, verbreitet oder öffentlich wiedergibt, wird mit Freiheitsstrafe bis zu drei Jahren oder mit Geldstrafe bestraft.

Schutzgüter des Urheberstrafrechts / Tatobjekt
Schutzgut des § 106 UrhG ist das geistige Eigentum des Urhebers im Allgemeinen sowie das Verwertungsrecht des Berechtigten im Besonderen. Nicht erfasst ist eine Verletzung des Urheberpersönlichkeitsrechts (Vgl. Hildebrandt, U., in: Wandtke, A. / Bullinger, W. (2006), § 106 Rz. 6).

Voraussetzung ist, dass ein urheberrechtlich geschütztes Werk oder Werkteile, eine Bearbeitung oder Umgestaltung eines Werkes nach den in dem Tatbestand genannten Varianten widerrechtlich verwertet wird, wobei von § 106 Abs. 1 UrhG alle Verwertungsarten der §§ 15 ff UrhG mit Ausnahme des Ausstellungsrechts der §§ 15 Abs. 1 Nr. 3, 80 UrhG erfasst werden (Vgl. Hildebrandt, U., in: Wandtke, A. / Bullinger, W. (2006), § 106 Rz. 11).

Voraussetzung des „Werkteilschutzes" ist, dass bereits der in Peer-to-Peer-Netzwerken zum Download bereitgestellte Teil eines Werkes selbst gemäß § 2 UrhG geschützt ist. Das zum Download angebotene Werkteil muss selbst die erforderliche Schöpfungshöhe erreichen (Vgl. HILDEBRANDT, U., in: WANDTKE, A. / BULLINGER, W. (2006), § 106 Rz. 7).

Sofern Sammelwerke zum Download angeboten werden, fällt sowohl das in das Sammelwerk aufgenommene einzelne Werk wie auch das Sammelwerk selbst in den Schutzbereich des § 106 UrhG. Dies gilt nach überwiegender Ansicht trotz des Umstandes, dass Sammelwerke in dem Tatbestand des § 106 Abs. 1 UrhG nicht genannt sind (Vgl. HILDEBRANDT, U., in: WANDTKE, A. / BULLINGER, W. (2006), a.a.O.). Zu beachten ist, dass nach herrschender Meinung auch Entwurfsmaterial für Computerprogramme gemäß § 69a Abs. 1 UrhG den Begriff des Computerprogramms erfüllt und daher von § 106 Abs. 1 UrhG erfasst wird (Vgl. HILDEBRANDT, U., in: WANDTKE, A. / BULLINGER, W. (2006), § 106 Rz. 8).

Besonderheiten gelten bei Datenbankwerken. Diese sind nur dann taugliches Tatobjekt, wenn ebenfalls die erforderliche Schöpfungshöhe gegeben ist. Nach wohl überwiegender Auffassung gilt hier jedoch nicht das Prinzip der so genannten „kleinen Münze", so dass an die zu erreichende Schöpfungshöhe hohe Anforderungen zu stellen sind (Vgl. HILDEBRANDT, U., in: WANDTKE, A. / BULLINGER, W. (2006), § 106 Rz. 9).

Strafbar macht sich gemäß § 106 Abs. 1 UrhG auch derjenige, der in Peer-to-Peer-Netzwerken eine Bearbeitung oder Umgestaltung eines urheberrechtlich geschützten Werkes vervielfältigt bzw. öffentlich wiedergibt, sofern dem bearbeiteten oder umgestalteten Werk ein Werk, dass die Anforderung des § 2 UrhG erfüllt, zugrunde liegt. Unerheblich ist, ob die Bearbeitung oder Umgestaltung selbst urheberrechtlichen Schutz gemäß § 3 UrhG genießt (Vgl. HILDEBRANDT, U. (2006), § 106 Rz. 10).

Vorsatz / Straflosigkeit

Nach § 106 Abs. 1 UrhG ist das Vervielfältigen bzw. öffentliche Zugänglichmachen urheberrechtlich geschützter Werke nicht strafbar, wenn entweder ein gesetzlich zugelassener Fall oder die Erlaubnis des Rechteinhabers zur Vornahme der Handlung vorliegt. Strafbar ist auch nur vorsätzliches Handeln (§ 15 StGB), wobei bedingter Vorsatz genügt (Vgl. KOTTHOFF, J., in: DREYER, G. / KOTTHOFF, J. / MECKEL, A. (2004), Urheberrecht, § 106 Rz. 8; HILDEBRANDT, U., in: WANDTKE, A. / BULLINGER, W. (2006), § 106 Rz. 29).

In Peer-to-Peer-Netzwerken liegt regelmäßig keine Erlaubnis (ausgenommen Freeware oder Open-Source-Programme wie zum Beispiel Linux) vor, dessen sich die Nutzer/Betreiber derselben auch bewusst sind.

„Isolierte" Strafbarkeit des bloßen Downloads?

Nach herrschender Meinung in Rechtsprechung und Literatur ist der bloße Download nur dann strafbar, wenn es sich bei dem von § 106 Abs. 1 UrhG erfassten Tatobjekt um eine offensichtlich rechtswidrige Vorlage handelt. Indes wird sich der Streit aufgrund der Novellierung des Urheberrechtes erledigen, da im novellierten Urheberrechtsgesetz bereits der Download urheberrechtlich geschützter Werke in Peer-to-Peer-Netzwerken unter Strafe gestellt werden wird.

Zu beachten ist auch die Vorschrift des § 108 UrhG. Danach macht sich ebenfalls strafbar, wer in Peer-to-Peer-Netzwerken die so genannten „verwandten Schutzrechten" (Vgl. hierzu §§ 70 bis 95 UrhG) verletzt (Vgl. KOTTHOFF, J., in: DREYER, G. / KOTTHOFF, J. / MECKEL, A. (2004), § 108a Rz. 1).

3.1.2 Bedeutung des § 106 Abs. 2 UrhG

§ 106 Abs. 2 UrhG begründet die Versuchsstrafbarkeit.

Maßgebend ist § 22 StGB. Demnach liegt unmittelbares Ansetzen bei solchen Handlungen vor, die nach dem Tatvorsatz der Verwirklichung eines Tatbestandsmerkmals unmittelbar vorgelagert sind und die im Falle ungestörten Fortgangs ohne Zwischenakt in die Tatbestandshandlung unmittelbar einmünden (Vgl. HILDEBRANDT, U., in: WANDTKE, A. / BULLINGER, W. (2006), § 106 Rz. 39).

Hieraus ergibt sich eine weitreichende Vorverlagerung der Vollendungsstrafbarkeit im Urheberstrafrecht. Es sind kaum Fälle denkbar, bei denen nur Versuch anzunehmen wäre (Vgl. HILDEBRANDT, U., in: WANDTKE, A. / BULLINGER, W. (2006), a.a.O.). Aufgrund der Funktionsweise der Peer-to-Peer-Netzwerke wird jeder, der ein urheberrechtlich geschütztes Werk herunter lädt, dieses in dem hierfür auf der Festplatte seines Rechners eingerichteten „Shared-Folder" (freigegebener Dateiordner) speichern und sofort anderen Personen zum Download bereitstellen (Upload) und damit diese öffentlich Zugänglichmachen im Sinne des § 19a UrhG. Eine Vervielfältigung im Sinne des § 17 UrhG wird – da das Herunterladen ein schlichtes Kopieren des Werkes bzw. der Dateien darstellt – ebenfalls vollendet sein.

Irrelevant ist daher, wenn der Download in Peer-to-Peer-Netzwerken abgebrochen wird.

3.1.3 § 108a UrhG

Bei § 108a UrhG handelt es sich um einen Qualifikationstatbestand (Strafe bis zu fünf Jahren Freiheitsstrafe oder Geldstrafe) zu den §§ 106 bis 108 UrhG.

Der zentrale Begriff des gewerbsmäßigen Handelns (Vgl. KOTTHOFF, J. in: DREYER, G. / KOTTHOFF, J. / MECKEL, A. (2004), § 108a Rz. 2) in § 108a UrhG ist dabei auszulegen wie in anderen Strafvorschriften (Vgl. BGH, Urteil v. 03.03.2004, Az.: 2 StR 109/03, BGHSt 49, S. 93ff.; HILDEBRANDT, U., in: WANDTKE, A. / BULLINGER, W. (2006), § 108a Rz. 1). „Gewerbsmäßig" handelt, wer sich aus wiederholter Tatbegehung eine nicht nur vorübergehende Einnahmequelle von einigem Umfang verschaffen möchte, ohne dass er daraus ein kriminelles Gewerbe zu machen braucht (Vgl. BGH, Urteil v. 08.11.1951, Az.: 4 StR 563/51, BGHSt 1, 383f.; HILDEBRANDT, U., in: WANDTKE, A. / BULLINGER, W. (2006), a.a.O.). Ausreichend ist hierbei, dass der Täter in der Begehung von Straftaten nach den §§ 106 ff. UrhG eine nicht ganz geringfügige Nebenerwerbsquelle sieht.

Die Bedeutung dieser strafschärfenden Vorschrift in Peer-to-Peer-Netzwerken ist in der Praxis sehr gering:

Wesen der Peer-to-Peer-Netzwerke ist gerade die Unentgeltlichkeit. Es ist kaum ein Fall denkbar, bei dem in Peer-to-Peer-Netzwerk derjenige, der Anderen den Download ermöglicht, hierfür Geld verlangt.

Gewerbsmäßigkeit wäre hier nur unter folgendem Aspekt zu bejahen: Je mehr andere Betreiber von der Festplatte eines bestimmten Betreibers herunterladen, desto schneller kann dieser Betreiber selbst andere Werke kopieren. Daher ermöglicht das Peer-to-Peer-Netzwerk den Betreibenden geldwerte Vorteile dergestalt, als dass die jeweilig kopierten Werke nicht selbst erworben werden müssen.

Die Rechtsprechung hat einen Betreiber eines Peer-to-Peer-Netzwerkes allerdings bislang noch nicht wegen gewerbsmäßiger Begehung verurteilt.

3.2 Zivilrechtliche Bewertung

Der Rechteinhaber kann zivilrechtlich Unterlassungs- und Schadensersatzansprüche geltend machen, wenn ein Upload der Datei, also das Bereitstellen für andere Benutzer zum Herunterladen, stattgefunden hat. Dazu muss zunächst eine widerrechtliche Rechtsverletzung vorliegen.

3.2.1 § 19a UrhG

Der Upload verletzt das Recht der öffentlichen Zugänglichmachung nach § 19a UrhG. Nach dieser Vorschrift liegt eine öffentliche Zugänglichmachung dann vor, wenn das Werk Mitgliedern der Öffentlichkeit von Orten und Zeiten ihrer Wahl zugänglich ist. Hierunter fällt auch die Teilnahme an einem Filesharingsystem, in dem eine Datei zum Upload bereit gehalten wird (Vgl. Heerma, J. D., in: Wandtke, A. / Bullinger, W. (2006), § 16 Rz. 14; Dreier, T., in: Dreier, T. / Schulze, G. (2004), § 19a Rz. 6). Das Recht der öffentlichen Zugänglichmachung nach § 19a UrhG ist als Verwertungsrecht des Urhebers ein absolutes Recht.

3.2.2 § 97 UrhG

Dieses absolute Recht unterliegt dem Schutz des § 97 UrhG. Danach kann der Verletzte Beseitigung der Beeinträchtigung, bei Wiederholungsgefahr Unterlassung und bei Vorsatz oder Fahrlässigkeit des Verletzers auch Schadensersatz verlangen. Dazu müsste das Recht, hier das Recht der öffentlichen Zugänglichmachung, widerrechtlich verletzt worden sein. Ein Eingriff in das geschützte Recht fehlt dann, wenn der Urheber ein entsprechendes Nutzungsrecht eingeräumt hat. Die Widerrechtlichkeit entfällt, wenn der Rechteinhaber eingewilligt hat. Da die Filesharingteilnehmer weder über entsprechende Lizenzen verfügen, das Werk öffentlich zugänglich zu machen, noch die Rechteinhaber einwilligen, liegt eine Widerrechtlichkeit vor. Der Rechteinhaber hat einen Anspruch auf Unterlassung. Das setzt voraus, dass eine Wiederholungsgefahr besteht, also die Gefahr droht, dass die rechtsverletzende Handlung ein weiteres Mal vorkommt. Nach der ständigen Rechtsprechung (Vgl. unter vielen BGH, Urteil v. 06.07.1954, Az.: I ZR 38/53, BGHZ, 14. S. 163 – Constanze II) wird die

Wiederholungsgefahr bereits dann angenommen, wenn die Rechtsverletzung einmal begangen wurde. Der Unterlassungsanspruch nach § 97 UrhG wird durch den Rechteinhaber dadurch realisiert, dass er vom Verletzer die Abgabe einer strafbewehrten Unterlassungserklärung verlangt. Das bedeutet, dass sich der Verletzer verpflichtet, für jeden zukünftigen Fall der Zuwiderhandlung eine angemessen hohe Vertragsstrafe zu zahlen. Nur dadurch kann die Wiederholungsgefahr ausgeräumt werden (Vgl. WILD, G., in: SCHRICKER, G. (2006), § 97, Rz. 42). Der Filesharingnetzwerkteilnehmer, der unter Verletzung des § 19a UrhG eine Datei öffentlich zugänglich gemacht hat, kann nach § 97 UrhG auch auf Schadensersatz in Anspruch genommen werden. Vorsatz oder zumindest Fahrlässigkeit des Rechtsverletzers, was für den Schadensersatzanspruch Voraussetzung ist, liegen in der Regel vor, weil der Verletzer willentlich am Filesharing teilnimmt. Die Schadensberechnung erfolgt in der Regel im Wege einer sogenannten Entschädigungslizenz. Zwar kann der Verletzte auch einen konkreten Schaden, den entgangenen Gewinn (§§ 251 ff. BGB) ansetzen, doch ist die Entschädigungslizenz die einfachste und gebräuchlichste Berechnungsart. Der Schaden ist also danach nicht daran zu bemessen, wie viele Werke der Rechteinhaber aufgrund der öffentlichen Zugänglichmachung nicht verkaufen konnte, sondern daran, was ein verständiger Vertragspartner mit dem Rechtsinhaber für die öffentliche Zugänglichmachung als Gegenleistung für eine Lizenz vereinbart hätte (Vgl. WILD, G., in: SCHRICKER, G. (2006), § 97, Rz. 60 ff.). In diesem Zusammenhang muss beachtet werden, dass bei einer Teilnahme an einem Filesharingsystem die Datei weltweit einer nahezu unbegrenzten Zahl von Internetbenutzern angeboten wird. Dementsprechend ist verständlich, dass der Rechteinhaber hierfür eine Lizenz nur gegen entsprechend hohe Zahlung von Lizenzgebühren vergeben würde. Deswegen kann der Schadensbetrag sehr hoch angesetzt werden, wenn gleich nur eine einzige Datei öffentlich zugänglich gemacht wurde. Da gemäß § 97 Abs. 3 UrhG Ansprüche aus anderen gesetzlichen Vorschriften unberührt bleiben, können die Unterlassung- und Schadensersatzansprüche auch auf die §§ 823 Abs. 1, 1004 analog BGB gestützt werden. Unter Umständen haftet auch der Anschlussinhaber auf Unterlassung, wenn von seinem Anschluss aus die Rechtsverletzung begangen wurde. Zu den Einzelheiten und Voraussetzungen siehe unten (zivilrechtliche Vorgehensweise zur Verfolgung der Täter).

3.2.3 § 823 Abs. 2 i.V.m. § 106 UrhG

Wie oben bereits dargestellt, ist die unerlaubte Verwertung urheberrechtlich geschützter Werke gemäß § 106 UrhG strafbar. Nach § 823 Abs. 2 BGB macht sich auch schadensersatzpflichtig, wer gegen ein Schutzgesetz verstößt. Ein solches Gesetz ist auch das Urheberrechtsgesetz (Vgl. SPRAU, H. in: PALANDT, O. (2007); Bürgerliches Gesetzbuch (66. Auflage 2007) § 823, Rz. 71). Deswegen resultiert auch ein Schadensersatzanspruch aus § 823 Abs. 2 BGB i.V.m. § 106 UrhG.

3.2.4 § 830 BGB (§ 840 BGB)

Nach den §§ 830, 840 Abs. 1 i.V.m. den §§ 421 ff. BGB haften mehrer Verletzer grundsätzlich als Gesamtschuldner (Vgl. VON WOLFF, B., in: WANDTKE, A. / BULLINGER, W. (2006), § 97 UrhG, Rz. 20; OLG Köln, Urteil v. 08.04.2005, Az.: 6 U 107/04, 6 W 33/05, GRUR-RR 2005, S. 247). Das bedeutet, dass sowohl gemeinschaftlich handelende Mittäter als auch

Anstifter und Gehilfen als Gesamtschuldner haften. Danach kann der Geschädigte von allen Verantwortlichen die Zahlung des Schadensersatzes verlangen, diese müssen aber insgesamt nur einmal leisten. Dementsprechend kann sich der Geschädigte nach seiner Wahl an den solventesten der Verantwortlichen halten. Der interne Ausgleich ist dann Sache der Schadensersatzpflichtigen.

3.2.5 Problem § 828 BGB? § 832 BGB

Für den Geschädigten ist die Geltendmachung seines Schadens problematisch, wenn es sich bei dem Schädiger um ein Kind handelt, das das siebente Lebensjahr noch nicht vollendet hat. Nach § 828 Abs. 1 BGB ist, wer das siebente Lebensjahr nicht vollendet hat, nicht für einen Schaden, den er einem Anderen zufügt, verantwortlich. Gemäß § 832 BGB haftet jedoch der Aufsichtspflichtige, wenn er seine Aufsichtspflicht verletzt. Das dürfte regelmäßig dann der Fall sein, wenn beispielsweise Eltern ihre Kinder unbeaufsichtigt und ohne Kontrolle den Zugang zum Internet ermöglichen.

3.2.6 Mitverschulden Rechteinhaber (Kopierschutz)?

Unter bestimmten Voraussetzungen sind Vervielfältigungen zum privaten und sonstigen eigenen Gebrauch gemäß § 53 UrhG zulässig. Dies umfasst aber keinesfalls das oben genannte Recht der öffentlichen Zugänglichmachung nach § 19a UrhG. Dementsprechend kann sich niemand darauf berufen, dass die öffentliche Zugänglichmachung allein zum „privaten Gebrauch der Öffentlichkeit“ erfolgt ist. Öffentlichkeit und Privatgebrauch schließen sich nämlich aus. Zur Öffentlichkeit gehört nach § 15 Abs. 3 S. 2 UrhG nämlich gerade nicht der, der mit dem, der das Werk in urkörperlicher Form wahrnehmbar oder zugänglich macht, durch persönliche Beziehung verbunden ist.

Nun wird diskutiert, ob die Rechteinhaber, namentlich die Film-, Musik- oder Computerspielindustrie und dergleichen, ein Mitverschulden trifft, wenn ihre Werke Gegenstand von Filesharingnetzwerken werden. Dies vor dem Hintergrund, dass die oben angesprochene erlaubte private Vervielfältigung nicht die Vervielfältigungen umfasst, in denen ein auf dem Datenträger installierter Kopierschutz umgangen wird, § 95a UrhG. Die Argumente gehen in die Richtung, dass durch das Verbot der Umgehung des Kopierschutzes bislang Zustimmungs- und gegebenenfalls auch vergütungsfreie Nutzungshandlungen nunmehr untersagt sind. Derjenige, der zuvor eine erlaubte Privatkopie hätte anfertigen können, müsse nunmehr auf illegale Weise das Werk aus dem „Internet besorgen“, weil eine Privatkopie nicht mehr möglich bzw. erlaubt sei. In Widerstreit stehen somit die einerseits erlaubte Privatkopie (eben wenn kein Kopierschutz vorhanden ist) und die verbotene Umgehung des Kopierschutzes. Letztlich wollte der Gesetzgeber einen angemessenen Interessenausgleich zwischen den Rechteinhabern und den Nutzern schaffen (Vgl. WANDTKE, A. / OHST, C., in: WANDTKE, A. / BULLINGER, W. (2006), § 95a UrhG, Rz. 2). Da sich viele neue Vervielfältigungsmöglichkeiten ergeben haben, wurde zugunsten der Urheber ein relativer Vorrang der technischen Schutzmaßnahmen vor den Schranken des Urheberrechts eingeräumt (Vgl. LOEWENHEIM, U. / PEUKERT, A. (2003), § 34, Rz. 4). Auf der anderen Seite wird wiederum ein Interessenausgleich geschaffen, indem gemäß § 108b Abs. 1 UrhG die Umgehung des Kopierschutzes ausschließlich zum privaten Gebrauch von der ansonsten gegebenen Strafbarkeit ausgenommen wird. Soweit die Rechteinhaber die Medien mit Kopierschutzmechanismen versehen, trägt dies einer Wahrnehmung berechtigter Interessen Rechnung.

Im Übrigen besteht auch keine Verpflichtung einen Kopierschutz vorzuhaltern, so dass auch das viel verwendete Argument nicht gehört werden kann, der Rechteinhaber hätte durch wirksame Kopierschutzmaßnahmen die illegale Verbreitung verhindern können und ihn treffe daher eine Mitschuld. Diese Argumentation ist absurd.

4 Strafrechtliche Vorgehensweise zur Verfolgung der Täter

4.1 Einleitung

Dem Rechteinhaber blieb im Falle einer Urheberrechtsverletzung bis zum 01.09.2008 nur die Möglichkeit der Stellung einer Strafanzeige, um einen sich hinter einer IP-Adresse verbergenden Täter zu identifizieren. Ein direkter Auskunftsanspruch gegenüber dem Access-Provider bestand bis zu diesem Zeitpunkt jedenfalls nicht. Ein direkter Auskunftsanspruch jedoch ist im „Gesetz zur besseren Durchsetzung von Rechten des geistigen Eigentums" unter einschränkenden Voraussetzungen vorgesehen, welches seit dem 01.09.2008 gilt. Wie bereits oben geschildert verweigern jedoch mittlerweile fast alle Staatsanwaltschaften die Aufnahme von Ermittlungen, wenn nicht ein gewerbliches Ausmaß nachgewiesen werden kann.

4.2 Örtliche Zuständigkeit der Staatsanwaltschaft

4.2.1 Das Tatortprinzip gemäß § 9 StGB i.V.m. § 7 StPO

Gemäß § 7 StPO wird der Gerichtsstand, also die örtliche Zuständigkeit im ersten Rechtszug für die Untersuchung und Entscheidung einer Strafsache (Vgl. PFEIFFER, G. (2003), § 7 Rz. 1), bei dem Gericht begründet, in dessen Bezirk die Straftat begangen ist. Man spricht dann vom Tatortprinzip. § 9 StGB regelt zum einen den Begehungsort einer Tat. Dieser Ort ist überall da gegeben, wo der Täter gehandelt, das heißt eine auf die Tatbestandsverwirklichung gerichtete Tätigkeit vorgenommen hat (Vgl. ESER, A., in: SCHÖNKE, A. / SCHRÖDER, H. (2006), § 9, Rz. 4). Tatort ist auch der Erfolgsort. Dies führt dazu, dass die deutschen Gerichte bei einer Straftat, die im Ausland begangen wurde, jedoch im Inland zur Schädigung oder Gefährdung von Rechtsgütern führt, ebenfalls zuständig sind (Vgl. ESER, A., in: SCHÖNKE, A. / SCHRÖDER, H. (2006), § 9, Rz. 6). Die Zuständigkeit der Staatsanwaltschaft ergibt sich aus § 143 Abs. 1 GVG. Nach dieser Vorschrift wird die örtliche Zuständigkeit der Beamten der Staatsanwaltschaft durch die örtliche Zuständigkeit des Gerichts bestimmt, für das sie bestellt sind. Damit gilt grundsätzlich für die Zuständigkeit der Staatsanwaltschaft ebenfalls das Tatortprinzip.

4.2.2 Vereinbarung der Generalstaatsanwaltschaften

Allerdings können die Generalstaatsanwaltschaften abweichend von dem Tatortprinzip die örtliche Zuständigkeit der Staatsanwaltschaft regeln. So haben mehrere Generalstaatsanwaltschaften in Deutschland vereinbart, dass sich die Zuständigkeit der Staatsanwaltschaft nach dem Sitz des Geschädigten/Rechteinhabers richtet. Dies gilt beispielsweise für den Zuständigkeitsbereich der Staatsanwaltschaft Bonn. Hintergrund dieser Vereinbarung ist die Erzielung einer Bündelung der Zuständigkeiten bei Straftaten, die im Internet begangen werden.

Bei der Teilnahme an Peer-to-Peer-Netzwerken sind alle Computer der Nutzer über eine bestimmte Software in einem eigenen Netzwerk miteinander verbunden. Das widerrechtliche Vervielfältigen und öffentliche Zugänglichmachen gemäß §§ 17 Abs. 1, 19a UrhG von urheberrechtliche geschützten Dateien im Internet führt dazu, dass gemäß §§ 32, 35 ZPO die örtliche Zuständigkeit mehrerer Gerichte begründet wird, unter denen der Rechteinhaber frei wählen kann (Vgl. KEFFERPÜTZ, M., in: WANDTKE, A. / BULLINGER, W. (2006), § 105 UrhG, Rz. 15). Wenn aber der Rechteinhaber frei wählen kann, dann können auch die Generalstaatsanwälte bestimmen, dass bei im Internet begangenen Straftaten, wie dem Angebot zum Download einer urheberrechtlich geschützten Datei in Peer-to-Peer-Netzwerken die örtliche Zuständigkeit an dem eindeutiger zu lokalisierenden Sitz des Rechteinhabers gebunden ist.

4.2.3 Problem: Rechteinhaber im Ausland

Damit entsteht das Problem, dass Rechteinhaber, die ihren Sitz im Ausland haben, bei den Staatsanwaltschaften, die sich an die Vereinbarung der Generalstaatsanwälte im Hinblick auf den Sitz des Rechteinhabers gebunden sehen, keine Strafanzeigen zu diesen Staatsanwaltschaften stellen können.

4.2.4 Problem: Vereinbarung der Generalstaatsanwälte hat nur eingeschränkte Wirkung

Die Vereinbarung der Generalstaatsanwälte gilt jedoch nur für den Bereich der dieser Vereinbarung unterfallenden Staatsanwaltschaften. Andere Staatsanwaltschaften verlangen daher weiterhin, dass die örtliche Zuständigkeit ausschließlich nach dem Tatortprinzip bestimmt wird. Einige Staatsanwaltschaften akzeptieren darüber hinaus auch nicht den Erfolgsort, sondern verlangen eine Begründung der örtlichen Zuständigkeit nach dem Begehungsort. Das hat zur Konsequenz, dass der Geschädigte den Sitz des Täters nachweisen muss.

4.2.5 Zuständigkeit nach Einwahlknoten

Der Geschädigte hat die Möglichkeit, den Sitz des Täters durch Einwahlknoten nachzuweisen. Der an der Tauschbörse teilnehmende Computer wird über eine IP-Adresse erfasst. Diese IP-Adresse kann wiederum einem Einwahlknoten zugeordnet werden. Ein Einwahlknoten ist ein über ein Festnetz oder Mobilfunknetz erreichbarer Ermittlungsrechner, über den sich ein Benutzer in das Internet einwählen kann. Jeder Teilnehmer gelangt über den Einwahlknoten ins Netz, der von seinem Access-Provider (z.B. Deutsche Telekom AG) bestimmt wurde. Die örtliche Zuordnung des Einwahlknotens hat zur Folge, dass der Begehungsort im Zuständigkeitsbereich einer bestimmten Staatsanwaltschaft liegt. Zur Bestimmung des richtigen Einwahlknotens ist eine besondere Software zu benutzen sowie zu gewährleisten, dass die IP-Adresse, die über einen bestimmten Einwahlknoten in das Netz gelangt ist, aktuell ist. Hintergrund ist die Tatsache, dass IP-Adressen dynamisch vergeben werden. Dies bedeutet, dass der Internetteilnehmer, der sich in das Internet einwählt, bei jeder Einwahl eine neue IP-Adresse zugewiesen bekommt. Ist die IP-Adresse nicht mehr aktuell, kann sie unter Umständen schon von einem anderen Internetteilnehmer verwendet werden, so dass ein anderer Einwahlknoten gegeben ist.

4.3 Sachliche Zuständigkeit

In der Regel sind für Straftaten im Bereich des Urheberrechts, also auch für die Teilnahme an Peer-to-Peer-Tauschbörsen die Wirtschaftsabteilungen der Staatsanwaltschaft sachlich zuständig. Teilweise werden bei bestimmten Staatsanwaltschaften die Verfahren wegen Vergehen gemäß §§ 106, 108, 108a UrhG konzentriert und Schwerpunktstaatsanwaltschaften gebildet. Beispielsweise für das Bundesland Rheinland-Pfalz bei der Staatsanwaltschaft Koblenz oder für das Bundesland Brandenburg bei der Staatsanwaltschaft Cottbus.

4.4 Akteneinsicht nach Ermittlung

4.4.1 Problem: Überwiegendes Interesse des Beschuldigten?

Gemäß § 147 Abs. 1 StPO steht dem Verteidiger des Beschuldigten ein umfassendes Akteneinsichtsrecht zu. Gemäß § 147 Abs. 2 StPO kann die Staatsanwaltschaft die Akteneinsicht des Verteidigers nur versagen, wenn die Gewährung der Akteneinsicht den Untersuchungszweck gefährden kann. Teilweise versagen die Staatsanwaltschaften das Recht auf Akteneinsicht darüber hinaus aufgrund schutzwürdiger Interessen des Anschlussinhabers im Sinne des § 406e Abs. 2 StPO an der Geheimhaltung seiner persönlichen Daten. Dies ist nicht zulässig. Wird das Recht zur Akteneinsicht abgelehnt, kann der Geschädigte gemäß § 406e Abs. 4 S. 2 StPO einen Antrag auf gerichtliche Entscheidung nach Maßgabe des § 161a Abs. 3 S. 2 bis S. 4 StPO stellen.

4.4.2 Problem: Aktenversendungspauschalen / Gegenfinanzierung der Staatsanwaltschaften

Ein weiteres Problem bei der Akteneinsicht besteht darin, dass viele Staatsanwaltschaften Aktenversendungspauschalen geltend machen. Den Staatsanwaltschaften dient dies zur Gegenfinanzierung für die Kosten, die die Provider den Staatsanwaltschaften für die Abfrage der IP-Adressen in Rechnung stellen. Pro Akteneinsichtsgesuch fällt eine Pauschale in Höhe von 12,00 Euro zzgl. Porto für die Rücksendung an.

4.5 Problem: Nicht ermittelnde Staatsanwaltschaften

Mitllerweile nehmen viele Staatsanwaltschaften bei in Tauschbörsen begangenen Urheberrechtsverletzungen keine Ermittlungen mehr auf und stellen das Verfahren nach § 153 Abs. 1 StPO ein. Dies wird damit begründet, dass die Schuld des Täters als gering anzusehen sei und kein öffentliches Interesse an der Verfolgung bestünde.

4.5.1 Verstoß gegen Art. 14 GG

Das Urheberrecht wird hinsichtlich seiner vermögenswerten Aspekte durch Art. 14 GG geschützt (Vgl. JARASS, H. D. in: JARASS, H. D. / PIEROTH, B. (2006), Art. 14, Rz. 9 m.w.N.). Den Rechteinhabern ist es aufgrund der gesetzlichen Situation in der Bundesrepublik Deutschland derzeit nicht möglich, auf andere Art und Weise als die Stellung von Strafanzeigen an die Urheberrechtsverletzer zu gelangen (Vgl. LG Hamburg, Beschluss v. 21.06.2005, Az.: 631 Qs 43/05; LG Stuttgart, Beschluss v. 04.01.2005, Az.: 13 Qs 89/04). Wenn die Staatsanwaltschaften trotz dieses Wissens die Eigentumsrechte der Rechteinhaber ignoriert, stellt sich die Frage, inwieweit der Staat und seine Ermittlungsbehörden nicht verpflichtet ist, das in seiner Macht stehende zu tun, die nicht zu bestreiten umfänglichen Straftaten zu unterbinden und Ermittlungen durchzuführen.

4.5.2 Verweise auf Privatklageweg nach der RiStBV

Die Staatsanwaltschaften verweisen die Rechteinhaber oftmals ohne Aufnahme von Ermittlungen nach §§ 374, 376 StPO i:V.m. Nr. 86 und 261 der Richtlinien für das Straf- und Bußgeldverfahren (RiStBV) auf den Privatklageweg. Der Verweis auf den Privatklageweg greift jedoch ins Leere, da die Rechteinhaber kein Privatklageverfahren gegen einen unbekannten Täter führen können.

4.6 Allgemeines Vorgehen der Staatsanwaltschaft/Ermächtigungsgrundlagen

4.6.1 Auskunft nach § 113 TKG oder nach §§ 100g, 100h StPO?

Die Ermächtigungsgrundlage für das Auskunftsersuchen der Staatsanwaltschaft im Hinblick auf die Mitteilung des Anschlussinhabers hinter der ermittelten IP-Adresse richtet sich nach der rechtlichen Einordnung der Daten als Bestands- oder Verkehrsdaten.

Teilweise wird die Ansicht vertreten, dass die Auskunftserteilung rechtlich den §§ 100g, 100h StPO und nicht den §§ 161a StPO, 113 TKG unterfallen würde (Vgl. AG Offenburg, Beschluss v. 20.07.2007, Az.: 4 Gs 442/07). Das Gericht ist dabei davon ausgegangen, dass die Identifizierung des Anschlussinhabers die Herausgabe von so genannten Verkehrsdaten nach sich ziehe. Verkehrsdaten nach § 96 TKG sind Daten, die eine bestimmte individuelle Kommunikation betreffen. Für die Herausgabe von Verkehrsdaten ist eine richterliche Anordnung erforderlich. Mehrheitlich wird die – richtige – Auffassung vertreten, dass es sich um Bestandsdaten nach § 3 Nr. 3 TKG handelt (Vgl. LG Stuttgart, Beschluss v. 04.01.2005, Az.: 13 Qs 89/04, NJW 2005, S. 614 ff.; LG Hamburg, Beschluss v. 23.06.2005, Az.: 631 Qs 43/05, MMR 2005, S. 71; Sankol, B., Die Qual der Wahl: § 113 TKG oder §§ 100g, 100h StPO? – Die Kontroverse über das Auskunftsverlangen von Ermittlungsbehörden gegen Access-Provider bei dynamischen IP-Adressen, MMR (2006) S. 361 ff.). Bestandsdaten, z.B. Name und Adresse eines Anschlussinhabers, können nach § 113 TKG alleine auf Anordnung der Staatsanwaltschaft herausgegeben werden.

4.6.2 Probleme: Speicherverbot, wenn nicht für Abrechnungszwecke erforderlich und kurze Speicherfristen der Provider

Das Landgericht Darmstadt hat in einem Urteil (Vgl. LG Darmstadt, Urteil v. 25.01.2006, Az.: 25 S 118/05, GRUR-RR 2006, S. 173 ff.) entschieden, dass bei Nutzung einer Flatrate, einer unbegrenzten Internetnutzungsmöglichkeit ohne zeitliche Begrenzung, ein Verbot der Provider zur Speicherung von IP-Adressen besteht. Hintergrund für dieses Urteil ist, dass bei einer Flatrate eine Speicherung zu Abrechnungszwecken nicht erforderlich ist, so dass diese entbehrlich wird.

Weiter sind viele Access-Provider dazu übergegangen, die IP-Adressen nur noch wenige Tage zu speichern. So ist beispielsweise die Deutsche Telekom AG von einer Speicherfrist von vormals 90 Tagen dazu übergegangen, die IP-Adressen nur noch maximal sieben Tage zu speichern. Andere Provider speichern in noch kürzeren Zeiträumen oder speichern überhaupt nicht mehr. Dies führt dazu, dass vom Zeitpunkt der Erfassung der IP-Adressen an schnellstmöglich Strafanzeige gestellt werden muss, damit diese rechtzeitig dem zuständigen Staatsanwalt vorliegt, der dann wiederum rechtzeitig beim Access-Provider anfragen kann. In einigen Verfahren ist aufgrund der internen Geschäftsverteilung der Staatsanwaltschaft nicht gewährleistet, dass eine rechtzeitige Anfrage beim Provider erfolgen kann, was wiederum zu einem Beweisverlust und letzten Endes zu einer Rechtlosstellung der Rechteinhaber führt. Können die Rechteinhaber nicht innerhalb der sieben Tage die Anfrage beim Provider initiieren, so haben sie keine Handhabe mehr gegenüber dem Verletzer ihrer Rechte.

Die Vorratsdatenspeicherung, die ab dem 01.01.2008 gilt und ab dem 01.01.2009 auch umgesetzt sein muss wird hier kaum Abhilfe schaffen, da nach derzeitigem Sachstand wohl davon auszugehen ist, dass im Falle von Urheberrechtsverletzungen ein Rückgriff auf diese Daten nicht möglich sein wird.

5 Zivilrechtliche Vorgehensweise zur Verfolgung der Täter

5.1 Außergerichtlich

5.1.1 Abmahnung

Der Rechteinhaber kann mit dem Urheberrechtsverletzer zunächst außergerichtlich in Kontakt treten und diesem eine Abmahnung zukommen lassen. Der Abmahnung beigefügt ist in der Regel eine Aufforderung zur Abgabe einer strafbewehrten Unterlassungserklärung.

Die Abmahnung sollte Angaben zur Legitimation des Rechteinhabers zur Geltendmachung der Rechte, zur Person des in Anspruch Genommenen, zu den konkreten tatsächlichen Umständen, aus denen sich der Unterlassungsanspruch ergibt, sowie die Androhung gerichtlicher Schritte enthalten (Vgl. KEFFERPÜTZ, M., in: WANDTKE, A. / BULLINGER, W. (2006), vor §§ 97 ff., Rz. 7).

Die Abmahnung bedarf keiner bestimmten Form (Vgl. KEFFERPÜTZ, M., in: WANDTKE, A. / BULLINGER, W. (2006), vor §§ 97 ff., Rz. 8). Allerdings ist zu beachten, dass der Abmahnende im Streitfall die ordnungsgemäße Absendung des Abmahnschreibens und nach einer teilweise vertretenen Ansicht auch deren Zugang beweisen muss (Vgl. KEFFERPÜTZ, M., in: WANDTKE, A. / BULLINGER, W. (2006), vor §§ 97 ff.; Rz. 8). Weiter ist nicht erforderlich, dass die Abmahnung mit einer Frist versehen ist.

5.1.2 Problem: Haftung des Anschlussinhabers als Störer

Kann der Rechteinhaber lediglich nachweisen, dass die Urheberrechtsverletzung über einen bestimmten Internetanschluss erfolgt ist, ohne dass diese einem konkreten Täter zugeordnet werden kann, stellt sich die Frage, inwieweit der Anschlussinhaber als Störer für die begangene Rechtsverletzung haftet.

Das Landgericht Hamburg bejaht eine Störerhaftung (Vgl. LG Hamburg, Beschluss v. 25.01.2006, Az.: 308 O 58/06). Das Gericht begründet seine Entscheidung damit, dass die rechtswidrigen Handlungen aus der Sphäre und dem Verantwortungsbereich des Inhabers des Internetanschlusses kommen würden und dieser rechtlich und tatsächlich in der Lage sei, dafür zu sorgen, dass der Anschluss nicht für Rechtsverletzungen genutzt werde. Der Anschlussinhaber habe die Pflicht, über die Risiken zu unterrichten und das Tun der Nutzer zu überwachen und gegebenenfalls ein widerrechtliches Tun zu unterbinden.

Nach einem Urteil des Landgerichts Frankfurt am Main (Vgl. LG Frankfurt am Main, Urteil v. 12.04.2007, Az.: 2/3 O 824/06) haftet der Anschlussinhaber nach den Grundsätzen der Störerhaftung unabhängig davon, ob er die Datei selbst zum Download in der Tauschbörse bereitgehalten hat, oder ob diese Handlung von einem Dritten an seinem Rechner vorgenommen wurde. Maßgeblich für die Störereigenschaft ist, dass er Inhaber des Internetanschlusses ist, dem die fragliche IP-Adresse und die fragliche GUID zugeordnet waren. Die Tatsache, dass der Anschluss zum Anbieten urheberrechtsrelevanten Materials genutzt wurde zeigt, dass der Inhaber seinen Verkehrssicherungspflichten nicht nachgekommen ist (Vgl. OLG Frankfurt am Main, Beschluss v. 26.11.2007, Az.:11 U 27/07).

Insbesondere das Landgericht Mannheim vertritt in seiner Rechtsprechung die Auffassung, dass die Haftung als Störer im Familienverbund einzuschränken sei (Vgl. LG Mannheim, Urteil v. 30.01.2007, Az.: 2 O 71/06; Urteil v. 30.01.2007, Az.: 2 O 72/06). Nach der obergerichtlichen Rechtsprechung setzt die Haftung desjenigen, der als Störer haftet, die Verletzung von Prüfungspflichten voraus. Der Umfang der Prüfungspflichten bestimmt sich danach, ob und inwieweit dem als Störer in Anspruch genommenen nach den Umständen eine Prüfung zumutbar ist (Vgl. BGH, Urteil v. 10.10.1996, Az.: I ZR 129/94, GRUR 1997, 313, 315 f.; BGH, Urteil v. 30.06.1994, Az.: I ZR 40/92, GRUR 1994, 841, 842 f.; BGH, Urteil v. 15.10.1998, Az.: I ZR 120/96, GRUR 1999, 418, 419 f).

Zur Reichweite der Störerhaftung bei der Internetnutzung durch volljährige Familienmitglieder führt das Landgericht Mannheim aus, dass sich der Umfang der Prüfungspflicht danach richtet, ob und inwieweit dem Anschlussinhaber nach den Umständen eine Überprüfung der Internetnutzung zuzumuten ist. Würde der Internetanschluss nur Familienangehörigen, insbesondere Kindern, zur Verfügung gestellt, beruhe die Eröffnung des Zugangs zum Internet auf dem familiären Verbund. Innerhalb dieses Verbunds seien Prüfungs- und Überwachungspflichten nur dann zu bejahen, als diese im Rahmen der Erziehung von Kindern in Abhängigkeit von deren Altern auch auf anderen Betätigungsfeldern notwendig seien. Eine dauerhafte Überprüfung des Handelns der eigenen Kinder oder des Ehepartners sei ohne konkreten Anlass nicht zumutbar. Ob es bei der Eröffnung des Internetverkehrs für die Kinder einer einweisenden Belehrung bedürfe, sei nach dem Alter und dem Grad der Vernunft der jeweiligen Nutzer im Einzelfall zu entscheiden.

5.1.3 Problem: W-LAN

Nach einem Urteil des Landgerichts Hamburg (Vgl. LG Hamburg, Urteil v. 26.07.2006, Az.: 308 O 407/06) kann der Anschlussinhaber bei Rechtsverletzungen nach den Grundsätzen der Störerhaftung dann herangezogen werden kann, wenn die Rechtsverletzung nicht durch den Anschlussinhaber selbst, sondern durch (unbekannte) Dritte aufgrund der Nutzung einer ungeschützten W-LAN-Verbindung begangen wurde.

Es ist dem Anschlussinhaber rechtlich und tatsächlich möglich und auch zumutbar, entsprechende Schutzmaßnahmen zur Verhinderung der Nutzung des W-LAN-Anschlusses durch unbefugte Dritte zu ergreifen, beispielsweise durch Verschlüsselung des W-LAN-Anschlusses. Dem Anschlussinhaber sei es auch zuzumuten, hierzu entgeltliche fachkundige Hilfe in Anspruch zu nehmen, wenn er die entsprechenden Maßnahmen selbst nicht durchführen kann.

Nach einem Beschluss des Landgerichts Mannheim (Vgl. LG Mannheim, Beschluss v. 25.01.2007, Az.: 7 O 65/06) hat der Anschlussinhaber dafür Sorge zu tragen, dass der Betrieb eines W-LAN-Netzes nur verschlüsselt erfolgt. Der Beschluss wurde durch das Oberlandesgericht Karlsruhe (OLG Karlsruhe, Beschluss v. 11.06.2007, Az.: 6 W 20/07) bestätigt.

5.2 Gerichtlich

5.2.1 Einstweilige Verfügung

Der Rechteinhaber hat die Möglichkeit, den Rechtsverletzer im Wege des vorläufigen Rechtsschutzes in einem einstweiligen Verfügungsverfahren in Anspruch zu nehmen. In diesem Verfahren kann der Unterlassungsanspruch geltend gemacht und bei einer entsprechender Titulierung auch vollstreckt werden. Der Geschädigte muss glaubhaft darlegen, dass ein Verfügungsgrund und ein Verfügungsanspruch bestehen. Ob ein Verfügungsanspruch besteht, richtet sich nach materiellem Recht. Ein Verfügungsgrund liegt nicht vor, wenn die Zeitspanne ab Kenntnis der für die Geltendmachung des Unterlassungsanspruchs maßgeblichen Umstände die Dringlichkeitsvermutung widerlegt. In diesem Zusammenhang wird von einigen Gerichten sogar die Ansicht vertreten, die Dringlichkeit entfalle bereits nach vier Wochen nach Kenntniserlangung (Vgl. OLG München, Urteil v. 10.01.1980, WRP 1980, 172 f., OLG München, Urteil v. 09.08.1990, GRUR 1992, 328 f.; OLG Hamm, Urteil v. 25.03.1993, GRUR 1993, 855 f.).

5.2.2 Klage

Grundsätzlich trifft die Darlegungs- und Beweislast für alle anspruchsbegründenden Merkmale in § 97 UrhG den Rechteinhaber (Vgl. VON WOLFF, B., in: WANDTKE, A. / BULLINGER, W. (2006), § 97, Rz. 21). Allerdings ist dabei zu berücksichtigen, dass den Anschlussinhaber, über dessen Anschluss eine Urheberrechtsverletzung vorgenommen wurde, eine sekundäre Darlegungslast trifft. Als solche wird die Last einer Prozesspartei bezeichnet, sich im Rahmen der ihr nach § 138 Abs. 2 ZPO obliegenden Erklärungspflicht zu den Behauptungen der darlegungspflichtigen Partei zu äußern. Eine solche sekundäre Darlegungslast kann insbesondere dann angenommen werden, wenn sich die maßgeblichen Vorgänge im Wahrnehmungsbereich des Prozessgegners abgespielt haben. In diesem Zusammenhang ist zu prüfen, ob es diesem zumutbar ist, nähere Angaben zu machen (Vgl. LG Mannheim, Urteil v. 30.01.2007, Az.: 2 O 71/06; allgemein: BGH, Urteil v. 24.11.1998, Az.: VI ZR 388/97, NJW 1999, S. 714 f.).

Der Geschädigte kann seinen Unterlassungsanspruch nach § 97 Abs. 1 UrhG im Rahmen einer Unterlassungsklage geltend machen. Dabei ist zu beachten, dass der Unterlassungsantrag hinreichend bestimmt sein muss. Dies ist dann der Fall, wenn er die zu untersagende Handlung eindeutig beschreibt und der dem Antrag folgende Tenor des Urteils eine geeignete Grundlage für das Vollstreckungsverfahren bildet (Vgl. BGH, Urteil v. 12.07.2001, GRUR 2002, S.72 f.).

Im Rahmen der Leistungsklage kann der Geschädigte als Schadensposition auch die für seine Prozessbevollmächtigten verauslagten Rechtsanwaltsgebühren geltend machen. Die Ansprüche stützen sich auf Geschäftsführung ohne Auftrag, §§ 687 Abs. 2, 667 BGB. Die Inanspruchnahme anwaltlicher Hilfe ist dann erforderlich, wenn der Rechteinhaber über keine personellen Kapazitäten verfügt, welche die Abmahnung hätten durchführen können. Der Rechteinhaber ist dabei nicht verpflichtet, im Interesse des Verletzers eine Organisation zu schaffen, die die Inanspruchnahme anwaltlicher Hilfe entbehrlich machen würde (Vgl. BGH, Urteil v. 11.11.2003, NJW-RR 2004, 430 ff.; LG Köln, Urteil v. 18.07.2007, Az.: 28 O 480/06).

Weiter kann der Geschädigte den Rechtsverletzer neben dem Unterlassungsanspruch auf Schadensersatz in Anspruch nehmen, § 97 Abs. 1 UrhG. Hierzu muss der Geschädigte den geltend gemachten Betrag konkret beziffern (Vgl. KEFFERPÜTZ, M., in: WANDTKE, A. / BULLINGER, W. (2006), vor §§ 97 ff., Rz. 79). Zur Berechnung des zu leistenden Schadensersatzanspruchs kann der Geschädigte wählen zwischen der Geltendmachung des entgangenen Gewinns, der Herausgabe des Verletzergewinns sowie der Berechnung einer angemessenen Lizenz (Vgl. KEFFERPÜTZ, M., in: WANDTKE, A. / BULLINGER, W. (2006), vor §§ 97 ff., Rz. 79).

Die Berechnungsmethode nach der Lizenzanalogie ist in der Rechtsprechung seit langem gewohnheitsrechtlich anerkannt (Vgl. BGH, Urteil v. 08.05.2002, Az.: I ZR 232/01; BGH, Urteil v. 23.06.2005, Az.: I ZR 263/02; BGH, Urteil v. 02.11.2000, Az.: I ZR 246/98; VON WOLFF, B., in: WANDTKE, A. / BULLINGER, W. (2006), § 97, Rz. 66). Die Höhe des nach der Lizenzanalogie zu gewährenden Schadensersatzes richtet sich nach dem jeweiligen Wert des tatsächlich Erlangten (Vgl. BGH, Urteil v. 14.03.2000, Az.: X ZR 115/98). Die Lizenzgebühren für den weltweiten Vertrieb eines Werks liegen regelmäßig im hohen sechs bis siebenstelligen Bereich.

Der Rechtsverletzer kann sich, wenn er eine Abmahnung erhält, mit einer negativen Feststellungsklage wehren.

6 Ausblick, Gesetzesänderungen

Zum 01.01.2008 sind zwei Gesetze in Kraft getreten, die teilweisen Einfluss auf die bisherige Rechtslage und das Vorgehen gegen illegales Filesharing haben. Ein drittes Gesetz trat zum 01.09.2008 in Kraft.

6.1 Zweite Urheberrechtsnovelle („Zweiter Korb“)

Am 05.07.2007 verabschiedete der Bundestag das „Zweite Gesetz zur Regelung des Urheberrechts in der Informationsgesellschaft“, den so genannten „zweiten Korb“ der Novellierung des Urheberrechts (veröffentlicht in Bundesgesetzblatt 2007, Teil I Nr. 54, 2513). Es galt die Richtlinie 2001/29/EG des Europäischen Parlaments in nationales Recht umzusetzen und zu ergänzen was im „ersten Korb“ noch nicht berücksichtigt wurde.

In diesem Zusammenhang sind drei Punkte hervorzuheben:

- Der Gesetzgeber hat in der Gesetzesbegründung ausdrücklich festgestellt, dass eine Durchsetzung der Privatkopie gegen technische Schutzmaßnahmen nicht erfolgt, also dass auch eine eigentlich erlaubte Privatkopie dann nicht erlaubt ist, wenn zu deren Herstellung ein Kopierschutz umgangen werden muss (Vgl. Bundestagsdrucksache 16/1828 v. 15.06.2006, 1, A.I. letzter Abs.). Die Privatkopie als solche bleibt somit erhalten, der Schutz des Urhebers bzw. Rechteinhabers an seinem geistigen Eigentum wird aber höher bewertet, was im Ergebnis als richtig anzusehen ist. Wenn die Umgehung technischer Schutzmaßnahmen zur Herstellung einer Privatkopie erlaubt wäre, würden Sinn und Zweck von Kopierschutzmaßnahmen negiert.
- Es wurde durch eine Ergänzung des § 53 Abs. 1 UrhG eine missglückte Regelung aus dem „ersten Korb" geändert. In der Gesetzesbegründung heißt es hierzu: „Die Privatkopie soll – der Intention des Gesetzgebers entsprechend – nicht nur dann unzulässig sein, wenn die Vorlage offensichtlich rechtswidrig hergestellt wurde, sondern auch dann, wenn die Vorlage offensichtlich rechtswidrig im Internet zum Download angeboten, also öffentlich zugänglich gemacht wird" (Bundestagsdrucksache 16/1828 v. 15.06.2006, S. 18). Damit ist klargestellt, dass eben auch der Download die hier beschriebenen Rechtsfolgen nach sich zieht und nicht lediglich das Anbieten zum Download an andere. Diese Klarstellung ist ausdrücklich zu begrüßen, da es in der Vergangenheit aufgrund der zweideutigen Formulierung des Gesetzes Streit unter den Juristen gab, ob der „bloße" Download ebenfalls unzulässig sein soll.
- Der Gesetzgeber greift den Gedanken der Einführung einer Bagatellklausel, also eines Strafausschließungsgrunds für eine geringe Zahl illegaler Vervielfältigungen zum privaten Gebrauch, nicht auf. Eine solche Bagatellklausel wurde verschiedentlich gefordert. Dieses Signal ist zu begrüßen, denn die Wirkung einer solchen Regelung nach Außen wäre für die Wertschätzung des geistigen Eigentums fatal gewesen. Allein die Häufigkeit einer Rechtsverletzung kann und darf überdies nicht dazu führen, dass deren strafbarer Charakter entfällt.

Das Gesetz trat mit Wirkung zum 01.01.2008 in Kraft.

6.2 Vorratsdatenspeicherung

Am 09.11.2007 verabschiedete der Bundestag das „Gesetz zur Neuregelung der Telekommunikationsüberwachung und anderer Ermittlungsmaßnahmen sowie zur Umsetzung der Richtlinie 2006/24/EG" (Gesetz vom 21.12.2007, veröffentlicht im Bundesgesetzblatt Teil I 2007 Nr. 70 31.12.2007 S. 3198). Für die Bekämpfung des illegalen Filesharing wichtig ist hierbei alleine die Umsetzung der genannten Richtlinie über die Vorratsdatenspeicherung. Nach den Vorgaben der EU sollen alle Daten, die bei der Bereitstellung öffentlich zugänglicher elektronischer Kommunikationsdienste erzeugt oder verarbeitet werden, mindestens sechs Monate gespeichert werden. Hierunter fallen auch alle Daten, die im Internet die Zuordnung einer IP-Adresse zu einem bestimmten Anschluss ermöglichen. Inhalte, als z.B. welche Internetseiten besucht werden, dürfen nicht gespeichert werden.

- Nach dem neuen § 113a TKG darf der Provider die Daten „zum Zwecke der Strafverfolgung“ auf Verlangen an die zuständigen Stellen übermitteln.
- Im neuen § 100g Abs.1 StPO ist geregelt, dass die Strafverfolgungsbehörden Auskunft dann verlangen können, wenn es um die Verfolgung von Straftaten von auch im Einzelfall erheblicher Bedeutung sowie zur Verfolgung von mittels Telekommunikation begangenen Straftaten geht. Letzteres unterliegt aber engen Grenzen, die sich an der Verhältnismäßigkeit zur Bedeutung der Sache orientieren. Diese Regelungen gelten jedoch nur bei der Auskunft über Verkehrsdaten, also der Auskunft z.B. darüber, wer wann im Internet war. Nach allgemeiner und richtiger Meinung unterliegt aber die Abfrage nach dem Inhaber einer dynamischen IP-Adresse als reines Bestandsdatum aber nicht § 100g StPO, sondern § 113 TKG (z.B. LG Stuttgart, MMR 2005, 628 ff.; MMR 2005, 624 ff.), so dass sich diesbezüglich an dem Auskunftsanspruch der Staatsanwaltschaften beim illegalen Filesharing nichts ändern wird.

Das Gesetz trat mit Wirkung zum 01.01.2008 in Kraft.

6.3 Auskunftsanspruch & Abmahngebühren

Am 20.04.2007 beschloss das Bundeskabinett den Entwurf eines „Gesetzes zur Verbesserung der Durchsetzung von Rechten des geistigen Eigentums“ umzusetzen. Nach Durchlaufen des Gesetzgebungsverfahrens trat das Gesetz am 01.09.2008 in Kraft. Praktische Erfahrungen mit dessen Umsetzung waren vor Redaktionsschluss aber leider noch nicht vorhanden.

Wichtig sind hier zwei Aspekte, die im Rahmen des Gesetzes umgesetzt wurden:

- Es wurde ein zivilrechtlicher Auskunftsanspruch geschaffen, der es den Rechteinhabern ermöglicht, direkt bei dem entsprechenden Provider anfragen zu können und damit nicht über eine Strafanzeige an die Daten des erfassten Internetanschlusses gelangen zu müssen (§ 101 UrhG-E). Hierdurch sollen die Staatsanwaltschaften entlastet und die Täter „entkriminalisiert“ werden. Eine Auskunft soll aber nur dann möglich sein, wenn ein Handeln in gewerblichem Ausmaß nachgewiesen wird, was im Rahmen der Tauschbörsen nicht möglich ist. Daher wird nach der Fassung des Gesetzes ein direkter Auskunftsanspruch bei illegalem Filesharing wohl ausscheiden, was dazu führt, dass die oben beschriebenen Ziele der Gesetzesänderung verfehlt werden. Im Gesetz ist auch ein Richtervorbehalt vorgesehen, so dass ein richterlicher Beschluss über die Einholung der Auskunft erforderlich sein soll. Die Kosten für die Einholung des Beschlusses sollen bei 200,00 Euro liegen und vom Rechteinhaber zu bezahlen sein. Dieser Richtervorbehalt ist abzulehnen, da im Ergebnis die Belastung der Staatsanwaltschaften dann auf die Zivilabteilungen der Landgerichte verlagert und das Ziel einer Entlastung der Behörden verfehlt wird. Die Herausgabe der Daten unterliegt ohnehin strengen Anforderungen und hat sich an den Vorgaben des Datenschutzes zu orientieren. Eine richterliche Kontrolle ist im Nachhinein gegeben.
- Es ist auch vorgesehen die Anwaltsgebühren für eine erste Abmahnung in einfach gelagerten Fällen und einer nur unerheblichen Rechtsverletzung auf 100,00 Euro inklusive

Steuern zu deckeln (§ 97a UrhG-E). Diese Überlegung wird zu Recht nahezu einhellig abgelehnt. Der Rechteinhaber als Verletzter muss seinen Rechtsanwalt nämlich vollumfänglich für die Verfolgung seiner Rechte bezahlen. Diese Kosten sind weitaus höher als 100,00 Euro. Mit der alten Rechtslage konnten diese Kosten vollständig vom Gegner zurückgeholt werden. Im Ergebnis wird in Zukunft daher wohl kaum ein Rechteinhaber mehr den Schutz seiner Rechte anstreben, da er, selbst wenn der Täter ermittelt werden kann, Kosten hat, die er nicht erstatten bekommt. Angesichts des Grundes für den Gesetzentwurf, nämlich die Verbesserung der Durchsetzung von Rechten des geistigen Eigentums, erscheint diese Regelung verfehlt. Es wird sich auch durch die Gerichte herausstellen, wann denn ein solcher einfacher Fall überhaupt vorliegt. Die Gesetzesbegründung spricht von dem Fall eines 15jährigen Mädchens, das ein Bild seiner Lieblingsband auf die eigene private Homepage stellt. Es dürfte wohl darauf hinauslaufen, das lediglich das Anbieten von einzelnen MP3-Dateien die Schwelle des einfachen Falles nicht übersteigt, aber das Anbieten und Downloaden von ganzen Musikalben, Filmen oder Computerspielen eine Deckelung der Abmahngebühren des Rechtsanwaltes nicht auslöst.

Literaturverzeichnis

1. Fachquellen:

BUSINESS SOFTWARE ALLIANCE (Homepage), http://w3.bsa.org/germany//piraterie/piraterie .cfm, 21.11.2007.

DREIER, T. / SCHULZE, G.: Urheberrechtsgesetzkommentar, München, 2006.

DREYER, G. / KOTTHOFF, J. / MECKEL, A.: Heidelberger Kommentar zum Urheberrecht, Heidelberg, 2004.

HEERMA, J. D., in: WANDTKE, A. / BULLINGER, W.: Praxiskommentar zum Urheberrecht, 2. Auflage, München, 2006.

IFPI – Bundesverband Musikindustrie (Homepage), http://www.ifpi.de, .21.11.2007.

IPOQUE GMBH: Pressemitteilung v. 23.10.2006 zur P2P-Studie 2006 (Homepage), http://www.openpr.de/news/104949.html, 21.11.2007.

JARASS, H. D. / PIEROTH, B.: Kommentar zum Grundgesetz, 8. Auflage, München, 2006.

LOEWENHEIM, U. / PEUKERT, A.: Handbuch des Urheberrechts, München, 2003.

PALANDT, O: Kommentar zum Bürgerlichen Gesetzbuch, München, 2007.

PFEIFFER, G., in: Karlsruher Kommentar zur Strafprozessordnung, 5.Auflage, München, 2003.

SANKOL, B.: Die Qual der Wahl: § 113 TKG oder §§ 100g, 100h StPO? – Die Kontroverse über das Auskunftsverlangen von Ermittlungsbehörden gegen Access-Provider bei dynamischen IP-Adressen, in: Zeitschrift Multimedia und Recht, München, 2006, S. 361 ff..

SCHÖNKE, A. / SCHRÖDER, H.: Strafgesetzbuch Kommentar, 27. Auflage, München, 2006.

SCHRICKER, G.: Kommentar zum Urheberrecht, 3. Auflage, München, 2006.

WANDTKE, A. / BULLINGER, W.: Praxiskommentar zum Urheberrecht, 2. Auflage, München, 2006.

WIKIPEDIA – Die freie Enzyklopädie: Filesharing (Homepage), http://de.wikipedia.org/wiki/Filesharing, 21.11.2007.

2. Rechtsquellen:

AG Offenburg, Beschluss v. 20.07.2007, Aktenzeichen: 4 Gs 442/07.

BGH, Urteil v. 02.11.2000, Aktenzeichen: I ZR 246/98.

BGH, Urteil v. 03.03.2004, Aktenzeichen: 2 StR 109/03, BGHSt 49, S 93ff..

BGH, Urteil v. 06.07.1954, Aktenzeichen: I ZR 38/53, BGHZ, 14. S. 163 – Constanze II.

BGH, Urteil v. 08.05.2002, Aktenzeichen: I ZR 232/01.

BGH, Urteil v. 08.11.1951, Aktenzeichen: 4 StR 563/51, BGHSt 1, 383f..

BGH, Urteil v. 10.10.1996, Aktenzeichen: I ZR 129/94, GRUR 1997, 313, 315 f..

BGH, Urteil v. 11.11.2003, NJW-RR 2004, 430 ff..

BGH, Urteil v. 12.07.2001, GRUR 2002, S.72 f..

BGH, Urteil v. 14.03.2000, Aktenzeichen: X ZR 115/98.

BGH, Urteil v. 15.10.1998, Aktenzeichen: I ZR 120/96, GRUR 1999, 418, 419 f..

BGH, Urteil v. 23.06.2005, Aktenzeichen: I ZR 263/02.

BGH, Urteil v. 30.06.1994, Aktenzeichen: I ZR 40/92, GRUR 1994, 841, 842 f..

Bundesgesetzblatt 2007, Teil I Nr. 54, 2513.

Bürgerliches Gesetzbuch (BGB), abrufbar unter http://bundesrecht.juris.de/bgb/index.html, 27.08.2008.

Gesetz vom 21.12.2007, veröffentlicht im Bundesgesetzblatt Teil I 2007 Nr. 70 31.12.2007 S. 3198, abrufbar unter http://www.bgblportal.de/BGBL/bgbl1f/bgbl107s3198.pdf, 27.08.2008.

Grundgesetz (GG), abrufbar unter http://www.bundesrecht.juris.de/gg/index.html, 27.08.2008.

LG Darmstadt, Urteil v. 25.01.2006, Aktenzeichen: 25 S 118/05, GRUR-RR 2006, S. 173 ff..

LG Frankfurt am Main, Urteil v. 12.04.2007, Aktenzeichen: 2/3 O 824/06).

LG Hamburg, Beschluss v. 23.06.2005, Aktenzeichen: 631 Qs 43/05, MMR 2005, S. 71.

LG Hamburg, Beschluss v. 25.01.2006, Aktenzeichen: 308 O 58/06.

LG Hamburg, Urteil v. 26.07.2006, Aktenzeichen: 308 O 407/06.

LG Köln, Urteil v. 18.07.2007, Aktenzeichen: 28 O 480/06.

LG Mannheim, Beschluss v. 25.01.2007, Aktenzeichen: 7 O 65/06.

LG Mannheim, Urteil v. 30.01.2007, Aktenzeichen: 2 O 71/06.

LG Mannheim, Urteil v. 30.01.2007, Aktenzeichen: 2 O 72/06.

LG Stuttgart, Beschluss v. 04.01.2005, Aktenzeichen: 13 Qs 89/04, NJW 2005, S. 614 ff..

LG Stuttgart, MMR 2005, 628 ff.; MMR 2005, 624 ff..

OLG Frankfurt am Main, Beschluss v. 26.11.2007, Aktenzeichen: 11 U 27/07.

OLG Hamm, Urteil v. 25.03.1993, GRUR 1993, 855 f..

OLG Karlsruhe, Beschluss v. 11.06.2007, Az.: 6 W 20/07.

OLG Köln, Urteil v. 08.04.2005, Az.: 6 U 107/04, 6 W 33/05, GRUR-RR 2005, S. 247.

OLG München, Urteil v. 09.08.1990, GRUR 1992, 328 f..

OLG München, Urteil v. 10.01.1980, WRP 1980, 172 f..

Richtlinien für das Strafverfahren und das Bußgeldverfahren (RiStBV), abrufbar unter http://www.bmj.bund.de/files/-/2720/RiStBV%20Stand%202008-01-01.pdf, 13.08.2008.

Strafgesetzbuch (StGB), abrufbar unter http://bundesrecht.juris.de/stgb/index.html, 27.08.2008.

Strafprozessordnung (StPO), abrufbar unter http://bundesrecht.juris.de/stpo/index.html, 27.08.2008.

Telekommunikationsgesetz (TKG), abrufbar unter http://bundesrecht.juris.de/tkg_2004/index.html, 27.08.2008.

Urheberrechtsgesetz (UrhG), abrufbar unter http://www.bundesrecht.juris.de/urhg/index.html, 27.08.2008.

Zivilprozessordnung (ZPO), abrufbar unter http://bundesrecht.juris.de/zpo/, 27.08.2008.

Aktuelle Branchenveränderungen aus der Sicht österreichischer / deutscher Film- / TV-Produzenten

Michael von Wolkenstein und Werner Müller

Zusammenfassung

Die gegenwärtigen Veränderungen in der Film-/Fernseh-Branche sind vielschichtig und betreffen technologische, finanzielle sowie rechtliche und andere Einflüsse, mit denen Film-/Fernsehproduzenten umgehen können müssen. Entsprechend gilt es für die Produzenten die daraus resultierenden Herausforderungen und deren Relevanz zu überblicken. Einige der bedeutendsten aktuellen Themenfelder werden auf ihrem Status quo für die Film-/Fernseh-Branche dargestellt. Zunächst werden relevante Aspekte des Fernsehens (z.B. fallende Quoten) und dann des Kinos (z.B. Verwertungsdiskussion) aufgezeigt. Schließlich wird auf die besondere Rechtesituation der Produzenten, das Problem der Filmfinanzierung sowie neue Medien und die Interessenpolitik in der Filmwirtschaft eingegangen.

Beitragsinhalt

1 Vorbemerkung

VOD, NVOD, consumer generated content, blue ray vs. HDTV, mobiler Content usw. – das Panta rhei hat in der Filmwirtschaft eine enorme Flussgeschwindigkeit erreicht – die im Malstrom befindlichen Filmproduzenten müssen, wollen sie morgen noch als unabhängige Produzenten am Markt sein, das Ziel erkennen, die Richtung bestimmen und ihre Segel neu ausrichten.

Klassische Modelle der Filmfinanzierung stehen in Diskussion, sind am Budgetplafond. Daneben kämpfen die Sender um ihre Reichweiten und ihre Monopole, jonglieren mit ihren Produktionsbudgets und damit auch mit der Zukunft der von ihnen teilabhängigen Filmwirtschaft und der Konsument – vor allem der junge – wendet sich vermehrt konkurrierenden Medien zu oder gestaltet sich seine Inhalte gleich selbst auf YouTube und MySpace.

Ganz offensichtlich findet in diesen Zeiten ein Umbruch in der Film- und Medienlandschaft statt – gleich dem Sprung von Stumm- auf Tonfilm oder der Einführung des Fernsehens in den 50iger Jahren des vorigen Jahrhunderts. Die Entwicklung der digitalen Medien wird zweifelsohne weitere Verbreitungs- und Nutzungsmöglichkeiten audiovisueller Inhalte erschließen – ökonomisches Modell da und dort noch unbekannt. Natürlich handelt es sich hier nicht um eine Neuerfindung des Films, sondern primär um die Erschließung neuer Vertriebswege. Die Basis und das Ausgangsprodukt ist glücklicherweise noch immer die festgehaltene audiovisuelle Erzählung, das verfilmte Drehbuch – also der kreativ gestaltete Bild- und Toninhalt. Trotzdem ergeben sich daraus grundlegende Veränderungen für die Produzenten, die die von ihnen hergestellten Filme (= Oberbegriff für alle audiovisuellen Werke) auswerten müssen, um einen Return on Investment zu haben.

Trotzdem werden wir uns mit der Frage befassen, ob wir uns damit von der klassischen Form der Auswertungskette – Kino, Video, Pay-TV, Free-TV – verabschieden werden müssen?

Weiters zu behandeln ist die Problematik der Finanzierung von Filmen, insofern es sich nicht um reine Fernsehauftragsproduktionen handelt. Die europäische Filmproduktion bleibt in ihrer erhaltungswürdigen Vielfalt durch gemischte Finanzierungsformen geprägt: Kofinanzierung durch regionale, nationale und europäische Förderungen, Kooperation mit Fernsehbetreibern und zu einem geringen Teil durch die Finanzierung von Verleihfirmen. Ohne die Kooperation mit Fernsehbetreibern ist in Europa im Allgemeinen und Österreich und Deutschland im Speziellen eine Produktionsfinanzierung kaum mehr möglich. Auch die Fördersysteme unterscheiden sich zum Teil grundlegend. Dazu kommt die Inhomogenität der Player selbst: Hier der Auftragsfilmproduzent in unzertrennlicher Symbiose mit dem/n (in Österreich nur öffentlich rechtlichen) Sender(n), dort der von der Förderung abhängige Arthousefilm, dazwischen die „unabhängigen“ Filmproduzenten und ein schwieriger, in Österreich im Kinobereich de facto kaum existenter, jedenfalls aber zu kleiner Markt und wenig Syndikatsmärkte.

Ein weiterer Punkt, auf den eingegangen werden muss, ist der bevorstehende Roll Out der Digitalisierung der Kinos, der nicht nur rein technische- und Finanzierungsfragen, sondern vor allem komplexe Fragen über den Einsatz der Filme (Marketing, Zeitabläufe usw.) mit sich bringt. Die laufende Verwertungsfensterdiskussion im Rahmen der in Deutschland in Aussicht stehenden Novellierung des FFG wird auch für Österreich von wesentlicher Relevanz sein.

Eine weitere Frage, mit der wir uns befassen müssen, ist die Frage der Stellung des Filmproduzenten in der Zukunft: Wie ist seine Rechtsstellung gegenüber Koproduzenten, kofinanzierenden Sendern, allfälligen privaten/öffentlichen Sponsoren und den Förderern. Wie steht es um die verschiedenen, in Europa gängigen Steuer- oder Fondsmodellen? Wie steht es um seine Aufgabenstellung (ist in Zeiten des Consumer generated content nun jeder Contenterzeuger Filmproduzent?) und sein Eigenkapital, das ihm erst jene Unabhängigkeit garantiert, die kreatives Filmschaffen benötigt?

Der vorliegende „Essay“ schildert einige Aspekte der damit zusammenhängenden Problematik mit Schwerpunkt deutscher Sprachraum und Blick auf die europäische / internationale Filmwirtschaft und will versuchen, einige der zentralen Fragestellungen anzuschneiden, die das 3. Jahrtausend (und das 2. Jahrhundert der Filmgeschichte) in so rascher „Flussgeschwindigkeit“ mit sich bringt.

A lot of questions! Future vs. no future: Wohin geht die Filmwirtschaft?

2 Tatort Fernsehen

2.1 Hard facts

In Deutschland ist aufgrund der Marktgröße eine differenzierte Ausgangslage gegenüber Österreich anzunehmen. Der Gegensatz öffentlichen und privaten Fernsehens ist durch die große Anzahl der Sendeanstalten geprägt: Mit 37 Mio. Fernsehhaushalten ist Deutschland der größte europäische Fernsehmarkt. Die Anzahl der kostenlosen Fernsehsender ist mit durchschnittlich 30 bis 40, je nach Standort, groß (landesweite, regionale, deutsch- und fremdsprachige Sender). Neben den öffentlich-rechtlichen Rundfunkanstalten ARD und ZDF (Zuschaueranteil 43,9 %) verzeichnen die privaten Fernsehanstalten wie RTL Group und ProSieben Sat 1 Media AG einen hohen Zuschaueranteil. Anbieter im Bereich des Bezahlfernsehens sind Premiere mit 3,4 Mio. Abonnenten, die Unity Media Gruppe und die Kabelnetzbetreiber mit kostenpflichtigen Digitalangeboten (Vgl. CHAMPETIER V. / GAUMONDIE D. / QUACHTATI, S. (2007)).

Eine weitere Besonderheit ist der die föderale Struktur in Deutschland, die sich in vielen Facetten im öffentlich-rechtlichen Rundfunk zeigt. Dies beginnt mit der Zuständigkeit der Länder zur Regelung der Rundfunkfragen, die auch verfassungsrechtlich immer wieder geschützt wurde. Anfänge des öffentlich-rechtlichen Rundfunks in Deutschland waren regional.

Insgesamt entsteht der Eindruck, dass der öffentlich-rechtliche Rundfunk in Deutschland im hohen Maße auf regionale Besonderheiten und Bedürfnisse des Publikums eingeht. Dies geschieht durch den Einfluss der Gesellschaft über die binnenplurale Struktur der Leitungsgremien auf die Programmgestaltung und andererseits durch die föderale Struktur (Organisation der ARD!).

Eine gute Quelle zur deutschen Fernsehlandschaft dazu übrigens auch auf http://www.alm.de/51.html (Vgl. ARBEITSGEMEINSCHAFT DER LANDESMEDIENANSTALTEN IN DER BUNDESREPUBLIK DEUTSCHLAND, Homepage (WWW v. 26.05.2008))

Im Gegensatz zu Österreich, wo praktisch (noch) ausschließlich der ORF in der Lage ist, als Produzent und Kofinanzier zu agieren: Der österreichische öffentlich-rechtliche Rundfunk ist der Hauptakteur der audiovisuellen Medienlandschaft.

2005 verzeichneten die beiden Programme ORF 1 und ORF 2 einen Zuschaueranteil von mehr als 47 % (Anm. der Autoren: 2007 auf etwa 39 % gesunken!)

Seit 2003 gibt es ATV, den ersten österreichischen Privatsender mit einem Zuschaueranteil von 2,5 % (2005), daneben zahlreiche deutsche Privatsender, die über Kabel, Satellit und DSL zugänglich sind, z.B. SAT 1 mit 6,2 % Zuschauer und RTL mit 5,6 % Zuschaueranteil (alle Daten 2005). Im Bereich Bezahlfernsehen hat der deutsche Anbieter Premiere einen lokalen Ableger und betreibt die wichtigsten Pay-TV-Rechte für Spielfilme (310.000 Abonnenten/2005). Das digitale-terrestrische Fernsehen wurde im Herbst 2006 eingeführt; das Ende der analogen-terrestrischen Übertragung ist für 2010 vorgesehen (Vgl. CHAMPETIER V. / GAUMONDIE D. / QUACHTATI, S. (2007)).

Thesen bzw. Problemstellungen:

2.1.1 Die Polarisierung zwischen öffentlich-rechtlichen und privaten Sendern verstärkt sich

Der Verteilungskampf um Gebühren, vor allem aber um Werbemittel wird härter und öffentlich ausgetragen. Der öffentlich-rechtliche Status wird zusehends – auch von der EU-Kommission hinterfragt.

> *Eine Änderung der konkreten Ausgestaltung des Finanzierungssystems könnte sich durch das von der EUK eingeleitete Verfahren der Überprüfung der Finanzierung eintreten. Die Kommission fordert unter anderem eine getrennte Budgetierung im Bezug auf gebührenfinanzierte Tätigkeiten zur Erfüllung des öffentlich-rechtlichen Auftrags und darüber hinausgehende kommerzielle Tätigkeiten. (NIKOLTCHEV S. (2007))*

Selbst eine Zukunft der Bindung der Gebühren an das Programm selbst – den Inhalt – und nicht an den Sender ist in lebendiger Diskussion. Die Auswirkungen auf die Produktionslandschaft wären prägend – sind doch die Öffentlich-Rechtlichen nach wie vor wesentliche (in Österreich einzige) Träger der Auftragsfilmproduktion.

2.1.2 Quoten fallen, die Werbewirtschaft wandert, Budgets kollabieren

> *Fernsehsender in Europa: Die Erträge sinken: Glaubt man der Entwicklung der letzten Jahre, ist die finanzielle Lage von Unternehmen, die Europa terrestrisch übertragen, in den letzten Jahren deutlich gesunken (Bilanz des Aktivvermögens insgesamt 5,7 Milliarden gegenüber weit über 6 Milliarden 2002 und 2003, Nettoergebnis 444 Millionen 2005 gegenüber einer Milliarde 2004). (EUROPÄISCHE AUDIOVISUELLE INFORMATIONSSTELLE (2006))*

Wiewohl sich die Medienlandschaft verbreitert, verbreitert sich das dem Konsumenten zur Verfügung stehende Zeitbudget nicht in gleichem Maße – d.h. die für das Fernsehen zur Verfügung stehende Zeit wird geringer.

Alle Studien beweisen: vor allem das junge Publikum weicht verstärkt auf andere Medien aus (Internet, PC-Games) und sieht zeitversetzt und senderunabhängig – den Sendern, vor allem den öffentlich-rechtlichen ist es nicht gelungen, diesen Markt nachhaltig zu sichern.

> *Eine der Hauptfragen für die Zukunft betrifft die Auswirkungen des Internets auf die Fernsehgewohnheiten. Nach einer Studie von Ofcom/GB interessieren sich junge Menschen (16-24) immer weniger fürs Fernsehen und sehen im Durchschnitt eine Stunde weniger als der durchschnittliche Zuschauer. Außerdem schalten sie immer weniger die öffentlich-rechtlichen Sender ein. Dagegen nimmt das Internet einen zentralen Platz in ihrem Tagesablauf ein. Auch zahlreiche andere Studien sagen voraus, dass das Internet schrittweise das Fernsehen vom Spitzenplatz der Medien bei den jungen Menschen verdrängen wird. (EUROPÄISCHE AUDIOVISUELLE INFORMATIONSSTELLE (2006))*

Die Werbewirtschaft teilt sich – durch die Digitalisierung und die Vielfalt der Sender begünstigt – auf verschiedene Sender aus. So wird der österreichischen Werbewirtschaft durch die Werbefenster der deutschen Sendergruppen (Anm.: weil mit steuerschonendem Sitz in Luxemburg) ein Volumen um die 160 Mio. Euro entzogen. Das Fehlen dieser Mittel schmälert auch das den Sendern zur Verfügung stehende Budget für Feature Film.

Gerade in Österreich kann das Jahr 2007 hier als paradigmatisch gewertet werden: Trotz groß angekündigtem neuem Programmschema und runderneuertem Team ist man im Jahr 2007 mit einigen Produktionen kläglich gescheitert. Quoteneinbrüche von 47 % auf 39 % 2007 vor allem in den werbestarken Zeiten, ein Minus bei den Werbeeinnahmen und letztlich eine im politischen Diskurs hoch kontroversielle Gebührenerhöhung für 2008, haben zu einer nahezu beispiellosen Einigung der Forderungen der Filmwirtschaft unter dem Dach der „Initiative Film TV“ geführt, die mit großer Sorge die Entwicklungen beobachtet und mit Recht einen starken öffentlich-rechtlichen Sender fordert.

Programmatische Äußerungen von Sendungsverantwortlichen in deutschen Medien zeigen, dass in Deutschland die Situation vielleicht nicht so krass, aber in Zukunft ähnlich sein könnte: hier wird auch der Vorteil billigeren Einkaufprogramms gegenüber den „teueren Eigenproduktionen“ behauptet – und das trotz der besten Quoten gerade nationaler Programme.

Ein wirkliches Kommitment zu heimischer Produktion fehlt – vor allem von den Privatsendern – sowohl in Deutschland als auch in Österreich.

> *Auf die außereuropäische Fiktion entfallen 71,5 % des gesamten Angebots der europäischen Sender (alle Genres zusammengenommen). Die öffentlich-rechtlichen Sender strahlen weniger Fiktion aus, bieten aber die meisten europäischen Programme. Knapp über die Hälfte des Programmangebots an Fiktionen (51,2 %) sind außereuropäischer Herkunft, während sich der europäischen Programme, faktisch zu gleichen Teilen auf nationale und europäische ausländische fiktionale Programme aufteilen. Daten aus). (EUROPÄISCHE AUDIOVISUELLE INFORMATIONSSTELLE (2006))*

> *'The period of growth enjoyed by the sector, thanks particularly to the development of digital pay-TV platforms, should come to an end as soon as digital terrestrial television offers viewers a free multi-channel alternative.' (EUROPÄISCHE AUDIOVISUELLE INFORMATIONSSTELLE (2007))*

2.1.3 Bürde Struktur

Im Gegensatz zu den Privaten (die teils billiges Einkaufsprogramm oder bei Kleinstregionalsendern auf billiges Nachbarschaftsfernsehen und Videojournalisten statt Kamerateams setzen) produzieren die Öffentlich-Rechtlichen zwar, leiden aber unter teuren Overhead-Strukturen.

Bestehen die Finanzierungssäulen eines Senders aus Immobilie, Personal und Programm und sind die Ersteren mangels Flexibilität und Entscheidungskraft nicht disponibel, bleibt das einzige Sparpotential das Programm. Zyniker würden dazu meinen, dass im Gegensatz zu den USA hier Filmschaffende nicht zu streiken brauchen, wenn es der Sender durch Einschränkung der Programminhalte für sie tut.

Stimmen die obigen Thesen, so wird wohl mittelfristig Druck auf die Struktur durch Nichtakzeptanz einer weiteren Gebührenerhöhungspolitik so groß werden, dass ein Konsolidierungsprozess unumgänglich wird.

Die dann fehlenden Kapazitäten in der aktuellen Berichterstattung und in der Contentgestaltung müssen und können von den unabhängigen Filmproduzenten aufgenommen werden, die dann zusätzlich Dienstleistungskompetenz für den Sender übernehmen werden – entsprechende Modelle gibt es regional in Deutschland.

2.1.4 Inhouse vs. Outhouse und Buyout vs. Fair Trade

Dass ein Sender in seiner Produktion nicht alles selbst produzieren kann und soll, steht außer Frage –umso mehr als diese verpflichtet sind (siehe EU-Richtlinie "Fernsehen ohne Grenzen"), eine bestimmte Quote dem Schaffen unabhängiger Filmproduktionen zu widmen.

> *In dem vom Europarat veröffentlichter Bericht „Öffentlich-rechtlichen Medien in der Informationsgesellschaf"t führt Christian Niessen im Zusammenhang mit der Debatte über die öffentlich-rechtlichen ein provokatives Argument an. Er schreibt, dass öffentlich-rechtliche Medien als Korrektiv für das Versagen des Marktes angesehen werden*

könnten,insofern als sich die Inhalte von kommerziellen Anbietern durch einen Mangel an nationaler und kultureller Vielfalt auszeichnen und folglich nicht die Vielfalt der Nationen und Regionen in Europa widerspiegeln. Dieses Argument sei zwar nicht der Grund für die Schaffung des öffentlich-rechtlichen Rundfunks gewesen, aber es könne für seine Zukunft von großer Bedeutung sein. (NIKOLTCHEV S. (2007))

Eine Kulturquote im eigentlichen Sinn gibt es nicht. Es besteht allerdings eine Quotenregelung zur Sicherung der europäischen Film- und Fernsehproduktion als Kulturgut, wonach ein Hauptteil für Spielfilme, Fernsehspiele, Serien, Dokumentationen vorgesehenen Sendezeit europäischen Werken vorbehalten sein soll. Intension der Regelung ist die Darstellung der Vielfalt im europäischen Raum und die Förderung von europäischen Film- und Fernsehproduktionen – die Wahrung nationaler kultureller Identität. (NIKOLTCHEV S. (2007))

Das ist auch sinnvoll und ist zu prognostizieren, dass der Dienstleistungsanteil der „Outhouseproduktion" noch steigen wird – siehe obiges Kapitel.

Gleichzeitig versuchen die Sender neben der klassischen Sendetätigkeit eine Vielzahl von naheliegenden Dienstleistungsfeldern – von Verlags-, Label-, Handels-, Fremdproduktions- und Archivtätigkeiten – mit abzudecken, was ökonomisch nachvollziehbar ist. Akzeptabel ist es dann, wenn der Sender sein Know How einbringt, es keine Quersubventionen vom öffentlich rechtlichen – in den privaten Bereich gibt und die Produktion entsprechend eingebunden wird. Die Diskussion um die ZDF-Onlinebibliothek und die Aktivitäten der ARD im Bereich VOD-Vermarktung zeigen, wie kontroversiell dieser Prozess ist.

Onlinedienste im öffentlich-rechtlichen Rundfunk: Der öffentlich-rechtliche Rundfunk kann Onlinedienste anbieten, wenn sie programmbegleitend sind und programmbezogenen Inhalt haben. Wie weit das geht, ist umstritten und gerade Gegenstand eines Beihilfeverfahrens der Europäischen Kommission. Gerügt wurde z.B. die Finanzierung der Onlineaktivitäten von ARD und ZDF durch Gebührengelder, da diese „nicht Gegenstand des Grundversorgungsauftrags der öffentlich-rechtlichen Sender" seien. Daher stellten die Gebührengelder einen nach Artikel 87 EGV verbotene Beihilfe dar. Um die Bedenken der EUK auszuräumen, sollte daher der öffentlich-rechtliche Auftrag klarer gefasst werden und soll er deutlich von den kommerziellen Tätigkeiten der öffentlich-rechtlichen abgegrenzt werden. (NIKOLTCHEV S. (2007)))

Die Frage, ob es neben privaten Plattformen auch gebührensubventionierte Plattformen öffentlich-rechtlicher Sender geben soll und darf und ob diese ohne weitere Rechteabgeltung die Rechte für diese zusätzliche Verwertung für ihre Auftrags- und Koproduktionen übernehmen dürfen, ist für den Status des unabhängigen Produzenten und die künftige Verwertungssituation der sog . syndication rights überlebenswichtig - siehe dazu auch die Studie des Pommer-Institutes zu „Angemessene Bedingungen zwischen Fernsehveranstaltern und -produzenten in Österreich" (Vgl.: RUNDFUNK UND TELEKOM REGULIERUNGS-GMBH, Homepage (WWW v. 26.05.2008)). Hier ist wohl auch die Politik gefordert, hat aber weder in Deutschland noch in Österreich darauf eine befriedigende Antwort gegeben.

2.1.5 Fernsehfilmförderung – der ökonomische Multiplikator

Neben der klassischen Kinofilmförderung hat sich zunehmend auf regionaler und Bundesebene die Förderung von Fernsehfilmen etabliert, lässt sich mit dieser doch (im Gegensatz zur Kulturfilmförderung) leichter der ökonomische Mulitplikatoreffekt von Filmproduktionen nachweisen.

In Deutschland erfolgt Fernsehfilmförderung durch die Landesförderanstalten auf regionaler Ebene.

Seit 2004 gibt es in Österreich dazu auf Bundesebene den Fernsehfilmförderungsfonds der RUNDFUNK- UND TELEKOMREGULIERUNGS GMBH (www.rtr.at), der sein vorrangigstes Ziel, nämlich das Hereinholen von „Koproduktionen österreichischer Produzenten mit ausländischen Koproduzenten und Sendern" bestens erfüllt (derzeit mit 7,5 Mio. Euro pro Jahr ausgestattet – Erhöhung erwünscht!). Gespräche zur Schaffung regionaler Äquivalente wie in der BRD sind im Gange.

2.1.6 Wo sind die Rechte

Oben erwähnter Fernsehfilmförderungsfonds hat erstmals für Koproduktionen mit Sendern einen Rechtekatalog bereitgestellt – ein Asset, das auch durch seine „erzieherische Wirkung" nicht genug geschätzt werden kann siehe dazu auch die Studie des Pommer-Institutes zu „Angemessene Bedingungen zwischen Fernsehveranstaltern und -produzenten in Österreich" (Vgl.: RUNDFUNK UND TELEKOM REGULIERUNGS-GMBH, Homepage (WWW v. 26.05.2008)). Im Auftragsfilmbereich gilt ja nach wie vor das gute alte Buy out Prinzip, wobei fair play zwischen Sender und Produzenten gefordert wird, weil auch in Deutschland bei reinen Auftragsproduktionen nicht immer alle Kosten abgedeckt sind (z.B. Entwicklungskosten). Selbsterklärend dazu ein Zitat, das in der Präambel des vom britischen Filmproduzenten Pact mit der BBC abgeschlossenen Terms of Trade vom 30.Juli 2004 steht und das beispielgebende Selbstverständnis der BBC dazu zeigt:

> *(a) It is in the interest of the UK television audience that there is a competitive and thriving independent production supply market.*
>
> *(b) The BBC has a role as the nation's principal public service broadcaster to help stimulate and support the development of the independent production sector. (Vgl. http://www.bbc.co.uk/kommissioning/tv/business/terms_trade.shtml)*
>
> *The intention of the Code is to ensure that relations between the BBC and independent producers are conducted on a fair and transparent basis. (BBC, Homepage (WWW v. 26.05.2008))*

Ein Benchmark für unsere Öffentlich-Rechtlichen? Zum Thema „Perspektiven" passt es allemal.

3 Verwertungsketten im Umbruch oder „Das Kino als Tankstelle“

Zuerst ein Glaubensbekenntnis: Kino bleibt die „PR- und Zugmaschine für den Spielfilm“ – ohne die Kinos wäre auch eine (Kino-)Förderung obsolet. Auch die kulturelle Aufgabe des Kinos – insbesondere die „Grundversorgung“ mit dem Kulturgut Film in der Fläche auch im ländlichen Raum ist unbestritten. Trotzdem steht gerade das Kino in einer Umbruchphase, wie es sie seit der Einführung des Fernsehens vor rd. 60 Jahren nicht gegeben hat:

3.1 Stabilisierung der Kinobesuchszahlen auf niedrigen Niveau

bzw. teilweise Rezessionstendenz bei gleichzeitig geringem nationalen Filmanteil: In Deutschland ist die Besuchshäufigkeit mit 25,8 % 2006 höher als in den letzten Jahren (Vgl. Filmstatistisches Jahrbuch SPIO 2007) und damit im oberen Feld des Europa-Vergleichs. in Österreich ist der Anteil nicht-amerikanischer Filme gerade einmal bei.23,15 % (Vgl. Österreichisches Filminstitut, Homepage (WWW v. 26.05.2008)), der Anteil des nationalen Filmangebots lag 2006 bei 2,61 % (Anm.: auf die besonders schwierige Lage eines kleinen Landes in einem größeren Sprachraum – Problem Österreich / Deutschland, Belgien / Frankreich – sei hier hingewiesen). Generell handelt es sich um ein europäisches Phänomen (Ausnahme Frankreich, Dänemark), wobei sich allerdings zeigt, dass jene Kinoländer, deren nationaler Anteil am Kinokuchen solid ist, resistenter und stabiler auf Besucherzahlenschwankungen reagieren.

3.2 Verwertungsfensterdiskussion

Die von den Kinos nachdrücklich verlangte Aufrechterhaltung zumindest einer 4-Monatsfrist zur zweiten Verwertungsstufe Video / DVD steht immer öfter in Diskussion und das nicht nur bei amerikanischen Produktionen. Die nächste deutsche FFG-Novelle 2008 bzw. deren österreichischer Nachvollzug wird diese Diskussion sicher intensivieren und das Interesse „gleicher Speerlänge“ mit den US-amerikanischen Angeboten, die formaljuristisch keiner Verwertungskaskade unterliegen, wird wohl in eine der Realität angepasste – sprich „verwertungsfensterverkürzte“ – Regelung münden. Bereits jetzt ist das Auswertungsfenster Kino bei den meisten Filmen auf zwei bis max. drei Monate gesunken – bayrische Ausnahmefilme einmal ausgenommen!

3.3 DVD stärker als Kino

Ohne auf diese Entwicklung – aus Platzgründen – hier eingehen zu können, verweisen wir nur auf das Filmstatistische Jahrbuch der SPIO 2007 und den Österreichischen Filmwirtschaftsbericht 2007 (Vgl. ÖSTERREICHISCHES FILMINSTITUT, Homepage (WWW v. 26.05.2008)), der – wenig überraschend – die DVD-Verwertung inzwischen in ihrer ökonomischen Bedeutung und in der consumer relevance über die Kinoverwertung stellt.

> *DVD-Nutzung (bzw. auch VHS-Nutzung) hat das Kino in der Frequenz bereits deutlich überholt. 15 % der ÖsterreicherInnen gehen mehrmals pro Monat ins Kino, aber 39% sehen mehrmals pro Monat DVD/VHS zuhause und 13 % sehen DVD/ VHS an einem anderen Ort als zuhause. 88 % sehen mehrmals pro Monat Filme im Fernsehen (77 % zumindest einmal wöchentlich).*

Auch das ist ein weiterer Druck auf die Verwertungsfenster!

3.4 Zu kurze Laufzeiten

(s.o.), zu viele Filme in Europa (862!)und immer weniger A-Filme mit hohem Budget und hohen Besucherzahlen; die B-Formate wandern zusehends in die anderen Verwertungsstufen!

3.5 Digitalisierung – Eine Chance?

Der digitale Roll Out wird das Verhältnis Produzent, Verleih und Erstverwerter Kino ohne Zweifel neu definieren. In Deutschland beschäftigen sich VdF als Dachverband der Verleiher und HDF KINO seit einigen Jahren mit einer Lösung für Finanzierung und Roll Out unter Bedachtnahme auf Kostenverschiebungen (z.B. Kopienhandling) – bislang noch ohne endgültiges Ergebnis. In Österreich wird die neu gegründete ARGE Film und Kino (Fachverband der Audiovisions- und Filmindustrie, Fachverband der Lichtspieltheater und Audiovisionsveranstalter) die Entwicklung beobachten, steht aber diesbezüglich erst am Anfang.

In der wirtschaftlichen Realität draußen hat derweilen die Digitalisierung teilweise bereits begonnen. Durch die schwache Eigenkapitalbasis der Kinos wird es notwendig sein, ein tragfähiges und unter öffentlicher Zuschussfinanzierung getragenes Modell zu finden, um sicher zu stellen, dass die Kinos ihre kulturelle Aufgabe vor allem in der Fläche weiterverfolgen können und nicht en masse „wegbrechen" – gerade die Vollversorgung im Bezug auf den kulturellen Auftrag des Kinos ist ja auch eine der Grundvoraussetzungen für Kinostartförderungen auf regionaler, nationaler und EU (Media!) Ebene.

Es wird wohl einen, bis dato noch ausstehenden politischen Kraftakt für die Finanzierung der Digitalisierung benötigen, obwohl diese nicht nur dem Blockbusterkino, sondern auch der flächendeckenden Versorgung mit Arthouseprogrammen, Dokus mit Nischenthemen und dgl. bis hin zur regelmäßigen Opernaufführung im Kino dient und damit zu einer Neupositionierung des Kinos genutzt werden sollte.

Dass es geht, zeigt der Erfolg von Dokumentationen wie „We feed the world“ oder der Dauerrenner „Wer früher stirbt, ist länger tot“.

4 Tatort Rechtesituation oder “Der nackte Produzent”

Zur Rechtesituation wurde im Kapitel 2 bereits ein selbsterklärendes Zitat aus den Terms of Trade zwischen Pact und BBC vorangestellt. Dazu gleich ein weiteres Zitat der Partnerschaft zwischen Pact und Channel 4, das zeigt, dass eine neue Wertschöpfungspartnerschaft zwischen Sendern und Produzenten möglich ist:

> *Channel 4's new minimum Terms of Trade offer a clear framework for independent production companies wishing to work with Channel 4. The Terms also reflect a significantly different commercial relationship between Channel 4 and its Producers, reflecting the new requirements of broadcasters set out in the Communications Act. Channel 4 hopes that the benefits that should flow to the independent production sector, in terms of greater ownership of its intellectual property and the autonomy and independence that this should secure, will be welcomed by the independent production sector.*
>
> *We believe that these Terms set out a solid foundation for ensuring that the production sector will continue to flourish, and that Channel 4 can continue to source the widest possible variety of ideas and talent in the market. (Pact, Homepage (WWW v. 26.05.2008))*

Zweifelsohne fühlen sich Produzenten auch in einer funktionierenden Auftragsproduktionslandschaft wohl und ist diese wohl noch gelebte Realität – das von der Rechtesituation her möglicherweise als Prokrustesbett empfundene Lager ist ja durchaus ein ökonomisches Modell, dass einigen ein Überleben, einigen Wenigen ein gutes Überleben sichert.

Aus der bereits angeführten Prognose über die Veränderungen der medienpolitischen Landschaft ergibt sich zwangsläufig, dass neben das weiterbestehende Modell der Auftragsproduktion andere Modelle treten müssen – dass also rein fernsehabhängige Auftragsproduzenten zu Fernsehdienstleistern zu unabhängigen Produzenten mit langfristiger Rechteverwertung auch der syndication rights und letztlich zu plattformunabhängigen audiovisuellen Contentproduzenten werden müssen, um auf einem inhomogenen, von Billigkonkurrenz und unübersichtlichen Medienlandschaften gekennzeichneten Markt reüssieren zu können.

Was das mehrfach gelobte BBC-Pact-Modell so beispielhaft macht, ist die Tatsache, dass hier die wettbewerbsrechtlichen Ungleichheiten im Vertragsverhältnis zwischen Sender und

Filmproduzent richtig erkannt wurden und daraus der Schluss gezogen wurde, dass selbst der Auftragsfilm ein 100 %iger Buy-Out nur bei dem schon zuvor geforderten Fair Play sein darf und den Produzenten jene Rechte belassen werden müssen, die der Sender ohnehin vielfach nicht benötigt bzw. die nicht senderspezifisch sind.

Im Übrigen gilt die Frage der Rechte natürlich nicht nur im Verhältnis Sender und Produzenten, sondern für jede Art von Auftragsproduktion, auch in den hier nicht zu behandelnden Bereichen des Werbe- oder Imagefilms.

In allen Diskussionen darf nicht vergessen werden: Das Urheberrecht und die Nutzung der Verwertungsformen im Rahmen der originär vom Produzenten erworbenen Rechte ist das Brot der Urheber und Leistungsschutzberechtigten. Auch die digitale Welt bedeutet in keiner Form, dass es hier etwas zu verschenken gibt.

Die Nutzer wollen möglichst alle Rechte erwerben und den Produzenten „abnehmen" – der Produzent als oft wirtschaftlich Schwächerer gegenüber den „Kunden" (Sendern, Telcos, ISPs usw.) sieht sich Billigkonkurrenz und wirtschaftlichem Druck ausgesetzt. Diskussions- und Regelungsbedarf zur Verbesserung der verschiedensten Partnerbeziehungen besteht daher jedenfalls. Mit Recht wird daher von der deutschen Filmwirtschaft schon seit Jahren eine neue Wertschöpfungspartnerschaft mit einem Katalog von Forderungen und einem Kommitment für freien Wettbewerb und Transparenz in der Rechtesituation gefordert, der seiner Umsetzung noch immer harrt.

Hier sind Verbände, Sender und Politik gleichermaßen gefordert:

- mit freiwilligen Vereinbarungen, wo nicht legistisch verbindliches besteht
- durch eine Verbesserung oder jedenfalls Beibehaltung der geltenden urheberrechtlichen Sonderbestimmungen für Filmproduzenten (in Österreich die Cessio Legis des § 38 Abs. 1 Urheberrechtsgesetz) ,
- durch stringente Regelungen der Förderer, die Rechte beim Filmproduzenten sichern.

Gefordert ist auch eine klare Definition des unabhängigen Produzenten auf EU-Ebene – die EUK hat leider auch in der neuen Fernsehrichtlinie – Audiovisual Media Service Directive – verbindliche Aussagen letztlich vermieden.(„Member states should take appropriate account notably of criteria such as the ownership of the production company, the amount of programs supplied to the same podcaster and the ownership of secondary rights!).

5 Tatort Filmfinanzierung oder „Kämpfen mit ungleicher Speerlänge"

Das Durchschnittsproduktionsbudgets eines deutschen Films sind rd. 3 Mio., eines österreichischen rd. 2 Mio. Euro, das Durchschnittsbudgets eines US-amerikanischen Films sind 45 Mio. Euro, von den Unterschieden in den Vermarktungs- und Verwertungsbudgets gar nicht zu reden. Damit ist zum Thema „Ungleichheit der Speerlängen" eigentlich genug gesagt. Was nun Europa von Amerika im Wesentlichen unterscheidet – abgesehen vom unterschiedlichen Bekenntnis zum Film Kulturgut vs. Wirtschaftsgut – ist das System der Filmförderung in Europa – ein insgesamt finanziell bedachtes und vielfältiges, Koproduktionen begünstigendes und teilweise hochkomplexes und aufeinander abgestimmtes System (siehe Frankreich: Vgl. GERSTNER, L (2007)), auf das wir mit Recht stolz sein können.

Film ist Europa und seinen Mitgliedsstaaten etwas wert! ...und Europäischen Film gäbe es nicht ohne Filmförderung!

In Deutschland genießt die Filmwirtschaft bei der Politik einen hohen Stellenwert. So steht als kulturwirtschaftliche Filmförderung von Bund und Ländern 2006 ein Gesamtvermögen von 229,9 Mio. Euro zur Verfügung (Vgl. Bundesanstalt FFA – FILMFÖRDERUNGSANSTALT) – diese Summe setzt sich aus den Förderungen der Förderungsanstalt FFA – Filmförderungsanstalt selbst mit einem Gesamtvolumen von 76,3 Mio. Euro, sowie Förderungen der Bundesregierung für Kultur und Medien, des Film-/Fernsehfonds Bayern, der Filmstiftung Nordrhein-Westfalen, des Medienboards Berlin-Brandenburg, der Filmförderung Hamburg, der Medien- und Filmgesellschaft Baden-Württemberg, sowie der Mitteldeutschen Medienförderung zusammen und enthält unter anderem rd. 105 Mio. Euro Kinofilmförderung, 21 Mio. Euro Fernsehfilmförderung, sowie eine Reihe von anderem gefördertem Förderungsanboten vom Dokumentarfilm über Drehbuch bis zur Kinoinvestition. Die FFA als Filmförderungsanstalt des Bundes ist eine Anstalt des öffentlichen Rechts mit dem Ziel, deutschen Film zu fördern und eine Verbesserung der Struktur der deutschen Filmwirtschaft zu unterstützen. Sie finanziert sich unter anderem aus Zuführungen der Fernsehsender und div. Filmabgaben, z.B. Filmabgabe der Videowirtschaft. Wesentliche Eckpunkte der Förderung sind die Filmproduktionsförderung, Projektfilmförderung, die Referenzfilmförderung, sowie Absatz- und Filmtheaterförderung.

Die grundsätzliche Dualität der Förderung – Individualprojektförderung und Referenzmittel – ist sowohl in Deutschland als auch in Österreich ein wesentlicher Schritt zur Erhaltung einer professionellen Filmproduktionsstruktur. Was allerdings anzugehen wäre, wäre die dringend notwendige Harmonisierung der Länderförderungen z.B. hinsichtlich des Rückzahlungsmodus.)

Bewiesen konnte die hohe Wertschätzung des Films auch dadurch werden, dass mit dem deutschen Filmförderungsfonds DFFF nach arbeitsintensiven Verhandlungen ein Volumen von 60 Mio. Euro zusätzlicher Filmförderung, vorläufig befristet auf 3 Jahre, die Bundesfilmförderung und die in Deutschland vom Volumen her insgesamt noch größere Länderförderung erfolgreich ergänzt – 2007 wurden vom DFFF bereits 59,4 Mio. Euro vergeben (Vgl. FILMFÖRDERUNGSANSTALT, Homepage (WWW v. 26.05.2008))

By the way: Hier zeigt sich auch, wie eine gut geführte „Lobbyingmaschinerie" der starken deutschen Filmverbände zusammen mit einem Kulturminister, der von Anfang an auf Seite der Filmwirtschaft gestanden ist, zu wesentlichen Ergebnissen kommen kann.

Der Cultural Test, der die Basis der Filmförderung nach dem DFFF darstellt, ist in seiner Ausrichtung auf deutsche Produktion, Postproduktion und auf eine ökonomisch ausgerichtete

Struktur der Filmproduzentenlandschaft und ihrer Vorlieferanten ein intelligentes, additives Modell zu den bestehenden Filmförderungen.

Anmerkung aus österreichischer Sicht: Im Hinblick auf die besonderen Koproduktionsbeziehungen zwischen Österreich und Deutschland und der gegenseitigen Bedeutung in diesem Feld, sind einige Bestimmungen im Cultural und National Test aus unserer Sicht ein wenig zu „Made in Germany"! Hier wären im Sinne des bestehenden Koproduktionsübereinkommens Österreich-Deutschland und der besonderen Beziehungen – schließlich ist Deutschland Österreichs größter Koproduktionspartner – einige Details der Bestimmungen zu überdenken – z.B. was die Anrechnung von Produktionstätigkeit im „Ausland" betrifft.

In Österreich wurde der Wert des Kulturguts Film durch eine entsprechende Aussage im Regierungsübereinkommen der neuen Koalitionsregierung 2006 bestätigt, die sowohl die Wertschätzung des Medium Films als Kulturgut als auch die Notwendigkeit der Erhöhung der Fördermittel ausdrücklich betont – mit Ausnahme einer relativ bescheidenen Erhöhung der Bundesmittel um 2,5 Mio. Euro harren wir allerdings noch der weiteren Umsetzung.

Das österreichische Filmförderungssystem ist gekennzeichnet durch ein Nebeneinander von Bundes- und Regionalförderungen, wobei die Bundesförderungen eindeutig die insgesamt höhere Relevanz haben: Hier sind insbesondere das Budget von 12,5 Mio. Euro des Österreichischen Filminstituts sowie die 7,5 Mio. Euro des Fernsehfilmförderungsfonds der Rundfunk- und Telekom Regulierungs-GmbH anzusprechen sowie ein sogenanntes kleines Kulturförderbudget für Avantgarde und Kurzfilme. Auf Regionalebene ist naturgemäß Wien als Bundeshauptstadt und als „Hauptstadt der Medien" mit dem Wiener Filmförderungsfonds mit einem Budget von über 8 Mio. Euro der größte regionale „Filmfinanzierungstopf", gefolgt von den Filmförderungsinstitutionen der Länder Steiermark, Tirol, Oberösterreich und Niederösterreich: Insgesamt ein Volumen von rund 35 Mio. Euro.

Damit konnten 2006 immerhin 33 Filme (inkl. Fernseh- und Kleinstproduktionen) mit einem Produktionswert von rd. 150 Mio. Euro in die Kinos gebracht werden (Vgl. ÖSTERREICHISCHES FILMINSTITUT, Homepage (WWW v. 26.05.2008) bzw. FLECHSIG N. P., CASTENDYK O. / WAHLERT C. / FEIL G. / KREILE J. (2006)). Das System ist eingespielt und funktioniert trotz mangelnder Harmonisierung der Richtlinien und der Förderungszeitpunkte sowie einer gewissen systemimmanenten „politischen Instabilität". Was der österreichischen Filmwirtschaft seit langem abgeht, sind Steuermodelle, Fonds oder Tax-incentives die die klassische Kultur- oder Wirtschaftssubventionsförderung sinnvoll ergänzen könnten. Diesbezügliche Ansätze in Anlehnung entweder an die französischen Medienfonds oder das Luxemburger Zertifikatsmodell sind an der Angst der österreichischen Finanzpolitik vor einem Präjudiz abgeprallt. Darüber hinaus wird der österreichische Filmmarkt dortorten wohl auch als zu klein angesehen, um hier wesentliche Mittel gerieren zu können. Dabei zeigt gerade das Beispiel Ungarns, wie sehr Steuerincentives einerseits die nationale Filmwirtschaft ankurbeln, vor allem aber auch große Produktionen ins Land holen können. Wer einmal die brandneuen Studios nahe Budapest sehen konnte, sieht, welchen auch budgetären Rentabilitätseffekt Steuerincentives in der Filmwirtschaft haben können.

Was auch sowohl in Deutschland als auch in Österreich schmerzlich fehlt, ist die Ergänzung durch ein Tax- oder Fondsmodell. Letzteres ist seit der Diskreditierung der Fondsmodelle –

Stichwort VIP – wohl derzeit trotz zarter Ansätze neuer Diskussion noch kein Thema. Auch aus österreichischer Sicht ist das Thema Filmfonds keineswegs abgehackt und hätte trotz der schlechten Reputation mit einem intelligenten National spend und einem Hedge aus Fernseh- und Kinoproduktion durchaus Zukunft.

In den Forderungspapieren der deutschen Produzenten findet sich die Idee einer Contentabgabe (= Verwertungsabgabe für die Nutzung audiovisueller Inhalte) nun ebenso wie in vereinzelten Forderungen des deutschen Verleihverbandes zur Finanzierung des digitalen Kinorollouts. Wenn Kulturminister Neumann bei einer der letzten großen MBA-Tagungen sinngemäß noch meinte, dass eine deutsche Contentsteuer „noch" kein Diskussionsmodell in Deutschland sei, so deutet dies darauf hin, dass dies in der Zukunft durchaus ein Thema sein könne. Bewahrheitet sich die These von der Verbreiterung des Medienkuchens – und darüber besteht auf Grund der Fakten kein Zweifel mehr – müssen im Gegensatz zum traditionellen Modell (= Subventionsmodell + mehr oder minder freiwilliger Beteiligung der öffentlich-rechtlichen Sender an der Filmfinanzierung) auch ein Beitrag der anderen Nutznießer audiovisuellen Contents kommen und muss dieser Beitrag ein gesetzlich verpflichtender sein. Auch die privaten Sender können hier nicht aus der Verantwortung entlassen werden, ebenso wenig wie der Handel mit bespielten Bildträgern und den großen Contentanbietern auf den digitalen Plattformen.

Für Österreich ist noch zu erwähnen, dass die Branche noch zu Beginn dieses Jahres auf Grund der Äußerungen des österreichischen Kulturministeriums mit der Einführung einer „Contentsteuer" – im wesentlichen nach Vorbild des polnischen Filmförderungsgesetzes – rechnen durfte, die alle Anbieter von audiovisuellem Content – von Telekommunikationsunternehmen, Internetservicebetreiber, Breitbandanbieter, Kino, öffentlich-rechtlichen und privaten Fernsehsendern usw. in die Abgabenpflicht genommen hätte und zur Förderung der Projektentwicklung und Herstellung und Vermarktung heimischen audiovisuellen Contents herangezogen werden sollte. Leider ist diese Idee inzwischen von der Tagesordnung der Koalitionsregierung wieder verschwunden, wird sich aber so leicht nicht endgültig begraben lassen.

Das Thema Filmfinanzierung und kreative Filmförderung im Wettbewerb der Standorte bleibt also ein Thema und wird in der Zukunft wohl noch interessanter, diskursiver und kontroversieller werden, weil die klassische subventionsorientierte Förderung dann nicht mehr das einzige und allein selig machende System sein wird und darüber hinaus immer mehr drohen wird, in der politischen Argumentation an die gläserne Decke der Budgetakzeptanz zu stoßen.

6 Tatort Neue Medien oder „The future is now"

Grundsätzlich bedeuten neue Medien für die Filmwirtschaft nur neue Wege, das Publikum auf verschiedenen Plattformen zu erreichen. Auch hier tut sich die altbekannte Verwertungsfensterproblematik wieder auf bzw. die Frage der Rechte und wie sich der Produzent vor der „Kannibalisierung" nicht genehmigter oder nicht abgegoltener Nutzung schützen soll. Die klassische und in den Filmförderungen festgelegte Verwertungskette Kino-, Video-, DVD-, Pay-TV, Free-TV wird wohl nun sinnvoll zu ergänzen sein, in etwa Kino, dann Video/DVD/Video on Demand, dann Pay-TV/Abo-Formate auf Handy, IP-TV usw. ,dann Free-TV, Handy TV, Public TV, Streamings usw.

Gleichzeitig erfolgt die Entwicklung in ungeahntem Tempo und mit einer für die Konsumenten und teils auch für die Anbieter unüberschaubaren Aussplitterung auf einzelne Nutzungsfenster.

> *Die da wären: Die Entwicklung der Breitbandnetze und der größeren Kapazität ermöglichen die Entwicklung verschiedener neuer audiovisueller Angebote, die auch auf dem PC-Bildschirm ansehbar sind: z.B. Webcastingdienste, zeitversetzte Verbreitung von Ausschnitten, Verbreitung von kurzem Fernsehprogramm auf Websites, Verbreitung von Kurzfilmen durch Privatpersonen z.B. auf MySpace und You Tube, Ausstrahlung des gesamten Programms bestimmter Fernsehsender über ein Webportal. (Europäische Audiovisuelle Informationsstelle (2006))*

> *Die Digitalisierung der Kabelnetze geht weiter und führt neben dem Ausbau der Verbreitung von Fernsehdiensten auch zur Entwicklung neuer Angebote.*

Die Entwicklung des Konsums audiovisueller Inhalte auf Mobile Phones geht jetzt in die entscheidende Phase – 2008 wird zeigen, ob das schon die gesuchte Killer-Applikation wird. Einerseits sieht man darin die Technologie mit dem größten Entwicklungspotential der nahen Zukunft, andererseits bestehen weiter große Unsicherheiten, sowohl in technologischer Hinsicht, als auch hinsichtlich der kommerziellen Perspektiven.

> *So startete im Juli 2006 während der Fußballmeisterschaft „3 Italia", das weltweit erste kommerzielle Angebot mit der DVB-H Technologie in Italien. Das deutsche Unternehmen „Mobiles Fernsehen Deutschland" bietet seit Juli 2006 ein Bouquet von Sendern in diesem Format. In Großbritannien startete „Virgin Mobile TV" im Oktober 2006 seinen Dienst. In Finnland laufen die Vorbereitungen für den Start von DVB-H Diensten. In Russland ist der Start von DVB-H für April 2007 in der Region Swertlovsk geplant. In Frankreich wird ein neues Gesetz zur Änderung des Gesetzes über die audiovisuellen Medien vorbereitet, damit mobile Fernsehdienste in Betrieb genommen werden können. Die Vermarktung dürfte 2007 beginnen. (Europäische Audiovisuelle Informationsstelle (2006))*

In Österreich ist mit dem Privatfernsehgesetz BgBl 52/2007 DVB-H für 2008 in der Pipeline und werden bereits die ersten MUX-Betreiber ausgeschrieben. In Österreich bietet beispielsweise Telekom Austria mit AON Digital TV Internetfernsehdienst an. In Deutschland die Artvoice Gruppe, die Hansanet, die Deutsche Telekom, alle bieten darüber hinaus auch VOD-Services an (Vgl. Champetier V. / Gaumondie D. / Quachtati, S. (2007)).

Der deutsche VOD Markt ist einer der best Entwickelten in Europa. Insgesamt 14 Dienste werden angeboten (z.B. In2Movies von Warner, Max Dome von 7Senses / ProSieben Gruppe, RTL Now, Premiere, ZDF Mediathek). Mit diesem Dienst können bereits ausgestrahlte Fernsehprogramme oder Ausschnitte daraus nochmals angesehen werden, T-Online Video on Demand und einige andere. In Deutschland entwickeln sich VOD-Angebote hauptsächlich im Internet und in geringerem Maße per DSL. Zwar weist das Land einen leichten Rückstand bei der Breitbandpenetration auf, aber allein die Marktgröße erklärt die Anzahl der vorhandenen Onlinedienste. Eine neue Wachstumsphase dürfte mit dem Erfolg der Multiple-Angebote per DSL sicher sein. (Europäische Audiovisuelle Informationsstelle (2006))

Europaweite VOD-Dienste: Chancen für die europäischen Nischenprogramme?

Dennoch könnte sich die europaweite Bereitstellung von Inhalten in spezifischen Angebotsegmenten als sinnvoll erweisen, wie dies teilweise bei Spartenkanälen in mehreren Ländern der Fall ist. Das ist einer der Ansatzpunkte, die die Europäische Kommission im Rahmen des MEDIA-Programms 2007 verfolgt. Das Programm soll in Hinblick auf die Digitalisierung mit der Marktentwicklung Schritt halten und diese Unterstützen und sieht daher Maßnahmen unter Berücksichtigung der Veränderungen im Zuge der Digitalisierung im audiovisuellen Bereich auf allen Stufen der Produktions- und Verbreitungskette vor. Die Förderung der Onlineverbreitung von europäischen Filmen wurde als ein Schwerpunkt bei der Präsentation des MEDIA-Programms in Berlin am 12.2.2007 angekündigt (Vgl. Champetier V. / Gaumondie D. / Quachtati, S. (2007)).

In Österreich betreibt seit 2003 die Telekom Austria das Multimediaportal AON-TV und AON-Digital-TV. Weitere Anbieter sind Premiere mit einem VOD und Push-VOD-Dienst und seit 2006 In2Movies (Vgl. Champetier V. / Gaumondie D. / Quachtati, S. (2007)).

Der Schattenseite der neuen Medien könnte man eigentlich ein eigenes Kapitel widmen – das Problem Contentpiraterie passt aber wenig zum Thema „aktuelle Branchenveränderungen“, da es inzwischen nicht zum neuen, sondern zum leidigen Altbestand von Problemen gehört, mit der sich die Filmbranche befassen muss.

In Deutschland tut sie das über die GVU, in Österreich über die VAP – Verein Antipiraterie mit durchaus ansehnlichen Erfolgen: Schwerpunkte der Tätigkeit der Antipiraterie Organisationen liegt vor allem auf dem Kampf gegen Serverpiraterie und Camcordingbekämpfung, verstärkte PR-Maßnahmen in den Kinos und in den Schulen, der Kooperation und dem Austausch mit Antipiraterieorganisationen in anderen Ländern, eine verstärkte Zusammenarbeit mit der Musikindustrie (die ja hier einen reichen jahrzehntelangen Erfahrungsschatz aufzuweisen hat!) und branchenübergreifende internationale Initiativen gegen Grenzmärkte (an der vormaligen und jetzigen) Schengengrenze.

Immerhin geht aus allen einschlägigen Studien hervor, dass sich das Problembewusstsein der Illegalität von Kopieren, Peer to Peer-Filesharing und dgl. inzwischen auch bei den jungen Usern durchaus gefestigt hat. Die teils drastische Strafpolitik vor allem in den USA hat hier nicht nur zu Problembewusstsein, sondern teilweise auch zu deutlichen Reaktionen, vor allem der Konsumentenseite, geführt. Das Entstehen der Free Content Movement-Gruppen, die Diskussion um Content Flat Rates als Ersatz für die Rechteabgeltung über das kollektive Rechtemanagement der Verwertungsgesellschaften und die Hoffnung der Film- und Musikbranche auf effektive DRM-Systeme haben die Antipirateriepolitik der letzten Jahre geprägt.

Inzwischen hat auch die Europäische Kommission jüngst mit einer Verlautbarung vom 10.12.2007 neue Maßnahmen gegen Piraterie in Aussicht gestellt und nationale Maßnahmen zur Implementierung der Copyright Directive verlangt. Die EU schlägt dazu kooperative Maßnahmen zwischen Access und Service-Providern, Rechtehaltern und Konsumenten vor. Allerdings gibt die EUK selbst zu, dass ihr im Moment wirkliche legislative Macht in diesem Punkt schlichtweg abgeht und ihr Handeln offensichtlich auch nicht immer stringent ist.

Maßnahmen, wie die nur auf richterlichen Beschluss und nur bei Straftaten über zwei Jahren Strafdrohung durchsetzbare Sicherung von Stamm- und anderen Daten bei Internetserviceprovidern, machen de facto die rechtliche Verfolgung von Internetpiraten unmöglich.

Das Unrechtsbewusstsein der Konsumenten, die Allianz der Datenschützer und der Freecontent-Bewegung, die teilweise Lustlosigkeit der polizeilichen und behördlichen Instanzen und der leider von der Internetwirtschaft in den 90igern des vorigen Jahrhunderts selbst erweckte Eindruck, die Gesetze von Angebot und Nachfrage, Markt und Preis gelten im Internet nichts, machen Pirateriebekämpfung zu einem dauernden, arbeitsintensiven und teils frustrierenden Job.

Hier nochmals: Die Filmwirtschaft hat nichts zu verschenken – Herstellung von Content ist teuer und dient nicht dem Luxus der Handelnden, sondern garantiert, dass neue Produkte überhaupt entstehen können. Das gilt für analoge Verwertungen ebenso wie für digitale.

Der Schaden ist jedenfalls enorm und entgehen nach Daten der MPA weltweit 45 Mrd. Einnahmen der gesamten Filmwirtschaft durch Filmpiraterie (2005) (Vgl. Motion Pictures Association, Homepage (WWW v. 26.05.2008)); in Österreich immerhin noch geschätzte 16,5 Mio., in Deutschland 350 Mio. Euro; wobei die lokale Filmwirtschaft (Videohandel und Videotheken, Kinos und deren Zulieferer) am stärksten betroffen ist. In diesem Zusammenhang würden die Autoren gerne auf das Kinokapitel und die dort getroffene Aussage hinsichtlich der gestiegenen Bedeutung des Medium DVD gegenüber Kino verweisen – in den dort zitierten Studien wird klarerweise bei der Nutzung von DVDs oder „kopierten Inhalten“ keine Trennlinie zwischen legal und illegal erworbenen Inhalten gezogen. Die dort gezeigten Steigerungsraten implizieren daher auch jene Steigerungsraten, denen keine Rechteabgeltung gegenüber steht. Wir reden von Diebstahl!

Maßnahmen gegen Piraterie greifen langsam aber sicher – die Hoffnung liegt weiter auf effektiven technischen Maßnahmen, einer Differenzierung des Angebots – sowohl was die individualisierte Nutzung und damit auch den individualisierten Preis für diese Nutzung betrifft – und entsprechender straf- und zivilrechtlicher Durchsetzung der urheberrechtlichen

Ansprüche. Legale, immer erfolgreicher werdende Plattformen, z.B. iTunes beweisen, dass es geht.

Ein Mut machendes Beispiel für eine freiwillige Vereinbarung zwischen Wirtschaftsbranchen ist die nun in Frankreich abgeschlossene Freiwillige Vereinbarung zwischen der USBA (Union Syndicale de la Production Audiovisuel) der UPF (Union des Producteurs de Films) und einer Reihe von ISPs und Telekomunternehmen, die zahlreiche Meldeverpflichtungen und gegenseitige Kommitments enthält, die vor allem Serverbasiertes Filesharing und Internetpiraterie verhindern sollen. Diese Initiative wurde von der französischen Regierung unterstützt und sollte tunlichst nachgemacht werden (Informationen unter Google: French Agreement on Piracy).

7 Und was sonst noch? Vielleicht „Interessenspolitik der Filmwirtschaft?“

Aus Platzgründen müssen wir weitere Themen von „Tatort Politik: Kunst der Entscheidung oder des Ignorierens“ bis „Fragen der Filmstandortpolitik: Zieht die Karawane weiter?“ ebenso beiseite lassen wie die eigentlich dringend notwendige Vertiefung der einzelnen Themen. Das Thema „Interessenvertretung der Branche“ scheint aber auch aus aktuellem Grund noch eine kurze Abhandlung wert zu sein.

Die in Deutschland bestehenden zahlreichen Verbände der Produktion (Arbeitsgemeinschaft neuer Deutscher Spielfilmproduzenten, Bundesverband Deutscher Fernsehproduzenten, Bundesverband audiovisuelle Medien, Film 20 – Interessengemeinschaft Produktion, Verband Deutscher Spielfilmproduzenten), des Verleihs und der Kinos (Vdf und HdF Kino - zusammengefasst in der SPIO / Spitzenorganisation der Filmwirtschaft) und der Filmschaffenden vertreten inhaltlich keine unterschiedlichen Positionen; divergierende Meinungen bestehen allerdings über die künftigen Verbandsstrukturen. Dass gemeinsames konsequentes Verhandeln und „good will“ der Politik Wirksamkeit zeigen können, zeigt ja die Schaffung des deutschen Filmförderungsfonds, der in Inhalt und Umfang nur so realisiert werden konnte. Mit Interesse ist daher zu beobachten, wie sich die in Gründung befindliche neue Verbandsstruktur auf die Durchsetzungskraft der Interessen der Filmwirtschaft auswirken wird.

> *Zur Situation der Verbändepolitik sei außerdem auf einem ausgezeichneten Aufsatz der Zeitung Industrielle Beziehungen 13.Jahrgang, Heft 4/2006, hinzuweisen „Marktkonstitution und Regulierung der unabhängigen Fernsehproduktion –Verbände und Gewerkschaften im deutsch-britischen Vergleich“ von Sabine Elbing und Helmut Foelzkow mit einem deutlichen Hinweis auf die wesentlich größere Handlungs- und Problemlösungsfähigkeit der britischen Verbände und Gewerkschaften in Angelegenheiten der Filmpolitik. Die Studie kommt zu der Schlussfolgerung, dass Handlungsempfehlungen für die Politik notwendig sind und sagt am Schluss wörtlich „Die in*

Deutschland vorherrschende Zurückhaltung der Politik schwächt hingegen auch die Handlungsfähigkeit der Verbände." (ELBING S / FOELZKOW H.(2006))

In Österreich stehen 3 Produzentenverbände (2 freiwillige – die AAFP und die Vereinigung Film Austria, sowie ein auf Basis des Wirtschaftskammergesetzes gebildeter Verband – der Fachverband der Audiovisions- und Filmindustrie mit Generalvertretungskompetenz) zahlreichen Verbänden der Filmschaffenden gegenüber.

8 Zusammenfassung

Geschwächt durch Piraterie, wechselnde politische- und (systemimmanent zu geringe) finanzielle Unterstützung, Inhomogenität der Player, Dominanz der Sender und Billigkonkurrenz aus dem Osten stellt sich die Frage:

Haben wir gegen das US-Blockbusterkonzept verloren und bleibt Europa nur als „Filmmuseum" oder „Weltarthouseproduzent" über. Oder gibt es doch Chancen auf aktives Filmschaffen? Wir glauben: Ja!

Wir glauben, dass der Film – unabhängig auf welchem Träger hergestellt bzw. vertrieben – nach wie vor eine große Zukunft hat, da das Bedürfnis der Menschen nach erzählten Inhalten nicht nur bestehen bleibt, sondern – durch die und auf den verschiedensten neuen Vertriebsplattformen – sogar noch wachsen wird.

Solange es gelingt Geschichten zu erzählen, die berühren und die regional und kulturell in ihrem Umfeld „verortet" sind, wird der Film und damit auch der jeweils nationale Film Bestand haben.

Sollen Filme ihren Weg zum Publikum finden und werden Wege der Refinanzierung angeboten, wird es auch neue Produktionen – zugeschnitzt auf die verschiedenen Vertriebsplattformen geben – und werden diese so professionell sein, wie es die große Erzählform Film benötigt. Handvideos der Generation YouTube mögen eine Form der persönlichen Kommunikation sein, in Einzelfällen sogar tatsächlich ein Geschäft oder eine Talentprobe auf dem Weg zum großen Film , im Prinzip haben sie aber mit dem, was wir unter professioneller Filmproduktion verstehen, nichts zu tun. Glaubt man dem „Long Tail" von Chris Anderson (im übrigen ein sehr empfehlenswertes, wenn auch ein wenig blauäugig optimistisches Buch, was die neuen Vertriebschancen des Internets betrifft, siehe http://en.wikipedia.org/wiki/The_Long_Tail), so eröffnet die Verbreitung von digitalen Inhalten und Inhalten via digitaler Vertriebskanäle – sei es über Internet selbst oder über die verschiednen Internetprotokolle als Substitut des klassischen Senders – eine Reihe von Nischen, die weder im Blockbusterkino noch im Formatfernsehen befriedigt werden können und die aufgrund der weltweiten Verbreitung auch von wirtschaftlicher Relevanz sind. Wenn bei Amazon bereits rd. ein Drittel des Umsatzes aus Buchprodukten kommt, die im normalen Buchhandel gar nicht angeboten werden, so kann dasselbe Prinzip doch bei Film ebenfalls funktionieren: kleine, auf spezifische Interessen zugeschnittene Dokumentarfilme oder Programminhalte auf Abo-Kanälen für Specific Interest Groups werden vielleicht in Zukunft jene Butter auf dem Brot des Produzenten sein, für die es jetzt noch wenige, kaum konkrete Marktmodelle gibt.

Neue Vertriebsformen brauchen eines dringend: Neue und mehr Inhalte. Die Filmproduzenten sind in der Lage sie zu liefern!

Wenn Produktion und Vertriebswirtschaft einen gemeinsamen Weg gehen, die Politik im kultur- und eigennützig wirtschaftspolitischen Interesse die Entwicklungen moderiert fördert und die Produzenten weiterhin künstlerisch kreativ und ökonomisch innovativ handeln, hat die europäische Filmwirtschaft und damit auch das kleine Österreich und die größere deutsche Filmwirtschaft – nicht nur eine Chance, sondern eine filmische Zukunft.

Im Übrigen verweisen die Autoren für die an Informationen über die Filmmärkte Deutschland / Österreich tiefer interessierten Leser auf den Österreichischen Filmwirtschaftsbericht 2007 (Vgl. ÖSTERREICHISCHES FILMINSTITUT, Homepage (WWW v. 26.05.2008)) und das Filmstatistische Jahrbuch der SPIO 2007 (Vgl. SPITZENORGANISATION DER FILMWIRTSCHAFT E.V., Homepage (WWW v. 26.05.2008)).

Literaturverzeichnis

ARBEITSGEMEINSCHAFT DER LANDESMEDIENANSTALTEN IN DER BUNDESREPUBLIK DEUTSCHLAND – Fernsehen (Homepage), http://www.alm.de/51.html, 26.05.2008.

BBC – Commissioning, Code of Practice (Homepage), http://www.bbc.co.uk/commissioing/tv/business/code.shtml, 26.05.2008.

CHAMPETIER, V. / GAUMONDIE, D. / QUACHTATI, S. - NPA Conseil, in: EUROPÄISCHE AUDIOVISUELLE INFORMATIONSSTELLE (Hrsg.): Video on Demand in Europa, Straßburg, 2007.

ELBING S., FOELZKOW H. (Hrsg.): Marktkonstitution und Regulierung der unabhängigen Fernsehproduktion –Verbände und Gewerkschaften im deutsch-britischen Vergleich, in: Zeitung Industrielle Beziehungen 13. Jahrgang, Heft 4/2006.

EUROPÄISCHE AUDIOVISUELLE INFORMATIONSSTELLE (Hrsg.): Film und Video, Straßburg, 2007.

EUROPÄISCHE AUDIOVISUELLE INFORMATIONSSTELLE (Hrsg.): Trends im europäischen Fernsehen, Straßburg, 2006.

FILMFÖRDERUNGSANSTALT – Deutscher Filmförderungsfonds (Homepage), http://www.ffa.de/start/index.phtml?page=dfff_start, 26.05.2008.

GERSTNER, L.: Das französische Filmfinanzierungssystem – Ressourcen und Mittelverwendung, 2007, (Homepage), http://www.fafo.at/download/Studien/Filmfinanzierungssystem-Franzoesisch.pdf, 26.05.2008.

MOTION PICTURES ASSOCIATION (Homepage), http://www.mpaa.org/, 26.05.2008.

NIKOLTCHEV, S., in: IRIS Spezial (Europäische Audiovisuelle Informationsstelle) (Hrsg.): Die öffentlich-rechtliche Rundfunkkultur, Straßburg, 2007.

ÖSTERREICHISCHES FILMINSTITUT – Filmwirtschaftsbericht (Homepage), http://www.filmwirtschaftsbericht.at/, 26.05.2008.

PACT – Terms of Trade (Homepage), http://www.pact.co.uk/business_affairs/terms_of_trade/, 26.05.2008.

RUNDFUNK UND TELEKOM REGULIERUNGS-GMBH – Angemessene Bedingungen zwischen Fernsehveranstaltern und -produzenten in Österreich (Homepage), http://www.rtr.at/de/komp/SchriftenreiheNr12005/Band1_2005.pdf, 26.05.2008.

SPITZENORGANISATION DER FILMWIRTSCHAFT E.V. – Filmstatistisches Jahrbuch 2007 (Homepage), http://www.spio.de/index.asp?SeitID=293, 26.05.2008.

SPITZENORGANISATION DER FILMWIRTSCHAFT E.V. - FLECHSIG, N. P. / CASTENDYK, O. / WAHLERT, C. / FEIL, G. / KREILE, J. (Hrsg.): Filmstatistisches Jahrbuch, 2006.

Teil II: Optionen

Strategische Gestaltungsoptionen für das Management von Film- und Fernsehproduktionen – ein Impulskatalog

MICHAEL HÜLSMANN und JÖRN GRAPP

Der vorangegangene Teil I stellt auf die systematische Untersuchung von aktuellen und zukünftigen Branchenherausforderungen ab, um Chancen und Risiken der Märkte und Umfelder zu identifizieren und zu bewerten. Diese Analyse zielt auf die Generierung einer informatorischen Entscheidungsbasis, die eine Vorbereitung auf erforderliche Veränderungs- und Anpassungsprozesse strategischer Positionierung und Differenzierung aufgrund einer Auseinandersetzung mit der Situation und Entwicklung marktlicher Systeme (z.B. Beschaffungsmärkte, Absatzmärkte, Kommunikationsmärkte) erlaubt, in die die einzelnen Film- und Fernsehproduktionsunternehmen eingebettet sind.

Für eine erfolgreiche Strategiefindung und die Strategiedurchsetzung reicht der Blick nach Außen nicht aus, der nur dahingehend eine Beschreibung von Gestaltungsmöglichkeiten und Gestaltungslimitation liefert, als dass sich Spielräume und Notwendigkeiten zur Anpassung an die Umwelt darstellen lassen. Hingegen fehlt bislang der Blick nach Innen, der wiederum die Möglichkeiten und Grenzen aufzeigt, die sich aus den bestehenden Ziel-, Strategie-, Organisations- und Ressourcenprofilen und aus deren jeweils immanenten Potenzialen zur Veränderung ergeben, die die Film- und Fernsehproduktionsunternehmen und ihr strategisches Handeln kennzeichnen. Somit sind neben der Umweltanalyse auch Betrachtungen zu den internen Strukturen erforderlich, um ein vollständiges Bild der Gestaltungsmöglichkeiten zu erhalten, das nicht nur auf eine Anpassung an die Umwelt, sondern das auch auf die Entwicklung, Realisierung und Nutzung interner Potenziale (mittels Stärken-Schwächen-Profilen) gerichtet ist.

Da interne Stärken und Schwächen sowie externe Chancen und Risiken miteinander bei der Strategiefindung den Raum der strategischen Gestaltungsalternativen aufspannen, sei hier ein integrativer Ansatz verfolgt, der sich gleichermaßen aus einer innengerichteten Sicht wie aus einem Rekurs auf reales Marktgeschehen daran versucht, Optionen der Gestaltung aufzuzeigen, die sich dem Strategischen Management von Film- und Fernsehproduktionsunternehmen bieten. Somit kann vermieden werden, dass einerseits nur der Anpassung an die marktlichen Bedingungen das Wort geredet wird und dass andererseits nur eine Fokussierung auf die eigenen Befindlichkeiten und Vorstellungen das strategische Handeln prägt. Der integrative Ansatz dient folglich der Balancierung von innen- und außengerichteter Perspektive im Strategischen Management von Film- und Fernsehproduktionen.

Somit verfolgt dieser **Teil II: Optionen** das Ziel, einen Katalog an Impulsen zu bieten, um strategische Gestaltungsoptionen für das Management von Film- und Fernsehproduktionen identifizieren, beschreiben und letztlich auch bewerten zu können. Dafür werden im **Teilabschnitt A** Erfolgsfaktoren des strategischen Managements in der Film- und Fernsehbranche aufgezeigt. Der **Teilabschnitt B** widmet sich der Aufgabe, Alternativen für die Gestaltung von Geschäftsmodellen in dieser Branche zu skizzieren.

Um die zentralen und relevanten Steuerungsgrößen für die Unternehmensführung der Film- und Fernsehproduktionsgesellschaften der betrieblichen Praxis zu erschließen, befassen sich die Beiträge im **Teilabschnitt A „Erfolgsfaktoren“** mit der Suche nach Determinanten unternehmerischen und künstlerischen Erfolgs. Sie bieten aus unterschiedlichen Perspektiven einen Blick auf ausgewählte Ansätze zum strategischen Erfolg.

Hierfür ermitteln **Bernd Frick, Ulrich Daamen** und **Silke Daamen**, Universität Paderborn bzw. con|energy unternehmensberatung GmbH & co. kg und Droege & Comp. GmbH, in ihrem Artikel zu **„Produktspezifische Faktoren des wirtschaftlichen Erfolgs deutscher Kinofilme“** empirisch – unter Verwendung ökonometrischer Verfahren und auf Basis eines umfangreichen Datensatzes – die Bedeutung von Faktoren, die das Produktdesign determinieren und die in Folge ursächlich für die ökonomische Performance von Filmen sind.

Ein besonderer, produktspezifischer Produktionsfaktor von Fernseh- und Kinofilmen sind die kreativen Akteure. Insbesondere finden vor allem auch die Schauspieler Beachtung von Publikum, Kritikern und Vermarktern. Deshalb beschäftigt sich **Michael Gaitanides**, Helmut Schmidt Universität, Universität der Bundeswehr, mit dem Untersuchungsproblem **„Schauspieler als Erfolgsfaktoren“**. Dabei untersucht der vorliegende Beitrag die Push- und Pull-Funktionen von Schauspielern und leitet den Wert eines Schauspielers aus dem Interaktionsnutzen sowie der Zielgruppengröße des betreffenden Publikumssegmentes ab. Hierzu werden auch Aspekte des Signallings insofern behandelt, als dass der Beitrag sich auch mit der Rolle von Schauspielern als Qualitätsgaranten und Einflussgrößen für das Reputationskapital eines Filmprojektes auseinandersetzt.

Bastian Clevé, Filmakademie Baden-Württemberg, diskutiert in seinem Artikel **„Filmproduktion zwischen Kunst und Kommerz – Erfolgsfaktoren eines Kultur- oder Wirtschaftsgutes?“** Erfolgskonzeptionen des Filmschaffens im Spannungsfeld ästhetisch-künstlerischer Perzeptionen und ökonomischer Performancepräferenzen. Hierzu setzt sich der Autor kritisch mit dem Erfolgsbegriff auseinander und zeigt potenzielle Maßgrößen erfolgreicher Filme (z.B. gewonnene Preise).

Während die Beiträge, die zuvor Erfolgsfaktoren strategischen Managements von Film- und Fernsehproduktionen erörtert haben, vornehmlich ein statisch-strukturorientiertes Bild zeichneten, wendet sich der Artikel **„Im strategischen Lock-in: Zur Pfadabhängigkeit der Nachsynchronisation von Filmen in Deutschland“** von **Georg Schreyögg** und **Miika Blinn**, FU Berlin, eher einer dynamischen Betrachtung zu und thematisiert die Dynamiken des deutschen Filmmarktes, die zum strategischen Lock-in der Nachsynchronisation geführt haben. Als Erklärungsbasis dient hierfür die Theorie der Pfadabhängigkeit.

Die Diskussion von Erfolgsfaktoren für das Film- und Fernsehproduktionsgeschäft schließt nach den eher theoretisch orientierten Beiträgen mit der Darstellung einer „Success Story“ am Beispiel des Erfolges der Marke „Johannes B. Kerner“. Hierzu zeichnen **Johannes B. Kerner, Michael Hülsmann, Jörn Grapp** und **Jens Tiedemann**, J.B.K. TV-Production GmbH & Co. KG bzw. Universität Bremen, chronologisch die **„Erfolgreiche Etablierung und Entwicklung der Marke ‚Johannes B. Kerner'“** in ihren wesentlichen Charakteristika nach und versuchen, generalisierbare „Lessons Learned“ für die mediale Markenführung abzuleiten.

Aufbauend auf der Beschreibung von Steuerungsgrößen und Erfolgsfaktoren von Film- und Fernsehproduktionen werden im **Teilabschnitt B „Gestaltungsalternativen für Geschäftsmodelle“** erörtert. Hierzu werden aus verschiedenen Perspektiven Ansätze vorgestellt, die genutzt werden können, um das Nutzenversprechen, die Wertschöpfungsstrukturen und das Ertragsmodell von Film- und Fernsehproduktionen zu optimieren. Hierbei werden Wertschöpfungsaktivitäten, Long Tail Phänomene und bestehende Geschäftsmodelle ebenso thematisiert wie die Frage, wie sich dominante Managementlogiken traditioneller Verwertungskonzepte in einer Welt digitaler Medien überwinden lassen.

Berthold H. Hass, Universität Koblenz-Landau, bietet in seinem Beitrag **„Geschäftsmodelle von Filmproduktionsunternehmen“** einen umfassenden Überblick über die verschiedenen Aktivitäten entlang der Wertschöpfungskette auf den unterschiedlichen Verwertungsstufen. Der Artikel analysiert hierbei eingehend typische Muster von branchenspezifischen Produktarchitekturen, Erlöskonzepten und Finanzierungsmodellen sowie der damit einhergehenden Wertschöpfungsstrukturen als Basis einer gezielten und effizienten Strategieanalyse und Strategieformulierung.

Mit den **„Wertschöpfungsaktivitäten in Filmproduktionsunternehmen“** setzen sich **Bernd W. Wirtz, Johannes C. Kerner** und **Sebastian Ulrich**, DHV – Deutsche Hochschule für Verwaltungswissenschaften Speyer, in ihrer systematischen Analyse kritisch auseinander. Hierbei untersuchen die Verfasser den sozialen, politischen und historischen Bedingungsrahmen, der die Produktions-, Vertriebs- und Verwertungsprozesse medialer Produkte (am Beispiel von Blockbustern aus den 1990er Jahren) prägt. Dazu leistet der Beitrag einen Überblick über Marktstrukturen und strategisches Verhalten der verschiedenen Akteure in der Film- und Fernsehindustrie. Besonderes Augenmerk schenken die Verfasser Wertschöpfungsaktivitäten, Core-Assets, Kernkompetenzen und den damit korrespondierenden Leistungssystemen. Neben der Beschreibung des Status quo der Geschäftsmodelle von Filmproduktionsunternehmen zeigen die Autoren auch zukünftige Entwicklungspotenziale auf.

In der Dreigliedrigkeit von Filmproduktion, Filmverleih und Filmtheater wird in den meisten der hier versammelten Beiträge der Fokus auf die Filmproduktion gelegt. Wegen der engen Verknüpfung von Produktion und Distribution ist es jedoch naheliegend, sich auch mit den strategischen Optionen für das Management des Vertriebes zu befassen. Deshalb stellt **Johannes Klingsporn**, VdF – Verband der Filmverleiher, in seinem Beitrag **„Strategische Optionen für Filmverleihunternehmen – Zielgruppenfindung und -ansprache“** wesentliche Einflussmöglichkeiten des Verleihs auf die Vermarktung von Filmen zur Diskussion. Dabei werden auch Vermarktungsalternativen sowie über die Auswertung im Kino hinausgehende Verwertungsformen vorgestellt und ein Ausblick auf die strategischen Entwicklungspotenziale und die Zukunft der deutschen Filmverleihunternehmen gegeben.

Strategische Entwicklungspotenziale stellen auch den Gegenstand des folgenden Beitrages **„Innovative Ansätze zur Weiterentwicklung von Geschäftsmodellen in der digitalen Welt – Überwindung der dominanten Logiken traditioneller Verwertungskonzepte“** von **Michael Hülsmann, Philip Cordes** und **Kathrin Bruchwitz**, Universität Bremen, dar. Dieser Aufsatz befasst sich zunächst mit der Innovationsfähigkeit von Unternehmen in der Film- und Fernsehproduktionsbranche. Dabei wird die Bedeutung insbesondere von Innovationen für Distributionsprozesse in einer digitalen Medienwelt herausgearbeitet. Darauf aufbauend erörtern die Autoren Determinanten der Innovationsfähigkeit, die sich hinderlich auf die Generierung und Adaption von Innovationen auswirken. Zu nennen ist hier vor allem der Faktor der sogenannten „Dominant Logic“, der die Fähigkeit von Unternehmen zur Entwicklung und Erschließung neuer strategischer Pfade durch Prozess- und Produktinnovationen einschränkt. Abschließend skizziert der Beitrag exemplarisch Ansätze zur Brechung dieser dominanten Managementlogik für Film- und Fernsehproduktionsunternehmen.

Der **Teil I: Optionen** schließt mit einer Betrachtung **„Zur Bedeutung des Long Tail Phänomens in Fernsehproduktionen"** von **Susanne Stürmer**, UFA Film & TV Produktion GmbH. Im Zuge der Digitalisierung des Medienangebots sowie des Medienkonsums eröffnet sich für Film- und Fernsehproduktionsunternehmen ein zunehmend größer werdendes Potenzial, auf die spezifischen Bedürfnisse abgegrenzter Nachfragegruppen ausgerichtete Nischenangebote bereitzustellen. Dies führt zu einer starken Fragmentierung des Marktes, bei der die Nischenangebote im Vergleich zum Mainstream zunehmend an Gewicht gewinnen, was sich nicht zuletzt in ihrem ökonomischen Erfolg ausdrückt. Vor diesem Hintergrund diskutiert die Verfasserin das Long Tail Phänomen als Imperativ strategischer Gestaltung multimedialer Produktportfolios als Reaktion auf diese Entwicklung und zeigt erforderliche Erfolgsvoraussetzungen – beispielsweise die enge Kooperation zwischen Contentkreateuren und -distributoren – auf. Ebenfalls stellt die Verfasserin ihre Argumentation auf mögliche Auswirkungen des Long Tail Phänomens auf die Geschäftsmodelle von Film- und Fernsehproduktionsunternehmen ab.

A Erfolgsfaktoren

Produktspezifische Faktoren des wirtschaftlichen Erfolgs deutscher Kinofilme

Bernd Frick, Ulrich Daamen, Silke Daamen[1]

Zusammenfassung
Die Spielfilmproduktion birgt ein hohes ökonomisches Risiko, was sich insbesondere darin zeigt, dass eine geringe Anzahl von Filmen den Großteil der Renten abschöpft. Gleichzeitig erwirtschaften die meisten Filme überwiegend wenige Erträge oder erleiden sogar Verluste. Um sich diesem Problemkontext systematisch zu nähern, ist es die zentrale Absicht dieses Aufsatzes, produktspezifische Faktoren des wirtschaftlichen Erfolgs deutscher Kinofilme zu identifizieren. Es wird unter Verwendung spezifischer ökonometrischer Verfahren ein Datensatz von 796 (Stichprobe von 345) deutschen oder unter deutscher Beteiligung koproduzierte Kinofilme (aus den Jahren 1995–2004) analysiert. Dabei wird die relative Bedeutung wesentlicher, das Produktdesign determinierender und potenziell erfolgskritischer Faktoren der Performance von Filmen an der Kinokasse untersucht.

1 Der nachfolgende Beitrag basiert im Wesentlichen auf den Doktorarbeiten „Erfolgskontrolle der Referenz- und Projektfilmförderung des Bundes und der Länder anhand programmfüllender deutscher Kinofilmproduktionen" von Silke Daamen sowie „Performance deutscher Kinofilme und zeitgenössischer Darsteller des deutschen Films" von Ulrich Daamen. Beide an der Universität Witten / Herdecke eingereichten Dissertationen sind 2008 im Rainer Hampp Verlag erschienen.

Beitragsinhalt

1 Einleitung

1.1 Ziel der Untersuchung

Die Produktion von Spielfilmen ist durch ein hohes ökonomisches Risiko gekennzeichnet, welches einen *„winner-take-all"*-Markt zur Folge hat (Vgl. FRANK, R. H. / COOK, P. J. (1996); JANSEN, C. (2002); DE VANY, A. / WALLS, D. W. (1999)): Die Verteilung der Besucher nicht nur auf deutsche Filme ist ausgesprochen „rechtsschief", d.h. ein Großteil der am Markt erwirtschafteten Renten wird von einer sehr geringen Zahl an Filmen abgeschöpft, während die weit überwiegende Mehrheit völlig leer ausgeht und mehr oder weniger große Verluste „erwirtschaftet" (Vgl. zum sog. „Superstarphänomen" wonach geringfügige Talentunterschiede mit extremen Unterschieden im Einkommen einhergehen können auch Rosen, S. (1981)). Lediglich 15 % der Filme unseres Datensatzes (Vgl. Abschnitt 1.2) attrahierten in dem unserer Untersuchung zugrunde liegenden Zeitraum mehr als 85 % der Kinobesucher. Der sog. „Gini-Koeffizient" – ein vielfach genutztes Maß zur Bestimmung der Konzentration einer Verteilung (hier: der Besucher auf die Spielfilme unserer Stichprobe) – beträgt 0,85 und ist damit nahe am Maximalwert von 1,00, d. h. er ist als ausgesprochen hoch zu bezeichnen.

Ziel unserer Analyse ist die Identifikation von Erfolgsfaktoren deutscher Kinofilmproduktionen, um daraus Implikationen für das strategische Filmmanagement wirtschaftlich orientierter Produktionsunternehmen ableiten zu können. Im Rahmen der folgenden Analyse untersuchen wir mit Hilfe eines umfassenden und einzigartigen Datensatzes und unter Verwendung spezifischer ökonometrischer Verfahren zum einen die relative Bedeutung wesentlicher, das Produktdesign determinierender und potentiell erfolgskritischer Faktoren der Performance von Filmen an der Kinokasse. Darüber hinaus versuchen wir im Rahmen der vorliegenden Analyse die Frage nach der Wirkungsweise der durch Gremien vergebenen Produktionsförderung zu beantworten, indem wir alle Produktionsfördermaßnahmen berücksichtigen, die von den auf der Website der FFA aufgeführten Filmförderinstitutionen angeboten werden.

1.2 Beschreibung des Datensatzes

Der unserer Analyse zugrunde liegende Datensatz umfasst insgesamt 796 deutsche oder unter deutscher Beteiligung koproduzierte Kinofilme, die in den Jahren 1995–2004 in deutschen Kinos im Rahmen der Erstauswertung uraufgeführt wurden. Da wir nicht für alle Filme über die erforderlichen Budgetinformationen verfügen, liegt unseren Analysen lediglich eine Stichprobe von 345 Filmen zugrunde, für die wir nicht nur die Besucherzahlen, die in den in Abschnitt 3 präsentierten Modellschätzungen unsere abhängige Variable (lnBesuch) darstellt, sondern auch eine Vielzahl an Merkmalen und Eigenschaften (Mitwirkende, Genre, Aufführungszeitpunkt, etc.) erheben konnten. Der nahe liegende Einwand, die Modellschätzungen litten aus diesem Grund unter einem „sample selection bias" ist unbegründet, denn weitergehende, auf dem von JAMES HECKMAN entwickelten „Selektionskorrekturmodell" basierende Modellschätzungen (Vgl. HECKMAN, J. J. (1976), S. 475ff.;) zeigen, dass keine wie auch immer geartete Verzerrung vorliegt. Die Ergebnisse des Selektionsmodells sind auf Anfrage von den Verfassern erhältlich.

Da für die Erstellung des Datensatzes keine zentrale Informationsquelle verfügbar war, mussten die für die empirische Analyse erforderlichen Daten aus einer Vielzahl an sehr heterogenen Quellen zusammen getragen und aufbereitet werden. Folglich ging der Beantwortung der Forschungshypothesen eine ausgesprochen arbeitsintensive und zeitaufwendige Datenerhebung voraus. Zu den wesentlichen Datenquellen gehörten neben der Online-Datenbank „Mediabiz" des Entertainment Media Verlages die Datenbank „CinOmat" des Katholischen Filmdienstes, die „Internet Movie Database", die Fachmagazine „Blickpunkt:Film" und „Filmwoche / Filmecho" sowie die Geschäftsberichte der auf der Homepage der FFA gelisteten Filmförderinstitutionen.

2 Determinanten des Besuchererfolgs

2.1 Hypothesenformulierung und Modellspezifikation

Obgleich in den vergangenen Jahren eine vergleichsweise große Zahl an empirischen Untersuchungen der (potentiellen) Bestimmungsgründe der Performance von Kinofilmen vorgelegt wurde, wird man angesichts der heterogenen Befunde kaum behaupten können, die für das Management von Filmproduktionen relevanten Fragen – z. B. hinsichtlich der Bedeutung von Schauspielern, Produzenten und Regisseuren – seien mittlerweile abschließend geklärt.

Die Mehrheit der Arbeiten, die einen positiven Einfluss eines oder mehrerer „Stars" auf die Umsatzerlöse von Kinofilmen annimmt, unterstellt, dass besonders bekannte und/oder beliebte Darsteller aufgrund ihrer Fähigkeiten die Qualität – und damit auch den Erfolg – eines Filmes beeinflussen können (Vgl. u. a. LITMAN, B. R. / KOHL, L. S. (1989); WALLACE, T. W. et al. (1993)). Andere Studien wiederum gehen davon aus, dass besonders renommierte Darsteller kraft ihrer Reputation bzw. ihres „Markennamens" ein Qualitätssignal an die Konsumenten senden, welches von diesen zur Reduktion von ex ante Informationsasymmetrien genutzt wird (Vgl. u. a. DE VANY, A. / WALLS, W. D. (1999); HENNIG-THURAU, T. / DALLWITZ-WEGNER, D. (2003); ELLIOTT, C. / SIMMONS, R. (2006)).

Einen signifikant positiven Zusammenhang zwischen dem Einsatz eines oder mehrere Stars und dem Umsatzerfolg konnten auch andere Autoren feststellen (Vgl. u. a. LITMAN, B. R. / KOHL, L. S. (1989), S. 35ff.; SAWHNEY, M. S. / ELIASHBERG. J. (1996), S. 113ff.; NEELAMEGHAM, R. / CHINTAGUNTA, P. (1999), S. 115ff.; WALLS, D. W. (2005), S. 177ff.). Für deutsche Produktionen konnte JANSEN allerdings einen nur schwach signifikant positiven Einfluss von Stardarstellern auf den Besuchererfolg nachweisen (Vgl. JANSEN, C. (2002),

S. 16). Das Abgrenzungskriterium besteht in der vorliegenden Arbeit darin, dass der Darsteller bzw. die Darstellerin in den vorangegangenen drei Jahren in einem Film mitgewirkt hat, der mindestens 400.000 Besucher attrahiert hat. Dieses Kriterium gilt auch für Produzenten und Regisseure. Die Endung „-Dum" verwenden wir zur Charakterisierung einer Variable als Binärvariable.

Hypothese 1: Das Mitwirken eines Stardarstellers mit ex ante Popularität hat einen statistisch signifikant positiven Einfluss auf die Ticketnachfrage (Star_Dum)

Die Interpretation von Stars als „Qualitätsgaranten" basiert auf den Erkenntnissen der Reputations- und der Signaltheorie (Vgl. KLEIN, B. / LEFFLER, K. (1981); SHAPIRO, C. (1983)). Diese steht erkennbar im Gegensatz zur traditionellen Sichtweise, wonach Stars aufgrund ihres Talents der Qualität eines Filmes zuträglich sind. Stattdessen wird angenommen, dass ein Stardarsteller dem Film seinen guten Namen als „Geisel" (Vgl. WILLIAMSON, O. E. (1983), S. 519ff.) zur Verfügung stellt, die bei Nichtgefallen vom Konsumenten „zerstört" werden kann. Vor diesem Hintergrund ist zu erwarten, dass sich erfolgreiche Schauspieler auf wenige Erfolg versprechende Projekte konzentrieren, von denen anzunehmen ist, dass sie ihrer Reputation nicht schaden werden (Vgl. HAUCAP, J. (2001), S. 7f.; FRANCK, E. / OPITZ, C. (2003), S. 204f.). Dass derartige Qualitätsindikatoren als Orientierungshilfe für den Konsumenten notwendig sind, wird u. a. mit dem Verweis darauf begründet, dass eine Differenzierung der Preise zwar theoretisch möglich sei, praktisch jedoch kaum stattfinde und der Preis infolgedessen als Qualitätskriterium für den Konsumenten nicht zu Verfügung stehe (Vgl. MILGROM, P. / ROBERTS, J. (1986), S. 796ff.).

Analog zu der Rolle von Stardarstellern wollen wir – wiederum in Übereinstimmung mit der verfügbaren Literatur – weiterhin davon ausgehen, dass auch bekannte bzw. in der Vergangenheit erfolgreiche Produzenten und Regisseure als die für die wirtschaftliche bzw. künstlerische Leitung verantwortlichen Personen einen signifikant positiven Einfluss auf das Einspielergebnis haben (Vgl. u. a. HENNIG-THURAU, T. / WRUCK, O. (2000), S. 246; JANSEN, C. (2002), S. 14).

Hypothese 2: Wird ein Film unter Beteiligung eines Produzenten mit ex ante Popularität hergestellt, fällt die Besucherresonanz größer aus (Prod_Dum).

Hypothese 3: Ein Film, der unter der Leitung eines Regisseurs mit ex ante Popularität hergestellt wurde, erfährt eine stärkere Besucherresonanz (Reg_Dum).

Das für die Produktion eines Filmes aufgebrachte Budget gilt im Allgemeinen als eine „catch all-Variable", die primär die technische und inhaltliche Qualität eines Films widerspiegelt (Vgl. NIDA-RÜMELIN, J. (2001); JANSEN, C. (2002), S. 15). Der Produzent und ehemalige Geschäftsführer der Bavaria Atelier GmbH, GÜNTHER ROHRBACH, drückte diesen Umstand einmal folgendermaßen aus: *„Geld, das ist Zeit, Sorgfalt, Phantasie. Geld bedeutet Qualität in jeder einzelnen Position und Person. Es macht eben einen Unterschied, ob ich mir die besten Stoffe, die besten Autoren, die besten Regisseure, Kameramänner, Schauspieler leisten kann oder ob ich überall sparen muss."* (ROHRBACH, G. (1990), 17). Um den Einfluss des Budgets, d. h. der investierten Mittel, auf die Besucherzahlen zu untersuchen, wurde dieses durch Logarithmieren transformiert. Dies entspricht nicht nur der Vorgehensweise vieler vorangegangener Studien (Vgl. u. a. JANSEN, C. (2002); ELLIOTT, C. / SIMMONS, R.

(2006)), sondern hat zudem den Vorteil, dass sich der aus der Modellschätzung resultierende Koeffizient als Elastizität interpretieren lässt (Vgl. JANSEN, C. (2002), S. 12f.).

Hypothese 4: Ein höheres Budget führt zu einer höheren Besucherresonanz (lnBudget).

Hinter den Variablen *Major*, *Minimajor* und *Independent* verbirgt sich nicht nur eine Klassifizierung der durchschnittlichen Marktanteile der einzelnen Verleiher, sondern auch die damit einhergehende Vermarktungskapazität (gemessen durch die Anzahl der Startkopien eines Filmes). Als Abgrenzungskriterium dienen die durchschnittlichen Marktanteile in den Jahren 1995-2004, die für Independent-Verleiher maximal 1,49 %, für Minimajor zwischen 1,5 und 9,9 % und für Major über ab 10 % betragen.

Ausweislich unseres Datensatzes startet ein von einem Major-Verleiher vertriebener Film im Durchschnitt mit 217, ein von einem Minimajor-Verleiher vertriebener Film mit 179 und ein von einem Independent-Verleiher vertriebener Film mit 50 Kopien. In der nachfolgenden Regressionsanalyse wird die Variable *Major* als Referenzgröße verwendet, was dem Untersuchungsdesign von Jansen entspricht, der bereits einen signifikant negativen Einfluss von Independent- und Minimajor-Verleihern auf die realisierten Besucherzahlen nachweisen konnte (Vgl. JANSEN, C. (2002)). Ein ähnliches Ergebnis erwarten wir für unsere Daten, die einen sehr viel längeren Untersuchungszeitraum abdecken als die von JANSEN verwendeten Informationen.

Hypothese 5: Die Größe des Verleihers und die damit verbundene Vermarktungskapazität haben einen statistisch signifikanten Einfluss auf die Publikumsresonanz (Ind_Dum; Min_Dum).

Weiterhin stellt sich die Frage, ob Literaturvorlagen, insbesondere Bestseller, einen Einfluss auf die mit einem Film realisierbaren Umsatzerlöse haben. Die Verfilmung eines Bestsellers hat den Vorteil, dass bereits ein bestimmter Bekanntheitsgrad erreicht wurde, der mit einem entsprechenden Werbeeffekt für den Film einhergeht. Die mitunter hohen Kosten für den Erwerb der entsprechenden Rechte können aber auch eine Präferenz zur Verfilmung literarischer Werke begründen, an denen die Rechte frei verfügbar sind (Vgl. dazu auch DRESS, P. (2002), S. 60f.). In diesem Kontext ist ebenfalls zu bedenken, dass das Ziel einer Filmproduktion nicht in jedem Fall darin bestehen muss, einen kommerziellen Erfolg zu erzielen. Gerade in Deutschland werden u. a. mit Hilfe der Filmförderung auch solche Projekte realisiert, die primär einen künstlerisch-kulturellen Wert haben sollen. Zu den verwendeten Literaturvorlagen können dementsprechend auch solche gehören, deren Verfilmung nicht unbedingt für eine Aufführung in Multiplex-Kinos geeignet ist.

Hypothese 6: Deutsche Filme, die auf Literaturvorlagen basieren, erfahren keine systematisch andere Besucherresonanz (Lit_Dum).

Erfolgreiche Drehbücher erfahren häufig eine Fortsetzung bzw. werden oftmals nach Jahren oder gar Jahrzehnten erneut verfilmt, weil man davon ausgeht, dass sich der ursprüngliche Erfolg zumindest teilweise wiederholen lässt (Vgl. PRAG, J. / CASAVANT, J. (1994), S. 217ff.; DE VANY, A. / WALLS, D. (1999), S. 285ff.; WALLS, D. (2005), S. 177ff.). Insbesondere Fortsetzungen gelten im Filmgeschäft als *„safest movie to make"* (DE VANY, A. / WALLS, D. (2004), S. 134), womit auf die Tatsache angespielt wird, dass ein Erfolg des ersten Films Reputationseffekte für den Folgefilm hat, die diesen mit größerer Wahrscheinlichkeit zu einem Besuchererfolg werden lassen. Überraschenderweise konnten DE VANY und WALLS den vermuteten positiven Zusammenhang für den US-Markt nur bedingt bestätigen (Vgl. DE VANY, A. / WALLS, D. (2004), S. 122ff.). PRAG und CASAVANT stellten zudem einen signifikant positiven Zusammenhang nur für die erste Fortsetzungsverfilmung, nicht aber für weitere Sequels fest (Vgl. PRAG, J. / CASAVANT, J. (1994), S. 222f.), d. h. ein Zusammenhang zwischen weiteren Fortsetzungen und dem wirtschaftlichen Erfolg des Films konnte nicht nachgewiesen werden (Vgl. ebd.). Für die folgende statistische Analyse wurden „Sequels" und „Remakes" in der Dummy-Variablen *Seq_Rem_Dum* zusammengefasst. Angesichts der Tatsache, dass ein Remake bzw. ein Sequel primär dann produziert werden dürfte, wenn der vorangegangene Film ein Erfolg war, erwarten wir aufgrund der positiven Erwartungshaltung der Erstbesucher für Sequels und Remakes ein höheres Zuschaueraufkommen als für „Erstverfilmungen".

Hypothese 7: Prequels, Sequels und Remakes erfahren eine signifikant höhere Besucherresonanz (Seq_Rem_Dum).

Gegeben die mitunter erheblichen Investitionen, die für die Produktion eines Films erforderlich sind, stellt sich weiterhin die Frage nach der Ausrichtung auf internationale Koproduktionen. So empfehlen beispielsweise FERNÁNDEZ-BLANCO und PRIETO-RODRÍGUEZ eine Zusammenarbeit spanischer Produzenten und Regisseure mit den US-Majors als eine mögliche strategische Option zur Stärkung der spanischen Filmwirtschaft (Vgl. FERNÁNDEZ-BLANCO, V. / PRIETO-RODRÍGUEZ, J. (2003), S. 154f.). Der Grund dafür ist der bemerkenswerte ökonomische Erfolg der amerikanischen Kinofilmindustrie und die Aussicht über Koproduktionen mit amerikanischen Unternehmen der heimischen Filmindustrie damit zu einer größeren Publikumsresonanz zu verhelfen.

Hypothese 8: Filme, die in Koproduktion mit amerikanischen Produktionsunternehmen hergestellt werden, haben eine signifikant höhere Besucherresonanz als solche ohne amerikanische „Verbündete" (Kop_US_Dum).

Die Mehrheit der europäischen Koproduktionen erreicht trotz teilweise hoher Budgets und umfassender öffentlicher Förderung nicht die erhoffte Besucherresonanz. Dies wird u. a. mit Unterschieden im kulturellen Hintergrund und den daraus resultierenden Unterschieden in den Zuschauerpräferenzen begründet (Vgl. KALLAS, C. (1992), S. 43). Europäische Förderprogramme wie z. B. EURIMAGES oder MEDIA, aber auch die nationalen Förderprogramme zur Unterstützung von Koproduktion, Vertrieb, Synchronisation und Untertitelung europäischer Filme mündeten in der Vergangenheit vielfach in Produktionen, die als „Europudding" bezeichnet werden (Vgl. KALLAS, C. (1992), S. 43; KÖHLER, I. (2006), S. 97). Die für die Filmindustrie charakteristischen Anreizstrukturen verleiten vielfach zur Produktion eines Projekts in möglichst vielen europäischen Ländern, um damit die Fördermittel zu maximieren. FINNEY dokumentiert einige Beispiele, in denen „Europudding-Filme" aufgrund hoher Reise- und Verwaltungskosten ihre Budgets teilweise erheblich überschritten (Vgl. FINNEY, A. (1996), S. 94f.).

Mit Hilfe eines relativ kleinen Datensatzes kommt JANSEN zu dem Ergebnis, dass internationale Koproduktionen in Deutschland keine signifikant größere Besucherresonanz erfahren als nationale Produktionen (Vgl. JANSEN, C. (2002)).

Hypothese 9: *Filme, die in internationaler Koproduktion mit anderen als amerikanischen Produktionsunternehmen hergestellt werden, haben weder eine signifikant höhere, noch eine niedrigere Besucherresonanz (Kop_RW_Dum).*

Die Einteilung von Filmen in „Genres" trägt maßgeblich dazu bei, die Suchkosten (potentieller) Kinogänger zu reduzieren und bewirkt damit eine effizientere Allokation der Zuschauer auf die Filme. Die Konsumenten werden also durch die Segmentierung des Marktes in die Lage versetzt, Filme entsprechend ihrer Präferenzen auszuwählen (Vgl. GEHRAU, V. (2003), S. 213ff.). Eine allgemein anerkannte Abgrenzung von Erfolg versprechender Genres gibt es bislang nicht, denn diese sind immer nur im Kontext des jeweiligen Kulturkreises und des „Zeitgeistes" zu verstehen (Vgl. LITMAN, B. R. / KOHL, L. S. (1989), S. 35ff.; JEDIDI, K. et. al. (1998), S. 393ff.; BAGELLA, M. / BECCHETTI, L. (1999), S, 237ff.; NEELAMEGHAM, R. / CHINTAGUNTA, P. (1999), S. 115ff.; FERNÁNDEZ-BLANCO, V. / PRIETO-RODRÍGUEZ, J. (2003), S. 142ff.). Ausweislich einer von BEER vorgenommenen Auswertung der FFA-Erfolgslisten sind in Deutschland die Genres „Komödie" und „Actionfilm" die mit Abstand beliebtesten. Dramen belegen den neunten von insgesamt 25 Plätzen (Vgl. BEER, C. (2000), S. 118). Vergleichbare Resultate erbrachte auch eine von KÖHLER durchgeführte Befragung von rund 15.000 Studenten (Vgl. KÖHLER, I. (2006), S. 176). Grundsätzlich ist jedoch darauf hinzuweisen, dass Genre-Einteilungen häufig nicht intersubjektiv vergleichbar sind und dementsprechend in verschiedenen Untersuchungen unterschiedlich vorgenommen werden (Vgl. MOUL, C. C. (2001)). Im Rahmen unserer Analyse unterstellen wir für Dramen in Anlehnung an die Ergebnisse von JANSEN (Vgl. JANSEN, C. (2002)) einen signifikant negativen Einfluss auf die Besucherresonanz. Andere Genres sollten keinen signifikant von Null verschiedenen Einfluss auf die Zuschauerzahlen aufweisen. Unsere Genre-Einteilung entspricht – abgesehen von den Zeichentrickfilmen – dem SPIO-Standard. Teilweise haben wir Genres zusammengefasst, um ausreichende Zellenbesetzungen realisieren zu können (*ATH* steht für „Actionthriller" und *HSF* steht für „Horror-Science-Fiction").

Hypothese 10: *Das Genre eines Films hat (k)einen statistisch signifikanten Einfluss auf das Zuschauerinteresse (Drama_Dum; ATH_Dum; Kind_Dum; HSF_Dum; Trick_Dum; Doku_Dum; Kom_Dum).*

Die Finanzierung deutscher Filmproduktionen erfolgt nach wie vor zu einem großen Teil mit Hilfe von Mitteln der öffentlichen Filmförderung. Nach EGGERS (Vgl. EGGERS, D. (2003), S. 111) betrug der Anteil der Fördermittel an der gesamten Finanzierung eines deutschen bzw. eines deutsch koproduzierten Filmprojekts Ende der neunziger Jahre bis zu 85 %. STORM (Vgl. STORM, S. (2000), S. 71) ermittelte für das Jahr 1998 einen durchschnittlichen Fördermittelanteil an den Gesamtkosten von 72 %. Ein Grund für den rückläufigen Förderanteil ist in dem in den letzten Jahren stark gestiegenen Engagement der Fernsehsender bei der Herstellung von Kinofilmen zu sehen (Vgl. WESSENDORFF, M. (2006), S. 24). In diesem Kontext weist WESSENDORFF (Vgl. ebd.) darauf hin, dass bei Berücksichtigung der Mittel von privaten und öffentlich-rechtlichen Fernsehanstalten, die zusätzlich zum Filmfernsehabkommen aufgebracht werden, der von Produzenten und Verleihern aufgebrachte Finanzierungsanteil im Durchschnitt weniger als 10 % der Gesamtkosten ausmacht. Insgesamt wurden rund 80 % der in unserem Datensatz enthaltenen Filme (345 Fälle) durch Gremienproduktionsfördermittel mitfinanziert. Da Produktionsfördermittel per Gremienentscheid sowohl unter wirtschaftlichen wie auch kulturellen Gesichtspunkten vergeben werden, ist kein systematischer Zusammenhang mit dem Besuchererfolg zu erwarten (Vgl. KÖHLER, I. (2006), S. 110; JANSEN, C. (2002), S. 17).

Hypothese 11: Filme, die Produktionsförderung durch Gremienmittel erhalten haben, erfahren nicht unbedingt eine bessere Besucherresonanz als die nicht geförderten Filme (GPF_Dum).

Der Versuch, ein positives Voraburteil für einen Film zu erhalten, kann als ein strategisches Instrument des Managements gelten, um das Besucherinteresse insbesondere zum Zeitpunkt des Starts eines Films zu beeinflussen. Dementsprechend haben zahlreiche Vorgängerstudien einen grundsätzlich positiven Zusammenhang zwischen Kritikermeinungen bzw. Filmbewertungen und dem wirtschaftlichen Erfolg von Filmen festgestellt (Vgl. u. a. LITMAN, B. R. / KOHL, L. S. (1989), S. 35ff.; WYATT, R. O. / BADGER, D. P. (1990), S. 359ff.; WALLACE, T. W. et al. (1993), S. 1ff.; SOCHAY, S. (1994), S. 1ff.; ELIASHBERG, J. / SHUGAN, S. M. (1997), S. 68ff.). Wie genau diese Urteile das Publikumsinteresse beeinflussen, ist allerdings nach wie vor ungeklärt. So wird einerseits argumentiert, dass positive wie negative Expertenurteile einen erheblichen Einfluss auf die Entscheidungen potentieller Kinogänger haben, weil sie es ihnen erlauben, (vermeintlich) gute und schlechte Filme voneinander zu unterscheiden und damit die Suchkosten zu reduzieren. Andererseits wird vielfach behauptet, dass die Urteile von Filmkritikern für potentielle Kinogänger irrelevant seien, weil deren Kriterien zur Beurteilung eines Films oftmals gänzlich andere seien als die des Publikums (Vgl. PRAG, J. / CASAVANT, J. (1994), S. 218). Dies wird beispielsweise durch die Untersuchung von HOLBROOK (Vgl. HOLBROOK, M. B. (1999), S. 144ff.) eindrucksvoll belegt. Auch AUSTIN (Vgl. AUSTIN, B. A. (1983), S. 156ff.) kommt zu dem Ergebnis, dass sich Kritiker- und Zuschauerbewertungen signifikant voneinander unterscheiden.

Dies wiederum impliziert, dass sogar ein statistisch negativer Einfluss von Kritikerurteilen auf die Zuschauerzahlen nicht ausgeschlossen werden kann (Vgl. u. a. HIRSCHMAN, E. C / PIEROS, A. (1985), S. 35 ff.; ELIASHBERG, J. / SHUGUN, S. M. (1997), S. 68 ff.). JANSEN (Vgl. JANSEN, C. (2002), S. 16) konnte im Rahmen seiner bereits mehrfach zitierten Arbeit nachweisen, dass das Urteil „besonders wertvoll“ der FBW in einem signifikant positiven Zusammenhang mit den logarithmierten Besucherzahlen steht. Auch für die Wertungen „Sehenswert“ und „Kinotipp“ des Katholischen Filmdienstes (zusammengefasst in der Dummy-Variable *FD_Dum*) sowie die „Daumenwertung“ des Kinomagazins Cinema (*DW*) erwarten wir statistisch signifikant positive Effekte. *FD_Dum* fasst die Wertungen „Filmtipp“ und „Sehenswert“ des Katholischen Filmdienstes in einer Binärvariablen zusammen. Die Cinema-Daumenwertung wurde in eine ordinalskalierte Variable mit den Ausprägungen 1-5 überführt.

Hypothese 12: Positive Filmbewertungen haben einen signifikant positiven Einfluss auf die Publikumsresonanz (FW_Dum; FBW_Dum; FD_Dum; DW).

Darüber hinaus kontrollieren wir in unseren Modellschätzungen das Quartal und das Jahr der Uraufführung eines Films sowie weitere produktinhärente Faktoren (handelt es sich bei der Produktion um einen Film mit Untertiteln, mit Überlänge oder um einen in schwarz-weiß aufgenommenen?). Darüber hinaus kontrollieren wir noch die Altersfreigabe. Da die zuletzt genannten Variablen nicht im Fokus unserer Untersuchung stehen und keine von ihnen einen statistisch signifikant von Null verschiedenen Koeffizienten aufweist, werden sie im Folgenden nicht weiter berücksichtigt.

Das geschätzte Modell hat die folgende allgemeine Form:

lnBesuch = $\alpha_1 + \alpha_2$ Star_Dum + α_3 Prod_Dum + α_4 Reg_Dum + α_5 lnBudget + α_6 Ind_Dum + α_7 Min_Dum + α_8 Lit_Dum + α_9 Seq_Rem_Dum + α_{10} Kop_US_Dum + α_{12} Kop_RW_Dum + α_{13} Drama_Dum + α_{14} ATH_Dum + α_{15} Kind_Dum + α_{16} HSF_Dum + α_{17} Trick_Dum + α_{18} Doku_Dum + α_{19} GPF_Dum + $_{20}$ FBW_Dum + α_{21} FW_Dum + α_{22} FD_Dum + α_{23} DW + [...] + ε

2.2 Empirische Befunde

Der nachfolgenden Tabelle sind die Ergebnisse unserer Modellschätzung zu entnehmen. Da die Annahme homoskedastischer Störterme ausweislich des Cook-Weisberg-Tests verletzt ist, wird zur Interpretation das mit heteroskedastizitätsrobusten Standardfehlern geschätzte Modell verwendet. Die Regressionsdiagnostik zeigt des Weiteren, dass keine nennenswerte Multikollinearität vorliegt, denn der durchschnittliche „variance inflation factor“ (vif) beträgt nur etwas mehr als 1 und auch die Werte für die einzelnen unabhängigen Variablen liegen ausnahmslos weit unterhalb des als kritisch geltenden Wertes von 10 (Vgl. KENNEDY, P. (2001), S. 190). Die vollständige Regressionsdiagnostik ist selbstverständlich auf Nachfrage von den Autoren erhältlich.

Tabelle 1: Regressionsanalyse zum absoluten Besuchererfolg deutscher Kinofilme (1995-2004)

Abh. Variable: LnBesuch	Abkürzung	H	Koeffizient	Standardfehler
Log. Budget	LnBudget	+	0.034	(0.008)***
Stardarsteller beteiligt	Star_Dum	+	0.301	(0.159)*
Starproduzent beteiligt	Prod_Dum	+	0.432	(0.154)***
Independent-Verleiher	Ind_Dum	-	-1.043	(0.213)***
Genre: Drama	Drama_Dum	-	-0.496	(0.181)***
Genre: Zeichentrickfilm	Trick_Dum	o	0.607	(0.354)*
Int. Koproduktion	Kop_RW_Dum	o	-0.531	(0.168)***
FBW-Urteil "besonders wertvoll"	FBW_Dum	+	0.436	(0.151)***
FBW-Urteil "wertvoll"	FW_Dum	+	0.653	(0.181)***
Cinema "Daumenwertung"	DW	+	0.313	(0.057)***
Sequel/Remake	Seq_Rem_Dum	+	0.520	(0.213)**
Constant			6.691	(0.539)***
Anzahl Fälle	345			
Adj. R2	0.53			

Robuste Standardfehler in Klammern

* p < .10; ** p < 05; *** p < .01

Aus Platzgründen wurden lediglich die statistisch signifikanten Variablen aufgelistet; die komplette Modellschätzung ist auf Nachfrage von den Verfassern erhältlich.

Die durch die Modellschätzung erreichte Varianzaufklärung beträgt 53 %, d. h. mehr als die Hälfte der beobachtbaren Streuung der logarithmierten Besucherzahlen kann durch die exogenen Variablen erklärt werden. Dieser Wert ist nicht nur als sehr hoch zu bezeichnen, sondern ist zugleich auch geeignet, die von Fachleuten immer wieder vertretene Behauptung zu widerlegen, in der Filmindustrie sei es nicht möglich, die Performance eines Vorhabens zu prognostizieren. Vor dem Hintergrund unserer Modellschätzung lässt sich – bei entsprechender Berücksichtigung der identifizierten Erfolgsdeterminanten – die Wahrscheinlichkeit eines hohen Besucherzuspruchs ganz erheblich steigern:

Erwartungsgemäß haben der Einsatz eines oder mehrerer Stardarsteller (+ 35 %) und -produzenten (+ 54 %) einen signifikant positiven Einfluss auf die Besucherzahlen. Das Ergebnis kann als Indiz dafür gelten, dass einige Individuen das „standing“ und das „know-how“ zur Produktion wirtschaftlich erfolgreicher Filme besitzen. Im Hinblick auf die von GOLDMAN (Vgl. GOLDMANN, W. (1996), S. 39) stammende und mittlerweile viel zitierte

Aussage „*nobody knows anything*" lässt sich festhalten, dass einige Filmschaffende doch ein wenig mehr zu wissen scheinen als andere.

Einen ähnlich positiven Einfluss haben wir auch für Starregisseure vermutet, aber im Rahmen unserer Modellschätzungen nicht nachweisen können. Regisseure, die einen Erfolg in der jüngeren Vergangenheit hatten, scheinen diesen nicht unbedingt replizieren zu können. Dies deckt sich mit der Aussage von KÖHLER (Vgl. KÖHLER, I. (2006), S. 131), dass bestimmte deutsche Regisseure über eine eigene Fangemeinde verfügen mögen, deren Existenz aber nicht als ein Erfolgsfaktor per se gelten dürfe. Ebenfalls in diese Richtung deuten die Ergebnisse einer jüngst durchgeführten Erhebung unter 1006 Personen im Alter zwischen 18 und 45 Jahren, die – als sie nach den wichtigsten Gründen für einen Kinobesuch befragt wurden – nur in sehr wenigen Fällen angaben, sich an der Person des Regisseurs zu orientieren (Vgl. SCHNEIDER, H. (2005), S. 8).

Wie erwartet zeigt das logarithmierte Budget einen signifikant positiven Einfluss auf den (ebenfalls logarithmierten) Besuchererfolg. Der Umstand, dass der Koeffizient jedoch weit unterhalb von 1 liegt, macht deutlich, dass ein höheres Budget nur in Ausnahmefällen auch wieder eingespielt werden kann, denn eine Erhöhung des Budgets um 1 % führt lediglich zu einer 0,03prozentigen Zunahme der Besucherzahlen.

Auch die Ergebnisse bezüglich der Verleiher entsprechen den Erwartungen: Der Vertrieb eines Films durch einen „Independent-Verleiher" geht unter sonst gleichen Bedingungen mit einer um 184 % niedrigeren Besucherzahl einher. Der Vertrieb durch einen Minimajor hingegen hat – entgegen unseren Erwartungen – keinen statistisch signifikanten Einfluss auf die Kinokassen-Performance eines Films. Dies ist primär damit zu erklären, dass die Minimajor-Verleiher sowohl ausgesprochen erfolgreiche als auch weniger erfolgreiche Unternehmen umfassen, d. h. ein relativ breites Spektrum abdecken, so dass sich kein systematischer Zusammenhang mit der Besucherperformance zeigen muss. Möglicherweise haben zunehmende Erfolge einzelner Vertreter dieser Gruppe, der auch die vertikal integrierten Produktions- und Verleihunternehmen „Constantin", „Kinowelt" und „Senator" angehören, dazu geführt, dass ein signifikant negativer Zusammenhang mit dem Besuchererfolg auch gar nicht mehr erwartetet werden kann (Vgl. NECKERMANN, G. (2001), S. 505 ff.).

Die Verfilmung von Literaturvorlagen geht – wie erwartet - nicht mit signifikant höheren Besucherzahlen einher. Dies wurde bereits mit dem Verweis auf die Tatsache, dass es sich bei den Literaturverfilmungen nicht grundsätzlich um Bestseller handelt, begründet. Demgegenüber wird die erwartete signifikant günstigere Ausgangslage von Sequels oder Remakes hinsichtlich der zu erwartenden Besucherresonanz durch die Resultate unseres Schätzmodells bestätigt. Weist ein Film die entsprechenden Eigenschaften auf, führt dies zu einer statistisch signifikant höheren Zuschauerzahl (+68 %).

Besonders bemerkenswert sind nach unserer Einschätzung die folgenden Befunde: Filme, die in Koproduktion mit einem amerikanischen Unternehmen hergestellt wurden, erfahren unter sonst gleichen Bedingungen keine höhere Zuschauerresonanz als Filme, die ausschließlich unter Beteiligung deutscher Unternehmen hergestellt wurden. Dies ist vermutlich mit einer spezifischen Selektion zu erklären: Erfolgreiche US-amerikanische Produzenten sind zur Realisierung eines viel versprechenden Projektes nicht auf internationale Koproduktionspartner angewiesen. Dementsprechend handelt es sich bei denjenigen, die sich nach deutschen Partnern umsehen (müssen), oftmals um solche, die kein Erfolg versprechendes Projekt verfolgen bzw. um solche, die mehr oder weniger gravierende Finanzierungsengpässe zu bewältigen haben. Darüber hinaus ist festzustellen, dass Koproduktionen mit einem oder mehreren ausländischen Unternehmen – aus dem sog. „Rest der Welt“ – an der Kinokasse sogar besonders schlecht abschneiden, d. h. erheblich geringere Besucherzahlen aufweisen als die ausschließlich von deutschen Unternehmen hergestellten Filme.

Mit Blick auf die Genres zeigt sich, dass Dramen, wie vermutet, signifikant niedrigere Besucherzahlen aufweisen als die Referenzkategorie, die Komödien. Bereits JANSEN (Vgl. JANSEN, C. (2002), S. 17) konnte in seiner Arbeit einen – allerdings nur recht schwachen – negativen Einfluss des Genres „Drama“ auf die logarithmierten Besucherzahlen feststellen. Darüber hinaus haben die Animations- / Zeichentrickfilme einen schwach signifikant positiven Einfluss auf das logarithmierte Besucheraufkommen. Dies legt den Schluss nahe, dass mit dieser Art von Filmen eine noch größere Besucherresonanz (+ 83 %) zu generieren ist, als mit den auf dem deutschen Absatzmarkt vergleichsweise erfolgreichen deutschen Komödien.

Die von der FBW vergebenen Prädikate haben – wie erwartet – einen signifikant positiven Einfluss auf die logarithmierten Besucherzahlen. Das Prädikat „wertvoll“ geht ausweislich der Ergebnisse unserer Modellschätzung mit einer um 55 % und das Prädikat „besonders wertvoll“ mit einer um 92 % höheren Besucherzahl einher. Dieser Zusammenhang ist, wie ELIASHBERG und SHUGAN betonen (Vgl. ELIASHBERG, J. / SHUGAN, S. M. (1997), S. 68 ff.) einerseits als Signal interpretierbar, anderseits aber auch als Prognoseinstrument verwendbar. Die Daumenwertung des Fachmagazins Cinema weist ebenfalls den erwarteten positiven Einfluss auf. Lediglich der Koeffizient der Dummy-Variable *FD_DUM* hat zwar das prognostizierte Vorzeichen, der Koeffizient ist jedoch nicht signifikant von Null verschieden, was u. U. auf die Korrelation der unabhängigen Variablen zurück zu führen ist. Darüber hinaus ist freilich auch denkbar, dass die Art und Weise der Bewertung durch den Katholischen Filmdienst, die als „werteorientiert“ gilt, den Zuschauerpräferenzen weniger entspricht als die beiden anderen Bewertungen. Ein negativer Einfluss von Filmkritiken auf die Besucherresonanz, wie ihn beispielsweise AUSTIN (Vgl. AUSTIN, B. A. (1983), S. 156 ff.) vermutet, lässt sich nicht nachweisen. Die von uns verwendeten Filmbewertungen stellen also offenkundig keine elitären Meinungsäußerungen publikumsferner Gremien dar, sondern spiegeln im Allgemeinen den Publikumsgeschmack mehr oder weniger gut wieder. Dabei ist zu berücksichtigen, dass das Zuschauerpotential eines Films bei der Vergabe eines Prädikates durch die FBW keine Rolle spielen darf (Vgl. WOLF, S. (2004), S. 27).

Erwartungsgemäß lassen sich keine Hinweise darauf finden, dass eine Gremienproduktionsförderung einen Einfluss auf den logarithmierten Besuchererfolg hat (der entsprechende Koeffizient ist nicht signifikant von Null verschieden). Dies stützt die Interpretation von JANSEN (Vgl. JANSEN, C. (2002), S. 13), wonach die Art der Vergabe dieser Mittel nicht ausschließlich solche Filme begünstigt, die eine hohe wirtschaftliche Erfolgswahrscheinlichkeit aufweisen. In diesem Kontext ist zu bedenken, dass einige Filmförderinstitutionen primär kulturell-künstlerische Ziele verfolgen, d. h. ihre Förderung ist oftmals überhaupt nicht an den erwarteten Besucherzahlen orientiert. Angesichts des bereits mehrfach angesprochenen hohen Marktrisikos und den damit verbundenen Schwierigkeiten, Erfolge zu prognostizieren, stehen die Filmförderinstitutionen im Rahmen der Produktionsmittelvergabe durch ihre Gremien selbstverständlich vor den gleichen Schwierigkeiten, wie andere Investoren auch (Vgl. STORM, S. (2000), S. 97).

3 Implikationen für das strategische Filmmanagement

Als ein zentrales Ergebnis unserer Untersuchung bleibt festzuhalten, dass der Einsatz etablierter und erfolgreicher Produzenten in der Filmherstellung ein statistisch signifikant höheres Besucheraufkommen zur Folge hat. In der Vergangenheit erfolgreiche Produzenten sind offensichtlich in der Lage, Erfolge in einem bestimmten Umfang zu replizieren. Dies spricht gegen GOLDMAN's *„nobody knows anything"*, da zumindest einige Individuen offenbar ein wenig mehr zu wissen scheinen als andere oder schlicht einen „besseren Riecher" haben (Vgl. GOLDMAN, W. (1996), S. 39). Dies hat spezifische Implikationen für die Finanzierung von Filmen über die Referenzfilmförderung, die sich primär am Besuchererfolg vorangegangener Filme orientiert. Auch der Einsatz von Stardarstellern erweist sich mit Blick auf die Besucherperformance eines Films als vorteilhaft. Hier ist jedoch zu fragen, ob bzw. in welchem Umfang die zusätzlich generierbaren Einnahmen von eben diesen Stars vereinnahmt werden können. Im Extremfall werden die aus der Sicht von Besuchern, Regisseuren und Produzenten kaum verzichtbaren Stars die aus ihrer Signalfunktion resultierende Rente vollständig abschöpfen können.

Bereits im Vorfeld der Produktion eines Films ist darauf zu achten, dass der in Frage kommende Verleiher über eine gewisse Marktmacht verfügt. Offensichtlich ist aus strategischer Sicht die Vermarktung durch einen Verleiher, der in der Lage ist, einen Film mit einer entsprechend hohen Anzahl an Kopien in die Kinos zu bringen, einem kleineren – und ggf. „preiswerteren" Verleiher vorzuziehen.

Aufgrund der Tatsache, dass höhere Budgets offensichtlich nur in geringen Maße in der Lage sind, die Besucherzahlen eines Films zu erhöhen, und da die ex ante Prognose eines kommerziellen Erfolgs extrem schwierig ist, scheint eine Steigerung desselben z. B. durch Subventionen (hier: Gremienmittel) ausweislich der Ergebnisse unserer Modellschätzungen nicht sinnvoll zu sein. Somit ist die immer wieder erhobene Forderung nach einer Ausweitung der Filmfördermaßnahmen aus ökonomischer Perspektive grundsätzlich in Frage zu stellen. Für das strategische Filmmanagement bleibt festzuhalten, dass das Verfolgen einer sog. „Blockbuster-Strategie" nicht unbedingt zielführend ist, da sich hohe Budgets oftmals nicht wieder einspielen lassen. Ein *„rat race"* der deutschen mit den amerikanischen Filmproduktionen bezüglich der Budgets, die mittlerweile jenseits der 200 Mio. $ liegen, erscheint angesichts der auch aus den USA kolportierten Refinanzierungsprobleme wenig zielführend. Atmosphärisch dichte und gut erzählte Filme wie z. B. *„Sophie Scholl"* zeigen, dass auch Filme ohne übermäßig hohe Budgets ihr Publikum finden können und dieses nicht *„erkaufen“* müssen. In diesem Kontext spielen die Produzenten, die eher in der Lage sind, wirtschaftlich zu arbeiten, wiederum eine wichtige Rolle, wenn sie es schaffen, sich *„einen Namen zu machen“* – also Reputation aufzubauen. Eine solche Reputation hat auch für (potentielle) Kapitalgeber eine wichtige Signalfunktion.

Die besonderen Stärken des deutschen Films sind insbesondere bei den Zeichentrickfilmen und den Komödien zu sehen, wohingegen Dramen weniger gefragt zu sein scheinen. Diese Ergebnisse sind möglicherweise auf die starke Konkurrenz durch sehr aufwendige – und damit teure – amerikanischer Actionthriller zurückzuführen, die in den besonders „visuell“ ausgerichteten Genres neben finanziellen auch erhebliche Know-how-Vorteile haben dürften. Humor ist demgegenüber eher kulturspezifisch und lässt sich typischerweise mit relativ geringen finanziellen Mitteln darstellen, was den relativen Erfolg dieses Genres befördern dürfte.

Überraschenderweise trägt die Kooperation mit amerikanischen Major-Studios nicht zu einer besseren Besucherperformance bei. Darüber hinaus weisen europäische Koproduktionen mit deutscher Beteiligung sogar signifikante Nachteile an der Kinokasse auf. Diese Befunde lassen sich als ein eindeutiges Indiz dafür interpretieren, dass ein „Besinnen auf die eigenen Stärken“ und der Verzicht auf Kooperationen – und damit auch auf Fördermittel – der wirtschaftlichen Performance eines Filmprojektes sogar zuträglich sein kann.

Darüber hinaus ist aus strategischer Sicht auch der Befund von Bedeutung, dass die Produktion von Nachfolgefilmen einer einmal erfolgreichen Story eine durchaus empfehlenswerte Alternative ist, da derartige Sequels oder Remakes die ansonsten existierenden Marktrisiken erheblich reduzieren können.

Insgesamt zeigt sich, dass sich zumindest einige der Bestimmungsgründe erfolgreicher Kinofilmproduktionen zweifelsfrei identifizieren lassen, die ihrerseits bei der Planung und Realisierung zukünftiger Vorhaben Berücksichtigung finden sollten. Insbesondere Reputations- und Wiedererkennungsfaktoren bilden Signale an die an der Filmherstellung bzw. -vermarktung beteiligten Akteure sowie die potentiellen Konsumenten des Gutes „Film“. Diese Faktoren sind, soweit möglich, mit dem Ziel der Reduktion des extrem hohen Marktrisikos in den gesamten Filmherstellungsprozess, von der Planung über die Produktion und letztendlich die Vermarktung, zu berücksichtigen bzw. einzubinden.

Literaturverzeichnis

AUSTIN, B. A.: Critics' and Consumers' Evaluation of Motion Pictures. A Longitudinal Test of the Taste Culture and Elitist Hypotheses, in: Journal of Popular Film and Television, Winter 1983, S. 156-167.

BAGELLA, M. / BECCHETTI, L.: The Determinants of Motion Picture Box Office Performance. Evidence from Movies produced in Italy, in: Journal of Cultural Economics, Vol. 23, No. 4, 1999, S. 237-256.

BEER, C.: Die Kinogeher. Eine Untersuchung des Kinopublikums in Deutschland, Berlin, 2000.

DE VANY, A. / WALLS, D.: Uncertainty in the Movies. Can Star Power Reduce the Terror of the Box-Office?, in: Journal of Cultural Economics, Vol. 23, No. 4, 1999, S. 285-318.

DE VANY, A. / WALLS, D.: Big Budgets, Big Openings and Legs. Analysis of the Blockbuster Strategy, in: DE VANY, A.: Hollywood Economics. How Extreme Uncertainty Shapes the Film Industry. London, 2004, S. 122-138

DRESS, P.: Vor Drehbeginn. Effektive Planung von Film- und Fernsehproduktionen, Bergisch Gladbach, 2002.

EGGERS, D.: Filmfinanzierung. Grundlagen – Beispiele, 4. Aufl., Berlin, 2003.

ELIASHBERG, J. / SHUGHAN, S. M.: Film Critics. Influencers or Predictors?, in: Journal of Marketing, Vol. 61,April 1997, S. 68-78.

ELLIOTT, C. / SIMMONS, R.: Determinants of UK Box Office Success: The Impact of Quality Signals. Working Paper, Lancaster University Business School, 2006.

FERNÁNDEZ-BLANCO, V. / PRIETO-RODRÍGUEZ, J.: Building Stronger National Movie Industries. The Case of Spain, in: The Journal of Arts Management, Law and Society, Vol. 33, No. 2, 2003, S. 142-160.

FINNEY, A.: The State of European Cinema. A Dose of Reality. London, 1996.

FRANK, R. H. / COOK, P. J.: The Winner-Take-All Society. Why so Few at the Top Get so Much More than the Rest of Us, New York, 1996.

FRANCK, E. / OPITZ, C.: Julia Roberts, Tom Hanks & Co.. Wie Stars zur effizienten Zuordnung von Filmen auf Filmkonsumenten beitragen, in: Wirtschaftswissenschaftliches Studium, Heft 4, 2003, S. 203-208.

GEHRAU, V.: (Film-) Genres und die Reduktion von Unsicherheit, in: Medien- und Kommunikationswissenschaft, 51. Jg., Heft 2, 2003, S. 213-231.

GOLDMAN, W.: Adventures in the Screen Trade. A Personal View of Hollywood, 2. Aufl., London, 1996.

HAUCAP, J.: Warum manche Spielfilme erfolgreich sind, andere aber nicht. Einige ökonomische Überlegungen, Arbeitspapier des Instituts für Rundfunkökonomie, Nr. 128, Köln, 2001.

HECKMAN, J. J.: The Common Structure of Statistical Models of Truncation, Sample Selection and Limited Dependent Variables and a Simple Estimator for Such Models, in: Annals of Economic and Social Measurement, Vol. 5, No. 4, 1976, S. 475–492.

HENNIG-THURAU, T. / WRUCK, O.: Warum wir ins Kino gehen. Erfolgsfaktoren von Kinofilmen, in: Marketing ZFP, Vol. 22, No. 3, 2000, S. 241–256.

HENNIG-THURAU, T. / DALLWITZ-WEGNER, D.: Zum Einfluss von Filmstars auf den ökonomischen Erfolg von Spielfilmen, Working Paper, Bauhaus-Universität Weimar, 2003.

HIRSCHMANN, E. C. / PIEROS, A.: Relationships among Indicators of Success in Broadway Plays and Motion Pictures. In: Journal of Cultural Economics, Vol. 9, 1985, S. 35-63.

HOLBROOK, M. B.: Popular Appeal versus Expert Judgements of Motion Pictures, in: Journal of Consumer Research, Vol. 26, September 1999, S. 144-155.

JANSEN, C.: The German Motion Picture Industry. Regulations and Economic Impact, Dissertation, Humboldt-Universität zu Berlin, 2002.

JEDIDI, K. / KRIDER, R. E. / WEINBERG, C. B.: Clustering at the Movies, in: Marketing Letters, Vol. 9, No. 4, 1998, S. 393-405.

KALLAS, C.: Europäische Film- und Fernsehproduktionen. Wirtschaftliche, rechtliche und politische Aspekte, Baden-Baden, 1992.

KENNEDY, P.: A Guide to Econometrics. 4. Aufl., Malden (Mass.), 2001.

KLEIN, B. / LEFFLER, K.: The Role of Market Forces in Assuring Contractual Performance. In: Journal of Political Economy, Vol. 89, Issue 4, August 1981, S. 615-641.

KÖHLER, I.: Der deutsche Kinofilm. Perspektiven, Visionen, Erfolgschancen. Saarbrücken, 2006.

LITMAN, B. R. / KOHL, L. S.: Predicting Financial Success of Motion Pictures. The 80's Experience, in: Journal of Media Economics, Vol. 2, No. 2, 1989, S. 35-50.

MILGROM, P. / ROBERTS, J.: Price and Advertising Signals of Product Quality, in: Journal of Political Economy, Vol. 94, No. 4, 1986, S. 796-821.

MOUL, C. C.: Saturation and the Demand for Motion Pictures, Working Paper, Washington University, 2001.

NECKERMANN, G.: Multiplexe in der Krise? in: Media Perspektiven, Nr. 10, 2001, S. 505-513.

NEELAMEGHAM, R. / CHINTAGUNTA, P.: A Bayesian Model to Forecast New Product Performance in Domestic and International Markets, in: Marketing Science, Vol. 18, No. 2, 1999, S. 115-136.

NIDA-RÜMELIN, J.: Filmpolitisches Konzept. Vorschläge zur Reform der Filmförderung und zur Aufwertung des deutschen Films als Kulturgut, 2001.

PRAG, J. / CASAVANT, J.: An Empirical Study of the Determinants of Revenues and Marketing Expenditures in the Motion Picture Industry, in: Journal of Cultural Economics, Vol. 18, 1994, S. 217-235.

ROHRBACH, G.: David gegen Goliath. Die Konkurrenzfähigkeit des deutschen Films stärken, in: epd Film, Vol. 7, Nr. 9, 1990, S.16-21.

ROSEN, S.: The Economics of Superstars, in: American Economic Review, Vol. 71, No. 5, 1981, S. 845-858.

SAWHNEY, M. S. / ELIASHBERG, J.: A Parsimonious Model for Forecasting Gross Box-Office Revenues of Motion Pictures, in: Marketing Science, Vol. 15, No. 2, 1996, S. 113-131.

SCHNEIDER, H.: Wer lockt die Fans ins Kino? in: TV-Spielfilm, 04/ 05, 2005. S. 8.

SHAPIRO, C.: Premiums for High Quality Products as Returns to Reputation, in: Quarterly Journal of Economics, Vol. 98, 1983, S. 659-679.

SOCHAY, S.: Predicting the Performance of Motion Pictures, in: Journal of Media Economics. Vol. 7, No. 4, 1994, S. 1-20.

STORM, S.: Strukturen der Filmfinanzierung in Deutschland, Potsdam, 2000.

WALLACE, T. W. / SEIGERMAN, A. / HOLBROOK, M. B.: The Role of Actors and Actresses in the Success of Films. How Much is a Movie Star Worth? in: Journal of Cultural Economics, Vol. 17, No. 1, 1993, S. 1-27.

WALLS, D.: Modelling Movie Success When “Nobody Knows Anything”: Conditional Stable-Distribution Analysis of Film Returns, in: Journal of Cultural Economics, Vol. 29, No. 3, 2005, S. 177-190.

WESSENDORFF, M.: Filmfinanzierung in Deutschland. Maßnahmen zur Strukturverbesserung der deutschen Filmproduktionswirtschaft, Saarbrücken, 2006.

WILLIAMSON, O. E.: Credible Commitments. Using Hostages to Support Exchange, in: American Economic Review, Vol. 73, 1983, S. 519-540.

WOLF, S.: Grundlagen und Maßstäbe der Filmbewertung, Wiesbaden, 2004.

WYATT, R. O. / BADGER, D. P.: Effects of Information and Evaluation in Film Criticism, in: Journalism Quarterly, Vol. 67, No. 2, Summer 1990, S. 359-368.

Schauspieler als Erfolgsfaktoren

MICHAEL GAITANIDES

Zusammenfassung
Der Beitrag befasst sich mit den vielseitigen Funktionen und Folgen des Engagements von Stars. Zunächst sind sie eine Attraktion für das Publikum. Nur wenige Schauspieler erfüllen allerdings diese ihnen zugedachte Push-Funktion an der Kinokasse. Ihre Bedeutung erhalten sie vielmehr durch ihre Pull-Funktion. Sie sind Unterhaltungs- und Gesprächsgegenstand ihrer Fangemeinde. So leitet sich der Wert eines Schauspielers aus dem Interaktionsnutzen innerhalb seiner Fangemeinde sowie aus ihrer Größe ab. Der Schauspieler wird zum Konsumgut für seine Zuschauer, indem er als fokales Objekt von Kommunikationsprozessen Zusatznutzen stiftet. Seine Funktion als Enabler für Filmprojekte erstreckt sich nicht nur auf die Mobilisierung von Kinobesuchern, sondern auch auf Produktions- und Marketingbudgets. Darüber hinaus übernimmt er die Rolle als Qualitätsgarant für das von ihm favorisierte Projekt, da er gleichzeitig mit seiner Vertragsunterschrift sein Reputationskapital investiert. Stars, die im Rennen um die wenigen Toppositionen in der Rangliste der Superstars erfolgreich sind, zeichnen sich durch ihr Talent aus, die Polyphonie vielfältiger Funktionen zu beherrschen. Die Position im Ranking eines Stars, die sich u. a. an der Gage ablesen lässt, und die Fähigkeit zur Erfüllung seiner Funktionen verhalten sich rekursiv und befördern sich gegenseitig.

Beitragsinhalt

1 Schauspieler als positionale Güter

Superstars wie Reese Witherspoon, Angelina Jolie, Cameron Diaz oder Nicole Kidman, um nur einige zu nennen, erhalten Gagen für einen Film zwischen US $ 15 und 20 Mio. Wie ist diese fürstliche Entlohnung zu erklären, was leisten diese Schauspieler im Vergleich zu ihren weniger bekannten Kolleginnen, die sich mit häufig mit Gagen von oft weniger als einem Prozent zufrieden geben müssen?

Schauspieler konkurrieren um wenige Spitzenpositionen in Ranglisten, die einzunehmen einen Star ausmacht. Gutes Abschneiden in den Positionsrennen ist deshalb so wichtig, da die Entlohnung eines Akteurs von seinem ordinalen Rang abhängt und nicht von den Leistungsunterschieden unter den Wettbewerbern. Selbst bei marginalen Leistungsunterschieden kann nur einer der Rennteilnehmer Oscarpreisträger oder Superstar werden. Neben Schauspielern konkurrieren auch Regisseure oder Kameraleute um den Einzug in jene Toppositionen, die zu großen Einkommenssprüngen weit jenseits von Leistungsunterschieden im Vergleich zu dem nächst rangniederen Kollegen verhelfen. Solche Einkommensunterschiede sind typisch für sog. „winner take all"-Märkte (ROSEN, S. (1981), S. 845ff.). Die Platzierungsabhängigkeit der Preise (oder Rente) unterscheidet Positionsrennen eindeutig von der relativen Leistungsbewertung, die in ökonomischen Theorien üblicherweise als Maß für den Preis eines Gutes herangezogen wird. Die Entlohnung orientiert sich bei Stars mithin ausschließlich an Rang-, nicht aber an Leistungsunterschieden. FRANCK (FRANCK, E. (2001), S. 42; FRANCK, E./ MÜLLER J. C. (1997), S. 4) macht dies an einem einfachen Beispiel deutlich, wenn er das Gehalt von Luciano Pavarotti mit dem des Tenors am Stadttheater Freiberg vergleicht. Es ist eben nicht davon auszugehen, dass ersterer tausendmal so gut singt oder tausendmal so viel Talent besitzt wie letzterer. Doch wie kommt die schiefe Einkommensverteilung zustande? Welche Fähigkeiten und Eigenschaften sind es, die zur Existenz von Superstars führen bzw. ihre Entlohnung rechtfertigen?

Eskalationsfördernde Bedingungen im Rennen um knappe Starreputation und -positionen sind vor allem dort zu finden, wo sich der Absatz ohne nennenswerte Grenzkosten vergrößern lässt, also dort, wo es um die mediale Vermarktung des Outputs z.B. von Spielfilmen an der Kinokasse und deren Verbreitung in der Verwertungskette geht.

Eine typische Variante ist das sog. Signalrennen, in dem nicht ein echter Leistungsvergleich der Akteure stattfindet, sondern die Produktion von Ersatzkriterien für „verborgene" Eigenschaften rangentscheidend wirkt. Signalproduktion in Positionsrennen kann dazu führen, dass Signale, die hinsichtlich der Leistung nicht valide sind, Akteure in höhere Ränge bringen und zusätzliche Belohnungen generieren, die ihnen angesichts ihres Talents gar nicht zustehen. Solche Signalproduktionen auf dem Gebiet des Starkults sind allfällig. Die Mechanismen, die geeignet sind, Medienpräsenz zu erzeugen, sind hinlänglich bekannt und bedürfen keiner weitergehenden Erläuterung. Hitlisten existieren allenthalben, etwa im „Hollywood-Reporter“ oder anderen kommerziellen Branchendiensten, vor allem aber in einschlägigen Boulevard-Blättern.

Der Markt der Schauspieler, der Regisseure und Filmproduzenten zeichnet sich wie kein anderer durch das ökonomische Phänomen des „Rattenrennens“ (rat race) aus. Stars versuchen durch immer größeren Ressourceneinsatz bei der Signalproduktion, einen größeren Teil des Gewinns, der Zuschauergunst oder der Marktanteile zu erlangen. Auch relativ hohe Investitionen in einen Star scheinen sich zu lohnen, da seine Grenzerträge aus zusätzlichen Zuschauereinnahmen seine Grenzkosten (z.B. Gage) relativ schnell überschreiten, zumal den Einnahmen aus einem zusätzlich gewonnenen Zuschauer fast keine Zusatzkosten gegenüberstehen (Vgl. BORGHANS, L. / GROOT, L. (1998), S. 569).

Im Bereich der Filmindustrie sind solche „Rattenrennen“ durch rekursive Schleifen regelrecht fest verankert. Auslöser für dieses Phänomen ist unter anderem die große Unsicherheit der Studios über die Erfolgschancen neuer Filmprojekte. Die Reaktion der Zuschauer auf einen neuen Film ist nicht vorhersehbar, und die Wahrscheinlichkeit, dass ein Film nach Abschluss der Dreharbeiten bzw. der ersten Premiere die Zuschauergunst verfehlt, ist außerordentlich hoch. Stars leisten hier Unsicherheitsreduktion. Des Weiteren ist die problemlose Vervielfältigung des Endprodukts Film und somit das Ansprechen zusätzlicher Konsumenten bei Grenzkosten von nahezu Null Auslöser des Medienhebels, der die Schauspieler, die Spitzenpositionen einnehmen, wiederum auf die Besetzungslisten führt. Hoch positionierte Rangplatzinhaber schöpfen in diesen „winner take all“ - Märkten abnormale Renten ab. Von diesen Positionserlösen profitieren nicht nur Darsteller, auch Regisseure und nicht zuletzt die CEOs der Major Studios in Hollywood.

Der Wettbewerb um hoch positionierte Stars und die damit induzierten Kosten führten in der Vergangenheit dazu, dass immer höhere Standards in der Ausstattung neuer Filme, z.B. in Form von Spezialeffekten, gesetzt wurden. Die Gagen und Spesen der Top-Darsteller führten mit der Verschärfung des „Rennens“ zu einem entsprechenden Anstieg der Produktionskosten von Film zu Film und hatten zur Folge, dass immer weniger Spielfilme ihre Produktionskosten einspielen. Von 10 Produktionen erreichen allenfalls zwei bis drei den Break Even.

2 Was leisten Schauspieler?

Bevor auf die Frage eingegangen wird, ob sich die Beschäftigung, gegebenenfalls auch die Kreation eines Stars angesichts der zu erwartenden Returns lohnt, müssen die Funktionen untersucht werden, die ein Star auf Grund seines Talents, seiner Rangposition und kraft seiner Reputation erfüllt. Diese verschiedenen Eigenschaften erklären, warum die wenigen im Ranking hoch platzierten Akteure mit höchstem Ressourceneinsatz konkurrieren, zu Überholvorgängen ansetzen oder Verteidigungsmaßnahmen zum Erhalt des Erreichten ergreifen.

2.1 Stars als Umsatztreiber

Unterstellt man, dass sich Stars von mittelmäßigen Akteuren durch höheres Talent und höhere Leistung unterscheiden, dann fällt diesen Spitzenkönnern ein Großteil der Marktnachfrage zu. Handelt es sich dabei um eine mediatisierbare Leistung, erhält der Star eine monopolistische Marktmacht (Vgl. BORGHANS, L. / GROOT, L. (1998), S. 551). Generell wird einem Star daher auf Grund seines Talents die Funktion des Umsatztreibers zugesprochen. Stars ziehen Zuschauer an die Kinokasse, fördern den Verkauf von Merchandising-Artikeln und erleichtern die Akquisition von Werbekunden. Der Marktwert eines Film-Stars spiegelt sich in den zusätzlich kreierten Einnahmen an der Kinokasse wider. Spielfilme mit Stars weisen höhere Kassenumsätze, als solche ohne Stars auf. Dennoch weisen unter dem Top 100-Filmstars der letzten Jahre nur wenige (19) trotz ihrer positiven Wirkung auf Umsätze eine positive marginale Hitwahrscheinlichkeit auf. Mitunter sind sie in der Lage, einen „profit shift" auszulösen.

Stars sind ein Markenartikel und fördern als Marke die mit ihnen identifizierte Rolle. Welche Rollen Clint Eastwood auch immer gespielt hat, die Grundstruktur des ehrlichen, taffen und allen Widrigkeiten trotzenden Einsamen blieb weitgehend konstant. Der Wert eines Schauspielers hängt davon ab, wie stark er einen erfolgreichen Filmtyp prägt. Sein Erfolg bemisst sich an dem Wiedererkennungswert des Typs, mit dem er identifiziert wird. Ein in der Vergangenheit erfolgreicher Filmtyp wird es mit hoher Wahrscheinlichkeit auch in der Zukunft sein. Bei aller Unterschiedlichkeit der Rollen wird die Grundstruktur des Persönlichkeitstyps bzw. seines Charakters erkennbar bleiben. Der Star verkörpert eine Marke. Imitationsbarrieren dieser „Marke" fördern ihn im Ranking und sichern seine Position ab. Erfolgreiche Schauspieler wählen Film- bzw. Rollenangebote, die ihren Typ reproduzieren und verstärken. Das allein wird sich positiv auf die Besucherzahlen an der Kinokasse niederschlagen.

Zumindest ist mit dem Stareinsatz die Erwartung höherer Kassenerfolge bzw. höherer Profitabilität verknüpft. Dies zeigt sich z. B. daran, dass bereits die Ankündigung zum Casting eines Stars bzw. der Teilnahme an einem Projekt den HSX MovieStock (eine online Marktsimulation) und den StarBond Markt positiv beeinflussen. Ebenso ziehen Ablehnungen von Stars entsprechende Abschläge der Erwartungen nach sich. Dabei spielt sowohl die ökonomische Geschichte als auch die künstlerische Leistung (Awards) des Stars in der Vergangenheit eine Rolle (Vgl. ELBERSE, A. (2006), S. 23).

Trotz des Einsatzes von Stars erreichen die meisten Spielfilme ihren Break Even nicht. Stars verschonen Projekte schon gar nicht vor Umsatz-Flops, obwohl die top-platzierten Stars die Zahl der Uraufführungskinos bzw. Leinwände (Opening power) und die Aufführungsdauer (Staying power) beeinflussen. Allerdings erhalten Filme mit Stars höhere Marketing-Budgets, die ihrerseits ebenfalls zusätzliche Leinwände (screens) mobilisieren (Vgl. DE VANY, A. / WALLS, W. D. (1999), S. 15f.).

Stars erhöhen ihre Gagen mit ihrem Aufstieg in der Rangordnung der Stars und mit zunehmenden Kassenerfolgen bis zu dem Preis, der ihrem marginalen Wert an der Kinokasse entspricht (Vgl. RAVID, S. A. (1999), S. 479 u. 488). Die Returns auf das investierte Kapital lassen sich daher durch Star-Einsatz nicht zwangsläufig steigern. Nicht auszuschließen ist, dass das Gesamtrisiko aufgrund des hohen Kapitaleinsatzes eher steigen wird.

2.2 Stars als Unterhaltungsgut

Menschen sehen sich Spielfilme an, um unterhalten zu werden (HENNIG-THURAU, T. / WRUCK, O. (2000), S. 241ff.). Im Sinne der Konsumtheorie von GARY BECKER ((1965), S. 473ff.) sowie STIGLER & BECKER ((1977), S. 76ff.) können Spielfilme als Marktgüter verstanden werden (HAUCAP, J. (2001), S. 2).

Unterhaltungsgüter können dabei eine ganze Reihe von Produkten wie z.B. Sportgeräte, Urlaubsreisen oder eben auch Fernsehsendungen oder Kinofilme sein. Alle benötigen zur Produktion von „Unterhaltung" individuelles Humankapital oder Wissen. Das zur Nutzenproduktion eingesetzte Humankapital lässt sich in die Kategorien Personalkapital und Sozialkapital aufteilen, wobei das Personalkapital darauf verweist, „dass eine Person das ist, was sie geworden ist." So hängt z.B. der Unterhaltungswert eines Woody-Allen-Films für einen Zuschauer davon ab, wie viele Woody-Allen-Filme er schon zuvor in seinem Leben gesehen hat, oder wie hoch sein filmspezifisches Personalkapital im Allgemeinen ist. Der Nutzen, den ein Star stiftet, hängt von der „Konsumgeschichte" eines Kinobesuchers ab, sodass es zu Pfadabhängigkeiten im Konsum kommt (HAUCAP, J. (2001), S. 3). So wie der heutige Konsum zum Abbau oder zum Aufbau von filmspezifischen Personalkapital führt und so zukünftige Konsumentscheidungen beeinflusst, ist auch das heutige Personalkapital das Resultat vergangener Konsumentscheidungen (Vgl. PIES, I. (1998), S. 23). Dabei kann das filmspezifische Personalkapital, und somit auch der subjektive Unterhaltungswert eines Films, mit der Zahl der zuvor gesehenen Filme zu- oder auch abnehmen. Das heißt, der Filmkonsum kann entweder eine Investition in Personalkapital oder aber eine Abschreibung darauf darstellen.

STIGLER und BECKER ((1977), S. 78) illustrieren diesen Gedanken am Beispiel klassischer Musik, deren Nutzen für manche Personen mit zunehmendem Konsum abnimmt, während der Musikgenuss für andere Personen mit zunehmendem Konsum und Verständnis zunimmt. Anders formuliert, kommt es zu Lerneffekten bei der Nutzenproduktion. Wird das Woody-Allen-spezifische Personalkapital in ähnlicher Weise mit jedem weiteren Film weiter aufgebaut, so wird selbst ein relativ misslungener Woody-Allen-Film noch einen relativ hohen Nutzen stiften. Nutzt sich jedoch das Woody-Allen-spezifische Personalkapital mit jedem weiteren Film weiter ab, bietet selbst ein weiterer relativ gelungener Woody-Allen-Film keinen großen Unterhaltungswert mehr. In beiden Fällen kommt es zu Pfadabhängigkeiten in der persönlichen Entwicklung, welche die Nachfrage nach weiteren Woody-Allen-Filmen beeinflussen. Für den Erfolg von Spielfilmen impliziert dies, dass eine relativ große etablierte Gruppe von Personen mit hohem filmspezifischen Personalkapital als Basis für den Erfolg eines Spielfilms dienen kann, selbst wenn ein Film mit relativ wenig Aufwand produziert wurde (HAUCAP, J. (2001), S. 3).

2.3 Stars als Gesprächsgegenstand

Der Fan investiert in Wissen über seine Stars und deren Qualitäten. Er macht sich sachkundig durch den Besuch eines Spielfilms, in dem „sein" Star auftritt. Schon der Konsum dieser Veranstaltung hat mithin investiven Charakter, der ihn von anderen vergleichbaren oder konkurrierenden Ereignissen abhält und mithin Suchkosten erspart. Die Tatsache, dass viele Konsumenten sich für einen Interpreten oder einen Schauspieler entscheiden, hat damit zu tun, dass nicht nur das eigentliche Konsumieren, sondern die Kommunikation über das Musik-, Sport- oder Filmereignis Kommunikation mit anderen Personen Nutzen stiftet. Anders ist der Erfolg von Filmen wie das „Blair Witch Project“ nicht zu erklären (HAUCAP, J. (2001), S. 4). Kommunikation mit Gleichgesinnten, deren Wertschätzung demselben Star gilt, schafft Zusatznutzen, der nicht entstehen würde, wenn jeder einen anderen Schauspieler präferieren würde. Je bekannter und populärer der Schauspieler und je größer die Fangemeinde, umso geringer sind die Suchkosten für Interaktionen mit Gleichgesinnten. ADLER erklärt mit diesem Argument, warum Stars auch dann existieren können, wenn sie nicht über überragendes Talent verfügen. „The phenomenon exists where consumption requires knowledge. The acquisition of knowledge by a consumer involves discussion with other consumers, and discussion is easier if all participants share common prior knowledge” (ADLER, M. (1985), S. 212).

Da für einen Teil der Zuschauer ein Film auch den Zusatznutzen liefert, Gesprächsstoff zu erzeugen und zu kommunizieren, ist es für den Kinobesucher wichtig, Filme frühzeitig, d.h. bald nach Eröffnung, zu besuchen und ihre Erfahrungen zu kommunizieren. Dieser „Interaktionsnutzen“ trägt zur Verbreitung des Films bei und fördert seine Bedeutung als öffentliches Ereignis. Über den Interaktionsnutzen werden wiederum weitere Zuschauer angesprochen, den Film zu besuchen. Auch hier sorgen Schauspieler in tragenden Rollen eines Spielfilms als Qualitätsgaranten dafür, dass der Kommunikationsweg „Mund-zu-Mund“ funktioniert.

Menschen sehen sich Spielfilme jedoch nicht nur deshalb an, weil sie direkt durch den Film unterhalten werden möchten. Ein indirekter Unterhaltungseffekt kann sich auch daraus ergeben, dass Spielfilme Gesprächsstoff für nachfolgende Kommunikation bieten. Da Individuen Nutzen aus der Kommunikation mit anderen Menschen ziehen, ist denkbar, dass sie sich Spielfilme auch deshalb ansehen, um "mitreden" zu können. Kommunikation wird dann zum Selbstzweck und ist im Gegensatz zu ökonomischen Standardmodellen nicht nur ein Mittel, um den Tausch anderer Nutzen stiftender Güter zu ermöglichen, sondern das finale Konsumgut selbst. Im Sinne der Theorie Beckers geht es, im Gegensatz zum Personalkapital, nicht um den intertemporalen Aspekt des Konsums, sondern um das Sozialkapital und interpersonale Aspekte im Handeln (HAUCAP, J. (2001), S. 4).

Nicht anders lautet die These von ADLER ((1985), S. 209f.), nach der Zuschauer einen umso höheren Nutzen aus dem Konsum eines Filmes ziehen, je mehr sie über die beteiligten Stars wissen, d.h. je größer ihr filmspezifisches Konsumkapital ist. Dieses kann nicht nur durch den Konsum von Filmen, sondern ebenso durch die Diskussion über die beteiligten Schauspieler aufgebaut werden. Dabei ist die Kommunikation zwar nicht notwendigerweise selbst Nutzen stiftend, jedoch verhilft sie indirekt zu einem Nutzenbeitrag, da Konsumenten durch die Konversation mehr über ihren Star bzw. den betreffenden Film lernen. Kommunikation beinhaltet demzufolge also Lernprozesse, die zum Aufbau von filmspezifischem Wissen führen. Daher ist ein Film umso interessanter, je mehr Personen den entsprechenden Film ebenfalls gesehen haben und je größer die betreffende "Lerngruppe" (ADLER, M. (1985), S. 208) ist.

Unabhängig davon, ob nun die Kommunikation selbst Nutzen stiftend ist oder über Lerneffekte und den Aufbau von filmspezifischem Humankapital Nutzen stiftet, nimmt mit jedem zusätzlichen Zuschauer die Größe des filmspezifischen Kommunikationsnetzes zu und damit auch die Anzahl der potenziellen Gesprächspartner. Wir haben es, wie allgemein bei Kommunikationsnetzen, mit sogenannten Netzwerkexternalitäten oder Netzeffekten zu tun (Vgl. HAUCAP (2001), S. 4; FRANCK, E. / OPITZ, C. (2003), S. 17). Der individuelle Nutzen bzw. der subjektive Unterhaltungswert eines Filmes hängt, neben den Eigenschaften des Filmes (Stars, Genre, Qualität, etc.) und dem filmspezifischen Personalkapital, auch davon ab, wie viel andere Individuen den Film ebenfalls gesehen haben oder sehen werden und mit wie viel anderen Individuen über diesen Film kommuniziert werden kann. Stars beeinflussen fraglos die Größe des filmspezifischen Kommunikationsnetzes, da es unabhängig von dem konkreten Filminhalt unmittelbar von der Größe der Fangemeinde eines Stars abhängig ist.

Die Fangemeinde generiert soziale Netzeffekte. Stars haben dabei die Funktion, den Aufbau von Konsumkapital ebenso wie den von Humankapital zu initiieren, mobilisieren und dauerhaft zu erhalten. Sie sind die Konstante, aus der sich die Identität des Netzwerkes unabhängig von dem konkreten Spielfilmereignis herleiten lässt, und Interaktion und Kommunikation, aber auch Wissen, festmachen lässt.

Ist der individuelle Nutzen aus dem Konsum eines Films aufgrund dieser beschriebenen sozialen Netzeffekte positiv von der Anzahl der Individuen abhängig, die den Film insgesamt sehen, so ist für den Kassenerfolg eines Filmes die Erwartung über die Zuschauerzahl mit ausschlaggebend. Für die Filmindustrie ist es daher wichtig, schon a priori die Erwartung zu wecken, dass ein Film ein Renner wird und viele Zuschauer anzieht. Entscheidend ist dabei, eine kritische Masse zu erreichen, sodass der Film zum Selbstläufer wird. Dies kann z.B. durch die Bereitstellung von Kommunikationsplattformen und -netzwerken unterstützt werden.

Im Einklang mit diesem Selbstgänger-Effekt ("bandwagon effect") steht die empirische Beobachtung, dass für den weiteren Kassenerfolg eines Kinofilms die Besucherzahl am Eröffnungswochenende in starkem Maße ausschlaggebend ist (Vgl. BURMAN, J. (1998), S. 6). Wird die kritische Masse am Eröffnungswochenende erreicht, so wird der Film zum Selbstläufer. Bleibt dem Film hingegen der Anfangserfolg versagt, bietet er nicht genügend Gesprächsstoff, um für weitere Besucher interessant zu sein.

Aufgrund der sozialen Netzeffekte lässt sich eine niedrige Filmqualität aus Sicht des Konsumenten durch eine höhere erwartete Zuschauerzahl substituieren und umgekehrt. Ein Individuum wird sich auch einen Film bzw. einen Schauspieler ansehen, auch dann wenn es relativ schlechte Qualitätserwartungen hat, jedoch hinreichend viele andere den Film bzw. den Hauptdarsteller sehen werden. Umgekehrt wird es eventuell auf einen relativ guten Film verzichten, wenn sonst niemand diesen Film ansehen und darüber sprechen wird. Im Sinne der Konsumtheorie sind der direkte, subjektive Unterhaltungswert eines Filmes bzw. Schauspielers und die erwartete Zuschauerzahl für einen Konsumenten substitutive Qualitäten eines Spielfilms.

2.4 Stars als Bediener des Screeninghebels

Der Name des oder der Hauptdarsteller gibt einem Filmprojekt, schon bevor es abgedreht ist, ein bestimmtes Markenimage. Es wird von einem Star erwartet, dass er sehr genau zwischen den Projekten auswählt und die am Projekt beteiligten Personen ein Mindestmaß an Qualität dem Projekt verleihen können. Stars geben einem Filmprojekt Bonität, die es ohne sie nicht oder nur schwer erreichen kann.

Der Name des oder der Hauptdarsteller(s) dient als Orientierungshilfe und als stärkstes Argument gegenüber anderen Filmneuheiten, die ebenfalls um die begrenzte Anzahl von Leinwänden konkurrieren. Mit dem Star wird die Erwartung einer Fortsetzung vergangener Spielfilmerfolge verknüpft – „Name value is the most value". Weiterhin soll ein Star die weltweite Distribution des Films sicherstellen oder zumindest wesentlich vereinfachen. Oftmals müssen Kinobetreiber außerhalb der USA Filme buchen, bevor diese in Amerika angelaufen sind. In Zukunft wird sogar angestrebt, neue Filme möglichst kurz hintereinander oder wenn möglich gleichzeitig auf allen bedeutenden regionalen Märkten anlaufen zu lassen, um das Kopieren der englischen Originalversion im Internet oder von DVDs zu vermeiden.

Filmkonsumenten wissen meist nicht, ob ein angelaufener Film ihren individuellen Vorlieben entspricht. Stars fungieren hier als Informationsträger und erleichtern die Kommunikation „taziter" Qualitätseigenschaften. Sind tragende Rollen mit bekannten Stars besetzt, dann kann der Film seitens der potentiellen Zuschauer mit den Qualitätseigenschaften anderer Filme assoziiert werden, in denen der betreffende Star bereits mitgespielt hat. Der Wert eines Stars bemisst sich an dem Wiedererkennungswert seines Typs, mit dem er identifiziert wird. Ein in der Vergangenheit erfolgreicher Filmtyp wird es mit hoher Wahrscheinlichkeit auch in der Zukunft sein. Bei aller Unterschiedlichkeit der Rollen wird die Grundstruktur des Persönlichkeitstyps bzw. seines Charakters erkennbar bleiben. Stars, die für eine bestimmte inhaltliche Qualität stehen, können so eine Wegweiserfunktion übernehmen und den Kinogängern die Auswahl erleichtern.

Stars haben Reputationskapital bezüglich ihrer Leistung und ihres Talents aufgebaut, das sie im Falle eines Flops oder ökonomischen Misserfolgs aufs Spiel setzen. Sie investieren ihr Reputationskapital, wenn sie sich an einem Projekt beteiligen und gegebenenfalls auch finanziell am Erfolg partizipieren. Ihre Entscheidung für ein Projekt ist daher mit mehr Risiko und in aller Regel auch mit mehr Engagement verbunden, als das bei einem Nobody der Fall ist. Die Bedeutung eines Qualitätsmonitors leitet sich einerseits aus dem Risiko des Verlusts von Reputationskapital, zum anderen aber auch aus finanziellen Anreizen ab, da gängige Entlohnungsschemata nicht nur aus fixen Gagen bestehen, sondern bis zu 20% des Gewinns (back end) als erfolgabhängiger Bestandteil vereinbart werden. Dieses Commitment verschafft dem Projekt Glaubwürdigkeit und reduziert Unsicherheit für potentielle Konsumenten wie Investoren. Die Screeningfunktion ermöglicht es Stars, Ressourcen zu mobilisieren, zu akkumulieren und zu bündeln, wie es den Schauspielerkollegen ohne Starreputation unter gleichen Bedingungen nicht möglich ist.

2.5 Stars als Bediener des Promotionhebels

Die Attraktivität eines Film-Stars soll ein erfolgreiches Eröffnungswochenende garantieren. Die erste Vorführungswoche ist heute wichtiger denn je für den Erfolg eines Films. Wenn ein Film nicht bereits am ersten Wochenende reüssiert, wird er von der nächsten Premiere verdrängt, ohne seine Kosten eingespielt zu haben.

Sobald berichtet wird, an welchem Projekt der betreffende Star gerade arbeitet, kann die Werbung für einen neuen Film bereits anlaufen. Kampagnen können gestartet werden, bevor es Ausschnitte aus dem neuen Film gibt. Die Promotion wird erleichtert, da man sich auf frühere Erfolge beziehen kann. Allein die Gage des Schauspielers als Indikator für dessen Rangposition bietet Gesprächsstoff und bildet einen nutzbaren Marketinginhalt für das Spielfilmprojekt. Zusätzlich werden die Premierenveranstaltungen mit den anwesenden Hauptdarstellern zu Medienereignissen gemacht, was wiederum die Vermarktung gegenüber Filmen ohne Stars erleichtert. Darsteller wie Tom Cruise und Jim Carrey erzielten Einspielergebnisse von durchschnittlich 32 Millionen Dollar in den Jahren von 1992 bis 1998, im Vergleich zu 9,03 Millionen Dollar für alle anderen Filme in diesem Zeitraum (Vgl. GAITANIDES, M. (2001a), S. 14; (2001b), S. 9; HENNIG-THURAU, T. / WRUCK, O. (2000), S. 241ff.).

Stars erleichtern einem Spielfilm, bei Preisverleihungen in die engere Auswahl zu gelangen bzw. nominiert zu werden. So können auch Großveranstaltungen, wie die Oscar-Verleihung oder die Vergabe des „Golden Globe Award“, nicht auf anwesende Filmstars verzichten, die damit sich selbst, aber auch die mit ihnen assoziierten Filme vermarkten. Empirische Untersuchungen kommen zu dem Befund, dass ein Academy Award eine zusätzliche Nachfrage bis zu 22 Mio. US $ generiert.

Der Erfolg von Kinofilmen wird aber vor allem von Ausmaß und Richtung der Mundwerbung beeinflusst. Das Spielfilmen von Kinobesuchern entgegengebrachte hohe Involvement lässt auf die große Bedeutung der Mundpropaganda schließen. Maßgebend für ihre Intensität und Wirksamkeit ist das Ausmaß der (Un-) Zufriedenheit des Kinogängers mit dem Filmbesuch. Stars werden gerade solche Erstzuschauer zum Besuch animieren, die ihre Anhänger sind und damit auch positive Eigenschaften mit dem Film, dem Spiel und den (Schau-)Spielern assoziieren. Über den Weg der Mundpropaganda werden dann weitere Sympathisanten mobilisiert.

2.6 Stars als Ressourcenmobilisierer

Verträge mit Filmstars sind eine wertvolle Finanzierungsquelle. „Bankable“ Stars gelten Fremdkapitalgebern und Beteiligungsgesellschaften als „Sicherheit“, die das Engagement für ein Filmprojekt erleichtern oder sogar erst möglich machen. Zudem soll ein Star die Akzeptanz für das neue Projekt innerhalb des Studios erhöhen, da jedes der Major-Studios im Jahr circa 20 Großprojekte abdreht und hier ein reger Wettbewerb unter den Projekten nach zeitlichen, finanziellen und künstlerischen Ressourcen bzw. Experten besteht.

Filmstars sind in der Lage, Produktions- und Promotionsbudgets sowie Umsätze in die Höhe zu treiben, auch wenn ihr direkter und unmittelbarer Einfluss auf den ökonomischen Erfolg umstritten bleibt (PRAG, J. / CASAVANT, J. (1994), S. 218f.). Um die Wirkung des Stareinsatzes zu entfalten und das Investitionsrisiko zu verringern, sind hohe Marketingsaufwendungen notwendig. Dominante Erklärungsgröße für den Publikumserfolg sind vor allem die Marketingaufwendungen. Sie werden durch Produktionskosten, Stareinsatz und Awards gerechtfertigt. Die Promotion nutzt Stars, um das Publikum auf den Film aufmerksam zu machen. Auch das Produktionsbudget ist ein Instrument, Stars zu inszenieren. Von diesen Budgetsteigerungen profitiert regelmäßig auch die Qualität des Spielfilms. Filme mit Stars erhalten üblicherweise bessere Drehbücher, größere Budgets, höheren Promotionsaufwand u. a. m. Stars verfügen mithin über die Möglichkeiten und die Fähigkeiten, hitversprechendere Filmprojekte, Drehbücher und Talente an sich zu ziehen.

Der Erfolg eines Stars im Ranking der Film- oder Sportstars steht mithin in unmittelbarem Zusammenhang mit seinem Mobilisierungspotential von Ressourcen. Budgets und Gagen haben Signaling-Funktion, sowohl für das Publikum, als auch für potentielle Produzenten und Investoren. Stars haben mithin auch und vor allem die Funktion der Unsicherheitsreduktion bei risikoreichen Budgetentscheidungen.

3 Schauspieler im deutschen Kinomarkt

3.1 US-Erfolg ist nach Deutschland exportierbar

Amerikanische Schauspieler verfügen in Deutschland allenfalls begrenzt über Star Power. Der Zusammenhang zwischen Besuchererfolg und Starpower lässt sich nur bei einigen aus der Minderheit von US-Stars nachvollziehen, die bereits in den USA Starqualitäten bewiesen haben.

Für die 19 US-Top-Stars, die in den USA positive Grenzerträge erzielen (DE VANY, A. / WALLS, W. D. (1999), S. 16f.)), gilt, dass Star Power auch nach Deutschland exportierbar ist. Dies bedeutet aber auch, dass Erfolg an der Kinokasse exportierbar ist. Die Mehrheit der Kinobesucher in Deutschland und USA reagieren auf die gleichen Einflussfaktoren, die einen Kinofilm zum Erfolg werden lassen. Allerdings sind in Deutschland nicht Stars, sondern Besuchererfolge in den USA der Haupterfolgsfaktor (GAITANIDES, M. (2001b), S. 17). Gut die Hälfte der Varianz des Besuchererfolges von US-Spielfilmen in Deutschland erklärt sich aus dem US-Erfolg. Erfolgreiche Spielfilme in den USA sind danach auch in Deutschland erfolgreich. Immerhin liefern von den 19 US-Schauspielern 12 auch in Deutschland positive Grenzerträge. Die Mechanismen von „Rattenrennen" scheinen mithin auch in Deutschland wirksam zu sein. Die Star Power dieser Schauspieler basiert in Deutschland auf ähnlichen Präferenzen des Publikums wie in den USA.

Wenn die Beteiligung von Stars am Besuchererfolg in Deutschland größtenteils keine unmittelbare Wirkung hervorruft, sind doch die mittelbaren Begleiterscheinungen ihres Einsatzes wie Budgethöhe, Marketingaufwand und Zahl der Leinwände am Premierenwochenende nicht zu übersehen.

Festzuhalten bleibt, dass US-Stars ihre Wirkung in Deutschland zumindest indirekt entfalten. Die Ressourcenmobilisierung bei Verleihern und Filmtheaterbesitzern trägt zur Profilierung der Stars bei. Promotionsaufwendungen sind Indikatoren und Hebel für Star Power und Besuchererfolg zugleich.

3.2 Was leisten deutsche Schauspieler?

Deutsche Schauspieler haben weder im monokausalen noch im multivariaten Erklärungsmodell positiven bzw. signifikanten Einfluss auf den Besuchererfolg (GAITANIDES, M. (2001a), S. 17ff., (2001b), S. 19). Die Besetzung mit bekannten Schauspielern tritt hinter Kopienzahl, Bewertung durch die FBW, Marketingbudget und Produktionsbudget zurück. Positionsrennen von Schauspielern in Deutschland manifestieren sich offensichtlich nicht auf Kinoleinwänden, sondern im Medium Fernsehen, für das die meisten deutschen Spielfilm-Produktionen konfektioniert sind. Deutsche „Stars" sind allgegenwärtig in den Medien, verfügen über keine Distanz zum Publikum, entbehren der Aura des Raren und Geheimnisvollen. Vielfältige Rollen und Charaktere in Fernsehserien verwischen die „Marke" oder lassen den Darsteller in seiner Eigenart als Marke gar nicht erst zur Entfaltung kommen. Das Publikum muss, um sie erleben zu können, nicht Beschwernisse eines Kinobesuchs auf sich nehmen, sondern bekommt das Erlebnis „frei Haus" geliefert. Deutsche „Stars" sind für das Publikum keine knappe Ressource, sondern eine, die vielfach reproduziert unentgeltlich zur Verfügung steht.

„Rattenrennen" verlieren ihre Brisanz, wenn vielfältige Ausweichmöglichkeiten angeboten bzw. wahrgenommen werden, Positionsrennen auf unterschiedliche Schauplätze verlegt, der „Käse" verteilt und mundgerecht zerlegt wird. Gleichermaßen nimmt die Funktion von Stars im Sinne der Unsicherheitsreduktion, der Legitimation und mithin ihr Wert für die Ressourcenallokation ab. Freilich reduzieren sich damit auch die platzierungsabhängigen Erlöse für den Teilnehmer. Der Grenznutzen von Überholungsaktionen verringert sich, was in den erzielbaren Gagen in Deutschland seinen Ausdruck findet. Das wiederum führt dazu, dass potentielle Teilnehmer ihre Bemühungen intensivieren, an unterschiedlichen „Rennen" gleichzeitig teilzunehmen und so auf ein nachhaltiges „Marking" zu verzichten. Starreputation ist daher in Deutschland nicht nachhaltig. Da es an Schauspielern mangelt, die über Starreputation verfügen, auf die jedoch die einschlägigen (Fernseh- und Print-)Medien angewiesen sind, werden in immer kürzeren Abständen „Stars" in dafür geschaffenen Formaten „geboren". Ihr Lebenszyklus ist jedoch so kurz, dass es sich eher um eine „Sternschnuppe" als um einen „Star" handelt. Sie verglühen oft schneller als sie kreiert worden sind.

4 Zur Rekursivität der Starreputation eines Schauspielers

Der Zusammenhang zwischen Stareinsatz und Profitabilität eines Filmprojekts ist vielschichtig. Grundsätzlich ist festzuhalten, dass Starpower selbst als abhängige Variable betrachtet werden kann. So sind Produktions- und Marketingbudget herausragende Erfolgfaktoren, die zumindest kurzfristig den Box Office-Erfolg erklären (Vgl. HENNING-THURAU, T. et al. (2007), S. 70ff.). Auch das Release während der Sommermonate und die Vertrautheit der potentiellen Konsumenten mit Filmstoff und -konzept haben signifikanten Einfluss auf den kurz- und langfristigen Kassenerfolg. Den stärksten Einfluss auf die langfristige Profitabilität haben Awards. Sie sind unbeeinflusst von Star- und Directors Power (Vgl. HENNING-THURAU, T. et al. (2007), S. 85).

Erfolgreiche Stars haben eine Katalysatorenfunktion in künstlerischen, sportlichen wie in wirtschaftlichen Produktionsprozessen. Stars leisten jenseits ihres künstlerischen Talents bei weitem mehr, als in der unmittelbaren Erfolgswirkung an der Kinokasse sichtbar wird. Die weit bedeutsame Funktion solcher Stars, die Top-Rankingpositionen einnehmen bzw. verteidigen, liegt in ihrer Fähigkeit zur Bildung von Human- und Konsumkapital sowie in ihrer Mitwirkung bei der Ressourcenmobilisierung, dem Qualitätsscreening und der Kreation von Promotionpotential.

Die Analyse des Filmgeschäfts hat gezeigt, dass nur wenige Topstars im Zenit ihrer Karriere unmittelbar positiven Einfluss auf den ökonomischen Erfolg eines Spielfilms haben. Filmstars gelingt es, sich selbst dort zu positionieren, wo künstlerische Ressourcen in Bereichen wie Story, Drehbuch, Kameraführung, Dramaturgie oder Set Design ebenso wie finanzielle Ressourcen kumuliert sind. Stars ziehen ebenso artifizielle Talente von Kamera, Drehbuch, Set Design bis hin zur Regie sowie ökonomische Potentiale wie Produktions-, Promotion- und Marketingbudgets auf sich. Der Aufstieg in hohe Rangpositionen hat nicht zuletzt damit zu tun, dass es dem Star gelingt, Filmprojekte auszuwählen und zu beeinflussen, die seinem „Marking“ (ALBERT, S. (1998), S. 254ff.) entsprechen. In einzelnen Fällen wird der Star gar zum a priori eines Filmprojektes, d.h. ohne ihn käme der Film erst gar nicht zustande. Stars erhalten professionellere und erfolgversprechendere Angebote und können diese nutzen, um ihre eigene Position zu verbessern bzw. Reputation zu erzeugen. Indem Stars den medialen Hebel bedienen, d.h. zur Vervielfältigung des Outputs des Produktionsprozesses ohne nennenswerte Zusatzkosten beitragen, sichern sie das Investment ab.

Erfolg im Ranking und Verfügbarkeit von Ressourcen bedingen sich bei Stars jedweder Couleur rekursiv (GAITANIDES, M. (2001b), S. 21). Beides befördert sich also gegenseitig. Stareinsatz unterstützt und legitimiert die Bereitstellung von Ressourcen, dieser Ressourceneinsatz unterstützt Stars bei ihren Profilierungs- und Reputationsbemühungen. Auch und gerade unter Qualitätsaspekten kommt dieser rekursiven Komplementarität überragende

Bedeutung zu. Star Power definiert sich daher weniger über den unmittelbaren ökonomischen Erfolg, sondern über die effiziente Katalysatorfunktion bei der Nutzung der diversen Hebel. Erfolgreiche Stars forcieren und regulieren das Zusammenspiel von artifizieller bzw. ökonomischer Hebelbedienung. Beides zu beherrschen, macht das Wesen eines Stars aus. Im Ranking hoch positionierte Stars bedienen die Hebel der Reputationsmehrung erfolgreicher als ihre weniger arrivierten Kollegen. Erfolgreiche Hebelbedienung wiederum verhilft Stars bei ihren Überholvorgängen in den Positionsrennen.

Literaturverzeichnis

ADLER, M.: Stardom and Talent, in: American Economic Review 75/1, 1985, S. 208-212.

ALBERT, S.: Movie Stars and the Distribution of Financially Successful Films in the Motion Picture Industry, in: Journal of Cultural Economics, Jg. 22, 1998, S. 249-270.

AKERLOF, G.: An Economic Theorists's Book of Tales, New York, 1984.

BORGHANS, L. / GROOT, L. Superstardom and Monopolisitic Power: Why Media Stars Earn More than their Marginal Contribution to Welfare, in: Journal of Institutional and Theoretic Economics, 154/3, 1998, S. 546-571.

BRITO, P. / BARROS, C.: Learning-by-Consuming and the Dynamics of the Demand and Prices of Cultural Goods, in: Journal of Cultural Economics 29, 2005, S. 83-106.

BURMAN, J.: Star Power '98, in: The Hollywood Reporter, Los Angeles, 1998.

DE VANY, A. / WALLS, W. D.: Uncertainty in the Movies: Does Star power Reduce the Terror of the Box Office, Working Paper, Department of Economics, Institute for Mathematical Bahavioral Science, University of California at Irvine, Irvine, 1999.

ELBERSE, A.: The power of Stars: Do Star Actors Drive the Success of Movies? Working Paper, Harvard Business School, Boston, 2006.

FRANCK, E. / MÜLLER J. C.: Zur ökonomischen Struktur des sogenannten Rattenrennens, Freiberg working papers 97/15, Freiberg, 1997.

FRANCK, E. / OPITZ, C.: Julia Roberts, Tom Hanks & Co, Wie Stars zur effizienten Zuordnung von Filmen und Filmkonsumenten beitragen, in: WiSt 4, April 2003, S.15-20.

FRANCK, E.: Das Starphänomen – Drei Erklärungsansätze und ihre Anwendung auf verschiedene Segmente des Unterhaltungsmarktes, in: GAITANIDES, M. / Kruse, J. (Hrsg.): Stars in Film und Sport, Ökonomische Analyse des Starphänomens, München, 2001, S.41-57.

GAITANIDES, M.: Ökonomie des Spielfilms, München, 2001a.

GAITANIDES, M.: Was sind Moviestars wert? Empirische Befunde zu Rangpositionen, Substitutionsmöglichkeiten und Kassenerfolg von Stars, in: GAITANIDES, M. / KRUSE, J. (Hrsg.): Stars in Film und Sport, Ökonomische Analyse des Starphänomens, München, 2001b, S.7-22.

HAUCAP, J.: Warum manche Spielfilme erfolgreich sind, andere aber nicht: Einige ökonomische Überlegungen, Arbeitspapier des Instituts für Rundfunkökonomie, Universität Köln, 2001.

HENNING-THURAU, T. / WRUCK, O.: Warum wir ins Kino gehen: Erfolgsfaktoren von Kinofilmen, in: Marketing ZFP 3, 2000, S. 241-256.

HENNING-THURAU, T. / HOUSTON, M. B. / WALSH, G.: Determinants of Motion Picture Box Office and Profitability: An Interrelationship Approach, in: Review of Managerial Science 1/1, 2007, S. 65-92.

PIES, I., Theoretische Grundlagen demokratischer Wirtschafts- und Gesellschaftspolitik - Der Beitrag Gary Beckers, in: PIES, I./ LESCHKE, M. (Hrsg.): Gary Beckers ökonomischer Imperialismus, Tübingen, 1998, S. 1-29.

PRAG, J. / CASAVANT, J.: An Empirical Study of the Determinants of Revenues and Marketing Expenditures in the Motion Picture Industry, in: Journal of Cultural Economics, Jg. 18, S. 217-235, 1994.

RAVID, S. A.: Information, Blockbusters and Stars? A Study of the Film Industry, in: Journal of Business, vol. 72, no. 4, 1999, S. 463-492.

ROSEN, S.: The Economics of Superstars, in: American Economic Review 71 December, 1981, S. 845-858.

STIGLER, G. J. / BECKER, G. S.: De Gustibus Non Est Disputandum, in: American Economic Review 67, 1977, S. 76-90.

WALLACE, W. T. / STEIGERMAN, A. / HOLBROOK, M. B.: The Role Star Worth?, in: Journal of cultural economics, 17/1, 1993, S. 1-24.

Filmproduktion zwischen Kunst und Kommerz – Erfolgsfaktoren eines Kultur- oder Wirtschaftsgutes?

BASTIAN CLEVÉ

Zusammenfassung
Ob es sich bei einem Kinofilm um ein Kultur- oder um ein Wirtschaftsgut handelt, das lässt sich gegenwärtig anscheinend nicht eindeutig klären. Zur Beantwortung dieser Frage soll der Film als Ausdruck kultureller Identität einerseits und Wirtschaftsgut, das für seinen ökonomischen Erfolg davon abhängig ist, dass es eine Öffentlichkeit erreicht, betrachtet werden. Zunächst wird daher der Begriff „Erfolg" in seiner Bedeutung für die Film-Branche definiert und zum einen in wirtschaftlichen Erfolg – bemessen an Einspielergebnissen – sowie kulturell-künstlerischen Erfolg unterschieden. Der künstlerische Erfolg von Filmen wird über die Teilnahme an und Preise bei Filmfestivals, an anderen Ehrungen innerhalb der Branche oder durch Anerkennung durch diverse Verbände oder Vereinigungen bewertet. Abschließend werden denkbare Beiträge für einen erfolgreichen Film benannt.

Beitragsinhalt

1 Grundlegendes

Dieser Beitrag beschäftigt sich ausschließlich mit dem – deutschen – Kinofilm, nicht der Produktion fürs Fernsehen oder für Video und DVD. Den deutschen (und das gilt entsprechend auch für den europäischen) Kinofilm gibt es nur, weil er von staatlicher Seite finanziell gefördert wird.

Zu dieser Feststellung gäbe es nur ganz wenige Ausnahmen, nämlich Filme von Komikern wie z.B. Bully Herbig oder Otto, die alleine aufgrund ihres Markterfolges ohne Förderung hergestellt werden könnten (aber nichtsdestotrotz Förderungen erhalten und berechtigterweise in Anspruch nehmen).

Die Frage, ob es sich bei Kinofilm um ein Kultur- oder um ein Wirtschaftsgut handelt, lässt sich auf diesem Kontinent nicht eindeutig beantworten. Selbstverständlich handelt es sich bei Film um einen Ausdruck kultureller Identität. Aber selbstverständlich auch handelt es sich um ein Wirtschaftsgut, das für seinen ökonomischen Erfolg davon abhängig ist, dass es eine Öffentlichkeit erreicht, die bereit ist, für diesen Konsum zu zahlen. Einen Film, der nicht in einem Kino zu sehen ist, gibt es – ökonomisch gesehen - quasi nicht.

Die Filmproduktion selbst stellt einen einzigartigen Prozess aus der Zusammenführung von kreativem Talent, handwerklichem Können, einer Vielzahl von Wissensspezialgebieten und Berufen sowie Zufall und Glück dar, und das, ohne dass vorab zuverlässig der kommerzielle Erfolg dieser Unternehmung vorhergesagt werden könnte. Zudem handelt es sich um die Schaffung eines Unikates, das in dieser Art und Weise nicht wieder hergestellt werden wird. Dazu kommt, dass sich die Entwicklungsdauer – von der Idee bis zum drehfertigen Drehbuch und der erfolgreichen kompletten Finanzierung, bis zum Abschluss der Dreharbeiten, Postproduktion, dem Marketing und dem Kinostart – zeitlich nicht vorhersagen lässt; dieser Prozess kann Jahre dauern – im Durchschnitt nicht weniger als 2-3 Jahre.

Wie lässt sich der Begriff „Erfolg“ in dieser Branche definieren?

Einerseits der wirtschaftliche Erfolg:

Das sind die Einspielergebnisse eines Films in den verschiedenen Auswertungsmedien (Kino, Fernsehen, DVD – im günstigsten Fall weltweit - als Hauptmärkte genannt) im Rahmen einer gewissen Auswertungsdauer (2-7 Jahre im 1. Zyklus), im Verhältnis zu den Herstellungs- und Marketingkosten dieses Filmes.

Sobald die Rückflüsse der Herstellungs- und Marketing- und Herausbringungskosten übertreffen, d.h. den „break-even-Punkt“ erreichen, handelt es sich um einen Erfolg.

Hier jedoch sollte man zugleich unterscheiden, welche der federführend und anspruchsberechtigten Personen in den Genuss von Rückflüssen jenseits des „break-even-Punktes" kommen, oder welche bereits vorher durch „Korridore" am Einspiel partizipieren – d.h. der Begriff „Erfolg" stellt sich für unterschiedliche Personen und Beteiligten oftmals unterschiedlich dar.

Dafür ist es notwendig, sich zu vergewärtigen, wer der Beteiligten zu welchem Zeitpunkt Geld in einen Film investiert, wer wann Geld bei der Herstellung des Filmes verdient, und wer wann in welchem Umfang an Erlösen aus dem Film beteiligt ist. Auch hier ist die Situation in Deutschland und Europa gewöhnlich anders als in den USA und kaum vergleichbar.

Die ersten Ausgaben - für Stofffindung (also Optionskosten und Rechtsanwaltshonorare), Drehbucherstellung (Drehbuchautorenhonorar) und das Packaging (Reise- und Kommunikationskosten, Honorar für Herstellungsleitung, Casting-Agentur und Locationmanager, Rechtsanwaltshonorare) - trägt üblicherweise der Produzent. Diese Kosten liegen normalerweise im mindestens fünfstelligen Bereich.

Ab einem gewissen Punkt kann diese Tätigkeit im Rahmen von Filmförderung unterstützt werden, kostendeckend allerdings ist diese Förderung nicht. Und natürlich sind die meisten der Anträge auf Förderung nicht erfolgreich, d.h. nur ein Bruchteil (10-30%) der geplanten Vorhaben werden durch eine Förderung unterstützt. Womit generell diese Gesamtkosten beim Produzenten verbleiben. Nur im Erfolgsfall – wenn der Film tatsächlich gedreht wird – wird der Produzent diese Kosten rückerstattet bekommen können. Ein Honorar erhält der Produzent für diese Tätigkeit nicht, bzw. erst sehr viel später und nur im Erfolgsfall.

Sobald die Gesamtfinanzierung gesichert ist, beginnen die Vorbereitung der Dreharbeiten. Auch diese Phase kann durch Filmförderung unterstützt werden. Wenn in dieser Phase, bzw. in der nächsten Phase der Produktionsförderung, also der Dreharbeiten, keine Förderung ausgesprochen wird, muss das Vorhaben als gescheitert angesehen werden – alle bis dahin getätigten Ausgaben sind verloren. Ein Film außerhalb von Förderung kann in Deutschland so gut wie nicht realisiert werden.

In der Phase der Dreharbeiten werden sowohl die aufgelaufenen Entwicklungskosten dem Produzenten rückerstattet wie auch alle sonst Beteiligten (Schauspieler und Crew) bezahlt.

In der Realität allerdings stellen rückgestellte Honorare oftmals einen Finanzierungsbeitrag im Finanzierungsplan dar. Diese Rückstellungen werden üblicherweise erwartet vom Produzenten, teilweise vielleicht noch vom Regisseur und einzelnen Darstellern. Diese Rückstellungen lassen sich nur begleichen entweder durch Unterschreitung der Herstellungskosten (das passiert so gut wie nie) oder durch Erlöse beim Verkauf – also nur im Erfolgsfall und mit erheblicher zeitlicher Verzögerung.

Im zweitungünstigsten Fall also muss der Produzent Jahre warten, bis er selbst das Honorar für seine Tätigkeit und die Handlungskostenpauschale HU seiner Firma einstreichen kann. Ob dies dann als „Erfolg" zu bezeichnen ist, sei dahingestellt. Im ungünstigsten Fall realisieren sich weder das Honorar noch die HU, nämlich dann, wenn Erlöse nicht stattfinden. Damit sind die Honorare, die bis zum Abschluss der Produktion fließen könnten, erwähnt.

Weitere Verdienstmöglichkeiten für den Produzenten eröffnen sich, wenn der Film ins Kino kommt. Hier allerdings müssen zuvor erhebliche Kosten vom Filmverleiher erbracht werden, die dieser vorrangig auch wieder zurückerhält. Nur wenn es dem Produzenten gelingt, hier einen „Korridor“ für sich selbst zu verhandeln, ist er im günstigsten Fall an den Erlösen von Anfang an beteiligt. Das ist eher ungewöhnlich und kann im besten Falle eher von Schauspielern verhandelt werden (sofern sie zuvor oftmals ihre kommerzielle Attraktivität unter Beweis gestellt hatten).

Neben dem Verleiher fließen hier natürlich dem Kinobetreiber ein Teil der Erlöse zu. Das übliche Modell eines Kinoeinsatzes in Deutschland sieht aus wie folgt (ausgehend von Verleihvorkosten von € 1 Mio. sowie einer Verleihgarantie von € 300.000):

Tab. 1.1 *Kino (klassisches Modell – externer Verleiher*
(Quelle: FILMAKADEMIE BADEN-WÜRTTEMBERG: Lehrbeispiel Unterricht Studiengang "Produktion")

	Niedrig	Mittel	Hoch
Kinobesucheranzahl	500.000	1.000.000	1.500.000
Kartenpreis	6,- €	6,- €	6,- €
Kino Brutto-Umsatz	3.000.000 €	6.000.000 €	9.000.000 €
./. Umsatzsteuer iHv 7%	- 196.262 €	- 392.524 €	- 588.786 €
Kino Netto-Umsatz	2.803.738 €	5.607.476 €	8.411.214 €
./. FFA / GEMA Abgaben (ca. 2%)	- 56.075 €	- 112.150 €	- 168.224 €
Kino Netto-Einnahmen	2.747.663 €	5.495.326 €	8.242.990 €
./. Kino-Anteil iHv 55%	- 1.511.215 €	- 3.022.430 €	- 4.533.644 €
Filmmiete iHv 45% *	1.236.448 €	2.472.897 €	3.709.345 €
./. Verleihspesen iHv 35% **	- 432.757 €	- 865.514 €	- 1.298.271 €
Produzentenanteil iHv 65% **	803.691 €	1.607.383 €	2.411.074 €
./. Verleihvorkosten	- 1.000.000 €	- 1.200.000 €	- 1.400.000 €
Produzenten Netto ***	- 196.309 €	407.383 €	1.011.074 €
./. Verleihgarantie	- 300.000 €	- 300.000 €	- 300.000 €
Produzenten Netto-Erlöse	0 €	107.383 €	711.074 €
Verleiher			
ungedeckte Verleihvorkosten	- 196.309 €	0 €	0 €
ungedeckte Verleihgarantie	- 300.000 €	0 €	0 €
	- 496.309 €	0 €	0 €
Verleihspesen	432.757 €	865.514 €	1.298.271 €
Verleihergebnis konsolidiert	**- 63.552 €**	**865.514 €**	**1.298.271 €**

* = Verleiheinnahmen
** = der Verleiheinnahmen
*** = Erlösüberschuss/-unterdeckung

Ob ein Film als „Erfolg“ gewertet werden kann, hängt offensichtlich auch davon ab, wie teuer er in der Herstellung und wie hoch die Marketing- und Herausbringungskosten von Verleiherseite gewesen war. Deutlich wird, dass ein Film ca. 1 Mio. Zuschauer erreichen muss, um für den Produzenten „erfolgreich" zu werden – dieser „Erfolg" allerdings kann geschmälert werden durch Rückzahlungen der „erfolgsbedingt rückzahlbaren Darlehen" an die Filmförderanstalten oder z.B. weitere Co-Produzenten oder Erlösbeteiligte (z.B. Darsteller, Autoren usw.).

Die folgende Jahreshitliste führt die 20 erfolgreichsten deutsche Filme für 2006 auf und zeigt die jeweiligen Kino-Besucherzahlen.

Tab. 1.2 *Filmhitliste: Jahresliste (deutsche Filme) 2006*
(Quelle: FILMFÖRDERUNGSANSTALT, Homepage (WWW v. 16.04.2008))

Rang	Filmtitel (Genre/Art)	Besucher seit Start
1	DAS PARFUM - DIE GESCHICHTE EINES MÖRDERS (Drama/Thriller)	5.480.675
2	DEUTSCHLAND. EIN SOMMERMÄRCHEN (Dokumentarfilm)	3.991.913
3	7 ZWERGE - DER WALD IST NICHT GENUG (Komödie)	3.509.341
4	DIE WILDEN KERLE 3 (Kinderfilm)	2.126.633
5	HUI BUH, DAS SCHLOSSGESPENST (Fantasy)	2.022.988
6	DAS LEBEN DER ANDEREN (Drama)	1.678.572
7	WER FRÜHER STIRBT, IST LÄNGER TOT (Komödie)	1.256.459
8	DIE WILDEN HÜHNER (Kinderfilm)	1.171.015
9	SOMMER VORM BALKON (Drama)	964.741
10	DER HERR DER DIEBE (Kinderfilm)	929.057
11	DER RÄUBER HOTZENPLOTZ (Kinderfilm)	849.521
12	ELEMENTARTEILCHEN (Drama)	840.037
13	WO IST FRED? (Komödie)	781.462
14	URMEL AUS DEM EIS (Trickfilm/Kinderfilm)	681.288
15	FELIX 2 - DER HASE UND DIE VERFLIXTE ZEITMASCHINE (Trickf/Kinderf)	674.051
16	DER EWIGE GÄRTNER (Koprod./Thriller)	557.850
17	DIE WOLKE (Drama)	387.334
18	OH, WIE SCHÖN IST PANAMA (Zeichentrickfilm)	367.425
19	TKKG - DAS GEHEIMNIS UM DIE RÄTSELHAFTE MIND-MACHINE (Kinderf.)	365.368
20	EMMAS GLÜCK (Drama)	352.005

Die Anzahl der deutschen Spielfilm-Erstaufführungen in den gewerblichen Filmtheatern ist im Jahr 2006 mit 122 noch einmal deutlich gegenüber dem Vorjahr (103 Filme) gestiegen. Davon wurden 78 Filme ausschließlich von deutschen Firmen produziert. 44 Spielfilme waren deutsch-ausländische Koproduktionen. 2006 wurden 52 deutsche Dokumentarfilme erstaufgeführt, das sind 9 mehr als 2005.

Tab. 1.3 Erstaufgeführte deutsche Langfilme 2003 bis 2006
(Quelle: SPITZENORGANISATION DER FILMWIRTSCHAFT E.V., Homepage (WWW v. 16.04.2008))

Jahr	Langfilme	Spielfilme gesamt	deutsch	dt./ausländ. Koprod. gesamt	maj. deutsch	min. deutsch	Anteil Koprod. an Spielf. in %	Dokumentarfilme
2003	107	80	54	26	-	-	32,5	27
2004	121	87	60	27	-	-	31,0	34
2005	146	103	60	43	18	25	41,7	43
2006	174	122	78	44	20	24	36,1	52

Angesichts der vorherigen Tabelle der Gesamtbesucherzahlen der Top 20 Filme wird deutlich, dass der deutsche Film im Wesentlichen unter kommerziellen Kriterien und ohne Förderung nicht überlebensfähig ist.

Ein Film, der im Kino erfolgreich ist, wird allerdings meistens durchweg auch in den Folgeauswertungen erfolgreich: DVD und Weltvertrieb, wobei das für den Produzenten lukrativste Auswertungsmedium DVD darstellt. Inwieweit der Film an Pay-TV oder Fernsehen veräußert werden kann, hängt natürlich von der Finanzierungsstruktur ab: Oftmals ist das Fernsehen bereits durch seinen Finanzierungsbeitrag im Besitz der Ausstrahlungsrechte. Eine weitere Verwertung (und Einnahme für den Produzenten) ist dann erst zu erwarten, falls der Sender den Film sieben Jahre nach dem Rückfall der Rechte erneut ankaufen will.

Allgemein (und Ausnahmen bestätigen diese Regel): Deutlich wird, dass ein Film mit bescheidenen Herstellungskosten (um und unter 1 Mio. Euro), finanziert fast vollkommen durch Filmförderungen und ohne Senderbeteiligung die besten Aussichten hat, für den Produzenten finanziell erfolgreich zu enden. Das wiederum bedeutet, dass es sich um Stoffe im Hier und Jetzt handeln sollte, und das möglichst im Bereich Komödie. Aufwändigere Stoffe mit Herstellungskosten im hohen ein- und unteren zweistelligen Millionenbereich sind alleine über Filmförderung und ohne Koproduktion durch das Fernsehen nicht zu finanzieren und verlangen zudem eine weltweite Auswertung, um kommerziell erfolgreich werden zu können. Im letzteren Fall nähert man sich also den Mechanismen an, wie sie für das ausschließlich kommerziell orientierte Hollywood-System gelten.

Andererseits der kulturelle und künstlerische Erfolg:

Diese Erfolge werden gewertet durch Teilnahmen und Preisen an Filmfestivals, an anderen Ehrungen innerhalb der Branche oder durch Anerkennung durch diverse Verbände oder Vereinigungen, an positiven Kritiken in der fachbezogenen oder allgemeinen Presse. Das heißt zugleich, dass ein Film, der diese Kreise nicht erreicht, quasi nicht existiert.

Ein derart künstlerischer Erfolg wird erst möglich, wenn der Film von Filmkritikern begutachtet werden kann. Gemeinhin geschieht dies im Rahmen von Pressevorführungen im Vorfeld des Kinostarts. Oder bei Aufführungen im Rahmen von Filmfestivals, denn nicht jeder

Film erreicht das Stadium eines Kinostarts, egal ob er ursprünglich auf das „große“ Publikum zielt oder das Kunsttheaterpublikum im Visier hat.

Und hier kann der „Erfolg“ im Einzelfall für Beteiligte durchaus vorhanden sein, selbst wenn der Film als Ganzes eher negativ bewertet wird.

Einzelleistungen wie Kameraarbeit, Schnitt, Musik, Darstellung, Regie, Drehbuch, Special Effects, Ausstattung usw. können positive Erwähnung finden, selbst wenn das Gesamtwerk im Extremfall als gescheitert gewertet wird. Aus dieser Erkenntnis heraus gibt es auch jährlich auf zahllosen Preisverleihungen und Filmfestivals Preise in den entsprechenden Einzelkategorien.

Am sichtbarsten ist diese Vereinzelung der Einzelleistung verbunden mit höchstem handwerklichem und künstlerischem Können sicherlich im Rahmen der „Academy Awards“, der Oscars.

Die Liste der Nominierungen und Preisträger für 2006 (präsentiert im Februar 2007) liest sich z. B. folgendermaßen:

Tab. 1.4 *Liste der Nominierungen und Preisträger 2006*
(Quelle: ACADEMY OF MOTION PICTURE ARTS AND SCIENCES, Homepage (WWW v. 16.04.2008))

Performance by an actor in a leading role
- Leonardo DiCaprio in "Blood Diamond" (Warner Bros.)
- Ryan Gosling in "Half Nelson" (THINKFilm)
- Peter O'Toole in "Venus" (Miramax, Filmfour and UK Film Council)
- Will Smith in "The Pursuit of Happyness" (Sony Pictures Releasing)
- ★ Forest Whitaker in "The Last King of Scotland" (Fox Searchlight)

Performance by an actor in a supporting role
- ★ Alan Arkin in "Little Miss Sunshine" (Fox Searchlight)
- Jackie Earle Haley in "Little Children" (New Line)
- Djimon Hounsou in "Blood Diamond" (Warner Bros.)
- Eddie Murphy in "Dreamgirls" (DreamWorks and Paramount)
- Mark Wahlberg in "The Departed" (Warner Bros.)

Performance by an actress in a leading role
- Penélope Cruz in "Volver" (Sony Pictures Classics)
- Judi Dench in "Notes on a Scandal" (Fox Searchlight)
- ★ Helen Mirren in "The Queen" (Miramax, Pathé and Granada)
- Meryl Streep in "The Devil Wears Prada" (20th Century Fox)
- Kate Winslet in "Little Children" (New Line)

Performance by an actress in a supporting role
- Adriana Barraza in "Babel" (Paramount and Paramount Vantage)
- Cate Blanchett in "Notes on a Scandal" (Fox Searchlight)
- Abigail Breslin in "Little Miss Sunshine" (Fox Searchlight)
- ★ Jennifer Hudson in "Dreamgirls" (DreamWorks and Paramount)
- Rinko Kikuchi in "Babel" (Paramount and Paramount Vantage)

Best animated feature film of the year
- "Cars" (Buena Vista) John Lasseter
- ★ "Happy Feet" (Warner Bros.) George Miller
- "Monster House" (Sony Pictures Releasing) Gil Kenan

Achievement in art direction
- "Dreamgirls" (DreamWorks and Paramount)
Art Direction: John Myhre
Set Decoration: Nancy Haigh
- "The Good Shepherd" (Universal)
Art Direction: Jeannine Oppewall
Set Decoration: Gretchen Rau and Leslie E. Rollins
- ★ "Pan's Labyrinth" (Picturehouse)
Art Direction: Eugenio Caballero
Set Decoration: Pilar Revuelta
- "Pirates of the Caribbean: Dead Man's Chest" (Buena Vista)
Art Direction: Rick Heinrichs
Set Decoration: Cheryl Carasik

"The Prestige" (Buena Vista)
Art Direction: Nathan Crowley
Set Decoration: Julie Ochipinti

Achievement in cinematography

- "The Black Dahlia" (Universal) Vilmos Zsigmond
- "Children of Men" (Universal) Emmanuel Lubezki
- "The Illusionist" (Yari Film Group) Dick Pope
- ★ "Pan's Labyrinth" (Picturehouse) Guillermo Navarro
- "The Prestige" (Buena Vista) Wally Pfister

Achievement in costume design

- "Curse of the Golden Flower" (Sony Pictures Classics) Yee Chung Man
- "The Devil Wears Prada" (20th Century Fox) Patricia Field
- "Dreamgirls" (DreamWorks and Paramount) Sharen Davis
- ★ "Marie Antoinette" (Sony Pictures Releasing) Milena Canonero
- "The Queen" (Miramax, Pathé and Granada) Consolata Boyle

Achievement in directing

- "Babel" (Paramount and Paramount Vantage) Alejandro González Iñárritu
- ★ "The Departed" (Warner Bros.) Martin Scorsese
- "Letters from Iwo Jima" (Warner Bros.) Clint Eastwood
- "The Queen" (Miramax, Pathé and Granada) Stephen Frears
- "United 93" (Universal and StudioCanal) Paul Greengrass

Best documentary feature

"Deliver Us from Evil" (Lionsgate)
A Disarming Films Production
Amy Berg and Frank Donner

★ "An Inconvenient Truth" (Paramount Classics and Participant Productions)
A Lawrence Bender/Laurie David Production
Davis Guggenheim

"Iraq in Fragments" (Typecast Releasing in association with HBO Documentary Films)
A Typecast Pictures/Daylight Factory Production
James Longley and John Sinno

"Jesus Camp" (Magnolia Pictures)
A Loki Films Production
Heidi Ewing and Rachel Grady

"My Country, My Country" (Zeitgeist Films)
A Praxis Films Production
Laura Poitras and Jocelyn Glatzer

Best documentary short subject

★ "The Blood of Yingzhou District"
A Thomas Lennon Films Production
Ruby Yang and Thomas Lennon

"Recycled Life"
An Iwerks/Glad Production
Leslie Iwerks and Mike Glad

"Rehearsing a Dream"
A Simon & Goodman Picture Company Production

Karen Goodman and Kirk Simon
"Two Hands"
A Crazy Boat Pictures Production
Nathaniel Kahn and Susan Rose Behr

Achievement in film editing
"Babel" (Paramount and Paramount Vantage)
Stephen Mirrione and Douglas Crise
"Blood Diamond" (Warner Bros.)
Steven Rosenblum
"Children of Men" (Universal)
Alex Rodríguez and Alfonso Cuarón
★ "The Departed" (Warner Bros.)
Thelma Schoonmaker
"United 93" (Universal and StudioCanal)
Clare Douglas, Christopher Rouse and Richard Pearson

Best foreign language film of the year
"After the Wedding" A Zentropa Entertainments 16 Production
Denmark
"Days of Glory (Indigènes)" A Tessalit Production
Algeria
★ "The Lives of Others" A Wiedemann & Berg Production
Germany
"Pan's Labyrinth" A Tequila Gang/Esperanto Filmoj/Estudios Picasso Production
Mexico
"Water" A Hamilton-Mehta Production
Canada

Achievement in makeup
"Apocalypto" (Buena Vista) Aldo Signoretti and Vittorio Sodano
"Click" (Sony Pictures Releasing) Kazuhiro Tsuji and Bill Corso
★ "Pan's Labyrinth" (Picturehouse) David Martí and Montse Ribé

Achievement in music written for motion pictures (Original score)
★ "Babel" (Paramount and Paramount Vantage) Gustavo Santaolalla
"The Good German" (Warner Bros.) Thomas Newman
"Notes on a Scandal" (Fox Searchlight) Philip Glass
"Pan's Labyrinth" (Picturehouse) Javier Navarrete
"The Queen" (Miramax, Pathé and Granada) Alexandre Desplat

Achievement in music written for motion pictures (Original song)
★ "I Need to Wake Up" from "An Inconvenient Truth"
(Paramount Classics and Participant Productions)
Music and Lyric by Melissa Etheridge
"Listen" from "Dreamgirls"
(DreamWorks and Paramount)
Music by Henry Krieger and Scott Cutler
Lyric by Anne Preven
"Love You I Do" from "Dreamgirls"
(DreamWorks and Paramount)

Music by Henry Krieger
Lyric by Siedah Garrett

"Our Town" from "Cars"
(Buena Vista)
Music and Lyric by Randy Newman

"Patience" from "Dreamgirls"
(DreamWorks and Paramount)
Music by Henry Krieger
Lyric by Willie Reale

Best motion picture of the year

"Babel" (Paramount and Paramount Vantage)
An Anonymous Content/Zeta Film/Central Films Production
Alejandro González Iñárritu, Jon Kilik and Steve Golin, Producers

"The Departed" (Warner Bros.)
A Warner Bros. Pictures Production
Graham King, Producer

"Letters from Iwo Jima" (Warner Bros.)
A DreamWorks Pictures/Warner Bros. Pictures Production
Clint Eastwood, Steven Spielberg and Robert Lorenz, Producers

"Little Miss Sunshine" (Fox Searchlight)
A Big Beach/Bona Fide Production
David T. Friendly, Peter Saraf and Marc Turtletaub, Producers

"The Queen" (Miramax, Pathé and Granada)
A Granada Production
Andy Harries, Christine Langan and Tracey Seaward, Producers

Best animated short film

"The Danish Poet" (National Film Board of Canada)
A Mikrofilm and National Film Board of Canada Production
Torill Kove

"Lifted" (Buena Vista)
A Pixar Animation Studios Production
Gary Rydstrom

"The Little Matchgirl" (Buena Vista)
A Walt Disney Pictures Production
Roger Allers and Don Hahn

"Maestro" (SzimplaFilm)
A Kedd Production
Géza M. Tóth

"No Time for Nuts" (20th Century Fox)
A Blue Sky Studios Production
Chris Renaud and Michael Thurmeier

Best live action short film

"Binta and the Great Idea (Binta Y La Gran Idea)"
A Peliculas Pendelton and Tus Ojos Production
Javier Fesser and Luis Manso

"Éramos Pocos (One Too Many)" (Kimuak)
An Altube Filmeak Production
Borja Cobeaga

"Helmer & Son"
A Nordisk Film Production
Søren Pilmark and Kim Magnusson

"The Saviour" (Australian Film Television and Radio School)
An Australian Film Television and Radio School Production
Peter Templeman and Stuart Parkyn

★ "West Bank Story"
An Ari Sandel, Pascal Vaguelsy, Amy Kim, Ravi Malhotra and Ashley Jordan Production
Ari Sandel

Achievement in sound editing

"Apocalypto" (Buena Vista)
Sean McCormack and Kami Asgar

"Blood Diamond" (Warner Bros.)
Lon Bender

"Flags of Our Fathers" (DreamWorks and Warner Bros., Distributed by Paramount)
Alan Robert Murray and Bub Asman

★ "Letters from Iwo Jima" (Warner Bros.)
Alan Robert Murray and Bub Asman

"Pirates of the Caribbean: Dead Man's Chest" (Buena Vista)
Christopher Boyes and George Watters II

Achievement in sound mixing

"Apocalypto" (Buena Vista)
Kevin O'Connell, Greg P. Russell and Fernando Cámara

"Blood Diamond" (Warner Bros.)
Andy Nelson, Anna Behlmer and Ivan Sharrock

★ "Dreamgirls" (DreamWorks and Paramount)
Michael Minkler, Bob Beemer and Willie Burton

"Flags of Our Fathers" (DreamWorks and Warner Bros., Distributed by Paramount)
John Reitz, Dave Campbell, Gregg Rudloff and Walt Martin

"Pirates of the Caribbean: Dead Man's Chest" (Buena Vista)
Paul Massey, Christopher Boyes and Lee Orloff

Achievement in visual effects

★ "Pirates of the Caribbean: Dead Man's Chest" (Buena Vista)
John Knoll, Hal Hickel, Charles Gibson and Allen Hall

"Poseidon" (Warner Bros.)
Boyd Shermis, Kim Libreri, Chas Jarrett and John Frazier

"Superman Returns" (Warner Bros.)
Mark Stetson, Neil Corbould, Richard R. Hoover and Jon Thum

Adapted screenplay

"Borat Cultural Learnings of America for Make Benefit Glorious Nation of Kazakhstan" (20th Century Fox)
Screenplay by Sacha Baron Cohen & Anthony Hines & Peter Baynham & Dan Mazer
Story by Sacha Baron Cohen & Peter Baynham & Anthony Hines & Todd Phillips

"Children of Men" (Universal)
Screenplay by Alfonso Cuarón & Timothy J. Sexton and David Arata and Mark Fergus & Hawk Ostby

★ "The Departed" (Warner Bros.)
Screenplay by William Monahan

"Little Children" (New Line)
Screenplay by Todd Field & Tom Perrotta

"Notes on a Scandal" (Fox Searchlight)
Screenplay by Patrick Marber

Original screenplay

"Babel" (Paramount and Paramount Vantage)
Written by Guillermo Arriaga

"Letters from Iwo Jima" (Warner Bros.)
Screenplay by Iris Yamashita
Story by Iris Yamashita & Paul Haggis

★ "Little Miss Sunshine" (Fox Searchlight)
Written by Michael Arndt

"Pan's Labyrinth" (Picturehouse)
Written by Guillermo del Toro

"The Queen" (Miramax, Pathé and Granada)
Written by Peter Morgan

Fast immer bedeuten eine Nominierung, mehr noch ein Gewinn, eine erhebliche Steigerung des Marktwertes für die einzelne Person. Diese Aufwertung trägt oftmals zu einer Karrieresicherheit, die Jahre, Jahrzehnte oder bis zum Ende des Berufslebens andauern kann. In geringerem Maße trifft das auf Preis-Gewinne prinzipiell zu.

2 Welche Faktoren können zu einem „Erfolg" beitragen?

Deutlich geworden sollte sein, dass sich – weder der ökonomische noch der künstlerische - Erfolg eines Films – das ist sowohl in Deutschland wie auch in „Hollywood" so – nicht verlässlich vorhersagen lässt. Es gibt eine Anzahl an Filmen, die quasi „aus dem Nichts" zu großen Erfolgen geworden sind, wie auch zahlreiche Filme, die trotz aller klassischen Erfolgszutaten „gefloppt" sind.

Was sind die „klassischen Erfolgszutaten", die nach dem geltenden Branchenverständnis die Wahrscheinlichkeit auf einen Erfolg erhöhen?:

1. Der Stoff – möglichst ein Bestseller (z.B. „Harry Potter" oder „Das Parfüm")
2. Die Besetzung – möglichst ein Star (z.B. Tom Hanks, Tom Cruise, Til Schweiger), wobei es sich gezeigt hat, dass eine Starbesetzung dann am besten funktioniert, wenn sie in dem Rahmen bleibt, in dem sie ein Star geworden ist. Oder Schauspieler, deren Beteiligung signalisieren: „Der Film taugt was" (d.h. der sog. „Marquee-Value")
3. Ein namhafter Regisseur
4. Das ausgewogene Verhältnis zwischen Herstellungskosten, Marketingkosten und zu erwartende Mindesteinnahmen.

Allerdings gibt es – wie bereits gesagt – unzählige Ausnahmen zu diesen klassischen Prinzipien. Gäbe es ein Erfolgsrezept, dann gäbe es nicht so viele „Flops" – die Regel in Hollywood-Studios lautet, dass drei erfolgreiche Filme diejenigen sieben Filme mittragen müssen, die „floppen".

Aus ökonomischer Sicht erhöhen sich die Erfolgsaussichten, wenn die Bereiche Filmproduktion und Filmverleih unter einem Dach operieren, so dass die Gewinne aus dem Verleih, die ja erheblich sein können und zudem erstrangig (neben dem Kinobesitzer) vereinnahmt werden, im gleichen Hause verbleiben. Z.B. Constantin oder X-Filme (in geringerem Umfang) operieren nach diesem Prinzip. Weiterführend könnte man empfehlen, dass sich eine derartige Firma zudem ein Standbein im Bereich Fernsehproduktion schafft, das auf Kontinuität ausgerichtet ist.

Wie heißt es - auf die Erfolgsaussichten eines Filmes bezogen - so treffend: Nobody knows anything...

Literaturverzeichnis

ACADEMY OF MOTION PICTURE ARTS AND SCIENCES (Homepage), http://www.oscars.org/79academyawards/nomswins.html, 16.04.2008.

FILMAKADEMIE BADEN-WÜRTTEMBERG: Lehrbeispiel Unterricht Studiengang "Produktion".

FILMFÖRDERUNGSANSTALT – Marktdaten, Filmhitlisten, Jahresliste (deutsch) 2006 (Homepage), http://www.ffa.de, 16.04.2008.

SPITZENORGANISATION DER FILMWIRTSCHAFT E.V. (Homepage) http://www.spio.de/-index.asp?SeitID=25, 16.04.2008.

Im strategischen Lock-in: Zur Pfadabhängigkeit der Nachsynchronisation von Filmen in Deutschland

Georg Schreyögg und Miika Blinn

Zusammenfassung
Die über Jahrzehnte in Deutschland übliche und als selbstverständlich erachtete Synchronisation fremdsprachiger Filme ist in der jüngsten Vergangenheit zunehmend kritisch betrachtet worden. Dabei entstehen zum einen insbesondere für kleinere und mittlere ausländische Produktionen relativ hohe Kosten, zum anderen belegen Studien, dass das Sehen ausländischer Filme in der Originalversion mit Untertiteln das Sprachgefühl und das Erlernen der betreffenden Sprache (insbesondere in Bezug auf englischsprachige Filme) wesentlich erleichtert. Um die bestehenden, unveränderlich erscheinenden Strukturen (These: Der deutsche Filmmarkt ist in ein strategisches Lock-in geraten) der Film-Branche erklären zu können, wird als Basis die Theorie der Pfadabhängigkeit herangezogen. Zur Begründung dieser These ist es erforderlich, die historische Entwicklung der Nachsynchronisation in Deutschland nachzuzeichnen und Dynamiken aufzuzeigen, die zu einer derartigen Verfestigung der Nachsynchronisation geführt haben.

Beitragsinhalt

1 Einleitung

Wer in Deutschland einen fremdsprachigen Film sehen möchte, ist es gewohnt, eine nachsynchronisierte Fassung des Originalfilms zu erleben. Alternative Sprachtransferformate wie die Untertitelung (OmU) oder die Originalversion (OV) finden sich in den deutschen Kinos und im deutschen Fernsehen nur sehr selten. Diese fast vollständige Ausrichtung auf die Nachsynchronisation war jahrzehntelang selbstverständlich und wurde kaum in Frage gestellt. Seit einigen Jahren mehren sich jedoch Stimmen, die diese Praxis als problematisch ansehen.

Zum einen zeigt sich, dass die relativ hohen Kosten der Nachsynchronisation für kleinere und mittlere ausländischen Produktionen eine fast unüberbrückbare Markteintrittsbarriere in den deutschen Filmmarkt darstellen, da damit ein Sog zu größeren Produktionen entsteht und kulturelle Vielfalt verloren geht. Die Untertitelung mit ihren deutlichen geringeren Produktionskosten hat derzeit am deutschen Markt nur sehr geringe Akzeptanz.

Ein zweiter Aspekt der Nachsynchronisation wird in den letzten Jahren ebenfalls verstärkt kritisiert. Aus verschiedenen Studien (KOOLSTRA, C. M. / BEENTJES, W. J. (1999), S. 58; D'YDEWALLE, G. / VAN DE POEL, M. (1999); D'YDEWALLE, G. / VAN RENSBERGEN, J. (1989)) ist bekannt, dass das Sehen ausländischer Filme in der Originalversion mit Untertiteln das Sprachgefühl und das Erlernen der betreffenden Sprache (es geht in der Debatte natürlich primär um das Englische) wesentlich erleichtert. Mit anderen Worten, in Ländern, in denen das Untertitelungsformat üblich ist, wird die englische Sprache von deutlich mehr Personen und im Durchschnitt auch wesentlich besser beherrscht als in Nachsynchronisationsländern.

Beide Argumente lassen die Frage entstehen, warum Deutschland nicht einfach das Sprachtransformationsformat ändert und Filme fortan im Untertitelungsformat anpasst. Jedem, der mit dem deutschen Film- und Fernsehmarkt auch nur einigermaßen vertraut ist, mutet allein schon diese Frage in hohem Maße naiv an. Jeder Eingeweihte weiß, dass die Änderung des Sprachtransferregimes in Deutschland eine sehr schwierige, wenn nicht gar unmögliche Aufgabe ist. Aber warum ist das eigentlich so? Warum ist der Filmmarkt hier so festgefahren? Warum erscheint hier eine strategische Änderung so chancenlos, wo doch in so vielen anderen Branchen und Geschäftsfeldern eine Strategieänderung an der Tagesordnung ist? Dies verlangt nach einer Erklärung. Eine solche wird nachfolgend auf der Basis der Theorie der Pfadabhängigkeit versucht, mit der These, dass der deutsche Filmmarkt in ein strategisches Lock-in geraten ist. Zur Begründung dieser These ist es erforderlich, die historische Entwicklung der Nachsynchronisation in Deutschland nachzuzeichnen und Dynamiken aufzuzeigen, die zu einer derartigen Verfestigung der Nachsynchronisation geführt haben.

2 Theorie der Pfadabhängigkeit

Der hier gewählte Erklärungsansatz zur Erklärung der Fixierung auf die Nachsynchronisation beruht auf der Theorie der Pfadabhängigkeit (Vgl. ARTHUR, W. B. (1989) S.116 f.; DAVID, P. A. (1985, S. 334; 1997, S. 22ff.); ARROW, K. J. (2003), 23ff.). Allokationsprozesse in einem dynamischen Feld sind pfadabhängig wenn bestimmte historische Ereignisse, Konditionen und Entwicklungen grundlegenden, überproportionalen Einfluss auf spätere Entwicklungen haben. (Vgl. ARROW, K. J. (2000), S. 175). Pfadabhängige Prozesse können in drei Phasen unterschieden werden (Vgl. SYDOW, J. / SCHREYÖGG, G. / KOCH, J. (2003), S. 9ff.):

Phase I: In der Anfangsphase wird Kontingenz angenommen, d.h. verschiedene Regimes, Technologien, Orientierungsmuster wetteifern um Vorherrschaft am Markt und es ist nicht vorhersehbar, ob sich überhaupt ein Standard und wenn ja, welcher Standard sich durchsetzen wird. Kommt es überhaupt zu Standardisierungsprozessen, so stehen am Anfang „Triggers“ oder „Small Events“, also unvorhersehbare Ereignisse in Form von Kaufentscheidungen, Verknüpfung von Lieferanten usw., deren Folgen zu diesem Zeitpunkt nicht vorhersehbar sind. Den Übergang zu Phase II stellt dann eine „Critical Juncture“ dar. Von diesem kritischen Punkt an folgen der Ausgangsentscheidung immer weitere Entscheidungen derselben Art nach, so dass es immer schwieriger wird, zum Ausgangspunkt zurückzukehren (MAHONEY, J. (2000), S. 513).

Phase II ist bestimmt durch die sukzessive Herausbildung eines Pfades. Der wesentliche Mechanismus, der eine solche Pfadausbildung fördert und vorantreibt, sind sich selbst verstärkende Prozesse (in der Pfadtheorie häufig auch „Increasing Returns“ genannt). In dieser Phase werden die ursprünglichen Entscheidungen („Small Events“) durch positive Rückkopplungen verstärkt, so dass es immer häufiger zu diesen Entscheidungen kommt. Selbst - verstärkende Mechanismen wie Skalenerträge und „Learning by Doing“ führen zu sprunghaften Qualitätsverbesserungen oder Kostensenkungen und erhöhen dadurch die Attraktivität dieses einen Standards (Vgl. ARTHUR, W. B. (1989), S. 6). Ähnlich wirken Netzwerkeffekte; hier kommt es zu erheblichen Nutzensteigerungen, wenn sich mehrere Personen in gleicher Weise (z.B. für ein Produkt oder eine Technologie) entscheiden. So etwa bei der Entscheidung, sich einen bestimmten Mobil-Telefonanschluss zu kaufen; der Nutzen der Entscheidung steigt überproportional, je mehr Personen sich entschließen, ebenfalls diesen Mobil-Telefonanschluss (und nicht den einer anderen Telefongesellschaft) zu erwerben. Eine weitere sehr wichtige Selbstverstärkung geht ferner häufig von Komplementaritäten aus, zwei Systeme ergänzen einander und erzeugen durch gemeinsamen Gebrauch Synergien. Wenn sich eine Alternative erst einmal einen Vorsprung am Markt erworben hat, tendieren positive Rückkopplungen dazu, diesen Vorsprung bis zur Alleinstellung oder ggf. Marktbeherrschung auszubauen (Vgl. ARTHUR, W. B. (1989), S. 116; DAVID, P. A. (1985), S. 332ff.).

Phase III: Während Alternativen verschwinden wird der Markt zunehmend auf eine Technologie festgelegt, es entsteht ein ‚Lock-in' (DAVID, P. A. (1985), S. 334). In diesem Zustand ist eine Rückkehr zur Ausgangsposition mit den verschiedenen Alternativen nicht mehr möglich. Neue Alternativen werden von dem starr gewordenen System abgewiesen, selbst dann, wenn sie wesentlich effizienter wären. Ein Wechsel wäre in der Regel auch mit Wechselkosten in Form von zusätzlichem Aufwand und neuen Investitionen verbunden. Es gibt aber auch ein „Behavioural Lock-in", das stärker durch die Entwicklung tief verankerter Verhaltensmuster bestimmt ist (BARNES, W. et al. (2004), S. 372f.).

In sozialen Situationen ist indessen im Unterschied zu Technologien ein ‚Lock-in' kein endgültig determinierter Zustand, sondern vielmehr ein stark verengter Handlungsspielraum der Akteure (Vgl. SCHREYÖGG, G. / SYDOW, J. / KOCH, J. (2003), S. 272).

Zur Erklärung des Nachsynchronisations-Lock-ins soll komplementär zur Pfadanalyse das Konsumverhalten der Filmtheaterbesucher mit herangezogen werden. Hier ragt insbesondere die Theorie der Konsumkompetenz heraus.

„Consumption skills": In der Ökonomie werden Gewohnheiten häufig als instrumentelle Routinen interpretiert, die dem Entscheidungsträger Suchkosten in Form von Zeit und kognitivem Aufwand ersparen (Vgl. STIGLER, G. J. / BECKER, G. S. (1977), S. 81ff.; BECKER, G. S. (1992), S. 331). Gewohnheitsmäßiges Verhalten zeichnet sich durch eine positive Korrelation von vergangenem und gegenwärtigem bzw. zukünftigem Konsum aus. Im Modell von STIGLER, G. J. / BECKER, G. S. (1977) liegen dieser Korrelation Consumption Skills zugrunde: Der Konsum eines Gutes geht einher mit dem beiläufigen Erwerb güterspezifischer Consumption Skills. Diese Skills erhöhen den Konsumentennutzen bei Konsum des Gutes und erleichtern – und erhöhen dadurch – den Konsum des spezifischen Gutes in zukünftigen Perioden. In der Folge entsteht ein relativ rigides Entscheidungsmuster zugunsten eines spezifischen Konsums, in unserem Falle des Sprachtransferformates. Fortgesetzter Konsum eines spezifischen Sprachtransferformates erleichtert und erhöht dessen Konsum in der Zukunft.

3 Historische Entwicklung und Pfadabhängigkeit der Nachsynchronisation

Die Beantwortung der Frage, ob die Adaption der Nachsynchronisation in Deutschland zu einem pfadabhängigen Phänomen geworden ist, erfordert das Aufzeigen von (a) Kontingenz zu Beginn des Tonfilms und pfadinitiierenden kritischen Ereignissen, die der Nachsynchronisation zum Vorteil verhalfen, (b) die Wirkung selbstverstärkender Mechanismen, die den Vorsprung der Nachsynchronisation ausbauten, und schließlich Ereignisse, die (c) ein Lock-in des Filmmarktes bzw. der Filmindustrie in den Standard der Nachsynchronisation bewirkten.

3.1 Phase I: Historische Ausgangssituation und Small Events

Kontingenz: Bereits der Stummfilm oder genauer der Stummfilmmarkt zeichnete sich durch ein hohes Maß an Internationalität (aus JASON, A. (1935), S. 105ff., 127ff.). Zuschauer waren von Anfang gewöhnt, auch ausländische Filmproduktionen zu sehen. Bei ausländischen Stummfilmen beschränkte sich der technische Aufwand auf das (kostengünstige) Ersetzen der Zwischentitel in der jeweiligen Landessprache (IVARSSON, J. (2001)). Mit der Einführung des Tonfilms (in Deutschland 1929), der sehr schnell an Popularität gewann, fand diese einfache Art der Internationalisierung ein Ende, da das Publikum den fremdsprachigen Dialogen nicht mehr ohne weiteres folgen konnte (JASON, A. (1932), S. 24). Um diese Sprachbarriere zu überwinden und den zuvor florierenden internationalen Filmhandel wieder zu beleben, suchte man nach neuartigen Übersetzungsmethoden, um fremdsprachige Filme verstehen zu können. Zu den wichtigsten der erprobten Sprachtransfertechniken gehörten landessprachliche Untertitelung, Nachsynchronisation in der Landessprache und Erstellung verschiedener Sprachversionen. Bei letzteren wurde ein Film in mehreren Sprachen quasi parallel produziert, in dem jede Szene mit Schauspielern aus unterschiedlichen Ländern abwechselnd unter Verwendung gleicher Sets und Technik aufgenommen wird.

In der Anfangszeit des Tonfilms gab es keine klaren Präferenzen in Bezug auf die konkurrierenden Sprachübertragungstechniken. Auf keinen Fall gab es eine sofortige Überlegenheit der Nachsynchronisation. Es war vielmehr so, wie sich 1930 aus einer Umfrage ergab, dass das Publikum der Nachsynchronisation ablehnend gegenüberstand (FILM KURIER (1930) 31.05.1930). Ebenso sahen Filmproduzenten und Verleiher die Nachsynchronisation eher als einen „Provisorischen Kompromiss" der bald verschwinden würde (FILM KURIER (1930/No. 185)). Diese anfängliche Ablehnung wird damit erklärt, dass das damalige Publikum den durch die Nachsynchronisation geschaffenen „synthetischen Menschen" - die Fusion einer Stimme mit einem fremden Körper - als unnatürlich und unästhetisch empfand (Vgl. GARNCARZ, J. (2005), S. 77-78, (2003), S. 16; MÜLLER, C. (2003), S.303ff.; REICHSFILMBLATT (1929)). Dieser ästhetische Mangel wurde indessen unterschiedlich gravierend erlebt, in Japan z.B. wurde er so stark wahrgenommen, dass die Nachsynchronisation schlussendlich niemals Fuß fassen konnte (TOSAKA, Y. (2003), S. 176ff.).

In Deutschland sollte sich die Situation bald ändern. In den Städten bevorzugte man nach wie vor fremdsprachige Filme in Originalversion oder mit Untertiteln. Auf dem Land verlangte das Publikum aber schon bald nach deutschsprachigen Filmen und bevorzugte deshalb „Sprachversionen", während Nachsynchronisationen auch dort noch als unnatürlich abgelehnt wurden (FILM KURIER (1930, No. 62 u. No. 111)). Der FILM KURIER (1932/No. 27) berichtet noch 1932, dass Nachsynchronisationen an den Kinokassen relativ erfolglos sind.

Insgesamt zeigt sich, dass die Situation in den ersten Jahren des Tonfilmes bis 1933 offen war. Es war nicht abzusehen, ob und ggf. welches Sprachtransferformat sich schließlich durchsetzen würde.

Ergänzend muss hinzugefügt werden, dass alle Systeme unter technischen Mängeln litten. Die Nachsynchronisation hatte große Qualitätsmängel, aber auch die Untertitelung war technisch noch unausgereift: Bis 1932 wurden die Untertitel noch häufig per optisch-photographischem Verfahren erzeugt dessen Resultate „kaum zufriedenstellend" waren (DIBBETS, K. (1993), S. 100). Die Untertitel waren vor hellem Bildhintergrund schwer zu lesen und das Kopierverfahren verringerte die Ton- und Bildqualität der Filme. Ein qualitativ hochwertigeres, dem heutigen Standard entsprechendes Untertitelungsverfahren gab es erst Mitte der 1930er Jahre (DIBBETS, K. (1993), S 101; IVARSSON, J. (2001)). Auch für die Nachsynchronisation fand man bald bessere Lösungen. Mitte der 1930er Jahre war die Qualität der Nachsynchronisation verbessert und die Untertitelung technisch auf dem Stand der 1990er Jahre. Das Publikum auf dem Lande verlangte bald nach der Einführung des Tonfilms nach deutschsprachigen Filmen. Da die eigene Produktion auf Grund der aufwendigen Umstellung auf den Tonfilm zurückgeht, setzt die Filmindustrie als Alternative für die unbeliebte Nachsynchronisation Anfang der 1930er Jahre auf die Produktion von Sprachversionen. Diese waren allerdings unverhältnismäßig teuer und wurden nach knapp drei Jahren ab 1932 schrittweise eingestellt (TOEPLITZ, J. (1979), S. 295). Die Einführung von Sprachversionen sollte dennoch einen nachhaltigen Effekt auf die deutsche Kinogeschichte haben: Durch das Sprachversionsformat war das deutsche Publikum daran gewöhnt, ausländische Produktionen mit deutschen Dialogen zu sehen. Als die Produktion von Versionen aufgegeben wurde, wendete sich die Publikumsgunst immer mehr der strukturell-ähnlicheren Nachsynchronisation und nicht der Untertitelung zu (Vgl. FILM KURIER (1935, No. 80 u. No. 228)).

Danach hat sich die Lage am Tonfilmmarkt schlagartig verändert. Laut FILM KURIER (1935/No. 100) zeigten bereits 1935 90% aller Kinos in Deutschland ausländische Filme im nachsynchronisierten Format. Die Nachsynchronisation wurde rasch zum Marktstandard (MÜLLER, C. (2003), S. 312). Diese Veränderung wurde durch Small Events wesentlich befördert:

Kritische Ereignisse: Es lassen sich Ereignisse finden, die das Umkippen des Marktes zugunsten der Nachsynchronisation ausgelöst haben könnten. So fiel in die Entscheidungsphase das Aufkommen eines extremen politischen Nationalismus, der fremdsprachige untertitelte Filme als eine Bedrohung der eigenen Identität und Kultur wahrnehmen ließ (Vgl. DANAN, M. (1991), S. 611-612; HESSE-QUACK, O. (1969), S. 56). Die Nachsynchronisation bot dagegen die Möglichkeit fremdsprachige Filme „der Deutschen Mentalität anzupassen" (FILM KURIER (1935, No. 100, No. 201 u. No. 204) und über die Synchrondialoge den Inhalt des Filmes im national-sozialistisch erwünschten Sinne zu manipulieren. Dies war bei Untertitelung nur begrenzt möglich.

Ferner gab es einen Anreizmechanismus. Filme, die von der für Zensur zuständigen Filmprüfstelle, die Filmprädikate „volksbildend", „staatspolitisch-" und/oder „künstlerisch wertvoll" erhielten, wurden von der Lustbarkeitssteuer befreit (DEUTSCHES FILMINSTITUT (2008)). Per Nachsynchronisation war es wesentlich einfacher „angepasste" Filmversionen herzustellen, die mit solchen Prädikaten ausgezeichnet wurden als per Untertitelung (die Sprachkundigen hörten ja die Originaldialoge!). Somit stellte das Prädikats- und Zensurwesen einen expliziten finanziellen Anreiz zugunsten der Nachsynchronisation dar.

Als drittes Small Event kann schließlich der Erlass der Kontingentgesetze von 1930 und 1933 angesehen werden. Sie schränkten den Import ausländischer Filme drastisch ein und bestimmten, dass nachsynchronisierte Versionen fremdsprachiger Produktionen in Deutschland nur gespielt werden durften, wenn die Nachsynchronisation *in* Deutschland und *von* Deutschen gemacht worden war (Vgl. JASON A. (1932, S. 35ff.; 1935, S. 50). In Folge dieser Regelung etablierten vor allem die großen US-Filmstudios, die zuvor die Auslandsfassungen ihrer Filme primär in Joinville bei Paris produzierten, nunmehr in/um Berlin (Vgl. FILM KURIER (1932/No. 208)). Dadurch entstand dort ein weltweit führender Gewerbe-Cluster für Nachsynchronisation, der die Qualität der Nachsynchronisation kontinuierlich erhöhte.

3.2 Phase II: Pfadformation und Selbstverstärkung

Die „Critical Events" – Sprachversionen, nationalistische und protektionistische Politik, Gewerbe-Cluster – verschafften der Nachsynchronisation in Deutschland Mitte der 1930er Jahre einen Startvorteil im Sinne einer Critical Juncture. Dieser Startvorteil wurde durch positive Rückkopplungs-Effekte verstärkt.

Positive Rückkopplung durch Consumption Skills: Experimente zeigen, dass im Falle der Untertitlung die entscheidenden Consumption Skills darin bestehen, gleichzeitig zu sehen und zu lesen und dabei den Aufmerksamkeitsschwerpunkt ohne Anstrengung zwischen Untertitel und Filmbild hin und her pendeln zu lassen (Vgl. D'YDEWALLE, G. / VAN RENSBERGEN, J. (1989), S. 238; Vgl. auch KOOLSTRA, C. M. et al. (2002), S. 332f.). Bei Nachsynchronisation bestehen die Haupt-‚Skills' im Ignorieren der nachsynchronisierten Filmen zwangsläufig inhärenten Lippenasynchronität und/oder der Dissonanz von Sprache und Figurenkontext (Vgl. VÖGE, H. (1977); GARNCARZ, J. (2005, S. 79-80; 2003, S. 18)).

Diese spezifischen Consumption Skills werden durch wiederholtes Konsumieren des jeweiligen Sprachtransferformates akkumuliert. Diese Akkumulation führt dazu, dass das Konsumieren des jeweiligen heimischen Sprachtransferformates leichter fällt – die Zuschauer in dem jeweiligen Format deutliche Lernvorteile erringen. Der Konsum alternativer Sprachtransferformate ist hingegen mit zunehmenden Schwierigkeiten (und geringerem Nutzen) verbunden (Vgl. LUYKEN, G. et al. (1991), S. 119).

Im Zuge der Bevorzugung der Nachsynchronisation im Deutschland der 1930er Jahre erfolgte der zunehmende Erwerb entsprechender Consumption Skills und die Gewöhnung an die Nachsynchronisation (Vgl. GARNCARZ, J. (2003, S.18; 2005, S. 79f.). Während zu Beginn der 1930er Jahre die Nachsynchronisation noch von breiten Teilen der Bevölkerung abgelehnt wurde, erwarb das Publikum ab 1932 zunehmend die Fähigkeit, nachsynchronisierte Filme ohne Beeinträchtigung zu genießen (Vgl. FILM KURIER (1932/No. 42).

Industrielle Lerneffekte und Skalenerträge: Die oben erwähnten Kontingentgesetze führten zu einer zunehmenden Konzentration der Nachsynchronisationsindustrie in/um Berlin. Ein Resultat waren steigende Stückzahlen und Erfahrungszuwächse der Branche, die sich in Optimierungen der Produktionsprozesse und einer Senkung der Stückkosten pro Nachsynchronisation niederschlugen – es ließen sich also signifikante Skalenerträge erzielen. Schon ab 1932 zählten die in Berlin produzierten Nachsynchronisationen zu den qualitativ besten in Europa (Vgl. FILM KURIER (1932, No. 99 u. No.190). Deshalb wurden in Berlin auch immer mehr Nachsynchronisationen für ausländische Märkte (Italien, Spanien, England, Frankreich) erstellt, was in der Fortfolge die Chance zu weiteren Technologieverbesserungen und Stückkostensenkungen durch Erfahrung erhöhte.

Durch die zunehmende Erfahrung, die Skalenerträge und die dadurch bedingte Steigerung der Nachfrage konnte in den Berliner Synchronstudios die technische Studioapparatur zunehmend verbessert werden (Vgl. FILM KURIER (1931, No. 119 (a) u. (b); 1932/No. 232)). Ebenso wurden die Sprech- und Aufnahmetechniken verbessert (z.B. die Neuerung, dass Synchronsprecher während der Aufnahme die Filmszenen auf einer Leinwand verfolgen konnten) und professionalisiert, es entstanden die Berufe „Synchronsprecher“ und „Synchronregisseur“. Das Resultat war eine Abkehr von der *Ryhthmographie* und ihrem unnatürlich klingenden, abgehackten Sprechfluss (Vgl. MÜLLER, C. (2003), S. 310) hin zu flüssigen, natürlich intonierten Synchrondialogen bereits ab1933 (Vgl. MAIER, W. (1997), S. 63ff.; FILM KURIER (1933)).

Im Gegensatz dazu fanden die wichtigen Innovationen im Bereich der Untertitelung nicht in Deutschland statt. Bei der Untertitelung wurde ja – wie bereits erwähnt – noch bis 1932 die technisch unausgereifte optische Untertitelung verwendet, die flackernde, schlecht lesbare Titel erzeugte. Das technisch ausgereiftere chemische Untertitelverfahren fand in Europa erst ab Mitte der 1930er Jahre breitere Anwendung (DIBBETS, K. (1993), S. 101; IVARSSON, J. (2001))und traf in Deutschland auf einen schon zugunsten der Nachsynchronisation strukturierten Markt.

Verstärkung durch komplementäre Technologien: Da zum Zeitpunkt der Einführung des Fernsehens in den 1950er Jahren das Publikum über den Kinokonsum bereits an die Nachsynchronisation gewöhnt war, wurde dieses Sprachtransferformat auch in dem neuen Medium angewendet. Dasselbe erfolgte später bei der Einführung von Video in den 1970er Jahren. Da durch Video und Fernsehen der Konsum an nachsynchronisierten Filmen/Programmen stieg, haben diese beiden Medien in Deutschland die Gewöhnung des Publikums an die Nachsynchronisation weiter verstärkt.

Transaktionskosten und Skalenerträge: Im Videobereich bezieht sich das folgende Argument bis zur Verbreitung der DVD zu Anfang der 2000er Jahre. Das Angebot an OV/OmU-Filmen auf Video war in Deutschland auf Nischenanbieter – meist nur in großen Ballungszentren präsent – beschränkt (Vgl. MAIER, W. (1997), S. 28ff.). Dies bedeutet (a) dass für deutsche Konsumenten die (lokale) Auswahl an Filmen im OmU/OV-Format deutlich geringer war als bei nachsynchronisierten Fassungen; (b) Konsumenten, die OmU/OV- Filme sehen oder kaufen/ausleihen wollten, mussten weite Anreisen in Kauf nehmen. In der Summe bedeutet dies, dass der Konsum von Video-Filmen im OV/OmU Format höhere Transaktionskosten (Transportkosten, Zeitaufwand) und geringere Auswahl bedingte als der Konsum von Nachsynchronisationen. Dies stellte für das Publikum einen Anreiz dar, den Konsum von OmU/OV- Filmen durch Nachsynchronisationen zu substituieren. Durch diese Substitutionen werden die Transaktionskostendifferenzen zwischen OV/OmU und der Nachsynchronisation vergrößert, da die Nutzerbasis von nachsynchronisierten Filmen (zu Lasten der OmU/OV Nutzerbasis) verbreitert wird. Dies wiederum steigert die Attraktivität der Substitution von OV/OmU durch Nachsynchronisation: eine positive Rückkopplung, die die Dominanz der Nachsynchronisation verstärkt.

3.3 Phase III: Lock-in

1930-Nachkriegszeit: Wenn sich der überwiegende Teil des deutschen Publikums nicht schon während des Dritten Reiches vollends für die Nachsynchronisation entschieden hatte, so geschah dies spätestens während der Nachkriegsperiode. Im Nachkriegsdeutschland stand die Filmindustrie direkt unter der Kontrolle der Alliierten in den jeweiligen Besatzungszonen. Vorführungen US -amerikanischer Filme waren seit Kriegseintritt der USA (1941) bis Kriegsende in Deutschland verboten. Während des Krieges wurden in Hollywood circa 2500 Filme hergestellt, die nun auch in Deutschland vermarktet werden sollten. (BRÄUTIGAM, T. (2003), S. 20; DANAN, M. (1991), S. 608). Obwohl die Filmnachfrage im Nachkriegsdeutschland sehr groß war, konnte man viele dieser Filme nicht ohne weiteres in Deutschland auf den Markt bringen: Viele wiesen so drastische anti-deutsche Tendenzen auf, dass man befürchten musste, sie würden vom Publikum nicht akzeptiert und die Bevölkerung obendrein gegen die Alliierten aufbringen. Die Nachsynchronisation bot eine probate Lösung für dieses Dilemma: Durch geschicktes Umschneiden der Filme und einem Nachsynchronisieren der Dialoge, die sich inhaltlich an den heiklen Stellen völlig vom Original unterschieden, wurden die antideutschen Sentenzen verschleiert. Deshalb förderte die US Militärverwaltung - wie alle Siegermächte – die Produktion nachsynchronisierter Fassungen für den deutschen Markt (PRUYS, M. G. (1997), S. 153ff.), sodass diese sich bis Mitte der 1950er Jahre vollkommen durchsetzte (MAIER, W. (1997), S. 68). Diese Entscheidung stellt ein kritisches Ereignis dar, das für den deutschen Filmmarkt letztlich den endgültigen Lock-in in die Nachsynchronisation bedeutete. Das Gelegenheitsfenster, das Transferregime nach dem Krieg wieder zu ändern, war geschlossen. Die Situation hat sich bis heute nicht verändert.

Gespräche mit Vertretern deutscher Filmverleiher, die für diese Untersuchung geführt wurden, ergaben, dass heute im deutschen Kinomarkt der Marktanteil der Untitelung bei ca. 5% der zirkulierenden Filmkopien liegt. Die überwiegende Mehrheit des Publikums lehnt OmU/OV-Versionen der Filme ab. Das Publikum ist so stark auf die Nachsynchronisation fixiert, so dass von dieser Norm abweichende Filmanbieter mit Umsatzverlusten rechnen müssen.

Eine Folge dieser fixierten Präferenz und dieses eingeschränkten Angebots alternativer Formate ist, dass das Publikum aufgrund fehlender Consumption Skills Filmen im OmU-Format nur schwer folgen kann. Noch zu Beginn der 1990er Jahre hatten mehr als 60% der Deutschen Schwierigkeiten den Untertiteln während eines Films/Programms zu folgen (Vgl. LUYKEN, G. et al. (1991), S. 119). Diese Verständniseinbußen stellen Wechselkosten dar, die für das deutsche Publikum mit einem Wechsel von der Nachsynchronisation zur Untertitelung einhergehen würden. Da für das Publikum diese Wechselkosten mit einem Nutzenverlust gleichkommen, werden OmU-Formate vom breiten Publikum nicht akzeptiert.

Im Fernsehen ist das Ausstrahlen von Filmen in OmU-Format nur eingeschränkt möglich, da Sendelizenzen die Auswertung eines Filmes/Programms auf den deutschsprachigen Raum beschränken, aber viele deutsche Sender im restlichen Europa empfangen werden. Würden Filme in OmU ausgestrahlt könnten diese in vielen Fällen von – durch die Lizenz nicht abgedeckten – ausländischen Haushalten verstanden und konsumiert werden, was die Lizenzgebühr drastisch erhöhen würde. Um dies zu verhindern könnten deutsche Programme nur noch kodiert ausgestrahlt und nicht mehr frei in ausländische Netze eingespeist werden, was für die Sender eine Form von Wechselkosten darstellt.

4 Diskussion

Diese Untersuchung zeigte, dass in Deutschland die Adoption der Nachsynchronisation als Standard für den Transfer fremdsprachiger Filme ins Deutsche das Ergebnis eines pfadabhängigen Prozesses ist.

Eine häufige anderslautende Erklärung für die dominante Verwendung der Nachsynchronisation ist das Marktgrößenargument. Hiernach wird in großen Ländern die Nachsynchronisation verwendet, weil die höheren Kosten der Nachsynchronisation durch die Fixkostendegression an Bedeutung verlören. In kleinen Ländern amortisierten sich dagegen die Kosten für die (an für sich immer präferierte) Nachsynchronisation wegen mangelnder Stückzahlen nicht und somit würde dort auf die billigere Produktionsmethode der Untertitelung zurückgegriffen. Dieses Argument hält jedoch schon einer kurzen Evidenz-Prüfung nicht stand; es gibt zahlreiche Gegenbeispiele, die die universelle Gültigkeit dieser Daumenregel in Frage stellen: In den relativ kleinen Ländern Tschechien und Slowakei war in den 1990er Jahren ein großer Teil der fremdsprachigen Kinofilme nachsynchronisiert. Dies gilt ebenso für Ungarn und Bulgarien (DRIES, J. (1995), S. 6). Andererseits verwenden große Länder nicht unbedingt Nachsynchronisation: Im großen japanischen Kinomarkt wird seit Anfang der 1930er Jahren primär die Untertitelung und eben nicht die Nachsynchronisation eingesetzt (TOSAKA, Y. (2003), S. 174ff.). Das gleiche gilt für Brasilien. In Russland kommt vorwiegend das der Nachsynchronisation verwandte Voice-Over Verfahren zum Einsatz.

Die zwischenzeitlich immer üblichere Digitalisierung der Filmauswertung könnte allerdings eine Wende herbeiführen und einen Pfadbruch initiieren. Durch die Digitalisierung des Home Entertainment und die Verbreitung von DVDs haben sich die Transaktionskosten für Filme im OmU-Format oder nachsynchronisierter Version weitgehend angeglichen. Hierbei ist auch ein einfacher Wechsel zwischen den Sprachtransferformaten möglich. Es gibt Hinweise darauf, dass sich eine Entwicklung zugunsten von OV/OmU abzeichnet: Für 28% der DVD/Video Nutzer ist ein „wichtiger“ oder „sehr wichtiger“ Grund für die DVD/Video-Nutzung Filme in „anderen Sprachen oder in OmU“ zu sehen (FFA (2006), S. 28ff.). Die Gruppe der DVD/Video-Nutzer, von denen 28% OV/OmU-affin sind, besteht aus „vornehmlich aktiven Kinobesuchern“ (FFA (2006), S. 29). Deshalb ist die OV/OmU-Präferenz dieser Gruppe für Kinofilmverleiher besonders relevant. Zudem werden Gewöhnungseffekte die OV/OmU-Präferenz dieser Gruppe weiter verstärken, bzw. diese Gruppe erweitern. So könnte es sein, dass die neue Technologie (Digitalisierung) einen Pfadbruch bewirkt, der sonst so gut wie unmöglich erschien. Ob es aber tatsächlich so kommen wird, muss sich indessen erst noch erweisen. Wir stehen ja erst am Anfang dieser Entwicklung und noch sind praktisch alle ausländischen Filme in den Filmtheatern nachsynchronisiert.

Literaturverzeichnis

ARROW, K. J.: Increasing Returns: Historiographic Issues and Path Dependence, in: European Journal of the History of Economic Thought, Vol. 7, No. 2, 2000, S. 171-180.

ARROW, K. J.: Path Dependence and Competitive Equilibrium, in: GUINNNANE, T. W. / SUNDSTROM, W. A. / STANFORD, W. (Hrsg.): History Essays on Economic Growth, Technology, and Demographic Change, Stanford, 2003, S. 23-25.

ARTHUR, W. B.: Competing Technologies, Increasing Returns, and Lock-in by Historical Events, in: The Economic Journal, Vol. 99, No. 394, 1989, S. 116-131.

BARNES, W. / GARTLAND, M. / STACK, M.: Old Habits Die Hard: Path Dependency and Behavioral Lock-in, in: Journal of Economic Issues, Vol. 38, No. 2, 2004, S. 371-377.

BECKER, G. S.: Habits, Addictions, and Traditions, in: Kyklos, Vol. 45, No. 3, 1992, S. 327-345.

BRÄUTIGAM, T.: Dialoge für Deutsche – Filmsynchronisation in der Nachkriegszeit, in: Schnitt – Das Filmmagazin, 29, 2003, S. 20-22.

D'YDEWALLE, G. / VAN DE POEL, M.: Incidental Foreign-Language Acquisition by Children Watching Subtitled Television Programs, in: Journal of Psycholinguistic Research, Vol. 28, No.3, 1999, S. 227-244.

D'YDEWALLE, G. / VAN RENSBERGEN, J.: 13 Developmental Studies of Text-Picture Interactions in the Perception of Animated Cartoons with Text, in: MANDL, H. / LEVIN, J. R. (Hrsg.): Knowledge Acquisition from Text and Pictures, Elsevier, 1989.

DANAN, M.: Dubbing as an Expression of Nationalism, in: Meta: Translator's Journal, Vol. 36, No. 4, 1991, S. 606–614.

DAVID, P. A.: Clio and the Economics of QWERTY, in: American Economic Review, Vol. 75, No. 2, Papers and Proceedings of the Ninety-Seventh Annual Meeting of the American Economic Association, May, 1985, S. 332-337.

DAVID, P. A.: Path Dependence and the Quest for Historical Economics: One More Chorus of the Ballad of QWERTY, in: Discussion Papers in Economic and Social History, Oxford, No. 20, November 1997.

DEUTSCHES FILMINSTITUT (Homepage): Film und Filmschaffende unter dem Hakenkreuz, http://www.filmportal.de/df/95/Artikel,,,,,,,EE827F9CD1B6C696E03053D50B3733EF,,,,,,,,,,,,,,,,,,,,,,,,.html, 15.01.2008.

DIBBETS, K.: Sprekende Films. De Komst van de geluidsfilm in Nederland [Talking Movies. The Birth Sound Film in the Netherlands], Amsterdam, 1993.

DRIES, J.: Breaking Eastern European Barriers, in Sequentia, II (4) June/July/August, 1995, S. 6.

FFA – FILMFÖRDERUNGSANSTALT: Motivations-Studie Kino 2006, (Homepage) http://www.filmfoerderungsanstalt.de/downloads/publikationen/motivationsstudie_kino.pdf, 05.03.2008.

FILM KURIER: Publikum verlangt Dialogfilme – lehnt aber Synchronisierung ab, No. 62, 13.3.1930.

FILM KURIER: Briefe aus der Praxis. Tonfilmenttäuschungen – Warum?, No. 111, 10.5.1930.

FILM KURIER: Antworten auf 10 Fragen über die Tonfilmlage Europas, Sondernummer, 31.5.1930.

FILM KURIER: Das Internationale Problem: Die Version – Der deutsch-amerikanische Producer-Regisseur Friedrich Zelnik" Die Nachsynchronisation wird als ein provisorischer Kompromiss bezeichnet, No. 185, 7.8.1930.

FILM KURIER: Technik des Organon Synchronisierungs-verfahrens System Thun - Gerst, No. 119 (a), 23.5.1931.

FILM KURIER: Vervollkommnung der Synchronisationstechnik, No. 119 (b), 23.5.1931.

FILM KURIER: Tagesschau, Berlin 1. Februar – Nachsynchronisierte Versionen, No. 27, 1.2.1932.

FILM KURIER: Illusionen Amerikas über Synchronisationen. „Dubbing“ – Frankreichs Problem, No. 42, 18.2.1932.

FILM KURIER: Wochenschau Nr. 11 - Gedubbt oder düpiert, No. 68, 19.3.1932.

FILM KURIER: Berlin – Zentrum für Versionen, No. 99, 27.4.1932.

FILM KURIER: Wochenschau Nr. 31 – Dubben In Deutschland, No. 190, 13.8.1932.

FILM KURIER: Paramount dubbt in Deutschland, No. 208, 3.9.1932.

FILM KURIER: Tonsystem „Friess“ – Vollapparatur für Gleich- und Nachsynchronisierung, No. 232, 1.10.1932.

FILM KURIER: Spricht die Garbo deutsch?, 12.12.1933.

FILM KURIER: Original oder Synchronisierung – Amerikaner In Westdeutschland No. 80, 4.4.1935.

FILM KURIER: Helmuth Brandis: Original oder Nachsynchronisierung, No. 100, 30.4.1935.

FILM KURIER: Kurt Bleines schlägt vor: Fremdsprachige Versionen deutscher Filme – nutzt die Erfahrungen der Eindeutschungsarbeit!, No. 201, 29.8.1935.

FILM KURIER: Filme im Werden – Chorgesang und Hörnerklang, No. 204, 2.9.1935.

FILM KURIER: Zu einer Deutsch-Fassung: ‚Es geschah in einer Nacht', No. 228, 10.12.1935.

GARNCARZ, J.: Die Etablierung der Synchronisation fremdsprachiger Filme: Eine vergleichende europäische Studie, in SEGEBERG, H. / SCHÄTZLEIN, F. (Hrsg.): Sound: Zur Technologie und Ästhetik des Akustischen in den Medien, Marburg, 2005, S. 74-82.

GARNCARZ, J.: Die Etablierung der Synchronisation in den 30er Jahren, in Schnitt – das Filmmagazin, Vol. 29, 2003, S. 16-19.

HESSE-QUACK, O.: Der Übertragungsprozeß bei der Synchronisation von Filmen – Eine interkulturelle Untersuchung, München/Basel, 1969.

IVARSSON, J.: A Short Technical History of Subtitle in Europe, Beitrag zu International Conference on Dubbing and Subtitling in a World Context in Hong Kong, 2001, (Homepage) http://www.transedit.se/history.htm, 15.11.2007.

JASON, A.: Handbuch der Filmwirtschaft - Band III – Die erste Tonfilmperiode, Berlin, 1932.

JASON, A.: Handbuch des Films 1935/36, Berlin, 1935.

KOOLSTRA, C. M. / BEENTJES, W. J.: Children's vocabulary acquisition in a foreign language through watching subtitled television programs at home, in: Educational Technology Research and Development, Vol. 47, No. 1, 1999, S. 51-60.

KOOLSTRA, C. M. / PEETERS, A. L. / SPINHOF, H.: The Pros and Cons of Dubbing and Subtitling, in: European Journal of Communication, Vol. 17, No. 3, 2002, S. 325-354.

LUYKEN, G. / HERBST, T. / LANGHAM-BROWN, J. / REID, H. / SPINHOF, H.: Overcoming Language Barriers in Television. Dubbing and Subtitling for the European Union Audience, Manchester, 1991.

MAHONEY, J. Path Dependence in Historical Sociology, in: Theory and Society, Vol. 29, 2000, S. 507-548.

MAIER, W.: Spielfilmsynchronisation, Forum Anglicum, Vol. 23, Frankfurt am Main, 1997.

MÜLLER, C.: Vom Stummfilm zum Tonfilm, München, 2003.

PRUYS, M. G.: Die Rhetorik der Filmsynchronisation – Wie ausländische Spielfilme in Deutschland zensiert, verändert und gesehen werden, Tübingen, 1997.

REICHSFILMBLATT: Mitteldeutschland lehnt den Tonfilm ab, No. 50, 14.12.1929.

SCHREYÖGG, G. / SYDOW, J. / KOCH, J.: Organisatorische Pfade - Von der Pfadabhängigkeit zur Pfadkreation?, in: SCHREYÖGG, G. / SYDOW, J. (Hrsg.): Managementforschung Bd. 13: Strategische Prozesse und Pfade, Wiesbaden, 2003, S. 257-293.

STIGLER, G. J. / BECKER, G. S.: De Gustibus Non Est Disputandum, in: The American Economic Review, Vol. 67, No. 2, 1977, S. 76-90.

SYDOW, J. / SCHREYÖGG, G. / KOCH, J.: Organizational Paths: Path Dependency and Beyond, Artikelbeitrag zu 21st EGOS Colloquium, Berlin, 30. Juni – 2. Juli 2005.

TOEPLITZ, J.: Geschichte des Films, Bd. 2, 1928-1933, Berlin, 1979.

TOSAKA, Y.: Hollywood goes to Tokyo: American Cultural Expansion and Imperial Japan, 1918–1941, Dissertation Presented in Partial Fulfillment of the Requirements for the Degree Doctor of Philosophy in the Graduate School of *The Ohio State University*, 2003, (Homepage) http://www.ohiolink.edu/etd/send-pdf.cgi?acc_num=osu1060967792, 10.12.2007.

VÖGE, H.: The Translation of Films: Sub-Titling Versus Dubbing, in: Babel, 23 (3), 1977, S. 120-125.

Erfolgreiche Etablierung und Entwicklung der Marke ‚Johannes B. Kerner'

JOHANNES B. KERNER, MICHAEL HÜLSMANN, JÖRN GRAPP, JENS TIEDEMANN[1]

Zusammenfassung
Während der TV-Karriere von Johannes B. Kerner haben sich seine Rolle als Mensch, Moderator und Marke zu einem partiell kongruenten Wirkungsgefüge entwickelt und etabliert. Es soll aufgezeigt werden, ob und inwieweit die Marke „Johannes B. Kerner" über ein identitätsbasiertes Markenverständnis beschrieben werden kann. Dazu wird erst sein Weg in der TV-Branche nachgezeichnet, das populäre, gleichnamige Show-Konzept „Johannes B. Kerner" skizziert. Dann wird auf markentheoretischer Basis und Erklärungsansätzen wie der Kongruenztheorie sein Markencharakter als prominente Person der TV-Branche erarbeitet. Schließlich wird diskutiert, inwieweit der Entwicklung und Etablierung der Marke „Johannes B. Kerner" eine mediale Markenstrategie zugrunde gelegen hat oder ob es sich eher um eine emergente Strategie gehandelt haben könnte.

[1] Die Inhalte dieses Aufsatzes sind im Rahmen eines gemeinsamen Experten-Gesprächs zwischen Johannes B. Kerner und Michael Hülsmann sowie Jörn Grapp und Jens Tiedemann generiert worden.

Beitragsinhalt

1 Einleitung

Der deutsche TV-Markt bietet seinen Konsumenten eine große Anzahl unterschiedlicher Formate, die durch nahezu ebenso viele Personen repräsentiert werden. Das heißt, mit bestimmten Sendungen – insbesondere TV-Shows – werden auch bestimmte Persönlichkeiten in Verbindung gebracht. Beispielsweise wird bereits seit ca. 20 Jahren Thomas Gottschalk u.a. mit der Samstagsabend-Unterhaltungs-Show „Wetten, dass...?“ assoziiert oder Günther Jauch seit fast 10 Jahren mit der Game-Show „Wer wird Millionär“. Diese Formate dürften mit zu den bekanntesten zählen und die sie moderierenden Personen zu den populärsten Menschen des deutschen Fernsehens gehören. In beiden Fällen sind die Personen und ihre Show scheinbar untrennbar aus Zuschauersicht miteinander verbunden. Zudem moderieren sie u.a. noch Preisverleihungen, Spendengalas oder auch Sportevents oder sind in der Werbung für z.B. Süßigkeiten, andere Lebensmittel oder sonstige Dienstleistungen tätig und gelten als beliebteste Persönlichkeiten des deutschen Fernsehens. Gottschalk wird z.B. insbesondere wegen seines unkonventionellen und dadurch gleichzeitig sehr unterhaltsamen Moderationsstils geschätzt. Dieses Image wird u.a. für seinen Werbeauftritt genutzt und vermarktet. Doch was bestimmt den Beliebtheitsgrad dieser Moderatoren über die ihnen verliehenen Preise und Auszeichnungen hinaus tatsächlich? Warum sind gerade sie so vermeintlich erfolgreich mit ihrer Show und als Marke? Es wirft sich die generelle Frage auf, wie sich der Zusammenhang zwischen Show, dem sie moderierenden Moderator sowie Menschen und ihrem Markencharakter erklären lässt?

Was lässt sich aus diesen Erkenntnissen in Bezug auf Johannes B. Kerner als Persönlichkeit des deutschen Fernsehens ableiten? Auch während der TV-Karriere von Johannes B. Kerner haben sich seine Rolle als Mensch, Moderator und Marke zu einem eben solchen partiell kongruenten Wirkungsgefüge entwickelt und etabliert. Kerner ist Sport- und Talkshow-Moderator, geschätzt v.a. wegen seines integrativen Moderationsstils, mit dem er seine Gesprächspartner eher dazu motiviert, etwas zu sagen, anstatt sie dazu zu drängen. Unter seinem Namen als Label wird er im deutschen Fernsehen vermarktet. Es soll daher im Folgenden betrachtet werden, ob und inwieweit die Marke „Johannes B. Kerner“ über ein identitätsbasiertes Markenverständnis beschrieben werden kann. Dazu wird erstens sein Weg in der TV-Branche nachgezeichnet. Dabei werden einige seiner bedeutendsten Karrierestationen und Tätigkeitsfelder angesprochen. Zweitens wird das populäre, gleichnamige Show-Konzept „Johannes B. Kerner“ in seiner Entstehungsgeschichte, seinen Wesenszügen und Entwicklungslinien skizziert. Drittens wird auf markentheoretischer Basis und Erklärungsansätzen wie der Kongruenztheorie der Markencharakter Kerners als prominente Person der TV-Branche erarbeitet. Abschließend wird diskutiert, inwieweit der Entwicklung und Etablierung der Marke „Johannes B. Kerner“ eine mediale Markenstrategie zugrunde gelegen hat oder ob es sich bei seiner TV-Karriere und seinen Tätigkeitsfeldern eher um eine emergente, also eher in unvorhersehbarer Weise herausgebildete, Strategie gehandelt haben könnte.

2 Entwicklung von Person und Show „Johannes B. Kerner“

2.1 Meilensteine einer TV-Karriere

Um die erfolgreiche Entwicklung und Etablierung der Marke „Johannes B. Kerner“ nachvollziehen zu können, soll zunächst sein Weg in der TV-Branche anhand einiger wichtiger Stationen in seinem persönlichem Werdegang skizziert werden. Die nachfolgenden Meilensteine seiner TV-Karriere verdeutlichen, auf welche Tätigkeitsfelder Kerner sich im Zeitablauf als Moderator für Sport und Talk zunehmend fokussiert hat.

Johannes Baptist Kerner wird am 9. Dezember 1964 in Bonn geboren und wächst in Berlin auf, wo er im Anschluss an das Abitur Betriebswirtschaftslehre studiert (Vgl. ZDF, Homepage (WWW v. 14.10.2006)). THOMANN sagt über ihn: „Seine Hobbys sind Fußball, Kochen und deutsche Zeitgeschichte. Alle drei hat Kerner zum Beruf gemacht.“ (THOMANN, J. (2007), S. 14)

Die Anfänge der außergewöhnlichen TV-Karriere von Johannes B. Kerner als Sportreporter und Talkmaster liegen im Jahr 1986. Er ist zunächst als Volontär beim Sender Freies Berlin tätig und moderiert später die Sendungen „Sport 3“ und „SFB-Sportreport“. 1992 unterschreibt Kerner dann einen Vertrag beim Privat-Sender SAT.1. Dort moderiert und kommentiert er die Sportsendungen „ran“ sowie „ranissimo“ (u.a. auch als Moderator bei der Fußball-WM 1994 in der Sendung „ran USA 94“). Über das Privatfernsehen erlangt 1996/97 mit seiner täglich bei SAT.1 über zwei Jahre ausgestrahlten Talkshow „Kerner“ zunehmend an Popularität.

1997/98 wird er Moderator des „Aktuellen Sportstudios“ und seiner gleichnamigen Talksendung „Johannes B. Kerner Show“ beim ZDF (u.a. auch Moderation der Sendungen „Menschen“ sowie „Unsere Besten“) (Vgl. PORSCHE, S. (2008)). Bei bedeutenden Sportevents wie bereits bei der Fußball-WM 1998 (Frankreich) und der EM 2000 (Belgien/Niederlande), Olympia 2002 in Sydney (Australien) und bei der Fußball-WM 2002 (Japan/Südkorea), Fußball-WM 2006 (Deutschland) und Fußball-EM 2008 (Österreich/Schweiz) oder Olympia 2008 in Peking (China) moderiert Johannes B. Kerner als Live-Reporter.

Im Laufe seiner TV-Karriere sind Kerner zahlreiche Medienpreise verliehen worden. Diese Auszeichnungen unterstreichen vor allem seine Leistungen im Bereich der Unterhaltungs- und Sportmoderation. Beispielsweise wurde ihm 2003 die „Goldene Kamera“ in der Kategorie „Beste Talkshow-Moderation“ sowie 2006 der „Deutsche Fernsehpreis“ in der Kategorie „Beste Sportsendung“ für die Moderation der Sendungen zur Fußball-WM 2006 im ZDF verliehen (Vgl. ZDF, Homepage (WWW v. 14.10.2006)). Doch über seine Auszeichnungen hinaus scheint er vom deutschen Publikum neben seinen Leistungen als Moderator auch als

Mensch geschätzt zu werden. Eine Studie belegt, dass sogar 23,6% aller Befragten ihn sich als Nachbarn vorstellen könnten (Vgl. LIFEPR, Homepage (WWW v. 11.09.2007)).

2.2 Entwicklungsphasen des Show-Konzepts

Nachdem ein Überblick zu einigen bedeutenden Karriereschritten von Johannes B. Kerner als Person gegeben worden ist, soll nachfolgend die Entwicklung des gleichnamigen, erfolgreichen TV-Show-Formates beschrieben werden. Es wird gezeigt, welche Elemente das Show-Konzept zu Beginn beinhaltet und wie es sich bis heute mit Kerner als Moderator verändert hat. Diese Darstellungen sollen verdeutlichen, wie sich zunehmend eine Einheit aus Mensch, Moderator und letztlich seiner Show gebildet haben.

Mit dem TV-Format „Johannes B. Kerner Show" geht der Moderator erstmals seit dem 15. Januar 1998 auf Sendung. Die Show wird zunächst von a+i und seit Mitte 2007 von der infotainment GmbH sowie J. B. K. TV-Production im Auftrag des ZDF produziert. Ab Januar 2003 erhielt die Sendung den geänderten Titel „Johannes B. Kerner" (Vgl. SPIEGEL-GRUPPE, Homepage (WWW v. 12.08.2008)). Zu Beginn hat die Sendung konzeptionell eher eine Comedy-Ausrichtung. Davon nimmt KERNER jedoch Abstand, da ihn dies nicht ausreichend interessiert und er dabei nicht authentisch genug wirkt. Sein eigentliches Interesse sieht er im Gespräch mit Menschen, für ihre Lebenswege sowie ihre Geschichten und Gedanken. Darin sieht Kerner seine persönliche Stärke, da ihm das Führen von Gesprächen am meisten Spaß bereitet. Später besteht das Konzept der Show daher im Wesentlichen darin, dass Kerner immer donnerstags (um 23:00 Uhr) Interviews führt (Vgl. PORSCHE, S. (2008)). Er interviewt Persönlichkeiten aus den Bereichen Unterhaltung, Politik, Sport und Kultur, wobei sich unter seinen Gästen nicht nur Prominente, sondern auch weniger bekannte Menschen befinden, die z.B. etwas Besonderes erlebt haben (Vgl. ZDF, Homepage (WWW v. 14.10.2006)). Seine Talkshow kann damals als eine der beliebtesten deutschen Sendungen durchschnittlich etwa zwei Millionen Zuschauer vorweisen (Vgl. PORSCHE, S. (2008)). Dabei wird seine Moderationsweise folgendermaßen beschrieben: „Mit Gefühl und Humor gewinnt Kerner das Vertrauen seiner Gäste" (Vgl. ZDF, Homepage (WWW v. 14.10.2006)). Mit Blick auf diese Einschätzung kann es als charakteristisch für die Show erachtet werden, dass sich die Zuschauer das Gespräch nach Hause holen, weil sie es selber heutzutage nicht mehr aktiv führen. Menschen nehmen passiv an einer Unterhaltung teil. Diese passive Form der „audience participation" vollzieht sich durch die oben angesprochene Art und Weise wie das Gespräch geführt wird. Es geht darum, dass Gespräch auf eine Weise entstehen zu lassen, dass sich die Menschen integriert fühlen und sich dadurch als aktiven Bestandteil begreifen. THOMANN formuliert überspitzt, das Kerner als großer Integrator wirke. Es ließen sich sowohl Nobelpreisträger, Verbrechensopfer, Altkanzler und Gangsta-Rapper bei ihm nieder (Vgl. THOMANN, J. (2007).

Dabei ist es an sich natürlich keine revolutionäre TV-Idee, Menschen miteinander reden zu lassen. Das Genre der Talkshow existiert bereits erfolgreich seit vielen Jahren. Zwei Aspekte sind jedoch für das Fernsehen zu jederzeit entscheidend gewesen. Erstens lebt das Fernsehen von der Popularität einzelner Persönlichkeiten, die dieses Medium repräsentieren und zweitens davon, dass diese Personen die Fähigkeit besitzen, den Zuschauern komplexe Sachverhalte verständlich zu vermitteln. Beides scheint sich auf die Person Kerners zu vereinigen. Es handelt sich dabei nicht um etwas, dass er sich hat erarbeiten müssen. Er ist im Fernsehen ebenso wie in der Realität die gleiche Person. Es herrscht entsprechend ein hohes Maß an Kongruenz zwischen beiden „Auftrittsformen" des Moderators, der beruflich wie privat „in der gleichen Welt" lebt und somit gleichsam ein hohes Maß an Authentizität verkörpert.

Diese erfolgreiche Entwicklung ist sicherlich auch ursächlich dafür, dass mit Jahresbeginn 2002 eine Erweiterung auf vier wöchentliche Ausstrahlungstermine von Dienstag bis Freitag (ab ca. 22.45 Uhr) erfolgt. Diese Änderung der Ausstrahlungshäufigkeit ist vorgenommen worden, um flexibler auf aktuelle Ereignisse reagieren zu können. Mit einem Marktanteil von 12,8 Prozent zieht „Johannes B. Kerner" 2007 im Durchschnitt 1,71 Millionen Zuschauer vor den Bildschirm (Vgl. SPIEGELGRUPPE, Homepage (WWW v. 12.08.2008)). Der Erfolg während dieser zweiten Primetime zu später Stunde ist jedoch nicht vorgezeichnet gewesen. So hat es stets Kritiker gegeben, die gerne selbst Zugriff auf diesen oder ähnlich Programmplätze gehabt hätten. Dabei hat es anfangs besonderen Mut der Programmdirektion und des Planungschefs des ZDF erfordert, einen Moderator vom Privatfernsehen unter Vertrag zu nehmen und ihm dann auch noch einen derart prominenten Sendeplatz zu geben.

Seit dem 16. Dezember 2004 ist „Kerners Köche" als prägendes Element der Show hinzugekommen. Dies ist jedoch nicht etwa langfristig als Konzeptbestandteil vorab geplant worden. Ursprünglich ist der berühmte Hollywood-Schauspieler George Clooney als Talk-Gast eingeladen gewesen. Clooney hat jedoch kurzfristig absagen müssen. Um die Sendung mit unterhaltsamem Content zu füllen, wird improvisiert. Kerner hat die Idee, die Köche (d.h. namentlich Johann Lafer, Tim Mälzer, Rainer Sass, Sarah Wiener und Ralf Zacherl) aus der Show des Vortages nochmals einzuladen und diese vor Publikum kochen zu lassen. Für die Kochausgabe wird die Kulisse des Studios allerdings komplett umgebaut. Aufgrund dieses Aufwands für den Umbau werden die Kochsendungen stets im Block während einer Woche aufgezeichnet. Die Ausstrahlung findet dann in den Folgewochen statt. Das Kochen als neues Element der Show scheint den Publikumsgeschmack besonders gut zu treffen. Daher entschließen sich die Produzenten von „Johannes B. Kerner", ab dem 21. Januar 2005 jeden Freitag bei Kerner Prominente kochen zu lassen. Ein aus dramaturgischer Sicht spannender Aspekt ist, dass die eingeladenen Köche vorab stets keine Vorbereitungen für das von ihnen zu kochende Menü treffen. Dabei werden Fehler oder Pannen nicht korrigiert oder aus der Sendung herausgeschnitten. Die gekochten Gerichte dürfen vom Studiopublikum gekostet werden. Mittlerweile zählt „Kerners Köche" zur meistgesehenen Kochsendung im deutschen Fernsehen (Vgl. SPIEGELGRUPPE, Homepage (WWW v. 12.08.2008)).

Inwiefern lässt sich der überraschende Erfolg dieses Show-Konzept-Elements aufgrund des oben angesprochenen Charakters des Menschen Kerner und durch seinen Moderationsstil erklären? Es könnte vermutet werden, dass Faktoren wie z.B. sein Interesse an den Gerichten, an den Köchen selber sowie an den Reaktionen des Publikums, das er aktiv durch das Probieren der gekochten Speisen integriert, Gründe für den Erfolg sein könnten. Kochen besitzt an sich schon eine integrative Kraft. Dort findet durch das Zusammentreffen von Menschen auf der einen oder anderen Ebene Kommunikation statt. Zudem kochen dort Menschen, die als Starköche bezeichnet werden können. Daher funktioniert das Konzept, denn diese Personen können etwas wirklich besser als man selbst. Zudem bietet das Kochen einen gewissen Wettkampfcharakter, zum einen zwischen den Köchen oder auch durch die Konkurrenz Zuschauer zu Koch. Letztlich ist der Cast entscheidend, mit dem sich das Publikum entweder identifizieren können und diesen vollkommen ablehnen sollte. So können die Zuschauer eine emotionale Beziehung aufbauen. Im Mai 2008 ist jedoch die letzte Kochausgabe mit Kerner selbst gelaufen. Er hat dieses Show-Element an den Moderator Markus Lanz abgegeben, da er insbesondere in große Sportereignisse wie die Fußball-EM 2008 und Olympia in Peking eingebunden ist (Vgl. GMX, Homepage (WWW v. 02.01.2008)). Seit dem 06. Juni 2008 läuft die Sendung freitags unter ihrem neuen Titel „Lanz kocht".

3 Marke und Markenstrategie für „Johannes B. Kerner"

3.1 Charakteristika der Marke

Die Einzigartigkeit von „Johannes B. Kerner" besteht darin, dass **Mensch, Moderator und Marke** (zumindest teilweise) identisch sind. Aus Sicht der sog. Rollentheorie sind damit verschiedene Rollen angesprochen. Eine Rolle bezeichne laut ULRICH / FLURI die Gesamtheit der Verhaltenserwartungen, die einem Individuum in einer bestimmten Position entgegengebracht werden (Vgl. ULRICH, E. / FLURI, P. (1995), S. 36). In Bezug auf den Menschen und Moderator Johannes B. Kerner lässt sich rekapitulieren, dass er als **Mensch** ein hohes Maß an Authentizität darstellt, da zwischen seinen beiden Auftrittsformen Fernsehen und Realität Kongruenz herrscht. Dies wird gefördert, indem er sich an den von ihm interviewten Gästen interessiert zeigt. Der **Moderator** erzeugt Harmonie zwischen sich und seinen Gästen sowie bei den Gästen untereinander, indem er eine angenehme Form der Gesprächsführung pflegt, die auf Ausgleich bedacht ist. So lässt er die Zuschauer zumindest passiv teilhaben (im Sinne von „audience participation"). Kerners Moderationsstil wirkt insofern integrativ.

Ende 2004 soll Kerner auf die Frage hin, wo er sich in zehn Jahren sehe, erwidert haben: „Ich möchte nicht mehr Marke, sondern Markierungspunkt sein." Nach THOMANN habe er das jedoch schon längst erreicht. Denn „JBK" stecke die Grenzen dessen ab, was diskursfähig sei und verkörpere das „gesunde Mittelmaß der Gesellschaft" (Vgl. THOMANN, J. (2007)). Sofern dieser gesellschaftspolitische Anspruch als bereits erreicht betrachtet werden kann, wie könnte dann der Mensch und Moderator Johannes B. Kerner als Marke verstanden werden? Diese Fragestellung soll im Folgenden untersucht werden.

Zunächst wird ein genereller Markenbegriff eingeführt, dann wird er in seinem Bedeutungsbezug für prominente Personen als Marke weiter spezifiziert und auf Johannes B. Kerner als V.I.P. der TV-Branche übertragen. Im Allgemeinen könnte eine Marke nach einem identitätsbasierten Verständnis von BURMANN / MEFFERT / KOERS als „ein Nutzenbündel mit spezifischen Merkmalen, die dafür sorgen, dass sich dieses Nutzenbündel gegenüber anderen Nutzenbündeln, welche dieselben Basisbedürfnisse erfüllen, aus Sicht der relevanten Zielgruppen nachhaltig differenziert" verstanden werden (Vgl. BURMANN, C. / MEFFERT, H. / KOERS, M. (2005), S. 3ff.). Die moderne Identitätsforschung beziehe sich dabei laut ENGH auf Theorien der Selbstkonzeptforschung. Es stehe das „Me" im Betrachtungsfokus (Vgl. ENGH, M. (2006), S. 64), wobei nach FREY / HAUßER eine reflexive Auseinandersetzung von Menschen mit sich selbst stattfinde (Vgl. FREY, H.-P. / HAUßER, K. (1986), S. 8). Das heißt, es besteht ein Verhältnis zwischen einer Marke und dem Selbstkonzept von Menschen. Die Self-Congruity-Theory nach SIRGY ermöglicht eine theoretische Fundierung dieser Zusammenhänge. Danach ziele ein Konsument (bzw. hier ein TV-Zuschauer) aufgrund seines Bedürfnisses, sein Selbstkonzept durch die Verwendung einer Marke (d.h. Ansehen der TV-Formate mit Johannes B. Kerner) ausdrücken zu wollen, auf Kongruenz ab. Diese gründe sich auf drei zentrale Motive: das Streben nach

a) einem positiven **Selbstwertgefühl**,

b) **Konsistenz** zwischen dem Einstellungsobjekt (d.h. Johannes B. Kerner als Marke) und den Zuschauern,

c) **Selbstkenntnis** als eine Basis für die vorgenannten Motive a) und b) (Vgl. SIRGY, M. J. (1986), S. 12).

Die Kongruenztheorie bedeutet in Übertragung auf das Einstellungsobjekt „Johannes B. Kerner als Marke", dass bei einer möglichst großen Übereinstimmung zwischen dem Selbstkonzept des Zuschauers und der Persönlichkeit des Menschen und Moderators Kerner eine präferenzerzeugende Wirkung beim Zuschauer angenommen werden kann.

Durch welche spezifischen Merkmale eines Nutzenbündels differenziert sich – orientiert an diesen Vorüberlegungen – also Johannes B. Kerner als Marke nachhaltig?

Dazu soll der **Charakter des „Nutzenbündels"**, wie er in den ersten beiden Kapiteln dieses Aufsatzes beschrieben worden ist (d.h. authentisch und integrativ), aufgegriffen werden und die nutzenstiftende Wirkung von Johannes B. Kerner als Marke verdeutlicht werden. Dabei werden die **Motive der Kongruenztheorie** (d.h. Selbstwertgefühl und Konsistenz) in besonderer Weise bei den Zuschauern bzw. Konsumenten der Marke Johannes B. Kerner bedient. Das heißt, es wird eine nutzenstiftende Wirkung für den TV-Zuschauer erzielt bzw. gehen positive Effekte von der hier untersuchten Marke aus.

Es wurde herausgestellt, dass der Mensch Johannes B. Kerner authentisch wirke. Als positiver Effekt kann in Bezug auf das **Selbstwertgefühl** des Zuschauers folglich angenommen werden, dass dieser das Interesse Kerners an seinen Gästen als glaubwürdig empfindet **(positiver Effekt: Glaubwürdigkeit)**. Sein Verhalten wirkt echt, und es erscheint ehrlich gemeint, wenn er Fragen nach dem Lebensweg oder zu den Geschichten seiner Studiogäste stellt. Auf die Frage der SÜDDEUTSCHEN ZEITUNG hin, ob sich Kerner denn wirklich für alles interessieren würde, also z.B. Tokio Hotel, Bohlen oder das Leid älterer Menschen, bestätigt er diesen Anspruch an seine Sendung, wobei er sich hin und wieder zusätzlicher, professioneller Technik bediene, um ein solches „general interest"-Angebot aufrechtzuerhalten (Vgl. KEIL, C. (2008)). Es wird an diesem Beispiel deutlich, dass Kerners Authentizität aus zwei Perspektiven zu sehen ist und auf einem umfassenderen Ansatz basiert. Zum einen ist Kerner grundsätzlich an seinen Gästen und deren Geschichten interessiert. Zum anderen bedarf es zur Optimierung des o.g. Effekts professioneller Unterstützung wie z.B. durch detaillierte Vorabrecherchen, Aufbau und Anwendung von Strategien zur psychologisch gestützten Gesprächsführung u.ä., um kompetent mit seinen Gesprächspartner umzugehen.

Zusätzlich befriedigt er durch seinen Moderationsstil das Bedürfnis eines jeden Menschen, sich einer Gruppe zugehörig zu fühlen. Es besteht **Konsistenz** zwischen Johannes B. Kerner und seinen Zuschauern. Denn es wurde festgestellt, dass Kerner eine harmonische Atmosphäre zwischen sich und seinen Talkshow-Gästen erzeugt, indem er eine angenehme Form der Gesprächsführung pflegt. In einem Interview mit DER ZEIT ist Kerner gefragt worden, was er denn glauben würde, was die Zuschauer bei ihm suchen. Neben der Möglichkeit unterhalten zu werden, könne es sein, dass sie Freundlichkeit, wenn auch nicht Unernsthaftigkeit suchen; vielleicht suchen die Zuschauer auch das Lächeln der Gäste, denen dazu in der Talkshow entsprechend die Möglichkeit geboten wird (Vgl. HAMANN, G. / MÜLLER-WIRTH, M. (2004), S. 49). Es ist entsprechend davon auszugehen, dass ein Zuschauer ihm gerne zuhört bzw. zusieht (passive Teilnahme) oder sogar gerne direkt – vielleicht als Gast seiner Talkrunde (aktive Teilnahme) – in der Show dabei wäre **(positiver Effekt: Gruppenzugehörigkeit).** Die Integrationskraft Kerners wird markentheoretisch als Bedürfnis der Zuschauer evident, an bestimmten Emotionen wie an der hier genannten, angenehmen Form der Gesprächsführung zu partizipieren. Auf diese Weise wird den Gästen ein komfortables Forum während des Interviews geboten und auch bei den Zuschauern das Gefühl angesprochen, an einem positiven Ereignis teilzunehmen.

Der oben angesprochene Wesenszug Kerners, ein hohes Maß an Authentizität zu verkörpern, fördert seine Identifikationskraft für den Zuschauer zusätzlich. Das bedeutet, ein Zuschauer fühlt sich in seinem Selbstkonzept insoweit positiv bestätigt, als dass er sich dem Menschen Kerner durch dessen authentisches Verhalten verbunden und sich in seinem **Selbstwertgefühl** bestärkt fühlt. Er würde mit seinen Gästen in gleicher Weise umgehen wie mit Menschen im Alltag. Er erscheint den Zuschauern eben nicht derart unnahbar wie es vielleicht bei anderen V.I.P. der Fall ist (z.B. ein Popstar, der abgeschirmt durch Security auftritt oder ein Nobelpreisträger, den aufgrund seiner Fachsprache nur wenige verstehen können) **(positiver Effekt: Nähe)**. In einem Artikel der SÜDDEUTSCHEN ZEITUNG wird gar darauf verwiesen, dass bei Kerner jeder gesellig werde. Wie sehr Kerners verbindliche Art dazu führe, sich als Gast „zu verfangen", zeige das Beispiel Helmut Kohl. Der Altkanzler habe bei einem seiner Besuche dermaßen freizügig aus seinem Privatleben geplaudert, dass sogar Journalisten-Kollegen wie der frühere heute-journal-Moderator Wolf von Lojewski, der nicht gerade ein Kerner-Fan sei, eingestanden haben soll: "Mir hätte der das nicht erzählt" (JUNG, E. (2008)). Wie das Beispiel zeigt, scheint es Kerner also zu gelingen, gerade durch seinen authentischen Charakter, seine Gesprächspartner dazu zu bewegen, dass diese Informationen Preis geben, die in anderen Interviewsituationen oder mit anderen Interviewpartnern dem Zuschauer vielleicht nicht in vergleichbarer Form hätten zugänglich gemacht werden können.

Kerner versteht es, dass das was er sagt und wie er es ausdrückt, dem Zuschauer als verständliche Information wie in einer alltäglichen Unterhaltung transportiert wird. Dies bringt einen weiteren positiven Effekt mit sich, wonach sich der Zuschauer auch wirklich verstanden fühlt. Zuschauer werden in ihrem Bedürfnis angesprochen, die Informationen auf die Weise präsentiert zu bekommen, in der sie ihnen intellektuell zugänglich sind, so dass daraus ein unterhaltsames TV-Erlebnis wird. Durch dieses integrative Wirken entsteht **Konsistenz** zwischen dem Moderator und seinen Zuschauern. Wie DIE WELT berichtet, gelte Kerner für jeden vierten Deutschen als kompetentester Fußball-Kommentator. Dies sei aus einer aktuellen Umfrage der TV-Zeitschrift "TV Guide" hervorgegangen. Noch beliebter sei er bei den Frauen, von denen ihm 31 Prozent gerne zuhören würden, wenn er die Geschicke und Missgeschicke der Nationalmannschaft begleite (Vgl. WELTONLINE, Homepage (WWW v. 02.04.2008)). Das Erzeugen einer positiven Gesprächsatmosphäre bei den Gästen führt dazu, dass sich auch viele Zuschauer, in ihrem Bedürfnis nach einem respektvollen Umgang, bestätigt und insofern respektiert fühlen können **(positiver Effekt: Respekt)**. Mit diesem Effekt erreicht Kerner markentheoretisch betrachtet die Befriedigung eines weiteren, menschlichen Bedürfnisses der Zuschauer, das diesen durch das Ansehen seiner Talkshow oder in seinen Sportmoderationen zur Verfügung gestellt wird. In der Konsequenz bewirkt auch dieser Effekt durch seine elementare Bedürfnisabdeckung eine zunehmende Zuschauerbindung.

Gemäß verhaltenswissenschaftlicher Erkenntnisse lassen sich weiterhin nach BURMANN / MEFFERT unterschiedliche Komponenten einer identitätsbasierten Sicht auf eine „Marke" differenzieren wie u.a. die Markenherkunft, Markenwerte, Markenpersönlichkeit, Markenvision (Vgl. BURMANN, C. / MEFFERT, H. (2005), S. 37ff.). Auf Basis dieser für die Zwecke dieses Aufsatzes als relevant erachteten Komponenten wird die Identität der Marke Johannes B. Kerner weiter konkretisiert.

Die **Markenherkunft** beziehe sich auf den Kontext des Ursprungs und damit der Historie in der eine Marke wahrgenommen wird (Vgl. BURMANN, C. / MEFFERT, H. / FEDDERSEN, C. (2008)). Dazu wurden im ersten Kapitel bedeutende Schritte der TV-Karriere Kerners nachgezeichnet. Er wird entsprechend seiner Tätigkeit als Moderator für Sport und Unterhaltung gesehen. Sie bilden den Rahmen der Identität, in der er wahrgenommen wird. In diesen Bereichen hat er sich langfristig eine Identität aufbauen können, mit der er u.a. als authentisch und damit glaubwürdig gesehen wird. Die **Markenwerte** beschreiben die emotionale Komponente der Markenidentität von Kerner. Werte müssten laut BURMANN / MEFFERT / FEDDERSEN „gelebt werden", damit Authentizität entstehen könne (Vgl. BURMANN, C. / MEFFERT, H. / FEDDERSEN, C. (2008)) Es wurde festgestellt, dass Kerner aufgrund seines Auftretens und Verhaltens diesem Anspruch in besonderer Weise gerecht wird. Es ist Bestandteil seines Charakters, dem Studiogast sowie dem Zuschauer zu vermitteln, dass das was er in der Show erzählt, von Interesse für ihn bzw. das Publikum ist. Von dem Hintergrund der geschilderten positiven Effekte für das Selbstkonzept führe dies bei einer Marke dazu, dass diese im Sinne einer „idealen Marke" emotional aufgeladen werde (Vgl. BURMANN, C. / MEFFERT, H. / FEDDERSEN, C. (2008)). Eng an diese identitätsbasierte Markenkomponente knüpft die der **Markenpersönlichkeit** an. Dabei geht es hier konkret darum, wie diejenigen bzw. derjenige, der eine Marke repräsentiert, auftritt. Sie beeinflusst, ob die jeweilige Marke von den Zielgruppen gemocht bzw. als sympathisch wahrgenommen wird (Vgl. MOSER, M. (2003)). Dies scheint in Bezug auf Johannes B. Kerner zu gelten, misst man seinen Erfolg z.B. an den o.g. hohen Zuschauerzahlen seiner Show. Die **Markenvision** beschreibt die langfristige Entwicklungsrichtung (5-10 Jahre) einer Marke. Sie weist einen geringen Konkretisierungsgrad auf und sollte die grundlegenden Differenzierungsmerkmale gegenüber Wettbewerbern sowie anvisierten Marktsegmente beinhalten (Vgl. BURMANN, C. / MEFFERT, H. / FEDDERSEN, C. (2008)). Für diese identitätsbasierte Markenkomponente lässt sich in Bezug auf ihren Bedeutungsgehalt für die Marke Johannes B. Kerner rückblickend eine Entwicklungsrichtung aufzeigen, wenn die Bereiche Sport-/Unterhaltungsmoderation als Bestandteile einer ehemaligen, bewusst aufgestellten Vision gesehen werden. Denn in diesen Bereichen ist Kerner Experte und hat sich wie oben dargestellt mit seiner Markenidentität differenzieren können. In die Zukunft gedacht, verbleibt allerdings die Frage nach der tatsächlichen Realisierbarkeit einer Vision und damit einhergehender Strategien in Bezug auf die Entwicklungsrichtung einer einzelnen Person, die einen Markenaufbau in der TV-Branche anstrebt.

3.2 Aspekte einer medialen Markenstrategie

Das Ganze sei mehr als die Summe seiner Teile (Vgl. KNEER, G. / NASSEHI, A. (1993), S. 47). Dies sei gemäß GRAPP et al. so zu verstehen, dass durch das Zusammenwirken einzelner Teile eine höhere Ordnung und damit Qualität für die Gesamtheit der Einzelteile entstehe (Vgl. GRAPP, J. et al. (2005), S. 33). Als Einzelteile seien hier die verschiedenen Rollen von Johannes B. Kerner aufzufassen, der in sich annahmegemäß Mensch, Moderator und Marke vereinigt. Das heißt, dass durch das Zusammenwirken dieser Rollen bzw. Einzelteile – wie oben beschrieben – positive Effekte für die Gesamtwahrnehmung von Kerner in der Öffentlichkeit resultieren. Handelt es sich also bei der TV-Karriere Kerners um eine „emergente Strategie“ (Vgl. MINTZBERG, H. (1979))? Oder handelt es sich doch eher um eine „Strategie im klassischen Sinne“ mit dem Charakter „bewusster, rationaler Planung“ (Vgl. MACHARZINA, K. (1995), S. 220), die zum Erfolg der Marke Johannes B. Kerner geführt hat?

Kerner ist jedoch nicht das Ergebnis seiner strategischen Überlegungen; er ist beruflich wie privat einfach so wie immer. Ein anderes Verhalten bzw. Auftreten wäre ansonsten auch unecht. Damit ist aus betriebswirtschaftlicher Perspektive folglich das Wirkungsgefüge aus „Strategie“, sich daraus bildender „Strukturen“ und letztlich der Generierung von „Erfolg“ in Bezug auf die Entwicklung und Etablierung der Marke Johannes B. Kerner in Frage zu stellen. Nach MINTZBERG charakterisiere eine Strategie das übergeordnete Handlungsmuster, welches sich aus einzelnen Maßnahmen ergebe (Vgl. MINTZBERG, H. (1979), S. 25). Ausgehend von der Annahme, dass dem Bilden von Handlungsmustern bewusste Entscheidungen bezüglich einzuleitender Maßnahmen zugrunde liegen, hieße dies in Übertragung auf die Marke Johannes B. Kerner, das sich dessen TV-Karriere vielmehr erratisch – also eher zufällig – vollzogen haben dürfte. Eine „mediale Markenstrategie“ hat es folglich nicht gegeben, zumindest scheint diese bisher nur bedingt einen systematischen Charakter besessen zu haben. Als ein mögliches Indiz dafür, dass sich die Aktivitäten von und mit Kerner gezielter auf ihn als Marke fokussiert haben, könnte der stärkere Personenbezug durch Änderung des Sendungsnamens im Jahr 2003 von „...- Show“ auf den Namen „Johannes B. Kerner“ gewertet werden. Damit steht nicht mehr die Show, sondern das Label, unter dem Mensch, Moderator und Marke bekannt sind, im Vordergrund. Wenn es eine systematische Form der Markenentwicklung und deren langfristige Etablierung gibt, dann geschieht dies über Marktforschungsaktivitäten seines auftraggebenden TV-Senders ZDF. Es erscheint halbjährlich eine Studie über Kerner. Darin werden u.a. systematisch und detailliert das Konzept seiner Talkshow, sein Auftreten bis hin zu seinem Kleidungsstil evaluiert. Die Erkenntnisse solcher

Untersuchungen nutzen TV-Sender für ihre strategische Programmproduktplanung, z.B. für Anpassungen des Show-Konzepts.

4 Fazit

Wie die vorangegangenen Ausführungen gezeigt haben, scheint eine strategische Planung durch TV-Produzenten bzw. für einzelne Personen nicht oder nur in eingeschränktem Maße stattzufinden. Es ist anzunehmen, dass dies erhebliche Nachteile in sich birgt. Denn es sind zunehmend Informationsbedarfe für eine erfolgsorientierte Planung von TV-Formaten sowie die sie repräsentierenden Personen erforderlich. Entweder zeigt sich der Erfolg (z.B. eines Show-Formates) wie im Falle von Johannes B. Kerner auch ungeplant – jedoch eher zufällig – oder es entstehen immense Opportunitätskosten durch nicht-realisierte Strategiepotenziale. So hätte es auch der Fall sein können, dass ein zusätzliches, attraktives Teil-Konzept der Show wie das „Kochen“ gar nicht erst erkannt wird. Damit wäre ein zwar mittlerweile publikumswirksames, aber zufällig aufgekommenes Element nie realisiert worden. In der Konsequenz wären entsprechende, potenzielle Marktanteile nicht generiert worden. Damit wären sowohl aus Sicht der TV-Produzenten sowie TV-Sender Umsätze ausgeblieben. Daher bedarf es einer systematischen Früherkennung solcher Trends.

Dabei mangelt es TV-Produzenten nicht etwa an Ideen für Formate wie u.a. Shows, Movies, Reality-Formate o.ä. Es stellen sich ihnen jedoch wie angedeutet neben der rein inhaltlichen Idee etliche ökonomische, rechtliche und andere Fragen, z.B. nach der Zielgruppenrelevanz, den potenziell generierbaren Marktanteilen, den zu erwartenden Fertigungskosten, der voraussichtlichen Ertragshöhe, der passenden Sendeplatz-Belegung sowie den Verkaufschancen. Die Vielfältigkeit und Veränderlichkeit an zu berücksichtigenden Informationen führt zu einer zunehmenden Komplexität aus Perspektive von TV-Produzenten. Die Herausforderung besteht deshalb darin zu beurteilen, welche Informationen in welcher Qualität und Quantität letztlich notwendig sind, um eine optimalere strategische Produktplanung vorzunehmen. Übertragen auf Johannes B. Kerner ließe sich z.B. rechtzeitig bewerten, ob bestimmte Show-Elemente (wie z.B. das Kochen) hinzugenommen werden sollten und ob bzw. inwiefern sich diese in eine bewusst aufgebaute mediale Markenstrategie einbinden lassen könnten.

Doch welche Ansätze, Tools und Methoden könnten dafür herangezogen werden? Wie könnten umfassend die Bedürfnisse des TV-Marktes gescannt oder die Entertainemt-Qualität eines TV-Formates beurteilt werden? Dazu bedürfte es der Entwicklung eines betriebswirtschaftlich-orientierten und mathematisch-statistisch gestützten Expertensystems, auf dessen Basis TV-Produzenten sich die benötigten Informationen für ihre individuelle strategische Produktplanung extern zur Verfügung stellen lassen könnten. Auf diese Weise könnte sich der mediale Fokus von TV-Produktionsunternehmen zusätzlich präzisieren lassen (d.h. welche TV-Formatideen versprechen eine erfolgreiche Realisierung und passen in die strategische Ausrichtung des jeweiligen TV-Produktionsunternehmens?) und könnten durch das komplexe Gefüge aus Mensch, Moderator und Marke Johannes B. Kerner zusätzliche Erfolgspotenziale erschlossen werden.

Literaturverzeichnis

BURMANN, C. / MEFFERT, H. / FEDDERSEN, C.: Identitätsbasierte Markenführung, in: FLORACK, A. / SCARABIS, M. / PRIMOSCH, E. (Hrsg.): Psychologie der Markenführung. München, 2008 (in Vorbereitung).

BURMANN, C. / MEFFERT, H. / KOERS, M.: Stellenwert und Gegenstand des Markenmanagements, in: BURMANN, C. / MEFFERT, H. / KOERS, M. (Hrsg.): Markenmanagement - Identitätsorientierte Markenführung und praktische Umsetzung - mit Best Practice-Fallstudien, Wiesbaden, 2005, S. 3-17.

BURMANN, C. / MEFFERT, H.: Theoretisches Grundkonzept der identitätsorientierten Markenführung, in: BURMANN, C. / MEFFERT, H. / KOERS, M. (Hrsg.): Markenmanagement – Identitätsorientierte Markenführung und praktische Umsetzung – mit Best Practice-Fallstudien, Wiesbaden, 2005, S. 37-72.

ENGH, M.: Popstars als Marke – Identitätsorientiertes Markenmanagement für die musikindustrielle Künstlerentwicklung und -vermarktung, Wiesbaden, 2006.

FREY, H.-P. / HAUßER, K.: Entwicklungslinien sozialwissenschaftlicher Identitätsforschung, in: FREY, H.-P. / HAUßER, K. (Hrsg.): Identität – Entwicklungslinien psychologischer und soziologischer Forschung: Der Mensch als soziales und personales Wesen, Bd. 7, Stuttgart, 1987, S. 3-26.

GMX: Kerner will Kochshow beenden, http://portal.gmx.net/de/themen/unterhaltung/stars/-klatsch-tratsch/516..., 02.01.2008.

GRAPP, J. / WYCISK, C. / DURSUN, M. / HÜLSMANN, M.: Ideengeschichtliche Entwicklung der Selbstorganisation – Die Diffusion eines interdisziplinären Forschungskonzeptes, in: HÜLSMANN, M. (Hrsg.): Schriftenreihe Forschungsbeiträge zum Strategischen Management, Bd. 8, Bremen, 2005.

HAMANN, G. / MÜLLER-WIRTH, M.: Die Methode Kerner, in: DIE ZEIT, Nr. 8, 12.02.2004, S. 49.

JUNG, E.: 1000. Sendung von Johannes B. Kerner - Das Prinzip "immer da" (Homepage), http://www.sueddeutsche.de/kultur/artikel/8/157587/print.html, 12.02.2008.

KEIL, C.: Johannes B. Kerner im Interview – „Du musst was liefern" (Homepage), http://www.sueddeutsche.de/kultur/artikel/706/150335/print.htm, 01.01.2008.

KNEER, G. / NASSEHI, A.: Niklas Luhmanns Theorie sozialer Systeme – eine Einführung, München, 1993.

LIFEPR: Studie: Johannes B. Kerner - Lieblingsnachbar der Deutschen (vom 11.09.2007), http://www.lifepr.de/index.php?page=druckversion&boxid=15920&sid=87a8e-5547c7b9da6cc8cbfcd, 09.09.2008.

MACHARZINA, K.: Unternehmensführung, Wiesbaden, 1995.

MINTZBERG, H: The Structuring of Organizations, Prentice-Hall, New Jersey, 1979.

MOSER, M.: United We Brand, Boston, Massachusetts, 2003.

PORSCHE, S.: Johannes B. Kerner - Biografie WHO'S WHO (Homepage), http://www.whoswho.de/templ/te_bio.php?PID=659&RID=1, 19.05.2008.

SIRGY, M. J.: Self-Congruity: Toward a Theory of Personality and Cybernetics, New York, 1986.

SPIEGELGRUPPE: „Johannes B. Kerner“ (Homepage), http://www.spiegelgruppe.de/spiegelgruppe/home.nsf/Navigation/66F, 12.08.2008.

THOMANN, J.: Johannes B. Kerner – Das gesunde Mittelmaß, in: FRANKFURTER ALLGEMEINE SONNTAGSZEITUNG, Nr. 47, 25.11.2007, S. 14.

ULRICH, P.; FLURI, E.: Management, Bern et al., 1995.

WELTONLINE: Umfrage – Kerner ist kompetentester Fußball-Kommentator (Homepage), http://www.welt.de/fernsehen/article1862974/Kerner_ist_kompetentester_Fussball_Kommentator.html, 02.04.2008.

ZDF: Johannes B. Kerner - Die Karriere des ZDF-Moderators im Überblick, http://jbk.zdf.-de/ZDFde/druckansicht/23/0,6911,2008567,00.html, 14.10.2006.

B Gestaltungsalternativen für Geschäftsmodelle

Geschäftsmodelle von Filmproduktionsunternehmen

Berthold H. Hass

Zusammenfassung
Neue Technologien sowie eine veränderte Wettbewerbssituation durch konkurrierende Medienangebote fordern Filmproduktionsunternehmen heraus, ihre Wertschöpfungsaktivitäten permanent zu rekonfigurieren. Es existiert eine Vielzahl dem Kino nachgelagerter Verwertungsstufen wie Home Entertainment, Pay- und Free-TV bis zum Licensing von Filmhandlung und -charakteren für Computersoftware und Spielfiguren. Zur gezielten Strategieanalyse und -formulierung widmet sich dieser Aufsatz dem Konzept der Geschäftsmodelle für Filmproduktionsunternehmen. Den typischen Dimensionen von Geschäftsmodellen folgend, werden zunächst die Produktarchitektur, Erlös- und Finanzierungsmodelle sowie schließlich Wertschöpfungsstrukturen betrachtet.

Beitragsinhalt

1 Einleitung

Digitalisierung und Vernetzung sind die zentralen Treiber des derzeitigen Wandels in der Medienwirtschaft. Dies gilt auch für den Film, dem neben dem Ton ältesten Segment der elektronischen Medien. Neue Technologien beeinflussen neben dem Filmproduktionsprozess vor allem die Filmdistribution (Vgl. VOGEL, H. (2007), S. 68ff.). Dementsprechend hat sich die Filmwirtschaft seit ihrer Entstehung um das Jahr 1900 deutlich verändert – von einer auf eine theaterähnliche Kinoaufführung fokussierten Branche hin zu einer vernetzten Industrie mit einer Vielzahl nachgelagerter Verwertungsstufen wie Home Entertainment, Pay- und Free-TV bis zum Licensing von Filmhandlung und -charakteren für Computersoftware und Spielfiguren.

Neue technische Möglichkeiten und eine veränderte Wettbewerbssituation durch konkurrierende Medienangebote fordern Filmproduktionsunternehmen heraus, ihre Wertschöpfungsaktivitäten permanent zu rekonfigurieren. Ein wichtiges Instrument zur Strategieanalyse und -formulierung ist hierbei das Konzept der Geschäftsmodelle. Ein Geschäftsmodell lässt sich grundsätzlich als eine abstrakte Beschreibung verstehen, wie Unternehmungen Produktionsfaktoren zu Gütern kombinieren und diese vermarkten (Vgl. HASS, B. (2003), S. 37).

Aufbauend auf dem Begriffsverständnis von MAHADEVAN (2000) lassen sich drei grundsätzliche Aspekte von Geschäftsmodellen festhalten (Vgl. MAHADEVAN, B. (2000), S. 59):

- *Produktarchitektur*: Die Produktsicht fokussiert auf den bereitgestellten Kernnutzen, also die Problemlösung, die dem Kunden angeboten wird. Produkte umfassen dabei grundsätzlich ein ganzes Bündel von Eigenschaften, die potentiell nutzenstiftend sind (Vgl. LANCASTER, K. (1966), S. 134). Typisch für den Medienbereich ist überdies die Wahl zwischen unterschiedlichen Träger- und Übertragungsmedien zur Vermarktung der Informationsinhalte. Deshalb müssen Unternehmungen eine entsprechende Produktarchitektur gestalten.
- *Erlös- und Finanzierungsmodell*: Die Produktion von Gütern dient der Generierung von Erlösen, deren Quellen und preispolitische Formen gerade in der Medienbranche vielfältig sein können (Vgl. ZERDICK, A. et al. (2001), S. 24ff.). Da mit der Herstellung von Filmen jedoch auch erhebliche Kosten verbunden sind, müssen beide Aspekte im Rahmen des Erlös- und Finanzierungsmodells geplant werden.
- *Wertschöpfungsstruktur*: Bei der Produktion und Vermarktung von Filmen ist eine Vielzahl von Akteuren involviert – von den Filmschaffenden über die Produktionsunternehmen bis hin zu Rechtehändlern und den filmverwertenden Unternehmen (Vgl. WIRTZ, B. W. (2006), S. 257). Die Wertschöpfungsstruktur betrachtet die Erstellung der Leistungen in diesem Geflecht vor- und nachgelagerter Produktionsstufen sowie die Zusammenarbeit mit anderen Branchen (z.B. beim Merchandising).

Gegenstand dieses Beitrags sind die Geschäftsmodelle von Filmproduktionsunternehmen. Den genannten Dimensionen von Geschäftsmodellen folgend werden dabei der Reihe nach Produktarchitektur (Abschnitt 2), Erlös- und Finanzierungsmodelle (Abschnitt 3) und schließlich Wertschöpfungsstrukturen (Abschnitt 4) betrachtet. Der Beitrag schließt mit einem Ausblick in Abschnitt 5.

2 Produktarchitektur

Medienprodukte haben grundsätzlich dualen Charakter: Sie bestehen aus einer Kombination von Informationsinhalten (Content) mit einem bestimmten Träger- oder Übertragungsmedium (Vgl. HASS, B. (2002), S. 18). Als Film werden dabei Inhalte bezeichnet, die als Bewegtbild dargestellt sind – seien es Realbilder, Animationen oder eine Kombination von realen und virtuellen Bewegtbildern.

Obwohl es auch Kurzfilme gibt, liegt der Schwerpunkt der Filmwirtschaft traditionell auf Spielfilmen mit einer Länge zwischen etwa 90 und 120 Minuten, da nur für solch abendfüllende Inhalte eine entsprechende Zahlungsbereitschaft der Rezipienten vorhanden ist. Selbst wenn mittlerweile Fortsetzungen (sog. Sequels wie z.B. beim *Fluch der Karibik* oder *Shrek*) eine große Rolle spielen, so sind Spielfilme grundsätzlich in sich abgeschlossene Medienprodukte. Sie besitzen somit Projektcharakter und sind durch einen langen Entwicklungsprozess mit aufeinander folgenden kreativen Entscheidungen und Ausführungen gekennzeichnet (Vgl. ELIASHBERG, J. et al. (2006), S. 640). Ebenso wie die Produktion ist auch der Konsum von Spielfilmen aufgrund deren Innovationsgrades grundsätzlich mit Unsicherheit behaftet (Vgl. HENNIG-THURAU, T. / HEITJANS, T. (2004), S. 66).

Wie jeder Informationsinhalt bedürfen auch Filminhalte zur Repräsentation entsprechende Medien, die das Leistungsspektrum der Filmbranche wesentlich prägen (Vgl. WIRTZ, B. W. (2006), S. 277). Wesentliche Medien sind hierbei die klassische Filmvorführung im Kino und die verschiedenen Medien im Bereich Home Entertainment (DVD/VHS, Pay- und Free-TV). Neben diesen originären Verwertungsformen sind aber mittlerweile – je nach Film – derivative Verwertungsformen von großer Bedeutung, bei denen nicht der Film selbst, sondern Inhalte, Charaktere, Musik etc. des Films mittels unterschiedlicher Medien vermarktet werden. In diesem als Merchandising bzw. Licensing bezeichneten Segment finden sich z.B. Verwertungen in Form von Soundtracks, Büchern zum Film, Brett- und Computerspielen bis hin zu Vergnügungsparks (Vgl. WIRTZ, B. W. (2006), S. 278).

Nachfolgend wird auf die inhaltliche Dimension (Abschnitt 2.1) und mediale Dimension (Abschnitt 2.2) der Produktarchitektur von Filmproduktionsunternehmen näher eingegangen.

2.1 Inhaltliche Dimension

Filminhalte lassen sich in Genres unterteilen (z.B. Action, Drama, Komödie, Science Fiction, Trickfilm, Dokumentation), die jeweils unterschiedliche Rezipientenbedürfnisse und Zielgruppen ansprechen.

Nach McQuail (1983) lassen sich aus Nutzersicht grundsätzlich vier Funktionen von Medien unterscheiden (Vgl. McQuail, D. (1983), S. 82f. sowie Meyen, M. (2004), S. 23):

1. Informationsbedürfnis (z.B. Orientierung in der Umwelt)
2. Unterhaltungsbedürfnis (z.B. Ablenkung und Entspannung)
3. Bedürfnis nach persönlicher Identität (z.B. Suche nach Verhaltensmodellen)
4. Integration und soziale Interaktion (z.B. Zugehörigkeitsgefühl und Gesprächsgrundlage)

Von den genannten Bedürfnissen ist das Informationsbedürfnis das am wenigsten wichtige Motiv für den Filmkonsum. Ausnahmen bilden hierbei Dokumentarfilme, die aber nur einen geringen Teil aller Filmproduktionen ausmachen. Dies liegt nicht zuletzt in der Natur des Mediums Film, dessen mediales Dispositiv (Engell, L. (2000), S. 282) weniger eine zweckorientierte, sondern eine unterhaltende Nutzung nahe legt. Folglich sind selbst Dokumentarfilme wie z.B. *Fahrenheit 9/11* weniger auf objektive Information ausgerichtet, selbst wenn Filmemacher (wie in diesem Falle Michael Moore) bisweilen durchaus das Ziel haben, Kinobesucher mit Inhalten zu konfrontieren, mit denen sie sich sonst nicht auseinander gesetzt hätten.

Die wesentliche Value Proposition von Filmen liegt somit nicht in ihrem Informationswert, sondern in der Befriedigung von Unterhaltungsbedürfnissen wie Ablenkung und Entspannung. In den Bereich der Unterhaltungsbedürfnisse fällt darüber hinaus der Genuss des ästhetischen Gutes Film, das gerade in seinen Ursprüngen stark vom Theater beeinflusst war. Diese kulturelle Dimension ist auch eine wesentliche Begründung für die staatliche Filmförderung, die die Produktion und Vermarktung von Filmen subventioniert. Diese staatliche Unterstützung weist deutliche Parallelen zur Subventionierung der Kunstformen Theater und Oper auf, während eine vergleichbare Förderung für andere, häufig jüngere Mediengattungen, die als rein unterhaltend angesehen werden (z.B. Popmusik oder Videospiele), kaum oder gar nicht erfolgt.

Neben dem Unterhaltungsbedürfnis können Filme auch Bedürfnisse nach persönlicher Identität und sozialer Interaktion befriedigen. Das Moment der persönlichen Identität betrifft vor allem die Filmhandlung und die Charaktere sowie deren emotionale Wirkung auf die Rezipienten. Identitätsstiftende Wirkung können jedoch nicht nur die Charaktere des Films haben, sondern auch deren Darsteller, sofern sie den Status eines Stars erreicht haben. Deren öffentliche Bedeutung speist sich zwar zunächst einmal aus ihrer schauspielerischen Leistung; zugleich zeichnet sich aber die Starposition gerade dadurch aus, dass das öffentliche Interesse an einem Star über die einzelne Filmrolle hinausgeht und sich auf andere Filme oder auf Bereiche jenseits des Filmschaffens überträgt.

Ein wesentlicher Grund hierfür ist die Tatsache, dass Stars bzw. Filme im hohen Maße als Gesprächsgrundlage dienen und damit Bedürfnisse nach Integration und sozialer Interaktion befriedigen. Filme und deren Stars lassen sich in diesem Sinne als Standards interpretieren, die über den originären Nutzen hinaus derivativen Nutzen generieren, da sie Gemeinschaftserlebnisse schaffen, die später in Gesprächen vertieft werden (Vgl. HAUCAP, J. (2006), S. 8). Diese Economies of Shared Attention (HASS, B. (2002), S. 52) sind ein wesentlicher Aspekt von Filmen und haben zur Folge, dass sich die öffentliche Aufmerksamkeit zu einem bestimmten Zeitpunkt jeweils auf eine begrenzte Auswahl von Filmen fokussiert. Filme mit einem erfolgreichen Eröffnungswochenende können aus diesem Grund im Durchschnitt auch in den folgenden Wochen höhere Marktanteile erzielen als Produktionen mit einem schwachen Start (Vgl. JEDIDI, K. et al. (1998), S. 396). Je mehr Zuschauer ein Film gewinnen kann, desto mehr Kommunikation findet über ihn statt. Dadurch werden weitere Leute zum Kinobesuch animiert, die dann wiederum Mundpropaganda betreiben. Derartige Informationskaskaden sind maßgeblich für den Erfolg eines Spielfilms im Kino wie auch in der DVD-Vermarktung und folgenden Wertschöpfungsstufen (Vgl. HENNIG-THURAU, T. et al. (2007), S. 66).

Die genannten Aspekte finden sich auch in den empirischen Arbeiten zu Erfolgsfaktoren von Spielfilmen wieder, die in jüngerer Zeit zahlreich erschienen sind (Vgl. für einen Überblick GAITANIDES, M. (2001), S. 9ff., ELBERSE, A. / ELIASHBERG, J. (2003) sowie HENNIG-THURAU, T. (2004)). Wichtige Filmeigenschaften sind demnach Genre, Vertrautheit, das Produktionsbudget sowie die Attraktivität von Schauspielern und Regisseuren (Starpower). Allerdings ist die Erfolgswirksamkeit dieser Faktoren je nach Studie nicht immer eindeutig. Dementsprechend ist davon auszugehen, dass die Zusammenhänge z.T. nicht linear sind (Vgl. HENNIG-THURAU, T. / HOUSTON, M. B. / WALSH, G. (2007), S. 83). So garantieren etwa Stars grundsätzlich eine gewisse Aufmerksamkeit und reduzieren damit das Produktionsrisiko; jedoch haben zusätzliche Stars vermutlich einen abnehmenden Grenzertrag und reduzieren aufgrund der z.T. exorbitanten Gagen die Profitabilität des Films.

Zentral ist darüber hinaus der Fit der einzelnen Faktoren. Genre, Story, Stars etc. müssen also zusammenpassen, damit ein Film langfristig erfolgreich ist (Vgl. WALSH, G. / JASCHKE, M. / KILIAN, T. (2007), S. 250f.). Dies zeigt zugleich die Grenzen der empirischen Erfolgsfaktorenforschung, die naturgemäß von der Verfügbarkeit messbarer Variablen abhängt. Auch wenn die Erklärungskraft der geschätzten Modelle vielfach bemerkenswert ist und sie damit einen wichtigen Beitrag für das Management von Filmproduktionsunternehmen leisten, so lässt sich gleichwohl ein hoher Anteil des Erfolgs von Spielfilmen nicht auf einzelne Faktoren zurückführen. Diese Restvarianz ist auch ein Zeichen der kreativen Natur der Filmproduktion und der begrenzten Planbarkeit der Filmrezeption durch die Zuschauer, die letztlich darüber entscheiden, ob ein Film „funktioniert“ oder nicht.

Neben den filmbezogenen Eigenschaften sind Marketingausgaben sowie externe Faktoren wie Filmkritiken, Auszeichnungen wie z.B. Oscars, die Anzahl der vorführenden Filmtheater, Mundpropaganda und das Timing des Filmstarts von Bedeutung (Vgl. HENNIG-THURAU, T. (2004), S. 379ff.). Die Relevanz der genannten Faktoren variiert dabei mit dem jeweils verwendeten Verwertungsmedium, d.h. der Erfolgsfaktorenmix für das Kinoabspiel ist nicht identisch mit dem der Vermarktung im Home-Entertainment-Sektor (Vgl. HENNIG-THURAU, T. et al. (2006), S. 569). Daher ist neben dem eigentlichen Inhalt des Films auch die jeweilige mediale Dimension seiner Vermarktung zu betrachten.

2.2 Mediale Dimension

Die ursprüngliche Präsentationsform von Spielfilmen ist die Vorführung in Filmtheatern – seien es klassische Einzelkinos, moderne Großkinos (sog. Multiplexeinrichtungen) oder spezielle Events wie Open-Air-Aufführungen (Vgl. WIRTZ, B. W. (2006), S. 277). Historisch lag der Grund hierfür in den hohen Fixkosten der notwendigen Vorführgeräte, die die Darstellung von Spielfilmen in einem kleineren Kreis praktisch unmöglich machten.

Das wichtigste Medium ist bis heute die physische Filmkopie, die vom Filmverleih vervielfältigt und entsprechend eines Release-Plans jeweils für eine begrenzte Zeit zunächst Großkinos und später kleineren Filmtheatern zur Verfügung gestellt wird (Vgl. WIRTZ, B. W. (2006), S. 286). Die Digitalisierung der Distribution von Filmen für das Kinoabspiel ist derzeit noch im Gange und dauert länger als in den meisten anderen Medienbranchen, in denen Produktionsprozesse zwischenzeitlich ganz überwiegend voll-digital über Telekommunikationsnetze ablaufen. Der Grund hierfür liegt nicht nur in den enormen Datenmengen, die für eine Vorführung auf einer Großleinwand erforderlich sind, sondern mehr noch in den hohen Kosten der Umrüstung von Filmtheatern auf die digitale Projektion. Trotzdem ist zu erwarten, dass über kurz oder lang auch in der Filmbranche die physische Kopie verschwinden und die Distribution weitgehend digitalisiert wird.

Einen wesentlich größeren Einfluss auf die Geschäftsmodelle von Filmproduktionsunternehmen hatte jedoch die Verbreitung von Fernsehgeräten, die die Zweitverwertung von Spielfilmen im TV-Markt ermöglichten. Ein wesentlicher Treiber war später die Zunahme von Fernsehsendern im Zuge der Deregulierung und der Zunahme verfügbarer Kanalkapazitäten. In der Folge stieg der Bedarf nach attraktivem Content für Fernsehzuschauer stark an. Dies resultierte in zusätzlichen Erlösen für Filmproduktion und -verleih bis hin zu Koproduktionen von Filmproduktions- und Fernsehgesellschaften, wie sie gerade für nationale Spielfilme in kleinen Märkten zwischenzeitlich charakteristisch sind.

Obwohl die Fernsehverwertung zusätzliche Vermarktungsmöglichkeiten von Filmen schuf (und durch die fortschreitende Digitalisierung des Rundfunks noch immer fördert), blieb das Marktpotential wegen der medialen Charakteristika des Mediums begrenzt. Fernsehen ist ein synchrones Medium, so dass Zuschauer immer nur aus dem gerade ausgestrahlten Programmbouquet wählen können. Sie haben weder Einfluss auf die gesendeten Filme noch auf den Ausstrahlungs- bzw. Nutzungszeitpunkt. Überdies erfolgt – vom Pay-TV abgesehen – die Generierung der Erlöse indirekt (d.h. über Werbung oder über Gebühren), wodurch der Vermarktung von Premiuminhalten wie aktuellen Spielfilmen Grenzen gesetzt sind.

Dies änderte sich grundlegend durch die Entstehung des Marktes für Home Entertainment – zunächst durch das Aufkommen des Videorecorders um 1980, nach dem Jahr 2000 durch die Verbreitung des Mediums DVD und schließlich in jüngster Zeit in Form von internetbasierten Video-on-Demand-Angeboten. Durch die nunmehr vorhandene Infrastruktur von Abspielgeräten (bis hin zu kinoähnlichen Soundsystemen) in privaten Haushalten entstand ein neuer Markt für Leih- und Kauf-Videos bzw. -DVDs. Die Entwicklung des Home Entertainment gab den Rezipienten die inhaltlichen und zeitlichen Freiheitsgrade, die das Broadcast-Medium Fernsehen technologisch bedingt nicht bieten konnte. Dadurch wurde ein zusätzlicher Nutzen geschaffen, der sich in einer deutlich höheren Zahlungsbereitschaft niederschlug.

Zusätzlichen Schub erhielt der Home-Entertainment-Sektor dabei durch die im Vergleich zur klassischen Videokassette deutlich geringeren Produktionskosten von DVDs. In der Folge schwenkten Filmproduktionsunternehmen von einer klassischen Hochpreisstrategie mit Fokus auf den Videoverleih um auf eine aggressivere, aber noch immer hochprofitable Preispolitik für Kauf-DVDs (Vgl. VOGEL, H. (2007), S. 129f.). Im Endergebnis führte diese zunehmende Marktpenetration dazu, dass der Bereich Home Entertainment mittlerweile als Erlösquelle wichtiger geworden ist als Umsätze an der Kinokasse („Box office") (Siehe Abb. 2.1).

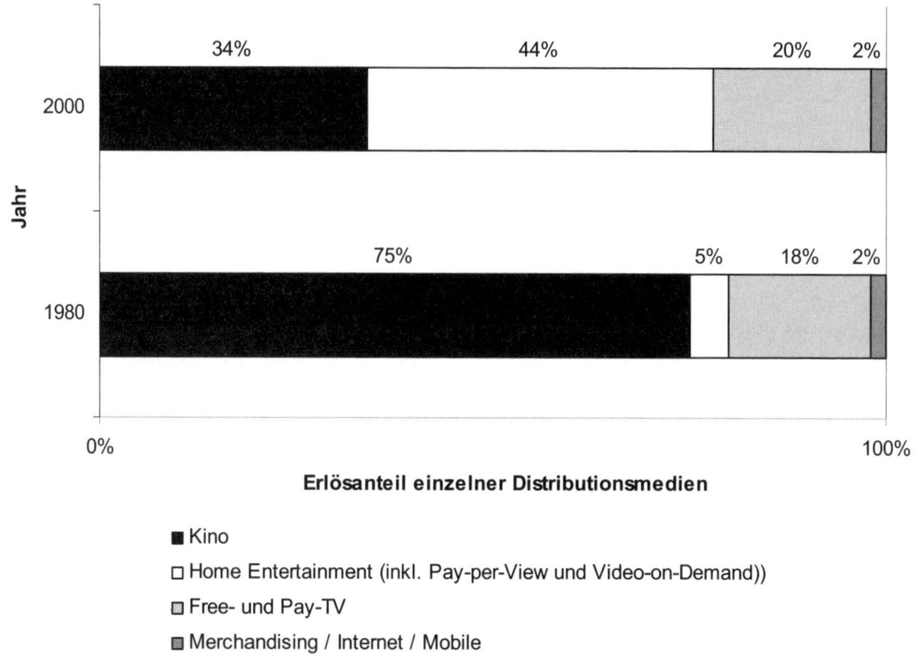

Abb. 2.1 *Verteilung der Erlöse von US-Spielfilmproduktionen*
(Quelle: In Anlehnung an ANDERSEN (2002), S. 72)

Neben Kinoabspiel und Home Entertainment gibt es eine Vielzahl weiterer Medien bzw. Vermarktungsformen für Spielfilminhalte und -figuren, die unter den Begriffen Licensing bzw. Merchandising rubriziert werden (z.B. Spielfiguren, Textilien, Nahrungsmittel bis hin zu Vergnügungsparks) (Vgl. WIRTZ, B. W. (2006), S. 278). Je nach Spielfilm können diese Merchandisingerlöse die eigentlichen Kinoabspielergebnisse sogar übertreffen (Siehe Abb. 2.2).

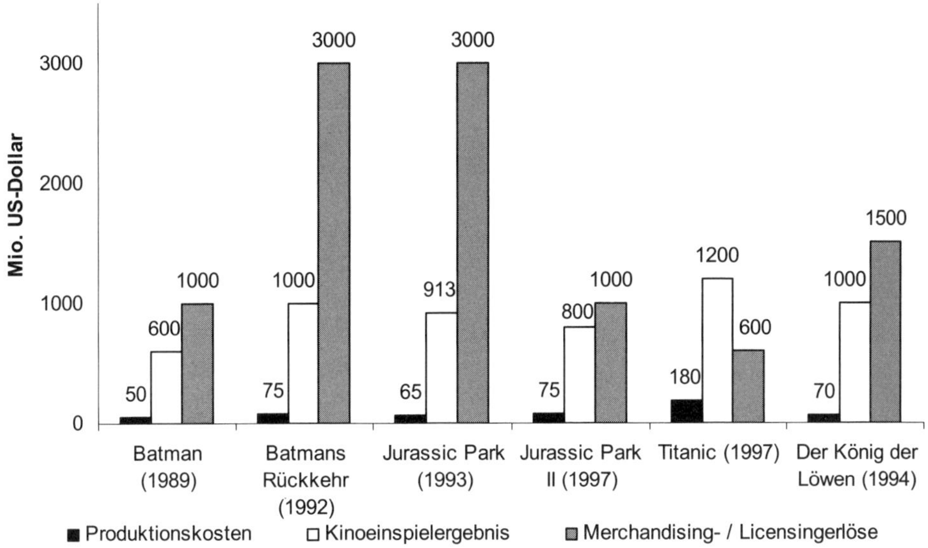

Abb. 2.2 Produktionskosten und Erlöse ausgewählter Spielfilmproduktionen (Quelle: The Motion Picture Association of America und Böll Concept zitiert nach BÖLL, *K. (1999), S. 55)*

Selbst wenn die zugrunde liegenden Daten dabei z.T. nur geschätzt sind, werden die groben Relationen gleichwohl deutlich. Diese Übersicht zeigt jedoch auch exemplarisch, dass das Merchandisingpotential sehr stark vom zugrunde liegenden Film sowie dessen Zielgruppe abhängen. Ein (auch) auf ein älteres Publikum abzielendes Drama mit realem Hintergrund wie *Titanic* eignet sich etwa relativ gesehen weniger gut für Merchandisingprodukte als rein fiktionale Stoffe, die eher Kinder und Jugendliche adressieren.

Dadurch wird deutlich, dass trotz des dualen Charakters von Medienprodukten nicht jeder Inhalt mit jedem Medium harmoniert. Vielmehr spielen die Eigenarten – das mediale Dispositiv – des jeweiligen Mediums eine wichtige Rolle. Das mediale Dispositiv bezeichnet in diesem Kontext „Strukturen möglicher Handlungen und Verhaltensweisen, die ein Medium nahelegt oder gar erzwingt; auch die spezifischen Fertigkeiten, Fähigkeiten und Dispositionen, die der Umgang mit dem Gerät, die der Gebrauch von den ‚Nutzern' erfordert oder die es fördert" (ENGELL, L. (2000), S. 282).

Für die Gestaltung der Produktarchitektur von Spielfilmen ist folglich entscheidend, die Stärken des jeweiligen Vermarktungsmediums auszunutzen. So erwartet ein Besucher in einem Filmtheater ein dem Kinopreis entsprechendes optisches und akustisches Erlebnis, das gemeinsam mit anderen Zuschauern geteilt wird. Trotz der zunehmenden technischen Ausstattung ist eine ähnlich emotionale Wirkung im Bereich Home Entertainment weit schwieriger zu erzielen. Dafür lässt sich durch Bonusmaterial, zusätzliche Versionen (insb. in der Originalsprache) oder einen „Director's Cut" ein Zusatznutzen für DVDs schaffen, der gerade Fans des jeweiligen Films anspricht und zur mehrfachen Nutzung animiert. Außerdem lassen sich im Bereich Home Entertainment Filme vermarkten, die im Kino nicht profitabel wären (etwa Fortsetzungen von Disney-Kinderfilmen). Umsetzungen des Filmstoffs in Form von Videospielen oder anderen Merchandising-Artikeln besitzen wiederum andere mediale Dispositive, die bei geeigneten Filmen weiteres Erlöspotential eröffnen und die Aufmerksamkeit für den Film erhöhen.

Auch wenn sich somit nicht jeder Spielfilminhalt für alle Medien eignet und gegebenenfalls spezifische Anpassungen vorzunehmen sind, bietet die integrierte Verwertung grundsätzlich ein großes Potential zur Generierung zusätzlicher Aufmerksamkeit und Erlöse sowie zur Diversifikation des Vermarktungsrisikos (Vgl. DREIER, H. (2004), S. 93ff.). Damit wird deutlich, dass sich die Produktarchitektur von Filmen grundlegend gewandelt hat. Tim Burton, Regisseur der Filme *Batman und Batmans Rückkehr*, sagte dazu bereits im Jahr 1992 „The making of the film is now almost secondary to the merchandising“ (Vgl. BÖLL, K. (1999), S. 55). Diese Aussage ist sicherlich bewusst überzeichnet. Letztlich steht noch immer der Film im Zentrum der Produktarchitektur, da nur ein überzeugender Inhalt weitere Vermarktungen ermöglicht. Zumindest aber haben sich die Gewichte zwischen dem Kernprodukt Spielfilm und dessen Verwertungen in anderen Medien nachhaltig verschoben, so dass die verbreitete Bezeichnung Nebenmärkte („Ancillary markets“) für Home Entertainment und Merchandising zwischenzeitlich an der Realität vorbeigeht. Die Herausforderung besteht folglich darin, im Produktionsprozess von Beginn an die Vermarktung des Spielfilms in unterschiedlichen Medien zu berücksichtigen und diese inhaltlich aufeinander abzustimmen.

Ein zentraler Aspekt ist dabei die zeitliche Abfolge der Verwertung. Der Kinobesuch bietet das umfassendste Spielfilmerlebnis, ist jedoch pro Nutzung am teuersten für den Rezipienten. Eine Leih-DVD oder gar der Filmkonsum im Free-TV sind demgegenüber deutlich billiger und sprechen damit andere, weniger zahlungsbereite Nutzer an. Daraus ergeben sich für Filmproduktionsunternehmen Chancen zur Preisdifferenzierung, die im Kontext des Erlös- und Finanzierungsmodells diskutiert werden.

3 Erlös- und Finanzierungsmodell

Wie die Analyse der Produktarchitektur im vorangegangenen Abschnitt gezeigt hat, hat sich die Leistungserstellung von Filmproduktionsunternehmen in den vergangenen Jahrzehnten nachhaltig gewandelt: Während ursprünglich die Kinoaufführung das einzige Produkt war, bietet die Filmwirtschaft heute integrierte Unterhaltungsprodukte und -dienstleistungen an, in deren Zentrum zwar noch immer der eigentliche Filminhalt steht, der jedoch in vielfältiger Form ausgewertet wird. Damit hat sich zugleich das Erlösmodell verändert: Statt einer vergleichsweise überschaubaren Preispolitik für Aufführungsrechte ist nunmehr ein umfassendes Management von Erlösquellen notwendig, wie es mittlerweile für den gesamten Medien- und Kommunikationssektor typisch ist (Vgl. ZERDICK, A. et al. (2001), S. 25).

Die optimale Ausschöpfung des Erlöspotentials ist auch deshalb von großer Bedeutung, weil jede Spielfilmproduktion den Charakter einer Neuproduktentwicklung mit den damit verbundenen Risiken besitzt: Ähnlich anderen Innovationen scheitert der überwiegende Anteil der Filme bei Markteinführung. Als Faustregel ist davon auszugehen, dass 80 % aller Gewinne der Filmbranche von nur 5 % der veröffentlichten Spielfilme generiert werden (Vgl. VOGEL (2007), S. 136). Daraus ergibt sich die Herausforderung, das resultierende finanzielle Risiko entsprechend zu managen.

In den folgenden Abschnitten wird näher betrachtet, wie Filmproduktionsunternehmen darauf in ihrem Erlösmodell (Abschnitt 3.1) und ihrem Finanzierungsmodell (Abschnitt 3.2) reagieren.

3.1 Erlösmodell

Die wichtigsten Erlösquellen von Spielfilmen sind die bereits genannten Bereiche Kinoaufführung, Home Entertainment inkl. Fernsehrechte sowie die verschiedenen Formen des Merchandising. Zusätzlich können Filmproduktionsunternehmen – je nach Filminhalt – Erlöse durch Product Placement oder eine weitergehende Zusammenarbeit mit Werbepartnern Einnahmen erzielen (Vgl. WIRTZ, B. W. (2006), S. 285). Bekannt geworden ist in diesem Zusammenhang beispielsweise die Kooperation zwischen der Produktionsfirma United Artist und BMW bei *James-Bond*-Spielfilmen. Dabei wurden nicht nur jeweils aktuelle BMW-Modelle prominent in Szene gesetzt, sondern darüber hinaus Fernsehwerbespots mit dem *James-Bond*-Darsteller Pierce Brosnan ausgestrahlt. Durch die zeitliche Synchronisierung von Spielfilmstart und Fernsehwerbung ergaben sich Verbundvorteile, da der Werbeeinsatz nicht nur die Aufmerksamkeit für das eigentlich beworbene Automobil steigerte, sondern zugleich als Promotion für den Film diente.

Staatliche Förderungen – sei es in Form von steuerlichen Vorteilen (Vgl. VOGEL, H. (2007), S. 110 ff.) oder der Subventionierung durch staatliche Filmförderung (Vgl. CLEVÉ, B. (1996), S. 97ff.) – stellen keine Erlöse im betriebswirtschaftlichen Sinne dar. Trotzdem haben derartige Fördermaßnahmen eine erhebliche Bedeutung für die Finanzierung von Filmproduktionsunternehmen. Darüber hinaus beeinflussen sie auch die inhaltliche Gestaltung des Films, da manche Förderinstrumente an bestimmte Voraussetzungen geknüpft sind (z.B. dass Teile der Produktion im jeweils fördernden Land stattfinden).

Von ungleich größerer Bedeutung für die Erlöserzielung von Filmproduktionsunternehmen ist jedoch die zeitliche Abstimmung der wesentlichen Verwertungsfenster – von der Kinoaufführung über Kauf- und Leihvideo bis hin zum werbebasierten Free-TV. Ziel dieser auch Windowing genannten Verwertungskaskade ist die Maximierung der Gesamterlöse eines Spielfilms durch eine Preisdifferenzierung 2. Grades, also mit Selbstselektion seitens der Nachfrager (Vgl. OWEN, B. / WILDMAN, S. (1992), S. 26ff.). Die Kinoaufführung richtet sich dabei an besonders zahlungswillige Nutzer, die den Film sofort nach der Veröffentlichung sehen möchten. Anschließend wird die geringere Zahlungsbereitschaft der übrigen Interessenten abgeschöpft, denen sukzessive Verwertungsstufen wie DVD (bzw. zukünftig die Bluray Disc), Pay-TV, Free-TV etc. angeboten werden, die immer geringere Preise pro Nutzung aufweisen (Siehe Abb. 3.1).

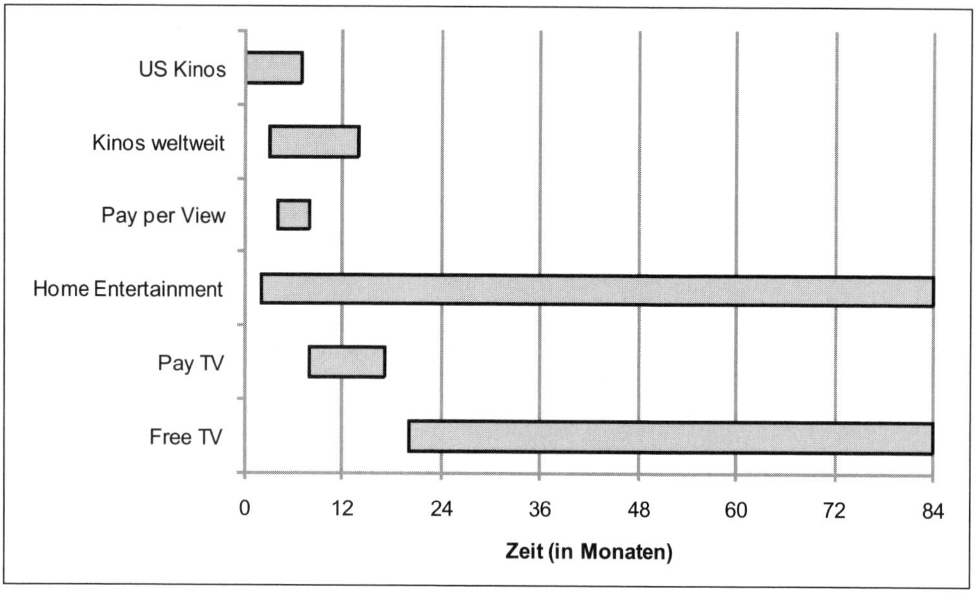

Abb. 3.1 *Verwertungsfenster US-amerikanischer Spielfilme nach der Kinoveröffentlichung (Stand 2005) (Quelle: In Anlehnung an VOGEL, H. (2007), S. 118)*

Wie HENNIG-THURAU et al. (2007) in einem integrierten Modell der sequentiellen Filmauswertung zeigen, bestehen dabei eine Reihe von Interdependenzen zwischen den einzelnen Verwertungsfenstern, die bei der Maximierung des Gesamterlöses zu berücksichtigen sind. Diese Wechselwirkungen lassen sich wie folgt zusammenfassen (Vgl. HENNIG-THURAU et al. (2007), S. 64ff.):

- Da die verschiedenen Verwertungsstufen enge Substitute darstellen, können billigere Möglichkeiten des Filmkonsums die teureren kannibalisieren, z.B. weil eigentlich zahlungskräftige Nutzer auf den Kinobesuch verzichten, weil gleichzeitig bereits die DVD verfügbar ist oder sie deren Veröffentlichung zeitnah erwarten.
- Zugleich hat aber ein großer Filmerfolg in vorgelagerten Verwertungsstufen im Allgemeinen einen positiven Effekt auf die Erlöse in späteren Veröffentlichungen, etwa durch die bereits angesprochene Mundpropaganda oder weil Rezipienten den Film nach dem Kinobesuch wiederholt zuhause ansehen möchten. Diese Effekte können sich jedoch abschwächen, wenn die Zeitspanne zwischen den verschiedenen Verwertungsstufen zu lang ist und das Publikum das Interesse am jeweiligen Film verliert.
- Die Stärke der Wechselwirkungen zwischen Verwertungsstufen hängt dabei auch von den präferierten Medien der Konsumenten und den Eigenschaften des jeweiligen Films ab. So favorisieren manche Konsumenten grundsätzlich oder zumindest für bestimmte Spielfilme das Kinoerlebnis, selbst wenn gleichzeitig bereits Versionen im Home Entertainment verfügbar wären. Andere wiederum bevorzugen möglicherweise grundsätzlich die bequemere Nutzung vor dem heimischen Fernseher und sind dafür zahlungsbereit, ohne dass dadurch die Kinovermarktung Einbußen erleiden würde.

- Schließlich sind bei zeitlich gestaffelten Erlösen die späteren Rückflüsse entsprechend zu diskontieren, so dass aus finanzwirtschaftlicher Sicht grundsätzlich eine schnellere Vermarktung vorzuziehen wäre. Darüber hinaus erhöht die Verzögerung der weiteren Auswertung das Vermarktungsrisiko für das Filmproduktionsunternehmen. Demgegenüber sinkt die Unsicherheit für kooperierende Unternehmen in späteren Verwertungsstufen, da sie die Einspielergebnisse und Absatzzahlen in vorangegangenen Auswertungen als Indikator zur Abschätzung der Erfolgswahrscheinlichkeit zukünftiger Verwertungen des Films nutzen können.

Das Modell von HENNIG-THURAU et al. (2007) verdeutlicht somit eindrucksvoll, wie komplex die Optimierung des Erlösmodells von Filmproduktionsunternehmen ist. Im Zuge der Digitalisierung und Vernetzung entstehen darüber hinaus neue Verwertungsfenster wie z.B. Video-und-Demand oder verschiedene Ausprägungen des interaktiven Fernsehens (Vgl. ZERDICK, A. et al. (2001), S. 72). Dadurch steigt die Zahl der Freiheitsgrade der Filmvermarktung nochmals, wobei insbesondere eine One-to-One-Kundenbeziehung Potential für eine noch weitergehende Preisdifferenzierung birgt (Vgl. WIRTZ, B. W. (2006), S. 308). Zugleich nimmt damit aber die Komplexität des zugrundeliegenden Optimierungsproblems nochmals zu. Insofern ist es wenig verwunderlich, dass die Filmbranche derzeit vielfach mit alternativen Verwertungsketten experimentiert, so etwa mit einer vorgezogenen Veröffentlichung des Films als DVD oder mit einem simultanen Angebot als Video-on-Demand bereits zum Kinostart. Der Trend geht dabei gegenwärtig grundsätzlich in Richtung einer Verkürzung der Kinoauswertung und einer beschleunigten Vermarktung im Home Entertainment (Vgl. PRICEWATERHOUSECOOPERS (2006), S. 22). Für Filmproduktions- und -verleihunternehmen spricht dafür auch die gegenüber dem klassischen Kinoabspiel höhere Profitabilität der Vermarktung in Form von DVDs etc.

Aufgrund der beschriebenen Kannibalisierungseffekte reagierten Kinobetreiber bereits z.T. mit dem Boykott solcher Spielfilme, die nach ihrer Meinung zu früh anderweitig vermarktet worden sind. Dieses Verhalten ist individuell rational, da die Kinoaufführung durch die frühere DVD-Veröffentlichung weniger profitabel wird. Für den Gewinn der gesamten Wertschöpfungskette kann eine schnellere Weitervermarktung oder gar eine Vertauschung von Verwertungsfenstern jedoch sinnvoll sein (Vgl. HENNIG-THURAU et al. (2007), S. 79). Trotzdem bleibt die Kinoaufführung wichtig, da sie besonders wegen der zeitgleichen und breiten Berichterstattung in den Medien einen positiven Effekt auf die weitere Vermarktung hat.

Zur Lösung dieses Interessenkonflikts im Sinne eines kollektiv rationalen Verhaltens bieten sich grundsätzlich zwei Möglichkeiten an: Zum einen können Filmproduktions- und -verleihunternehmen Kinobetreiber für deren Erlöseinbußen kompensieren, sei es direkt durch Ausgleichzahlungen oder indirekt durch eine Reduzierung der Erlösbeteiligung der Filmproduktions- und -verleihunternehmen an der Kinoaufführung. Zum anderen könnte dieser Interessenkonflikt durch eine vertikale Integration der verschiedenen Verwertungsstufen eliminiert werden, also z.B. durch eine Übernahme von Kinoketten durch Filmproduktionsgesellschaften. Dadurch würden die Mehr- und Mindererlöse einer modifizierten Auswertungsstruktur internalisiert und der integrierte Filmkonzern würde das Gesamtoptimum unabhängig von Gewinnen und Verlusten in einzelnen Verwertungsfenstern implementieren.

In der Tat sind gerade große Filmproduktionsunternehmen (die sog. Majors wie etwa *Disney*, *Twentieth Century Fox*, *Warner Bros.* etc.) auch in der Vermarktung aktiv, was das übergreifende Management aller Verwertungsfenster erleichtert (Vgl. ZERDICK, A. et al. (2001), S. 72). Grenzen findet diese Vorwärtsintegration allerdings dort, wo Flexibilität und lokales Wissen über die spezifischen Nutzerpräferenzen erforderlich sind. Überdies wird mit einer zunehmenden vertikalen Integration das Vermarktungsrisiko der Filmproduktion weiter konzentriert. Aus diesem Grunde wird nachfolgend im Rahmen des Finanzierungsmodells analysiert, wie Unternehmen mit den ökonomischen Risiken der Spielfilmproduktion umgehen.

3.2 Finanzierungsmodell

Auch wenn der Produktionsaufwand von Film zu Film stark variiert, so ist die Herstellung grundsätzlich sehr kapitalintensiv (Vgl. HENNIG-THURAU, T. (2004), S. 367). Darüber hinaus sind Filmproduktionskosten in der Vergangenheit im Durchschnitt deutlich stärker gestiegen als die allgemeine Inflation (Vgl. VOGEL, H. (2007), S. 114). Während in anderen Medienbranchen die fortschreitende Digitalisierung z.T. zu Kostenreduzierungen im Bereich der technischen Herstellung geführt hat, scheint dies für die Filmproduktion bislang weniger zu gelten. Vielmehr wurden neue technische Möglichkeiten zu einer Qualitätsverbesserung genutzt (etwa in Form von Special Effects), die zu einem insgesamt höheren Produktionsaufwand führen (Vgl. VOGEL, H. (2007), S. 143).

Angesichts der hohen Kosten einer Großproduktion ist das resultierende unternehmerische und finanzielle Risiko immens. Verschärft wird dieses weiter dadurch, dass – wie auch bei anderen Medienprodukten, aber im Unterschied zu klassischen Konsumgütern – ein Großteil der Herstellungskosten für die Filmproduktion selbst und dessen Marketing aufgewendet werden müssen. Diese Aufwendungen werden als First copy costs bezeichnet, da sie vor der Vervielfältigung und unabhängig von der Zahl der produzierten Filmkopien entstehen. First copy costs – schätzungsweise über 40 % der Gesamtkosten (Vgl. WIRTZ, B. W. (2006), S. 283) – sind somit nicht nur fixe, sondern auch versunkene Kosten („Sunk costs“) (Vgl. HASS, B. (2002), S. 46).

Filmunternehmen versuchen diese ökonomischen Risiken sowohl produktions- als auch finanzierungsseitig zu reduzieren. Produktionsseitig haben dabei die bereits erwähnten Stars eine besondere Bedeutung, da sie eine Mindestaufmerksamkeit für einen Spielfilm garantieren. Dementsprechend sind die erwarteten Kinoeinspielergebnisse von Filmen mit Stars etwas gleichmäßiger verteilt als die von Filmen ohne Star power (Vgl. DE VANY, A. / WALLS, W. D. (1999), S. 290). Schauspieler wie Regisseure werden überdies nur dann zu Stars, wenn sie in einer Reihe erfolgreicher Produktionen mitgewirkt haben. Es ist deshalb plausibel anzunehmen, dass sie sich – trotz einzelner Fehlentscheidungen – grundsätzlich durch die Fähigkeit auszeichnen, den Erfolg eines Spielfilmkonzepts überdurchschnittlich gut prognostizieren zu können. Sie würden von einer Mitwirkung absehen, um das eigene Reputationskapital nicht durch einen möglichen Flop zu gefährden (Vgl. FRANCK, E. (2001), S. 48). Der Rückgriff auf ein fähiges und durch ein entsprechendes „Track Record“ ausgewiesenes Personal ist somit eine wesentliche Strategie zur Risikoreduktion.

Ein anderer Ansatz liegt im schrittweisen Innovations- und Produktionsprozess von Spielfilmen, bei dem das Projekt immer wieder im Hinblick auf seine Erfolgsaussichten überprüft wird. Gerade bei Großproduktionen ist hierbei die Marktforschung von immenser Bedeutung – bis hin zum Pretest der ersten Schnittfassung eines Spielfilms vor einem Testpublikum (Vgl. LIEBERMAN, A. / ESGATE, P. (2002), S. 51).

All diese Maßnahmen dienen der Risikoreduktion einer einzelnen Spielfilmproduktion. Wesentlich für das Geschäftsmodell von Filmproduktionsunternehmen ist aber die finanzierungsseitige Reduzierung der Unsicherheit. Dazu kann zum einen das Gesamtrisiko des Filmproduktionsunternehmens durch Pooling von Einzelrisiken vermindert werden. Zum anderen können die verbleibenden Risiken z.T. an die Kooperations- und Finanzierungspartner weitergegeben werden.

Beim Pooling von Risiken produzieren insbesondere große Studios nicht nur einen Film, sondern investieren jeweils gleichzeitig in mehrere Projekte mit unterschiedlichem Risiko/Rendite-Profil (Vgl. VOGEL, H. (2007), S. 136). Filme mit geringem Produktionsaufwand, wenig Star power oder komplette Neuproduktionen haben eine geringere Erfolgswahrscheinlichkeit, aber eine höhere erwartete Rentabilität. Umgekehrt ist das Risiko von Sequels oder Produktionen mit großer Star power und einem umfangreichen Budget geringer; sie weisen aber aufgrund der höheren Produktionskosten eine niedrigere erwartete Rentabilität auf. Insofern zeigt das Investitionsmodell von Filmproduktionsunternehmen Ähnlichkeiten mit dem aus der Finanzwirtschaft bekannten Portfolio-Ansatz auf (Vgl. SEDWICK, J. / POKORNY, M. (1998), S. 210ff.).

Trotz dieser unternehmensinternen Maßnahmen bleibt die Filmproduktion mit erheblichen Risiken und Kosten verbunden, die selbst große Majors kaum alleine tragen können. Die Finanzierung von Filmproduktionsunternehmen greift daher stark auf externe Kapitalgeber zurück, um die notwendigen Budgets bereit zu stellen und zugleich das eigene Risiko zu reduzieren. Klassische Finanzierungsarten sind dabei Eigen- und Fremdfinanzierung. Daneben spielen die staatliche Filmförderung sowie insbesondere Koproduktionen und Abnahmedeals mit anderen Unternehmen der Wertschöpfungskette eine wichtige Rolle.

Bei der Fremdfinanzierung greifen Filmproduktionsunternehmen auf Instrumente wie Bankkredite zurück (Vgl. VOGEL, H. (2007), S. 112f.). Die Fremdfinanzierung kann bei entsprechend niedrigen Zinsen durchaus attraktiv sein. Jedoch fordern Fremdkapitalgeber naturgemäß entsprechende Sicherheiten, die in der Regel nur große Filmproduktionsunternehmen geben können, nicht aber z.B. Independent-Produzenten. Aus diesem Grunde kommt der Eigenkapitalfinanzierung vielfach größere Bedeutung zu.

Eine prinzipielle Möglichkeit ist hierbei Public Equity, also die Einnahme von Eigenkapital über die Börse (Vgl. VOGEL, H. (2007), S. 109). Aber auch hierbei begrenzt das hohe Risiko der Filmproduktion die Bereitschaft der Kapitalgeber, die vielfach nur zur Kapitalüberlassung bereit sein werden, wenn sie vorab weit mehr unternehmensinterne Information über laufende und geplante Filmprojekte erhalten, als bei einer Börsennotierung üblich und im Hinblick auf die Wettbewerber sinnvoll ist. Wichtiger als Public Equity ist daher Private Equity, also nicht-börsennotiertes Beteiligungskapital. Lange Zeit waren hierbei insbesondere stille Beteiligungen in Filmfonds von Bedeutung. Dieses Modell war für Investoren vor allem deshalb attraktiv, weil selbst bei einem Misserfolg einzelner Produktionen durch die Möglichkeit der Verlustzuweisung noch immer ein positiver steuerlicher Effekt entstand; zwischenzeitlich sind diese rein steuerlichen Vorteile jedoch stark reduziert worden (Vgl. EGGERS, D. (2003), S. 80ff.). Damit steht wieder die Fähigkeit des Fondsmanagements im Vordergrund, nicht nur entsprechende Einlagen zu akquirieren, sondern auch sorgfältig in ausgewählte Spielfilmproduktionen zu investieren.

Jenseits der aus anderen Branchen üblichen Finanzierungsarten spielt gerade im europäischen Raum mit sprachlich und kulturell bedingt kleineren regionalen Märkten die staatliche Filmförderung eine wichtige Rolle für die Finanzierung von Filmproduktionen. Ohne diese Subventionen könnte der deutsche und europäische Film kaum überleben (Vgl. CLEVÉ, B. (1996), S. 149). Diese staatliche Filmförderung speist sich aus Steuergeldern sowie aus Zwangsabgaben von Kinobetreibern und anderen filmauswertenden Gruppen (Vgl. STORM, S. (2000), S. 27f.). Die Vergabe erfolgt im Rahmen verschiedener Antragsverfahren durch Entscheidungsgremien. Die Produzenten müssen mit ihrem Filmprojekt somit nicht primär auf Rentabilität bedachte Investoren überzeugen, sondern staatlichen Fördereinrichtungen. Die Konsequenz dieser Subventionierungspraxis resümiert CLEVÉ folgendermaßen: „Dass auf dieser Grundlage Projekte entwickelt werden, die sich eher an Gremien denn an ein Publikum wenden, ist offenkundige Realität“ (CLEVÉ, B. (1996), S. 105). Insofern sind derartige, vorwiegend an staatlicher Förderung orientierte Produktionen im Grunde nicht mehr Teil von Geschäftsmodellen im betriebswirtschaftlichen Sinne.

Eine weitere wichtige Finanzierungsquelle neben Finanz- und staatlichen Investoren stellen die Abnehmer der Spielfilmleistung in den nachfolgenden Verwertungsstufen dar. Vielfach werden nämlich nicht nur die Vermarktungsrechte einzelner Spielfilme, sondern ganze Rechtepakete gehandelt (Vgl. WIRTZ, B. W. (2006), S. 298). Filmverwertende Unternehmen können dabei nicht einzelne, erfolgreiche Spielfilme kaufen, sondern müssen ganze Rechtebündel erwerben, die auch schwächere oder unbekanntere Produktionen enthalten, die auf diese Weise mitfinanziert werden. Noch stärker geteilt wird das Risiko bei sog. Output Deals. Dabei kaufen Filmdistributoren (z.B. Kinoverleih oder Fernsehsender) die Rechte an einem Filmbündel bereits *bevor* die einzelnen Spielfilme produziert worden sind (Vgl. VOGEL, H. (2007), S. 550). Sie tragen damit unmittelbar zur Risikostreuung und zur Finanzierung neuer Filmprojekte bei. Derartige Output Deals sind auch ein Zeichen der engen Vernetzung der verschiedenen Akteure in der Filmbranche. Dies wird nachfolgend im Kontext der Wertschöpfungsstruktur vertiefend betrachtet.

4 Wertschöpfungsstruktur

Die vorangegangenen Ausführungen haben bereits deutlich gemacht, dass es sich bei der Produktion und Vermarktung von Spielfilmen um einen hochkomplexen Prozess handelt, zu dessen Gelingen viele Akteure beitragen. Die resultierende Wertschöpfungskette ist in Abb. 4.1 dargestellt.

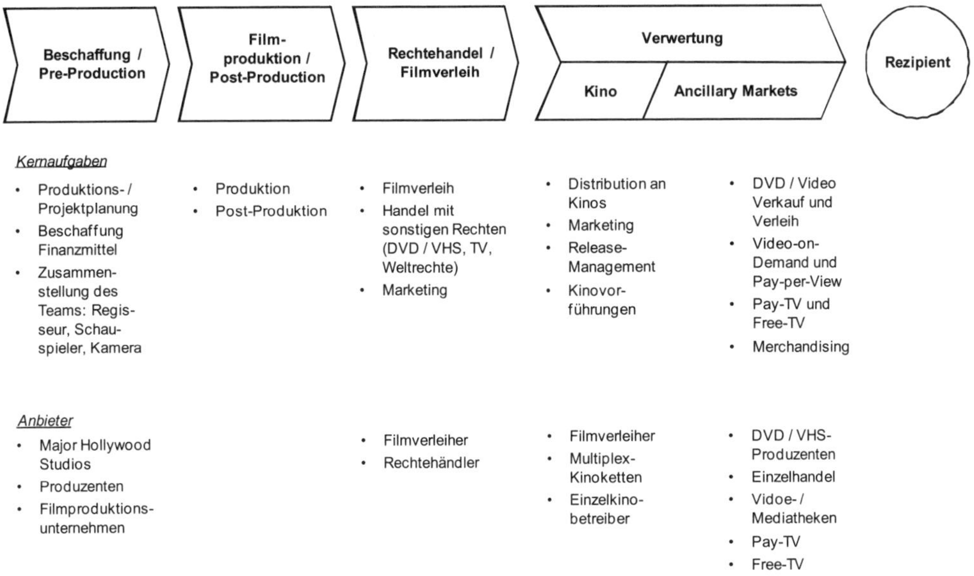

Abb. 4.1 *Wertschöpfungskette der Filmwirtschaft*
(Quelle: Vgl. WIRTZ, B. W. (2006), S. 279)

Die ersten beiden Stufen umfassen die eigentliche Filmproduktion von der Beschaffung der notwendigen Inputs über den Filmdreh selbst bis hin zur Postproduktion wie Filmschnitt etc. Die Vermarktung beginnt mit dem Rechtehandel und erreicht über die bereits skizzierten Verwertungsstufen Kino, Home Entertainment etc. schließlich den Rezipienten.

Die komplexe Wertschöpfungskette der Filmwirtschaft erfordert Organisationsstrukturen, die die Koordination und Motivation der beteiligten Akteure sicherstellen, damit das Gesamtprojekt gelingen kann. Ein wesentliches Moment ist dabei der Grad der vertikalen Integration. Wie bei jeder Unternehmung beinhaltet diese Leistungstiefenentscheidung die Frage, ob vor- und nachgelagerte Wertschöpfungsstufen innerhalb eines Unternehmens organisiert werden oder zwischen verschiedenen Unternehmen über den Markt abgewickelt werden (Vgl. PICOT, A. (1991), S. 336). Die Optimierung der Leistungstiefe vollzieht sich in einem Spannungsfeld von unterschiedlichen Triebkräften, die jeweils eine Integration bzw. eine Desintegration vorteilhaft machen. Die Bedeutung der jeweiligen Einflussfaktoren ist dabei nicht konstant, sondern verändert sich – insbesondere durch die zur Organisation eingesetzte Informations- und Kommunikationstechnik – im Zeitablauf (Vgl. PICOT et al. (2003), S. 70ff.).

Auf der einen Seite existieren Triebkräfte der Integration:

- Für den Erfolg eines Spielfilms muss eine Vielzahl von Akteuren optimal zusammenwirken, was unter einer einheitlichen Leitung vielfach leichter zu erreichen ist als bei einer dezentralen Organisationsstruktur.
- Aufgrund der hohen Produktionskosten und Unsicherheit des Filmerfolgs ist das ökonomische Risiko immens. Kooperationspartner werden nur zur Zusammenarbeit bereit sein,

wenn sie entsprechende Mitspracherechte enthalten und ihrer Risikoübernahme entsprechend honoriert werden. Wenn ein Film dann aber erfolgreich ist, laufen Filmproduktionsunternehmen Gefahr, bei Sequels von Inputlieferanten opportunistisch ausgebeutet zu werden, etwa in Form deutlich höherer Künstlergagen.
- Bei der Vermarktung von Filmen bestehen insbesondere hinsichtlich des Timings der Verwertungsfenster z.T. Interessenkonflikte zwischen den einzelnen Verwertungsstufen wie Kino und Home Entertainment. Das Gesamtoptimum ist leichter zu erreichen, wenn die jeweiligen externen Effekte durch vertikale Integration internalisiert werden.

Auf der anderen Seite stehen Triebkräfte der Desintegration:

- Zwar existieren in den Bereichen Marketing und Distribution Skaleneffekte. Bei der kreativen Arbeit selbst sind die Größenvorteile jedoch gering.
- Die für eine Spielfilmproduktion benötigten Inputs sind vielfach hoch spezialisiert. Angesichts der geringen Häufigkeit der Filmproduktion – letztlich ist jedes Projekt eine Einzelfertigung – lohnt es sich für Filmunternehmen kaum, diese Inputs jeweils selbst vorrätig zu halten.
- Die Vermarktung von Filmen ist risikoreich und erfordert vielfach lokales Wissen über die jeweiligen Rezipienten. Deshalb kann es sinnvoller sein, dieses Risiko auf mehrere Kooperationspartner zu verteilen und durch Rückgriff auf länderspezifisches Know-how zu reduzieren.

Als Resultat dieser gegenläufigen Triebkräfte findet man in der Filmwirtschaft netzwerkartige Wertschöpfungsstrukturen, die dem Prinzip der flexiblen Spezialisierung folgen (Vgl. PIORE, M. / SABEL, C. (1985), S. 37ff. und CAVES, R. (2000), S. 95ff.). Die Produktion eines Spielfilms erfolgt demnach nicht in monolithischen Unternehmen mit einer hohen vertikalen Integration, sondern in Projekten, die jeweils von einem unternehmerischen Koordinator (typischerweise dem Produzenten) für einen bestimmten Film zusammengestellt und orchestriert werden (Vgl. CAVES, R. (2000), S. 95). Auf diese Weise lassen sich Filme mit den notwendigen Inputs produzieren, ohne dass das Filmproduktionsunternehmen alle Einsatzfaktoren permanent vorrätig halten und auslasten muss.

Zugleich handelt es sich jedoch bei Spielfilmprojekten nicht um rein klassische Markttransaktionen, da das Umfeld und die Transaktionsatmosphäre durchaus eine Rolle spielen können. So finden Produktionen häufig in räumlich abgegrenzten Agglomerationen statt. Beispiele hierfür sind etwa Kalifornien / Hollywood oder München als stärkster deutscher Produktionsstandort. Dort siedeln sich um starke Filmproduktionsunternehmen herum weitere Inputlieferanten an und bilden sogenannte Cluster, die sich durch eine Vielzahl informeller Kontakte zwischen den verschiedenen Akteuren auszeichnen (Vgl. CAVES, R. (2000), S. 97).

Ebenso können einzelne Spielfilmproduktionen im Zeitablauf dadurch verbunden sein, dass z.B. Regisseure Vorlieben für bestimmte Schauspieler, Kameraleute oder Filmkomponisten haben, mit denen sie dann wiederholt zusammenarbeiten. Die einzelne Filmproduktion ist in diesem Falle gleichsam eine Transaktionsepisode (KIRSCH, W. / KUTSCHKER, M. (1978), S. 34ff.), die in eine längerfristige, wenn auch lose Beziehung zwischen den beteiligten Akteuren eingebettet ist. Allerdings ist der Vorteil der vertrauten Zusammenarbeit abzuwägen gegen den Nachteil, gegebenenfalls auf diese Weise nicht die optimalen Inputs bzw. die optimale Inputkombination für ein bestimmtes Filmprojekt zu erreichen (Vgl. CAVES, R. (2000), S. 97).

Auch bei der Vermarktung von Filmen spielen die Koordination und Motivation zwischen Rechteinhabern und auswertern eine wichtige Rolle, wobei die Beziehungen hierbei weitaus stärker vertraglich geregelt werden. Aus diesem Grunde finden sich hier längerfristige Verträge bis hin zu den bereits angesprochenen Output-Deals (Vgl. WIRTZ, B. W. (2006), S. 297ff.). Dadurch wird deutlich, wie sich in der Filmwirtschaft als Reaktion auf die oben skizzierten widerstrebenden Triebkräfte netzwerkartige, hybride Wertschöpfungsstrukturen herausbilden, die weder rein marktlicher noch rein hierarchischer Natur sind.

5 Ausblick

Gegenstand dieses Beitrags waren die Geschäftsmodelle von Filmproduktionsunternehmen. Dazu wurden die Dimensionen Produktarchitektur, Erlös- und Finanzierungsmodell sowie die Wertschöpfungsstruktur diskutiert. Dabei wurde deutlich, dass sich in der konkreten Gestaltung der Geschäftsmodelle immer wieder die grundsätzlichen Charakteristika der Filmproduktion niederschlagen, insb. kreative, komplexe und kostenintensive Wertschöpfungsprozesse sowie große Unsicherheit in der Produktion wie in der Abschätzung der Nachfrage.

Daneben spielt der technologische Fortschritt eine große Rolle, der im Kontext des Home Entertainments den Konsum von Spielfilmen noch mehr als deren Produktion nachhaltig verändert hat. Im Zuge dieser noch lange nicht abgeschlossenen Entwicklung differenzieren sich die Nutzung und damit auch die Erlösquellen von Filmproduktionen weiter aus.

Zugleich sollte jedoch angesichts dieser übergreifenden Trends nicht vergessen werden, dass es sich bei einer Spielfilmproduktion wie auch beim Geschäftsmodell eines Unternehmens letztlich immer um einzigartige Projekte handelt. Zwar ist deren Gestaltung vielfach nur vor dem Hintergrund grundsätzlicher Charakteristika und Entwicklungen zu verstehen; deren Erfolg hängt aber letztlich maßgeblich davon ab, welche konkreten unternehmerischen Entscheidungen Filmproduktionsunternehmen treffen und wie sie die einzelnen Elemente ihres Geschäftsmodells aufeinander abstimmen.

Literaturverzeichnis

ANDERSEN: Outlook of the Development of Technologies and Markets for the European Audiovisual Sector up to 2010, http://ec.europa.eu/avpolicy/docs/library/studies/finalised/tvoutlook/finalrep.pdf, 10.04.2008.

BÖLL, K.: Merchandising und Licensing. Grundlagen, Beispiele, Management, München, 1999.

CAVES, R. E.: Creative Industries. Contracts between Art and Commerce, Cambridge (MA) / London, 2000.

CLEVÉ, B.: Film-, Fernseh- und Multimedia-Finanzierungen. Ein Leitbuch, 1. Aufl., Gerlingen, 1996.

DE VANY, A. / WALLS, W. D.: Uncertainty in the Movie Industry. Does Star Power Reduce the Terror of the Box Office?, in: Journal of Cultural Economics 23, 1999, S. 285-318.

DREIER, H.: Multimedial und multidimensional. Auswertungskonzepte im „digitalen Zeitalter“, in: ZERDICK, A. et al. (Hrsg.): E-Merging Media. Kommuniation und Medienwirtschaft der Zukunft, Berlin et al., 2003, S. 79-102.

EGGERS, D.: Filmfinanzierung. Grundlagen, Beispiele, 4. Aufl., Berlin, 2003.

ELBERSE, A. / ELIASHBERG, J.: Demand and Supply Dynamics for Sequentially Released Products in International Markets. The Case of Motion Pictures, in: Marketing Science 22 (3), 2003, S. 329-354.

ELIAHSBERG, J. / ELBERSE, A. / LEENDERS, M.A.A.M.: The Motion Picture Industry. Critical Issues in Practice, Current Research, in: Marketing Science 25 (6), 2006, S. 638-661.

ENGELL, L.: Ausfahrt nach Babylon. Essais und Vorträge zur Kritik der Medienkultur, Weimar, 2000.

FRANCK, E.: Das Starphänomen. Drei Erklärungsansätze und ihre Anwendung auf verschiedene Segmente des Unterhaltungsmarktes, in: GAITANIDES, M. / KRUSE, J. (Hrsg.): Stars in Film und Sport. Ökonomische Analyse des Starphänomens, München, 2001, S. 41-57.

GAINTANIDES, M.: Ökonomie des Spielfilms, München, 2001.

HASS, B. H.: Geschäftsmodelle von Medienunternehmen. Ökonomische Grundlagen und Veränderungen durch neue Informations- und Kommunikationstechnik, Wiesbaden, 2002.

HASS, B. H.: Desintegration und Reintegration im Mediensektor. Wie sich Geschäftsmodelle durch Digitalisierung verändern, in: ZERDICK, A. et al. (Hrsg.): E-Merging Media. Kommuniation und Medienwirtschaft der Zukunft, Berlin et al., 2003, S. 33-57.

HAUCAP, J.: Warum sind einige Spielfilme erfolgreich, andere aber nicht? Einige ökonomische Überlegungen, in: Medienwirtschaft. Zeitschrift für Medienmanagement und Kommunikationsökonomie 3 (1/2006), S. 6-15.

HENNING-THURAU, T.: There's No Business Like Movie Business: Überlegungen zu den Erfolgsfaktoren von Spielfilmen, in: WIRTZ, B. W. (Hrsg.): Handbuch Medien- und Multimediamanagement, Wiesbaden, 2004, S. 365-392.

HENNIG-THURAU, T. / HEITJANS, T.: Marken und Spielfilme, in: BAUMGARTH, C. (Hrsg.): Erfolgreiche Führung von Medienmarken. Strategien für Positionierung, Markentransfers und Branding, Wiesbaden, 2004, S. 63-86.

HENNIG-THURAU T. / HOUSTON M. B. / WALSH G.: The Differing Roles of Success Drivers across Sequential Channels. An Application to the Motion Picture Industry, in: Journal of the Academy of Marketing Science 34 (4), 2006, S. 559-575.

HENNIG-THURAU, T. / HOUSTON, M. B. / WALSH, G.: Determinants of Motion Picture Box Office and Profitability. An Interrelationship Approach, in: Review of Management Science 1/2007, S. 65-92.

HENNIG-THURAU, T. et al.: The Last Picture Show? Timing and Order of Movie Distribution Channels, in: Journal of Marketing 71 (October 2007), S. 63–83.

JEDIDI, K. / KRIDER, R. E. / WEINBERG, C. B.: Clustering at the Movies, in: Marketing Letters 9 (4), 1998, S. 393-405.

KIRSCH, W. / KUTSCHKER, M.: Das Marketing von Investitionsgütern. Theoretische und empirische Perspektiven eines Interaktionsansatzes, Wiesbaden, 1978.

LANCASTER, K. J.: A New Approach to Consumer Theory, in: Journal of Political Economy 74 (1), 1966, S. 132-157.

LIEBERMAN, A. / ESGATE, P.: The Entertainment Marketing Revolution. Bringing the Moguls, the Media, and the Magic to the World, Upper Saddle River (NJ) et al., 2002.

MAHADEVAN, B.: Business Models for Internet-Based E-Commerce. An Anatomy, in: California Management Review 42 (4), 2000, S. 55-69.

MCQUAIL, D.: Mass Communication Theory. An Introduction, 1. Aufl., London / Beverly Hills / New Delhi, 1983.

MEYEN, M.: Mediennutzung. Mediaforschung, Medienfunktionen, Nutzungsmuster, 2. Aufl., Konstanz, 2004.

OWEN, B.M. / WILDMAN, S. S.: Video Economics, Cambridge (MA) / London, 1992.

PICOT, A.: Ein neuer Ansatz zur Gestaltung der Leistungstiefe, in: Zeitschrift für betriebswirtschaftliche Forschung 43, 4/1991, S. 336-357.

PICOT, A. / REICHWALD, R. / WIGAND, R. T.: Die Grenzenlose Unternehmung. Information, Organisation und Management. Lehrbuch zur Unternehmensführung im Informationszeitalter, 5. Aufl., Wiesbaden, 2003.

PIORE, M. J. / SABEL, C. F.: Das Ende der Massenproduktion. Studie über die Requalifizierung der Arbeit und die Rückkehr der Ökonomie in die Gesellschaft, Berlin, 1985.

PRICEWATERHOUSECOOPERS: German Entertainment and Media Outlook 2006-2010. Die Entwicklung des deutschen Unterhaltungs- und Medienmarktes, 2006.

SEDWICK, J. / POKORNY, M.: The Risk Environment of Film Making. Warner Bros in the Inter-War Years, in: Explorations in Economic History 35, 1998, S. 196-220.

STORM, S.: Strukturen der Filmfinanzierung in Deutschland, Potsdam, 2000.

VOGEL, H.L.: Entertainment Industry Economics. A Guide for Financial Analysis, 7. Aufl., Cambridge et al., 2007.

WALSH, G. / JASCHKE, M. / KILIAN, T.: Kinostars als Marken. Eine Erweiterung des Ingredient Branding-Ansatzes, in: Jahrbuch der Absatz- und Verbrauchsforschung 3/2007, S. 245-266.

WIRTZ, B. W.: Medien- und Internetmanagement, 5. Aufl., Wiesbaden, 2006.

ZERDICK, A. et al.: Die Internet-Ökonomie. Strategien für die digitale Wirtschaft, 3. Aufl., Berlin et al., 2001.

Wertschöpfungsaktivitäten in Filmproduktionsunternehmen

Bernd W. Wirtz, Johannes C. Kerner, Sebastian Ullrich

Zusammenfassung
Insbesondere die „Blockbuster" der 90iger Jahre haben in der Film-Branche zum wirtschaftlichen Erfolg von Filmproduktionsunternehmen beigetragen. Da diese Filmproduktionen als aufwendig produzierte Filme gelten, liegt es nahe, sich neben den sozialen, politischen und historischen Rahmenbedingungen vor allem den wirtschaftlichen Prozessen der Erstellung, des Vertriebs und der Verwertung dieser medialen Produkte zu widmen. Zunächst wird ein Überblick zu Marktstrukturen und zum Verhalten beteiligter Akteure der Film-Branche gegeben. Zudem werden die marktspezifischen Besonderheiten in der Filmproduktion skizziert. Dann wird das Leistungssystem von Filmproduktionsunternehmen betrachtet, wobei insbesondere auf die Wertschöpfungsaktivitäten, Core-Assets sowie Kernkompetenzen eingegangen wird. Schließlich wird das Geschäftsmodell von Filmproduktionsunternehmen analysiert und vorgestellt sowie potenzielle, zukünftige Entwicklungen beleuchtet.

Beitragsinhalt

1 Einführung

Die Filmindustrie hat in den letzten Jahren und Jahrzehnten in Deutschland und Europa, aber auch im Rest der Welt erheblich an Bedeutung gewonnen. So werden insbesondere in Deutschland immer mehr Filme produziert, die zunehmend auch großen Hollywood-Produktionen Konkurrenz machen, als Beispiele seien hier die Herbig-Produktionen „Der Schuh des Manitu" oder „Traumschiff Surprise" angeführt. Bei der Darstellung der Filmindustrie sind neben den sozialen, politischen und historischen Rahmenbedingungen auch immer die wirtschaftlichen Prozesse der Erstellung, des Vertriebs und der Verwertung der medialen Produkte von Interesse. Historisch gesehen hat sich das Kino als erste große Instanz der Filmindustrie etabliert und konnte insbesondere in den Jahren bis 1960 Besucherrekorde verzeichnen. Mit der flächendeckenden Verbreitung von Fernsehgeräten wurde der Boom des Kinos allerdings getrübt. Mediales Entertainment konnte zunehmend einfacher und auch günstiger in den Haushalten rezipiert werden. Erst die aufwendig produzierten „Blockbuster" der 90iger Jahre konnten dem Kino wieder zu einem neuen Aufschwung verhelfen (Vgl. VOGEL, H. (1998), S. 30; WIRTZ, B. W. (2006), S. 255). Es kann somit konstatiert werden, dass Filmproduktionen ein wesentlicher Faktor der Filmindustrie sind und sowohl in der Praxis als auch der wissenschaftlichen Diskussion einen besonderen Stellenwert besitzen.

Der Aufbau dieses Beitrags zu Wertschöpfungsaktivitäten in Filmproduktionsunternehmen gliedert sich in drei Abschnitte. Das zweite Kapitel gibt einen Überblick der Marktstrukturen und des Verhaltens der beteiligten Akteure der Filmindustrie und geht kurz auf die marktspezifischen Besonderheiten der Filmproduktion ein. Das Leistungssystem von Filmproduktionsunternehmen wird im dritten Kapitel betrachtet, wobei insbesondere auf die Wertschöpfungsaktivitäten und die Core-Assets und Kernkompetenzen eingegangen wird. Der Beitrag endet mit der Vorstellung und Analyse des Geschäftsmodells von Filmproduktionsunternehmen und einem Ausblick bezüglich der zukünftigen Entwicklungen.

2 Marktstruktur und Marktverhalten

Die Marktstruktur der Filmindustrie besteht aus einem sehr komplexen Produktions- und Verwertungsnetzwerk und beinhaltet darüber hinaus eine Vielzahl von Marktteilnehmern. Hierbei lassen sich für die Filmindustrie sowohl Nischenanbieter, die sich auf einen Bereich wie z. B. die Produktion deutscher Komödien fokussieren, als auch ganzheitlich orientierte Filmunternehmen identifizieren, die die gesamte Wertschöpfungskette der Filmindustrie abdecken. In diesem Zusammenhang kristallisieren sich drei zentrale Marktsegmente der

Filmindustrie heraus, die entweder als Spezialgebiet oder als integrativer Teil des Gesamtgeschäfts ausgebildet sind: Die Filmproduktion, der Filmverleih und Rechtehandel sowie das breite Spektrum der Filmverwertung. Im Folgenden wird auf die Struktur des Marktes der Filmindustrie genauer eingegangen, wobei insbesondere die Abgrenzung zu anderen Bereichen der Unterhaltungsindustrie herausgestellt und der Markt der Filmproduktion dargestellt wird.

2.1 Struktur des Marktes

Ein Film kann als eine auf einem Medium gespeicherte Bildfolge oder Bild- und Tonfolge bezeichnet werden, bei der der Eindruck eines Bewegtbildes entsteht (Vgl. GABLER (2004), S. 1045). Der Fokus der Marktbetrachtung richtet sich im Rahmen dieses Beitrages auf die Produktion von Kinofilmen. Dabei kann die Abgrenzung des Marktes auf verschiedenen Ebenen bezüglich der Produkt-Markt-Kombinationen vorgenommen werden. Auf höchster Ebene können Märkte mit Hilfe allgemeiner produktbezogenen Kriterien differenziert werden. Das Ergebnis dieser Abgrenzung für die Filmbrache ist die Bestimmung des Marktes der Filmindustrie, als Teilsegment der Unterhaltungsindustrie mit dem Kinofilm als zentralem Leistungskern (Vgl. WIRTZ, B. W. (2006), S. 256). Von den drei bereits konkretisierten Bereichen der Filmindustrie, die in Abbildung 2.1 wiedergegeben sind, wird im Folgenden nur der Markt der Filmproduktion weiter skizziert.

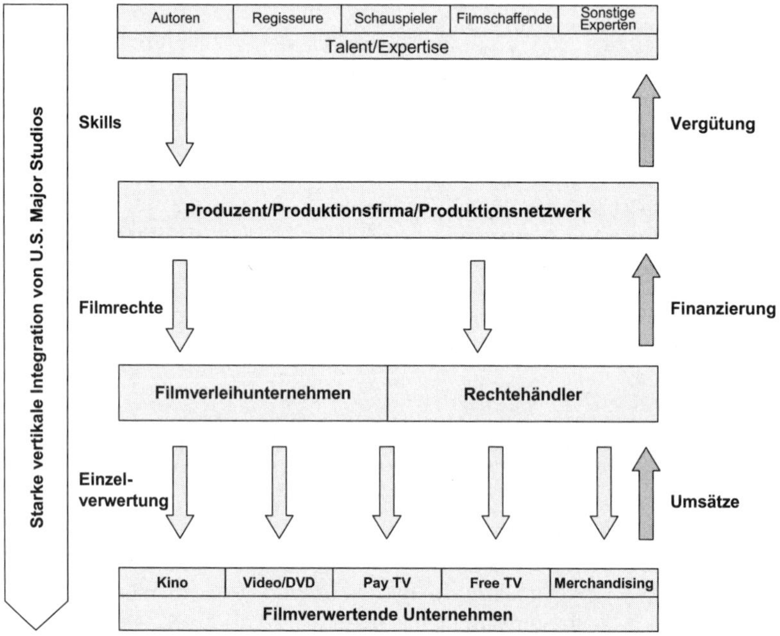

Abb. 2.1 *Marktstruktur und Akteure in der Filmindustrie (WIRTZ, B. W. (2006), S. 257)*

Der deutsche Markt der Filmproduzenten ist, im Vergleich zum stark konzentrierten US-Amerikanischen Markt, durch einen hohen Fragmentierungsgrad geprägt. Die US-Amerikanischen Studios produzieren Filme mit enormen Skaleneffekten und nutzen durch die vertikale und horizontale Integration von Geschäftsbereichen das Vermarktungspotenzial voll aus. Die deutschen Filmproduzenten hingegen sind meist auf einen Bereich, sei es Fernseh- oder Kinofilmproduktion, bzw. nur einen Teilbereich der Produktion fokussiert (Vgl. RITTER, J. (2002), S. 14; WIRTZ, B. W. (2006), S. 257 ff.). Seit einigen Jahren kann bei den deutschen Filmproduzenten allerdings eine Konzentrations- und insbesondere Internationalisierungsstrategie beobachtet werden. Dabei schließen immer mehr deutsche Filmproduktionsunternehmen national als auch international Vertriebs- und Produktionspartnerschaften, um das Exportpotenzial des deutschen Films zu fördern.

3 Leistungssystem

Im Rahmen der Filmproduktion ist es von besonderem Interesse, das Leistungssystem der Unternehmen darzustellen. Im folgenden Kapitel wird daher das Leistungssystem der Filmwirtschaft dargestellt. Dazu werden im Abschnitt 3.1 zuerst die Wertschöpfungsstrukturen der Filmindustrie beschrieben und in Abschnitt 3.2 die Core Assets und Kernkompetenzen der Akteure aus der Filmproduktion vorgestellt. Damit ist die Grundlage für die Analyse des Geschäftsmodells von Filmproduktionsunternehmen gelegt. Das in der Filmindustrie relevante Gebiet des Leistungsspektrums wird in diesem Beitrag nur vollständigkeitshalber genannt und nicht weiter ausgeführt, da ein direkter Bezug zu den Filmproduktionsunternehmen nicht gegeben ist (Vgl. WIRTZ, B. W. (2006), S. 277 ff.).

3.1 Wertschöpfungsstrukturen

Die Wertkette in der Filmindustrie kann in vier aufeinander aufbauenden Stufen eingeteilt werden (Vgl. WIRTZ, B. W. (2006), S. 279). Die Beschaffung bzw. Pre-Production beinhaltet die Planung des Filmvorhabens, die Vorab-Finanzierung und die Akquise von geeigneten Produktionshelfern, Schauspielern etc. In der zweiten Phase, der Produktion bzw. Post-Production, wird das Filmmaterial produziert, nach Maßgabe der Produzenten modifiziert und durch Tonaufzeichnungen ergänzt. Das Resultat der zweiten Phase ist der fertige und vermarktungsfähige Film. Der Rechtehandel beschreibt die dritte Stufe und beinhaltet insbesondere den Filmverleih und die Vermarktung von Werbe- und Marketingrechten. Die abschließende vierte Stufe, die Filmverwertung, umfasst insbesondere die Distribution in Kinos und auf Ancillary Markets, also den DVD- und Videoverkauf sowie der Ausstrahlung im Free- oder Pay-TV. Ebenso ist die Verwertung im innovativen IP-TV, der Ausstrahlung von medialen Inhalten über das Internet, eine weitere Möglichkeit für die Filmindustrie, Umsätze zu generieren. Abbildung 3.1 gibt einen Überblick der Wertkette in der Filmwirtschaft.

	Beschaffung/ Pre-Production	Filmproduktion/ Post-Production	Rechtehandel/ Filmverleih	Kino	Ancillary Markets
Kernaufgaben	• Produktions- /Projektplanung • Beschaffung Finanzmittel • Zusammenstellung des Teams: Regisseur, Schauspieler, Kamera	• Produktion • Post-Produktion	• Filmverleih • Handel mit sonstigen Rechten (DVD/VHS, TV, Weltrechte) • Marketing	• Distribution an Kinos • Marketing • Release-management • Kinovorführungen	• DVD/Video Verkauf und Verleih • Video-On-Demand und Pay-Per-View • Pay-TV und Free-TV • Merchandising
Anbieter	• Major Hollywood Studios • Produzenten • Filmproduktions-unternehmen	• Filmproduktions-unternehmen • Special Effects Unternehmen • Post-Production Unternehmen • Tonstudios	• Filmverleiher • Rechtehändler	• Filmverleiher • Multiplex-Kinoketten • Einzelkinobetreiber	• DVD/VHS-Produzenten • Einzelhandel • Video-/ Media-theken • Pay-TV • Free-TV
Beispiele	• Bernd Eichinger • Bavaria Filmstudios • Babelsberger Filmstudios	• Warner Brothers • Metro Goldwyn Meyer Studios Inc. • Bavaria Film-gesellschaft	• Buena Vista Germany GmbH • Constantin Filmverleih GmbH • Tele München Gruppe	• Buena Vista Germany GmbH • Cinemaxx • Kinopolis • UCI	• Warner Home Entertainment • Video World, Blockbuster • Premiere • ARD, RTL, SAT 1

Abb. 3.1 *Wertkette der Filmwirtschaft (WIRTZ, B.W. (2006), S. 279)*

3.2 Core Assets und Kernkompetenzen

Im Folgenden sollen die Core Assets, also die zentralen Ressourcen von Filmproduktionsunternehmen, die zur Leistungserbringung notwendig sind, sowie die Kernkompetenzen dargestellt werden. Als Kernkompetenzen werden diejenigen Fähigkeiten bzw. Kompetenzen angesehen, die dem Filme produzierenden Unternehmen nachhaltige Wettbewerbsvorteile verschaffen und langfristig sichern können.

Als Core Assets von Unternehmen im Bereich Filmproduktionen können insbesondere die Mitarbeiter, gute Netzwerke und etablierte Marken genannt werden. Bei der Filmproduktion sind Mitarbeiter mit hoher Kreativität und handwerklichem Können erforderlich, wobei das Ausmaß der Kreativität maßgeblich zum Erfolg eines Filmes beiträgt (Vgl. GIL, R. / SPILLER, P. T. (2007), S. 243 ff.) Das Vorhandensein von guten und stabilen Netzwerken ist im Bereich der Filmproduktion erfolgskritisch. Die Netzwerke der Filmproduktionsunternehmen bestehen in der Regel aus einer Vielzahl von Schauspielern, Regisseuren und Kameraleuten, die für spezielle Aufgaben und Filmprojekte herangezogen werden und entweder ein eingespieltes Team darstellen oder aber für jedes Projekt neu und individuell kombiniert werden. Marken sind ein Core Asset von Filmproduktionsunternehmen, wie z. B. Universal oder Paramount.

Die langjährige Erfahrung und „Blockbusterkompetenz" in der Filmproduktion macht es den großen und etablierten Marken einfacher, z. B. Investoren und Schauspieler zu akquirieren und damit zum nachhaltigen Erfolg der Produktion beizutragen. Diese Signalisierungskompetenz der Marken wird durch die Content-Creation-Kompetenz von Produktionsunternehmen komplettiert. Dabei ist die Koordination der Zusammenarbeit mit Produzenten und Regisseuren ein wichtiger Bestandteil, um einen Film erfolgreich und ohne Reibungsverluste zu realisieren. Die Content-Creation-Kompetenz ist dabei sehr eng mit der Technologiekompetenz verknüpft. Unter Technologiekompetenz versteht man bei Filmproduktionen die Fähigkeit mit modernen Technologien im Rahmen der Filmproduktion so umzugehen, dass ein nachhaltiger Wettbewerbsvorteil entstehen kann. Als Beispiel soll hier Pixar angeführt werden, die durch die Entwicklung der computerbasierten Trickfilmproduktion einen wichtigen Wettbewerbsvorsprung gegenüber der Konkurrenz erreicht (Vgl. WIRTZ, B. W. (2006) S. 280 f.) Auf Basis der vorgestellten Grundlagen der Filmproduktion wird nun im vierten Kapitel das Geschäftsmodell von Filmproduktionsunternehmen vorgestellt und analysiert.

4 Geschäftsmodell

Nach der Vorstellung des Leistungssystems können nun die Geschäftsmodelle in der Filmproduktion dargelegt werden. Diese stellen den zentralen Aspekt der wirtschaftlichen Betrachtung der Filmproduktionsunternehmen dar, da sie Aufschluss über das Tagesgeschäft und die Abläufe geben. Nach einer allgemein gültigen Darstellung der Kostenträger und der Erlösquellen der Filmindustrie wird daher in diesem Kapitel detailliert auf das Geschäftsmodell von Filmproduktionsunternehmen eingegangen. Zur Verbesserung der Strukturierung der Darstellung werden die Geschäftsmodelle im Folgenden anhand von spezialisierten Organisationseinheiten illustriert, wie sie ein reines Filmproduktionsunternehmen darstellt. Es sei aber darauf hingewiesen, dass in der Branchenwirklichkeit viele Unternehmen integrierte Geschäftsmodelle verfolgen, die neben der Filmproduktion noch den Rechtehandel, den Filmverleih und mitunter sogar den Betrieb von Filmtheatern umfassen. (Vgl. WIRTZ, B. W. (2006), S. 281).

4.1 Kostenträger

Für die Erläuterung des Leistungserstellungsmodells und der damit verbundenen Kostenstruktur der Filmproduktion kann eine Betrachtung der gesamten Filmindustrie im Sinne der vollständigen Wertschöpfungskette vom Produzenten bis zum Endverbracher herangezogen werden. Durch eine derartige, aggregierte Darstellung kann ein übersichtlicher Einblick in die Leistungserstellungsstruktur gegeben werden. Zur Vermeidung unnötiger Komplexität wird in Abbildung 4.1 nur die Kosten- und Erlösstruktur der „klassischen" Verwertungskette des Films in einem Filmtheater dargestellt.

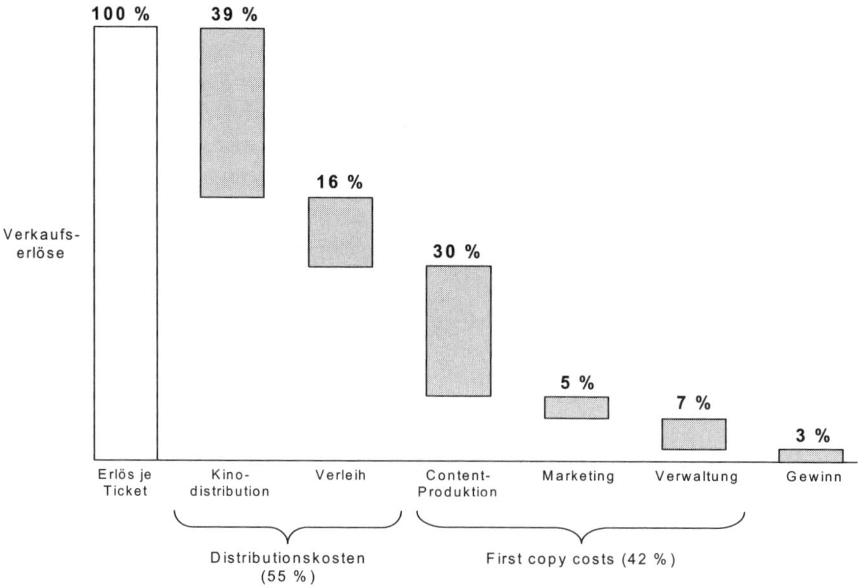

Abb. 4.1 *Kosten- und Erlösstruktur der Leistungserstellung (Quelle: WIRTZ, B. W. (2006), S. 283)*

Der größte Teil der an der Kinokasse generierten Erlöse entfällt mit 39% auf den Kinobetreiber. Der Filmverleiher erhält ca. 16 % der Einnahmen. Auf den Filmproduzenten entfallen rund 30 % der Gesamtkosten, für Marketing und Verwaltung fallen 5 bzw. 7% ab. Der Gewinn der Investoren liegt durchschnittlich bei 3 %. Hierbei ist festzustellen, dass die First Copy Costs, also die Kosten für die Erstellung der Urkopie des Films, mit insgesamt 42% einen sehr großen Anteil an den Gesamtkosten ausmachen. Die wichtigsten Kostenträger in diesem Block sind die Personalkosten für Schauspieler, Kosten für Special Effects sowie Autorenhonorare bzw. Lizenzgebühren für die Inhalte.

Die Personalkosten für Schauspieler sind in hohem Maße von deren Popularität abhängig, was sich wirtschaftstheoretisch fundiert erklären lässt. Während in der Filmproduktion generell ein hohes Risiko herrscht, so zeigen aktuelle Studien, dass Filme mit bekannten Schauspielern häufiger erfolgreich sind und mehr Geld einspielen (Vgl. SIMONTON, D. K. (unveröffentlicht)). Zudem fühlen sich die Konsumenten bekannten Schauspielern emotional verbunden und sogar in einem gewissen Maße verpflichtet, zumindest aber vertrauen sie bekannten Schauspielern hinsichtlich Qualität und Unterhaltungswert der Filme (Vgl. THOMSON, M. (2006), S. 104). Diese emotionale Bindung lässt sich aber nicht beliebig vervielfachen, sodass nur eine sehr begrenzte Menge an „Stars" am Markt vorhanden ist. Um diese konkurrieren die großen Filmproduzenten aufgrund der hohen Gewinnerwartung, sodass die Gagen von bekannten Schauspielern wie Brad Pitt oder Julia Roberts häufig die Marke von 20 Millionen US$ für einen Film erreichen, während unbekannte Schauspieler mit 1000 $ pro Drehtag oder weniger auskommen (Vgl. KETSCHAGMADSE, N. (2002), S. 1).

Die Kosten für Special Effects steigen seit dem Jahr 2000 exponential an, da immer aufwändigere Produktionen erstellt werden, um das Publikum in die Kinos zu locken. Bei Filmen mit hohem Special-Effects-Anteil wie beispielsweise die „Matrix"-Trilogie oder die Star Wars-Reihe können die Special Effects über die Hälfte des Produktionsbudgets auf sich vereinen.

4.2 Erlösmodell

Die bedeutendste Erlösquelle der Filmindustrie sind die Rezipientenmärkte. Für deutsche Filmproduzenten spielen zudem staatliche Institutionen eine bedeutende Rolle. Auf die beiden Haupteinnahmequellen, den Staat und die Rezipientenmärkte, soll an dieser Stelle detailliert eingegangen werden (Vgl. auch im Folgenden WIRTZ, B. W. (2006), S. 281 ff.). Die Rolle der Werbemärkte, die von den Filmproduktionsunternehmen meist nicht direkt bedient werden, wird im folgenden Abschnitt thematisiert.

Die Erstellung der Nullkopie, also des Films an sich, ist aufgrund des hohen Ressourcenbedarfs (Schauspieler, Special Effects etc.) meist teuer und zudem unsicher. Die für die Vorfinanzierung notwendigen Finanzmittel können aus verschiedenen Quellen entlang der Wertschöpfungskette stammen, beispielsweise von Filmverleihern, die als Vorschuss auf die spätere Rendite eine sogenannte Minimumgarantie auszahlen. Eine Alternative stellen die bis vor einigen Jahren aufgrund der Steuervorteile in Deutschland sehr beliebten Filmfonds am Kapitalmarkt, beispielsweise der VIP-Medienfond, dar, welche aber aufgrund der Streichung der steuerlichen Begünstigung in 2007 erheblich an Attraktivität verloren haben. Eine dritte Möglichkeit der Vorfinanzierung ist die staatliche Filmförderung. Neben der bundesdeutschen Filmförderungsanstalt vergeben auch Institutionen auf Landesebene wie der FilmFernsehFonds Bayern Gelder.

Nach der Produktion steht dem Produzenten eine Reihe von Erlösquellen offen, um die getätigte Investition zu amortisieren. Die Filme generieren in den unterschiedlichen Medienkategorien unterschiedlich starke Rückflüsse, die vom Publikum ausgehen. Zentral sind hierbei die Entgelte für Kinoeintritt, Miete und Kauf von DVDs und Videos, Merchandising-Produkte und Ausgaben für Pay-TV. Zudem zahlt der Konsument Steuern an den Staat, welche dieser für die Filmförderung verwendet, sowie TV-Gebühren. Zudem konsumiert er Werbung, die im Free-TV Gelder freisetzt, welche dann an die Filmproduzenten fließen. Abbildung 4.2 zeigt die Rückflüsse der verschiedenen Akteure in der Filmindustrie.

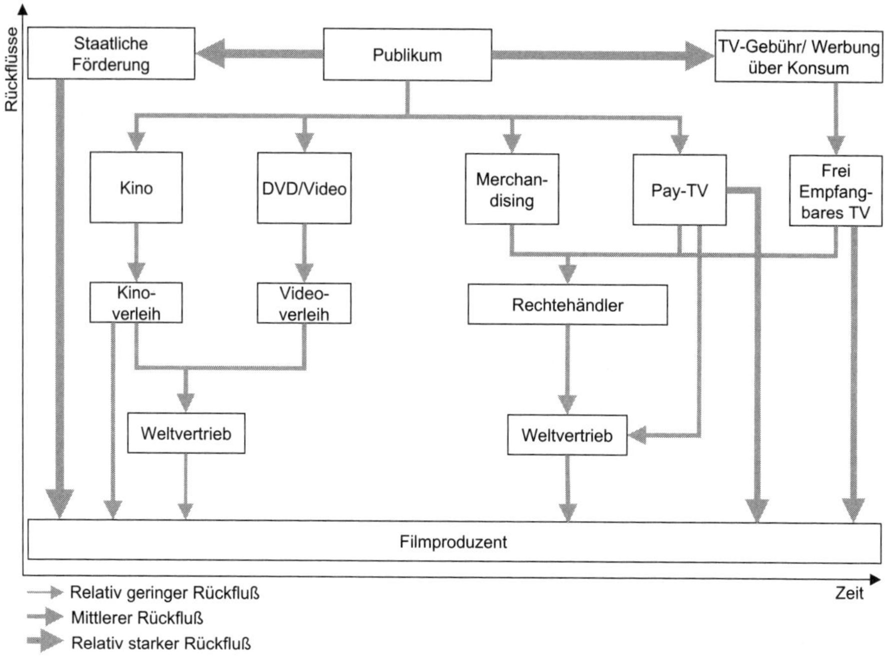

Abb. 4.2 Finanzielle Rückflüsse der Filmindustrie (Quelle: in Anlehnung an PROGNOS (1997), S. 18)

4.3 Geschäftsmodell

An dieser Stelle soll das typische Geschäftsmodell von Filmproduktionsunternehmen vorgestellt werden. Hierzu werden Beschaffungsmanagement, der Produktionsprozess und das Distributionsmodell beschrieben.

Auf der Beschaffungsseite sind neben materielle Ressourcen (Filmstudio und Technik) auch humane Ressourcen (Schauspieler, Ton- und Lichttechniker, Kameraleute etc.) und finanzielle Ressourcen zur Erstellung eines Films notwendig. Der Produzent als Gesamtverantwortlicher muss demnach eine Vielzahl von Funktionen wahrnehmen und einen sehr hohen Koordinationsbedarf abdecken. Neben dem Auffinden von Autoren und der Akquise von Investoren als erstem Projektschritt müssen Akteure gecastet, ein Regisseur gefunden, Techniker und Computerspezialisten gefunden und externe Dienstleister koordiniert werden, wenn Teile der Leistungserstellung an solche ausgelagert werden. Dies ist in der Filmindustrie aufgrund der Spezialisierungsvorteile und dem Projektcharakter von Filmproduktionen insbesondere in den Bereichen Special Effects, Vertonung oder Synchronisation üblich (Vgl. GAITANIDES, M. (2001), S. 173).

Während der bereits in Abschnitt 3.1 beschriebenen Wertschöpfungsaktivitäten entsteht so ein Firmennetzwerk um das Filmproduktionsunternehmen herum. In diesem Netzwerk wird dann neben dem Film an sich eine filmbezogene Produktgruppe und die damit verbundenen Verwertungsrechte hergestellt. Diese beinhaltet neben dem meist in mehreren Versionen produzierten Spielfilm (z. B. Director's Cut, Extended-Versionen oder geschnittene Versionen wegen der Jugendfreigabe) Trailer, DVD- und TV-Specials und Making-of-Dokumentationen.

Die so erzeugten Leistungen werden dann über verschiedene Kanäle vermarktet, der Fokus liegt auf der Verwertung der Rechte an dem produzierten Film. Hierbei liegen die Schwerpunkte auf dem Verkauf von regionenbezogenen oder absatzkanalspezifischen Verwertungsrechten. Das Vermarktungspotential eines Films wird aufgrund des Drehbuchs, der Referenzprojekte des Regisseurs, der Zugkraft der Schauspieler und der Attraktivität des Genres beurteilt. Hierbei sind verschiedene Akteure als Abnehmer denkbar:

- Filmverleiher,
- Rechtehändler als Zwischenhändler im Verwertungsprozess sowie,
- Direktabnehmer wie z. B. TV-Anstalten, Home Entertainment-Unternehmen, Merchandising-Unternehmen

Eine weitere Einnahmequelle für Filmproduktionsunternehmen stellt die Bereitstellung von Werberaum für Product Placement dar. Hierbei werden Konsumgüter oder Dienstleistungen, deren Marken für den Rezipienten deutlich sichtbar sind, in die Handlung des Filmes integriert und somit vermarktet. Im Rahmen des On-Set-Placement wird der Artikel als funktionaler Gegenstand der Filmausstattung platziert, während die Produkte beim Creative Placement in die Handlung integriert und somit auffälliger und wirksamer positioniert werden (Vgl. AUER, N. / DIEDRICHS, F. (1993), S. 15 ff.). Auch im Merchandising-Bereich, in dem filmnahe Produkte vermarktet werden (z. B. Spielfiguren der Charaktere aus Star Wars: Episode 1) ist ein starker Anstieg der Aktivitäten zu beobachten (Vgl. LUBBERS, C. A. / ADAMS, W. J. (2004), S. 55 ff.). Abbildung 4.3 zeigt das Geschäfts- und Erlösmodell am Beispiel der Odeon Pictures GmbH. Dieses Unternehmen ist eine 100 %-ige Tochterunternehmung der Odeon Film AG und ist auf die Filmproduktion spezialisiert.

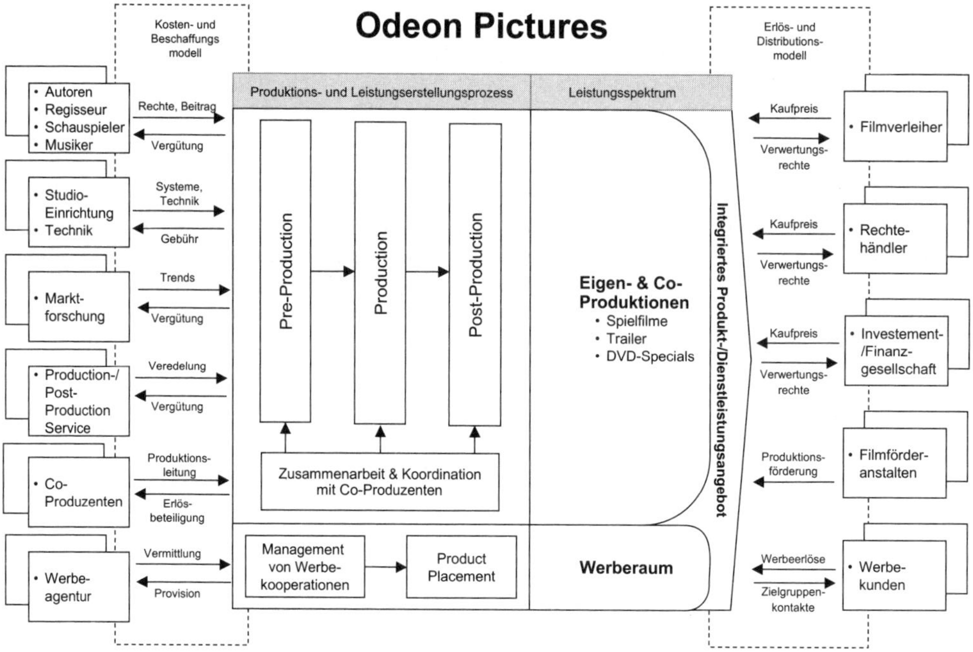

Abb. 4.3 *Geschäftsmodell in der Filmproduktion am Beispiel der Odeon Film AG (Quelle: WIRTZ, B. W. (2006), S. 285)*

5 Entwicklungsperspektiven in der Filmindustrie

Abschließend werden die in den vorangegangenen Kapitel gewonnenen Erkenntnisse kurz zusammengefasst und darauf aufbauend ein Ausblick auf die Zukunft der Filmindustrie gegeben. Filmproduktionsunternehmen agieren in einem stark wachsenden, volatilen und risikobehafteten Markt, in dem viele kooperative Akteure Leistungen erbringen und damit die Wertschöpfung vorantreiben, wie sie in Kapitel 3 dargestellt wurde. Hierbei zeigt sich die besondere Bedeutung der Content-Creation-Kompetenz, die in Zukunft immer mehr an Bedeutung gewinnen wird. Aufgrund der steigenden Produktionskosten in der Filmproduktion werden in Zukunft vermehrt Event-Filme (Filme mit hohem initialen Marketingaufwand, z. B. I am Legend von Warner Bros.) sowie Sequels (Folgefilme von erfolgreichen Produktionen, z. B. Stirb Langsam 4.0 von 20th Century Fox oder Harry Potter und der Halbblutprinz von Warner Bros.) produziert werden (Vgl. auch PASCAL, A. (2002), S. 4).

Das in Kapitel 4 dargestellte Geschäftsmodell wird in Zukunft weitgehend unverändert bestehen bleiben, doch die Erlösströme werden sich immer stärker zu den Ancillary Markets (HD-DVD/BluRay/DVD/VHS, (Near) Video-on-Demand, Pay-Per-View, IPTV und Merchandising) verschieben. Im Home Entertainment-Bereich wird aufgrund des stetig wachsenden Ausstattungsgrades der deutschen Haushalte mit Wohnzimmer-PCs, Kombinationsprodukte aus TV-, Hi-Fi- und PC-Komponenten, und den immer schnelleren Bandbreiten im Internet die Nutzung kostenpflichtiger Streaming-Services wie IPTV oder Video-on-Demand stark zunehmen (Vgl. WIRTZ, B. W. (2008), S. 65). Klassische TV-Inhalte werden durch Interaktivität attraktiver und die Mediennutzungsdauer steigt ständig an. So werden steigende Absatzzahlen auch für die Offline-Medien, DVDs, insbesondere HD-DVDs und BluRay-Discs, prognostiziert.

Literaturverzeichnis

AUER, M. / DIEDRICHS, F.: Werbung Below the Line – Product Placement, TV-Sponsoring, Licensing, Landsberg / Lech, 1993.

GABLER (Hrsg.): Gabler Wirtschaftslexikon, 16. Auflage, Wiesbaden, 2004.

GAITANIDES, M.: Die Ökonomie des Spielfilms, Hamburg, 2001.

GIL, R. / SPILLER, P.T.: The Organizational Dimensions of Creativity: Motion Picture Production, in: California Management Review 50 (1), 2007, S. 243-260.

KETSCHAGMADSE, N.: Ernüchterung bei knapper Kasse, 2002, http://www.epd.de/film/677_11374.htm, Abruf: 13.01.2003.

LUBBERS, C. A. / ADAMS, W. J.: Merchandising in the Major Motion Picture Industry: Creating Brand Synergy and Revenue Streams, in: Journal of Promotion Management, Vol. 10 Issue 1/2, 2004, S. 55-63.

PASCAL, A.: Ich liebe Spektakel: Interview mit Amy Pascal, 2002, http://www.spiegel.de/spiegel/0,1518,219903,00.html, Abruf: 09.12.2002.

PROGNOS (Hrsg.): Verwertungsperspektiven der Filmindustrie, Basel, 1997.

RITTER, J.: Vielen Filmproduzenten droht das aus – UFA-Chef Wolf Bauer über den Wettbewerb im Fernsehgeschäft und die Sünden von ARD und ZDF, in: Frankfurter Allgemeine Zeitung, 20.03.2002, S. 16.

THOMSON, M.: Human Brands: Investigating Antecedents to Consumers' Strong Attachments to Celebrities, in: Journal of Marketing 70 (3), 2006, S. 104-119.

VOGEL, H.: Entertainment Industry Economics: A Guide for financial Analysis, 4. Auflage, Cambridge, 1998.

WIRTZ, B. W.: Medien- und Internetmanagement, 5. Auflage, Wiesbaden, 2006.

WIRTZ, B. W.: Deutschland Online - Unser Leben im Netz, Bonn, 2008.

SIMONTON, D. K.: Cinematic Success Criteria and Their Predictors: The Art and Business of the Film Industry (unveröffentlicht).

Strategische Optionen für Filmverleihunternehmen – Zielgruppenfindung und -ansprache

JOHANNES KLINGSPORN

Zusammenfassung
Das dreigliedrige Modell aus Filmproduktion, Filmverleih und Filmtheater prägt die Kinobranche bis heute. In diesem Modell ist der Filmverleiher u.a. Auswerter von Filmen für den Filmproduzenten. Damit ist seine bedeutende, übergreifende Funktion als Mittler zwischen Produktion, Filmtheater und Kinobesucher angesprochen. Filmverleihunternehmen müssen daher mit einer Vielzahl von Wechselwirkungen umgehen, und ihnen kommen entsprechende Teilfunktionen zu, die sie bewältigen müssen. Daher sollen zunächst die wesentlichen Einflussmöglichkeiten des Verleihs (z.B. Rolle als Filmeinkäufer) beleuchtet werden. Weiterhin wird erläutert, wie eine Vermarktung von Filmen erfolgt (z.B. direkte Kundenansprache). Zudem werden die über die Auswertung im Kino hinausgehenden Filmauswertungsformen in ihren Grundzügen angesprochen (z.B. Videomarkt). Schließlich wird ausgehend vom Status quo ein Ausblick auf die Zukunft der deutschen Filmverleiher gegeben.

Beitragsinhalt

1 Historie

Seit seinen Ursprüngen ist das Kino Bestandteil der Freizeitindustrie. Seine Geburtsstunde erlebte das Kino als Wanderkino auf den deutschen und französischen Rummelplätzen und Varietes. Bis 1900 war das Kino Wanderkino. Die Vorführer waren Eigentümer der Projektionsanlagen und der Filme, die sie entweder selbst produziert oder vom Produzenten gekauft hatten. Im Jahr 1910 gab es in Deutschland 456 ortsfeste Filmtheater (Vgl. HETTLING, M. / HOFFMANN, S.-L. (2000), S. 287), vier Jahre später fast 2.500 Kinos. Diese stationären Kinos waren dringend auf aktuelle Filme angewiesen, da zum einen der Neuigkeitswert der Filme und zum anderen die Kopienqualität durch Abnutzung sinken.

Vor diesem Hintergrund verwundert es nicht, dass es schon 1903 zu der Gründung einer Einkaufsgemeinschaft von 24 Kinobetreibern für Filme kam. Im Rahmen dieser Einkaufsgemeinschaft wurden die Filme zentral eingekauft und über vorher abgestimmte Abspielringe verteilt.

Dieses Modell fand aber keine Nachahmer, sondern scheiterte im Wesentlichen aus zwei Gründen. Zum einen beklagten die Filmtheater die unbefriedigende Disposition der Filme und der Filmkopien: die Nachfrage nach einzelnen Filmen war innerhalb der Kinos der Einkaufsgemeinschaft nicht gleichgewichtig verteilt, sondern variierte von Film zu Film. Um dieses Ungleichgewicht zwischen Angebot und Nachfrage zu beseitigen, hätte mit den Instrumenten flexibler Auswertungszeiten und einer Angebotserhöhung (neue Kopien) reagiert werden müssen. Diese Instrumente standen der Einkaufsgemeinschaft aber nicht zur Verfügung. Zum anderen waren die Filmproduzenten mit diesem Auswertungssystem unzufrieden, da sie nur noch mittelbar über den Verkauf der Filmkopien Rückschlüsse über die Resonanz ihrer Filme beim Publikum erhielten und nicht mehr unmittelbar über den Verkauf von Kinoeintrittskarten.

In der Folge etablierte sich dann der Filmverleih als unabhängige Arbeitsstruktur in der Kinowirtschaft. Diese Verleihfirmen waren zum einen outgesourcte Abteilungen bestehender Filmproduktionsfirmen und zum anderen Neugründungen spezialisierter Firmen, deren Hauptaufgaben darin bestanden, möglichst erfolgreiche Filme von den Produzenten zu kaufen und diese Filme optimal in den Filmtheatern auszuwerten.

Dieses dreigliedrige Modell Filmproduktion, Filmverleih und Filmtheater prägt die Kinobranche bis heute. In diesem Modell übernimmt der Filmverleiher zwei wesentliche Funktionen. Der Filmverleiher ist der (Co-)Financiers der Filmproduzenten und ermöglicht mit der Bereitstellung von Risikokapital an den Filmproduzenten die Herstellung von Kinofilmen. Der Filmverleiher ist des Weiteren der Auswerter des Films für den Filmproduzenten und ist in dieser Funktion der Mittler zwischen Produktion, Filmtheater und Kinobesucher. Wir werden nachfolgend diese Funktionen näher beleuchten.

2 Die Einflussmöglichkeiten des Verleihs

Bei gegebenen finanziellen Ressourcen kann der Verleih folgende Faktoren unmittelbar und direkt beeinflussen:

1. Die Auswahl der Filme,
2. die Anschaffungskosten der Filme,
3. den Umfang der Rechte für diese Filme,
4. seine Vermarktungsexpertise,
5. die Vermarktungskosten der Filme,
6. und die Fixkosten des Verleihs.

Bei diesem Ansatz konzentrieren wir uns auf die unmittelbar vom Verleih zu beeinflussenden Faktoren und verzichten auf mittelbare Einflussgrößen, die zwar die Teilmärkte des Filmgeschäftes durchaus massiv verändern können, z.B. die massenhaften Urheberrechtsverletzungen im Internet, Veränderungen im Jugendschutz, Entwicklung neuer Unterhaltungsmedien wie Computergames, Oligopolbildungen im TV Sektor u.ä.m., die aber nicht im unmittelbaren Einflussbereich des Verleihs liegen.

2.1 Der Umfang der Filmrechte

Das Filmgeschäft zeichnet sich im Vergleich zu anderen Contentindustrien (noch) durch eine territorial abgegrenzte Kaskadenauswertung aus. Schauen wir uns an, welche Optionen ein Verleih beim Rechteeinkauf ziehen kann – die notwendigen finanziellen Ressourcen vorausgesetzt.

Hinsichtlich der **Nutzungrechte (Kaskade)** wird üblicherweise unterschieden in die Kinorechte, die Videorechte, die VOD-Rechte, die Pay-TV-Rechte und die Free-TV Rechte. Diese Nutzungsarten haben sich im Laufe der letzten Jahrzehnte herausgebildet und folgen für Kinofilme einem chronologisch abgestuften Auswertungsschema. Für mit öffentlichen Fördergeldern hergestellte deutsche Kinofilme ist dieses Auswertungsschema im Filmförderungsgesetz (FFG) sogar gesetzlich fixiert. Ökonomisch stehen diese Nutzungsarten für die einzelnen Teilmärkte der Filmverwertung mit jeweils spezifischen Auswertungsbedingungen, die später näher erläutert werden.

Idealerweise akquiriert der Verleiher sämtliche Nutzungsarten für einen Film, weil er dadurch das Risiko auf mehrere Märkte verteilen kann. Bleibt dem Verleiher aber nur das Recht der öffentlichen Vorführung, also die Kinoauswertung, weil er z.B. nicht über genügend finanzielle Ressourcen verfügt oder weil z.B. die TV-Rechte bereits verkauft worden sind, muss er in seinem Auswertungsvertrag mit dem Produzenten oder Weltvertrieb sicher stellen, dass sein exklusives Auswertungsrecht im Kino nicht durch vorgezogene Auswertung in nachgelagerten Stufen torpediert wird.

Hinsichtlich der **Nutzungsdauer** haben sich für die unterschiedlichen Nutzungsarten unterschiedliche zeitliche Längen je Nutzungsart herausgebildet. Für die Kinoauswertung sind derzeit 7 bis 15 Jahre üblich.

Hinsichtlich der **Territorien** differenziert man üblicherweise zwischen einer Auswertung nur in Deutschland, dem deutschsprachigen Ausland sowie weiter gefasster Territorien. Natürlich hat der Umfang der Territorien unmittelbaren Einfluss auf die Höhe der Preise.

Sind sich Verleiher (Lizenznehmer) und Produzent (Lizenzgeber) einig, werden für die Kinoauswertung im sogenannten Verleihvertrag die Modalitäten geregelt. Hier finden sich u.a.

1. der Umfang der Rechteübertragung,
2. der Lizenzpreis (Minimumgarantie),
3. die Verrechnungsmöglichkeiten der Minimumgarantie,
4. die Höhe der vorabzugsfähigen Verleihspesen,
5. mögliche Zeitkorridore für den Kinostart sowie eventuell abzusprechende
6. Minimum- und Maximbeträge hinsichtlich des Vermarktungsbudgets.

2.2 Der Filmeinkauf

Da jeder Film ein Unikat ist, gibt es keine Preislisten für den Filmeinkauf. Gleichwohl spielen zwei Faktoren eine erhebliche Rolle: die Produktionskosten des Films und die geschäftlichen Erwartungen an diesen Film.

Zumindest hinsichtlich der Produktionskosten gibt es Anhaltspunkte bei US-amerikanischen Kinofilmen, die auch regelmäßig in den internationalen Fachblättern genannt werden. So werden für US-amerikanische Filmproduktionen circa 10% der Herstellungskosten für alle Nutzungsarten auf dem deutschsprachigen Territorien ausgerufen.

Die geschäftlichen Erwartungen an einen Film hängen im Wesentlichen vom Track Rekord der Kreativen/Produzenten des Films ab.

Eher selten können heute Verleiher ihre Kaufentscheidung nach Sichtung des fertigen Films treffen. Die Regel sind heute Käufe auf Basis von Treatments und vertraglich fixierten Talent. Um diesen Besonderheiten auf den Beschaffungsmärkten gerecht zu werden, arbeitet der Verleih mit Filmscouts zusammen, die für ihn die internationalen Festivals bereisen, Filme sichten und Beurteilungen über diese Filme abgeben. Der Nachteil bei diesem Beschaffungsweg liegt in der ungeheuren Konkurrenz, die auf Filmen liegt, die einen Festivalhype erzeugt haben.

Deshalb ist eine wesentliche strategische Option der Verleiher, im Wege von Output-Deals mit Filmproduzenten längerfristige Vertragsbeziehungen einzugehen, um so eine kontinuierliche Belieferung mit hoffentlich erfolgreichen Filmen sicher zu stellen ohne bei jedem neuen Film in einen heftigen Bieterstreit mit Konkurrenten eintreten zu müssen. Das Risiko bei diesem Modell liegt in der Zahlungsverpflichtung auch bei der Lieferung von Flops.

2.3 Die Rolle des Verleihs als (Co-)Produzent und Filmauswerter

Ein Bonmot der Branche bringt es auf den Punkt: das Positive am Filmgeschäft ist das Negativ. In den oben beschriebenen Beispielen war das Nutzungsrecht des Verleihers immer zeitlich und räumlich beschränkt; sein Einfluss auf die kreative Umsetzung bei der Filmproduktion eher gering. Ein Verleih muss deshalb prüfen, ob Koproduktionen eine mögliche Option sind. Gegen diese Option sprechen höhere personelle, finanzielle und organisatorische Ressourcen, für diese Option sprechen neben dem direkten Einfluss auf alle Produktionsentscheidungen, mittel- und langfristig höhere potentielle Erlöse durch die Auswertung der Filmrechte.

Gerade bei deutschen Filmen spricht vieles für eine Entscheidung in diese Richtung. So sieht das FFG Rechterückfallregelungen für die längerfristig nutzbaren TV-Rechte vor. Außerdem begrenzt das FFG die Erlösanteile, die der Verleih zu seiner eigenen Refinanzierung heranziehen kann. Die Begrenzung der Verleihspesen auf maximal 35 Prozent bei FFA-geförderten Filmen (Vgl. FFA (2008)) kommt so unmittelbar auch dem Verleih zu gute, wenn er als Koproduzent fungiert.

Der Materialwert der Filmkopie eines neuen Kinofilms beträgt nur wenige tausend Euro; gleichwohl hat der Verleih für die Nutzungsrechte eventuell mehrere Millionen Euro bezahlt und ist bereit in die Vermarktung und Auswertung des Films erhebliche Mittel zu investieren. Wir werden nachfolgend darstellen, mit welchen organisatorischen Mitteln der Verleih diese Aufgabe bewältigt.

2.4 Die Booking und Billing Abteilungen

Laut FFA existieren derzeit 4.800 Leinwände, die Filmabgabe pflichtig sind (Vgl. FFA, Homepage (WWW v. 24.07.08)). Pro Woche sind cirka 8.000 bis 10.000 Filmkopien im Einsatz, jeden Donnerstag starten cirka 7 bis 20 neue Filme in den Filmtheatern (Vgl. VdF – Wochenendcharts (WWW v. 23.09.2008)). Um diese logistische Herausforderung zu bewältigen, ist das Bundesgebiet in fünf Verleihbezirke aufgeteilt. In jedem Verleihbezirk gibt es ein bis zwei Filmlager, von denen die Filmtheater in einer Region beliefert werden. Der Umschlag der Kopien erfolgt in dem Zeitraum Mittwoch Nacht bis Donnerstag Nachmittag. In dieser kurzen Zeitspanne werden die neuen Kopien in die Kinos transportiert, die nicht mehr benötigten Kopien aus den Kinos an die Filmlager geliefert oder an Nachspieler weitergeleitet. Die Anweisungen zur Be- und Rücklieferung an die Filmlager erfolgt durch die Booking- und Billing-Abteilung des Verleihs.

Die Booking (Dispo-) Abteilung ist der direkte Ansprechpartner der Filmtheater. Sie ist auf Weisung der Verleihgeschäftsleitung für die Auswahl der Erstaufführungskinos bei einem neuen Film tätig, sie verhandelt die Konditionen für den Ersteinsatz, sie ist verantwortlich für die möglichst permanente Auswertung jeder einzelnen Filmkopie zu möglichst günstigen Konditionen für den Filmverleih. Je nach geschäftlichem Erfolg des Films verhandelt die Dispo-Abteilung über angepasste Filmmietsätze, über Umsetzen des Films in ein kleineres Haus oder um (das Verhindern) des Absetzens des Films.

Je nach Genre des Films und je nach geschäftlicher Erwartung des Films kommen für den Einsatzplan des Verleihs ganz unterschiedliche Kinos in Frage. Bei einem kleinen Arthaus-Start sind vielleicht nur wenige Kinos in den Key Cities wie Berlin, Hamburg, München, Köln, Stuttgart oder Frankfurt in der ersten Welle dabei. Bei einem großen Blockbusterstart können hunderte von Städten mit manchmal mehr als 1.000 Kopien in der ersten Welle versorgt werden. Handelt es sich um einen Film, der gezielt für ein älteres Publikum gedacht ist, wird die Dispo-Abteilung versuchen, die Filme möglichst lange in den Kinos einer Stadt zu halten, da die Erfahrung lehrt, dass die Entscheidung für einen Kinobesuch bei dem älteren Publikum durchaus einige Wochen oder Monate dauern kann.

Die Billing (Buchhaltung) Abteilung ist dafür verantwortlich, dass die mit den Filmtheatern vereinbarten Konditionen sich auch tatsächlich in den Spielfilmabrechnungen widerspiegeln. Größere Verleihfirmen verwalten in Spitzenzeiten einige tausend Kopien pro Woche; pro Jahr werden in Deutschland nach interner VdF-Schätzung zwischen 400 bis 500 Tausend Spieltermine verhandelt.

Vertragsrechtlich wird dieser Prozess durch die Übermittlung von sogenannten Terminbestätigungen (TBs) durch den Verleih an das Kino organisiert. Diese TB führt die wesentlichen Konditionen, also den Film, den prozentualen Filmmietensatz, das Filmtheater und die vertragliche Laufzeit des Films auf. Das Kino übermittelt den Verleih täglich die Besucher- und Umsatzdaten des Films und erstellt wöchentlich eine Gutschrift (die Spielfilmabrechnung) an den Verleih.

2.5 Das Businessmodell

Im Laufe der Jahrzehnte haben sich übliche Filmmietenkorridore herausgebildet, zu denen die Filme vermietet werden. Diese Sätze variieren zwischen 38 und 53,5 Prozent. Die durchschnittliche Filmmiete ist in den letzten Jahren gesunken und dürfte derzeit bei cirka 46 Prozent liegen. Der Filmtheaterbetreiber ist auf Basis der Verleihbezugsbedingungen verpflichtet, den vereinbarten Filmmietensatz bei jedem Verkauf von Kinoeintrittskarten für diesen Film anzuwenden. Der Filmtheaterbetreiber ist in seiner Entscheidung, welche Eintrittspreise erhoben werden, frei. Um Preisdumping zum Nachteil des Verleihs/des Produzenten zu unterbinden, hat der Verleiher aber die Möglichkeit, im Innen- Verhältnis zwischen Verleih und Kino einen Mindestabrechnungspreis zu bestimmen, der dann zur Anwendung kommt, wenn der Theaterbetreiber einen niedrigeren Abrechnungspreis vom Endverbraucher erhebt. Das Kinoeintrittspreisniveau in Deutschland ist im Vergleich zum europäischen Ausland niedrig und lag in den letzten Jahren laut FFA im Durchschnitt bei circa 6 Euro (Vgl. FFA (2008), S.20).

Wir wollen nachfolgend eine vereinfachte Musterberechnung vornehmen. Bei einem Kartenverkauf von 1000 Karten zu einem Preis von 6 Euro erzielt der Filmtheaterbetreiber einen Umsatz aus dem Verkauf von Eintrittskarten in Höhe von 6.000 Euro (Box Office). Bei einem vereinbarten Filmmietensatz in Höhe von 50% muss der Theaterbetreiber dem Verleiher eine Spielfilmabrechnung in Höhe von 5.000 Euro ausstellen (ohne Berücksichtigung des Mehrwertsteuersatzes in Höhe von 7% (nicht 19!) und ohne Berücksichtigung der vorabzugsfähigen FFA-Filmabgabe).

Der Verleiher ist aber als Treuhänder des Produzenten tätig. Üblicherweise ist im Verleihvertrag geregelt, dass der Verleih aus den Filmmietenerlösen zunächst Verleihspesen vorabziehen darf. Bei deutschen Filmen mit FFA-Förderung ist dieser Betrag auf maximal 35 % beschränkt. Aus den restlichen Erlösen in Höhe von 65% darf der Verleiher die Minimumgarantie sowie die die Vermarktungskosten für den Film recoupen.

Eine einfache Modellrechnung soll die Sachlage verdeutlichen. Die Filmtheater erzielen mit einem Film ein Box Office in Höhe von 2 Millionen Euro. Bei einem Filmmietensatz in Höhe von 50% erzielt der Verleih eine Filmmiete in Höhe von 1 Million Euro. Bei einem Verleihspesensatz von 35% darf sich der Verleih zunächst 350.000 Euro gut schreiben. Hat der Verleih eine Minimumgarantie in Höhe von 200.000 Euro gezahlt und für die Vermarktung des Films ein Budget in Höhe von 400.000 Euro finanziert, darf der Verleih aus dem Produzentanteil in Höhe von 650.000 Euro diese 600.000 Euro (Garantie plus Vermarktungsbudget) abziehen, so dass beim Produzenten 50.000 Euro verbleiben. Dieses schön gerechnete Beispiel ist nicht die Regel. Bei jährlichen Vermarktungskosten von circa 200-250 Millionen Euro und jährlichen Verleihumsätzen von zwischen 300 bis 400 Millionen Euro ist die Filmauswertung im Kino aus Sicht des Verleihs ein risikoreiches Unterfangen, dass sich in der Regel erst dann rechnet, wenn Erlöse aus anderen Teilmärkten erzielt werden können.

Outsourcing als Instrument der Fixkostenreduzierung
Die Auslastung der Booking- und Billing- Abteilung hängt direkt von der Anzahl der Filme ab, die ein Verleih in den Filmtheatern platziert und von dem Kopienvolumen, mit denen diese Filme letztendlich gestartet werden. Pro Jahr werden in Deutschland zwischen 400 und 500 neue Filme im Kino gestartet, die Startkopienzahlen eines Films variieren von 1 bis 2 Kopien bis über 1.000 Kopien (Vgl. SPIO (2007)).

Aus der Perspektive eines einzelnen Filmverleihs können also durchaus zeitliche Phasen entstehen, in denen er keine oder nur wenige Filme mit wenigen Kopien im Einsatz hat, sowie Phasen, in denen er Filme mit einigen hundert Kopien bewältigen muss. In solchen Fällen liegt die Entscheidung für ein Outsourcing nahe. Hier kann der Verleih mittlerweile auf zahlreiche Spezial-Agenturen zurückgreifen, die sich auf das Booking- und Billing spezialisiert haben. Gerade in Fällen, in denen der Verleih keinen kontinuierlichen, zeitlich gleichmäßigen Produkt-flow herstellen kann oder will, ermöglicht ihm die Zusammenarbeit mit diesen Spezialagenturen die Reduzierung seiner Fixkosten durch die Einsparung einer Inhouse-Abteilung Booking- und Billing. Aber auch die Zusammenarbeit mit marktstarken Verleihfirmen kann eine Option sein, aktuelle Beispiele sind Kooperationen zwischen X-Filme und Warner Bros oder Prokino mit Twenty Century Fox.

3 Vermarktung: Vom Negativ zum Publikum

3.1 Die Wahl des Starttermins

Die Kinofilmauswertung steht unter einem extremen Wettbewerbsdruck. Nach dem Start entscheidet sich im Zeitraum Donnerstag bis Sonntag, ob ein Film die geschäftlichen Erwartungen erfüllt, als Blockbuster vielleicht sogar Rekorde bricht oder als Flop nach wenigen Tagen oder Wochen aus dem Kino verschwindet: In diesen vier Tagen muss der Film reüssieren, eine zweite Chance hat der Film nicht.

Die Suche nach dem richtigen Starttermin ist deshalb von hoher Bedeutung für den Lebenszyklus des Films im Kino. Bei der Entscheidung muss der Verleiher diverse Variablen berücksichtigen, die er zum Teil nur bedingt beeinflussen kann.

Die Verfügbart von Film-Talent für Pressearbeit und die Vertragssituation für Video- und (Pay-)TV-Auswertung begrenzen mögliche Zeitfenster, innerhalb dieser Zeitfenster gehört die Analyse der Wettbewerbssituation am geplanten Starttag zum Pflichtprogramm des Verleihs: zeitgleich gestartete Filme mit identischer Zielgruppe in der Auswertung können sich kannibalisieren, überraschende Filmerfolge können die perfekte Startplanung zerstören, weil geplante Erstaufführungshäuser blockiert sind und den neuen Film nicht einsetzen können.

Plötzliche Wetterumschwünge können zu vollen Filmpalästen oder zu gähnender Leere in den Kinosälen führen. Filmstarts im Spätsommer verhindern eine DVD-Auswertung im lukrativen Weihnachtsgeschäft; Filmstarts im Umfeld von sportlichen Großereignissen können zu bösen Überraschungen an der Kinokasse führen.

3.2 Die Auswahl und Kosten der Medien zur Zielgruppenansprache

Jeder Film ist ein Unikat. Der Verleih hat die Aufgabe, mögliche Zielgruppen für diesen Film zu identifizieren und die richtigen Medien zu selektieren, um diese Zielgruppen mit den geeigneten Werbebotschaften für diesen Film anzusprechen. Für diese Aufgabe hat der Verleih einen Bewerbungszeitraum für in der Regel vier bis sechs Wochen, in dem er möglichst perfekt koordiniert die Presse- und Werbebotschaften für den Film einsetzt.

Dabei steht der Verleih vor demselben Dilemma wie die traditionelle Markenwerbung, die aber im Gegensatz zur Kinofilmvermarktung einen langen, mehrjährigen Zeitraum hat, um ihre Marke zu penetrieren. Dieses Dilemma ist dadurch gekennzeichnet, dass auf der einen Seite für immer mehr Marken geworben wird. So wurden beispielsweise 1980 für circa 10 Tausend unterschiedliche Marken in Deutschland geworben, heute wird für mehr als 50 Tausend Marken getrommelt.

Auf der anderen Seite belegen aber psychologische Studien, dass das Erinnerungsvermögen des Menschen gleich bleibt, was im Ergebnis dazu führt, dass immer mehr Werbung verpufft: die Streuverluste bezahlter Werbung steigen.

Vor diesem Hintergrund ist es nicht verwunderlich, dass die Ausgaben für die Filmvermarktung in den letzten 20 Jahren massiv gestiegen sind. Bei deutschen Kinofilmen liegt der Vermarktungsetat nach internen Schätzungen der FFA bei zwischen 3000 bis 6000 Euro je Kopie.

Ein Film, der mit 10 Kopien gestartet wird, hat damit einen Etat zwischen 30.000 bis 60.000 Euro, ein Film, der mit 500 Kopien gestartet wird, muss einen Etat zwischen 1,5 und 3 Millionen Euro finanzieren.

Hinsichtlich der Mittelverwendung dieses Etats wird zwischen sogenannten Media- und Non-Media-Kosten differenziert. Die Non-Media Kosten umfassen, die Ausgaben, die nicht direkt in bezahlte Werbung fließen: also Ausgaben für das Ziehen der Trailer- und Massen-Kopien, für das Erstellen der Filmplakate und ähnliches mehr. Die Media-Ausgaben beinhalten die Tageszeitungsinsertionen, Außenplakatierungen, Rundfunk-, Internet- und TV-Werbung. Filme, die mit sehr wenigen Kopien ausgewertet werden, haben sehr häufig einen geringen Anteil an Media-Werbung (30%) und einen hohen Anteil an Non-Media-Werbung. Bei Filmen mit hohen Kopienzahlen steigt dieser Wert auf über 70%.

Allerdings hat der Verleih neben der bezahlten Werbung zwei weitere Optionen, um das Interesse der Öffentlichkeit auf seinen Film zu lenken: die klassische Pressearbeit und Kooperationen im Rahmen von Cross-Promotions.

3.3 Pressearbeit und Cross- Promotion

Die Pressearbeit steht bei bis zu 500 neuen Filmstarts pro Jahr vor einer neuen Herausforderung. Print-, Hörfunk- und TV-Magazine reservieren für die aktuelle Kinoberichterstattung einen bestimmten maximalen Umfang: kommen an einem Starttag, wenige neue Filme ins Kino, besteht die Chance, dass alle Filme besprochen werden. Kommt es zu zahlreichen Neustarts an einem Donnerstag, bleibt entweder für alle Filme weniger Platz zur Verfügung oder einige Filme fallen aus der Berichterstattung heraus. Ursprünglich waren die Aufgaben der Pressearbeit organisatorisch direkt im Verleih organisiert. Heute sind Teilaufgaben der Pressearbeit häufig outgesourct; die Auswahl der Agenturen, die Zielfestlegung des Auftrags und die Steuerung und Koordination der Pressemaßnahmen erfolgt heute durch die Presseabteilung des Verleihs.

Das Instrument der Cross-Promotion ist zwar fast so alt wie das Kino, sein Umfang und seine Komplexität haben aber bei einigen großen internationalen Filmkampagnen ein Ausmaß erreicht, dass Vergleiche zu industriellen Prozessen nahe legt.

Die verbindende Idee bei Cross-Promotion Kampagnen liegt in der Verknüpfung von Zielgruppen für den neuen Kinofilm und bekannten Marken. Für den Verleih ist diese Kooperation eine hervorragende Möglichkeit, Aufmerksamkeit für seinen Film außerhalb üblicher

Kinoinhouse-Werbeflächen zu generieren ohne zusätzliche Schaltkosten für bezahlte Werbung finanzieren zu müssen.

Aus Sicht des Cross-Promotionpartners kann durch die Kooperation mit dem Verleih ein Zusatznutzen oder ein Imagetransfer für seine Marke generiert werden. Üblichweise verpflichtet sich der Cross-Promotionspartner auf seinen Produkten oder in seinen Outlets Werbung für den Kinofilm zu platzieren. Bei Filmen mit einem hohen Aufmerksamkeitspotential kann der Verleih eventuell auch auf Leistungen zurückgreifen, die der Filmproduzent bereits im Produktionsstadium mit Cross-Promotion-Partner vereinbart hat. Die Palette möglicher Maßnahmen reicht von klassischen Maßnahmen wie das Buch zum Film oder der Soundtrack zum Film bis hin zu komplexen Kooperationsvereinbarungen (Bond-Filmen).

3.4 Direkte Kundenansprache

Erhebliches Verbesserungspotential in der Kinofilmwirtschaft liegt in der direkten Kundenansprache des Kinogängers. Bisher ist es der Branche weder gelungen, eine bundesweit nutzbare Kundendatenbank noch Communitys für das Kino und den Kinofilm aufzubauen, die es den Filmverleihern und den Kinobetreibern ermöglichen würde, direkte Kommunikationsbeziehungen zu den potentiellen Kinokunden zu nutzen, die zum einen die individuellen Vorlieben berücksichtigt (Amazon-Ansatz) noch den Meinungen und Wünschen der aktiven Kinogänger in kinoaffinen Communitys eine Plattform gibt.

Allerdings wird mit der Digitalisierung der Projektion und der Verknüpfung der Vorführungsinformationen mit den Daten aus den Kinokassensystemen ein Informationspool entstehen, der nicht nur neue Möglichkeiten der Werbung im Kino entstehen lässt, sondern auch der Einstieg in einen umfassenden Digitalisierungsprozess des lokalen Kinobetriebs ist, in dem dezentral strukturierte Kundendatenbanken zukünftig auch völlig neue Möglichkeiten der Filmvermarktung schaffen.

Mit diesen neuen Instrumenten können Streuverluste bei der Kundenansprache massiv reduziert werden. Gerade Arthouse-Filme, die in der Regel über geringe Werbeetats verfügen, sind auf diese neuen digitalen Informationssysteme dringend angewiesen.

Fassen wir zusammen: Die Filmverleiher in der Bundesrepublik sind die Risikofinanziers des Kinofilmproduzenten. Ihre finanzielle Beteiligung an der Produktion erfolgt über Garantiezahlungen für die Ablösung der Rechte oder über eine Beteiligung auf Basis von Koproduktionen. Hinsichtlich der Programmbeschaffung stehen dem Verleiher verschiedene Instrumente (Filmscouts, Out-Put-Deals, Koproduktionen) zur Verfügung. Bezüglich einer besseren Risikoverteilung prüft der Verleiher filmweise, ob bei gegebenen finanziellen Ressourcen der Umfang der Rechte hinsichtlich der Nutzungsarten und hinsichtlich der Territorien erweitert werden kann. Neben dieser Funktion als Cofinanzier des Produzenten liegt die Kernkompetenz des Verleihs in der Zielgruppenfindung und Zielgruppenansprache, in der Auswahl der geeigneten Filmtheater sowie in der Finanzierung der Vermarktungskosten.

4 Rahmenbedingungen der Filmauswertung jenseits der Kinoauswertung

In Deutschland sind die Auswertungsbedingungen für Filme jenseits des Kino- und Videomarktes im Vergleich zu anderen Ländern suboptimal.

Der Free-TV-Markt wird geprägt durch ein Oligopol aus öffentlich-rechtlichen Sendern (ZDF sowie ARD-Gruppe) sowie zwei großen privaten Sendergruppen (RTL-Gruppe sowie ProSiebenSat.1 Media AG).

Der Pay TV- Markt, der in anderen Ländern (Frankreich) zu einem der wesentlichen Nachfragern nach nationalen und europäischen Kinofilmproduktionen gehört und ein wesentlicher Finanzier nationaler Fördersysteme ist, spielt in Deutschland keine wesentliche Rolle.

Der Kabelsektor, der z.B. in den USA eine wesentliche Finanzierungsstütze für Kinofilmproduktionen ist, steckt in Deutschland als Anbieter eigener Programmformate noch in den Kinderschuhen. Erst seit einigen Monaten versuchen die regionalen Kabelanbieter durch hohe Investitionen in die Digitalisierung der Kabelnetze über neue Angebote wie Triple Play (Kabel-TV, Internet, Telefon) zusätzliche Nachfrage zu generieren.

Eine weitere neue Nutzungsmöglichkeit ist die Video on Demand Auswertung, die sich im Kabel, aber auch im Internet entwickelt.

Auch erste Ansätze von Mobile TV und Mobile VoD sind im Markt zu beobachten. Welche ökonomischen Kriterien definieren aus Sicht des Filmverleihers als Filmauswerter die Rahmenbedingungen in diesen Teilmärkten?

Wir werden im Folgenden diese ökonomischen Kriterien kurz darstellen, und anschließend eine Analyse der wesentlichen Teilmärkte vornehmen.

Vereinfachend lassen sich vier Kriterien definieren:

1. Reichweite
2. Vermarktungskosten
3. Businessmodell
4. Deckungsbeitrag.

Wenden wir diese Kriterien auf den Kinomarkt an.

Die technische Reichweite auf dem deutschen Kinomarkt wird begrenzt durch die Anzahl der Leinwände und ihrer Verteilung in der Fläche. Die nutzungsabhängige Reichweite beschreibt den Kreis der Personen, die als potentielle Kinogänger in frage kommen. Laut GfK-Studien im Auftrag der FFA schwankt der Wert zwischen 38- 44 Prozent der deutschen Bevölkerung. Dieser Wert ist im Laufe der 90er Jahre angestiegen, was insbesondere auf Neubauten von Filmtheatern auch in kleineren Gemeinden zurück zu führen ist.

Bezüglich der Vermarktungskosten haben wir erläutert, dass dem Verleiher die Aufgabe zu fällt, die Finanzierung der Vermarktung zu stemmen.

Das Businessmodell im Kinosektor erfolgt sowohl im Abrechnungsverhältnis Produktion/Verleih als auch im Abrechnungsverhältnis Verleih/Produktion auf prozentualer Basis. Dem Verleih ist es als Lizenznehmer in der Regel aber erlaubt, bestimmte Aufwendungen vorab zuziehen, bevor es zu Rückführungen an den Produzenten kommt.

Der Deckungsbeitrag je Kinogänger liegt bei einem durchschnittlichen Filmmietensatz von cirka 45% und einem durchschnittlichen Kinoeintrittspreis in Höhe von 6 Euro bei circa 2,70 Euro je bezahlter Kinoeintrittskarte. Je nach Filmgenre schwankt dieser Wert zwischen 2 und 3 Euro.

4.1 Der Free-TV-Markt

Historisch entwickelte sich dieser Markt Ende der 50er, Anfang der 60er Jahre. Mit der Ausstrahlung von Kinofilmen im Fernsehen verlor das Kino seine Monopolstellung. Trotz vehementer Aufforderung der Kinowirtschaft ("Kein Meter Film für das Fernsehen" (Vgl. RAUHE, H. / DEMMER, C. (1994), S. 191)) war der Siegeszug des Fernsehens nicht zu stoppen. Im Vergleich zur Filmauswertung im Kino hat die TV Auswertung eine ganze Reihe von Vorteilen.

Die technische und nutzungsabhängige Reichweite liegt bei den großen Sendern bei nahezu 100 Prozent. Im Gegensatz zur teuren Kinofilmvermarktung fallen bei der TV-Auswertung für den Lizenzgeber (Produzent/Verleih) keine hohen Vermarktungskosten an. Zumindest in den ersten Jahrzehnten wurden bei TV-Deals Festpreise veranschlagt, was im Ergebnis zu sehr hohen Deckungsbeiträgen bei den Lizenzgebern führte.

Von überragender Bedeutung für den gesamten Filmlizenzhandel war die Einführung des Privatfernsehens in Deutschland Ende der 80er, Anfang der 90er Jahre. Hier konnte praktisch das gesamte Filmrepertoire der letzten Jahrzehnte einer nochmaligen Verwertung zu geführt werden. Der Erfolg des Privatfernsehens in Deutschland belegt eindrucksvoll, dass nicht nur neue Nutzungsarten, sondern auch die Veränderung von Marktstrukturen neue Erlöspotentiale erschließen können.

Ende der 90er Jahre wurden pro Jahr mehr als 10.000 Kinofilme im Free-TV ausgestrahlt. Gleichzeitig stiegen in diesem Zeitraum die Kinobesucherzahlen stark an. Auch dieser Vergleich zeigt, dass die Märkte der Filmauswertung sich nicht gegenseitig kannibalisieren müssen, sondern dass die Chance besteht, bei zeitlich sinnvollen Abständen Wachstum in mehreren Märkten zu erzielen.

4.2 Der Videomarkt

Anfang der 80er Jahre entwickelte sich in Deutschland der Videomarkt. In den Anfängen erfolgte die Videovermarktung ausschließlich über die Videotheken, die zu hohen Einstandspreisen VHS-Kassetten kauften, um sie anschließend an die Endverbraucher zu verleihen. Trotz verschiedener Bemühungen des Videoprogrammhandels gelang es nie, prozentuale Abrechnungsmodelle analog zum Kinobusinessmodell einzuführen, was im Ergebnis dazu führte, dass bei Spitzentiteln die Nachfrage erheblich über dem Angebot lag.

Im Ergebnis waren die technische Reichweite (Anzahl der Videotheken) und die nutzungsabhängige Reichweite im Vergleich zur Kinoauswertung sehr gering. Gleichwohl führte die Videoauswertung zu einer Änderung des Filmangebotes im Kino. Bestimmte Programmgattungen (B- und C- Action- und Horrorfilme, Sexfilme) verlagerten sich in den Videomarkt, bestimmte Kinotypen (Sexkinos, Actionkinos) verschwanden. Bezüglich der absoluten Kinobesucherzahlen ist kein wesentlicher Einfluss auf den Kinobesuch festzustellen.

Mit Einführung der DVD und der Durchsetzung der Direktvermarktung an den Endverbraucher änderten sich nochmals die Rahmenbedingungen. Das neue Format DVD überzeugte mehr Filminteressierte auch in der Gruppe der anspruchsvollen Kinogänger; die Direktvermarktung sorgte für eine massive Zunahme von DVD- Verkaufsstellen. Beides führte zu einer starken Zunahme der technischen und nutzungsabhängigen Reichweite.

Gleichzeitig führte die Direktvermarktung zu stark steigenden Vermarktungsbudgets in vergleichbaren Größenordnungen wie bei der Kinovermarktung. Allerdings besteht eine mehr oder weniger direkte Korrelation zwischen dem Erfolg eines Films im Kino und seinem Erfolg auf dem Videomarkt, so dass das Risiko des Videoprogrammanbieters bei der Kinofilmvermarktung geringer einzustufen ist als das des Kinoverleihers. Allerdings haben die hohen Vermarktungskosten und die stark sinkenden Preise auf den Videomarkt zu sinkenden Deckungsbeiträgen geführt. Die Videoprogrammanbieter konnten diese Rückgänge aber durch neue Programmformate (TV- Serien) überkompensieren.

Spannend bleibt die Frage, in welchen zeitlichen Abstand die Videoauswertung der Kinoauswertung folgt. Betriebswirtschaftlich spricht vieles für eine Verkürzung des Auswertungsfensters, weil die Videovermarktung mit einem geringeren Budget erfolgen könnte, wenn der Film noch von der Kinofilmvermarktung profitieren könnte. Volkswirtschaftlich stellt sich aber die Frage, ob diese Verkürzung nicht zu einem Rückgang des Kinobesuches führen würde.

Unbestritten ist in der Branche, dass ein Film erst durch einen Erfolg auf der Leinwand in das gesellschaftliche Bewusstsein eindringen kann und somit im Kino eine Veredelung erhellt, die ihn durch alle nachfolgenden Märkte trägt. Unbestritten ist außerdem, dass der Kinomarkt Rückgänge verzeichnen müsste, wenn die Erwartungen potentieller Kinogänger in Richtung einer gefühlten fast zeitgleichen Auswertung von Kino und Video gingen.

Allerdings ist umstritten, welches Zeitfenster hier zu veranschlagen wäre. Vermutlich wird sich das Videofenster in den nächsten Jahren bei circa 15 bis 20 Wochen nach Kinostart einpendeln, wobei die Auswertung bei sogenannten Langläufern zeitlich nach hinten verlagert wird und die Auswertung von Flops zeitlich nach vorne.

4.3 Video on Demand Auswertung

Die Video on Demand/Recht der Zugänglichmachung- Auswertung steckt noch in den Kinderschuhen und kämpft mit neuen Herausforderungen, die das Filmauswertungsbusiness bisher nicht kannte.

Die technische Reichweite ist dank schneller DSL-Leitungen bei weit über 60% der Bevölkerung gegeben, allerdings ist die tatsächliche Nutzung von legalen Angeboten vergleichsweise gering. Grundsätzlich leidet dieser Teilmarkt extrem unter der millionenfachen Verletzung von Urheberrechten im Internet. Solange über dieselbe Datenleitung Zugang zu kostenlosen, illegalen Angeboten mit identischen Inhalten möglich sind, ist die Entwicklung legaler kostenpflichtiger Angebote extrem schwierig. Die gesamte Contentindustrie benötigt dringend durchsetzungsstarke Rechtsinstrumente, die sie in die Lage versetzt, gegen diese illegalen Angebote vorzugehen. Allerdings darf die Contentindustrie auch nicht auf legale Angebote verzichten, da sie sich sonst dem Vorwurf aussetzen würde, dass man dem Verbraucher keine legalen Angebote zur Verfügung stellen würde.

Im Gegensatz zur Kino-, Video- und TV-Vermarktung erfolgt die Lizenzierung von VoD-Angeboten nicht exklusiv, das bedeutet, dass verschiedene Anbieter zeitgleich dieselben Filme anbieten können. Insbesondere die großen Handelsketten versuchen hier, neue Geschäftsfelder zu entwickeln. Im Gegensatz zum TV-Geschäft werden aber in der Regel keine festen Lizenzpreise akzeptiert, sondern ein Sharing Modell analog etwa zum Filmmietenmodell. Da in der Regel der Preis für einen einzelnen Abruf unter dem Preis der DVD liegt, sind auch die erzielbaren Deckungsbeiträge überschaubar. Schließlich sind die nicht exklusiven Lizenznehmer auch nur selten bereit, nennenswerte Beträge in die Vermarktung zu investieren, so dass die Lizenzgeber darum bemüht sind, die VoD-Auswertung möglichst nah an die DVD-Auswertung zu platzieren.

5 Ein Blick in die Zukunft

Das Kino wird durch umfassende Digitalisierung für neue Programminhalte prädestiniert. Sonderscreenings an einem Tag zu einer bestimmten Vorstellungszeit werden flächendeckend möglich. Previews von z.B. neuen Serien werden von reichweiten starken Sendern publizistisch begleitet. Opern- und Theaterpremieren können weltweit koordiniert im Kino zeitgleich präsentiert werden. Neue Filmproduktionsverfahren wie 3D-Cinema werden dem Kino ein Alleinstellungsmerkmal geben, was zu einer steigenden Kinonachfrage führen wird.

Durch seine digitale Vernetzung gewinnt das Kino umfassende Marktforschungsexpertise und entwickelt sich zu einem Filmkompetenzzentrum, dass seinen Wissensvorsprung sowohl in der Kinoauswertung, als auch in der Video- und VoD Auswertung einsetzt.

Der Videomarkt wird dank neuer Aufzeichnungsverfahren und dank der Aufrüstung mit hochwertigem Entertainment-Equipment in den bundesdeutschen Wohnzimmern wachsen. Die nutzerfreundliche Einbindung von VoD-Angeboten in den Fernseher wird den legalen VoD-Markt explodieren lassen. Offen bleibt, ob auch neue Businessmodelle im VoD-Markt wie Refinanzierung über Werbung und/oder Festpreismodelle und exklusive Verwertung am Markt eine Chance haben.

Der TV-Sektor wird in diese neuen Märkte investieren. Er wird Druck auf die Fenster und Preise für die Filmauswertung ausüben und sich mit neuen Konkurrenten auseinandersetzen (Apple, Mediamarkt, Google).

Die Filmverleiher werden in diesen Wachstumsmärkten eine hervorragende Rolle spielen: Content is King, but distribution is the key to the kingdom.

Literaturverzeichnis

FFA – Filmförderungsanstalt (Homepage), http://www.ffa.de/downloads/marktdaten/-4_Kinosaalbestand/03_bis_07_jahresabschluss.pdf, 24.07.08.

FFA – Filmförderungsanstalt: FFA-Geschäftsbericht 2007, Berlin, 2008.

HETTLING, M. / HOFFMANN, S.-L.: Der bürgerliche Wertehimmel, Göttingen, 2000.

RAUE, H. / DEMMER, C.: Kulturmanagement – Theorie und Praxis einer professionellen Kunst, Berlin et al., 1994.

SPIO – Spitzenorganisation der Filmwirtschaft e.V.: Filmstatistisches Jahrbuch 2007, Baden-Baden, 2007.

VdF - Verband der Filmverleiher (Homepage), http://www.vdfkino.de, 29.09.2008.

Innovative Ansätze zur Weiterentwicklung von Distributionsmodellen in der digitalen Welt – Überwindung der dominanten Management Logiken traditioneller Verwertungskonzepte.

MICHAEL HÜLSMANN, PHILIP CORDES und KATHRIN BRUCHWITZ

Zusammenfassung

Absatz- und Distributionsstrukturen der Film-Branche sind durch die Digitalisierung von sich verändernden Kundenbedürfnissen betroffen. Ein strategisch innovativer Umgang, v.a. mit digitalen / non-physischen Distributionswegen ist für Unternehmen der Film-Branche erforderlich, um nicht die daraus entstehenden Gewinnpotenziale an branchenfremde Akteure (z.B. Telekommunikationsunternehmen) abtreten zu müssen. Da dominante Management Logiken diese strategische Innovationsfähigkeit beeinträchtigen können, stellt sich 1. die Frage, wie Unternehmen sich präventiv vor derartigen Innovationsbarrieren schützen können und 2., wie eine bereits manifestierte dominante Management Logik gebrochen und somit die strategische Innovationsfähigkeit gesteigert werden kann. Ziel dieses Beitrags ist es, Handlungsempfehlungen zur Bewältigung des skizzierten Problems zu generieren. Dazu wird zunächst die durch die Digitalisierung verstärkte Notwendigkeit strategischer Innovationsfähigkeit hinsichtlich der Distribution des Produktes Film beleuchtet sowie das gedankliche Konstrukt dominanter Management Logiken dargestellt. Dann wird der Kausalzusammenhang zwischen strategischer Innovationsfähigkeit und dominanten Management Logiken hergeleitet und daraus resultierende Gefahren für die Film-Branche identifiziert. Schließlich werden Handlungsempfehlungen zur Prävention vor / zum Umgang mit dominanten Management Logiken abgeleitet.

Beitragsinhalt

1 Einleitung

Jüngste und aktuelle Entwicklungen von Informations- und Kommunikationstechnologien (bspw. Internet, Ausweitung von Breitbandanschlüssen, Streaming-Technologien, Kodierungsverfahren wie avi oder mpeg), in einem weiteren Sinne die Digitalisierung, konfrontieren Unternehmen aus der Filmindustrie mit Veränderungen ihrer relevanten Unternehmensumwelten (Vgl. ZHU, K. (2001), S. 273; SILVER, J. / ALPERT, F. (2003), S. 57). Mit dem daraus resultierenden Aufkommen neuartiger Distributionsmodelle wie bspw. Video on Demand zeichnet sich ein deutlicher Trend in den Absatzstrukturen von physischen, traditionellen hin zu non-physischen Distributionswegen ab. Während das Geschäft mit dem Verleih von DVDs schrumpft, ist der Markt für non-physische Distributionsformen durch hohes Wachstum gekennzeichnet (Vgl. PRICEWATERHOUSECOOPERS (2007), S. 38 f.). Während die Anzahl legal herunter geladener Filme im Jahr 2005 noch 350.000 mit einem Wert von 1,4 Mio. Euro betrug, so konnte dies im Jahr 2007 auf 1,21 Mio. Filme im Wert von 3,4 Mio. Euro gesteigert und somit eine Wachstumsrate des Umsatzes von ca. 140% erzielt werden (Vgl. BUNDESVERBAND AUDIOVISUELLE MEDIEN (2007), S. 15 f.). Andere Branchen, wie bspw. die Musikindustrie, die sich ganz ähnlichen Situationen des Strukturwandels ihrer relevanten Unternehmensumwelten gegenüber sahen (Vgl. CORDES, P. (2008), S. 42 ff.), sind in jüngerer Vergangenheit in ein so genanntes strategisches Lock-In geraten (Vgl. SCHREYÖGG et al. (2003), S. 266 ff.). Dies bedeutet, dass sich die Anzahl möglicher Handlungsalternativen auf eine bspw. durch dominante Management Logiken determinierte Anzahl reduziert und die betroffenen Unternehmen in der Folge nicht in der Lage sind, angemessene auf Veränderungen ihrer Unternehmensumwelten zu reagieren (Vgl. BETTIS, R. A. / WONG, S. S. (2003), S. 347). Da die Filmindustrie einem ganz ähnlichen Strukturwandel ihrer Distributionswege gegenübersteht (Vgl. ZHU, K. (2001), S. 273; SILVER, J. / ALPERT, F. (2003), S. 57), liegt die Vermutung nahe, die Filmindustrie könnte, in Analogie zum angeführten Beispiel der Musikindustrie, ebenfalls gefährdet sein, ihre strategischen Reaktionen auf die Digitalisierung, insbesondere im Bereich neuartiger Distributionsmodelle, nicht innovativ genug gestalten zu können. Daraus lässt sich die folgende Forschungsfrage ableiten: Führen dominante Management Logiken in der Filmindustrie zu einer sinkenden strategischen Innovationsfähigkeit bezüglich der Nutzung neuartiger Distributionsmodelle?

Somit lässt sich die praxeologische Relevanz dieser Fragestellung dadurch begründen, dass eine Notwendigkeit besteht zum einen präventiv (ex-ante) zur Schadensvermeidung auf mögliche Gefahren einzugehen und zum anderen, falls ein „strategisches Lock-In" bereits verzeichnet werden kann, Möglichkeiten zur Schadensbehebung (ex-post) abzuleiten. Die theoretische Relevanz ergibt sich aus den bisher nicht ausreichend erforschten Zusammenhängen zwischen dem Vorhandensein dominanter Management Logiken und der strategischen Innovationsfähigkeit von Unternehmen (Vgl. GRANT, R. M. (1988), S. 639/640); in der betrachteten Fragestellung von Unternehmen aus der Filmindustrie.

Das übergeordnete Ziel dieses Beitrags ist es daher, zu ergründen, wie die Filmindustrie die Gefahr eines durch dominante Management Logiken ausgelösten strategischen Lock-Ins abwehren und wie sie bereits verfestigte dominante Management Logiken aufbrechen kann um ihre strategische Innovationsfähigkeit zu steigern bzw. zu erhalten. Im Rahmen des deskriptiven Ziels sollen daher Einflüsse der Digitalisierung auf die Distributionsmodelle der Filmindustrie aufgezeigt und das von PRAHALAD und BETTIS (1986) eingeführte Konzept **dominanter Management Logiken** dargestellt werden um eine theoretische Grundlage für die weitergehende Analyse bereitzustellen. Die analytische Zielsetzung beinhaltet zum einen die Herausarbeitung von Ursache-Wirkungs-Zusammenhängen zwischen der Digitalisierung und der Notwendigkeit zur strategischen Innovationsfähigkeit von Unternehmen der Filmindustrie um die praxeologische Relevanz der betrachteten Fragestellung durch aktuelle Entwicklungen zu untermauern. Zum anderen soll der Kausalzusammenhang zwischen dominanten Management Logiken und strategischer Innovationsfähigkeit herausgearbeitet werden um aufbauend auf dieser Grundlage die Bedeutung dominanter Management Logiken für die strategische Innovationsfähigkeit der Filmindustrie zu durchleuchten. Gemäß der pragmatischen Zielsetzung dieses Beitrags sollen schließlich Handlungsempfehlungen zur Prävention (ex-ante) sowie zum Umgang (ex-post) mit bestehenden dominanten Management Logiken für die Filmindustrie abgeleitet werden.

Um diese Ziele zu erreichen wird wie folgt vorgegangen: Abschnitt 2 betrachtet, mit Blick auf die Erreichung des ersten deskriptiven Teilziels, strategische Innovationen sowie, mit Blick auf das erste analytische Teilziel, ihre Bedeutung für die Filmindustrie. Um das deskriptive Ziel abschließen zu können wird im Abschnitt 3 zunächst das Konzept dominanter Management Logiken vorgestellt, um daraufhin, im Sinne des ersten analytischen Teilziels, ihre Bedeutung für die strategische Innovationsfähigkeit von Unternehmen zu durchleuchten. Abschnitt 4 identifiziert im Sinne des zweiten analytischen Teilziel mit dominanten Management Logiken einhergehende Gefahren für die Filmindustrie und leitet schließlich mit Bezug zur pragmatischen Zielsetzung dieses Beitrags Implikationen für das Management von Unternehmen in der Filmindustrie ab. Im Abschnitt 5 werden einige abschließende Betrachtungen vorgenommen sowie zukünftiger Forschungsbedarf aufgezeigt.

2 Herausforderungen der Digitalisierung für die Innovationsfähigkeit der Filmindustrie

2.1 Innovationen und Strategische Innovationsfähigkeit

Innovationen spielen eine entscheidende Rolle bei der Frage, wie der Wert von Unternehmen sowie deren Wettbewerbsvorteile erhöht, erhalten oder gar erst kreiert werden können (e.g.

HENARD, D. H. / SZYMANSKI, D. M. (2001), S. 362; ULIJN, J. et al. (2000), S. 296 ff.; JOHNE, A. (1999) S. 6). Der Begriff der Innovation umfasst sowohl Ideen und Konzepte als auch Methoden, die geeignet sind, Eigenschaften und Funktionen von Produkten und Prozessen zu verbessern, mit anderen Worten, die geeignet sind, bisher ungelöste Probleme zu lösen oder bisherige Problemlösungsangebote zu verbessern (Vgl. PLESCHAK, F. / SABISCH, H. (1996), S. 6). Entscheidend ist auf der einen Seite, dass diese Problemlösungen von den relevanten Anspruchsgruppen eines Unternehmens (bspw. Endkunden, Zulieferer, Händler, etc.) als neuartig wahrgenommen werden (e.g. WESTPHAL, J. D. et al. (1997), S. 368) und auf der anderen Seite, dass ein Anreiz für sie besteht, diese Neuheiten bisherigen Problemlösungen, sofern es sie gibt, vorzuziehen und gegebenenfalls einen höheren Preis zu zahlen (Vgl. MCDERMOTT, C. M. / O'CONNOR, G. C. (2002), S. 428). Erfolgreiche Innovationen sind insofern auf wirtschaftlichen Erfolg ausgerichtet (Vgl. PERL, E. (2007), S. 21) und verdrängen in der Regel alte Strukturen, Produkte und/oder Prozesse vom Markt. Letzteres wird durch den von SCHUMPETER geprägten Begriff des innovativen Unternehmers als einen „Schöpferischen Zerstörer" deutlich (SCHUMPETER, J. A. (1997), S. 409). In der Konsequenz kann mit der Innovationsfähigkeit von Unternehmen ein entscheidender positiver Einfluss auf deren Marktposition und Unternehmenswert angenommen werden (e.g. SONG, M. / THIEME, J. (2006), S. 308; CHAPMAN, R. / HYLAND, P. (2004), S. 553; GJERDE, K. A. P. et al. (2002) S. 1268).

Neben den Produkt- und Prozessinnovationen spielen **Strategische Innovationen** (Vgl. VAN SOMEREN, T. C. R. (2005), S. 18 ff.) eine entscheidende Rolle bei der Positionierung von Unternehmen im Markt und gegenüber dem Wettbewerb (e.g. DRUCKER, P. F. (1998), S. 149). Von einer Strategischen Innovation kann dann gesprochen werden, wenn ein Unternehmen eine Positionierungslücke in einem Markt identifiziert, die bisher von keinem anderem Unternehmen in vollem Umfang besetzt wurde und dieses Unternehmen diese Lücke durch strategische Entscheidungen zu schließen vermag (Vgl. MARKIDES, C. (2002)). Derartige Positionierungslücken beschreiben Kundensegmente, die bisher von den Wettbewerbern nicht oder nicht ausreichend berücksichtigt wurden, Kundenwünsche, die bisher von den Wettbewerbern nicht oder nicht ausreichend befriedigt werden konnten oder neue Wege der Produktion oder Distribution von bereits existierenden oder neuen Produkten bzw. Dienstleistungen (Vgl. KOIVISTO et al. (2006), S. 2). In Anlehnung an diese Unterscheidung kann daher zwischen reinen Produktinnovationen, reinen Produktions- oder Distributionsinnovationen sowie Innovationen unterschieden werden, bei denen sowohl das Produkt als auch die Produktion oder Distribution von Neuartigkeit geprägt ist. Dieser Artikel stellt auf die Innovationsfähigkeit von Unternehmen in der Filmindustrie im Umgang bzw. mit der Erfindung neuer Distributionsmodelle für Film-, TV- und Videoprodukte ab. Aus diesem Grund werden im Folgenden die Produktions- und Produktinnovationen weitgehend ausgeblendet und auf **Distributionsinnovationen als besondere Form von Strategischen Innovationen** in der Filmindustrie fokussiert. Dies impliziert, dass nicht der technologische Aspekt von Distributionsinnovationen in den Vordergrund gerückt wird, sondern die strategische Entscheidung, vorhandene oder künftig vorhandene Technologien zu nutzen, um a.) neue Kundensegmente bedienen und b.) neue Kundenwünsche befriedigen zu können.

Um die strategischen Entscheidungen an diesen Herausforderungen auszurichten ist ein strategisches Innovationsmanagement erforderlich, welches alle Aufgaben umfasst, die die strategische Innovationsfähigkeit fördern (Vgl. LITTLE, A. D. (1997), S. 155). Je stärker sich die relevanten Unternehmensumwelten sowie die Bedürfnisse der Kunden verändern, desto mehr Innovationsfähigkeit ist erforderlich, um entweder angemessen reagieren zu können, oder aber die Umweltveränderungen selbst mit beeinflussen zu können. Die Gründe hierfür liegen in der Ungewissheit über künftige Entwicklungen der jeweiligen Branche, der Technologien, der Kundenbedürfnisse, und daraus resultierend, darüber, welche Standards sich letztlich am Markt durchsetzen sowie welche neuen und möglicherweise branchenfremden Anbieter durch die Umweltveränderungen angelockt werden. In der Konsequenz lässt sich ein steigender Wettbewerbsdruck ausmachen (Vgl. PORTER, M. E. (2008), S. 80 ff.), der schließlich in einem ebenfalls steigenden Innovationsdruck resultiert.

Unternehmen der Filmindustrie sind im Zuge der Digitalisierung mit einer fundamentalen Veränderung ihrer relevanten Unternehmensumwelt konfrontiert, welche insbesondere für die Ausrichtung strategischer Distributionsentscheidungen eine elementare Rolle spielt.

2.2 Einflüsse der Digitalisierung auf die Filmindustrie

Der Begriff **Digitalisierung** bezeichnet im weiteren Sinne die *"Umwandlung von analogen Signalen in digitale Daten"* (LOEBBECKE, C. (2006), S. 360), wodurch eine Speicherung von Audio- und Videoinhalten nicht nur auf physischen Datenträgern (bspw. DVD, CD), sondern auch in non-physischen Dateiformaten (bspw. MPEG, AVI) ermöglicht wird, die – sofern keine Einschränkungen durch Kopierschutzsysteme vorliegen – ohne zusätzliche Kosten und Qualitätsverlust beliebig vervielfältigt werden können (Vgl. LOEBBECKE, C. (2006), S. 360). Somit resultiert die Digitalisierung für Unternehmen in der Filmindustrie auf allen Stufen der Wertschöpfungskette (Produktion, Vorführung, Distribution) in einer Veränderung ihrer relevanten Unternehmensumwelten (Vgl. SILVER, J. / ALPERT, F. (2003), S. 58).

Der Distribution, im Sinne des Fokus dieses Artikels, kommt dabei aufgrund einer zunehmenden Diffusion von Breitbandanschlüssen eine entscheidende Bedeutung zu (Vgl. KATZENBACH, C. (2006), S. 18). So gehen, einer Studie aus dem Jahr 2006 zufolge, 89% der befragten TV Unternehmen davon aus, dass das Internet der Distributionskanal mit dem höchsten Wachstum innerhalb der nächsten fünf Jahre sein wird (Vgl. ACCENTURE (2006), S. 6). Unterstützend wirkt dabei die sich beständig weiterentwickelnde Leistungsfähigkeit der Hardware und der höheren Bandbreiten von Internetanschlüssen. Letztlich ist im Zuge dieser Entwicklungen auf lange Frist eine **ubiquitäre Verfügbarkeit** von Medieninhalten sowie eine **Konvergenz** im Sinne einer Annäherung verschiedener Dienste, Medien und Inhalte, wie bspw. von IP-TV und Web-TV (Vgl. BREUNIG, C. (2007), S. 480) oder Internet und Mobilfunk (Vgl. KÜPPER, A. (2007), S. 183), denkbar beziehungsweise sogar zu erwarten.

Für die Distribution von Medieninhalten werden sowohl damit einhergehende **Chancen als auch Risiken** deutlich. Während eine Distribution über das Internet auf der einen Seite erheblich geringere Fix- und Grenzkosten im Vergleich zum physischen Vertrieb ermöglicht und damit den großen Filmstudios ("Majors") die Chance zum Ausbau von Marktanteilen (Vgl. SILVER, J. / ALPERT, F. (2003), S. 57) sowie Erlöspotentiale durch neue Geschäftsmodelle (Vgl. KATZENBACH, C. (2006), S.1) bietet, ist auf der anderen Seite eine erhebliche Senkung von Markteintrittsbarrieren für Anbieter, denen bisher die finanziellen Mittel oder technischen Voraussetzungen fehlten, zu beobachten. Letzteres drückt sich bspw. darin aus, dass die Distribution über Video-Blogs oder reine Online TV Sender zu geringeren Kosten und mit weniger technischem Aufwand möglich ist, als die Distribution über analoge TV Sender (KATZENBACH, C. (2006), S. 5). Die dadurch ausgelöste Verstärkung der Triebkräfte des Wettbewerbs (PORTER, M. E. (2001), S. 66) wird durch das erhöhte Risiko eines Markteintritts branchenfremder Akteure im Film- und Fernsehmarkt, wie bspw. Telekommunikationsunternehmen und Videoportale noch deutlich verschärft (Vgl. BREUNIG, C. (2007), S. 490). Die Möglichkeit, non-physische Medienträger ohne Kostenaufwand beliebig zu vervielfältigen, ohne dass ein Qualitätsverlust entsteht, erhöht zudem Risiken der Online-Piraterie, weshalb Fragen des Urheberrechts und des Einsatzes von Digital Rights Management Systemen (DRM) im Zuge des Online-Vertriebs von Medieninhalten eine besondere Bedeutung zukommt (Vgl. EMMANUEL, S. / KANKANHALLI, M. S. (2003), S. 444).

Die Digitalisierung mit den beispielhaft genannten Formen sowie Chancen und Risiken kann demnach als grundlegende Veränderung der relevanten Umwelten von Unternehmen in der Filmindustrie betrachtet werden und stellt somit ebenso einen wichtigen Impulsgeber für strategische Innovationen in der Filmindustrie dar (Vgl. ZERDICK et al. (2004), S. 140-143). In der Konsequenz können Innovationen auf der einen Seite eine direkte Folge aus Veränderungen der Unternehmensumwelten sein und auf der anderen Seite einen entscheidenden prägenden Einfluss auf die Bedingungen für zukünftige Innovationen haben.

3 Dominante Management Logiken als Ursache von Strategischen Lock-Ins

3.1 Dominante Management Logiken

Selbst für hochintelligente Manager scheint es in hohem Maße schwierig zu sein, in einer sich signifikant verändernden Branchenstruktur strategische Entscheidungen zu fällen (Vgl. BETTIS, R. A. / PRAHALAD, C. K. (1995), S. 6). Diese Beobachtung wird um so relevanter, je schneller und intensiver sich die relevanten Umwelten von Unternehmen verändern. Dies liegt vor allem in zunehmend komplexen und dynamischen Marktbedingungen begründet (Vgl. HÜLSMANN, M. / BERRY, A. (2004), S. 3). Diese Veränderungen sind insbesondere durch technologische Entwicklungen in jüngerer Vergangenheit geprägt worden, die zum einen zwar die Möglichkeiten zur Informationsbeschaffung deutlich erhöhen, zum anderen aber auf eine so gut wie konstante menschliche Informationsverabeitungsfähigkeit trifft. BETTIS und PRAHALAD konstatierten daher bereits in den Neunzigern das Vorhandensein eines „*[...] information rich but interpretation-poor system*" (BETTIS, R. A. / PRAHALAD, C. K. (1995), S. 6) und begründeten dies mit dominanten Management Logiken, die das strategische Entscheidungsverhalten von Managern in gewohnte und in der Vergangenheit erfolgreiche Bahnen lenken (Vgl. BETTIS, R. A. / PRAHALAD, C. K. (1995), S. 7). Dies widerspricht fundamental den Anforderungen zur Erreichung bzw. Aufrechterhaltung des so genannten strategischen Fits zwischen zum einen den Kompetenzprofilen von Unternehmen und zum anderen den Anforderungen aus ihren Umwelten (Vgl. ANSOFF, I. (1984)). Dies liegt darin begründet, dass die Kompetenzprofile eines Unternehmens nur dann den Umweltanforderungen angepasst werden können, wenn dem Unternehmen nicht nur ausreichend Daten über seine Umwelt und dessen Veränderung vorliegen, sondern wenn das Unternehmen diese Daten auch zu Informationen verarbeiten kann, diese Daten also zu interpretieren weiß (Vgl. BETTIS, R. A. / PRAHALAD, C. K. (1995), S. 7). In der Konsequenz können zum einen aufgrund eines fehlenden strategischen Fits Friktionsverluste in den unternehmensinternen Prozessen entstehen, die aufgrund von inkonsistem Handeln (Vgl. WELGE, M. K. / AL-LAHAM, A. (2008), S. 488) zu Ineffizienzen im Umgang mit den zur Verfügung stehenden Ressourcen führen können (Vgl. SCHOLZ, C. (1987), S. 67). Zum anderen muss konsequenterweise auch die Innovationsfähigkeit von Unternehmen sinken, da geplante Innovationen sich auf eine interpretierbare Datenbasis über Anforderungen aus den Unternehmensumwelten stützen müssen, um sich erfolgreich am Markt etablieren zu können (Vgl. CARNEIRO, A. (2000), S. 87 ff.). Aus diesem Grund verdient das Konzept der Dominant Logic im Rahmen der Analyse der Innovationsfähigkeit von Unternehmen aus der Filmindustrie, als eine von technologischen Veränderungen geprägte Branche, eine eingehendere Betrachtung.

PRAHALAD und BETTIS betrachteten bereits 1986 Gründe für das Scheitern von Unternehmen, die ihre Tätigkeiten von ihrem Kerngeschäft aus in bisher für sie nicht relevante Gebiete/Branchen ausweiteten (Vgl. PRAHALAD, C. K. / BETTIS, R. A. (1986), S. 486). Sie warfen die zwei elementaren Fragen auf: (1) Wieso ist es für viele Institutionen schwer sich zu verändern? (2) Wieso sind viele Institutionen zwar fähig, Veränderungen in ihren Umwelten zu erkennen, jedoch unfähig auf diese zu reagieren? (Vgl. BETTIS, R. A. / PRAHALAD, C. K. (1995), S. 7). Zur Begründung wurde das Konzept der dominanten Management Logiken heran gezogen. Manager, als die Entscheidungsträger für die zukünftige strategische Ausrichtung einer Unternehmung bilden demnach Schemen, in denen sich ihre Perspektiven (Sicht der Dinge), ihre Theorien und Absichten widerspiegeln, welche wiederum durch persönliche, in ihrer Vergangenheit gemachten Erfahrungen geprägt sind. Diese Schemen bilden die Grundlage, wie Ereignisse bewertet und welche möglicherweise als Konsequenz eintretenden Ereignisse und Reaktionen erwartet werden. Damit hat eine dominante Management Logik, im Sinne eines kognitiven Abbildes der Wirklichkeit, entscheidenden Einfluss auf die Reaktion eines Managers auf eine Veränderung der relevanten Unternehmensumwelt und manifestiert sich schließlich in einem bestimmten Lern- und Problemlösungsverhalten (Vgl. PRAHALAD, C. K. / BETTIS, R. A. (1986), S. 491). Insofern bilden Dominante Management Logiken die Grundlage für strategische Entscheidungen von Managern. Gruppen von Managern, die zusammen arbeiten, neigen dazu, ähnliche oder gleiche dominante Logiken zu entwickeln, was dazu führt, dass eine Dominante Logik sich auf das Verhalten einer gesamten Organisation, in manchen Fällen sogar einer gesamten Branche auswirken kann (Vgl. BETTIS, R. A. / WONG, S. S. (2003), S. 349). Letzteres ließ sich in der Vergangenheit beispielsweise in der Musikindustrie beobachten, die durch die Digitalisierung erheblichen Veränderungen der relevanten Unternehmensumwelten ausgesetzt ist und in der trotzdem konsequent an veralteten Geschäfts- und Verwertungsmodellen festgehalten wurde (Vgl. CORDES, P. (2008), S. 42 ff.).

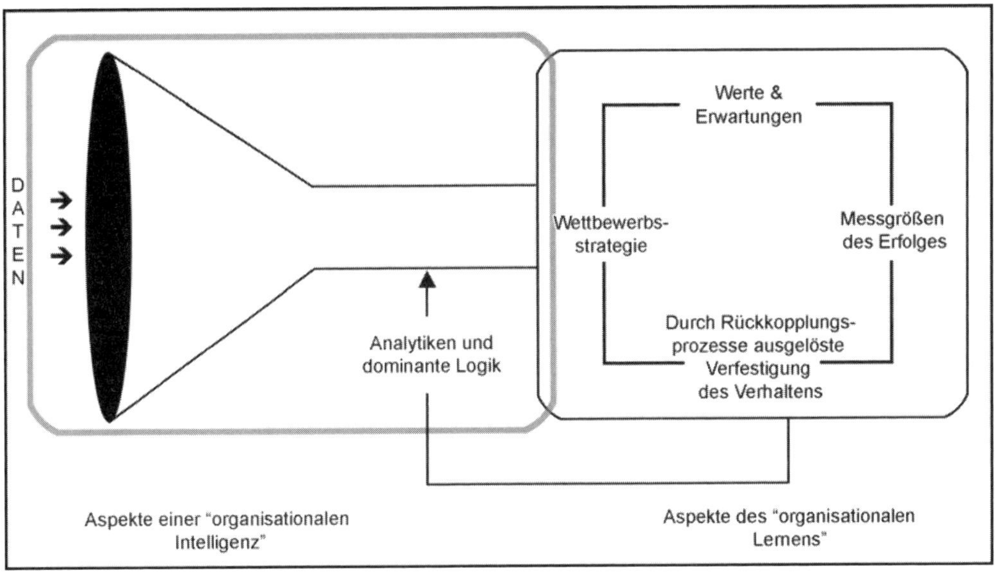

Abb. 3.1 *Die Dominante Management Logik (Quelle: BETTIS, R. A. / PRAHALAD, C. K. (1995), S. 7).*

Abbildung 3.1 verdeutlicht die Zusammenhänge zwischen einer dominanten Management Logik, der organisationalen Intelligenz und der Fähigkeit zum organisationalen Lernen. Die Anwendung einer bestimmten Wettbewerbsstrategie beeinflusst auf der einen Seite die Werte der Entscheidungsträger sowie ihre Erwartungen an zukünftige Entwicklungen und Reaktionen der Unternehmensumwelt auf diese Wettbewerbsstrategie. Auf der anderen Seite werden durch das Ergebnis dieser Wettbewerbsstrategie Rückkopplungsprozesse ausgelöst, die die Manager bei Erfolgen in der Vergangenheit in ihrer Strategiewahl bestätigen und damit eine Tendenz auslösen, in den folgenden Entscheidungssituationen, diese Strategie zu wiederholen (Vgl. BETTIS, R. A. / PRAHALAD, C. K. (1995), S. 7). Siehe hierzu PRAHALAD und BETTIS (1986): *„A dominant logic can be seen as resulting from reinforcement that results from 'doing the right things' with respect to a set of businesses."* (PRAHALAD, C. K. / BETTIS, R. A. (1986), S. 491). Diese Verfestigung des Verhaltens, sowie die Werte und Erwartungen der Entscheidungsträger haben wiederum Einfluss darauf mit welchen Messgrößen der Erfolg einer Wettbewerbsstrategie gemessen wird, während der gemessene Erfolg wiederum Einfluss auf die Werte und Erwartungen nimmt und eine abermalige Verfestigung des Verhaltens auslöst. Beide Aspekte determinieren die Wahl der Wettbewerbsstrategie. Dieser Kreislauf verdeutlicht, inwiefern eine Organisation fähig ist, aus ihren bisherigen Strategien und den resultierenden Ergebnissen zu lernen (Vgl. BETTIS, R. A. / PRAHALAD, C. K. (1995), S. 8). Während Entscheidungsträger immer mit dem Problem der „Bounded

Rationality“ konfrontiert sind, demnach eine vollständige Berücksichtigung aller eine bestimmte Entscheidungssituation betreffender Daten generell unmöglich und somit immer eine Datenselektion erforderlich ist (Vgl. SIMON, H. A. (1972)), wird diese Datenfilterung durch die Dominante Management Logik und der damit verbundenen Analytik noch verstärkt. Sie selektiert die vorhandenen Daten nach einem bestimmten Muster, was dazu führt, dass nur diejenigen Daten zu Informationen verarbeitet werden können, die dem Entscheidungsträger als relevant erscheinen (Vgl. BETTIS, R. A. / WONG, S. S. (2003), S. 347; VON KROGH, G. / ROOS, J. (1996), S. 732). BETTIS und PRAHALAD (1995) verdeutlichten dies durch den Begriff der organisationalen Intelligenz (Vgl. BETTIS, R. A. / PRAHALAD, C. K. (1995), S. 7/8).

3.2 Strategische Lock-Ins und Innovationsfähigkeit

Organisationale Intelligenz kann im weiteren Sinne als die Fähigkeit einer Unternehmung verstanden werden, die Ressource Wissen zu generieren (Vgl. BETTIS, R. A. / PRAHALAD, C. K. (1995), S. 8), welche für die Innovationsfähigkeit von Unternehmen eine entscheidende Rolle spielt (Vgl. CARNEIRO, A. (2000), S. 87 ff.). Dies beruht darauf, dass das Wissen über den Markt bezüglich der Bedürfnisse und Präferenzen der derzeitigen und potentiellen Kunden sowie der Attraktivität bspw. möglicher Distributionskanäle der Produkte eine notwendige Voraussetzung dafür ist, strategisch innovativ zu agieren (Vgl. CARNEIRO, A. (2000), S. 96). Wissen repräsentiert dabei nicht nur die Menge an reproduzierbaren Informationen, sondern ebenfalls das Ergebnis der Verarbeitung von Informationen (Vgl. AMELINGMEYER, J. (2002), S. 41 f.). Letzteres verdeutlicht die Notwendigkeit für Unternehmen, den Fokus nicht nur auf die Informationsbeschaffung zu richten, sondern der Deutung bzw. der Interpretation neuer sowie vorhandener Informationen eine entsprechende Bedeutung zuzusprechen. In der Konsequenz wird deutlich, dass dominante Management Logiken, die sich über die Zeit und in Abhängigkeit von Erfolgen der Vergangenheit zu einer Art „Linse“ entwickeln, durch die Manager alle aufkommenden Möglichkeiten betrachten (Vgl. PRAHALAD, C. K. (2004), S. 172), somit das ihr Wissen nicht unerheblich einschränken können, indem die Deutung von Informationen in eine bestimmte Bahn gelenkt wird.

Entscheidend ist die Beobachtung, dass tendenziell eher diejenigen Erfahrungen die Dominanten Management Logiken beeinflussen, die in den Kerngeschäften eines Unternehmens bzw. in denjenigen, auf denen historisch das Wachstum des Unternehmens basiert, gemacht wurden (Vgl. PRAHALAD, C. K. / BETTIS, R. A. (1986), S. 491). Für die (strategische) Innovationsfähigkeit von Unternehmen, die sich inmitten eines Strukturwandels ihrer Branche befinden, ist dies ein entscheidender Punkt, weil dominante Management Logiken, als die Basis für strategische Entscheidungen und Neuausrichtungen von Unternehmensprofilen und -kompetenzen, sich in der Regel nicht von noch unausgereiften aber dafür zukunftsfähigen Geschäftsbereichen prägen lassen. Im Umkehrschluss bedeutet dies, dass die strategische Ausrichtung von Unternehmen, die in Branchen agieren, deren Strukturen sich verändern, von den Erfolgen veralteter und nicht mehr zukunftsfähiger Geschäftsmodelle geprägt sein kann. SULL (1999) bezeichnet diese Beobachtung als „active inertia“ im Sinne einer organisationalen Tendenz, trotz signifikanter Veränderungen im unternehmerischen Umfeld etablierten Verhaltensmustern zu folgen (Vgl. SULL, D. N. (1999), S. 43). PRAHALAD (2004) geht sogar so weit, die Dominante Management Logik als die DNS einer Unternehmung bzw. einer Branche zu bezeichnen (Vgl. PRAHALAD, C. K. (2004), S. 172), was in einem weiteren Sinne auch durch die Formel „Strategy follows Structure“ Eingang in die betriebswirtschaftliche Literatur gefunden hat (Vgl. SCHREYÖGG, G. et al. (2003), S. 268). Dies impliziert, dass Informationen, die für eine innovative strategische Ausrichtung notwendig wären in diesen Fällen entweder nicht beachtet, oder lediglich im Sinne der dominanten Management Logiken verarbeitet werden könnten. Damit wird deutlich, dass die Fähigkeit von Managern und Organisationen, Innovationen voranzutreiben oder neue Chancen und Risiken zu erkennen einer Limitierung durch dominante Management Logiken unterliegt (Vgl. PRAHALAD, C. K. (2004), S. 172).

Diese kognitiven Einschränkungen können letztlich zu einer Einschränkung der unternehmerischen Handlungsfähigkeit führen. Siehe hierzu MARCH und SIMON (1958): *„Individuals and organizations give preferred treatment to alternatives that present continuation of present programs over those that represent change.“* (MARCH, J. G. / SIMON, H. A. (1958), S. 173). Durch Rekursionsprozesse kann die, auf dominanten Management Logiken aufbauende strategische Ausrichtung von Unternehmen somit über die Zeit einer Pfadabhängigkeit unterliegen und letztendlich zu einer strategischen Lock-In Situation führen (Vgl. SCHREYÖGG, G. et al. (2003), S. 268 ff.; siehe auch: BETTIS, R. A. / WONG, S. S. (2003), S. 347; CORDES, P. (2008), S. 35 f.). Dies bedeutet, dass von den theoretisch möglichen Handlungsalternativen nur noch eine geringe, vom historischen Pfad abhängige Anzahl an Handlungsalternativen, vom Management der betreffenden Unternehmung in Betracht gezogen wird (Vgl. SCHREYÖGG, G. et al. (2003), S. 270).

4 Innovative Distributionsmodelle durch Überwindung von dominanten Management Logiken in der Filmindustrie

4.1 Dominante Management Logiken als mögliche Innovationsbarriere für die Filmindustrie

Die von Porter identifizierten fünf Triebkräfte des Wettbewerbs scheinen sich im Zuge der Entwicklung des Internets in der Tendenz deutlich zu verstärken (Vgl. PORTER, M. E. (2001), S. 63), wodurch ein Druck auf die Profitabilität vieler Branchen entsteht, zu denen auch die Filmindustrie gehört (Vgl. PORTER, M. E. (2001), S. 69). Dies liegt unter anderem darin begründet, dass Markteintrittsbarrieren tendenziell sinken und die Verhandlungsmacht der

Konsumenten tendenziell steigt (Vgl. SILVER, J. / ALPERT, F. (2003), S. 62; PORTER, M. E. (2001), S. 70). Die Filmindustrie, als eine Branche, deren derzeitige und mögliche zukünftige Distributionsmodelle in besonderem Maße vom Internet und der Entwicklung neuer digitaler Technologien beeinflusst werden, ist im Zuge dessen mit einem fundamentalen Wandel der Branchenstruktur konfrontiert (Vgl. SILVER, J. / ALPERT, F. (2003), S. 57; ZHU, K. (2001), S. 273). Siehe hierzu SILVER und ALPERT (2003): *„The movie industry is undergoing fundamental change, and the internet is at the heart of the new distribution models hat are emerging"* (SILVER, J. / ALPERT, F. (2003), S. 57).

Während dominante Management Logiken in einem Umfeld fester Branchenstrukturen sogar stabilisierende Effekte auslösen können (bspw. durch Routinen) (BETTIS, R. A. / PRAHALAD, C. K. (1995), S. 11: *„Interestingly, it provides a set of heuristics, that simplify and speed decision making."*), sind Branchen, deren Strukturen fundamentalen Veränderungen ausgesetzt sind, in besonderem Maße durch bspw. fehlende bzw. langsame Anpassungsfähigkeiten bedroht. Um in sich verändernden Branchen die Überlebensfähigkeit der Unternehmen zu sichern, ist jedoch gerade letzteres von besonderer Bedeutung. Die strategische Innovationsfähigkeit von Unternehmen in der Filmindustrie, im Hinblick auf die Nutzung von neuen Distributionskanälen, ist somit zum einen besonders in diesem Strukturwandel eine Voraussetzung für eine nachhaltige strategische Ausrichtung. Zum anderen läuft eben diese Innovationsfähigkeit Gefahr, durch dominante Management Logiken beeinträchtigt zu werden.

Die sich über die Zeit hinweg entwickelnde dominante Management Logik betrifft alle Bereiche von Unternehmen, in denen strategische Entscheidungen getroffen werden. Damit untersteht die gesamte, sich über die Zeit manifestierte Wertschöpfungskette und damit implizit die Art und Weise, wie das Produkt Film distribuiert wird, ebenfalls einer solchen Logik. Neue Formen der Distribution müssen daher zunächst die dominanten Management Logiken der Entscheidungsträger aller beteiligten, verhandelnden Parteien durchbrechen, bevor sie realisiert werden können. Neuartige, vor allem mit Aufkommen des Internets zusammenhängende Distributionsformen stellen die alte, in der Vergangenheit erfolgreiche Logik, darüber wie Filme distribuiert werden, in Frage und müssen diese daher zunächst überwinden. Dies drückt sich in der Regel darin aus, dass Lizenzierungsverhandlungen entweder scheitern oder in die Länge gezogen werden.

Es lassen sich zahlreiche Beispiele von Firmen aufzählen, die in ein durch dominante Management Logiken verursachtes „Lock-In" bzw. „Active Inertia" geraten sind. Dabei lässt sich beobachten, dass in der Vergangenheit hochprofitable Unternehmen trotz fundamentaler Strukturveränderungen ihrer Branchen, in denen sie tätig sind, auf alten und gewohnten Verhaltensmustern beharren (siehe hierzu bspw.: KOCH, J. (2006); (2007); SULL, D. N. (1999)). Bezüglich der Ausnutzung neuartiger digitaler Distributionswege lässt sich eine deutliche Analogie der Distribution von Filmen in Deutschland zur Musikindustrie beobachten. Die strategischen Reaktionen der Musikindustrie auf die Digitalisierung waren vor allem durch eine abwartende und sogar abwehrende Haltung gegenüber neuen, digitalen Distributionskanälen geprägt (Vgl. Cordes, P. (2008), S. 42 ff.). Die Nachfrage nach Produkten über den Distributionskanal Internet kann konsequenterweise während der Übergangszeit, in der es keine legalen alternativen Angebote gibt, die technischen Möglichkeiten aber bereits vorhanden sind, nur auf illegalem Wege befriedigt werden. Hierdurch wird die Einstellung der Konsumenten, vor allem derjenigen, die mit diesen Distributionskanälen aufwachsen und sie primär nutzen, gegenüber ihnen entscheidend geprägt (Vgl. GEIßLER, J. (2005), S. 230; EMES, J. (2004), S. 93). Eine erst nachträgliche Nutzung dieser Kanäle, die im Falle der Musikindustrie zudem den Kunden nicht den gleichen Nutzen entgegenbringen können, wie die für ihn gewohnte Alternative, kann insofern nicht als strategische Innovation bezeichnet werden, da der Kundennutzen bereits zuvor befriedigt werden konnte, zwar illegal, aber mit geringem Risiko, in besserer Qualität und in umfangreicheren Ausmaß.

Als aktuelles Beispiel lässt sich die Distribution von Filmen über den von dem Computerkonzern Apple betriebenen iTunes-Store heranziehen. In 2007 konnte iTunes einen Anteil im US-Amerikanischen Markt für digitale Filmdistribution durch Download oder Verleih von 42% für sich verbuchen, im Markt für Fernsehserien sogar von 99% (Vgl. ROUGHLY DRAFTED MAGAZINE (2007)). Im deutschen Markt lässt die Nutzung dieses Distributionsweges im Gegensatz zur USA seit 2 Jahren auf sich warten (Stand 10/2008), was vorrangig durch langwierige Verhandlungen bezüglich der Lizenzvergabe zu begründen ist (Vgl. SCHIRRMACHER, D. (2008)). Gleiches lässt sich für die Nutzung des Fernsehens als Stream über das Internet beobachten, welches in den USA bereits etabliert ist. Als aktuelles Beispiel lässt sich das zur News Corporation gehörige Unternehmen Hulu nennen, welches TV-Serien per Stream ausstrahlt und bereits in 2007 einen größeren Gewinn als Youtube verbuchen konnte (Vgl. ASAY. M. (2008)). In Deutschland gibt es bislang aufgrund langwieriger Lizenzierungsprozesse nur Streams von Eigenproduktionen der einzelnen Sender auf ihren eigenen Webseiten (Vgl. SCHIRRMACHER, D. (2008)). Lizenzierungsverhandlungen über diese Distributionsmodelle, die sich in den USA bereits als profitabel bewährt haben, scheinen bei der Einführung in den deutschen Markt bei den diesbezüglichen Verhandlungen zwischen den beteiligten Parteien zu scheitern. Es soll an dieser Stelle keine Aussage darüber getroffen werden, dass eine gleichzeitige Lizenzierung von Online-Inhalten über nationale Grenzen hinweg ökonomisch vorteilhafter ist, als eine durch langwierige Verhandlungen geprägte Zeitverzögerung. Resümierend kann jedoch festgehalten werden, dass zum einen die Filmindustrie mit einem fundamentalen Wandel ihrer Distributionswege konfrontiert ist und zum anderen andere Branchen in ähnlichen Situationen versäumten, angemessen auf derartige Veränderungen zu reagieren. In Analogie zur Musikindustrie, in der durch dominante Management Logiken verursachte Abwehrstrategien, die letztendlich lediglich zu kostenintensiven Zeitverzögerungen führten, werden an dieser Stelle Hinweise deutlich, die auch in der Filmindustrie die Gefahr eines eines strategischen Lock-Ins offenbaren. Ein Blick in die Vergangenheit untermauert diese Annahme: "*Die Geschichte der Filmwirtschaft ist eine Geschichte des wiederholten Anpassens der Geschäftsmodelle an den technologischen Wandel. Sowohl das Fernsehen als auch der Videorekorder erschienen den großen Studios anfangs als existenzielle Bedrohung. Nachdem jedoch offensichtlich wurde, dass die neuen Medientechnologien nicht aufzuhalten waren, gelang es der Filmwirtschaft sie in ihre Wertschöpfung zu integrieren. Das Ergebnis war in beiden Fällen ein enorm vergrößerter Markt und stark steigende Umsätze* (KATZENBACH, C. (2006), S. 13f.)."

Aus diesen Gründen erscheint es ratsam für die Filmindustrie sich mit diesem Problem auseinander zu setzen und den möglichen Gefahren entgegenzuwirken.

4.2 Resultierende Managementimplikationen

Gemäß PRAHALAD (2004) ist die bewusst herbeigeführte Änderung bzw. Kontrollierung von dominanten Management Logiken eine extrem schwierige Aufgabe. Dies liegt darin begründet, dass die betroffenen Manager zunächst akzeptieren müssen *„[...] that the accumulated intellectual capital they have is suddenly devalued. It means accepting that we have to change to remain smart!“* (PRAHALAD, C. K. 2004, S. 172). Dennoch können an dieser Stelle in Anlehung an PRAHALAD (2004) (S. 176 ff.) Handlungsempfehlungen abgeleitet werden, die sich nicht nur auf einen ex-Post, sondern ebenfalls auf einen präventiven Umgang mit der Gefahr dominanter Management Logiken richten und somit die strategische Innovationsfähigkeit von Filmproduktionsunternehmen stärken könnten.

- Fokussieren auf „Next Practices“

Im Gegensatz zum so genannten „Best Practice“ Ansatz, mit dem anhand von Benchmarking Konzepten die bisherig erfolgreichsten Distributionsmodelle aufgespürt und adaptiert werden, sollte der Fokus auf so genannten „Next Practices“ liegen. Wenn alle Filmproduktionsunternehmen sich an den jeweils anderen sowie an deren und ihrer eigenen Vergangenheit orientieren, dann konvergiert die Branche zu einem möglicherweise sub-optimalen Standard-Distributionsmodell, dass die derzeitige dominante Management Logik widerspiegelt. Es sollte daher generell davon Abstand genommen werden, das eigene und derzeitige Distributionsmodell als ein Optimum zu verstehen und neuartige Distributionsmodelle sich nicht in absehbarer Zeit zu mit Abstand superioren Alternativen entwickeln könnten. Der derzeitige Fokus auf die Best Practises in der Entertainment Industrie wird vor allem bei der Betrachtung der zeitlichen Verzögerung deutlich, mit der neuartige Distributionsmodelle erst dann in Deutschland eingeführt werden, wenn in anderen Ländern Erfolge beobachtet werden konnten.

- Experimentieren

Um die oben genannten Möglichkeiten und Potenziale zukünftiger Distributionsmodelle erforschen und abschätzen zu können, ist es notwendig Experimente zu machen um eben diese potenziellen superioren Distributionsmodelle aufspüren zu können. Eine notwendige Voraussetzung ist zwar, dass diese Experimente finanziell vertretbar sind, doch bieten sie die Chance, auf fundamentale Änderungen in der Unternehmensumwelt, wie die digitalen Distributionstechnologien, nicht nur fundamental reagieren zu können bzw. zu müssen, sondern diese Änderungen auch mit gestalten zu können. Daher sollte man nach Diskontinuitäten in der Filmdistribution gerade zu suchen und die Frage stellen, in wiefern diese die derzeitigen dominanten Management Logiken herausfordern könnten.

- Über die Grenzen der eigenen Branche schauen

Die Grenzen von Branchen und insbesondere von Branchen in der Entertainment Industrie verschwimmen zunehmend. Die Distribution von Filmen beschränkt sich nicht mehr auf Akteure, die zur Filmindustrie gezählt werden können. Es kommen branchenfremde Akteure hinzu, die eine gewichtige Rolle in der Filmdistribution spielen könnten, wie bspw. die Telekom als Internet Service Provider. Die Umstrukturierung von Distributionswegen in einer

Branche mit bisher profitablen Distributionswegen wird in der Regel nicht von Unternehmen aus dieser Branche angetrieben. An diesem Punkt wird die branchenweite Auswirkung von kollektiven dominanten Logiken deutlich. Möchte die Filmindustrie verhindern, dass ein branchenfremder Akteur die Umstrukturierung der Distributionswege maßgeblich vorantreibt und damit letztlich eine immense Marktmacht aufbauen könnte, sollte sie über ihre Branchengrenzen hinweg Potenziale und Entwicklungsmöglichkeiten erforschen.

- *Über geographische Grenzen hinwegschauen*

Die Distribution von Produkten der Filmindustrie ist bisher auf bestimmte geographische Märkte fokussiert. Die Digitalisierung bietet Möglichkeiten, mit geringem Kostenaufwand, diese Produkte in Länder zu distribuieren, in denen ein Markt für Filme bisher als ökonomisch nicht tragfähig galt. Diese Perspektive lässt sich ausweiten, wenn die bisherige Diffusionsentwicklung des Internets in die Zukunft und auf andere Länder fortgeschrieben wird. Auch unter diesem Aspekt erscheinen Experimente und Next Practises zwingend erforderlich, um nicht nur reaktiv agieren sondern die Entwicklung dieser Märkte mit gestalten zu können (in Anlehnung an PRAHALAD, C. K. (2004), S. 176 ff.).

5 Abschließende Betrachtungen

In diesem Beitrag wurde das Problem dominanter Management Logiken als mögliche Barriere für die strategische Innovationsfähigkeit von Unternehmen in der Filmindustrie hinsichtlich der Nutzung neuartiger Distributionsmodelle aufgerissen. Ziel war es, Möglichkeiten aufzuzeigen, die dem Management von Unternehmen in der Filmindustrie ermöglichen, dominante Management Logiken zu überwinden bzw. präventiv der Entstehung und damit den negativen Effekten dominanter Management Logiken entgegenzuwirken.

Der durch die Digitalisierung ausgelöste Strukturwandel der Filmindustrie stellt die Branche vor die Herausforderung, den sich verändernden Bedürfnissen der Konsumenten mit innovativen Distributionsmodellen entgegenzukommen. Den daraus resultierenden zusätzlichen Anforderungen an die strategische Innovationsfähigkeit von Unternehmen in der Filmindustrie stehen jedoch mögliche Innovationsbarrieren gegenüber, die sich durch das Vorhandensein dominanter Management Logiken erklären lassen. Ausgeprägte dominante Management Logiken hinsichtlich der Art und Weise, wie das Produkt Film distribuiert wird, können sich über Jahre hinweg entwickeln und in der Folge die Anzahl möglicher Distributionsalternativen, die in Betracht gezogen werden, reduzieren und damit möglicherweise erfolgversprechende, neue innovative Distributionsansätze von vorn herein ausschließen bzw. deren Nutzung verzögern. Aus diesem Grund erscheint es notwendig, dass das Management von Unternehmen der Filmindustrie 1.) die Blickrichtung auf zukünftige Distributionsmodelle, so genannte „Next Practises", legt, 2.) sich auf Experimente mit diesen neuen Distributionsansätzen einlässt, 3.) den Blick zur Orientierung über die eigene Branche sowie 4.) über bisherige geographische Marktgrenzen hinaus wirft.

Grenzen dieser Analyse ergeben sich zum einen daraus, dass die Betrachtung der Gefahr dominanter Management Logiken keineswegs pauschalisiert und auf alle in der Filmindustrie beteiligten Firmen übertragen werden kann. Vielmehr handelt es sich hier um eine tendenzielle Betrachtungsweise. Zum anderen ist das Konzept der dominanten Management Logik kognitiver Natur und unterliegt somit fundamentalen Beschränkungen in seiner empirischen Überprüfbarkeit (GRANT, R. M. (1988), S. 639/640). Aus diesem Grunde konnten auch die abgeleiteten Managementimplikationen bisher nicht abschließend validiert werden. Dies offenbart weiteren Forschungsbedarf hinsichtlich der Spezifikation und damit der Operationalisierbarkeit der abgeleiteten Handlungsempfehlungen im individuellen, jeweiligen Kontext von, an Distributionsentscheidungen beteiligten Unternehmen in der Filmindustrie. Dies würde jedoch zunächst weitere Studien zur Ist-Situation der Beeinträchtigung innovativer Entscheidungsfreiheiten hinsichtlich der Nutzung neuartiger Distributionsmodelle in der Filmindustrie voraussetzen, die, wie bereits angemerkt, jedoch einigen Beschränkungen unterliegen.

Dennoch geben die Implikationen für die Managementpraxis im Sinne einer Sensibilisierung Aufschluss über möglicherweise drohende Barrieren der strategischen Innovationsfähigkeit und mögliche pragmatische, aber noch auf den jeweiligen Kontext zu spezifizierende, Gegenmaßnahmen.

Literaturverzeichnis

ACCENTURE: Content: Here, there and everywhere – Accenture Media Content Survey, 2006.

AMELINGMEYER, J.: Wissensmanagement: Analyse und Gestaltung der Wissensbasis von Unternehmen, 2. aktualisierte Auflage, Wiesbaden, 2002.

ANSOFF, I.: Implanting strategic management, Englewood Cliffs, New Jersey, London (et al.), 1984, S.10-28.

ASAY. M.: Quality pays: Hulu trumping YouTube. Cnet News (Homepage), http://news.cnet.com/8301-13505_3-10102220-16.html, 19.11.2008.

BETTIS, R. A. / PRAHALAD, C. K.: The Dominant Logic: Retrospective and Extension, in: Strategic Management Journal, Vol. 16, No. 1, 1995, S. 5-14.

BETTIS, R. A.; WONG, S. S.: Dominant Logic, Knowledge Creation, and Managerial Choice, in: Blackwell Handbook of Organizational Learning & Knowledge Management, 2003, S. 343-355.

BREUNIG, C.: IPTV und Web-TV im digitalen Fernsehmarkt – Fernsehen und Internet rücken weiter zusammen, in: Media Perspektiven, Vol. 10, 2007, S. 478-491.

BUNDESVERBAND AUDIOVISUELLE MEDIEN (BVV): The Video market in 2007 - BVV Business Report, 3. März 2008.

CARNEIRO, A.: How does knowledge management influence innovation and competitiveness? in: Journal of Knowledge Management, Vol. 4, No. 2, 2000, S. 87-98.

CHAPMAN, R. / HYLAND, P.: Complexity and learning behaviors in product innovation, in: Technovation, Vol. 24, 2004, S. 553-561.

CORDES, P.: Non- physische Tonträger im Verdrängungswettbewerb mit physischen Tonträgern – eine Analyse institutioneller Pfade in der Musikindustrie, in: HÜLSMANN, M. (Hrsg.): Schriftenreihe Forschungsbeiträge zum Strategischen Management, Band 13, Bremen, 2008.

DRUCKER, P. F.: The discipline of innovation, in: Harvard Business Review, Vol. 76, No. 6, 1998, S. 149-157.

EMES, J.: Unternehmergewinn in der Musikindustrie: Wertschöpfungspotentiale und Veränderungen der Branchenstruktur durch die Digitalisierung, 1. Auflage, Wiesbaden, 2004.

EMMANUEL, S. / KANKANHALLI, M. S.: A digital rights management scheme for broadcast video, in: Multimedia Systems, Vol. 8, 2003, S. 444–458.

GEIßLER, J.: Mobile Music, in: CLEMENT, M. / SCHUSSER, O. (Hrsg.): Ökonomie der Musikindustrie, 1. Auflage, Wiesbaden, 2005, S. 229-242.

GJERDE, K. A. P., SLOTNICK, S. A., & SOBEL, M. J.: New Product Innovation with Multiple Features and Technology Constraints, in: Management Science, Vol. 48, No. 10, 2002, S. 1268-1284.

GRANT, R. M.: On 'Dominant Logic', Relatedness and the Link between Diversity and Performance, in: Strategic Management Journal, Vol. 9, No. 6, 1988, S. 639-642.

HENARD, D. H. / SZYMANSKI, D. M.: Why Some New Products Are More Successful Than Others, in: Journal of Marketing Research, Vol. 38, No. 3, 2001, S. 362-375.

HÜLSMANN, M. / BERRY, A.: Strategic Management Dilemmas: Its Necessity in a World of Diversity and Change, in: LUNDIN, R. et al. (Hrsg.): Proceedings of the SAM/IFSAM VIIth World Congress on Management in a World of Diversity and Change. Göteborg, Sweden, 2004, CD-Rom.

JOHNE, A.: Successful market innovation Successful market innovation, in: European Journal of Innovation Management, Vol. 2, No. 1, 1999, S. 6-11.

KATZENBACH, C.: Die Filmwirtschaft und Breitband-Internet – Eine medienökonomische Einordnung, Berlin, 2006.

KOCH, J.: Strategic Paths and Media Management - A Path Dependency Analysis of the German Newspaper Branch of High Quality Journalism, in: Schmalenbach Business Review, No. 01, 2007, S. 50-73.

KOCH, J.: Der gefährliche Pfad des Erfolgs in: Harvard Business Manager, Vol. 28, Nr. 1, 2006, S. 97-102.

KOIVISTO, T. / ILOMÄKI , S. K. / AIROLA, M. / POIKKIMÄKI, J.: Approaching and developing strategic innovation capabilities of SMEs, Conference Paper: Innovation Pressure International ProAct Conference, 15-17th March 2006, Tampere, Finland, online verfügbar: http://www.proact2006.fi/index.phtml?menu_id=16&lang=1.

KÜPPER, A.: Konvergenzszenarien in der Mobilkommunikation, in: HESS, T. (Hrsg.): Ubiquität, Interaktivität, Konvergenz und die Medienbranche – Ergebnisse des interdisziplinären Forschungsprojektes Intermedia, Göttingen, 2007, S. 183-204.

LITTLE, A. D.: Management von Innovation und Wachstum, Wiesbaden, 1997.

LOEBBECKE, C.: Digitalisierung - Technologien und Unternehmensstrategien, in: SCHOLZ, C.: Handbuch Medienmanagement, Berlin, Heidelberg, 2006, S. 357-373.

MARCH, J. G. / SIMON, H. A.: Organizations, New York (et al.), 1958.

MARKIDES, C.: Strategic Innovation, in: ROBERTS, E.B. (Hrsg.): Innovation. Driving Product, Process, and Market Change, San Francisco, 2002, S. 9-40.

MCDERMOTT, C. M. / O'CONNOR, G. C.: Managing radical innovation: an overview of emergent strategy issues, in: The Journal of Product Innovation Management, Vol. 19, Issue 6, 2002, S. 424-438.

PERL, E: Grundlagen des Innovations- und Technologiemanagements, in: STREBEL, H. (Hrsg.): Inovations- und Technologiemanagement, Wien, 2007, S. 17-52.

PLESCHAK, F. / SABISCH, H.: Innovationsmanagement, Stuttgart, 1996.

PORTER, M. E.: The Five Competitive Forces that Shape Strategy, in: Harvard Business Review, Vol. 86, No. 1, 2008, S. 78-93.

PORTER, M. E.: Strategy and the Internet, Harvard Business Review, Vol. 79, No. 3, 2001, S. 62-78.

PRAHALAD, C. K. / BETTIS, R. A.: The Dominant Logic: A New Linkage between Diversity and Performance, in: Strategic Management Journal, Vol. 7, No. 6, 1986, S. 485-501.

PRAHALAD, C. K.: The Blinders of Dominant Logic, in: Long Range Planning, Vol. 37, No. 2, 2004, S. 171-179.

PRICEWATERHOUSECOOPERS: German entertainment and media outlook: 2007-2011 – Die Entwicklung des deutschen Unterhaltungs- und Medienmarktes, Frankfurt am Main, 2007.

ROUGHLY DRAFTED MAGAZINE: Apple TV Digital Disruption at Work: iTunes Takes 91% of Video Download Market (Hompage), http://www.roughlydrafted.com/2007/12/11/apple-tv-digital-disruption-at-work-itunes-takes-91-of-video-download-market/, 11.12.2007

SCHIRRMACHER, D.: Wie die Zukunft des Fernsehens aussieht. Spiegel Online (Homepage), http://www.spiegel.de/netzwelt/web/0,1518,591083,00.html, 27.11.2008.

SCHOLZ, C.: Strategisches Management: ein integrativer Ansatz, Berlin, 1987.

SCHREYÖGG, G. / SYDOW, J. / KOCH, J.: Organisatorische Pfade - Von der Pfadabhängigkeit zur Pfadkreation?, in: SCHREYÖGG, G. / SYDOW, J. (Hrsg.): Managementforschung Bd. 13: Strategische Prozesse und Pfade, Wiesbaden, 2003, S. 257-293.

SCHUMPETER, J. A.: New Translations from Theorie der wirtschaftlichen Entwicklung, in: American Journal of Economics & Sociology, Vol. 61, No. 2, 1997, S. 405-437.

SILVER, J. / ALPERT, F.: Digital dawn: A revolution in movie distribution? in: Business Horizons, Vol. 46, Issue 5, September-October 2003, S. 57-66.

SIMON, H. A.: Theories of Bounded Rationality, in: MCGUIRE, C. B. / RADNER, R. (Hrsg.). Decision and Organization, Amsterdam, 1972, S. 161-172.

SONG, M. / THIEME, J.: A cross-national investigation of the R&D-marketing interface in the product innovation process, in: Industrial Marketing Management, Vol. 35, 2006, S. 308-322.

SULL, D.N.: Why Good Companies Go Bad, in: Harvard Business Review, Vol. 77, No. 4, 1999, S. 42-50.

ULIJN, J. / O'HAIR, D. / WEGGEMAN, M. / LEDLOW, G. / HAIL, H. T: Innovation, Corporate Strategy, and Cultural Context: What Is the Mission for International Business Communication?, in: The Journal of Business Communication, Vol. 37, No. 3, 2000. S. 293-317.

VAN SOMEREN, T. C. R.: Strategische Innovationen: so machen Sie Ihr Unternehmen einzigartig, Wiesbaden, 2005.

VON KROGH, G. / ROOS, J.: A Tale of the Unfinished, in: Strategic Management Journal, Vol. 17, No. 9, 1996, S. 729-737.

WESTPHAL, J. D. / GULATI, R. / SHORTELL, S. M.: Customization or Conformity? An Institutional and Network Perspective on the Content and Consequences of TQM Adoption, in: Administrative Science Quarterly, Vol. 42, No. 2, 1997, S. 366-394.

WELGE, M. K. / AL-LAHAM, A.: Strategisches Management : Grundlagen - Prozess - Implementierung, 5. vollständig überarbeitete Auflage, Wiesbaden, 2008.

ZERDICK, A. / PICOT, A. / SCHARPE, K. / BURGELMAN, J.-C. / SILVERSTONE, R.: European Communication Council Report: E-Merging Media, Kommunikation und Medienwirtschaft der Zukunft, Berlin, 2004.

ZHU, K.: Internet-based Distribution of Digital Videos: The Economic Impacts of Digitization on the Motion Picture Industry, in: Electronic Markets, Vol. 11, No. 4, 2001, S. 273-280.

Zur Bedeutung des Long Tail Phänomens in Fernsehproduktionen[1]

SUSANNE STÜRMER

Zusammenfassung
Die zunehmende Digitalisierung führt zu einer Veränderung des Vertriebs medialer Produktangebote. Die Kosten für Equipment und Distribution sinken. Trotz einer Fragmentierung des Konsums können die Anbieter von Medieninhalten auch Nischen erreichen und kleinere Märkte bedienen. Diese Entwicklungen sollen insbesondere in Bezug auf Angebote von sog. „Bewegtbildinhalten" betrachtet werden. Dazu wird zunächst die „Long Tail"-Theorie in ihren Kernaussagen wiedergegeben und ihre Bedeutung für Medieninhalte aufgezeigt. Danach soll skizziert werden, wie sich das Produktangebot im Zeitalter der Digitalisierung generell verändert hat. Fokussiert auf die TV-Industrie werden dann die resultierenden, strategischen Reaktionen (z.B. multimediale Konzeption von Medieninhalten) etablierter Anbieter beschrieben.

1 Der vorliegende Beitrag beruht thematisch auf einem Vortrag der Autorin auf dem Kongress „Wag the Long Tail", 17.8.2007 in Köln, den der Verband der Internetwirtschaft eco zusammen mit der Deutschen Welle veranstaltete. Für wertvolle Unterstützung bedankt sich die Autorin bei Andreas Wagner, MBA in Media Management, Hamburg Media School und ihren Kollegen M. Goerigk, R. Hassenewert und K. Müller von der UFA Film & TV Produktion GmbH

Beitragsinhalt

1 Kernaussagen der „Long Tail"-Theorie

Das sogenannte Long Tail-Phänomen, das CHRIS ANDERSON, Herausgeber der Zeitschrift „Wired", in einem Artikel dieses Magazins beschrieb (Vgl. ANDERSON, C., Wired Magazine (WWW v. 10/2004)), ist eines der in letzter Zeit meistdiskutierten und meistzitierten Konzepte in der Medienwirtschaft. Immerhin finden sich noch Anfang 2008 bei Google 243.000 Einträge unter diesem Stichwort, Yahoo kennt 25.300 Webseiten, die auf ANDERSON's Artikel verweisen, mehr als 1.000 Blogs schrieben zu diesem Zeitpunkt über ihn. Welche Kernaussagen trifft CHRIS ANDERSON in seinem später zum Buch (ANDERSON, C. (2006)) erweiterten Beitrag?

Durch die Digitalisierung sinken in allen Medienbereichen die Kosten für Equipment und Distribution. Die Möglichkeiten und Funktionalitäten des Internet machen es so preisgünstig wie nie, Text-, Ton- und Bildinhalte einer theoretisch unbeschränkten Zahl von Nutzern zur Verfügung zu stellen. Die Angebotsvielfalt wächst immens. Als Beispiele nennt ANDERSON u.a.: Den etwa 60.000 Musikstücken auf den bei der Supermarktkette Wal-Mart erhältlichen CDs stehen 1,5 Millionen Titel beim US-Downloaddienst Rhapsody gegenüber. Der Leih-DVD-Versand Netflix hält 55.000 Titel bereit, Buchhändler Amazon bietet 3,7 Millionen Buchtitel an. Der Teil des Angebots dieser Unternehmen, der im herkömmlichen Einzelhandel normalerweise nicht vorrätig ist, erwirtschaftet zwischen 21 und 40 Prozent des Umsatzes (Vgl. ANDERSON, C. (2006), S. 21ff.).

Angesichts des explodierenden Angebotes gewinnen Aggregatoren, neue Filter, Funktionalitäten und Angebote zur Inhalteauswahl an Bedeutung. Kollaborative Filter, wie man sie zum Beispiel aus den „ähnliche Bücher"-Empfehlungen von Amazon kennt, machen den Long Tail zugänglich. Während die klassische Vor-Ort-Videothek Blockbuster zu 90% Neuerscheinungen verleiht, werden bei Netflix 30% Neuerscheinungen und 70% Backkatalog-Titel ausgeliehen. Die technisch optimierten Empfehlungsfunktionen und deren Aufbereitung auf den Filmauswahl-Webseiten des Verleihs konstituieren die Nachfrage nach Long Tail-Inhalten (Vgl. ANDERSON, C. (2006), S. 108ff.).

Auf diese Weise lassen sich auch Nischen erreichen: Früher war ein Inhalt zu „speziell", wenn die Lager- und Distributionskosten nicht von der Nachfrage gedeckt werden konnten. Beide sind nun durch die Digitalisierung gesunken. Die mittels Filter- und Empfehlungsfunktionen gesunkenen Informationskosten kommen begünstigend hinzu. Nischen erreichen genug Interessenten, um einen kleinen Markt zu bilden. Ein vielleicht schon lang ersehntes Musikstück, ein unkonventioneller Lieblingsfilm ist endlich zu einem zumutbaren Aufwand zu finden und zu erstehen - möglicherweise ergänzt um Zusatzmaterial, das bis dato überhaupt nicht kommerziell erhältlich war.

Eine Kernaussage von ANDERSON – ausgehend von der vorstehenden Analyse – ist: Nischenprodukte verkaufen sich in Summe sogar mehr als Bestseller. Die gesammelten Verkaufszahlen von Kleinauflagen auf dem Buchmarkt übertreffen die Top-Seller um ein Vielfaches. Auf dem US-Buchmarkt 2004 standen 17 Millionen verkauften Millionen-Sellern 280 Millionen verkaufte Titel mit einer Auflage von fünf- bis fünfzigtausend Exemplaren gegenüber. Waren bisher Kleinauflagen zu aufwändig zu organisieren, zu lagern und anzubieten, wird dieser Aufwand nun marginal. Durch ein breites Angebot von Nischenprodukten entsteht eine ernsthafte Konkurrenz zum Bestsellermarkt - laut ANDERSON in einem Maß, das vermeintliche Ladenhüter aufwertet und die Notwendigkeit von Hits und Massenerfolgen insgesamt in Frage stellt. Die Fragmentierung des Konsums stellt die Anbieter von Medieninhalten vor grundlegend neue Marktverhältnisse.

Die Erkenntnisse des Long Tail-Phänomens basieren auf grundlegenden ökonomischen Kategorien, den Zusammenhänge von Grenzkosten und Preisbildung sowie der Rolle von Transaktionskosten. Tatsächlich fügt ANDERSON keinem dieser Bereiche wesentliche oder neue Erkenntnisse hinzu. Dennoch handelt es sich um eine originelle Zusammenschau und griffige Analyse neuerer Entwicklungen auf den Medienmärkten. Ihre Bedeutung relativierend ist aber anzumerken, dass es sich vorwiegend um eine reine – bezogen auf den Entwicklungs- und Produktionsprozess - ex post Betrachtung handelt, also um eine vor allem für den Gütervertrieb relevante Analyse unter Annahme eines fixen Produktportfolios. Die beschriebenen Phänomene auf der Vertriebsseite lassen keine umfassenden Rückschlüsse auf ex ante strategisches Verhalten auf der Angebotsseite zu und lassen sich auch nicht für Portfolioentscheidungen von Medienunternehmen heranziehen.

Der Fixkostencharakter der Entwicklungs- und Produktionskosten von Medieninhalten und dessen hoher Anteil an den Gesamtgestehungskosten in vielen Medienbereichen, macht die Planbarkeit eines Mindestumsatzes innerhalb eines definierten Zeitrahmens für die Investitionsentscheidung erforderlich. Letztlich aus diesem Grund sind vor allem die kostenintensiven Produktionen für das Fernsehen oder für die Kinoleinwand auf eine gesicherte Grundfinanzierung vor Produktionsbeginn angewiesen, etwa durch geschlossene Verträge mit Distributeuren und/oder Förderinstitutionen. Verkäufe im Rahmen des Long Tail können eine Grundfinanzierung und damit die Realisierbarkeit von Investitionsprojekten in der Regel nicht sicherstellen. Dieses Problem der ′Cost of First Copy′ wird weitestgehend außer Acht gelassen (Vgl. HESS, T. (2004), Universität München (WWW v. 18.01.2008)). Damit bleibt im ANDERSON'schen Analyserahmen gezieltes „für die Nische“ produzieren ein Phänomen, das den Amateuren vorbehalten ist, deren Professionalisierung ANDERSON eindrucksvoll beschreibt (Vgl. ANDERSON, C. (2006), S. 58ff.). Seine lukrativen Beispiele fußen zu großen Teilen auf der optimierten Verwertung von bereits bestehenden Produkten und seine Betrachtungen zur Kostensenkung durch Digitalisierung beziehen sich nicht auf die spezifischen Anforderungen der professionellen Medienproduktion.

Tatsächlich ist jedoch zunehmend zu beobachten, dass die Auswirkungen der Digitalisierung und insbesondere die Entwicklungen im Internet auch eine Relevanz für Produktionsentscheidungen bekommen, indem professionelle Produktionen auch dediziert und ausschließlich für die neuen Medien stattfinden. Niedrige Distributionskosten spielen hier aber eine nachgeordnete Rolle, und insofern sind diese Beobachtungen sorgfältig von den ANDERSON'schen Ausführungen zur Katalogverwertung abzugrenzen. Hier wird das Netz nicht allein als neuer Distributionsweg für „alte“ Medienprodukte genutzt, sondern als Distributionsalternative.

Motor dieser Tendenz ist zum einen das Bestreben, die in der herkömmlichen Vertriebslandschaft häufig vorzufindenden „Bottlenecks“ zu umgehen. Zum anderen besteht zunehmend die Erwartung, dass das Netz ausreichende Refinanzierungsmöglichkeiten durch Werbegelder bietet bzw. auch Transaktionserlöse nutzbar gemacht werden können, die ebenfalls spezifisch für das per se interaktive Medium sind. Und schließlich sind es die aus der Nische resultierenden veränderten Konsumgewohnheiten, die niedrigere Produktionsbudgets zulassen und auch die inhaltliche Ausgestaltung bestimmen.

Filmische Beispiele sind die Internet-Serie „Lonelygirl 15“, die über YouTube populär wurde, oder die Serie „Quarterlive“, die als erste Webserie erst im Anschluss an die Webpräsenz über einen Fernsehsender ausgestrahlt wird, nämlich ab Februar 2008 bei NBC. Ein jüngeres Beispiel aus der Musikindustrie, das zeigt, dass eine Produktion allein im Online-Vertrieb selbst ohne etablierte Infrastruktur funktioniert, ist die Band Radiohead, die ihr neuestes Album ohne Umweg über eine Plattenfirma direkt von ihrer Website vertreibt. Nach Angaben von Branchenkennern entsprachen die bei der Band verbliebenen Einnahmen der ersten zwei Monate einem Äquivalent von knapp einer Million herkömmlich verkaufter CDs (Vgl. OLDAG, A. (2008), S. 18). Allerdings ist zu berücksichtigen, dass die Bekanntheit von Radiohead, die diesen Verkaufserfolg erst möglich gemacht hat, zunächst auch durch die konventionelle Marketing- und Distributionstätigkeit der Plattenfirma aufgebaut wurde.

Diese Beispiele zeigen auch, dass die Markteintrittsbarrieren auf den Medienmärkten deutlich gesunken sind und die Positionen der etablierten Firmen angegriffen werden.

Zusammengefasst bietet die reine ex post Beschreibung - d.h. unter Betrachtung eines vorgegebenen Produktangebotes - der Auswirkung der Digitalisierung auf die Medienlandschaft, die ANDERSON mit dem Long Tail Phänomen anstellt, interessanten aber keineswegs erschöpfenden Erkenntnisgewinn. Einer der Verdienste von ANDERSON ist jedoch sicherlich die Manifestation der Erkenntnis, dass - anders als zur Zeit des Internet-Hypes Ende der 90er Jahre, als einem von Finanzinvestoren ausgelösten Boom nur marginale wirtschaftliche Veränderungen zugrunde lagen - die Digitalisierung der Vertriebswege und Speichermedien fundamentale Veränderungen in der Medienlandschaft gebracht hat. Diese Veränderungen sind unumkehrbar und erneuern die Rahmenbedingungen und Kräfteverhältnisse für die Akteure nachhaltig.

2 Das Kollabieren der Mitte

Nachdem im vorhergehenden Abschnitt der Vertrieb medialer Produkte im Mittelpunkt stand, soll nun skizziert werden, wie sich das Produktangebot im Zeitalter der Digitalisierung verändert hat, wobei hier in erster Linie Bewegtbildinhalte im Mittelpunkt der Betrachtung stehen. Die These lautet: Tiefgreifende Veränderungen sind beobachtbar, die sich als das „Kollabieren der Mitte“ apostrophieren lassen. Gemeint ist, dass sich – sowohl in Bezug auf das Produktangebot als auch auf seine begleitende Vermarktung - Extreme herausbilden, die polarisierend als „Event-“ versus „Nischenangebote“ bezeichnet werden können.

An erster Stelle zeigt sich dies im Sport: Die Ausgaben für Sportrechte im Bereich der Groß-Events explodieren. Die Lizenzkosten für die Übertragungsrechte der Fußball-WM haben sich von 1990 auf 1998 knapp verdoppelt und stiegen dann über die nächsten beiden Weltmeisterschaften zur bisherigen Rekordsumme von 1,2 Milliarden Euro für die WM 2006 (Vgl. CP (2006), (WWW v. 21.1.2006)). Die Übertragungsrechte für die olympischen Sommerspiele haben sich seit Los Angeles 1984 verzehnfacht (30,5 auf 301,2 Millionen US-Dollar), (Vgl. KLEIST, T. (WWW v. 18.01.2008)) und die Übertragungsrechte für die Fußballeuropameisterschaft 2008 wurden erstmals für 52 Teilmärkte einzeln verhandelt (Vgl. Spiegel Online (WWW v. 22.03.2007)).

Ebenso ist ein ungebremster Erfolg sogenannter Event Movies zu beobachten, für das Fernsehen produzierte zumeist zweiteilige Filme, die mit sehr hohen Budgets produziert und mit gigantischem Marketing- und Presseaufwand herausgebracht werden. Während ein klassischer TV-Movie auf einem der großen deutschen öffentlich-rechtlichen oder privaten Fernsehsender als Erstausstrahlung in der Prime Time im Durchschnitt etwa vier Millionen Zuschauer hat, gelingt es diesen Produktionen, zehn bis zwölf Millionen Zuschauer vor dem Bildschirm zu versammeln. Mit Making-Offs und dokumentarischen Berichten im Umfeld der Ausstrahlung wird der Millioneneffekt zusätzlich gestärkt.

Selbst die Berichterstattungen zu realen Katastrophen entwickeln sich zunehmend zu Medienereignissen und werden so gestaltet, dass sie eine maximale und breit gestreute Zuschauerzahl erreicht. Unglücke nationalen oder internationalen Ausmaßes werden zunehmend „formatiert“: Von 9/11 über Naturkatastrophen erhalten derartige Ereignisse feststehende visuelle Elemente in der Berichterstattung und werden dem Zuschauer so präsentiert, dass er „dran bleibt“.

Nicht nur Fernsehinhalte, auch alle andere Kultur- und Medienbereiche erfahren eine vergleichbare „Eventisierung“: Als „MoMA-Effekt“ wird seit der Ausstellung des New Yorker Museum of Modern Art in der Berliner Nationalgalerie 2004 der Hype bezeichnet, der durch gezieltes Kulturmarketing hervorgerufen wird, im MoMA-Fall waren es 1,2 Millionen Besucher, 3.600 Pressebeiträge in nationalen und internationalen Medien (Vgl. o.V., Wikipedia-Eintrag, (WWW v. 18.01.2008)). Die Berichterstattung um das Wiedervereinigungskonzert der Band Led Zeppelin im Dezember 2007 in London kreierte angeblich eine Nachfrage nach 20 Millionen Eintrittskarten (Vgl. SWR (WWW v. 18.01.2008)). Auch um das Erscheinen eines Millionensellers auf dem Buchmarkt, wie z.B. die jeweils neuesten Harry Potter-Bände, wird ein enormer Hype geschaffen, der beträchtlich zu den Rekordauflagen beiträgt: Einschließlich des letzten Bandes wurden laut Verlag weltweit 350 Millionen Harry Potter-Bücher verkauft (Vgl. Heute Nachrichten (WWW v. 18.01.2008)).

Gleichzeitig lässt sich beobachten, dass sich die Verbindung zwischen Produktionsbudgets und Markterfolg, die in den klassischen Medienbereichen bisher galt und die zumindest für das Kino verschiedentlich statistisch nachgewiesen wurde (Vgl. z.B. EHRMANN, T. et al. (2008), S. 94), tendenziell lockert. Deutsche Filme hatten im Jahr 2007 eine durchschnittliche Besucherzahl von knapp 200.000 pro Film. Lediglich acht Produktionen überstiegen die Millionengrenze (Vgl. Filmförderungsanstalt (2007) (WWW v. 18.01.2008)). Netzinhalte generieren bei deutlich geringeren Budgets häufig deutlich höhere Abrufzahlen. Ein exakter und umfangreicher Vergleich von Budgets und Nutzerzahlen ist aufgrund mangelnder Datengrundlage und schon allein aufgrund der unterschiedlichen Formatlängen nicht sinnvoll möglich. Es soll bei einer Nennung von Beispielen bleiben:

Auf Youtube, aber auch auf deutschen Portalen wie Sevenload, Clipfish und MyVideo, findet sich eine Vielzahl für das Internet produzierter Clips, die auf sechs- und siebenstellige Abrufzahlen kommen. Die Dokumentation „Loose Change 2nd Edition" des Amateurfilmers Dylan Avery um Verschwörungstheorien zum 11. September konnte bereits im Jahr 2006 über zehn Millionen Abrufe auf Google Video generieren. Die für Filmdreh und -schnitt verwendete Ausrüstung soll lediglich 2000 US-Dollar gekostet haben (Vgl. PÖHLMANN, F. (2007), S. 16)).

Im „Machinima"-Bereich werden die Visualisierungs-„Engines" von 3D-Computerspielen von Liebhabern des Genres zweckentfremdet, um mit diesem Produktionsmittel kostengünstig Animationsfilme zu erstellen. Diese Filme werden auf Festivals ausgezeichnet und auf DVD vertrieben. Über „Red vs. Blue", eine Art Sitcom, die die Roboter des Videospiel-Megasellers „Halo" als Akteure nutzt, schreibt Spiegel online von wöchentlichen Zuschauerzahlen in Millionenhöhe. (Vgl. KRINGIEL, D., Spiegel Online (WWW v. 08.09.2007))

Aber auch jenseits des Internet, im klassischen TV, verändern sich bisherige Verhältnisse zwischen Budgethöhen und Zuschauererfolg. Während im Hauptabendprogramm große Entertainment-Eventprogramme ein zweistelliges Millionenpublikum attrahieren und den fiktionalen Event-Angeboten damit nicht nachstehen, können günstig produzierte Dokufiction oder Scripted Reality Formate in der Access Prime Time mit den Zuschauerzahlen von fiktionalen Programmen in den gleichen Timeslots mithalten. Insbesondere bei den kommerziellen Programmveranstaltern ersetzen auch in der Prime Time zunehmend viele preisgünstig zu produzierende, nicht-fiktionale Inhalte wie Dokusoaps und Coaching Formate die angestammten fiktionalen Serien, ohne dass damit unmittelbar ein Rückgang der Zuschauerzahlen einherginge.

3 Strategische Reaktionen etablierter Anbieter

Diese Spreizung des Produktangebotes kann zum Teil als strategische Reaktion der etablierten Anbieter auf die Auswirkungen der Digitalisierung verstanden werden. Produkt- und Marketingentscheidungen reflektieren sukzessive die veränderten Rahmenbedingungen der Industrie. Die zugrunde liegenden Entwicklungen sind bereits oben, im Zusammenhang mit der Darstellung des Long Tail-Phänomes benannt worden: die Fragmentierung des Konsums und das Sinken von Markteintrittsbarrieren. Dies soll im Folgenden, wiederum fokussiert auf die TV-Industrie, dargestellt werden.

In der Fernsehlandschaft zeigt sich der fragmentierte Konsum zum einen in einer Verteilung der TV-Nutzung auf mehr und kleinere Sender und zum anderen in einer Hinwendung der Zuschauer auch zu andere Bewegtbildmedien.

Ein 10-Jahresvergleich mit Blick auf die deutsche TV-Senderlandschaft verdeutlicht dies eindrucksvoll: Die Zahl der frei empfangbaren Sender hat sich in den letzten Jahren von durchschnittlich 35 auf 68 annähernd verdoppelt (Vgl. AGF/GfK Fernsehforschung, pc#tv aktuell). Der auf die fünf großen Sender (ARD, ZDF, RTL, SAT.1 und ProSieben) entfallende Zuschaueranteil hat sich sowohl in der Gesamtbevölkerung als auch in der werberelevanten Zielgruppe der 14-49jährigen zugunsten der kleineren Sender von gut 65% auf rund 55 bzw. rund 52% reduziert (Vgl. AGF/GfK Fernsehforschung, pc#tv aktuell).

Zudem sind neben die TV-Sender eine Vielzahl weiterer Plattformen für Bewegtbildangebote getreten: Videoportale wie YouTube oder Clipfish haben Nutzerzahlen in Millionenhöhe (Vgl. iBusiness, Ranking (WWW v. 18.01.2008)). Dort und auf Video-on-Demand-Portalen mischen sich TV- und Internetinhalte, Top-Fernsehserien stehen auch über Angebote wie Apples iTV zur Verfügung und werden durch Video-Podcasts ergänzt. Die ersten „Digital Natives“ (Vgl. PRENSKY, M. (2001), S. 1), also diejenigen Jugendlichen, die digitale Medien seit Beginn ihrer Sozialisation erfahren haben und entsprechend selbstverständlich damit umgehen, sind mittlerweile junge Erwachsene. Ihr Konsum von Bewegtbildinhalten verteilt sich neben dem TV auf PCs und Laptops mit TV-Karte bzw. Internet-Anschluss, entsprechend ausgestattete Handys und Gaming-Handhelds. Während in der Gesamtbevölkerung die TV-Nutzung in Minuten pro Tag trotz der neuen Konkurrenz über die letzten Jahre gestiegen ist (von 185 in 1999 auf 208 in 2007), ist die TV-Sehdauer der werberelevanten Zielgruppe (14-49) im selben Zeitraum von 119 auf 100 Minuten gesunken. Die neuen digitalen Medien werden demnach vom Gros des Publikums vor allem zusätzlich, ergänzend, ggf. auch gleichzeitig genutzt. Bei den jungen Zuschauern jedoch scheint es so zu sein, dass TV zumindest teilweise durch die Internetnutzung ersetzt wird. Im Gesamtmarkt und in der werberelevanten Zielgruppe lag in 2007 die Fernsehnutzung erstmals leicht unter den Werten des Vorjahres – ob dies ein Sondereffekt z.B. durch die Fußball-WM 2006 ist, bleibt abzuwarten. Dass dem Fernsehen jedoch mit dem Internet nicht nur eine Ergänzung sondern auch eine Konkurrenz um Werbegelder und Aufmerksamkeit entstanden ist, scheint angesichts dieser Zahlen evident (Vgl. AGF/GfK Fernsehforschung, pc#tv).

Eigentum über Vertriebswege, vor wenigen Jahren noch ein Garant für den Bestand einer Gatekeeperposition, verliert zunehmend an Bedeutung. Die Verteidigung der Werbeeinnahmen wird damit zu einer zunehmend größeren Herausforderung. Zwar gelang es der TV-Werbung, in den letzten Jahren moderate Anstiege der Nettowerbeumsätze zu realisieren, eine Wachstumsdynamik wie in den Jahren 2000/2001 konnte jedoch nicht mehr erreicht werden (Vgl. ZAW, Entwicklung des Nettowerbemarktes 1997-2006 (WWW v. 18.01.2008)).

In diesem Zusammenhang gewinnt die oben beschriebene Schaffung von Events, von unverwechselbarem Content, der ein Millionenpublikum zu einem bestimmten Zeitpunkt vor den Bildschirm bringt, an strategischer Bedeutung. Dies ist eine Leistung, in der vor allem das Massen- und Live-Medium Fernsehen punkten kann. Events binden große Zuschauerzahlen und generieren damit überproportionale Werbeeinnahme. Die Marketing- und Pressekampagne kann im gleichen Zuge zur Promotion der Sendermarke genutzt werde. Die Kampagnen rund um eine Eventprogrammierung werden immer aufwändiger und komplexer. Letztlich werden hier durch Marketingaufwendungen auch Alleinstellungen und Markteintrittsbarrieren geschaffen, denn weder die Produktionen noch die Kampagnen lassen sich von kleineren Anbietern und Marktneulingen kopieren.

Während der Event insbesondere durch die zeitliche Zuspitzung zu einem solchen wird, wird er gleichzeitig in Bezug auf die Vertriebswege breitestmöglich gespreizt und ausgewertet. Der Auslandsvertrieb und der Vertrieb über DVD nimmt eine wichtige Funktion in der Refinanzierung ein. Das „Shelf-Life“ jedenfalls eines fiktionalen Eventprogrammes ist hoch. Making-Offs und ergänzende Berichte, Dokumentationen, Zusammenfassungen, Best-Offs etc. verlängern den Event inhaltlich.

Aber nicht nur am oberen Ende der Produktskala zeichnen sich Veränderungen ab. Auch am unteren Ende beginnen etablierte Anbieter das „Nischenphänomen“ in Produktion und Kreation zu nutzen. Nicht nur von oben, auch von unten werden die Produkte „mittlerer Qualität“, die das Medienangebot früherer Jahre ausmachten, angegriffen.

Zu einen, und das ist nicht neu, machen sich etablierte Anbieter die Digitalisierung zunutze. Sie realisieren durch Nutzung technischer Entwicklungen eine permanente Effizienzsteigerung in der Produktion. Industrielle Produktionsweisen werden durch digitale Technologien fortwährend weiterentwickelt und optimiert. Digitalisierung bietet die Möglichkeit, bei gegebenen Kosten einen höheren Production Value zu schaffen. So hat sich die optische und inszenatorische Qualität der täglichen Serien in Deutschland erheblich gesteigert und der klassischen Prime Time-Serie angenähert.

In den gleichen Timeslots ermöglicht eine an einer amateurhafte Bildästhetik orientierte Anmutung sowie der Verzicht auf finalisierte Dialogbücher und professionelle Schauspieler sehr geringe Produktionsbudgets im nicht- oder semi-fiktionalen Bereich. Hier wirken sich weniger die Effekte der Digitalisierung aus, als die Suche nach günstigen Dramaturgien und Produktionsweisen. Ein Randbereich ist zudem die Möglichkeit, User Generated Content professionell einzubinden („Crowdsourcing“), auch dies kann sich kostenmindernd auswirken.

Zum anderen werden Inhalte, die ursprünglich allein auf das Medium Fernsehen hin entwickelt worden wären, zunehmend multimedial angelegt und vollziehen so die Fragmentierung des Konsums nach. Am Beispiel einer TV-Serie, die an einem festen Sendeplatz ein Stammpublikum vor den Bildschirmen versammelt, lässt sich das Prinzip der multimedialen Auswertung illustrieren: Previews oder VOD-Angebote entsprechen den Bedürfnissen des Hardcore-Fans und/oder derjenigen, die zeitunabhängig konsumieren möchten. Kleinere maßgeschneiderte Episoden begleiten den Konsumenten auf dem Handy-Display durch den Tag. Im Internet findet die Community interaktive Begleitung. Beispiele sind: „Gossip Girl“, die TV-Verfilmung von Geschichten um ein bloggendes New Yorker Upper Class Girl, ist bereits inhaltlich darauf angelegt, ebenso gut als Web-Content zu funktionieren. „Hogfather“, ein für SkyOne produzierter Event-Movie, wurde in einer umfangreichen multimedialen Kampagne im Internet und auf dem mobilen Endgerät begleitet. „Lost“ und „Heroes“ sind zwei US-Serien, die ihren Erfolg auch in dem integrierten Story-Telling über das Internet, in virtuellen Welten, über mobile Endgeräte, auf Spielekonsolen, Videoplattformen und in Social Communities begründen.

Die beschriebenen polarisierenden Entwicklungen sind Folgen von Produktstrategien, also ex ante Entscheidungen. Sie komplettieren die sonstigen strategischen Reaktionen etablierter Anbieter im Vertriebsbereich, die z.B. im Ausbau von Senderfamilien, der Expansion in digitaler Spartenkanäle und dem Aufbau von sendereigenen VoD-Portalen ihren Niederschlag finden, die Produktstrategie selbst aber unverändert lassen.

Motiviert durch die erwähnten gesunkenen Markteintrittsbarrieren treten auch neue, wenn auch in anderen Bereichen etablierte, Nachfrager für Bewegtbild auf den Plan. Allen voran sind dies die Verlagshäuser sowie die werbetreibende Wirtschaft selbst. Noch fehlt es aber an risikoarmen und tragfähigen Geschäftsmodellen. Eine Refinanzierung muss darauf ausgerichtet sein, von kleinen aber themenaffinen Zielgruppen zu profitieren. Die werblichen Instrumente und Standards für solche Programmformen sind jedoch noch in der Entwicklung begriffen.

4 Fazit

Chris Anderson liefert mit dem Long Tail-Phänomen eine interessante Beschreibung und Analyse von vertriebsbezogenen Phänomenen auf den Medienmärkten im Zeitalter der Digitalisierung und leitet strategische Reaktionen etablierter Unternehmen daraus ab. Eine weitergehende Betrachtung kann dies auf die Produktportfolioentscheidung ausdehnen. Dies konnte im vorliegenden Text nur in Ansätzen geschehen. Die Schaffung von Events einerseits und der Nachvollzug eines sich fragmentierenden Konsums durch die multimediale Konzeption von Medieninhalten andererseits wurden als solche strategischen Reaktionen beschrieben.

Damit diese Strategien zum Erfolg führen, bedarf es intelligenter Kooperationen zwischen Contentkreateuren und -distributoren. Im Idealfall werden unter einer starken Inhaltemarke sämtliche Vertriebswege mit spezifischen Inhalten bespielt. Noch ist es in Deutschland mit keinem Programm gelungen, es über alle Vertriebswege hinweg perfekt zu inszenieren. Dazu trägt sicher bei, dass die Beziehung zwischen Produktion und Distribution als eine Art Nullsummenspiel verstanden wird, d.h. die Rechteposition, die die eine Seite hält, geht der anderen verloren, ohne dass in einer intelligenten Rechteverteilung ein Quell von Mehrwert gesehen wird. Dies muss und wird sich verändern.

Nur mit anreizkompatiblen Geschäftsmodellen werden die Programmkreateure bereit und in der Lage sein, diese maßgeschneiderten Inhalte zu liefern, auszuprobieren, nachzujustieren und den Distributoren diejenigen multiplen Markenverwertungen liefern, die es braucht, um die heutzutage enorme Marketingaufwendungen für den Aufbau und Erhalt einer Marke zu rechtfertigen. Multimediale Markenpräsenz wird vermutlich das kraftvolle Gegengewicht zu intelligenten Aggregatoren wie beispielsweise Google – oder vielleicht zukünftig einmal Joost – sein.

Literaturverzeichnis

AGF / GfK Fernsehforschung: pc#tv aktuell (Homepage), http://www.agf.de, 18.01.2008.

ANDERSON, C.: „The Long Tail: How Endless Choice is Creating Unlimited Demand", Random House Business Books, 2006.

ANDERSON, C.: The Long Tail, in: Wired, 10/2004, http://www.wired.com/wired/archive/12.10/tail.html, 18.01.2008.

CP: Entwicklung der Gelder für TV-Übertragungsrechte, in: Hamburger Abendblatt vom 21.1.2006, http://www.abendblatt.de/daten/2006/01/21/525456.html, 18.01.2008.

EHRMANN, T. / DORMANN, J. / MEISENBERG, B.: We Don't Need another Hero – Implications from Network Structure and Resource Commitment for Movie Performance, Münster, in: Schmalenbach Business Review, January 2008, S. 74-98.

Filmförderungsanstalt (FFA): FFA-Info vom 07.02.2007, S. 10, http://www.filmfoerderungs-anstalt.de/downloads/publikationen/ffa_intern/FFA_info_1_2007, 18.01.2008.

HESS, T.: „Modularization, Individualization and the First-Copy-Cost-Effect", Universität München, 2004, http://www.wim.bwl.uni-muenchen.de/download_free/sonstiges/ab_2004_01.pdf, 25.1.2008.

Heute Nachrichten: Sein letztes Abenteuer hat begonnen - Harry-Potter-Schlussband erscheint auf Deutsch, Heute-Nachrichten-Homepage, 27.10.2007, http://www.heute.de/ZDFheute/inhalt/24/0,3672,7113112,00.html, 18.01.2008.

iBusiness: Ranking: Die reichweitenstärksten Videoportale in Deutschland, 13.03.2007, http://www.ibusiness.de/aktuell/db/303899jg.html, 13.01.2008.

KLEIST, T.: Sport, Medien, Europa – Aktuelle Rechtsentwicklungen, http://www.emr-sb.de/news/Kleist_Sportrechte_20102004.pdf, S. 2, 18.01.2008.

KRINGIEL, D.: „Zum Lachen statt zum Schießen", 08.09.2007, http://www.spiegel.de/ netzwelt/spielzeug/0,1518,503140-2,00.html, 07.02.2008.

o.V.: MoMA in Berlin, Wikipedia-Eintrag, http://de.wikipedia.org/wiki/MoMA_in_Berlin, 17.12.2007.

OLDAG, A.: Der Schrecken aller Musiker, in: Süddeutsche Zeitung v. 22.01.2008, S. 18

PÖHLMANN, F.: Die zunehmende Segmentierung des deutschen Fernsehmarktes und deren Konsequenzen für den TV-Movie-Auftragsproduzenten, Diplomarbeit HFF "Konrad Wolf", Potsdam, 2007.

PRENSKY, M.: Digital Natives, Digital Immigrants, in: On the Horizon', NCB University, Press, 2001, http://www.marcprensky.com/writing/Prensky%20-%20Digital%20Natives,%20Digital%20Immigrants%20-%20Part1.pdf, 13.01.2008

Spiegel Online: EM-Übertragungsrechte - ARD und ZDF drohen mit Verzicht, 22.03.2007, http://www.spiegel.de/sport/fussball/0,1518,473319,00.html, 18.01.2008

SWR: ohne Titel, Magazin „Szene“ vom 11.11.2007, http://www.swr.de/swr1/rp/programm/-/id=446640/nid=446640/did=2749142/wegiok/index.html, 18.01.2008.

ZAW, Zentralverband der deutschen Werbewirtschaft (Homepage), http://www.ZAW.de, 18.01.2008.

Teil III: Kompetenzen

Ansätze und Anforderungen der Strategierealisierung für das Management von Film- und Fernsehproduktionen – eine kompetenzorientierte Analyse

JÖRN GRAPP und MICHAEL HÜLSMANN

Im vorangegangenen Teil II wird der Blick auf die Gestaltungspotenziale für das Strategische Management von Film- und Fernsehproduktionen gelegt. Dabei werden bereits die systeminternen Wirkungspotenziale von Ressourcen und Kompetenzen in Reflexion auf marktliche Gegebenheiten adressiert, da gleichermaßen Erfolgsfaktoren und Geschäftsmodellalternativen erörtert werden. Daher ist es nur konsequent, nach der Analyse von chancen- und risikobehafteten Umweltbedingungen (Teil I) sowie der Skizze von Optionen (Teil II) nun auch den Blick zu wenden und sich den Voraussetzungen erfolgreicher Umsetzung von Strategien für Film- und Fernsehproduktionen zuzuwenden.

Dazu ist es auch erforderlich, dass Film- und Fernsehproduktionen, die die zuvor vorgestellten Herausforderungen ihrer Branche bewältigen wollen und die die sich bietenden Optionen zukunfts- und damit tragfähig realisieren möchten, sich an zeitgemäßen Denk-, Entscheidungs- und Handlungsmustern orientieren. Folglich ist damit eine Kompetenzperspektive für die Diskussion von Umsetzungsvoraussetzungen zu erschließen, die in einer modernen Sicht auf Unternehmen und deren Management die immanenten handlungsorientierten Wirkungspotenziale von Ressourcen als Steuerungsgrößen für die Strategiefindung und Strategiedurchsetzung thematisiert. Da es sich bei Film- und Fernsehproduktionen um Ergebnisse der Kombination kreativer Leistungen handelt, stehen die Ressource „Mensch" und deren Kompetenzen – gleichsam auf der Ebene von Individuen wie auf der Ebene im Kollektiv entscheidender und handelnder Organisationseinheiten, weil die Kombinationsleistung sowohl von einzelnen Personen (z.B. dem Regisseur) wie von Gruppen (z.B. den Produzenten) erbracht werden kann – im Mittelpunkt der Betrachtung.

Es ist daher Anspruch von **Teil III: Kompetenzen** die in den Teilen zuvor aufgezeigten Handlungsspielräume und Potenziale für das strategische Management von Film- und Fernsehproduktionen mit ausgewählten Anforderungen und Ansätzen zu hinterlegen, die auf die Realisierung von Strategien abstellen und die sich auf die Ressource „Mensch" und seinen Fähigkeiten zur Kombination kreativer Leistungen beziehen. Demgemäß behandelt der vorliegende Teil Voraussetzungen und Möglichkeiten zur Implementierung bzw. Umsetzung strategischer Gestaltungsalternativen. Da – mit Blick auf den sog. Competence-based View – gleichermaßen Fähigkeiten von Personen wie Fähigkeiten von Organisationen gefordert sind, werden im **Teilabschnitt A** zunächst ausgewählte Aspekte personaler Kompetenz im Kontext von Film- und Fernsehproduktionen erörtert. Im **Teilabschnitt B** wird dann im Anschluss Bezug genommen auf die kollektive Entscheidungsebene und die organisationalen Kompetenzen von Filmproduktionsunternehmen. Da diese in der Regel in einen konkreten betriebsfunktionalen Gestaltungszusammenhang eingebunden sind, werden auf der kollektiven Ebene organisationaler Fähigkeiten ausgewählt spezifische funktionale Kompetenzen als Grundlage des strategischen Managements von Film- und Fernsehproduktionen hier im Weiteren analysiert.

Der **Teilabschnitt A „Personale Kompetenz"** zielt auf die Professionalisierungsdiskussion ab, die seit geraumer Zeit im Medienmanagement, insbesondere auch für Film- und Fernsehproduzenten, geführt wird. Somit stehen im Mittelpunkt der Betrachtungen dieses Teilabschnittes übergreifende Qualifizierungsthemen und berufsbildbezogene Professionalisierungspotenziale.

Deshalb bietet der erste Beitrag in diesem Teilabschnitt einen umfassenden und akzentuierten Überblick zu **„Professionalisierungspotenzialen in der Filmproduktion“**. Dieser Artikel von **Klaus Keil** und **Felicitas Milke**, Erich Pommer Institut, untersucht, warum es der deutschen Film-Branche nicht nachhaltig und substanziell gelingt, ihre wirtschaftliche Performance auf ein entsprechendes, global wettbewerbsfähiges Niveau zu heben, obschon ein Angebot professioneller Ausbildung für Produzenten besteht und von einer herausragenden Infrastruktur in den Medienzentren flankiert wird. Die Autoren befassen sich insbesondere mit dem Trade-off zwischen dem Verständnis von Filmen als künstlerischen Werken und dem als Wirtschaftsgüter. Hier postulieren die Autoren ein Defizit an unternehmerischem Handeln und beleuchten dazu ausgewählte Fragestellungen wie etwa Inhalt und Bedeutung von operativem und strategischem Filmproduktionsmanagement, Generierung von Wissen, Optimierung und Qualitätsmanagement.

Die generelle Sicht, die der vorangegangene Artikel bereitgestellt hat, wird von **Diana Iljine**, freie Beraterin, in ihrer Sicht auf das Berufsbild des Produzenten vertieft. Insbesondere ist es das Anliegen des vorliegenden Beitrages **„Film- und Fernsehproduzent als Berufsbild? – ein Ansatz zur Bewertung und Beschreibung“** ein Raster mit Bewertungskriterien bereitzustellen, die die spezifischen Anforderungs- und Qualifikationsprofile von Film- und Fernsehproduzenten abzubilden vermögen, um somit Fähigkeiten und Fertigkeiten als kompetenzorientierte Erfolgsfaktoren der Strategieumsetzung beschreib- und bewertbar zu machen.

Die Organisationsform von Filmproduktionen ist durch Strukturen und Prozesse geprägt, die einerseits durch spontane, projektbezogene Bildung entstehen und die andererseits von multidisziplinären Teams getragen werden, die immer wieder neu zusammengesetzt werden. Aus diesem Grunde untersucht der Artikel **„Teamformung und Teameffizienz in der Filmproduktion“** von **Dietrich von der Oelsnitz** und **Michael W. Busch**, TU Braunschweig, das Funktionieren von Filmteams. Besondere Beachtung kommt dabei der Bedeutung von Rollenstrukturen, von Wissen um diese sowie von einer kooperativen Teamkultur und von der kollektiven Fähigkeit zur Reflexion von Zielen, Strategien und Prozessen zu.

Es ist nur konsequent, dass hier nun unter den versammelten Beiträgen zu personalen Kompetenzen als Voraussetzung und Ansatz der Strategierealisierung selbstverständlich auch ein Artikel zu finden ist, der die handelnden Personen und ihre Qualitäten selber in den Mittelpunkt von Strategien stellt und deshalb **„Talentförderung – im Fokus der Strategie“** behandelt. Hierzu gibt **Cathy Rohnke**, Deutsches Literaturinstitut Leipzig, einen ersten Überblick zur europäischen Förderlandschaft und präsentiert ausgewählte Angebotsbeispiele zur Förderung.

An der Schnittstelle zwischen Qualifizierung und Markteintritt von Produzenten entstehen zahlreiche Friktionsverluste, denn Nachwuchsproduzenten sehen sich vielfältigen Anforderungen gegenüber, die sich aus der Dynamik der Filmindustrie und ihrer Märkte ergeben und auf die sie im Zuge ihrer Ausbildung, die sie für verantwortliche Managementfunktionen von Filmproduktionen qualifizieren will, vorbereitet werden sollen. Der Beitrag **„Qualifizierung von Nachwuchsproduzenten und Hürden beim Markteintritt“** von **Anke Zwirner**, Medienboard Berlin-Brandenburg GmbH, geht deshalb der Frage nach, welches fachliche Know-how, welches methodische Wissen und welche sozio-kulturellen Kompetenzen vermittelt werden müssen, damit Nachwuchsproduzenten sich erfolgreich am Markt behaupten.

Korrespondierend zur individuellen Kompetenzebene umfasst dieses Buch auch funktionale Kompetenzen auf organisationaler Ebene als Voraussetzungen und Ansatzmöglichkeiten zur Strategierealisierung. Deshalb sind an dieser Stelle im **Teilabschnitt B „Funktionale Kompetenz“** ausgewählte Beispiele versammelt, die aus Sicht der Verfasser und Herausgeber wesentliche Aspekte der Strategieumsetzung adressieren. Dazu gehören Planungskompetenzen ebenso wie Kooperationsfähigkeiten und ein professioneller Einsatz von Managementinstrumenten/-konzepten (z.B. Service Engineering) sowie die Implementierung moderner Controllingfunktionalitäten im strategischen Management von Film- und Fernsehproduktionen.

Der erste Beitrag in diesem Teilabschnitt nimmt die besondere Abhängigkeit der Herstellung kultureller Güter (hier eines Films) vom Publikumsgeschmack als Ausgangspunkt seiner Überlegung. Daraus ergibt sich die Erfordernis, dass Filmproduzenten bereits bei der Planung ihres kulturellen Vorhabens dessen Vermarktbarkeit in Abhängigkeit vom Publikumsgeschmack antizipieren müssen. Darum befasst sich **Vinzenz Hediger**, Ruhr-Universität Bochum, mit dem Thema **„Die Werbung hat das erste Wort, der Zuschauer das letzte. Filmwerbung und das Problem der `symmetrischen Ignoranz` in der Filmproduktion“** und beantwortet zwei zentrale Fragen: Womit muss ein Produzent rechnen, wenn er einen Film vermarkten will? Was kann ein Produzent für die Vermarktung unternehmen? Mit diesen Fragen zielt die Analyse des Autors auf die Planungs- und Vermarktungsfähigkeiten als strategische Kompetenzen von Filmproduktionsunternehmen.

Standen im vorangegangenen Artikel die Marketingkompetenzen im Vordergrund, wendet sich **Paul Klimsa**, Technische Universität Ilmenau, dem **„Einfluss der Faktoren Technik und Organisation auf Filmcontent“** zu. Aus kompetenzorientierter Sicht kann dieser Beitrag als Plädoyer dafür verstanden werden, dass Filmproduktionsunternehmen über die Fähigkeit verfügen müssen, eine integrative Analyse- und Gestaltungssicht auf die interdependenten Erfolgsfaktoren „Content“, „Technik“ und „Organisation“ von Film- und Fernsehproduktionen leisten zu können.

Einen besonderen Aspekt organisationaler Kompetenz greifen **Philip Voges** und **Jörn Grapp**, Hofmann & Voges Entertainment GmbH bzw. Universität Bremen, mit ihrem Beitrag **„Produktion serieller TV-Formate“** auf. Dabei geht es den Verfassern vor allem darum, den Gedanken aufzugreifen, in Industrie- und Dienstleistungsbranchen bewährte Managementkonzepte für Film- und Fernsehproduktionen zu erschließen. Da viele dieser Konzepte auf „Economies of Scale“ beruhen, ist die Fokussierung auf serielle TV-Formate naheliegend, die diese Lernkurveneffekte ermöglichen. Entsprechend der Nähe der Ähnlichkeit von Fernsehproduktionen zur Dienstleistungsproduktion wählen die Autoren das Instrument des Service Engineerings und adaptieren es für die Produktion von TV-Serien. Dabei werden auch Möglichkeiten und Grenzen zur effizienzoptimierten Entwicklung und Realisierung serieller TV-Formate erörtert.

Vorrangig Planung und Planungskompetenzen wurden von den Beiträgen behandelt, die bislang im Rahmen der Betrachtungen zu funktionalen Kompetenzen vorgestellt wurden. Der folgende Artikel wendet den Blick und konzentriert sich auf Anforderungen und Ansätze modernen Controllings für Filmproduktionen. Hierfür baut er auf dem Konzept unscharfer Produktions- und Kostentheorie als analytischem Fundament auf und untersucht den Zusammenhang von Kosten, Unsicherheit und Erfolgspotenzialen von Investitionsentscheidungen. Der Beitrag **„Unscharfe Produktions- und Kostentheorie als Basis eines modernen Controllings für Filmproduktionen“** von **Frank Keuper** und **Ines Wölbling**, Sales & Service Research Center Hamburg bzw. Steinbeis-Hochschule Berlin, analysiert Erstellungsprozesse eines Films produktionstheoretisch und untersucht deren Produktionsfaktoren. Dabei werden auch Einsatz- und Beitragsmöglichkeiten einer unscharfen Produktions- und Kostentheorie im Controlling von Film- und Fernsehproduktionen diskutiert.

Der Beitrag **„Nobody knows anything. Produktions- als Wissensmanagement“** von **Patrick Vonderau**, Ruhr-Universität Bochum, befasst sich ebenfalls mit dem Thema Unsicherheit – etwa über die Qualität von Produkten, die die Organisation und operativen Prozesse in Filmproduktionsunternehmen prägt. Zum Umgang mit dieser Unsicherheit werden Zusammenhänge zwischen Produktions- und Wissensmanagement analysiert, um hieraus für die Umsetzung von Strategien über die Bedeutung von Konventionen im Spannungsfeld von Standardisierung und flexibler Spezialisierung für das Produktionsmanagement lernen zu können.

Ebenfalls sollen hier organisationale Kompetenzen betrachtet werden, die sich auf die Fähigkeit zur Kooperation zwischen Filmproduktionsunternehmen und Fernsehsendern beziehen. **Bettina Reitz, Birgit Metz** und **Tobias Schultze**, Bayerischer Rundfunk, erörtern am Beispiel des Programmbereichs „Spiel Film Serie“ die spezifischen Entstehungsprozesse von Filmproduktionen eines öffentlich-rechtlichen Senders in Zusammenarbeit mit kreativen Produktionsunternehmen. Besonderes Augenmerk des Beitrages **„TV-Sender als Koproduktionspartner von Filmproduktionsunternehmen“** liegt dabei auf den redaktionellen Entscheidungsprozessen, den damit verbundenen Spielregeln, den notwendigen Netzwerkbeziehungen, den Positionierungsoptionen sowie den Erfolgsfaktoren. Hierzu wird am Beispiel des Programmbereichs „Spiel Film Serie“ exemplarisch der Programmplanungs- und Steuerungsprozess analytisch zerlegt und anhand von Produktionsbeispielen illustriert, die in enger Zusammenarbeit von Filmproduktionsunternehmen und dem Bayerischen Rundfunk als öffentlich-rechtlicher Kooperationspartner realisiert wurden.

Ein zentraler Partner von Filmproduktionsunternehmen können die öffentlich-rechtlichen Sendeanstalten sein. Ein anderer sind sicherlich die Künstleragenturen. **„Funktionen und Kompetenzen von Künstler-Agenturen in der Film-Branche“** werden deshalb von **Gaby Scheld, Jörn Grapp** und **Heike Quack**, la gente Agentur für Drehbuch und Kamera bzw. Universität Bremen, untersucht. Auch hier steht neben der Kooperationskompetenz das funktionale Kompetenzspektrum von Künstleragenturen als Dienstleister für Filmproduktionsunternehmen im Betrachtungsfokus. Durch die Kooperation von Filmproduktionsunternehmen mit Künstleragenturen erweitert sich das Spektrum von Managementkompetenzen der Produktionsunternehmen durch den Dienstleistungszukauf, indem die Künstleragenturen zwischen den Interessen von Filmproduktionsunternehmen einerseits und den Künstlerinteressen andererseits vermitteln. Der Beitrag stellt die hiermit verbundenen Dienstleistungsfunktionen und die dafür erforderlichen Kompetenzspektren von Künstleragenturen vor.

A Personale Kompetenz

Professionalisierungspotenziale in der Filmproduktion

KLAUS KEIL und FELICITAS MILKE[1]

Zusammenfassung
Trotz einer neuen Generation gut ausgebildeter, „neuer Realisten", das heißt Regisseure mit erstmals seit 1989 an Filmhochschulen methodisch trainierten – Produzenten, sowie einer der weltweit besten Infrastrukturen in den Medienzentren (Berlin-Babelsberg, München, Köln, Hamburg, Leipzig) gelingt es dem deutschen Film nicht, sich wirtschaftlich zu festigen und ein dementsprechendes Welt-Niveau zu erreichen. Es stellt sich die Frage, warum die deutsche Film-Branche nicht besser ist als sie es aktuell ist. Ein Aspekt könnte u.a. sein, dass Film heute noch zum Teil als rein künstlerisches Werk und nicht auch als Wirtschaftsgut angesehen wird und unternehmerisches Handeln daher eine erheblich zu kleine Rolle spielt. Diese und weitere Ursachen gilt es zu untersuchen. Es werden Inhalt und Bedeutung von operativem und strategischem Filmproduktionsmanagement, mit Fokus auf die Generierung von Wissen, betrachtet. Zudem werden Erfolgsfaktoren für Filmproduktionen unter den Aspekten Optimierung und Qualitätsmanagement erläutert.

[1] Herzlichen Dank an ANNA TASJA FLÜGEL, RALPH SCHWINGEL, PETER ENGELMANN und HANS-HINRICH KOCH für die wertvollen Anregungen!

Beitragsinhalt

1 Ausgangslage

Das Erbe des Jungen Deutschen Films beeinflusst die Filmlandschaft bis heute. Einerseits ist ihm Unikates gelungen, nämlich die Schaffung einer unverwechselbaren Marke, des weltweit bekannten Labels „Junger Deutscher Film". Damit einhergehend ein neues Bewusstsein für Inhalte und Machart für den künstlerisch anspruchsvollen Arthousefilm. Weiterhin die Initiierungen von (regieorientierter) Filmförderung, Filmhochschulen (dffb, HFF München) oder bedeutender Filmfestivals (Hof, München).

Andererseits war den Regisseuren des Jungen Deutschen Film nichts wichtiger als der alleinige Schöpfer des Films und dessen Genius zu sein. Das fruchtbare Zusammenwirken verschiedener Positionen wie Autor, Produzent wurde gehemmt, Marketing und Verleih Know-how wurden ignoriert. Mit der Arbeitsweise von Alt-Produzenten wollte man nichts zu tun haben. Zwar wurden auch auf diese Weise bemerkenswerte, teilweise weltberühmte, Filme hervorgebracht – diese fanden allerdings, bis auf wenige Ausnahmen kaum Publikum. Das war die Lage bis Anfang der 90er Jahre des letzten Jahrhunderts.

Dann ereignete sich eine stille Revolution: Durch den Boom der privaten Fernsehsender entstand plötzlich ein erhöhter Bedarf nach Inhalten, der durch die Ausstrahlung amerikanischer Serien und Blockbuster allein nicht befriedigt werden konnte. Das Aufkommen der TV-Movies und das dadurch wiedererwachte Interesse des Kinopublikums am deutschen Film führten auch zu einer veränderten professionalisierten Arbeitsweise. Zeitgleich betritt eine neue Generation die Medienarena: gut ausgebildete „neue Realisten". Jetzt kommen Regisseure mit – erstmals seit 1989 an Filmhochschulen methodisch trainierten – Produzenten und diese wiederum bringen Autoren und Dramaturgen mit.

Wenn das Ziel des Jungen deutschen Films noch Personalunion war, begann man nun, nach angloamerikanischem Vorbild die einzelnen Departements/Gewerke mit den jeweiligen Talenten zu besetzen und für den Film zu nutzen.

Zeitgleich und sukzessive etabliert sich ein bisher nicht gekanntes, auch marktorientiertes, Erfolgsbewusstsein der neuen Film-Förder GmbH's in NRW, Berlin-Brandenburg oder Bayern, die den neuen Trend stützten.

Heute ist die Infrastruktur in den Medienzentren (Berlin-Babelsberg, München, Köln, Hamburg, Leipzig) eine der besten der Welt: Ausbildung und Handwerk, Technik und Geräte, Geld und Förderung aller Art, Sender und Medienunternehmer, Altmeister und Nachwuchs – alles ist reichlich vorhanden und entwickelt sich fort. Der deutsche Film müsste wirtschaftlich gefestigt sein und Welt-Niveau erreichen. Dem ist aber nicht so. Warum also sind wir nicht besser als wir sind?

- Weil Film noch heute zum Teil als rein künstlerisches Werk und nicht auch als Wirtschaftsgut angesehen wird, spielt unternehmerisches Handeln eine erheblich zu kleine Rolle.
- Weil Publikumspräferenzen zu wenig erforscht sind, vorhandene Erkenntnisse meist nur bei Fernsehfilmen angewandt oder erst zu spät hinterfragt werden (z.B. bei Testscreenings).
- Weil die Professionalisierung unternehmerischen Handelns sowie eine Optimierung aller Herstellungsphasen stets im Zusammenhang mit Qualitätsmanagement zu sehen ist und dieses in der Filmwirtschaft noch gar keinen Stellenwert besitzt.
- Weil wir erst seit 20 Jahren Produktions- und Medienwirtschaft an den Filmhochschulen vermitteln, im Verhältnis beispielsweise zur Regieausbildung, die bereits seit über 50 Jahren in Deutschland etabliert ist.

2 Begriffsbestimmungen

Die Medienmärkte verändern sich gegenwärtig dramatisch in bisher nicht gekannter Geschwindigkeit. Daher ist es überlebensnotwendig, Kenntnisse konstanter Merkmale des Produkts Film und des Marktes sowie der Chancen und Risiken zu kennen. Der vorliegende Beitrag beschäftigt sich schwerpunktmäßig mit der Produktion von Filmen. Wo gibt es noch ungenutzte Ressourcen, wie z.B. das Qualitätsmanagement? Welche Professionalisierungspotenziale können identifiziert werden? Wie kann dadurch ein stabilerer Erfolg als bisher generiert werden bzw. wie kann ein Vorsprung gegenüber Mitbewerbern erreicht und ausgebaut werden? Kurz: Inwieweit kann der Produzent sein Unternehmen sowie die verschiedenen Phasen der Filmherstellung professionalisieren und optimieren?

Anmerkung: Unsere Begrifflichkeit und Sprache ist bewusst aus dem Bereich der Betriebswirtschaftslehre gewählt, um den Unterschied zur unklaren, wenig definierenden „Filmsprache" bezüglich Unternehmensziel, -führung u.a. deutlich zu machen. Auch: da der Film diese Begriffe nicht verwendet, haben wir infolgedessen auch die Inhalte und das Verhalten und die Umsetzung nicht verinnerlicht.

Bei der Optimierung von Produkten und Prozessen handelt es sich um die Verbesserung eines Verfahrens, eines Prozesses oder eines Systems zum Bestmöglichen hin (Vgl. BIBLIOGRAPHISCHES INSTITUT & F.A. BROCKHAUS AG, Homepage (WWW v. 30.04.2008)). Demnach muss also bei einer Entscheidungsfindung so lange nach Alternativen gesucht werden, bis eine möglichst gute Lösung für ein Problem gefunden wird (Vgl. WIKIMEDIA DEUTSCHLAND E.V., Homepage (WWW v. 30.04.2008)).

Professionalisierung dagegen ist ein Prozess der zunehmenden Ausprägung von Merkmalen einer Profession in einem bestimmten Tätigkeitsfeld. Den Kern der Professionalisierung stellen individuelle Qualitäten und Verantwortlichkeiten dar, die nicht auf andere übertragen werden können. Im engeren Sinne bedeutet Professionalisierung die Entwicklung von Tätigkeiten hin zu Professionen.

„Merkmale einer Profession sind eine lang dauernde, in der Regel akademische Ausbildung, ein hoher Grad an beruflicher Organisation, ein beträchtliches gesellschaftliches Ansehen, persönliche und sachliche Gestaltungs- und Entscheidungsfreiheit in der Tätigkeit sowie eine besondere Berufsethik." (Vgl. UNIVERSITÄT HAMBURG, Homepage (WWW v. 30.04.2008))

Qualitätsmanagement, ein Begriff, der vor allem im industriell produzierenden und Dienstleistungsgewerbe erst seit ca. 30 Jahren angewendet und umgesetzt wird. Zusammengefasst in der Normenreihe ISO 9000ff. umfasst es alle Tätigkeiten und Zielsetzungen zur Sicherung der Produkt- und Prozessqualität. Nicht das Produkt selbst, sondern das Qualitätsmanagement im Herstellungsprozess wird hierbei zertifiziert.

Im Sinne eines strategischen Managements für Filmproduktionen sind Optimierung, Professionalisierung sowie Qualitätsmanagement von großer Bedeutung, geht es doch hier um den Ausgleich von Ausbildungs- und Anwendungsdefiziten.

3 Strategisches und operatives Filmproduktionsmanagement

Geht man davon aus, dass der Markterfolg und damit die Erhöhung von Umsatz, Gewinn und auch künstlerischem Erfolg das übergeordnete Ziel von Produktionsunternehmen ist, wird die Ausrichtung am Markt zur Hauptaufgabe des Produzenten. Selbstverständlich mit allen Ansprüchen bezüglich einer künstlerischen Umsetzung. Noch immer aktuell ist deshalb der Ausspruch von Erich Pommer, dem Produzenten von Klassikern wie *Das Cabinet des Dr. Caligari*, *Metropolis* oder *Die drei von der Tankstelle*:

„Geschäftsfilm und künstlerischer Film stehen heute so zueinander, dass ein künstlerischer Film ein Bombengeschäft sein kann, wogegen der reine Geschäftsfilm fast immer unkünstlerisch sein wird." (HARDT, U. (1992), S. 91)

Grundsätzlich hervorzuheben ist deshalb die Wichtigkeit von fundiertem Wissen über Soziologie, Marktforschung, Projektmanagement sowie Filmwirkungspsychologie. Als Vorreiter auf dem Gebiet der Filmwirkungspsychologie gelten Klaus Kanzog und Dirk Blothner. Sie erforschen u.a. Zusammenhänge zwischen Filminhalten und kulturellen Entwicklungen. Dabei ist es nicht erforderlich, dass der Wissensstand des Produzenten bezüglich der einzelnen Themen dem der Experten entspricht. Vielmehr muss der Produzent intensiver als bisher zusammenführend koordinatorisch wirken.

3.1 Marktkenntnis/Publikumspräferenzen als Teil des strategischen Filmproduktionsmanagements

Marktkenntnis entsteht jeweils aus der erfolgsorientierten Auswertung von Marktdaten. Um das Markt- und damit Erfolgspotenzial eines Filmes erkennen zu können, muss als Basis, und damit wertvollste Voraussetzung, eine genaue Marktkenntnis gegeben sein. Diese ist jedoch erst dann wertvoll, wenn sie wiederum in den Film einfließen kann. Um die Ressource der Marktkenntnis in den Produktionsprozess zu integrieren, müssen aus den zur Verfügung stehenden Daten Informationen gebildet werden, die eine frühzeitige Beachtung der Zuschauerpräferenzen ermöglicht. Leider stehen nicht immer alle Marktdaten zur Verfügung, wie z.B. DVD-Verkäufe. Hier ist eine „Demokratisierung der Daten", zumindest für Brancheninterne, erforderlich. Ganz konkret möglich ist jedoch, Informationen etwa aus den jeweiligen Top Ten –Listen, z.B. der letzten zehn Jahre, herauszufiltern, wie:

- Welche Genres sind wie oft und mit welchem Erfolg vertreten?
- Welche Stars sind beliebt und ziehen Zuschauer an?
- Welche Trends lassen sich ableiten? (Literaturverfilmungen, Biopics, Tanzfilme, Kinderfilme)
- Wie hoch waren die jeweiligen Herstellungskosten und Einspielergebnisse?
- Welche Finanzierungsmöglichkeiten lassen sich nachvollziehen?

Diese Art von eigener unaufwändiger Marktforschung ist nicht mit der zu vergleichen, die breite Konzepte mittels repräsentativer Umfragen und Analysen erstellt. Sie kann jedoch dazu beitragen, die Entwicklung eigener ambitionierter Projekte mit Fakten zu untermauern.

Um Marktkenntnisse im großen Stil und nachhaltig für die Filmwirtschaft nutzen zu können, sind erhebliche Anfangsinvestitionen erforderlich bzw. ist ein umfangreiches Forschungsprojekt aufzulegen. Neben der Datenerhebung und -auswertung müssen Prozesse implementiert, d.h. umgesetzt werden, welche die Einflechtung der Marktkenntnis in den Produktionsprozess und dadurch eine vom Publikum ausgehende kreative Entwicklung von Stoffen und Projekten ermöglicht. Diese große und strategische Aufgabe für die gesamte deutsche Filmwirtschaft könnte als Service von Institutionen wie wissenschaftlichen Instituten, Fördereinrichtungen (FFA) oder Vereinigungen (Produzentenallianz) übernommen bzw. angeboten werden.

Die Generierung von Marktkenntnis bezüglich Publikumspräferenzen ist für einen dauerhaften Wettbewerbsvorteil essentiell, weil damit auch eine höhere Planungssicherheit bezüglich künftiger Projekte einhergeht. Drehbücher werden nicht mehr „ins Blaue hinein" entwickelt sondern auf ein bestimmtes Wirkungsziel hin ausgerichtet.

Was bei den Fernsehsendern in ausgeprägter Form zum täglichen Geschäft gehört, nämlich die Überprüfung des Programms auf Akzeptanz durch die Zuschauer und die genaue Analyse des Publikumsgeschmacks, würde dann verstärkt auch für Kinofilme gelten. Die Frage: „Wer ist mein potentieller Kunde und wie kann ich ihn für mein Produkt gewinnen" sollte nicht nur als lästiges Beiwerk in Förderanträgen und Verleihverträgen gelten, sondern ist der zentrale Professionalisierungsaspekt. Die Studie *Demografie und Filmwirtschaft* des Erich Pommer Institutes geht beispielsweise der Frage nach, wie die Bedürfnisse und das Kinoverhalten von sog. Best Agern (>50 Jahre) aussehen und zeigt Lösungsansätze für die Filmwirtschaft auf, wie diese Zielgruppe für das Kino (neu) zu begeistern ist (Vgl. KEIL, K. / MILKE, F. (2006)). Auch die jüngste Veröffentlichung des Institutes *Publikumspräferenzen für Kinofilme* soll den Produzenten Hilfestellung bei der Auswahl an Stoffen und der Realisierung von Projekten geben. (Vgl. ZUTA, P. (2008)). Vor allem aber werden Methoden zur Vermeidung von Misserfolgen durch Erkenntnisse über Publikumspräferenzen aufgezeigt. An dieser Stelle sei noch einmal der Produzent Erich Pommer zitiert:

„Eine Firma, die lebenskräftig bleiben will, wird bis auf weiteres immer dafür Sorge tragen müssen, dass sie den Geschmack des großen Publikums das starke Futter hinstreut, das es verlangt.“ (HARDT, U. (1992), S. 91)

3.2 Generierung von Wissen

Ein weiteres, bisher zu wenig genutztes Potenzial vor allem in der Filmwirtschaft stellt die aktive Nutzung wissenschaftlicher Erkenntnisse, etwa die der demografischen Veränderung, dar. Was in der Industrie selbstverständlich, sogar überlebenswichtig ist, weil es das Fortbestehen des Unternehmens sichert, wird filmwirtschaftlich nachlässig behandelt. Produzenten müssen sich erheblich intensiver als bisher mit wissenschaftlichen Forschungen und Ableitungen beschäftigen, um erfolgreich zu werden bzw. zu bleiben. Möglich wäre dies bspw. durch die Nutzung von Angeboten durch die film-/medienwissenschaftlichen Einrichtungen, etwa Veranstaltungsreihen, in deren Rahmen erfolgreiche Diplomarbeiten einem interessierten Fachpublikum präsentiert werden, um so den gegenseitigen Austausch zu fördern, wie es von der HFF „Konrad Wolf“, Potsdam-Babelsberg bereits geplant ist. So klein dieser Ansatz auch sein mag, hier verbirgt sich ein Potenzial an Forschung aus den Bereichen Wirtschaft, Technik, Kunst, das allzu oft (leider) ungenutzt bleibt. Eine engere Zusammenarbeit von filmwissenschaftlichen Einrichtungen und Wirtschaft wäre für beide Seiten eine Bereicherung.

4 Erfolgsfaktoren für die Filmproduktion unter den Aspekten Optimierung und Qualitätsmanagement

Ziel einer Professionalisierung in der Produktion muss es sein, Filme so zu realisieren, dass die Erwartungen ihres jeweiligen Publikums erfüllt werden. Hierzu ist es unabdingbar, dieses Publikum so genau wie möglich zu kennen, d.h. Marktkenntnisse zu generieren, um sie als Erfolgsfaktoren anzuwenden, wie im vorhergehenden Abschnitt dargestellt.

Um auch auf dem Kinomarkt langfristig erfolgreich zu sein, ist nicht nur die Kenntnis des Publikums nötig, ebenso ist ein qualitativ hochwertiges Management für die Herstellung des Filmes wichtig. In der Filmbranche gibt es ja bislang kaum festgelegte Qualitätskriterien für das Filmproduktionsmanagement. Die eigentliche Qualität des Produktes in künstlerischer und inhaltlicher Hinsicht ist erst das wünschenswerte Ergebnis von Qualitätsmanagement. Wie kann ich also die Fähigkeit eines Unternehmens verbessern, qualitativ hochwertig zu produzieren? Die Antwort hierauf lautet: Indem aufeinander abgestimmte Tätigkeiten zum Leiten und Lenken einer Organisation bezüglich Qualität als modernes Qualitätsmanagement angewendet werden (Vgl. ENGELMANN, P. (2006)).

Zu den Grundsätzen des Qualitätsmanagements zählen:

1. Kundenorientierung
2. Führung
3. Einbeziehung von Personen
4. Prozessorientierter Ansatz
5. Systemorientierter Managementansatz
6. ständige Verbesserung
7. Sachbezogener Ansatz zur Entscheidungsfindung
8. Lieferantenbeziehungen zum gegenseitigen Nutzen

Diese acht, aus Industrie und Handel abgeleiteten und zunächst sehr allgemein gehaltenen, Standards können ebenso auf die Produktion von medialen Inhalten, in diesem Fall Filme, angewendet werden. Anhand von vier ausgewählten Punkten sollen diese Richtlinien beispielhaft in die Filmproduktions-Praxis übersetzt werden:

Kundenorientierung

Für den Filmproduzenten ist zunächst der Koproduzent, eine Födereinrichtung oder der Verleiher Kunde, aber am Ende natürlich der Konsument. Dies wiederum kann zu Konflikten und Widersprüchen führen, wenn diese Partner andere Erwartungshaltungen haben als der Endkunde. Im Sinne eines kundenorientierten Qualitätsmanagements wäre die gemeinsame und eindeutige Ausrichtung des Projektes auf den eigentlichen Kunden, den Kinozuschauer oder den Käufer der DVD notwendig. Um die Kundenwünsche zu erfüllen, müssen wir diese kennen, müssen wir die anvisierten Zielgruppen mit ihren Präferenzen erforschen und die Ergebnisse dann auch umsetzen. Denn Kundenorientierung ist der zentrale Ansatz heutigen Qualitätsmanagements. Dies wäre dann ein etwas anderes Vorgehen z.B. für Stoffsuche und Stoffentwicklung als der oftmals rein intuitive Ansatz vieler Regisseure und Produzenten. Zur Kundenorientierung gehört auch die Kundenbindung. Die Kampagne „Kino – Dafür werden Filme gemacht" der Agentur *Zum goldenen Hirschen* ist ein erster Schritt in diese Richtung.

Einbeziehung von Personen

Hier kommt es vor allem auf gezielte Kommunikation und Organisation an. Es gilt, dass alle am Produktionsprozess Beteiligten, vom Drehbuchautor bis zum Weltvertrieb, optimal und effizient eingesetzt werden. Das zentrale Instrument hierzu ist die Kommunikation. Sie muss unter Umständen näher untersucht und, wenn nötig, verbessert werden, so dass ein bestmöglicher Informationsfluss gewährleistet ist. Dies klingt nach einer Binsenweisheit, gilt aber häufig als die zentrale Ursache vieler Probleme. Insbesondere, da bei Filmproduktionen hauptsächlich freie Mitarbeiter beschäftigt sind, die sich jedes Mal neu zusammen finden müssen. Neben der regelmäßigen ist vor allem eine frühzeitige Kommunikation sinnvoll, da sie Zeit, Geld und Energie spart und die Produktqualität verbessert. So stellt bspw. die frühzeitige und aktive Einbindung von Szenenbildnern, Sounddesignern oder Komponisten lange vor Drehbeginn eine Bereicherung für beide Seiten dar, die dem Film und damit dem Publikum zugute kommt. Hilfreich ist in diesem Zusammenhang die Erstellung eines Organigramms für das jeweilige Projekt, in dem Verantwortlichkeiten und Aufgaben übersichtlich dargestellt sind. Eine gute Organisation zeichnet sich ferner durch qualifiziertes Konfliktmanagement und Beachtung von Soft Skills bei der Personalführung aus. Dazu zählen alle Kompetenzen, die neben dem reinen Fachwissen den beruflichen und privaten Erfolg bestimmen, wie soziale, kommunikative und methodische Qualifikationen. Ferner spielen Aspekte wie interkulturelle, emotionale oder personale Kompetenz eine Rolle

Systemorientierter Ansatz
Dieser Grundsatz geht davon aus, dass die Abläufe in einem Unternehmen zusammenhängen und dass zwischen ihnen bestimmte Abhängigkeiten und Wechselwirkungen bestehen. Nur wenn diese transparent sind und verstanden werden, tragen sie zur Effektivität und Effizienz der Organisation bei und unterstützen das Unternehmen wirkungsvoll in der Erreichung seiner Ziele.

Ständige Verbesserung
Um für eine permanente Verbesserung im Unternehmen zu sorgen, ist vor allem eine regelmäßige Beschäftigung mit der Frage „Was kann ich wie verbessern oder optimieren?“ zielführend.

Auch die stets relevanten Themen Führung und Kommunikation könnten im Rahmen eines wöchentlichen/monatlichen Jour Fix durch die Unternehmensführung bearbeitet werden.

Ständige Verbesserung bezieht sich selbstverständlich auch auf Einzelprojekte sowie auf jede Phase der Produktion eines Filmes. Im Sinne eines angewandten Qualitätsmanagements entsteht für das Führungspersonal die andauernde Aufgabe, regelmäßig und sorgfältig auf eine ständige Weiterbildung (= Verbesserung) zu achten und dies auch umzusetzen. Eine weitere Möglichkeit der Verbesserung stellt auch die Dokumentation des Arbeitsalltags dar, sprich von Ereignissen, Verläufen und Fehlern. Auf deren Grundlage können später Entwicklungen, Erfolge wie Misserfolge besser nachvollziehbar gemacht werden.

4.1 Weitere Erfolgsfaktoren

Am Erfolg eines Filmprojekts sind zahlreiche Kräfte und Elemente beteiligt. Zu diesen zählen u.a. der Produzent, der Autor, der Regisseur, die Darsteller, die Finanzierung, die Herstellung, die Distribution und das Marketing. Einzelne dieser Faktoren sollen im folgenden Abschnitt unter Aspekten des Qualitätsmanagements auf ihre Potenziale hin näher untersucht werden.

Stoffentwicklung
Das Drehbuch ist der „Masterplan" nach dem eine Geschichte verfilmt wird. Es bildet die Basis, das Fundament für einen Film. Ähnlich wie beim Hausbau, wo das Fundament nicht sichtbar, jedoch essentiell für die Standfestigkeit des Gebäudes ist, steht und fällt der Erfolg eines Filmes mit der Qualität des Drehbuches, gemäß dem Zitat: „Aus einem guten Drehbuch kann man einen schlechten oder einen guten Film machen, aus einem schlechten Drehbuch nur einen schlechten Film." (Vgl. CASTENDYK, O. (2008), S. 184)

Während vielen Industriezweigen die Wichtigkeit von Forschungs- und Entwicklungsarbeit als Schlüssel zum Erfolg bewusst ist, wird in der Filmproduktion bisher wenig zielgerichtet entwickelt (Vgl. ILJINE, D. / KEIL, K. (2000), S. 188). Betragen die Investitionen in die Stoffentwicklung in den USA 8-10% der Kosten eines Produktionsunternehmens, sind es hierzulande gerade einmal geschätzte 2,5%. Obgleich dieses Missverhältnis auch im Zusammenhang mit einer dünnen Kapitaldecke von deutschen Produzenten zusammen hängt, muss dieses Defizit im Sinne einer Professionalisierung nachhaltig ausgeglichen werden.

Ein Drehbuch beeinflusst immer nur kurzzeitig, d.h. für die Zeitspanne der Produktion und Auswertung eines Films, den Erfolg der Produktionsfirma. Ein einziges gelungenes und entsprechend realisiertes Script ist noch kein nachhaltiger Erfolgsgarant. Es muss also das Ziel sein, eine Kompetenz im Bereich der Drehbuchentwicklung aufzubauen, die es dem Unternehmen ermöglicht, durch optimalen und gezielten Einsatz von Kapital und Personal sowie durch Nutzung wissenschaftlicher Kenntnisse wie Filmwirkungspsychologie und Publikumspräferenzen, Drehbücher zu entwickeln, deren Risiko eines Misserfolges am Markt geringer ist als das der Konkurrenten. Der Produzent muss nicht nur geeignete Stoffe und dazu passende Autoren finden, er muss ferner Einschätzungen von Experten aus den Bereichen Vertrieb/Vermarktung, Wirkungspsychologie, Zielgruppenforschung, Regie zusammentragen und ausgewertet in Form von Story Notes an den Autoren weiterleiten. Dies bedeutet erheblichen Einsatz, der sich jedoch außerordentlich lohnen kann.

Dem Drehbuchautor fällt also die Aufgabe zu, während der Stoffentwicklung, der jeweils anvisierten Zielgruppe entsprechend, so genannte Tiefenthemen darzustellen, und zwar so, dass die Einschätzungen der o.g. Experten berücksichtigt werden. Mit Tiefenthemen sind Grundverhältnisse gemeint, die das Leben der Menschen strukturieren. Wenn ein Film ein solch universales Thema aufweist, bekommt er eine Seele. Die Zuschauer haben das Gefühl, dass es um etwas Bedeutsames geht. Sie können ihre eigenen Lebenserfahrungen in ihm unterbringen und nehmen eine außergewöhnliche Erfahrung mit nach Hause (Vgl. BLOTHNER, D., Homepage (WWW v. 30.04.2008)).

Die künstlerische Freiheit wird dadurch keineswegs eingeschränkt, denn es ist ja die Kunst der Dramaturgie, Handlungen und Figuren auf ein Wirkungsziel hin auszurichten. Eine Herausforderung besteht darin, die allgemeine Abneigung der Filmbranche gegenüber Möglichkeiten der zielgruppenorientierten Filmentwicklung aufzulösen und ein Bewusstsein dafür zu schaffen, dass ein Filmerfolg zwar nicht absolut vorhersehbar ist, dass das Risiko aber, einen Misserfolg zu erleiden durch eine bessere Marktkenntnis erheblich verringert werden kann (Vgl. ZUTA, P. (2008), S. 198).

Regie und Herstellung

Die Ausrichtung des Films kann als eine Positionsbestimmung zwischen den Polen des rein wirtschaftlichen Markterfolges und des rein künstlerischen Erfolgs verstanden werden.

Die künstlerische Gesamtleitung der Filmherstellung liegt in der Verantwortung des Regisseurs. Der Wert des Regisseurs für die Filmproduktion ist somit abhängig davon, wie gut es ihm gelingt, das Drehbuch in einen, für die Zielgruppe attraktiven Film zu übersetzen. Besteht eine, auf Kompetenz und Vertrauen gegründete Zusammenarbeit zwischen Regisseur und beispielsweise dem Produktionsleiter, erhöht sich der Nutzen damit auch für die Produktion.

Da die Qualität der kreativen Arbeit zu großen Teilen von der subjektiven Befindlichkeit der kreativ tätigen Mitarbeiter abhängig ist, kann das Wissen darüber, welche Arbeitsbedingungen geschaffen werden müssen, damit sich die Mitarbeiter wohl fühlen und wie man für eine hohe Motivation sorgt, die Qualität des Films bestimmen. Verstehen sich Regie und Führungskräfte, erhöht sich zugleich die Leistungsfähigkeit des Regisseurs. Da der Regisseur so seine ganze Energie in das Projekt statt z.B. in unsachliche Auseinandersetzungen steckt, kann er hier in höherem Maße Qualität erzeugen und so eine höhere Wettbewerbsfähigkeit bewirken als in anderen Filmproduktionen. Das Gleiche gilt für das Verhältnis zwischen Regisseur und Darstellern sowie zwischen Produktionsleiter und Darstellern. Diese Form von Kooperation ist Teil des Qualitätsmanagements (Vgl. Grundsätze 2, 3, 6).

Finanzierung

Während die Finanzierung eines einzelnen Filmprojektes kein auffälliges Professionalisierungspotenzial besitzt, hat die langfristige Unternehmensfinanzierung eine zentrale Bedeutung. Dazu ist aber eine Abkehr von der alleinigen Projektfinanzierung hin zu einer portfolioorientierten Finanzierung notwendig, die dann durch die sukzessive oder gleichzeitige Durchführung von Filmprojekten einen stetigen Cash-Flow erzeugt, der wiederum in die Entwicklung und Finanzierung von Nachfolgeprojekten investiert werden kann. Ziel ist es, durch eine bewusste und stringente Professionalisierung auf diesem Sektor die Kapitaldecke und den Cash-Flow eines Unternehmens zu stabilisieren und durch die größere Finanzkraft einen langfristigen Wettbewerbsvorteil aufzubauen. Zweifelsohne ist jedoch die geschlossene und gesicherte Finanzierung eines Projektes von großer Wichtigkeit für das Unternehmen und kann über Erfolg oder Misserfolg einer Produktionsfirma entscheiden, vor allem wenn, wie häufig üblich, nur ein Film pro Jahr produziert wird. Deshalb gibt es bereits seit geraumer Zeit Paketförderungen bei verschiedenen Filmförderern, wie das Media-Slade-Funding der EU oder die Paketförderung der Medienboard Berlin-Brandenburg GmbH. Es ist also nicht immer eine Frage des Geldes!

Allerdings wäre auch eine Änderung der Rahmenbedingungen notwendig. Durch eine höhere Partizipierung an der Rechte-Auswertung beispielsweise, würde der Anreiz für Produzenten, wirtschaftlicher zu arbeiten, gesteigert werden.

Was an dieser Stelle theoretisch und schwer umsetzbar klingen mag, wurde und wird von einigen Produktionsfirmen in Deutschland erfolgreich praktiziert. Beispielhaft erfolgreich in verschiedenen Größenordnungen sind Constantin Film AG, Studio Babelsberg AG, Hofmann & Voges Entertainment GmbH oder die SamFilm GmbH. Voraussetzung ist hier aber unternehmerisches Denken und Know-how sowie der feste Wille, den für die Film- und Fernsehbranche ungewohnten und steinigen Weg zu gehen.

Produktion
Hier soll der Schwerpunkt auf das Controlling gelegt werden, das Aufgaben der Kontrolle, Planung, Lenkung und Steuerung wirtschaftlicher Prozesse umfasst. Der Bereich des Projekt- sowie des Unternehmenscontrolling besitzt weiteres Professionalisierungspotenzial im Rahmen des strategischen Filmproduktionsmanagements. Controlling als wichtiger Teil des Managements setzt unternehmensbezogenes, perspektivisches Handeln als Unternehmensstrategie voraus, welches in aller Regel von Industrieunternehmen praktiziert wird. Ein Filmproduktionsunternehmen hingegen handelt meist projektbezogen (siehe Finanzierung), weniger unternehmensbezogen. Hier eröffnet sich ein weites Feld an planmäßiger und methodischer Optimierung der verschiedenen Controllingbereiche, wie z.B. Finanzcontrolling, Marketingcontrolling, operatives oder strategisches Controlling. Vor allem Letzteres vergleicht die Anfangsberechnungen mit den späteren Ist-Werten, was bei einem Kinofilm der Erfolgsprognose anhand von Besucherzahlen und Festivalerfolgen entspricht. Kriterien für die Evaluierung eines positiven Endergebnisses sind hinlänglich bekannt, sollen jedoch nochmals aufgeführt werden:

- Qualität des Drehbuchs
- Qualität der Umsetzung (Production Value)
- Qualität der Endfertigung (Schnitt, Musik, Mischung, visuelle Effekte)
- Kenntnisse bzgl. Zielgruppen
- Marketing-Konzept und -etat
- Zeitpunkt des Kinostarts
- Berichtswesen: Zentrale Aufgabe ist die optimale Ausstattung aller Stellen im Unternehmen mit denjenigen Informationen, die ihnen gewinnmaximales Handeln ermöglichen (Vgl. KEIL, K. (1999), S. 202).

Betrachtet man jedes einzelne dieser Kriterien unter dem Aspekt des Qualitätsmanagements wird schnell klar, dass mit entsprechender Umsetzung bei einzelnen Filmprojekten die Quote der Misserfolge zu senken wäre und somit der Marktanteil deutscher Filme steigen würde. Dieser interdisziplinäre, ganzheitliche Ansatz beinhaltet selbstverständlich auch das Marketing, und zwar sowohl das Unternehmens- wie auch das Produktmarketing. Vor allem ein zielgruppenfokussiertes und klares Marketing bringt mehr als „nur“ *awareness*. Ohne Marketing bleibt ein Film unsichtbar und stumm.

Fortbildung
Die Erkenntnis des lebenslangen Lernens hat zwar Eingang in unser gesellschaftliches Leben gefunden, gleichwohl ist die fortdauernde Anwendung nicht überall bewährte Praxis. Eine kurze Auswahl sich immer schneller entwickelnder gewichtiger Bereiche soll im Folgenden schlaglichtartig beleuchtet werden.

Medienrecht:
Das Produkt Film vereinigt ein ganzes Portfolio juristischer Teilgebiete, wie Urheberrecht, Patentrecht, Wettbewerbsrecht, Persönlichkeitsrecht, Gesetz zum Schutz der Jugend in sich, um rechtliche Rahmenbedingungen zu schaffen. Durch die Einführung des digitalen Kinos gewinnt vor allem das widerrechtliche Umgehen von Kopierschutz („Filmpiraterie") immer stärker an Bedeutung.

Hier auf der Höhe der Zeit zu sein, was z.B. die Novellierung des deutschen Urheberrechtsgesetzes, im sogenannten 1. und 2. Korb der Urheberrechtsnovelle anbelangt, ist für Filmproduzenten essentiell. So durften beispielsweise bisher keine Verträge über die Verwertung urheberrechtlich geschützter Werke in einer Nutzungsart geschlossen werden, die es zum Zeitpunkt des Vertragsschlusses noch gar nicht gab. Mit der neuen Regelung wird auch die Verwertung bereits bestehender Werke, die in Archiven liegen, in neuen Nutzungsarten ermöglicht (Vgl. BUNDESMINISTERIUM DER JUSTIZ, Homepage (WWW v. 30.04.2008)).

Noch sind die Folgen dieser Novellierung nicht absehbar, aber sie werden weitreichender sein, als von Manchem angenommen, vor allem in Hinblick auf das Thema Internet/Download.

Neue Technologien, Formate und Berufsbilder
Die Digitalisierung hat inzwischen eine zentrale Bedeutung bei Prozessen der Filmherstellung, besonders in der Postproduktion. Die digitale Revolution in der Filmbranche kann man mit dem Übergang vom Schwarz/Weiß- zum Farbfilm oder vom Stumm- zum Tonfilm vergleichen.

Die Einführung und Nutzung neuer Technologien erfordert Zusatzqualifikationen bei den beteiligten Berufsgruppen. So nimmt z.B. der *Post Production Supervisor* (PPS) verstärkt eine zentrale Position ein. Er wird bei größeren, internationalen Produktionen besetzt und ist das Bindeglied zwischen Produktion und Postproduktionsdienstleister. Seine Aufgabe besteht darin, technische Workflows zu planen und zu überwachen sowie alle visuellen Effekte mit Regie, VFX, Kamera und Produktion abzustimmen. In der Postproduktionsphase wird er somit aufgrund seines spezifischen Fachwissens den klassischen Produktionsleiter zusehends ablösen.

Ein *Digital Image Technician* (DIT) ist spezialisiert auf Kenntnisse über Postproduction-Tools, über Kameraeinstellungen und deren Auswirkungen auf die Ausbelichtung sowie auf elektrotechnisches Fachwissen. Dies muss er anwenden können, wenn er Look, Kosten, Abläufe und Equipment für einen Film mit dem Kameramann, Post Production Supervisor, Montage und Regie abstimmt.

Hinter der Bezeichnung *Colour Grader* schließlich verbirgt sich eine erhebliche Erweiterung des Berufsbildes „Lichtbestimmer" in der Postproduktion. Er erzeugt den projektspezifischen Look mithilfe neuer softwarebasierter Farbkorrektursysteme. Erst durch die Digitaltechnologie können ungewöhnliche künstlerische Vorstellungen realisiert und damit Herstellungsprozesse optimiert und zum Teil sogar beschleunigt werden.

Zu den klassischen Berufsbildern, die sich durch die zunehmende Digitalisierung in mehrfacher Hinsicht verändert haben, soll hier exemplarisch das Tätigkeitsfeld des Schnittmeisters/Editors kurz aufgeführt werden. Seit den 90er Jahren veränderte sich dessen Arbeitswelt durch die Möglichkeiten digitaler Schnittsysteme teilweise radikal. Viele Frage- und Problemstellungen haben sich dadurch ergeben:

- Wie beeinflussen *Digital Cut, Compositing* und *nonlineares Editing* die arbeitstechnischen, gestalterischen und dramaturgischen Strategien der Montage?
- Welche Möglichkeiten sind neu hinzugekommen, welche Erfahrungen der handwerklich haptischen Filmmontage sind heute noch gültig?
- Was haben *rough cut, direct editing* und *jump cuts* mit veränderten Sehgewohnheiten zu tun?
- Was hat sich unabhängig von technologischer Innovation verändert?
- Welche Irrtümer von ehemals ehernen Regeln sind überholt, wie z.B. *the holy three* und *der unsichtbare Schnitt*?
- Was haben heutige Montagemuster auch mit den Vorgaben veränderter Kameraführung zu tun?
- Wie veränderte sich die Schnittfrequenz in den Jahren?

Diese Beispielfragen, aus der Programmankündigung eines Workshops mit Hans Beller im März 2008 in Halle/Saale entnommen, lassen sich in allen Bereichen der Filmherstellung nachvollziehen und machen die Dimension der stillen (digitalen) Revolution deutlich.

Die Digitalisierung des Kinofilms hat ferner Auswirkungen auf die Wertschöpfungs- und die Verwertungskette des Kinofilms. Auf den Stufen Pre-Produktion, Produktion und Post-Produktion werden sich ausschließlich technische Änderungen in der Arbeitsweise bei Aufnahme und Nachbearbeitung des Filmmaterials ergeben. Auf den Stufen Distribution und Projektion nimmt der Digitalisierungsprozess dagegen erheblichen strukturellen Einfluss. Zwar werden Kinofilme auch in Zukunft über Kino, DVD und TV distribuiert, die Charakteristika dieser Verwertungsstufen werden sich jedoch grundlegend ändern, da sich neue Verwertungsmöglichkeiten für Kinofilme ergeben, z.B. multimediale Premieren (zeitgleiche Premiere im Kino, auf DVD, Pay- und Free-TV, Internet). Dadurch können Marketing-Kampagnen kombiniert werden was wiederum zu erheblichen Kosteneinsparungen für Verleiher im Marketingbereich führt. Einen Nachteil könnte der Kannibalisierungseffekt zwischen den Verwertungsstufen darstellen, was jedoch aufgrund mangelnder Erfahrung noch hypothetisch ist.

Mit Hilfe der digitalen Distribution können Filme nicht nur flexibler ausgeliefert werden, auch die internationale Verwertung von Filmen vereinfacht sich für den Verleiher. Ferner können Produzenten die Distribution ihrer eigenen Filme selbst übernehmen, indem sie die Filme direkt an die Kinos senden (Vgl. MOHR, E.-C. (2007), S. 70).

Es kann nicht oft genug betont werden, dass die Filmbranche die Chancen der digitalen Datenübertragung und die Möglichkeiten durch sichere DRM-Systeme (Digitales Rechte-Management) als Erfolgsfaktor sehen muss und nicht als Risikofaktor. Denn jeder technologische Wandel bedeutet neue Anforderungen und damit gleichzeitig das Auftreten neuer Probleme, die nach geeigneten Lösungen verlangen (Vgl. MOHR, E.-C. (2007), S. 76).

Vor dem Hintergrund der Digitalisierung betreten überdies neue Akteure, insbesondere aus der IT- und Kommunikationsbranche den (Film-)Markt. Vor allem Content-Anbieter haben hier enorme Chancen, da die Entwicklung immer neuer Formate im Entertainment- und Spielbereich sowie die Nutzung von Mobile- und Online-Filmdiensten zunehmend an Bedeutung gewinnt. Dies wissen auch die Organisatoren der Berlinale und stellten die Berlinale Keynotes 2008 unter das Motto: *Film 2.0 – Die Zukunft der Filmindustrie im Zeitalter von Wikinomics und Games*. Zu den Vortragenden gehörte die internationale Avantgarde auf diesem Gebiet, u.a. Don Tapscott, Jade Raymond und Ton Roosendaal. So arbeitet Jade Raymond als Videospiele-Produzentin bei Ubi-Soft; Don Tapscott ist erfolgreicher Berater, Autor und Chef des internationalen Think Tank „New Paradigm“; Ton Roosendaal ist als Chefentwickler der freien 3-D Grafik Software Blender tätig. Sie erörterten die globalen Auswirkungen des Internets auf die Filmindustrie, künftige Möglichkeiten der Kooperation für Produktion, Distribution und Marketing sowie über Beteiligungen von open Communities am Produktionsprozess.

5 Fazit und Ausblick

Der deutsche Film gilt als nationales Prestigeprojekt und wird dementsprechend staatlich unterstützt und gefördert. Doch Förderung allein bringt keine dauerhafte Besserung der wirtschaftlichen Situation von Produktionsunternehmen, wenn zum Teil Kenntnisse oder der feste Wille fehlt, professionell und innovativ zu arbeiten.

Wie im Text erörtert, liegen Professionalisierungspotenziale für das strategische Filmproduktionsmanagement in den Bereichen

- Unternehmerisches Handeln (Controlling, Finanzierung, Marketing, Aneignung neuer Technologien)
- Ausrichtung am Markt (Erforschung von Publikumspräferenzen, Drehbuch)
- Angewandtes Qualitätsmanagement (Herstellung, Regie, Aus- und Weiterbildung)

Diese Professionalisierungspotenziale zu nutzen bedeutet nicht, sich ausschließlich an Marktaspekten zu orientieren. Es heißt vielmehr, cineastisch-künstlerische Intentionen mit unternehmerischen Notwendigkeiten in Einklang zu bringen.

„Da die Entwicklung von Profession stets mit der Ausbildung beginnt, muss als Konsequenz die Produzentenausbildung in Deutschland zum einen stärker an Publikumspräferenzen und damit hauptsächlich an der Filmwirkungspsychologie, aber auch an Soziologie und Marktforschung, zum anderen strenger effizienzorientiert und damit an Grundsätzen des betriebswirtschaftlichen Projektmanagements ausgerichtet werden. Zusätzlich muss in der Ausbildung bereits die Wichtigkeit des kontinuierlichen Lernens vermittelt und Methoden zur Institutionalisierung der Generierung sowie zur Umsetzung von Lerneffekten vorgestellt werden." (Vgl. ZUTA, P. (2008) S. 199)

Selbstüberprüfung: Arbeite ich professionell?

- Kenne ich die jüngsten Marktforschungsergebnisse bezüglich Publikumspräferenzen?
- Ist mir der interne Kommunikationsfluss in meinem Unternehmen bekannt?
- Kenne ich mich mit Weiterbildungsmöglichkeiten bzw. –angeboten aus und nutze ich sie?
- Lese ich regelmäßig Fachzeitschriften/Fachliteratur?
- Kenne ich mich mit innovativen Workflows aus?
- Was bedeutet 4K oder P21?

Literaturverzeichnis

BIBLIOGRAPHISCHES INSTITUT & F.A. BROCKHAUS AG – Begriff *Optimierung* (Homepage), http://www.brockhaus-suche.de/suche/trefferliste.php?suchbegriff%5Band%D=optimierung &suche=erweitert&modus=title&doit=yesPLEASE, 30.04.2008.

BLOTHNER, D. - Filmwirkungsanalyse (Homepage), http://www.filmwirkungsanalyse.de/ stoffentwicklung.htm, 30.04.2008.

BUNDESMINISTERIUM DER JUSTIZ - Pressemitteilung vom 01.11.2007: Neues Urheberrecht tritt zum 01.Januar 2008 in Kraft (Homepage), http://www.bmj.de/enid/2b6ad5511db5e56c0110200e62d9251f,a9955b6d6f6465092d09093a 09636f6e5f6964092d0934373838/Pressestelle/Pressemitteilungen_58.html, 30.04.2008.

CASTENDYK, O.: Die deutsche Filmförderung, Konstanz, 2008.

ENGELMANN, P.: Qualitätsmanagement und Filmherstellung, Unveröffentlichtes Manuskript, Berlin, 2006.

HARDT, U.: Kunst für Waschfrau Minna Schulze. Die Produktions-Konzepte des Erich Pommer, in: BOCK, H.-M. / TÖTEBERG, M. (Hrsg.): Das Ufa-Buch – Die internationale Geschichte von Deutschlands größtem Film-Konzern. Kunst und Krisen, Stars und Regisseure, Wirtschaft und Politik, Frankfurt/M., 1992, S. 90-93.

ILJINE, D. / KEIL, K.: Der Produzent – Das Berufsbild des Film- und Fernsehproduzenten in Deutschland. Versuch einer Definition, Band 1, 2.Aufl., München, 2000.

KEIL, K. / MILKE, F.: Demografie und Filmwirtschaft – Studie zum demografischen Wandel und seine Auswirkungen auf Kinopublikum und Filminhalte in Deutschland, Berlin, 2006.

KEIL, K.: Filmproduktion, in: SCHNEIDER, B. / KNOBLOCH, S. (Hrsg.): Controlling-Praxis in Medienunternehmen, Neuwied, Kriftel, 1999, S. 194-205.

MOHR, E.-C.: Digitalisierung der Kinobranche, Saarbrücken, 2007.

UNIVERSITÄT HAMBURG – Begriff *Professionalisierung* (Homepage), http://www.sign-lang.uni-hamburg.de/projekte/slex/SeitenDVD/Konzepte/L53/L5332.htm, 30.04.2008.

WERKLEITZ – Veranstaltungshinweis: Workshop mit Hans Beller (Homepage), http://kukma.net/kulturticker08/50148198420ccd202/index.html, 30.04.2008.

WIKIMEDIA E.V. – Begriff *Optimierung* (Homepage), http://de.wikipedia.org/wiki/Optimierung, 30.04.2008.

ZUTA, P.: Publikumspräferenzen für Kinofilme – Die publikumsinduzierte Kreation im Filmproduktionsprozess, Berlin, 2008.

Film- und Fernsehproduzent als Berufsbild? – ein Ansatz zur Bewertung und Beschreibung

DIANA ILJINE[1]

Zusammenfassung
Für den Beruf des Film- und Fernsehproduzenten existiert bislang lediglich in eingeschränktem Maße ein geregelter Zugang über klassische Ausbildungswege. Gegenwärtig nimmt die Zahl der Produktionsstudiengänge an den Filmhochschulen ständig zu. Das heißt, es scheint eine fortschreitende Professionalisierungstendenz in der Film-Branche festgestellt werden zu können. Um zu beurteilen, inwieweit der Tätigkeit eines Filmproduzenten ein Berufsbild zugrunde liegt, soll ein Raster mit Bewertungskriterien (z.B. spezifische Fähigkeiten und Fertigkeiten) geschaffen werden. Im Anschluss werden die Ergebnisse des Bewertungsprozesses kritisch reflektiert und das Berufsbild des Produzenten systematisch beschrieben, indem u.a. die traditionellen sowie modernen Zugangswege, Auftrags- und Verdienstmöglichkeiten aufgezeigt werden.

1 Bei dem vorliegenden Beitrag handelt es sich um einen überarbeiteten Auszug aus dem Buch: ILJINE, D. / KEIL, K.: Der Produzent, 2. Auflage, München, 2000.

Beitragsinhalt

1 Notwendigkeit zur Entwicklung eines Bewertungsrasters

Arzt oder Anwalt darf sich nicht jeder nennen. Dafür gibt es einen geregelten Berufszugang über ein Studium. Als Produzent oder Journalist hingegen kann sich jeder bezeichnen. Aber heißt das, dass Filmproduzent kein Beruf ist?

Ein Beruf wird gemeinhin definiert als ein Kreis von Tätigkeiten mit dazugehörigen Pflichten und Rechten, den der Mensch im Rahmen der Sozialordnung als dauernde Aufgabe ausfüllt und der ihm zumeist zum Erwerb des Lebensunterhaltes dient (Vgl. Wirtschaftslexikon (2000), S. 383).

Zu einem Berufsbild gehören folgende Elemente:

- Ausbildung
- Weiterbildung
- Tätigkeiten
- Aufstiegschancen
- Verdienstmöglichkeiten

Ich möchte diese Elemente näher betrachten, um zu erklären, inwiefern es sich bei dem Berufsbild des Produzenten überhaupt um eine im klassischen Sinne definierbare Profession handelt.

Auf Basis des Fragenkataloges von LANGENBUCHER (Vgl. LANGENBUCHER, W. (1973), S. 174), Kommunikationswissenschaftler und Berufsforscher, soll der Professionalisierungsgrad des Filmproduzenten überprüft werden.

Bei klassischen Berufen wie z.B. dem des Arztes oder Rechtsanwaltes werden sämtliche Indikatoren mit „ja“ beantwortet. Allein schon der Berufszugang ist in diesen traditionellen Berufen ganz klar geregelt.

1.1 Zusammenschluss zu einer Berufsorganisation? – Ja.

Etwa drei Viertel der im Markt tätigen deutschen Film- und Fernsehproduzenten sind in folgenden Produzentenverbänden unter dem Dach der SPIO (Spitzenorganisation der deutschen Filmwirtschaft) organisiert:

- Arbeitsgemeinschaft Neuer Deutscher Spielfilmproduzenten
- Bundesverband Deutscher Fernsehproduzenten e.V.
- Bundesverband Deutscher Film- und AV-Produzenten e.V.

- Arbeitsgemeinschaft Dokumentarfilm - a.g.dok
- Bundesverband Produktion BVP
- Verband Deutscher Werbefilmproduzenten
- Regionalverbände einzelner Bundesländer wie z.B. Film & Fernsehproduzentenverband NRW e.V.

Es gab immer wieder Versuche, sich in einem Verband als eine große Organisation zusammenzuschließen, um eine effektive Interessensvertretung zu gewährleisten, wie zuletzt die Gruppe 20, die 2007 aufgelöst wurde. Seit kurzer Zeit scheint eine einheitliche Vertretung deutscher Film- und Fernsehproduzenten realistischer zu werden: Als einheitliche Vertretung deutscher Film- und Fernsehproduzenten hat sich die „Allianz Deutscher Produzenten - Film und Fernsehen" konstituiert. Damit sei die Fusion der vorher getrennten Verbände Film20, Bundesverband Deutscher Fernsehproduzenten und der Association of German Entertainment Producers vollzogen. Immerhin 50 Prozent aller deutschen Produzenten haben sich bereits angeschlossen. Man hofft darauf, dass sich auch die AG Spielfilm noch anschließen wird.

1.2 Ist das berufliche Handeln an einem Code of Ethics orientiert? – Bedingt.

Explizit formulierte Regeln im Zusammenspiel mit gesellschaftlichen Wertvorstellungen existieren für den Bereich Filmproduktion nicht. Ein offizielles Bekenntnis zu einem berufsethischen Kodex, wie etwa bei den zuvor genannten Ärzten und Anwälten, gehört nicht zu den berufspolitischen Selbstverständlichkeiten.

Für die Praxis ist dieser Indikator jedoch bedingt zu bejahen. Ein Film- oder Fernsehproduzent trägt immer die Verantwortung für seine Arbeit. Und dies auch im sozialen wie ethischen Sinne. So produzieren viele Produzenten zum Beispiel keine Pornographie, obwohl diese Filme Geld einbringen würden.

Zentrales Ziel der neuen Produzenten-Allianz ist die Schaffung fairer Wettbewerbsbedingungen für den Produktions- und Medienmarkt insgesamt und den einzelnen Produzenten. Dabei geht es um die Gleichbehandlung von selbständigen Produzenten und Produktionstöchtern von TV-Sendern oder auch um den Rechteumfang bei „Total Buyouts". Alexander Thies, der auch Mitglied im Vorstand der Allianz ist, sagt, dass der Beruf des Produzenten heute „unromantisch" sei: „Der recht unromantische Filmproduzent von heute stellt als juristische Person seine Filme überwiegend im Auftrag Dritter her. Dabei spielen Fernsehsender die dominierende Rolle (Vgl. THIES, A. (2007), S.245). Die Vereinigung fordert von Bund und Ländern in ihrer Satzung „die Schaffung eines wettbewerbsrechtlichen Umfeldes, das speziell einen Missbrauch marktbeherrschender Stellungen auf Seiten von Fernsehveranstaltern und Plattformbetreibern verhindert" (Vgl. Allianz Deutscher Produzenten, Homepage (WWW v. 12.03.2008)). Vielleicht lassen sich diese Punkte mit einer künftig stärkeren Berufsorganisation durchsetzen.

Im Hinblick auf inhaltlich-moralische Kriterien, die an Filme angelegt werden, kann dieser Indikator bejaht werden. Fast alle deutschen Kinofilme durchlaufen die „Freiwillige Selbstkontrolle“ (FSK). Gegründet 1949 als kulturpolitische Instanz in der Nachfolge der Kontrollorgane der westlichen Alliierten, hat die FSK legale Entscheidungsbefugnisse. „Die FSK führt freiwillige Prüfungen für Filme, Videokassetten und sonstige Bildträger (z.B. DVDs) durch, die in Deutschland für die öffentliche Vorführung bzw. Zugänglichmachung vorgesehen sind.“ (Spitzenorganisation der Filmwirtschaft e.V., Homepage (WWW v. 10.03.2008)). Allein im Jahr 2006 wurden 425 Kinofilme „abgenommen“ und weitere 1.358 Filme für DVD geprüft. Für die Jugendfreigabe ist eine gesetzlich vorgeschriebene Kennzeichnung erforderlich, die von der FSK im Auftrag der Obersten Landesjugendbehörden vorgenommen wird. Die FSK befindet sich in der „Rechts- und Verwaltungsträgerschaft der Spitzenorganisation der Filmwirtschaft e.V.“. Diese Organisation setzt sich aus Vertretern von Filmwirtschaft, Bund und Ländern zusammen, auch Kirchen und Jugendorganisationen gehören dazu. Die Entscheidungen werden auf Basis der Jugendschutzbestimmungen für Kinofilme und Video im Jugendschutzgesetz getroffen, welches seit 2003 in seiner aktuellen Fassung in Kraft ist. Die Bestimmungen basieren auch auf den im Rundfunkgesetz festgelegten ethischen und moralischen Bestimmungen. Insofern muss sich der Film- und Fernsehproduzent an bestimmten gesellschaftlichen Wertvorstellungen orientieren.

1.3 Gehören spezialisierte Fertigkeiten auf der Basis theoretischen Wissens zum beruflichen Handeln? – Nein.

Der Beruf wurde über 100 Jahre lang auch ohne spezialisierte Fertigkeiten ausgeübt. Der erste Produktionsstudiengang in Deutschland wurde erst 1988 an der Hochschule für Fernsehen und Film in München eingerichtet.

Bis dahin eigneten sich Produzenten theoretisches Wissen über Filme und deren Produktion durch die Berufspraxis an, indem sie sich selbst weiterbildeten. Im Bereich Produktion basierte Theorie meist auf betriebswirtschaftlicher Ebene. Kaufmännische und juristische Kenntnisse sind von Vorteil. Am wichtigsten ist jedoch die Intuition, also das Gefühl dafür, ob ein Stoff künstlerisches und kommerzielles Potential hat.

1.4 Verlangen die beruflichen Fertigkeiten eine spezifische Vorbildung und Ausbildung? – Bedingt.

Diese Frage trifft bislang nur zum Teil auf den Bereich der Film- und Fernsehproduktion zu. Einerseits kann sich jeder „Produzent“ nennen und versuchen, einen Film herzustellen, andererseits könnte ein Laie ohne ein Mindestmaß an Vorwissen keinen Film produzieren. Der Zugang zum Beruf ist aber noch immer frei. Angehörige dieses Berufes kommen aus allen Schichten.

„Die berufliche Kompetenz der Angehörigen einer Profession erstreckt sich vor allem auf die Beurteilung und die Anwendung von Mitteln" (Vgl. KEPPLINGER, H. M. / VOHL, I. (1979),

S. 334). Diese Kompetenz wird bei Produzenten meist in der Praxis durch das „Learning on the Job“ erworben, inzwischen aber auch vermehrt durch Produktionsstudiengänge an den Filmhochschulen und -akademien. Diese mittlerweile etablierten und erfolgreichen Produktionsstudiengänge bringen gut ausgebildete Leute hervor.

1.5 Muss die berufliche Kompetenz durch ein Examen belegt werden? – Nein

Führte bisher der Weg zum erfolgreichen Produzenten häufig über die Dramaturgie oder die Produktions- oder Herstellungsleitung, kann die Karriereleiter zum Produzenten inzwischen mit einer Ausbildung schneller erklommen werden. In den Produktionsstudiengängen wird die berufliche Kompetenz durch eine schriftliche Abschlussarbeit, ein mündliches Examen und in der Regel durch einen selbst produzierten Diplomfilm nachgewiesen. Dennoch bekunden Produktionsfirmen, dass sie niemanden nur aufgrund eines Diploms einstellen würden.

1.6 Dient das berufliche Handeln der Allgemeinheit? Ist eine Kollektivitätsorientierung gegeben? – Bedingt.

Die Antwort auf die Frage, ob und wie die Produktion eines Spielfilms oder eines TV-Programms der Allgemeinheit dient, ist subjektiv.

Eine Kollektivitätsorientierung ist insofern gegeben, als sich schon aus rein marktwirtschaftlichen Gründen eine Orientierung am Zuschauer empfiehlt. Eine kontinuierliche Herstellung von Filmen oder Programmen ist für den Produzenten nur dann gewährleistet, wenn sich die Produkte „amortisieren“, was die Orientierung an allgemeinen Bedürfnissen voraussetzt. Von einer Orientierung am Kollektiv im humanistischen Sinne kann jedoch eigentlich nicht gesprochen werden.

1.7 Verleiht der Beruf ein hohes Sozialprestige? – Bedingt.

Eine spezielle Studie darüber, wie Produzenten sich selbst sehen oder wie sie von der Gesellschaft gesehen werden, ist nicht bekannt.

Wenn man jedoch davon ausgeht, dass Prestige „das oft im Unterschied zur Autorität rational nicht begründbare Ansehen (positives Image), das eine Person oder Gruppe, ein Staat oder eine Institution genießt“ (DTV-BROCKHAUS (1984), Bd. 14, S. 266) bedeutet, so genießen Filmproduzenten wahrscheinlich ein eher zwiespältiges Prestige. “Normalerweise gelten Einkommen, Vermögen, Schulbildung und Entscheidungsbefugnisse als eher objektive Faktoren, während die personenorientierte Wertschätzung (Vorbilder, Stars) kulturbedingte Achtung (z.B. vor dem Alter) oder die angenommene Bedeutung einer Stelle oder Person für die Realisierung politischer oder kultureller Normen und Ziele eher den subjektiven Faktoren angehören." (BROCKHAUS (2006), Bd. 22, S. 206)

Das Ansehen eines Produzenten hängt meist vom wirtschaftlichen und künstlerischen Erfolg seiner Filme ab. Es steigt also in Zusammenhang mit dem öffentlichen Bekanntheitsgrad. Dazu kommt, dass sich die gesamte Medienbranche immer größerer Beliebtheit erfreut und somit auch der Beruf des Produzenten an Ansehen gewinnt. Dennoch kann sich das Sozialprestige eines Produzenten nicht mit den eher konservativen Prestigewerten, die ein Anwalt, Professor oder Arzt genießt, vergleichen.

1.8 Bestimmt die Berufsgruppe über die Nachwuchsrekrutierung? – Nein.

Nicht die Film- und Fernsehproduzenten, also die Berufsgruppe selbst, entscheidet über den Nachwuchs. Der Zugang zum Beruf und die Auswahl erfolgt im Verfahren der „autonomen Selbstrekrutierung" (LANGENBUCHER, W. (1973), S. 187).

Das heißt, dass jeder selbst entscheiden kann, ob er Produzent werden möchte. Der Beruf des Produzenten ist nicht geschützt. Jeder kann das Gewerbe ohne Beschränkungen bei der Industrie- und Handelskammer anmelden. Die Entscheidung über Neueinsteiger im Bereich der Filmproduktion unterliegt, es sei denn man möchte als angestellter Producer arbeiten, nicht der Beurteilung der bereits existierenden Berufsgruppe.

1.9 Stellt die Profession eine Primärgruppe dar? – Bedingt.

Das trifft für den Bereich der Filmproduktion zu, wenn man die Primärgruppe im Sinne von GODDE versteht, der sie folgendermaßen erklärt: „Einmal Mitglied geworden, verlassen nur wenige die Profession wieder" (GODDE in LANGENBUCHER, S. 174). Laut ULF BRÜNING von SCHOLZ FILM ABC bleiben die Zahlen relativ konstant. Momentan sind etwa 260 Produktionsfirmen verzeichnet. Von 1999 an war ein starker Gründungsboom kleinerer Produktionsfirmen zu verzeichnen, die sich auf ein bestimmtes Gebiet spezialisiert haben, wie z.B. „Spezial-Effekte". Allerdings gibt es Unschärfen. So lässt sich nicht überprüfen, wer nun von den gemeldeten Produzenten tatsächlich Filme produziert oder welcher Kameramann mit Equipment sich einfach als Produktionsfirma eingetragen hat.

1.10 Besitzen die Angehörigen der Profession eine große persönliche Verantwortung? – Ja.

Filmproduzenten koordinieren direkt oder indirekt (durch den ausführenden Produzenten, Herstellungsleiter oder Produktionsleiter) alle Belange, die zur Herstellung eines Films bis hin zu seiner Aufführung von Bedeutung sind. Sie tragen in vielen Fällen das wirtschaftliche

Risiko. Sie sind Arbeitgeber von vielen Personen, wie man den Endtiteln bei Filmen entnehmen kann. Bei kleineren Produktionen arbeiten die Darsteller und andere oftmals auf „Rückstellung“ und werden erst später bezahlt. Wie der Verleger auch, trägt der Produzent publizistische/mediale Verantwortung für die Inhalte seiner Filme, auch wenn diese nicht durch eine Berufsethik („Code of Ethics“) institutionalisiert ist.

2 Reflektion der Bewertungsergebnisse

Bei zwei klaren Bejahungen, drei Verneinungen und fünf nur bedingt zu beantwortenden Fragen zeigt sich, dass man dem Beruf des Film- und Fernsehproduzenten hinsichtlich seiner Professionalität eine Art „Zwitterdasein" bescheinigen muss.

Er scheint einerseits noch stark von der herkömmlichen Idee der Berufung und Begabung geprägt zu sein.

WOLFGANG LATTEYER, Mitarbeiter der Abteilung Produktion und Medienwirtschaft an der Hochschule für Fernsehen und Film (HFF) in München, sieht den Beruf wie folgt: „In der Tat kann man den Beruf des Produzenten komplett lernen. Dennoch sind nur Leute erfolgreich, die besonders leistungsbereit und leidenschaftlich sind.“ (WOLFGANG LATTEYER im Interview mit DIANA ILJINE 2008) HUBERT VON SPRETI, Leiter der Redaktion Film und Teleclub des Bayerischen Fernsehens, sieht den Filmproduzenten als einen Menschen zwischen Beruf und Berufung: „Er steht zwischen Beruf und Berufung. Er braucht Leidenschaft für das Geschichtenerzählen, egal ob dokumentarisch oder fiktional. Es geht um Lust auf Menschen, mit denen man etwas Großes erreichen möchte. Und es schadet nicht, wenn ein Produzent über eine hohes Maß an Kommunikationsfähigkeit verfügt“. (HUBERT VON SPRETI im Interview mit DIANA ILJINE, März 2008) MICHAEL BÜNTE, Lehrer an der Hochschule für Fernsehen und Film München, rückt es noch stärker in Richtung „Berufung“: „Jemand muss brennen, man muss fühlen, dass man eigentlich gar nichts anderes als Filme herstellen kann. Beim Produzenten muss das ganz besonders so sein. Da darf überhaupt kein Zweifel an dieser Motivation bestehen.“

Andererseits ist jedoch seit Beginn der neunziger Jahre der Schritt in Richtung Professionalisierung über eine geregelte Berufsausbildung sowie zugehörige Examen und Diplome getan.

KEPPLINGER und VOHL kommen zu dem Schluss, dass auch bei einer Institutionalisierung der Berufsausbildung und einer Veränderung des Berufszugangs der Beruf des Produzenten keine Profession im engeren Sinne des Wortes werden könne (Vgl. KEPPLINGER, H. M. / VOHL, I. (1979), S. 339). Grund dafür seien spezifische Eigenarten des beruflichen Handelns, wie der kaum berechenbare Unsicherheitsfaktor der Erfolgsaussichten eines Films und seiner Amortisierung, die schwer kalkulierbaren Faktoren während der Herstellung eines Films wie beispielsweise Wetter, Krankheit oder die „Laune" von Schauspielern und Regie, die jedes Mal völlig anderen Produktionsbedingungen bei der Herstellung von Unikaten, die von allen Beteiligten ein hohes Maß an Flexibilität fordern.

Experten zufolge ist eine Zunahme von halb- und vollprofessionalisierten Berufen in einer Gesellschaft dann zu erwarten, wenn die Komplexität der Technologie zunimmt. Genau dieses Phänomen einer zunehmenden Professionalisierung lässt sich seit einiger Zeit in der Medienbranche aufgrund der sich ständig weiterentwickelnden Computertechnik und Multimedialisierung beobachten. Für den Produzenten als Unternehmer wird jedoch eher zutreffen, dass er sich als „Generalist" ausgebildeter Fachkräfte „bedient".

Der Großteil der Filmschaffenden stellt die geregelten Ausbildungen in den Filmhochschulen nach anfänglichem Misstrauen nicht mehr in Frage. Im Gegenteil: Viele hätten selbst gerne diese Möglichkeiten besessen und unterrichten heute Filmhochschüler in allen möglichen Fächern.

Nachdem das Berufsbild des Film- und Fernsehproduzenten hinsichtlich seines gegenwärtigen Professionalisierungsgrades bewertet worden ist, soll im Folgenden ein Überblick zu wesentlichen Aspekten (wie u. a. zu Ausbildungs- und Weiterbildungswegen, typischen Tätigkeitsfeldern, Verdienstmöglichkeiten) dieses Berufes gegeben werden.

3 Beschreibung des Produzenten als Berufsbild

Die Frage, wie man Filmproduzent wird, hat Bernd Eichinger einmal so beantwortet:

- Indem man nicht Regisseur wird;
- Indem man nicht Produktionsassistent bleibt;
- Indem man ein Firmenschild an die Tür schraubt und Briefköpfe drucken lässt;

(BERND EICHINGER im Interview, Magisterarbeit von DIANA ILJINE 1989 zum „Berufsbild des Filmproduzenten in Deutschland“)

Diese Aussage ist bezeichnend, denn eine Ausbildung zum Produzenten, die „planmäßig und geordnet Kenntnisse, Fertigkeiten und sachspezifische Verhaltensweisen vermittelt, die für die Berufsausübung erforderlich sind“, gab es für BERND EICHINGER damals noch nicht.

Dass es Produktionsklassen mit Ausnahme der HFF Babelsberg (der Diplomstudiengang Produktion wird seit der Gründung im Jahr 1954 an der HFF „Konrad Wolf“ Potsdam-Babelsberg angeboten) erst seit den 80er Jahren gibt, ist erstaunlich. Denn die Entwicklung, Herstellung und Vermarktung von Film- und Fernsehwerken verlangt eigentlich hoch spezialisierte Kenntnisse und Fähigkeiten.

Die bisher übliche „Ochsentour“ der Praxis vermittelt zwar diese Kenntnisse und Fähigkeiten in nahezu idealer und praxisorientierter Weise, kostet jedoch in den meisten Fällen viel mehr Zeit, als eine formalisierte Ausbildung von vier Jahren.

Deutschland hat eine lange Tradition im filmkünstlerischen wie im filmwirtschaftlichen Bereich. Gezielte Ausbildungsgänge wurden jedoch viel später als in anderen Filmnationen eingerichtet.

1919 wurde die älteste Film-Hochschule der Welt in Moskau gegründet, die *VGIK*, das Staatsinstitut für Kinematographie. 1929 folgte die Filmabteilung der *University of Southern California (USC)* in Los Angeles. 1935 nahm das *Centro Sperimentale di Cinematografia* in Rom seinen Betrieb auf. 1944 wurde die französische Filmschule *IDHEC, Institut de Hautes Etudes Cinematographiques,* gegründet - 1986 überführt in die *FEMIS, Fondation Européenne des Métiers de l'Image et du Son.*

Nach dem Zweiten Weltkrieg kamen weitere Schulen hinzu: 1948 die polnische *Nationale Hochschule für Film, Fernsehen und Theater in Lodz.* 1954 gründete die damalige DDR die Hochschule für Film und Fernsehen Konrad Wolf in Potsdam-Babelsberg, die nach der Wende umstrukturiert wurde und nach wie vor als eines der großen deutschen Ausbildungsinstitute gilt.

Erst 1966 wurde in Westberlin die Deutsche Film- und Fernsehakademie Berlin (dffb) ins Leben gerufen. 1967 nahm die Hochschule für Fernsehen und Film München (HFF) ihren Lehrbetrieb auf. Für Produktionsleiter und Produzenten gab es in Westdeutschland für lange Zeit jedoch keine institutionalisierte Ausbildung an diesen Schulen.

3.1 Die traditionelle Ochsentour

Bis heute gingen und gehen viele den Weg der traditionellen „Ochsentour", dem „Learning by doing“. Es gibt hierfür keine Vermittlungsstellen, jeder muss sich seine Kontakte selbst knüpfen, um zum Beispiel ein Praktikum zu ergattern. Wie sieht dieser steinige Weg durch die Praxis „vom Fahrer zum Produzenten“ aus? Bisweilen stimmt sogar diese Legende, aber Zwischenschritte wie die Tätigkeiten des zweiten und dann ersten Aufnahmeleiters oder die des Regie- oder Produktionsassistenten sind von Bedeutung. Diese „hinführenden Berufe" ergeben erst die wirkliche Basis für den Beruf des Produzenten.

Der eigentliche Einstieg in den langen Marsch durch die Hierarchien sind in aller Regel Hospitanzen und Praktika bei Fernsehsendern oder bei Fernseh- und Filmproduktionsgesellschaften. Wer es sich leisten kann, unentgeltlich oder für eine kleine Pauschale bei einem Film- oder Fernsehprojekt mitzuarbeiten, hat die Chance – wenn er sich bewährt –, vielleicht schon beim zweiten oder dritten Mal bei fast normaler Bezahlung mitmachen zu können. Extreme Arbeitszeiten sind meist die Regel.

Hat man einmal den Einstieg geschafft, sich bewährt und die „Ochsentour", zum Beispiel bis zum ersten Aufnahmeleiter oder gar zum Produktionsleiter, durchlaufen, weiß man allerdings immer noch sehr wenig über die eigentliche Arbeit des Produzenten, außer vielleicht, dass er Geld oder Aufträge beschafft und sich mit Inhalten auskennen soll.

Die „Ochsentour" hat immer noch ihre Berechtigung und Gültigkeit. Hinzu kommen inzwischen die institutionalisierten, praxisorientierten Ausbildungsgänge, die jedoch ebenso wenig die Garantie für einen Berufseinstieg oder gar für Erfolg bieten können.

3.2 Annäherung an eine formale Produzentenausbildung

Viele der europäischen und amerikanischen Filmschulen hatten und haben den Bereich „Produktion" entweder in die Gesamtausbildung integriert oder als kleineren, selbständigen Studiengang eingerichtet. Dabei wurde Produktion stets als Produktionsorganisation verstanden. Die Ausbildung zielte also auf den Aufnahmeleiter und Produktionsleiter ab, fast nie jedoch auf den Produzenten.

Eine Ausnahme machte ausdrücklich das *Peter Stark Motion Picture Producing Program*, das 1979 von der *USC School of Cinema-Television* speziell zur Ausbildung von „kreativen Produzenten" (creative producers) ins Leben gerufen wurde. In ihm ist ein zweijähriges Intensivstudium mit so starken Praxisanteilen verbunden, dass an seinem Ende nicht nur der akademische Grad M. A. (Magister Artium) steht, sondern für die stets kleine und handverlesene Jahresgruppe der Absolventen auch der direkte Einstieg ins Berufsleben eines Produzenten, und zwar mit dem für die Abschlussprüfung selbst entwickelten und kalkulierten Stoff.

Bei der dffb in Berlin etwa war die Produktion zunächst in das „Studium generale“ integriert. 1998 wurden der Produktionsstudiengang und 1999 die einjährige, sehr zeitgemäße „TV-Producer“-Ausbildung eingerichtet.

An der Münchener HFF leisteten die Regiestudiengänge diese Ausbildung, bevor die Produktionsausbildung existierte. Die Produktionsausbildung verlief somit eher nebenher als gezielt. Von einer planmäßigen Ausbildung zum Produzenten konnte keine Rede sein. Dennoch sind eine ganze Reihe von Produzenten aus beiden Schulen hervorgegangen. Neben schon berühmten Beispielen wie Bernd Eichinger, Roland Emmerich oder Wim Wenders gibt es aus dieser Zeit auch andere, die erfolgreich als Produzenten tätig sind. Dies lässt darauf schließen, dass auch die Ausbildung zum Regisseur einen Zugang zum Beruf des Filmproduzenten ermöglicht, und verwundert nicht: muss doch ein Produzent über gewisse Eigenschaften verfügen, die ein Regisseur ebenso benötigt. Umso mehr ist dies beim kreativen Produzenten der Fall, der bei der Stoff-Findung heute entscheidet, was das Publikum morgen auf den Fernsehschirmen und Leinwänden sehen möchte.

1988 schließlich wird in Bayern eine Ausbildung zum Produzenten institutionalisiert, erstmalig in Deutschland. Leiter der neuen Abteilung Produktion und Medienwirtschaft ist Professor Klaus Keil. Es handelt sich um den Studiengang Produktion und Medienwirtschaft an der Hochschule für Fernsehen und Film München. Aus diesem Jahrgang sind inzwischen bekannte Studenten bzw. Produktionsfirmen wie Hofmann & Voges, Sam Film, Horres Film, Rat Pack, Claussen, Wöbke und Putz hervorgegangen. Neuere Beispiele wie die Firma von Joachim Hellinger im Werbefilmbereich, Wiedemann & Berg, und auch Jahrgänge, die gerade die Hochschule verlassen haben wie Walker & Worm, sind als repräsentative Beispiele zu nennen.

Andere Bundesländer erkennen die elementare medienwirtschaftliche Bedeutung dieses Schrittes an und ziehen nach.

1991 gründet Baden-Württemberg seine eigene Filmakademie in Ludwigsburg, ebenfalls mit einem Studiengang „Produktion". Hamburg mit seiner Media-School und einige andere Institute folgen.

Es werden zwei Studiengänge exemplarisch vorgestellt:

Die Hochschule für Film und Fernsehen Konrad Wolf in Potsdam-Babelsberg hat sich nach der Wende neu formiert. Im Jahr 2000 stellt das Ausbildungssystem der HFF-Babelsberg Konrad Wolf in der deutschsprachigen Medienhochschullandschaft eine Besonderheit dar. Ziel dieser speziellen Ausbildungsstruktur ist eine hohe Qualifizierung der Studierenden für die wichtigsten Berufsgruppen der audiovisuellen Medien. Dies wird durch ein ausgewogenes Verhältnis und eine funktionale Einheit von künstlerisch-praktischer und theoretisch-wissenschaftlicher Lehre erreicht. Hierbei werden die Studierenden nicht nur in ihren Spezialgebieten ausgebildet, grundlegendes Ausbildungsprinzip ist vielmehr die inhaltliche Verzahnung der Ausbildung aller Studiengänge und die Zusammenführung der Studierenden in gemeinsamen Studienprojekten. Durch die Verbindung der Fachtheorie mit kreativer Werkstattausbildung in arbeitsteiliger berufsvorbereitender Teamarbeit wird künstlerische Innovation mit der Vermittlung handwerklich-technischer Kenntnisse und Fertigkeiten verbunden und die hochwertige technische Basis gemeinsam genutzt. Ziel ist die interdisziplinäre Gemeinschaftsarbeit der verschiedenen Studiengänge an Film-, Fernseh- und Multimedia-Projekten. Die Ausbildung erfolgt in diversen Studiengängen innerhalb von zwei Fachbereichen:

- Animation
- Medienwissenschaft
- Filmmusik
- Drehbuch
- Dramaturgie
- Film- und Fernsehproduktion
- Film- und Fernsehregie
- Kamera
- Schauspiel
- Montage
- Szenografie
- Ton

Das Münchner Modell – Der Studiengang Produktion und Medienwirtschaft an der Hochschule für Fernsehen und Film in München:

In diesem Studiengang, der seit 1988 existiert und seit 1992 Diplom-Studiengang ist, findet in acht Semestern die Ausbildung zum Produktionsleiter, Medienmanager und kreativen Produzenten statt. Neben den in einem Aufnahmeverfahren geprüften Begabungsvoraussetzungen ist für ein Studium in der Abteilung Produktion und Medienwirtschaft eine einschlägige Vorbildung, z.B. ein mehrsemestriges Studium der Betriebswirtschaftslehre, der Volkswirtschaftslehre oder ein geisteswissenschaftliches Studium, von Nutzen. Die Bewerber sollten sich auch bei einer ausführlichen praktischen Betätigung in einem Medienunternehmen eine deutliche Vorstellung von dem Berufsfeld erworben haben, für das sie sich an der Hochschule vorbereiten wollen.

Die Kernbereiche des Curriculums sind:

- Produktion Film und TV
- Prozess der Filmherstellung, Aufnahme- und Produktionsleitung, Teamführung
- Medienwirtschaft: Strukturen inter-/national, Betriebswirtschaft, Business-Planung, Vertrieb
- Stoffentwicklung, Drehbuch, Dramaturgie
- Urheber-, Arbeits- und Vertragsrecht

Der Lehrplan ergänzt sich im Zusammenwirken mit dem Lehrangebot der Abteilung I, Kommunikationswissenschaft und Ergänzungsstudium, in wissenschaftlicher Theorie und spezieller Rechtskunde und dem der Abteilung II, Technik, in gestaltender Technik.

CILECT (Centre International de Liaison des Ecoles de Cinéma et de Télévision), der Weltverband der etablierten Ausbildungsstätten für Film und Fernsehen, hat im Oktober 1992 die Entwicklung eines globalen Ausbildungsprogramms für Produzenten als Gemeinschaftsprojekt beschlossen. Die Produzentenausbildung an der HFF München wird hierfür als richtungweisend zugrunde gelegt.

Der Studiengang Produktion und Medienwirtschaft ist straff gegliedert und anspruchsvoll, mit einem besonders breiten Lehrangebot, das, in fast schulischer Form, zielgerichtet und damit effizient den Zugang zum Medienmarkt und dessen Berufsfeldern eröffnet. Besonderer Wert wird aber auch auf den Bezug zur Praxis gelegt. Über 20 Wochen Praktika in wichtigen Bereichen der Medienwirtschaft, mindestens zwei HFF-Produktionen sowie eine Werbefilmproduktion in Produktionsleiter- oder Produzentenfunktion sind für die Studierenden obligatorisch. Am Abschluss des Studiums steht das Diplom der Hochschule für Fernsehen und Film München.

Ist nun aber eine Ausbildung zum Produzenten wirklich möglich?

Bei der Frage nach der Professionalisierung des Berufes der Film- und Fernsehproduzenten kam heraus, dass Produzenten in dieser Hinsicht eine Art „Zwitterdasein" führen: auf der einen Seite erfordert ihr Beruf eindeutig persönlichkeitsbedingte Eigenschaften, d. h. Begabung, auf der anderen Seite besteht die Notwendigkeit, sich gewisse Fertigkeiten anzueignen. Daher erscheint in der Produzentenausbildung ein Zwei-Schritte-System angezeigt:

Vermittlung von Kenntnissen und Fähigkeiten, die erlernbar sind; dies wird auf jeden Fall zur Ausbildung eines vollqualifizierten Produktionsleiters führen. Gleichzeitig ist es die Basis, auf der der zweite Schritt aufsetzt:

Förderung und Weiterbildung der vorhandenen Begabungen, die einen späteren Weg als Produzent erkennbar werden lassen. Damit kann demjenigen, der sich später als Produzent betätigen will, das entsprechende Rüstzeug mitgegeben werden. In der Praxis durchsetzen wird er (sie) sich selbst müssen.

Rückfragen der HFF ergeben, dass 95 % der Produktionsschüler tatsächlich auch im Film-/Fernsehen- bzw. Medienbereich tätig sind.

Seit Gründung der Produktionsklasse an der HFF gab es 15 Kurse. Die Absolventenzahl liegt bisher bei 173 Studenten, davon in etwa gleich viele Frauen wie Männer. Es arbeiten von diesen ehemaligen Schülern 20 Prozent als Produzenten oder Producer. 21 Prozent sind als Produktionsleiter und Herstellungsleiter tätig. Weitere 39 Prozent als Medienmanager in den Bereichen Filmverleih und Vertrieb. (Quelle: Medienforschung der HFF München 2008)

„Mit der Abteilung V: Produktion und Medienwirtschaft unternimmt die Hochschule für Fernsehen und Film (HFF) in München den Versuch, eine wirklichkeits-orientierte Balance zwischen Theorie und Praxis herzustellen. Die Berufsaussichten der Absolventen können deshalb als erfreulich bezeichnet werden." (MANFRED HEID, Leiter der Abteilung V im Gespräch mit DIANA ILJINE März 2008).

3.3 Weiterbildung

Die neue Ausgestaltung von Verwertungsketten mit Möglichkeiten, die über Kino und Fernsehen hinausgehen, zu Pay-TV, digitalen Medien und Internet, erfordert zunehmend eine genaue, urheberrechtliche Kenntnis. Auch die fortschreitende Technik mit Digitalisierung und technischen Effekten sollte verstanden werden. So gibt es diverse Weiterbildungsmöglichkeiten, von denen hier einige exemplarisch aufgezählt werden. Seit Anfang der 90er Jahre gibt es das MEDIA Programm. Es wurde durch Unterstützung der EU ins Leben gerufen zur Unterstützung der europäischen audiovisuellen Industrie mit dem Ziel: aktives Eindämmen der amerikanischen Marktbeherrschung durch Rückbesinnung auf eigene Qualitäten und Ressourcen. Die Media Initiative entwickelte bis zu zwanzig verschiedene Programme zur Weiterbildung in den Bereichen Produktion und Vertrieb.

In Deutschland wird insbesondere die Weiterbildung des Produzentennachwuchses aktiv von den Verwertungsgesellschaften VFF (Verwertungsgesellschaft der Film- und Fernsehproduzenten mbH München) und GWFF (Gesellschaft zur Wahrnehmung von Film- und Fernsehrechten mbH München) gefördert. Beide vergeben Studien- und Auslandsstipendien. Alljährlich wird außerdem von der GWFF im Rahmen eines bundesweiten Wettbewerbs ein Ausbildungsplatz bei einem Major-Studio in den USA vergeben. Die VFF fördert Fachpublikationen im Medienbereich. Beide Institutionen vergeben gut dotierte Preise für Nachwuchsproduzenten. Die VGF, die Verwertungsgesellschaft für Nutzungsrechte an Filmwerken, vergibt ein „Bürostipendium", wobei für die Dauer eines Jahres das komplette Büro der betreffenden Nachwuchsproduzenten bezahlt wird. Auch ist ihr der begehrte VGF-Nachwuchs-Produzentenpreis zu verdanken.

Auch das Erich Pommern Institut in Berlin bietet regelmäßig Fortbildungen in allen Bereichen wie z.B. auch Urheberrecht an.

Der Bundesverband Produktion e.V. - der Berufsverband der Herstellungs-, Produktions-, AufnahmeleiterInnen, ProduktionssekretärInnen und FilmgeschäftsführerInnen - veranstaltet gleichfalls Weiterbildungsseminare auf dem Gebiet der Produktion und der Filmgeschäftsführung. Durch dieses Weiterbildungsangebot besonders an potentielle Nachwuchsproduzenten, die ihren Weg über die Praxis machen, soll ebenfalls die Professionalisierung des Produktionsbereichs vorangetrieben werden.

Über die MEDIA-Programme haben sich Kenntnisse und Erkenntnisse, auch über die europäischen Nachbarn und die nicht deutschsprachigen Märkte, gefestigt. Weiterbildung und die zugehörige Förderung von „nachwachsenden" und etablierten Produzenten wird inzwischen als Notwendigkeit erkannt, will man auf einem überaus kompetitiven Markt nicht den Anschluss verlieren.

3.4 Tätigkeiten und Aufstiegschancen

Die Filmabteilung der amerikanischen University of California, Los Angeles, UCLA, umschreibt Film, und damit die Tätigkeit eines Produzenten, so: "Film ist eines der komplexesten Systeme im menschlichen Erfahrungsbereich. Er ist zusammengesetzt aus Kunst, Technologie, Wirtschaft, Psychologie, Soziologie, Politik und anderen Bestandteilen. Er hat die universellste Sprache seit dem Mittelalter hervorgebracht."

In Hollywood ist der Beruf des Produzenten eine planbare und bis zu einem gewissen Grad erlernbare Karrieremöglichkeit (career option). Ein aufstrebender Anfänger kann sich dort mit einem Projekt oder einem gut geschnürten „package" durchsetzen, wenn er die Fähigkeiten, die einen Produzenten ausmachen, unter Beweis stellt. Das Studio- und Agentensystem mit seinen Regeln, Spielregeln und ungeschriebenen Verhaltenweisen fordert zwar ausschließlich Erfolg, rückt jedoch berufliche Weiterentwicklung und Aufstiegschancen in greifbare Nähe. Dies gilt ebenso für den „television producer".

In Deutschland ist das zwar zunehmend auch so. Der „Aufstieg" im Produzentenbereich ist jedoch immer noch eher Zufall als planbare Berufskarriere. Die ganze Branche ist in Europa noch stark vom Autorenfilm geprägt, bei dem der Regisseur (in den 60er Jahren, um den mächtigen Filmverleihern etwas entgegenzusetzen) den gesamten Prozess kontrollierte und sogar selbst produzierte. In den USA hingegen wird die Filmlandschaft bis auf Ausnahmen ohne Brüche mehr oder weniger von Produzenten „kontrolliert".

Inzwischen hat sich das Selbstverständnis in Deutschland aber wieder gewandelt: Die Produzenten verstehen sich wie in den USA als kreatives Mitglied des Filmherstellungsprozesses und nicht nur als Geldgeber.

Der Begriff Aufstieg ist in „unprofessionalisierten" Berufen schwer zu definieren, da Entwicklungsstufen und Berufsschritte nicht einheitlich festgelegt sind. Aufstieg wird auch individuell verschieden verstanden. Was für den einen bereits einen großen Schritt auf der Karriereleiter bedeutet, muss für den anderen noch gar nichts heißen. Von wann an ist jemand Produzent oder fühlt sich als solcher? Wenn er seinen ersten kleinen Magazinbeitrag für einen privaten TV-Sender produziert hat, erst nach zehn Beiträgen oder nach dem ersten Fernsehspiel von 90 Minuten oder muss es schon ein Kino-Spielfilm sein?

Also ist der Aufstieg wohl nahezu gleichbedeutend mit Einstieg in den Produzentenberuf überhaupt. Dieser kann erfolgen über die „Ochsentour" und über die hinführenden Berufe, über die Möglichkeiten der akademisierten Ausbildung oder als „Seiteneinsteiger". Der Zugang zum Beruf ist ja frei. In der freien Wirtschaft sind besonders als Anfänger-Produzenten gute Stoffentwickler gesucht. Von der dramaturgischen Aufbereitung, manchmal auch von der Stoffsuche und von originellen Stoffvorschlägen her wächst der fachlich Vorgebildete in die Produzentenverantwortung hinein.

Eine ebenfalls gute Ausgangsposition stellen Können und Erfahrung im organisatorischen Produktionsbereich dar, wo sich, je nach Begabung, mehr der durchführende, „herstellungsleitende" Produzent (im Englischen „line producer“) entwickeln kann. Diese Möglichkeiten bieten freilich nur große Firmen, Gruppen oder Studiogesellschaften wie die UFA oder die Bavaria die zurzeit in Deutschland bestehen.

Man kann versuchen, eine Festanstellung bei einer Produktionsfirma, die kontinuierlich produziert, zu bekommen. Wer gelernt hat, sich dramaturgisch mit Stoffen auseinanderzusetzen, hat gute Chancen. Allerdings muss er auch akquirieren können. Den meisten Firmen reicht es nicht mehr, dass die „Junior-Producer“ nur bereits von TV-Sendern ausgewählte Stoffe bearbeiten, sondern sie sollen diese selbst in den Fernsehsendern unterbringen. In den letzten Jahren läuft der Einstieg in eine Produktionsfirma in mittelständischen Firmen und kleineren Einheiten meist über kostenlose Praktika von bis zu einem Jahr mit keiner oder minimaler Bezahlung.

Bei manchem besteht die Herausforderung darin, eine eigene Produktionsfirma zu gründen. In den letzten Jahren gibt es viele neue kleinere Firmen. Kein Wunder, wenn man bedenkt, dass allein von vier Filmhochschulen jedes Jahr je zehn bis zwölf Produktionsstudenten entlassen werden. In diesem Falle sind die Unabhängigkeit und der Aufstieg jedoch mit dem vollen Risiko der Vermögenshaftung verbunden. Dieser Weg kann Berufsanfängern nicht guten Gewissens empfohlen werden.

3.5 Aufträge durch das Fernsehen

Nur wer es schafft, Aufträge durch öffentlich-rechtliche oder private Fernsehsender zu ergattern, kann produzieren. Es ist immer leichter, sich als Produktionsfirma vorzustellen, anstatt als Einzelperson.

Seit Mitte der 90er Jahre wurde die Prime Time wieder „deutsch“. Sah man vorher meist amerikanische Spielfilme um 20.15 Uhr, wurde nun wieder viel in Deutschland produziert.

Obgleich eigene Sendungen erheblich teurer sind als z.B. amerikanische Kaufware (für Lizenzen wurden z.B. 2005 881 Mio. Euro ausgegeben; davon gingen 68 % der Summe an US-Firmen; vgl. FILMSTATISTISCHES JAHRBUCH (2007), S. 81), geben die Sender jährlich Filmaufträge an die Filmwirtschaft in Milliardenhöhe. Es gibt laut der Spitzenorganisation der deutschen Filmwirtschaft (SPIO) über 13.000 Sendetermine (Vgl. FILMSTATISTISCHES JAHRBUCH (2007), S. 81).

Insgesamt stammen momentan (Zahl von 2006) aber nur 20 Prozent der Spielfilme bzw. des fiktionalen Angebotes aus den USA und 66,8 Prozent sind deutsche Produktionen (Vgl. KRÜGER, U. M. / ZAPF-SCHRAMM, T. (2007), S. 178).

Bei privaten TV-Sendern werden fast alle Produktionen außer den Nachrichten-Sendungen in Auftrag gegeben. Also hauptsächlich günstig herzustellende Spiel-, Streit- und Talk-Shows, Serien und Event-Fernsehspiele. In letzter Zeit gibt es einen Trend zu aufwändigen, teuren – meist historischen – Fernsehmehrteilern wie etwa John Rabe (Hofmann&Voges für ZDF), „Krieg und Frieden“ (EOS für ZDF), „Die Sturmflut“ (Teamworx für RTL), und „Der Untergang der Gustloff“(Ufa für ZDF)“. Bis heute schafft es kaum jemand außer Jan Mojto von EOS Film, 26 Mio. Euro für „Krieg und Frieden“ auf die Beine zu stellen. Für internationale Ko-Produktionen dieses Ranges bedarf es extrem guter Geschäftsbeziehungen und langjähriger, internationaler Erfahrung.

An den Firmen, die diese Mehrteiler produzierten, kann man die Konzentrationsbestrebungen der großen Medienkonzerne ablesen, die häufig an TV-Sendern bestimmend beteiligt sind und Produktionsfirmen, die „Töchter“ sind, regelmäßig mit Aufträgen versorgen. In diesen geschlossenen Kreislauf ist es schwer, sich als kleinerer Produzent zu behaupten.

Und doch gibt es immer wieder herausragende Beispiele für erfolgreiche Ausnahmen. Junge Produktionsfirmen, die mit viel Engagement und unter dem Einsatz eigener Mittel Filme produzieren wie etwa Wiedemann & Berg mit dem Regisseur Florian von Henckel Donnersmark mit „Das Leben der Anderen“, ein Film, der mit minimalem Budget produziert wurde. Viele der Mitarbeitenden hatten für minimale Vergütungen gearbeitet und konnten erst später – nach Erfolg des Filmes – bezahlt werden.

3.6 Verdienstmöglichkeiten

Die Gagen für Filmschaffende im Allgemeinen richten sich nach dem jeweils geltenden Gagentarifvertrag. Dabei handelt es sich um Tages- oder Wochengagen, wobei die Vorgaben des Tarifvertrages Mindestwerte vorstellen. Übertarifliche Vergütungen werden nach Ruf und Qualität der Arbeit des Filmschaffenden ausgehandelt, bei Auftragsproduktionen wird jedoch von den Auftraggebern (ob nun öffentlich-rechtlich oder privat) nur die jeweilige Tarifgage akzeptiert.

Es kommt allerdings häufig vor, insbesondere bei Anfänger- und Low-Budget-Produktionen, dass die Gagen zunächst unter den tariflichen Vereinbarungen liegen. Gehälter werden dann meist in Form von Pauschalvergütungen gezahlt und später bei zu erwartenden Einspielergebnissen ausgeglichen.

Natürlich richtet sich die Bezahlung auch nach der Arbeitsmarktlage. Als zum Beispiel damals nach dem Fall der Mauer die sehr gut ausgebildeten Kameraleute aus der DDR hinzukamen, sanken die Kosten für einen erfahrenen Kameramann.

Die wöchentliche regelmäßige Arbeitszeit beträgt nach dem Manteltarifvertrag vom Januar 1996 mindestens 40, maximal 50 Stunden. In der freien Filmwirtschaft werden diese Regelungen jedoch flexibel gehandhabt, vor allem bei längeren Beschäftigungszeiträumen. Die Gehälter der Firmengeschäftsführer, der Produzenten, sind wie überall sonst in Industrie und Wirtschaft zum Teil von Gewinnen abhängig und Gegenstand freier Verhandlungen, die nicht an Tarifverträge geknüpft sind.

Auch die Verdienstmöglichkeiten für festangestellte Producer sind frei verhandelbar; sie bewegen sich je nach Betriebsgröße, Auftragslage und Produktionsgenre (z.B. Shows, Spielfilme) zwischen 3.000 und 8.000 Euro brutto monatlich. Der angestellte Producer hat oft die Möglichkeit, sein Grundgehalt durch Stoffentwicklung, Drehbuchschreiben oder durch Prämien bei der Akquisition von Aufträgen zu erhöhen.

Die Gehälter für angestellte Redakteure bei öffentlich-rechtlichen Fernsehanstalten unterliegen im Prinzip den Haus-Tarifverträgen. Ein Redakteur verdient in der Regel zwischen Euro 2.500,- und 5.000,- im Monat. Dafür erhalten festangestellte Redakteure im öffentlich-rechtlichen Fernsehen eine höhere Rente, die sozusagen auf das Gehalt mit angerechnet werden muss.

Für den Produzenten gehören die Tarifwerke zwar zu den wichtigen Werkzeugen seiner Tätigkeit, er selbst fällt jedoch als Unternehmer in keine dieser Kategorien.

Die „Verdienstmöglichkeiten" für Film- und Femsehproduzenten sind nicht geregelt. Als Anhaltspunkt lassen sich für Auftragsproduzenten folgende Werte nennen: Zu den Netto-Fertigungskosten kommen 6 % als Handlungskosten (HUs). Diese Einkünfte werden für laufende Kosten des Betriebs verwendet, darunter auch das Gehalt des Produzenten. Von der aus Netto-Fertigungskosten und 6 % HUs entstandenen Summe werden dem Produzenten 7,5 % als Gewinn-Marge zugestanden.

Die o. g. Summen treffen auf eine Auftragsproduktion zu. Handelt es sich um eine Ko-Produktion oder Kino-Ko-Produktion, können Positionen für Herstellungsleitung und Produzent mit in die Kalkulation einfließen.

Der freie Produzent hingegen ist mit seiner eigenen Gesellschaft Unternehmer, der sich sein Gehalt plus Wertschöpfung, Investitionen und Rücklagen selbst bestimmt. Seine Verdienstmöglichkeiten sind so unterschiedlich wie der kommerzielle Erfolg seiner Filme. Je nachdem, ob es einem Produzenten gelingt, Rechte (z.B. DVD) einzubehalten (bei Auftragsproduktionen eher unüblich) und diese zu verwerten, kann der Gewinn sich erhöhen. Auch Möglichkeiten, beim Weltvertrieb seines Programms beteiligt zu sein, erhöhen die Chance auf höheren Gewinn. Konkrete Zahlen darüber sind nicht frei verfügbar.

Junge Produzenten, die noch nicht an vielen Projekten arbeiten, müssen nebenbei jobben oder sind von der Unterstützung der Eltern abhängig.

Zum Abschluss noch eine ironische Frage zum Thema Verdienst, gestellt auf einem Medienforum von dem Produzenten Eberhard Junkersdorf (ehemals Bioskop Film): Wie kommt man zu einem kleinen Vermögen? „Man habe ein großes und werde Filmproduzent!"

Literaturverzeichnis

Allianz Deutscher Produzenten – Film & Fernsehen (Hompage), http://www.produzenten-allianz.de/positionen.html, 12.03.2008.

Brockhaus, 21.überarbeitete Auflage, Mannheim, 2006.

dtv-Brockhaus Lexikon, 20 Bände, München, 1984.

Filmstatistisches Jahrbuch 2007 der SPIO, Baden Baden, 2007.

Hochschule für Fernsehen und Film München, Statistik erstellt von Monika Lerch-Stumpf, Abteilung: Medienforschung der HFF München, 2008.

ILJINE, D.: Das Berufsbild des Filmproduzenten in Deutschland: Fallbeispiel Bernd Eichinger, Magisterarbeit, München, 1989.

KEPPLINGER, H. M. / VOHL, I.: Angepasste Außenseiter: Was Journalisten denken und wie sie arbeiten, Freiburg, 1979.

KRÜGER, U. M. / ZAPF-SCHRAMM, T.: Sparten, Sendungsformen und Inhalte im deutschen Fernsehangebot 2006, in: Media Perspektiven Heft 4/2007, S. 166-186.

LANGENBUCHER, W.: Kommunikation als Beruf: Ansätze kommunikationswissenschaftlicher Berufsforschung, Habilitationsschrift, München, 1973.

Scholz Film Fernseh ABC 2007, Hamburg, 2007.

Spitzenorganisation der Filmwirtschaft e.V. (Homepage), http://www.spio.de/index.asp?-SeitID=2, 10.03.2008.

THIES, A.: Definition des Begriffs Produzent, in: Reclam Lexikon, Stuttgart, S. 245 f., 2007.

Wirtschaftslexikon, 15. Auflage, Wiesbaden, 2000.

Interviews:

BRÜNNING, ULF, Redakteur bei Scholz Film ABC: Gespräch am 12.03.2008.

HEID, MANFRED, Leiter Abteilung V: Produktion und Medienwirtschaft, Hochschule für Fernsehen und Film München: Gespräch am 07.03.2008.

LATTEYER, WOLFGANG, Abteilung V: Produktion und Medienwirtschaft, Hochschule für Fernsehen und Film München: Gespräch am 11.03.2008.

VON SPRETI, HUBERT, Leiter Film & Teleclub, Bayerischer Rundfunk: Gespräch am 13.03.2008.

Teamformung und Teameffizienz in der Filmproduktion

Dietrich von der Oelsnitz und *Michael W. Busch*

Zusammenfassung
Filmproduktionen können als sich adhokratisch bildende Strukturen betrachtet werden. In diesen Netzwerken schließen sich verschiedene Experten mit unterschiedlichen Wissensbereichen (z.B. Drehbuchschreiben, Casting, Szenenaufbau, Kinematografie, Kostümproduktion, Schnitt) in multidisziplinären Teams zusammen. Es entstehen stets aufs Neue Teamformationen, die projektbasiert und durch die Nutzung heterogenen Expertenwissens neuartige, möglichst innovative und erfolgreiche Lösungen hervorbringen sollen. Zunächst wird dazu die Formung effizienter Filmteams betrachtet. Im Einzelnen werden die Regiearbeit und im Speziellen das Entwickeln einer Vision für Filmteams beleuchtet. Um das Funktionieren von Filmteams zu erklären, wird dann auf die Bedeutung des Aufbaus eines präzisen Rollenwissens und die Schaffung einer kooperativen Teamkultur eingegangen. Abschließend wird die Notwendigkeit zur Reflexion herausgestellt, was sich auf ein gemeinsames Überdenken verfolgter Ziele, Strategien und praktizierte Prozesse eines Teams bezieht.

Beitragsinhalt

1 Einleitung

Die Filmbranche gilt gemeinhin als Paradebeispiel für Schnelllebigkeit und Veränderlichkeit. Der Filmmarkt ist hart umkämpft, der Geschmack des Publikums unberechenbar. Filme stellen dabei komplexe und wissensintensive Erzeugnisse dar, die es in immer kürzeren Zyklen, unter immer höheren Kosten und unter Beteiligung von immer mehr Experten herzustellen gilt. HENRY MINTZBERG spricht daher von adhokratischen, d.h. ad hoc gebildeten Strukturen, MICHAEL STORPER spricht von vernetzten Systemen, die unterschiedliche Talente je nach Bedarf „verknüpfen".

- „In Adhokratien müssen sich die verschiedenen Experten in multidisziplinären Teams zusammenschließen, die jeweils nur für ein ganz bestimmtes Innovationsprojekt gebildet werden (…) Koordination kann somit nur durch die Experten selbst bewirkt werden, die über das erforderliche Fachwissen verfügen und die eigentliche Projektarbeit leisten; vorrangiger Koordinationsmechanismus in der Adhokratie ist damit die gegenseitige Abstimmung" (MINTZBERG, H. (1992), S. 339).
- „Jede Filmproduktion bringt ein Team von spezialisierten Produktionsfirmen und unabhängigen Auftragnehmern zusammen, alle bringen sie spezifische Fachkenntnisse und Talente mit. So bilden die Unternehmen ein Netzwerk, dessen Lebensdauer auf die Laufzeit des Projektes beschränkt ist. Drehbuchschreiben, Casting, Szenenaufbau, Kinematografie, Kostümproduktion, Schnitt und Filmentwicklung werden jeweils von unabhängigen Fachleuten besorgt, die in einer kurzfristigen Partnerschaft mit einer unabhängigen Produktionsfirma zusammenarbeiten" (RIFKIN, J. (2007), S. 39).

Eine zentrale These für die Filmproduktion lautet dementsprechend, dass hier stets aufs Neue Teamformationen entstehen, die projektbasiert und durch die Nutzung heterogenen Expertenwissens neuartige, möglichst innovative und erfolgreiche Lösungen hervorbringen sollen. Trotz dieser vordergründig angenommenen und unmittelbar einleuchtenden Veränderlichkeit organisationaler Strukturen innerhalb der Filmbranche, gibt es jedoch jüngste Forschungsergebnisse, die eine interessante Erweiterung der bisherigen Sichtweise liefern: „The second perspective is somehow less investigated and emphasizes the role of enduring interpersonal ties, as opposed to the ephemeral institutional shell represented by the project" (FERRIANI, S. et al. (2005), S. 261). Demnach gibt es trotz der insgesamt häufigen Mitgliederwechsel auch innerhalb der Filmbranche Zonen der Stabilität, d.h. dauerhafte Beziehungsstrukturen und wiederkehrende Formen der Zusammenarbeit.

Nachfolgend sollen allerdings vor allem die kurzfristig aufzubauenden Beziehungen betrachtet und im Lichte der aktuellen Teamforschung gestaltungsorientiert analysiert werden. Zu diesem Zweck werden vereinfachend zwei Formen der Zusammenarbeit unterschieden:

1. Das variable *Filmteam*, welches für die *Realisation* des eigentlichen Films verantwortlich ist und sich von Projekt zu Projekt – wenn nicht gänzlich, so doch in weiten Teilen – neu

zusammensetzt (sog. Production-Phase). Hier geht es letztlich darum, dass sich die einander unbekannten Mitglieder als Team möglichst rasch „zusammenraufen", um zu einer funktionsfähigen Arbeitseinheit zu werden. Neben dem Teamführer, d.h. dem Regisseur, den Schauspielern, Komparsen und Stuntmen gehört hierzu der den Drehprozess unterstützende Stab (z.B. Kameramann, Beleuchter, Tontechniker, Script Supervisor, Szenen- und Maskenbildner).

2. Die (mehr oder weniger) festen *Beziehungsstrukturen*, die – über mehrere Filmprojekte hinweg – den stabilen Gürtel bilden, welcher den Dreh eines Films vor- und nachbereitend umspannt, d.h. für die *Planung*, *Aufbereitung* und *Vermarktung* des Films zuständig ist (sog. Pre- und Post-Production-Phase). Dies sind zumeist dauerhafte persönliche Bindungen, die der Regisseur etwa mit Produzenten, Drehbuchautoren, Locationscouts, Castingleitern, Filmkomponisten, Cuttern und vielen weiteren Prozessbeteiligten aufgebaut hat: „When you find people you can work with you never want to give them up" (so der Regisseur und Schauspieler SIDNEY POLLACK, zitiert in: FERRIANI, S. et al. (2005), S. 274). ALFRED HITCHCOCK etwa hat immer wieder mit der Kostümbildnerin EDITH HEAD, dem Kameramann ROBERT BURKS und dem Cutter GEORGE TOMASINI zusammengearbeitet. Legendär ist auch die Verbindung zwischen SERGIO LEONE und ENNIO MORRICONE oder in Deutschland die zwischen dem Produzenten HELMUT RINGELMANN und dem Drehbuchschreiber HERBERT REINECKER.

Für den dauerhaften Erfolg eines Regisseurs sind beide Kooperationsformen von Bedeutung. Während die neuen Schauspieler als kreative „Inputs" das Drehteam beleben, sorgen die langfristigen Bindungen für Beständigkeit und Berechenbarkeit, d.h. der Regisseur weiß, wer von diesen Partnern worin besonders gut ist und wer daher mit welchen Aufgaben betraut werden kann. Dieses Gefühl des „Sich-Verlassen-Könnens" entsteht erst als Ergebnis eines langwierigen Kennenlernprozesses. In dauerhaften Beziehungsstrukturen wird also im Zeitverlauf tiefergehendes Vertrauen aufgebaut (*Deep Trust* als Ausdruck von *Strong Ties*), während in Filmteams Vertrauen sehr viel schneller entstehen muss, damit aber auch wesentlich brüchiger bzw. gefährdeter ist (*Swift Trust* als Ausdruck von *Weak Ties*, vgl. MEYERSON, D. et al. (1996), S. 172ff.). Projektbasiert zusammengestellte „Zwangsgemeinschaften" können – was die Reibungslosigkeit des Zusammenwirkens und die „feinkörnige" Kenntnis der jeweiligen Stärken und Schwächen der Kooperationspartner betrifft – nur selten das Niveau langfristig gewachsener Beziehungsstrukturen erreichen. Dennoch gibt es Trainings- und Lernmechanismen, die dazu beitragen, dass auch neu „zusammengewürfelte" Einzelpersonen befähigt werden, in eine Richtung zu arbeiten. Projektbeteiligte sollen also aus dem Zustand eines „Teams von Experten" in den Zustand eines „Expertenteams" versetzt werden. Teilweise wird in diesem Zusammenhang auch von einem Übergang gesprochen, der in den beiden Begriffen Arbeitsgruppe und Arbeitsteam zum Ausdruck kommen soll. Ein Team zeichnet sich dabei – in Abgrenzung zur Gruppe – vor allem durch einen engeren inneren Zusammenhalt, wechselseitige Hilfestellungen sowie eine hohe Lern- und Leistungsbereitschaft aus (Vgl. KATZENBACH, J. R. / SMITH, D. K. (1998), S. 93ff.), d.h. die Teammitglieder denken mehr in der Wir- als in der Ich-Form. Bei stark egozentrischen Stars und Filmdiven kann dies gleichwohl eine nicht unerhebliche Herausforderung darstellen.

2 Die Formung effizienter Filmteams

2.1 Regiearbeit als Teamführung

Die Zusammenstellung und der Aufbau eines nicht nur künstlerisch, sondern auch betriebswirtschaftlich leistungsfähigen Drehteams zählt zu den wichtigsten Aufgaben eines Regisseurs. Von ihm als Führungskraft bzw. als Leiter des Filmprojekts wird dabei nicht wenig erwartet, wie eine aktuelle Befragung von Führungstheoretikern und -praktikern nach einzufordernden Führungseigenschaften ergeben hat (Vgl. EGER, E. et al. (2007), S. 336f.):

- Er sollte authentisch sein, ehrlich und direkt im Umgang. Er sollte Einfühlungsvermögen besitzen und zuhören können. Und schließlich sollte er über Durchsetzungskraft verfügen, d.h. in der Lage sein, klare Entscheidungen zu treffen und diese auch deutlich zu kommunizieren (STEFAN BORGAS, CEO Lonza Group).
- Er hat Rückendeckung zu geben und Vertrauen einzuflößen. Dies geschieht durch Anerkennung der geleisteten Arbeit und durch Anerkennung der Teammitglieder als vollwertige Persönlichkeiten (JULIA REICHENEDER, Schauspielerin).
- Er hat Orientierung und Sicherheit zu vermitteln, sollte sich Ansehen erworben haben und in der Lage sein, in chaotischen Situationen Halt zu geben (LUTZ VON ROSENSTIEL, Professor für Organisations- und Wirtschaftspsychologie).
- Er soll Sinn stiften können und mutig handeln. In seinen Augen soll seine Begeisterung für Menschen und Aufgabe aufblitzen. Und schließlich soll er selbst in den härtesten Situationen Menschlichkeit bewahren (THOMAS SATTELBERGER, Vorstand Personal und Arbeitsdirektor der Deutschen Telekom AG).
- Die Geführten erwarten, dass ihre Arbeit vom Vorgesetzten respektiert wird. Sie erwarten also Sicherheit und Bestätigung ihres Tuns, Wertschätzung, Vertrauen und Feedback. Und schließlich soll das Verhalten des Vorgesetzten einen roten Faden erkennen lassen, d.h. Leitplanken, Maßstäbe und Standards setzen, innerhalb derer sich die Untergebenen sicher bewegen können (BEAT WEIBEL, Teamchef der Schweizer Koch-Nationalmannschaft).

Der ehemalige US-General NORMAN SCHWARZKOPF hat den Führungsbegriff auf eine denkbar einfache Formel reduziert: Leadership = Competence + Character. Einerseits hat also der Führer über entsprechendes fachliches Know-how zu verfügen, um überhaupt respektiert zu werden, andererseits muss er vorbildlich und verlässlich in seinem Tun sein, damit sich Untergebene bei ihm sicher fühlen und vor allem angstfrei agieren können. Einer der Vordenker der amerikanischen Führungsforschung – KEN BLANCHARD – hat dies zusammen mit dem ehemaligen, äußerst erfolgreichen NFL-Coach DON SHULA in fünf Grundprinzipien vereint, die zusammen das Akronym COACH ergeben (Vgl. SHULA, D. / BLANCHARD, K. (1996), S. 22ff.):

- C onviction-driven („Never compromise your beliefs“), d.h. der Coach sollte feste Überzeugungen besitzen und diese (vor-)leben.
- O verlearning („Practice until it's perfect“), d.h. durch kontinuierliches Lernen und Training sollte der Coach versuchen, das Beste aus den Teammitgliedern herauszuholen.
- A udible-ready („Know when to change“), d.h. der Coach hat rechtzeitig zu erkennen, wann veränderte Weichenstellungen und Verhaltensanpassungen vorzunehmen sind.
- C onsistency („Respond predictably to performance“), d.h. der Coach sollte berechenbar in der Beurteilung des Leistungsverhaltens von Teammitgliedern sein und nicht heute loben, was er morgen tadelt.
- H onesty-based („Walk your talk“), d.h. der Coach sollte zu dem stehen, was er sagt. Zwischen seinem Reden und seinem Handeln sollte keine Kluft liegen. Sein Ja sollte ein Ja, sein Nein ein Nein sein. Sein Herz sollte also keine „Falten“ haben, wie es FRANZ VON SALES einmal plastisch ausgedrückt hat.

Diese allgemeinen Empfehlungen gelten letztlich für jede Person, die eine verantwortungsvolle Führungsposition innehat. Führungskräfte und damit auch Regisseure repräsentieren jedoch eigenständige und eigenwillige Persönlichkeiten. Entsprechend variiert die Art und Weise, wie sie Einfluss auf ihre Untergebenen bzw. die Mitglieder ihres Teams nehmen. Es gibt etwa Unterschiede dahingehend, wie viel Freiräume sie den Schauspielern gewähren, wie bereitwillig sie auf Verbesserungsvorschläge von Seiten der Beteiligten eingehen, wie vorgefasst ihre Vorstellung einzelner Szenen ist und welchen jeweiligen Führungsstil sie praktizieren, d.h. wie sehr sie die Zügel anziehen oder schleifen lassen. So wurde STANLEY KUBRICK ein ausgeprägter Hang zum Perfektionismus nachgesagt, d.h. er soll Szenen so lange nachgedreht haben, bis sie exakt den eigenen Erwartungen entsprachen. MARTIN SCORSESE hingegen soll sich leichter von den Darstellern beeinflussen haben lassen, so etwa von JACK NICHOLSON in dem Film „Departed“. ALFRED HITCHCOCK schließlich war bekannt dafür, dass er von vornherein nur *einen* minuziös vorbereiteten Take für eine Szene vorsah, was durchaus disziplinierend auf die Schauspieler wirkte, da sie genau wussten, dass das, was sie gerade an darstellerischer Leistung zu erbringen hatten, „sitzen“ musste.

Mit Sicherheit wird in der Wirklichkeit kaum der ideale Regisseur vorzufinden sein, denn viele der aufgeführten Eigenschaften würden geradezu einen „Übermenschen“ verlangen. Jeder Mensch weist aber nun einmal gewisse Eigenheiten und Charakterschwächen auf. Darüber hinaus gibt es auch nicht das ideale und allgemeingültige Führungsverhalten, da neben der Persönlichkeit des Regisseurs die jeweilige Aufgabe, die Zusammensetzung des Teams, der Zeitdruck, der auf dem Team lastet, budgetäre Knappheit und viele weitere Kontextfaktoren Einfluss auf die je angemessene Art der Führung nehmen. Nichtsdestotrotz soll an dieser Stelle ein Regisseur – nämlich PETER WEIR – herausgegriffen werden, denn die Schilderungen der Beteiligten im Making-of des Films „Der Club der toten Dichter“ (DVD, Touchstone Pictures 2003) über seine Vorgehensweise als Regisseur kommen ausgesprochen nahe an das heran, was in der Literatur zur Teamführung gemeinhin gefordert wird. Anhand dieser Schilderungen sollen – unter Berücksichtigung aktueller wissenschaftlicher Forschungsergebnisse – einige zentrale Gestaltungsprinzipien herausgearbeitet werden, deren Beachtung die Leistung und die Kreativität eines Filmteams verbessern kann. Die Selbstzeugnisse und Kommentare der Schauspieler wurden zunächst transkribiert, einer behutsamen stilistischen Glättung unterzogen und dann in eine andere, nach Themenfeldern geordnete Reihung gebracht (Vgl. Tabelle 2.1). Die eckigen Klammern enthalten jeweils eigene Ergänzungen bzw. verständnisfördernde Erläuterungen. Anschließend erfolgt dann eine Darstellung einzelner Maßnahmen, die wiederholt Bezug nimmt auf die Art der Regieführung von WEIR.

Weirs Art der Vorbereitung des Filmdrehs

Es war unglaublich, dass wir so viel Zeit zum Proben bekamen, bevor wir mit den Dreharbeiten anfingen. Alles passierte im Radisson Hotel. Wir kamen nach Wilmington, Delaware, etwa zwei Wochen, bevor die Kameras anfingen zu laufen. (D.K.)

Und das, was in meiner Erinnerung das Wichtigste war am Prozess der Proben, in dieser zweiwöchigen Periode, war, dass Peter wollte, dass wir soviel wie möglich zusammen sein sollten. Damit wir einander überdrüssig würden und uns über uns ärgerten … wir dachten echt, als wir anfingen zu filmen, dass wir zusammen in der Schule waren und das war … die Art Umfeld, welches er [Peter] anstrebte. Ich weiß noch, eine der großen Übungen von ihm war, dass er während der Proben so tat, als sei er der Theaterlehrer, dass wir ein Weihnachtsstück aufführten und wir unsere Figuren spielten. Es war irgendwie bizarr, [eine Art] Grundlagen-Theaterspiel, das er mit Teenagern machte. Damit versuchte er, uns aufzulockern und wollte, dass wir uns sicher fühlten, dass wir etwas beitragen konnten und uns nicht lächerlich machten. Das ist Peters große Gabe, wenn man mit ihm arbeitet: Er vermittelt dir das Gefühl, dass du etwas zu bieten hast, was die Leute dazu ermutigt, ihr Bestes zu geben. (E.H.)

Wir waren dort [in Delaware] zum Proben, uns wurden die Haare geschnitten. Alle bekamen die 50er-Jahre-Frisuren und sollten sich abends auch nur mit Seife duschen, weil es damals noch kein Shampoo gab. Wir spielten Fußball und stellten Recherchen an. Peter gab uns Bücher, die die besten Filme der 50er-Jahre beschrieben sowie Kassetten mit den Top 20-Songs dieser drei Jahre [die wir hören sollten]. [Dadurch sollten wir ein Gespür bekommen] wie es so war als Junge in den 50ern. Er wollte uns von allen Verhaltensweisen entfernen, die mit den … späten 80ern, frühen 90ern zusammenhingen. Peter ließ uns Gedichte schreiben, damit unser Verstand aufwachte und um uns zu öffnen für das, was wir während des Filmens entdecken würden (R.S.L.; E.H.; D.K.).

Weirs Umgang mit Schauspielern und seine Art der Inspiration

Aus der Sicht des Schauspielers will man zwei Dinge von einem Regisseur: Ein beständiges Interesse an den eigenen Darbietungen und die Erhaltung des Egos. Des Schauspieler-Egos. Peter machte das über alle Maßen; er ist das, was ich einen Humanisten nenne. (N.L.)

Peter wurde für uns alle eine Art kleiner Volksheld. Wir waren sehr jung und leicht zu beeindrucken. In vielerlei Hinsicht war er der erste richtige Berufskünstler, dem ich begegnete. Und er flößte uns, ganz ähnlich wie Mr. Keating im Film, Visionen von Kunst ein. Darüber, was Kino sein kann, was möglich ist. Er entfachte in uns wirklich eine Leidenschaft und das Gefühl am Set, dass das, was wir machten, wichtig war. Er ist ein toller Mann und er war gut zu uns allen. Damit wird so eine Erfahrung noch wertvoller. (E.H.)

Er kämpfte für uns, beschützte uns und inspirierte uns alle. Er vertraute uns allen. (R.S.L.)

Ich bin immer noch verliebt in ihn. Er beeinflusste in starkem Maße meine Schauspielerei. Und meine ganze Herangehensweise an die Schauspielerei. Er schien in dem, was er tat, völlig aufzugehen. (M.W.)

Er war wie der Rattenfänger, alle machten alles, gingen überallhin mit. Sie dachten, er sei der Größte, und das war er auch. Und so machte er eine großartige Einheit aus ihnen, wodurch man ausgezeichnet mit ihnen spielen konnte, weil man diese großartigen Darbietungen vor Augen hatte. Und wissen Sie, beim Schauspielen gibt man und nimmt man. Man redet und hört hin. Und das konnten sie sehr gut. Ich konnte daher sehr leicht den Schulleiter spielen. Ich machte ihnen gerne das Leben schwer. (N.L.)

Weirs Verständnis vom Filmdreh als kreativem Lernprozess

Er weiß, was er bei einer Szene will, was er braucht, was er haben muss. Mehr noch, er sucht nach Wegen, wie er noch mehr aus dir herausholt. Für einen Schauspieler ist das die beste Art Regisseur. Das bestärkt einen, über das, was im Skript steht, hinauszugehen, über das, was er in einer Szene braucht. Ich habe schon mit anderen guten Regisseuren gearbeitet, die dir sagen, wie sie die Szenen wollen und dann spielst du es so. Macht man etwas ein bisschen anders, heißt es: „Ja, das ist gut, aber machen wir's lieber anders." Oder: „Lass uns das später noch machen." Später bedeutet dann nie. Sie wollen es so, wie sie es wollen, und basta. (K.S.)

[Schilderung des Drehs der Geburtstagsszene, in der E.H. in seiner Rolle im Film wieder dasselbe Geburtstagsgeschenk seiner Eltern wie jedes Jahr zugeschickt bekommt] Während des Drehs stellte sich heraus, dass die Szene so nicht sehr gut wirkte und Peter kam rüber und sagte: „Das wirkt nicht. Schnitt. Wir brauchen … hören wir einfach auf. Wir müssen das überdenken. Es ist öde. Es wirkt nicht echt. Ich glaube sie nicht." [Auch E.H. meinte, die Szene sei in der vorliegenden Form zu kitschig und unglaubwürdig für einen Jugendlichen] Also sagte er: „Wir machen uns Notizen für morgen. Ihr Jungs überlegt euch was, wie es besser wirkt. [Und dann kamen E.H. und R.S.L. hinter den Kulissen – in einer Art Brainstorming und einem häufigen Nachspielen der Szene – auf die Idee, das Geschenk der Eltern einfach vom Dach zu schmeißen] Und Peter sagte: „Das ist es. In die Richtung muss es gehen." E.H.: Bob und ich sagten uns später auf dem Nachhauseweg: Will er das wirklich in den Film einbauen? Ich meine … das macht fast zu viel Spaß.

[K.S. schildert die wichtige Flurszene gegen Anfang des Films, in der er als Vater seinen Sohn maßregelt; diese Szene wurde auf seinen Wunsch hin einen Tag nach dem Dreh komplett neu gedreht] So was passiert eigentlich nie, Szenen neu zu drehen, weil sie um Nuancen besser gespielt sind. Zeit ist Geld beim Film. Das sind ein paar Stunden Arbeit. Den Set ganz neu ausleuchten, die Kameras herumdrehen. Aber er machte es, weil es stimmte. Wir hätten die Szene auch so wie vorher lassen können. Aber so war sie besser. Und so ging er mit allem um. Und das sagt dir … das stellt dich so auf den Regisseur ein, dass du alles für ihn tust.

[D.K. schildert den Dreh der Szene im Theater, wo Weir das Publikum entsprechend instruierte] Peter musste [in dieser Szene] die Kamera ins Publikum schwenken lassen und die

Reaktion der Menge filmen. Er sagte: „Teilen wir das in Gruppen ein. Die mittlere, die linke und die rechte. Wenn ich auf euch zeige, sollt ihr lachen. Oder reagiert einfach." Und er nahm sich 15 oder 20 Minuten für das Publikum, er stellte sich vor sie hin und fuchtelte mit seinen Händen herum. Er machte irgendetwas, und sie fingen an zu lachen. Er zeigte nach hinten, und die Leute fingen an zu lachen. Und er zeigte auf beide gleichzeitig. Am Ende war er wie ein Konzertmeister und er spielte dieses Publikum mit 200 Komparsen wie ein Instrument. Er fuchtelte so mit den Händen herum, und das Gelächter erscholl überall. Und so verteilte er das Gelächter. Er ließ es anschwellen und wieder abklingen. Und die Menge ging völlig in dem auf, was da los war. Das war einfach ein perfektes Beispiel für seine Regieführung. Er inspirierte die Schauspieler und entlockte den Menschen Dinge. Es war einfach so, wenn er dir seine Aufmerksamkeit widmete, wollte man für ihn lebendig sein.
[In einer Szene spielte M.W. und niemand sagte 'Cut', was ihr noch nie untergekommen war] Dann kam Peter rein und sagte: „Hey, ihr seid Schauspieler, die Kamera läuft, macht was ihr wollt, ihr seid dran. Der Moment, wenn der Regisseur 'Action' sagt, und du die Szene machst, und die Kamera läuft, gehört ganz und gar dir!" Das war das schönste Geschenk, das mir ein Regisseur je machte, denn seitdem ist für mich die Zeit von 'Action' bis 'Schnitt' die mir völlig eigene Zeit. Die ist sicher. Keiner kann sie mir nehmen ... Egal, was um einen herum passiert, sobald der Regisseur 'Action' sagt, ist diese Zeitspanne bis zum Schnitt der Stephen-Hawking-Moment der „Nicht-Zeit", wie wir es nennen.
[M.W. schildert zunächst schlechte Erfahrungen mit rüden Regisseuren und ihre anfängliche Angst, nun mit einem wirklich großen Regisseur zusammenzuarbeiten] Wir machten uns für die Szene bereit und Peter nimmt mich beiseite und sagt: „Melora, ich will nur, dass du weißt, dass du viel interessanter bist als jede Figur, die einer erfinden kann. Es geht nur darum, dass es echt wirkt, und wenn dir was falsch vorkommt, verändere es und sag mir Bescheid." Und ... ich war [in einem freudigen Sinne] geschockt.
D.K. = Dylan Kussman (Richard Cameron); E.W. = Ethan Hawke (Todd Anderson); K.S. = Kurtwood Smith (Mr. Perry); M.W. = Melora Walters (Gloria); N.L. = Norman Lloyd (Mr. Nolan); R.S.L. = Robert Sean Leonard (Neil Perry). Quelle: Bonusmaterial der DVD „Der Club der toten Dichter" (Touchstone Pictures, 2003)

Tab. 2.1 *Regieführung durch PETER WEIR im Film „Der Club der toten Dichter"*

2.2 Entwicklung einer Vision

Die Bedeutung, die in der Entwicklung einer gemeinsamen Vision liegt, wurde vor allem durch PETER SENGE in seinem weltweiten Bestseller „Die Fünfte Disziplin" mit Verve vorgetragen: „Eine gemeinsame Vision ist lebenswichtig für eine lernende Organisation, weil sie den Schwerpunkt und die Energie für das Lernen liefert (...) schöpferisches Lernen [ist] nur möglich, wenn Menschen nach etwas streben, das ihnen wahrhaft am Herzen liegt" (SENGE, P. M. (1996), S. 252). Ein Regisseur muss es daher verstehen, die Leute zu begeistern, sie zu inspirieren. Der häufig zitierte, deswegen aber nicht sinnentleert gewordene Ausspruch SAINT-EXUPÉRYS, in den Seeleuten, die ein Schiff bauen sollen, doch erst einmal die Sehnsucht nach dem Meer zu wecken, bevor man sie mit den ernüchternden Details und Schwierigkeiten der operativen Ausführung des Schiffbaus konfrontiert, weist in eine ähnliche Richtung. Visionen sollen somit Orientierung geben und Sinn stiften; sie sollen Handlungsweisen des Regisseurs rechtfertigen helfen und die Entscheidungsfindung sowie die Konsensbildung im Team erleichtern; vor allem aber kann durch eine gemeinsame Vision die Leistungsbereitschaft der Beteiligten gesteigert werden (Vgl. VON DER OELSNITZ, D. (1999), S. 168). Wie die oben aufgeführten Kommentare der Schauspieler gut erkennen lassen, hat WEIR nicht nur verstanden, die Einzelpersonen zu begeistern, sondern er verstand es auch, ein Gefühl bei allen Beteiligten zu entfachen, gemeinsam an etwas Großem zu arbeiten. Damit hat er einer Tendenz, die fast zwangsläufig in Gruppen um sich greift, von vornherein wirksam entgegengearbeitet: dem sog. Social Loafing (= soziales Faulenzen, vgl. VON DER OELSNITZ, D. / BUSCH, M. W. (2006), S. 68). Dieses Phänomen der Leistungszurückhaltung tritt aus ganz unterschiedlichen Gründen auf, z.B. bei unklaren Aufgabenverteilungen, in zu großen Gruppen oder bei als ungerecht empfundenen Leistungsbeurteilungen (etwa wenn ein Kollege für dieselbe Leistung höher belohnt wird, sei es in Form von Geld, sei es in Form von Lob und Anerkennung). Eine wichtige Ursache ist auch darin zu suchen, dass der eigene Beitrag (und damit dann oft auch die eigene Person) subjektiv als unbedeutend wahrgenommen und die Arbeit an der Gesamtaufgabe eben nicht als visionäre Herausforderung, sondern als dröge Pflichterfüllung erlebt wird. Umgekehrt heißt dies aber auch, dass Mitarbeiter dann, wenn sie das Gefühl haben, an einer bedeutsamen und sie fordernden Aufgabe mitzuwirken, bereit sind, nicht nur das Mindestmaß der von ihnen abverlangten Leistung zu erbringen, sondern ganz im Gegenteil den Enthusiasmus entwickeln, über ihre eigenen Leistungsgrenzen hinauszugehen (wie etwa auch treffend die Instruktion des – vermeintlich unbedeutenden – Publikums im Film durch WEIR anschaulich werden lässt). Im Idealfall wird dadurch eine nach oben offene Leistungsspirale in Bewegung gesetzt, in der sich alle Beteiligten wechselseitig beflügeln.

2.3 Aufbau präzisen Rollenwissens

Wichtig ist nicht nur die Bedeutsamkeit, die die Beteiligten ihrer eigenen Aufgabe und dem Gesamtprojekt zuschreiben, sondern auch der Aufbau präzisen Wissens im Hinblick auf die eigene Rolle, auf die jeweilige Rolle der anderen und auf das Zusammenspiel der Rollen. Während der Aufbau einer inspirierenden Vision eher eine „Herzensangelegenheit" darstellt, ist der Aufbau von Rollenwissen als kognitives Phänomen zu begreifen, d.h. innerhalb des Produktionsteams müssen die Beteiligten sog. mentale Modelle errichten, die einander möglichst gleichen sollten („Shared Mental Models"). Während die Vision also den „emotionalen Kitt" liefert, wird durch den Aufbau von Rollenwissen die Basis für erfolgreiche Abstimmungs- und Lernprozesse gelegt. Der Begriff der Rolle weist hier über den der Filmrolle hinaus. Letztlich müssen alle am Set mitwirkenden Akteure ihre jeweilige Rolle im Team kennen und wissen, wie sich diese in den Gesamtzusammenhang einordnet. Der Aufbau eines solchen wechselseitigen Wissens, das auch als interpositionales oder transaktives Wissen (= Wissen über das Wissen der anderen) bezeichnet wird, geschieht durch sog. Cross Training. Darunter werden sämtliche Maßnahmen und Methoden gefasst, die geeignet sind, eben dieses Wissen übereinander, also Wissen über die jeweiligen Pflichten der Teammitglieder, über ihre menschlichen Eigenheiten und Erfahrungen sowie über ihre Stärken und Schwächen zu entwickeln (Vgl. BUSCH, M. W. (2008), S. 69). Mit anderen Worten geht es also um übergeordnete Kenntnisse sowohl der aufgabenspezifischen Anforderungen (= Rollenwissen) als auch der personenspezifischen Eigenschaften (= Rollenträgerwissen). Cross Training setzt sich aus drei Trainingsmodulen zusammen (Vgl. STAGL, K. C. et al. (2007), S. 167ff.):

- *Positional Clarification* klärt über die genaue Rollenstruktur im Drehteam auf. Dies kann durch den Regisseur in Teambesprechungen am Set erfolgen oder durch die individuelle Aneignung dieses Wissens (z.B. Lesen des Scripts, der Arbeitsanforderungen, der Besetzungsliste und Einsatzpläne). Hierzu zählt auch das personenbezogene Wissen, das WEIR vor allem durch den zweiwöchigen Probenvorlauf vor Drehbeginn anstrebte, in dem ein intensives Kennenlernen der Beteiligten ermöglicht wurde. Die bessere Einordnung der Rolle in den Kontext bzw. in die im Film dargestellte Epoche förderte er dadurch, dass er den Schauspielern den Geist der damaligen Zeit durch Frisuren, Literatur und Musik nahebrachte.
- *Positional Modeling* lässt durch Vorführung die jeweiligen Eigenheiten des Gegenübers, seine Art der Herangehensweise an Rollen und den korrekten Umgang mit ihm erkennen. WEIR hat den Aufbau eines solchen Prozesswissens vor allem durch den Einsatz des „Weihnachtstheaters" stimuliert, aber auch dadurch, dass er die Beteiligten einfach Fußball spielen ließ.
- *Positional Rotation* schließlich meint die zeitweise Ersetzung des anderen, d.h. ein Teammitglied übernimmt für einen gewissen Zeitraum die Rolle eines Kollegen. Während dieses Verfahren in der Managementpraxis vor allem im Fertigungsbereich eingesetzt wird, um Bedarfsschwankungen auszugleichen, kommt es am Set aufgrund der knappen Zeit und der festgelegten Rollen weniger in Frage. Dennoch könnte etwa ein Rollentausch dann vollzogen werden, wenn eine Szene „hakt". Dadurch, dass ein anderer die eigene Rolle einnimmt, eröffnet sich unter Umständen ein neuer Blickwinkel oder es ergibt sich eine darstellerische Verbesserung (und sei es nur um Nuancen). WEIR hat dieses Austesten verschiedener Verhaltens- und Ausdrucksformen in der Geburtstagsszene verlangt, indem er die Beteiligten bewusst zum eigenständigen Ausprobieren verschiedener Optionen aufforderte.

Eine Möglichkeit, den Prozess des wechselseitigen Kennenlernens abzukürzen, besteht darin, dass der Regisseur teilweise auf ihm bereits bekannte (bzw. auch untereinander bekannte) Darsteller zurückgreift. In der Praxis ist dies sehr häufig anzutreffen, denn auch innerhalb eines Produktionsteams kann es projektüberdauernde Partnerschaften geben. So spielte JILL IRELAND auffallend häufig an der Seite (ihres Ehemannes) CHARLES BRONSON (angeblich deswegen, weil ansonsten keine weibliche Darstellerin bereit gewesen war, neben ihm zu spielen). Bekannt ist auch die Hass-Freundschaft zwischen WERNER HERZOG und KLAUS KINSKI sowie die (ebenfalls nicht reibungsfreie) Zusammenarbeit zwischen BLAKE EDWARDS und PETER SELLERS. Nicht selten ist für die Auswahl von Darstellern die Sympathie des Regisseurs entscheidend. Im Idealfall sollten 20 bis 40 Prozent eines Filmteams einander bereits kennen. Dadurch steigen die Erfolgschancen des Projekts, indem weniger

Zeit und Mühe in den Aufbau von Beziehungen und die Herstellung einer Atmosphäre des Vertrauens investiert werden muss (Vgl. GRATTON, L. / ERICKSON, T. J. (2008), S. 36).

2.4 Schaffung einer kooperativen Teamkultur

Egal, ob nun ein Drehteam völlig neu zusammengestellt wird oder ob es bereits auf vergangene Erfahrungen abstellen kann, stets ist der Aufbau einer Teamkultur gefragt, die den Produktionsprozess als ein schöpferisches Zusammenspiel der Beteiligten begreift und in der der Regisseur nicht die alleinige Lern- und Inspirationsquelle (oder schlimmer noch: die alleinige furchterregende Instanz) bildet. Die Frage, wie sich der Einfluss der Mitglieder eines Teams auf den Regisseur gestaltet, hängt nicht nur vom Regisseur selber ab, sondern ist auch Ausdruck eines im Verlauf der letzten Jahrzehnte veränderten Führungsverständnisses, wie die zwei nachfolgend aufgeführten Zitate über die Ausgestaltung von Führer-Geführten-Beziehungen erkennen lassen. Das erste Zitat stammt von NIKOLAUS HARNONCOURT und bezieht sich auf die Stellung des Dirigenten innerhalb eines Orchesters, dessen Einfluss früher ähnlich autoritär und unangefochten war, wie der vieler „Regietyrannen". Das zweite Zitat stammt von MICHAEL BALLHAUS und beschreibt das heute zu beobachtende gegenteilige Extrem, welches nämlich darin besteht, dass sich Filmstars dem Regisseur gegenüber immer mehr herausnehmen und ihm in seine Arbeit hineinreden:

- „Das Interesse in den Orchestern [d.h. der Orchestermitglieder an der Arbeitsweise des Dirigenten, die Verf.] wird immer größer. Ich muss bei den Proben mehr reden als andre Dirigenten, weil ich den Musikern erkläre, warum ... Karajan hat praktisch nichts erklärt, aber das war damals üblich. Das war fast der Stolz eines Dirigenten. Wer da als Orchestermusiker gefragt hat, warum soll ich das so machen, der ist sofort niedergepräckt worden. Ich habe als Cellist zweimal »Warum?« gefragt, und die Dirigenten haben gesagt: »Weil ich's so will«" (HARNONCOURT, N. (2008), S. 38).
- „Es wäre reizvoll gewesen, sagt Ballhaus, einige Szenen [im Film „The Departed", die Verf.] extrem kontrastreich zu drehen, so dass die Gesichter der Figuren im Schatten lägen. Doch das ist unmöglich mit diesen Schauspielern, die auf angemessener screen time bestehen. Es hätte gut zu der geheimnisvollen Geschichte gepasst, die Dialoge knapp zu halten, doch Stars dieses Kalibers haben immer eigene Vorstellungen davon, was sie sagen wollen und wie lange es dauert, unabhängig davon, was das Drehbuch vorsieht. Ihre Macht ist so groß geworden, dass selbst Regisseure wie Scorsese (...) nicht mehr machen können, was sie wollen. An die Stelle ausgefeilter Planungen, die zeitökonomisches Arbeiten erlauben, treten also ausführliche Drehbuchdiskussionen am Set" (LUEKEN, V. (2005), S. 37).

WEIR scheint auch in dieser Hinsicht, d.h. in der Frage der Beteiligung der Schauspieler am Drehprozess, eine ausgewogene Balance gefunden zu haben. Einerseits griff er Vorschläge von Beteiligten auf (und ermunterte auch direkt dazu), andererseits besaß er eine recht präzise Vorstellung von dem, was er (durchsetzen) wollte. Die Kunst der Regieführung besteht demnach darin, die eigene Einflussnahme nie so weit zu treiben, dass man taub gegenüber kritischen Einwänden und Verbesserungsvorschlägen aus der Umwelt wird, und andererseits darin, dass man als Regisseur nicht zum Spielball der Launen und Ansprüche der Darsteller und Mitwirkenden wird. Dies zu erreichen, also die Herstellung einer durch Vertrauen, wechselseitige Hilfestellung, hohen Leistungswillen und Erfolgsglauben gekennzeichneten Teamkultur, ist eines der schwierigsten Unterfangen am Set. Denn die Bereitschaft, offen und ehrlich Feedback auszusprechen und auch selber von anderen anzunehmen, fehlt gerade da, wo die »Big Egos« von Stars aufeinandertreffen und wo an die Stelle kooperativer Zusammenarbeit eine durch Feindseligkeit und Sticheleien geprägte Kampfarena von Narzissten tritt (vgl. zum Hintergrund dieser nicht nur im Künstlermilieu, sondern auch im Managementbereich zunehmend verbreiteten Persönlichkeitsstörung Tabelle 2.2).

Narzissmus am Set

Wo Menschen zusammenkommen, da „menschelt's". Wo allerdings egozentrische Narzissten aufeinandertreffen, da kracht es bisweilen für alle laut vernehmlich im Gebälk, wie zahlreiche Kolportagen über das Innenleben von Drehteams belegen. Die Führungsforschung hat sich gleichwohl erst in den letzten zehn Jahren verstärkt mit dem Phänomen narzisstisch veranlagter Persönlichkeiten beschäftigt. Am Set bedeutet dies, dass Stars ihren eigenen Kosmos bilden, mit einem ganzen Tross aufmarschieren und allerlei Vergünstigungen genießen. Der US-amerikanische Drehbuchautor WILLIAM GOLDMAN (1999), S. 32 hat dies recht treffend auf den Punkt gebracht: „Auch Stars [sind nicht] anders als du und ich. Ja, sie stehen morgens auf, genau wie wir. Und sie gehen abends zu Bett, wie wir auch. Aber – ein ganz großes Aber, falls sie wirklich gefragt sind, unterscheidet sich ihr Tagesablauf von unserem in einem simplen Punkt: Dazwischen *bewegen sie sich in einer Welt, in der ihnen niemand widerspricht*." Wer aber nur von Jasagern und Claqueuren umgeben ist, fühlt sich in seiner Selbstherrlichkeit am Ende immer wieder bestätigt, was zu einer maßlosen Selbstüberschätzung führt und eine Spirale in Gang setzt, die durch Gier nach Bewunderung angetrieben wird. Der Narzisst weist ganz bestimmte Grundzüge auf:

- Leichte Kränk- und Erregbarkeit, die häufig – selbst bei nichtigsten Anlässen – ihr Ventil in Tobsuchtsanfällen findet oder zu beißendem Sarkasmus führt, also zu verbalen Vernichtungen der Person, die den Narzissten kritisiert.
- Mangel an aufrichtigen Gefühlen und Empathie gegenüber Mitmenschen, d.h. Regungen für den anderen werden oft vorgetäuscht (sog. histrionische Persönlichkeitsstörung, d.h. eigentlich schauspielernde, besonders theatralisch auftretende Persönlichkeit). Der andere dient als Mittel für eigene Zwecke und wird „ausgesaugt", was er sich insofern gefallen lässt, als er Anteil hat am Ruhm des Narzissten.
- Einerseits Abwertung der Umwelt (fühlt sich von Idioten umgeben), andererseits Angewiesenheit auf Bewunderung und Anerkennung durch die Umwelt als Vergewisserung („Spiegelung") der eigenen Grandiosität (die im tiefsten Innern allerdings oft angezweifelt wird; Zurückweisungen nagen daher am Selbstwertgefühl des Narzissten). Es findet ein ständiges Vergleichen mit anderen und ein Buhlen um Aufmerksamkeit statt. Die Beziehung des Narzissten zu seiner Umwelt ist also äußerst ambivalent: Sie verachten sie und brauchen sie zugleich (so werden bspw. Paparazzi benötigt, um die eigene [künstliche] Aura aufrechtzuerhalten).

- Erfolge anderer führen zu Neid und aufkeimender Wut. Bleiben eigene Erfolge aus oder ist jemand „over the hill", d.h. hat er seinen Zenit überschritten, so folgt oft Einsamkeit, Depression und auch Selbstmord als letzter „Triumph" gegenüber der als lieb- und treulos empfundenen Umwelt.

All dies sind Ausformungen am destruktiven Ende der Narzissmus-Skala, denen letztlich nur mit individueller Charakterstärke und Zivilcourage begegnet werden kann. Es gibt aber auch durchaus konstruktive Narzissten, also solche, die ein gesundes Maß an Selbstvertrauen, Leistungsfähigkeit, visionärer Kraft und Erfolgsglauben in sich tragen, um andere zu begeistern. In der Führungsforschung wird dies allgemein positiv bewertet und mit charismatischer bzw. transformationaler Führung umschrieben, d.h. einer Form der Führung, die die Werte der Mitarbeiter aktiv beeinflusst. Dies ist etwas, was auch von einem „guten" Regisseur gefordert wird. Das Problem hierbei ist, dass die Übergänge zwischen gesund und krankhaft leider fließend sind und es demzufolge sehr schwer fällt, das eine vom anderen klar zu unterscheiden.

Literatur zur Vertiefung:
Michael Maccoby: Narzisstische Unternehmensführer im Kommen, in: Harvard Business Manager, 22. Jg. (2000), Nr. 4, S. 9-21.
Gerhard Dammann: Narzissten, Egomanen, Psychopathen in der Führungsetage, Bern et al. 2007.

Tab. 2.2 *Beschreibung narzisstischer Persönlichkeiten*

2.5 Ermöglichung von Reflexion

In engem Zusammenhang mit der Existenz einer kooperations- und lernorientierten Teamkultur steht die Ermöglichung von Reflexivität. Darunter wird das Ausmaß verstanden, in dem innerhalb eines Teams ein gemeinsames Überdenken verfolgter Ziele, Strategien und praktizierter Prozesse (z.B. Entscheidungsfindung, Konfliktlösung, Informationszuweisung) stattfindet (Vgl. WEST, M. A. / RICHTER, A. W. (2008), S. 224). Einfacher ausgedrückt sollte ein Drehteam nicht nur handeln, sondern bisweilen auch das eigene Handeln überdenken. Dies ist nur dann möglich, wenn ausreichend Reflexionspausen eingelegt, Reflexionsanregungen durch den Regisseur gegeben und Reflexionsergebnisse auch in Handlungen umgesetzt werden. Wie die obigen Schilderungen von KURTWOOD SMITH verdeutlichen, scheitert Reflexivität in den seltensten Fällen daran, dass es den Darstellern an Ideen fehlt, sondern daran, dass diese Ideen durch den Regisseur nicht aufgegriffen oder gar als belanglos abgetan werden.

Darüber hinaus führt auch der durch Sparzwänge bewirkte hohe Zeitdruck dazu, dass wechselseitiges Lernen und kreatives Experimentieren zu kurz kommen. Wenn dann immer mehr Szenen in immer kürzerer Zeit gedreht werden müssen, wird Reflektieren zu einem Luxus, den zu erlauben man sich nicht leisten zu können glaubt. So bestand laut FELIX HUBY das Drehbuch eines 90-minütigen ARD-Tatorts in den 70er Jahren noch aus etwa 75 Bildern, während es heute 130 bis 140 Bilder in derselben Zeit umfasst. Es ist klar, dass dann für die

Entwicklung und Erarbeitung von Szenen Lernmöglichkeiten verloren gehen, sofern die angesetzten Drehtage nicht in gleicher Weise nach oben angepasst werden. Dennoch gibt es selbst bei drängender Zeit relativ einfache Mittel, um ein Mindestmaß an Reflexion zu fördern. Hierzu dienen insbesondere projektbegleitende Reflexionen. Die bekannteste Reflexionsform ist dabei die sog. Manöverkritik, die Geschehnisse unmittelbar nach ihrem Auftreten (z.B. am Ende eines Tages oder Drehabschnitts) analysiert. In der US-Army wird auch von After Action Reviews oder Debriefings gesprochen, die kampf- oder übungsbegleitend durchgeführt werden und der unmittelbaren Handlungskorrektur dienen. Anders als ergebnisoffene bzw. relativ unstrukturierte Teambesprechungen folgen Manöverkritiken straffen Inhalts- und Zeitvorgaben (Vgl. MISTELE, P. (2007), S. 150ff.):

- *Was sollte erreicht werden?* Hierbei geht es um die nachträgliche Überprüfung von Zielen. Besaßen alle Beteiligten am Set genaue Kenntnis über ihre Rolle? Wussten sie, was zu tun war? Wie sollten der Szenenaufbau und die Darstellung erfolgen?
- *Was wurde erreicht?* Diese Frage nimmt einen Abgleich zwischen erstrebten Handlungszielen und tatsächlich erreichten Handlungsergebnissen vor.
- *Warum wurde es (nicht) erreicht?* Erfolge und Misserfolge gilt es systematisch zu ergründen. Dabei sollte das Hauptaugenmerk auf Schlüsselereignissen liegen (sog. Critical Incidents), d.h. Ereignissen, die besonders positive oder negative Emotionen hervorgerufen haben. Die aus dem Qualitätsmanagement bekannte 5-W-Methode kann hier ergänzend eingesetzt werden. Indem fünfmal nach dem Warum gefragt wird, kann in der Regel die Wurzel eines Problems oder einer Störung erkannt und behoben werden.
- *Was können wir verbessern?* Im Sinne der schrittweisen Verbesserung von Handlungsabläufen werden hier kreative Vorschläge vorgebracht, auf ihre Praktikabilität hin untersucht und anschließend in konkreten Verhaltensanpassungen umgesetzt.

Funktionieren kann dieser zyklisch voranschreitende Lernprozess nur, wenn ehrliches Feedback möglich, gewünscht und auch akzeptiert ist. Im Hinblick auf die Äußerung konstruktiver Kritik hatte WEIR es insofern leichter, als er es mit weniger fordernden, unkomplizierten und noch formbaren Jugendlichen zu tun hatte und nicht mit ausgewachsenen, von sich selbst vollauf überzeugten Stars, denen es schwerer fällt, Widersprüche hinzunehmen. Hier macht es daher Sinn, bereits bei der Zusammenstellung auf Sympathien oder etwaige Animositäten unter den Beteiligten zu achten, denn von jemandem, den wir achten oder mögen, nehmen wir auch bereitwilliger Verbesserungsvorschläge entgegen.

3 Ausblick

Im vorliegenden Beitrag wurde bewusst eine ideale Herangehensweise herausgestellt, denn mit PETER WEIR und der Schilderung seiner Dreharbeiten zum Film „Der Club der toten Dichter“ wurde ein Filmschaffender präsentiert, der eine besonders menschliche Art der Regieführung pflegt und das Fordern mit dem Fördern in Einklang zu bringen versteht. Vielleicht ist dadurch ein allzu verklärtes und auch selektives Bild einer ansonsten wesentlich raueren, zahlreichen gruppendynamischen Prozessen unterworfenen Wirklichkeit am Set gezeichnet worden. Das Vorgehen, „gesunde“ Organisationen zu identifizieren und „kranke“ Organisationen gegen ihr Licht zu halten, besitzt jedoch eine lange Tradition in der Forschung und findet sich etwa im ganzheitlichen Ansatz der Organisationsentwicklung, in der betriebswirtschaftlichen Erfolgsfaktorenforschung oder in dem weit verbreiteten Benchmarking-Konzept wieder. Dabei darf natürlich nicht vergessen werden, dass der Markt am Ende nur das fertige Produkt und nicht den Herstellungsprozess dieses Produktes honoriert. Dennoch scheint die Fähigkeit, Vertrauen aufzubauen und den Beteiligten ein Gefühl der Sicherheit zu vermitteln, grundlegend. In Verbindung mit einem aufrichtigen Bekunden von Interesse und einer wechselseitigen Respektierung von Person und Leistung wird somit die Basis erfolgreicher Zusammenarbeit geschaffen. Dass dieses kooperationsunterstützende Fundament dabei ohne das Vorhandensein entsprechender Talente ebenfalls nicht ausreicht, um Erfolge zu garantieren, bedarf keiner gesonderten Erwähnung.

Neben der in diesem Beitrag schwerpunktmäßig nachgegangenen Frage der Formung effizienter Drehteams, sollte sich die Forschung künftig noch stärker mit der viel versprechenden These beschäftigen, dass der Erfolg eines Filmprojekts letztlich auch davon abhängt, wie die dauerhaften Beziehungsstrukturen in der Pre- und Post-Production-Phase ausgestaltet sind. Die Forschung scheint hier noch in den „Kinderschuhen“ zu stecken, obwohl die Bedeutung dieses Aspekts geradezu ins Auge springt. Eine löbliche Fleißaufgabe wäre es etwa, dieser Frage einmal in einer vergleichenden Analyse für die großen Regisseure umfassend auf den Grund zu gehen. Anhand heutzutage leicht zugänglicher Filmdatenbanken oder Online-Nachschlagewerken (z.B. Internet Movie Database, Wikipedia) ließen sich Soziogramme entwickeln, die die Anzahl und Qualität (projekt-)überdauernder Kontakte abbildeten. Vertiefend ergänzt werden könnte dies durch die Auswertung von Interviews und autobiographischen Selbstauskünften der Beteiligten. Natürlich dürften auch direkte Befragungen in diese Richtung von Nutzen sein. Die Filmbranche kann dabei als lohnendes Forschungsobjekt angesehen werden, denn hier werden nicht nur viele Phänomene gebündelt, die auch in anderen Branchen gelten, sondern auch viele Entwicklungen vorweggenommen, die dort erst in Zukunft Bedeutung erlangen werden.

Literaturverzeichnis

BUSCH, M. W.: Wissen, was die anderen wissen, in: OrganisationsEntwicklung, Nr. 1, 27. Jg., 2008, S. 68–76.

EGER, E. et al.: Leadership-Kaleidoskop, in: Zeitschrift Führung + Organisation, Nr. 6, 76. Jg., 2007, S. 335-338.

FERRIANI, S. et al.: Organizational Learning under Organizational Impermanence: Collaborative Ties in Film Project Firms, in: Journal of Management and Governance, Nr. 3, 9. Jg., 2005, S. 257–285.

GOLDMAN, W.: Das Hollywood-Geschäft, Bergisch Gladbach, 1999.

GRATTON, L. / ERICKSON, T. J.: Wie gute Teams funktionieren, in: Harvard Business Manager, Nr. 1, 30. Jg., 2008, S. 24–38.

HARNONCOURT, N.: Er sah mich als Verräter. Nikolaus Harnoncourt im Gespräch über Herbert von Karajan, in: Die Zeit *Geschichte*, Nr. 1, 2008, S. 32–38.

KATZENBACH, J. R. / SMITH, D. K.: Teams, München, 1998.

LUEKEN, V.: Ein Paar, ein Stil. Michael Ballhaus und sein Lieblingsregisseur, in: Frankfurter Allgemeine Zeitung, Nr. 171, 26. Juli 2005, S. 37.

MEYERSON, D. et al.: Swift Trust and Temporary Groups, in: KRAMER, R. M. / TYLER, T. R. (Hrsg.): Trust in Organizations, Thousand Oaks et al., 1996, S. 166–195.

MINTZBERG, H.: Die Mintzberg-Struktur, Landsberg/Lech, 1992.

MISTELE, P.: Faktoren des verlässlichen Handelns, Wiesbaden, 2007.

OELSNITZ, D. VON DER: Marktorientierter Unternehmenswandel, Wiesbaden, 1999.

OELSNITZ, D. VON DER / BUSCH, M. W.: Social Loafing. Leistungsminderung in Teams, in: Personalführung, Nr. 9, 39. Jg., 2006, S. 65–75.

RIFKIN, J.: Access, 3. Aufl., Frankfurt/New York, 2007.

SENGE, P. M.: Die Fünfte Disziplin, 3. Aufl., Stuttgart, 1996.

SHULA, D. / BLANCHARD, K.: Talent zum Coach hat jeder!, Wien, 1996.

STAGL, K. C. et al.: Best Practices for Cross-Training Teams, in: Nembhard, D. A. (Hrsg.): Workforce Cross Training, Boca Raton et al., 2007, S. 155–179.

WEST, M. A. / RICHTER, A. W.: Climates and Cultures for Innovation and Creativity at Work, in: ZHOU, J. / SHALLEY, C. E. (Hrsg.): Handbook of Organizational Creativity, New York/London, 2008, S. 211–236.

Talentförderung – im Fokus der Strategie

Cathy Rohnke

Zusammenfassung
Für die strategische Planung von Film- bzw. TV-Sendern und -Produktionsunternehmen erscheint das rechtzeitige Erkennen und Fördern von Talenten eine entscheidende Herausforderung zu sein. Zur Talentsuche bieten sich vielfältige Möglichkeiten, was u.a. eine intensive Kontaktpflege zu Ausbildungsstätten, den gezielten Besuch von Nachwuchssektionen auf Festivals oder gar selbst initiierte Förderprogramme beinhalten kann. Um einen ersten Überblick zur Europäischen Förderlandschaft zu erhalten, werden ausgewählte Beispiele aus der Vielfalt an Angeboten vorgestellt. Dazu werden bedeutende Filmfestivals wie u.a. die Berlinale im Hinblick auf ihre Förderaktivitäten erläutert, wird auf das Förderprogramm MEDIA 2007 der EU-Kommission eingegangen, und es werden einige Talentwettbewerbe wie First Steps in ihrer Bedeutung für deutsche Nachwuchsfilmschaffende aufgezeigt.

Beitragsinhalt

1 Vorspann

Talentförderung ist keine Sozial-Romantik, sondern essentieller Bestandteil strategischer Planung. Das wissen nicht nur die TV-Sender, von denen die meisten seit vielen Jahren mit langfristig angelegten Programmplätzen jungen Talenten eine Chance geben (Bsp. "Das Kleine Fernsehspiel", ZDF).

Aktive Talentsuche betreiben nicht nur Großunternehmen, sondern auch Mittelständler der Filmbranche – sie pflegen intensiv den Kontakt zu den Ausbildungsstätten, besuchen regelmäßig die Nachwuchssektionen der Festivalprogramme oder rufen selbst Programme ins Leben, um den Nachwuchs zu fördern.

Im folgenden Beitrag werden dazu exemplarisch Beispiele aus der Europäischen Förderlandschaft vorgestellt. Dieser Beitrag kann und will kein "Förder-Guide" durch die Nachwuchsszene sein, sondern Interessierten anhand ausgewählter Beispiele – besonders außerhalb der bereits vernetzten Medienbranche – eine erste Orientierung über die Vielfalt der Angebote geben.

2 Filmhochschulen – Standorte und Strategien

2.1 Staatliche Filmhochschulen

Der "Filmausbildungs-Standort Deutschland" ist geprägt durch seine regionale Vielfalt, und so verwundert es nicht, dass sich die größten Ausbildungsstätten in den Bundesländern befinden, in denen die größten Filmförderinstitutionen ihren Sitz haben: also Baden-Württemberg, Berlin/Brandenburg, Nordrhein-Westfalen, Bayern und Hamburg/Schleswig-Holstein.

Die bekannteste Filmregion ist sicherlich die Bundeshauptstadt. Berlin war und ist seit den 1920er Jahren das Eldorado des deutschen Filmschaffens und hatte bis 1939 auch Weltrang neben Hollywood, London, Paris, Moskau und Rom. Erst nach 1945 gewannen München (vor allem mit seinen Studiobetrieben in Geiselgasteig) und Hamburg maßgeblich als Filmproduktionsstätten an Bedeutung, auch unterstützt durch die alliierten Medienkontrolleure, die die Renaissance des Zentralismus Nationalsozialistischer Prägung verhindern wollten.

Berlin kann gleich mit zwei renommierten Filmhochschulen aufwarten, deren unterschiedliche Gründungen den historisch-politischen Zeitläufen zugrunde liegen. Die älteste deutsche

Medienhochschule ist die heutige Hochschule für Film und Fernsehen "Konrad Wolf" in Potsdam-Babelsberg (HFF), die im Oktober 1954 vom ehemaligen DDR-Ministerpräsidenten Otto Grotewohl und dem damaligen Kulturminister Johannes R. Becher ins Leben gerufen wurde. Im Rahmen der deutsch-sowjetischen Völkerverständigung dienten als Vorbilder das Moskauer Allunions-Institut für Kinematografie sowie die Filmfakultät der Akademie der Musischen Künste in Prag (Vgl. HOCHSCHULE FÜR FILM UND FERNSEHEN POTSDAM-BABELSBERG, Homepage – Hochschule/Geschichte (WWW v. 22.09.2008)). Zunächst lagen die Ausbildungsschwerpunkte auf den Fächern Regie, Kamera, Dramaturgie/Filmwissenschaft sowie Produktion, ab 1967 kamen auch TV-Studenten hinzu. Seit dem 17. Dezember 1990 ist das Bundesland Brandenburg für die HFF "Konrad Wolf" verantwortlich. Die HFF versteht sich zum einen als "künstlerische Medienhochschule" im "Spannungsfeld von Tradition und Moderne", wobei das besondere Anliegen "in der Verbindung von künstlerischen und wissenschaftlichen Studiengängen mit einem theoriegeleiteten praxisbezogenen Studium" steht. Somit will die HFF auch "neuen Entwicklungen im Medienbereich" gegenüber offen sein (Vgl. HOCHSCHULE FÜR FILM UND FERNSEHEN POTSDAM-BABELSBERG, Homepage – Hochschule/Philosophie (WWW v. 22.09.2008)). Derzeit befindet sich die Hochschule in der Umgestaltung zu einer ordentlichen Universität.

Die Deutsche Film- und Fernsehakademie Berlin (im Folgenden: dffb) ist das westdeutsche Pendant zur HFF "Konrad Wolf". Gegründet am 17. September 1966 vom damaligen Regierenden Bürgermeister Willy Brandt als erste Filmakademie der alten Bundesrepublik, reüssierte die Akademie besonders durch die gesellschaftskritischen Dokumentar- und "Arbeiterfilme" der siebziger Jahre (Vgl. DEUTSCHE FILM- UND FERNSEHAKADEMIE BERLIN, Homepage - dffb – Die Akademie (WWW v. 22.09.2008)). Unter dem Slogan "Low Budget – High Energy" will der gegenwärtige Direktor Hartmut Bitomsky neben den Studiensparten Regie, Kamera oder Produktion sowie Theorie und Filmgeschichte gerade auch die praktische Ausbildung in den Vordergrund bringen. "Learning by doing" in angeleiteten Film- und Video-Übungen soll "von Anfang an sowohl individuelle als auch kooperative Fähigkeiten fördern (Vgl. DEUTSCHE FILM- UND FERNSEHAKADEMIE BERLIN, Homepage - Profil (WWW v. 22.09.2008)).

Ebenfalls eine Gründung der 1960er Jahre ist die, zwei Monate vor der dffb, am 19. Juli 1966 gegründete Hochschule für Fernsehen und Film München (HFF), die ihren Lehrbetrieb im Wintersemester 1967/68 aufnahm. Laut Eigenangaben verfolgen die Münchner "wissenschaftliche Ziele und erfüllt die Aufgaben der berufspraktischen Ausbildung" (Vgl. HOCHSCHULE FÜR FERNSEHEN UND FILM MÜNCHEN, Homepage (WWW v. 22.09.2008)). An der HFF werden die Studiengänge Film und Fernsehspiel, Dokumentarfilm und Fernsehpublizistik, Kamera, Drehbuch sowie Produktion und Medienwirtschaft angeboten. Die Schwerpunkte "Kommunikations- und Medienwissenschaft" sowie "Technik" gelten dabei als obligatorischer Studienbestandteil. Die beiden deutschen Oscar-Gewinner Charlotte Link ("Jenseits von Afrika") und Florian Henckel von Donnersmarck ("Das Leben der Anderen") sind HFF-Absolventen.

In Nordrhein-Westfalen, in Köln, ist die Kunsthochschule für Medien (im Folgenden: KHM) ansässig. Gegründet am 15. Oktober 1990 als "erste Kunsthochschule für alle audiovisuellen Medien in der Bundesrepublik", bietet sie seit dem Wintersemester 1994/95 neben einem viersemestrigen Zusatz- oder Weiterbildungsstudium auch ein grundständiges Studium in acht Semestern an (Vgl. KUNSTHOCHSCHULE FÜR MEDIEN KÖLN, Homepage – Institution (WWW v. 22.09.2008)). Die Hochschule versteht ihren Ausbildungsauftrag u.a. als "ein Experiment [...], das nicht im Selbstzweck ruht, sondern das mit seinen Ergebnissen darauf ausgerichtet ist, die Medienlandschaft qualitativ zu bereichern" (Vgl. KUNSTHOCHSCHULE FÜR MEDIEN KÖLN, Homepage – Institution (WWW v. 22.09.2008)).

Die nächste Gründung einer Filmhochschule fand wenig später im Jahr 1991 mit der in Ludwigsburg – nahe Stuttgart – beheimateten Filmakademie Baden-Württemberg statt. Ludwigsburg hat sich mittlerweile nicht nur in Deutschland als eine der renommiertesten Ausbildungsstätten im Filmbereich etabliert, sondern auch europaweit (Vgl. FILMAKADEMIE BADEN-WÜRTTEMBERG, Homepage (WWW v. 22.09.2008)) (u.a. durch die Deutsch-Französische Masterclass (Vgl. auch: CIDU, Homepage (WWW v. 22.09.2008))). Über 300 Gastdozenten haben dort Lehraufträge übernommen. Und vor allem das dortige Institut für Animation, Visual Effects und digitale Postproduktion unter Leitung von Thomas Haegele sorgte für eine interkontinentale Anbindung an Nordamerika und Asien.

Die sechste Schule in der Reihe der großen Ausbildungsstätten in Deutschland ist die Hamburg Media School, die eine Public-Private-Partnership ist, bestehend aus der Hamburg Media School Stiftung, der Freien und Hansestadt Hamburg, der Universität Hamburg sowie der dortigen Hochschule für bildende Künste. Einer von drei Studiengängen ist seit 2003 der Bereich "Film" mit dem Abschluss Diplom, verantwortet seit 2006 von Richard Reitinger und Hubertus Meyer-Burckhardt (Vgl. HAMBURG MEDIA SCHOOL, Homepage (WWW v. 22.09.2008)). Rund 50 Dozenten wie Frank Griebe (Kamera "Das Parfum"), Ralf Husmann (Autor der TV-Serie "Stromberg"), Autorin Beate Langmaack ("Guten Morgen, Herr Grothe") oder Regisseur Roland Suso Richter (TV-Movie "Dresden") unterrichten an der Media School, deren Filmabteilung aus dem renommierten "Hamburger Filmstudium" um Hark Bohm entstanden ist. Die HMS selbst will bei seinen Schülern besonders die "Sozial-, Team- und Führungskompetenz" herausarbeiten und versteht sich auch als "Brücke zum Job" (Vgl. auch: MBA.DE, Homepage (WWW v. 22.09.2008)).

2.2 Weitere Angebote für Filmausbildung

Natürlich besteht das Lehrangebot für den künstlerisch und technisch ambitionierten Filmnachwuchs in Deutschland nicht nur aus den o.g. sechs großen Lehranstalten. In der bereits 1777 (!) gegründeten Kunsthochschule Kassel wird auch der moderne Studiengang "Film/Fernsehen" angeboten (Vgl. KUNSTHOCHSCHULE KASSEL, Homepage (WWW v. 22.09.2008)). Und in der ifs – internationalen filmschule köln sind die Landesregierung Nordrhein-Westfalen und die Filmstiftung Nordrhein-Westfalen bestrebt, vor allem professionelle "Spitzenkräfte" für die Film- und Fernsehwirtschaft auszubilden (Vgl. IFS – INTERNATIONALE FILMSCHULE KÖLN, Homepage (WWW v. 22.09.2008)). Seit 2003 offeriert die ifs auch eine Postgraduierten-Ausbildung für "Sound Design/Film".

Neben der Hochschule für Gestaltung Offenbach oder der Hochschule Darmstadt, an denen ebenfalls Film, vor allem in zeitgemäßen Ausprägungen (etwa Videodesign) studiert werden kann, locken besonders die Fachhochschule Dortmund im Bereich "Design, Medien, Kommunikation" oder die Hochschule Offenburg ("Medien und Informationswesen") mit praxisnahen Bachelor-Studiengängen. Auch in den Lehrplänen der Studiengänge für Kommunikations- und Medienwissenschaften sind Fächer wie Dramaturgie, Medienästhetik und Filmwissenschaft heutzutage an allen Universitäten fester Bestanteil des Curriculums.

Ein interessantes Modell hat sich seit 2001 in Berlin entwickelt – die "filmArche" als "erste selbstorganisierte Filmschule Europas (Vgl. FILMARCHE, Homepage (WWW v. 22.09.2008)). Rechtlich gesehen ein Verein, operiert die filmArche als "Netzwerk nach innen und außen" für über 130 Branchenprofessionals. Profis geben dort ihr Können ehrenamtlich – und mit Erfolg – an Nachwuchskräfte weiter. Immer öfter findet sich die Station "filmArche" in der Vita von Preisgewinnern.

Nicht im Einzelnen aufgeführt sind an dieser Stelle die zahlreichen Universitäten und Fachhochschulen sowie die privaten Anbieter von Aus- und Weiterbildungsinitiativen. Besonders in der Filmbranche gilt, dass "viele Wege nach Rom" führen – kreatives Können entsteht nicht nur im Umfeld einer dezidierten Filmhochschule. Unbestritten ist jedoch, dass gerade diese - zum Vorteil ihrer Absolventen - ein besonders gutes Netzwerk für die spätere Arbeit schaffen und Interessenten eine gute Plattform bieten, um frühzeitig Kontakt zum Nachwuchs zu knüpfen.

3 Filmfestivals – Turbo-Prop für Talente

3.1 Einleitung

Auch nationale und internationale Filmfestivals haben sich als wichtige Plattform für die Talentförderung erwiesen. Zunächst mag man dabei an die von Filmprofis ausgesuchte Auswahl denken, wodurch die Arbeiten junger Filmemacher einem interessierten Publikum vorgestellt werden. Allerdings ist junges Filmschaffen generell auf Festivals im oder vor dem Kino vertreten. Wichtig bleibt also vielmehr, ob das Fest selbst eine Art Gütesiegel ist, um dem Nachwuchs mittels Preisgeldern, Auszeichnungen und Medienpräsenz sowie mit fachlichem Know-how das Weiterkommen zu erleichtern.

3.2 Berlinale

Die Internationalen Filmfestspiele Berlin bilden mit den Festivals in Cannes und Venedig die filmischen Spitzenevents der Branche. Im Programm stellt besonders die von Alfred Holighaus kuratierte Filmreihe „Perspektive Deutsches Kino" den nationalen Filmnachwuchs in den Mittelpunkt. Zusätzlich lädt die Berlinale – auf Initiative des Festivaldirektors Dieter Kosslick – seit 2003 junge Filmemacher aus der ganzen Welt zum "Berlinale Talent Campus" ein. Mehr als 350 Nachwuchsfilmer treffen sich in Berlin, um ihr Wissen bei Vorträgen,

Workshops und Paneldiskussionen zu vervollkommnen. In den vergangenen Jahren konnten als Gastdozenten bekannte Kreative wie die Regisseure Ridley Scott, Tom Tykwer oder Dennis Hopper gewonnen werden.

Die parallel zum Festival terminierte Veranstaltung wird als Public-Private-Unternehmung maßgeblich gefördert vom MEDIA Trainingsprogramm der EU, Medienboard Berlin-Brandenburg, Skillset & UK Film Council sowie vom Automobilkonzern Volkswagen. Außerdem wird der Campus im Rahmen ausländischer Partnerfestivals erweitert. Der Talent Campus Abroad fand schon beim Molodist Filmfestival (Ukraine), Cape Town Festival (Südafrika), Buenos Aires (Argentinien) und New Delhi (Indien) statt. Eine neue Kooperation des Campus wurde 2007 mit dem Sarajevo Filmfestival vereinbart.

3.3 Internationale Hofer Filmtage

Wim Wenders prägte den Begriff "Home of Films" für die Internationalen Hofer Filmtage. Dieses Festival in der kleinen bayerischen Stadt zieht schon seit mehr als 40 Jahren Talente und Talentsucher aus aller Welt an. Neben der berühmten Hofer Bratwurst und dem traditionellen Fußballspiel am Samstag von eingeladenen Filmschaffenden gegen eine Auswahl der Stadt Hof erwartet den Besucher ein kleines, aber feines Festival: Jedes Jahr lädt Leiter Heinz Badewitz mit seiner interessanten Filmauswahl nicht nur lokales und internationales Publikum, sondern ebenso Fachleute aus sämtlichen Industriesparten – darunter Finanziers und Förderer – in die oberfränkische Stadt. Der programmatische Schwerpunkt liegt vor allem beim deutschen Film. Neben den Newcomer-Filmen bilden auch ausgewählte internationale Schwerpunkte sowie eine Retrospektive das Programm. Die Preise werden in vier Kategorien vergeben.

3.4 Filmfestival Max Ophüls-Preis

Das 1980 von Albrecht Stuby gegründete Filmfestival Max Ophüls Preis bietet mit seinen Preisen in verschiedne Kategorien für jungen Filmemacher einen große Chance in die Zukunft. Das Festival bietet "Publikum und Fachbesuchern einen vielseitigen und zugleich fokussierten Blick auf das Filmschaffen des deutschsprachigen Nachwuchses" (Vgl. FILMFESTIVAL MAX OPHÜLS PREIS, Homepage (WWW v. 22.09.2008)). Eine Prämisse, die eingelöst wird – finden sich doch unter den Preisträgern von Sandra Nettelbeck bis Benjamin Heisenberg viele Regisseure, die inzwischen internationales Renommee gewonnen haben.

3.5 goEast – Young Professionals-Program

Ein weiteres gutes Beispiel in Deutschland ist das goEast Young Professionals-Program des Wiesbadener Festivals des mittel- und osteuropäischen Films (goEast). 2001 vom Frankfurter Deutschen Filminstitut – DIF gegründet, um "Filme und damit auch die Kultur unserer östlichen Nachbarn einem größeren Publikum vorzustellen", konnte so in den folgenden

Jahren ein Dialogforum zwischen Ost und West" etabliert werden (Vgl. FILMFESTIVAL GOEAST, Homepage (WWW v. 22.09.2008)). Eine thematisch wichtige Reihe ist dabei das Hochschulprogramm, bei dem im Jahr 2008 z.B. Filmklassen aus Prag, Warschau, Potsdam, dem Rhein-Main-Gebiet und Kassel ihre Arbeiten vorstellten. Der Sponsor BHF-BANK-Stiftung lobt drei Preise zu je 1000 Euro aus, wobei über die Gewinner das Festivalpublikum entscheidet. Ferner geht der BHF-BANKFörderpreis in Höhe von 1500 Euro an den besten Kurzfilm einer ausländischen Hochschule. Außerdem soll den Teilnehmern des Hochschulwettbewerbs eine Woche lang die Möglichkeit zu einer Fortbildung gegeben werden. Als neuer Programmteil für den Nachwuchs kam 2008 die Projektbörse hinzu: je 10 Teilnehmer, die sich pari aus Regisseuren und Produzenten aus Deutschland und Osteuropa zusammensetzen, stellen einander sich und ihre Projekte vor.

Im Rahmen des Festivals werden darüber hinaus die Gewinner des Filmförderpreises der Robert-Bosch-Stiftung bekannt gegeben. Dieser wird für Koproduktionen von osteuropäischem und deutschem Filmnachwuchs vergeben. Der Preis wird in den Sparten Animation, Dokumentation und Kurzspielfilm ausgeschrieben und hat eine Dotierung von bis zu 70.000 Euro. Medienpartner ist der TV-Sender arte, der für einen der fertig gestellten Gewinnerfilme die Ausstrahlungsrechte erwirbt. Frank Albers, verantwortlicher Kulturreferent der Robert-Bosch – Stiftung: „Der Filmförderpreis stellt eine konsequenter Umsetzung unseres Stiftungsgedanken „Völkerverständigung“ dar.“

3.6 Festival der Filmhochschulen in München

Aber auch die bayerische Landeshauptstadt bietet den jungen Filmschaffenden – neben seiner Filmhochschule (siehe Kapitel 2.1) – ein eigenes Filmfest als Plattform zur Talentschau und Weiterbildung. Das "Festival der Filmhochschulen", 1980 gegründet, sieht sich selbst als "das international wichtigste Studentenfestival, bei dem das Publikum einen Überblick über aktuelle Trends des Filmemachens bekommt und künftige Meisterregisseure treffen kann" (Vgl. INTERNATIONALES FESTIVAL DER FILMHOCHSCHULEN MÜNCHEN: 1. Pressemitteilung, Homepage (WWW v. 22.09.2008)). Im vergangenen Jahr konkurrierten über 300 Filme von 82 Schulen aus 40 Ländern um neun Preise mit einer Gesamtdotierung von rund 50.000 Euro. Veranstalter des Fests ist die Internationale Münchner Filmwochen GmbH unter ihrem Geschäftsführer Andreas Ströhl, der auch für das Filmfest München verantwortlich zeichnet. Künstlerischer Leiter ist Prof. Andreas Gruber von der Hochschule für Fernsehen und Film München.

3.7 sehsüchte - Internationales Studentenfilmfestival in Potsdam

1972 fanden zum ersten Mal die Studentenfilmtage als "FDJ-Studententage" in der damaligen DDR statt. Doch erst fünf Jahre später beteiligten sich auch Filmschulen des "befreundeten Auslands". Seitdem wuchs das Festival ständig an Beliebtheit – und entwickelte sich zum größten Studentenfilmfestival des Ostblocks. Seit 1985 wurden auch Filme aus Westdeutschland gezeigt.

Eine "Auferstehung" unter dem Namen "sehsüchte" erlebten die "Studententage" 1995 durch Studenten der HFF "Konrad Wolf" in Potsdam – Babelsberg. Doch es blieb nicht beim neuen Namen – mit einem neuen Konzept und einem neuen Logo schufen die Studenten ein komplett selbst organisiertes Festival, das heute fester Bestandteil des Curriculums des Masterstudiengangs Medienwissenschaft ist.

3.8 Festival de Cannes

Beim größten Filmfestival der Welt, dem südfranzösischen "Festival de Cannes", findet ebenfalls neben dem bekannten Show-Rummel eine intensive Nachwuchsbetreuung statt – mit Einfluss auf die Programmierung: Auf der Suche nach neuen Talenten wurde im Jahr 1998 die Festival-Sektion "Cinéfondation" ins Leben gerufen, um alljährlich 15 bis 20 kurze und mittlere Filmwerke zu präsentieren. Eingereicht werden diese Arbeiten von Filmschulen aus aller Welt, um an der Côte d'Azur Teil des preisgekrönten Wettbewerbs zu werden.

Als zweites Nachwuchs-Standbein hat sich seit dem Jahr 2000 die "Résidence du Festival" etabliert. Jährlich können bis zu einem Dutzend Nachwuchsregisseure, die an ihrem ersten oder zweiten Langfilm arbeiten, für viereinhalb Monate begleitet ihrer Arbeit nachgehen. Der Workshop findet in der Pariser Villa Medicis statt und die Stipendiaten erhalten 800 Euro pro Monat, freien Eintritt in mehrere Kinos der französischen Hauptstadt, französischen Sprachunterricht sowie die Möglichkeit, während ihres Résidence-Aufenthalts auch andere Festivals zu besuchen. Wie das Festival in Cannes mitteilt, haben das Stipendium seit Gründung der Résidence über 70 Filmemacher aus mehr als 40 Ländern in Anspruch genommen. 2005 wurde von der Cinéfondation obendrein eine weitere Schulungsmaßnahme namens "L'Atelier" initiiert, um Filmarbeiten auch gebührend vermarkten zu können. Jedes Jahr werden für das "L'Atelier" rund 15 internationale Spielfilme ausgewählt, deren Regisseure ebenfalls nach Cannes eingeladen sind, um dort vor allem mit Produzenten, potenziellen Verleihern und genuinen Filmfinanziers in Kontakt treten zu können – "um die Produktion zu beschleunigen", wie es heißt (Vgl. zu diesem Sachverhalt vor allem den Internetauftritt der CINÉFOUNDATION (WWW v. 05.10.2008)).

4 Fortbildung: Die ersten Schritte in der Praxis

4.1 Einleitung

Im Rahmen des großangelegten Förderprogramms MEDIA 2007 hat die EU-Kommission im vergangenen Jahr 2007 knapp fünf Millionen Euro bereitgestellt, um die audiovisuelle Fortbildung anhand von 35 europäischen "Trainingsinitiativen" im Jahr 2008 zu gewährleisten (Vgl. die MEDIA-Pressemitteilung der EU-Kommission vom 5. Oktober 2007 (WWW v. 22.09.2008)). Dabei ist Deutschland mit neun Projekten sowie einer Fördersumme von etwas über 1,15 Mio. Euro im Rahmen führend bei den Aus- und Fortbildungsförderungsinitiativen des MEDIA-Programms. Mittlerweile läuft mit MEDIA 2007 das bis dato fünfte Förderprogramm seit 1991 (nach MEDIA I und II sowie MEDIA Plus und MEDIA Training).

4.2 EAVE-Training des MEDIA-Programms

Eines der erfolgreichsten länderübergreifendes Trainingsangebot im Rahmen des MEDIA-Förderprogramms ist EAVE, ein Akronym für die Bezeichnung "Les Entrepreneurs [zu Deutsch: Unternehmer] de l'audiovisuel européen". EAVE versteht sich als Ausbildungsmaßnahme für unabhängige europäische Fernseh-, Film- und Multimediaproduzenten. In drei aufeinander aufbauenden Intensiv-Workshops à sieben Tage lernen die Nachwuchsproduzenten unter Anleitung von Tutoren alle Aspekte von der Stoffentwicklung über Packaging, Finanzierung, Vertrieb und Fragen zu Marketing, Medienrecht und der Erstellung von Finanzierungs- und Businessplänen" (Vgl. auch EAVE-Homepage (WWW v. 22.09.2008)). Am Ende des dritten Workshops sollen die Teilnehmer in der Lage sein, ihr Projekt vor potenziellen Verwertern vorzustellen. Neben diesen Intensivkursen werden zudem "EAVE-Foren" (ein- bis dreitägige Kurzseminare) als Vertiefungskurse angeboten und es besteht die Möglichkeit, am Ende der Schulung in das EAVE-Network einzutreten.

Die Workshops finden in unterschiedlichen europäischen Metropolen statt. Die Teilnahme gebühren, die sich je nach Teilnahme mit konkretem Projekt oder ohne staffeln, werden auf Antrag von einzelnen nationalen Förderorganisationen für die Teilnehme bezuschusst.

"Bei unseren Programmen EAVE und ACE steht der Netzwerkgedanke im Mittelpunkt. Wir wünschen uns, dass die Alumni ein europäisches Center of Excellence bilden", so Cornelia Hammelmann, Leiterin des MEDIA Desk Deutschland. (Quelle: Interview mit Cornelia Hammelmann am 01.02.2008). Der Erfolg gibt ihr Recht, auch nach Beendigung von EAVE und ACE stehen die Teilnehmer in engen Kontakt. Viele haben schon mehr als eine Koproduktion miteinander realisiert und sich unter den Preisträgern der europäischen Filmfestivals ganz oben wiedergefunden. Eine wichtige Station zur Anbahnung einer Koproduktion sind dabei der Koproduktionsmarkt des Rotterdam Filmfestivals ("Cinemart") und der Berlinale Co-Production Market.

4.3 European Film Academy: Master Classes

Als kürzeres, gleichwohl intensives Kursangebot verstehen sich die "Master Classes" der Europäischen Filmakademie (EFA), die wechselweise an verschiedenen Orten in Europa stattfinden. International anerkannte Filmemacher wie der Regisseur Mike Figgis oder der schwedische Dokumentarist Stefan Jarl unterrichten hier maximal 20 Teilnehmer in Filmtheorie und in moderner Filmproduktion (Vgl. EFA, Homepage (WWW v. 22.09.2008)). Fachliche Schwerpunkte liegen dabei u.a. auf Regie, Schauspiel, Kamera, Produktion und Vertrieb. Die Meisterklassen-Schüler werden hierbei von einem Fachkomitee der Europäischen Filmakademie ausgewählt und sollten neben den üblichen Formularen eine eigene Filmographie sowie einen "Letter of Motivation" bereithalten. Auch Für die Teilnahmegebühr steht eine begrenzte Anzahl von Stipendien von Seiten der EFA aus zur Verfügung.

4.4 Kuratorium Junger Deutscher Film

Die in Wiesbaden beheimatete Filmförderungseinrichtung wurde 1965 ins Leben gerufen und fungiert seit 1982 als öffentliche Stiftung bürgerlichen Rechts. Gegründet im Umfeld des "Oberhausener Manifests", das "Opas Kino" für "tot" erklärte, gab es eine großes Verlagen nach Neuorientierung im deutschen Film. Andere Geschichten, neue Ästhetik – ein radikaler Umbruch war gefragt. Da verwundert es nicht, wenn gleich der erste vom Kuratorium geförderte Film Alexander Kluges cineastischer Meilenstein "Abschied von gestern" war....

Die Stiftung fördert "Filmprojekte im Talentbereich und auch gemeinsam mit dem Beauftragten der Bundesregierung für Kultur und Medien Filmprojekte im Kinder- und Jugendfilmbereich" (Vgl. KURATORIUM JUNGER DEUTSCHER FILM, Homepage (WWW v. 22.09.2008)). Gefördert, sprich: fachlich betreut und finanziell unterstützt, werden die Nachwuchsfilmemacher vor allem in den Arbeitsbereichen Drehbuch, Projektentwicklung und Produktion. Antragsberechtigte sind in der Regel Drehbuchautoren und Produzenten. Die notwendigen Finanzmittel kommen vom Kuratorium (Drehbuch- und Projektentwicklungsförderung) und weitaus höher vom Bundesministerium für Kultur und Medien (Produktionsförderung).

5 Preise und weitere Förderinitiativen

5.1 Einleitung

Wie bereits in Kapitel 4 geschildert, wirken sich kleine und große, nationale und internationale "Talentschauen" als äußerst bedeutsam für junge Filmschaffende aus, um eine notwendige brancheninterne sowie allgemeine Aufmerksamkeit zu erhalten. Wichtig für den eigenen Ansporn und das (finanzielle) Weiterkommen sind indes vor allem die bei Festivals vergebenen Auszeichnungen zusammen mit den Dotierungen, die entweder für das nächste Projekt ein Polster schaffen oder – in der Praxis oft helfen erstmal die Überschuldung des letzten Drehs abzubezahlen. Im Folgenden werden weitere Talentwettbewerbe vorgestellt, die mitunter einen außerordentlichen Ruf in der Filmbranche haben.

5.2 Branche und Wirtschaft: First Steps Award

"First Steps ist mehr als ein Preis: First Steps ist Programm", so beginnt die Eigenerklärung des korrekt bezeichneten First Steps Award, um "dem Nachwuchs die Möglichkeit [zu bieten], Kontakte direkt in die Branche hinein zu knüpfen" (Vgl. FIRST STEPS, Homepage (WWW v. 22.09.2008); Unter der "Service"-Unterrubrik "Preise & Stipendien" findet sich zudem eine gut sortierte Auflistung vor allem nationaler Talentförderungsinstrumente). Dieser jährlich vergebene Nachwuchspreis wurde im Jahr 2000 als private Initiative von Filmbranche und Wirtschaft ins Leben gerufen. Seit 2004 wird er unterstützt von Mentoren der Deutschen Filmakademie. Zurzeit sind das die Produzenten Stefan Arndt (X Filme/Deutsche Filmakademie) und Nico Hofmann (teamWorx) sowie die Medienmanager Olaf Göttgens (Mercedes-Benz), Matthias Alberti (Sat.1) und der Journalist und Autor Stefan Aust (Spiegel TV).

Bekannteste Preisträger bei First Steps waren u.a. die Filmschul-Absolventen Hans Weingartner ("Das weiße Rauschen"), Valeska Grisebach ("Mein Stern") und Vanessa Jopp ("Vergiss Amerika").

5.3 German Films: Next Generation

Auch German Films Service + Marketing GmbH (bis 2004 bekannt unter dem Namen "Export-Union des Deutschen Films" und zuständig für die Promotion deutscher Filme im Ausland) hat seit 1998 ein Kurzfilm-Nachwuchsprogramm mit dem Namen "Next Generation". Eine wechselnde Jury wählt alljährlich Kurzfilme deutscher Filmhochschulen aus, um sie unter dem Label "Next Generation" als Premiere beim Filmfestival in Cannes und anschließend weltweit auf ausgewählten Filmfestivals zu präsentieren. Genauere Informationen finden sich unter www.german-films.de/en/nextgeneration/index.html (Vgl. GERMAN FILMS SERVICE + MARKETING GMBH, Homepage (WWW v. 22.09.2008)). Dort sind unter den Aufnahme - Regularien für "Next Generation"-Kandidaten z.B. folgende weitere Festivals aufgeführt: Berlinale, Filmfest Dresden, Kurzfilmtage Oberhausen, Kurzfilmfestival Hamburg, Kurzfilmbiennale Ludwigsburg, Filmfestival Münster, Exground Wiesbaden, Interfilm Berlin, Short Cuts Cologne, Regensburger Kurzfilmwoche, Max Ophüls Preis Saarbrücken, Hofer Filmtage.

5.4 Goethe Institut: Kurzfilmwettbewerbe

Das Goethe-Institut verfügt nicht nur in seiner Zentrale in München über den Bereich „Film. Fernsehen. Hörfunk", sondern hat auch in zahlreichen seiner 149 weltweiten Institute eigene Programmverantwortlich für das Thema "Film". Um diesen die internationale Vorführung deutscher Filme im Ausland zu ermöglichen, erwirbt die Zentrale jährlich Filmlizenzen wobei bei der Auswahl immer ein besonders Augenmerk auf dem Nachwuchsfilm liegt.

Eine Vorführung eines deutschen Nachwuchsfilms im Ausland ist in der Regel immer von einer Einladung für Produzenten, Regisseur oder Schauspieler des Films begleitet. Auf diese Weise eine doppelte Chance für den Nachwuchs – neben der Lizenzgebühr als Finanzierungsbeitrag zum nächsten Film ermöglicht die Reise ins Ausland den kreativen Dialog mit Angehörigen andere Kulturkreise über künstlerische Standpunkte.

Zusätzlich zum alljährlichen Lizenzankauf gibt es aber auch noch Sonderprogramme. So wurde 2007 bereits zum zweiten Mal in Zusammenarbeit mit der Bundesstiftung "Erinnerung, Verantwortung und Zukunft" ein internationaler Kurzfilmwettbewerb durchgeführt. Zu dem Thema "Alle Menschen sind frei und gleich" wurden 26 Filme ko-finanziert und ausgezeichnet. Die Filme wurden außerdem in einer mehrsprachigen DVD-Edition herausgegeben, um einem größeren Publikum den Zugang zu ermöglichen.

Durch zusätzliche Lizenzankäufe von Filmen deutscher Filmhochschulen werden in der Edition „Kurz und Gut" Kurzfilm in 6-fach untertitelter Form einem internationalen Publikum über die Mediatheken der Goethe Institute im Ausland zugänglich gemacht.

5.5 Förderpreis Deutscher Film beim Filmfest München

Der seit 2002 vergebene "Förderpreis Deutscher Film versteht sich als "eine Anerkennung und Ermutigung" für deutsche Filmtalente. Verliehen wird er als einer der Höhepunkte im Rahmen des jährlich im Sommer stattfindenden Filmfests München. Der Förderpreis wird gestiftet von der HypoVereinsbank, Bavaria Film und vom Bayerischen Rundfunk. Die Kategorien sind Beste Nachwuchsregie (Preisgeld: 40.000 Euro), Bester Nachwuchsautor (20.000 Euro) und Bester Nachwuchsschauspieler/beste Nachwuchsspielerin (20.000 Euro) (Vgl. FILMFEST MÜNCHEN, Homepage (WWW v. 22.09.2008)). Preisträger war z.B. im Jahr 2006 Marcus H. Rosenmüller, der mit seinem ersten Spielfilm "Wer früher stirbt, ist länger tot", über 1,7 Mio. deutsche Kinozuschauer erreicht hat.

5.6 European Film Promotion: Shooting Stars

Auch 2008 wurden – bereits zum elften Mal – im Rahmen der Internationalen Filmfestspiele Berlin die European Shooting Stars vorgestellt. Initiator und Veranstalter dieser medialen Talentbörse ist die Agentur European Film Promotion (EFP), die sich aus 27 nationalen Filmexportinstitutionen in 28 europäischen Ländern zusammensetzt. Mittlerweile hat die EFP über 200 junge Schauspieltalente unter dem Label "Shooting Stars" zusammengeführt. Aus Deutschland wurde für 2008 die junge Hannah Herzsprung gekürt, die durch das Drama "Vier Minuten" bekannt wurde (Vgl. EUROPEAN FILM PROMOTION, Homepage (WWW v. 22.09.2008)). Im Rahmen der Berlinale wird außerdem der "Studio Hamburg Shooting Stars Award" vergeben. Ein weiterer Sponsor ist die Volkswagen AG.

5.7 Filmförderzentren

Weniger als Preisgeber denn vielmehr als Sponsoren von Arbeitsräumen und fachlichem Know-how verstehen sich die Filmförderzentren. Eines davon ist das Bayerische Filmzentrum Geiselgasteig, das mitten auf dem Studio-Gelände der Bavaria Film im Süden Münchens beheimatet ist. Das Zentrum bietet Nachwuchsproduzenten und Start-up-Medienunternehmen "hervorragende Arbeitsbedingungen, komplett eingerichtete Büros, praktische Serviceeinrichtungen und eine individuelle Betreuung", wie es auf der Website heißt (Vgl. BAYERISCHES FILMZENTRUM GEISELGASTEIG (WWW v. 22.09.2008)). Und das anscheinend mit Erfolg, denn mittlerweile etablierte und erfolgreiche Produktionsfirmen wie Claussen + Wöbke + Putz (u.a. "Jenseits der Stille", "Krabat") oder SamFilm ("Die wilden Kerle") sind Alumni des Filmzentrums, das 1992 von den Gesellschaftern Freistaat Bayern (70 Prozent) und Bavaria Film GmbH (30 Prozent) gegründet wurde. Geschäftsführer sind der Leiter des FilmFernsehFonds Bayern Dr. Klaus Schaefer und Christiane M. Conradi (Vgl. BAYERISCHES FILMZENTRUM GEISELGASTEIG, Homepage (WWW v. 22.09.2008) sowie FILMNEWS, Homepage (WWW v. 22.09.2008)).

In Köln befindet sich das "AV-Gründerzentrum NRW", das seit Frühjahr 2006 als Beratungs- und Anlaufstelle" für junge Medienschaffende sowie als "Türöffner" und "Wegbereiter für die Zukunft" dienen will. Gesellschaftern sind unter anderem die Stadt Köln, Filmstiftung NRW, das Land Nordrhein-Westfalen und die Landesanstalt für Medien Nordrhein-Westfalen (LfM). Neben konkreter finanzieller Förderung soll ebenso die fachliche Beratung im Vordergrund stehen (Vgl. GRÜNDERZENTRUM NRW GMBH, Homepage (WWW v. 22.09.2008)).

Und auch in Hamburg wird der Film- und Mediennachwuchs bei seinen ersten Schritten in die Praxis konsequent unterstützt. Im Hamburger "Haus des jungen Produzenten", seit Herbst 2006 in Betrieb, können bis zu fünf "junge, kreative Produzenten mit innovativen Ideen" ein 18-monatiges Stipendium auf dem Gelände von Studio Hamburg absolvieren. Das bedeutet, neben der finanziellen und räumlichen Sicherheit für die Stipendiaten auch eine direkte produktionstechnische Anbindung an den Studio-Betrieb (Vgl. STUDIO HAMBURG GMBH; STUDIO HAMBURG Nachwuchspreis (WWW v. 22.09.2008)).

6 Abspann

Der Kreis schließt sich – 1990 gewann Andreas Gruber den Max Ophüls-Preis für "Schalom General“ heute ist er Studiendekan der Hochschule für Fernsehen und Film München und bildet seinerseits Filmnachwuchs aus - nur ein Bespiel dafür wie fließend man vom „entdeckten Talent“ selbst zum Talentförderer wird.

Deshalb gilt: warten Sie nicht! Wer sich – aus anderen Branchen - professionell für Film interessiert sollte aktiv werden - der Prophet kommt nicht zum Berg - gehen Sie selber hin! Zu Festivals und den offenen Tagen der Filmhochschulen. Erfreuen oder ärgern Sie sich über die gezeigten Filme, aber kommen Sie ins Gespräch und lernen Sie die Filmemacher von Morgen kennen. Seien Sie sicher, sonst tut es ein anderer.....

Literaturverzeichnis

BAYERISCHES FILMZENTRUM GEISELGASTEIG (Homepage), http://www.filmzentrum-bayern.de/wir/default.htm, 22.09.2008.

CIDU - Informations- und Dokumentationszentrum für das Studium in Frankreich, http://www.cidu.de/raeume/dt_franz_bez/filmakademie/filmakademie_inhalt.htm, 22.09.2008.

CINÉFOUNDATION (Homepage), http://www.festival-cannes.com/en/archives/cms/cinefoundation, 05.10.2008.

DEUTSCHE FILM- UND FERNSEHAKADEMIE BERLIN (Homepage): Rubriken: dffb – Die Akademie, Profil, http://www.dffb.de, 22.09.2008.

EAVE - EUROPEAN AUDIOVISUAL ENTREPRENEURS (Homepage), http://www.eave.org, 22.09.2008.

EFA - EUROPÄISCHE FILMAKADEMIE: Master Classes (Homepage), http://www.europeanfilmacademy.org/htm/4MasterClassDetails.html, 22.09.2008.

EUROPEAN FILM PROMOTION (Homepage), http://www.efp-online.com/cms/shst/de/index.php, 22.09.2008.

FILMAKADEMIE BADEN-WÜRTTEMBERG (Homepage), http://www.filmakademie.de, 22.09.2008.

FILMARCHE (Homepage), http://www.filmarche.de, 22.09.2008.

FILMFEST MÜNCHEN (Homepage), http://www.filmfest-muenchen.de/rc/ffm_de/filmfest/foerderpreis.asp, 22.09.2008.

FILMFESTIVAL GOEAST: Programm (Homepage), http://www.filmfestival-goeast.de, 22.09.2008.

FILMFESTIVAL MAX OPHÜLS PREIS (Homepage), http://www.max-ophuels-preis.de, 22.09.2008.

FILMNEWS: Podcast-Ausgabe Nr. 30/2007 (Homepage) http://filmnews.podhost.de, 22.09.2008.

FIRST STEPS – Der Deutsche Nachwuchspreis, http://www.firststeps.de, 22.09.2008.

GERMAN FILMS SERVICE + MARKETING GMBH (Homepage), http://www.german-films.de/en/nextgeneration/index.html, 22.09.2008.

GRÜNDERZENTRUM NRW GMBH, http://www.av-gruenderzentrum.de, 22.09.2008.

HAMBURG MEDIA SCHOOL (Homepage), www.hamburgmediaschool.com/ueberdiehms/datenundfakten/index.php, 22.09.2008.

HOCHSCHULE FÜR FERNSEHEN UND FILM MÜNCHEN (Homepage), http://www.hff-muenchen.de/organisation/index.html, 22.09.2008.

HOCHSCHULE FÜR FILM UND FERNSEHEN POTSDAM-BABELSBERG (Homepage): Rubriken: Hochschule/Geschichte, Hochschule/Philosophie, http://www.hff-potsdam.de, 22.09.2008.

IFS – INTERNATIONALE FILMSCHULE KÖLN (Homepage), http://www.filmschule.de/index_info.php3, 22.09.2008.

INTERNATIONALES FESTIVAL DER FILMHOCHSCHULEN MÜNCHEN: 1. Pressemitteilung - 10. Oktober 2007 (Homepage), http://www.filmschoolfest-munich.de/rc/HFF_DE/presse/Pressemitteilungen1.asp, 22.09.2008.

KUNSTHOCHSCHULE FÜR MEDIEN KÖLN (Homepage), Rubrik: Institution, http://www.khm.de, 22.09.2008.

KUNSTHOCHSCHULE KASSEL (Homepage), http://www.kunsthochschule-kassel.de/uebersicht/?&fb=vk, 22.09.2008.

KURATORIUM JUNGER DEUTSCHER FILM (Homepage), http://www.kuratorium-junger-film.de, 22.09.2008.

MBA.DE: Hamburg Media School (Homepage), http://www.mba.de/mba-anbieter/Hamburg_Media_School_737.php, 22.09.2008

MEDIA-Pressemitteilung der EU-Kommission vom 5. Oktober 2007 (Homepage), http://www.mediadesk.de/artikel-detail.php?id=249, 22.09.2008.

STUDIO HAMBURG GMBH (Homepage), http://www.haus-der-jungen-produzenten.de, 22.09.2008

STUDIO HAMBURG NACHWUCHSPREIS (Homepage), http://www.studio-hamburg.de/index.php?id=292, 22.09.2008.

Qualifikation von Nachwuchsproduzenten und Hürden beim Markteintritt

ANKE ZWIRNER

Zusammenfassung
Nach einer Ausbildung, die zur Übernahme von Managementfunktionen in Filmproduktionen qualifiziert, entscheiden sich viele junge Menschen zur Gründung einer eigenen Produktionsfirma. Jedoch sehen sich diese Nachwuchsproduzenten mit vielfältigen Anforderungen und Herausforderungen konfrontiert, die sie in einer dynamischen Film-Branche bewältigen müssen. Die zentrale Frage ist, welches Know-How, welche Qualifikation und welche Soft Skills ein Nachwuchsproduzent haben muss, um sich dort auch langfristig etablieren zu können. Daher sollen neben einer kurzen Marktbetrachtung aus Sicht von Nachwuchsproduzenten die Aufgaben, Hürden und Probleme bei der Projekt- sowie Unternehmensplanung und deren Finanzierung erläutert werden. Gleichzeitig gilt es zu klären, was genau die Berufsbild-Definition des Produzenten ist. Dies wird vor dem Hintergrund der Frage erläutert, wie sich der Schritt von der erfolgreichen Ausbildung in die eigenständige Produzententätigkeit vollzieht.

Beitragsinhalt

1 Einleitung

Viele junge Menschen werden ausgebildet, um Managementfunktionen im Bereich der Filmproduktion zu übernehmen. Einige davon entscheiden sich für die Gründung einer eigenen Produktionsfirma. Aber was erwartet ein junges Produktionsunternehmen, welches sich zur Aufgabe gemacht hat, Filme zu produzieren? Natürlich muss es sich auf einem stets im Wandel befindlichen Markt behaupten und seine Nische finden zwischen Arthouse und Mainstream, zwischen analog und digital, aber vor allem innerhalb des großen Angebots von Filmen, die im Kino uraufgeführt werden. Welches Know How, welche Qualifikation und welche Soft Skills muss aber ein Nachwuchsproduzent haben, um sich etablieren zu können?

Für die First Steps Awards 2007 wurden in der Kategorie abendfüllender Spielfilm insgesamt 27 Abschlussfilme eingereicht, beim Max-Ophüls-Preis in Saarbrücken gab es im Jahr 2008 insgesamt 202 Langspiel- und Dokumentarfilmeinreichungen. Mit Hilfe von immer günstiger werdender Technik und einem ständig wachsenden Ausbildungsangebot treffen mehr Filme und auch mehr Talente auf einen sehr diversifizierten Auswertungsmarkt.

Welche Anforderungen und Herausforderungen ergeben sich aus dieser Situation für junge Produzenten?

Der folgende Artikel möchte sich dieser Fragestellung widmen und neben einer kurzen Marktbetrachtung aus Sicht von Nachwuchsproduzenten die Aufgaben, Hürden und Probleme bei der Projekt- sowie Unternehmensplanung und deren Finanzierung erläutern. Gleichzeitig gilt es zu klären, was genau die Berufsbild-Definition des Produzenten ist, denn im Vergleich zu anderen Berufssparten ist die Ausübung des Berufes des Produzenten nicht grundsätzlich an eine entsprechende Ausbildung gebunden. Welche Qualifikation ein Nachwuchsproduzent bestmöglich haben sollte und wo in Deutschland diese erlangt werden kann, wird im weiteren Verlauf erläutert. Die größte Herausforderung für junge Produzenten bildet den Schwerpunkt des Artikels: der Schritt von der erfolgreichen Ausbildung in die eigenständige Produzententätigkeit.

Natürlich wird nicht jeder Produktionsabsolvent ein eigenes Unternehmen gründen, dafür wird einerseits zu viel ausgebildet und andererseits hat auch nicht jeder das Selbstverständnis, die Qualifizierung und auch das Interesse, selber Filme zu produzieren. Wer sich aber für eine Produzententätigkeit entscheidet, muss neben einem langen Atem viele Qualitäten und Kenntnisse mitbringen, um in dem Dschungel der Medienwirtschaft bestehen zu können. Der Artikel soll nicht vornehmlich die Finanzierungselemente von einzelnen Nachwuchsprojekten fokussieren, sondern vielmehr die Aufgaben eines Produzenten als Geschäftsführer eines jungen Unternehmens betrachten, welches – hoffentlich kontinuierlich – audiovisuelle Werke herstellt.

2 Qualifikation von Nachwuchsproduzenten unter Betrachtung des deutschen Filmmarktes

Trotz der besonderen Eigenschaft von Filmen Wirtschafts- und Kulturgut zugleich zu sein, unterscheidet sich die Herstellung von Filmwerken von der Herangehensweise und betriebswirtschaftlichen Betrachtung grundsätzlich nicht von der Herstellung anderer Wirtschafts- und Konsumgüter. Zeitlich und finanziell müssen die nötigen Parameter zur Herstellung und eine bestmögliche Markteinführung des Projektes geplant werden. Ebenso muss unter Abwägung verschiedener Herstellungs- und Verwertungsrisiken eine entsprechende Finanzierung so strukturiert und akquiriert werden, dass diese im Idealfall zurückgeführt werden kann, zumindest aber keine existentielle Gefährdung der Produktionsfirma verursacht. Weiterhin ist es für (Nachwuchs-)Produzenten sehr wichtig, dass der Film Präsenz auf Festivals hat und somit einen Imagegewinn für die Firma bedeutet, der die Aufmerksamkeit der Branche, der Medien und der Zuschauer auf sich zieht.

Die Aufgaben des Produzenten innerhalb des Herstellungsprozesses eines Filmes spielen eine maßgebliche Rolle. Sie sind es, die die Finanzierung gestalten und eine realistische Rückflussplanung für alle Finanzierungsbeteiligten und natürlich auch für sich selber erarbeiten müssen. Doch die Schwierigkeit der Filmherstellung ist, dass „der Erfolg eines Films [...] selbst unter Beachtung branchenüblicher Erfahrungen und ‚eiserner Regeln' kaum planbar" ist (Vgl. ABROMEIT, H. / NIELAND, J.-U. / SCHIERL, T. (2001), S. 308). Dabei nimmt der Produzent innerhalb des Marktes die Schlüsselposition zwischen Herstellungsentscheidung und Markteinführung ein. Ein optimales Projektmanagement in jeder Phase der Filmherstellung ist die Basis für jede Produktion. Darüber hinaus muss natürlich von Seiten der Produktionsunternehmen eine nachhaltige Finanzierungsform ihrer einzelnen Projekte in Zusammenhang mit der individuellen Unternehmensstruktur stattfinden.

Doch gerade für Nachwuchsproduzenten generiert der Markt erfahrungsgemäß nicht die nötigen Mittel zur Refinanzierung der gesamten Investitionen. Daher ist es für ihn noch wichtiger, möglichst viele nicht unbedingt rückzahlbare Finanzierungsmittel in die Produktion einzubringen. Hier gilt es, die optimale Mischung aus Fördergeldern, Sendermitteln, Minimumgarantien und weiteren monetären Mitteln zusammenzutragen.

Der deutsche Kinomarkt ist in einer ständigen Veränderung, und für jeden Film müssen Starttermin, Kopienzahl und Marketing individuell abgestimmt, geplant und finanziert werden. Da in den letzten Jahren in Deutschland die Anzahl der Leinwände sich zwar nicht wesentlich verändert hat, die Anzahl der Arthouse-Leinwände in den letzten beiden Jahrzehnten jedoch rapide zugunsten der Anzahl von Multiplex-Leinwänden abgenommen hat, beeinflusst dies auch die Präsenz von deutschen Nachwuchsprojekten. Denn wie viele Multiplex-

Leinwände zeigen Werke deutscher Nachwuchsfilmer? Die Domäne der Nachwuchsfilmer ist derzeit vornehmlich das Arthouse-Kino und deren Zuschauer.

Auf diesen reduzierten Anteil von Arthouse-Leinwänden treffen in den letzten Jahren viel mehr internationale und vor allem auch nationale Filme, die sich gegenseitig Konkurrenz machen. Wurden im Jahre 2000 insgesamt 94 deutsche Filme uraufgeführt (1999 waren es 88 und 1998 sogar nur 70 Filme) (Vgl FFA-Info 1/2001, S. 9), so ist die Anzahl stetig auf 121 Filme in 2004, 146 im Jahr 2005 und auf 174 Filme im Jahr 2006 gewachsen (Vgl. FFA-Info 1/2006, S. 11). 2007 stagnierte diese Zahl erstmals und es konnten wiederum 174 deutsche Neustarts verzeichnet werden (Vgl. FFA-Info 1/2008, S. 10).

Wird die Anzahl der Kopien, mit denen die Filme in den Kinos aufgeführt wurden, in Betracht gezogen, so ist festzustellen, dass in den letzten Jahren über 50 Prozent aller in Deutschland uraufgeführten Filme mit nicht mehr als 50 Kopien starteten (Vgl. SPIO (2007), S. 23). Fast alle Nachwuchsprojekte sind in diesem Anteil enthalten. Weiterhin sind von den Spielfilmen in Deutschland über 80% von Produktionsunternehmen hergestellt worden, die nur einen Film pro Jahr produzierten (Vgl. SPIO (2007), S. 14). Somit ist es bei der Anzahl von Filmen und Produktionsunternehmen sehr diffizil, jeden einzelnen Film so zu platzieren, dass er ein großes Publikum erreicht. Daher kann und sollte ein Produzent sich nicht ausschließlich auf eine Auswertung auf dem Kinomarkt konzentrieren.

Natürlich ist auch die nationale und internationale Festivallandschaft ungemein wichtig für die Filmwirtschaft und v.a. für den Nachwuchs, um ihre Filme vor Publikum – und hier vornehmlich auch vor Fachpublikum, potenziellen Partnern, Redakteuren, Förderern, Produzenten, Vertrieben und Verleihern – zu präsentieren. Aber wo sonst befindet sich der Markt für deutsche Nachwuchsproduzenten, oder vielmehr, wovon finanziert der Nachwuchsproduzent seine Filme, sein Unternehmen und schlussendlich sich selber? Hier muss auch die jüngere Entwicklung der Technik und die damit verbundenen Herstellungs-, Distributions- und vor allem Marketingoptionen einbezogen werden, die gerade jungen Filmemachern neue Möglichkeiten eröffnet.

Wenn alle Nachwuchskräfte der öffentlichen und privaten Ausbildungsinstitutionen für Filmproduzenten, auf die im weiteren Verlauf dieses Artikels eingegangen wird, in Betracht gezogen werden, so stellt sich ernsthaft die Frage, wie diese vielen jungen und gut ausgebildeten Medienschaffenden ihren Weg in die Branche gehen werden und dort Fuß fassen können.

Filmmarkt und Qualifikation:

- Differenzierter Markt, viele Filme: Finden der eigenen Nische
- Produktionstechnische Kenntnisse, betriebswirtschaftliche Kenntnisse, dramaturgische Kenntnisse
- Kenntnis von kreativen Talenten
- Kenntnis der wichtigen Festivals und Institutionen
- Kenntnis der Ansprechpartner bei Sendern, Verleihern, Festivals, Banken, Anwälten, Förderern etc.
- Professionelle Kommunikationsfähigkeit vom Smalltalk bis zur Vertragsverhandlung

3 Ausbildungssituation

Aufgrund der föderalistischen Struktur in Deutschland sind hierzulande mehrere wichtige Medienzentren entstanden, die jeweils ihre eigene Infrastruktur und mittlerweile auch fast alle ihre eigenen Ausbildungsinstitution(en) mit spezieller Ausbildung für Produzenten besitzen.

Als die „klassischen" Filmhochschulen für Produzenten in Deutschland werden hier die Ausbildungsstätten genannt, die Mitglieder der internationalen Vereinigung der Filmhochschulen (CILECT) sind:

- Deutsche Film- und Fernsehakademie in Berlin (dffb),
- Filmakademie Ludwigsburg,
- Hamburg Media School (HMS),
- Hochschule für Fernsehen und Film in München (HFF),
- Hochschule für Film und Fernsehen „Konrad Wolf" in Potsdam-Babelsberg (HFF),
- Internationale Filmschule in Köln (ifs),
- Kunsthochschule für Medien in Köln (KHM) (besitzt keinen explizierten Produktionsstudiengang).

Viele weitere Ausbildungsinstitutionen bieten spezielle Bachelor-, Master- und Diplomstudiengänge in Medienproduktion und Medienmanagement an, wie z.B. FH Bielefeld, FH Idstein, FH Köln, FH Mittweida, FH Wiesbaden, FH Wilhelmshaven, Macromedia Fachhochschule für Medien, TU Ilmenau, Universität Siegen, WAM Werbe- und Medienakademie Marquardt, um nur einige von ihnen zu nennen.

In zahlreichen Weiterbildungsseminaren, Aufbaustudiengängen und bei weiteren öffentlichen und privaten Ausbildungsanbietern können junge Leute Wissen über Filmproduktion und Medienmanagement erlernen und ein entsprechendes Zertifikat im Bereich des Medienschaffens erhalten. Gleichzeitig bieten viele medienwissenschaftliche, betriebswirtschaftliche und auch juristische Fakultäten renommierter Universitäten und Fachhochschulen ein Studium mit dem Schwerpunkt und der Zielrichtung „Medienwirtschaft" an. Alle diese Ausbildungen eröffnen ihren Studierenden die potenzielle Grundlage für die Tätigkeit als Filmproduzent. Dazu kommen noch die vielen Quereinsteiger. Dem Film- und Fernsehmarkt mangelt es somit in keiner Weise an gut ausgebildeten Nachwuchskräften. Wer sich also für eine Tätigkeit als Produzent entscheidet, sollte diesem Konkurrenzdruck gewachsen sein.

4 Hürden beim Markteintritt von Nachwuchsproduzenten

Die Nachwuchskräfte, die z.T. in den o.g. Ausbildungsinstitutionen ihr Wissen erlangt haben und sich dann entscheiden, ihr eigenes Unternehmen, ihre eigene Produktionsfirma zu gründen, stehen anfangs nicht nur vor der Schwierigkeit der Anschub- und Projektfinanzierung. Bevor sie in dieses Stadium kommen, müssen sie erst einmal rein betriebswirtschaftliche Hürden nehmen:

- Welche Unternehmensform nehme ich an – besitze ich 25.000 Euro für eine GmbH oder gehe ich anfangs volles Risiko ein?
- Wie finde ich eine Hausbank, wo erhalte ich ein Firmenkonto?
- Wie finanziere ich Büroräume, laufende Kosten etc.?
- Vor allem: An wen kann ich mich wenden bei Fragen, wie bekomme ich Hilfestellung, und habe ich Zugang zu möglichen Kontakten?
- Benötige ich einen Businessplan und wie schreibe ich einen solchen?
- Auch die Frage an sich selbst: Welche Qualifikationen, welche Stärken und Kenntnisse machen mich als Produzenten aus?
- Und: Welche Kontakte habe ich bereits zu den entsprechenden Ansprechpartnern bei den Sendern, Verleihern, Förderinstitutionen, aber auch bei den Kreativen, bei Regisseuren, Drehbuchautoren, Schauspielern, Agenturen, Kameraleuten usw.

Diese Fragen muss sich jeder potentielle Filmproduzent stellen, bevor man ernsthaft Projekte auf den Weg bringen kann. Diese Kenntnisse sind Grundvoraussetzung für einen Nachwuchsproduzenten.

Kenntnisse des eigenen nationalen und des internationalen Marktes, Kenntnisse der Talente dieser Märkte, ein Gespür für gute Filmstoffe und ihre adäquate Erzählweise, emotionale Intelligenz, betriebswirtschaftliches Wissen, dramaturgisches und technisches Wissen, unternehmerisches Geschick, Interesse an Geschichten und vor allem die Freude an der Erzählung dieser Geschichten sind die Mindestvoraussetzungen für einen Produzenten. Ein Produzent ist ein multiples Wesen: Geschichtenerzähler, Trüffelschwein, Geschäftsmann, Technikfetischist, Netzwerker, Motivator, Risikomanager, Rampensau und Intellektueller, Trendforscher, Globetrotter, stets erreichbar, Kindergärtner und Autorität zugleich, und er verfügt über ein großes Allgemeinwissen, politische Aktivität und ein sicheres Auftreten. Diese Eigenschaften sind wichtige Voraussetzungen für den Beruf des Produzenten.

Doch Niemand kann diese Tätigkeiten in Personalunion leisten, daher ist es immer wichtig, Partner zu finden und sich ein Netzwerk aufzubauen.

Inzwischen sind an sehr viele Ausbildungsinstitutionen, wie (Film-)Hochschulen und Akademien (Aufbau-)Studiengänge für diese Berufssparte gegründet worden. Für die Ausübung der Tätigkeit eines Filmproduzenten ist jedoch nicht eine wie z.B. bei Medizinern vergleichbare Ausbildung und erforderliche Approbation zur Ausübung ihres Berufes erforderlich. Theoretisch kann sich jeder, der im Besitz einer Digitalkamera und eines Schnittprogramms auf seinem Computer ist, als Filmproduzent bezeichnen.

Also was trennt die Spreu von Weizen?

Als Produzent gilt grundsätzlich der Geschäftsführer eines Unternehmens, dessen Aufgabe die Herstellung von Filmen ist. Die Erfahrung und das Selbstverständnis erhält eine Person nicht durch einen akademischen Abschluss, sondern durch langjährige Praxiserfahrung während der Herstellung von Filmen. Die Zusammenstellung eines guten Teams und einer sicheren Finanzierung sowie die Übernahme und Bewältigung der mit der Filmherstellung verbundenen Risiken sind wesentliche Inhalte seiner Arbeit. Dramaturgisches Wissen, um die Qualität von Stoffen erkennen und diese dann gemeinsam mit Autoren und Regisseuren entwickeln und optimieren zu können, gehört definitiv zu der Kernaufgabe eines guten Produzenten.

Doch wie erhält man als junger Nachwuchsproduzent diese Erfahrung? Wie findet man seinen Standpunkt? Wie baut man sein Netzwerk auf und wie etabliert ein junger Produzent sein Unternehmen? Wie ist es möglich, mit Hilfe der vorhandenen Finanzierungselemente und des bestehenden Marktes ein wirtschaftlich agierendes Unternehmen aufzubauen und zu führen? Ist der persönliche Schwerpunkt eher im Bereich des Kreativen Produzenten – wie suche ich mir dann entsprechende Partner mit kaufmännischen Kenntnissen – oder eben umgekehrt?

Dieses Wissen und Netzwerk muss sich jeder selbstständig erarbeiten.

Diese Fragen müssen sich junge Produzenten individuell stellen, um langfristig in der Filmbranche bestehen zu können. Pauschale Antworten gibt es auf diese Fragen nicht, sondern eine ständige Hinterfragung der eigenen Person, Qualifikation und Ziele ist hier unabdingbar.

Nicht nur die Vermittlung von theoretischem Wissen, der Anleitung zum praktischen Filmemachen und die Errichtung von Brücken zwischen Ausbildung und Industrie sind wichtige Aufgaben der Ausbildungsinstitutionen; auch die Konfrontation der Produktionsstudenten mit diesen existentiellen Themen gehört dazu. Für viele Bereiche des Filmschaffens ist es wichtig, sich erst einmal ausprobieren zu können, die eigene Handschrift zu finden. Neben der kreativen Arbeit ist es für angehende Produzenten immer wichtig, zukünftig Bindeglied zwischen Künstlern und Markt zu sein. Filmproduktion bedeutet nicht nur die organisatorische Leitung der Herstellung von Filmprojekten, sie erfordert auch unternehmerisches Wissen und Geschick. Sehr früh in der Ausbildung muss den jungen Filmschaffenden die Komponente der wirtschaftlichen Verantwortung der eigenen Kunst gegenüber verständlich gemacht werden, damit die finanzielle Grundlage für Filmkunst gegeben ist. Denn Film ist eine sehr vielfältige Kunst. Sie verbindet Literatur mit Musik und Theater, visuelles Erzählen mit modernster Technik. Doch Film ist auch eine sehr teure Kunst in der Herstellung. Hier ist der Filmemacher – und vor allem der Produzent – als Unternehmer gefragt. Ein Nachwuchsproduzent sollte natürlich ein Gespür für Talent und Stoffe haben. Dies ist die Basis für sein Schaffen, aber ohne ein unternehmerisches Geschick wird es heutzutage kein Nachwuchsproduzent mehr schaffen, die Finanzierung für einzelne Projekte abschließen, geschweige denn ein autarkes Unternehmen langfristig führen zu können.

Das Wissen um die entsprechenden Finanzierungsmittel, die Kenntnis der Institutionen und Ansprechpartner ist enorm wichtig für Produzenten. Doch es sollte nicht als Selbstverständlichkeit empfunden werden, dass ihre Projekte sich rein aus dem Markt mit Hilfe von Sendermitteln und Fördergeldern finanzieren. Denn die Entwicklung des Kinomarktes und junger Talente zeigt deutlich, dass die zur Verfügung stehenden Gelder auf eine immer größere Anzahl von Nachwuchskräften verteilt werden müssen. Somit wächst der Konkurrenzdruck, und die Qualifikation des Nachwuchses wird umso mehr auf die Probe gestellt.

Daher gilt es für Nachwuchsproduzenten, so früh wie möglich mit guten (Nachwuchs-) Autoren und Regisseuren, Kameraleuten usw. Teams zu bilden, sich auszuprobieren, Projekte konzentriert und fokussiert durchzuführen. Ein Nachwuchsproduzent macht aber nicht anhand der Anzahl seiner Projekte auf sich aufmerksam, sondern durch die Auswahl und Durchführung von einzelnen herausragenden Filmen. So kann es ihm gelingen, schon während der Ausbildung Redakteure, Produzenten, Verleiher, Förderer und Finanzierer auf sich aufmerksam zu machen.

Sollte er/sie sich dann entscheiden, sich als Filmproduzent selbstständig zu machen, als eigenständiger Produzent in das „Haifischbecken“ zu springen, dann sollte er/sie auch unternehmerische Qualitäten mitbringen. Filmproduzent zu sein heißt nicht, einen Film nach dem anderen irgendwie herzustellen, es heißt, eine unternehmerische Vision, ein Profil und Portfolio zu entwickeln und zu vermitteln und ist verbunden mit der Bereitschaft zur Übernahme von unternehmerischem Risiko! Außerdem muss eine Unterscheidung von Projekt- und Unternehmensfinanzierung stattfinden.

Hürden beim Markteintritt:

- Zu viel Nachwuchs
- Schwierigkeiten der Start- und Unternehmensfinanzierung
- Aufbau eines Netzwerkes
- Fähigkeiten präsentieren, als Unternehmen und mit Projekten überzeugen und Vertrauen aufbauen
- Positionierung auf dem Markt, Erarbeiten einer überzeugenden Unternehmensvision und Zusammenarbeit mit spannenden kreativen Talenten

5 Ausblick

Nachwuchsunternehmen müssen mittel- und langfristig darauf achten, dass sie sich durch die Herstellung von Filmen auch finanzieren können. Somit macht eine Rückstellung aller Gagen, Handlungsunkosten (HUs) etc. zwar anfangs Sinn, doch langfristig ist es kein Ansatz, ein Produktionsunternehmen zu etablieren. Alternative und innovative Ideen hinsichtlich der Herstellung, Finanzierung, aber auch Vermarktung sind aufgrund der digitalen Technik und der weiten Verbreitung des Internets immer vielseitiger und wichtiger geworden. Ohne die Einbringung eines unternehmerischen Risikos durch Eigeninvestitionen der Produktionsunternehmen wird die Herstellung von Filmen zunehmend schwieriger.

Gewiss wird der Wettbewerb noch intensiver werden, aber ein innovatives und wirtschaftliches Filmdenken mit Blick auf das Publikum wird gebündelte Kräfte seitens der Förderung, der Sender und des Marktes finden. Als Einstieg in dieses Netzwerk benötigt man jedoch als Nachwuchsproduzent die richtigen Kontakte, Ansprechpartner und Fürsprecher.

Vor allem im Nachwuchsbereich gibt es viele Förderprogramme sowie politische, kulturelle und wirtschaftliche Unterstützungsmaßnahmen, die insbesondere in der Anfangsphase für die Herstellung von Filmprojekten in Deutschland aufgrund der bereits genannten Marktsituation für die Produktionsunternehmen sehr wichtig sind. Filmproduktion sollte von Nachwuchsproduzenten aber nicht per se als Subventionswirtschaft mit der entsprechenden Empfängermentalität verstanden werden.

Ein teilweise herrschendes Subventionsdenken bei vielen (Nachwuchs-)Filmemachern muss in ein unternehmerisches Denken transformiert werden. Auch künstlerisches Schaffen hat einen Marktwert und eine Existenzberechtigung in jedem Bereich des Filmschaffens.

Nachwuchsproduzenten, die leidenschaftliche Kämpfer sind, die kreativ und gleichzeitig unternehmerisch denken, die offen sind für neue Erzählweisen und Finanzierungsformen im In- und Ausland und die selbstverantwortlich, innovativ, risikobereit und zielstrebig handeln, werden sich durchsetzen!

Das Survival-Kit für Nachwuchsproduzenten:

- vielseitiges Wissen, Risikobereitschaft, Kommunikationsfähigkeit, Neugier
- Marktkenntnis, Kenntnisse des Netzwerkes und Ansprechpartner
- Unternehmergeist, Kreativität und langer Atem
- Durchsetzungskraft und Diplomatie
- Nutzung neuer Produktionstechniken und Auswertungsformen
- Ständige Weiterbildung und Nutzung von Trainingsprogrammen

Literaturverzeichnis

ABROMEIT, H. / NIELAND, J.-U. / SCHIERL, T.: Politik, Medien, Technik, Wiesbaden, 2001.

FFA-Info 1/2001,
http://www.ffa.de/downloads/publikationen/ffa_intern/ffa_intern_0101.pdf, 30.07.2008.

FFA-Info 1/2006,
http://www.ffa.de/downloads/publikationen/ffa_intern/FFA_info_1_2006.pdf, 30.07.2008.

FFA Info 1/2008,
http://ww.ffa.de/downloads/publikationen/ffa_intern/FFA_info_1_2008.pdf, 30.07.2008.

SPIO: Filmstatistisches Jahrbuch, Baden-Baden, 2007.

B Funktionale Kompetenz

Die Werbung hat das erste Wort, der Zuschauer das letzte. Filmwerbung und das Problem der „symmetrischen Ignoranz“

VINZENZ HEDIGER

Zusammenfassung
Die Herstellung kultureller Güter (wie z.B. eines Films) ist aufgrund ihrer besonderen Abhängigkeit vom Publikumsgeschmack als risikobehaftet einzuschätzen. In der Konsequenz muss ein Filmproduzent Entscheidungen im Hinblick auf die Vermarktbarkeit seines jeweiligen Films vorab durchdenken. Für diesen Problemzusammenhang soll betrachtet werden, inwiefern etablierte Praktiken der Werbung und des Marketing zur Lösung beitragen können. Dazu sollen zwei Fragen beantwortet werden. Erstens soll gefragt werden, womit ein Produzent rechnen muss, wenn er einen Film vermarkten will? Zweitens wird beleuchtet, was er diesbezüglich – basierend auf Lehren der Geschichte der Filmwerbung – unternehmen kann.

Beitragsinhalt

1 Film und die Vermarktung von Erfahrungsgütern

Über Fragen der Werbung und Vermarktung kann sich ein Produzent kaum früh genug Gedanken machen, wenn er ein Projekt in Angriff nimmt. Die Werbekampagne ist seine letzte Gelegenheit, auf den Erfolg des Films Einfluss zu nehmen; danach entscheidet das Publikum (unterstützt oder angeleitet von der Kritik). Da die Risiken bei der Produktion eines Films – wie bei der Herstellung kultureller Güter überhaupt – stets unwägbar sind, ist der Produzent im Grunde gezwungen, alle zuvor anstehenden Entscheidungen im Hinblick auf die Vermarktbarkeit des Films zu durchdenken. Der folgende Text will den Blick für dieses Problem schärfen, in dem er etablierte Praktiken der Werbung und des Marketing als Versuche seiner Lösung auffasst. Er will zwei Fragen beantworten: Womit muss der Produzent rechnen, wenn er einen Film vermarkten will? Und was kann er tun? Die erste Frage soll im Rahmen eines systematischen, auf die Ergebnisse der Informationsökonomie und der Kulturökonomik zurückgreifenden Abrisses beantwortet werden, der die spezifischen Herausforderungen der Werbung und Vermarktung aus der Gütercharakteristik des Films herleitet. Im Zentrum steht dabei das Problem der *symmetrischen Ignoranz*, d.h. die Tatsache, dass es weder für den Produzenten noch für den Konsumenten von Kulturgütern gesichertes Erfahrungswissen gibt, sondern bestenfalls Erfahrungswerte ohne zuverlässigen projektiven Wert. Auf die zweite Frage antwortet ein kurzer historischer Überblick, der Lehren aus der Geschichte der Filmwerbung ziehen will und spezifische Werbe- und Vermarktungsstrategien als Versuche darstellt, das Informationsproblem der symmetrischen Ignoranz zu lösen, die sich in der wiederholten Anwendung bewährt haben. Im Zentrum steht dabei die aus der seriellen Analyse umfangreicher Datenmengen gewonnene Einsicht, dass Filmwerbung ein *virtueller Fandiskurs* ist, also über den Film so zu sprechen versucht, wie dies ein zufriedenes Publikum tun würde, wenn und nach dem es aus eigener Anschauung die Gewissheit gewonnen hat, dass der Film gut ist, d.h. seinen Bedürfnissen und Erwartungen entspricht.

Hinsichtlich der Methode verbindet der vorliegende Text theoretische Überlegungen aus den Wirtschaftswissenschaften mit Ergebnissen der filmhistorischen Forschung in der Absicht, implizites Wissen explizit zu machen (Zum Begriff des impliziten Wissens vgl. POLANYI, M. (1958)): Also zumindest einen Teil dessen auf theoretische Begriffe zu bringen, was Werbepraktiker immer schon tun, und die guten Gründe zu erläutern, die sie dafür haben, dass sie das tun, was sie tun.

Relevant ist das hier verhandelte Problem der Vermarktung von Erfahrungsgütern auch über den Bereich des Films hinaus. Wie RIFKIN festhält, befinden wir uns an der Schwelle zu einem Zeitalter des „access“, des Zugangs, in dem der wichtigste Output kapitalistischer Produktionsformen die Bereitstellung von Erfahrungen und nicht mehr Herstellung knapper Güter darstellt, ein Umbruch, den man auch als Übergang von der industriellen Produktion zum „cultural capitalism“ bezeichnen kann (Vgl. RIFKIN, J. (2001), S. 7). Die Frage, wie der

Zugang zu Erfahrungen effektiv zu vermarkten ist, stellt sich in der Filmindustrie seit mehr als einhundert Jahren. Als wichtigste unter den Kulturindustrien – und damit den Schlüsselindustrien des „cultural capitalism" – nimmt sie eine für die neuen Produktionsformen paradigmatische Stellung ein.

Die Behauptung, dass die Filmindustrie die wichtigste Kulturindustrie sei, stützt sich dabei unter anderem auf die Tatsache, dass seit den 1990er Jahren fünf der sechs größten Medienunternehmen der Welt um Hollywood-Studios herum aufgebaut sind (TimeWarner, Newscorp, Viacom, Disney, Sony; die Ausnahme bildet Bertelsmann). Diese Entwicklung nahm ihren Anfang mit der Übernahme von Twentieth Century-Fox durch Rupert Murdochs Newscorp im Jahr 1985 (Vgl. COMPAINE, B. M. / GOMERY, D. (1999), S. 359 ff.). Die zentrale Stellung der Hollywood-Studios verdankt sich der Tatsache, dass der Spielfilm von allen Medienprodukten die längste Verwertungskette und die längste Verwertungsfrist aufweist. Spielfilme sind, wie es ein Wall-Street-Analyst einmal formulierte, einzigartig, insofern es sich um ein „product that never dies" handelt (Vgl. HEDIGER, V. (2006), S. 167 ff.).

Modell-Charakter für die neue Informationsökonomie hat die Hollywood-Industrie, insofern sie bereits Ende der 1940er Jahre auf ein System der flexiblen Spezialisierung und der Projektifizierung umstellte, d.h. eine Organisationsform der projektgebundenen Zusammenstellung von Teams hochqualifizierter, frei flottierender Spezialisten (BORDWELL, D. / STAIGER, J. / THOMPSON, K. (1985), S. 330-338). Aufgrund dieser langjährigen Erfahrung mit netzwerkbasierten Produktionsformen hält RIFKIN fest: „The Hollywood culture industries [...] are fast becoming the prototype for the reorganization of the rest of the capitalist system along network lines" (RIFKIN, J. (2001), S. 24).

2 Womit der Produzent zu rechnen hat: Das Problem der symmetrischen Ignoranz und die Dynamik der Informationskaskade

„Negative costs" lautet im Jargon der amerikanischen Filmindustrie der Begriff für die Kosten, die im Rahmen einer Filmproduktion bis zu dem Zeitpunkt anfallen, zu dem ein kopierfähiges Negativ vorliegt (Vgl. CONES, J. W. (1992), S. 321). Was danach zu Buche schlägt, sind die Vermarktungskosten. Aus Sicht der beteiligten Filmkünstler ist der Film im Grunde fertig, wenn der für die „negative costs" vorgesehen Betrag ausgegeben ist. Aus Sicht des Produzenten fängt genau an diesem Punkt das eigentliche Leben des Films an, seine Auswertung. Ein Produzent, der sein Geschäft versteht, plant mithin nicht nur, wie viel Geld er wie ausgeben will, bis das kopierfähige Negativ vorliegt. Er macht sich früh schon, und zwar am besten noch bevor die eigentliche Produktion beginnt, Gedanken, wie viel Geld er – oder der Verleiher, mit dem er zusammenarbeiten wird – wofür ausgeben wird, wenn das kopierfähige Negativ einmal vorliegt. Auch wenn der Produzent auf die Entscheidungen des Verleihers oft keinen direkten Einfluss nehmen kann, so muss er zumindest antizipieren, welche Entscheidungen zu fällen sein werden und seinen Film so anlegen, dass er bestimmte Vermarktungsentscheidungen zulässt oder nahe legt. Insbesondere sollte er seinen Film so planen, dass die Marketingverantwortlichen ohne größere Anstrengung eine Antwort auf die beiden elementaren Fragen finden können, die jede Film-Werbekampagne beantworten muss, nämlich: Wer soll sich diesen Film anschauen? Und weshalb? Oder, wie der Filmwerbefachmann FRITZ IVERSEN es formuliert: „Der Produzent muss bei Projektstart wissen, welche Zuschauergruppen der Film ansprechen wird und warum er das tun wird.“ (IVERSEN, F. (2005), S. 179).

Das ist der erste Punkt, den man sich als Filmproduzent merken sollte. Es lohnt sich, diesen Punkt hervorzuheben, weil er gerade in kleineren Filmproduktionsländern und vor allem im Bereich des Independent-Films nach wie vor nicht ohne weiteres zu den Grundsätzen zählt, auf denen Produzenten ihr berufliches Selbstverständnis aufbauen. Selbst für amerikanische Independent-Produzenten gilt, was MARK STEVEN BOSKO festhält: „Was ist der häufigste Fehler von Filmemachern in Bezug auf Marketing? – Dass sie es als einen Teil der Post-Produktion ansehen [...].“ (BOSKO, M. S. (2003)). Gewiss ist es möglich, dass man seine Rolle als Produzent in Analogie zu derjenigen des Galeristen definiert, wie die etwa die amerikanische Independent-Produzentin Christine Vachon tut, die mit ihrer Firma „Killer Films“ Werke wie Todd Haynes’ Bob-Dylan-Biogrpahie „I am not there“ (USA 2007) realisiert. VACHON versteht sich als Mittlerin, die wichtigen Künstlern die Gelegenheit bietet, ihre Werke zu realisieren (Persönliches Gespräch des Autors mit VACHON). Doch wer den Film sehen soll, und weshalb, sind Fragen, die auch eine Produzentin wie VACHON beantworten können muss, wenn sie ihre Geldgeber um die Finanzierung eines neuen Projekts angeht (Vgl. VACHON, C. (2006), S. 109 ff.).

Der zweite Punkt, auf den es ankommt und über den man sich als Produzent schon bei Projektstart Rechenschaft ablegen muss, ist einer, den der amerikanische Drehbuchautor WILIAM GOLDMAN mit seinem berühmten Satz „Nobody knows anything“ zusammengefasst hat. Je nach Gemütslage und Grad der Hollywood-Feindlichkeit des Lesers wird dieser Ausspruch gerne als resignierter Seufzer eines Künstlers aufgefasst, der vor der Inkompetenz und schieren Barbarei der verantwortlichen Entscheidungsträger schließlich kapituliert hat. Tatsächlich aber könnte der Sinn des Satzes vom Geist solch dandyhaften Künstler-Selbstmitleids kaum weiter entfernt sein. Was GOLDMAN benennt, ist eine elementare strukturelle Gegebenheit: Die Tatsache, dass man als Produzent gar nicht wissen *kann*, wer das Publikum des Films sein wird und aus welchen Gründen es diesen ansehen wird, weil es in der Filmproduktion kein gesichertes Erfahrungswissen gibt. Der Grund hierfür liegt, um es in ökonomischen Begriffen auszudrücken, in der Gütercharakteristik des Films. Filme sind Informationsgüter. Sie charakterisieren sich durch die Konsumform des Zugangs („access“) statt durch materialen Verbrauch; sie sind überreichlich, also in vielen Kopien, vorhanden und nicht knapp; und sie werden im Kontext von Netzwerken und produktgebundenen Gemeinschaften verbreitet, profitieren also von Empfehlungen oder vom Zuspruch von Fangruppen (Vgl. HUTTER, M. (2003), S. 269 ff.). Die drei genannten Merkmale schlagen sich in einem spezifischen Informationsproblem nieder. Die Informationsökonomie kategorisiert Güter bekanntlich nach der Schwierigkeit, deren Qualität ex ante zu beurteilen. Sie unterscheidet dabei zwischen Suchgütern, bei denen verlässliche Parameter der Beurteilung vor dem Konsum vorliegen; Erfahrungsgütern, bei denen eine Beurteilung erst im Zuge des

Konsums oder auf dessen Grundlage möglich ist; und Vertrauensgütern, bei denen die Qualitätsbeurteilung erst mit einem Abstand ex post möglich ist. Filme sind Erfahrungsgüter, sie weisen aber auch einige Sucheigenschaften auf, namentlich den Preis und die Filmlänge (Vgl. HAUCAP, J. (2006), S. 6 ff.). Generell aber gilt: „Nobody knows they like a film until they see it." (DEVANY, A. / WALLS, D. (1999), S. 288). FARCHY konkretisiert dieses Informationsproblem, indem sie festhält, dass Kulturgüter wie Bücher, Filme, Theateraufführungen etc. sich in erster Linie durch die Eigenschaft der Originalität, verbunden mit deren Gegenstück, der Ungewissheit kennzeichnen (Vgl. FARCHY, J. (2005), S. 193). Jedes Kulturgut ist notwendigerweise neu und einzigartig; es gibt keine Garantie der Identität und der gleichmäßigen Qualität von Produkten wie etwa bei einer Flasche Coca Cola. Im Rückgriff auf AKERLOF schlägt FARCHY entsprechend vor, von einer Situation der asymmetrischen Information zu sprechen: Ähnlich wie beim Gebrauchtwagenkauf kann der Käufer erst nach Abschluss der Transaktion selbst herausfinden, worauf er sich eingelassen hat. Anders als beim Gebrauchtwagenkauf allerdings weiß beim Film auch der Anbieter nicht wirklich Bescheid über die Qualität des Produktes. Der Gebrauchtwagenhändler kennt in aller Regel die technischen Mängel der Wagen, die er im Angebot hat. Er weiß in der Tat mehr als sein Käufer, weshalb es auch angemessen ist, von asymmetrischer Information zu sprechen. Der Filmproduzent und mit ihm der Verleiher hingegen wissen erst nach dem Kinostart und aufgrund der Einspielergebnisse, ob ihr Film vom Publikum als hochwertiges Produkt wahrgenommen wurde oder nicht. DEVANY und WALLS schlagen deshalb vor, statt von einer Situation der asymmetrischen Information von einer solchen der *symmetrischen Ignoranz* zu sprechen. „Symmetric ignorance" meint genau das, was Goldman mit dem Satz „Nobody knows anything" sagen wollte: Weder Produzent noch Konsument, weder Verkäufer noch Käufer vermögen vor dem Abschluss der Transaktion die Qualität des Produkts in zuverlässiger Weise einzuschätzen: „[B]oth principal and agent are in a state of symmetric ignorance about the prospects of a movie owing to the ‚nobody knows' property" (DEVANY, A. / WALLS, D. (2004), S. 285). Oder anders gesagt: weil jeder Film einzigartig ist, also „originell" im Sinne FARCHYs, können sich weder Produzent noch Konsument auf die Erfahrungen verlassen, die sie bislang mit der Herstellung und der Nutzung vergleichbarer Produkte gemacht haben. In dieser Unzulänglichkeit des Erfahrungswissens für die Projektion der Qualität künftiger Erfahrungen liegt das Produktmerkmal der Ungewissheit, das FARCHY aus dem Merkmal der Originalität ableitet, und weil das Schicksal dieser Unzulänglichkeit beide Teilnehmer der Transaktion ereilt, handelt es sich um eine Ignoranz symmetrischen Zuschnitts. Produzent wie Zuschauer reagieren auf dieses Problem in vergleichbarer Weise: Der Produzent, in dem er seinem Film Merkmale verleiht, die ihn in die Nähe eines Suchgutes rücken, also etwa in dem er die Hauptrollen mit bekannten Stars besetzt, vertraute Formeln und Genres favorisiert oder bekannte Stoffe verfilmt; der Zuschauer, in dem er den Filmen den Vorzug gibt, die das geringste Frustrationsrisiko aufweisen, also Filmen, die markenähnliche Züge und Quasi-Suchmerkmale aufweisen, d.h. in der Regel starbesetzte Großproduktionen mit formelhaften Geschichten und hohen Schauwerten (Massenszenen, Explosionen, udgl.).

Nicht von ungefähr war DeMilles Bibelverfilmung „The Ten Commandments" von 1956 der erste Film der Geschichte, der in die Nähe eines Einspielergebnisses von 100 Mio. Dollar kam, und bleibt die Bestseller-Verfilmung „Gone with the Wind"von 1939 mit 1,2 Mia. Verkauften Ticket der erfolgreichste Film aller Zeiten nach Eintrittszahlen, gefolgt von Disneys „Snow White" von 1937 mit 700 Mio. (Vgl. »Ten Commandents« Is All-Time High Grosser, in: Motion Picture Herald, Vol. 222, No. 1, 14. Januar, 1961, S. 12.).

Informationstheoretisch gesprochen finden kleine Autorenfilme nicht deshalb weniger Zuspruch als Blockbuster, weil es dem Kinopublikum an der nötigen Bildung und dem richtigen Geschmack fehlt, wie dies kulturkritische Beobachter gerne sehen. Vielmehr ist es so, dass der Aufwand, den man betreiben muss, um sich von einem Blockbuster-Film ein hinreichendes Bild zu machen, so viel geringer ist als beim Autorenfilm – dessen richtige Einschätzung eine vertiefte Beschäftigung mit dem Werk des Regisseurs und anderen Aspekten des Films voraussetzt –, dass der Blockbusterfilm schon aus zeitökonomischen Gründen den Vorzug erhält. (Vgl. FARCHY, J. (2005), S. 204 ff. und HENNING-THURAU, T. / WRUCK, O. (2000)).

Der Filmproduzent befindet sich demnach in einer paradoxen Situation: Er muss sich einerseits schon vor Projektstart Gedanken darüber machen, wer sein Publikum sein wird und welche Gründe dieses haben könnte, sich seinen Film anzuschauen. Andererseits aber muss er, selbst wenn er schon eine Vielzahl von Erfolgen vorzuweisen hat und zu wissen glaubt, worauf es ankommt und wer sein Publikum ist, damit leben, dass er beim Versuch, auf die beiden Schlüsselfragen des Marketing Antworten zu geben, auf keinerlei gesichertes Erfahrungswissen zurückgreifen kann. Wohl werden statistische Erfahrungswerte zur Grundlage von Produktionsentscheidungen gemacht. So berechnet man den Marktwert – und damit das Finanzierungspotential – eines Stars aus den letzten sechs Einspielergebnissen (Vgl. KLADY, L. (1994), S. 75). Im Grunde gilt aber die Formel „You are only as good as your last picture", und die Tatsache, dass man einmal Erfolg gehabt hat, liefert keine Garantie dafür, dass es wieder so sein wird, selbst dann nicht, wenn die letzten sechs Filme erfolgreich waren. „Extreme uncertainty", extreme Unsicherheit ist die Gegebenheit, mit der man als Produzent stets rechnen muss (Vgl. DEVANY, A. (2003), S. 71 ff.).

Erschwerend kommt hinzu, dass die Statistik im Grunde dagegen spricht, dass man überhaupt je einen Film produziert. Am Beispiel der Hollywood-Industrie lässt sich zeigen, dass das Produktionsbudget eines Films im Schnitt höher liegt als das Einspielergebnis (Vgl. DEVANY, A. (1997), S. 13 f.). Im statistischen Mittel wird man also mit einem Film immer Geld verlieren. Wenn es sich überhaupt lohnt, einen Film zu drehen, dann nur deshalb, weil die Einspielergebnisse eine Pareto-Verteilung aufweisen: 20 Prozent aller Filme erwirtschaften 80 Prozent aller Einnahmen. Wer einen Film dreht, der zu den 20 Prozent der erfolgreichsten gehört, wird mit diesem in aller Regel ein Vielfaches des eingesetzten Budgets erwirtschaften, und die 20 Prozent wirklich erfolgreichen Filme sind so erfolgreich, dass sie die Verluste der übrigen 80 Prozent im Grunde wettmachen können (Vgl. DEVANY, A. (1997), S. 9 f.; DEVANY, A. / WALLS, D. (2004), S. 5 ff.). Pareto-Verteilungen oder „power laws" sind generell selbstähnlich, d.h. sie stellen sich in jeder untersuchten Untergruppe von Filmen wieder ein, also auch dann, wenn man ausschließlich die Einspielergebnisse von Arthouse- und Autorenfilmen analysiert. Was für den Hollywood-Produzenten gilt, hat so auch für den Produzenten von kleinen europäischen Kunstfilmen Gültigkeit.

Genießt man nicht die Absicherung durch staatliche Subventionen und andere Produktionsbeihilfen, wie dies bei europäischen Produzenten allerdings die Regel ist (FOREST, C. (2001)), dann wird man als Filmproduzent ein Projekt nur dann in Angriff nehmen, wenn man bereit ist, große Risiken einzugehen, und man wird es umso eher tun, wenn man über die Möglichkeit verfügt, nicht nur einzelne Filme zu produzieren, sondern ganze Portfolios. Nicht von ungefähr finanzierten die Hollywood-Studios in der so genannten klassischen Ära (nach 1917 und vor 1960) ihre Filme jeweils als Jahresprogramm im Paket mit bis zu fünfzig Filmen, und nicht von ungefähr fällt der jährliche Output eines heutigen großen Hollywood-Studios nie unter 25 Filme pro Jahr (WASKO, J. (1982), S. 47ff. und 149 ff.; BORDWELL, D. / STAIGER, J. / THOMPSON, K. (1985), S. 85–153 und S. 309–338). Auf jeden Fall aber wird man als Produzent jeden einzelnen Film so zu produzieren und zu vermarkten versuchen, dass er zu den erfolgreichsten 20 Prozent gehört, und man wird sich dabei wiederum auf Erfahrungswerte stützen: etwa auf die statistisch erhärtete, für die Erfolgsprojektion im Einzelfall aber wertlose Einsicht, dass Filme mit Stars meistens erfolgreicher sind als solche ohne Stars (DEVANY, A. / WALLS, D. (1999), S. 135 ff.; DEVANY, A. / WALLS, D. (2004), S. 1035 ff.), oder die Feststellung, dass die Chancen auf einen großen Erfolg umso größer zu sein scheinen, je größer das Produktions- und das Werbe-Budget eines Films sind (RAVID, S. A. (1999), S. 463ff.).

Erklären lässt sich die Pareto- oder 80/20-Erfolgsverteilung unter anderem durch eine Dynamik, die umgangssprachlich „Mundpropaganda“ heißt und von DEVANY und LEE mit dem Konzept der „Informationskaskade“ erklärt wird. Über den Erfolg eines Films entscheidet am Ende immer das Publikum, wobei sich zwischen dem Input des Produzenten und dem Urteil des Publikums keine zuverlässige kausale Relation herstellen lässt (auch wenn gewisse Elemente des Inputs statistisch gesehen ein positives Urteil zu favorisieren scheinen, wie etwa die Besetzung der Hauptrolle mit einem Star oder der Umfang des Budgets). Allerdings weist die „Mundpropaganda“ als solche, das Weitergeben von Qualitätseinschätzungen über Erfahrungsgüter in sozialen Netzwerken, eine Reihe von beobachtbaren Merkmalen auf. Den Antrieb der Mundpropaganda bildet ein psychologisches Bedürfnis, über gemachte Erfahrungen zu sprechen und diese in Form von Berichten anderen Menschen mitzuteilen. Wie der Kognitionspsychologe ROGER C. SCHANK festhält, vermögen wir nur auf diese Weise Erfahrungen in eine Form zu bringen, die diese erinnerbar und damit überhaupt erst zu Erfahrungen werden lassen, von denen wir sagen können, dass wir sie auch tatsächlich gemacht haben (Vgl. SCHANK, R. C. (1990), S. 115). Ferner gilt die Regel „bad news travel fast“: Aufgrund des vergleichsweise hohen Risikos, das der Käufer einer Kinokarte eingeht, und weil er stets dazu tendiert, sein Risiko zu minimieren, wird er negativen Urteilen, die ihm von Freunden oder Bekannten kommuniziert werden, größere Bedeutsamkeit beimessen als positiven (Vgl. IVERSEN, F. (2005), S. 189). Umgekehrt gilt, dass positive Mundpropaganda sich zu einer „Informationskaskade“ ausbildet, einem Netzwerk-Effekt, in dem sich die positiven Urteile über Rückkoppelungen multiplizieren und der die Spieldauer eines Films signifikant verlängern und seinen kommerziellen Erfolg stark verbessern kann: „Because there is non-linear feedback in the information cascade, a favorable initial audience response can be leveraged into greater subsequent revenues“ (DEVANY, A. (1997), S. 5). Stellt sich eine solche Informationskaskade ein und erzielt ein Film eine lange Laufzeit, spricht man im amerikanischen Branchenjargon davon, dass er „legs“, also Beine bekommen habe (CONES, J. W. (1992), S. 270). Die Dynamik der Mundpropaganda und die Entwicklung der Nachfrage nach dem Film bleibt indes unüberschaubar und kann bestenfalls zu Beginn der Laufzeit des Films beeinflusst werden, denn „[t]he complex dynamics of personal interaction between viewers and potential viewers overwhelm the initial conditions" (DEVANY, A. (2004), S. 98). Gewiss ist nur eines: Im Lauf der Vermarktung des Films hat der Produzent, oder vielmehr die von ihm und dem Verleiher zu gestaltende Werbekampagne, das erste Wort, und sein Wort ist Teil der „initial conditions", der Ausgangsbedingungen. Das letzte Wort aber hat das Publikum.

Im Grunde geht es für den Produzenten also darum, den Film so zu produzieren, dass die Zuschauer Gründe haben, positiv über diesen zu reden. Ferner geht es darum, den Film über die Verleihstrategie und die Werbekampagne so zu positionieren, dass diejenigen, die solche Gründe haben könnten, den Film auch tatsächlich sehen. Er kann sich dabei nur auf Erfahrungswerte ohne projektiven Wert stützen und ferner darauf hoffen, dass die Pareto-Verteilung des Einspielerfolgs ihn begünstigt. Immerhin aber hat der Produzent vor oder beim Filmstart die Gelegenheit, dem Publikum die Gründe einleuchtend zu machen, die man als Zuschauer haben kann, positiv über den Film zu reden. Genau hierin besteht das argumentative Ziel der Werbekampagne. Diese ist im Grunde stets darauf ausgerichtet, dem prospektiven Zuschauer vorab ein positives Urteil über den Film in den Mund zu legen und so eine Informationskaskade und die Wirkung der zugehörigen Netzwerkeffekte zumindest zu begünstigen.

3 Was der Produzent tun kann: Lehren aus der Geschichte der Filmwerbung

Die Mittel, die dem Produzenten oder Verleiher für die Werbung und Vermarktung zur Verfügung stehen, sind überschaubar und haben sich seit Mitte der 1910er Jahren nur unwesentlich verändert. STAIGER benennt für die Geschichte der (US-amerikanischen) Filmwerbung sechs entscheidende Innovationen, deren wichtigste Mitte der 1910er Jahre bereits erreicht sind: 1) Entwicklung von Verfahren der Produktdifferenzierung wie Stars und Genre; 1915 abgeschlossen; 2) Entwicklung der Medienkanäle für die Werbung (Presse, Plakat, Trailer, etc.); um 1915 abgeschlossen; 3) Indirekte Werbung (Publicity, Exploitation); um 1915 abgeschlossen; 4) Entwicklung nationaler Werbekampagnen; um 1915 in Entfaltung; Mitte der 1930er Jahre standardisiert; 5) Standardisierung und Zentralisierung des Marketing; Mitte der 1930er Jahre im Zuge der Einführung des Tonfilms erreicht; 6) Einführung des Zielgruppenmarketing im Laufe der 1950er Jahre (STAIGER, J. (2005), S. 20 ff.).

Die relevanten Medien der direkten Filmwerbung sind das Plakat, der Trailer, die Aushangbilder für die Kinolobby; ferner das Zeitungsinserat und seit den 1930er bzw. 1940er Jahren auch Radio- und Fernsehspots. In der Branchensprache heißt der Bereich der bezahlten Werbung, zu dem auch die auf eigene Kosten produzierten Trailer, Plakate und Fotos zählen, „advertising". Ferner gehört zum Marketing in der Regel auch die unterschiedlichen Formen der indirekten Werbung. Hier ist zu unterscheiden zwischen Pressearbeit bzw. „publicity" und Ereignis- und Verbundwerbung, wobei in der amerikanischen Filmbranche für letztere ursprünglich der mittlerweile aus der Mode gekommene Begriff „exploitation“ benutzt wurde. „Publicity“ etablierte sich in den 1910er Jahren als Begriff für das Einspeisen von Informationen über Stars und Filme in journalistische Medien und Formate. Presseagenten und Mitarbeiter der Publicity-Departments der Studios versorgen Journalisten mit Terminen für Starinterviews, Drehberichte, etc. Journalisten werden dabei regelmäßig auf Kosten der Verleiher zu Interviews geflogen, was sich lohnt, weil der Preis für ein Flugticket bestenfalls ein Drittel der Kosten für ein Inserat in der Größe des in der Zeitung abgedruckten Interviews beträgt (Vgl. JUNGEN, C. (2005), S. 308). „Exploitation“ meint das Herstellen künstlicher Medienereignisse, die indirekt auf den Film hinweisen und deren Ursprünge in der Zirkuswerbung der 19. Jahrhunderts liegen (Vgl. GAINES, J. (2005), S. 76 ff.). Ein bekanntes Beispiel ist Daniel Craigs mittlerweile schon legendäre Bootsfahrt auf der Themse zu einem Interviewtermin, bei dem er eine Schwimmweste trug und damit Spekulationen über seine Eignung für die Rolle von James Bond neue Nahrung verlieh. Zwar wurde die Schwimmweste als „vorschriftsmäßig“ gerechtfertigt, aber es wäre völlig naiv zu glauben, dass hinter dem Gag keine Absicht stand oder dass Craig die Weste wirklich nötig gehabt hätte (Alter Bond lästert über neuen Bond“, in: http://www.netzeitung.de/entertainment/movie/361246.html, 17. Oktober 2005, besucht am 25. März 2008).

Zum Bereich der indirekten Ereigniswerbung gehört aber auch die Verbundwerbung. Ein Beispiel hierfür sind die Kooperationen von Disney mit McDonalds oder von Burger King mit DreamWorks, in deren Rahmen Plastikspielfiguren kommender Filme als Beigabe von Kindermenüs an hungrige, potentielle junge Kinogänger abgegeben werden. Zu solchen sogenannten „tie-in“-Deals gehört denn immer auch, dass der Lebensmittelanbieter den Film in seinen Fernsehwerbespots erwähnt und damit dem Studio kostenfrei TV-Werbepräsenz verschafft. (Vgl. BING, J. (2006)). Neben den Standard-Werbemitteln und den drei Bereichen der direkten und indirekten Werbung gehört zum Marketing ferner die Ebene der Strategie, der Planung von Werbekampagnen und deren Koordination mit dem eigentlichen Verleih des Films. Seit den Anfängen der Produktion von Langspielfilmen Mitte der 1910er Jahren zählt zu den Maßnahmen, die die US-Filmindustrie im Rahmen ihrer Marketingstrategien ergreift, das Testen von Filmen. Tatsächlich darf D.W Griffith, der Regisseur von „Birth of a Nation“ (USA 1915), dem ersten eigentlich Langspielfilm der US-Filmgeschichte, als Pionier dieser Technik gelten (Vgl. BROWN, K. (1988), S. 85). Seit Griffiths Tagen zeigt man eine Rohfassung des Films einem repräsentativ zusammengestellten Testpublikum und lässt dieses seine Einschätzung des Films in schriftlicher Form wiedergeben. Danach wird der Film gegebenenfalls neu geschnitten und den Publikumswünschen angepasst, wobei die Änderungen auch Nachdrehs einschließen können (Vgl. CRETON, L. (1994), S. 170 ff.). Auf jeden Fall aber bildet die Testvorführung die Grundlage für die Konzeption der Werbekampagne: Wem will man den Film mit welchen Argumenten nahe bringen? Welche Mittel wählt man und welchen Aufwand betreibt man dafür? Zu den Entscheidungen, die auf der Grundlage der Testergebnisse zu fällen sind, zählt ferner die Wahl der Verleihstrategie, d.h. die Zahl der Kopien, die Auswahl der Kinos und die Festlegung der Startdaten bzw. Zeitfenster für die Aufführung des Films in bestimmten Kinos. Angesichts der hohen Werbekosten – ein Filmstart mit TV-Werbekampagne kostet mindestens 50% des Produktionsbudgets, also im Falle von Hollywood-Filmen im Schnitt zwischen 30 und 50 Mio. Dollar – kann ein Misserfolg bei der Testvorführung im Übrigen auch dazu führen, dass ein Film gar nicht ins Kino gebracht, sondern direkt auf Heimvideo veröffentlicht wird (Vgl. BENESON, L. H. (1993), S. 11.) Dabei spielen Erwägungen wie statistisch nachweisbare, durch Marktforschung eruierte saisonale Vorlieben bestimmter Publikumsgruppen für bestimmte Genres eine Rolle. Die Startdaten werden danach festgelegt, wer erfahrungsgemäß wann welche Filme sehen will. Solche Informationen spielen allerdings auch schon bei den Produktionsentscheidungen eine Rolle. So werden Filme mitunter gedreht, weil das Studio gerade noch einen Blockbuster für den Sommer oder eine Familienkomödie für die Vorweihnachtszeit braucht.

Idealerweise koordiniert man die Werbung möglichst genau mit dem Kinostart des Films. Das klingt banal, wird aber im Verlauf der Filmgeschichte erst allmählich zur Regel. Großflächige Werbekampagnen zum Filmstart werden erst in den 1930er Jahren üblich (STAIGER, J. (2005), S. 36 ff.). Das liegt unter anderem daran, dass der Filmproduzent erst seit Anbruch der Tonfilmära den entscheidenden Anteil des Inputs an einem Showprogramm bestreitet. Zuvor musste sich der Film die Aufmerksamkeit des Publikums mit begleitenden Bühnenattraktionen und der musikalischen Aufbereitung der Vorführung teilen, Programmteile, die vom Kinobetreiber bestritten wurden. Nicht von ungefähr verändern sich mit Anbruch der Tonfilmära auch die Modalitäten des Verleihvertrags: Bezahlten die Kinobetreiber zuvor pauschale Fixmieten, werden die Verleiher fortan prozentual an den Einnahmen beteiligt. Die Produzenten rechtfertigen den Systemwechsel unter anderem mit den gestiegenen Werbekosten; zugleich schafft die Gewinnbeteiligung für sie einen zusätzlichen Anreiz für eine Intensivierung der Werbekampagnen (Vgl. HANSSEN , A. F. (2005), S.86 ff.).

Bis Mitte der 1970er Jahre wurden Filme meistens nur mit wenigen Kopien gestartet, die in den Kinos der Großstädten liefen und danach eine lange, meist zwei Jahre dauernde Reise in die kleineren Städte und Säle antraten. Die Filme durchliefen dabei eine skalierte Auswertungsordnung mit fest bestimmten Laufzeiten (im US-Jargon „runs“), geographischen Zonen mit Konkurrenzverbot („zones“), und Fristen zwischen der Aufführung in einem Auswertungsfenster und dem nächsten („clearances“; Vgl. GOMERY, D. (1992), S. 67 ff.). Unter den Bedingungen des skalierten Auswertungssystem nutzte eine Werbekampagne zum Filmstart in Medien mit Verbreitung im ganzen betreffenden Kommunikationsraum (üblicherweise einem bestimmten Land) mithin nur den Premierenkinos. Erst die Einführung des Massenstarts mit mehreren hundert (mittlerweile mehreren tausend) Kopien zu einem festen Startdatum lässt es zu, eine Werbekampagne so zu terminieren, dass die Adressaten der Werbung das Produkt, den Film, auch in nützlicher Frist kaufen können. Vorformen des Massenstarts, der auch „blanket strategy“ genannt wird, gibt es bereits seit den 1940er Jahren. Erst der radikale Umbau der Kinolandschaft im Zuge der Kinokrise der 1960er und 1970er Jahre und namentlich der Bau von Multiplexkinos mit breiter geographischer Verteilung und einheitlichem Preisniveau schaffen die Voraussetzung für die Durchsetzung dieser Strategie, die vor allem bei Blockbuster-Filmen durchgängig eingesetzt wird (Vgl. HEDIGER, V. (2005), S. 140 ff.). Mittlerweile wird der Massenstart als so genannter „day and date-release“ mit mehr als zehntausend Kopien im globalen Maßstab praktiziert, so bei Filmen wie der „Harry Potter“- oder der „Star Wars“-Serie, die am selben Tag in allen wichtigen Filmmärkten der Welt ins Kino kommen. So startete der sechste Teil der „Star Wars“-Reihe, „Revenge of the Sith“ (USA 2005, George Lucas) simultan in 105 Ländern sowie den USA mit mehr als zehntausend Kopien und spielte in den ersten fünf Tagen 303 Mio. Dollar ein (159 Mio. in den USA und 144 in Übersee) (Vgl. McNary, D. (2005).)

Damit sind die medialen und strategischen Optionen der Filmvermarktung benannt: Die Mittel und Bereiche der Werbung, die Strategien ihres Einsatzes, und die strategische Koordination von Werbung und Verleih. Der richtige Einsatz dieser Mittel, auf der Grundlage vorgängig gefällter tragfähiger Produktionsentscheidungen, erlaubt es dem Produzenten und dem Verleiher, den Film so zu positionieren, dass sich seine Chancen auf Erfolg zumindest verbessern. Da der Zuschauer aber weiterhin das letzte Wort behält, gilt es, auf dessen Urteil Einfluss zu nehmen: Auf der Ebene der Werberhetorik, oder vielmehr der Argumentation.

Welche Strategien hier den größten Erfolg versprechen, lässt sich zunächst anschaulich aus einer historischen Anekdote entwickeln.

Zu den Merkmalen der klassischen Hollywood-Filmwerbung zählt der exzessive Gebrauch von Adjektiven wie „colossal“, „thrilling“, „exciting“, usw. Im Jahr 1919 versuchte Robert Cochrane, der Werbechef der Universal Studios, diesen Sprachgebrauch in einem Vortrag vor dem „Advertising Club“ in Los Angeles, einem Verband wichtiger Werbeagenturen, zu rechtfertigen. Um das gesellschaftliche Ansehen der Werbeindustrie war es ohnehin nicht besonders gut bestellt, und die Kollegen von der Produktwerbung nahmen den Filmwerbern den exzessiven Charakter ihrer Texte übel, weil sie nach ihrer Meinung das Image der Branche weiter verschlechterten. Cochrane versuchte den Vorwurf zu entkräften, indem er anhand von zwei Beispielen darlegte, dass die Filmwerbung gar nicht anders könne. Zum einen zitierte er das Beispiel einer besonders diskreten und geschmackvollen Kampagne, die bei den Kinobetreibern auf Ablehnung stieß. Offenbar habe das Studio nicht mehr den Mut, offen über seine Filme zu sprechen, lautete ein Kommentar eines Kinobesitzers aus dem mittleren Westen, und die Zurückhaltung in der Werbung zeige doch wohl an, dass mit dem Film etwas nicht in Ordnung sei. Zum anderen aber verwies Cochrane auf die Praxis der Testvorführungen. Das Publikum der Testvorführungen, so der Werbefachmann, bringe seine Urteile immer mit Adjektiven zum Ausdruck, und viele davon seien so kraftvoll, dass selbst er sich nicht getrauen würde, diese in einem Werbetext abzudrucken. Bei einer besonders erfolgreichen Testvorführung sei man deshalb auf den Gedanken gekommen, die exzessiven Adjektive zwar zu verwenden, diese aber durch Sprechblasen den Zuschauern zu zuweisen, damit nicht der Eindruck entstehe, dass das Studio selbst so über seine Filme zu sprechen wage (Vgl. Hill, W. K. (1919), S. 461). Selbst in ihrer übersteigerten Tonlage ist die Filmwerbung bloß eine abgedämpfte Variante des Fandiskurses: Sie spricht über Filme nicht anders, nur etwas temperierter, als begeisterte Zuschauer, und sie spricht über Filme dann am aufrichtigsten und effektivsten, wenn sie die Zuschauer selbst ihrer Begeisterung Ausdruck verleihen lässt. Man sollte den Wert dieser Anekdote nicht unterschätzen: Was Cochrane hier im Modus der Selbstverteidigung formuliert, ist eine „theory of practice“, ein zentrales Stück implizites Wissen, das zum Zweck der Rechtfertigung explizit gemacht wird. Cochrane bringt hier, im Jahr 1919, als die Herausbildung der Produktionsformen und der Konzernstruktur der Filmkonzerne in ihren Grundzügen abgeschlossen ist (Vgl. Conant, M. (1960), S. 16 ff.; Staiger, J. (1979), S. 16 ff.) und der Erzählstil des klassischen Hollywood-Kinos seine seither gängige Form weitgehend gefunden hat (Vgl. Bordwell, D. / Staiger, J. / Thompson, K. (1985), S. 231 ff.), eine argumentative Grundfigur der Filmwerbung auf den Punkt, die eine Lösung für das Problem der symmetrischen Ignoranz darstellt und damit für den Umgang mit der Schwierigkeit bei der Vermarktung von Erfahrungsgütern überhaupt, eine Lösung, die – wie ihre rekursive Verwendung über die folgenden Jahrzehnte nahe legt – sich offenkundig in ausgezeichneter Weise bewährt hat. Es ist die Grundfigur des Rückblicks aus der Zukunft auf ein noch anstehendes Ereignis, eine Grundfigur, der das grammatikalische Tempus des Futurum exactum oder Futur II entspricht: Die Filmwerbung spricht über den Film aus der Warte dessen, der den Film gesehen und für gut befunden haben wird. Oder, wie man es auch ausdrücken könnte, sie führt einen *virtuellen Fandiskurs im futurum exactum*. Der Befund, dass es sich dabei um eine rekursiv verwendete Grundfigur in der medialen Kommunikation der Filmwerbung handelt, lässt sich durch eine serielle Analyse historischer Werbematerialien durchaus empirisch erhärten (wenn man denn die serielle Analyse großer Textdatenmengen, wie die Historikerin MICHÈLE LAGNY sie vorschlägt (Vgl. hierzu LAGNY, M. (1994), S. 26 ff.), als empirisches Verfahren anzuerkennen bereit ist). Die folgenden Ausführungen basieren entsprechend auf der Analyse eines Korpus von rund 2000 Kinotrailern aus den Jahren zwischen 1912 und 1998 sowie von ausgewählten Filmplakaten und Zeitungsinseraten (Vgl. für die Darstellung dieser Analyse HEDIGER, V. (2001), S. 36-56.).

Der Gebrauch von Adjektiven, die Erfahrungsqualitäten benennen, ist der offenkundigste sprachliche Ausdruck des virtuellen Fandiskurses. Man kann ihn aber auch anhand der Montagestrategien von Kinotrailern nachweisen, die Formen der Erinnerung an gesehene Filme simulieren und damit ebenfalls eine Lösung des Informationsproblems bei Erfahrungsgütern anstreben: indem sie dem Zuschauer ein Gefühl davon zu geben versuchen, wie es sich anfühlen wird, den Film zu sehen (Simulation des Unterhaltungswerts), aber auch, wie es sich anfühlen wird, den Film gesehen zu haben und sich an seine besten Szenen zu erinnern (Simulation der Erinnerung; Vgl. HEDIGER, V. (2001), S. 243 ff.). Bei klassischen Trailern galt dabei die Regel, dass die Storyline nicht preisgegeben werden durfte, ein deutlicher Hinweis darauf, dass die Story in den Augen der Marketing-Verantwortlichen die Essenz des Erfahrungsgutes Film darstellte. In aktuellen Trailern hingegen bilden Plotresumés die Grundstruktur des Trailers. Offenkundig stellt die Story nurmehr den Vorwand und Rahmen einer Erfahrung dar, die als solche vermarktet wird: Verkauft wird fortan nicht eine verfilmte Story, sondern prioritär das Erlebnis des Films (HEDIGER, V. (2001), S. 21 ff.). Dieser Umbruch steht in engem Zusammenhang mit einem Wandel der Sehgewohnheiten, namentlich mit einem Übergang vom einmaligen zum wiederholten Anschauen desselben Films in unterschiedlichen Kanälen (Kino, Fernsehen, Video/DVD). Unter den Bedingungen einer „culture of re-consumption“ (John Belton) reift die Einsicht, dass die Kenntnis der Story den Genuss des Films nicht schmälert.

Neben – oder vielmehr innerhalb – der Grundfigur des virtuellen Fandiskurses lassen sich eine Reihe weiterer Argumentationsstrategien beobachten, die rekursiv verwendet werden, die sich aber im Laufe der Zeit durchaus stärker wandeln als diese Grundfigur selbst. So verwenden Filmwerbetexte in der klassischen Ära oft Listen mit Attraktionen, wobei die Listen nach dem Prinzip „für jeden etwas“ organisiert sind. Vor der Einführung des Fernsehens und der Abwanderung der Stadtbevölkerung in die Vorstädte nach dem Zweiten Weltkrieg war der Kinobesuch eine Gewohnheit, ein „habit“ oder eine „Ventilsitte“, wie der Soziologe Talcott Parsons es formulierte. Viele Leute gingen regelmäßig ein bis zwei Mal pro

Woche ins Kino, und das Publikum ebenso wie seine Filmauswahl war vergleichsweise homogen und unspezifisch. Erst nach dem Zweiten Weltkrieg, als das Gesamtvolumen der Kinobesuche innerhalb von zwanzig Jahren auf knapp einen Viertel des Niveaus von 1946 zurückging, begannen sich spezifische Zielpublika mit eigentümlichen Vorlieben auszubilden – so das Teenager-Publikum, das Science-Fiction- und Horrorfilme bevorzugte (Vgl. DOHERTY, T. J. (2002), S. 1-9), oder das Hausfrauenpublikum, das an Melodramen mit Rock Hudson seine besondere Freude hatte. So lange man keine spezifischen Zielgruppen zu adressieren braucht, sondern sich an ein vergleichsweise undifferenziertes Massenpublikum richtet, stellen Listen, die nach dem Prinzip „für jeden etwas" organisiert sind, eine viel versprechende Argumentationsstrategie dar. So bald aber spezifische Zielgruppen anzusprechen sind, müssen andere kommunikative Strategien entwickelt werden (Vgl. STAIGER, J. (2005), S. 44 ff.). Dies gilt umso mehr, als sich der Film seit der Mitte des 20. Jahrhunderts einer wachsenden Konkurrenz anderer Medien und Freizeitangebote ausgesetzt sieht. Herkömmliche Produktdifferenzierungsmerkmale wie Stars und Genre reichen nicht mehr aus, um einen Film von anderen Angeboten abzuheben (Vgl. SEDGWICK, J. (2005), S. 186 ff.). Es kommt darauf an, dem Film eine markenähnliche Identität zu verleihen: Ein griffiges Konzept, ein unverwechselbarer Look und ein Logo, mit dem sich der ganze Film in einem einzigen Bild zusammenfassen lässt. Pioniere dieser Technik waren der Werbegrafiker Saul Bass, der in den 1950er Jahren Logos für die Filme von Hitchcock gestaltete, und Maurice Binder, der den Look der James-Bond-Filme erfand. Seit den 1970er Jahren werden Blockbusterfilme überdies als „high concept"-Filme konzipiert, als Filme mit Look und Logo, deren Story sich in 25 Wörtern oder weniger zusammenfassen lässt – ein klares Bemühen, dem Erfahrungsgut Film zusätzliche Suchgütermerkmale zu verleihen (Vgl. WYATT, J. (1994), S. 16 ff.).

Ein Beispiel für diesen Wandel liefert die berühmte Kampagne für „Alien" (USA 1979, Ridley Scott). Plakat, Trailer und TV-Spots zeigen stets dasselbe Motiv, ein Bild mit Logo-Charakter: Ein Ei mit grober Schale auf schwarzem Hintergrund, das gerade aufbricht; aus dem inneren leuchtet ein beunruhigend goldgelbes Licht. Darüber der Filmtitel in futuristischer Metalltypographie; darunter die „tag line" „In space, no one can hear you scream". Das Kalkül des Films bestand darin, die Publikumsgruppen der erfolgreichsten Filme der vorhergenden Jahre zusammen zu bringen: Die Horror/Slasher-Fans, die an „Halloween" (USA 1978) ihre Freude gehabt hatten, und die Science Fiction-Fans, die in großen Scharen „Star Wars" (USA 1977) geschaut hatten. „Alien" war als Science Fiction / Horror-Film konzipiert und sollte beide Gruppen ansprechen. Genau dies sagt das Plakatmotiv. „In space, no one can hear you scream" ist ein Slogan mit zwei Genresignalen: „space" steht für Science-Fiction, „scream" (der Schrei der Opfer im Film oder des Publikums im Kinosaal meinend) für Horror. Das Bildmotiv wiederum zeigt die Geburt des Monsters (Horror) in den Tiefen des Alls (Science Fiction) und wiederholt damit die Aussage des Slogns. Und schließlich spricht die Kampagne mit ihrer raffinierten Grafik und intelligenten Publikumsansprache noch eine dritte Zielgruppe an: Ein urbanes, anspruchsvolles Publikum mit einem Faible für Populärkultur. In mustergültiger Weise definiert diese Kampagne das Zielpublikum des Films und liefert diesem zugleich Gründe für den Kinobesuch, indem es implizit an die Seherfahrung anderer Filme appelliert: Wenn Dir „Star Wars" und/oder „Halloween" gefallen haben, wirst Du auch diesen Film mögen. Oder anders, in der Diktion des virtuellen Fandiskurses formuliert: Wenn Du ein Fan der beiden genannten Filme warst, wirst Du auch zum Fan dieses

Filmes werden. Überdies war die Kampagne stilistisch so auffallend und originell, dass sie selbst schon Gegenstand positiver Mundpropaganda wurde: auch so lässt sich die Informationskaskade in Gang bringen.

Zwei Dinge gilt es auch bei dieser Kampagne festzuhalten, die von der New Yorker Agentur R/Greenberg Associates gestaltet wurde und zweifellos zu den besten der Filmgeschichte zählt: 1) Die Kampagne verfügt über einen klaren Fokus, weil der Film als solcher von vornherein konsequent auf Vermarktbarkeit hin konzipiert war, in dem er das Publikum von zwei jüngeren Hits zu kombinieren versuchte; 2) Auch wenn der Film ein Hit war, lässt sich keine lineare kausale Verbindung zwischen der Qualität der Kampagne und dem Kassenerfolg herstellen. Es liegt allerdings auf der Hand, dass der Produzent, wenn er das Wort ergreift, darauf achten solle, dass er so klar und deutlich spricht wie diese Kampagne. Denn sein erstes Wort ist immer auch sein letztes; ein zweites hat er nicht.

4 Schluss

In den meisten Ländern Europas profitieren Filmproduzenten von staatlicher Unterstützung und gehen mithin ein geringeres unternehmerisches Risiko ein als die Kollegen in den USA oder anderen großen Filmländern wie Indien, die ihre Projekte mit Risikokapitalien finanzieren. Gleichwohl stellen sich die hier geschilderten Probleme – das Problem der symmetrischen Ignoranz und der entscheidende Einfluss von Netzwerkeffekten und Informationskaskaden – auch bei einem Film, der mit geringem Risiko produziert wird. Man könnte durchaus die These vertreten, dass die Absicherung durch staatliche Beihilfe die Motivation schmälert, die beiden Probleme in gebotener Weise ernst zu nehmen. Gerade in Deutschland allerdings ist in den letzten zehn Jahren eine Reihe von Filmen entstanden, die die Annahme Lügen strafen, dass sich staatliche Unterstützung notwendigerweise abstumpfend auf das informationstheoretische Problemdenken der Produzenten auswirke. Als Beispiele seien hier „Lola rennt“ und „Goodbye Lenin“ genannt, beides Arthouse-Filme mit dem Auftreten von High-concept-Produktionen: Europäische Autorenfilme mit einer Kombination von Konzept, Look und Logo, die es ihnen erlaubt, sich im Kino auch gegen die Konkurrenz amerikanischer Großproduktionen durchzusetzen. Es kommt offenbar nur darauf an, dass man das informationstheoretische Problem der Vermarktung von Erfahrungsgütern ernst nimmt – wobei es aus der Sicht der Praxis gänzlich egal ist, ob man dieses Problem in den hier vorgeschlagenen Begriffen theoretisch ausdrückt oder nur über ein implizites Problembewusstsein verfügt, wie das bei den meisten aktiven und erfolgreichen Produzenten der Fall sein dürfte.

Sowohl für „Lola rennt“ als auch für „Goodbye Lenin“ stammt die Werbekampagne im Übrigen von der Londoner Firma Creative Partnership, die auf Independent-Filme spezialisiert ist, aber auch die Vermarktung größerer Hollywood-Produktionen in Europa betreut. Woraus man als Produzent gleich noch eine Lehre ziehen kann: Man überlasse die Konzeption der Werbekampagne immer ausgewiesenen Spezialisten. Und sei es nur, weil man erst dann wirklich weiß, ob man auf die beiden Grundfragen des Marketing – Wer soll sich das anschauen? Und weshalb? – die richtigen Antworten gegeben hat, wenn auch ein Außenstehender spontan die gleichen – oder ähnlich gute – Antworten gibt, wie diejenigen, die man sich selbst schon zu recht gelegt hatte.

Literaturverzeichnis

BENESON, L. H.: Time Drags and Rumors Fly When Movies Sit on the Shelf, in: The New York Times, 11. April 1991, Section 2, S. 11.

BING, J.: Fast-food nation expands menu of promos. http://www.variety.com, 18.04.2006.

BORDWELL D. / STAIGER, J. / THOMPSON, K.: Classical Hollywood Cinema. Film Style and Mode of Production to 1960, London, 1985.

BOSKO, M. S.: The Complete Independent Movie Marketing Handbook: Promote, Distribute, and Sell Your Film or Video, Los Angeles, 2003.

BROWN, K.: Adventures with D. W. Griffith, London, 1988.

CONANT, M.: Anti-Trust in the Motion Picture Industry, Berkeley 1960.

CONES, J. W.: Film Finance & Distribution. A Dictionary of Terms, Beverly Hills, 1992.

COMPAINE, B. M. / GOMERY, D.: Who Owns the Media? Competition and Concentration in the Mass Media Industry, Mahwah, N.J., 1999.

CRETON, L.: Économie du cinéma. Perspectives stratégiques, 3. Édition, Paris, 1994.

DEVANY, A.: Complexity in the Movies. Arbeitspapier. http://www.wu-wien.ac.at/am/Download/ae/Complexity.pdf, 1997.

DEVANY, A.: Hollywood Economics. How extreme uncertainty shapes the movie industry, London, 2003.

DEVANY, A. / LEE, C.: Information Cascades in Multi-Agent Models. University of California Irvine – School of Social Sciences, Research Paper 99-00-05, 1999.

DEVANY, A. / WALLS, D.: Uncertainty in the Movie Industry: Does Star Power Reduce the Terror of the Box Office? In: Journal of Cultural Economics 26, 1999, S. 139-156.

DEVANY, A. / WALLS, D.: Motion Picture Profit, the Stable Paretian Hypothesis, and the Curse of the Superstar, in: Journal of Economic Dynamics and Control, Vol. 28, No. 6, 2004, S. 1035-1057.

DOHERTY, T. J.: Teenagers and Teenpics. The Juvenilization of American Movies in the 1950ties, Philadelphia, 2002.

FARCHY, J.: Die Bedeutung der Information für die Nachfrage nach kulturellen Gütern, in: HEDIGER, V. / VONDERAU, P.: Demnächst in Ihrem Kino. Grundlagen der Filmwerbung und Filmvermarktung, Marburg, 2005, S. 193–211.

FOREST, C.: Économies contemporaines du cinéma en Europe. L'improbable industrie, Paris, 2001.

GAINES, J.: Vom Elefanten zur Lux-Seife: Programmierung und „Flow" der frühen Ereignis- und Verbundwerbung für Filme, in: HEDIGER, V. / VONDERAU, P.: Demnächst in Ihrem Kino. Grundlagen der Filmwerbung und Filmvermarktung, Marburg, 2005, S. 76-107.

GOMERY, D.: Shared Pleasures: A History of Movie Presentation in the United States, Madison: Wisconsn University Press 1992.

HANSSEN, F. A.: Revenue-Sharing and the Coming of Sound, in: SEDGWICK, John / POKORNY, M.: An Economic History of Film, London, 2005, S. 86–120.

HAUCAP, J.: Warum sind einige Spielfilme erfolgreich, andere aber nicht: Einige ökonomische Überlegungen, in: MedienWirtschaft. Zeitschrift für Medienmanagement und Kommunikationsökonomie, 1/2006, S. 6-15.

HEDIGER, V.: Verführung zum Film. Der amerikanische Kinotrailer seit 1912, Marburg, 2001.

HEDIGER, V.: „Blitz Exhibitionism". Der Massenstart von Kinofilmen und die verspätete Revolution der Filmvermarktung, in: HEDIGER, V. / VONDERAU, P.: Demnächst in Ihrem Kino. Grundlagen der Filmwerbung und Filmvermarktung, Marburg, 2005, S. 140-160.

HEDIGER, V.: „The Product that Never Dies". Die Enfristung der kommerziellen Lebensdauer des Films, in: ADELMANN, R. / HESSE, J.-O. / KEILBACH, J. / STAUFF, M. / THIELE, M.: Ökonomien des Medialen. Tausch, Wert und Zirkulation in den Medien- und Kulturwissenschaften, Bielfeld, 2006, S. 167-181.

HENNING-THURAU, T. / WRUCK, O.: Warum wir ins Kino gehen: Erfolgsfaktoren von Kinofilmen, in: Marketing ZFP Heft 3, S. 241-258.

HILL, W. K.: Adjectives in Ads Are Necessary, in: Moving Picture World, Vol. 39, No. 4, January 25, 1919, S. 461.

HUTTER, M.: Information Goods. In: Towse, Ruth (Hrsg.) A Handbook of Cultural Economics, Cheltenham, 2003, S. 263-268.

IVERSEN, F.: Man sieht nur, wovon man gehört hat. Mundpropaganda und die Kinoauswertung von Independents und anderen Non-Blockbuster-Filmen, in: HEDIGER, V. / VONDERAU, P.: Demnächst in Ihrem Kino. Grundlagen der Filmwerbung und Filmvermarktung, Marburg, 2005, S. 176-192.

JUNGEN, C.: Der Journalist, ein Geschäftspartner der Studios. Starinterviews als Mittel der Filmpromotion, in: : HEDIGER, V. / VONDERAU, P.: Demnächst in Ihrem Kino. Grundlagen der Filmwerbung und Filmvermarktung, Marburg, 2005, S. 297-312.

KLADY, L.: Star Power still fuels H'wood hits, Gallup sez, in: Variety, July 25-31, 1994, S. 1-75.

LAGNY, M.: Film History, or History Expropriated, in: Film History, Vol. 6, No. 1, S. 26-44.

MCNARY, D.: „Star Wars" hits int'l zenith, in: http://variety.com, 23.05.2005.

POLANYI, M.: Personal Knowledge. Towards a Post-Critical Philosophy, Chicago, 1958.

RAVID, S. A.: Information, Blockbuster, and Stars. A Study of the Film Industry, in: Journal of Business 72, 1999, S. 463-492.

RIFKIN, J.: The Age of Access. The New Culture of Hypercapitalism Whre all of Life is a Paid-For Experience, New York, 2001.

SCHANK, R. C.: Tell Me a Story. A New Look at Real and Artificial Memory, New York, 1990.

SEDGWICK, J.: Product differenciation at the movies: Hollywood 1946 to 1965, in: SEDGWICK, J. / POKORNY, M.: An Economic History of Film, London, 2005, S. 186-217.

STAIGER, J.: Dividing Labor For Production Control. Thomas Ince and the Rise of the Studio System, in: Cinema Journal, Vol. 18, No. 2, S. 16-25

STAIGER, J.: Waren anpreisen, Kunden gewinnen, Ideale verkünden: Nachdenken über Geschichte und Theorie der Filmwerbung, in: HEDIGER, V. / VONDERAU, P.: Demnächst in Ihrem Kino. Grundlagen der Filmwerbung und Filmvermarktung, Marburg 2005, S. 18-61.

VACHON, C.: A Killer Life. How an Independent Producer Survives Deals and Desasters in Hollywood and Beyond, New York, 2006.

WASKO, J.: Movies and Money. Financing the American Film Industry, Norwood, NJ, 1982.

WYATT, J.: High Concept. Movies and Marketing, Austin, 1994.

Einfluss der Faktoren Technik und Organisation auf Filmcontent

PAUL KLIMSA

Zusammenfassung
Filmproduktionen finden in parallel bzw. versetzt ablaufenden Phasen statt, wobei Stoffentwicklung und Marktanalyse, Packaging und Finanzierung, Vorbereitung, Dreharbeiten und Endfertigung sowie Marketing und Distribution aufeinander aufbauen bzw. miteinander verknüpft sind. Medien verknüpfen stets Inhalte (Content) mit Hilfe der Technik in einem Organisationsprozess, um konkrete Medienprodukte hervorzubringen. Dieser Zusammenhang ist komplex und wird von weiteren Einflussgrößen (Gesellschaft, Politik, Wirtschaft usw.) bestimmt. Mittels eines ganzheitlichen Forschungs-Zugangs wäre es geboten, die Faktoren Content, Technik und Organisation alle gleichzeitig bzw. vollständig zu untersuchen. Hierzu möchte der vorliegende Aufsatz beitragen, wobei Ausblendungen und Fokussierungen stets unvermeidbar, manchmal sogar notwendig sind.

Beitragsinhalt

1 Einführung

Das Medienprodukt Film wird in mehreren Phasen erstellt. Es sind die Preproduktion (*Preproduction*, d. h. alle Schritte der Produktionsvorbereitung), die Produktion (*Production*, vor allem die Dreharbeiten am Set) und die Postproduktion (*Postproduction*, d. h. alle Schritte der abschließenden und endgültigen Filmproduktion). Die Phase der Distribution, d. h. der Verteilung des Medienproduktes, schließt den Produktionsprozess ab. Die erste Phase kann in zwei Schritten erfolgen. Zunächst wird der Stoff zur Verfilmung gesucht und zu einem ersten Drehbuch entwickelt. Mit einem Drehbuch wird in der Regel das *Packaging*, d. h. die künstlerische Konstitution des Films eingeleitet. Dabei werden Regie und Hauptdarsteller zusammengebracht, wodurch finanzielle Mittel für die Filmproduktion gewonnen werden können. Erst wenn die Finanzierung geklärt ist, wird die tatsächliche Preproduktion begonnen (Abb. 1).

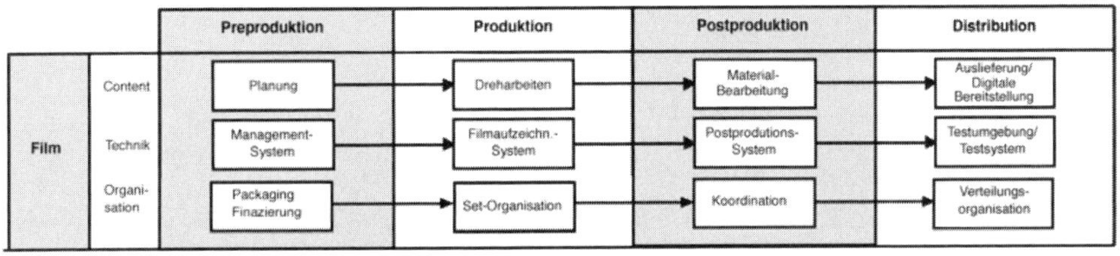

Abb. 1 *Abstrakte Sicht auf Produktionsphasen des Films (nach KRÖMKER / KLIMSA (2005))*

Im zweiten Schritt der Preproduktion-Phase wird ein Drehplan ausgearbeitet, mit dem alle Dreharbeiten der Produktionsphase festgelegt sind. Mit dem Drehplan werden die Drehorte (erst Außenaufnahmen, dann Innenaufnahmen und Studioaufnahmen) bestimmt. Die Dreharbeiten verlaufen nach dem gleichen Prinzip: erst die Stellproben der Darsteller am Drehort, dann Aufbau der Kamera und Lichttechnik sowie Maske/Kostüme für die Darsteller und Aufnahme der jeweiligen Szene. Es ist üblich bei Fernsehfilmen die Szenen fünf bis acht Mal zu wiederholen; bei einem Kinofilm wiederholt man oft bis zu 20 Mal. Stanley Kubrick, der eine Szene oft bis zu 50 Mal wiederholte, war in der Film-Branche eher eine Ausnahme. Nach den Dreharbeiten setzt die Phase der Postproduktion ein, die mehrere Monate dauern kann. Der Film wird geschnitten, mit speziellen digitalen Effekten versehen, synchronisiert, mit Sounds und Filmmusik vertont. Die Entstehung einer Vorführkopie schließt den eigentlichen Prozess der Postproduktion ab. Der Verwertungsprozess und Marketing beginnen allerdings schon viel früher. Der Kinoerfolg (der Kinostart wird jeweils an ein Wochenende gelegt) entscheidet über andere Verwertungsmöglichkeiten (Merchandising, Soundtrack, DVD-Verkauf, Videoverleih, Computerspiele usw.). Die Digitalisierung beherrscht dabei immer stärker den Herstellungs- und Verwertungsprozess des Films.

CLEVÉ (2005, S. 73) teilt die Filmproduktion ebenfalls in Phasen ein. Es sind Stofffindung, Vorproduktion, Dreharbeiten und Postproduktion. Eine ganz andere Perspektive auf Produktion schafft ILJINE (2000), indem sie nicht Phasen sondern jeweils Prozesse hervorhebt. Es sind:

1. Der kreative Prozess: Stoffentwicklung und Marktanalyse
2. Der strategische Prozess: Packaging und Finanzierung
3. Der operative Prozess: Vorbereitung, Dreharbeiten und Endfertigung
4. Der Verwertungsprozess: Marketing und Distribution

Bei dieser Betrachtung wird bewusst, dass Produktion nicht in streng aufeinander folgenden Schritten verläuft, sondern in parallel bzw. versetzt ablaufenden Phasen stattfindet. Daher ist es sehr sinnvoll, bei der Analyse stets darauf zu achten, welche Prozesse in den jeweiligen Phasen gerade analysiert werden. Die Analyse von Prozessen kann allerdings nicht die Phasensicht ersetzen, denn erst die Phasen erlauben, sowohl die inhaltlichen als auch die zeitlichen Aspekte der jeweiligen Prozesse zusammenzufassen.

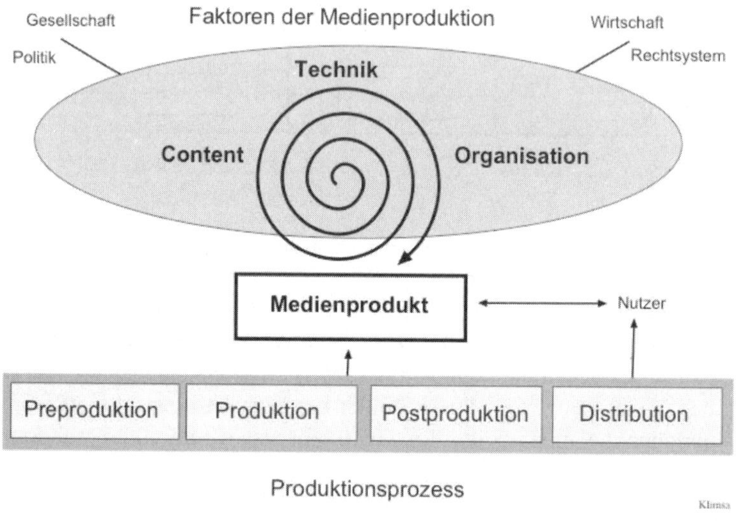

Abb. 2 *Das Modell „Content, Technik und Organisation"*

Medien verknüpfen stets Inhalte (Content) mit Hilfe der Technik in einem Organisationsprozess, um konkrete Medienprodukte hervorzubringen. Dieser Zusammenhang ist komplex und wird von weiteren Einflussgrößen (Gesellschaft, Politik, Wirtschaft usw.) bestimmt. Nur ein ganzheitlicher Forschungs-Zugang kann hier effektiv sein. Das soll nicht heißen, dass man die Faktoren Content, Technik und Organisation als Bestandteile des Modells alle gleichzeitig bzw. vollständig untersuchen muss. Ausblendungen und Fokussierung sind stets unvermeidbar, manchmal sogar notwendig. Es ist dank des Modells möglich, die fehlenden Elemente zu erfassen und hinzuzufügen, womit sich eine fruchtbare Fortführung, Ergänzung bzw. Revision der Forschungsbemühungen ergibt.

Dieser Ansatz knüpft in einigen Aspekten an die Theorie der soziotechnischen Systeme an, die im wissenschaftlichen Diskurs seit den 50er Jahren (TRIST / BAMFORTH (1951)) immer wieder aufgegriffen wird (Vgl. SYDOW (1985)). Die Theorie der soziotechnischen Systeme kann als wissenschaftliches Reflexionsmodell immer dann als Hilfe einbezogen werden, wenn Menschen und Technik in einem Prozess zusammengeführt werden. Es kann sich um industrielle Produktionsprozesse handeln, es können aber auch andere Systemkopplungen zwischen Mensch und Technik, wie beispielsweise Techniknutzung im Alltag, im Vordergrund stehen. Zwischen Technik, Mensch, Aufgabe und Struktur ergeben sich vielfältige Interaktionen, deren Analyse als Grundlage der Modifikation von Aktionen des sozitechnischen Systems (Soziotechnik) genutzt werden kann. Änderung der Aktionen soziotechnischer Systeme können aufgrund der Mitwirkung von sozialen Komponenten nicht als deterministisch betrachtet werden. Die Technik setzt ihrerseits immer Organisationsformen oder Verfahrensweisen ihrer Nutzung voraus, um Produkte hervorzubringen. Sowohl die Organisation des Produktionsprozesses als auch die Technik bestimmen stets die Gestalt eines Produktes, bzw. eines Medienproduktes, wie bspw. des Films. Technik bestimmt die notwendige Organisationsform, die Organisationsform wiederum bestimmt die jeweilige Techniknutzung und beide tragen zur Entstehung eines Produktes – Medienproduktes – mit konkreten Inhalten (Content) bei.

Die Untersuchung der Faktoren Content, Technik und Organisation setzt jeweils drei Ebenen der Betrachtung voraus – Mikroebene, Mesoebene und Makroebene. Demnach ergeben sich beispielsweise folgende Perspektiven.

Organisation

- übergeordnet, z. B. öffentlich-rechtlicher oder privater Rundfunk, Filmförderung,
- institutionsbezogen, z. B. Institution als Organisation, Funkhaus, Mitteldeutsche Filmförderung usw.
- Produktionsprozesse/Workflow, konkrete Arbeitsschritte und -abläufe, z. B. Ablauf der Videoproduktion, Filmproduktion am Set usw.
- Technik
- komplexe technische Systeme, z. B. Studio, Netze usw.
- Gerätetechnik, z. B. Kamera, Mischpult usw.
- technische Bau- bzw. Bestandteile, z. B. CCD, Filmmaterial usw.
- Content
- übergreifendes Programmangebot, z. B. Content einer Webseite usw.
- Inhaltscontainer, z. B. Format, Genre, Gattung, Bild usw.
- Medienelement, z. B. Text, Pixelbild, Ton in einer binären bzw. analogen Repräsentation

Ein Medienprodukt steht im Spannungsfeld der verschiedenen Faktoren und Ebenen. Eine Analyse wäre daher ohne Fokussierung einzelner Bereiche sehr komplex. Medienprodukte entstehen in einem Produktionsprozess, der eingangs für Film skizziert wurde, der aber auch für andere Branchen auf einer entsprechend hohen Abstraktionsstufe zutrifft:

- Preproduktion (z.B. Recherche, Planung oder „medienunabhängige" Erzeugung von Content)
- Produktion (Anpassung von Content an das jeweilige Vermittlungssystem, also mediengerechte Transformation des Content)
- Postproduktion (verfeinern, bearbeiten und testen von Content)
- Distribution (den Content an die Zielgruppen verteilen)

Inhaltliche Intentionen der Contentproduzenten – z. B. eines Filmregisseurs – werden durch die verwendete Technik und die jeweilige Organisation der Medienproduktion (vor allem durch das *Workflow*) entscheidend beeinflusst. Am Ende entsteht kein Produkt nur nach den ursprünglichen inhaltlichen Intentionen des Autors, sondern ein Produkt, das entsprechend dem Produktionsprozess modifiziert ist. Diese organisatorische Modifikation auf verschiedenen Stellen des Produktionsprozesses kann (muss aber nicht) den Contentproduzenten bewusst sein. In der Produktionspraxis wird sie genauso oft in allen ihren Implikationen unterschätzt, wie später auch in der wissenschaftlichen Reflexion.

2 Einfluss der Technik auf Content in der Filmproduktion

Bei der Rezeption eines Films wird vor allem die Geschichte (Story) wahrgenommen, die durch die Handlung der Schauspieler (Plot) erzählt wird. In den Inhalten der filmischen Werke sucht man nach unaufdringlichen Antworten der wichtigen Lebensfragen: dem Sinn des Lebens, der Liebe, der Angst, der Freundschaft, des Hasses usw. Die Wirkungen des Films (Vgl. BLOTHER (1999)) sind den Zuschauern meist unbewusst und basieren auf der spezifischen Ästhetik des Films, die aus dem Faktor Technik resultiert (Vgl. KLIMSA (2005)). Die produktionstechnische Umsetzung einer Geschichte/Story zum Plot eines Films ist immer vom Faktor Organisation abhängig, da die Arbeitsabläufe in der Preproduktion, Produktion und Postproduktion als ein bestimmender Rahmen wirken und durch den Einsatz aller Ressourcen den ästhetischen Charakter des filmischen Werkes prägen. Am Beispiel des Einsatzes einer Kamera, bzw. des Lichtes lassen sich die Zusammenhänge zwischen Inhalt (Content) und Technik verdeutlichen.

Eine Kamera liefert Bilder. Als fototechnisches Gerät zeichnet sie statische (Einzelbilder, Fotokamera) und bewegte (eine zusammenhängende Reihe, Filmkamera) Bilder auf ein Speichermedium (analog, z. B. fotografischer Film, Magnetband bzw. digital, z. B. Magnetband, Festplatte) auf. Wie wirkt sich Technik genau aus? Belichtungszeit einer Filmkamera beträgt 1/24 einer Sekunde (Videokamera 1/25 und 1/30 Vollbilder, bzw. 1/50 und 1/60 Halbbilder pro Sekunde, je nach Standard). Mit einer Umlaufblende (rotierende Sektorenblende) lässt sich zwar die Belichtung etwas beeinflussen, aber nicht mehr durch die Kombination mit der Blende, wie in der Fotografie üblich, nutzen. Damit entfällt weit gehend ein wichtiges Gestaltungsmittel der statischen Fotografie, was die Ästhetik der Bilder im Film sehr stark beeinflusst. Auch die Limitierung der Bilder auf 24 bis 30 pro Sekunde bedient zwar unsere Gewohnheiten, deckt aber keineswegs eine wünschenswerte Qualität der Bewegtbilder ab. Eine höhere Bildfrequenz (z. B. HDTV) ist für anspruchsvollere Ästhetik des Content unerlässlich. Die Geschwindigkeit mit der das Filmmaterial durch die Kamera bewegt wird, bzw. wie viele Bilder in der Sekunde gespeichert werden, erlaubt bei konstanter Wiedergabegeschwindigkeit Effekte wie schneller Lauf (Zeitraffer), bzw. langsamer Lauf (Zeitlupe). Damit lassen sich natürlich inhaltliche Akzente setzen. Als Alex aus dem Film „Clockwork Orange“ seine Droogs bestraft, wird als Stilmittel von Stanley Kubrick Zeitlupe eingesetzt, um die Brutalität des Anführers bei der Wiederherstellung seiner Macht stärker Wirken zu lassen. Bei der Szene mit zwei Mädchen aus dem Schallplattenladen wird Zeitraffer (2 Bilder/Sekunde) verwendet, der in Kombination mit synthetisch erzeugter und beschleunigter Musik (Wilhelm Tell Ouvertüre) eine sonderbare Slapstick-Stimmung erzeugt.

Die meisten Bewegungen im Film werden mit Schwenks (horizontale Bewegung) und mit Tilts (vertikale Bewegung) realisiert. Bei Schwenks und Tilts wird die Position der Kamera nicht verändert. Bei Kamerafahrten dagegen wird die Kamera selbst mobil, um einem Motiv zu folgen oder ein Objekt aus verschiedenen Perspektiven aufzunehmen. Über die Aussage der Aufnahmen entscheidet zudem die Einstellung der Kamera. Folgende Einstellungen werden unterschieden:

Die Totale
Ein weit gehend vollständiges Bild von der Umgebung des Geschehens.

Die Halbtotale
Oben und seitlich ist noch genug Raum vorhanden, um die Umgebung zu erkennen. Ein typischer Verwendungszweck der Halbtotale ist die Einführung in eine Szene (z. B. Gespräch von zwei Personen).

Die Halbnahe (amerikanische Einstellung)
Hier wird fast die ganze Person abgebildet, nur der untere Bereich ab den Knien wird ausgelassen.

Die Nahaufnahme
Diese Einstellung zeigt im Wesentlichen einen Gegenstand, z. B. das Gesicht einer Person.

Die Detail-Einstellung
Mit dieser Einstellung werden Details eines Gegenstandes dargestellt, z. B. die Hände.

Natürlich werden jeweils der Blickwinkel und der Standort der Kamera bewusst eingestellt, denn beim Filmen müssen alle Szenen und Motive in einem kleinen Bildausschnitt untergebracht werden. Welchen Eindruck die gefilmten Motive hinterlassen, hängt wesentlich von ihrer Position im Bildausschnitt ab. Zu plötzlicher Lichtwechsel in einer Einstellung wirkt z.

B. künstlich und lenkt die Aufmerksamkeit des Publikums auf die Aktivitäten der Kamera. Licht ist ein weiterer bedeutender technischer Faktor, der den Filmcontent beeinflusst

Das natürliche Tages- oder Sonnenlicht reicht in der Regel nicht aus, so dass in der Praxis stets künstliche Beleuchtung genutzt werden muss. Die Ausleuchtung lässt sich in folgende Arten einteilen:

1. *Hauptlicht*
Es leuchtet die Szene und alle Objekte fast ohne Schatten aus. Es wird eine Aufnahme ohne optische Störungen (Rauschen) ermöglicht. Es gibt mehrere Arten der Hauptbeleuchtung: Voll-Licht, Schlank-Licht, Butterfly-Licht (Oberlicht, Rembrandt-Licht, auf der nicht beleuchteten Seite des Gesichts entsteht ein Lichtdreieck) und Teilungslicht.

2. *Führungslicht*
Starkes, direkt auf ein Objekt gerichtetes Licht.

3. *Füll-Licht*
Weiches Licht, das die Schatten mindert und Kontraste ausgleicht.

4. *Gegenlicht*
Die Lichtquelle befindet sich hinter dem Objekt; das Licht darf allerdings nicht direkt in die Kamera fallen, sondern um das Objekt nur einen Lichtkranz legen.

5. *Hintergrundlicht*
Die Lichtquelle leuchtet nur den Hintergrund aus; der Einsatz erfolgt unabhängig von der Hauptbeleuchtung.

6. *Kamera-Licht*
Eine kleine Lichtquelle, oft auf der Kamera montiert, dient zur zusätzlichen Beleuchtung der Aufnahmeobjekte (z. B. Gesicht der Darsteller).

Die Verwendung des Lichtes kann soweit reichen, dass sie erlaubt, die Wirkung der Inhalte eines Filmwerkes in bestimmte Richtung zu lenken und damit dem Content eine spezifische, stets aber interpretierbare Bedeutung zu verleihen. Ein Beispiel dafür ist der Film „Eyes Wide Shut", in dem (1) die Ausleuchtung der Szenen „natürlich" ist (nur die Lichtquellen finden Verwendung, die zu sehen sind) und (2) weiches, kontrastreiches, helles Licht für eine mit dem Inhalt korrespondierende Stimmung sorgen und die jeweilige Tönungen der Lichtfarben (blau, rot) oft auch in Verbindung mit der Farbe des Bühnenbildes Aktionen und Dialoge der Darsteller inhaltlich untersetzen.

Die Technik diktiert oft auch unmittelbar die Inhalte von Filmen, da durch technische Möglichkeiten bestimmter Content erst möglich wird. Die Vorbereitungen zum Film AI (Artificial Intelligence) hat Stanley Kubrick bereits in den 70er Jahren in Angriff genommen. Durch die mangelnden technischen Möglichkeiten für spezielle Effekte wurde das Filmprojekt zunächst nicht weiter vorangetrieben. Erst in den 90er Jahren wurden die Vorbereitungen wieder intensiviert. Nach dem Tod von Kubrick im Jahre 1999 wurde der Film endgültig von Steven Spielberg mit einer Vielzahl von speziellen Effekten sowohl in der Produktionsphase (sog. F/X Effekte, z. B. Explosionen) als auch in der Postproduktionsphase (digitale Effekte, z. B. Teile der Roboter, Landschaften) realisiert.

Die Technik, die das Medium Film konstituiert, bestimmt seine Inhalte. Ohne einen umfassenden technischen Aufwand sind filmische Werke nicht denkbar. Immer mehr Filme entstehen nicht mehr am Set, sondern werden mit Hilfe von Grafik-Computern realisiert. Seit dem ersten vollständig am Computer generierten Film „Toy Story“ ist eine neue Filmindustrie entstanden, für die Technik mehr denn je, vom Content nicht mehr zu trennen ist. Der kreative Prozess bedient sich der Technik und setzt sie bei der Ideengenerierung voraus. Man kann in Anlehnung an McLuhan (2001) überspitzt sagen: Die Technik ist der Content.

3 Einfluss der Organisation auf Content in der Filmproduktion

Wenn Technik den Filmcontent unmittelbar beeinflusst, was dank systematischer Filmanalyse (Korte (1999), Faulstich/Faulstich (1977)) bzw. schon nur durch eine Sensibilisierung bei der Filmrezeption offenbar wird, so bleibt die Einwirkung des Faktors Organisation auf den Content für die Rezipienten/Zuschauer im filmischen Werk verborgen. Die Einwirkung des Faktors Organisation auf den Content lässt sich entlang des Produktionsprozesses (Vgl. Abb. 1) gut aufzeigen.

3.1 Preproduktion

Bei der Stoffentwicklung kommt dem Autor die zentrale Bedeutung zu. Zum einem trägt er zur Glaubwürdigkeit der Handlung mit notwendigen Recherchen bei, zum anderen sorgt er für die Auflösung der Handlung in Aktionen und Dialoge, die nach Prinzipen der Filmdramatik in einem Drehbuch zusammengefasst werden. Die Organisation der Autoren als Contententwickler kann sehr unterschiedlich sein. Es sind unterschiedliche Modelle vorstellbar: vom Vertragsautor, der die Stoffentwicklung als Profi im Rahmen eines Auftrags übernimmt, bis zu freien Autoren, die im Laufe eines oft unproduktiven Kommunikationsprozess ihren Stoff „anbieten“, sind verschiedene strukturelle Modelle vorstellbar. Die Einflussnahme auf den Stoff kann demnach sehr unterschiedlich sein. Ein freier Autor entwickelt seine Idee selbständig bis zum fertigen Drehbuch. Mit einem Exposé (ca. 5 Seiten) wird er aber versuchen, das Interesse für die Idee beispielsweise seitens eines Produzenten bzw. einer produzierenden Firma zu wecken. Mit einem Treatment (ca. 30 Seiten) lässt sich für die Produktion bereits grob der Rahmen (Charaktere, Drehorte) abschätzen und mögliche Kosten ableiten. Das fertige Drehbuch (ca. 100 Seiten, wobei 1 Seite etwa 1 Minute Film bedeutet) erlaubt eine genaue Kostenkalkulation (technisches Team, Darsteller, Drehorte, Bühnenbild usw.). Je genauer ein Autor das verfügbare Budget einer Produktion kennt, umso genauer kann er die Handlung,. Schauplätze, Ausstattung usw. den möglichen Kosten anpassen. Den beauftragten Autoren ist oft diese „Schmerzgrenze“ der Produktion bekannt. Freie Autoren müssen den Content an die Kosten erst später, nach der Annahme des Stoffes, anpassen. Nicht selten ist die Beauftragung von anderen Autoren mit der Überarbeitung des Stoffes.

Die Abläufe bei der Entwicklung des Stoffes sind so unterschiedlich, dass sie sich kaum standardisieren lassen. Sie haben aber auf den Stoff und den späteren Filmcontent sehr gewichtigen Einfluss. In einigen Fällen ist es wichtig zwischen der Stoffentwicklung und der Preproduktion zu unterscheiden. Sofern die Finanzierung nicht feststeht, ist die Stoffentwicklung oft eine Vorleistung (Autor bzw. Produzent) und löst zunächst keine weiteren Arbeitschritte aus. Es ist an der Tagesordnung, dass die Stoffentwicklung ohne Erfolg abgeschlossen wird, und die Preproduktion nicht startet.

Bei Fernsehproduktionen ist ein Redakteur für die Ausarbeitung von Programmideen zuständig. Oft fungiert er als „Wächter des Stoffes" (STADER (1994), S. 149) und ist für den Filminhalt in einer Sendeanstalt verantwortlich (Vgl. MÜHRL (2005), S. 175). Als Ansprechpartner des Produzenten und Autoren hat auch er Einfluss auf den Content.

Der Produzent ist in allen Phasen an der Produktion beteiligt und beeinflusst den Stoff direkt bzw. indirekt. Wenn ein Produzent die Option der Verfilmungsrechte einer Geschichte erwirbt und das Projekt in der ersten Phase vorantreibt ist er direkt für die Stoffauswahl verantwortlich. Dem Produzenten sind die Autoren meist bekannt, oft sucht gerade er Autoren, die eine Geschichte zum Treatment oder dann Drehbuch entwickeln. So ist der Produzent ein Verbindungsglied zwischen den Autoren und den Studios bzw. Sendeanstalten. In den späteren Phasen der Produktion z. B. am Set oder im Schnittstudio beeinflussen die Produzenten entscheidend die Qualität des Werkes durch Mittelzuführung und den kreativen Vorgang der Produktion durch kaum überschaubare Kommunikations- und Entscheidungsprozesse.

In der Preproduktionsphase nimmt das sog. *Packaging* eine wichtige Stellung ein. Mit diesem Begriff bezeichnet man das „Schnüren eines Paketes" aus Drehbuch, Stab (Regisseur usw.), Darsteller und Kalkulation, die allesamt als Grundlage für die Finanzierung und für das Marketing dienen. Die zahlreichen Entscheidungen, die beim Packaging getroffen werden, wirken sich im späteren Produkt aus. Die Wahl eines Regisseurs und der Hauptdarsteller, um ein Beispiel zu nennen, erfolgt nach künstlerischen aber auch stets nach ökonomisch-organisatorischen Erwägungen. Schon allein die Frage, ob die für die Produktion gewünschten Darsteller für die geplanten Aufnahmen Zeit haben und keine weiteren vertraglichen Verpflichtungen sie an den Dreharbeiten hindern, ist enorm wichtig. Ein filmischer Charakter (Protagonist) muss jeweils von dem Regisseur und von den Darstellern interpretiert werden und dies ist immer hochgradig subjektiv und einmalig.

3.2 Produktion

In der Produktionsphase ist der Herstellungsleiter für die detaillierte Planung, Kalkulation und Finanzierung verantwortlich. Er muss mehrere parallel laufende Projekte koordinieren und kontrolliert die Arbeit der Produktionsleiter, der jeweiligen Projekte und Teilprojekte. Seine Tätigkeit ist nicht kreativ sondern der Verwaltung zuzuordnen (anders als die des Produzenten), allerdings bei ihm laufen die operativen Prozesse zusammen, so dass von ihm auch die Gesamtproduktion direkt abhängig ist. Damit kann er aber nur indirekt auf den kreativen Prozess und in Folge auf den Content Einfluss nehmen. Wenn jedoch seine praxisgerechten Erfahrungen veraltet sind (Vgl. SCHMIDT (1994), S. 110) können die Kommunikationsprozesse bei der Produktion darunter leiden. In besonderen Fällen ist dann auch die Qualität des Produktes beeinträchtigt.

Der Regisseur spielt eine zentrale Rolle im Produktionsprozess und hat den größten Einfluss auf die kreative Gestaltung des Films und arbeitet mit dem Produktionsleiter zusammen, der seine kreativen Ideen in operative Prozesse umsetzt. Beide haben im Grunde genommen unterschiedliche Interessen. Der Regisseur sorgt für die kreative Umsetzung des Drehbuchs, wobei Kosten keine zentrale Rolle spielen. Der Produktionsleiter muss dagegen vor allem den Kostenaspekt im Auge behalten und es bedarf einer ausgereiften Kommunikationskompetenz, um Konflikte zu vermeiden. Der Regisseur ist dem Produzenten und damit auch dem von ihm eingestellten Produktionsleiter nicht unterstellt, so dass im Streitfall die Entscheidungen in der Regel der Regisseur treffen kann.

Dem Schauspieler kommt im Kino- oder Fernsehfilm die tragende Rolle zu. Sie treiben mit ihren Handlungen und Dialogen (Plot) die Geschichte (Story) voran. Durch ihre Schauspielkunst wird ein Filmwerk erst zum Kunstwerk. Die Besetzung einer bestimmten Rolle ist stets mit den finanziellen Möglichkeiten der Filmproduktion limitiert. Die Besetzung eines Films entscheidet aber auch über den Erfolg des Content beim Publikum. Als ein Teil des kreativen Prozesses haben die Darsteller einen entscheidenden Einfluss auf die Qualität des Content. Sie sind in einen Organisationsprozess eingebunden (Arbeitszeit, Pausen, Anweisungen der Regie usw.) und unterliegen den Zwängen der Organisation am Set. Wenn die Aufnahmen in der Nacht realisiert werden müssen, sind die Arbeitszeiten entsprechend anzupassen. Es ist selbstverständlich, dass bei großen Filmrollen, sich die Darsteller dem dargestellten Charakter anpassen müssen (fett werden oder dünn oder kahl oder langhaarig usw.). Wiederholungen der Aufnahmen (zwischen 10 und 50 Mal), die sich manchmal über längere Zeitspannen vollziehen, verlangen eine hohe Konzentrationsfähigkeit. Diese organisatorischen Anforderungen können nur unterschiedlich erfüllt werden, was die Qualität des Werkes stets beeinflusst.

Insgesamt hängt die Realisierung des Content von zahlreichen Mitarbeitern am Set ab (teilweise über 100 Personen), deren Einfluss auf den Content an dieser Stelle aus Platzgründen kaum diskutiert werden kann.

3.3 Postproduktion

Nach den Dreharbeiten wird das Filmmaterial von Regisseur und Cutter im Feinschnitt fertig gestellt. Erst jetzt wird es klar, ob die Geschichte aus dem Drehbuch trägt und zu einem spannenden Plot zusammengesetzt werden kann. Dem Cutter kommt in dieser Teilphase besondere Bedeutung zu. Durch seine Erfahrung bestimmt er den Feinschnitt mit. Es ist von Projekt zu Projekt unterschiedlich, wer in dieser Phase den Content stärker beeinflusst, der Regisseur oder der Cutter. Nach der Abnahme (Redakteur beim Fernsehfilm, Verleiher beim Kinofilm) wird der Schnitt nicht mehr verändert und dient als Grundlage für die Bearbeitung von Ton (Musik, Sprache Geräusche). Auch die digitale Nachbearbeitung (z. B. visuelle Effekte) findet in dieser Phase statt. In allen hier folgenden Bearbeitungsschritten wird der Content verändert bis die Endversion des Films entsteht.

3.4 Distribution

Das Recht am *final cut* (dem endgültigen Schnitt) verbleibt meist nicht beim Regisseur sondern bei dem Produzenten und Redakteur (Fernsehen) bzw. Verleiher (Kino). Diese Regelung wird meist von Anfang an mit dem Regisseur vereinbart, so dass zu keinen Streitigkeiten kommen kann (Vgl. KLIMSA (2006), S. 607). Veränderungen des Content sind allerdings in dieser Phase der Bearbeitung nicht häufig.

Die Distribution ist beim Fernsehen denkbar unkompliziert: ein Sendeband wird ausgestrahlt. Falls ein Produzent Rechte am Werk behält, sind oft weitere Distributionskanäle (z. B. Verleiher) denkbar. Die Distribution eines Kinofilms ist sehr komplex und die Verwertungskette sehr umfassend.

Eine sehr hilfreiche Übersicht über die organisatorischen Abläufe bei der Filmproduktion erarbeitete FIEßER (2007). Da er eine Mustersprache (Pattern-Language) für eine allgemeine Filmfernsehproduktion entwickelt, erfasst er alle relevanten Organisationsprozesse, um Muster zu isolieren. In der Übersicht (Abb. 3) werden diese Muster als Produktionsbestandteile zusammengefasst. Dort lassen sich die „kritischen Stellen“ gut übersehen, die Content verändern, da jedem Pattern (in der Zeichnung als Kästchen eingetragen) Modifizierungspotentiale innewohnen. Aus der Sicht der Grafik von FIEßER sind alle Muster, bis auf die im Verwertungsprozess, im Prinzip entweder Content, oder haben zumindest einen mehr oder weniger starken Einfluss auf das Endprodukt.

4 Fazit: Technik, Organisation und Content

Bereits in den 70er Jahren haben MARCELIN PLEYNET (1969), JEAN-LOUIS BAUDRY (1986) und JEAN-LOUIS COMOLLI (1980) den Kino-Apparat als Instrument zur Vermittlung bürgerlicher Ideologien identifiziert (sog. Apparatusdebatte) und damit die Technik des Films besonders stark herausgehoben. Technik und Content sind keine Gegensätze. Der Einfluss des Faktors Technik auf den Content des Films ist unstrittig und bei entsprechender Sensibilisierung deutlich im filmischen Werk auszumachen. Wenig offensichtlich und damit der wissenschaftlichen Analyse schwieriger zugänglich ist der Einfluss des Faktors Organisation. Dieser Faktor ist zwar nicht weniger bedeutend als die Technik, doch er lässt sich mit den Methoden der Filmanalyse nicht ermitteln. Um die jeweiligen Zusammenhänge aufzudecken, ist es notwendig, andere Methoden zu nutzen. Vor allem Sozialwissenschaften liefern eine Reihe von methodischen Zugängen: Beobachtung der Produktionsabläufe (BOETZKES (2007)), Leitfaden-Interviews mit Experten sowie mit Akteuren innerhalb der Produktionsprozesse (FIEßER (2007), KLIMSA & SCHNEIDER (2006), KLOSA (2007)) sind bewährte Methoden, um die gegenseitigen Beziehungen aufzuzeigen. Medienproduktforschung ist eine wichtige Disziplin, um die Bedeutung der Faktoren Technik, Content und Produktion aufeinander zu beziehen und in einem Zusammenhang zu analysieren.

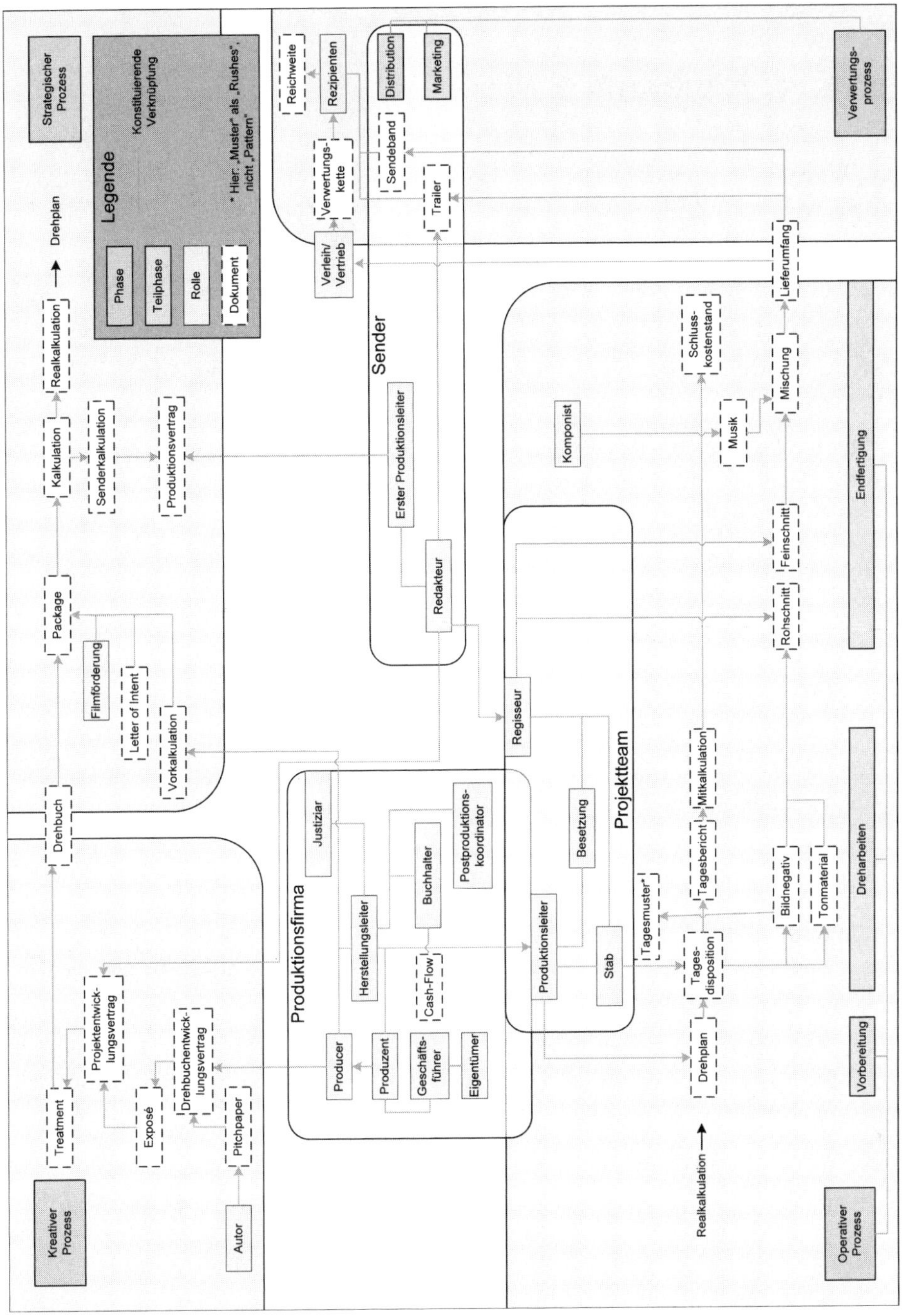

Abb. 3 *Organisationsabläufe bei einer TV-Film-Produktion (Mustersprache, FIEẞER (2007))*

Literaturverzeichnis

BAUDRY, J.-L.: The Apparatus. Metapsychological Approaches to the Impression of Reality in Cinema, in: ROSEN, P. (Hrsg.): Narrative, Apparatus, Ideology. A Film Theory Reader, New York, S. 299-318, 1986.

BLOTHER, D.: Erlebniswelt Kino. Über die unbewusste Wirkung des Films, Bergisch Gladbach, 1999.

BOETZKES, C.-E.: Organisation als Nachrichtenfaktor. Wie das Organisatorische den Content von Fernsehnachrichten beeinflusst, Wiesbaden, 2007.

CLEVÉ, B.: Produktion von Kinofilmen. Content und Management, in: KRÖMKER, H. / KLIMSA, P.: Handbuch der Medienproduktion. Produktion von Film, Fernsehen, Hörfunk, Print, Internet, Mobilfunk und Musik, Wiesbaden, S. 73-94, 2005.

COMOLLI, J.-L.: Machines of the Visible, in: DE LAURETIS, T. / HEATH, S. (Hrsg.): The Cinematic Apparatus, London, S. 121-143, 1980.

FAULSTICH, W. / FAULSTICH, I.: Modelle der Filmanalyse, München, 1977.

FIEßER, A.: Muster bei der Fernsehproduktion. Eine neue Sicht auf die Produktion deutscher Fernsehfilme, Saarbrücken, 2007.

ILJINE, D.: Der Produzent. Das Berufsbild des Film- und Fernsehproduzenten in Deutschland. Filmproduktion Band 1, 2. überarbeitete und aktualisierte Auflage, München, 2000.

KLIMSA P.: Produktionssteuerung. Grundlagen der Medienproduktion, in: CHRISTIAN, SCHOLZ (Hrsg.): Handbuch Medienmanagement, Berlin et al., S. 603-617, 2006.

KLIMSA, P. & SCHNEIDER, A.: Interaktives TV – State of the Art. Die Sicht der Experten. Ergebnisse einer explorativen Studie. Diskussionsbeitrag Nr. 25 des Institutes für Medien- und Kommunikationswissenschaft der TU Ilmenau, 2006.

KLIMSA, P.: Die Technik und Ästhetik des Films, in: KRÖMKER, H. / KLIMSA, P.: Handbuch der Medienproduktion. Produktion von Film, Fernsehen, Hörfunk, Print, Internet, Mobilfunk und Musik, Wiesbaden, S. 65-72, 2005.

KLOSA, O.: Sitcoms in Deutschland und den USA, Saarbrücken, 2008.

KORTE, H.: Einführung in die Systematische Filmanalyse. Ein Arbeitsbuch, Berlin, 1999.

MCLUHAN, M. et al.: The Medium is the Massage, Corte Madera CA, 2001.

MÜHRL, S.: Redaktionsarbeit im privaten Fernsehen in: KRÖMKER, H. / KLIMSA, P.: Handbuch der Medienproduktion. Produktion von Film, Fernsehen, Hörfunk, Print, Internet, Mobilfunk und Musik, Wiesbaden, S. 171-179, 2005.

PLEYNET, M.: êconomique, idéologique, formel [...] in: Cinéthique, Nr.3/1969, S. 11-17.

SCHMIDT, S.: Es muss nicht gleich Hollywood sein. Die Produktionsbedingungen des Fernsehspiels und die Wirkung auf seine Ästhetik. Sigma Medienwissenschaft Band 17. Edition Sigma, Berlin, 1994.

STADER, J.: Fernsehen. Von der Idee bis zur Sendung. Praxis – Alltag – Hintergründe, Frankfurt/M., 1994.

SYDOW, J.: Der soziotechnische Ansatz der Arbeits- und Organisationsgestaltung, Frankfurt/M., 1985.

TRIST, E. / BAMFORTH, K. (1951). Some social and psychological consequences of the long wall method of coal getting. Human Relations, 4, pp. 3-38, 1951.

Produktion serieller TV-Formate

PHILIP VOGES und JÖRN GRAPP[1]

Zusammenfassung
TV-Produzenten sehen sich mit der Herausforderung zur erfolgreichen Entwicklung, Planung und zum Verkauf ihrer Formatideen an TV-Sender konfrontiert. Jedoch nur etwa für jede zehnte Idee wird letztlich ein Produktionsauftrag erteilt. Aktueller Beleg für diese Schwierigkeiten ist insbesondere die sog. „Fiction Krise". Danach haben seit etwa Mitte der 1990er Jahre die Aufträge für deutsches Fiction-Programm und die Marktanteile fiktionaler TV-Serien erheblich abgenommen. Zur Aufarbeitung dieser Problemlage bezüglich serieller Fiction-Formate wird zunächst der Status quo auf dem deutschen TV-Markt betrachtet. Dann wird ein innovativer Prozess zur „vorausschauenden Programm-Planung" für TV-Produzenten, der auf dem Ansatz des Service Engineering basiert, beschrieben und schließlich seine Möglichkeiten und Grenzen für eine optimierte Entwicklung serieller TV-Formate diskutiert.

1 Dieser Beitrag basiert auf einer Kooperation zwischen der HOFMANN & VOGES ENTERTAINMENT GMBH und der UNIVERSITÄT BREMEN – FACHGEBIET MANAGEMENT NACHHALTIGER SYSTEMENTWICKLUNG. Die Inhalte dieses Aufsatzes sind im Rahmen eines gemeinsamen Experten-Gesprächs generiert worden sind.

Beitragsinhalt

1 Status Quo des deutschen TV-Marktes – eine differenzierte Betrachtung von Teil-Markt-Bedingungen

Die Entwicklungen auf dem deutschen TV-Markt deuten darauf hin, dass sich die Bedingungen für die Sender als Abnehmer deutscher, produzierter TV-Formate im Allgemeinen als auch für die Produzenten von TV-Serien-Formaten im Speziellen in besonderer Weise verändern. Vor allem scheint es Schwierigkeiten bei der Etablierung neuer, fiktionaler Serien-Formate zu geben. Beleg dafür ist das Phänomen der „Fiction Krise" auf dem deutschen TV-Markt. Danach haben seit etwa Mitte der 1990er Jahre die Aufträge für deutsches Fiction-Programm und die Marktanteile fiktionaler TV-Serien erheblich abgenommen (siehe Abb. 1.1. mit Marktanteilen (over all) 1995 bis 2007 für ARD, ZDF, RTL, SAT.1, PRO7, RTLII, VOX, Kabel 1). Diese Krisensymptome bewertet die TV-Branche als „Stagnation im Fictionbereich" (HALLENBERGER, G. (2005), S. 14). In Bezug auf deutsche TV-Serien wird ein „Stillstand des Schreckens" beklagt (Vgl. VON GANGLOFF, T. P. (2007)).

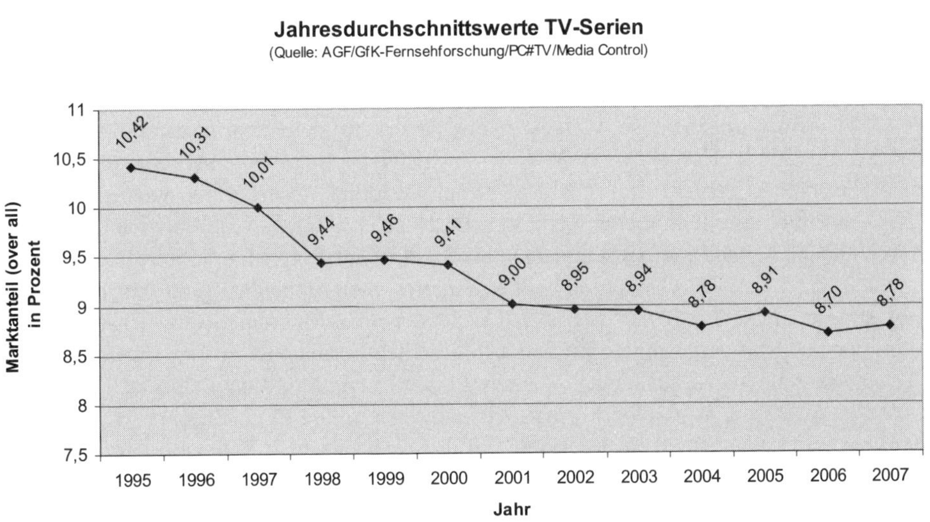

Abb. 1.1 *Jahresdurchschnittswerte TV-Serien (Quelle: AGF/GfK-Fernsehforschung/PC#TV/Media Control)*

Laut KEIL / RUEGER lassen sich TV-Serien als non- wie auch fiktionale Formate verstehen (Vgl. KEIL, K. / RUEGER, M. (2002), S. 165f.). Im Allgemeinen findet ihre Handlung in Strängen als eine Episode über mehrere Folgen, die inhaltlich miteinander verbunden sind, statt (Vgl. LESCHINSKY, A. (2002), S. 307). Im vorliegenden Aufsatz soll der Begriff „TV-Serie“ im Sinne eines seriell produzierten Formates verstanden werden, was eine Produktion fiktionaler Formate wie z.B. Drama-Serie, Telenovela, Soap oder Sitcom beinhaltet. Orientiert an HALLENBERGER sind für diesen Aufsatz folgende serielle Format-Typen zu unterscheiden:

„die **Miniserie** (eine abgeschlossene filmische Erzählung in mehreren Folgen);

die **Reihe** (eine potenzielle endlose Produktion mit beliebiger Folgenzahl, die sich aus abgeschlossenen 90minütigen Einzelfolgen zusammensetzt);

die **Serie** (eine potenziell endlose Produktion, deren Einzelfolgen narrativ verbunden sind, meistens 25 Min oder 45 Min Folgen).“ (Vgl. HALLENBERGER, G. (2005), S. 17)

In einer spezifizierten Sichtweise sind serielle TV-Formate durch ihren Ausstrahlungsryhthmus unterscheidbar in „Daily“ und Weekly“. Dailys sind z.B. Telenovelas (wie „Verliebt in Berlin“) oder Soaps (wie „GZSZ“). Beispiele für Weeklys sind industriell gefertigte Serien mit hoher Folgenzahl mit bis zu 56 Folgen pro Staffel wie „Hinter Gittern“, aber auch Sitcoms (Comedy-Serien wie „Türkisch für Anfänger“) oder Quality-Serien (u.a. Krimi-, Drama-, Action- oder Familienserie wie „Familie Dr. Kleist) die im Jahr nur mit 6 bis 12 Folgen ausgestrahlt werden und in der Regel teurer in der Herstellung sind. Dieses differenzierte Begriffsverständnis ist gewählt worden, um eine umfassend angelegte Basis zur Diskussion von TV-Formaten zu ermöglichen. Die in diesem Beitrag verwendeten Begriffe TV-Serie oder Fernsehserie sollen synonym zueinander als serielles TV-Format verstanden werden.

Im Jahr 2007 hat es insgesamt etwa 90 Flops bei neu gestarteten deutschen, seriellen, fiktionalen TV-Format gegeben, so viele wie nie zuvor auf dem deutschen TV-Markt (Vgl. MANTEL, U. (2007), Homepage (WWW. v. 16.01.07)). Beispielsweise konnten die Privatfernseh-Formate „Verrückt nach Clara“ (Pro7), „Deadline“ (Sat.1) oder auch „Ahornallee“ (RTL) das Publikum nicht überzeugen (Vgl. HEINE, F. (2007), S. 29). Aber auch die öffentlich-rechtlichen Sender wie ARD und ZDF sind von dieser Entwicklung betroffen und verloren jeweils ca. 1 % an Marktanteilen bei der jüngeren Zielgruppe der 14-49 Jährigen. Gleichzeitig konnte in 2007 z.B. der kleinere TV-Sender Vox Marktanteilszuwächse bei dieser Zielgruppe (+0,8%) verzeichnen. Zu den erfolgreichen Formaten von Vox zählen „CSI:NY“ (z.T. Marktanteile bis zu 20%) oder „Criminal Intent“ (z.T. Marktanteile bis zu 17,9%). Laut SCREENMAGAZIN seien „frische Formate“ jedoch eher selten (Vgl. ZIBLER, M., Homepage (WWW v. 17.02.08)). In einem Interview mit der Fachzeitschrift BLICKPUNKT:FILM äußerte der Fernsehdirektor des Bayerischen Rundfunks GERHARD FUCHS auf die Frage hin, was er sich für die TV-Branche wünschen würde: „Ich wünsche mir mehr Mut für hochqualitative Stoffe, die zugleich innovativ und publikumswirksam sind.“ (BLICKPUNKT:FILM (2008), S. 46) Doch wie ist diese Aufforderung an die TV-Branche mit der TV-Produktions-Realität vereinbar? Um die gegenwärtigen Gestaltungsbedingungen zu erfassen, denen sich Produzenten von TV-Formaten gegenübersehen, gilt es, die einzelnen **TV-Teil-Märkte** näher zu betrachten. Dabei sollen zunächst die **Bedingungen des Publikums-, dann des Finanzierungs-** und schließlich des **Programm-Marktes** beschrieben werden (Vgl. ILJINE, D. / KEIL, K. (2000), S. 149ff.).

Zur systematischen Betrachtung der einzelnen Märkte gilt es für ein TV-Produktionsunternehmen sich über die marktspezifischen Strukturen und Prozesse kontinuierlich einen Überblick zu verschaffen.

Bedingungen des Publikumsmarktes

TV-Produktionsunternehmen müssen bei Betrachtung des Publikums-Marktes zunächst verschiedene Analyseschritte durchführen. Dazu sind spezifische Aspekte zu prüfen, bevor sie ein serielles TV-Format entwickeln. Im **ersten Schritt** gilt es, eine Betrachtung potenzieller Zielgruppen für ein bestimmtes Format zu identifizieren. Daraus resultieren entsprechende Argumente, die für die Entwicklung eines zum Sender passenden Formates relevant sind. Im **zweiten Schritt** stellt sich die Frage, welches durch den TV-Produzenten zu entwickelnde serielle Format die jeweilige Zielgruppe erreichen kann und ob damit prospektiv ein überdurchschnittlicher Marktanteil erzielbar ist. Im **dritten Schritt** erfolgt eine Budgetkalkulation, die sich nach den voraussichtlich senderseitig zu generierenden Werbeeinnahmen verschiedener Zielgruppen zu verschiedenen Tageszeiten ausrichtet. Programme müssen zu unterschiedlichen Tages- und Wochenzeiten entsprechend günstiger sein (z.B. zur Access Primetime) und dürfen bei Ausstrahlung am Abend teurer sein (zur Prime Time).

Die Anzahl der Zuschauer und die darin enthaltenen unterschiedlichen Zielgruppen kommt folglich eine differierende, ökonomische Bedeutung zu. Für eine Produktionsentscheidung bzw. die Vergabe eines Auftrages an ein TV-Produktionsunternehmen wird senderseitig einbezogen, für welche Ziel- bzw. Altersgruppe („< 19, 19-29, 14-49, > 50") welcher Sender steht. In diesem Zusammenhang ist gegenwärtig zu beachten, dass sich die fünf Sender mit den größten Marktanteilen immer mehr angleichen (Vgl. KLOO, A. (2008), S. 22). Die Sender mit geringeren Marktanteilen versuchen hingegen zunehmend auch Nischenbedürfnisse von TV-Zuschauern zu befriedigen und ganz bestimmte Zielgruppen anzusprechen, wie z.B. ein besonders junges Publikum für sich zu gewinnen **(Gestaltungsbedingung für einen TV-Produzenten: differenzierte Zielgruppeninteressen)** (Vgl. KLOO, A. (2008), S. 22).

In der Regel treten TV-Produzenten unter Beachtung zuvor skizzierter Aspekte an den jeweiligen Sender heran, wenn sie eine Idee zur Produktion eines bestimmten, seriellen TV-Formates entwickelt haben. Die Ideen werden in Form eines Konzeptes, mit Angaben zu wichtigsten Handlungssträngen und Hauptfiguren, der Redaktion des TV-Senders präsentiert. Auf diesen gemeinsamen Sitzungen von Produzenten und Sendern müssen die TV-Produzenten die zentralen Argumente vorstellen, die für die Realisierung ihrer Idee im Rahmen eines Produktionsprojektes (z.B. Zielgruppenausrichtung, Produktionskosten) notwendig sind. Die verantwortlichen Redakteure eines Senders beurteilen aufgrund der vorgebrachten Argumente und schriftlichen Unterlagen, ob ein Projekt vom Sender in Auftrag gegeben werden sollte (Vgl. SCHÜTTE, O. (2002), S. 176f.). Die Redakteure sind für die Interessen des Senders, das heißt für die dem jeweiligen Sender-Image zugrundeliegende sogenannte Programmfarbe zuständig. Das bedeutet, das sie eine genaue Vorstellung davon haben, wie die Zuschauerstruktur ihres Senders auszusehen hat, also welcher Publikumsgeschmack in den Fokus der von Ihnen verantworteten Programm-Planung passt (Vgl. SCHÜTTE, J. (2002), S. 140). Sofern eine durch den TV-Produzenten präsentierte Projektidee zunächst nicht auf volle Zustimmung stößt, kann dies auch dazu führen, dass der Redakteur vorschlägt, inwiefern die vorläufige Ideenskizze an den durch den Sender vertretenen bzw. gewünschten Publikumsgeschmack angepasst werden könnte. Von der Ausarbeitung einer Idee bis hin zur Ausstrahlung eines seriellen TV-Formates vergehen teilweise Zeiträume, die von 1 bis hin zu 2 Jahren reichen. In dieser Zeit werden Ideen weiterentwickelt, durch die verschiedenen Sender-Instanzen bewilligt, das jeweilige Format produziert und schließlich gesendet. Dieser lange Zeitraum mag darauf zurückzuführen sein, dass die Entscheidungsprozesse über die Vergabe eines Produktionsauftrages in den komplexen Strukturen von TV-Sendern ablaufen (Vgl. EICK, D. (2007), S. 14). Diese stellen ein Kontrollsystem dar, in dem die jeweiligen Grundsätze des betreffenden Senders die Qualität ihres Programms sichern sollen **(Gestaltungsbedingung für einen TV-Produzenten: komplexe TV-Senderstrukturen).**

Bedingungen des Finanzierungs-Marktes

Die von TV-Produktionsunternehmen zu generierenden Budgets für die Durchführung eines von einem Sender an sie vergebenen Auftrages differieren von Sender zu Sender und von Format zu Format. Außerdem sind sie minutenabhängig. Dabei sind inoffizielle Richtwerte für maximale Budgets branchenweit bekannt. Ungefähre Richtwerte für maximale Budgets in der Produktion unterschiedlicher serieller TV-Formate sind: 80.000-120.000 Euro für eine Telenovela/Soap-Folge (25 Min oder 45 Min), 250.000-300.000 Euro für eine Sitcom-Folge (25 Min), 400.000-700.000 Euro für eine Quality-Serien-Folge (45 Min). Zum Vergleich: ein TV-Movie kostet ca. 1.200.000 bis 1.400.000 Euro für ca. 90 Min). Die genannten Werte scheinen seit einigen Jahren unverändert geblieben zu sein. Gleichzeitig steigen jedoch die Lohnkosten für Team und Darsteller sowie die Kosten für andere Dienstleistungen aus Sicht von TV-Produzenten. Dies hat zur Konsequenz, dass sich Produktionsunternehmen zunehmend auf finanziell erfolgversprechende Formate, wie die Produktion von Serien, fokussieren müssen und weniger auf die Produktion eines TV-Movies oder Kinofilms. Gründe dafür liegen vor allem in der besseren Planbarkeit bei seriellen TV-Formaten, wobei Episoden in großer Anzahl und mit wiederholt gleichem Team sowie Ausstattung kostengünstiger realisierbar sind. Die Produktion von Filmen hingegen ist durch ihre Einzigartigkeit in der Leistungserstellung (Vgl. GAITANIDES, M. (2001), S. 11), also ein in den meisten Fällen in seiner Zusammensetzung zum ersten Mal zusammenarbeitendes Team, von unterschiedlichen, nur einmal nutzbaren Sets und Wetter-Unwägbarkeiten gekennzeichnet, was für jedes einzelne Filmprojekt eine geringere Planbarkeit impliziert **(Gestaltungsbedingung für einen TV-Produzenten: zunehmender Gap zwischen Kosten und Erlösen).**

Die Bewertung des voraussichtlichen ökonomischen Erfolgs von seriellen TV-Formaten für die TV-Sender geschieht mit eher mittelbarer Bedeutung für TV-Produktionsunternehmen durch TV-Sender-eigene Medien-Vermarktungs-Unternehmen wie IP oder Sevenonemedia. Neben ihrer Hauptaufgabe, für einen betreffenden TV-Sender Werbezeiten zu verkaufen, ist es darüber hinaus eine ihrer Aufgaben, im Auftrag der Sender zu beurteilen, ob eine potenzielle, neue Serie für den Webezeitenverkauf an die Media-Agenturen erfolgversprechend sein kann. Dabei sind jedoch die Preisstrukturen der angebotenen Werbezeiten im Vergleich zu den Auftragsbudgets für den TV-Produzenten und der dadurch für den Sender zu erlösende Deckungsbeitrag für TV-Produktionsunternehmen intransparent. Es findet durch die Medien-Vermarktungs-Unternehmen jedes Mal erneut eine Kosten- (Auftragsproduktionsbudget)/Nutzen-(Werbeerlöse)-Analyse statt, die entscheidenden Einfluss darauf hat, ob eine Auftragsvergabe an einen TV-Produzenten zur Umsetzung eines Projektes erteilt wird.

Bedingungen des Programm-Marktes

Eine der jüngsten, auffälligsten und populärsten „Innovationen“ auf dem deutschen TV-Markt hat im Jahr 2000 im Bereich „Reality-TV“, neben „Dokusoap“ und „Factual Entertainment“, stattgefunden. Zu diesem Zeitpunkt lief das Reality-Show-Format „Big Brother“ auf dem Sender RTL II an und wurde prompt ein Erfolg weltweit. Diese Form des „Non-Fiction“-Programms hat sich bis heute in unterschiedliche, diesem Format ähnliche Sendungen ausdifferenziert, z.B. mit Formaten wie „Ich bin ein Star! Holt mich hier raus“ (RTL, 2004 - 2007) uvam. Auch die Casting-Shows feierten große Erfolge mit „Deutschland sucht den Superstar“ (RTL), „Popstars“ (Pro Sieben) oder „Heidi Klums Top Model“ (Pro Sieben). Den meisten Non Fiction Format-Arten sind bestimmte Aspekte gemein: a) tägliche oder wöchentliche Ausstrahlung, b) reale Emotionen, c) gemeinsames Bewältigen von Herausforderungen, d) Einsatz dramaturgischer Mittel (z.B. bestimmte Hintergrundmusik, Stimme aus dem Off, vorgegebene Spielhandlung, Drehbuch, o.ä.). Vorteile dieser Formate bestehen vor allem in ihren niedrigen Produktionskosten und häufigen Ausstrahlungsfrequenz, mit der Möglichkeit, hohe Marktanteile zu generieren. Es ist deshalb davon auszugehen, dass diese Art des „Non-Fiction-Programms“ auch zukünftig eine herausgehobene Bedeutung für die Programmplanung von TV-Sendern haben wird. Es könnte vereinfachend der Schluss gezogen werden, dass sich das Fernsehen unter Beachtung oben genannter Aspekte insofern ständig selber neu erfinden wird.

Im Bereich deutsche „Fiction“ hat es in den letzten Jahren keine vergleichbare Entwicklung von Innovationen gegeben, was eine wesentliche Schwäche des deutschen TV-Produktionsmarktes ist. Gleichzeitig hat sich aber eine Erfolgsgeschichte in Bezug auf amerikanische TV-Serien im deutschen Privatfernsehen vollzogen, z.B. mit „Dr. House“ (RTL) oder „CSI“ (bis 2006 VOX, dann RTL) mit Marktanteilen zwischen etwa 20-30%. Aufgrund solcher erfolgreichen, seriellen TV-Formate haben deutsche Produzenten in der Vergangenheit versucht, sich an amerikanischen Formaten zu orientieren. Es wird sogar gefragt „Haben US-Serien ein Erfolgskonzept?“ (Vgl. URBE, W. (2008), S. 30f.). Doch dies hat ihre Situation wider Erwarten noch zusätzlich verschlechtert. Programminhalte konnten oftmals nicht in vergleichbarem Maße erfolgreich sein wie das Original, wie z.B. „R.I.S. – Die Sprache der Toten“ (Sat.1, 2007) mit einem durchschnittlichen Marktanteil in Höhe von 8% in der werberelevanten Zielgruppe (Vgl. RIEDNER, F., Homepage (WWW v. 05.05.2008)), „Die Anwälte“ (RTL, 2008) mit einem durchschnittlichen Marktanteil in Höhe von 10,8% in der werberelevanten Zielgruppe (Vgl. KREI, A., Homepage (WWW v. 07.05.2008)). Ausnahmen erfolgreicher, originär deutscher Produktionen stellen lediglich einzelne serielle öffentlich-rechtliche Fiction-Formate dar, wie z.B. „Familie Dr. Kleist“ (ARD, 2007) mit einem durchschnittlichen over all Marktanteil in Höhe von 14,6% (Vgl. KREI, A., Homepage (WWW v. 05.05.2008)) oder „Um Himmels Willen“ (ARD, 2007) mit einem durchschnittlichen over all Marktanteil in Höhe von 21,1% (Vgl. KREI, A., Homepage (WWW v. 06.05.2008)).

Aufgrund dieser Erfahrungen und mit Blick auf die eingangs erwähnte „Fiction Krise“ planen deutsche Sender ihre Programme zu großen Teilen mit US-amerikanischen Serien-Formaten. Es bleibt jedoch abzuwarten, wie mit dem Problem unzureichender Innovationstätigkeit deutscher TV-Produzenten umgegangen wird, wenn phasenweise die Entwicklung von US-Serien und in der Folge deren Produktion – wie im Falle des Streiks der US-amerikanischen Drehbuchautoren in 2007/2008 – zum Erliegen kommt. Einige Serien werden mit Verzögerung oder andere sogar überhaupt nicht mehr produziert werden. (Vgl. JUNKLEWITZ, C., Homepage (WWW v. 17.02.2008)). Es werden als Serienersatz zukünftig vielleicht noch mehr „Reality-Formate" im Stile des o.g. „Big Brother" entwickelt (Vgl. KLOO, A. (2008), S. 20f.). Oder es werden möglicherweise gar keine seriellen Fiction-Formate mehr durch TV-Sender in Auftrag gegeben. WEINGARTEN beschreibt vor allem eine Hinwendung der jüngeren Zuschauer zu Reality-Programmen und anderer Medien-Nutzung wie die des Internets. Diese ließen sich überdies günstiger produzieren als ein serielles TV-Format aus dem Bereich Fiction (Vgl. WEINGARTEN, S. (2008), S. 92). **(Gestaltungsbedingung für einen TV-Produzenten: abnehmende Innovationtätigkeit im Bereich Fiction, zunehmende Produktdifferenzierung im Bereich Non-Fiction).**

Die zuvor durchgeführte Betrachtung des TV-Marktes verdeutlicht wie umfangreich, spezifisch und veränderlich die für eine Produktion von seriellen TV-Formaten relevanten Informationen sind. Aus Sicht eines TV-Produzenten bedarf es eines entsprechenden Branchenwissens und der Fähigkeit zur Verarbeitung, Bewertung und letztlich Berücksichtigung von Informationen über die einzelnen TV-Teil-Märkte bei der Entwicklung und Produktion von seriellen TV-Formaten als Dienstleistungsangebot. Dabei gilt es mit den zuvor skizzierten TV-Markt-Bedingungen umgehen zu können und systematisch sowohl die Anforderungen von TV-Sendern als Auftraggeber als auch des TV-Publikums und seiner Präferenzen in die Dienstleistungserstellung einzubeziehen.

2 Entwicklung von seriellen TV-Formaten – Prozess zur kompetenten „vorausschauenden Programm-Planung" für eine serielle Produktion

Serielle TV-Formate müssen die schnell veränderlichen Rahmenbedingungen des TV-Marktes in besonderer Weise erfüllen (Vgl. DIEGELMANN, S. (2002), S. 132f.), d.h. einerseits einem zunehmend differenzierten Publikumsgeschmack genügen und andererseits aus Sicht von TV-Sendern kostengünstig sein (Vgl. MARTIN, U., Homepage (WWW v. 14.02.2008) und nach industriellen Prinzipien gefertigt werden. GÜNTER STRUVE merkt in diesem Zusammenhang an: „Wer an der Herstellung von Fernsehfilmen (bzw. hier Serien) beteiligt ist, erbringt Dienstleistungen für das Publikum." (STRUVE, G. (2002), S. 70) Für eine gezielte Realisierung von TV-Serien-Formaten durch TV-Produktionsunternehmen bietet es sich deshalb an, einen systematischen Ansatz zur Entwicklung innovativer, kundenorientierter Dienstleistungen – sogenanntes Service-Engineering – (Vgl. KÖNIG, A. (1998)) zu verwenden. Dieser Ansatz aus dem Dienstleistungsmanagement bietet entscheidende, generelle Vorteile gegenüber einer ausschließlich intuitiv geleiteten Programm-Planung: a) spezifizierte Beschreibung entwickelter TV-Serien als Dienstleistungen, b) gezielter Ressourcenaufbau und Einarbeitung von Mitarbeitern, c) Bereitstellung von Instrumentarien und Strukturen zur systematischen Dienstleistungsentwicklung und -gestaltung. Der Nutzen des Service-Engineering besteht für TV-Produzenten somit insgesamt darin, das Dienstleistungsprodukt TV-Serie als modernes Produkt zu verstehen und dessen Entwicklung und seinen Markterfolg systematisch zu planen. (Vgl. LUCZAK, H. et. al (2004), S. 1) Vier wesentliche **Prozessteilschritte** umfassen die Durchführung eines **Service Engineering**:

1. Anforderungsanalyse,

2. Dienstleistungsspezifikation,

3. Design

4. Implementierung.

Der zuletzt genannte Schritt soll nicht betrachtet werden, da hier die Entwicklung und nicht die Produktionsphase serieller TV-Formate ansich im Vordergrund steht. Nachfolgend werden die o.g. Prozessteilschritte des Service Engineering für serielle TV-Formate diskutiert:

1. Analyse von Anforderungen an zu entwickelnde, serielle TV-Formate

Für eine gezielte vorausschauende Programm-Planung sollte zunächst der Frage nachgegangen werden, wie eine optimale Ermittlung aktueller Bedürfnisse von TV-Konsumenten („voice of the customer") (SCHÜTTE J. (2002), S. 138ff.) durch ein TV-Produktionsunternehmen erfolgen kann. Eine systematische Forschung zur Ermittlung aktueller Bedürfnisse von TV-Konsumenten findet, mit Ausnahme vielleicht in einigen, größeren TV-Produktionsunternehmen, in den meisten Unternehmen jedoch nicht statt. Üblich sind drei Schritte: 1. Recherche, 2. Ideen/Trends filtern, 3. Development. Zuschauer- und Medienforschung wird eher durch Service-Abteilungen einzelner TV-Sender durchgeführt (Vgl. DIEGELMANN, S. (2002), S. 124f.). Zu nennen ist gegenwärtig vor allem die Arbeitsgemeinschaft Fernsehforschung (AGF), „der Zusammenschluss der Sender ARD, ProSiebenSat.1 Media AG, RTL und ZDF zur gemeinsamen Durchführung und Weiterentwicklung der kontinuierlichen quantitativen Fernsehzuschauerforschung in Deutschland" (ARBEITSGEMEINSCHAFT FERNSEHFORSCHUNG (AGF), Homepage (WWW v. 04.02.08)). TV-Produktionsunternehmen selber verwenden u.a. bestimmte Internet-Dienste, die im Einzelfall bei einer bestimmten Idee für die jeweilige Entwicklung eines seriellen TV-Formates genutzt werden. Dabei lassen sich durch verschiedene Informations-Dienstleister für die TV-Branche in regelmäßigen Abständen Informationen zu generellen Trends im Publikumsgeschmack u.ä. elektronisch zusenden oder sind über eine Informationsplattform im Internet abrufbar, wie z.B. über THEWIT, Homepage: http://www.thewit.com, Abruf/Zustellungsrhythmus: monatlich, Form: Zustellung von Reports zu aktuellen Trends, Ratings, Projekten auf dem TV-Markt. Solche Dienste sind abonnierbar und kosten etwa zwischen 5.000 Euro und 20.000 Euro im Jahr. Vor- und Nachteil solcher Dienste dürften allerdings dicht beieinander liegen. Ein Vorteil solcher Dienste besteht in den umfassend zur Verfügung gestellten Informationen zum TV-Markt. Andere Beispiele für Branchen-Informationsdienste sind: „Variety", „Medi-abiz", „Screen International" oder „Hollywood Reporter". Eine gezielte Identifikation von Kundenbedürfnissen aus individueller Sicht eines einzelnen TV-Produktionsunternehmens scheint jedoch angesichts der umfangreichen Informationsquantität in Frage gestellt werden zu müssen. Eine wesentliche Anforderung an einen im Sinne der Konsumenten und im eigenen unternehmerischen Interesse agierenden TV-Produzenten besteht folglich darin, die Qualität von Informationen für die unternehmensspezifische Produktionsentscheidung zu bewerten. Dabei gilt es, Trends für die eigene Ideenentwicklung zu identifizieren und zu prüfen, ob sich die betreffende Idee mit den zur Verfügung stehenden Ressourcen und auf Basis von Produktionserfahrungen realisieren lassen wird.

Eine Beantwortung der Frage, welche Programminhalte mit welchen Eigenschaften zukünftig produziert werden, resultiert aus einem kontinuierlichen Scanning potenzieller Ideen für die Entwicklung neuer, serieller TV-Formate durch das jeweilige Produktionsunternehmen. Da eine Abteilung, die ausschließlich die Entwicklung neuer Ideen verantwortet, ebenso wie eine Forschungsabteilung o.ä. jedoch in den meisten kleinen und mittelständischen Unternehmen nicht existiert, erfolgt die Ideenentwicklung oft nicht neben der Produktionstätigkeit, was zu Auftragseinbrüchen führen kann.

Aufgrund seiner Marktkenntnis und einer entsprechenden Auswahl potenziell erfolgreicher Stoffe entwickelt ein TV-Produzent gestützt auf seine Branchenerfahrung neue Konzepte zusammen mit Mitarbeitern und Drehbuchautoren („voice of the design team“). Als ein wichtiges Beziehungsgefüge kann dabei das Verhältnis zwischen Autor und Producer erachtet werden. Denn schon frühzeitig müssen die Vorstellungen über die schließlich im Drehbuch dargestellte Idee mit der finanziellen und organisatorischen Realisierbarkeit in Einklang gebracht werden. Weiterhin finden regelmäßig enge Abstimmungen mit den Redakteuren des betreffenden Senders statt, denen die TV-Produzenten auf den Pitches ihre Ideenskizzen für serielle TV-Formate vorstellen und unter Beachtung der Erkenntnisse über den Publikums-Markt an Zuschauerpräferenzen anpassen. Die Anforderung an einen TV-Poduzenten besteht also darin, für die Entwicklung seiner Formatidee die Argumentation zum Verkauf des Formates an einen TV-Sender zu planen und dabei die für eine Auftragsvergabe bedeutendsten Gründe vorstellen zu können (z.B. Prognose zu erwartender Marktanteile, Potenziale zur Produktion von Fortsetzungen einer Serie).

Es kann festgestellt werden, dass bei einer Analyse von Anforderungen an TV-Serien als neues TV-Format zum einen die skizzierten Internet-Dienste bedarfsweise genutzt werden und zum anderen ein TV-Produktionsunternehmen unter maßgeblicher Steuerung durch den Produzenten die jeweilige Formatentwicklung erfahrungsgeleitet plant. Der Produzent kann als zentraler Akteur in diesem Prozess aufgefasst werden (Vgl. STEIN, A. / SCHULZ, A (2002), S. 12). Er handelt gestützt auf aktuelle Informationen der TV-Branche in Verbindung mit seiner Branchenerfahrung **(Anforderung an einen TV-Produzenten: Bewertung der Informationsqualität in der Konzeptentwicklung eines Formates)**. Weiterhin muss die Präsentation einer Projektidee beim TV-Sender vorbereitet werden, um das betreffende Format erfolgreich präsentieren zu können **(Anforderung an einen TV-Produzenten: Fundierte Konzeptentwicklung zur strategischen Positionierung eines Formates)**.

2. Spezifikation und Design serieller TV-Formate

Sofern ein serielles TV-Format von einem Sender in Auftrag gegeben worden ist und es sich auch in Zukunft erfolgreich auf dem Markt behaupten möchte, muss seine Qualität (z.B. von „GZSZ“ als Soap) sichergestellt werden. Dazu bedarf es einer regelmäßigen Überprüfung. Denn um langfristig eine TV-Serie wie z.B. eine „Daily“ oder „Weekly“ erfolgreich für den Markt zu produzieren, müssen die oft veränderlichen und variierenden Präferenzen der Zuschauer und entsprechende Inhalte eines Formates hinterfragt sowie aktuelle Stärken bzw. Schwächen eines Formates analysiert werden (Vgl. DIEGELMANN, S. (2002), S. 130f.). Deshalb finden durch die TV-Sender teilweise vor einer TV-Produktion oder unmittelbar danach – zusätzlich zum üblichen Abgleich zwischen realen und erwarteten Marktanteilen – Demoskopien über Online-Befragungen oder Telefoninterviews statt. Diese sollen dazu dienen, die Einsichten, Einstellungen, Stimmungen oder Wünsche aktueller und potenzieller Zuschauer zu erfassen. Denn selbst, wenn eine bestimmte Serie mit hohen Marktanteilen vermeintlich erfolgreich im TV läuft, wird davon ausgegangen, dass noch weitere Zuschauer hinzugewonnen werden können oder zumindest die aktuellen Zuschauer an das jeweilige, serielle Format stärker zu binden sind. Vor allem bei der so genannten Soap oder Telenovela, die mit häufiger Sendefrequenz im TV ausgestrahlt wird, sollte so verfahren werden, da die tägliche Produktionsweise es erlaubt zeitnah beliebte Darsteller öfter zu integrieren und Trends und veränderte Lebensgefühle des Zuschauers in die Sendefolgen zu implementieren . Es besteht also eine besondere Anforderung für ein Produktionsunternehmen darin, das Design eines TV-Formates optimal zu gestalten und über die Zeit noch weiter zu spezifizieren. So werden gegebenenfalls weitere Darsteller engagiert oder zusätzliche Handlungsstränge integriert, von denen man sich erwartet, dass sie das Interesse des Zuschauers (noch besser) erfüllen können. Diese Art und Weise des Designs eines seriellen TV-Formates und seiner weiteren Spezifikation reicht von einer grundsätzlichen, inhaltlichen Veränderung des Konzepts bis hin zu einer tagesaktuellen Anpassung eines Serienformates. Es erfolgt eine zielgruppenindividuelle Kombination von Handlungssträngen (z.B. unterschiedliche Verläufe der Handlung einer bestimmten Serie) sowie Hinzuschneiden einzelner Szenen (z.B. Anpassung an saisonale und jahreszeitliche Bedingungen, Ereignisse in Sport oder Politik u.ä.). Eine solche an der Zielgruppe orientierte Modularisierung von TV-Serien erfolgt vor allem dann, wenn es sich um die Produktion einer mehrwöchigen oder generell dauerhaft angelegten Staffel handelt. Das heißt, dass die Anforderung an einen TV-Produzenten darin besteht, eine kontinuierliche Qualitätssicherung und -optimierung vorzunehmen. Denn idealerweise wird zur nachhaltigen Generierung ökonomischen Erfolgs eine langfristige Auftragsvergabe zur Produktion mehrerer Staffeln angestrebt. Um dieser Anforderung jedoch zu entsprechen, bedarf es konkret einerseits einer detaillierten Prüfung des entwickelten Format-Konzeptes **(Anforderung an einen TV-Produzenten: Kritische Prüfung des entwickelten Serien-Formates)**. Andererseits wird gegenüber dem auftraggebenden TV-Sender die eigene Argumentationsgrundlage für die laufende Staffel weiter optimiert und bietet gleichzeitig das upgedatete Konzept für das Pitching zur Folgestaffel **(Anforderung an einen TV-Produzenten: Kontinuierliche Optimierung des Serien-Formates)**.

3 Möglichkeiten und Grenzen in der Entwicklung serieller TV-Formate

Nach einer Darstellung von marktlichen Gegebenheiten in der TV-Produktion und Formulierung von Anforderungen an einen idealen Entwicklungsprozess serieller TV-Formate stellt sich nun die Frage nach der tatsächlichen Umsetzbarkeit dieser konzeptionellen Überlegungen im praktischen TV-Serienproduktionskontext. Dazu sollen die Anforderungen zur Entwicklung von seriellen TV-Formaten vor dem Hintergrund von Bedingungen des TV-Marktes auf dem Status Quo diskutiert werden. Da nicht alle Bedingungen in gleichem Maße gegenüber einer Betrachtung von Anforderungen relevant sind, soll hier versucht werden, einige zentrale, aus praxisorientierter Sicht relevante Reflektionsfelder für die TV-Serienproduktion zu beleuchten. Es handelt sich um eine offene Liste reflektionswürdiger Fragestellungen, denen sich TV-Produzenten gegenübersehen und welche sie aufgrund ihrer Erfahrung idealerweise kontinuierlich modifizieren oder erweitern.

Reflektionsfeld 1: Zielgruppenausrichtung

TV-Produktionsunternehmen sehen sich unterschiedlichen Zielgruppeninteressen gegenüber, die es zu bedienen gilt, um erfolgreich TV-Konsumentenbedürfnisse zu befriedigen. Ein TV-Produzent muss daher den TV-Markt sehr genau kennen und wissen, welche Zielgruppe mit welchen seriellen TV-Formaten bedienbar ist, um eine Ideenentwicklung erfolgreich realisieren zu können. Doch dies scheint aufgrund der eingangs skizzierten „Fiction Krise“ aktuell schwer möglich zu sein. Die jüngsten Entwicklungen zeigen, dass die auf dem TV-Markt vorhandenen Serien-Formate vor allem zwei Polen zuzuordnen sind, die sich relativ konstant am TV-Markt behaupten. Das sind im Bereich Fiction vor allen Dingen teuere „Mehrteiler“ oder günstige „Dailys/Weeklys“. Das heißt, es werden einerseits wenige, „high quality events“ (wie z.B. die Mehrteiler „Dresden“ (ZDF), „Die Flucht“ (ARD), „Tarragona“ (RTL)) und andererseits viele „low budget serials“ (wie z.B. die Soap „GZSZ“ (RTL), „Verbotene Liebe“ (ARD), „Verliebt in Berlin“ (Sat.1)) produziert.

Es zeichnet sich somit ab, dass TV-Produktionsunternehmen zunehmend serielle TV-Formate so zuschneiden müssen, dass sie sich an den beiden genannten Polen orientieren, um die Zielgruppen der Sender zu erreichen. Zurzeit scheint sich dieser Trend zu festigen. Da sich die Präferenzen von Zielgruppen aber stets dynamisch entwickeln, müssen bereits laufende und vor allem in Planung befindliche Serien-Formate sich an möglichst aktuellen TV-Konsumentenbedürfnissen orientieren. Dies kann nur durch ein ständig ablaufendes Monitoring sichergestellt werden, dass überprüft, inwieweit ein jeweiliges Format mit seiner Handlung, seinen Darstellern und Themen dem Publikumsgeschmack entspricht. Ein solches Monitoring und damit verbundene Anpassungen serieller Formate sind jedoch nur bei „Dailys“ oder „Weeklys“ sinnvoll, weil diese über einen langen Zeitraum ausgestrahlt werden. Bei „Mehrteilern“ gilt es, vor allem im Vorfeld einer Produktion die Güte einer Idee hinsichtlich ihrer Markttauglichkeit zu prüfen, da diese nur wenige Folgen umfassen und entsprechend in einem kurzen Zeitraum ausgestrahlt werden. Es besteht keine Möglichkeit zu konzeptionellen, zielgruppengerechteren Anpassungen während des Produktionsprozesses.

Sofern Technologien oder Methoden zur Anwendung des angesprochenen Monitorings zugänglich und nutzbar sind, besteht die Möglichkeit zur zeitnahen Berücksichtigung des Publikumsgeschmacks oder liefert darüber hinaus gar Inputs für neue serielle TV-Formatideen. Eine wesentliche Begrenzung erfährt der Ansatz eines Monitorings zurzeit durch den mit ihm verbundenen technologischen, finanziellen und zeitlichen Aufwand bei unternehmensinterner Realisierung. Da es in TV-Produktionsunternehmen zumeist an eigenen Abteilungen zur Forschung oder Ideenentwicklung fehlt, müssten sich entweder bestehende Mitarbeiter Fachkenntnisse aneignen und Methoden der Zuschauerforschung unter Anwendung auf eigene serielle TV-Formatideen entwerfen und umsetzen. Oder dieser Informations-Service für den TV-Produzenten wird als wissensintensive Dienstleistung ausgelagert. Dadurch könnten fachliches Know-how hinzugekauft und wahrscheinlich Kosten reduziert werden. Langfristig ist sogar zu erwarten, dass TV-Produktionsunternehmen, die so verfahren, ökonomisch erfolgreicher sein werden, da sie ihre Formatentwicklung durch einen fundierten Informations-Service stützen. Zudem können sich die Mitarbeiter des TV-Produktionsunternehmens weiter ihren Hauptaufgaben zur Produktion von TV-Formaten widmen, wofür sie unterstützend extern aufbereitete und ausgewertete Information zur Verfügung gestellt bekommen.

Reflektionsfeld 2: Gestaltung von Programm und Finanzierung

Aufgrund komplexer Entscheidungsstrukturen in den TV-Sendern besteht für einen TV-Produzenten die besondere Herausforderung darin, das seiner Idee für ein serielles TV-Format zugrundeliegende Konzept (oder die Vorform des „Pitch Papers") mit überzeugenden Argumenten vorzubereiten. Denn durch eine überzeugende Präsentation könnte die Wahrscheinlichkeit zunehmen, dass die Idee zur Produktion eines seriellen TV-Formates gegenüber dem Redakteur eines TV-Senders erfolgreich durchgesetzt werden kann. Der Redakteur eines Senders benötigt eine fundierte Entscheidungsgrundlage. Diese sollte u.a. die Originalität der Formatidee herausstellen, potenziell generierbare Marktanteile oder prospektive Sendeplätze aufzeigen. Ein auf Basis von Service Engineering (siehe vorangegangenes Kapitel) erstelltes „Pitch Paper" liefert einem TV-Produzenten die Verkaufsargumente für seine Produktionsidee. Die einzelnen Bestandteile des „Pitch Papers" ließen sich z.B. durch betriebswirtschaftliche Tools wie Szenario-Technik, Erfahrungskurvenanalyse oder Zielgruppenanalyse stützen. Gleichzeitig erhält der Redakteur des Senders eine Bewertungsbasis für seine Entscheidung über die Auftragsvergabe.

Diese Herausforderung an die Konzeptionierungsqualität steht in enger Verbindung zu den finanziellen Erfolgsaussichten eines TV-Produktionsunternehmens. Da die Margen von TV-Produktionsunternehmen bei immer höheren Produktionskosten immer kleiner zu werden scheinen, bedarf es umso mehr einer aussagekräftigen Argumentationsgrundlage gegenüber dem TV-Sender, um weitere Aufträge zu akquirieren. Es wäre ineffizient, in großer Anzahl verschiedenste Formatideen in das Pitching zu geben, von denen sich eventuell nur wenige oder gar keine durchsetzen. Umso systematischer und fundierter ein bestimmtes „Pitch Paper" vorbereitet worden ist, desto eher ist eine erfolgreiche Auftragsvergabe zu erwarten.

Die skizzierten Gestaltungsaspekte (siehe Reflektionsfeld 1 und 2) für TV-Produktionsunternehmen beschreiben einen Widerspruch zwischen dem Anspruch zur Produktion von qualitativ hochwertigen, seriellen TV-Formaten und der Realität, die sich bei der TV-Produktion an einem quantitativen Maßstab durch TV-Serienproduktion orientiert, um kostendeckend zu produzieren bzw. Erlöse zu maximieren. Um diesem Widerspruch zu begegnen, müsse ein Produzent aus der Sicht von VOGES „nicht nur das Lebensgefühl von heute genau kennen, sondern auch versuchen, das aufzuspüren, was die Menschen morgen bewegen wird und gleichzeitig in der Lage sein, kostengünstig zu produzieren“ (HOFMANN & VOGES ENTERTAINMENT GMBH, Homepage (WWW v. 04.02.08)). Dabei liegen Chancen und Risiken eng beieinander, wie eine generell abnehmende Innovationtätigkeit im Bereich Fiction und gleichzeitig zunehmende Produktdifferenzierung im Bereich Non-Fiction zeigen. Bei eingeschränkten finanziellen, personellen, informationalen Ressourcen kleiner bzw. mittelständischer TV-Produktionsunternehmen müssen sich diese Fragen, welcher Orientierung sie folgen wollen und versuchen, zwischen den Polen Qualität und Quantität eine Balance zu schaffen, die gleichzeitig innovative Formate mit hoher Qualität hervorbringt sowie Kosten für Entwicklung und Produktion gering hält.

4 Fazit & Ausblick

Die aktuellen Probleme in der Planung und Platzierung fiktionaler, serieller TV-Formate werden in Zukunft möglicherweise auch wieder abnehmen. Jedoch haben sich die Bedingungen der TV-Branche wohl langfristig geändert, was zur Produktion entweder hochwertiger oder niedrigpreisiger Formate geführt hat und noch stärker führen wird. Die Tendenz geht dahin, dass aufgrund ökonomischer Erwägungen versucht wird, vormals als „Quality Serie“ bezeichnete Formate möglichst kostengünstig im Sinne einer „Weekly“ zu produzieren. Um dem zuvor beschriebenen Status Quo auf dem TV-Markt mit seinen Gestaltungsbedingungen und den identifizierten Anforderungen an TV-Produzenten auch zukünftig gerecht werden zu können, scheint eine systematischere Planung und Produktentwicklung erforderlich zu sein. Dazu eignet sich – als zentrales Ergebnis dieses Aufsatzes – das Service Engineering in besonderer Weise, um eine gezielte Erstellung von „Pitch Papers“ bzw. Konzepten zu ermöglichen.

Weiterhin scheinen für die TV-Produktion der nächsten Jahre eine quantitative, qualitative, zeitliche und räumliche Dimension berücksichtigt werden zu müssen. So wird es zunehmend neuer Finanzierungsformen bedürfen, um die Zuschauerbedürfnisse angemessen bedienen zu können, bei gleichzeitiger rückläufiger Senderbeteiligung an den Budgets, u.a. ausgelöst durch die Konkurrenz durch Internet Programmangebote und die damit einhergehenden Umverteilung der Werbebudgets. **(Quantität: Finanzierung von TV-Produktionen)** Dabei könnten TV-Produktionsunternehmen neben inländischen Förderungen – wie sie regionale Förderungen (z.B. FILMFERNSEHFONDS BAYERN, FILMFÖRDERUNG HAMBURG SCHLESWIG-HOLSTEIN GMBH, MEDIENBOARD BERLIN-BRANDENBURG GMBH, FILMSTIFTUNG NORDRHEIN-WESTFALEN) für z.B. zwei- bis dreiteilige Filme anbieten – weitere Möglichkeiten zur Finanzierung über die Koproduktion mit in- und ausländischen Partnern anstreben (Vgl. GAJIC, A. (2008), S. 28ff.).

Neben diesem finanziellen Aspekt bedarf es zukünftig auch neuer, inhaltlicher serieller TV-Format-Formen. **(Qualität: Inhalt serieller TV-Formate)**. Das heißt, dass ausgehend vom Status quo der Innovationsgrad in der Formatentwicklung weiter gesteigert werden muss, was im Besonderen den Bereich Fiction betrifft, damit die „Fiction Krise" endlich überwunden werden kann. Zudem wird es erforderlich sein, die Bedürfnisse von TV-Konsumenten noch gezielter zu unterschiedlichen Tages-/Wochenzeiten zu bedienen. **(Zeit: gezielte Programmgestaltung)** Die Notwendigkeit zur Identifikation von Zuschauertypologien und ihrer Konsumbedürfnisse wurde bereits erkannt (Vgl. MARTIN, U., Homepage (WWW v. 14.02.2008)). Es müssen daher sowohl TV-Produzenten als auch TV-Sender versuchen, ihre Angebote noch gezielter auf die Bedürfnisse ihrer Zuschauer zuzuschneiden. In diesem Zusammenhang werden Distributionswege von Film-/TV-Angeboten eine steigende Rolle spielen (Vgl. WEINGARTEN, S. (2008), S. 92), da sie einen flexibleren Konsum von TV-Angeboten ermöglichen. Neue Wege sind bereits z.B. über das Internet Protocol Television (IP-TV) geschaffen worden, werden sich aber zukünftig technologisch noch weiter ausdifferenzieren und preisgünstiger gestaltet werden können (Vgl. SCHMIDT, H. (2007), S. 422f.). Idealerweise wird es zunehmend möglich sein, ein passendes serielles TV-Format mit konsumentenspezifischer Werbung genau zur vom Konsumenten individuell gewünschten Tageszeit auszustrahlen bzw. kann sich dieser sein Programm auf diese Weise abrufen. Somit können Konsumentenbedürfnisse noch gezielter bedient werden **(Raum: Art und Weise des Zugangs zu TV-Programm)**. Zur Existenzsicherung müssen auch andere, zukunftweisende Ideen zur Geschäftsfelderweiterung geprüft werden. Beispielsweise könnte ein TV-Produzent aufgrund der technologisch neuen Zugangsmöglichkeiten zu TV-Content anstreben, selber zum Rechtehändler zu werden. Er könnte die Rechte an der Auswertung eines produzierten (seriellen) Formates u.a. an Abnehmer veräußern, die IP-TV anbieten.

Literaturverzeichnis

AGF/GFK-FERNSEHFORSCHUNG/PC#TV/MEDIA CONTROL: Jahresdurchschnittswerte der Marktanteile von TV-Serien (elektronisch zur Verfügung gestellt am 01.07.08), 2008.

ARBEITSGEMEINSCHAFT FERNSEHFORSCHUNG (AGF) (Homepage), http://www.agf.de, 04.02.2008.

BLICKPUNKT:FILM: Interview – Sieben persönliche Fragen an Gerhard Fuchs, in: Blickpunkt:Film; Nr. 1+2, 2008, S. 46.

DIEGELMANN, S.: Zuschauer- und Medienforschung; in: GEIßENDÖRFER, H. W. /. LESCHINSKY, A. (Hrsg.): Handbuch Fernsehproduktion: vom Skript über die Produktion bis zur Vermarktung, Neuwied et al., 2002, S. 124-133.

EICK, D.: Programmplanung – Programmplanung – die Strategien deutscher TV-Sender; Konstanz, 2007.

ENTERTAINMENT GUIDE: Zahlen, Daten, Fakten – Zur Herkunft von Spielfilmen D/USA Zeitraum 01.01.-31.12.2006, in: Entertainment Guide 2007/2008, S. 428.

GAITANIDES, M.: Ökonomie des Spielfilms, München, 2001.

GAJIC, A.: Überall ist Hollywood – Die Globalisierung der Filmproduktion, in: epd Film – Das Kino-Magazin, Nr. 2, 2008, S. 28-33.

HALLENBERGER, G.: Eurofiction 2003: Deutlicher Angebotsrückgang, in: Media Perspektiven, Nr. 1, 2005, S. 14-22.

HEINE, F.: Das TV-Movie-Jahr 2007 – Private Probleme, in: BLICKPUNKT:FILM, Nr. 51&52, 2007, S. 29.

HOFMANN & VOGES ENTERTAINMENT GMBH, Firmenprofil – Philip Voges, (Homepage) http://www.hofmannvoges.com/philip-voges.html, 04.02.2008.

ILJINE, D. / KEIL, K.: Der Produzent: das Berufsbild des Film- und Fernsehproduzenten in Deutschland, München, 2000.

JUNKLEWITZ, C.: Nach dem Streik: Welche Serien kehren wann zurück? (Homepage), http://www.serienjunkies.de/news/nach-dem-17341.html, 17.02.2008.

KEIL, K. / RUEGER, M.: Produktionskategorien, in: GEIßENDÖRFER, H. W. / LESCHINSKY, A. (Hrsg.): Handbuch Fernsehproduktion: vom Skript über die Produktion bis zur Vermarktung, Neuwied et al., 2002, S. 164-173.

KLOO, A.: US-Autorenstreik trifft deutsche TV-Sender - Fernsehen aus der Konserve – in: Blickpunkt:Film, Nr. 4, 2008, S. 20-21.

KLOO, A.: TV-Sender bilanzieren Fernsehjahr – Schmerzhafte Verluste, in: BLICKPUNKT:FILM, Nr. 3, 2008, S. 22.

KÖNIG, A.: Grundlagen und Konzepte des Service-Engineering, Institut für Arbeitswissenschaft und Technologiemanagement, Universität Stuttgart, DeMeS Arbeitspapier 2, Stuttgart, 1998.

KREI, A.: Quotencheck: "Um Himmels Willen" (Homepage), http://www.quotenmeter.de-/index.php?newsid=26539, 05.05.2008.

KREI, A.: Quotencheck: "Familie Dr. Kleist" (Homepage), http://www.quotenmeter.de/index.php?newsid=22537, 06.05.2008.

KREI, A.: Quotencheck: "Die Anwälte" (Homepage), http://www.quotenmeter.de/index.php?newsid=24838, 07.05.2008.

LESCHINSKY, A.: Fernsehen und Internet – ein Ausblick, in: GEIßENDÖRFER, H. W. / LESCHINSKY, A. (Hrsg.): Handbuch Fernsehproduktion: vom Skript über die Produktion bis zur Vermarktung, Neuwied et al., 2002, S. 304-309.

LUCZAK, H. / REICHWALD, R. / SPATH, D.: Service Engineering in Wissenschaft und Praxis – Die ganzheitliche Entwicklung von Dienstleistungen, Wiesbaden, 2004, S. 14.

MANTEL, U.: Von A bis Z: Das sind die TV-Flops 2007, DWDL.de - Das Medienmagazin (Homepage) http://www.dwdl.de/article/news_13964,00.html, 16.01.2007.

MARTIN, U.: Zuschauerforschung. "Unbewußter Trieb", in: FOCUS, Nr. 5, 1994, (Homepage), http://www.focus.de/kultur/medien/zuschauerforschung_aid_145097.html, 14.02.2008.

RIEDNER, F.: Sat.1 gibt «R.I.S.» den Todesstoß (Homepage), http://www.quotenmeter.de/index.php?newsid=23855, 05.05.2008.

SCHMIDT, H.: Warum muss die ARD im Internet vertreten sein?; in: Entertainment Guide 2007/2008, S. 422f..

SCHÜTTE, J.: Das individualisierte Massenwesen schlägt zurück, in: GEIßENDÖRFER, H. W. / LESCHINSKY, A. (Hrsg.): Handbuch Fernsehproduktion: vom Skript über die Produktion bis zur Vermarktung, Neuwied et al., 2002, S. 134-141.

SCHÜTTE, O.: Ideenentwicklung: Stoffsuche und Stoffentwicklung, in: GEIßENDÖRFER, H. W. / LESCHINSKY, A. (Hrsg.): Handbuch Fernsehproduktion: vom Skript über die Produktion bis zur Vermarktung – Neuwied et al., 2002, S. 174-182.

STEIN, A. / SCHULZ, A.: Ein Bild von einem Beruf – Berufsbilder und Arbeitsfelder für die Film- und Fernsehproduktion; in: GEIßENDÖRFER, H. W. / LESCHINSKY, A. (Hrsg.): Handbuch Fernsehproduktion: vom Skript über die Produktion bis zur Vermarktung; Neuwied et al., 2002, S. 636.

STRUVE, G.: Öffentlich-rechtlicher Rundfunk, in: GEIßENDÖRFER, H. W. / LESCHINSKY, A. (Hrsg.): Handbuch Fernsehproduktion: vom Skript über die Produktion bis zur Vermarktung – Neuwied et al., 2002, S. 70-71.

TV-SPIELFILM – News &Specials, "US-Serien setzen Maßstäbe" (Homepage), http://www.tvspielfilm.de/news/specials/t/tv-highlights?drucken=true&object_id=5803&art-obj_id=16210, 17.02.2008.

URBE, W.: Haben US-Serien ein Erfolgskonzept? – Schamanen und Hexenjäger, in: BLICKPUNKT:FILM, Nr. 26+27, 2008, S. 30-31.

VON GANGLOFF, T.P.: Deutsche Serien: Stillstand des Schreckens (Homepage), URL: http://www.welt.de/vermischtes/article715922/Deutsche_Serien_Stillstand_des_Schreckens.html, 01.07.2007.

WEIGAND, K. H.: Medienwirtschaftliche Dienstleistungen – Übertragung dienstleistungstheoretischer Ansätze auf Produktion und Absatz von Medienangeboten; Grundlagen der Medienökonomie: Band 1/1: Kommunikations- und Medienwissenschaft, Opladen, 2003, S. 269-282.

WEINGARTEN, S.: Triumph der Selbstdarsteller, in: Der Spiegel, Nr. 14, 2008, S. 92.

ZIEBLER, M. Warum Serien drüben so erfolgreich sind und deutsche Zuschauer so gerne „CSI" gucken (Homepage), http://www.screenmagazin.com/html/07100101.html, 17.02.2008.

Unscharfe Produktions- und Kostentheorie als Basis eines modernen Controllings für Filmproduktionen

FRANK KEUPER und INES WÖLBLING

Zusammenfassung
Filmproduktionen sind aus betriebswirtschaftlicher Sicht insbesondere durch hohe Kosten und Unsicherheit hinsichtlich ihrer Erfolgspotenziale gekennzeichnet. Daher bedarf es einer Entwicklung von Instrumenten zur Unterstützung von (Investitions-)Entscheidungen, der Planung sowie der Kontrolle von Produktionsprozessen, insbesondere auch im Hinblick auf Kosten und absatzrelevante Merkmale eines Films. Daher werden hier die Erstellungsprozesse eines Films produktionstheoretisch untersucht werden. Hierzu wird der Status quo in der Filmproduktion im Überblick dargestellt. Es werden daraufhin die Produktionsfaktoren und ihre produktionsrelevanten Attributsausprägungen identifiziert und schließlich Möglichkeiten der Darstellung sowie der praktische Nutzen einer unscharfen Produktions- und Kostentheorie als Basis eines modernen Controllings für Filmproduktionen beschrieben.

Beitragsinhalt

1 Einleitung

Die Produktion von Filmen wird im Allgemeinen mit hohen Kosten (z. B. für Schauspieler, technische Geräte, verschiedene einzurichtende Drehorte, Reisekosten) und hoher Unsicherheit (insbesondere in Bezug auf die veranschlagten Kosten und den kommerziellen Erfolg) in Verbindung gebracht (Vgl. z. B. CLEVÉ, B. (2005), S. 76 f., S. 81 und S. 84, und WIRTZ, B. W. (2006), S. 260 f. und S. 290 ff.). Für die Filmwirtschaft ist die Notwendigkeit der Entwicklung von Instrumenten zur Unterstützung von (Investitions-)Entscheidungen, der Planung sowie der Kontrolle von Produktionsprozessen, insbesondere auch im Hinblick auf Kosten und absatzrelevante Merkmale eines Films, daher offensichtlich. Unabdingbare Voraussetzung hierfür ist die produktionstheoretische Durchdringung des Erstellungsprozesses von Filmen.

Den Erfolg beim Publikum und insofern auch das Interesse der werbetreibenden Wirtschaft beeinflussen filmspezifische absatzrelevante Merkmale. Hierzu zählen insbesondere die Handlung bzw. der Gegenstand des Films (insofern informatorische bzw. inhaltliche Elemente), die Kreativität der inhaltlichen, aber auch der technischen Ausgestaltung des Films sowie Marken und Namen wie bspw. beliebte Schauspieler oder ein erfolgreicher Regisseur. Damit wirken überwiegend inhaltlich-qualitative Merkmale auf den Erfolg eines Films. Mit Blick auf eine Produktions- und Kostentheorie für die Erstellung von Filmen drängen diese intangiblen Faktoren reine Mengenbetrachtungen zugunsten der Untersuchung von *Qualitäten* in den Hintergrund. Ein Vorgehen zur Quantifizierung von Qualitäten stellt die Theorie unscharfer Mengen dar.

Ziel des vorliegenden Beitrags ist es, den aktuellen Stand der Produktionstheorie in der Filmproduktion aufzuzeigen, wesentliche Charakteristika, die in einer adäquaten Produktions- und darauf aufbauenden Kostentheorie erfasst werden sollten, herauszuarbeiten, um schließlich Anforderungen an eine solche Produktions- und Kostentheorie zu benennen. Damit legt der Beitrag einen Grundstein für eine produktionstheoretische und darauf basierende kostentheoretische Durchdringung der Filmproduktion. Zugleich sollen Hinweise auf konkrete praktische Anwendungsbereiche der gewonnenen Erkenntnisse aufgezeigt werden.

2 Status quo einer Theorie der Filmproduktion

Die Filmindustrie ist Teil der Unterhaltungs- und Medienbranche mit dem Kinofilm als Leistungskern (Siehe auch WIRTZ, B. W. (2006), S. 256). Filme sind sonach Medienprodukte und weisen dementsprechend einen dualen Charakter auf (Vgl. hierzu und folgend PICOT, A. / HASS, B. H. (2003), S. 48 f., SJURTS, I. (2004), S. 374 f., und WIRTZ, B. W. (2006), S. 95): Der so genannte Medieninhalt gilt als Produktkern. Er verfolgt als immaterielle Komponente die Funktionen der Information, Bildung, Unterhaltung und / oder Werbung und stiftet dem Rezipienten bzw. der werbetreibenden Wirtschaft damit den originären Nutzen. Das Trägermedium hingegen determiniert die Verwendungsmöglichkeiten, kann dabei allerdings nur einen derivativen Zusatznutzen herbeiführen. Aufgrund der Gegebenheit, dass jeder Medieninhalt ein Unikat darstellt (ähnlich bezeichnet ALTMEPPEN, K.-D. (1996), S. 265, Medienprodukte als Unikate), ist die Erzeugung eines Medienprodukts als einmaliger Prozess anzusehen. Erst die Vervielfältigung des Medieninhalts im Sinne von Speicherung oder Sendung bzw. Übertragung lässt Medienprodukte, und insofern auch Filme, zu Massenerzeugnissen werden. Der duale Charakter von Medienprodukten verweist zugleich auf eine Zweiteilung ihres Erstellungsprozesses, der als massenhafte Unikatefertigung bezeichnet werden kann. Er wird im Folgenden speziell für die Produktion von Filmen charakterisiert.

Der Produktionsprozess von Filmen wird wie auch ihr Verwertungsprozess von den Möglichkeiten der Digitalisierung gelenkt (Vgl. KLIMSA, P. / KRÖMKER, H. (2005), S. 40, und WIRTZ, B. W. (2006), S. 269). Grundsätzlich ist davon auszugehen, dass der Leistungserstellungsprozess von Filmen im weitesten Sinne ein digitales Fundament hat, was insbesondere auf die Verwertungsmöglichkeiten, aber auch auf die Varietät des Outputs einen hohen Einfluss hat. Die sich aufgrund der Digitalität ergebenden Optionen der Mehrfachnutzung stellen insbesondere im Hinblick auf die bei der Filmproduktion anfallenden hohen Kosten der Erstellung des Medieninhalts für die Filmindustrie ökonomisch interessante Möglichkeiten der Absatz- und Umsatzsteigerung dar. Ein Beispiel dafür ist die zeitlich versetzte Verwertung eines Kinofilms sowohl im Kino als auch auf DVD, im Pay TV, Free TV sowie auf weiteren Wegen (Vgl. ZERDICK, A. ET AL. (2001), S. 65 ff. und S. 187 ff., und SCHULZE, B. (2005), S. 50 ff.).

Bisherige die Filmproduktion fokussierende Untersuchungen zeichnen sich vor allem durch unterschiedlichste beschreibende Prozess-Darstellungen aus (Siehe z. B. CLEVÉ, B. (2005), S. 73 ff., KLIMSA, P. / KRÖMKER, H. (2005), S. 38 ff., KLIMSA, P. (2006), S. 606 f., und WIRTZ, B. W. (2006), S. 255 ff.). Dabei wird der Produktionsprozess gemeinhin entsprechend seiner Wertschöpfungskette in Teilprozesse untergliedert. Abbildung 2.1. zeigt stellvertretend die Darstellung des Prozesses der Filmproduktion von KRÖMKER, H. / KLIMSA, P. (Vgl. KRÖMKER, H. / KLIMSA, P. (2005), S. 38). Der Filmproduktionsprozess ist dabei in die Bereiche Preproduktion, Produktion, Postproduktion und Distribution unterteilt. Abbildung

2.1 stellt zugleich die charakteristische Zweiteilung der Filmproduktion in die beiden Bereiche des Künstlerischen (Content) und des Technischen (Technik) in jedem Teilprozess gesondert heraus.

Für die eruierten Teilprozesse werden in den bisherigen Untersuchungen zumeist die in ihnen durchzuführenden Tätigkeiten beschrieben sowie ggf. die dafür notwendigen Produktionsfaktoren aufgelistet. Eine vertiefende Analyse mit dem Ziel der produktionstheoretischen Durchdringung des Produktionsprozesses von Filmen und seiner Besonderheiten aus produktionstheoriegeleiteter Sicht und mit Blick auf eine darauf aufbauende Kostentheorie erfolgt allerdings nicht.

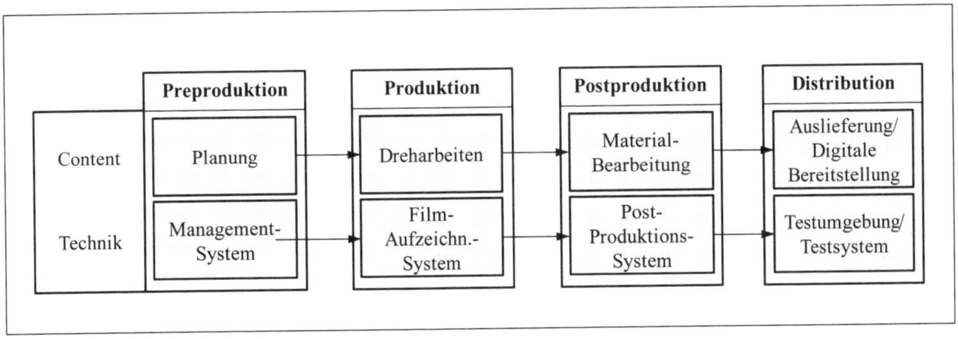

***Abb. 2.1** Produktionsprozess von Filmen nach KRÖMKER, P. / KLIMSA, H. (KRÖMKER, P. / KLIMSA, H. (2005), S. 38)*

Das Ziel der nachfolgenden Ausführungen ist in der Formulierung der Anforderungen sowie der Bestimmung der Rahmenbedingungen einer produktionstheoretischen Durchdringung des Produktionsprozesses von Filmen zu sehen. Dabei soll auch das Problem der bislang zu geringen Beachtung der Information als limitationalem Produktionsfaktor im Erstellungsprozess von Medienprodukten im Allgemeinen (Vgl. SCHUMANN, M. / HESS, T. (2002), S. 65 f.) sowie von Filmen im Speziellen berücksichtigt werden. Daneben werden im Folgenden die Bedeutung von Kreativität, Marken und Namen als produktions- bzw. absatzrelevante Merkmale kreativ tätiger Arbeitskräfte sowie der Aspekt der Unschärfe als die Filmproduktion charakterisierende Eigenheiten erläutert.

3 Charakteristische Produktionsfaktoren der Filmproduktion

Voraussetzung einer Produktionstheorie jedweder Art ist die Kenntnis der Produktionsfaktoren und ihrer produktionsrelevanten Attributsausprägungen. Die für die Erstellung von Filmen charakteristischen Faktoren sind in den Teilprozessen bis zur Erstellung des Medieninhalts, dem Leistungskern eines Films, zu ermitteln. Hierzu zählen insbesondere Informationen, die Kreativität einzelner Arbeitskräfte, aber auch Marken und Namen, die sich verschiedenen im Folgenden zu analysierenden Produktionsfaktoren zuordnen lassen. Ihr Einfluss auf jegliche Art von Produktionsprozessen soll keinesfalls in Frage gestellt werden (Allgemein zur Bedeutung von Informationen siehe z. B. KEUPER, F. (2002a); Allgemein zur Kreativität in Produktionsprozessen siehe z. B. KEUPER, F. (2004), S. 347 f.), doch ist die Bedeutung dieser Faktoren bei der Produktion von Filmen um ein Vielfaches höher als bspw. bei der Sachgutproduktion. So ermöglichen speziell Handlungsspiel- und Ausgestaltungsfreiräume kreativ tätigen Arbeitskräften einen Einfluss auf zumindest operative Planungs- und Entscheidungsprozesse. Zu nennen sind in diesem Zusammenhang die Selektion von Informationen (Themen- und Ideenfindung), die Be- und Weiterverarbeitung dieser Input-Informationen (z. B. Schreiben des Drehbuchs, künstlerische Darstellung der Filmszenen, Auswahl einer Kameraeinstellung) sowie die Bündelung verschiedener Inhalte-Module (z. B. Schnitt einzelner Szenen).

Grundsätzlich wird die Bedeutung von Informationen für die primären Funktionen (Informieren, Bilden, Unterhalten) der Medienprodukte als „elementare Produktionsfaktoren" (GRAU, C. / HESS, T. (2007), S. 31) zwar erkannt, jedoch wird Informationen bei der Untersuchung von Medienproduktionsprozessen bislang kaum Beachtung geschenkt (Vgl. SCHUMANN, M. / HESS, T. (2002), S. 65 f.). Diese Vernachlässigung ist aus produktionstheoretischer Sicht als erhebliches Versäumnis zu bewerten, weil bei der Produktion von Filmen Informationen nicht wie bei der Erstellung von Sachgütern lediglich als implizit in menschlichen Arbeitsleistungen und Betriebsmitteln enthaltene Faktoren, die letztendlich der Steuerung der Produktion dienen, anzusehen sind, sondern als unerlässliche Inputfaktoren. Entsprechend dem Produktionsfaktorsystem von KERN, W. / FALLASCHINSKI, K. (Vgl. KERN, W. / FALLASCHINSKI, K. (1978 / 1979)) (siehe Abb. 3.1 und Abb. 3.2) sind derartige Informationen bzw. Kenntnisse, die als wesentlicher Bestandteil in ein zu erzeugendes Produkt eingehen, den Bearbeitungsobjekten der Objektfaktoren zuzuordnen. Diese im Folgenden als Objektinformationen zu bezeichnenden Produktionsfaktoren bilden eine eigene Faktorkategorie und lassen auf diese Weise ihre Bedeutung für den Produktionsprozess direkt erkennen. Die Überschneidungsfreiheit der Faktorklassen des Systems von KERN, W. / FALLASCHINSKI, K. bleibt dabei, auch im Hinblick auf anderen Produktionsfaktoren adhärente Steuerungsinformationen, gewährleistet.

1. Elementarfaktoren
    a) Objektbezogene Arbeit (-sleistungen)
        aa) Physische Arbeitsleistungen
        ab) Geistige Arbeitsleistungen
    b) Betriebsmittel i. w. S.
        ba) Ohne Abgabe von Werkverrichtungen
            - materielle Potentiale (z. B. Grundstücke, Gebäude)
            - immaterielle Potentiale (z. B. Kenntnisse, Wissen, Rechte)
        bb) Mit Abgabe von Werkverrichtungen
            - durch Nutzung (z. B. Maschinen, Kessel)
            - durch Verbrauch (z. B. Energie, Betriebsstoffe)
    c) Objektfaktoren (branchenabhängige Leistungsobjekte)
        ca) Verarbeitungsstoffe (z. B. Verbrauchsmaterial) } Werkstoffe
        cb) Bearbeitungsobjekte } Werkstoffe
            - Sachgüter (z. B. Montagematerial) } Werkstoffe
            - Personen
            - Kenntnisse
        cc) Durchlaufobjekte (Regiefaktoren)
    d) Fremdbezogene Dienste (-leistungen) einschl. Umweltbeanspruchung

Abb. 3.1 *Produktionsfaktorensystem nach KERN, W. / FALLASCHINSKI, K., Teil I (KERN, W. / FALLASCHINSKI, K. (1979), S. 17)*[1)]

2. Dispositive Faktoren (Arbeitsleistungen)
    a) Betriebs- und Geschäftsleitung (irrational)
    b) Derivative Faktoren (rational)
        - Planung
        - Organisation
        - Kontrolle

3. Nominalfaktoren (Geldmittel als Barliquidität)
    a) Für Zahlungsmittelnutzung (z. B. bei Banken)
    b) Für Versicherungsleistungen (Liquidität) } z. B. bei Versicherungen
    c) Für Sicherheitsleistungen } z. B. bei Versicherungen

Abb. 3.2 *Produktionsfaktorensystem nach KERN, W. / FALLASCHINSKI, K., Teil II (KERN, W. / FALLASCHINSKI, K. (1979), S. 18)*[1)]

Der Faktor Kreativität ist als höchst individuelle menschliche Eigenschaft aufzufassen (Siehe auch SZYPERSKI, N. / WINAND, U. (1980), S. 64). Im Erstellungsprozess von Medienprodukten kann Kreativität als die primäre produktionsrelevante Eigenschaft der kreativ tätigen Arbeitskräfte, die im Faktorensystem von KERN, W. / FALLASCHINSKI, K. den geistigen Arbeitsleistungen entsprechen, angesehen werden. So bezeichnet WIRTZ, B. W. „kreatives Talent" und „kreatives Personal" als „bedeutsame [...] und knappe [...] Inputfaktor[en]" für die Filmproduktion (Vgl. WIRTZ, B. W. (2006), S. 295, zur Bedeutung von Kreativität für die Medienbranche siehe z. B. auch KEUPER, F. (2001), S. 407 und S. 408, und BOUNCKEN, R. B. / KÖHN, A. / LOTTER, F. (2007)). Aus produktionstheoretischer Sicht besitzen kreativ tätige Arbeitskräfte die Möglichkeit, den Faktorkombinationsprozess in gewissen Teilen selbst auszugestalten. Sie können insofern zu einem bestimmten Grad (operative) Planungs- und Entscheidungsprozesse selbst durchführen und auf diese Weise Einfluss auf das zu erstellende Produkt nehmen. Diese Freiräume sind aufgrund der in den Produktionsprozess eingehenden und von den Arbeitskräften zu bearbeitenden jeweils neuartigen Objektinformationen für die Erstellung von Filmen unabdingbar. Damit verändern die kreativ tätigen Arbeitskräfte nicht nur die Objektinformationen durch Bearbeitung, sondern schaffen aufgrund ihrer Handlungs- und Entscheidungsfreiräume auch erst die Steuerungsinformationen, die als Regeln für den Kombinations- und Transformationsprozess der Objektinformationen mit der jeweiligen kreativ tätigen Arbeitskraft anzusehen sind. Die kreativ tätigen Arbeitskräfte übernehmen mittels ihrer Planungs- und Entscheidungsmöglichkeiten insofern Aufgaben, Kompetenzen und Befugnisse derivativer (und damit dispositiver) Faktoren. Diese Besonderheit stellt die Herausforderung in der produktionstheoretischen Analyse des Erstellungsprozesses von Filmen dar. Die exakte Beschreibbarkeit der kreativ tätigen Arbeitskräfte sowie ihr Einfluss auf Planung und Entscheidung stellt damit und zugleich aufgrund der Neu- und Einzigartigkeit der Aufgaben im Erstellungsprozess von Filmen eine bisher nicht gelöste Herausforderung dar. Schließlich steigt die Komplexität der Bestimmung individueller Eigenschaftsausprägungen und ihrer Auswirkungen auf die Produktionsplanung, sobald verschiedene Arbeitskräfte, z. B. mehrere Schauspieler, interagieren (Siehe ähnlich GERHARDT, J. (1987), S. 114 f. für die Produktion von Dienstleistungen). So ist es bspw. möglich, dass eine Arbeitskraft, die in mehreren Stellen am Produktionsprozess beteiligt ist, in denen sie mit unterschiedlichen Personen in Kontakt tritt, jeweils verschiedene Attributsausprägungen aufweist.

Absatz- und erfolgbestimmend sind bei der Erstellung von Filmen jedoch nicht nur Informationen und die Kreativität der Arbeitskräfte, sondern aufgrund des Erfahrungs- und Vertrauensgutcharakters von Medienprodukten auch publikumswirksame Marken und Namen wie z.B. der Name eines beliebten Schauspielers oder bekannten Regisseurs, der aus produktionstheoretischer Sicht als dessen Attribut anzusehen ist.

Ähnlich der Erzeugung von Informationsprodukten sind bei der Produktion von Filmen insofern vornehmlich die *Art* und die *Zusammenstellung* der Produkte von Interesse (Vgl. für die Produktion von Informationen BODE, J. (1994), S. 467). In Abgrenzung zu Informationsprodukten ist ein Film ein informatorisches Erzeugnis, dessen Erstellung für ein disperses öffentliches Publikum erfolgt. Die Erzeugung von Informationsprodukten findet hingegen für eine begrenzte Zahl dem Produzenten bekannter Rezipienten oder auch für dessen Eigennutzung statt.

Die Art wird als qualitative Beschreibung von Eigenschaften angesehen. Sie ergänzt eine rein mengenmäßige Betrachtung. Die Art eines Produkts (Output, originärer oder derivativer Produktionsfaktor) wird dabei durch seine produktions- bzw. absatzrelevanten Merkmale bestimmt. Im Fall eines Films sind dies, wie beschrieben, die jeweilige inhaltliche und kreative Ausgestaltung, Marken und Namen sowie das Medium (z. B. DVD, Video), das jedoch nur einen derivativen Zusatznutzen erzeugt.

Produktionsprozesse, bei denen vor Prozessbeginn mindestens eines der Merkmale Art, Menge, Zeitpunkt und Ort eines Produktionsfaktors, Transformationsprozesses oder des Outputs nicht hinreichend genau durch eine Ausprägung beschrieben werden können, weisen das Merkmal der Unschärfe auf (Vgl. hierzu und folgend GERHARDT, J. (1987), S. 105 ff., der diese Eigenheit allerdings als Unbestimmtheit bzw. Indeterminiertheit bezeichnet). Während Unsicherheit in der Entscheidungstheorie beinhaltet, dass mehrere mögliche Umweltzustände im Entscheidungsfeld existieren (Entscheidung unter Risiko vs. Entscheidung unter Ungewissheit), bedeutet Unschärfe, dass die Menge der Elemente, auf die ein Attribut oder eine Relation zutrifft, nicht klar von der Menge der nichtzutreffenden Objekte abgrenzbar ist (Vgl. KEUPER, F. (1999) und KEUPER, F. (2002b)). Sind die Produktionsfaktoren hinsichtlich der aufgeführten Attribute, wenn auch nur zum Teil, unscharf, können auch ihre Kombination und die dabei anzuwendenden Regeln nicht eindeutig charakterisiert werden. Dies hat wiederum einen unscharfen Output zur Folge.

Aufgrund der Verschiedenartigkeit ihrer produktionsrelevanten, die Art des Outputs bestimmenden Eigenschaften (nominalskalierte Ausprägungen von Kreativität, Intelligenz, Präferenzen) ist bei der produktionstheoretischen Untersuchung des Erstellungsprozesses von Filmen jede kreative Arbeitskraft als eigenständiger Produktionsfaktor, der als Teilfaktor der Kategorie der kreativ tätigen Arbeitskräfte untergeordnet ist, zu erfassen. Ihre gegenseitige Substitution könnte zu einem letztendlich anderen Film führen. Auch jede Input-Information ist aufgrund ihrer Einzigartigkeit als eigenständiger Produktionsfaktor innerhalb der Klasse der Objektinformationen darzustellen. Gleiches gilt zudem für die informatorischen Zwischenprodukte wie einzelne Filmszenen (modulare Medieninhalte) und für den Medieninhalt, die den Objektinformationen zuzuordnen sind.

Mit der Formulierung jeweils eigenständiger Produktionsfaktoren für jede kreativ tätige Arbeitskraft sowie für alle informatorischen Inputfaktoren (sowohl originärer (z. B. Idee in Form eines Drehbuchs) als auch derivativer (z. B. Filmszenen) Art) wird zudem die Einzigartigkeit dieser Faktoren und ihre qualitative Bedeutung für den Produktionsprozess und den zu erstellenden Film speziell mit Blick auf die Möglichkeit der produktionstheoretischen Abbildung von Unschärfe erfasst.

4 Unschärfe als konstitutives Merkmal der Filmproduktion

4.1 Unschärfe und Fuzzy-Set-Theorie

Der Begriff Unschärfe umfasst die Quantifizierung qualitativer Daten (Vgl. ROMMELFANGER, H. (1994), S. 4 ff.). Möglichkeiten zur mathematischen Abbildung von Unschärfe bietet die Fuzzy-Set-Theorie (unscharfe Mengenlehre), die insofern auch dazu dienen kann, die Unschärfe in der Filmproduktion zu quantifizieren.

Die unscharfe Mengenlehre baut auf einer Veröffentlichung von ZADEH auf (Vgl. folgend ZADEH, L. A. (1965)). Während die klassische, auf einer zweiwertigen Logik beruhende Mengenlehre nach CANTOR, G. (Vgl. CANTOR, G. (1895), S. 481 ff., und CANTOR, G. (1897), S. 207 ff.) davon ausgeht, dass ein Element x aus der Menge X auch in einer Menge A enthalten (Funktionswert $\mu_A(x) = 1$) oder eben nicht enthalten ist (Funktionswert $\mu_A(x) = 0$), werden die Übergänge der Zugehörigkeit in der unscharfen Mengenlehre als fließend angesehen (Siehe auch KEUPER, F. (1999), S. 53 und S. 63 ff.). Der Wertebereich der Funktionswerte wird hierbei und unter der Annahme normalisierter unscharfer Mengen (Siehe hierzu ROMMELFANGER, H. (1994), S. 11) auf alle reellwertigen Zahlen zwischen 0 und 1 erweitert. Auf diese Weise kann beschrieben werden, inwieweit ein Element x aus der Menge X auch die Eigenschaften, die die Menge $\tilde{A}$ repräsentiert, aufweist (Vgl. HAUKE, W. (1998), S. 19):

$$\tilde{A} = \{(x, \mu_{\tilde{A}}(x)) \mid x \in X\} \text{ mit } \mu_{\tilde{A}} : X \rightarrow [0,1] \qquad (1)$$

Die graduelle Angabe der Zugehörigkeit eines Elements zu einer Menge ermöglicht es, ein Problem realitätsnäher und somit genauer abzubilden. Auf diese Weise werden alle Elemente berücksichtigt, bei denen die Möglichkeit einer Zugehörigkeit besteht (Vgl. MILLING, P. (1982), ROMMELFANGER, H. (1994), S. 5, und KEUPER, F. (1999), S. 8), d. h., dass mit Hilfe der Fuzzy-Set-Theorie „[...] theoretisch sämtliche Arten von Unsicherheit und Unschärfe inhaltserhaltend [...] entsprechend der menschlichen Denkweise verarbeitet werden [können]." (KEUPER, F. (1999), S. 11). Der Zugehörigkeitswert, der zumeist subjektiven Einschätzungen entspricht und für den eine subjektive Zugehörigkeitsfunktion ermittelbar ist, ergibt sich bspw. durch eine direkte Schätzung oder durch den Vergleich mit einem Idealobjekt und der darauf beruhenden Distanz (Vgl. HAUKE, W. (1998), S. 20 ff.).

Im Allgemeinen werden drei Arten von Unschärfe unterschieden (siehe hierzu ROMMELFANGER, H. (1994), S. 4 und S. 66, sowie ergänzend KEUPER, F. (1999), S. 42 ff.):

- *Intrinsische Unschärfe* beruht auf ungenauen menschlichen Empfindungen. Diese bewirken, dass einzelne verbale Begriffe, so genannte *Linguistische Variablen*, keine exakte

Merkmalsbeschreibung liefern. Beispiele für Linguistische Variablen sind „*hoher* Gewinn" oder „*große* Zuschauerzahl". Die begriffliche Unschärfe bedingt hierbei, dass nicht eindeutig definiert ist, wann der erwirtschaftete Gewinn als hoch und die Zuschauerzahl als groß einzustufen sind.

- Bei *informationaler Unschärfe* sind Begriffe exakt definierbar, allerdings kann aufgrund fehlender Informationen, die aus einer Zusammenfassung komplexer Zusammenhänge resultiert, nur schwer festgestellt werden, ob Elemente die geforderten Eigenschaften tatsächlich besitzen. Die dafür notwendige Informationsbeschaffung ist sehr aufwendig (und wird deshalb unterlassen) oder überhaupt nicht möglich. Ein Beispiel stellt die Einschätzung der terminlichen Dringlichkeit von Außenaufnahmen als „*hoch*", „*mittel*" oder „*gering*" dar, die durch die Determinanten „Wahrscheinlichkeit eines Wetterumschwungs" und „Bedeutung der Szene für den Film" subjektiv bestimmt wird.
- Schließlich sind *unscharfe Relationen* als Beziehungen zwischen verschiedenen Größen aufzufassen, die keinen dichotomen Charakter aufweisen und demzufolge nicht genau beschrieben werden können. Als Beispiel sei der unscharfe Vergleich „Der Planungsaufwand für Szene A ist *viel größer* als der für Szene B." angeführt.

4.2 Unschärfe in der Filmproduktion

Wie auch bei der Produktion von Informationsprodukten sind bei der Untersuchung des Erstellungsprozesses von Filmen, deren Leistungskern inhaltlicher Natur ist, qualitative Gesichtspunkte gegenüber mengenmäßigen Betrachtungen höher zu gewichten (Vgl. für Informationsprodukte MÜLLER, W. (1987), S. 128 ff.). Insofern wird die Aufmerksamkeit im Folgenden auf die Unschärfe der *Art* der Produktionsfaktoren, der Transformationsprozesse sowie des Outputs der Filmproduktion gelenkt. Der Begriff Qualität wird hierbei lediglich als nominalskaliert aufgefasst und umschreibt damit die Art eines Objekts.

Als die zur Aufstellung einer Produktionsfunktion notwendigen Produktionsfaktoren werden im Allgemeinen die Elementarfaktoren angesehen (Vgl. KERN, W. / FALLASCHINSKI, K. (1978), S. 583), auf die sich auch die folgenden Ausführungen beschränken werden. Auf die Einbeziehung von Durchlaufobjekten und fremdbezogenen Diensten wird aus Gründen der Komplexitätsreduktion und aufgrund der untergeordneten Rolle dieser Faktoren für den Produktionsprozess von Filmen verzichtet.

Wird nun der Erstellungsprozess von Filmen genauer betrachtet, so ist festzustellen, dass die Produktionsfaktoren, die den Betriebsmitteln, Werkstoffen und der objektbezogenen Arbeitsleistung zugeordnet werden können, bekannt sind. Vor Produktionsbeginn ist allerdings nicht bestimmt, in welcher Art und Weise die jeweiligen kreativ tätigen Arbeitskräfte mit den ihnen bis zu diesem Zeitpunkt unbekannten, weil neuartigen Informationen[2)] umgehen werden. Insofern liegen auch keine Informationen darüber vor, wie die kreativen Arbeitskräfte den ihnen zur Verfügung stehenden Handlungsspielraum im Sinne von Planungs- und Entscheidungsbefugnissen ausgestalten werden. Damit sind auch die Regeln der Faktorkombinationsprozesse, die schließlich die Art und Weise beschreiben, mit der die Arbeitskräfte ihre individuelle Kreativität mit neuartigen Informationen oder auch anderen kreativ tätigen Arbeitskräften kombinieren, unscharf. Demgegenüber wird von einer Determiniertheit der im

Teilprozess der Distribution tätigen nicht-kreativen, physischen Arbeitskräfte sowie der Betriebsmittel und Werkstoffe ausgegangen. Ihr Einfluss auf die Art des zu erstellenden Films ist als bekannt anzusehen.

Da mit den produktionsrelevanten Eigenschaftsausprägungen der Informationen und kreativ tätigen Arbeitskräfte wesentliche Merkmale der Inputfaktoren der Filmproduktion unscharf sind, können neben der Prozessstruktur auch die Transformationsprozesse und die mit ihnen verbundenen Ursache-Wirkungs-Zusammenhänge nicht vollständig erfasst werden. Allgemein resultiert aus diesen Gegebenheiten eine *Unschärfe* der Input-Art, der Kombination der Produktionsfaktoren und der Output-Art (Siehe hierzu auch GERHARDT, J. (1987), S. 110 f.).

Die Unschärfe des Produktionsprozesses von Filmen ist auf die bereits erwähnte Neuartigkeit der jeweiligen Informationen und die sich daraus ergebende Unbestimmtheit darüber, wie die einzelne kreative Arbeitskraft ihren individuellen Handlungsspielraum ausgestaltet und / oder mit anderen kreativen Arbeitskräften interagiert, zurückzuführen. Die beschriebenen Sachverhalte beruhen auf intrinisischer und informationaler Unschärfe. Wie in Kap. 4.1 dargelegt, ist intrinsische Unschärfe auf ungenaues menschliches Empfinden infolge ungenauer Merkmalsbeschreibungen zurückzuführen. Beispiele für Linguistische Variablen in der Filmproduktion sind im Anforderungskatalog eines Produzenten mit Umschreibungen wie „*innovative* Spezialeffekte“, „*realitätsnahe* Kulissen“, „*Einfühlungsvermögen* der Schauspieler in ihre Rolle“, „Schauspieler, die für *anspruchsvolle* Rollen geeignet sind“ oder auch in ungenauen Regieanweisungen zu finden. Die Unschärfe wird in diesem Fall durch die nicht näher umschriebenen und insofern nicht vollständig explizierten Anforderungen des Produzenten bzw. Regisseurs verursacht. Derartige persönliche, unvollständig explizierte Vorstellungen oder auch Ideale zählen NONAKA, I. / TAKEUCHI, H. zur kognitiven Dimension des impliziten Wissens (Vgl. NONAKA, I. (1992) und NONAKA, I. / TAKEUCHI, H. (1995), S. 8 f. und S. 59 ff.)[3)]. Sie lassen sich nur schwierig explizieren, nicht zuletzt auch weil die Neuartigkeit der Informationen keine exakten Rückschlüsse auf das optimale Anforderungsprofil zulässt.

Neben dem unscharfen Anforderungsprofil sind auf einer zweiten Ebene (und auch im Falle einer eindeutigen Definierbarkeit gewünschter Eigenschaften) zudem die tatsächlichen exakten Merkmalsausprägungen des kreativen Personals unscharf (informationale Unschärfe), weil sich die kreativ tätigen Arbeitskräfte aufgrund der Einzigartigkeit der zu bearbeitenden Informationen (Ideen, Themen) einer vollkommen neuartigen Aufgabe gegenübergestellt sehen. Die sich hieraus ergebende Unschärfe in der Ausgestaltung des Handlungsspielraums kreativ tätiger Arbeitskräfte aus Sicht von Planung und Entscheidung determiniert schließlich eine Unschärfe der Kombinationsprozesse verschiedener Produktionsfaktoren (z. B. Drehbuch, darstellende Künstler, Regisseur) sowie letztendlich der eindeutig definierbaren Art des zu erzeugenden Films.

Diese Überlegungen lassen sich auf die Teilprozesse Preproduktion, Produktion und Postproduktion der Filmproduktion anwenden: Aufgrund der im Vorfeld unbestimmten Ausgestaltung des individuellen Handlungsspielraums einer kreativen Arbeitskraft, können vor Prozessbeginn auch keine Aussagen über den Vollzug des Kombinationsprozesses und die dabei anzuwendenden Regeln gemacht werden. Die kreativen Arbeitskräfte können aufgrund ihres Handlungsspielraums eine bereits formulierte Kombinationsregel bewusst oder unbewusst ausgestalten und damit direkt Einfluss auf die (operativen) Planungs- und Entscheidungsprozesse nehmen. Diese Planungs- und Entscheidungsbefugnisse übertragen den kreativ tätigen Arbeitskräften Aufgaben dispositiver Produktionsfaktoren. Damit stellt das Charakteristikum einer Produktionstheorie für Filmproduktionen die Notwendigkeit der Berücksichtigung dispositiver Elemente in einer Produktionsfunktion dar.

Aus der Unschärfe der Inputfaktoren und der Transformationsprozesse ergibt sich schließlich eine Unschärfe des Outputs der Stellen von Preproduktion, Produktion und Postproduktion. Hingegen sind im Teilprozess der Distribution allein die Ausprägungen der technischen bzw. physischen Komponenten der Arbeitskräfte für die Produktion bestimmend. Es wird angenommen, dass diese aufgrund eines nicht vorhandenen Handlungsspielraums bei allen Arbeitskräften identisch sind, so dass die Art der Arbeitskraft, die in die Stelle „Distribution" eingeht, bekannt ist. Weil der Medieninhalt mit der Beendigung des Prozesses Postproduktion vollständig bestimmt und das zu verwendende Medium festgelegt ist, stellt die Distribution einen determinierten Prozess (zu determinierten Produktionsprozessen siehe GERHARDT, J. (1987), S. 93 ff.) mit vorab bekannten, fest vorgegebenen Regeln dar.

5 Produktions- und Kostentheorie für die Filmproduktion

5.1 Möglichkeit der Darstellung einer unscharfen Produktions- und Kostentheorie für die Filmproduktion

Der Prozess der Filmproduktion ist, wie in Abschnitt 2 beschrieben, durch einen mehrstufigen Aufbau gekennzeichnet. Um die zudem bestehenden Verflechtungen und die Vielteiligkeit der Produktion handhaben und in einem Modell übersichtlich abbilden zu können, bietet sich deren Darstellung in einem mehrstufigen Input-Output-Modell wie der Produktionsfunktion vom Typ D nach KLOOCK, J. an (Vgl. KLOOCK, J. (1969)). Mit der von BODE, J. um Unschärfe erweiterten Produktionsfunktion vom Typ $\tilde{D}$ (Vgl. BODE, J. (1994)) kann neben den genannten produktionswirtschaftlichen Zusammenhängen insbesondere das für die Filmproduktion charakteristische Merkmal der Unschärfe abgebildet werden. Sie ermöglicht neben einer Darstellung der quantitativen Zusammenhänge der Leistungserstellung (Gütermengenmodell) eine Integration qualitativer Aspekte (Güterartenmodell). Hierbei ist zu beachten, dass die Produktionsfunktion vom Typ $\tilde{D}$ in ihrer bisherigen Form lediglich von einer unscharfen Systemstruktur und nicht von unscharfen Attributsausprägungen einzelner Produktionsfaktoren ausgeht (Vgl. hierzu und folgend BODE, J. (1994)).

Die Produktionsfunktion vom Typ $\tilde{D}$ unterscheidet sich von derjenigen vom Typ D hinsichtlich unscharfer Zugehörigkeiten einzelner Produktionsfaktoren zum Produktionsprozess bzw. zu bestimmten Stellen. Die Unschärfe der Lieferbeziehungen bzw. die Möglichkeit, dass Stelle i und Stelle j in einer Beziehung stehen, wird durch die reellwertigen Faktorzugehörigkeiten $\mu_{ij} \in [0,1]$ abgebildet. Neben der Unbestimmtheit der Leistungsbeziehungen ist es zudem möglich, unscharfe Absatzzugehörigkeiten $\mu_{x_i} \in [0,1]$ anzugeben. Aus Gründen der Komplexitätsreduktion werden im Folgenden reine Lagerstellen von der Betrachtung ausgeschlossen werden.

Bei Betrachtung des Produktionsprozesses von Filmen kann zudem eine Eigenlieferung von Stellen ausgeschlossen werden. Das Güterartenmodell der Produktionsfunktion vom Typ $\tilde{\mathrm{D}}$, das die Unschärfe abbildet, besitzt sodann folgendes Aussehen (Vgl. BODE, J. (1994), S. 480). Dabei bezeichnet $\tilde{\mathrm{Z}}$ die unscharfe Strukturmatrix.

$$\mu = \left(\tilde{Z} \wedge \mu\right) \vee \mu_X \tag{2}$$

$$\tilde{Z} = \begin{cases} \left[\mu_{ij}\right] & \text{für } i \neq j \\ [0] & \text{für } i = j \end{cases} \qquad \mu_{ij} \in [0,1] \tag{3}$$

Das Gütermengenmodell der Produktionsfunktion vom Typ $\tilde{\mathrm{D}}$ entspricht demjenigen der Produktionsfunktion vom Typ D:

$$r = (E - F)^{-1} \cdot x \tag{4}$$

Gleichung (2) und (4) bilden *gemeinsam* die Produktionsfunktion vom Typ $\tilde{\mathrm{D}}$. BODE, J. charakterisiert das Modell aus diesem Grund als „Produktionsfunktionen*system*" (Vgl. BODE, J. (1994), S. 480; Hervorhebung im Original). Im unscharfen Güterartenmodell (2) werden unabhängig vom Grad ihrer Zugehörigkeit alle originären und derivativen Produktionsfaktoren sowie alle erzeugten Endprodukte erfasst, die auch im Gütermengenmodell (4) berücksichtigt sind. Die Faktorzugehörigkeiten, die Bestimmtheit der mengenmäßigen Beziehungen zwischen verschiedenen Stellen und die Realisierung der in (4) abgebildeten Transformationsfunktionen sind im unscharfen Güterartenmodell abzulesen. Um die Ursache-Wirkungs-Zusammenhänge des Systems in der Produktionsfunktion zu erkennen, können Gleichung (2) und (4) folglich nicht getrennt voneinander betrachtet werden. Beide sind über eine auf die Güterarten bezogene gleiche Indizierung der Variablen miteinander verknüpft.

Die Kostentheorie ergänzt die Produktionstheorie durch die Verknüpfung produktionstheoretischer Zusammenhänge mit Faktorpreisen und ermöglicht zugleich eine wertmäßige Beurteilung von Produktionszusammenhängen (Vgl. KLOOCK, J. (1998), S. 317 ff.). Entsprechend der aufgestellten zweiteiligen Produktionsfunktion für den Produktionsprozess von Filmen wird ein auf diese basierendes Kostenmodell ebenfalls ein Funktionen*system* darstellen. Dabei werden die Unschärfe der Produktionsfaktoren mit Hilfe eines unscharfen Güterartenmodells und das Wertgerüst durch ein Güterkostenmodell abgebildet. Im Güterkostenmodell sind die Mengen aller im Prozess *möglicherweise* eingesetzten Produktionsfaktoren mit

Preisen zu bewerten. Die Bewertung hat für jeden Inputfaktor hinsichtlich aller Stellen, zu denen dieser eine Lieferzugehörigkeit von größer als Null hat, zu erfolgen. Die Bestimmtheit der Prozess- bzw. Stellenzugehörigkeiten sind indessen im unscharfen Güterartenmodell abzulesen. Insofern sind die Bestandteile des Kostenfunktionensystems ebenfalls nicht unabhängig voneinander zu betrachten.

Die Produktionsfunktion vom Typ $\tilde{D}$ kann für erste Überlegungen hinsichtlich einer produktionstheoretisch orientierten Untersuchung des Erstellungsprozesses von Filmen, die Vorbedingung für kostentheoretische Analysen ist, als ein geeignetes Instrument zur Darstellung der Ursache-Wirkungs-Zusammenhänge des Produktionsprozesses von Filmen bezeichnet werden. Sie ermöglicht sowohl die Beschreibung mengenmäßiger Beziehungen zwischen Einsatzgütern und zu erzeugenden (Zwischen-)Produkten als auch die Darstellung des für den Leistungserstellungsprozess von Filmen typischen Merkmals einer unscharfen Prozessstruktur. Zugleich kann das Charakteristikum der Mehrstufig- und Vielteiligkeit des Erzeugungsprozesses adäquat abgebildet werden. Dabei erlaubt der Wertebereich der Zugehörigkeitsgrößen die Erfassung verschiedener Ausmaße der Unschärfe. Die in der Produktionsfunktion dargestellten Güterarten und ihre sich aus verschiedenen Einflussgrößen zusammensetzenden Zugehörigkeitswerte sind als die Bestimmungsfaktoren der Output-Art anzusehen.

Neben der Darstellung dieser Zusammenhänge ermöglicht die Produktionsfunktion vom Typ $\tilde{D}$ eine Analyse der zeitlichen Entwicklung der Unschärfe in der Filmproduktion und somit der Unbestimmtheit der Output-Art (Vgl. für die Produktion von Informationen BODE, J. (1994), S. 481 ff.). Sehr anschaulich sind die Veränderungen und deren Ursachen bspw. bei einem Vergleich von in unterschiedlichen Phasen der Produktion aufgestellten unscharfen Gozintographen oder Strukturmatrizen abzulesen. Bezogen auf die Filmproduktion ist ersichtlich, dass die Unkenntnis der Output-Art zu Prozessbeginn den höchsten Wert annimmt. Mit Beendigung der Preproduktion, Produktion und Postproduktion verringert sich jeweils der Grad der Unschärfe, weil zu den entsprechenden Zeitpunkten die erzeugten Zwischenprodukte qualitativ beschrieben werden können. Mit Fertigstellung des Medieninhalts, d. h. nach Abschluss der Postproduktion, ist aufgrund der Bestimmtheit der Betriebsmittel, Werkstoffe und physischen Arbeitskräfte die Art des zu erzeugenden Films vollständig bekannt.

Die Grenzen der Produktionsfunktion vom Typ $\tilde{D}$ in der vorgestellten Form liegen in der Erfassung unscharfer Merkmalsausprägungen von Inputfaktoren wie die bei der Bearbeitung einer Information auftretenden konkreten Kreativitätsausprägung einer Arbeitskraft, die aus ihren Planungs- und Entscheidungsfreiräumen resultiert. Eine Möglichkeit der Darstellung dieser Unschärfequelle bietet die Abbildung einer jeden denkbaren Kreativitätsausprägung einer Arbeitskraft als eigenständiger Produktionsfaktor der Klasse der kreativ tätigen Arbeitskräfte sowie der Vergabe entsprechender Zugehörigkeitswerte.

5.2 Praktischer Nutzen einer unscharfen Produktions- und Kostentheorie für die Filmproduktion

Die aus einer produktionstheoretisch orientierten Forschung gewonnenen Erkenntnisse ermöglichen die Untersuchung ökonomischer Problemstellungen wie sie bspw. die Kosten- und Investitionstheorie oder die Unternehmensplanung und -steuerung verfolgen. Dabei stellt eine Produktionstheorie für Filme die Basis für ein modernes Kostenmanagement mit Optimierungs- und Investitionsfunktionen und ein zielorientiertes Controlling dar. Sie ist diesbezüglich auch von hoher Bedeutung für die Praxis. Dies spiegelt sich beispielsweise in den erst durch produktionstheoretische Erkenntnisse ergründeten Möglichkeiten der Analyse und Lenkung der Kosten im Erstellungsprozess von Filmen sowie der Analyse und Lenkung des Absatzerfolgs des zu erzeugenden Films durch das Kostenmanagement und Controlling wider. Das Schätzen der Struktur und der Höhe von Kosten und Aufwendungen sowie des Absatzes insbesondere auch im Hinblick auf Unschärfe bereits vor Produktionsbeginn gestattet Wirtschaftlichkeitsanalysen wie Kosten-Nutzen-Rechnungen, die wiederum als Entscheidungs-, Investitions- und schließlich Optimierungsgrundlage dienen können. Die Produktionstheorie zeigt dabei auf der einen Seite, welche Faktoren auf die absatzrelevanten Merkmale des Films wirken. Auf der anderen Seite wird sichtbar, an welchen Stellen Kosten anfallen, durch welche Produktionsfaktoren bzw. Transformationsprozesse sie verursacht werden, auf welche Weise sie von Unschärfe beeinflusst werden und wie sich Unschärfe im Zeitablauf ändert. Auf diese Weise wird eine ergebnis- und zielorientierte Planung von Unternehmen unterstützt. Soll-Ist-Vergleiche des Controllings ermöglichen es zudem, aktuelle Kostenverläufe zu überwachen, negative Entwicklungen rechtzeitig zu erkennen und diesen mit Gegenmaßnahmen zielgerichtet gegenzusteuern.

Zudem heben die vorgestellten produktionstheoretischen Überlegungen für das Filmcontrolling neben reinen Kostenbetrachtungen die Bedeutung der Planung und Steuerung von Informationen und Inhalten, insbesondere hinsichtlich des Ziels der Maximierung des Absatzes in Form von Rezipientenkontakten, hervor (zur Planung und Steuerung von Inhalten als Aufgabe des Programmcontrollings von Fernsehunternehmen siehe DINTNER, R. / BRÖSEL, G. / KÖCHER, A. (2004), S. 119). Grundsätzlich sollte diesbezüglich geprüft werden, inwieweit bereits bekannte Kosten-, Kontakt- und Erlöskennzahlen des Mediencontrollings für Soll-Ist-Vergleiche im Hinblick auf die Faktoren Informationen, Kreativität, Marken und Namen kreativ tätiger Arbeitskräfte sowie die für die Filmproduktion charakteristische Unschärfe spezifiziert werden können. Auf diese Weise wäre es möglich Kennzahlen zu generieren, die die Kosten und den Erfolg des Erstellungsprozesses auf dem Rezipienten- und Werbemarkt realitätsnäher und insofern genauer abbilden. So könnten Kostenverursacher eines Produktionsprozesses hinsichtlich ihrer Art, Struktur und ihres Vorhandenseins präzisiert und Möglichkeiten ihrer Messung erarbeitet werden. Hierbei ist insbesondere auch an durch intangible Faktoren verursachte Kosten sowie unscharfe Einflussgrößen zu denken. Das Ziel der Entwicklung von Messgrößen für Kosten, (Zuschauer-)Erfolg und (Weiter-) Verwertungspotentiale von Sendungen als Kriterien eines möglichen Kennzahlensystems für eine konsequente zielorientierte Steuerung von Rundfunkunternehmen, die sich ähnlichen Herausforderungen wie die Filmproduktion gegenübergestellt sehen, verfolgt bspw. auch die

ARD (Vgl. GLÄSER, M. (2003), S. 152 f.). Eine Integration der genannten intangiblen Faktoren sowie der unscharfen Prozessstruktur würde die Realitätsnähe eines solchen Kennzahlensystems erhöhen. Unbedingte Voraussetzung ist dabei eine eingehende produktionstheoretische Untersuchung der am Erstellungsprozess beteiligten Faktoren hinsichtlich ihres Auftretens, ihrer produktions- und absatzrelevanten Merkmale und ihrer Wirkungen auf die Transformationsprozesse.

Elemente einer zweckmäßigen Unternehmensplanung sowie eines adäquaten Kostenmanagements und Controllings sollten insofern jeweils die Kenntnisse über die Kostenstruktur und -höhe sowie die zeitliche Entwicklung des Auftretens und der Höhe von Unschärfe und ihre Auswirkungen auf die Kosten sein. Auf diese Weise können Ziele des Risikomanagements wie die Handhabung von Unschärfe innerhalb der Produktion sowie das Erreichen einer größtmöglichen Entscheidungs- und Investitionssicherheit realisiert werden. Zudem würden sich für die Organisation und die Gestaltung des Produktionsprozesses von Filmen Handlungsempfehlungen und / oder Prognosen ableiten lassen.

6 Fazit

Die Art, der Charakter und mithin der Erfolg eines Films werden im Wesentlichen von den zu bearbeitenden Informationen bzw. Themen, den kreativ tätigen Arbeitskräften und ihren Marken und Namen bestimmt. Insofern sind für eine Produktions- und Kostentheorie für die Filmproduktion Informationen und die Kreativität der Arbeitskräfte sowie die auf sie zurückzuführenden Ausgestaltungsmöglichkeiten des Handlungsspielraums sowie (operative) Planungs- und Entscheidungsoptionen des kreativ tätigen Personals als wesentliche und durch ihre jeweilige Einzigartigkeit gekennzeichnete Determinanten herauszustellen. In weiten Teilen ruft die Einzigartigkeit einer jeden Information die unscharfe Produktionsstruktur hervor. Sie führt vor Produktionsbeginn zu einer Unschärfe darüber, wie die kreativ tätigen Arbeitskräfte mit für sie neuartigen Informationen umgehen werden. Die dadurch bedingten unscharfen Kombinationsprozesse verursachen schließlich eine Unschärfe der Output-Art. Insofern können die qualitativen Eigenschaften des zu erzeugenden Films vor Prozessbeginn nicht exakt beschrieben werden.

Zur Abbildung der Mehrstufig- und Vielteiligkeit sowie der unscharfen Strukturen des Produktionsprozesses von Filmen bietet sich für erste Betrachtungen die unscharfe Produktionsfunktion vom Typ $\tilde{D}$ an. Die Darstellung sowohl quantitativer als auch qualitativer Aspekte in der Produktionsfunktion vom Typ $\tilde{D}$ ermöglicht dabei ein besseres Verständnis der Ursache-Wirkungs-Zusammenhänge der Filmproduktion. Es wird offensichtlich, dass die Art des Outputs durch die Art und Kombination der Inputfaktoren bestimmt wird. Weil diese bei Informationen, modularen Medieninhalten wie einzelnen Filmszenen, Medieninhalten und kreativen Arbeitsleistungen vor Prozessbeginn unscharf sind, ist auch die Art des zu erzeugenden Films unscharf.

Die aus der Produktionstheorie gewonnenen Erkenntnisse bilden die Basis für eine Kostentheorie und ein Controlling für Filmproduktionen. Sie ermöglichen eine Analyse und Lenkung von auf der einen Seite Kosten und Aufwendungen und des Absatzerfolgs auf der anderen Seite. Erst darauf aufbauend lassen sich z. B. hinreichend genaue Wirtschaftlichkeitsanalysen und eine ergebnis- und zielorientierte Planung durchführen. Mit Blick auf den Erstellungsprozess von Filmen ist aufgrund ihrer Bedeutung eine Einbeziehung von Informationen und Inhalten, der kreativ tätigen Arbeitskräfte, insbesondere der sich aus ihren Gestaltungsfreiräumen ergebenden Planungs- und Entscheidungsmöglichkeiten, aber auch ihrer Marken und Namen unabdingbar.

Neben den in diesem Beitrag fokussierten Unschärfeaspekten bilden zudem verschiedene Quellen stochastischer Unsicherheit weitere offene Untersuchungsfelder der Filmproduktion. Diese reichen von der Versorgungsunsicherheit (z. B. Quantität und Qualität von Informationen und Themen sowie kreativem Personal) über interne Produktionsunsicherheiten (z. B. aufgrund von Qualitätsschwankungen einzelner Produktionsfaktoren) bis hin zur Nachfrageunsicherheit (z. B. Anzahl der Rezipienten) (Allgemein zu Unsicherheitsquellen vgl. JAHNKE, H. (1995), S. 36 ff.).

Abschließend ist festzuhalten, dass die Untersuchung von Unschärfe und Unsicherheit gerade für Filmproduktionen von hoher Bedeutung ist, weil diese aufgrund der Einmaligkeit des Erstellungsprozesses hier um ein Vielfaches ausgeprägter zu sein scheinen als bei wiederkehrenden Medienprodukten wie bspw. Zeitungen oder regelmäßig erscheinenden Fernsehsendungen.

Anmerkungen

1. In einen Produktionsprozess müssen nicht zwingend Produktionsfaktoren einer jeden Art des Produktionsfaktorenschemas von KERN, W. / FALLASCHINSKI, K. eingehen (Vgl. KERN, W. / FALLASCHINSKI, K. (1979), S. 17).
2. Aus Gründen der Vereinfachung wird im Folgenden von Informationen statt von Objektinformationen gesprochen.
3. Siehe demgegenüber auch die ursprüngliche Definition von implizitem Wissen nach POLANYI, M., die lediglich unbewusste Wissensbestandteile als implizit bezeichnet (Vgl. POLANYI, M. (1985)) und insofern in diesem Beitrag bei der Analyse der Unschärfequellen in der Filmproduktion keine Anwendung findet.

Literaturverzeichnis

ALTMEPPEN, K.-D.: Märkte der Medienkommunikation – Publizistische und ökonomische Aspekte von Medienmärkten und Markthandeln, in: ALTMEPPEN, K.-D. (Hrsg.): Ökonomie der Medien und des Mediensystems – Grundlagen, Ergebnisse und Perspektiven medienökonomischer Forschung, Opladen, S. 251–272, 1996.

BODE, J.: Eine unscharfe Produktionsfunktion der Unternehmung – Ansätze zu einer nichtdeterministischen betriebswirtschaftlichen Produktionstheorie, in: Zeitschrift für Betriebswirtschaft, 1994, S. 465–492.

BOUNCKEN, R. B. / KÖHN, A. / LOTTER, F.: Organisation und Leadership bei kreativer Arbeit – Eine Übersicht zum Stand der empirischen Forschung, in: MedienWirtschaft – Zeitschrift für Medienmanagement und Kommunikationsökonomie, Heft 1, 2007, S. 6–17.

CANTOR, G.: Beiträge zur Begründung der transfiniten Mengenlehre I, in: Mathematische Annalen, 1895, S. 481–512.

CANTOR, G.: Beiträge zur Begründung der transfiniten Mengenlehre II, in: Mathematische Annalen, 1897, S. 207–246.

CLEVÉ, B.: Produktion von Kinofilmen – Content und Management, in: KRÖMKER, H. / KLIMSA, P. (Hrsg.): Handbuch Medienproduktion – Produktion von Film, Fernsehen, Hörfunk, Print, Internet, Mobilfunk und Musik, Wiesbaden, S. 73–86, 2005.

DINTNER, R. / BRÖSEL, G. / KÖCHER, A.: Operative Controllingkennzahlen privater Fernsehsender, in: MedienWirtschaft – Zeitschrift für Medienmanagement und Kommunikationsökonomie, Heft 3, 2004, S. 115–124.

GERHARDT, J.: Dienstleistungsproduktion – Eine produktionstheoretische Analyse der Dienstleistungsprozesse, Bergisch Gladbach et al., 1987.

GLÄSER, M.: Controlling im Rundfunk – Ganzheitliche Steuerung privater und öffentlich-rechtlicher Rundfunk-Unternehmen, in: BRÖSEL, G. / KEUPER, F. (Hrsg.): Medienmanagement – Aufgaben und Lösungen, München, S. 147–170, 2003.

GRAU, C. / HESS, T.: Kostendegression in der digitalen Medienproduktion – Klassischer First-Copy-Cost-Effekt oder doch mehr?, in: MedienWirtschaft – Zeitschrift für Medienmanagement und Kommunikationsökonomie, Sonderheft, 2007, S. 26–37.

HAUKE, W.: Fuzzy-Modelle in der Unternehmensplanung, Heidelberg, 1998.

JAHNKE, H.: Produktion bei Unsicherheit – Elemente einer betriebswirtschaftlichen Produktionslehre bei Unsicherheit, Heidelberg, 1995.

KERN, W. / FALLASCHINSKI, K.: Betriebswirtschaftliche Produktionsfaktoren, in: WISU – Das Wirtschaftsstudium, Teil I: 1978, S. 580–584; Teil II: 1979, S. 15–18.

KEUPER, F.: Fuzzy-PPS-Systeme – Einsatzmöglichkeiten und Erfolgspotentiale der Theorie unscharfer Mengen, Wiesbaden, 1999.

KEUPER, F.: Multimedia Supply Chain Management am Beispiel von Zeitungs- und Publikumszeitschriftenverlagen, in: Betriebswirtschaftliche Forschung und Praxis, 2001, S. 392–410.

KEUPER, F.: Ökonomische Bedeutung der Information im Informationszeitalter, in: KEUPER, F. (Hrsg.): Electronic Business und Mobile Business – Ansätze, Konzepte und Geschäftsmodelle, Wiesbaden, S. 119–141, 2002a.

KEUPER, F.: Unscharfe kapitalwertbasierte Verfahren zur Unternehmensbewertung, in: ZfB – Zeitschrift für Betriebswirtschaft, 2002b, S. 457–476.

KEUPER, F.: Kybernetische Simultaneitätsstrategie – Systemtheoretisch-kybernetische Navigation im Effektivitäts-Effizienz-Dilemma, Berlin, 2004.

KLIMSA, P.: Produktionssteuerung – Grundlagen der Medienproduktion, in: SCHOLZ, C. (Hrsg.): Handbuch Medienmanagement, Berlin et al., S. 601–617, 2006.

KLIMSA, P. / KRÖMKER, H.: Einführung – Filmproduktion, in: KRÖMKER, H. / KLIMSA, P. (Hrsg.): Handbuch Medienproduktion – Produktion von Film, Fernsehen, Hörfunk, Print, Internet, Mobilfunk und Musik, Wiesbaden, S. 38–41, 2005.

KLOOCK, J.: Betriebswirtschaftliche Input-Output-Modelle – Ein Beitrag zur Produktionstheorie, Wiesbaden, 1969.

KLOOCK, J.: Produktion, in: BITZ, M. / DELLMANN, K. / DOMSCH, M. / WAGNER, F. W. (Hrsg.): Vahlens Kompendium der Betriebswirtschaftslehre, Band 1, 4. Aufl., S. 275–328, 1998.

MILLING, P.: Entscheidungen bei unscharfen Prämissen – Betriebswirtschaftliche Aspekte der Theorie unscharfer Mengen, in: Zeitschrift für Betriebswirtschaft, 1982, S. 716–734.

MÜLLER, W.: Zur informationstheoretischen Erweiterung der Betriebswirtschaftslehre – Ein Modell der Informationsproduktion, in: ADAM, D. (Hrsg.): Neuere Entwicklungen in der Produktions- und Investitionspolitik – Festschrift zum 60. Geburtstag von Herbert Jacob, Wiesbaden, 1987, S. 119–136.

NONAKA, I.: Wie japanische Konzerne Wissen erzeugen, in: Harvardmanager, Heft 2, 1992, S. 95–103.

NONAKA, I. / TAKEUCHI, H.: The Knowledge-Creating Company – How Japanese Companies Create the Dynamics of Innovation, New York et al., 1995.

PICOT, A. / HASS, B. H.: New Business Development in Medienunternehmen, in: BRÖSEL, G. / KEUPER, F. (Hrsg.): Medienmanagement – Aufgaben und Lösungen, München et al., S. 47–64, 2003.

POLANYI, M.: Implizites Wissen, Frankfurt, 1985.

ROMMELFANGER, H.: Fuzzy Decision Support-Systeme – Entscheiden bei Unschärfe, 2. Aufl., Berlin et al., 1994.

SCHULZE, B.: Mehrfachnutzung von Medieninhalten – Entwicklung, Anwendung und Bewertung eines Managementkonzepts für die Medienindustrie, Lohmar et al., 2005.

SCHUMANN, M. / HESS, T.: Grundfragen der Medienwirtschaft – Eine betriebswirtschaftliche Einführung, 2. Aufl., Berlin et al., 2002.

SJURTS, I.: Medienprodukt, in: SJURTS, I. (Hrsg.): Gabler Lexikon Medienwirtschaft – A–Z, Wiesbaden, S. 374–378, 2004.

SZYPERSKI, N. / WINAND, U.: Grundbegriffe der Unternehmensplanung, Stuttgart, 1980.

WIRTZ, B. W.: Medien- und Internetmanagement, 5. Aufl., Wiesbaden, 2006.

ZADEH, L. A.: Fuzzy Sets, in: Information and Control, 1965, S. 338–353.

Zerdick, A. / Picot, A. / Schrape, K. / Artopé, A. / Goldhammer, K. / Lange, U. T. / Heger, D. K. / Vierkant, E. / López-Escobar, E. / Silverstone, R.: Die Internet-Ökonomie – Strategien für die digitale Wirtschaft, 3. Aufl., Berlin et al., 2001.

Nobody knows anything. Produktions- als Wissensmanagement

PATRICK VONDERAU

Zusammenfassung
Strategische Herausforderungen im Produktionsmanagement resultieren vor allem aus dem zentralen Problem, dass der Drehbuchautor WILLIAM GOLDMAN mit „Nobody knows anything“ beschreibt. Unsicherheit über die Qualität ihrer Güter hat aus dieser Sicht schon immer die Organisation und Operation von Filmproduktionsunternehmen geprägt. Diese Zusammenhänge zwischen Produktions- und Wissensmanagement sollen näher betrachtet werden. Auf Basis eines Literaturüberblicks wird gezeigt, dass Hollywood als bedeutendes Produktionssystem Unsicherheit stets strategisch vermieden hat. Dazu wird die Rolle von Konventionen für das Produktionsmanagement beleuchtet, das einerseits nach Standardisierung seiner Prozesse strebt, jedoch gleichzeitig auch eine flexible Spezialisierung benötigt. Es werden Standardisierung und Neuheit sowie Unsicherheit und Nachfrageorientierung in der US-amerikanischen Filmwirtschaft diskutiert und anhand eines Beispiels illustriert.

Beitragsinhalt

1 Einleitung

Wer sich über Probleme „strategischen Managements“ in der Filmproduktion austauschen will, tut dies mit betriebswirtschaftlichen Begriffen und dem Anspruch auf Anwendbarkeit in der Praxis. Beides, die Terminologie ebenso wie ihre Operationalisierung, fehlen in der Film- und Medienwissenschaft. In diesem multidisziplinären Forschungsfeld, das sich in enger Anbindung an die Kunstgeschichte, Literatur- und Kulturwissenschaft herausgebildet hat, gibt es keine einvernehmliche fachsprachliche Bestimmungen des Begriffs Produktion oder anwendungsorientierte Theorien. Bei manchen Ökonomen herrscht deshalb der Eindruck vor, die Film- und Medienwissenschaft würde die Bedeutung wirtschaftlicher Kräfte vernachlässigen und hätte zum Verständnis von Managementfragen nichts beizutragen (Vgl. PICARD, R. G. (2005), S. 24). Und in der Tat: legt man ein neoklassisches Interesse an Unternehmen, ihren Entscheidungen beim Gebrauch von Ressourcen und an Vorhersagen zugrunde, wie sich diese Entscheidungen optimieren lassen, dann mag der Eindruck weitgehend zutreffen.

Dessen ungeachtet findet sich in der Film- und Medienwissenschaft eine ausgesprochen breite Vielfalt an Ansätzen, Konzepten und Einzelstudien, die für Ökonomie und Praxis relevant sind, sofern sie nicht ohnehin aus diesen hervorgingen. Am Gegenstand der US-amerikanischen Filmindustrie will ich mich im folgenden zwei Problemen widmen, die als grundlegend für Erfahrungs- oder Informationsgüter wie den Film gelten: das der Innovation und der Unsicherheit (Vgl. CAVES, R. (2000), HAUCAP, J. (2001), DE VANY, A. (2004), HUTTER, M. (2007)). Strategische Herausforderungen im Produktionsmanagement haben demnach vor allem mit einem Problem der Nachfrage zu tun, das der Drehbuchautor WILLIAM GOLDMAN einmal so beschrieb: „Nobody knows anything“ (1983, S. 39). Unsicherheit über die Qualität ihrer Güter prägte aus dieser Sicht schon immer die Organisation und Operation von Filmunternehmungen und wird insbesondere dort beobachtbar, wo Innovation zu ihrem entscheidenden Kriterium wird. Ich werde hingegen im Rahmen eines knappen Literaturüberblicks zeigen, dass Hollywood als Produktionssystem Unsicherheit stets strategisch vermieden hat. Mein besonderes Interesse gilt dabei der Rolle, die Konventionen für das Produktionsmanagement besitzen. Wenn die Filmindustrie „reine Information“ herstellt und vertreibt (DE VANY, A. (2004), S. 23), dann sind Konventionen das zentrale Mittel, um den Informationsfluss in- und außerhalb einer Produktionsunternehmung zu managen.

2 Produktion und Konvention

Eine eigene Filmökonomik hat sich schon frühzeitig entwickelt (Vgl. GUTTMANN, I. (1928), OLIMSKY, F. (1931), BÄCHLIN, P. (1946)). Ihre Argumentation verbleibt heute oftmals im

Rahmen neoklassischer Ansätze. So hat DOUGLAS GOMERY zahlreiche Studien vorgelegt, die aus Perspektive des Structure-Conduct-Performance-Paradigmas untersuchen, wie sich grundlegende Gegebenheiten in Hollywood, die Marktstruktur, das Verhalten von Firmen und ihre Performance gewandelt haben (1985; 1993; 1996). Hilfreicher für ein Verständnis der Produktionsstrategien beim Spielfilm waren historische Studien, die Ästhetik und Ökonomie in einen Zusammenhang stellten und Hollywood als spezifisches Produktions- und Stilsystem beschrieben. In ihrem Standardwerk *The Classical Hollywood Cinema: Film Style and Mode of Production to 1960* (1985) haben DAVID BORDWELL, KRISTIN THOMPSON und JANET STAIGER hierfür eine Unterscheidung zwischen der Industrie im Sinne einer organisationellen Struktur (*mode of film production*) sowie den Produktionspraktiken eingeführt, die in ihr gelten (*mode of film practice*). Dies hat es ihnen erlaubt, die stilistischen Normen und Qualitätsstandards, die mit bestimmten Produktionspraktiken verbunden sind, systematisch auf die unternehmerische Organisation Hollywoods und ihre Veränderung zu beziehen. Besonderes Augenmerk galt dabei dem Managementsystem, das im Zeitraum 1907 bis 1960 fünf verschiedene Formen der Arbeitsteilung hervorbrachte, vom „director system" der Frühzeit bis hin zum „package-unit system" in den fünfziger Jahren.

Im Kontext des vorliegenden Bandes ist dabei vor allem eine Beobachtung wichtig, die ebenso einfache wie grundlegende nämlich, dass die Produktion ebenso wie das aus ihr hervorgehende Produkt auf *Konventionen* beruhten (und beruhen). Konventionen verbinden die organisationelle Struktur der Filmindustrie, die in ihr umlaufenden Ideen und materiellen Objekte; sie sind in den sich historisch wandelnden Formen der Arbeitsteilung ebenso mitgegeben wie in ästhetischen Maßstäben oder den je geltenden Standards von Kamera- oder Tongeräten. Produktionsseitig regeln sie die Beziehungen zwischen den Filmschaffenden, indem sie den Anteil zu treffender Entscheidungen verringern und Probleme ausräumen, die bei kreativen kollaborativen Prozessen unvermeidlich auftreten. Produktseitig regeln sie die Beziehung zwischen Produzenten und Konsumenten, indem sie Verständlichkeit und Wiedererkennbarkeit der filmischen Form garantieren (Vgl. SANDERS, C. R. (1982), BECKER, H. S. (1982), BORDWELL, D. / STAIGER, J. / THOMPSON, K. (1985)).

3 Von der vertikalen Integration zur flexiblen Spezialisierung

Nun könnte man einwenden, dass sich die Filmindustrie seit den frühen siebziger Jahren grundlegend gewandelt hat. Die klassische Ära von 1920 bis 1960, die BORDWELL, STAIGER und THOMPSON beschreiben, stand im Zeichen eines Oligopols aus wenigen Studios, die sich ihre Marktmacht durch vertikale Integration sicherten. Dem Herstellungsbereich waren Vertriebs- und Aufführungsunternehmen angeschlossen, so dass die Studios über gesicherte Absatzmärkte verfügten. Im Zusammenspiel mit einem hierarchischen Management- und einem rigiden Vertragssystem erlaubte es der gesicherte Absatz, Produkte zu standardisieren und Produktionsformen zu routinisieren. Nicht von ungefähr gilt das klassische Hollywoodkino als Ära der Genreproduktion: Melodram, Komödie oder Horrorfilm ließen das Publikum mit bestimmten Erzähl- und Erlebnisweisen rechnen, und zugleich ermöglichten sie es, bei der Herstellung auf einen begrenzten Bestand an Dramaturgien, Stoffen, Techniken und Vertragskünstlern zurückzugreifen (Vgl. BALIO, T. (1975; 1976; 1990); SEDGWICK, J. / POKORNY, M. (2005)).

Die Situation änderte sich drastisch mit der Zerschlagung der studioeigenen Kinoketten in Folge des *Paramount Decree* von 1948, dem landesweiten Durchbruch des Fernsehens und den Veränderungen im Lifestyle der Nachkriegsgeneration. Hollywood wurde seit den sechziger Jahren schrittweise von einer vertikal integrierten Filmindustrie zu einer horizontal integrierten Unterhaltungsindustrie, die inzwischen nach ähnlichen Gesetzen funktioniert wie andere Wirtschaftszweige. Auf der Ebene industrieller Organisation handelte es sich um einen langfristigen Prozess der vertikalen Desintegration, in dessen Folge im Großraum Los Angeles viele kleine unabhängige Produktionsfirmen und Dienstleistungsanbieter entstanden (Vgl. SCOTT, A. J. (2005)).

De facto gabelt sich das Produktionssystem heute in zwei funktional separate Bereiche auf: in die Welt der sieben Majors, die als Teil globaler Medienkonglomerate die Verbreitung unterschiedlichster Arten von kreativem ‚Content' über eine Vielzahl von Vertriebsplattformen organisieren, und in die Welt der Independents, der unabhängigen, kleinen und mittelständischen Produktionsfirmen und Zulieferunternehmen. Produktion ist nach dem Prinzip der flexiblen Spezialisierung organisiert, also über temporäre Interaktionen im Netzwerk von Majors und Independents, die sich jeweils projektbezogen in Kooperationsverbünden zusammenschließen (Vgl. STORPER, M./ CHRISTOPHERSON, S. (1987); AKSOY, A. / ROBINS, K. (1992)).

Vorteile dieses Systems gegenüber dem der klassischen Studioproduktion werden meist in der Verteilung des Investitionsrisikos und der Diversifizierung des Angebots gesehen. Die in den achtziger Jahren einsetzende Konglomerierung hat den Studios große finanzielle Ressourcen und Synergien, zugleich aber auch neue Koordinationsprobleme mit den oft ganz verschiedenen Managementkulturen und Unternehmensstrategien der Großkonzerne beschert. Abhängig vom Aktienpreis und vierteljährlichen Bilanzen, ist Hollywood mittlerweile von einer Ausnahme zum Symptom der industriellen Globalisierung geworden, sofern darunter Unternehmensprofit, Stellenabbau und stagnierende Löhne gemeint sind (Vgl. CHRISTOPHERSON, S. (2008); COMPAINE, B. M. / GOMERY, D. (2000); MILLER, T. et al. (2001)). Die Rolle der Independents in dieser Situation ist es, Investitionskapital und kreatives Talent anzuziehen und den Majors einen Anschein von Diversität und Wettbewerb zu verleihen, während ihnen selbst zugleich der größte Teil der Produktionsrisiken übertragen wird.

4 Standardisierung und Neuheit

Entscheidend ist im Blick auf die US-amerikanische Filmwirtschaft nun jedoch, das sie entgegen der landläufigen Meinung weder in ihrer klassischen noch ihrer postklassischen Phase auf *Innovationen* ausgerichtet war. Tatsächlich ist der Innovationsbegriff wenig hilfreich, um die Dynamiken und Probleme der Filmindustrie zu verstehen. Zunächst einmal: worauf bezieht er sich? Mit Innovationen werden üblicherweise technologische Neuerungen bezeichnet, für die es in der Produktionswirtschaft allerdings nie eigene Ressourcen oder Fachkräfte gab. Prototypen im Bereich der Optik, Tontechnik oder Fotochemie beispielsweise wurden in der Regel außerhalb der Studios entwickelt und von diesen mitunter nur zögernd an den eigenen Bedarf assimiliert; ein Beispiel ist der Synchronton, für den Edison bereits Ende des 19. Jahrhunderts ein gangbares Verfahren vorstellte, oder der Farbnegativfilm, den Kodak schon vor 1920 anbot (Vgl. MALTBY, R. / CRAVEN, I. (1995); BORDWELL, D. (1995)). Bezieht man Innovation allgemein auf Produktqualitäten, so ist festzuhalten, dass der Spielfilm kein Produkt wie jedes andere ist: er lässt sich nicht ‚optimieren' oder in seiner Funktionalität verbessern, weil seine Qualitäten kaum utilitaristisch zu bestimmen sind. Werden unter Innovationen hingegen Neuerungen im Produktionsprozess gefasst, so sind auch diese kaum einfach zu bestimmen, weil die Standards und Normen, an denen sich die Produktion orientiert, oftmals unscharf und uneinheitlich definiert sind. Unter Maskenbildern mag es eher informelle Regeln für eine bestimmte Form von Makeup geben, während Kameraleute sich im Blick auf die Filmempfindlichkeit an DIN-Normen orientieren. Neue Lösungen, die in der alltäglichen Arbeit an einem Film entstehen, fallen schließlich ebenfalls nicht unter Innovationen im engeren Sinne, da Problemlösen grundlegend für kreative Prozesse ist (Vgl. CAVES, R. (2000)).

Was also ist innovativ in einer Industrie, die Neuheit zu ihrer vornehmsten Leistung und zugleich zu ihrem größten Risiko erklärt? Wie der historische Überblick gezeigt hat, hängt es an Organisationsform und Marktmacht, ob Neuheit überhaupt zu einem Kriterium wird, an dem sich die Institutionen, Diskurse und Praktiken der Filmwirtschaft ausrichten. Anders formuliert: Wer es sich leisten kann, bei der Herstellung eines Spielfilms auf Neuheit jedweder Art zu verzichten, tut dieses in der Regel auch (Vgl. DIMAGGIO, P. (1977); MILLER, D. / SHAMSIE, J. (1999)). Die Produktion von Neuheit setzt ein hohes Maß an Experiment und damit an gegenseitiger Koordination voraus. Koordination wird aber üblicherweise eben über Konventionen sichergestellt, die als „collaborative links" (BECKER, H. S. (1982, S. 35)) Kosten und potentielle Konflikte vermeiden helfen. Konventionen dienen dazu, ein grundlegendes, gemeinsames Verständnis des zu produzierenden Films herzustellen und Voraussagen über seine erlebbaren Qualitäten zu ermöglichen (Vgl. FAULKNER, R. R. (1976)). Zugleich gestatten sie es, dem Problem des strukturellen Informationsgefälles zu begegnen, das den Markt für kulturelle Güter insgesamt prägt: sie vermitteln dem Zuschauer, der den Film vor dem Kauf der Kinokarte nicht einschätzen kann, ein ungefähres Bild dessen, was ihn erwartet (Vgl. FARCHY, J. (2005)).

Es ist deshalb nicht verwunderlich, dass im klassischen Studiosystem, das über oligopolistische Marktmacht und einen abgesicherten Absatzmarkt für seine Filme verfügte, Neuheit auf der Produktionsseite keinen hohen Stellenwert besaß. Aber auch für die Ära des New Hollywood und die Gegenwart gilt, dass die Filmindustrie eher durch ein Wechselspiel von Standardisierung und Differenzierung gekennzeichnet ist als durch einen steten Fluss von Neuerungen (Vgl. STAIGER, J. (1995)). Technologische Veränderungen sind ebenso wie solche auf der formalen oder thematischen Ebene von Spielfilmen allein aus der Notwendigkeit begründet, ‚Neuheit' im Rahmen des Erwartbaren zu schaffen. Hollywood ist als Produktionssystem, wie in seiner klassischen Ära schon, folglich genau genommen nur ein „System der regulierten Differenz" (AUSTIN, T. (2002), S. 114)

Ich bin auf diesen Aspekt ausführlich eingegangen, weil er einer verbreiteten Sichtweise widerspricht, wonach der seit den achtziger Jahren beobachtete Wandel hin zur flexiblen Spezialisierung mit einer neuen Managementstrategie verknüpft sein soll, die sich in der Filmindustrie als Reaktion auf schrumpfende, fragmentierte und instabile Absatzmärkte durchgesetzt habe (Vgl. STORPER, M. (1989)). Demnach ziele Hollywood nunmehr auf eine „Entstandardisierung" seiner Filme, um der gewachsenen Unsicherheit im Blick auf die Nachfrage zu begegnen. Im Blick auf das Produktionsmanagement werden dabei zwei Strategien aufgeführt, die eingesetzt werden, um Filme von denen der Konkurrenz unterscheidbar zu machen. Zum einen geht es darum, Spielfilmen *mehr* Qualitätsmerkmale mitzugeben als jenen der Konkurrenz, sie also zur herausragenden Attraktion zu machen. Blockbuster mit hohen Produktionswerten wie PIRATES OF THE CARIBBEAN (USA 2003-2007, Gore Verbinski) sind Ausdruck dieser Strategie der vertikalen Produktdifferenzierung, die auf ein weltweites Massenpublikum zielt. Zum anderen geht es bei der horizontalen Produktdifferenzierung darum, Filmen mehr von *ganz bestimmten* (und weniger von anderen) Qualitätsmerkmalen mitzugeben, wie dies im Genrekino der Fall ist, das sich mit Filmen wie HOSTEL (USA 2005, Eli Roth) oder SAW (USA 2004, James Wan) an eindeutig definierten Nischen ausrichtet (Vgl. POKORNY, M. (2005)).

Es ist allerdings wiederum fraglich, ob ein Begriff wie „Entstandardisierung" ausreicht, um die gegenwärtigen Strategien im Management von Filmproduktionen zu beschreiben. Nach wie vor dauert die Produktion eines Spielfilms in Hollywood ein bis zwei Jahre vom ersten Konzept bis zur Uraufführung, und nach wie vor beruhen Entscheidungen für ein Drehbuch weniger auf dessen ästhetischen Qualitäten als auf finanziellen Interessen (und den Argumenten, die das Buch für Investoren bereithält). Rund 85 Prozent aller neuen Stoffe werden in der Developmentphase verworfen, und rund 50 Prozent aller Spielfilme sind Adaptionen anderer kultureller Texte; die Filmindustrie beruht also zur Hälfte auf einem Recycling bereits kommerziell bewährter Ideen (Vgl. WASKO, J. (2008)). Überdies ermöglichen es die global operierenden Konglomerate, zu denen die Filmstudios gehören, das Investitionsrisiko eines Films über ein Portfolio von mit ihm assoziierten Leistungen zu streuen, von denen die wenigsten mit Film selbst zu tun haben. Schließlich darf man sich fragen, ob der Blockbuster als Ausdruck ungewisser Nachfrage zu verstehen ist, wie dies in der Branche selbst so oft durchklingt, wenn von den horrenden durchschnittlichen Produktionskosten die Rede ist.

5 Unsicherheit und Nachfrageorientierung

Für das Verständnis der „Unsicherheit", von der unter Ökonomen die Rede ist, wenn es um die Einspielergebnisse an Startwochenenden und die Bedingungen geht, unter denen Kreative in Hollywood heute tätig sind, bietet sich zunächst wieder eine historische Rückschau an. Die zentrale Aussage der Filmwerbung in der klassischen Ära bestand in der Behauptung, man würde der Nachfrage des Publikums stets soweit wie möglich entsprechen. „Giving them what they want" lautete das Selbstverständnis der Studiobosse, die wie der berüchtigte Harry Cohn von Columbia schon einmal für sich reklamierten, die Publikumspräferenz für einen Film am Zittern des eigenen Gesäßes bei der Probevorführung zu erkennen (Vgl. JOWETT, G. (1985)). In der postklassischen Ära des Hollywoodfilms ist diese Selbstgewissheit ihrem Gegenteil gewichen, der ebenso nachdrücklich vorgebrachten Behauptung nämlich, gar nicht wissen zu können, was das Publikum wolle: im Zeitalter der Digitalisierung stünde der Wert der Filmunterhaltung selbst in Frage (Vgl. GOLDSTEIN, P. (2007)). In beiden Fällen handelt es sich jedoch um „industrial doublespeak" (CALDWELL, J. (2008), S. 234), um strategische Selbstdarstellungen der Industrie. Sollte im ersten Fall der unzutreffende Eindruck einer ebenso intuitiven wie absoluten Prognostik von Zuschauerreaktionen erzeugt werden, so geht es gegenwärtig darum, ein durchrationalisiertes und von Marktforschungsdaten bestimmtes Produktionsmanagement mit einer Aura des Zufalls zu umgeben, die künstlerische Visionen als einzige Antwort auf irrationale Medienmärkte ausweist. In beiden Fällen verdeckt die Selbstpromotion den Umstand, dass die Filmindustrie stets darauf ausgerichtet war, die Nachfrage mit dem Film selbst herzustellen (Vgl. OHMER, S. (2006), BAKKER, G. (2003)). Gewiss hat sich die Reichweite, technologische Raffinesse und Präzision der hierfür verfügbaren Instrumente verändert, doch im Kern beruhten sie damals wie heute darauf, das Publikum nach „likes" und „dislikes" zu segmentieren (VONDERAU, P. (2009)). Das wichtigste Werkzeug zur Kontrolle der Nachfrage war und ist die Kontrolle über den Vertrieb, nicht über die Produktion. Die Filmdistribution ist ökonomisch betrachtet der entscheidende Bereich der Filmindustrie. Blockbuster sind hierfür das beste Beispiel. Schließlich handelt es sich beim Blockbuster um keine bestimmte Ästhetik oder Produktionsform, sondern um eine Marketingstrategie, die größtmögliche Gewinne zum Startwochenende garantiert, indem sie einen Film im Massenstartverfahren, also mit mehr als tausend Kopien und flankiert von einer landesweiten Fernsehwerbekampagne herausbringt (Vgl. STRINGER, J. (2003)). Ein für die Hersteller positiver Nebeneffekt dieser Releasestrategie besteht darin, dass das traditionell größte Gefahrenmoment für jeden Filmerfolg, die berühmte Mundpropaganda, liquidiert wird: bevor ihre Konsequenzen tragen, hat sich der Film längst in die Zweitverwertungsmärkte verabschiedet (Vgl. DE VANY, A. (2004); HEDIGER, V. / VONDERAU, P. (2005)).

Blockbuster oder Genrefilme sind indessen nicht die einzigen Maßnahmen, um dem Problem der „Unsicherheit" zu begegnen und Neuheit in einem auf begrenzte Produktvarietät eingestellten System zu regulieren. Was seit dem „Tarantinismus" der neunziger Jahre als Independent-Produktion aus Hollywood vermarktet wird, unterscheidet sich nicht so sehr auf der

Produktionsebene vom Blockbuster oder Genrefilm, als vielmehr im Blick auf die Frage, ob ein Nischen- oder Massenpublikum angesprochen werden soll (Vgl. NITSCHE, L. (2000)). Wie in der klassischen Ära der Studioproduktion werden Strategien zur Regulierung der Nachfrage dabei schon in der Stoffentwicklungsphase erdacht, indem das Drehbuch, in Hollywood seit jeher die Blaupause zur Organisation aller nachfolgenden Produktionsschritte, von vorneherein mit Marketingmaßnahmen integriert wird.

6 Ein Beispiel: JUNO (USA 2007, Jason Reitman)

Ein Beispiel für diese kaum als „defensiv“ oder „risikovermeidend“ zu bezeichnende, sondern vielmehr aggressive Strategie des Produktionsmanagements ist JUNO. JUNO bescherte seiner Hauptdarstellerin Ellen Page 2008 den unabhängig verliehenen Spirit Award und der Newcomerin Diablo Cody einen Oscar für das beste Drehbuch. Der zweite Film Reitmans wurde in Deutschland als „nonkonformistische Coming of Age-Geschichte“ (*Spiegel*) und „Indieperle“ gefeiert, kurz: als Einlösung des ewigen europäischen Anspruchs, dem kommerzialisierten Mainstream ‚Marke Hollywood’ Originalität und Kompromisslosigkeit entgegenzuhalten. Tatsächlich aber kommt der Film nicht vom Rande, sondern aus dem Herzen der globalisierten Unterhaltungsindustrie. Produziert wurde er im Zusammenspiel eines Majors mit einem Independent, nämlich von der in Los Angeles angesiedelten, 2005 gegründeten Firma Mandate Pictures für Fox Searchlight. Fox gehört zum Imperium Rupert Murdochs, der News Corporation, und ist ebenso wie Mandate auf die Herstellung und vor allem den Vertrieb von „kommerziellem Material“ mit „breitem Appeal“ ausgerichtet (www.mandatepictures.com).

Weder auf der formalen noch der thematischen Ebene verbindet sich JUNO mit Innovation. Vielmehr handelt es sich um einen Stoff, den Fox Searchlight bereits mit WAITRESS (USA 2007, Adrienne Shelly) erprobte und der sich bei einem Konkurrenzprodukt, Universals KNOCKED UP (USA 2007, Judd Apatow), als geschäftlich einträchtig erwiesen hatte. JUNO ist das Produkt einer Pitching-Kultur, die nach dem Schema „just like X but with Y“ (CALDWELL, J. (2004), S. 58) verfährt und darin produktionsseitig einem High Concept-Blockbuster kaum verschieden. Der Stoff ging also aus einer schon im klassischen Studiosystem vorhandenen Strategie hervor, kommerziell gewinnbringende Gestaltungskonzepte zum ‚Prototypen’ eines Zyklus von Spielfilmen zu machen, der dann solange im anvisierten Marktsegment durchgespielt wird, bis sich das Gewinnpotential erschöpft hat; auf diese Weise entsteht, was Filmkritiker und Filmhistoriker als Genre bezeichnen. JUNO gehört in ein „Minigenre“ von Filmen über ungewollte Schwangerschaft, die sich an eine klar definierte Kerndemographie von (insbesondere) jungen Frauen unter 25 Jahren wenden.

Im Blick auf dieses Zielpublikum haben Mandate und Fox den Stoff über eine Reihe von Marketingmaßnahmen herausgestellt und „horizontal“ abgesichert. Der Ansatz bestand in einem sogenannten Platform-Release, einer Vertriebsstrategie, bei der ein Film zunächst für ein Nischenpublikum in einer kleinen Zahl von Kinos herausgebracht wird und seinen Massenappeal dann langfristig über positive Kritiken und Mundpropaganda aufbaut; eine vom Massenstartverfahren der Blockbuster verschiedene, aber nicht grundsätzlich andere Vorgehensweise (Vgl. MARICH, R. (2005), S. 27). In Übereinstimmung mit dieser grundlegenden Idee, dem Film einen „long run“ über die Mundpropaganda zu verleihen, muss die Besetzung mit Ellen Page gesehen werden, die mit ihrer Darstellung in HARD CANDY (USA 2004, David Slade) beim damals avisierten Nischenpublikum horroraffiner junger Frauen und Männer zum Gesprächsstoff geworden war. Auf Nischenpräferenzen setzte auch das Drehbuch, das nicht von ungefähr an eine Sitcom denken lässt. Es war dabei weniger mit einer ‚tabubrechenden' Thematik, als vielmehr mit konventionellen Familienwerten und jeder Menge jugendkulturellen *catchphrases* ausgestattet, die bruchlos an die Erzählformen von Fernsehserien anschließen. Als Indiz hierfür kann man auch die Besetzung der Nebenrollen mit Michael Cera und Jason Bateman aus Fox' Comedy-Show ARRESTED DEVELOPMENT (USA 2003-2006) sowie Rainn Wilson (SIX FEET UNDER, THE OFFICE) sehen. Neben dem Fernsehen nahm JUNO auf die Internetnutzung seiner potentiell jungen Besucher Bezug, und dies aus zwei ähnlichen Gründen. Erstens hatte dies mit einer viralen Filmwerbekampagne zu tun, die auf das Kinopublikum ebenso zielte wie auf den Oscar. Kernstück der Kampagne war die Drehbuchautorin Diablo Cody selbst, eine sorgsam inszenierte Kunstfigur, die über ihren Internetblog, einen Auftritt in der Letterman-Show und auf Youtube kursierende Interviewclips zur Berühmtheit wurde, lange bevor der Film überhaupt in die Kinos kam. Cody, mit bürgerlichem Namen Brook Busey, ist weitgehend die Kreation von Mason Novick, einem Manager-Producer aus Benderspink. Novick entdeckte Codys Blog im Internet und überredete sie dazu, einen autobiographischen Roman (*Candy Girl: A Year in the Life of an Unlikely Stripper*, 2006) sowie eine Drehbuchskizze zu schreiben, aus der dann später JUNO hervorging. So wurde Cody, die Ex-Stripperin aus Minneapolis, die täglich ihre Haarfarbe wechselt, zur perfekten Verkörperung für die Markenidentität eines Produkts, das sie selbst mit hervorgebracht hat. Zweitens diente die Verschränkung des Films mit anderen Medien der Verbundwerbung. Tatsächlich knüpft der Indie-Hit JUNO nicht nur bruchlos an Erzählwelten und Nutzungsformen von Fernsehen und Internet an, sondern zuallererst an die Konsumwelten, denen beide aufgrund ihrer Werbefinanzierung so nahe stehen. Dies trifft zum einen auf den Soundtrack zu, der bekannte Songs von Belle & Sebastian, Mott the Hoople oder Sonic Youth zusammenbrachte und damit in kürzester Zeit zu einem der größten Erfolge bei iTunes wurde. Zum anderen sind zwei Schlüsselmomente des Plots um Produkte herum erzählt: Wenn Ellen Page am Anfang zu den Klängen von Moldy Peaches' „Anyone Else But You“, dem Titelsong des Films, einen Kanister von Procter & Gambles SunnyD-Orangensaft leert (und danach mit einem Schwangerschaftstest auf die Toilette eilt), und Michael Cera als ihr Filmpartner Paulie Bleeker gegen Ende einen Briefkasten voll Ferreros Orange Tictac schenkt, dann waren dies zwei eher traditionelle Tie-Ins, die jedoch erzählerisch ganz auf der Höhe ihrer „coolen“ Kernzielgruppe lagen.

Abb. 6.1 *Allzeit bereit für TicTac: Paulie Bleeker (Michael Cerra) liebt Ferrero...*

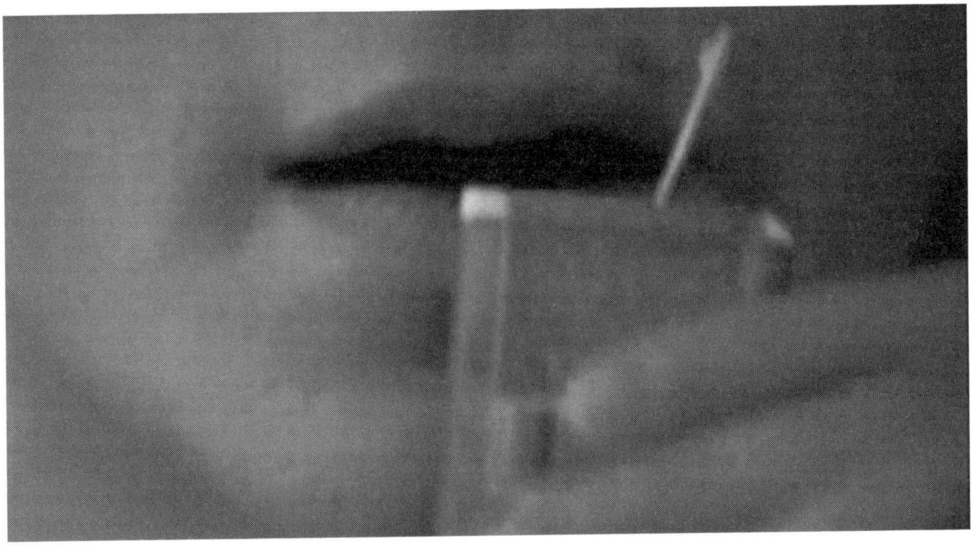

Abb. 6.2 *...und die Kamera zeigt es. Beispiel für* plot placements *in einem „Indie"-Film*

Fox lancierte JUNO über das Toronto Film Festival, bei dem er im September 2007 seine Weltpremiere erlebte. Der offizielle Kinoverleih begann mit einem *counter-programming* am 14. Dezember, zu einem ungewöhnlichen Starttermin also, bei dem das Wettbewerbsumfeld von Jahresend-Blockbustern beherrscht wurde; nicht zuletzt spekulierte dieser Termin mit der Oscar-Preisverleihung im Februar 2008. JUNO wurde mit über 143 Mio. Dollar Gewinn allein an der Kinokasse zum größten *specialty hit* der letzten sechs Jahre.

7 Neuheit und die Rolle der Verwender

Wie ich mit meinen Ausführungen zu Hollywood und dem Beispiel JUNO zu zeigen versucht habe, lassen sich Strategien im Produktionsmanagement über Begriffe wie „Innovation“ oder „Unsicherheit“ nur unpräzise fassen. Gewiss soll hier nicht in Abrede gestellt werden, dass die Filmindustrie einer steten Ungewissheit über die Qualität ihrer Produkte ausgesetzt ist, oder dass Publikumsinteressen schwer zu prognostizieren sind. Es sollte jedoch deutlich geworden sein, dass Produktionsmanagement in erster Linie eine Form des Wissensmanagement ist, insofern der Produktionsprozess über eine Vielzahl von Konventionen organisiert wird. Wenn Spielfilme, wie Ökonomen behaupten, „reine Information“ sind, dann ist diese nicht nur über Konventionen zu organisieren, sondern zugleich auch übersetzbar in unterschiedlichste Formate, Medien und Produkte. Verständlichkeit und Wiedererkennbarkeit garantieren, dass ein Film produziert werden und dass er ein Publikum erreichen kann. Die Filmindustrie koordiniert somit seit jeher nicht nur die Filmherstellung mit Konventionen, sondern auch die Interessen ihres Publikums: sie lehrt uns, die Neuheit von Spielfilmen nach den von ihr vorgegebenen Kriterien zu bewerten.

So fern die Produktionsrealität Hollywoods damit vom europäischen und deutschen Film entfernt scheinen mag, so nah ist sie ihr doch in Wirklichkeit. In einer horizontal integrierten, von herkömmlichen lokalen Auswertungsmedien sich tendenziell ablösenden Unterhaltungsindustrie stehen Indies und Blockbuster produktionsstrategisch betrachtet nur für Variationen desselben Problems. Sie gehen aus zunehmend global organisierten Produktionsverbünden hervor, so wie JUNO, dessen Hersteller Mandate Pictures eine frühere Tochtergesellschaft von Senator Film International ist (Vgl. MEZA, E. (2006)). Und wie bei JUNO besteht die Strategie zur Risikovermeidung auch bei europäischen Autorenfilmen in erster Linie darin, das Publikum die Arbeit tun zu lassen, indem der Autor-Regisseur zum alleinigen Urheber erklärt und zu einem Label gemacht wird, das die Konsumentscheidung zum Gesprächsstoff werden lässt (Vgl. VONDERAU, P. (2005)).

Neuheit, so beobachtete der Medienökonom MICHAEL HUTTER, entsteht im Verwender, nicht dem Film, und sie entsteht auf Grundlage der Beobachtung, dass eine Information als vergleichbar mit vorhandener Information und zugleich als unvergleichbar eingeschätzt wird (Vgl. HUTTER, M. (2006), S. 28). Entscheidend ist dabei die weitere Kommunikation der Zuschauer: Wenn sie in der Lage sind, die Information beschreibend wiederzugeben oder wiederholen zu können, hat die Information die Chance eines langen Nachlebens. Dieses sicherzustellen, ist die Grundlage jedes Produktionssystems.

Literaturverzeichnis

AKSOY, A. / ROBINS, K.: Hollywood for the 21st Century: Global Competition for Critical Mass in Image Markets, in: Cambridge Journal of Economics 16,1, 1992, S. 1-22.

AUSTIN, T.: Genre and Contemporary Hollywood, London, 2002.

BAKKER, G.: Building Knowledge about the Consumer: The Emergence of Market Research in the Motion Picture Industry, in: *Business History* 45, 1, 2003, S. 101-127.

BALIO, T.: United Artists. The Company Built By The Stars, Madison, 1975.

BALIO, T.: The American Film Industry, Madison, 1976.

BALIO, T. (HRSG.): Hollywood in the Age of Television, Boston, 1990.

BÄCHLIN, P.: Der Film als Ware (1946), Frankfurt am Main, 1975.

BECKER, H. S.: Art Worlds, Berkeley / Los Angeles / London, 1982.

BORDWELL, D. / STAIGER, J. / THOMPSON, K.: The Classical Hollywood Cinema. Film Style & Mode of Production to 1960, New York / London / Sydney, 1985.

BORDWELL, D.: Deep-Focus Cinematography. in: STAIGER, J. (Hrsg.): The Studio System, New Brunswick / New Jersey, 1995, S. 93-126.

CALDWELL, J.: Convergence Television: Aggregating Form and Repurposing Content in the Culture of Conglomeration, in: SPIEGEL, L. / OLSSON, J. (Hrsg.): Television After TV. Essays on a Medium in Transition, Durham / London, 2004, S. 41-74.

CALDWELL, J.: Production Culture. Industrial Reflexivity and Critical Practice in Film and Television, Durham / London, 2008.

CAVES, R.: Creative Industries. Contracts between Art and Commerce, Cambridge / London, 2000.

CHRISTOPHERSON, S.: Labor: The Effects of Media Concentration on the Film and Television Workforce, in: MACDONALD, P. / WASKO, J. (Hrsg.): The Contemporary Hollywood Film Industry, Malden / Oxford, 2008.

COMPAINE, B. M. / GOMERY, D.: Who Owns the Media? Competition and Concentration in the Mass Media Industry. Mahwah, N.J., 2000.

CONANT, M.: Anti-Trust in the Motion Picture Industry, Berkeley, 1960.

DE VANY, A.: Hollywood Economics. How Extreme Uncertainty Shapes the Film Industry, London / New York, 2004.

DiMaggio, P.: Market structure, the Creative Process and Popular Culture: Towards an Organizational Reinterpretation of Mass-Culture Theory, in: Journal of Popular Culture, 11, 1977, S. 436-452.

Farchy, J.: Die Bedeutung der Information für die Nachfrage nach kulturellen Gütern. In: Hediger, V. / Vonderau, P. (Hrsg.): Demnächst in Ihrem Kino. Grundlagen der Filmwerbung und Filmvermarktung, Marburg, 2005, S. 193-211.

Faulkner, R. R.: Dilemmas in commercial work. Hollywood film composers and their clients, in: Urban Life 5, 1, 1976, S. 3-32.

Goldman, W.: Adventures in the Screen Trade: A Personal View of Hollywood and Screenwriting, New York, 1983.

Goldstein, P.: Big Picture: Just what is entertainment worth?, in: Los Angeles Times, 4. Dezember 2007.

Gomery, D.: The Hollywood Studio System, London, 1985.

Gomery, D.: The centrality of media economics, in: Journal of Communication, 43, 1993, S. 190-198.

Gomery, D.: New Media Economics, in: Bordwell, D. / Carroll, N. (Hrsg.): Post-Theory. Reconstructing Film Studies, 1996, S. 407-418.

Guttmann, I.: Über die Nachfrage auf dem Filmmarkt in Deutschland, Berlin, 1928.

Haucap, J.: Warum manche Spielfilme erfolgreich sind, andere aber nicht. Einige ökonomische Überlegungen, Köln, 2001.

Hediger, V. / Vonderau, P. (Hrsg.): Demnächst in Ihrem Kino. Grundlagen der Filmwerbung und Filmvermarktung, Marburg, 2005.

Hutter, M.: Neue Medienökonomik, München, 2006.

Jowett, G.: Giving Them What They Want: Movie Audience Research before 1950, in: Austin, B. A. (Hrsg.): Current Research in Film. Audiences, Economics, and Law, Band 1, Norwood, 1985, S. 19-31.

Maltby, R. / Craven, I.: Hollywood Cinema. An Introduction, Oxford, 1995.

Marich, R.: Marketing to Moviegoers. A Handbook of Strategies Used By Major Studios and Independents, Amsterdam / Boston / Heidelberg, 2005.

Meza, E.: Senator solvent but crosses off X, in: Variety, 31. März 2006.

Miller, D. / Shamsie, J.: „Strategic Responses to Three Kinds of Uncertainty: Product Line Simplicity at the Hollywood Film Studios“, in: Journal of Management 25, 1, 1999, S. 97-116.

Miller, T. / Govil, N. / McMurria, J. / Maxwell, R.: Global Hollywood, London, 2001.

NITSCHE, L.: „May the hype be with you!“ Quentin Tarantino als Star-Regisseur im amerikanischen independent cinema der 90er Jahre in: Montage AV 9,2, 2000, S. 127-152.

OHMER, S.: George Gallup in Hollywood, New York, 2006.

OLIMSKY, F.: Tendenzen der Filmwirtschaft und deren Auswirkungen auf die Filmpresse, Diss., Berlin, 1931.

PICARD, R. G.: Historical Trends and Patterns in Media Economics, in: ALBARRAN, A. B. / CHAN-OLMSTED, S. / WIRTH, M. (Hrsg.): Handbook of Media Economics and Management, Mahwah, N.J., 2005, S. 23-36.

POKORNY, M.: Hollywood and the Risk Environment of Movie Production in the 1990s, in: SEDGWICK, J. / POKORNY, M. (Hrsg.): An Economic History of Film, London, 2005, S. 277-311.

SANDERS, C. R.: Structural and Interactional Features of Popular Culture. An Intrduction to the Production of Culture Perspective, in: Journal of Popular Culture 16, 2, Herbst 1982, S. 66-74.

SCOTT, A. J.: On Hollywood. The Place, The Industry, Princeton / Oxford, 2005.

SEDGWICK, J. / POKORNY, M. (Hrsg.): An Economic History of Film, London, 2005.

STAIGER, J.: Introduction, in: Dies., The Studio System, New Brunswick, 1995, S. 1-16.

STORPER, M.: The Transition to Flexible Specialisation in the US Film Industry: External Economies, the Division of Labour, and the Crossing of the Industrial Divides, in: Cambridge Journal of Economics, 13, 1989, S. 273-305.

STORPER, M. / CHRISTOPHERSON, S.: Flexible Specialization and Regional Industrial Aglomerations: The Case of the U.S. Motion Picture Industry, in: Annals of the Association of American Geographers 77, 1, 1987, S. 104-117.

STRINGER, J. (Hrsg.): Movie Blockbuster, London, 2003.

VONDERAU, P.: Die Logik organisierter Sensationen. Dogma 95 und die Kunst, in Europa einen Film zu vermarkten, in: HEDIGER, V. / VONDERAU, P. (Hrsg.): Demnächst in Ihrem Kino. Grundlagen der Filmwerbung und Filmvermarktung, Marburg, 2005, S. 212-227.

VONDERAU, P.: Ökonomien der Emotion. Eine Mediengeschichte der Zuschauerforschung. Marburg, 2009 (in Vorb.).

WASKO, J.: Financing and Production: Creating the Hollywood Film Commodity, in: MACDONALD, P. / WASKO, J. (Hrsg.): The Contemporary Hollywood Film Industry, London: Blackwell, 2008, S. 43-62.

TV-Sender als Koproduktionspartner von Filmproduktionsunternehmen

Bettina Reitz, Birgit Metz, Tobias Schultze

Zusammenfassung
In einer Welt rasanter technischer Entwicklungen, einer steigenden Anzahl von TV-Anbietern und sich verändernder Programme müssen sich die Angebote eines öffentlich-rechtlichen Senders diesen Veränderungsprozessen stellen. Gleichzeitig bedarf es einer zuverlässigen und nachhaltigen Qualitätsgarantie. Das Entscheidungsmanagement eines öffentlich-rechtlichen Senders (z.B. BR) in Zusammenarbeit mit den Kreativen der Filmbranche weist spezifische Entstehungsprozesse und damit verbundene, redaktionelle Entscheidungen auf, die es zu verstehen gilt. Dazu werden zunächst die Leitlinien des Programmbereichs Spiel Film Serie aufgezeigt. Zudem werden die notwendigen Netzwerkbeziehungen, die Positionierung und Erfolgsfaktoren dieses Programmbereichs beschrieben. Daran schließt sich eine Zerlegung des Programmplanungs- und Steuerungsprozess an. Schließlich werden einige erfolgreiche bzw. mit Unterstützung des BR entstandene Produktionen (u.a. Tatort, Polizeiruf 110 oder Das Leben der Anderen) vorgestellt.

Beitragsinhalt

1 Einleitung

„Wie Organismen es fertig bringen, das Leben ihrer Art innerhalb der Umweltbedingungen zu erhalten, ist völlig gleichgültig – solange sie dieses Leben erhalten, sind sie lebensfähig und somit viabel."

Ernst von Glasersfeld

Filme verführen uns zum Träumen, können unser Denken und Handeln anregen, uns zum Grübeln bringen, uns in Wut versetzen oder uns einfach nur wunderbar amüsieren. Damit es auch weiterhin solche Empfindungen, die unser Leben bereichern, geben wird, braucht der Film immer neue Ideen und somit Menschen, die künstlerisch, technisch und handwerklich tätig sind. Menschen, die fest daran glauben, dass das Abenteuer Film weiter für alle Zuschauerschichten lebendig bleibt, dass gesellschaftlich relevante Themen aufgegriffen, wichtige kulturelle Impulse angeregt und künstlerische Nachhaltigkeit geschaffen wird.

In allen Bereichen und Genres, ob für den Standort Bayern oder für den Standort Deutschland, ob Kino oder Fernsehen, auf welchem Sende- bzw. Vertriebsweg auch immer gilt für den Bayerischen Rundfunk und speziell für den Programmbereich Spiel Film Serie, dass wir gesellschaftliche Themen in ihrer Substanz erfassen und erzählen wollen. Mit unseren engagierten Nachwuchsfilmen, thematisch relevanten Mittwochsfilmen und Sonntagskrimis, mutigen Dokumentarfilmen und wertvollen Kinderspielfilmen sowie thematisch regional angelegten Reihen- und Serienprogrammen, versucht der Programmbereich die inhaltlich hohen Erwartungen bei Kino-, Fernseh-, Dokumentarfilm- und Serienproduktionen erfüllen zu können.

In einer Welt rasanter technischer Entwicklungen, steigender Anzahl an TV-Anbietern und sich verändernder Programme auch durch das Internet müssen sich die Angebote eines öffentlich-rechtlichen Senders diesen Veränderungsprozessen stellen, gleichzeitig auch eine zuverlässige und nachhaltige Qualitätsgarantie sichern.

Der Beitrag „Entscheidungsmanagement eines öffentlich-rechtlichen Senders (BR) in der Zusammenarbeit mit den Kreativen der Filmbranche – am Beispiel des Programmbereichs Spiel Film Serie des Bayerischen Rundfunks" vermittelt in einer grob strukturierten Abhandlung diesen Entstehungsprozess und die damit verbundenen redaktionellen Entscheidungen.

Die nachfolgend beschriebene standortbezogene Positionierung, die definierten Erfolgsfaktoren und der Programmplanungs- und Steuerungsprozess sind innerhalb des Programmbereichs Spiel Film Serie als Arbeitsgrundlage entwickelt worden.

2 Entscheidungsmanagement eines öffentlich-rechtlichen Senders (BR) in der Zusammenarbeit mit den Kreativen der Filmbranche – am Beispiel des Programmbereichs Spiel Film Serie des Bayerischen Rundfunks

Der Entstehungsprozess bei Kino-, Fernseh-, Dokumentarfilm- und Serienprogrammen im Programmbereich Spiel Film Serie des Bayerischen Rundfunks (BR) orientiert sich inhaltlich an den Programmgrundsätzen im **Rundfunkstaatsvertrag** (Vgl. RStV i. d. F. v. 31. 08. 1991), an den Prämissen der **ARD-Kultur- und Unterhaltungspolitik** (Vgl. ARD-Fernsehvertrag i. d. F. v. 2006, ARD-Grundsätze für die Zusammenarbeit gemäß § 11 RfStV v. 30. 03.2004, ARD-Kriterien zur Sicherung des Jugendschutzes i. d. F. v. 9.12.2003, ARD-Richtlinien (1988) i. d. F. v. 16. 06. 2003, ARD-Staatsvertrag i. d. F. v. 31.08. 1991, ARD-Satzung v. 1950 i. d. F. v. 20.06.2006) und am **Bayerischen Rundfunkgesetz** (Vgl. BAYRG i. d. F. v. 22.10.2003). In deren Inhalten wird fixiert, wie sich der Programmbereich auf dem deutschen TV-Spielfilmmarkt zu positionieren hat, um seiner hohen kulturellen Verantwortung als nationaler und standortgebundener Produzent und Auftraggeber für fiktionale und non-fiktionale Programme gerecht zu werden.

2.1 Leitlinien des Programmbereichs Spiel Film Serie (BR)

Das Erste Deutsche Fernsehen (Das Erste) als nationales Gemeinschaftsprogramm der ARD bietet qualitativ hochwertige Programme zur Information, Bildung, Beratung, Kultur und Unterhaltung an, mit denen es ein möglichst großes Publikum erreichen möchte. Die neun Landesrundfunkanstalten der ARD, so auch der Bayerische Rundfunk, tragen mit ihren gesellschaftlich relevanten Zulieferungen zum ARD-Gemeinschaftsprogramm dafür Sorge, dass Das Erste national und auch regional fest verwurzelt bleibt und somit die kulturelle wie soziale Vielfalt Deutschlands überzeugend widerspiegelt (Vgl. ARD-Leitlinien 2007/2008, Homepage (WWW v. 28.04.2008)).

Der Programmbereich Spiel Film Serie ist in seiner redaktionellen Tätigkeit bestrebt, aus Rundfunkgebühren finanzierte Kino-, Fernseh-, Dokumentarfilm- und Serienkonzepte zu entwickeln, zu unterstützen, zu produzieren und zu verbreiten, die zum öffentlichen Diskurs beitragen, um so gesellschaftlich relevante Entwicklungen aufzeigen zu können.

Im Fokus stehen für den Programmbereich dabei Programmvielfalt, Meinungspluralismus, Förderung des regionalen und nationalen Kultur- und Wertesystems sowie die damit verbundene Akzeptanzstärkung.

Der Programmbereich steht in der Verbindlichkeit, den Kulturauftrag der ARD und des Bayerischen Fernsehens (BFS) mit einer entsprechenden Bandbreite ambitioniert-künstlerischer wie unterhaltender Programmangebote mit erkennbarem Qualitätsstandard zu erfüllen. Dabei strebt der Programmbereich nicht nach kurzfristig populistischen Zielen durch kommerzielle Inhalte, sondern vertraut auf vielfältige und nachhaltige Angebote seiner fiktionalen und non-fiktionalen Programmformate. Die erzählerische Vielfalt reicht von regionalen Inhalten über national historische und aktuelle Stoffe bis hin zu Themen von oder über Minderheiten. Hierbei hat sich in der Vergangenheit gezeigt, dass sich Themen, die aus einem kleinen Blickwinkel heraus entwickelt worden sind, wie beispielsweise die für das Gemeinschaftsprogramm der ARD (Das Erste) realisierten Fernsehfilme *Grüße aus Kaschmir* und *Marias letzte Reise* oder die Langzeit-Dokumentation *Marcel - Ein Kämpfchen, das wär´ schön!* für das Bayerische Fernsehen (BFS), auch eine universelle Aussage mit hohem nachhaltigem Akzeptanzwert, engagierter publizistischer Begleitung sowie Auszeichnungen erreichen können.

2.2 Netzwerkbeziehungen des Programmbereichs Spiel Film Serie (BR)

Der Medienstandort München vereint eine Fülle von Kreativschmieden, angefangen mit den Autoren, Regisseuren bis zu Produzenten, den ortsansässigen TV-Sendeanstalten, Technik- und Studiobetreibern bis hin zu Verbänden und dem FilmFernsehFonds Bayern. Die qualitativ hochwertige Infrastruktur, die kulturelle Vielfalt und das medienpolitisch freundliche Klima des Medienstandorts München fördern den qualitativ wichtigen Auf- und Ausbau von Face-to-Face Kontakten. Der Ausbau dieser Kontakte und die intensiv-kommunikative Pflege eines internen wie -externen Netzwerkes *(siehe: Abb.2.1)*, auch über die regionalen Grenzen Bayerns hinaus, ermöglichen es dem Programmbereich, seiner Verpflichtung und der enormen Verantwortung nachzukommen, gegenüber den Gebührenzahler sendeplatzfähige Fernsehfilm- und Serienprogramme für das Gemeinschaftsprogramm der ARD (Das Erste) und das Bayerische Fernsehen (BFS) zu entwickeln.

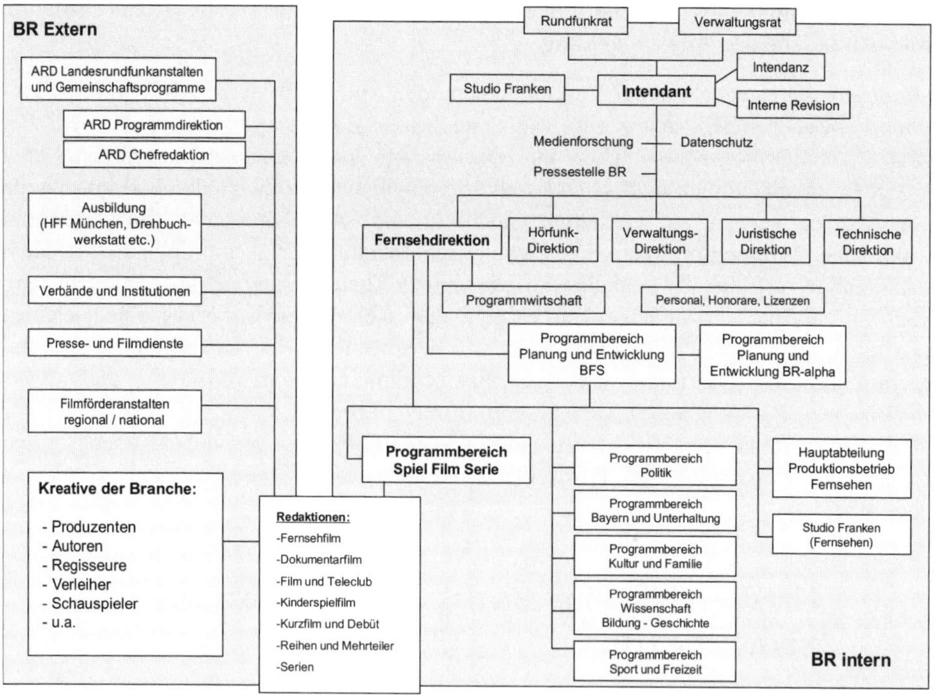

Abb. 2.1 *Die internen und externen Netzwerkbeziehungen des Programmbereichs Spiel Film Serie (Quelle: Eigene Darstellung)*

Der Programmbereich verpflichtet sich, in Anlehnung an den bereits erwähnten Leitlinien, zur Förderung einer vertrauensvollen kontinuierlichen und erfolgreichen Zusammenarbeit mit ortsansässigen Filmproduzenten, Koproduktionspartnern, Filmförderanstalten und Kreativinstitutionen sowohl auf regionaler, nationaler und internationaler Ebene und unterstützt zudem die Entdeckung, Förderung, Betreuung und Bindung junger Film- und Fernsehmacher.

Im Laufe eines Jahres werden weit über fünfzig Fernseh-, Dokumentarfilm- und Kinokoproduktionen sowie Serien- und Reihen-Programme als Eigen-, Auftrags- oder in Koproduktion durch den Programmbereich realisiert. Um dieses umfassend repertoirefähige Angebot gewährleisten zu können, setzt sich der Programmbereich aus den Redaktionen: *Fernsehfilm, Dokumentarfilm, Film und Teleclub, Kinderspielfilm, Kurzfilm und Debüt, Reihen und Mehrteiler* sowie *Serie im Ersten und Bayerischen Fernsehen* zusammen. Sie alle sind in ihrer redaktionellen Arbeitweise eng miteinander verzahnt. Den Redaktionsbereichen steht dabei ein Redaktionsleiter vor, der gesamte Programmbereich wird unter einer gemeinsamen Leitung verantwortet.

Die meisten Konzeptideen für Kino-, Fernseh-, Dokumentarfilm- und Serienformate entstehen in intensiver Kooperation mit den Autoren, Regisseuren, Produzenten und kreativen

Institutionen oder in den Kreativabteilungen des Programmbereichs selbst. Der Aufbau und der Erhalt von Netzwerkbeziehungen beschleunigen den Informationsaustausch, so dass Ideen innerhalb dieser gewachsenen Beziehungen schneller diskutiert und entschieden werden können.

Insgesamt werden im Programmbereich pro Jahr über 3.000 Ideen, Angebote etc. geprüft. Extern – ohne Netzwerkbestand – eingereichte Angebote erhalten erfahrungsgemäß häufiger eine Absage als Angebote durch erprobte Beziehungen. Erfahrungswerte erleichtern Zusagen.

Die Nachwuchs- und Talentförderung junger Film- und Fernsehmacher nimmt in den Redaktionen des Programmbereichs einen hohen Stellenwert ein. Da gibt es nicht nur die langjährige Zusammenarbeit mit der Hochschule für Fernsehen und Film München (HFF). Auch viele andere Hochschulen in großen Städten stehen im engen Austausch mit dem Programmbereich, von Berlin mit der Deutschen Film- und Fernsehakademie Berlin (dffb) und der Hochschule für Film und Fernsehen (HFF) Konrad Wolf Berlin über Hamburg mit der Hamburg Media School, Köln mit der Kunsthochschule für Medien und der Internationalen Filmschule Köln (ifs) bis hin nach Dortmund mit der Fachhochschule Dortmund Film und Fernsehen, Karlsruhe mit dem Europäischen Institut für Kinofilm Karlsruhe (EIKK) und Ludwigsburg mit der Filmakademie Baden-Württemberg (FABW). Dieses konstruktive Teamwork zwischen dem Programmbereich und dem deutschen Filmnachwuchs spiegelt sich in einer Vielzahl nationaler wie auch internationaler Anerkennungen wider. Erfolgreiche Beispiele sind u.a. der Oscar®-preisgekrönte Kurzfilm *Quiero Ser* von Florian Gallenberger, der Oscar®-prämierte Langfilm *Das Leben der Anderen* von Florian Henckel von Donnersmarck und nationale Auszeichnungen für den Film *Wer früher stirbt ist länger tot* von Marcus H. Rosenmüller.

Der Programmbereich kooperiert sehr eng mit den nationalen und regionalen Filmförderanstalten, wobei man gemeinsam regional und branchenrelevante Ideen entwickelt und repräsentiert, junge kreative Talente fördert und die mittelständisch geprägte Produzentenlandschaft unterstützt. Hier stellvertretend der FilmFernsehFonds Bayern (FFF Bayern) - seit 1996 für die Filmförderung in Bayern zuständig – der die Herstellung von Kino- und Fernsehspielfilmen fördert, hierzu zählen auch die Förderung von Drehbüchern, Nachwuchsproduktionen, Projektentwicklungen, der Verleih und der Vertrieb. Zu den erfolgreichsten FFF-geförderten BR Koproduktionen der letzten Jahre zählte u.a. *Das Leben der Anderen* von Florian Henckel von Donnersmarck.

Nationale wie internationale Film- und Medienveranstaltungen sind für die Redakteure des Programmbereichs u.a. ein konstruktiver Treffpunkt und Grundlage eines intensiven Erfahrungsaustauschs mit den Kreativen der Branche, wie beispielsweise *Medientage München*, *Internationales Filmfest München*, *Internationales Festival der Filmhochschulen München*, *Internationale Hofer Filmtage, Drehbuchwerkstatt* oder *Screenings der HFF München.*

Dem Kreativprozess im Programmbereich stehen u.a. die Abteilungen des Bayerischen Rundfunks (BR) wie beispielsweise die Intendanz, die Fernsehdirektion, die Programmwirtschaft oder der Produktionsbetrieb Fernsehen unterstützend zur Seite. Zudem pflegt der Programmbereich seine bilateralen Beziehungen zu den Bereichen Juristische Direktion (vor allem in der Zusammenarbeit mit dem Jugendschutz), Verwaltungsdirektion, Hörfunkdirektion, anderen Fernseh-Programmbereichen sowie zur Pressestelle, zum Marketing und zur Online-Redaktion des BR.

Ein in der Kommunikation und in der Struktur gut funktionierendes internes und externes Netzwerk ist für eine erfolgreiche Arbeit mit den Kreativen unerlässlich.

2.3 Positionierung des Programmbereichs Spiel Film Serie (BR)

Der Programmbereich Spiel Film Serie kann sich auf dem TV- und Spielfilmmarkt als Produzent und Programmanbieter nur dann optimal positionieren, wenn kulturpolitische Ziele (wie zum Beispiel Programmvielfalt und -qualität) und wettbewerbspolitische Ziele (wie zum Beispiel Marktanteil und Quote) angemessen gewichtet in ein konsistentes Zielsystem gebracht werden, um die bestmögliche Erfüllung des Programmauftrags garantieren zu können. Eine auch auf die Zukunft ausgerichtete Perspektivplanung (*siehe: Abb. 2.2*) ist für den Programmbereich unverzichtbar, um sich nachhaltig im Wettbewerb behaupten und hinsichtlich Legitimationsdruck und Kostenzwang schützen zu können.

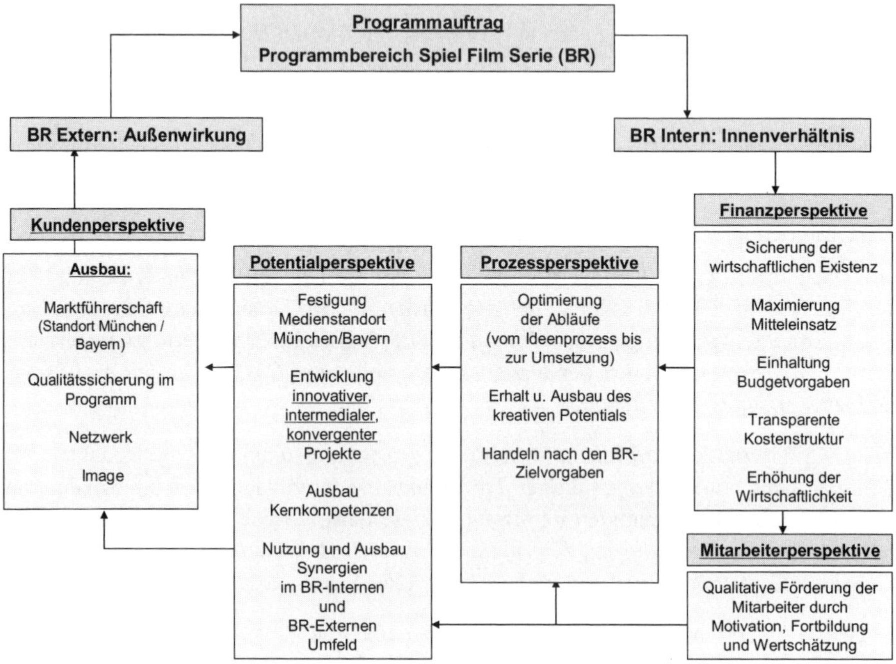

Abb. 2.2 *Die Perspektivausrichtung des Programmbereichs Spiel Film Serie (Quelle: Eigene Darstellung, in Anlehnung an: KAPLAN, R. S. / NORTON, D. P. / HÓRVATH, P. / GAISER, B. (Übers.) (2004))*

Der Programmbereich lebt von kreativen Inhalten und Arbeitsrhythmen. Autoren, Regisseure, Produzenten, Schauspieler brauchen Unterstützung aber auch Freiraum, um ihre Kreativität optimal entfalten zu können. Der Programmbereich sorgt dafür, dass die notwendigen Strukturen und Prozesse hierfür angeboten werden, indem Kreativität mit einer unternehmerischen Denkhaltung verbunden und TV-Filmprogramme als kulturelle Wichtigkeit einstuft werden.

Der Programmbereich steht in einem harten Wettbewerb:

- um Autoren, Regisseure, Produzenten, Schauspieler,
- in der Wahrnehmung durch die Öffentlichkeit (Zuschauer und Presse),
- in den sich verändernden Zuschaueranforderungen und –wünschen,
- um die Gunst junger Zuschauergruppen,
- in den Veränderungen des allgemeinen Informations- und Medienverhaltens,
- in der Berücksichtigung technischer Entwicklungen wie Internet, Breitbandtechnologien etc.,
- in der zunehmenden Mobilität und Interaktivität der Zuschauer.

Die Planung, Produktion und Ausstrahlung von TV-Film- und Serienprogrammen sind sehr personalintensiv und in der Regel auch mit hohem Kostenaufwand verbunden. Die kreativen Arbeitsprozesse innerhalb der Redaktionen, in deren Ergebnis Unikate realisiert werden, sind maßgeblich durch Engagement und Motivation seiner Mitarbeiter sowie den sinnvollen Einsatz der zur Verfügung stehenden Ressourcen definiert. Die Finanzperspektive des Programmbereichs ist das Ergebnis intensiver Auseinandersetzung mit den zugewiesenen Budgetvorgaben und deren wirtschaftlicher und sparsamer Einhaltung. Um eine transparente Kostenstruktur und Maximierung des Mitteleinsatzes zu erreichen, ist eine Programmfinanzierung und Kostenanalyse unverzichtbar. Nach dieser Maxime wird die Sicherung der wirtschaftlichen Existenz und die Einhaltung der Budgetvorgaben gewahrt und ein Spielraum für kreative Programmentscheidungen geschaffen. Um die Arbeitsprozesse in den Redaktionen des Programmbereichs zu optimieren und die qualitativen Vorstellungen des Programmbereichs nachhaltig positiv zu beeinflussen, spielen Mitarbeitermotivation und -förderung für den kreativen Entscheidungsprozess eine zunehmend wichtige Rolle.

Der „Dienst am Kunden" soll das positive Image des Programmbereichs bei den Zuschauern und den kreativen Netzwerkpartnern weiter stärken. Die Positionierung erfolgreicher Kino-, Fernseh-, Dokumentarfilm-, Reihen- und Serienprogramme mit hohem redaktionellem Qualitätsstandard kann nur dann realisiert werden, wenn der Programmbereich seine Zuschauer kennt und einschätzen kann.

Die Vision des Programmbereichs spiegelt sich in der Potentialperspektive wider. Die Offenheit gegenüber technischen und organisatorischen Innovationen schafft mehr Raum für kreative Entscheidungen. Der Ausbau der eigenen Kernkompetenzen (Programmvielfalt und Programmvariabilität) und die Förderung innovativer, intermedialer und konvergenter Projekte zeichnen den Programmbereich aus und machen ihn zukunftsfähig.

Die zunehmende Digitalisierung verändert im hohen Tempo die Produktions-, Verbreitungs- und Programmformen. Der Programmbereich stellt sich dieser Herausforderung mit der

Ausarbeitung neuer Programme, neuer Nutzungsformen und besserer Qualität in Bild und Ton. Damit werden dem Zuschauer neue Zugänge zum multimedialen System eröffnet.

Hierbei bedarf es zweier Hauptinstrumente, um die Arbeitsphilosophie im Programmbereich erfassen zu können:

1. Die Einschätzung des Publikums durch die Redaktionen - mit Unterstützung der BR-Medienforschung, Agenturen etc. - kann unter folgender Zielvereinbarung zusammengefasst werden: Welche Themen erreichen wie welches Publikum, welche Themen sind einem interessierten Publikum zuzuordnen, wie hoch ist die Risikobereitschaft des Publikums, ungewöhnliche aber auch Event- und massentaugliche Stoffe in höchster Qualitätsform anzunehmen.
2. Eine beispielhafte Arbeitsweise der Redakteure in den Redaktionen des Programmbereichs geprägt durch:

   - fachliche Arbeitskompetenz - wie beispielsweise Nachweis eines Hochschulabschlusses in Verbindung mit einem akademischen Grad, kaufmännische Fähigkeiten, Fachwissen, analytisches Denken, juristisches Verständnis, sehr gute sprachliche Ausdruckform in Wort und Schrift und Arbeitsdisziplin,
   - soziales Engagement - wie Menschenkenntnis, Neugier, Selbstvertrauen, gute Nerven, Belastbarkeit, Angstfreiheit, Risikofreudigkeit.

In der Umsetzung der in *Abbildung 2.2* dargestellten strategischen Positionierung kann sich der Programmbereich von innen heraus stärken, um seiner gesellschaftlichen Verantwortung – durch die Erfüllung des Programmauftrages – bestmöglich gerecht zu werden.

2.4 Erfolgsfaktoren des Programmbereichs Spiel Film Serie (BR)

Der Programmbereich Spiel Film Serie befindet sich mit seinen Programmen innerhalb der deutschen TV-Landschaft in einem harten Wettbewerb um die Akzeptanz der Zuschauer. Auf Grundlage der zuvor beschriebenen Positionierung ist es ein Bestreben des Programmbereichs, zur richtigen Zeit für das bestimmte Publikum das richtige Programm zu gestalten und anzubieten.

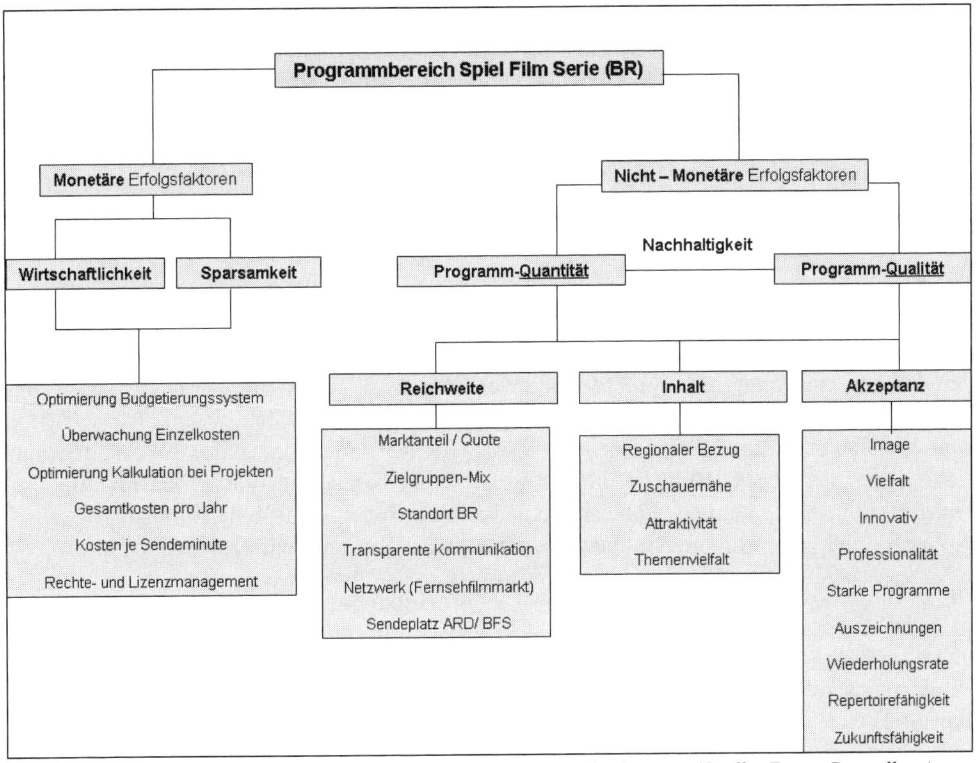

Abb. 2.3 *Die definierten Erfolgfaktoren des Programmbereichs Spiel Film Serie (Quelle: Eigene Darstellung)*

Durch die Einbindung qualitativer und quantitativer Erfolgsfaktoren *(siehe: Abb. 2.3),* welche in einem mehrdimensionalen Zielsystem eine wichtige Rolle spielen, kann nachhaltig ein Erfolg in Bezug auf Programmqualität, -inhalt und -akzeptanz sein.

Der Quantitätsaspekt – im Gegensatz zur Programmqualität – ist relativ leicht messbar und definiert sich durch den erzielten Marktanteil und die Quote eines Programmformates. Ein hoher Marktanteil symbolisiert stellvertretend auch die Zuschauerakzeptanz und bestätigt damit den kreativen Entstehungs- und Entscheidungsprozess im Programmbereich in seiner Funktion als auftraggebender Produzent.

Die Programmqualität eines Kino-, Fernseh-, Dokumentarfilm- oder Serienprogramms bestimmt sich durch inhaltliche und formale Merkmale (wie zum Bespiel: Drehbuch, Besetzung, Regie sowie Qualität in der Kameraführung, Schnitt, Bild, Ton), die Erwartungshaltung des Zuschauers sowie die filmkritische Beurteilung durch die Presse- und Filmdienste, gegebenenfalls auch durch Auszeichnungen. Aus diesem Grund müssen die Qualitätskriterien für jedes Programmformat in Abstimmung mit der Marktpositionierung individuell festgelegt werden. In den Redaktionen des Programmbereichs werden die Programmformate nach journalistischen und filmischen Kriterien wie Verständlichkeit, Aktualität, Objektivität, Glaubwürdigkeit, Relevanz, Professionalität der handwerklich-ästhetischen Umsetzung, Dramaturgie, Erfüllung des Programmauftrags und Repertoirefähigkeit bewertet.

Die Positionierung von „Starken Programmen“ wie beispielsweise den Reihen *Tatort* und *Polizeiruf 110* und dem *FilmMittwoch* im Gemeinschaftsprogramm der ARD (Das Erste) sowie im Bayerischen Fernsehen (BFS) durch die erste, mit hohem Akzeptanzwert etablierte, bayerische Daily *Dahoam is Dahoam* sowie die Reihe *Lebenslinien* unterstützen das nach außen hin gute Image und die qualitätsbewusste Arbeit in den Redaktionen. Ein weiteres Erfolgsrezept ist auch die kontinuierliche Zusammenarbeit des Programmbereichs mit einem festen Stamm erfolgreicher und erfolgversprechender Regisseure, Autoren, Produzenten und Schauspieler.

Für das ARD Gemeinschaftsprogramm (Das Erste) verpflichtet sich jede ARD Landesrundfunkanstalt zur Zulieferung von Programmen nach einem festgelegten Mengengerüst. Der Bayerische Rundfunk liefert in diesem Zusammenhang innerhalb einer Jahresplanung für den ARD-Krimisonntag: drei *Tatort*- und zwei *Polizeiruf 110*-Programme und in der Regel sieben Fernsehfilmprogramme für den ARD *FilmMittwoch* sowie Serien-Formate wie: *Marienhof* (BR-Federführung) und *Sturm der Liebe* (BR Ko-Redaktion). Für die Sendeplätze im Bayerischen Fernsehen (BFS) befüllt der Programmbereich wöchentlich zwei bis drei Dokumentarfilmplätze, viermal wöchentlich bayerische Serie, sechs Spielfilmplätze (Eigen-, Auftrags- oder Kaufprogramme) und ein wöchentliches Kinomagazin (*Kino Kino*).

Hinsichtlich der monetären Erfolgsfaktoren definiert der Programmbereich das Prinzip des wirtschaftlichen und sparsamen Umgangs mit dem zugewiesen Budget aus den Rundfunkgebühren. Im Programmbereich werden die Gesamtkosten pro Jahr wie auch die Kosten je Sendeminute unter „marktähnlichen“ Bedingungen erfasst, um die personellen und technischen Ressourcen effizient einsetzen zu können.

Die formulierten monetären wie auch nicht-monetären Erfolgsfaktoren des Programmbereichs bilden damit ein direktes Wettbewerbsinstrument und sind zugleich Dreh- und Angelpunkt für die Arbeitsphilosophie und den Entstehungsprozess bei Programmformaten.

2.5 Programmplanungs- und Steuerungsprozess im Programmbereich Spiel Film Serie (BR)

Das zentrale Merkmal im Entscheidungsprozess bei der Realisierung von TV-, Film-, Dokumentarfilm-, Reihen- und Serienprogrammen liegt in der konsequenten Zerlegung des Programmplanungs- und Steuerungsprozesses und unterteilt sich in einen Planungs-, Steuerungs- und Ergebnisprozess (*siehe: Abb. 2.4*). Diese Prozesse sind nicht nur sehr komplex, sondern auch empirisch schwer greifbar, finden auf Redaktionsebene statt und beinhalten alle Stufen von der Idee über das Drehbuch, die Produktion und Postproduktion bis hin zur Ausstrahlung im Gemeinschaftsprogramm der ARD (Das Erste) und dem Bayerischen Fernsehen (BFS).

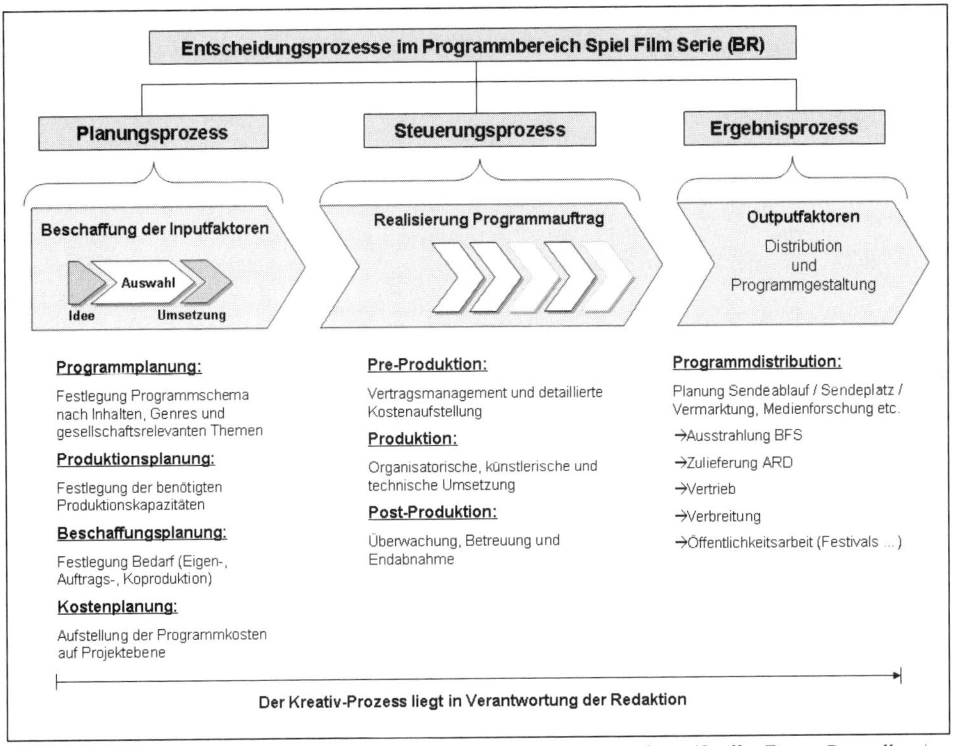

Abb. 2.4 Der Programmplanungs- und Steuerungsprozess auf Redaktionsebene (Quelle: Eigene Darstellung)

Der Fernsehdirektor des Bayerischen Rundfunks diskutiert zusammen mit der Programmbereichsleitung des Programmbereichs die Programmplanung in seinen Aufgaben, Schwerpunkten und Zielen. Im Resultat dieser Gespräche legt der Fernsehdirektor – als Vertreter des Programmangebots – den jährlichen Programmplan fest. Aus dem Programmplan werden die Projektpläne entwickelt, die die einzelnen Projekte, Sende- und Verfahrenspläne festlegen. Die Projektpläne beinhalten alle Programmformate, die der Programmbereich zusammen mit den Kreativen der Branche realisieren möchte und für einen festen Sendeplatz im Gemeinschaftsprogramm der ARD (Das Erste) und dem Bayerischen Fernsehen (BFS) liefern soll und will. Während die Programmverantwortlichen des Bayerischen Rundfunks (BR) die Rahmenbedingungen festlegen, bringen die einzelnen Redaktionen des Programmbereichs ihr künstlerisches und medienspezifisches Know-how in den Zielvereinbarungsprozess mit ein. Aus dieser Planungsgrundlage heraus entwickelt der Redakteur Programminitiative, plant die Beschaffung und Realisierung der Programmbeiträge, wirkt bei der Programm- und Finanzplanung sowie bei der Analyse und Kritik des Programms mit und repräsentiert, bei Wahrnehmung seiner Aufgaben, den BR in der Öffentlichkeit.

Im Planungsprozess wird durch den Programmbereich das Programmschema nach Inhalten, Genres und gesellschaftsrelevanten Themen festgelegt. Die Redaktionen im Programmbereich entwickeln aus diesen Vorgaben einen Ideenkatalog. Der gesamte Planungsprozess liegt in der Verantwortung der jeweiligen Redaktion und wird durch die Programmbereichsleitung nach außen hin vertreten. Persönliche Gefühle, Erfahrungen und erlerntes Stilgefühl sind im Entscheidungsprozess genauso wichtig wie die Berücksichtigung soziokultureller und minderheitenrelevanter Themen, den Blick für Zeitgeist und Timing, ohne dem Nacheifern und Kopieren von Trends.

Eine Idee kann sich zufällig aus einer Zeitungsnotiz, aus einem kürzlich gelesenen Roman oder aus Gesprächen heraus entwickeln. Sehr häufig tragen Autoren, Regisseure und Produzenten Ideen in unterschiedlichen Stadien an die Redaktionen heran, von losen Ideenskizzen, über gedanklich fortgeschrittene Stoffideen, bis hin zu fast schon ausgereiften Drehbuchentwürfen.

Um die geistig seelische Entwicklung von Kindern und Jugendlichen zu wahren, können bestimmte Inhalte nicht in beliebiger Reihenfolge verbreitet werden, dazu bedarf es einer inhaltliche Verantwortung des Programmbereichs in regelmäßiger Abstimmung mit dem Jugendschutz nach dem Jugendmedienschutz Staatsvertrag (JMStV) und Jugendschutzgesetz (JuSchG). (Vgl. JMStV i.d.F. v. 20.01.2003, JuSchG i.d.F. v. 23.07.2002)

Der kreative Entscheidungsprozess im Programmbereich besteht in der Regel aus drei Schritten: dem Erzeugen und Fördern vielfältiger Ideen, ihrer Auswahl, die Grundlage eines interessanten Programmformates sein können, und der Umsetzung und Vermittlung dieser in Form eines Programmangebotes an den Zuschauer.

Auf dieser Grundlage finden nun intensive Gespräche zwischen den Redakteuren und den Kreativen der Branche statt, um die Ideen inhaltlich zur Reife zu entwickeln. Verlaufen die Entwicklungen erfolgreich, werden Exposé-, Treatment- oder Drehbuchaufträge vergeben. Beziehungsweise: Gibt es Aussicht auf eine Finanzierung der Projekte wird im Folgenden durch den Bayerischen Rundfunk (BR) ein Produktionsvertrag mit den Kreativen der Branche abgeschlossen, indem das Budget für die einzelnen Kostenpunkte, die Art der Produktion und der Rechteumfang detailliert festgehalten werden.

Die Kriterien für die Auswahl eines Produzententeams beruhen in der Regel auf dem Prinzip der Gleichberechtigung und Chancengleichheit innerhalb der bayerischen Filmproduktionsunternehmen, gepaart mit deren Erfahrungs- und Kompetenzvermögen, ihrer Vertrauenswürdigkeit und ihrem Verständnis für die programmspezifischen Inhalte des Programmbereichs.

Der Programmbereich und die Programmwirtschaft prüfen die eingereichten Kalkulationen. Der Bayerische Rundfunk bemüht sich dabei um eine realistische Finanzierung, um die Qualität der Programme nachhaltig zu sichern. Mit Abschluss des Produktionsvertrages beginnt die konkrete Realisierung des Projekts. Spätestens jetzt erfolgt die Verpflichtung der Schlüsselpositionen wie Regie und Darsteller in enger Abstimmung mit der zuständigen Redaktion. Die einzelnen Abläufe werden in den verschiedenen ARD Landesrundfunkanstalten unterschiedlich gehandhabt. Beim BR werden für jede Kinoko-, Fernseh-, Dokumentarfilm- und Serienproduktion Produktionsnummern durch die Abteilung Programmwirtschaft zugewiesen. Mit Vergabe der Produktionsnummern ist ein Programm durch den BR genehmigt und kann durch die Redaktion realisiert werden.

Das redaktionelle Engagement in der Kreativarbeit ist bei Eigen- und Auftragsproduktionen wesentlich höher als beispielsweise bei Kinokoproduktionen, bei denen die finanzielle Beteiligung des Programmbereichs bei circa 20 bis 30 Prozent der Herstellungskosten liegt, und der Hauptanteil der künstlerischen Arbeit bei den Kreativen der Branche angesiedelt ist. Auf Grund des Programmauftrages stellt der Bayerische Rundfunk und speziell der Programmbereich als öffentlich-rechtlicher Programmanbieter in der Regel erhöhte Ansprüche an die kulturelle und künstlerische Qualität seiner Programmbeiträge und vergibt daher vornehmlich Eigen- und Auftragsproduktionen.

In der Pre-Produktion wird die detaillierte Finanzierung nach Art der Produktion und Rechteumfang verhandelt und in Verträgen sichergestellt. In der anschließenden Produktionsphase findet die Arbeit vor und hinter der Kamera statt, welche von den Redaktionen begleitet wird. In der Post-Produktion findet die Nachbearbeitung der Produktion (in Ton, Bild, Musik etc.) bis zur Endabnahme durch die Redaktionen statt.

Die Arbeit in den Redaktionen geht weit über die Drehbuchentwicklung und die Abnahme von Programmen hinaus. Im Ergebnisprozess erfolgen die Planung und Platzierung der Programmformate auf einen Sendeplatz im Gemeinschaftsprogramm der ARD (Das Erste) und im Bayerischen Fernsehen (BFS) und deren redaktionelle Betreuung. Die realisierten Programmformate werden durch die Redaktionen und die Programmbereichsleitung verantwortet sowie übergeordnet durch den Fernsehdirektor nach außen hin vertreten.

Programmübernahmen aus dem Gemeinschaftsprogramm der ARD wie zum Beispiel Das Erste, Ki.Ka, Phönix und arte, den Dritten Programmen der ARD und Kaufproduktionen u.a. im Spielfilm- und Dokumentarfilmangebot für den Sendeplatz im Bayerischen Fernsehen (BFS) stehen ebenso in der Verantwortlichkeit der Redaktionen wie die Bearbeitung und Beantwortung von Zuschauerpost, die allgemeine und programmspezifische Pressearbeit, die zusätzliche Hochschultätigkeit und die intensive Nachwuchsförderung und –pflege.

3 Erfolgsportfolio - Kerngeschäft TV an Beispielen

Filme sind Katalysatoren der Gesellschaft, die Sehnsüchte hervorrufen, das Leben bereichern, stärken und stimulieren können. Der Programmbereich Spiel Film Serie steht in der Verpflichtung, Geschichten zu realisieren, die die Menschen emotional bewegen beziehungsweise gedanklich anregen und nachhaltig bereichern sollen. (Vgl. Anhang: Kino-, Fernseh-, Dokumentarfilm- und Serienproduktionen des Programmbereichs Spiel Film Serie - eine Auswahl der Jahre 2004 bis 2008)

Erfolgreich beim Zuschauer und preisgekrönt stehen die Sonntagskrimis in einer langen Tradition des fiktional erzählten und anspruchsvollen Krimi-Genres. Der beliebte ***BR-Tatort*** platziert seit 1972 die bayerischen Farben auf dem gesamtdeutschen Parkett der Kriminalunterhaltung. Durch die liebevoll-bissigen Frotzeleien bisweilen auch lautstarken Auseinandersetzungen seiner beliebten Kommissare (Udo Wachtveitl und Miroslav Nemec) zueinander und die Liebe zur bayerischen Mentalität, konnte der BR-Tatort sich einen großen Zuschauerkreis auch über die bayerischen Landesgrenzen hinaus sichern und stetig ausbauen. Durch die Zusammenarbeit mit bekannten, preisgekrönten Regisseuren, darunter Klaus Emmerich, Dominik Graf, Michael Gutmann oder Vivian Naefe und namhaften Drehbuchautoren wie Peter Probst oder Alexander Adolph sowie die Auftragsvergabe an bayerische Produzententeams können Themen gesellschaftsrelevant realisiert und die inhaltliche Qualität des Genres bewahrt werden.

Das mehrfach preisgekrönte BR-Erfolgsprogramm ***Polizeiruf 110*** besticht durch Risikobereitschaft der Redaktion brisante Tabuthemen im Kriminalformat aufzugreifen. Daneben gibt die Redaktion neuen Talenten, noch unbekannten Autoren und Regisseuren die Chance, auf einen Sendeplatz am attraktiven Sonntagabend zur Prime-Time. So inszenierte u.a. Regisseur Dominik Graf *(Hotte im Paradies)* mit ***Der scharlachrote Engel*** und ***Er sollte tot*** zwei intensive, aufwühlende und eigenwillige Genrestücke. Die Verpflichtung von bekannten, preisgekrönten Regisseuren wie beispielsweise Alain Gsponer oder Peter Patzak und Drehbuchautoren wie beispielsweise Peter Probst oder Christian Jeltsch sowie die Beauftragung bayerischer Produzententeams stehen sinnbildlich für die Zuschauerakzeptanz und Unverwechselbarkeit der Marke BR-„Polizeiruf 110“.

Zukünftig werden durch den Programmbereich für den Sendeplatz Bayerisches Fernsehen (BFS) in loser Reihenfolge Krimi-Geschichten in den verschiedenen bayerischen Regionen verfilmt, beginnend mit dem Heimatkrimi: ***Freiwild. Ein Würzburg-Krimi*** von Regisseur Manuel Siebenmann.

Der anspruchsvolle *FilmMittwoch* in der ARD (Das Erste) erzählt in einer Fassettenvielfalt Geschichten über „Familienkonstellationen“ und „Generationen-Porträts“.

Beispielhafte Filme für „Familienkonstellationen“ sind u.a. das mit dem „Deutschen Fernsehpreis“ ausgezeichnete Langfilmdebüt ***Rose*** von Regisseur und Autor Alain Gsponer, eine charmant chaotische Geschichte einer allein erziehenden Mutter mit ihren drei Söhnen zwischen Erwachsenwerden und Ausbrechen. Der mehrfach ausgezeichnete Fernsehfilm ***Marias letzte Reise*** von Regisseur Rainer Kaufmann, ein Glücksfall aus der Zusammenarbeit des Programmbereichs mit der Münchner Drehbuchwerkstatt, schildert den eindringlichen und bewegenden Umgang mit der Selbstbestimmtheit des Sterbens, wie es zuvor in Deutschland noch nicht erzählt worden ist. Die große Kraft des Stoffes beruht auf der Tatsache, dass die Autorin selbst als Sterbebegleiterin gearbeitet hat und den Figuren dadurch eine große Glaubwürdigkeit verleihen konnte. Der Film hat, trotz seiner schwierigen Thematik, ein großes Publikum finden und innerhalb der Gesellschaft ein Tabuthema zum öffentlichen Diskurs bringen können. *Marias letzte Reise* ist ein anrührender Appell an die Menschlichkeit, der vor dem Hintergrund der zunehmenden Vergreisung unserer Gesellschaft zusätzlich an Brisanz gewinnt. Der Fernsehfilm ***Tollpension*** von Regisseur Tim Trageser ist in Zusammenarbeit des Programmbereichs Spiel Film Serie mit der Master School Drehbuch Berlin heraus entwickelt worden. Die Autorin Anne Müller erzählt in ihrem Drehbuch-Debüt eine Familiengeschichte als unterhaltsames Spiegelbild unserer Gesellschaft: Uwe Ochsenknecht fühlt sich als grandioser Spießbürger in seinem Urlaub durch die Anwesenheit von

Behinderten belästigt und ist als treusorgender Vater überfordert. Trotz des hohen Unterhaltungswertes wird bewusst mit vordefinierten Meinungsbildern und Vorurteilen der Gesellschaft gespielt und der Zuschauer zur eigenen Meinungsbildung herausgefordert. Der Fernsehfilm ***Morgen räum ich auf*** von Regisseurin und Autorin Martina Elbert ist ein gesellschaftsrelevanter Themenfilm zwischen einer heranwachsenden Tochter und einer im Job, bei der Kindererziehung und in ihrer Lebensführung überforderten Mutter. Die Autorin greift das Messie-Thema auf und verpackt es in eine phantasievolle Film- und Bildsprache mit liebevollen Figuren. Einen genauen Blick auf Beziehungs- und Familienstrukturen unserer Zeit wirft der Fernsehfilm ***Patchwork*** von Regisseurin Franziska Buch. Eine Familienkonstellation mit allen Höhen und Tiefen, zeitnah erzählt, mit einer liebenswerten Komik in den Konflikten umgesetzt und hervorragendem atmosphärischen Gespür in der Entwicklung und Beschreibung seiner Menschenbilder.

Bemerkenswerte Filme zum Thema „Generationen-Porträts" sind u.a. das hochkarätig besetzte Kammerspiel ***Silberhochzeit*** von Regisseur Matti Geschonneck und Autor Daniel Nocke, es spiegelt die zwischenmenschlichen Abgründe der Generation Best Age 50+ eindrucksvoll und schonungslos wider, indem eine Ehe am Tage ihres 25jährigen Bestehens mit Hilfe vermeintlicher Freunde in die Brüche geht. Das Fernsehfilmdrama ***Mitte 30*** von Regisseur Stefan Krohmer und Autor Daniel Nocke besticht durch seine schonungslose Darstellung der New Economy-Generation und einer an innerer Zerrissenheit und menschlicher Selbstaufgabe krankenden „Schein- und Sein-Gesellschaft". Diese Mischung aus einer Besetzung mit eher unbekannten Schauspielern und einem gesellschaftlich relevanten Thema, fand bei der Erstausstrahlung eine hohe Publikumsresonanz. Der Fernsehfilm ***Einer bleibt sitzen*** von Regisseur Tim Trageser ist ein authentisch junger Film, mit junger Besetzung, bei dem die Hauptfigur nach einem Unfall an den Rollstuhl gefesselt ist und das Leben, die Liebe, Freundschaft und Solidarität aus einem neuen Blickwinkel erfahren muss. Der Fernsehfilm ***Mozart – Ich hätte München Ehre gemacht*** von Regisseur Bernd Fischerauer nimmt als aufwändiger Event-Film zum 250. Geburtstag von Wolfgang Amadeus Mozart eine Sonderposition im Programmbereich ein. Der fiktional angelegte und opulent ausgestattete Film thematisiert Mozart als ewig suchenden Künstler, mit Talent und Willen, seine vergebliche Bemühung um eine Stelle in München, sein Streben nach beruflicher Anerkennung und die Ignoranz des Publikums.

Die Bandbreite an Fernsehfilmproduktionen des Programmbereichs Spiel Film Serie komplettieren die Serienprogramme wie *Marienhof* oder *Türkisch für Anfänger* im Gemeinschaftsprogramm Werbung der ARD sowie die bayerische Daily *Dahoam is Dahoam* im Bayerischen Fernsehen (BFS).

Im Mittelpunkt der preisgekrönten ARD-Vorabend-Serie ***Türkisch für Anfänger*** steht eine deutsch türkische Patchworkfamilie, die ihre multikulturellen Grenzen und Annährungen mit angemessener Tiefe auslotet und übliche Klischees und Engstirnigkeiten humorvoll und frech anspricht. ***Dahoam is Dahoam*** ist seit 2007 ein neu entwickeltes Serienprogramm im Bayerischen Fernsehen (BFS), das typisch bayerischen Humor mit aktuellen Problemen und Konflikten auf charmante Art und Weise thematisiert. Das erste Daily-Soap-Format ***Marienhof***, seit 1992 erfolgreich im Vorabend-Programm der ARD (Das Erste), thematisiert auf amüsante und auch ernste Weise alltägliche Sorgen und Nöte in einer multikulturellen Nachbarschaft.

Das seit Jahren etablierte und sehr erfolgreiche BR-Dokumentarfilmformat ***Lebenslinien*** steht in seiner Bandbreite für außergewöhnlich Lebensgeschichten, in ihrer wunderbaren, behutsamen aber auch manchmal abschreckenden Darstellung. Die *Lebenslinien* sind ein Forum für den „normalen" Alltagsmenschen. In der Regel kommen hier Menschen zu Wort, die mit ihrer persönlichen Geschichte etwas zu sagen haben. Das kann ermutigend, anregend und nachahmenswert, darf aber auch beunruhigend oder gar erschreckend sein, ohne jedoch die portraitierten Lebensgeschichten einer spekulativen oder gar sensationslüsternen Bloßstellung auszusetzen. Das erfordert eine behutsame Neugier, ehrliches Interesse auf Seiten der Macher und echte Offenheit und Wahrhaftigkeit auf der Seite der Protagonisten.

Für die Langzeitbeobachtung ***Marcel – Ein Kämpfchen, das wär' schön!*** von Autorin und Regisseurin Juliane Schuhler ist es einem öffentlich rechtlichen Sender gelungen, an einer ungewöhnlichen Projektidee festzuhalten, einen Menschen über einen Zeitraum von 35 Jahren hinweg zu begleiten. So entstand ein geschlossenes und lückenloses Zeugnis eines ungewöhnlichen Werdegangs in unserer Gesellschaft, das gleichzeitig berührt, unterhält und zum Nachdenken anregt. Zudem setzt die Redaktion Dokumentarfilm auf inhaltliche Themenschwerpunkte wie beispielsweise „Wir und die Kinder" mit der zentralen Frage: In welcher Wirklichkeit bewegen sich Kinder in unserer Gesellschaft? - stellvertretend hier *Klassenkampf* von Uli Kick und *Reise ins Licht* von Andrea Asch.

Kinder sind Zukunft. Deshalb zählt auch die Herstellung von Filmen für diese Zielgruppe mit zu den Kernaufgaben des Programmbereichs. Drei Spielfilme, an denen der Bayerische Rundfunk als koproduzierender TV-Partner federführend beteiligt war, seien beispielhaft genannt: Der Film ***TKKG – Das Geheimnis um die rätselhafte Mind-Machine*** von Regisseur Tomy Wigand macht auf der Basis einer spannenden Krimihandlung deutlich, dass Forschung nicht selbstzweckhaft sein darf, sondern an eine ethisch-moralische Verpflichtung gebunden ist. Der Jugendfilm ***Blöde Mütze!*** von Regisseur Johannes Schmid erzählt einfühlsam von den Problemen des Erwachsenwerdens und bietet vielfältige Identifikationsmöglichkeiten für junge Zuschauer. Wechselseitige Toleranz und Verständnis für fremde Kulturen fördert der unterhaltsame Kinderspielfilm ***Mozart in China*** von Regisseur Bernd Neuburger in dem zwei zehnjährige Jungen mit der Marionettenfigur Mozart im Gepäck, gemeinsam nach China reisen.

Für eine erfolgreiche Facettenvielfalt bei Kinokoproduktionen steht beispielsweise die Oscar®-prämierte und vielfach ausgezeichnete Kinokoproduktion ***Das Leben der Anderen*** symbolisch für die Förderung junger kreativer Talente durch den Programmbereich Spiel Film Serie. Dem Autor und Regisseur Florian Henckel von Donnersmarck ist mit seinem Spielfilmdebüt ein bemerkenswertes Zeitbild einer Gesellschaft in totalitären Systemen, bestechend in seiner dramaturgischen Balance, in der Vielschichtigkeit der Inszenierung und den exzellenten Darstellerleistungen gelungen. Die preisgekrönte und Oscar®-normierte Kinokoproduktion ***Sophie Scholl – Die letzten Tage*** von Regisseur Marc Rothemund erzählt in einer geschichtlich hohen Wertigkeit, beruhend auf historischen Fakten und Original-Vernehmungsprotokollen, die letzten sechs Tage der Widerstandskämpferin Sophie Scholl.

Die Kinokoproduktion ***Kirschblüten – Hanami*** der Regisseurin und Autorin Doris Dörrie ist ein genau und liebevoll erzähltes Familienportrait, das sich auf die Geschichte eines älteren Mannes, der durch den Tod seiner Frau aus seinem geregelten Alltag herausgerissen wird, konzentriert. Optisch verbindet der Film eindrucksvoll Elemente von japanischer Tradition und Moderne, gepaart mit lakonischen Dialogen und Situationskomik. ***Im Winter ein Jahr*** von Regisseurin und Autorin Caroline Link erzählt - durch den schmerzhaften Verlust des Sohnes - die Umbruchsituation und Neufindung einer Familie. Der Film ***Jerichow*** von Regisseur und Autor Christian Petzold beschreibt eine intensive Dreiecksgeschichte, in der eine leidenschaftliche Affäre tragische Konsequenzen hat.

Der Dokumentarfilm ***Am Limit*** von Oscar®-Preisträger, Regisseur und Autor Pepe Danquart ist ein atemberaubendes, spannendes Plädoyer zweier Brüder und Extremsportler, die seit frühester Kindheit in den Bergen zu Hause, vom unbändigen Willen getrieben, ihre Grenzen und Ängste überwinden und die damit verbundenen Herausforderungen.

Im Rahmen einer erfolgreichen Nachwuchsförderung durch den Programmbereich stehen u.a.: die Kinokoproduktion ***Shoppen*** von Regisseur und Autor Ralf Westhoff, ein junges, innovatives, freches Debüt und ein schönes Beispiel dafür, dass die Begrenztheit der Möglichkeiten durchaus auch eine Chance sein kann: die kurze Zeit, um die einzelnen Charaktere (18 Hauptdarsteller!) zu entwickeln, das kleine Team, die minimale Ausrüstung, das geringe Budget, der Zeitdruck – all das setzt eine bestimmte Form von Kreativität frei. *Shoppen* ist ein Generationenporträt und die amüsante Zustandsbeschreibung einer immer skurriler werdenden Gesellschaft, liefert zudem jede Menge Identifikationspotenzial für die Generation 30+.
Der Absolvent der HFF München, Autor und Regisseur Marcus H. Rosenmüller gab mit seiner unkompliziert bayerischen Sichtweise dem bayerischen Heimatfilm neue erfrischende Impulse und verhalf ihm zur nationalen Anerkennung. In der Zusammenarbeit mit dem Programmbereich Spiel Film Serie konnten u.a. sein Debütfilm ***Wer früher stirbt ist länger tot***, die Coming-of-Age-Trilogie, ***Beste Zeit***, ***Beste Gegend***, ***Beste Chance*** und der Spielfilm ***Räuber Kneißl*** realisiert werden.

Das Oscar®-nominierte poetische Dokumentarfilmdebüt ***Die Geschichte vom weinenden Kamel*** von dem Regisseur- und Autorengespann Luigi Falorni und Byambasuren Davaa ist ein fein beobachteter Film voller fremdländischer Mysterien und erzählt nicht nur die Geschichte einer Kamelmutter und ihres Jungen, sondern lässt auch erahnen, wie universell der große Wunsch nach Liebe und Geborgenheit ist.

Das wöchentlich seit Jahren etablierte Kinomagazin ***Kino Kino*** im Bayerischen Fernsehen bietet eine gelungene Mischung aus aktueller Kinokritik und Hintergrundberichten.

Große historische Stoffe und Eventprogramme sind ein Paradebeispiel für die kreative Zusammenarbeit mehrerer ARD Landesrundfunkanstalten, wenn es sich um die geschichtliche Aufarbeitung deutscher Vergangenheit geht, um die Darstellung von Einzelschicksalen, Minderheiten und Randgruppen oder die Schicksalhaftigkeit eines ganzen Volkes. Der Programmbereich Spiel Film Serie ist bestrebt, Tabuthemen aufzugreifen und Verdrängtes nicht Vergessen werden zu lassen.

Der fiktional angelegte TV-Zweiteiler ***Die Flucht*** (Federführung Degeto) von Regisseur Kai Wessel versucht in beklemmend und detaillierten Bildern die Flucht von Millionen Deutschen aus den ehemaligen deutschen Ostgebieten exemplarisch zu schildern und greift eine Zeit auf, die bisher bewusst tabuisiert und zum Teil auch verdrängt worden ist. Eine sorgfältige und historisch genaue Bearbeitung, eine feinfühlige Inszenierung und die prominente Besetzung vor und hinter der Kamera, machten den Zweiteiler zu einem Zeitzeugnis deutscher Geschichte mit großer Publikumsresonanz. Fernsehfilme wie beispielsweise ***Nicht alle waren Mörder*** (Federführung SWR) von Regisseur Jo Baier, ***Die Frau von Checkpoint Charlie*** (Federführung MDR) von Regisseur Miguel Alexandre oder ***Der Baader Meinhof Komplex*** (Federführung NDR) von Regisseur Uli Edel, die allesamt auf wahren Begebenheiten beruhenden Dramen und Schicksale erzählen, betreut der Programmbereich Spiel Film Serie in Ko-Redaktion mit anderen ARD Landesrundfunkanstalten ebenso wie preisgekrönte Kinokoproduktionen wie beispielsweise die jüdische Familienkomödie ***Alles auf Zucker*** (Federführung WDR) von Regisseur Dani Levy, das beklemmend und atmosphärisch dichte Drama ***Requiem*** (Federführung SWR) von Regisseur Hans-Christian Schmid oder das vielschichtige Drama ***Vier Minuten*** (Federführung SWR) von Regisseur Chris Kraus.

Auf dem Parkett des internationalen kreativen Austausches konnte der Programmbereich Spiel Film Serie an der verstörend und tiefsinnig wirkenden deutsch-französischen Koproduktion ***Gespenster*** von Regisseur Christian Petzold, an der deutsch-israelischen Kino-Koproduktion ***Liebesleben*** von Regiedebütantin Maria Schrader nach dem gleichnamigen Roman oder an der deutsch-spanisch-französischen Koproduktion ***Die Frau des Anarchisten*** von den Regisseuren und Autoren Peter Sehr und Marie Noëlle redaktionell mitwirken.

Der Programmbereich versteht sich als ein lokaler und zuverlässiger Partner, als ein Begleiter und Chancengeber für die künstlerische Weiterentwicklung seiner Kreativpartner. Bis heute erhielten die vom Programmbereich redaktionell verantworteten Filme zahlreiche nationale und internationale Auszeichnungen. Unter anderem den Fernsehpreis und Adolf Grimme-Preis für *Marias letzte Reise*, *Türkisch für Anfänger*, den Deutschen Filmpreis für *Sophie Scholl – Die letzten Tage*, *Das Leben der Anderen*, *Wer früher stirbt, ist länger tot* sowie europäische Filmpreise für *Sophie Scholl – Die letzten Tage* und *Das Leben der Anderen*, bis hin zur Oscar®-Auszeichnung für *Das Leben der Anderen* im Februar 2007. Insgesamt hat der Programmbereich unter der Leitung von Bettina Reitz in den Jahren 2003 bis 2008 mehr als 200 Preise für seine Fernseh- und Kinofilmproduktionen gewonnen.

Ein Verdienst, den der Programmbereich in intensivpartnerschaftlicher Zusammenarbeit mit den Kreativen der Branche teilt.

Anhang

Kino-, Fernseh-, Dokumentarfilm- und Serienproduktionen des Programmbereich Spiel Film Serie - eine Auswahl der Jahre 2004 bis 2008

ALLES AUF ZUCKER (Kinofilm) - Deutschland 2004, Regie: Dani Levy, Autoren: Dani Levy, Holger Franke, Darsteller: Henry Hübchen, Hannelore Elsner, Udo Samel, u.a., Produktion: X Filme, Redaktion BR: Bettina Ricklefs (Fernsehfilm), WDR (Federführung) und arte

Ausgezeichnet: *Deutscher Filmpreis (2005)*: Bester Spielfilm in Gold – Manuela Stehr, Beste Regie – Dani Levy, Bestes Drehbuch – Dani Levy, Holger Franke, Beste Musik –Niki Reiser, Bester Hauptdarsteller – Henry Hübchen, Bestes Kostümbild – Lucie Bates; *Ernst-Lubitsch-Preis (2005)*: Bester Spielfilm

AM LIMIT (Dokumentarfilm) - Deutschland/Österreich 2007, Regie und Autor: Pepe Danquart, Darsteller: Thomas Huber, Alexander Huber, Produktion: Quinte Film, Hager Moss Film, Redaktion BR (Federführung): Hubert von Spreti (Film und Teleclub), ORF und arte

Ausgezeichnet: *Bayerischer Filmpreis (2008)*: Dokumentarfilmpreis

BESTE ZEIT, BESTE GEGEND UND BESTE CHANCE (Kinofilm) - Deutschland 2007-2009, Regie: Marcus H. Rosenmüller, Autorin: Karin Michalke, Darsteller: Anna Maria Sturm, Rosalie Thomass u.a., Produktion: Monaco Film in Koproduktion mit dem Bayerischen Rundfunk, Redaktion BR: Cornelia Ackers (Fernsehfilm)

BLÖDE MÜTZE (Kinofilm) - Deutschland 2007, Regie: Johannes Schmid, Autoren: Johannes Schmid, Michael Demuth, Darsteller: Johann Hillmann, Lea Eisleb, Konrad Baumann u.a., Produktion: Kinderfilm, Redaktion BR (Federführung): Friederike Euler (Kinderspielfilm) und MDR

Ausgezeichnet: *Filmfest München (2007)*: Weißer Elefant – Regisseur und Autor Johannes Schmid

DAHOAM IS DAHOAM (Serie) - Deutschland seit 2007, Produktion: PolyScreen Produktionsgesellschaft für Film und Fernsehen, Redaktion BR: Bettina Reitz (Spiel Film Serie), Caren Toennissen (Serie im Ersten),http://www.br-online.de/dahoam-is-dahoam, 28.04.2008

DAS LEBEN DER ANDEREN (Kinofilm) - Deutschland 2005, Regie und Autor: Florian Henckel von Donnersmarck, Darsteller: Ulrich Mühe, Martina Gedeck, Sebastian Koch, Ulrich Tukur u.a., Produktion: Wiedemann & Berg Filmproduktion, Redaktion BR: Bettina Reitz (Spiel Film Serie), Claudia Gladziejewski (Kurzfilm und Debüt), Hubert von Spreti (Film und Teleclub)

Ausgezeichnet: *Filmfest München (2006)*: Bernhard-Wicki-Filmpreis - „Die Brücke" – Friedenspreis des deutschen Films; *Bayerischer Filmpreis (2006)*: Beste Nachwuchsregie – Florian Henckel von Donnersmarck, Bestes Drehbuch – Florian Henckel von Donnersmarck, Bester Darsteller – Ulrich Mühe, VGF-Preis; *Deutscher Filmpreis (2006)*: Bester Spielfilm in Gold – Quirin Berg, Max Wiedemann, Beste Regie / Drehbuch – Florian Henckel von Donnersmarck, Bester Darsteller – Ulrich Mühe, Bester Nebendarsteller – Ulrich Tukur, Beste Kamera / Bildgestaltung – Hagen Bogdanski, Bestes Szenenbild – Silke Buhr; Bambi (2006): Bester Darsteller national – Sebastian Koch; *Europäischer Filmpreis (2006)*: Bester Film, Bestes Drehbuch – Florian Henckel von Donnersmarck, Bester Darsteller – Ulrich Mühe; *IFF Warschau (2006)*: Publikumspreis; *Preis der deutschen. Filmkritik (2007)*: Bestes Spielfilmdebüt – Florian Henckel von Donnersmarck, Bester Darsteller – Ulrich Mühe, Beste Kamera – Hagen Bogdanski, Bester Schnitt – Patricia Rommel; *Verband der Filmkritiker Los Angeles (2007)*: Bester fremdsprachiger Film 2006; *IFF Locarno (2007)*: Publikumspreis; *Independent Spirit Award (2007)*: Bester fremdsprachiger Film; *Golden Globe (2007)*: Nominierung: Bester fremdsprachiger Film; *Oscar (2007)*: Bester fremdsprachiger Film; *BANFF* (2008): Bester fremdsprachiger Film; *Ceasár (2008)*: Bester fremdsprachiger Film

DER BAADER MEINHOF KOMPLEX (Kinofilm) - Deutschland 2008, Regie: Uli Edel, Autoren: Bernd Eichinger, Stefan Aust, Buchvorlage: Stefan Aust, Darsteller: Moritz Bleibtreu, Martina Gedeck, Johanna Wokalek u.a., Produktion: Constantin Film Produktion, Redaktion BR: Bettina Reitz (Spiel Film Serie), NDR (Federführung) und Degeto

DIE FLUCHT (Fernsehfilm) - Deutschland 2007, Regie: Kai Wessel, Autorin: Gabriela Sperl, Darsteller: Maria Furtwängler, Jean-Yves Berteloot, Angela Winkler u.a, Produktion: teamWorx u. EOS Entertainment, Redaktion BR: Bettina Reitz (Spiel Film Serie), Bettina Ricklefs (Fernsehfilm), Degeto (Federführung), hr, SWR, WDR und arte

Ausgezeichnet: *Deutscher Fernsehpreis (2007)*: Beste Schauspielerin Nebenrolle – Gabriela Maria Schmeide, Beste Musik – Enjott Schneider, Beste Ausstattung – Knut Loewe und Wiebke Kratz

DIE FRAU DES ANARCHISTEN (Kinofilm) - Deutschland/Spanien/Frankreich 2008, Regie: Peter Sehr, Marie Noëlle, Autoren: Marie Noëlle, Peter Sehr, Dominique Garnier, Darsteller: Juan Diego Botto, Maria Valverde, Nina Hoss, Ivana Baquero u.a., Produktion: P'Artisan Filmproduktion (Durchführender Produzent), ZIP Film/Barcelona, Ibarretxe/Bilbao (Koproduzenten Spanien), Cine Boissiere/Paris (Koproduzent Frankreich, Deutschland: Herstellungsleitung, Kostüm, Make Up, Mischung, Gesamte Postproduktion, Spanien: Ausstattung, Komponist, Frankreich: Kamera, Ton, Musik, Redaktion BR (Federführung): Bettina Reitz (Spiel Film Serie), Hubert von Spreti (Film und Teleclub) und arte

Ausgezeichnet: *Filmfest München (2008)*: Bernhard-Wicki-Filmpreis – „Die Brücke" – Friedenspreis des deutschen Films

DIE FRAU VON CHECKPOINT CHARLIE (Fernsehfilm) - Deutschland 2007, Regie: Miguel Alexandre, Autorin: Annette Hess, Buchvorlage: Ines Veith, Darsteller: Veronica Ferres, Peter Kremer, Filip Peeters u.a., Produktion: UFA Fernsehproduktion, Redaktion BR: Bettina Ricklefs (Fernsehfilm) und MDR (Federführung), rbb, arte

DIE GESCHICHTE VOM WEINENDEN KAMEL (Dokumentarfilm) - Deutschland 2003, Regie und Autoren: Luigi Falorni und Byambasuren Davaa (Absolventen HFF München), Produktion: HFF München, Redaktion BR: Claudia Gladziejewski (Kurzfilm und Debüt), Benigna von Keyserlingk

Ausgezeichnet: *Bayerischer Filmpreis (2003)*: Dokumentarfilmpreis; *Gilde-Filmpreis (2004)*: Bester Dokumentarfilm; *Oscar (2005)*: Nominierung Bester Dokumentarfilm

DIE GROßE STILLE (Dokumentarfilm) - Deutschland 2005, Regie und Autoren: Philip Gröning, Nicolas Humbert, Produktion: Philip Gröning Filmproduktion, Redaktion BR: Walter Greifenstein (Film und Teleclub)

Ausgezeichnet: *Bayerischer Filmpreis (2006)*: Dokumentarfilmpreis; *Deutscher Kamerapreis* (2006): Bester Dokumentarfilm; *Europäischer Filmpreis (2006)*: Bester Dokumentarfilm; *Sundance Film Festival (2006)*: Spezieller Preis der Jury des Intern. Dokumentarfilmwettbewerbs

EDEN (Kinofilm) - Deutschland/Schweiz 2005, Autor und Regie: Michael Hofmann, Darsteller: Josef Ostendorf, Charlotte Roche, Devid Striesow u.a., Produktion: Gambit, Redaktion BR: Claudia Simionescu (Fernsehfilm) und SWR (Federführung)

Ausgezeichnet: *IFF Rotterdam* (2006): Lions Award Publikumspreis; *Pesaro Film Festival (2006)*: Bester Publikumspreis; *IFF Eurasia (2006)*: Grand Prix

EINER BLEIBT SITZEN (Fernsehfilm) - Deutschland 2007, Regie: Tim Trageser, Autor: Matthias Pacht, Darsteller: Volker Bruch, Florian Jahr, Trystan Pütter, Rosalie Thomass, Karoline Schuch u.a., Produktion: teamWorx Television & Film, Redaktion BR: Bettina Reitz (Spiel Film Serie), Bettina Ricklefs (Fernsehfilm)

FOLGESCHÄDEN (Fernsehfilm) - Deutschland 2004, Regie: Samir Nasr, Autor: Florian Hanig, Darsteller: Mehdi Nebbou, Silke Bodenbender, Mahmoud Alame u.a., Produktion: Maran Film GmbH, Redaktion BR: Claudia Gladziejewski (Kurzfilm und Debüt), SWR (Federführung) und arte

Ausgezeichnet: *IFF San Francisco (2006)*: Golden Gate Award „Best Television Narrative, Long Form"; *World Film Festival Bangkok (2006)*: Best Script Award

FREIWILD. EIN WÜRZBURG-KRIMI (Fernsehfilm) - Deutschland 2008, Regie: Manuel Siebenmann, Autor: Peter Probst, Darsteller: Thomas Schmauser, Teresa Weißbach u.a., Produktion: Infa Film, Redaktion BR: Silvia Koller (Fernsehfilm), Stephanie Heckner (Reihen und Mehrteiler)

GESPENSTER (Kinofilm) - Deutschland/Frankreich 2005, Regie: Christian Petzold, Autor: Christian Petzold, Harun Farocki, Darsteller: Julia Hummer, Sabine Timoteo, Marianne Basler u.a., Produktion: Schramm Film, Les Films des Tournelles, Redaktion BR (Federführung): Bettina Reitz (Spiel Film Serie) und arte

GRÜßE AUS KASCHMIR (Fernsehfilm) - Deutschland 2004, Regie: Miguel Alexandre, Autoren: Harald Göckeritz, Fred Breinersdorfer, Darsteller: Bernadette Heerwagen, René D. Ifrah, Elena Uhlig u.a., Produktion: TV60Film, Redaktion BR: Bettina Reitz (Spiel Film Serie), Bettina Ricklefs (Fernsehfilm) und arte

Ausgezeichnet: *Adolf Grimme Preis - Fiktion & Unterhaltung (2004)*: Buch - Harald Göckeritz, Regie – Miguel Alexandre, Darstellung – Bernadette Heerwagen, René D. Ifrah

HIERANKL (Kinofilm) - Deutschland 2003, Regie: Hans Steinbichler, Autor: Edin Hinrichs-Hadzimahovic, Darsteller: Johanna Wokalek, Barbara Sukowa, Josef Bierbichler u.a., Produktion: Avista Film, Redaktion BR (Federführung): Benigna von Keyserlingk, Claudia Gladziejewski (Kurzfilm und Debüt), SWR und arte

Ausgezeichnet: *Adolf Grimme Preis - Fiktion & Unterhaltung (2006)*: Buch/Regie – Hans Steinbichler, Kamera – Bella Halben, Darstellung – Johanna Wokalek, Barbara Sukowa, Josef Bierbichler, Peter Simonischek

IM WINTER EIN JAHR (Kinofilm) - Deutschland 2008, Regie und Autorin: Caroline Link, Darsteller: Karoline Herfurth, Josef Bierbichler, Corinna Harfouch u.a., Produktion: Constantin Filmproduktion, Bavaria Filmverleih, Redaktion BR (Federführung): Bettina Reitz (Spiel Film Serie), Degeto

JERICHOW (Kinofilm) - Deutschland 2008, Regie und Autor: Christian Petzhold, Darsteller: Benno Fürmann, Hilmi Sözer, Nina Hoss u.a., Produktion: Schramm Film, Redaktion BR (Federführung): Bettina Reitz (Spiel Film Serie), arte

KINO KINO (Fernsehmagazin) - wöchentliches Kino-Magazin im Bayerischen Fernsehen (BFS), Redaktion BR (Film und Teleclub): Thomas Sessner, Sonja Scheider, Hubert von Spreti, Moderation: u.a. Christoph Bauer

KIRSCHBLÜTEN - HANAMI (Kinofilm) - Deutschland 2007, Regie und Autorin: Doris Dörrie, Darsteller: Hannelore Elsner, Elmar Wepper, Nadja Uhl u.a., Produktion: OLGA FILM, Redaktion BR (Federführung): Bettina Reitz (Spiel Film Serie), Hubert von Spreti (Film und Teleclub), Degeto und arte

Ausgezeichnet: *Bayerischer Filmpreis (2008)*: Bester Darsteller: Elmar Wepper Produzentenpreis: Molly von Fürstenberg, Harry Kügler; *Deutscher Filmpreis (2008)*: Bester Spielfilm in Silber – Molly von Fürstenberg, Harald Kügler, Bester Hauptdarsteller – Elmar Wepper, Bestes Kostümbild – Sabine Greunig

LEBENSLINIEN (Fernsehreihe) - Seit mehr als 20 Jahren mit einem festen Sendeplatz und jährlich mit mehr als 20 Neuproduktionen im Programm des Bayerischen Fernsehens vertreten, Redaktion Dokumentarfilm: Christel Hinrichsen, Renate Stegmüller und Christian Baudissin. 1996 wurde die Reihe *Lebenslinien* mit dem „Bayerischen Fernsehpreis“ ausgezeichnet. Weitere Preise gab es für folgende Filme aus der gleichnamigen Reihe: *Nachruf auf Sonja S.* (1992), *Nie wieder nach Berlin* (1993), *Amadeo R. – Heimweh nach Selb* (1994), *Der Kamelbauer vom Schwarzwald* (1997), *Streetwork Orange* (1999/2000), *1000 Jahre möchte ich alt werden* (2000), *In Verse hüll' ich meine Brote* (2003). Im Jahre 2006 wurde die Reihe *Lebenslinien* mit dem „AZ-Stern des Jahres" ausgezeichnet.

LIEBESLEBEN (Kinofilm) - Deutschland/Israel 2007, Regie: Maria Schrader, Autoren: Maria Schrader, Laila Stieler, Buchvorlage: Zeruya Shalev, Darsteller: Neta Garty, Rade Serbedzija u.a., Produktion: X Filme, Transfax Film (IL), Redaktion BR (Federführung): Bettina Reitz (Spiel Film Serie) und arte

Ausgezeichnet: *Bayerischer Filmpreis (2008)*: Beste Musik – Niki Reiser, Beste Kamera – Benedict Neuenfels; *Deutscher Filmpreis (2008)*: Beste Kamera / Bildgestaltung – Benedict Neuenfels

MARIAS LETZTE REISE (Fernsehfilm) - Deutschland 2004, Regie: Rainer Kaufmann, Autorin: Ariela Bogenberger, Darsteller: Monica Bleibtreu, Nina Kunzendorf, Michael Fitz u.a, Produktion: TV60Film, Sperl Film, Redaktion BR: Bettina Reitz (Spiel Film Serie), Bettina Ricklefs (Fernsehfilm)

Ausgezeichnet: *Bayerischer Fernsehpreis (2005)*: Regie – Rainer Kaufmann Schauspielerische Leistung: Monica Bleibtreu, Nina Kunzendorf, Michael Fitz; *Deutscher Fernsehpreis (2005)*: Bester Fernsehfilm/Mehrteiler, Bester Darsteller/Nebenrolle – Michael Fitz, Beste Darstellerin – Monica Bleibtreu, Beste Musik – Annette Focks; *Adolf Grimme Preis - Fiktion & Unterhaltung (2006)*: Buch – Ariela Bogenberger, Regie – Rainer Kaufmann, Darstellung – Monica Bleibtreu; *Banff TV Festival Kanada (2006)*: Bester Fernsehfilm;

MARCEL - EIN KÄMPFCHEN, DAS WÄR' SCHÖN! (Dokumentarfilm) - Deutschland/Österreich 1970-2005, Regie und Autor: Juliane Schuhler, BR Redaktion: Renate Stegmüller (Dokumentarfilm)

Ausgezeichnet: *Bayerischer Fernsehpreis* (2007): „Blauer Panther" an Juliane Schuhler

MARIENHOF (Serie) - Deutschland seit 1992, Produktion: Bavaria Film, Redaktion BR (Federführung): Bettina Reitz (Spiel Film Serie), Caren Toennissen (Serie im Ersten), http://www.marienhof.de/, 30.04.2008

MITTE 30 (Fernsehfilm) - Deutschland 2007, Regie: Stefan Krohmer, Autor: Daniel Nocke, Darsteller: Mark Waschke, Anneke Kim Sarnau, Silke Bodenbender u.a., Produktion: teamWorx Television & Film, Redaktion BR: Bettina Reitz (Spiel Film Serie), Bettina Ricklefs (Fernsehfilm)

MORGEN RÄUM ICH AUF (Fernsehfilm) - Deutschland 2007, Regie: Martina Elbert, Autorin: Martina Elbert, Darsteller: Gina Maria Holzapfel, Sandy Holzapfel, Esther Zimmering u.a., Produktion: Kordes & Kordes Film, Redaktion BR: Bettina Reitz (Spiel Film Serie), Bettina Ricklefs (Fernsehfilm)

Mozart - Ich hätte München Ehre gemacht (Fernsehfilm) - Deutschland 2005, Regie: Bernd Fischerauer, Autor: Benedikt Röskau, Darsteller: Xaver Hutter u.a., Produktion: Tellux-Film, Moviepool, Redaktion BR: Bettina Ricklefs (Fernsehfilm), Brigitte Schroedter (Fernsehfilm)

Mozart in China (Kinofilm) - Österreich/China/Deutschland 2007, Regie: Bernd Neuburger, Autorin: Nadja Seelich, Darsteller: Kaspar Simonischek, Marco Yuan, Mingmei Quan u.a., Produktion: Extrafilm, Redaktion BR (Federführung): Friederike Euler (Kinderspielfilm) und ORF

Nicht alle waren Mörder (Fernsehfilm) - Deutschland 2006, Autor und Regie: Jo Baier, Buchvorlage: Michael Degen, Darsteller: Nadja Uhl, Aaron Altaras, Hannelore Elsner u.a., Produktion: teamWorx, Redaktion BR: Bettina Ricklefs (Fernsehfilm) und SWR (Federführung)

Ausgezeichnet: *Adolf Grimme Preis (2007)*: Publikumspreis der Marler Gruppe; *Deutscher Fernsehpreis (2007)*: Beste Musik – Enjott Schneider

Patchwork (Fernsehfilm) - Deutschland 2007, Regie: Franziska Buch, Autorin: Laila Stieler, Darsteller: Gabriela Maria Schmeide, Fritz Karl, Maria Schrader u.a., Produktion: Typhoon, Redaktion BR (Federführung): Bettina Ricklefs (Fernsehfilm) und ORF

Polizeiruf 110 - Die *BR-Polizeiruf 110*-Reihe wird von der Redaktion Fernsehfilm unter Verantwortung von Cornelia Ackers selbst entwickelt und konzipiert. Das Darsteller-Duo Edgar Selge und Michaela May steht maßgeblich die erfolgreichen Farben der einzelnen Folgen. Nicht nur die Fernsehzuschauer lieben den Polizeiruf 110 des Bayerischen Rundfunks, auch die Juroren des Adolf-Grimme-Preises oder des Deutschen Fernsehpreises schätzen die Krimis aus Bayern. 2001 verlieh die Menschenrechtsorganisation amnesty international (ai) erstmals den "Marler Fernsehpreis für Menschenrechte". Die Auszeichnung ging an "Gelobtes Land". Namentlich wurden Autor Christian Jeltsch, Regisseur Peter Patzak und die zuständige Redakteurin des Bayerischen Rundfunks, Cornelia Ackers, geehrt.

Polizeiruf 110: Der scharlachrote Engel (Fernsehfilm) - Deutschland 2004, Regie: Dominik Graf, Autor: Günter Schütter, Darsteller: Edgar Selge, Michaela May, Nina Kunzendorf u.a., Produktion: BurkertBareissDevelopment, Redaktion BR: Cornelia Ackers (Fernsehfilm)

Ausgezeichnet: *Adolf Grimme Preis - Fiktion & Unterhaltung (2006)*: Buch – Günter Schütter, Regie – Dominik Graf, Darstellung – Michaela May, Edgar Selge, Nina Kunzendorf

Polizeiruf 110: Er sollte tot (Fernsehfilm) - Deutschland 2006, Regie: Dominik Graf, Autor: Rolf Basedow, Darsteller: Edgar Selge, Michaela May, Rosalie Thomass u.a., Produktion: BurkertBareissDevelopment, TV60Film, Redaktion BR: Cornelia Ackers (Fernsehfilm)

Ausgezeichnet: *Filmfest München (2006)*: Förderpreis Deutscher Film / Beste Darstellerin – Rosalie Thomass; *Deutscher Fernsehpreis (2006)*: Bestes Buch – Rolf Basedow, Förderpreis –Rosalie Thomass; *Adolf Grimme Preis - Fiktion & Unterhaltung (2007)*: Buch – Rolf Basedow, Regie – Dominik Graf, Darstellung – Edgar Selge, Rosalie Thomass; *Bayerischer Fernsehpreis (2007)*: Nachwuchsförderpreis – Rosalie Thomass; *Goldene Kamera (2007)*: Bester Deutscher Schauspieler: Edgar Selge

RÄUBER KNEIßL (Kinofilm) - Deutschland 2007, Regie: Marcus H. Rosenmüller, Autoren: Karin Michalke, Christian Lerch, Darsteller: Maximilian Brückner, Maria Furtwängler , Brigitte Hobmeier, Michael Fitz, u.a., Produktion: Wiedemann & Berg Filmproduktion, Redaktion BR: Hubert von Spreti (Film und Teleclub)

REQUIEM (Kinofilm) - Deutschland 2005, Regie; Hans-Christian Schmid, Autor: Bernd Lange, Darsteller: Sandra Hüller, Burghart Klaußner, Imogen Kogge u.a., Produktion: 23|5 Filmproduktion, Redaktion BR: Bettina Reitz (Spiel Film Serie), SWR (Federführung), WDR und arte

Ausgezeichnet: *Bayerischer Filmpreis (2006)*: Beste Nachwuchsdarstellerin – Sandra Hüller; *Berlinale (2006)*: Silberner Bär für die beste Hauptdarstellerin – Sandra Hüller; *Deutscher Filmpreis (2006)*: Bester Spielfilm in Silber – Hans-Christian Schmid, Beste Darstellerin – Sandra Hüller, Beste Nebendarstellerin – Imogen Kogge, Bestes Kostümbild – Bettina Marx, Beste Tongestaltung – Lars Ginzel, Dirk Jacob, Marc Parisotto, Martin Steyer; *IFF Sitges (2006)*: Bester Film, Beste Darstellerin – Sandra Hüller; *Preis der deutschen Filmkritik (2007)*: Bester Spielfilm , Beste Darstellerin – Sandra Hüller

ROSE (Fernsehfilm) - Deutschland 2006, Regie: Alain Gsponer, Autoren: Alex Buresch, Alain Gsponer, Darsteller: Corinna Harfouch, Harald Schrott, Volker Bruch u.a., Produktion: teamWorx, Redaktion BR: Cornelia Ackers (Fernsehfilm) und SWR

Ausgezeichnet: *Filmkunstfest Schwerin (2006)*: Publikumspreis; *Shadowline Filmfestival Salerno (2006)*: Bester Film in der Reihe "Transit of Europe"; *Goldene Kamera (2007)*: Beste Deutsche Schauspielerin – Corinna Harfouch; *Deutscher Fernsehpreis (2007)*: Bester Fernsehfilm/Mehrteiler

SHOPPEN (Kinofilm) - Deutschland 2006, Regie und Autor: Ralf Westhoff, Produktion: Ralf Westhoff Filmproduktion, DRIFE Film Produktion, Darsteller: Julia Heinze, Lisa Wagner, Julia Koschitz, Mediha Cetin, Anna Böger, Katharina Schubert, Kathrin von Steinburg, Tanja Schleiff, Anja Klawun, Martin Butzke, Matthias Bundschuh, Oliver Bürgin, Stephan Zinner, David Baalcke, Christian Pfeil, Thomas Limpinsel, Sebastian Weber, Felix Hellmann, Redaktion BR: Birgit Metz (Fernsehfilm), Claudia Gladziejewski (Kurzfilm und Debüt)

Ausgezeichnet: *Bayerischer Filmpreis (2008)*: Bestes Drehbuch – Ralf Westhoff, Beste Nachwuchsregie – Ralf Westhoff

SILBERHOCHZEIT (Fernsehfilm) - Deutschland 2005, Regie: Matti Geschonneck, Autor: Daniel Nocke, Buchvorlage: Elke Heidenreich, Darsteller: Iris Berben, Matthias Habich, Gisela Schneeberger u.a., Produktion: moovie, Redaktion BR: Bettina Reitz (Spiel Film Serie), Bettina Ricklefs (Fernsehfilm)

Ausgezeichnet: *Bayerischer Fernsehpreis (2006)*: Regie – Matti Geschonnek; *Deutscher Fernsehpreis (2006)*: Beste Regie – Matti Geschonnek, Beste Schauspielerin Nebenrolle – Gisela Schneeberger

SOPHIE SCHOLL - DIE LETZTEN TAGE (Kinofilm) - Deutschland 2004, Regie: Marc Rothemund, Autor: Fred Breinersdorfer, Darsteller: Julia Jentsch, Alexander Held u.a., Produktion: Goldkind, Broth Film, Redaktion BR (Federführung): Bettina Reitz (Spiel Film Serie), Hubert von Spreti (Film und Teleclub) und SWR, arte

Ausgezeichnet: *Deutscher Filmpreis (2005)*: Bester Spielfilm in Silber – Christoph Müller und Sven Burgemeister, Fred Breinersdorfer und Marc Rothemund, Beste Hauptdarstellerin – Julia Jentsch, Publikumspreis; *Europäischer Filmpreis (2005)*: Beste Schauspielerin (Publikumspreis) und Beste Europäische Schauspielerin – Julia Jentsch, Bester Regisseur (Publikumspreis) – Marc Rothemund; *Filmfest München (2005)*: Bernhard Wicki-Friedenspreis des Deutschen Films an Marc Rothemund; *Gilde-Filmpreis (2005)*: Gold (Kategorie: Deutscher Film); *Berlinale (2005)*: Preis der ökumenischen Jury (Wettbewerbsfilm), Silberner Bär, Beste Regie - Marc Rothemund, Beste Darstellerin – Julia Jentsch

SPEER UND ER (Dokumentarfilm) - Deutschland 2005, Regie: Heinrich Breloer, Autoren: Heinrich Breloer, Horst Königstein, Darsteller: Sebastian Koch, Tobias Moretti, Dagmar Manzel u.a., Produktion: Bavaria Film, Redaktion BR: Cornelia Ackers (Fernsehfilm), WDR (Federführung), NDR und ORF

Ausgezeichnet: *Goldene Romy (2006)*: Bester TV-Film; *Banff TV Festival Kanada (2006)*: Beste geschichtliche Dokumentation; *Shanghai TV Festival (2006)*: Bester Regisseur – Heinrich Breloer, Beste Kamera – Gernot Roll

TATORT – Die BR-Tatort-Reihe wird von der Redaktion Fernsehfilm unter Verantwortung von Silvia Koller und Claudia Simionescu selbst entwickelt und konzipiert. Bei der 38. Grimme-Preis-Verleihung 2002 erhielten in der Sparte Fiktion & Unterhaltung der Autor Alexander Adolph für sein spannendes Buch aus dem Kunstfälschermilieu, Regisseur Jobst Oetzmann für seine außergewöhnliche Regieführung, Udo Wachtveitl und Miroslav Nemec als Darsteller, sowie die Redakteurin Silvia Koller den Grimme-Preis für den BR-Tatort „Im freien Fall".

TKKG - DAS GEHEIMNIS UM DIE RÄTSELHAFTE MIND-MACHINE (Kinofilm) - Deutschland 2006, Regie: Tomy Wigand, Autor: Marco Petry, Buchvorlage: Stefan Wolf, Darsteller: Jannis Niewöhner, Jonathan Dümcke, Lukas Eichhammer u.a., Produktion: Bavaria Film, BR, Constantin Film, Lunaris Film, Redaktion BR: Friederike Euler (Kinderspielfilm)

TOLLPENSION (Fernsehfilm) - Deutschland 2006, Regie: Tim Trageser, Autorin: Anne Müller, Darsteller: Uwe Ochsenknecht, Petra Zieser u.a. ,Produktion: Zieglerfilm, Redaktion BR: Bettina Ricklefs (Fernsehfilm)

TÜRKISCH FÜR ANFÄNGER (Serie) - Deutschland 2006 - 2008, Regie: Edzard Onneken, Oliver Schmitz, Christian Ditter, Head-Autor: Bora Dagtekin, Darsteller: Josefine Preuß, Anna Stieblich, Adnan Maral, Elyas M'Barek u.a., Produktion: Hofmann & Voges Entertainment, Executive Producers: Bettina Reitz (BR), Dr. Bernhard Gleim (NDR), Redaktion BR: Caren Toennissen (Serie im Ersten und Bayerischen Fernsehen)

Ausgezeichnet: *Deutscher Fernsehpreis (2006)*: Beste Serie (für Staffel 1); *Festival de Télévision de Monte Carlo (2006)*: Goldene Nymphe (für Staffel 1); *Prix Italia (2006)*: Beste Serie (für Staffel 1); *Cinéma Tout Ecran Genf (2006)*: Beste Serie (für Staffel 1); *Adolf Grimme Preis – Unterhaltung (2007)*: Regie – Edzard Onneken und Oliver Schmitz, Headwriter – Bora, Darstellerteam

Vier Minuten (Kinofilm) - Deutschland 2006, Regie und Autor: Chris Kraus, Darsteller: Monica Bleibtreu, Hannah Herzsprung, Richy Müller u.a., Produktion: Kordes & Kordes Film, Redaktion BR: Bettina Ricklefs (Fernsehfilm) und SWR (Federführung)

Ausgezeichnet: *Filmfestspiele Biberach (2006)*: Bester Film Publikumspreis; IFF Shanghai (2006): Bester Spielfilm; *Bayerischer Filmpreis (2007)*: Bestes Drehbuch – Chris Kraus, Beste Darstellerin – Monica Bleibtreu, Beste Nachwuchsdarstellerin – Hannah Herzsprung, VGF-Preis; *Berlin & Beyond Film Festival San Francisco (2007)*: Publikumspreis; *Deutscher Filmpreis (2007)*: Bester Spielfilm in Gold – Meike Kordes, Alexandra Kordes, Beste Hauptdarstellerin – Monica Bleibtreu

Wer früher stirbt, ist länger tot (Kinofilm) - Deutschland 2006, Regie: Marcus H. Rosenmüller, Autor: Marcus H. Rosenmüller und Christian Lerch, Darsteller: Fritz Karl, Jürgen Tonkel, Jule Ronstedt, Saskia Vester, Markus Krojer u.a., Produktion: Roxy Film in Koproduktion mit dem Bayerischen Rundfunk, Redaktion BR: Cornelia Ackers (Fernsehfilm)

Ausgezeichnet: *Förderpreis Deutscher Film (2006)*: Regie: Marcus H. Rosenmüller; *Bayerischer Filmpreis (2006)*: VGF-Preis, Nachwuchsregiepreis Marcus H. Rosenmüller; *Deutscher Filmpreis (2007)*: Bester Spielfilm in Gold – Annie Brunner, Andreas Richter, Ursula Woerner, Beste Regie: Marcus H. Rosenmüller, Bestes Drehbuch: Marcus H. Rosenmüller / Christian Lerch, Beste Musik: Gerd Baumann

Begriffsverzeichnis

ARD: „Arbeitsgemeinschaft der öffentlich-rechtlichen Rundfunkanstalten der Bundesrepublik Deutschland" ist ein Verbund öffentlich-rechtlicher Rundfunkanstalten in der Bundesrepublik Deutschland. Derzeit besteht die ARD aus insgesamt neun Landesrundfunkanstalten, die das Gemeinschaftsprogramm Das Erste sowie jeweils regionale eigene Programme betreiben. Auch die Auslandsrundfunkanstalt Deutsche Welle ist Mitglied der ARD. Zusammen mit dem ZDF sowie dem Deutschlandradio bildet die ARD den öffentlich-rechtlichen Rundfunk in Deutschland.

ARD-Staatsvertrag: Der ARD-Staatsvertrag bildet neben dem ARD-Fernsehvertrag die wesentliche Rechtsgrundlage für das ARD-Gemeinschaftsprogramm Erstes Deutsches Fernsehen (Das Erste), in der die ARD-Mitglieder unter anderem zur gemeinsamen Gestaltung des Ersten Deutschen Fernsehens verpflichtet werden.

AUFTRAGSPRODUKTION: Die Produktion wird von externen Dienstleistern übernommen und vom Sender zur Verwertung gekauft. Für die Redaktion bedeutet das unter anderen die Reduktion der Produktionskosten (Umwandlung von Fixkosten in variable Kosten möglich, da keine eigenen Studios und technisches Equipment), gute Kostenkontrolle (fester Kaufpreis), die Einhaltung eines fixierten Zeitplans und die Vereinbarung von individuellen Vertragsklauseln.

BFS: Das Bayerische Fernsehen (Abkürzung: BFS) ist das vom Bayerischen Rundfunk produzierte Dritte Fernsehprogramm, das ein auf Bayern konzentriertes Vollprogramm im 24-Stunden-Betrieb darstellt.

BR: Der Bayerische Rundfunk (BR) ist eine Anstalt des öffentlichen Rechts (Landesrundfunkanstalt) für den Freistaat Bayern mit Sitz in München und Mitglied der ARD. Der BR unterhält ein Hauptfunkhaus in München sowie Studios in Freimann und Unterföhring, das „Studio Franken“ sowie das „Regionalstudio Ostbayern“ in Regensburg. Zum „Studio Franken“ gehören das Fernseh- und Hörfunk-Studio in Nürnberg, das „Regionalstudio Mainfranken“ in Würzburg und das Hörfunk-Regionalstudio in Bayreuth. Weitere Regionalstudios für den Hörfunk gibt es in Augsburg, Kempten und Traunstein. Zusätzlich betreibt der BR Auslandsstudios, z. B. in Rom (auch für Vatikanstadt), Wien, Tel Aviv, Istanbul oder Buenos Aires.

BAYERISCHE RUNDFUNKGESETZ: Das Bayerische Rundfunkgesetz, das auch die Rahmenbedingungen für den Entscheidungsprozess im Programmbereich Spiel Film Serie des Bayerischen Rundfunks definiert, ist seit 1948 die gesetzliche Grundlage des Bayerischen Rundfunks, in dem Programmauftrag, Programmgrundsätze und interne Organisation des Bayerischen Rundfunks festgelegt sind. Im Jahre 1993 wurde das Bayerische Rundfunksgesetz in einer umfassenden Novellierung den aktuellen medienpolitischen Bedürfnissen angepasst.

DAS ERSTE: Das Erste ist seit 1996 die offizielle Bezeichnung für das deutschlandweite Fernseh-Gemeinschaftsprogramm der ARD-Landesrundfunkanstalten. Rechtsgrundlage ist der ARD-Staatsvertrag.

EIGENPRODUKTION: Alle Teilprozesse der Produktion werden durch den ausstrahlenden Sender ausgeführt und die inhaltliche Einflussnahme obliegt der Redaktion.

FEDERFÜHRUNG: Dieser Begriff steht für die finanzielle und redaktionelle Hoheit einer ARD Landesrundfunkanstalt in der Betreuung von Kinofilm-, Fernsehfilm-, Dokumentarfilm und Reihenprogrammen.

FERNSEHDIREKTION: Die Fernsehdirektion, vertreten durch den Fernsehdirektor, ist u.a. zuständig und verantwortlich für die Programmgestaltung, Mitgestaltung und Zulieferungen von Fernsehprogrammen für das Bayerische Fernsehen (BFS) und BR-alpha sowie den Gemeinschaftsprogrammen der ARD.

INTENDANT: Die Aufgaben des Intendanten liegen u.a. in der Geschäftsführung des Bayerischen Rundfunks, in der Verantwortung für den gesamten Betrieb und die Programmgestaltung und in seiner Vertretung nach außen. Er vertritt den Bayerischen Rundfunk gerichtlich und außergerichtlich.

Juristische Direktion: Die Juristische Direktion des BR berät u.a. den Intendanten und die übrigen Direktoren des BR in allen rechtlichen Fragen und ist für alle Rechtsangelegenheiten (Rundfunkorganisations- und –verfassungsrecht, die programmrechtlichen Gebiete wie Urheberrecht, Werberecht, Jugendschutz etc.) im Bayerischen Rundfunk verantwortlich.

Koproduktion: Hier übernimmt der ausstrahlende Sender nur anteilig die Herstellungskosten.

Produktionsbetriebs Fernsehen: Die Aufgaben des Produktionsbetriebs Fernsehen des BR liegen u.a. in der partnerschaftlichen Zusammenarbeit mit den Programmbereichen des BR, um qualitativ hochwertige Sendungen produzieren zu können. Zudem verantwortet und verwaltet der Produktionsbetrieb Fernsehen Art und Umfang der Produktionsmittel und Betriebsstätten des BR.

Programmwirtschaft: Die Abteilung Programmwirtschaft des Bayerischen Rundfunks berät und unterstützt u.a. den Fernsehdirektor bei wirtschaftlichen Fragestellungen und verantwortet eine sparsame Verwendung des im Haushaltsplan verabschiedeten Budgetansatzes.

Rundfunkrat: Der Rundfunkrat vertritt gemäß Artikel 6 des Gesetzes über den Bayerischen Rundfunk die Interessen der Allgemeinheit auf dem Gebiete des Rundfunks. Zu den Aufgaben des Rundfunkrates gehören gemäß Artikel 7 des Gesetzes über den Bayerischen Rundfunk unter anderem die Wahl des Intendanten, die Zustimmung zur Berufung der Direktoren und der Hauptabteilungsleiter sowie die Genehmigung des Haushaltsplans und des Jahresabschlusses. Der Rundfunkrat bestand zum 31. Dezember 2007 aus 47 Mitgliedern. Seine Zusammensetzung ist in Artikel 6 festgelegt und wird in der nachfolgenden Auflistung dargestellt. Die Mitglieder des Rundfunkrates werden jeweils für fünf Jahre entsandt. Ihre Amtszeit beginnt am 1. Mai (zuletzt 1. Mai 2007). Die Abberufung durch die entsendende Stelle ist bei Ausscheiden aus dieser Stelle oder - bei Landtagsmitgliedern - bei Zusammentritt eines neuen Landtags möglich.

Rundfunkstaatsvertrag: Der Rundfunkstaatsvertrag beinhaltet allgemeine Programmgrundsätze, das Recht auf unentgeltliche Kurzberichterstattung, Art und Umfang der Rundfunkwerbung, Sponsoring, die Finanzierung aus Rundfunkgebühren und Werbung, die Veranstaltung von Satellitenfernsehprogrammen und die Aufteilung der Übertragungskapazitäten für den öffentlich-rechtlichen Rundfunk. Der Bayerische Rundfunk gehört neben acht weiteren Landesrundfunkanstalten und der Deutschen Welle der ARD, der Arbeitsgemeinschaft der öffentlich-rechtlichen Rundfunkanstalten der Bundesrepublik Deutschland, an. In den Rechtsgrundlagen der ARD werden vor allem Organisation, Infrastruktur und die Gemeinschaftsaufgaben innerhalb des föderalen Verbundes geregelt.

Verwaltungsdirektion: Die Verwaltungsdirektion ist u.a. verantwortlich für die Erstellung des Wirtschaftsplans, der Wirtschaftsrechnung, des handelsrechtlichen Jahresabschlusses und für Einkaufs-, Bau- und Grundstücksprojekte sowie für steuerrechtliche Themenstellungen des BR.

VERWALTUNGSRAT: Der Verwaltungsrat hat gemäß Artikel 10 des Gesetzes über den Bayerischen Rundfunk die wirtschaftliche und technische Entwicklung des Rundfunks zu fördern. Er überwacht unter anderem die Geschäftsführung des Intendanten und überprüft den Haushaltsplan und den Jahresabschluss. Der Verwaltungsrat besteht aus sechs Mitgliedern; vier davon werden vom Rundfunkrat für die Dauer von fünf Jahren gewählt, zwei durch das Gesetz bestimmt.

VIABEL: Der Begriff „viabel" entstammt dem radikalen Konstruktivismus und lässt sich auf Ernst von Glasersfeld zurückführen. Der Begriff bedeutet zunächst gangbar, passend, brauchbar, funktional. An Stelle des Begriffs der Wahrheit von wissenschaftlichen oder objektiven Theorien setzt von Glasersfeld den Begriff der Viabilität, der die Gangbarkeit oder Brauchbarkeit eines Weges zur Lösung eines selbst gewählten Problems bezeichnet, sich dabei aber bewusst ist, dass es auch viele andere brauchbare, gangbare Wege gibt. Viabel sein wird bei von Glasersfeld auch erklärt als ‚passen', wie ein Schlüssel zu einem Schloss passt.

Literaturverzeichnis

ARD-FERNSEHVERTRAG (1991) - Verwaltungsvereinbarung der Landesrundfunkanstalten über die Zusammenarbeit im Fernsehgemeinschaftsprogramm "Das Erste" in der Fassung vom 12. September 2006.

ARD-GRUNDSÄTZE FÜR DIE ZUSAMMENARBEIT IM ARD-GEMEINSCHAFTSPROGRAMM "ERSTES DEUTSCHES FERNSEHEN" UND ANDEREN GEMEINSCHAFTSPROGRAMMEN UND -ANGEBOTEN (2004) Richtlinien gemäß § 11 RfStV vom 30. März 2004.

ARD-KRITERIEN ZUR SICHERUNG DES JUGENDSCHUTZES BEI DER BEURTEILUNG VON FERNSEHSENDUNGEN (1997) in der Fassung vom 9. September 2003.

ARD-LEITLINIEN (2007/2008) - Richtlinien in der Programmgestaltung (Öffentlicher Auftrag) und den Anforderungen an Gestaltung von Sendungen und Angeboten - „Leitlinien für die Programmgestaltung der ARD" (Homepage), http://www.DasErste.de/ard-leitlinien, 28.04.2008.

ARD-RICHTLINIEN (1988) in der Fassung vom 16. Juni 2003.

ARD-SATZUNG (1950) von 9./10. Juni 1950 in der Fassung vom 20. Juni 2006.

ARD-STAATSVERTRAG (1991) in der Fassung vom 31. August 1991, in Kraft getreten am 1. Januar 1992, zuletzt geändert durch den Neunten Rundfunkänderungsstaatsvertrag vom 31. Juli bis 10. Oktober 2006.

BAYERISCHER RUNDFUNK (Homepage), http://www.br-online.de/unternehmen/organisation/, 30.04.2008.

BAYERISCHES RUNDFUNKGESETZ (BAYRG) 2003 in der Fassung vom 22.10.2003, zuletzt geändert durch Gesetz zur Änderung des Bayerischen Rundfunkgesetzes und des Bayerischen Mediengesetzes vom 10.12.2007.

FILMFERNSEHFONDS (FFF) BAYERN (Homepage), http://www.fff-bayern.de/, 30.04.2008.

GEZ - Die Gebühreneinzugszentrale der öffentlich-rechtlichen Rundfunkanstalten in der Bundesrepublik Deutschland (Homepage), http://www.gez.de/, 28.04.2008.

HOCHSCHULE FÜR FERNSEHEN UND FILM (HFF) MÜNCHEN (Homepage), http://www.hff-muenchen.de/, 30.04.2008.

JUGENDMEDIENSCHUTZ-STAATSVERTRAG (JMSTV) 2003 - Staatsvertrag über den Schutz der Menschenwürde und den Jugendschutz in Rundfunk und Telemedien) 2003 in der Fassung der Bekanntmachung vom 20. Januar 2003 (Bay.GVBl Nr. 5/2003, S. 147 ff.), in Kraft getreten am 1. April 2003, geändert durch den Achten Rundfunkänderungsstaatsvertrag vom 8. - 15. Oktober 2004 (Bay.GVBl. 2005 S. 27 ff.), in Kraft getreten am 1. April 2005 und durch den Neunten Rundfunkänderungsstaatsvertrag vom 31. Juli - 10. Oktober 2006 (Bay.GVBl. 2007 S. 132 ff.), in Kraft getreten am 1. März 2007.

JUGENDSCHUTZGESETZ (JUSCHG) 2002 in der Fassung der Bekanntmachung vom 23. Juli 2002 (BGBl. I S. 2730, 2003 I S. 476), geändert durch Artikel 7 Abs. 2 des Gesetzes vom 27. Dezember 2003 (BGBl. I S. 3007), geändert durch Artikel 3 des Gesetzes vom 29. Dezember 2003 (BGBl. I S. 3076), geändert durch Artikel 2 des Gesetzes vom 23. Juli 2004 (BGBl. I S. 1857, 2600), geändert durch Artikel 2 des Gesetzes vom 27. Februar 2007 (BGBl. I S. 179, 251), geändert durch Artikel 3 des Gesetzes vom 20. Juli 2007 (BGBl. I S. 1595), geändert durch Artikel 1 des Gesetzes vom 24. Juni 2008 (BGBl. I S. 1075).

KAPLAN, R. S. / NORTON, D. P. / HÓRVATH, P. / GAISER, B. (Übers.): Strategy Maps. Der Weg von immateriellen Werten zum materiellen Erfolg, Stuttgart, 2004.

RUNDFUNKSTAATSVERTRAG (RSTV) 1991 - Staatsvertrag für Rundfunk und Telemedien in der Fassung vom 31.08.1991, zuletzt geändert durch Artikel 1 des Neunten Staatsvertrages zur Änderung rundfunkrechtlicher Staatsverträge vom 31.07. bis 10.10.2006 (GBl. BW 2007 S. 111), in Kraft getreten am 01.03.2007.

SCHUCH, G.: Produktionsplanung und -steuerung. Grundlagen, Gestaltung und Konzepte, Berlin, 2006.

WELGE, M. K. / AL-LAHAM, A.: Strategisches Management – Grundlagen, Prozess, Implementierung, 4. Auflage, Wiesbaden, 2003.

Funktionen und Kompetenzen von Künstler-Agenturen in der Film-Branche

GABY SCHELD, JÖRN GRAPP, HEIKE QUACK[1]

Zusammenfassung
Über das Tätigkeitsspektrum von Künstler-Agenturen als Dienstleister der Film-Branche scheint ein eher unscharfes Bild zu existieren. Auf der einen Seite haben Ihre Klienten, wie im Falle von LAGENTE aus den Bereichen Regie, Drehbuch, Kamera, ein Interesse an möglichst künstlerisch hochwertigen ebenso wie an finanziell einträglichen Projekten. Auf der anderen Seite möchten Filmproduktionsunternehmen immer die besten Künstler gewinnen. Um ein genaueres Verständnis von Künstler-Agenturen zu erhalten, sollen sie in ihrem Charakter als spezifische Dienstleister der Film-Branche beschrieben werden. Dazu werden ihre Dienstleistungs-Funktionen und die zur Erfüllung dieser Funktionen erforderlichen Kompetenzen aufgezeigt, wobei stets zwischen Künstlerinteressen und einer erfolgreichen Begleitung ihrer Karriere sowie der Interessen von Filmproduktionsunternehmen gleichermaßen durch die Agentur vermittelt werden muss.

1 Dieser Beitrag basiert auf einer Kooperation zwischen der AGENTUR FÜR REGIE, DREHBUCH UND KAMERA – „LA GENTE“ und der UNIVERSITÄT BREMEN – FACHGEBIET MANAGEMENT NACHHALTIGER SYSTEMENTWICKLUNG. Die Inhalte dieses Aufsatzes sind im Rahmen eines gemeinsamen Experten-Gesprächs generiert worden.

Beitragsinhalt

1 Rollenverständnis von Agenturen

Zwischen Agenturen für Künstler und ihren Klienten scheint nach JACOBSHAGEN ein grundlegendes Missverständnis zu existieren. Demnach beschaffen Agenten ihren Klienten keine Jobs. So meine jeder jüngere Schauspieler, er bekomme mehr Jobs mit einem neuen Agenten. Dabei bestimmt er jedoch seinen Marktwert selber durch seine eigene Leistung (Vgl. JACOBSHAGEN, P. (2008), S. 169). Wenn bereits zwischen Agenten und Klienten derart differierende, interne Vorstellungen in ihrer Beziehung zueinander existieren, welches Bild von Agenten besteht dann extern, aus Sicht der Film-Branche? In der Wahrnehmung vieler Akteure der Film-Branche gelten Künstler als „die Guten", mit denen man stets hervorragend zusammenarbeiten kann. Hingegen gelten Agenten als „die Bösen", obwohl sie nur exakt das fordern, was im Interesse ihrer Klienten ist (Vgl. JACOBSHAGEN, P. (2008), S. 169). Es scheint unmittelbar einsichtig, dass diese eher illustrative Sicht offensichtlich eine Simplifizierung der realen Rolle von Agenten bzw. Agenturen als auch ihrer Klienten darstellt.

Aus Sicht der Prinzipal-Agent-Theorie besteht zwischen einem Künstler als Auftraggeber und einem Agenten als Auftragnehmer ein Vertragsverhältnis. Der Agent vertritt dabei die Interessen des Künstlers, der seine Ideen verwirklichen möchte. Er versucht, sowohl seinen als auch den Nutzen des Künstlers zu maximieren, wofür er eine erfolgsabhängige Vergütung erhält. Ein Agent ist dementsprechend bestrebt, einen möglichst optimalen Vertrag für seinen Klienten zu verhandeln. In dem Prinzipal-Agenten-Verhältnis herrschen Informationsasymmetrien, wobei der Agent auf Basis der ihm vorliegenden Informationen eine Einschätzung über das Risiko seiner und der Handlungen seines Klienten vornimmt (Vgl. in Anlehnung an THOMMEN, J.-P.; ACHLEITNER, A.-K. (2003), S. 781). Es kann insgesamt aktuell festgestellt werden, dass ein noch unscharfes Bild von (Künstler-)Agenturen und ihren Funktionsträgern existiert, obwohl ihnen eine zentrale Rolle als Vermittler sowohl für Filmproduktionsunternehmen sowie Künstler der Film-Branche als Dienstleistungsnehmer von Agenturen zukommt. Dieser Aufsatz hat sich daher zum Ziel gesetzt, einen Beitrag zur Klärung des existierenden, diffusen Bildes von Agenturen zu leisten und systematisch ein grundlegendes Verständnis von diesen Unternehmen der Film-Branche zu schaffen. Dazu sind wesentliche Fragen zur Erarbeitung eines Verständnisses ihrer Tätigkeit aufgeworfen und Inhalte diskutiert worden. Dieser Beitrag möchte zunächst beleuchten, inwiefern Agenturen als Dienstleister für die Film-Branche agieren und darüber hinaus beschreiben, welche Dienstleistungsfunktionen Agenturen wahrnehmen. Zur Bewältigung des Aufgabenspektrums von Agenturen bedarf es entsprechender Kompetenzen zur Erfüllung von Agenturfunktionen, die aufgezeigt werden sollen.

2 Agenturen als Dienstleister für die Film-Branche

Um Agenturen als Dienstleister zu verstehen, soll einführend gezeigt werden, inwiefern sie als Dienstleister aus Sicht des Dienstleistungsmanagements überhaupt eine Dienstleistung erbringen. Dies lässt sich orientiert an den typischen Charakteristika der Dienstleistungsproduktion verdeutlichen. Zur Erstellung einer Dienstleistung bedarf es zunächst einer Kombination spezifischer Produktionsfaktoren (Vgl. KUMMER, S. / GRÜN, O. / JAMMERNEGG, W. (2006), S. 34), wie u.a. das Vorhandensein von Branchen-Wissen in Verbindung mit dem Netzwerk aus Kontakten des Agenten. Diese bilden die Basis zur Dienstleistungserstellung des Agenten für einen Künstler als seinen Klienten. Des Weiteren ist Dienstleistungsproduktion durch einen sogenannten Faktorvorkombinationsprozess aus Vor- und Endkombination gekennzeichnet, der erstens einem Herstellen von Leistungsbereitschaft durch den Agenten, wie u.a. Vorbereiten von Verträgen, Verhandlungen mit auftraggebenden Filmproduktionsunternehmen, und zweitens durch eine Beanspruchung der jeweiligen Leistung durch den Künstler als externem Faktor entspreche (Vgl. in Anlehnung an WEIGAND, K.-H. (2003), S. 269ff.). Dabei wird allgemein von einem bestimmten Aktivitätsgrad des externen Faktors gesprochen, womit die Abhängigkeit vom Grad der Beteiligung des Dienstleitungsnehmers bei der Dienstleistungserstellung erwähnt sei (Vgl. MALERI, A. (1997)), wie u.a. intensive Beratungsgespräche zwischen Agent und Klient, gemeinsames Auftreten auf Branchen-Veranstaltungen wie Festivals, Premierenfeiern u.ä..

In der Film-Branche existieren u.a. Agenturen für das Casting von Filmprojekten (Vgl. THIELE, T. (2005); HAUN, N. (2004)), Development-Agenturen sowie zahlreiche Künstler-Agenturen (Vgl. KÜSPERT, M.J. (2005), S. 372ff.). Nachfolgend soll einheitlich der Begriff Agentur für die hier angesprochenen speziellen Agenturen für Künstler verwendet werden. Als Klienten betreuen sie vor allem Regisseure, Drehbuchautoren, Kameraleute und Schauspieler. Es existieren über 400 entsprechende Agenturen, die sich auf eine bestimmte oder mehrere Personengruppe(n) oder auch auf die Vertretung von Interessen einzelner Künstler spezialisiert haben (Vgl. FILM-FERNSEHEN, Homepage (WWW v. 24.02.2008)). Demgegenüber sind jedoch nur ca. 40 Agenturen als Mitglieder im Verband der Agenturen organisiert, der seit 1998 die Interessen privater Künstler-Agenten in den Bereichen Film, Fernsehen und Bühne im deutschsprachigen Raum vertritt (Vgl. Verband der Agenturen, Homepage (WWW v. 10.02.2008)). Das Agenturwesen in Deutschland gilt als relativ junger Bereich der Film-Branche, wobei Schauspieler-Agenturen gegenüber Agenturen für Drehbuch und Regie schon länger existieren. Frühzeitig ist der Versuch unternommen worden, sich am amerikanischen System zu orientieren, ohne es letztlich wirklich kopieren zu können. Der Grund dafür liegt darin, dass in Deutschland noch kein „Star-System“ wie in den USA existiert. Künstler scheinen dort als Erfolgsfaktor von Filmproduktionen mit entprechender (finanzieller) „Star Power“ aufgefasst zu werden (Vgl. ELBERSE, A. (2007); DE VANY, A. (1999), S. 285ff.). In den USA bestimmt der Star daher das Packaging für ein Filmprojekt in erheblichem Maße, wie z.B. in Bezug auf das Mitwirken anderer Beteiligter, mit. In Deutschland existiert kein vergleichbarer Einfluss von Agenturen.

Konzentriert befinden sich Agenturen vor allem in den Medienzentren München und Berlin. Insgesamt existieren nur ca. 20 für die nationale Film-Branche als bedeutend einzustufende Agenturen (Vgl. KÜSPERT, M. J. (2005), S. 372ff.). Die meisten der hiesigen Agenturen beschränken sich in ihrer Tätigkeit darauf, national zu agieren. Generell tendieren deutsche Agenturen selten dazu, ins Ausland zu gehen, suchen sich aber eine international agierende Partner-Agentur wie u.a. in den USA zur Interessenvertretung ihrer Klienten. Konkurrenz existiert zwischen Agenturen kaum. So lassen sich beispielsweise manche Künstler wie ein Drehbuchautor bei Co-Autorenschaft durch mehrere Agenturen vertreten. Zum Teil wird bei erst kurzzeitig erfolgreichen Künstlern versucht, diese abzuwerben, indem ihnen eine optimalere Vertretung ihrer Interessen im Sinne von erfolgversprechenden Projekten versprochen wird.

Im Abschluss an diesen Überblick zu Agenturen in der Film-Branche werden die Anforderungen ihrer Anspruchsgruppen beschrieben, die einerseits von Seiten der Filmproduktionsunternehmen und andererseits von Seiten der Klienten bestehen. Filmproduktionsunternehmen fordern von Agenturen vor allem ein partnerschaftliches Miteinander im Sinne eines kontinuierlichen Interessenabgleichs. Die Interessen von Filmproduktionsunternehmen und damit verbundenen Entscheidungsstrukturen variieren jedoch oftmals von Projekt zu Projekt aufgrund firmeninterner Entwicklungen wie u.a. durch den Einsatz eines neuen Producers oder Geschäftsführers. Dies kann zur Erhöhung von Entscheidungsunsicherheit im gemeinsamen Arbeitsverhältnis führen, für das ein hohes Maß an Kommunikation erforderlich ist. Ein Produzent ist stets bestrebt, den besten Künstler für sein Filmprojekt zu gewinnen. Entwirft er eine Idee, dann assoziiert er auch unmittelbar mehrere Realisierungsalternativen und tritt mit einer Liste von Regisseuren, Autoren u.a. an die betreffende Agentur heran. Für einen Agenten steht in den gemeinsamen Verhandlungen an erster Stelle zunächst die zeitliche Verfügbarkeit des Künstlers und dann die Vision des Produzenten im Abgleich mit den künstlerischen Vorstellungen. Dabei neigt die TV-Branche dazu, auf bewährte Stoffe zu setzen, um finanzielle Sicherheit zu gewährleisten, durch die Film-Branche lassen sich auch innovativere Filmprojekte realisieren.

Auf der anderen Seite besteht seitens des Künstlers eine Reihe von Anforderungen an seine Agentur, von der er rechtlichen Schutz, bestmögliche Vertragsbedingungen, ein optimales Honorar oder auch die Sicherung von Urheberrechten erwartet. Eine Vielzahl von Aspekten kann auf folgende zentrale Anforderungen verdichtet werden: Erstens möchte jeder Künstler seinen Erfolg kontinuierlich steigern. Dies wird durch die Agentur gefördert, indem diese ihren Klienten ein „moralisches Kostüm“ verleiht, das gesellschaftlich akzeptierte Werte und Normen beinhaltet, um für eine positive Wahrnehmung des Künstlers in der Öffentlichkeit zu sorgen. So ist u.a. ein Coaching bezüglich sprachlicher Ausdruckfähigkeit und inhaltlicher Qualität von Äußerungen, z.B. auf Film-Premieren oder gegenüber Journalisten, erforderlich. Zweitens möchte ein Künstler idealerweise Kontakte und Events vermittelt bekommen, die ihm ohne seine Agentur gegebenenfalls nicht zugänglich wären. Drittens fordert der Klient von seiner Agentur vor allem bei der Auswahl von Angeboten für Filmprojekte oder beim

Networking in der Film-Branche systematisch unterstützt zu werden, um seine Aktivitäten zielgerichtet steuern zu können.

3 Dienstleistungs-Funktionen von Agenturen

Agenturen nehmen vielfältige Funktionen in ihrer Rolle als Dienstleister für die Film-Branche wahr. In der Reihenfolge ihrer Bedeutung lassen sich ihre »Informationsvermittlungs-Funktion«, »Schnittstellen-Funktion«, »Consulting-Funktionen«, »Kompetenzvermittlungs-Funktion« sowie »Casting-Funktion« nennen.

Die **»Informationsvermittlungs-Funktion«** von Agenturen kann als besonders bedeutsam eingeschätzt werden. Dabei geht es z.B. um Abstimmungen zwischen Künstlern und Filmproduktionsunternehmen zur Initiierung von Filmprojekten. Für ihre Klienten stellen Agenturen auf der einen Seite einen umfangreichen Katalog von Informationen zusammen und bereiten diese auf. Sie beantworten u.a. folgende Fragen: wie ist das Filmproduktionsunternehmen X aufgestellt? Welche Firmenstruktur weist es auf (Name des Producers und anderer Entscheidungsträger)? Dabei wird im Detail hinterfragt: was ist über den jeweiligen Produzenten als Person bekannt? Um was für ein Projekt handelt es sich qualitativ (Blockbuster oder ArthouseFilm)? Auf Grundlage dieser Informationen generiert ein Agent Annahmen im Interesse seines Klienten, für den er sich fragt, was u.a. ein bestimmtes Projekt für dessen Karriereweg bedeuten könnte? Es werden Chancen und Risiken abgewogen sowie Erfolgspotenziale aufgezeigt. Auf der anderen Seite informieren Agenten Filmproduktionsunternehmen als mögliche Auftraggeber ihrer Klienten über deren künstlerischen Leistungspotenziale. Oftmals wissen die Filmproduktionsunternehmen bereits einiges über die für ihr jeweiliges Projekt interessanten Künstler. Ein Agent versucht zusätzlich für seinen Klienten im Gespräch mit Filmproduzenten auszumitteln, ob und inwiefern beiderseitig Ideen zusammenpassen könnten.

Eine weitere wichtige Aufgabe von Agenturen besteht in der Wahrnehmung ihrer **»Schnittstellen-Funktion«** zur Film-Branche. Sie halten einen Pool an Personen wie Regisseuren, Autoren oder Kameraleuten für Filmprojekte bereit. Sie können einschätzen und wissen, welche Stärken/Schwächen ihr jeweiliger Klient für die Realisierung eines Filmprojekts mitbringt. Aufgabe von Agenten ist es, etwa ein zu emotionales Involvement ihrer Klienten in der Realsierung von Projektideen einerseits und der Vertreter von Filmproduktionsunternehmen andererseits gering zu halten, so dass Sachlichkeit in Kommunikationsprozessen dominiert. Eine konstruktive Arbeitsweise durch ein präventives Konfliktmanagement zwischen Klient und seinem potenziellen Auftraggeber sind notwendig. Dafür gilt es auszuloten, welche Personen wie z.B. ein bestimmter Regisseur und Schauspieler zusammenarbeiten können. Idealerweise sollen möglichst erfolgreiche Konstellationen für eine Zusammenarbeit gefunden werden, was dann in höheren Zuschauerzahlen, Preisen u. ä. zum Ausdruck kommen kann. Aus Sicht von Agenturen gilt es, Personen und deren Vorstellungen miteinander in Bezug auf ihre Interessen zusammenzubringen.

Desweiteren bietet eine Agentur ihren Klienten »**Consulting-Funktionen**« an. Dazu zählen Aufgaben wie eine rechtliche Betreuung. In den meisten Fällen tritt ein Volljurist mit dem Schwerpunkt Medienrecht als Anwalt des betreffenden Künstlers auf, prüft z.B. seine Verträge oder verteidigt ihn bei Gericht. Daneben findet insbesondere eine finanzielle Beratung der Klienten statt, wobei diese u.a. bezüglich der Verwaltung ihres Kontos, in Steuerfragen bis hin zur Altersvorsorge betreut werden.

Eine kontinuierliche und funktionenübergreifende Aufgabe besteht für Agenturen in ihrer »**Kompetenzvermittlungs-Funktion**« für die durch sie vertretenen Künstler. Agenten verstehen sich als Interessenvertretung ihrer »Talente« für zukünftige Filmproduktionen. In einer portfolio-orientierten Sicht auf ihren Klientenstamm lassen sich die einzelnen Künstler und deren jeweilige Kompetenzen in drei verschiedene Gruppen gliedern. Der ersten Gruppe des Klienten-Portfolios gehören die „Stars" an, die bereits durch erfolgreiche Projekte, Auszeichnungen und hohe Einspielergebnisse an den Kinokassen auf sich aufmerksam machen konnten. Klienten der zweiten Gruppe haben ebenfalls einige, erfolgreiche Projekte realisiert und besitzen ein entsprechendes Netzwerk aus Kontakten. Es ist das Bestreben, diese Klienten weiterzuentwickeln, so dass sie mittelfristig der ersten Gruppe angehören und sich dort etablieren. Die dritte Gruppe von Klienten besteht aus Talenten. In diese Gruppe werden neue, für die Zukunft erfolgversprechende Personen aufgenommen. Es ist das Ziel einer Agentur, diese Künstler langsam aufzubauen, so dass sie sich langfristig in die erste und zweite Gruppe hinein entwickeln können. Zielrichtung in diesem Portfolio-Denken ist das Erreichen der ersten Gruppe von „Stars" über einen nachhaltigen, systematischen Aufbau, der vor allem durch einen Persönlichkeitsentwicklungsprozess gekennzeichnet ist, welcher durch die Agentur gefördert wird.

In enger Verbindung zu der zuvor beschriebenen Funktion nehmen Agenturen eine »**Casting-Funktion**« wahr, indem sie zukünftige Klienten auswählen. Das heißt, sie erfüllen in dieser Hinsicht eine Rolle als »Talent Scouts«. Am Beispiel von Drehbuchautoren veranschaulicht, treten diese generell an eine Agentur heran und schicken ein Drehbuch oder Treatment zu. Daraufhin erfolgt eine Beratung des Künstlers, ob seine Vorstellungen mit denen der Agentur zusammenpassen und ob die von ihm angestrebte Entwicklung zu seiner aktuellen Lebenssituation passt. Diesbezüglich kommt Agenten ein hohes Maß an Verantwortung zu, da sie beurteilen müssen, ob der jeweilige Klient von seinem familiären, charakterlichen und physischen Zustand her fähig ist, sich in der Film-Branche durchzusetzen. Ein Talent-Scouting findet ständig parallel zum Tagesgeschäft von Agenturen statt und erfolgt konkret über Empfehlungen von Künstlern, durch Produzenten oder auf branchenspezifischen Veranstaltungen wie u.a. beim Max Ophüls Preis, auf den Hofer Filmtagen, bei Kurzfilmfestivals oder auch auf dem alljährlich stattfindenden Berlinale Talent Campus. Viele Erstkontakte erfolgen auf einem solchen informellen Weg. Zumeist wird auf solchen Events ein Film des betreffenden, potenziellen Künstlers angeschaut, danach Kontakt aufgenommen.

Über alle beschriebenen Funktionen hinweg sind insbesondere vielfältige Kontakte, ein angemessener Umgang mit Menschen sowie eine größtmögliche Branchenkenntnis (z.B. bezüglich Kino: was für ein Publikum hat welchen Geschmack?, Verleih: Marketing, Journalistenpflege, Personen: unterschiedliche Hintergründe und Lebensläufe) aus Sicht einer Agentur von Nutzen, um als Dienstleister für die Film-Branche erfolgreich aufzutreten.

4 Kompetenzen zur Erfüllung von Agentur-Funktionen

Um ihre Dienstleistungs-Funktionen erfolgreich zu erfüllen, bedarf es eines adäquaten Kompetenzprofils von Agenturen. Nach GERSCH / FREILING / GOEKE definieren sich Kompetenzen als „wiederholbare, auf der Nutzung von Wissen beruhende, durch Regeln geleitete und daher nicht zufällige Handlungspotenziale einer Organisation, die zielgerichtete Prozesse sowohl im Rahmen der Disposition zukünftiger Leistungsbereitschaften als auch konkreter Marktzufuhr- und Marktprozesse ermöglichen. Sie dienen dem Erhalt der als notwendig erachteten Wettbewerbsfähigkeit und gegebenenfalls der Realisierung konkreter Wettbewerbsvorteile.“ (GERSCH, M. / FREILING, J. / GOEKE, C. (2005), S. 45) In einer allgemeinen Perspektive nach SANCHEZ bezieht sich eine Kompetenz auf die Bündelung unterschiedlicher Ressourcen, Fertigkeiten, Fähigkeiten (Vgl. SANCHEZ, R. (2004), S. 519). Im Transfer auf Agenturen bzw. die Rolle von Agenten als Funktionsträger dieser Dienstleistungsunternehmen ist damit ihre Kompetenz, basierend auf ihrem Wissen über die Film-Branche, zum reflektierten Umgang mit ihren Klienten als Künstler der Film-Branche angesprochen. Sie müssen Klienten unter Berücksichtigung ihrer individuellen Fertigkeiten und Fähigkeiten systematisch Zugang zu potenziell erfolgversprechenden Filmprojekten verschaffen und mit Entscheidungsträgern von Filmproduktionsunternehmen zusammenführen. Ziel ist es, dass ihre Klienten, basierend auf ihrer individuell zu fördernden Branchen-Reputation, langfristig Wettbewerbsvorteile gegenüber anderen Künstlern der Film-Branche realisieren, dass heißt häufiger sowie für qualitativ hochwertige Filmprojekte engagiert werden. Als spezifische Kompetenzen zur Erfüllung von Agentur-Funkionen einer Agentur besitzen eine »Kommunikations-Kompetenz«, »Netzwerk-Kompetenz«, »Fach-Kompetenz«, »Koordinations-Kompetenz«, »Sozial-Kompetenz« herausgehobene Bedeutung. Diese Liste entspricht jedoch einer Idealvorstellung von kompetenten Agenturen, die aus theoretischen Vorüberlegungen resultiert. Die meisten dieser Kompetenzen werden in der Praxis wohl eher durchschnittlich und wenige optimal erfüllt werden können.

Zunächst bedarf es vor allem einer **»Kommunikations-Kompetenz«** zur Erfüllung von Agentur-Funktionen, die zur Steuerung und Verarbeitung von Informationen zwischen Künstlern und Filmproduktionsunternehmen erforderlich ist. Auf Basis eines möglichst großen Kontakt-Pools ist die Persönlichkeit des jeweiligen Agenten für eine kompetente Kommunikation relevant, die nach HILLMANN als das Potenzial, sich ausdrücken zu können, verstanden wird (Vgl. HILLMANN, K. (1994), S. 430). Dabei muss sich ein Agent das Vertrauen seines Klienten sowie das des Filmproduktionsunternehmens sichern. Dafür sind unterschiedliche personale Voraussetzungen wie eine positive Grundeinstellung, ein respektvoller Umgang und Loyalität unabdingbar. Dies sollte durch ein diskret-konstruktives Verhalten begleitet sein, wobei sich ein Agent einerseits als Geheimnisträger verpflichtet fühlen sollte und andererseits zum richtigen Zeitpunkt als Projektinitiator Informationen im Interesse seines Klienten kommuniziert. Die sich mit einer Kommunikations-Kompetenz verbindenden Anforderungen scheinen stetig zuzunehmen, da immer mehr Informationen je Künstler und über die Film-Branche zu verarbeiten und zu speichern sind.

Zuvor skizzierte Kompetenz kann im engen Bezug zur **»Netzwerk-Kompetenz«** zur Erfüllung von Agentur-Funktionen gesehen werden. Sie ist in Bezug auf das Kennenlernen, Pflegen und Ausbauen von Kontakten in der Film-Branche zu verstehen. Eine Netzwerkbildung sollte sich eines systematischen Vorgehens bedienen. Sofern es also zur Kontaktaufnahme wie u.a. durch einen potenziellen Klienten oder Akteur der Film-Branche kommt, dann ist ein grundlegender Abgleich von Interessen für den Fortgang der gemeinsamen Beziehung erforderlich. Erscheint nach Ansicht eines Agenten eine Vita erfolgversprechend und hat aus Sicht eines Künstlers oder Akteurs der Film-Branche eine betreffende Agentur eine gute Reputation, dann steigt die Wahrscheinlichkeit, dass das Netzwerk sich um einen zusätzlichen Kontakt erweitert bzw. ein neuer Klient als Künstler durch die Agentur zukünftig vertreten wird. In der Film-Branche kann generell von einer großen Fluktuation von Kontakten gesprochen werden, was mit der Vielzahl von Projekten und einer stets anderen Zusammensetzung darin beschäftigter Personen zusammenhängt. Um einen möglichst zielorientierten und aufrichtigen Aufbau sowie eine qualitativ hochwertige Pflege von Kontakten sicherzustellen, sollte daher die Gesamtzahl an Kontakten niedrig und damit gleichsam überschaubar gehalten werden.

Obgleich kein standardisierter Weg im Sinne einer Ausbildung zum Agenten existiert, ist das Vorhandensein eines bestimmten Grades an **»Fach-Kompetenz«** zur Erfüllung von Agentur-Funktionen notwendig. Diese Kompetenz bezieht sich auf das grundsätzliche und generelle Management einer Agentur. Zum Teil haben Personen, die als Agenten tätig werden, eine Ausbildung als Medienkaufmann/-kauffrau, ein Studium der Kulturwissenschaft vorzuweisen oder sich auch auf fachbezogenen Seminaren fortgebildet. Absolventen der Hochschule für Film und Fernsehen scheinen jedoch eher andere Karrierewege zu beschreiten und sich in den Bereichen Produktion und Regie von Filmen wiederzufinden. Viele Agenten haben zuvor im Bereich Public Relations oder im Marketing gearbeitet. Zusätzlich ist eine größtmögliche Kenntnis der Film-Branche erforderlich, die oftmals durch unterschiedliche Positionen im Kontext von Filmproduktionen wie Filmgeschäftsführung, Produktionsassistenz u.ä. erworben worden sind. Darüber hinaus ist ein flexibler Umgang mit Menschen unabdingbar, da Agenten intensiv mit vielfältigen Charakteren zusammenarbeiten.

Wie bereits angedeutet, ist ein adäquater, personenindividueller Umgang mit Klienten einer Agentur notwendig. Das heißt, es bedarf insofern einer **»Sozial-Kompetenz«** zur Erfüllung von Agentur-Funktionen. Diese Kompetenz bezieht sich auf eine Erfüllung von Interessen der Klienten einerseits sowie angemessene Verhandlung mit Filmproduktionsunternehmen unter Berücksichtigung ihrer wirtschaftlichen und künstlerischen Vorstellungen andererseits. Voraussetzung für den erfolgreichen Aufbau der Reputation eines Künstlers nach außen ist zunächst das Funktionieren der Beziehung zwischen Klient und Agent. Dieses fußt nicht auf einem rein sachlich-distanzierten Geschäftsverhältnis, sondern stellt zumeist ein emotional geprägtes Privatverhältnis dar, in dem die Empathie des Agenten entscheidend ist, um die

Interessen eines Künstlers identifizieren und verstehen zu können. Für das Gespräch mit dem Klienten als auch das Verhandeln mit anderen Akteuren der Film-Branche ist die Art und Weise des Vorgehens i.S. „des richtigen Tons zur rechten Zeit" entscheidend, um ein situationsadäquates, für die Interessen aller beteiligten Personen befriedigendes, Ergebnis zu erzielen.

Zudem scheint es einer »**Koordinations-Kompetenz**« zur Erfüllung von Agentur-Funktionen zu bedürfen. Diese Kompetenz bezieht sich auf die Anforderung an einen Agenten, den richtigen Künstler mit den richtigen Filmprojekten zusammenzubringen. Dies scheint von besonderer Bedeutung für den Erfolg in der Interessenvertretung von Klienten zu sein. Trotz einer großen Branchenkenntnis kann es gerade in der Anbahnung und Vermittlung von Künstlern in Projekte zu Fehleinschätzungen kommen. Beabsichtigt beispielsweise ein bislang eher national bzw. europaweit bekannter und agierender Künstler, für ein Filmprojekt in die USA zu gehen, so gilt es, sich umfassend auf diesen Schritt vorzubereiten. Denn der amerikanische, in erheblichem Maße durch Hollywood geprägte, Filmmarkt differiert bezüglich seiner Mechanismen gegenüber dem deutschen. Dann ist eine Beratung des Klienten auf allen Ebenen notwendig, damit es nicht finanziell, privat oder künstlerisch zu Divergenzen hinsichtlich persönlicher Erwartungen eines Klienten zu den realen Gegebenheiten kommt.

5 Fazit: Vermittler von Interessen

Die Annahme, dass Künstler und Produzenten von Filmen als Kontrahenten zu verstehen seien, wird aus Sicht von Agenturen als „schädlich" bewertet. Denn eine Agentur verfolgt stets das Ziel, zwischen den Interessen beteiligter Personen auszumitteln. Es könnte formuliert werden, dass die Film-Branche vielmehr ein ausgewogenes Zusammenspiel ihrer Akteure benötigt, um erfolgreich zu sein. Agenturen verstehen sich dabei als Vermittler zwischen Projekten und Künstlern. Für eine optimale Interessenvertretung des Klienten gilt es wiederholt auch die Sinnhaftigkeit von Projektangeboten zu prüfen, insbesondere dann, wenn sie vermeintlich finanziell erfolgversprechend zu sein scheinen. Solche Projekte sind dahingehend in Frage zu stellen, ob sie zu den beruflichen und privaten Zielen eines Künstlers passen und gleichzeitig den von einem Filmproduktionsunternehmen erhofften Nutzen stiften können. Denn bei Misserfolgen sind die Reputation eines Künstlers und damit seine berufliche Zukunft gefährdet. Ist die Reputation eines Künstlers gefährdet oder bereits eher negativ belegt, dann ist es Aufgabe einer Agentur, ein positiveres Bild des jeweiligen Künstlers in der Öffentlichkeit zu schaffen. Ein Agent wird versuchen, seinen Klienten dazu zu bringen, dass dieser hinterfragt, ob nicht bestimmte Projekte eine positivere Wahrnehmung zu erzeugen vermögen, er sich also durch diese in vorteilhafter Weise präsentieren kann (z.B. Interviews, Autogrammstunden, Gespräche mit einflussreichen Akteuren der Film-Branche uvam.) und solche Projekte für die eigene Karriereplanung in Betracht ziehen sollte. Auf diese Weise versuchen Agenturen, eine langfristig erfolgreiche Vermittlung von Interessen sicherzustellen.

Literaturverzeichnis

DE VANY, A. S. / WALLS, W. D.: Star Power – Uncertainty in the Movie Industry: Does Star Power Reduce the Terror of the Box Office? – in: Journal of cultural economics. - Dordrecht [u.a.] : Kluwer Acad. Publ.; Nr. 4; 23. Jahrgang; 1999; S. 285-318.

ELBERSE, A.: Star Power – The Power of Stars: Do Star Actors Drive the Success of Movies? – in: Journal of marketing. - Chicago; Nr. Ill.: Publications Group of the American Marketing Association; 2007; S. Ill.: Publications Group of the American Marketing Association.

FILM-FERNSEHEN – die Seite für Filmschaffende (Homepage), http://www.film-fernsehen.de/anzeige/filmfernsehen.php4?ziel=agentur, 24.02.2008.

GERSCH, M. / FREILING, J. / GOEKE, C.: Grundlagen einer 'Competence-based Theory of the Firm' – Die Chance zur Schließung einer 'Realisierungslücke' in der Marktprozesstheorie; Arbeitsbericht Nr. 100 des Instituts für Unternehmensführung der Ruhr- Universität Bochum, Bochum, 2005.

HAUN, N.: Casting und Besetzung – IN: CLEVÉ, B.: Von der Idee zum Film - Produktionsmanagement für Film und Fernsehen, Konstanz, 2004, S. 49-55.

HILLMANN, K.: Wörterbuch der Soziologie, Stuttgart, 1994.

JACOBSHAGEN, P.: Filmbusiness: Filme erfolgreich finanzieren, budgetieren und auswerten; Bergkirchen, 2008.

KUMMER, S. / GRÜN, O. / JAMMERNEGG, W. (Hrsg.): Grundzüge der Beschaffung, Produktion und Logistik; München, 2006.

KÜSPERT, M. J.: Drehbuchagenturen und mehr, in: USCHTRIN, S.; KÜSPERT, M. J.: Handbuch für Autorinnen und Autoren, München, 2005, S. 372-378.

MALERI, A.: Dienstleistungsproduktion – Grundlagen der Dienstleistungsproduktion, Berlin et al., 1997.

SANCHEZ, R.: Understanding Competence-based Management – Identifying and Managing Five Modes of Competence; in: Journal of Business Research (JoBR), 2004, S. 518-532.

THIELE, T.: Casting, Konstanz, 2005.

THOMMEN, J.-P.; ACHLEITNER, A.-K. : Allgemeine Betriebswirtschaftslehre – umfassende Einführung aus managementorientierter Sicht, Wiesbaden, 2003.

VERBAND DER AGENTUREN (Homepage), http://www.verband-der-agenturen.de, 10.02.2008.

WEIGAND, K. H.: Medienwirtschaftliche Dienstleistungen – Übertragung dienstleistungstheoretischer Ansätze auf Produktion und Absatz von Medienangeboten; Grundlagen der Medienökonomie: Band 1/1: Kommunikations- und Medienwissenschaft, Opladen, 2003; S. 269-282.

Autorenverzeichnis

Miika Blinn, MEcon, FU Berlin

Herr Blinn ist Doktorand an der Freien Universität Berlin. Er begann das Studium der Volkswirtschaftslehre an der Ruprecht-Karls Universität zu Heidelberg. An der University Maastricht in den Niederlanden beschloss er sein Studium mit einem Master in Economics und arbeitete dort als Tutor. Seit 2005 ist er Doktorand am DFG-Graduiertenkolleg „Pfade organisatorischer Prozesse" am Fachbereich Wirtschaftswissenschaft der Freien Universität Berlin. Ergänzend zu praktischen Tätigkeiten in der Filmbranche sind seine Forschungsschwerpunkte Filmindustrie, Konsumentenforschung in Filmmärkten sowie Pfadabhängigkeit in Technologiemärkten.

Wolfgang Brehm, Brehm & v. Moers

Studium der Rechtswissenschaften und Philosophie an den Universitäten Marburg, München und Frankfurt am Main. Herr Brehm ist Gründungspartner der Medienkanzlei Brehm & v. Moers (Berlin, Frankfurt, Hamburg, München) und seit ca. 20 Jahren auf dem Gebiet des Urheber- und Medienrechts mit dem Schwerpunkt der internationalen Koproduktion und Finanzierung tätig. Seit 1992 ist er zudem Dozent an der Media Business School in Madrid und seit 1993 an der Filmakademie Ludwigsburg. Herr Brehm hat zahlreiche Vorträge und Veröffentlichungen im Urheber- und Medienrecht, u.a. Autor des Buches „Filmrecht - Das Handbuch für die Praxis", UVK Verlag 2008.

Kathrin Bruchwitz, Universität Bremen

Frau Bruchwitz studiert seit 2003 an der Universität Bremen Betriebswirtschaftslehre mit den Schwerpunkten Nachhaltiges Management und Marketing. Parallel zu ihrem Studium war sie als Kundenbetreuerin in der Telekommunikationsbranche und als Interviewerin in der Marktforschung tätig. Frau Bruchwitz arbeitet seit Mai 2007 als studentische Mitarbeiterin am Fachgebiet Management Nachhaltiger Systementwicklung von Prof. Dr. Michael Hülsmann. Gegenwärtig verfasst die Autorin ihre Diplomarbeit zum Thema „IPTV".

Dr. Kathrin Brunner, Starberry. the media factory

Frau Dr. Brunner hat langjährige Erfahrung im Bereich der digitalen Distribution von Filmen. Als Managing Director von in2movies, einem Joint Venture zwischen der Warner Bros. Entertainment GmbH und der arvato mobile GmbH - einem Unternehmen der Bertelsmann AG, hat Sie den ersten deutschsprachigen Download-to-Own Dienst für Spielfilme und TV-Serien geleitet.

Bei der T-Online International AG verantwortete sie als Senior Manager Content Cooperation u.a. den Aufbau des Contentportfolios von T-Home Entertain, dem IPTV-Angebot der Deutschen Telekom.

Als General Manager Movie bei der Kirch New Media AG hat sie bei der Konzeption des ersten Breitbandportals Maxdome mitgewirkt. Die dabei entstandene Shorts-Welcome.de war bereits im Jahr 2000 als eines der ersten deutschen Video-on-Demand Angebote im Markt und wurde bei der Verleihung des Grimme Online Awards im Jahre 2001 mit dem zweiten Preis ausgezeichnet.

Frau Brunner war als Assistentin am Lehrstuhl für strategische Unternehmensführung von Prof Dr. Dres h.c. Werner Kirsch tätig und hat über „Organisationstheorie im Zeitalter der Globalisierung" promoviert.

Die von Ihr gegründete Starberry. the media factory (http://www.starberry-factory.com). Unterstützt Innovationsprojekte und Start-Ups in den digitalen Medien und TIMES-Märkten bei Produktion, Distribution und Vertrieb.

Dr. Michael W. Busch, TU Braunschweig

Herr Dr.Busch studierte von 1994 bis 1999 Verwaltungswissenschaft an der Universität Konstanz. Von Dezember 1999 bis Februar 2008 war er wissenschaftlicher Mitarbeiter am Fachgebiet Unternehmensführung an der Technischen Universität Ilmenau. Dort hat er am 17. März 2008 sein Promotionsverfahren erfolgreich abgeschlossen („Kompetenzsteuerung in Arbeits- und Innovationsteams"). Seit April 2008 arbeitet Herr Busch als Akademischer Rat an dem von Prof. Dr. Dietrich von der Oelsnitz geleiteten Institut für BWL, insbes. Organisation und Personal an der Technischen Universität Braunschweig. Seine Hauptforschungsgebiete betreffen das Wissens- und Kompetenzmanagement in Teams.

Prof. Bastian Clevé, Filmakademie Baden-Württemberg

1969 begann Prof. Clevé seine Filmemacher-Karriere, zunächst mit Kurzfilmen, ab 1979 auch mit Langfilmen. Er zeichnet für über 40 Kurzfilme verantwortlich (davon 13 mit dem höchsten Prädikat „Besonders Wertvoll“, 15 mit dem Prädikat „Wertvoll“ ausgezeichnet), darunter „LICHT-BLICK“ (1976, BMI-Prämie), „EMPOR“ (1978, Deutscher Filmpreis), „AM WEGERAND“ (1979, Deutscher Filmpreis). Seine Filme „SCHAU INS LAND“, „DIE REISE“, „WINTERLANDSCHAFT“, „FATEHPUR SIKRI“, „LABYRINTH“, „ZENITH“, „KASKADEN“ und „ECHO“ erhielten zahlreiche Preise auf internationalen Filmfestivals, u.a. auf dem Chicago Film Festival, Houston Film Festival, Baltimore Filmfestival, Knokke.

Seit 1979 ist Bastian Clevé auch Regisseur und Produzent von Langfilmen, darunter „SAN FRANCISCO ZEPHYR“ (Preis der Filmkritik Hyères 1977), „DER DEUTSCHLANDFAHRER“ (1978, BMI-Drehbuchprämie), „EXIT SUNSET BOULEVARD“ (1979, BMI-Drehbuchprämie, „Besonders Wertvoll“, mit Rüdiger Kuhlbrodt, Azizi Johari, Elke Sommer), „DER SHERIFF AUS ALTONA“ (1983, ZDF Kleines Fernsehspiel), „DAS BLINDE GLÜCK“ (1986, ZDF Kleines Fernsehspiel, mit Curt Lowens), „DIE REISE AUS DEM 23. JAHRHUNDERT“ (1988, mit Linnea Quigley) und „WINTERREISE IM JAHRE EINS“ (1992, ZDF Kleines Fernsehspiel).

Für die Firma EAGLE ROCK FILM & TV PRODS, Los Angeles, war Herr Clevé 1983-1990 in unterschiedlichen Funktionen tätig. Er stellte als Regisseur und Producer 8 Folgen der ZDF-Reihe „MELODIE EINER STADT“ in Südamerika und Kanada für Katharina Trebitsch/Objektiv-Film, her, arbeitete für die Produktion „BAGDAD CAFE / OUT OF ROSENHEIM“ (Marianne Sägebrecht, Jack Palance) sowie „NIGHT-CHILDREN“ mit David Carradine, Nancy Kwan und Griff O’Neal.

Bastian Clevé ist seit 1991 Professor an der Filmakademie Baden-Württemberg, wo er die Studienrichtung „Produktion“ inhaltlich und organisatorisch aufbaute und bis heute leitet. Er ist Mitglied der „Deutschen Filmakademie“ und der „European Film Academy“.

Seine Kinofilm-Produktion „SO WEIT DIE FÜSSE TRAGEN“ (2001) gehört zu den aufwändigsten deutschen Kinofilmproduktionen der vergangenen Jahrzehnte und wurde ein weltweiter Erfolg. In seinen neun öffentlich-rechtlichen Fernsehausstrahlungen seit 2003 hat der Film knapp 20 Millionen Zuschauer erreicht, es wurden in der BRD ca. 195.000 Videos/DVDs verkauft, er wurde in 29 Ländern angekauft.

Philip Cordes, Universität Bremen

Herr Diplom-Ökonom Philip Cordes ist wissenschaftlicher Mitarbeiter und Doktorand am Fachgebiet »Management Nachhaltiger Systementwicklung« von Prof. Dr. Hülsmann an der Universität Bremen (http://www.wiwi.uni-bremen.de/mh/cordes.htm). Das Dissertationsvorhaben enthält die Entwicklung eines Managementinstruments zur Bewertung von unternehmerischen Strategien aus komplexitätstheoretischer Perspektive, wobei der Fokus und das Anwendungsfeld auf strategische Entscheidungen von Akteuren in der Musikindustrie gelegt wird. Zudem forscht und publiziert Herr Cordes in Zusammenarbeit mit Prof. Dr. Hülsmann und weiteren Autoren im Zuge seiner Arbeit im Sonderforschungsbereich 637 »Selbststeuerung logistischer Prozesse – ein Paradigmenwechsel und seine Grenzen« im Teilprojekt A3 »Monitoring der Selbststeuerung«.

Dr. Silke C. Daamen,
con|energy Unternehmensberatung GmbH & Co. KG

Frau Dr. Daamen ist als Beraterin bei der con|energy Unternehmensberatung GmbH & Co. KG – einer auf aktuelle energiewirtschaftliche Fragen spezialisierten Unternehmensberatung – tätig. Ihr Tätigkeitsfokus liegt hier im Bereich Konzessionsmanagement sowie Marketing und Vertrieb. Der Arbeit als Beraterin ging eine Promotion am Reinhard-Mohn-Stiftungslehrstuhl für Unternehmensführung, Wirtschaftsethik und gesellschaftlichen Wandel der Universität Witten / Herdecke voraus. Thematisch befasste sich Frau Dr. Daamen im Rahmen ihrer empirischen Doktorarbeit mit der Erfolgskontrolle der Referenz- und Projektfilmförderung des Bundes und der Länder anhand programmfüllender deutscher Kinofilme. Zur Bearbeitung der Fragestellung griff sie u.a. auf quantitative Analyseverfahren unter Verwendung leistungsfähiger Statistiksoftware zurück. Ihr Studium der Ökonomie absolvierte sie ebenfalls an der Universität Witten / Herdecke und setzte Schwerpunkte in den Fachgebieten „Personal- und Organisationsökonomik", „Ökonometrie" sowie „Internationale Wirtschaftsbeziehungen". Einen Teil ihres Studiums verbrachte Frau Dr. Daamen im Rahmen des Sokrates/Erasmus-Programms in London an der European Business School. Dort fokussierte sie insbes. Fragestellungen der Finanzierung von kleinen und mittelständischen Unternehmen. Vor Beginn ihres Studiums vollendete Frau Daamen eine Ausbildung zur Industriekauffrau bei der PreussenElektra Kraftwerke AG & Co. KG.

Dr. Ulrich G. Daamen, Droege & Comp. GmbH

Herr Dr. Daamen ist als Consultant bei der Unternehmensberatung Droege & Comp. GmbH mit Hauptsitz in Düsseldorf tätig. Sein Schwerpunkt lag hier bisher auf Projektarbeit im Bereich der Strategieentwicklung, der (Re-)Organisation sowie im Marketing. Vor Beginn seiner Tätigkeit bei Droege & Comp. promovierte Herr Dr. Daamen am Reinhard-Mohn-Stiftungslehrstuhl für Unternehmensführung, Wirtschaftsethik und gesellschaftlichen Wandel der Universität Witten / Herdecke. Im Rahmen seines Dissertationsprojektes mit dem Titel „Performance deutscher Kinofilme und zeitgenössischer Darsteller des deutschen Films“ ging er insbesondere der Fragestellung nach potenziellen produktspezifischen Determinanten der Besucherresonanz bei deutschen Kinofilmen nach. Methodisch liegt der empirischen Arbeit ein induktiv theoriekritischer Ansatz unter Verwendung ökonometrischer Verfahren zugrunde. Der Promotion ging ein Studium der Wirtschaftswissenschaft mit Schwerpunkten in den Bereichen „Personal- und Organisationsökonomik“ sowie „Internationale Wirtschaftsbeziehungen“ – ebenfalls an der Universität Witten / Herdecke – voraus. Einen Teil seines Studiums absolvierte Herr Daamen an der European Business School in London, wo er sich insbes. mit dem Thema Unternehmensgründung sowie den wirtschaftlichen Herausforderungen von Start-Ups und kleinen / mittelständischen Unternehmen, u. a. in der Filmbranche, beschäftigte.

Sven Deutschmann, Sonopress GmbH

Herr Deutschmann ist CEO Sonopress EMEA. Am 01.05.2005 übernahm Sven Deutschmann zusätzlich zu seiner früheren Aufgabe als Geschäftsführer von Sonopress Gütersloh die Verantwortung für das Management des operativen Geschäfts in Europa (U.K., Frankreich, Irland).

Seit September 2007 zeichnet er zudem für die weltweite Koordination des Kundensegments Games / Audio inklusive arvato digital services verantwortlich. Als Branchenexperte und Produktmanager wechselte Herr Deutschmann Anfang der 1990er Jahre zu Bertelsmann. Nach Positionen als Leiter für Vertrieb und Kundenservice wurde er 1996 Geschäftsführer der topac Multimedia Print GmbH in Gütersloh.

Am 01.09.2002 wurde Herr Deutschmann zusätzlich stellv. Geschäftsführer der Sonopress GmbH. Am 01.07.2003 wurde er Geschäftsführer von Sonopress in Gütersloh.

Dr. Martin Diesbach, Sozietät Nörr Stiefenhofer Lutz

Herr Dr. Diesbach ist Rechtsanwalt und Spezialist für Medien- und Entertainmentrecht. Er leitet die Practice Group »Entertainment« der Sozietät und berät nationale und internationale Mandanten im Bereich Medien / Entertainment, insbesondere nationale und internationale Filmproduzenten, nationale und internationale Fernsehsender, US-Studios, Filmverleiher, Fernsehproduzenten, Verlage, Verwertungsgesellschaften und Spieleplattformen. Er ist Head of Studies der alljährlichen »European Conference on Rights Clearance for Films« und des »US German Copyright Summit«. Der führende deutsche Verlag für die Anwaltsbranche JUVE zählt Dr. Martin Diesbach in seinem aktuellen »Handbuch Wirtschaftskanzleien« zu den »häufig empfohlenen Anwälten« für Film, Rundfunk und Entertainment. Dr. Martin Diesbach hält regelmäßig Vorträge und veröffentlicht regelmäßig zu aktuellen Fragen der Medien- und Entertainmentbranche.

Prof. Dr. Joachim Eigler, Universität Siegen

Herr Univ.-Prof. Dr. Eigler promovierte und habilitierte mit Arbeiten auf dem Gebiet der Betriebswirtschaftslehre. Seit 2001 ist er Inhaber des Lehrstuhls für Betriebswirtschaftslehre, insb. Medienmanagement am Fachbereich 5 – Wirtschaftswissenschaften, Wirtschaftsinformatik und Wirtschaftsrecht der Universität Siegen (www.uni-siegen.de/-fb5/bwl-mewi/). Er ist zugleich Mitglied des Vorstandes des Siegener Mittelstandsinstituts (SMI) an der Universität Siegen. Der Schwerpunkt in Forschung und Lehre liegt auf dem Gebiet des Medienmanagements. Es handelt sich dabei um Fragen der Führung und des strategischen Managements von Unternehmungen der Medienbranche, wobei insbesondere an Hand der marktorientierten Sichtweise des strategischen Managements sowie der ressourcenorientierten Strategielehre (resource based view of strategy) Strategieoptionen für Medienunternehmungen untersucht werden. Besonderer Wert wird darauf gelegt, die Besonderheiten von Medienprodukten und -märkten herauszuarbeiten, um deutlich zu machen, welche betriebswirtschaftlichen Methoden und Konzepte zur Lösung von Managementproblemen geeignet sind. In diesem Zusammenhang befasst sich der Lehrstuhl auch mit Electronic Business und Electronic Commerce. Dabei steht eine theoretische Fundierung an Hand der Transaktionskostentheorie im Vordergrund. Ein weiteres zentrales Gebiet ist die Thematik der Filmfinanzierung, insb. werden die Instrumente der Filmfinanzierung und ihre Eignung für den Einsatz im Rahmen der Spielfilmprojektfinanzierung untersucht. Der Lehrstuhl erbringt ein umfangreiches Lehrangebot für betriebswirtschaftliche und medienorientierte Bachelor- und Masterstudiengänge der Universität Siegen.

Dr. Siegfried Fößel, Fraunhofer Institut Erlangen

Herr Dr. Fößel, geb. 1964, schloss sein Studium der Elektrotechnik an der Universität Erlangen-Nürnberg 1989 mit dem Diplom ab. Er begann seine berufliche Laufbahn als Wissenschaftler am Fraunhofer Institut IIS in Erlangen. Während der Jahre 1994-2001 war er zunächst für den Bereich Automatisierungssysteme, später für den Bereich Industrielle Sensorsysteme verantwortlich.

Im Jahre 2000 promovierte er an der Universität Erlangen-Nürnberg mit seiner Arbeit „Ein neues Verfahren zur Bilddatenverteilung in Mehrrechnersystemen".

Seit 2001 leitet er den Bereich „Digitales Kino" innerhalb des IIS. Beispiele für Projekte innerhalb dieser Gruppe sind die Entwicklung neuer hochauflösender Kamerasysteme wie die ARRI D20, die Standardisierung neuer Datenkompressionsverfahren (JPEG2000) für das Digitale Kino, die Entwicklung neuer Speichersysteme sowie die Definition optimierter Arbeitsabläufe für das Digitale Kino. Er arbeitete mit der DCI (Digital Cinema Initiatives) und der FFA (Filmförderanstalt) an Spezifikationen für das Digitale Kino und war Koordinator des EU geförderten Projektes WorldScreen sowie weiterer nationaler Verbundprojekte.

Siegfried Fößel ist Mitglied der FKTG, der SMPTE, der ISO und des DIN sowie Kontaktperson zum EDCF. Seit 2001 leitet er innerhalb des ISO SC29 WG1 (JPEG) Komitees die Adhoc-Gruppen „Digital Cinema" und Motion JPEG2000.

Prof. Dr. Bernd Frick, Universität Paderborn

Herr Prof. Dr. Frick ist seit Juli 2007 Inhaber des Lehrstuhls für Organisations- und Medienökonomie an der Fakultät für Wirtschaftswissenschaften der Universität Paderborn. Er studierte von 1977-1983 Soziologie, Politik- und Wirtschaftswissenschaften an der Universität Trier und an der Clark University, Worcester, MA (letzteres als Stipendiat des DAAD). Er promovierte 1990 mit einer Arbeit zum betrieblichen Umgang mit schwerbehinderten Mitarbeitern und erwarb 1996 mit einer Arbeit zur Wirtschaftlichkeit der bundesdeutschen Betriebsverfassung die venia legendi für das Fach Betriebswirtschaftslehre (beides an der Universität Trier).

Von 1984-1995 war Bernd Frick wissenschaftlicher Mitarbeiter an der Loughborough University of Technology, Loughborough, GB und im Zentrum für Arbeit und Soziales an der Universität Trier sowie Wissenschaftlicher Assistent im Fach Betriebswirtschaftslehre, Studien- und Forschungsschwerpunkt „Services Administration & Management", ebenfalls an der Universität Trier. Zum Wintersemester 1995/96 übernahm er den Lehrstuhl für Allgemeine Betriebswirtschaftslehre, insbesondere Personal- und Organisationsökonomie, an der Rechts- und Staatswissenschaftlichen Fakultät der Ernst-Moritz-Arndt-Universität Greifswald und zum Wintersemester 2001/02 den Reinhard-Mohn-Lehrstuhl für Unternehmensführung an der Universität Witten/Herdecke.

Bernd Frick war von 2003-2007 Dekan der Wirtschaftsfakultät an der Universität Witten/Herdecke und ist seit Januar 2008 Vizepräsident der Universität Paderborn mit der Zuständigkeit für Strategie, Finanzen und Internationale Beziehungen. Seit 2003 ist er zudem Research Associate am Institut für Arbeitsrecht und Arbeitsbeziehungen in der Europäischen Gemeinschaft an der Universität Trier. Die Forschungsschwerpunkte von Bernd Frick liegen in der Personal- und Organisationsökonomie, in der ökonomischen Rechtsanalyse sowie in der Kunst-, Sport- und Medienökonomie.

Prof. Dr. Michael Gaitanides, Universität der Bundeswehr, Hamburg

Herr Prof. Dr. Gaitanides studierte nach einer kaufmännischen Lehre Betriebswirtschaftslehre bei der Siemens AG an der Ludwig Maximilian Universität München. 1973 promovierte er bei Prof. Perridon mit einer Arbeit über technologische Einflüsse auf die industrielle Arbeitsorganisation. Die Habilitationsschrift widmete sich den methodologischen Problemen von Vorentscheidungen in der Entscheidungstheorie. 1979 wurde er zum Professor an der Universität Hamburg ernannt. Danach übernahm er 1981 die Professur für Organisationstheorie an der Universität der Bundeswehr Hamburg. Es folgten einige weitere Rufe auf Professuren gleicher Widmung. Schon 1983 entwickelte er das Konzept der „Prozessorganisation". In diesen Arbeiten wurden nicht nur das intraorganisatorische Prozessmanagement, sondern vor allem auch interorganisatorische Prozessnetzwerke thematisiert. Eine Vielzahl seiner Veröffentlichungen befasst sich mit dem Medienmanagement. Sein spezielles Interesse gilt der Ökonomie der Superstars in Sport, Spielfilm und Wirtschaftsunternehmen. Seine medienwirtschaftlichen Arbeiten umfassen ebenso empirische Studien wie institutionenökonomische Analysen. Er ist Mitbegründer und Vorstandsmitglied des Hamburger Forum Medienökonomie (HFM) sowie Dozent für das Fach Management an der Hamburg Media School (HMS).

Dr. rer. pol. Jörn Grapp, Universität Bremen

Bis zum 28.02.08 ist Herr Dr. Grapp wissenschaftlicher Mitarbeiter am Fachgebiet »Management Nachhaltiger Systementwicklung« von Prof. Dr. Hülsmann (Universität Bremen) sowie Mitglied des Teilprojekts A3 »Monitoring der Selbststeuerung« im SFB 637 »Selbststeuerung logistischer Prozesse – ein Paradigmenwechsel und seine Grenzen« (http://-www.wiwi.uni-bremen.de/mh/grapp.htm) gewesen. Er hat sich insbesondere mit dem Thema der Selbststeuerung befasst, wobei sein Schwerpunkt auf der Entwicklung eines Systems zur Beschreibung und Bewertung von Selbststeuerung in logistischen Prozessen lag.

Zentralen Forschungsschwerpunkt bilden Fragen zum strategischen Management von Prozessen und Strukturen in Filmproduktionen – insbesondere aus Sicht der damit verbundenen Dienstleistungslogistik. So entwickelt Herr Grapp in seiner Dissertation mit dem Thema „Kompetenzorientierte Erweiterungspotenziale für Filmproduktionslogistik-Management – Identifikation strategischer Probleme und Tools" ein Controlling-Tool zur systematischen Identifikation, Analyse und Bewertung von Problemen in Filmproduktionen. Sein Promotionsverfahren hat Herr Grapp am 05.11.2008 mit »magna cum laude« erfolgreich abgeschlossen. Herr Grapp ist Autor bzw. Co-Autor von insgesamt über 20 wissenschaftlichen Publikationen und hat über 10 Vorträge auf internationalen Konferenzen präsentiert. Zudem ist er seit August 2008 Reviewer des International Journal of Logistics Management.

Prof. Dr. Berthold H. Hass, Universität Koblenz-Landau

Herr Prof. Dr. Hass leitet die Arbeitsgruppe Neue Medien am Fachbereich Informatik der Universität Koblenz-Landau. Im Sommersemester 2008 vertritt er zudem die Professur für Medienmanagement an der Universität Flensburg.

In seiner Forschung beschäftigt er sich mit Geschäftsmodellen sowie mit der Entstehung und Verbreitung neuer Medien. Ein weiteres Arbeitsgebiet liegt im Bereich der Organisationstheorie, insbesondere im Kontext von Unternehmensnetzwerken.

Zentrale Veröffentlichungen: Web 2.0: Neue Perspektiven für Marketing und Medien, Berlin et al., 2007 (gemeinsam herausgegeben mit Gianfranco Walsh und Thomas Kilian) sowie Geschäftsmodelle von Medienunternehmen: Ökonomische Grundlagen und Veränderungen durch neue Informations- und Kommunikationstechnik, Wiesbaden, 2002.

Prof. Dr. Vinzenz Hediger, Ruhr-Universität Bochum

Herr Prof. Dr. Hediger ist Professor für Film- und Medienwissenschaft an der Ruhr-Universität Bochum. Seine Forschungsschwerpunkte betreffen die Geschichte und Theorie der Kulturindustrien, insbesondere der Filmindustrie; die Geschichte des Lebenswissens in ihrem Zusammenhang mit der Geschichte der Medien; und die Geschichte der Filmtheorie. Zurzeit untersucht er insbesondere die neuen Formen der Bewirtschaftung von Filmarchiven, die er unter dem Gesichtspunkt einer Ökonomisierung des kulturellen Gedächtnisses analysiert. Zu seinen Publikationen zählen „Nostalgia for the Coming Attraction. American Movie Trailers and the Culture of Film Consumption" (Columbia University Press 2009) und „Films that Work. Industrial Film and the Productivity of Media" (Amsterdam University Press/Chicago University Press 2008). Er ist Mitbegründer und Ko-Vorsitzender von NECS – European Network for Cinema and Media Studies (www.necs-initiative.org).

Prof. Dr. Michael Hülsmann, Universität Bremen

Herr Prof. Dr. Hülsmann leitet das Fachgebiet »Management Nachhaltiger Systementwicklung« im Fachbereich »Wirtschaftswissenschaft« an der Universität Bremen. Er ist Teilprojektleiter und im Vorstand des SFB 637 »Selbststeuerung logistischer Prozesse – ein Paradigmenwechsel und seine Grenzen« sowie Mitgründer und Direktor des Instituts für Strategisches Kompetenz-Management (SCOUT). Neben seiner Zugehörigkeit zur International Graduate School »Dynamics in Logistics« ist Prof. Hülsmann zudem Mitglied in verschiedenen Forschungsverbünden (z.B. LogDynamics, Mobile Technologies Research Center) und wissenschaftlichen Fachvereinigungen (z.B. AOM, SMS, EGOS, SBG). Den thematischen Kern der Arbeiten von Prof. Hülsmann bildet das Strategische Management, insbesondere die Analyse von generellen Mustern der Entstehung und Bewertung von Strategien sowie der damit korrespondierenden Strukturen und Prozesse. Dabei stehen das »Strategische Kompetenz-Management«, die »Bewältigung von Unternehmenskrisen und organisatorischem Wandel«, die »Organisation von Kooperations- und Koordinationsformen« sowie das »Strategische Controlling von Performance, Risiko & Nachhaltigkeit« vor allem in den dienstleistungsorientierten Anwendungsgebieten »Logistik« sowie »Mobile Technologien« im Mittelpunkt von Forschung, Transfer und Lehre.

Diana Iljine, Freie Beraterin

Frau Iljine, geb. am 13. September 1964 in Frankfurt/Main, studierte in München Kommunikationswissenschaften. Ihre Magisterarbeit schrieb sie über das Berufsbild des Filmproduzenten am Beispiel von Bernd Eichinger. Diese war Basis für ihr Buch „Der Produzent", das erstmals 1997 erschien. Während des Studiums arbeitete sie als Aufnahmeleiterin und Produktionsassistentin bei Film- und Fernsehproduktionen mit. Danach war sie beim ZDF in Mainz in der Nachrichtenredaktion HEUTE sowie in der Abteilung FERNSEHSPIEL. 1991 erhielt sie ein Forschungsstipendium für die Elite-Medienakademie Carat-Espace (Paris).

Folge-Stationen waren: Assistentin des Programmdirektors und Redakteurin in der Programmplanung bei Premiere, Hamburg. Ende 1993 ging sie als Programmeinkäuferin für Spielfilme, Serien und Cartoons zu RTL2. Ein Jahr später wurde sie dort unter Gerhard Zeiler Einkaufschefin. Von 1997 bis 2002 war sie bei der Deutschen Telekom als Content Managerin in der Einheit tätig, die den digitalen TV-Bereich aufbaute. Anschließend baute sie im Auftrag von Telepool den zentralen Programmeinkauf für den Bayerischen Rundfunk auf und leitete ihn. Seit Februar 2008 ist sie als freie Beraterin im Medienbereich tätig und arbeitet an Ihrem neuen Buch „Kreativ Produzieren".

Prof. Klaus Keil, Erich Pommer Institut

Herr Prof. Keil ist Professor für Interdisziplinäre Filmwirtschaft an der Hochschule für Film und Fernsehen „Konrad Wolf". Er ist der Film- und Fernsehwirtschaft seit seinen beruflichen Anfängen als Regieassistent eng verbunden, war Produktions-/Herstellungsleiter und Producer deutscher und internationaler Film- und Fernsehproduktionen; später als Prokurist der Constantin TV und stellvertretender Gesamtherstellungsleiter der Bavaria Film, Geiselgasteig. 1989 wurde Klaus Keil zum geschäftsführenden Professor der neu gegründeten Abteilung Produktion und Medienwirtschaft der Münchner Hochschule für Fernsehen und Film berufen, wo er deutschlandweit den ersten Studiengang für Produktion und Medienwirtschaft etablierte.

Von 1994 bis 2004 war Klaus Keil seit der Gründung des Filmboard / Medienboard Geschäftsführer und Intendant der gemeinsamen Filmförderung der Länder Berlin und Brandenburg. 2005 entwickelte er als Gründungsgeschäftsführer das Hochschulfernsehen XEN.ON, gemeinsam mit der Filmhochschule „Konrad Wolf", weiteren Hochschulen aus Berlin und Brandenburg und der Medienanstalt Berlin-Brandenburg. Er ist u. a. Gründungsvorstand des Bundesverbandes Produktion und Kuratoriumsmitglied des Filmfestivals Cottbus.

Veröffentlichungen als Herausgeber, Autor und Co-Autor u. a:

Schriftenreihe des Erich Pommer Instituts: 1) Studie: Demografie und Filmwirtschaft, 2007; 2) Dissertation, Pascal Zuta: „Publikumspräferenzen für Kinofilme“ 2008; 3) Diplomarbeit, Tobias Mosig: „Goethe-Institut e.V.: Weltvertrieb für deutsche Filme?“ 2008; 4) Fachpublikation „Finanzierung von Film- und Fernsehwerken“ 2008 (in Vorbereitung);

Buchreihe Filmproduktion der TR-Verlagsunion: 1) Der Produzent, 1997, 2000; 2) Musterdrehbuch, 1997; 3) Kalkulation I. – Vom Drehbuch zum Drehplan, 1998; 4) Kalkulation II. – Vom Drehplan zum Budget, 1998; 5) Europäische Fernsehproduktion: Finanzierung und Finanzierungsgarantien, München 1992; 6) Produzieren in Europa: München 1991; 7) Anstöße: Medienprogramm- Medienwirtschaft, München 1990.

Johannes B. Kerner, J.B.K. TV-Production GmbH & Co. KG

Herr Kerner, geb. am 9. Dezember 1964 in Bonn, ist als Moderator und Sportreporter für das ZDF tätig und wurde vielfach ausgezeichnet.

Johannes C. Kerner, Deutsche Hochschule für Verwaltungswissenschaften Speyer

Herr Kerner, Jahrgang 1979, studierte Betriebswirtschaftslehre an der Universität München mit dem Schwerpunkt strategische Unternehmensführung und Entrepreneurship. Seit April 2005 ist er Doktorand bei Prof. Dr. Bernd W. Wirtz am Lehrstuhl für Informations- und Kommunikationsmanagement an der DHV Speyer.

Prof. Dr. Frank Keuper, Sales & Service Research Center Hamburg

Herr Prof. Dr. rer. pol. habil., Dipl.-Kfm. Keuper, geb. 1966, Inhaber des Lehrstuhls für Betriebswirtschaftslehre, insbesondere Konvergenz- und Medienmanagement (www.lehr-stuhl-keuper.com), Steinbeis-Hochschule Berlin – Wissenschaftliche Hochschule für Unternehmensführung und Innovationen (Lehrstuhlförderer: Nextevolution Management Consulting GmbH), Geschäftsführer und Akademischer Leiter des Sales & Service Research Center Hamburg an der Steinbeis-Hochschule Berlin (Förderer: T-Punkt Vertriebsgesellschaft mbH), Gastprofessor an der Universität Tai'an (Provinz Shandong/China), diverse Dozenturen an europäischen Hochschulen. 10/2002 bis 03/2004 Vertretungsprofessur für Betriebswirtschaftslehre, insbesondere Risikomanagement und Controlling, Fachbereich Rechts- und Wirtschaftswissenschaft der Johannes Gutenberg-Universität Mainz. Arbeits- und Forschungsgebiete: Neue Medien, Investitions- und Finanzierungstheorie, Produktion, Kostenplanung und -steuerung, strategische Unternehmensführung, Unternehmensplanung und -steuerung, Konvergenzmanagement (www.-konvergenz-management.com), Kybernetik, Systemtheorie, Betriebswirtschaftslehre für „Kleine und mittlere Unternehmen" (KMU), Sales & Service Management.

Prof. Dr. Paul Klimsa, Technische Universität Ilmenau

Herr Prof. Dr. Klimsa leitet das Fachgebiet Kommunikationswissenschaft an der Technischen Universität Ilmenau. Er studierte an der Schlesischen Universität in Katowice, an der Freien Universität in Berlin und arbeitete in verschiedenen Medienbranchen, bevor er seine wissenschaftliche Laufbahn als wiss. Assistent an der Technischen Universität Berlin, bei der Deutschen Telekom AG (FH Leipzig) und an der Hochschule für Technik und Wirtschaft in Dresden als Professor und Leiter der Medieninformatik fortsetzte. An der Technischen Universität Ilmenau baute er den interdisziplinären Forschung- u. Lehre-Schwerpunkt Kommunikationswissenschaft u. Medienproduktion (Content) auf, wobei mit dem Ilmenauer Modell der Medienproduktion eine neuartige Sicht auf Medien in der Wissenschaft etabliert wurde. Seine Arbeitsschwerpunkte sind Kommunikations- und Lernprozesse mit digitalen Medien sowie Produktionsprozesse der Medien. Prof. Klimsa forscht auch auf dem Gebiet der Medienkompetenz (Projekte mit dem Thüringer Kultusministerium), der Medienproduktion (u.a. Filmproduktion) und der interkulturellen Kommunikation (u.a. Projekt Medienbrücke mit der Jagiellonen Universität in Kraków). Er ist wissenschaftlicher Leiter des Sprachzentrums an der Technischen Universität Ilmenau sowie Mitglied zahlreicher Fachorganisationen und Fachverbände (u.a. FKTG, DJV, DGPuK, ECREA).

Johannes Klingsporn, VdF - Verband der Filmverleiher

Herr Klingsporn ist Diplomvolkswirt und war von 1982-1992 Leiter der Statistischen Abteilung der SPIO. Seit 1993 ist er Geschäftsführer des Verleiherverbandes und seit 1998 außerdem Geschäftsführer der Verwertungsgesellschaft für Nutzungsrechte an Filmwerken mbH (VGF). Ferner ist Johannes Klingsporn Delegierter in verschiedenen Kommissionen der FFA und in Länderförderungsinstitutionen. Zudem ist Johannes Klingsporn Präsidiumsmitglied der FFA.

Prof. Dr. Andreas Knorr, Deutsche Hochschule für Verwaltungswissenschaften Speyer

Herr Prof. Dr. Knorr hat seit Oktober 2004 den Lehrstuhl für Volkswirtschaftslehre, insbesondere nationale und internationale Wirtschaftspolitik, an der Deutschen Hochschule für Verwaltungswissenschaften Speyer – Deutschlands einziger reiner Postgraduierten-Universität – inne. Zu seinen Forschungsschwerpunkten gehören die Bereiche Ordnungs-, Wettbewerbs-, Beihilfen- und Regulierungspolitik sowie die ökonomische Analyse der staatlichen Daseinsvorsorge in ausgewählten Sektoren.

Birgit Metz, Bayerischer Rundfunk

Frau Metz, geb. 1972 in Berlin, absolvierte nach dem Abitur eine kaufmännische Ausbildung zur Verlagskauffrau bei der Zeitungsgruppe WAZ in Essen. Nach Abschluss der Ausbildung bewarb sie sich erfolgreich bei der Hochschule für Fernsehen und Film in München (HFF), an der sie 1999 in der Abteilung V, Produktion und Medienwirtschaft ihren Diplomabschluss gemacht hat. Nach einem anschließenden Auslandsaufenthalt als Stipendiatin der VFF (Verwertungsgesellschaft für Film- und Fernsehproduzenten) in Los Angeles war sie bei der Talentagentur The Gersh Agency tätig. Diese und weitere Tätigkeiten wie u.a. für die Kirch Gruppe (Kirch New Media) und mps mediaproductions zählen zu ihren beruflichen Stationen.

Seit 2003 arbeitet Birgit Metz an der Seite von Bettina Reitz im Programmbereich Spiel-Film-Serie des Bayerischen Rundfunks und verantwortete als Redakteurin Kino-Koproduktionen wie „SHOPPEN" (Regie: Ralf Westhoff, Gewinner des Bayerischen Filmpreises für beste Nachwuchsregie und bestes Drehbuch 2007) „FATA MORGANA" (Regie: Simon Gross, Gewinner des Förderpreis Deutscher Film 2007), „DR. ALÉMAN" (Regie: Tom Schreiber, Kinostart Herbst 2008) und den Fernsehfilm „PIZZA UND MARMELADE" (Regie: Oliver Dieckmann).

Felicitas Milke, Erich Pommer Institut

Frau Milke ist Dipl. Film- und Fernsehwirtschaftlerin. Nach dem Studium der Film- und Fernsehproduktion an der Hochschule für Film und Fernsehen „Konrad Wolf" in Potsdam-Babelsberg (HFF) arbeitete sie u.a. als freie Producerin, Organisatorin des Deutschen Drehbuch- und Kurzfilmpreises sowie als Co-Autorin der Studie „Demografie und Filmwirtschaft" des Erich Pommer Institutes. Felicitas Milke ist auf dem Gebiet der Interdisziplinären Filmwirtschaft mit Schwerpunkt Geschichte der Filmproduktion tätig und promoviert derzeit an der HFF „Konrad Wolf" über den Filmproduzenten Erich Pommer.

Dr. Werner Müller, Geschäftsführer Wirtschaftskammer Österreich

Herr Dr. Müller ist seit 2004 Geschäftsführer des Fachverbandes der Audiovisions- und Filmindustrie in der Wirtschaftskammer Österreich. Der Fachverband vertritt als gesetzliche Interessenvertretung auf Basis des Wirtschaftskammergesetzes alle gewerblich Tätigen in den Bereichen Filmproduktion, Verleih, Musikproduktion, Tonstudios und film- und musiknahe Dienstleistungen und ist damit der zentrale Cultural Industries Cluster für Musik und Film in Österreich. Dr. Werner Müller betreut juristisch die Gesetzesbegutachtung und Weiterentwicklung vor allem im Bereich Urheberrecht, das Lobbying für Film- und Musikangelegenheiten vor allem in den Bereichen Förderpolitik, Entwicklung von alternativen Modellen zur Förderung von Film- und Musikprojekten und internationales Lobbying über die Mitgliedschaften des Fachverbandes in der FIAPF (International Federation of Film Producers Associations), der CEPI (The European Council of the real estate) und der FIAD (Federation Internationale des Association de Distributeurs de Films).

Prof. Dr. Dietrich von der Oelsnitz, TU Braunschweig

Herr Prof. Dr. von der Oelsnitz hat Wirtschaftswissenschaften und Betriebswirtschaftslehre an der Technischen Universität Braunschweig sowie der Georg-August-Universität Göttingen studiert, 1993 promoviert und 1999 habilitiert. Heute ist er Leiter des Instituts für Betriebswirtschaftslehre, insbesondere Organisation und Personal an der Technischen Universität Braunschweig. Seine Arbeitsschwerpunkte: Strategisches Personal- und Kompetenzmanagement, Interorganisationsbeziehungen (Unternehmenskooperation), Eliteforschung. Daneben ist Prof. von der Oelsnitz als Berater vor allem in der Automobilindustrie sowie im Dienstleistungsbereich tätig.

Prof. Dr. Dieter Puchta, Investitionsbank Berlin

Herr Prof. Dr. rer. soc., Dipl.-Vw. Puchta, geb. 1950, ist seit 2004 Vorstandsvorsitzender der Investitionsbank Berlin, 2003-2004 Mitglied des Vorstands der Landesbank Berlin, 2002-2003 Mitglied des Vorstands der L-Bank, Stuttgart und Karlsruhe, 2000- 2003 ebendort Bankdirektor und Bereichsleiter für Wirtschaftsförderung, 1992-2000 Professor für allgemeine Betriebswirtschaftslehre mit den Schwerpunkten Steuern und Finanzierung an der Hochschule Konstanz und Vorsitzender des Finanzausschusses im Landtag von Baden-Württemberg, 1981 Promotion mit einer Dissertation über die Deutsche Bundesbank zum Thema „Inflation und Deutsche Bundesbank: Elemente einer politisch-ökonomischen Theorie der schleichenden Inflation mit endogenisiertem Zentralbankverhalten“, zuvor 1970–1974 Studium der Volks- und Betriebswirtschaftslehre sowie der Verwaltungswissenschaften an den Universitäten Konstanz und Freiburg; Mitglied mehrerer Aufsichts- und Verwaltungsräte sowie von Kuratorien und Hochschulräten.

Heike Quack, la gente – Agentur für Regie, Drehbuch und Kamera

Frau Quack machte zunächst einen Abschluss in Englischer Literatur und als Übersetzerin an der University of Cambridge, bevor sie in Hamburg Jura studierte. Sie arbeitete unter anderem als Assistant Professor in Harvard (zum Forschungsthema Pay TV) und bei einer New Yorker Law Firm für Internationales Recht. 1986 gründete sie die erste eigene Anwaltskanzlei, im Jahr 2000 die Kanzlei „Mauer-Fietz-Quack" als überörtliche Sozietät in Berlin und Hamburg. Sie ist außerdem Mitbegründerin des internationalen Anwaltskonsortiums „Advonet".

Die Erfahrung aus 20 Jahren Filmbranche waren das Startkapital der 2001 ins Leben gerufenen Agentur La Gente. Bewusst haben sich die beiden Gründerinnen für einen mittelgroßen Arbeitsrahmen entschieden, der es neben der reinen Auftragsvermittlung und Vertragsberatung auch möglich macht, für etwa 30 Klienten Karriereberatung und Personality-Management zu gewährleisten. Mit den Bereichen Drehbuch, Regie und Kamera zählt La Gente zu den wenigen deutschen Agenturen, die sich nicht über Schauspielervermittlung finanzieren. Development und Packaging gehören zu ihren inhaltlichen Kernaufgaben. Der Erfolg dieses Konzepts lässt sich zum einen an dem dichten Netz der Kontakte in Redaktionen und Produktionen ablesen, vor allem aber an den vielen Filmpreisen, die La-Gente-Klienten in den letzten Jahren gewonnen haben.

Bettina Reitz, Bayerischer Rundfunk

Frau Reitz ist seit Januar 2003 Leiterin des Programmbereichs Spiel, Film, Serie des Bayerischen Rundfunks. In ihrer Funktion verantwortet und entwickelt sie im Auftrag des Bayerischen Rundfunks für „Das Erste" Dokumentationen sowie Kino- und Fernsehfilme und Vorabendprogramme. Für das Bayerische Fernsehen entstehen die bayerische Daily „Dahoam is Dahoam" sowie neue Heimatfilme wie zum Beispiel, Marcus H. Rosenmüllers Trilogie „Beste Zeit", „Beste Gegend", „Beste Chance" und „Räuber Kneißl". Die von ihr betreuten bzw. verantworteten Filme konnten zahlreiche nationale und internationale Preise gewinnen. Bevor sie zum Bayerischen Rundfunk kam, arbeitete u.a. sie unter andere als Redakteurin beim ZDF sowie als freie Produzentin. Seit 2003 ist Bettina Reitz außerdem im Vergabeausschuss des FilmFernsehFonds Bayern (FFF).

Stefan Röder, Steinbeis-Hochschule Berlin

Herr Röder ist MBE®, Diplom-Betriebswirt (BA), Bankkaufmann, geb. 1979, und seit 2007 Wissenschaftlicher Mitarbeiter am Lehrstuhl für Betriebswirtschaftslehre, insbesondere für Medien- und Konvergenzmanagement an der Steinbeis-Hochschule Berlin – Wissenschaftliche Hochschule für Unternehmensführung und Innovationen. Akademischer Leiter und Geschäftsführer ist Prof. Dr. rer. pol. habil. Frank Keuper; von 2003-2007 Vorstandsassistent und Leiter des Vorstandsstabs in der Investitionsbank Berlin (IBB); Arbeits- und Forschungsgebiete: Strategisches Management (insbesondere Strategisches IT-Management), Controlling (insb. IT-Controlling), Organisation; branchenseitige Fokussierung auf die Finanzdienstleistungsbranche.

Dr. Cathy Rohnke, Deutsches Literaturinstitut Leipzig

Frau Dr. Rohnke studierte nach Bühnenpraxis als Sängerin und Tänzerin an der Ludwig-Maximilians-Universität und an der Hochschule für Fernsehen und Film in München. Anschließend arbeitete sie als Dramaturgin und Creative Producer in Deutschland und den USA. Begleitend dazu begann sie 1995 mit Lehrveranstaltungen zu Medienästhetik, Dramaturgie und Filmgeschichte an der Universität Leipzig. Von 1995-2001 arbeitete sie für die HypoVereinsbank und gründete als Leiterin der Marketing-Kommunikation V!A – dass erste Business-TV für Banken in Deutschland. Danach wechselte sie zur ARD – Tochter Telepool und übernahm dort die Leitung des Spielfilmweltvertriebs. 2005 machte sich Frau Dr. Rohnke selbständig und widmet sich seitdem schwerpunktmäßig ihrer Lehrtätigkeit und Nachwuchsarbeit sowie eigenen Filmprojekten. Aktuell baut sie für die Leipziger Filmproduktionsfirma LE VISION den Bereich Spielfilm auf.

Seit 2008 unterrichtetet sie als Gastprofessorin am Deutschen Literatur Institut Leipzig (DLL) Szenisches Schreiben für Film. Einer ihrer Forschungsschwerpunkte ist das Thema „Märchen und Mythen im zeitgenössischen Kino". Die promovierte Filmwissenschaftlerin ist regelmäßig als Moderatorin, Jurymitglied und Expertin für Film im transkulturellen Kontext auf Festivals und Filmsymposien im In- und Ausland vertreten. Zu ihren Partnern zählen kulturelle Institutionen wie Goethe Institut, MEDIA Programm, Internationale Filmfestspiele Berlin, goEast Festival Wiesbaden, Robert-Bosch-Stiftung. Sie ist Mitglied der European Film Academy (EFA), des Freundeskreises der Deutschen Filmakademie und Vorstand von OSTPOL – Verein für internationale Kulturprojekte. Als künstlerische Leiterin betreut sie das internationale Kurzfilmprojekt ANSICHTSSACHE.

Dr. Sylvia Rothblum,
Warner Bros. International Television Distribution

Frau Dr. Rothblum ist seit 01. Januar 2002 bei Warner Bros. International Television Distribution tätig. Hier arbeitete sie zunächst als Vice President / Managing Director German Speaking Territories und wurde im Juni 2007 zum Senior Vice President / Managing Director befördert. In dieser Funktion ist sie für den Vertrieb des gesamten Warner Bros. Portfolios, welches Serien, Spielfilme, TV-Movies sowie Animation umfasst, verantwortlich. Ihre Kunden kommen aus den Geschäftsfeldern Free- und Pay TV sowie aus dem New Media Bereich. Seit kurzem ist Sylvia Rothblum auch im lokalen Produktionsbereich tätig. Als neu implementiertes Geschäftsfeld von Warner Bros. Entertainment umfasst ihr Aufgabengebiet dabei die Entwicklung, Produktion und Distribution deutscher TV-Serien und TV-Formate in enger Zusammenarbeit mit den TV Sendern sowie Produzenten.

Von 1997-2001 war Frau Rothblum für die EM.TV & Merchandising AG tätig. Hier leitete sie zunächst den Bereich Programm und Koproduktion bevor sie zum Vorstand berufen wurde und für den gesamten Programmbereich des Konzerns verantwortlich war. Zusätzlich war sie im Vorstand der Jim Henson Company und der Yoram-Gross Studios in Australien. In dieser Zeit sind mehr als zehn Animationsserien fertiggestellt worden, wie z. B. TABALUGA, FLIPPER, REGENBOGENFISCH und NORMAN NORMAL, welche international verkauft wurden.

Vor ihrem Eintritt bei EM.TV war Frau Rothblum 3 Jahre Programmdirektorin und Leiterin Einkauf bei Nickelodeon Deutschland – davor war sie fünf Jahre als Verkaufsleiterin bei der KirchGruppe beschäftigt. Frau Rothblum hat ihre Erfahrungen als erfolgreiche Managerin und engagierte Mutter in ihrem Buch „Mütter sind die besseren Manager" veröffentlicht, welches in den Medien große Anerkennung gefunden hat. Frau Rothblum hat 1981 promoviert (Dr. phil. – Sinologie). Sie spricht zehn Sprachen, u.a. Chinesisch, Hebräisch, Englisch, Französisch, Italienisch und Spanisch.

Gaby Scheld, la gente – Agentur für Regie, Drehbuch und Kamera

Frau Scheld studierte Germanistik, Politik und Philosophie an der Universität Hannover und Medienwissenschaften am geisteswissenschaftlichen Institut. Während des Studiums arbeitete sie als freie Film- und Theaterjournalistin für diverse Zeitungen und Magazine, um schließlich selbst die Zeitschrift „Filmwärts" zu gründen, die sich kritisch mit Filmtheorie und -praxis auseinandersetzte. Seit 1985 ist Gaby Scheld in der Medienbranche in unterschiedlichen Funktionen tätig. Zunächst im

Rahmen der Programmgestaltung von Kommunalen und Programm-Kinos, danach als Assistentin der Geschäftsführung des Impuls-Filmverleihs. Anschließend Film-PR und Marketing für Impuls Film, Connexion Film und den Filmverleih UIP sowie mit einem eigenen Pressebüro. Von 1992-1999 Geschäftsführerin der Next Film Filmproduktion (Pia Frankenberg, Laurens Straub) und als solche u.a. für Projektentwicklung und -finanzierung zuständig. Drehbuchseminare für verschiedene Institutionen. Von 2000 bis 2001 bei der Firma Bitfilm als Leiterin der Abteilung Formatentwicklung / Filmproduktion.

Prof. Dr. Georg Schreyögg, FU Berlin

Herr Prof. Dr. Schreyögg ist Professor für Betriebswirtschaftslehre an der Freien Universität Berlin. Nach dem Studium der Betriebswirtschaftslehre und der Assistenzzeit an der Universität Erlangen-Nürnberg hatte er Professuren an der Universität Bamberg und der FernUniversität Hagen. Seit 1994 leitet er den Lehrstuhl für Organisation und Führung am Institut für Management der Freien Universität Berlin. Sein Schriftenverzeichnis weist mehr als 180 Publikationen aus den Gebieten der Managementlehre, der Organisationstheorie, der Unternehmensverfassung und des Strategischen Managements aus. Er ist Mitherausgeber der „Managementforschung" sowie Mitglied des Editorial Boards verschiedener internationaler Zeitschriften. Prof. Schreyögg war von 2004-08 Mitglied des Fachkollegiums Wirtschaftswissenschaft bei der Deutschen Forschungsgemeinschaft (DFG), ehemals Vice-Chairman von EGOS (European Group of Organizational Studies) und von 2005-06 Vorsitzender des Verbandes der Hochschullehrer für Betriebswirtschaft (VHB). Er ist derzeit Sprecher des DFG-Graduiertenkollegs: Pfade organisatorischer Prozesse am Fachbereich Wirtschaftswissenschaft der Freien Universität Berlin. Seine aktuellen Forschungsschwerpunkte sind: Dynamische Kompetenzen, organisationale Pfadabhängigkeit und Wissensmanagement.

Dr. Christina Schulz, KBB GmbH

Frau Dr. Schulz ist Mitarbeiterin im Controlling der »Kulturveranstaltungen des Bundes in Berlin GmbH« und befasst sich dort u.a. mit der Evaluation und Erfolgsmessung der Tätigkeit der GmbH sowie mit der Beratung zur Beantragung und Bewirtschaftung von Drittmitteln bei vorwiegend öffentlichen Förderinstitutionen. Nach erfolgreichem Studium der Wirtschaftswissenschaft an der Universität Bremen hat sie zum Thema »Neugestaltung der öffentlichen Kulturförderung in Deutschland« promoviert. Danach folgte eine weitere wissenschaftliche Auseinandersetzung mit der Filmförderung und der zunehmenden institutionalisierten Evaluationstendenz in der öffentlich geförderten Kultur. Darüber hinaus hält sie Lehrveranstaltungen in den Themenbereichen Controlling im Kulturbetrieb und Zuwendungsrecht im kulturmanagementbezogenen Studium. In Kürze wird sie die Leitung der bundeskulturellen Jugendwettbewerbe in der KBB GmbH übernehmen, die vom Bundesministerium für Bildung und Forschung gefördert werden.

Tobias Schultze, Bayerischer Rundfunk

Studium der Betriebswirtschaft an der Fachhochschule Schmalkalden, seit 2006 im Rahmen eines kaufmännischen Volontariats als „Training on the job" beim Bayerischen Rundfunk und nachfolgend als redaktioneller Mitarbeiter in den Programmbereichen Bayern und Unterhaltung und Spiel Film Serie mit den Kernschwerpunkten: Betreuung von BR-Programmformaten, Öffentlichkeitsarbeit und Sonderaufgaben tätig.

Timo Schutt, Schutt, Waetke RECHTSANWÄLTE

Herr Schutt ist Sozius der Rechtsanwaltskanzlei Schutt, Waetke Rechtsanwälte in Karlsruhe, welche sich schwerpunktmäßig auf den Bereich des Rechts der Neuen Medien, insbesondere des Urheberrechts, des Internet- und Computerrechts, des Gewerblichen Rechtsschutzes (Wettbewerbsrecht und Markenrecht) sowie des Musik- und Veranstaltungsrechts spezialisiert hat. Die im Jahre 2003 gegründete Rechtsanwaltskanzlei hat sich hierbei in den letzten Jahren einen guten Ruf in der Bekämpfung von Rechtsverletzungen im Internet erworben. Nationale und internationale Rechteinhaber, Filmproduktionsfirmen, Vertriebsfirmen, Künstler und Musiklabels gehören zu den Mandanten. Herr Rechtsanwalt Timo Schutt ist Mitglied der Arbeitsgemeinschaft IT-Recht im Deutschen Anwaltverein und trägt seit Oktober 2007 den noch neuen Titel des Fachanwalts für Informationstechnologierecht. Er veröffentlicht in unregelmäßigen Abständen im Existenzgründerportal www.newcome.de und ist Mitherausgeber und Autor diverser Internetportale zum Thema Recht.

Eva Sharbatov, Warner Bros. International Television Distribution

Frau Sharbatov ist Sales Director für Warner Bros. International Television Distribution in München. Ihr Fokus besteht in der Lizenzierung von Warner Bros. Content für Free- und Pay-TV-Kanäle sowie SVOD, AVOD und IPTV-Betreiber in Deutschland, Österreich und der Schweiz. Der Programmbestand beinhaltet u.a. TV-Serien, Animation, Filme. Seit 2008 ist sie an der Entwicklung der lokalen TV-Produktionsbranche beteiligt.

Vor ihrer Tätigkeit bei Warner Bros. hat Frau Sharbatov für eine staatliche Forschungsgemeinschaft gearbeitet, die auf Studien über Geschlechterpolitik, Jugend und Familie spezialisiert ist. Davor arbeitete sie als Leiterin einer politischen Stiftung für Hilfsprojekte in Westafrika und Osteuropa.

Sie begann ihre berufliche Laufbahn als Redakteurin für den Bereich Politik bei der Münchener Tageszeitung Merkur. Während ihres Studiums und ebenso während ihres Mutterschaftsurlaubs arbeitete sie als Coautorin für einen Scriptwriter und als Ghostwriterin. Frau Sharbatov hat einen Master in Politologie, slawischer Philologie und deutscher Literatur der Ludwig-Maximilians-Universität in München. Sie ist verheiratet und hat einen Sohn (15 Jahre) und eine Tochter (13 Jahre).

Christian Sommer, CineMedia Film AG

Herr Sommer studierte Betriebswirtschaft an der Ludwig-Maximilians-Universität in München mit den Schwerpunkten Wirtschaftsberatung / Revision und Betriebswirtschaftliche Steuerlehre. Nach ersten Berufsjahren bei der Treuarbeit AG (heute PWC PriceWaterhouse Coopers) war Christian Sommer zunächst Geschäftsführungsassistent und Leiter des Beteiligungscontrolling bei der Bavaria Film AG, um dann die Leitung des Controllings der Bavaria Film-Gruppe und schließlich die Geschäftsführung der Dienstleistungstochter Bavaria Production Services zu übernehmen. Er ist seit dem Jahr 2000 Vorstandsmitglied und seit dem Jahr 2003 CEO der CineMedia Film AG Geyer Werke, München. In diesen Funktionen verantwortete er die Restrukturierung und Sanierung der börsennotierten Gesellschaft, die heute deutscher Marktführer bei Postproductionleistungen für Film und Fernsehen ist. Christian Sommer ist Vorstandsvorsitzender des VTFF Verband Technischer Betriebe für Film und Fernsehen e.V. und Mitglied des Präsidiums der SPIO Spitzenorganisation der Filmwirtschaft e.V.

Bernhard Stampfer, Deutsche Bank AG

Herr Stampfer leitet das Expertenteam TMT (Telecommunication, Media & Technology) im Bereich Corporate and Investment Banking / Global Banking der Deutschen Bank AG. Seinen Karriereweg begann Stampfer 1972 an der Universität Konstanz, wo er in den Fächern Jura, Soziologie und Politische Wissenschaften diplomierte. Seine filmspezifische Ausbildung erhielt er an der Hochschule für Fernsehen und Film in München, die er ebenfalls mit Diplom abschloss, bevor er seine eigene Filmproduktionsgesellschaft in München und Berlin etablierte, mit der er bis 1988 ca. 35 Spielfilme, Fernsehfilme und Dokumentationen produzierte. In jenem Jahr erfolgte der Umzug nach London, wo sich Stampfer vollständig auf das Gebiet der Filmfinanzierung spezialisierte. 1991 folgte

Stampfer den Bravo Studios in Mailand, wo er als Leiter der Entwicklungsabteilung arbeitete, bevor er 1994 wieder nach London zurückkehrte und für den European Script Fund / European Media Development Agency in der Position des „Financial Engineers“ arbeitete. Im Jahr 2000 erfolgte dann der Wechsel in die Deutsche Bank AG.

Stampfer ist Mitglied der Europäischen und der Deutschen Filmakademie. Er unterrichtet seit vielen Jahren an Filmhochschulen, Business-Akademien und gibt Branchenseminare.

Dr Susanne Stürmer, UFA Film & TV Produktion GmbH

Frau Dr. Stürmer ist Geschäftsführerin der UFA Film & TV Produktion GmbH, dem Marktführer für Fernsehproduktionen in Deutschland. In dieser Funktion leitet sie unter anderem die Abteilungen Business Development/UFA Interactive, Legal & Business Affairs, Marketing & Kommunikation sowie die Marktforschung des Unternehmens und ist Ansprechpartner für alle medienpolitischen Themen. Susanne Stürmer beschäftigt sich intensiv mit Inhalteangeboten für Neue Plattformen und organisiert die Voraussetzungen für die UFA, sich von einem Fernsehproduzent zu einem Bewegtbild-Anbieter für alle Plattformen zu entwickeln, mit Blick auf die Erschließung neuer Kundengruppen, Erarbeitung neuer Geschäfts- und Vertragsmodelle, die medienpolitischen Rahmenbedingungen, Trend- und Nutzerforschung etc. Susanne Stürmer studierte Volkswirtschaftslehre und promovierte 1996 zum Thema „Netzzugang und Eigentumsrechte in der Telekommunikation“. Im Anschluss leitete sie den Bereich Regulierungsökonomie der o.tel.o communications GmbH, einem Anbieter auf dem deutschen Telekommunikationsmarkt. Ihr Interesse an kommunikations- und medienbezogenen Industrien begann mit dem Einstieg in die Berufstätigkeit als Assistant Manager bei Price Waterhouse Corporate Finance GmbH mit vielfältigen Beratungsaufträgen in netzgebundenen Industrien wie Energie, Postwesen und Telekommunikation. Frau Stürmer hat diverse Publikationen verfasst und eine Vielzahl von Vorträgen zu ihren Themengebieten gehalten.

Jens Tiedemann, J.B.K. TV-Production GmbH & Co. KG

Herr Tiedemann, geb. am 10. März 1972 in Rotenburg (Wümme), verantwortet bei der Sendung "Johannes B. Kerner" die Presse- und Öffentlichkeitsarbeit. Nach dem Studium der Wirtschaftswissenschaften begann er seine Karriere 1999 zunächst als Projektmanager in einer Mediaagentur, wechselte 2001 in die Geschäftsführung eines Musikvertiebs und ist seit 2005 bei Johannes B. Kerner.

Sebastian Ullrich, Deutsche Hochschule für Verwaltungswissenschaften

Herr Ullrich (B.A. Economics, Master of Int. Bus.), Jahrgang 1979, studierte Volkswirtschaftslehre an der Universität Siegen und internationale Betriebswirtschaftslehre an der University of Newcastle, Australien. Seine Interessen liegen im Bereich des Marketing, Internet- und Medienmanagement sowie der angewandten Statistik. Seit Dezember 2006 ist er Doktorand bei Prof. Dr. Bernd W. Wirtz am Lehrstuhl für Informations- und Kommunikationsmanagement an der DHV Speyer.

Philip Voges, Hofmann & Voges Entertainment GmbH

Herr Voges leitet gemeinsam mit Mischa Hofmann die Hofmann & Voges Entertainment GmbH. Mit der 1996 gegründeten Film- und Fernsehproduktionsfirma hat er inzwischen über 160 TV- und Kinoproduktionen realisiert, darunter 26 TV-Movies, 70 Serienfolgen, 16 Sitcomfolgen, 36 Showfolgen und 8 Kinofilme mit einer durchschnittlichen Besucherzahl von 456.577 Zuschauern. Für „Erkan & Stefan" erhielt Philip Voges bei der Verleihung der Bayerischen Filmpreise 2001 gemeinsam mit Mischa Hofmann den VGF-Preis für den besten Film eines Nachwuchsproduzenten. Es folgten zahlreiche Preise für die ARD-Dramedy „Türkisch für Anfänger", darunter der Deutsche Fernsehpreis 2006 als beste Serie, der Grimme-Preis und der CIVIS Medienpreis 2007, sowie 2008 der Rocky Award in der Kategorie Telenovela & Serial Program beim Banff Television Festival in Kanada. Auch mit der für das ZDF produzierten Krimiserie „KDD – Kriminaldauerdienst" erzielten die beiden Produzenten bereits große Erfolge. Sie wurden u. a. 2007 mit dem Deutschen Fernsehpreis für die beste Serie und mit dem Grimme Preis 2008 im Wettbewerb Fiktion ausgezeichnet. Zu den bekanntesten Produktionen des Produzenten-Duos zählen außerdem der Comedytalk „Bei Krömers" (2006), die SAT1-Reihe „Mit Herz und Handschellen" und der Kinofilm „Wo ist Fred?" (2006). Aktuell sind im Hause Hofmann & Voges bereits wieder drei TV-Movies in der Produktion, zwei Filme werden für ihren Kinostart vorbereitet und die erfolgreichen Serien „Türkisch für Anfänger" und „KDD" gehen in die 3. Staffel.

Dr. Patrick Vonderau, Ruhr-Universität Bochum

Herr Dr. Vonderau ist Wissenschaftlicher Assistent am Institut für Medienwissenschaft der Ruhr-Universität Bochum; zuvor war er als Wissenschaftlicher Mitarbeiter im Studiengang Gesellschafts- und Wirtschaftskommunikation der Universität der Künste Berlin beschäftigt.

Gegenwärtige Arbeitsschwerpunkte sind Produktionsanalyse in Film, Fernsehen und Neuen Medien; Filmmarketing und Zuschauerforschung sowie audiovisuelle Medien in der Unternehmenskommunikation. Zu seinen jüngeren Publikationen gehören Production Studies. An Introduction (London 2009, mit Dorota Ostrowska), Industrial Film and the Productivity of Media (Amsterdam 2008, mit Vinzenz Hediger) sowie Demnächst in Ihrem Kino. Grundlagen der Filmwerbung und Filmvermarktung (Marburg 2005, mit Vinzenz Hediger). Patrick Vonderau ist Mitherausgeber der Montage AV. Zeitschrift für Theorie und Geschichte audiovisueller Kommunikation und Mitbegründer und Vorstandsmitglied von NECS - European Network for Cinema and Media Studies.

Prof. Dr. Bernd W. Wirtz, Deutsche Hochschule für Verwaltungswissenschaften Speyer

Herr Prof. Dr. Wirtz, Jahrgang 1964, studierte Betriebswirtschaftslehre in Köln, London und Dortmund. Es folgte eine Promotion im Bereich strategisches Management im Medienmarkt und eine Habilitation zum Thema Erfolgsfaktoren des Geschäftsbeziehungsmanagements an der Universität Zürich. Er war als Unternehmensberater für Roland Berger & Partners in München und als Manager für Andersen Consulting (Accenture), Strategic Competency Group, Frankfurt tätig. Von 1999 bis 2004 war Prof. Wirtz Inhaber des Lehrstuhls für Allgemeine Betriebswirtschaftslehre, insbes. Unternehmensführung und -entwicklung, an der Universität Witten / Herdecke. Seit 1999 ist Bernd Wirtz zudem Privat-Dozent für Betriebswirtschaftslehre an der Universität Zürich. Prof. Dr. Bernd W. Wirtz ist seit 2004 Inhaber des Lehrstuhls für Informations- und Kommunikationsmanagement an der DHV Speyer.

Ines Wölbling, Sales & Service Research Center Hamburg

Frau Dipl.-Kffr. Wölbling, geb. 1978, ist wissenschaftliche Mitarbeiterin am Sales & Service Research Center Hamburg an der Steinbeis-Hochschule Berlin – Wissenschaftliche Hochschule für Unternehmensführung und Innovationen (Förderer T-Punkt Vertriebsgesellschaft mbH), zuvor: Tätigkeiten im Consulting, Studium der Betriebswirtschaftslehre an der Friedrich-Schiller-Universität Jena und der Università degli studi di Siena, Italien. Arbeits- und Forschungsgebiete: Medienmanagement, Produktionswirtschaft, Unternehmensplanung, Sales & Service Management.

Michael von Wolkenstein, Verband Deutscher Spielfilmproduzenten

Der berufliche Werdegang von Herrn von Wolkenstein begann 1963 als Assistent der Geschäftsleitung von „Schönbrunn Film" in Wien, wo er 1964 die Abteilung Werbefilmproduktion entwickelte. 1965 gründete er seine eigene Firma „MW Agentur für Film- & TV-Produktionen". Seit 1966 zeichnete Herr von Wolkenstein als geschäftsführender Gesellschafter von „SASCHA UFA Werbefilm KG" verantwortlich. 1970 gründete er die „SATEL Fernseh- und FilmproduktionsGesmbH". Von 1980 bis Anfang 2006 war Herr von Wolkenstein Präsident und geschäftsführender Gesellschafter der SATEL GROUP. Die Geschäftsführung übertrug er zum 01.02.2006 an seinen Sohn Dr. Oswald von Wolkenstein.

Seit Februar 2006 ist Herr von Wolkenstein Präsident des Verbandes Deutscher Spielfilmproduzenten. In diesem Zusammenhang hat er diverse, zusätzliche andere Funktionen. Zudem ist er Mitglied der SPIO sowie im Verwaltungsrat und der Richtlinienkommission der FFA. Desweiteren ist Herr von Wolkenstein Mitglied der CSU-Filmkommission und stellvertretender Vorsitzender der Verwertungsgesellschaft Film.

Einige seiner weiteren, bedeutenden Aufgaben bestehen in seiner Ehrenpräsidentschaft und Ausschussmitgliedschaft des Fachverbandes der österreichischen Audiovisionsindustrie. Herr von Wolkenstein ist Gründungsmitglied und Ehrenpräsident der AFC (Austrian Film Commission) und Vorstandsmitglied sowie Schatzmeister der FIAPF (Fédération International des Associations de Producteurs de Films).

Anke Zwirner, Medienboard Berlin-Brandenburg GmbH

Frau Zwirner ist seit März 2007 Referentin für den Bereich Nachwuchsförderung bei der Medienboard Berlin-Brandenburg. Außerdem ist sie Jurorin des Businessplanwettbewerbs der Landesbanken Berlin und Brandenburg und arbeitet an ihrer Dissertation zum Thema Filmfinanzierung und Filmförderung in Deutschland aus Sicht junger Produktionsunternehmen.

2001-2007: künstlerisch-wissenschaftliche Mitarbeiterin im Studiengang Film- und Fernsehproduktion der Hochschule für Film und Fernsehen „Konrad Wolf" (HFF-Potsdam). Hier u.a. Dozentin für Produktionskunde und Medientechnik, Betreuerin und Gutachterin von Abschlussfilmen und Diplomarbeiten, Mitarbeiterin des DMI (Digital Media Institute), Beauftragte des Präsidenten für Existenzgründungen, Senatsmitglied und Vertreterin der HFF auf CILECT-Konferenzen in Stockholm, Helsinki und Bratislava.

2000-2001 Mitarbeiterin der Investitionsbank des Landes Brandenburg

(ILB) im Bereich Filmförderung.

Studium der Film- und Fernsehproduktion an der HFF-Potsdam, während des Studiums Produktion mehrerer Kurz- und Dokumentarfilme, als Abschluss Produktion des Spielfilms „Sternschnuppe“ (Regie: Marina Caba Rall) in Zusammenarbeit mit dem ZDF „Kleines Fernsehspiel“; Diplomarbeit über die Finanzierung von Kinderfilmen in Deutschland.

Arbeiten als Produktionssekretärin, Produktionsassistentin, Aufnahme- und Produktionsleiterin bei nationalen und internationalen Film- und Fernsehprojekten (u.a. für Ziegler Film, CCC-Film, Eikon Film, TiMe Film, Provobis).